中华人民共和国地方志·福建省

宁化县志

（1988—2005）

上　册

宁化县地方志编纂委员会　编

国家图书馆出版社

图书在版编目（CIP）数据

宁化县志：1988~2005 / 宁化县地方志编纂委员会
编 . -- 北京：国家图书馆出版社，2018.8
ISBN 978 - 7 - 5013 - 6179 - 3

Ⅰ . ①宁…　Ⅱ . ①宁…　Ⅲ . ①宁化县—地方志—　Ⅳ .
① K296.74

中国版本图书馆 CIP 数据核字（2017）第 186987 号

国家图书馆出版社官方微信

书　　名	宁化县志（1988 — 2005）
著　　者	宁化县地方志编纂委员会　编
责任编辑	于春媚
特邀编审	夏红兵
出　　版	国家图书馆出版社（100034 北京市西城区文津街7号） （原书目文献出版社　北京图书馆出版社）
发　　行	010-66114536　66126153　66151313　66175620 66121706（传真）　66126156（门市部）
E-mail	nlcpress@nlc.cn（邮购）
Website	www.nlcpress.com →投稿中心
经　　销	新华书店
印　　装	三明市宏泊印刷有限责任公司
版　　次	2018年8月第1版　2018年8月第1次印刷
开　　本	889×1194（毫米）　1/16
印　　张	73.25
字　　数	2244千字
印　　数	0001~3000
书　　号	ISBN 978-7-5013-6179-3
定　　价	520.00元

《宁化县志（1988—2005）》编纂委员会

（2007年4月14日　宁委〔2007〕21号）

主　　任：巫福生
副 主 任：许丽华　罗朝祥
委　员（以姓氏笔画为序）：

王龙翔	王钟平	丘加德	邢同智	伍　伟
刘　炯	刘根发	孙宝荣	李恭清	连新福
吴仕桦	吴邦暖	邱　昆	何晓非	张万福
张志华	张启平	张茂银	张河明	张秋琴
张勇民	张族进	张耀科	陈宁生	陈定荣
陈新茂	陈新喜	罗爱群	周玉英	官强民
钟宁平	修启亮	俞福福	倪金应	郭木林
黄丰能	黄显明	黄登寿	曾佑鹏	曾和平
曾念溪	赖国荣	雷小平	雷恒寿	雷　掀
蔡绍启	廖福旺			

顾　　问：丘幼宣　张恩庭　郑世佑　刘善群　孔永松　丘权政
主　　编：罗朝祥
执行主编：张族进

《宁化县志（1988—2005）》编纂委员会调整名单

（2015年8月3日　宁委〔2015〕33号）

主　　任：余建地
副 主 任：林翠玲
委　员（以姓氏笔画为序）：

马小明	王思宁	叶　斌	丘加德	刘小明
刘文胜	刘振仁	江陈林	池贤杰	巫燕平
巫燕华	李金斌	杨光耀	吴学惠	吴革伟
沈　亮	张仁凤	张　平	张发金	张发禄
张运华	张启城	张茂银	张秋琴	张能清
张族进	张　瑜	陈友发	陈建刚	林春谷
林贵昌	罗东斌	罗爱群	郑洪钦	郑翠春
俞福福	唐又群	黄道能	曾玉光	谢启莹
谢荣好	赖日华	赖锡升	雷建平	熊建云
魏建祥				

《宁化县志（1988—2005）》审稿领导小组

（2010年8月11日　宁委办〔2010〕62号）

组　　长：曹益明

副组长：张文进

成　　员：廖善雄　黄雪水　刘美珍　王元新　叶华雄

《宁化县志（1988—2005）》审稿领导小组

（2015年8月11日　宁委办〔2015〕92号）

组　　长：张远福

副组长：王松标

成　　员：廖善雄　黄雪水　刘美珍　王元新　叶华雄

《宁化县志（1988—2005）》编辑室组成人员

（2009年5月22日　宁政文〔2009〕82号）

主　　编：张族进

副主编：吴来林　刘建军

编辑（以姓氏笔画为序）：丁明煌　王宇飞　宁元乖　伍发珍　李上能

李明继　杨洪忠　张子坤　张元光　张秋琴

张　能　范天菊　郑洪荣　曹桂林　温永华

三明市地方志编纂委员会

《宁化县志（1988—2005）》审查验收组人员

组　　长：黄荣发　林善涛

副 组 长：巫少鹏　谢　凌

成　　员：陈声华　何团元　邓长华　阳崇欣　陈　辰

《宁化县志（1988—2005）》参与编纂人员

联络人员（以姓氏笔画为序）：李达辉　李明继　刘洪喜　刘瑞琦

张子绅　张永善　张和声　张　桢

张锡电　杨声根　林亮清　赵长生

雷仁吉

数据整理：赵长生

编务人员：范忠华　罗昌鑫　伊世恒　刘志琴　伊玉平

雷继亮　赖慧珍

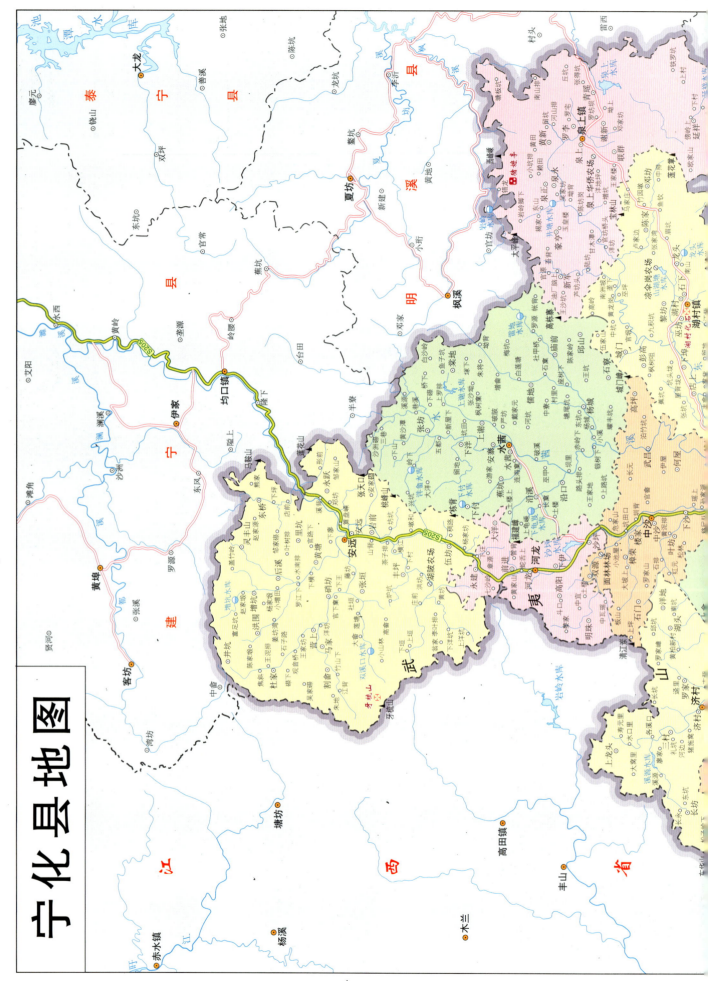

宁化县地图

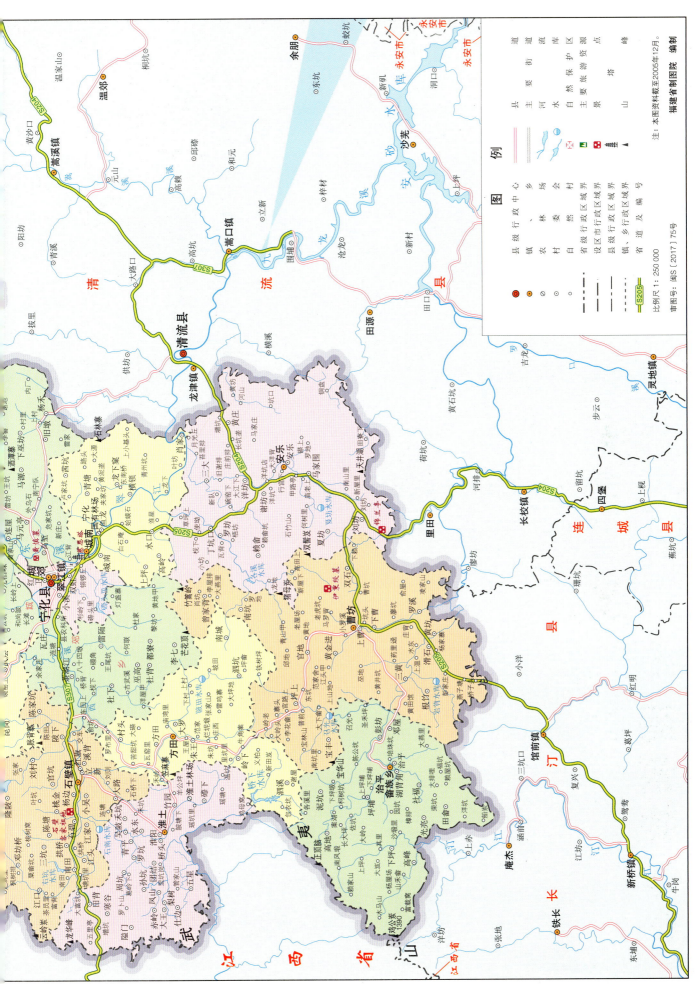

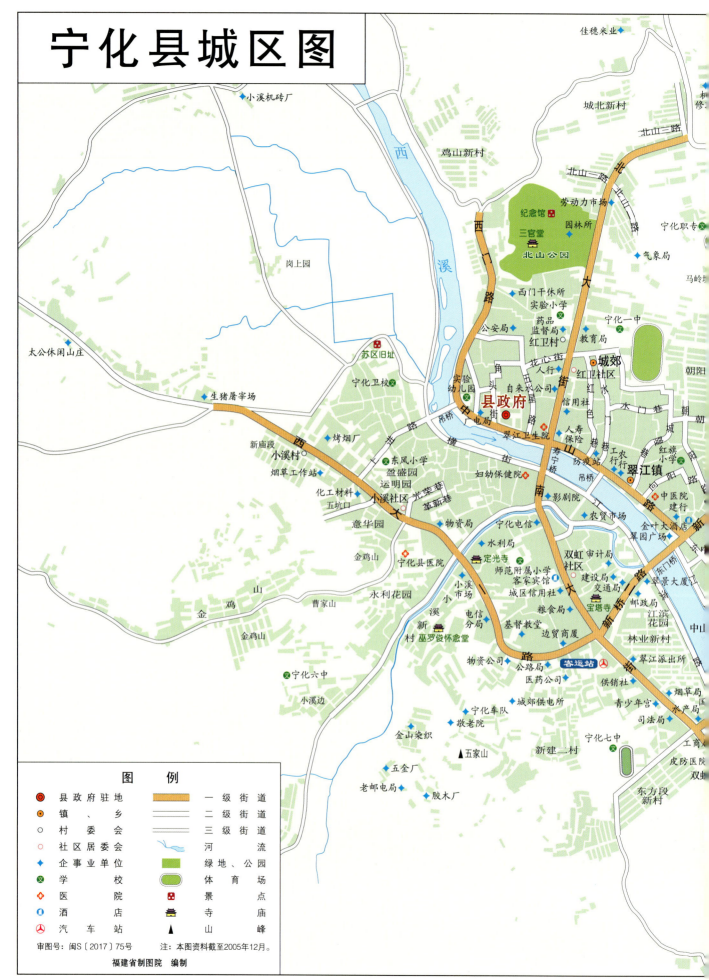

宁化县城区图

图　例

符号	说明	符号	说明
◎	县政府驻地		一级街道
◎	镇、乡		二级街道
○	村委会		三级街道
○	社区居委会		河　流
◆	企事业单位		绿地、公园
Ⓥ	学　校		体育场
◈	医院		景　点
Ⓑ	酒店		寺　庙
Ⓜ	汽车站	▲	山　峰

审图号：闽S〔2017〕75号　　注：本图资料截至2005年12月。

福建省制图院　编制

6

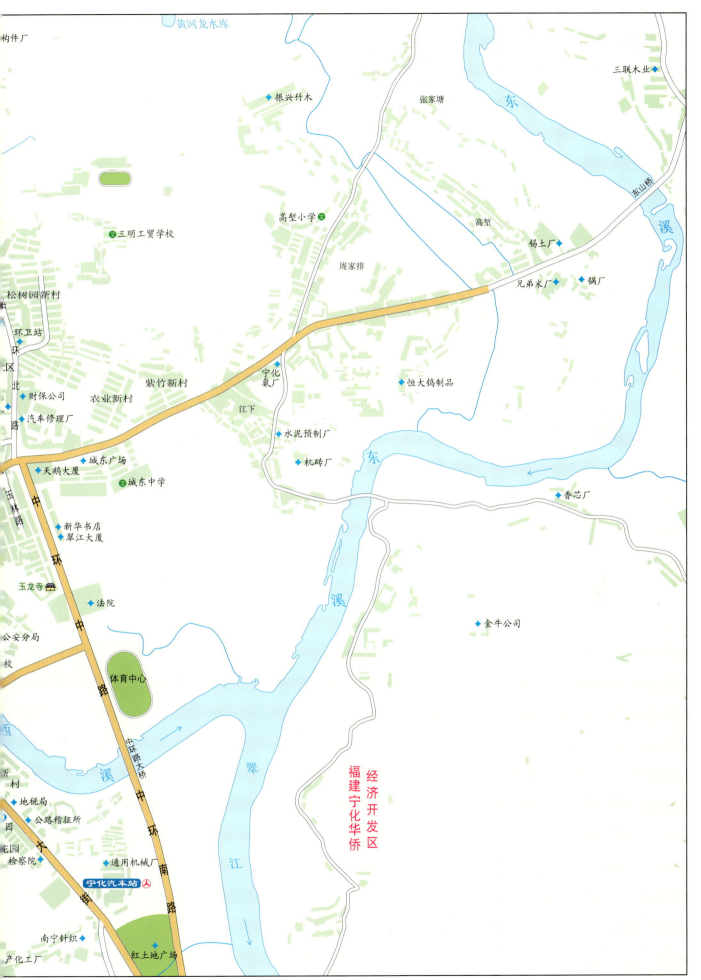

黄河龙水库

构件厂

三联木业

振兴竹木

东

张家塘

高堑小学 文

高堑

三明工贸学校 文

周家排

锡土厂

溪

松树园新村

兄弟米厂

锅厂

环卫站

环
区
北
路

紫竹新村

宁化
氨厂

恒大钨制品

财保公司

农业新村

江下

汽车修理厂

水泥预制厂

东

城东广场

机砖厂

天鹅大厦

城东中学 文

玉
林
路

香芯厂

中

新华书店

翠江大厦

环

玉龙寺 卍

路

法院

公安分局

溪

校

金牛公司

体育中心

西

翠

经
济
开
发
区

溪

福
建
宁
化
华
侨

中环路大桥

斤
村

地税局

中

江

公路稽征所

环

园
花
园

检察院

路

通用机械厂

南

宁化汽车站 🚌

路

南宁针织

红土地广场

产化工厂

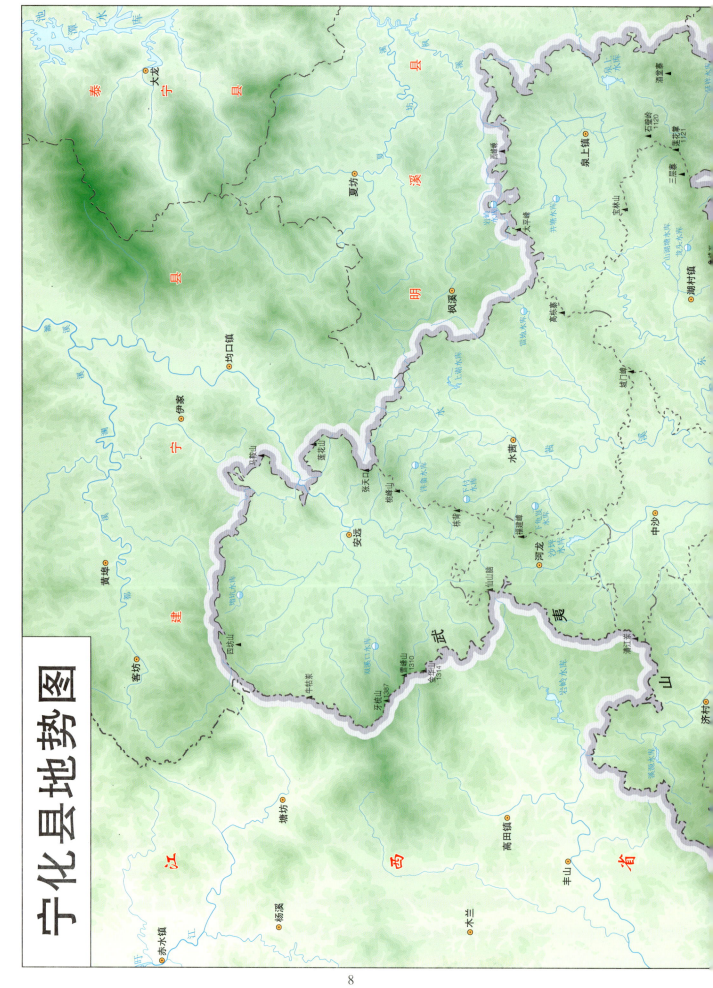

宁化县地势图

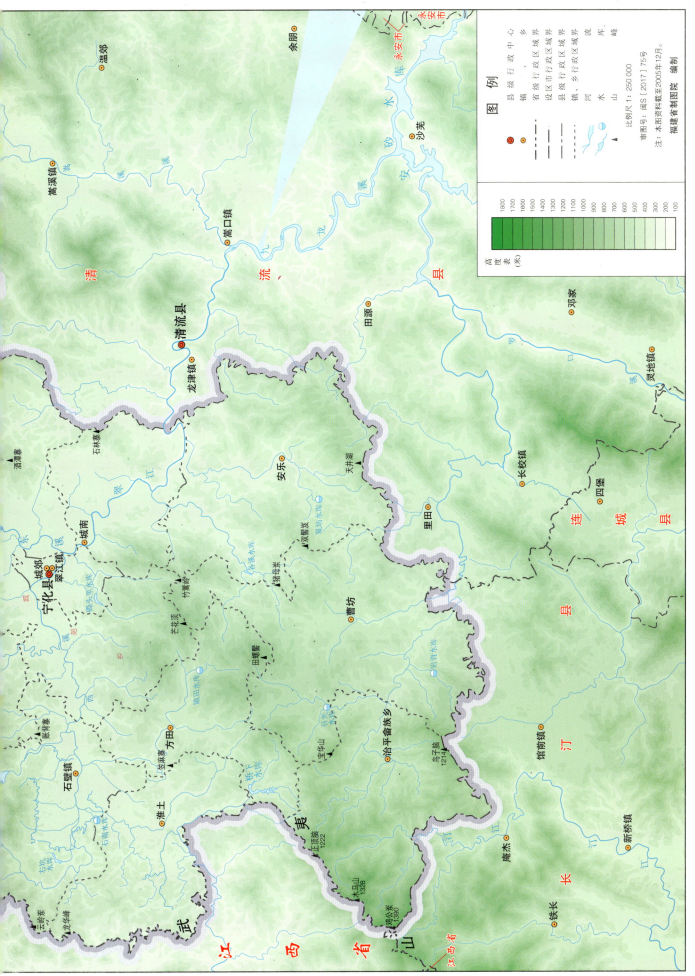

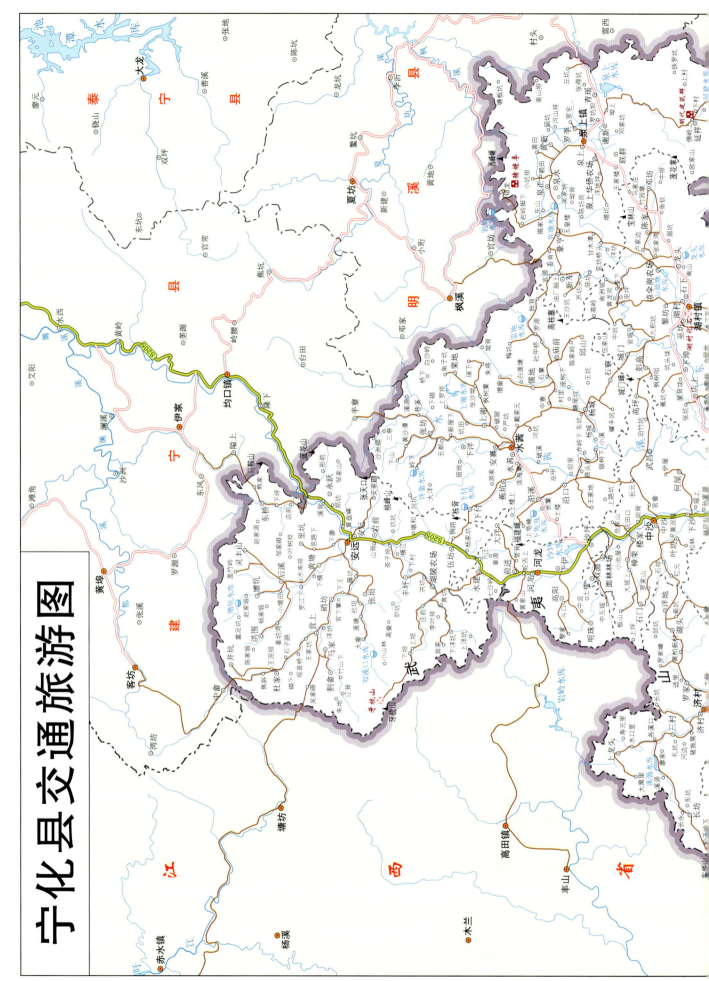

宁化县交通旅游图

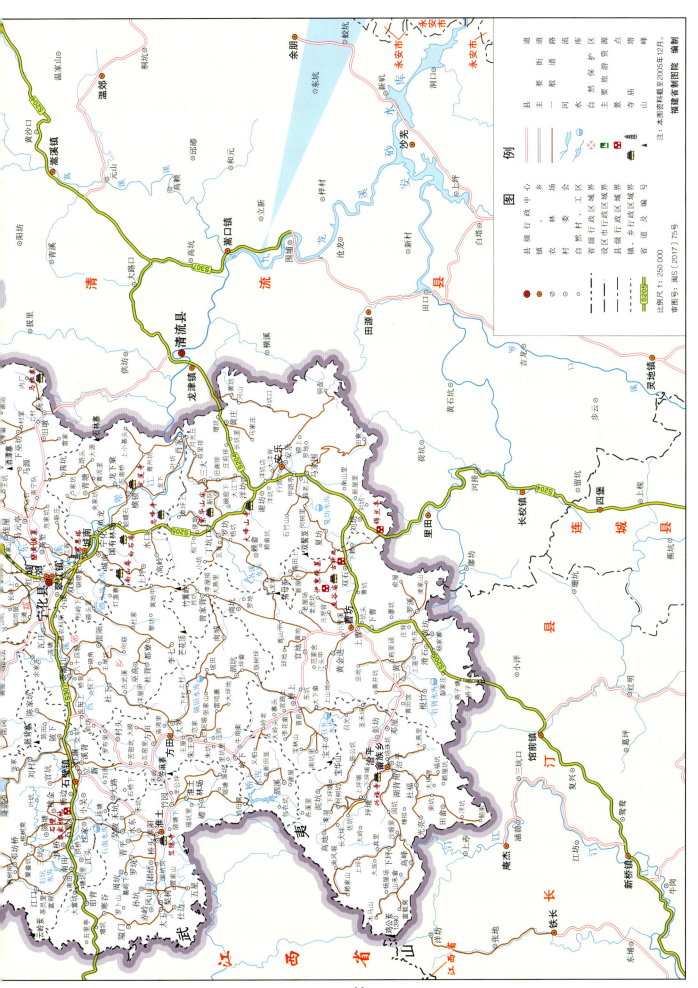

11

生态环境

翠城新貌（2016年摄）

远眺宁化（2016年摄）

13

宁化夜景（2016年摄）

翠江夜景（2016年摄）

东华山远眺（2010年摄）

省级自然保护区——牙梳山远眺（2003年摄）

海拔1389.90米的宁化最高峰——治平鸡公岽主峰（2001年摄）

南山秋景（2005年摄）

乡村人家（2016年摄）

生长在省级自然保护区牙梳山的珍稀植物水晶兰
（2010

宁化天鹅洞（2016年摄）

下付古银杏树（2010年摄）

石螺坑瀑布（2008年摄）

大洋梯田（2016年摄）

蛟龙溪漂流（2016年 摄）

梅溪鸳鸯（2010年摄）

位于水茜乡石寮村亩蓄积量居世界之最的"杉木王群"（2016年摄）

隆陂水库秋韵（2016年摄）

美丽乡村秋色（2016年摄）

社背土楼鸟瞰（2016年摄）

北山公园景色（2008年摄）

慈恩塔（2010年摄）

水茜藩维屋桥（2016年摄）

经济

1990年7月1日，沙子甲
万吨自来水厂建成通水典礼

宁化城东变电站（2007年摄）

宁化汽车站（2009年摄）

发展

全县通乡镇、村基本实现水泥路面硬化。图为宁化至石壁红色旅游公路（2011年摄）

安远镇岩前村岩前小区（2012年摄）

具有浓郁客家风情的中沙乡下沙畲族村的新农村建设（2012年摄）

宁化水泥厂全景（1997年6月摄）　　　　　　宁化通用机器厂（1995年摄）

建设中的宁化华侨经济开
发区（2010年摄）

1989年12月11日，县委书
记黄永发（前排左四）和县
长王伙辉（前排右一）陪同
有关领导视察县羽绒服装厂

建设中的省级重点企业行洛坑钨矿（2012年摄）

宁化县联创精工竹木艺品有限公司生产车间（2003年摄）

钨精矿产品（2008年摄）

1989年1月25日，宁化县通用机器厂生产的YX（D）-45T压力成型机获1988年度福建省优质产品称号

国家商品粮基地（2005年摄）

河龙贡米

河龙贡米品种筛选基地（2008年摄）

烟叶种植基地（2001年摄）

延祥孔坑贡茶（2003年摄）

中沙茶园（2016年摄）

20世纪80年代宁化石壁乡
大路村水土流失状况

宁化石壁镇大路村水土流失
治理后景观（2009年摄）

2005年县委书记陈忠杰（前右）和县长
巫福生（前左）在隆陂水库调研

宁化玉扣纸（2005年摄）

鑫鑫獭兔饲养基地（2009年摄）

宁化牛角椒（2003年摄）

宁化红菇（2003年摄）

福建鑫鑫獭兔养殖公司养殖基地一角，图为技术人员现场指导养殖要领（2009年摄）

宁化客家酒娘（2005年摄）

文化
社会

宁化县实验小学大门（2014年摄）

宁化第一中学校园（2013年摄）

三明工贸学校教学大楼（2010年摄）

宁化县医院门诊大楼（2012年摄）

宁化县急救中心大楼（2010年摄）

宁化县中医院门诊大楼（2012年摄）

2000年11月，宁化籍运动员朱莉莉在全国皮划艇激流回旋锦标赛上获女子单人皮划艇冠军

2003年6月，在第29届世界青年举重锦标赛上，宁化籍运动员章贤珠(中)获2枚金牌1枚银牌，实现福建省女子举重运动员在世界级比赛中金牌零的突破

1996年11月3日，宁化县文化馆组织创作的反映客家风情舞蹈《踩竹麻》获全国第六届"群星奖"舞蹈比赛铜牌

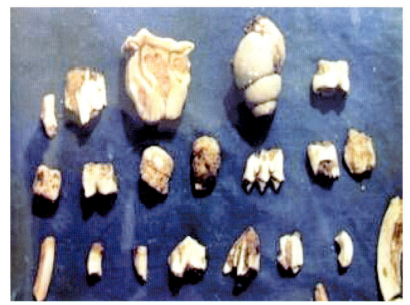

湖村镇老虎岩洞采集到的新生代（晚第三纪）哺乳动物化石标本

保存在宁化县博物馆的"东坡砚"

南唐后梁贞明二年（916年），闽王王审知派员在宁化济村铸造的铅钱——光背"开元通宝"

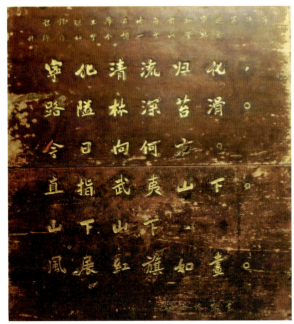

保存在宁化县博物馆的邓子恢
手书《如梦令·元旦》词匾

珍藏于宁化县档案馆内的1974年
至1976年间用玉扣纸印刷的毛泽
东选集线装本(2010年摄)

2000年10月出版的《客家祖地石壁丛书》共155.50万字,被誉为"世界第一部客家重要社区综合文化丛书"

河龙祁剧（2012年摄）

小戏迷（2016年摄）

宁化越剧团演出《碧玉簪》剧照（2001年摄）

客家木偶戏（2012年摄）

1997年10月13日—15日，首届"宁化石壁与客家世界"学术研讨会在宁化县客家宾馆召开，11个省市80余位专家学者参会

客家姓氏修谱（2011年摄）

客家祖地牌楼（2000年摄）

1989年11月18日，县委书记朱永康（右三）到客家祖地视察工作

1992年11月18日，世界首座客家公祠在禾口乡石碧村举行奠基仪式

1996年10月，县委书记林纪承（左三）和县长唐连惠（左一）在石壁客家祖地调研

1995年11月28日，宁化石壁客家公祠落成暨首届世界客属石壁祖地祭祖大典在宁化县石碧村举行

1997年，福建省首届客家文化旅游节暨'97世界客属石壁祖地祭祖大典开幕式在石壁举行

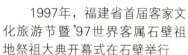

2004年11月22日—23日，第十届祭祖大典在石壁举行，图为庆典盛况

1992年，宁化县举办首届客家民俗文化节，图为在县体育场举行的开幕式现场

夏坊古游傩（2005年摄）

家庙上梁（2016年摄）

宁化传统民俗——舞狮（2006年摄）

闹春田——正月初七，宁化石壁镇陈塘村传统庙会，泥水田中抬"五谷神"菩萨（2016年摄）

清代杰出书画家宁化人黄慎作品《采药图》

黄慎作品《寿星图》

黄慎作品《风尘三侠图》

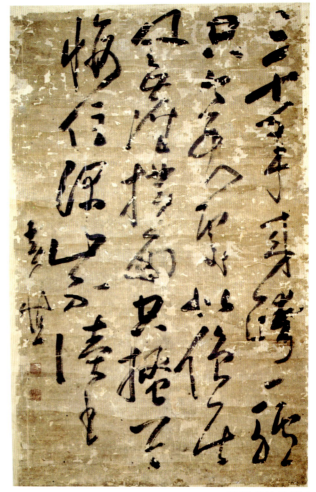

黄慎书法作品1

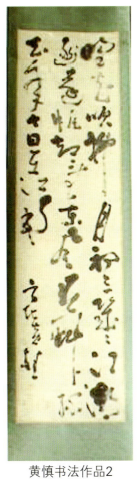

黄慎书法作品2

伊秉绶墨迹选1

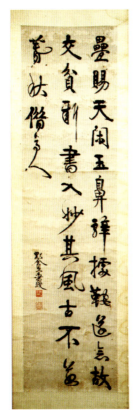

伊秉绶墨迹选2

伊秉绶墨迹选3

红色
苏区

宁化革命纪念园大门（2005年摄）

2005年10月，宁化红军长征出发地纪念广场落成(2012年摄)

1929年8月徐赤生在曹坊乡三黄村建立的宁化第一个中共支部——三黄村支部旧址（2009年摄）

宁化城关原红军医院旧址（2009年摄）

曹坊原秘密农会旧址（2009年摄）

原宁化县第一次工农兵代表大会旧址——淮土刘氏家庙（2009年摄）

位于湖村镇石下村的田螺寨原红军兵工厂遗址（2009年摄）　位于湖村镇巫坊村的原中共彭湃县委及县苏维埃政府遗址
（2009年摄）

位于城区北山公园内的原宁化县第一个
党团混合小组活动旧址（2013年摄）

宁化凤凰山红军长征出发地(1993年摄)

位于安远镇里坑村的原闽赣省
军区司令部旧址（2009年摄）

保存在宁化革命纪念馆的中华苏维埃时期借谷票

保存在宁化革命纪念馆的第二次国内革命战争时期
农会分田簿、分屋证、分田证

保存在宁化革命纪念馆的国
家一级文物——《中国工农红军
军用号谱》

松丸子

客家
美食

宁化客家擂茶

宁化烧卖

韭菜包

伊府面

宁化生鱼片

宁化老鼠干

序一

《宁化县志（1988—2005）》历经九载编纂成书，现定稿付梓，这是中华人民共和国成立后宁化县编纂的第二部县志，是近年来宁化县社会主义文化建设的又一重大成果。

宁化是千年古县，是客家祖地，人文荟萃，孕育了一代代优秀客家儿女；宁化也是原中央苏区县，是红军长征出发地之一，英雄辈出，树立了一座座历史丰碑。中华人民共和国成立以来，特别是改革开放后，历届县委、县政府团结带领全县广大人民发扬苏区精神和客家精神，艰苦奋斗，锐意进取，宁化的经济社会发展、城乡建设面貌发生了翻天覆地的变化。这本志书，翔实记录了宁化县 1988 年至 2005 年政治建设、经济建设、文化建设、社会建设、生态建设和党的建设光辉历程，反映了客家人民昂扬向上的精神风貌，彰显了千年古县的勃勃生机，既有鲜明的时代特点，又突出了地方特色。该志书的出版，对于我们存史、资政、教化和启迪后人，推动"再上新台阶，建设新宁化"起着承前启后的重要作用。

修志是一项系统而繁杂的文化工程，这部志书内容全面、详略得体，既明白晓畅，又严谨切实。本次修志，集众人之智，辛勤耕耘，八载有余，终成其果。在编纂过程中，广大修志工作者兢兢业业，默默奉献，付出了艰辛劳动；同时，也得到各级领导的帮助支持和专家学者的悉心指导，值此一并致谢！

一志在手，洞烛县情；一志相传，教益民众。希望新出版的《宁化县志（1988—2005）》成为爱国爱乡的好教材，了解、研究宁化的工具书，展现宁化风土人情的一扇窗。诚望全县人民继承先辈壮志，凝心聚力，献计献策，为经济社会发展谱写出更加灿烂辉煌的新篇章。

是为序。

中共宁化县委书记：余建地

宁化县人民政府县长：姚文辉

2016 年 11 月 22 日

序二

少小离家，乡音未改。两鬓已斑，深情满怀。作为一个客居异乡的学子，得知新编《宁化县志（1988—2005）》即将付梓，思乡之情不禁油然而生！故乡深厚的历史文化、美丽的自然风貌、淳朴的风土民情、飞速的社会发展和人文变迁让我引以为豪，我相信新修史志将永远激励后来者奋勇向前。

故乡宁化，是世界客属的摇篮，更是我们身居他乡人心中永远的情结。自唐代置县以来的一千二百九十年间，一批又一批的客家先民曾在这里聚居、中转，风尘仆仆地走出了一条喧闹而又辉煌的客家之路，走出了一支古老汉族的新民系，铸就了一个特别群体的坚韧品格、恢宏气概和优秀文化。宁化人文荟萃，灿若繁星，古有郑文宝、黄慎、伊秉绶、李世熊等众多闪耀着历史光辉的文化名人，享誉中华大地。近代历史中，它又是当年土地革命的红色根据地，苏区的"乌克兰"，是毛泽东、周恩来、朱德、彭德怀等老一辈无产阶级革命家曾经战斗过的地方。毛主席的铿锵韵律《如梦令·元旦》，指引一万三千多名宁化籍英烈为革命壮怀激烈，血洒疆场……永远震撼生灵！在科学文化、经济建设高速发展的今天，一批又一批宁化学子离开故土，远走他乡，在各条战线上，为祖国的科学发展和经济繁荣，正在创造着无愧于时代的光辉业绩。

山川秀美的故乡，永远滋润着我的心田。孩提时代留给我最美好的记忆，就是故乡的云、高山的塔、河里的水……是那样的清澈明净，一直到现在，半个世纪过去了，这一切依然在我心中梦萦魂绕！也许是命运的驱使，高中毕业后，我因向往海洋，远离故乡来到山东大学（青岛）求学。大学毕业后，由国家统一分配到当时的水产部黄海水产研究所从事海水鱼类养殖研究工作。数十年来，虽然历经无数人生坎坷，但深受客家文化熏陶的心灵，始终懂得艰苦、朴实、执着、坚定、淡泊名利对造就人生事业的重要性。我义无反顾地努力求索，为发展祖国海水鱼类增养殖事业做出了一定的贡献，并于2005年当选为中国工程院院士。

中共宁化县委、县人民政府率修志仁人志士，严谨编修，辛勤耕耘。他们志在记录过去、立足现在、着眼未来，为志书而广征博采，全面、真实、系统地记述宁化历史与现状各项事业的发展轨迹，重点反映宁化人民在县委、县政府的领导下，解放思想、实事求是、开拓创新、与时俱进所取得的成就。该志具有鲜明的时代特色和浓郁的地方特征，是一部了解宁化、宣传宁化、研究宁化、收藏乡情不可或缺的百科全书。它的问世是家乡地方史志工作中的一件盛事，必将成为记录历史、传承文明、经世致用的"辅治之书"，尽"资政、教化、存史"之功能，其历史和现实意义不言而喻。

愿《宁化县志（1988—2005）》成为家乡人民的良师益友；愿建县一千二百多年历史的客家之乡——宁化，在"海峡西岸"经济区建设的宏图伟业中，激发老区革命精神，弘扬客家优秀文化，同心同德，奋发图强，超越历史，再谱华章。在此，恭祝家乡父老乡亲幸福安康，万事如意！

是为序。

中国工程院院士：雷霁霖

2015 年 8 月 18 日

凡 例

一、本志以马列主义、毛泽东思想、邓小平理论和"三个代表"重要思想、科学发展观、习近平新时代中国特色社会主义思想为指导，坚持辩证唯物主义和历史唯物主义的立场、观点和方法，遵循国家宪法、法律与中共十一届三中全会改革开放后的路线、方针、政策，按照《地方志工作条例》和《地方志书质量规定》要求进行编纂，力求真实准确地记述和反映宁化县自然、政治、经济、文化和社会的历史与现状。

二、本志断限。一般上接首轮志书的下限 1987 年，起自 1988 年；下限截至 2005 年。首轮未设卷、本志新设的卷，上溯至事物发端。为体现和反映事物或事项的完整性、整体性和系统性，概述、人物志下限延续至 2011 年 3 月截稿时止。正文前彩图时间下限截至 2016 年。

三、本志采用述、记、志、传、图、表、录、索引等体裁，以志为主。本志按照方志体例横分门类，以卷、章、节、目 4 个层次为基本框架结构。卷下设无题小序，勾勒事业发展的历史与现状。

四、本志采用语体文记述体。文风力求严谨、朴实，语言力求简洁、流畅，通俗易懂，具有可读性。

五、本志清（含清）以前的朝代年号，采用历史纪年，括注公元纪年。中华民国纪年采用阿拉伯数字书写，括注公元纪年。中华民国纪年截至 1949 年 9 月 30 日，故书中所记述的"民国三十八年"截至时间为 1949 年 9 月 30 日，随文不再进行括注。1949 年 10 月 1 日中华人民共和国成立以后使用公元纪年。

六、本志采用统计部门公布的统计数据，统计部门没有的，采用业务主管部门提供的统计数据，同一数据因部门与部门之间统计口径与计算方法的不同而不一致的，则并存，以供专业研究之需。记数与计量单位，使用国家公布施行的标准单位。表格中，无统计数据用"—"表示，有统计未查出用"……"表示。本志各类数据，一般保留小数点后 2 位数。本志人口性别比以女性为

100，随文不再做括注说明。

七、本志记述农业事项及房地产业土地转让价格时，土地面积保留"亩"作为计量单位，1亩（0.067公顷）等于666.67平方米，随文不再括注亩与平方米的换算。

八、本志地图。为2005年福建省制图院测绘并取得该院审批合格的地图；图表，按卷序编号依次排列；照片，为承编单位与专业人士拍摄及留存者个人提供，选择具有存史价值的入志。

九、本志称谓。第一次使用出现时用全称，之后用简称。为真实反映历史面貌，不同时期的国家、机构、职务、地名等均以当时名称称谓，括注今名。志中所记的党、党委和政府，除有专指的外，均为中国共产党及各级党委与人民政府。志中凡未冠行政区划专名的"省""市""县"称谓，分别指代"福建省""三明市""宁化县"，其他各级行政区划一律冠以行政区划专名。如："省委"，系指"中国共产党福建省委员会"；"县委"，系指"中国共产党宁化县委员会"；"市政府"，系指"三明市人民政府"；"县政府"，系指"宁化县人民政府"；"县委宣传部"，系指"中国共产党宁化县委员会宣传部"；"县农业局"，系指"宁化县农业局"。

十、本志人物。坚持"生不立传"原则，对有突出贡献和较大影响的已故人物予以立传。人物表收录军政界副（团）处级以上（含副处级），专业技术界副高级以上（含副高级），以及具有硕士以上（含硕士）学位，和受省军级以上表彰的先进英模。人物传以生卒年月先后为序，人物表以姓氏笔画为序。

十一、本志资料来源于档案、图书、报刊、调查、采访等方面，并经鉴别、考证、核实，一般不再注明出处。

总　目　录

General Contents

目　录

概述

大事记

特记

卷一　政区

卷二　自然环境

卷三　人口

卷四　中共宁化地方组织

卷五　宁化县人民代表大会

卷六　宁化县人民政府

卷七　中国人民政治协商会议宁化县委员会

卷八　群团组织

卷九　司法

卷十　军事

卷十一　综合经济管理

卷十二　农业

卷十三　林业

卷十四　畜牧业　水产业

卷十五　烟草

CONTENTS

Vol. 5　people´s Congress of Ninghua County

Vol. 6　People´s Government of Ninghua County

概述

一

宁化始称黄连峒，唐乾封二年（667年）设黄连镇，开元十三年（725年）升为黄连县，天宝元年（742年）取"宁靖归化"之意更名为宁化县。先后隶属建州、汀州府（临汀郡）、汀漳道。第二次国内革命战争时期，境内分设宁化、彭湃、泉上苏区三县。中华人民共和国成立后，先后隶属永安专区、龙岩专区、三明专区（地区）、三明市。1959年2月至1961年9月，与清流县合并为清宁县。现为三明市市辖县。2005年，全县总户数90500户，户籍人口346236人，设4镇、12乡、13个社区居委会、210个建制村。宁化县人民政府驻地设翠江镇。

宁化地处福建西北部，闽赣边界武夷山南段东麓、闽赣台地大面积抬升区相对下陷地带，位于北纬25°58′—26°40′、东经116°22′—117°02′之间，面积2407.19平方公里（2005年福建省国土资源厅组织有关单位对全省县级行政勘界成果进行数字化，核定宁化县域面积2407.19平方公里，比前志所记2368平方公里增加39.19平方公里）。全境四周高中间低，地势自西向东倾斜，由于多次地质构造运动的影响，使境内地壳形成"多"字形的复杂地貌。低山、丘陵和盆地占全县总面积的96%，最高峰为治平畲族乡的鸡公崇，海拔1389.90米，最低处为城南乡肖家河道口，海拔290米，县城海拔317米。全境东西宽66.20公里，南北长76.70公里，东毗明溪、清流县，西连江西省石城、广昌县，南邻长汀县，北接建宁县，为福建通往江西的一大要冲。

宁化属亚热带季风气候区，夏无酷暑，冬无严寒。1988—2005年，年平均气温17.9℃，年均无霜期270天，年均降水量1792.40毫米，年均日照时数1661.50小时。全年雨量充沛，季风气候显著，四季分明。

境内资源丰富，自然条件良好，是国家、省商品粮和烤烟基地县，全国南方56个重点林区县之一。2005年，全县实有耕地面积28112.27公顷，水域面积0.50万公顷。盛产大米、烤烟、油茶籽、茶叶、辣椒干、薏米、魔芋和淡水鱼等农副土特产品，其中河龙贡米、延祥孔坑贡茶、牛角椒、淮土茶油、糯质薏米等农产品闻名遐迩。植被纵跨闽北、闽中两个照叶林区，森林植被类型及植物种类组成丰富多样，2005年，全县有林地面积178003.07公顷，森林覆盖率74.74%。水力资源丰富，溪河分流闽江、韩江、赣江3个水系，平均水资源量26.34亿立方米，水能理论隐藏量36.50万千瓦，按2005年全县人口及耕地计算，人均水资源量7608立方米，0.067公顷（1亩）平均水资源量为6247立方米，高于全国及福建省的平均水量。水质良好，为闽、赣、韩三江源头。矿产资源有钨、锡、铜、铅、锌、银、铁、稀土、煤、萤石等38种，是省定17个矿藏资源重点县之一，被誉为"有色金属聚宝盆"，其中位于湖村镇的行洛坑钨矿为全国四大钨矿之一，石壁镇乌竹管锡矿为福建省最大的锡矿。全县珍稀野生动植物主要有黑麂、华南虎、云豹、红隼、豺、穿山甲、银杏、红豆杉、楠木、香樟等。境内山川秀丽，旅游资源丰富。1994年和2004年，分别被福建省、国土资源部批准为省级风景名胜区和国家地质公园的天鹅洞群国家地质公园，列八闽洞群之冠，独特的水中石林、引人入胜的地质奇观鬼斧神工，令人叹为观止。石壁客家祖地是世界客家人的朝圣中心，独特的客家民俗文化异彩纷呈，每年吸引成千上万海内外客家后裔到此寻根谒祖。第二次国内革命战争期间，毛泽东、朱德、彭德怀等老一辈无产阶级革命家都曾在宁化进行伟大的革命实践，保存有丰富的革命文物和珍贵历史遗迹。延祥和下曹保存着完好的明清古民居建筑群，千年古刹东华山寺是道教、佛教合一的宗教朝圣地。

二

宁化为世界客家祖地，著名的革命老区和中央苏区，红军长征出发地之一。

自西晋"永嘉之乱"始，中原汉人为避战乱和灾害，陆续南迁。宁化石壁优越的自然环境和特定的地理条件，在特殊的历史条件下，吸引了大量客家先民迁入定居，拓殖繁衍。在与当地原住民长期的磨合交融中，孕育产生了以中原古汉文化为根基，兼容畲、瑶文化元素为特征的客家文化。客家文化的出现标志着客家民系的形成，宁化及其石壁也因此成为孕育客家民系的中心和代表性区域。客家民系于南宋形成后，为求更好地生存发展，不断外迁，渐次遍及全国 10 余个省市区及海外 80 多个国家和地区，人口达 1 亿人以上。宁化及其石壁成为客家民系向世界衍播的重要基点，是客家文化形成的主要源头。据研究客家的专家学者统计，有 200 多个客家姓氏与宁化及其石壁有着渊源关系，80%以上的客家族谱把宁化及其石壁尊为家族发祥地，把从宁化石壁迁出的第一代先人尊为开基祖或一世祖。客家话、客家土楼及客家民俗等与宁化及其石壁连带关系密切。因此，海内外客家学者把宁化及其石壁定位为客家早期聚散中心，孕育客家民系、客家文化的摇篮和客家祖地等。随着客家先民源源不断地涌入，先进的中原文化春风化雨。唐代，宁化产生了汀州第一位进士伍正己，此后陆续出现宋代杰出诗人郑文宝，明代状元张显宗，清代著名文学家和方志学家李世熊、书画家"扬州八怪"之一黄慎、隶书大师伊秉绶、解元张腾蛟、理学家雷鋐、易学家罗登标等一大批客家优秀历史名人。中华人民共和国成立后，出现了中国工程院院士、科学家雷霁霖。

进入 20 世纪 80 年代后，"客家热"在世界客家地区兴起，客家宗族、家族寻根觅祖，续编族谱、家乘，修建宗祠，宁化及其石壁成为客家人寻根觅祖的目的地。1991 年 4 月，开国上将杨成武为石壁亲笔题写"客家祖地"。1992 年 11 月 18 日，举办首届客家民俗文化节，并举行石壁客家公祠奠基典礼，客家公司动工建设。1995 年 11 月，由全国政协副主席叶选平题写祠名的世界客家人的总家庙——石壁客家公祠建成。宁化举行第一届世界客属祭祖大典，来自马来西亚、新加坡、泰国等国家及中国港台地区的客家社团代表 140 人和内地广东、河南、陕西、福建等省代表以及宁化当地乡亲 6 万人参加。至 2005 年连续举行了 11 届世界客属石壁祖地祭祖大典，共有国内 19 个省市、海外 26 个国家和地区近 30 万人次参加，宁化石壁日益成为世界客家人的朝圣中心。宁化为适应客属祭祖朝圣和客家学构建的需要，大力推进石壁客家祖地建设，开展客家学研究和客家联谊。至 2005 年，取得一大批可观的客家研究成果，共搜集县内各种客家文献资料 5000 万字，编著出版书刊 44 种 1000 万字，举办了两届宁化石壁与客家世界学术研讨会。

宁化客家人既有爱好和平的优良传统，又有威武不屈的革命斗争精神。自宋代至民国，曾先后爆发过晏头陀、曹柳顺、黄通等为首的农民起义和西南五乡农民暴动。在第二次国内革命战争时期，作为中央苏区 21 个重要组成县之一的宁化，毛泽东、朱德、彭德怀、陈毅、谭震林、聂荣臻、叶剑英、粟裕、罗瑞卿、胡耀邦、张闻天、张鼎丞等老一辈无产阶级革命家都曾在此进行艰苦卓绝的革命斗争。

民国 19 年（1930 年）1 月，毛泽东率领红四军从闽西转战赣南，途经宁化时写下了题为《如梦令·元旦》的光辉诗篇——"宁化、清流、归化，路隘林深苔滑，今日向何方？直指武夷山下。山下，山下，风展红旗如画。"民国 22 年（1933 年）7 月，彭德怀、滕代远率东方军攻克泉上土堡，取得东方军入闽首战大捷。在轰轰烈烈的革命斗争中，宁化人民在中国共产党领导下，深入开展土地革命斗争，发展地方革命武装。其时只有 13 万人口的宁化县，参加红军人数 13777 名，平均每 10 人中就有 1 人参加红军，每 3 户就有 1 户是红军家属，是中央苏区县中参加红军人数最多的县之一，禾口、淮土 2 个区被福建省苏维埃政府评为"扩红模范区"。全县曾建立 3 个苏区县（宁化、彭湃、泉上）28 个区 190 多个乡苏维埃政府、中共组织及群众团体。宁化也是财力、物力支援苏区红军最多的县，每年向苏维埃中央政府提供千担纸、万担粮，被誉为中央苏区"乌克兰"。

第五次反"围剿"失败后，谭震林等率红12军及中共闽赣省委机关，继续留在宁化坚持革命斗争，使宁化成为中央苏区最后根据地之一。民国23年（1934年）10月中旬，红三军团和中国工农红军少共国际师一部、八军团23师、红九军团后方机关和中华苏维埃共和国中央革命军事委员会（简称中革军委）直属炮兵营、红三军团后方医院等，分别从宁化的淮土凤山和大王、曹坊滑石、方田等地出发，开始二万五千里长征。长征途中，在关系党和红军生死存亡的湘江战役中，为了掩护主力红军，宁化籍红军将士所在的红五军团34师与数十倍于红军的国民党军队展开浴血奋战，大部分壮烈牺牲，用鲜血和生命在中国革命史上写下光辉和悲壮的一页。中央红军长征到达陕北时，幸存的宁化籍红军仅剩58人。优秀的宁化儿女血洒长征路，中央红军北上每前进1万米，就有3名宁化籍红军捐躯，其中有名可查并列入共和国《革命烈士英名录》的有3305人（其中妇女38人，师级干部15人、营级干部74人），占三明市革命烈士总数的59.60%。中华人民共和国成立后，全县所有乡（镇）均被国家认定为老区乡（镇），所有的村全为老区村。在1955年首批授衔将领中，宁化籍张新华、张雍耿、孔俊彪3人被授予少将军衔。

1949年10月21日，宁化和平解放，进入新的历史发展时期，全县人民发扬苏区精神，集中精力进行社会主义革命和建设。中共十一届三中全会后，宁化致力于改革开放，狠抓发展第一要务，加大老区人才培养力度，落实"五老"（中共老地下党员、老游击队员、老交通员、老接头户、老苏区乡干部）待遇。2001年，中国共产党宁化县委员会（以下简称县委）、宁化县人民政府（以下简称县政府）把打响"苏区"品牌作为发展县域经济的一项重大举措，扩大社会影响力，对接国家老区扶持政策，争取老区项目扶持。至2005年，全县选送老区大中专生源200多人，争取中央、省、市扶贫开发资金1500多万元，扶持工业、农业、教育、交通、水利电力等建设项目1500多个，加快了县域经济和社会事业的发展。

三

宁化人民在县委、县政府的领导下，深化改革，扩大对外开放，发展市场经济，经济建设快速发展。2005年，全县国民生产总值218561万元，为1988年32958万元的6.63倍；全社会固定资产投资86219万元，为1988年2861万元的30.14倍；全县金融机构各项存款余额186743万元，为1988年10208万元的18.29倍；全县地方级一般预算收入11087万元，为1988年1964万元的5.65倍；农民人均纯收入和城镇职工平均工资由1988年的713元、1509元增加到2005年的3673元与14430元，分别增长4.15倍和8.56倍。

农业和农村经济全面发展。县委、县政府不断深化农村经济体制改革，完善以家庭联产承包为主的责任制，围绕农业增效、农民增收两大主题，努力做好田、山两篇文章，大力发展优质粮食、烤烟、果蔬、食用菌等农业特色产业。推进商品粮基地建设、烟叶基地建设、土地整理、农田水利建设、节水灌溉等农业生产基础设施和农业综合开发项目建设。1988年，全县农业总产值13461万元，粮食总产量196249吨，烤烟产量6012.55吨。1989年，宁化被列为国家商品粮基地县后，在稳定粮食生产的同时，不断调整产业结构，大力扶持和发展烤烟生产，所培育出的烤烟品种"翠碧一号"（CB-1），被列为全国两个优良品种之一。至2005年，全县农业总产值156852万元，比1988年增长10.65倍；农民人均纯收入3673元，比1988年增长4.15倍；粮食总产量215595吨，比1988年增长9.86%。农业产业结构调整取得明显成效，烤烟发展成为全县国民经济的支柱产业，种植面积、产量连续17年保持福建省第一，6次被评为"全国烟叶收购先进单位"。大力推广绿色农产品。2001年起，建设无公害蔬菜基地和食用菌基地，加快发展绿色有机生态农业。至2005年，全县建成10个特色农产品基地，有黄瓜、苦瓜、韭菜花、红丰404辣椒、荷兰豆、甘蓝等6个品种通过省级无公害蔬菜认证。

宁化是南方集体林区的重点林业县、闽江源头重要生态保护屏障。1988 年起，调整生产关系，全面推行集体林权制度改革，实现了"山有其主，主有其权，权有其责，责有其利"的目标。1997 年，国有林产工业企业改制后，个私林产加工企业迅速发展，逐步建立起新型的林业产业体系，林产工业生产规模不断扩大，龙头企业初具雏形，产业结构不断调整，产品不断升级换代，形成多门类、多品种的林产加工系列产品。至 2005 年，全县林业产业总产值 63370 万元，其中林产工业总产值 32062 万元，82%的农户户均承包山林面积 7.66 公顷，林业生态、社会效益、经济效益得到协调发展。

工业经济快速发展。1988 年，全县工业总产值 2.05 亿元，国有企业 23 家。1988 年后，实施"工业富县"战略，开展工业目标承包责任制等综合改革和"工业发展年活动"，推进建材、矿产品、精细化工、针织、饮料食品、林竹、服装、机械电子等"八条龙"系列产品开发。1993 年，全县工业总产值 3.36 亿元，为 1988 年的 1.64 倍。至 1994 年，全县有国家二级企业 1 家、省级先进企业 5 家，工业产品获部优 2 个、省优 5 个、保优 3 项、填补国内空白 1 项，"工业标准化示范县"达到省 A 级标准，国有、集体工业企业呈现出良好的发展态势。1995 年，实施国有、集体工业企业产权制度改革，重点扶持个体、私营企业做大做强。至 2003 年，县属重点企业先后改制，工业企业所有制结构发生根本性变化，个体、私营企业蓬勃发展。2004 年，为打造具有聚集功能、规模效应的工业平台，启动华侨经济开发区（也称城南工业园）建设，重点发展"3+2"产业（林产工业、特色食品加工业、针纺服装业三大产业集群和建材、矿产两大重点产业）。至 2005 年，全县工业总产值 8.17 亿元，为 1988 年的 3.99 倍。主要工业门类有矿冶、电力、建材、林竹、印刷、食品、服装等。经过 10 余年的精心培育，政策倾斜，措施扶持，全县有个体、私营工业企业 278 家，工业产值占全县工业总产值的 88.70%，全县"3+2"产业规模以上工业企业产值 60501.40 万元，其中个体、私营经济产值占 92.10%。累计批办"三资"企业（在中国境内设立的中外合资经营企业、中外合作经营企业、外商独资经营企业）69 家，引进外资 4168.78 万美元。

商品丰富，边界贸易繁荣。宁化历史上先于汀州成为闽西商业中心，自古为闽赣边界商贸重镇。1988 年，深化商品流通体制改革，扩大多种经济成分，改变经营方式和流通渠道，形成国有、集体和私营商业并存格局。1991 年，建成宁化边贸中心市场，为当时闽西北最大的县级中心农贸市场。1999 年后，先后建成客家边贸城、荣华装饰材料城、翠江明珠商业集中区、家具市场、中环购物广场、酒业配送中心等一批大型批发零售市场，形成覆盖城乡的市场网络，人均商业面积 1.80 平方米，达到全国先进水平。自选超市、连锁经营、物流配送等现代经营方式逐步兴起。2005 年，全县社会消费品零售额 66315 万元，为 1988 年的 4.69 倍；外贸出口达 831 万美元。

旅游产业方兴未艾。宁化县历史悠久，人杰地灵，山川俊美，风光秀丽，旅游资源丰富，独具特色，有生态、客家、红色三大旅游资源。1991 年后，加大旅游宣传和基础设施建设力度，以天鹅洞群、石壁客家祖地、北山革命纪念园为主的生态、祭祖朝圣及红色旅游取得突破性进展。2005 年，接待海内外游客30 多万人次，旅游综合收入超亿元。

城乡建设面貌日新月异。1988 年，"改拓并举"拆迁改造旧城，开发拓展新区，扩大城区面积，增加城镇人口，兴建市政设施，提高城市化水平，增强城市集聚与辐射功能，带动全县乡村建设与社会经济发展。2004 年，推进城东中环路、江滨中路、龙门路"两纵一横"路网建设。至 2005 年，3 次调整修编城市总体规划，城市规划面积从 1988 年的 20 平方公里扩大到 40 平方公里，城区建成区面积由 1988 年的 2.66 平方公里扩大到 6 平方公里，人口增加到 7 万余人（含流动人口），城镇居民人均居住面积从 1990 年的 15.40 平方米，提高到 2005 年的 47.50 平方米。陆续建成邮电综合大楼、边贸大楼、金叶大厦、翠景大厦、国土大厦、电力大厦、烟草大厦等标志性建筑和自来水厂、公厕等市政设施。其中，北山革命纪念园改扩建，凸显革命老区特色；红军长征出发地纪念广场的落成，填补了宁化地标性建筑的空白。先后建成朝阳新村、松树园新村、林业新村、城东广场、东方花园等一批居民小区和商住楼，建成和完善城区道路、桥梁、防洪堤、管道、供水、液化气等基础设施。县城城市化水平和功能的提升，促进了集镇、新村建设的发展，湖村地质名镇、石壁历史文化名镇建设成效显现。至 2005 年，全县乡（镇）驻地共建街道5605 米，铺筑水泥路面 26130 米，道路硬化面积 463300 平方米，主要街道硬化率 91.70%。新建、扩建桥梁 31 座，修筑防洪堤 9440 米，新增排污管道 26.93 公里、排水沟 29120 米，新建、扩建自来水厂 2 座，日供水量 15400 吨，受益人口 67174 人，普及率 77.93%。建公厕 27 座、农贸市场 11 个、变电站 8 个，新增公园 2 个占地面积 66310 平方米，农民生产、生活环境和村容村貌大为改观。

基础设施建设日臻完善。1988 年，加快构建货畅其流的快捷通道。自 1993 年起，先后投资 1.52 亿元和 1.09 亿元，实施"先行工程"与"村村通"等公路工程建设。2005 年，全县公路通车里程达 1754 公里，平均每百平方公里通车公路 71 公里，其中省、县道共 8 条 291.41 公里。公路等级提高，通行能力增强，全年客运量 411.30 万人次，客运周转量 23349.40 万人公里，分别为 1988 年的 1.40 倍和 2.60 倍；货运量 277.80 万吨、货运周转量 130505.20 万吨公里，分别为 1988 年的 4.92 倍和 28.32 倍。邮政、通信、广电网络等基础设施迅猛发展，至 2005 年，全县邮政业务总收入 1210 万元，建成移动、联通基站 284 个，网络、信号覆盖全境。1988 年起，先后组织实施有线电视电缆联网和光纤联网等工程。至 2005 年，全县乡（镇）所在地和公路沿线 95 个建制村与县有线电视联网，广电光缆网络覆盖人口达 20 余万人，村联网率 54.76%。为摆脱"水头电尾"困境，缓解电力供需矛盾，1988 年起，宁化县一方面改造老水电、建设新水电，一方面组织实施国家农村水电初级电气化试点县和国家农网改造试点县建设，建成一批电站和输变电工程，架设连接省网覆盖全县的电网。2005 年，全县有水电站 75 座，总装机 134 台 26677 千瓦，年发电量 8600 万千瓦时；架设高低压线路 3700 公里，有 110 千伏变电站 1 座，35 千伏变电站 7 座，初步形成省、县、农村三级供电网络。

四

教育事业取得骄人业绩。1988 年，宁化县大力发展终身教育，加快提高国民素质，积极推进基础教育、职业教育、成人教育、幼儿教育和特殊教育。至 2005 年，全县共有中小学校和中等职业学校 220 所，其中省重点中学 1 所，二级达标中学 2 所，三级达标中学 1 所，省示范小学 2 所，省农村示范小学 3 所，省重点中等职业学校 2 所，民办中学 1 所。中小学和中等职业学校在校学生 49908 人，小学、初中、高中入学率分别为 99.82%、93.91% 和 67.20%。1988—2005 年，共向大中专院校输送生源 13896 名。历年高考成绩均名列三明市前茅，其中 2004—2005 年连续 2 年高考本科以上万人上线率、高分段人数和增长幅度三项指标均名列全市第一。

医疗卫生条件得到较大改善。1988 年后，积极推进全省初级卫生保健试点县建设，医疗设备、技术不断更新，先后建成宁化县医院急救中心、宁化县中医院门诊综合楼、宁化县卫生防疫站、宁化县妇幼保健院综合楼及乡（镇）卫生院医疗用房等基础设施，添置核磁共振、全身 CT、DR、数字 X 光机等先进设备。实施卫生部《消灭脊髓灰质炎规划》、福建省结核病控制和世行贷款农村卫生人力开发（卫 IV）等项目，基本消灭疟疾、丝虫、地甲和麻风病，甲乙类传染病发病率和死亡率分别为 187.19/10 万和 1.65/10 万。2005 年，全县共有医疗卫生机构 23 个，其中"二级乙等医院""二级甲等中医院"各 1 所。先后被卫生部、省政府授予"全国食品卫生示范县""省级卫生县城"等称号。

体育事业蓬勃发展。群众体育、竞技体育蓬勃开展，城乡掀起健身热潮。2000 年，在全国锦标赛上，朱莉莉获女子单人皮划艇第一名，并于 2004 年取得雅典奥运会参赛资格；2003 年，世界青年女子举重锦标赛上，张贤珠获 63 公斤级总成绩第一名。至 2005 年，先后向市级以上体校及体育大专院校输送优秀体育人才上百人，出现了亚洲冠军、世界冠军，实现宁化乃至三明市个人世界冠军零的突破。

文化事业成绩斐然。1992 年，宁化县民间文学集成编委会编纂出版《中国民间故事集成·福建卷·宁化县分卷》《中国谚语集成·福建卷·宁化县分卷》《中国歌谣集成·福建卷·宁化县分卷》。中华人民共和国建立后第一部《宁化县志》，于 1992 年 9 月出版发行。1996 年，舞蹈《踩竹麻》获全国第六届群星奖。2004 年，舞蹈《龙嬉》获全国第十三届"群星奖"艺术表演大赛二等奖。至 2005 年，全县共有 80 余位业余作者的 1000 多篇文学作品在市级以上报刊发表，并有部分作品获国家、省、市奖项，多人书法作品获全国群众性书法比赛奖项。

计划生育工作成效显著。贯彻执行中共中央、国务院《关于加强计划生育工作稳定低生育水平的决定》和《福建省计划生育条例》等计划生育方针、政策，持续深入开展计划生育，加强计生管理，落实各项节育措施。人口出生率、自然增长率分别从 1990 年的高峰值 26.05‰和 19.77‰下降到 2005 年的 9.55‰和 4.57‰，实现了人口再生产类型从高出生、低死亡、高增长到低出生、低死亡、低增长的历史性转变。2005 年，宁化县晋升为省级计划生育"二类先进县"。

五

千年古县宁化，虽然在经济建设、社会事业、民主法制、精神文明建设等各方面取得很大成就，但与经济发达地区相比还存在一定差距。工业与全市较发达县（市、区）相比仍显薄弱。技术含量高、高附加值、高产业关联度的生产性工业项目缺少，原有部优、省优产品随国有企业关闭而消失。新办企业产品仅有"宁花"牌天然茶籽油获三明市名特优商品交易会金奖，"淮土"牌山茶油成为三明市知名商标，创建省级以上品牌未能取得实质性进展。农业产业结构不尽合理，农产品深加工规模小、产值低，发展种桑养蚕、筹办卷烟厂等重大项目未获成功。除粮食生产外，只有烤烟一业独大，抵御不确定风险能力堪忧。旅游等第三产业发展不快，对全县地区生产总值贡献不大。经济总量小，县财政收入规模小、结构单一。工业经济、第三产业占财政总收入的比重仍然偏低，实行中央和地方分税制后，出让国有土地使用权越来越成为县财政收入的重要来源，但土地有限，难以持续。城建方面，新区开发与旧城改造进展不够平衡，旧城个别片区拆建改造阻力较大，影响了县城协调发展。此外，由于过度追求经济利益，加之生产生活节奏加快等原因，生态环境受到影响，县域大片原始森林所剩无几，野生动植物品种数量减少，土壤、空气和水质量有所下降。同时，因社会转型导致不稳定因素增多，经济不发达导致人才外流较为严重。这些都是宁化未来发展亟待解决的问题。县委、县政府正带领全县人民在坚持科学、和谐发展的道路上，扬长避短，兴利除弊，奋起直追，加快实施"三区"（城市新区、工业新区、旅游新区）开发、"四地"（现代农业示范基地、有色金属材料制造业基地、重要物流集散地和海西知名文化旅游目的地）建设，拥有客家祖地独特历史文化、"有色金属聚宝盆"、丰富绿色资源和沿海走廊、内陆窗口、海西前锋特殊区位优势的宁化一定能走向更加繁荣昌盛、文明美好的明天！

大 事 记

1988 年

1月21日，宁化县被世界卫生组织确定为福建省5个国际妇幼卫生示范扩展县之一。

1月，全县正式启动居民身份证颁发工作。全年制证151676张。

4月1日，成立宁化县吸烟与健康协会，为全国首家同类县级协会。

4月，动工拓宽改造小溪河上游路段，拆迁91户，12月底工程完工。原路长295米、宽4米，改建后长300米、河两侧街道各宽6米，总投资100万元。

5月24日，城区开通自动直拨电话，宁化结束"摇把子电话"历史。

5月，治平玉扣纸、门地毡、安远白莲、禾口锡等产品进京参加全国少数民族用品及民族地区名、优、特产品展销。

6月28日，宁化县人民代表大会常务委员会（以下简称县人大常委会）在宁化首次发起举办"南方九省（区）十六县（市、区）人大工作研讨会"。

7月24日，城区东山桥改建竣工通车，桥长125.10米、宽12米，造价54.50万元。

10月14日，中央电视台一行8人到宁化拍摄反映乡（镇）企业改变老区面貌的电视片。拍摄了宁化县羽绒厂、宁化县化肥厂、宁化县林产化工厂、禾口锡矿、淮土钨酸厂、湖村大理石厂、治平竹筷厂、安乐硅铁厂等乡（镇）企业的现场生产情况。

10月15日，城关新桥动工改建并更名为东门桥。1989年8月18日，东门桥竣工通车，桥长80米、宽16.20米，总造价125万元。

11月2日，日本千叶大学教授菱田四郎博士到禾口乡考察白垩系地层剖面情况。

11月，城区农贸市场双跨铁索吊桥竣工，桥长100米、宽3.20米。

12月10日3时，城郊乡社背村一村民家中因灶灰复燃引起火灾，造成经济损失2600元，死亡5人。

12月15日，宁化县公安局在全县开展统一收缴社会枪支弹药、爆炸物品、管制刀具活动。至1989年1月31日，共收缴各类枪支9支、子弹156发、管制刀具63把。

1989 年

1月22日，省委书记陈光毅一行27人到宁化曹坊乡、禾口乡考察、指导改灶节柴试验和水土保持工作；在羽绒服装厂和鱼龙林场召开座谈会，听取林业经营体制改革汇报。

1月25日，经福建省人民政府（以下简称省政府）批准，宁化县通用机械厂生产的YX（D）-45T压力成型机（45吨平板硫化机）获1988年度福建省优质产品称号。

3月28—30日，闽赣两省宁化县与宁都县边界贸易会在宁化城关召开，5个地（市）、15个县的300余名代表参加，35个单位参展，共展出商品2万余种，成交金额791万元，其中宁化县546万元。

4月3日，禾口、济村、方田、淮土、城郊、翠江等乡（镇）遭龙卷风袭击，受灾1200户，直接经济损失130万元。

5月12日晚，受暴雨夹冰雹袭击，全县受灾5709户26549人，民房倒塌145间，双季稻受淹800公顷，烤烟受灾106.67公顷，冲毁水陂36座、桥梁13座，直接经济损失150万元。

6月13日，宁化县政府机关事务管理局（以下简称县机关事务管理局）成立，为正科级行政单位。

8月7日，宁化被正式列为国家商品粮基地县。

9月22日，城关寿宁桥动工拓宽改建。1990年1月22日寿宁桥竣工，桥长60米、宽12.50米。

10月11日，宁化县林产化工厂被国务院批准为国家二级企业，为宁化首家国家二级企业。

10月14日，县委、县政府在宁化县影剧院召开贯彻中央《关于贪污、受贿、投机倒把等犯罪分子必须在限期内自首坦白的通告》宽严大会，对9名有贪污、贿赂行为的国家机关工作人员进行公开处理，其中开除公职3人、撤销职务3人、降级处分1人、行政记大过2人。

10月28日，南京军区副司令员、少将俞炳辉到宁化考察。

11月16日，宁化县绿化委员会在老干部活动中心举办县首届菊花展览会，展出菊花300多个品种、1.30万盆，历时15天，参观人数6万人次。

12月11日，中共中央顾问委员会常委陈丕显到宁化考察。

12月13日，全国政协原副主席杨成武到宁化考察。

12月24日，县委、县政府召开社会主义教育分团团长会议，部署"社教"（社会主义教育）工作。1990年，成立社教总团，抽调813名干部组成"社教"工作队，驻村开展"社教"活动。1993年2月"社教"活动结束。

12月25日，宁化县老干部活动中心（寿苑）竣工交付使用。

是年，城关翠园动工改建为封闭式公园。2001年6月，改建为开放式广场，占地面积1.50公顷。

1990 年

2月8日，成立中共宁化县委信访局、宁化县政府信访局，合署办公，为正科级行政单位。

3月14日，禾口乡在石碧举行客家文化庙会，新华社福建分社、福建日报社、福建电视台、福建电台、福建画报社、福建侨报社、港台信息报社、上海旅游报社、三明日报社、三明电台等10家新闻单位组成的"客家祖地旅游新闻采访团"一行28人到石碧村采访。

3月，宁化首家台商独资企业——福建吉发工艺有限公司注册成立。

4月2日，宁化县老干部局（以下简称县老干局）、宁化县农业机械管理局（以下简称县农机局）恢复建制，成立宁化县老龄工作委员会办公室（以下简称县老龄办），与县老干局合署办公。

4月13日，宁化县客家研究会成立，为客家研究的专门机构。

5月15—17日，全国政协常委、中华人民共和国林业部（以下简称林业部）原副部长马玉槐到宁化考察。

6月8日，巴西烟草专家到宁化考察烤烟生产情况。

7月1日0时，全国开展第四次人口普查。宁化县普查结果：总户数67748户人口333973人，其中男172100人、女161873人。

7月1日，沙子甲万吨自来水厂建成通水。

7月11日，宁化县环境保护局（以下简称县环保局）成立，为正科级行政单位。

9月8日晚，"亚运之光"火炬从建宁县传送到宁化，宁化在寿宁桥头举行火炬交接仪式和接力活动，数万人参加。

9月29日，经省政府批准，湖村乡撤乡建镇，行政区域和政府驻地不变，实行镇管村体制。

12月12—15日，中共宁化县第七次代表大会在县影剧院召开，出席会议正式代表280人，黄永发作题为《坚持党的基本路线，团结奋进，振兴宁化》工作报告，会议选举黄永发为县委书记、李玉兔为县纪委书记。

12月20日，宁化县土地管理局（以下简称县土地局）在城关举行首批国有土地使用证颁发仪式。

是年，宁化县开始供应瓶装液化气。

1991 年

1月3日，国家烟草专卖局授予宁化"全国烟草生产先进县"称号。

1月14—18日，中国人民政治协商会议宁化县第四届第一次会议在县政府办公楼六楼会议室召开，出席会议委员130人，王瑞枝当选为县政协主席。

1月15—18日，宁化县第十一届人民代表大会第一次会议在县影剧院召开，出席会议正式代表283人。会议选举温道镜为县人大常委会主任、陈元浩为县人民政府县长。

1月31日，宁化天鹅洞群风景区正式开放。

2月，宁化天鹅洞群风景区被福建省人民政府列为第二批省级重点风景名胜区。

3月15日，中华人民共和国民政部（以下简称民政部）副部长边连尹到泉上、湖村等乡（镇）考察村级组织建设情况。

3月31日，福建省副省长陈明义到宁化检查指导工作。

4月，全国政协原副主席杨成武为石壁亲笔题写"客家祖地"。

7月10日，宁化县客家宾馆竣工开业。

8月29日，县委、县政府下文公布黄锄荒、邱位畴、杨洪瑞、施杨松、翁钟文为宁化县首批拔尖人才。

9月24日，全县秋季物资展销会暨耕牛交流会开幕，会期3天。

12月27日，全县普降大雪（冰粒）并伴冻雨，气温骤降，极端最低温度-9℃，持续4天。

是年，北山公园扩建。1992年竣工，占地面积16.01公顷。

1992 年

2月，金叶大酒店动工兴建。1993年工程竣工，建筑面积5080平方米，造价300万元，为全县首座配有电梯的酒店。

3月8日，福建省副省长苏昌培到宁化检查指导工作。

5月7日，在全国青年田径锦标赛上，宁化籍运动员俞华秀以6.62米的成绩获女子跳远金牌。

5月8日，经省政府批准，横锁乡更名为城南乡，行政区划不变，乡政府驻地由横锁村迁至曲段村。

6月4日，宁化县首家工业企业集团公司——福建省宁化化工实业总公司成立。

7月4—6日，全县普降暴雨，6日下午城关水位高达11.10米，超警戒线2.10米，城区400多户住房进水，因灾死亡3人、受伤1人，直接经济损失2570万元。

7月14日，宁化县针织总厂因长期亏损、资不抵债宣告破产，为改革开放后宁化县首家破产企业。

7月16日，曹坊乡发生一起持枪抢劫杀人案，2名烟草公司收购人员被歹徒枪杀，6万余元现金被抢。140小时后，2名犯罪嫌疑人被捉拿归案，全部赃款被缴获。

7月19日，由美国、英国、孟加拉国、印度尼西亚等国专家学者组成的考察团一行7人，到宁化考察村民自治工作。

8月8日，宁化县首家城市信用社正式开业。

8月28日，巫罗俊怀念堂动工兴建。1996年5月16日竣工，占地面积1630平方米，总投资250万元。

9月13日，全县秋季物资展销会在城关举办，江西、广东、上海、浙江、天津、江苏、山东等8省15地（市）46个县（区）代表800人参加，贸易成交额3502万元，创历史最高水平。

9月20日，城区横街动工拆迁改建。

9月，中华人民共和国成立后首部《宁化县志》由福建人民出版社出版发行，全志35卷，123.90万字。

10月22日，宁化县被评为"全国初级卫生保健达标先进县"，属全省首家。

11月18日，世界首座客家公祠在禾口乡石碧村动工兴建。1995年11月28日竣工。

11月18—20日，首届宁化客家民俗文化节在宁化县体育场举行。来自美国、泰国、新加坡、印度尼西亚、瑞典等国家和中国香港、台湾地区的260名嘉宾参加开幕式，观看群众数万人，为宁化有史以来规模最大的一次涉外文化活动。文化节期间，进行为期3天的经贸洽谈，签订投资合同13份，总投资1.20亿元人民币，贸易成交额8399.60万元。

11月25—30日，在福建省第十届运动会上，宁化籍运动员廖红以27秒2的成绩连续两次打破全国女子少年组200米栏纪录，获金牌。

12月12日，宁化首次举行横街国有土地使用权拍卖竞标会，横街1060平方米国有土地使用权以每平方米最高价2010元、最低价960元拍卖成交，成交均价每平方米1400元，共收回土地有偿使用费149万元。

是年，宁化县民间文学集成编委会组织编纂出版《中国民间故事集成·福建卷·宁化县分卷》《中国谚语集成·福建卷·宁化县分卷》《中国歌谣集成·福建卷·宁化县分卷》（简称"宁化县民间文学三套集成"）。

是年，城区中心农贸市场动工扩建。1993年6月24日市场竣工开业。

1993 年

1月1日，宁化县取消粮食定购任务，全面放开粮食销售价格，粮食企业实行自主经营，参与市场竞争。

2月3—5日，宁化县第十一届人民代表大会第三次会议在县影剧院召开，出席会议正式代表275人。会议选举温道镜为县人大常委会主任、肖明洪为县人民政府县长。

2月9日，福建省省级文物保护单位——伊秉绶墓被盗。

4月9日，城区中环路动工修建。2006年12月中环路修建工程竣工，全长2.10公里、宽50米，总投资3800万元。

4月20日，宁化县公安局开通"110"报警服务电话。

4月25日，经县政府批准，城南乡增设城南村，全县建制村由207个增至208个。

4月25日，泉上、禾口、淮土等乡（镇）遭受暴雨和冰雹袭击，冰雹直径4厘米，造成1310.63公顷烤烟受灾，房屋倒塌 12 间，直接经济损失 577 万元。

5 月 4 日，民政部撤县建市调查组一行 2 人到宁化开展调查。

5 月，宁化开通第一部模拟移动电话。是年 12 月 26 日，移动电话系统正式运行。

6 月 1 日，全县住房制度改革正式实施，公有住房每平方米月租金调整为 0.40 元，公有住房售房工作开始起步。

7 月 8—9 日，宁化县第十一届人民代表大会常务委员会第十八次会议召开，审议河龙乡人大主席团《关于河龙乡第十二届人大第三次会议的情况报告》和县调查组的调查报告。鉴于个别人的非组织活动，违反《中华人民共和国选举法》规定，妨碍了代表自由行使民主权利，为维护法律尊严，会议依法作出《宁化县人大常委会关于河龙乡第十二届人大第三次会议选举无效的决议》。

7 月 20 日，省委书记陈光毅到宁化调研，考察北山公园、城区中心农贸市场、中环路建设工地、沙子甲水厂、县羽绒服装厂、乌龙峡电站技改项目。

7 月 26 日凌晨，城区 5000 门程控电话开通，电话号码增至 6 位数。

10 月 9 日，中国扶贫开发协会会长项南在市委书记周厚稳的陪同下到宁化调研，深入城区工厂、街道、商场及禾口紫砂陶瓷厂、客家祖地考察。

12 月 7 日，经省政府批准，撤销禾口乡，改设石壁镇，行政区域和政府驻地不变，实行镇管村体制。

12 月 23—25 日，中共宁化县第八次代表大会在县影剧院召开，出席会议正式代表 270 人，陈元浩作题为《建立社会主义市场经济体制，加快宁化现代化建设步伐》的工作报告。会议选举陈元浩为县委书记、邓云子为县纪委书记。

1994 年

1 月 7 日，宁化籍老红军、中央军委空军原顾问、少将张雍耿在南京逝世，享年 77 岁。

1 月 8 日，清流至宁化 11 万伏输变电线路及宁化城东 11 万伏变电站投入运行。

1 月 12—16 日，中国人民政治协商会议宁化县第五届第一次会议在县政府办公楼六楼会议室召开，出席会议委员 140 人。会议选举王瑞枝为县政协主席。

1 月 13—16 日，宁化县第十二届人民代表大会第一次会议在县影剧院召开，出席会议正式代表 294 人。会议选举陈元浩为县人大常委会主任、李家才为县人民政府县长。

2 月 10 日，中华全国台湾同胞联谊会会长、台盟中央委员会副主席张克辉一行 8 人到宁化考察。

3 月 24 日，经县政府批准，湖村镇城门村划分为城门、彭高 2 个建制村，全县建制村增至 209 个。

4 月 1 日，宁化县有线电视台正式开播《宁化新闻》，每周播出一次。

5 月 1—2 日，全县遭受清嘉庆五年（1800 年）以来最强洪涝。翠江河水位高达 13.96 米，超过警戒水位 4.96 米，16 个乡（镇）195 个建制村的 27 万人受灾，因灾死亡 44 人；农作物受灾 2.72 万公顷，房屋倒塌 8006 幢 23678 间；直接经济损失 8.60 亿元。国家防汛抗旱总指挥部领导、中国科学院专家、省委书记贾庆林等分别于 5 月 7 日、14 日、22 日到宁化考察 "5·2" 灾情。

5 月 2 日 11 时，济村乡罗家村罗家嶂小组遭遇暴雨袭击，山洪暴发，冲毁房屋 7 幢 35 间，死亡 11 人。

5 月 12 日，在第十次全国民政工作会议上，宁化县被民政部授予 "全国民政工作先进县"。

5 月 25 日，全县行政事业单位工资制度改革启动。

6 月 14—15 日，县域遭受洪水袭击，城区翠江河水位达 10.30 米，超过警戒水位 0.80 米，水茜、河龙、安远、中沙、济村、石壁等乡（镇）灾情严重，全县经济损失 3.50 亿元。

7 月 4 日 0 时，全县电话号码由 6 位升为 7 位。

8月31日，宁化县税务局分设为宁化县国家税务局和宁化县地方税务局，正式实行分税制。

8月，中环大桥动工修建，一期工程于1995年竣工；二期工程于2004年10月动工，2006年12月竣工，桥长150米、宽25.40米，总投资1500万元。

9月29日，经县政府批准，淮土乡罗坑村划分为罗坑、周坑2个建制村，全县建制村增至210个。

10月，经国家文物局近、现代文物专家组鉴定，宁化县革命纪念馆收藏的《中国工农红军军用号谱》被定为国家一级文物。

是年，宁化县被卫生部授予"全国食品卫生示范县"称号。

1995 年

1月12日，福建省副省长潘心城到宁化县城南、中沙、湖村、县水泥厂、宁化第一中学、宁化县职业中学等乡（镇）和单位考察，并慰问灾区群众。

4月15日20时50分，全县普降暴雨，石壁、淮土、方田等3个乡（镇）遭遇特大龙卷风夹冰雹袭击，其他乡（镇）不同程度受灾，直接经济损失4700万元。

4月25日，宁化职业中学改办成全日制职业中专学校，定名为福建省宁化职业中专学校。2004年4月，被省政府批准为省级重点中等职业学校。

6月13日，澳门考察团及民政部副部长范宝俊、福建省副省长童万亨等到宁化考察抗洪救灾和重建家园工作。

7月21日16时，治平乡园岭栋发生一起中巴客车超载翻车的特大交通事故，死15人、伤34人。

9月12日，1995年三明（宁化）边贸暨投资合作洽谈会在宁化召开，13个省市的68个县代表1000余人参加。3天贸易额1.57亿元，达成投资合作项目8个，总投资2600万元。

9月19日，中华人民共和国农业部（以下简称农业部）"百县调查组"到宁化开展调查活动。

9月24日，县委、县政府在县影剧院召开9、10月份计划生育千人动员大会。

10月2日，以全国政协委员、香港南源永芳集团公司董事长姚美良太平局绅为团长的马来西亚客家文化寻根访问团一行34人，到宁化寻根谒祖。

10月30日，宁化县93岁老人黎盛珠被中国老年人体育协会、中国老龄协会评为第四届全国健康老人。

10月31日，安远乡获全国土地管理"三无"（无越权批地、无违法占地、无违法管地）活动模范乡称号。

11月8日，全国政协副主席叶选平为石壁亲笔题写"客家公祠"祠匾。

11月23日，民政部授予宁化"全国村民自治模范县"称号。1998、2003年，宁化县再次获此称号。

11月28日，宁化石壁客家公祠落成暨首届世界客属石壁祖地祭祖大典在宁化县石碧村举行，来自马来西亚、新加坡、泰国及中国港台地区的客属社团代表、新闻记者和内地省市代表及县内群众6万人参加祭祖活动。福建省原省委书记伍洪祥、省政协原副主席熊兆仁、三明市委书记黄贤模出席庆典。

1996 年

2月18—21日，县域持续低温出现雨淞（冻雨），最低温度-6℃。烤烟受灾0.99万公顷，茶果受灾1万公顷，毛竹受损0.80万公顷，房屋倒塌145间，直接经济损失2600多万元。

3月1日17时30分，石壁镇杨边村地段发生一起交通事故，死3人、伤8人。

3月2—5日，城区首次发行600万元民政福利彩票。

3月23日，宁化县人民武装部由地方武装建制恢复为军队建制，改称中国人民解放军福建省宁化县人民武装部（以下简称县人武部）。

4月22—26日，宁化县第十二届人民代表大会第三次会议在县影剧院召开，出席会议正式代表286人。会议选举杨振嵩为县人大常委会主任、唐连惠为县人民政府县长。

4月25—26日，国家烟草总局副局长姜成康到宁化调研。

6月4日，安乐加油站发生一起杀人焚尸案，次日告破。

8月18日，中外合资宁化蛟龙水泥有限公司建成投产。

9月29日，1996年三明（宁化）边贸暨投资合作洽谈会在宁化开幕，13个省63个县（市）400余位客商参加，贸易成交额1.39亿元。

10月6日，"客家中学教学楼"揭牌仪式在石壁举行，国际报业大王、香港星岛集团董事兼总经理胡仙，"胡文虎基金会"会长林铭侃出席。福建省原省委书记项南为教学楼题名"胡文虎基金会教学大楼"。

10月18日，闽赣边贸建材市场动工兴建。2009年9月28日竣工，占地面积7.41公顷，总投资3.50亿元。

11月3日，宁化县文化馆组织创作的反映客家风情舞蹈《踩竹麻》，获全国第六届"群星奖"舞蹈比赛铜牌。

12月14日，全县机构改革动员大会在县客家宾馆会议宫二楼会议厅召开。改革后，县级党政机构由55个减为33个，精简40%；乡（镇）党委、政府机构设党政、农业、财经、社会事务、计划生育、村镇建设等办公室6个。

12月，经对外贸易经济合作部批复，宁化县外贸公司获进出口经营权，为全县首家。

1997 年

1月6日，省政府委派6名省直机关干部到宁化支持教育工作，6人分别在6个基层学校任职2年。

3月24日，县委办公楼在原址动工拆旧建新。1998年8月8日竣工交付使用，建筑面积5680平方米，造价500万元。

4月1日，经福建省卫生厅批准，宁化县医院升格为二级乙等医院。

5月26日，县政府原县长李某某因受贿和接受礼金受到开除党籍处分；6月11日，李某某被开除公职。

5月26日，越南高平省农业厅副厅长到宁化考察烤烟生产。

6月4日凌晨2时至10时，淮土、方田、石壁、城郊、治平等5个乡（镇）遭受暴雨袭击，山洪暴发、河水暴涨、淹没村庄、农田，冲毁庄稼、房屋，直接经济损失6000多万元。

6月9日，全县16个乡（镇）普降暴雨，城区超警戒水位2.97米，167个建制村的18.63万人受灾，因灾死亡8人，直接经济损失3.14亿元。河龙乡永建村会计李玉堂在暴雨引发的山体滑坡中为抢救村民牺牲。12月20日，李玉堂被民政部追认为革命烈士。

6月25日，淮土、方田、曹坊、治平、安乐、泉上、湖村、石壁等8个乡（镇）遭遇暴雨袭击，桥下、隆陂、沙坪、泉上四座水库不同程度溢洪，因灾死亡1人，失踪1人，直接经济损失3680万元。

7月10日，省委副书记何少川、市委书记黄贤模一行25人到宁化调研天鹅洞群风景区和石壁客家公祠建设情况。

8月1日，云南省副省长梁公卿一行到宁化考察烤烟生产。

9月18—20日，1997年三明（宁化）边贸暨投资合作洽谈会在宁化召开，闽赣两省5个地区30多个市、县800名客商及来宾参加，贸易成交额1.60亿元。

9月，宁化县中医院伊琴华获三明市首届"十佳杰出青年"称号。

10月13—15日，首届"宁化石壁与客家世界"学术研讨会在县客家宾馆召开，11个省、市80余位专家学者参加。

10月16日，福建省首届客家文化旅游节暨第三届世界客属石壁祖地祭祖大典在宁化县石壁举行，有6个国家和地区的12个客家社团代表及内地群众共4.50万人参加，副省长张家坤出席开幕式。

10月26—27日，国家气象局副局长李黄一行9人到宁化指导工作。

11月25日15时10分，济村、湖村、中沙、城郊、泉上、石壁、河龙等7个乡（镇）突遭暴雨、龙卷风、冰雹袭击，直接经济损失6096.30万元。

12月1日，省委书记陈明义、市委书记黄贤模一行到中沙半溪村及河龙永建村看望慰问受灾群众。

12月25日凌晨1时40分，宁化籍驾驶员范某某驾驶闽GT7002号客车到三明梅列区陈大镇为安乐乡夏坊村村民肖某某处接亲，在返回宁化途经三明莘口镇黄沙大桥时，由于车速过快，驾驶员操作不当，客车冲出桥面，从16.80米高处坠入河中，造成车上17人全部死亡的特大交通事故。

1998 年

1月1日，毛泽东诗词《如梦令·元旦》铜雕揭幕仪式在北山公园举行。

2月7—10日，中国人民政治协商会议宁化县第五届第五次会议在县客家宾馆会议宫二楼会议厅召开，出席会议委员143人。会议选举罗朝祥为县政协主席。

2月15—16日，省委副书记习近平到宁化调研，就农村工作、农业产业化发展、脱贫致富奔小康、生态林业及弘扬客家精神做好客家祖地文章等方面作出指示。

5月16日，祖籍宁化的美籍华裔画家雷静波在宁化县博物馆举办个人画展。

7月1日，全县开始实行住房公积金制度，废止住房实物分配制度。

7月1日，城镇居民最低生活保障金首发式在翠江镇举行。

8月27日8时，三明市汽车运输总公司宁化分公司闽G7022号宁化开往建宁的客车，行至建宁县均口镇龙下十八闸水库路段时，因刹车失灵，驾驶员处理不当，客车翻入20米深山沟，造成死亡38人、伤3人的特大交通事故。

8月，城区防洪堤动工修建。2001年10月竣工，全长11.80公里，总投资2350万元，为宁化有史以来最大的防洪工程。

9月28日，宁化县邮电局分设为宁化县邮政局、宁化县电信局，独立开展业务。

10月16日，省政府授予宁化"全省土地执法模范县"称号。

11月23—25日，中共宁化县第九次代表大会在县影剧院召开，出席会议正式代表280人，吴俊慰作题为《艰苦创业，团结拼搏，把充满希望的宁化带入21世纪》的工作报告。会议选举吴俊慰为县委书记、刘日太为县纪委书记。

12月，在城关南面福林山山顶动工重建慈恩塔。2005年9月30日竣工，共7层，高52米，总投资200.80万元。

是年，根据1998年5月20日福清会议"山海协作，结对扶贫"精神，宁化泉上华侨农场有17户56人搬迁到福清常山华侨农场居住。

1999 年

1月5—8日，中国人民政治协商会议宁化县第六届第一次会议在县客家宾馆会议宫二楼会议厅召开，出席会议委员137人。会议选举罗朝祥为县政协主席。

1月6—9日，宁化县第十三届人民代表大会第一次会议在县影剧院召开，出席会议正式代表199人。会议选举林福生为县人大常委会主任、陈忠杰为县人民政府县长。

2月9日，宁化县牙梳山被省政府批准为省级自然保护区，总面积5249.52公顷。

6月14日，副省长汪毅夫到宁化调研泉上华侨农场体制下放事宜；6月29日，泉上华侨农场由福建省侨务办公室（以下简称省侨办）下放县政府管理。

6月17日，宁化县电力公司移交三明电业局代管。

6月26日，宁化县工商行政管理局移交福建省工商行政管理局垂直管理。

8月16—18日，副省长丘广钟到宁化治平乡、石壁镇调研。

8月30日，宁化师范附属小学由三明市下放宁化县管理。

9月27日，宁化县民政局在城关南大街举办500万元福利彩票发行活动。

10月27日，巫罗俊塑像揭幕仪式在巫罗俊公怀念堂举行，来自泰国等国家和中国台湾地区的60余位巫氏宗亲参加揭幕仪式。

10月，福建宁化盐务局、福建省盐业公司三明分公司宁化支公司成立，合署办公。

是年，宁化县被民政部和全国拥军优属、拥政爱民办公室（以下简称全国双拥办）命名为"全国爱心献功臣先进县"，被中华人民共和国教育部（以下简称教育部）授予"普及九年义务教育、扫除青壮年文盲县"。

是年，宁化县被确定为全省农电"两改"（农村电力体制改革、农村电网改造）首批试点县之一，开始实施"两改"。

2000 年

1月14日，宁化"客源"牌酒娘获2000年福建省农业精品展销会金奖。

4月11日，宁化县湖村昌盛采石队成立，为《中华人民共和国个人独资企业法》实施后宁化县首家个人独资企业。

4月13日，全县"三讲"（讲学习、讲政治、讲正气）教育动员会在县影剧院召开。2001年1月7日"三讲"活动结束，73名学习教育对象参加活动，其中处级干部32人、科级干部41人。

5月8日，经省教育厅批准，福建省宁化师范学校（以下简称宁化师范）改制更名为福建省三明工贸学校（以下简称三明工贸学校），副处级单位，隶属三明市人民政府主管，学校办学规模仍为市属普通中专建制。

7月1日，治平乡遭遇特大龙卷风、冰雹袭击，死亡2人。

7月4日，宁化县技术监督局移交福建省质量技术监督局管理。

7月18日，经省政府批准，撤销治平乡，设立治平畲族乡，行政区划和乡政府驻地不变。

8月22日，副省长汪毅夫到宁化检查指导侨务和民族宗教工作。

8月31日0时起，宁化县殡仪馆投入运营，全县开始实行遗体火化。

10月19日，省委常委、省军区司令员陈明端到宁化检查、指导人民武装工作。

10月，《客家祖地石壁丛书》（宁化掌故、宁化风光、宁化民间传说、宁化客家民俗、宁化客家民间音乐、客家与宁化石壁、宁化客家姓氏源流、宁化客家人物共8册）由中国华侨出版社出版发行，共155.50万字，被客家学术界赞誉为"世界第一部客家重要社区综合文化丛书"。

11月1日0时，全国开展第五次人口普查。宁化县普查结果：总户数81974户、人口298434人，其中男152586人、女145848人。

11月17—18日，第二届"宁化石壁与客家世界"学术研讨会在宁化县客家宾馆举行，11个省市区80余位专家学者出席。

11月17—23日，第六届世界客属石壁祖地祭祖大典在石壁举行，该活动是世界客属第16届恳亲大会系列活动之一，美国、英国、法国等13个国家和地区的20个社团的客家乡贤参加，为六届祭祖活动中规模最大的一次。印度尼西亚第二大党大同党创建人、客属总公会创会长、亚细安客联总会总主席吴能彬出席大典。

11月29日，三明市汽车运输总公司宁化公司兼并宁化县汽车运输公司。2001年1月9日，改制为福建闽通长运股份有限公司宁化分公司（以下简称闽通宁化分公司）。

11月，在第一届亚洲皮划艇激流回旋锦标赛上，宁化籍运动员朱莉莉与队友一起获女子皮划艇团体冠军，朱莉莉在单人皮划艇1000米漂流中获亚军。在全国皮划艇激流回旋锦标赛上，朱莉莉获女子单人皮划艇冠军。

12月，宁化县妇幼保健院被卫生部、联合国儿童基金会、世界卫生组织授予"爱婴医院"称号。

2001 年

2月6日，宁化籍老红军、解放军少将孔俊彪在南京逝世，享年84岁。

2月23日，宁化县"三个代表"（中国共产党代表中国先进生产力的发展要求，代表中国先进文化的前进方向，代表中国最广大人民的根本利益）重要思想学习教育活动动员大会在客家宾馆会议宫二楼会议厅召开，副省长丘广钟出席会议。2002年4月30日活动结束，全县92个部门、16个乡（镇）、210个建制村、16个居委会、189个乡（镇）站（所）的5948名学习教育对象参加此项活动。

4月1日，福建省军区参谋长、少将王贺文到宁化指导武装工作。

4月23日，"严打"（集中严厉打击严重刑事犯罪活动）整治斗争公捕公判大会在县影剧院召开，会上宣判犯罪分子4名，公开逮捕犯罪嫌疑人12名。

4月，城东广场住宅小区动工兴建。2005年12月竣工，共建8幢商住楼，用地面积3万平方米，总投资5350万元。

6月11日，县内首家股份制旅行社——宁化客家祖地旅行社成立。

6月13日，全县普降大到暴雨，16个乡（镇）180个建制村遭灾，受灾17.63万人，因灾死亡5人，直接经济损失2.80亿元。

6月，由中共宁化县委党史研究室编写的《宁化人民革命史》由北京燕山出版社出版发行，全书16万字。

7月1日，全县开始实施城镇职工基本医疗保险制度，首批定点医院7家、药店4家，参保单位40家550人。

10月11—14日，中国国内客属首届恳亲联谊大会在县客家宾馆会议宫二楼会议厅召开，6省12地市33个县的300名代表参加。

11月1日，宁化县药品监督管理局成立（以下简称县药监局），为正科级行政单位。

11月，中、日、韩三国举重比赛中，宁化籍运动员伊佩玉、章贤珠分别获 53 公斤、63 公斤级金牌共 6 枚。

12月10日，省农业厅厅长吴建华等 4 位全国人大代表到宁化考察。

12月，龙门桥动工修建。2002 年 10 月 29 日 24 时，因连日降雨造成正在施工的桥体垮塌，无人员伤亡。后重建，于 2003 年 6 月底竣工。桥长 84 米、宽 21 米，总投资 750 万元。

12月，宁化县被中华人民共和国国土资源部（以下简称国土资源部）授予"全国土地执法模范县"称号。

2002 年

1月5日10时，淮土乡五星村米子径自然村一非法鞭炮加工点因操作不慎发生爆炸，死亡 4 人。

3月9日，宁化县党政机构改革动员会在客家宾馆会议宫二楼会议厅召开。改革后，设县级党政机构 28 个、合署办公机构 2 个、部门管理机构 6 个、议事协调机构 2 个；乡（镇）党政机构统一设置为党政、农经、社会事务、计划生育、社会治安综合治理等办公室 5 个，乡（镇）事业单位由 13 个减为 6 个，精减 53.85%。

3月18—21日，宁化县水泥厂 200 余人因企业改制遗留问题集体到县政府上访，要求解决下岗安置补偿标准偏低、社会养老保险及再就业等问题，其中 30 名职工静坐县政府门口 4 天 3 夜。县政府召开会议，研究决定根据职工解除劳动合同前 12 个月企业平均工资标准和职工工龄，每个工龄补偿 1 个月平均工资，并按参加失业保险情况发给失业金（最长不超过 2 年），上访问题得以解决。

4月8—9日，省委书记宋德福、副书记黄瑞霖到宁化调研农业农村工作。

4月26日，宁化县城市经营有限公司成立，注册资金 1000 万元。

5月，宁化籍运动员朱莉莉获全国锦标赛女子单人皮划艇冠军。

6月13—18日，全县普降暴雨，城区超警戒水位 1.20 米，16 个乡（镇）、186 个建制村、25.10 万人受灾，因灾死亡 7 人，直接经济损失 3.10 亿元。

6月23日上午，中共中央政治局委员、中华人民共和国国务院副总理温家宝率国家 7 部委负责人到宁化考察、看望、慰问灾区干部群众。下午，福建省省长习近平、副省长陈芸率 9 个部门负责人到宁化指导抗灾救灾，并调研农业、农村工作。

7月10—14日，全国党建研究会会长、中共中央组织部原部长张全景到谷文昌工作、生活过的宁化县石壁镇红旗村、隆陂水库等地调研，并召开谷文昌先进事迹座谈会。

9月1日，县自来水调价为居民生活用水每吨 1 元，工商企业用水每吨 1.05 元，营业性用水每吨 1.10 元。

9月24日，全国政协委员、胡文虎基金会主席胡仙博士到宁化考察。

10月4日、16日和26日，第八届世界客属石壁祖地祭祖大典分三次在石壁举行，7 个国家和地区、6 省（市）、32 个祭祖团及内地群众 1 万余人参加。

11月30日，福建省军区司令员张鹤田到宁化调研。

12月4—5日，副省长刘德章到宁化调研。

12月26—28日，全县普降大雪，积雪厚 12 厘米，农作物受灾 758.33 公顷，竹林受损 1166.70 公顷，直接经济损失 3000 万元。

是年，全县用电实行城乡同网同价。

2003 年

1 月 18—20 日，中国科学院院士、中国工程院院士张宗祜到宁化考察天鹅洞群国家地质公园申报情况。

3 月 29 日，宁化"实验教学普及县"通过省级达标验收。

5 月 11 日，安乐乡谢坊收费站路段发生一起重大交通事故，死亡 3 人、伤 6 人。

5 月 29 日，宁化籍老红军、解放军南京军区炮兵原顾问、少将张新华在南京军区总医院逝世，享年 92 岁。

6 月 16—18 日，福建省宁化化工实业总公司（原宁化县化肥厂）300 余名职工因企业改制问题集体到县政府上访，反映下岗安置补偿标准偏低、社会养老保险及再就业等问题，50 名职工在政府大门口静坐 3 天 2 夜。县政府按照 2002 年宁化县水泥厂职工上访后的解决办法予以解决。

6 月，宁化县人民政府门户网站正式开通，网址：http://www.fjnh.gov.cn

6 月，在第 29 届世界青年举重锦标赛上，宁化籍运动员章贤珠获 2 枚金牌、1 枚银牌，实现福建省女子举重运动员在世界级比赛中金牌零的突破。

7 月，在世界皮划艇激流回旋锦标赛暨奥运会选拔赛上，宁化籍运动员朱莉莉获 2004 年雅典奥运会入场券，实现三明市奥运会选手零的突破。

7—8 月，持续 42 天高温无雨，极端最高气温 38.6℃，刷新 1958 年的最高气温纪录。高温、少雨气候引发 1939 年以来最为严重的特大旱情，造成 6.30 万户 24.90 万人受灾，农作物绝收 5933 公顷，直接经济损失 1.57 亿元。

8 月 12—13 日，副省长刘德章到安远、湖村、泉上等乡（镇）考察防汛抗旱工作。

11 月 1 日，城南大桥动工兴建。2005 年 6 月 25 日大桥竣工通车。桥长 157 米、宽 21 米，总投资 750 万元。

11 月 26—28 日，中共宁化县第十次代表大会在县客家宾馆会议宫二楼会议厅召开，出席会议正式代表 281 人，陈忠杰作题为《与时俱进，艰苦创业，为建设闽赣边界中部经济强县而努力奋斗》的工作报告。会议选举陈忠杰为县委书记、刘日太为县纪委书记。

12 月 28—31 日，中国人民政治协商会议宁化县第七届第一次会议在县客家宾馆会议宫二楼会议厅召开，出席会议委员 137 人。会议选举罗朝祥为县政协主席。

12 月 29 日—2004 年 1 月 1 日，宁化县第十四届人民代表大会第一次会议在县影剧院召开，出席会议正式代表 198 人。会议选举林福生为县人大常委会主任、丁玉铭为县人民政府县长。

是年，东方花园住宅小区动工兴建。2005 年竣工，共建 17 幢商住楼、别墅 50 幢，用地面积 55334 平方米，总投资 1.15 亿元。

是年，宁化县物价局检查分局被中华人民共和国发展计划委员会命名为"规范化物价检查所"。

是年，全面推行农村税费改革，实施"五取消、一稳定、一改革"（取消乡统筹费，取消农村教育集资等专门面向农民征收的行政事业性收费和政府性基金、集资，取消除烟叶及原木收购环节特产税外的其他特产税，取消屠宰税，取消统一规定的劳动积累工和义务工；稳定农业税政策；改革村提留征收使用办法）税改措施。

2004 年

1月19日，宁化县天鹅洞群风景区被国土资源部批准为第三批国家地质公园。

3月11—12日，副省长王美香率省民政厅、省农办、省侨办等部门负责人到泉上华侨农场及治平畲族乡调研。

3月，宁化县向阳学校更名为宁化县特殊教育学校，是全县唯一的残疾儿童接受义务教育的九年一贯制寄宿制学校。2005年迁至南门新村38号。

4月1日，天鹅洞群风景区移交福建般若芳天鹅旅游发展有限公司经营。

5月17—20日，法国"欧洲中央管理与教育有限公司"一行4人到宁化城郊、湖村、石壁、淮土等乡（镇）考察水果生产、肉牛养殖、旅游项目。

6月1日，宁化师范附属小学创作的舞蹈《龙嬉》获全国第十三届"群星奖"儿童艺术表演大赛二等奖。

8月6日，宁化县治平中心学校更名为宁化县民族学校，属九年一贯制学校。

8月18日，省道205线城南乡伍坊路段发生一起特大交通事故，死亡3人。

10月23日中午，中共石壁镇石碧村支部书记张仁和在组织修建通村水泥公路时，被一辆失控的施工车撞伤，不幸以身殉职，年仅38岁。2005年2月，中共福建省委追授张仁和为"优秀共产党员"。中共福建省委、三明市委作出决定，号召全体党员学习张仁和先进事迹。2005年4月15日—16日，新华社、中央电视台、中央人民广播电台、光明日报社等11家媒体播发张仁和先进事迹。

10月，在全国皮划艇激流回旋锦标赛上，宁化籍运动员朱莉莉与队友一起获团体第一名。

11月2—3日，全国人大代表考察组一行10人到宁化考察西部水土流失治理工程。

11月18日，宁化红军长征出发地纪念广场（又名红土地广场）动工兴建。2005年10月13日竣工，占地面积8000平方米，总投资230万元。

11月22日，宁化石壁客家公祠建竣十周年暨第10届世界客属石壁祖地祭祖大典（简称"双庆"）在石壁举行，10个国家和地区、国内24个团队5000余人参加。

11月，宁化籍运动员张燕灵获福建省女子摔跤比赛63公斤级第一名。

12月20日，位于城区牛心坝的新汽车站动工兴建。2007年9月28日竣工并投入使用，占地面积1.87公顷，总投资2500万元。

是年，在福建省少年儿童举重锦标赛上，宁化籍运动员张丽芳获44公斤级金牌4枚，达国家一级运动员标准。

是年，全县高考本科上线人数首次突破千人大关，本科以上万人口上线率、高分段人数和增长幅度三项均名列三明市第一，实现高考成绩历史性突破。

2005 年

1月10日—14日，中国老区建设促进会（以下简称中国老促会）会长王作义、副会长陶量到宁化调研。

1月11日—13日，宁化县第十四届人民代表大会第二次会议在县影剧院召开，出席会议正式代表198人，会议选举巫福生为县人民政府县长。

2月2日，省委书记卢展工到石碧村调研，看望、慰问张仁和亲属。在张仁和先进事迹座谈会上，卢展工充分肯定张仁和的先进事迹，并就学习好、宣传好、推广好张仁和先进事迹作了重要讲话，总结共产党员张仁和的先进性是发展之中见责任，为民之中见传统，细微之处见先进，"三平"（平凡之中的伟大追求、平静之中的满腔热血、平常之中的极强烈的责任感）之中见精神。

2月3日，全县保持共产党员先进性教育活动动员大会在客家宾馆会议宫二楼会议室召开。全县33个党（工）委、10个党总支部、540个党支部、13302名共产党员参加保持共产党员先进性教育活动。

3月3—4日，福建省军区副司令员朱光泉到县人武部检查指导保持共产党员先进性教育活动。

4月1日，中共福建省委书记卢展工到治平畲族乡调研。

5月13日，17时至23时30分，治平畲族乡境内突降特大暴雨，引起山洪暴发、河水暴涨，造成民房倒塌、农作物被淹、交通电力中断，直接经济损失2357.30万元。

5月23日，根据闽国土资综〔2005〕140号《关于下发土地利用更新调查县级行政区域界线及沿海地区滩涂界线、岛屿滩涂界线的通知》，宁化全境面积由2368平方公里变更为2407.19平方公里（西安坐标，下同）。

5月31日，"2005年中国红色之旅"大型主题宣传活动关机仪式在宁化北山公园举行，中国老促会常务理事、中国老促会建设画报社总编漆志恒和总制片人李建勋等出席关机仪式。

5月，在国务院第四次民族团结进步表彰大会上，治平畲族乡获"全国民族团结进步模范集体"称号。

5月，宁化籍参赛人员张河云获第六届全国焙烤技术比赛"安琪酵母杯"全国面包技术比赛（国家级职业技能竞赛）金奖。12月，又获"全国焙烤技术能手"称号。

6月，在全国特殊奥运会游泳比赛中，宁化县特殊教育学校学生吴靖楠获1金2银。

7月28日，全国四大钨矿之一的湖村行洛坑钨矿开工建设。

8月31日，宁化第一所民办学校——城东中学挂牌成立，首届招生423名。

9月11日，宁化县体育中心动工兴建，2012年8月竣工。占地面积11.80公顷，设体育场、体育馆、游泳馆及室外运动场，总投资1.08亿元。

9月14日，宁化县影剧院因存在重大火灾隐患停止使用。

10月10日和14日，宁化第七中学发生特大恶性强奸、抢劫女学生案件；12月9日案件侦破，犯罪嫌疑人陈某某被抓获。

10月13日，中国曲艺家协会"送欢笑——走进宁化苏区"慰问演出活动在县体育中心举行，刘兰芳、姜昆、刘伟、戴志诚、师胜杰、张志宽等艺术家登台表演，2万名群众观看演出。

11月10日，宁化县获全国"婚育新风进万家"活动先进县称号。

11月17日，第11届世界客属石壁祖地祭祖大典在石壁举行，大典首次由马来西亚客家公会联合会主办，5个国家和地区、7个祭祖团共5000余人参加庆典。

11月22日，宁化县公安局在宁化县影剧院门口举行第二代居民身份证首发仪式。

12月13日，中国水产科学研究院黄海水产研究所宁化籍研究员雷霁霖当选中国工程院院士，为宁化县首位获此殊荣的科学家。

是年秋季，宁化第一中学实现初、高中分离分设，初中停止招生。

是年，全县高考本科以上万人口上线率再次名列全市第一，宁化第一中学考生张轩玮以676分的成绩位居福建省理工类第2名。

特记

一、革命老区

宁化是著名革命老区和中央苏区，红军长征 4 个出发地之一，也是中央苏区 21 个重要组成县之一。第二次国内革命战争时期，毛泽东、朱德、彭德怀、陈毅、谭震林、聂荣臻、叶剑英、粟裕、罗瑞卿、胡耀邦、张闻天、张鼎丞等老一辈无产阶级革命家都曾在此进行艰苦卓绝的革命斗争。

1929 年 8 月，在共产党员徐赤生组织和领导下宁化第一个中共支部在曹坊诞生。古田会议后，1930 年 1 月，毛泽东率领红四军从闽西转战赣南，途经宁化时写下"宁化、清流、归化，路隘林深苔滑。今日向何方？直指武夷山下。山下山下，风展红旗如画"这首《如梦令·元旦》光辉词篇。是年 6 月，在红一军团政治部、红四军的支持下，中共宁化地下组织发动宁化西南半县大暴动，相继建立了宁化第一个临时红色政权——宁化南乡革命委员会、第一个县级临时红色政权——宁化县革命委员会。1931 年 11 月，中共闽粤赣省委委员、闽西苏维埃政府主席张鼎丞在宁化淮阳区淮阳乡主持召开宁化县第一次工农兵代表大会，成立宁化县苏维埃政府。1933 年 7 月，彭德怀、滕代远率东方军攻克泉上土堡，取得东方军入闽首战大捷。在轰轰烈烈的革命热潮中，宁化人民在中国共产党领导下，深入开展土地革命斗争，发展地方革命武装。当时只有 13 万人口的宁化县，参加红军人数多达 13770 余名，平均每 10 人中就有 1 人参加红军，每 3 户就有 1 户是红军家属。宁化县是中央苏区县中参加红军人数最多的县之一，其中禾口、淮土 2 个区被福建省苏维埃政府评为"扩红模范区"，并授予"我们的模范区"金字光荣匾。宁化境内共建立 3 个县（宁化、彭湃、泉上）28 个区 190 多个乡苏维埃政府和党的组织及群众团体。宁化也是财力、物力支援前线最多的县之一，向苏维埃中央政府提供千担纸、万担粮，被誉为中央苏区"乌克兰"。

第五次反"围剿"失败后，闽赣省委机关领导宁化人民坚持革命斗争，使宁化成为中央苏区最后失守的根据地。1934 年 10 月上中旬，红三军团第四师、少共国际师一部、中央直属炮兵营、红三军团后方医院及红九军团后方机关分别从宁化的淮土凤凰山区域（含凤山、隘门、大王、淮阳村等）、方田、曹坊上下曹及滑石等地出发，开始二万五千里长征。长征途中，在关系党和红军生死存亡的湘江战役中，为了掩护主力红军转移，宁化籍红军将士所在的红五军团 34 师与数十倍于己的国民党军队展开浴血奋战，大部分壮烈牺牲，用鲜血和生命在中国革命史上写下光辉和悲壮的一页。中央红军长征到达陕北时，幸存的宁化籍红军仅剩 58 人。优秀的宁化儿女血洒长征路，据统计，中央红军北上每前进 1 万米，就有 3 名宁化籍红军捐躯，有名可查并列入共和国《革命烈士英名录》的有 3305 人，其中妇女 38 人、师级干部 3 人、团级干部 15 人、营级干部 74 人，占三明市革命烈士总数的 59.60%。中华人民共和国成立后，在 1955 年首批授衔将领中，宁化籍的张新华、张雍耿、孔俊彪 3 人被授予少将军衔。

1949 年 10 月 21 日宁化和平解放，进入新的历史发展时期，全县人民发扬苏区革命精神，集中精力进行社会主义革命和建设。中共十一届三中全会后，宁化致力改革开放，狠抓发展第一要务，加大老区人才培养力度，落实"五老"待遇。2001 年，中共宁化县委、县政府决定把打响"苏区"品牌作为发展县域经济的一项重大举措，扩大社会影响力，对接国家老区扶持政策，争取老区项目扶持。至 2005 年，全县选送老区大中专生源 200 多人，争取中央、省、市扶贫开发资金 1500 多万元，扶持工业、农业、教育、交通、水利电力等建设项目 1500 多个，加快了县域经济和社会事业的发展。

苏区革命

一、组织机构

(一) 建立共产党组织

民国 17 年 (1928 年) 年初，长汀省立第七中学宁化籍学生徐赤生 (曹坊乡根竹村人) 加入中国共产党，成为宁化县第一位共产党员。4 月，中共长汀临时县委派遣徐赤生回宁化开展革命活动。徐赤生以曹坊为据点秘密串联发动群众，宣传革命道理，以禁赌戒烟 (鸦片) 为名组织 "同福社" (系当时秘密农会的对外称呼)，发展成员 40 多人。民国 18 年 (1929 年) 5 月，徐赤生组织农会会员在曹坊发动第一次武装暴动，因不慎泄密未能成功，农会组织遭到破坏。暴动失败后，徐赤生把活动据点转移到宁化连岗中学 (今宁化第一中学)，向学生介绍进步书刊，秘密传阅《共产党宣言》《唯物史观》《资本论》等书籍，宣传无产阶级革命思想。其间，徐赤生到汀州向中共长汀县委汇报及请示工作，中共长汀县委派共产党员包浩 (化名包为民) 到宁化与徐赤生一起筹备宁化建党工作。8 月上旬，连岗中学成立宁化第一个共产党和共青团混合小组，进步青年王子谦、曹国昂、谢芳辉首批加入中国共产党。徐赤生利用暑假把党员派回各自家乡 (王子谦回禾口，徐赤生、曹国昂回曹坊，谢芳辉回泉上，李名骥等留城关)，传播革命火种，秘密组织农会，发展党员，建立党的组织。

徐赤生、曹国昂回到曹坊发展上曹、下曹、石牛、药里迳、三黄等村农会会员，扩大农会组织，吸收一批农会骨干加入中国共产党。民国 18 年 (1929 年) 8 月，徐赤生在曹坊乡三黄村建立宁化第一个党支部——中共三黄村支部。廖毓金任支部书记，马良才任组织部部长，刘家祥任宣传部部长，同时成立中共曹坊支部。王子谦以禾口 "华丰庄" 杂货店为基地，吸收张馥、张奇才、张鹤轩等人加入党组织，建立秘密农会。9 月下旬，成立中共禾口支部，张馥任支部书记，张奇才任组织部部长，张鹤轩任宣传部部长。禾口支部下设 5 个党小组，分别由张启南、张国涛、廖有銮、张敏禄、张连篇任组长。在曹坊小学读书的李七坑村青年邱加亨加入党组织后，回到李七坑积极开展革命活动。民国 19 年 (1930 年) 2 月，成立中共李七坑支部。

民国 19 年 (1930 年) 7 月 1 日，中国共产党宁化县第一次代表大会在宁化城关张家弄黄贤彬住宅召开，会议由红一军团政治部主任杨岳彬主持，会上成立中共宁化特区委，并选举产生中共宁化特区委领导成员，徐赤生任书记，下设秘书、组织、宣传、军事等工作部门，曹发梅任组织部部长、王子谦任宣传部部长、张馥任军事部部长。隶属汀州 (长汀) 县委领导。

红军第一次反 "围剿" 取得胜利，红一、三军团部分队伍进驻宁化城乡开展群众工作。民国 20 年 (1931 年) 6 月 28 日至 7 月 1 日，红一方面军总前委书记毛泽东给驻宁化的边界工作委员会及红 12 军领导周以粟、谭震林等连续发出 3 封指示信，强调驻宁化的红 12 军在七八月间，应把分田、建立地方武装、地方临时政权和临时党组织作为中心任务真正搞好。红军第三次反 "围剿" 胜利后，民国 20 年 (1931 年) 9 月至 10 月，中共闽粤赣省委 (亦称福建省委) 负责人刘晓、张鼎丞等亲临宁化指导建党、建政工作，并抽调上杭、长汀两县的王兴旺、吴富莲、郑国勋、王昭沛、阙继林、马周亮、林贵标等 20 余人组建省委工作团，在曹坊成立中共宁 (化) 清 (流) 归 (化) 工作委员会，统一领导宁化、清流、归化 (现明溪) 3 县建党建政和地方革命武装等工作，王兴旺 (上杭人) 担任区工委书记。同时，相继成立曹坊、禾口、淮阳 (今淮土)、南城堡等地工作委员会，由工作团人员担任各地委员会书记。11 月，中共宁化县委在淮阳罗家边成立，下设组织、宣传、军事、妇女 4 个部，王兴旺任县委书记，郑国勋 (代)、龙腾云先后接任。王昭沛任少共宁化县委书记。

民国 21 年 (1932 年) 2 月，中共福建省委根据中共中央局关于在宁化等地建设强有力的中心县委以领导其他县委的指示，成立中共宁化中心县委 (亦称宁清归中心县委)，领导宁化、清流、归化 3 县，中心县委书记先后由霍步青、郑国勋（代）、刘祥文担任。

（二）建立苏维埃政权

民国19年（1930年）6月27日，在红一军团帮助下，宁化县第一个县级红色政权——宁化县革命委员会在宁化县城基督教堂举行成立大会，会议由红一军团政治部主任杨岳彬主持。会议选举产生宁化县革命委员会领导成员，张志农任主席，李名骧任秘书兼宣传委员，吴祖宽任组织委员兼土地委员，范祥云任财务委员，伊有光任军事委员，雷必光任赤卫队长。宁化县革命委员会下设秘书、组织、宣传、军事、财政、土地及赤卫队等工作部门。

第二次反"围剿"取得胜利后，在红12军和中共闽粤赣省委工作团的直接指导下，宁化分批开展建党建政工作。

民国20年（1931年）7月，在红12军的指导下，宁化首批成立了曹坊、禾口、淮阳3个区苏维埃政府。9月，中共闽粤赣省委组成宁化工作团赴宁（化）清（流）归（化）配合红12军开展建党建政工作。9月底，中共宁清归工作委员会成立后，首先以曹坊为中心，广泛深入发动群众，开展打土豪，分田地，建立农会，组建地方革命武装，成立苏维埃政权。10月，中共宁清归工作委员会从曹坊移驻淮阳。11月上旬，由中共闽粤赣省委委员、闽西苏维埃政府主席张鼎丞主持，在淮阳区淮阳乡罗家边刘氏祠召开宁化县第一次工农兵代表大会，在会上正式宣布成立宁化县苏维埃政府。会议选出县苏维埃政府执委30多人，选举曹正刚为主席、张恩崇和张邦富为副主席，下设9个工作部门。民国21年（1932年）1月下旬至2月初，成立中共禾口、淮阳、曹坊、方田、南城、长宁等区委和长宁（今治平）区苏维埃政府，宁化的建党建政工作逐步进入兴盛时期。从民国21年（1932年）2月至民国22年（1933年）8月，先后又成立了武层、横锁、下巫坊、南城堡、城郊、安乐、丁坑口、中沙、巫坊、方田、石壁、店上、邓坊桥、芙蓉区苏维埃政府和区委。

民国22年（1933年）7月，彭德怀、滕代远率领红军东方军入闽作战，攻克泉上土堡，解放宁化东北区域，实现全县一片红。7月22日，中华苏维埃共和国中央人民委员会第46次会议决定成立彭湃县。8月，彭湃县在湖村巫坊正式成立，下设军事部、财政部、裁判部、妇女部、肃反委员会，王珍（上杭人）、方志纯先后担任县委书记。8月16日，中华苏维埃共和国中央人民委员会第48次会议决定增设泉上县，成立中共泉上县委，辖巫坊、店上、泉上3个区，吴惠民、王珍先后担任县委书记。泉上县成立后，彭湃县迁往安远，辖安远、营上、河龙、芒东桥、伍坊、水茜和石城的岩岭、建宁的都上、半寮等区。彭湃、泉上2县隶属宁化中心县委领导。

在第二次国内革命战争时期，宁化境内共建立3个县、28个区、190多个乡苏维埃政府和党组织以及群众团体，为福建省2个实现全境（县）一片红的苏区县。

宁化县苏维埃政权管辖区域划分表

特记表1—1

政权名称	建政年月	管辖范围	备注
宁化县革命委员会	民国19年（1930年）6月	曹坊、禾口、淮阳、长宁、城郊、下巫坊、横锁、丁坑口、安乐、南城堡、方田、武层、中沙、石碧、邓坊桥、芙蓉、巫坊、店上、泉上、安远、芒东桥、营上、河龙共23个区	民国20年（1931年）11月改称宁化县苏维埃政府
彭湃县苏维埃政府	民国22年（1933年）8月	巫坊、店上、泉上、安远、营上、芒东桥、丰坪、洪围、河龙、岩岭、半寮、都上等12区	泉上县成立后，巫坊、店上、泉上后划归泉上县，彭湃县辖9个区
泉上县苏维埃政府	民国22年（1933年）8月	巫坊、店上、泉上等3个区	
禾口区苏维埃政府	民国20年（1931年）9月	禾口、溪背、大路、杨边、官坑、陈家坑、俞坊、刘村、小吴、陂下、寨角等11个乡	民国19年（1930年）7月曾在禾口建立过西乡革命委员会

续特记表 1—1

政权名称	建政年月	管辖范围	备　注
淮阳区苏维埃政府	民国 20 年(1931 年)9 月	淮阳、竹园、吴陂、开坑、禾坑、拱家村、罗坑、凤山、大王、唐高山、方田、王屋、岭下等 13 个乡	民国 21 年(1932 年)方田区成立后,方田、王层、岭下划入方田区
曹坊区苏维埃政府	民国 20 年(1931 年)9 月	曹坊、滑石、下曹、石牛、俞坊、夏坊、叶屋、黄金进、坪上、南坑、龙地、罗溪、黄岭下等 13 个乡	民国 19 年(1930 年)7 月曾在曹坊建立过南乡革命委员会,民国 22 年(1933 年)4 月划归汀东县苏维埃政府管辖
长宁区苏维埃政府	民国 21 年(1932 年)1 月	治平、田畲、彭坊、高地、下坪、泥坑等 6 个乡	民国 21 年(1932 年)10 月划归汀东县苏维埃政府管辖
武层区苏维埃政府	民国 21 年(1932 年)2 月	武义、上畲、黄京、陈家、茶湖岗、肖家、新田、武层等 8 个乡	
下巫坊区苏维埃政府	民国 21 年(1932 年)3 月	下巫坊、马源、旧墩、廖家坪等 4 个乡	
南城堡区苏维埃政府	民国 21 年(1932 年)3 月	南城堡、林地、高寨、李七、小南坑、泗坑、曾家背等 7 个乡	
横锁区苏维埃政府	民国 21 年(1932 年)3 月	横锁、青塘背、青州、龙上、伍家坊、龙下、西背坑、乌石、陈坊等 9 个乡	
方田区苏维埃政府	民国 21 年(1932 年)3 月	方田、泗溪、王屋坑、大坪地、大畲、沙罗坝、禾寨、古武溪、寨角等 9 个乡	
巫坊区苏维埃政府	民国 21 年(1932 年)8 月	巫坊、村岭坑、石下、陈家、黎坊、龙头等 6 个乡	
城郊区苏维埃政府	民国 21 年(1932 年)8 月	寨头、湖头、上坪、连屋、陈岗、巫高、社背等 7 个乡	
安乐区苏维埃政府	民国 21 年(1932 年)8 月	安乐、谢坊、马家、路背、洋坊等 5 个乡	
丁坑口区苏维埃政府	民国 21 年(1932 年)8 月	丁坑口、罗坊、伍家、赖畲、小坊、大坪、水口、三大、高岭等 9 个乡	
中沙区苏维埃政府	民国 21 年(1932 年)8 月	中沙、下沙、楼家、白源、曹家屋、武昌、何屋、半溪、叶坊、江家、石门、樟南元、黄伯元、沙坪、明珠、寒坑、大洋、高洋、上伊、刘竹坑、廖家、渔潭、湛坑桥等 23 个乡	
石碧区苏维埃政府	民国 22 年(1933 年)6 月	石碧、桃金、陈塘、大角、江头、拱桥、江家、田背、南田等 9 个乡	
店上区苏维埃政府	民国 22 年(1933 年)6 月	店上、下坪、谌坑、彭高、高坪、杨城、邱山、庙前、张坊等 9 个乡	
芙蓉区苏维埃政府	民国 22 年(1933 年)8 月	吾家湖、吴坊、罗家庄、李坑、三村、新昆、合溪、济村、丘坑、上南坑等 10 个乡	
邓坊桥区苏维埃政府	民国 22 年(1933 年)8 月	赖屋、桂头、三坑、邓坊、张家地、三寨、长坊等 7 个乡	

续特记表 1—1

政权名称	建政年月	管辖范围	备注
泉上区苏维埃政府	民国 22 年(1933 年)8 月	泉上、泉下、河坑、邓坊、石门、新坊、五里亭、新军、豪亨、罗李、增坑、青瑶、延祥等 13 个乡	
安远区苏维埃政府	民国 22 年(1933 年)8 月	安远、伍家坊、张坊、厚溪、里坑、岩前等 6 个乡	
岩岭区苏维埃政府	民国 22 年(1933 年)8 月	岩岭乡	民国 22 年(1933 年)8 月从江西石城县划入彭湃县
半寮区苏维埃政府	民国 22 年(1933 年)8 月	半寮乡	民国 22 年(1933 年)8 月从建宁县划入彭湃县
芒东桥区苏维埃政府	民国 23 年(1934 年)5 月	芒东桥、中郑、洋田、后溪等 4 个乡	
营上区苏维埃政府	民国 23 年(1934 年)5 月	营上、杜家、割畬等 3 个乡	
河龙区苏维埃政府	民国 23 年(1934 年)5 月	北安寨、水茜、沿口、沿溪、上谢、庙前、罗源、石宁、邱家山等 9 个乡	
丰坪区苏维埃政府	民国 23 年(1934 年)5 月	丰坪乡	
洪围区苏维埃政府	民国 23 年(1934 年)5 月	洪围乡	
都上区苏维埃政府	民国 23 年(1934 年)5 月	都上乡	民国 23 年(1934 年)5 月从建宁县划入彭湃县

（三）工农兵代表大会

第一次工农兵代表大会　民国 20 年（1931 年）11 月，在淮阳区罗家边刘氏家庙召开。大会由中共闽粤赣省委委员、闽西苏维埃政府主席张鼎丞主持，出席代表 100 余人，大会选出执委 30 多人，执委中选出主席团成员 15 人，主席团选出曹正刚为县苏维埃主席，张恩崇、张帮富为副主席，同时选出财政部、裁判部、粮食部、土地部、文化部、军事部、劳动部、内务部和保卫局领导人。

第二次工农兵代表大会　民国 21 年（1932 年）12 月在城关光严寺召开，会期 3 天。大会选出执委 30 余人，执委中选出主席团成员 19 人，主席团选出曹寿益为县苏维埃主席，黎盛根、张帮富为副主席，改选了财政部、裁判部、土地部、军事部、劳动部、内务部领导人。

第三次工农兵代表大会　民国 22 年（1933 年）3 月在城关太平巷刘家屋召开。大会选举张恩崇为县苏维埃主席，徐赤胜为副主席。

第四次工农兵代表大会　民国 22 年（1933 年）10 月在城关太平巷刘家屋召开，大会选举张恩波为县苏维埃主席，吴龙飞为副主席，改选了土地部、军事部、劳动部、财政部、文化部领导人。

第五次工农兵代表大会　民国 23 年（1934 年）4 月在城关太平巷刘家屋召开，大会选举王盛取为县苏维埃主席，巫国湘为副主席，改选了土地部、军事部、劳动部、财政部、裁判部领导人。

二、革命活动

（一）传播马列主义

民国元年（1912 年），蔡元培、吴玉章、李石曾等在北京成立留法勤工俭学会，至民国 9 年（1920

年）全国赴法勤工俭学人数达到 2000 多人，宁化县的曹志骞、伊为则、徐泰咸、童寅亮等人在法国接受马克思主义和民主革命新观念，回国后积极传播马克思主义思想，影响、触发宁化人民开展革命斗争。民国 16 年（1927 年）3 月，在"五四"运动新思想、新文化传播影响及第一次国内革命战争后期北伐军进入长汀的鼓舞下，黄鸿灏、雷寿燮、李传铭、陈经文、伍秉夷、邱文星、伍国贵、伊凤璋等 14 位宁化进步青年前往福建上杭，参加共产党人谢秉琼、林心尧等创办的"汀属八县社会运动人员养成所"学习。民国 17 年（1928 年）年初，陈经文、张馥、雷华金、张奇才等人前往长汀参加共产党秘密掌握的"长汀新桥乡村师范"和"长汀训政研究所"学习。这些进步青年积极接受马列主义教育，探求救国救民真理，走上革命道路。

（二）西南五乡农民武装暴动

民国 18 年（1929 年）冬至民国 19 年（1930 年）夏，在中共长汀县委领导和徐赤生的组织下，宁化发展大批农会会员，购买枪支弹药，打造大刀长矛，建立革命武装，同时积极策反民团武装。当时红一军团和红 12 军正在长汀整编，中共宁化组织和徐赤生认为武装暴动时机成熟，决定策划举行宁化西南 5 乡农民武装暴动。民国 19 年（1930 年）6 月 22 日夜，曹坊秘密农会会员在曹正刚的指挥下，包围民团驻地八甲祠堂，收缴民团 20 多支枪和全部弹药。接着暴动队员分头包围土豪曹周坤、曹国玉、曹国楠、曹绪兴、曹全兴住宅，没收家财。6 月 23 日晨，曹坊暴动队伍分两路往长汀方向的彭家庄迎接红四军 1 纵队。红军到了曹坊，立即开展革命宣传，上午在曹坊村富尾坝大草坪上召开群众大会，给贫苦工农分发从土豪劣绅家里没收来的衣物。会后红军配合暴动队分别在上曹、下曹、三黄、根竹、滑石、石牛等村开展打土豪、分仓谷等筹款筹粮斗争。当日在上曹村成立宁化县第一个临时红色政权——宁化南乡（曹坊）革命委员会，曹廷勋任主席。

民国 19 年（1930 年）6 月 24 日晚，中共禾口组织和农会集中禾口、石碧、凤山、淮土、水东等地武装暴动队员在禾口道南学校（今石壁中心学校）操场开会，随即武装暴动队员分赴禾口、石碧、凤山、水东等村捉拿土豪、没收财产。6 月 25 日，王子谦、张馥、张国涛等到宁化迎接红军，在广福亭与红一军团 1 纵队会合。纵队政委李赐凡率部进入禾口、淮土，会同暴动队收缴土豪、民团的枪支弹药，并在禾口老岗上召开群众大会，分发打土豪取得的胜利果实，宣布成立宁化西乡（禾口）革命委员会，由张馥任主席。逃往江西石城井坑村的淮土"公益社"民团团长罗世耀慑于红军和农民暴动的声威，经王子谦、廖仕堂等人说服，带领民团 40 多人携枪回到淮土宣布起义。济村保卫团团长张国标也带领十多人将枪支缴交西乡革命委员会。

民国 19 年（1930 年）6 月 25 日，李七坑暴动队在邱加亨组织下冲进大土豪邱爵甲大院，当场击毙负隅顽抗的邱爵甲两个儿子，活捉邱爵甲。6 月 26 日，在红军配合下打开邱爵甲谷仓，焚烧邱爵甲家里的田契债约，成立李七坑革命委员会。是日，城关 100 多名暴动队员先举行武装示威游行，然后分几路冲进土豪、民团头目张茞书、伊月堂、雷子嘉、雷雨作、雷赞馨住宅，收缴枪支没收财产；破开县政府"永善义仓"和"朱子祠"等谷仓，分谷济贫；打开县监狱，解放无辜受害的贫苦工农。西南五乡农民武装暴动的胜利，奠定了建立宁化红色政权基础。

（三）革命武装活动

民国 19 年（1930 年）7 月 2 日，中共宁化特区委、宁化县革命委员会在禾口老市召开联席会议，红四军 1 纵队派领导参加。会议分析了宁化敌我双方情况，认为地方革命武装尚未形成拳头力量，一旦红军撤出宁化，外逃之国民党军必然卷土重来。为此，红四军 1 纵队领导要求宁化特区委、宁化县革命委员会除留下一定骨干在西乡坚持斗争外，把城关、李七坑和西乡（禾口、淮土）武装暴动队伍集中到曹坊，由特区委统一整编和领导指挥。7 月 3 日，红四军 1 纵队奉命开赴江西进军南昌，禾口党支部除留下张鹤轩、张恩豪、廖有銮、张敏禄、王盛权、张连篇等一批骨干党员在西乡坚持斗争外，其他党员和共青团员及武装暴动队伍与城关、李七坑等地武装暴动队伍一起于 7 月 4 日到曹坊集中，接受中共宁化特区委的统一整编和领导指挥。7 月 5 日，在曹坊小罗溪山坡上，中共宁化特区委书记徐赤生主持召开了特区委扩大会议，决定将武装暴动队伍整编为宁化赤卫大队，由罗世耀任大队长、徐赤生兼政委、张馥任参谋、张志农兼保卫局局长、王子谦任宣传委员，下辖城关、禾口、淮土、曹坊 4 个中队，分别由黄鸿湘、张国华、罗世耀

（兼）、曹正刚任中队长，共 200 余人、150 多支长短枪。

民国 19 年（1930 年）7 月 7 日，宁化赤卫大队开赴治平彭坊打土豪筹款，并作短暂休整。7 月 9 日，在彭坊召开特区委扩大会议，根据当时敌强我弱的形势，决定将宁化赤卫大队开赴长汀新桥，与刚组建的红 21 军 5 纵队取得联系。大队长罗世耀以种种借口反对开赴新桥，当晚把 40 多人和枪（原起义民团）带回淮土，叛变革命。7 月 10 日，徐赤生率宁化赤卫大队 150 余人开赴长汀新桥，驻扎新桥乡村示范学校，立足未稳，即遭长汀军阀黄月波余部与保卫团董以煌部突袭，又损失了部分力量，随即赤卫大队开赴长汀涂坊，与红 21 军 5 纵队会合，宁化赤卫大队改编为宁化游击大队，张馥任大队长、徐赤生任政委、王子谦任宣传队长，下辖 3 个中队，150 余人，隶属红 21 军 5 纵队。不久，徐赤生调 5 纵队工作，由王子谦接任政委。

宁化游击大队在长汀配合红 21 军 5 纵队与国民党军作战，一鼓作气在濯田、河田、修坊、蔡坊连打五场胜仗，缴获五六十支枪，直接威逼长汀县城。在攻打濯田的战斗中，国民党军占据有利地形，以强大火力封锁红军前进路线。红 5 纵队参谋长毕占云命令宁化游击大队消灭国民党军火力点。因国民党军火力强大，游击队一时难以靠近。游击队机智地将棉被泡水作"被牌"，阻挡敌人的子弹，游击队员跟在"被牌"后面发起冲锋，一举消灭了国民党军火力点。在随后的河田战役中"被牌"战术屡立战功，宁化游击大队因此被群众誉为"被牌大队"。

河田战斗结束后，红 21 军 5 纵队命令宁化游击大队乘胜前进，攻打长汀县城。游击队很快攻进长汀县城，占领了水东街。由于长汀县城易守难攻，在与反扑的国民党军作战中，宁化游击大队伤亡不少，队伍退到城外。此时天气转冷，游击队员缺少寒衣御冬，情绪比较低落，游击队领导思想也不统一，政委王子谦找红 21 军 5 纵队指挥员请示下步作战行动。大队长张馥不等答复，擅自带领游击队返回宁化，在彭家坊将游击队兵分两路，一路回曹坊、一路回禾口，均遭当地刀团匪"围剿"，游击队伤亡惨重，仅少数突围。中队长黄鸿湘、财务委员范祥云受伤被俘，于民国 19 年（1930 年）8 月同在宁化县城猪子坝英勇就义。

宁化赤卫大队开往长汀后，宁化县保卫团和地方刀团匪卷土重来，对发起武装暴动的西南 5 乡进行疯狂报复。参加武装暴动的农会会员、共产党员、共青团员大多惨遭杀害。国民党宁化县政府还四处张贴告示，悬赏通缉徐赤生、张馥、张志农、李名骥、伊有光等武装暴动领导人。

民国 19 年（1930 年）冬，王子谦、张馥在凤山召集廖有銮、张敏禄、王盛权等中共骨干党员秘密开会，会议决定，为避通缉，让王子谦、张馥离开宁化去广东汕头和福建漳州找张志农和李名骥，其他人就地坚持开展秘密活动。宁化革命斗争暂时陷入低潮。

（四）创建根据地

第二次国内革命战争时期，在中国共产党领导下，宁化开展了轰轰烈烈的打土豪、分田地活动，建立红色政权和党的组织，发展地方革命武装斗争，实现了"工农武装割据"，使宁化成为早期闽西革命根据地的七个县之一，继而成为中央革命根据地（又称"中央苏区"）的重要组成部分，也是东线战略要地。毛泽东、朱德、彭德怀等革命领袖曾在这里从事伟大的革命斗争实践活动。在这一时期，宁化还先后成为宁（化）、清（流）、归（化）、彭（湃）、泉（上）红色区域和闽赣省后期革命斗争活动的中心。

红军进入宁化 为打破湘赣两省国民党军的联合"会剿"，民国 18 年（1929 年）3 月 11 日，毛泽东、朱德率红四军首次进入宁化，途经隘门、大王、凤山等地向长汀进发，红四军所到之处，广泛开展革命宣传，扩大红军影响。

民国 19 年（1930 年）1 月，毛泽东、朱德分别率领红四军千里回师赣南，第二次进入宁化。朱德率红四军 1、2、4 纵队途经俞坊、马家围、安乐、谢坊、丁坑口、鱼龙铺，于 1 月 11 日到达宁化县城，在火烧坪（国民党宁化县政府门前）召开群众大会。朱德亲临大会讲演，宣传革命思想和红军政策，号召劳苦大众起来闹革命，打土豪，分田地，并亲自接见张志农、黄鸿湘、范祥云等宁化进步青年，指示迅速发动工农武装暴动，开展土地革命，建立红色政权和党的组织。1 月 14 日，红四军 1、3、4 纵队途经济村、龙头向江西广昌进发。同时毛泽东率红四军 2 纵队于 1 月 16 日途经青瑶、罗坊坝、泉上、泉下、水茜；18 日经安远；19 日经肖坊、营上、吴家向江西广昌进发。在行军途中，毛泽东写下了光辉词篇《如梦令·元旦》①："宁化、清流、归化，路隘林深苔滑。今日向何方？直指武夷山下。山下山下，风展红旗如画。"

民国19年（1930年）冬，红12军一部进入宁化西南地区，并分兵清流、归化，推动了宁（化）清（流）归（化）革命斗争形势的发展。

民国20年（1931年）1月中旬，红12军101团进入清流里田，使宁化、清流边境的红色区域得到发展。第二次反"围剿"战争胜利后，为扩大闽西革命根据地，5月底至6月22日，红一方面军总前委多次召开会议，对宁（化）清（流）归（化）区域的革命根据地创建工作作了安排部署。6月27日，红12军军长罗炳辉、政委谭震林奉命率红12军挺进宁化，开辟闽西北革命根据地，乘胜向宁化北面发展，打击国民党驻军及地方刀团匪，解放了宁化东北面的中沙、河龙、水茜、湖村等地。随后红12军收复宁化县城，与清流、归化、长汀、石城连成一片，并指导地方建党、建政及建立地方革命武装、分配土地工作，使宁化发展成为巩固的革命根据地，成为中央革命根据地的重要组成部分。7月12日，毛泽东、朱德率领红一方面军主力从建宁出发到达宁化，在革命烈士范祥云家停留1个多小时后，经长汀、瑞金，返回赣南西部根据地兴国，指挥第三次反"围剿"战役。

发展地方革命武装　随着革命形势的不断发展和对敌斗争的需要，宁化先后组建了多支地方革命武装，在打击地方刀团匪反动武装、保卫新生红色政权、配合主力红军作战、创建和巩固革命根据地等方面发挥了重要作用。

民国20年（1931年）5至6月间，红12军34师奉命从长汀挺进宁化，深入发动群众，动员60多名青壮年组建起宁南游击队，由曹富生任队长。与此同时，红四军又委派宁化禾口人张瑞标从江西石城回到宁化组建地方革命武装，在禾口、淮阳等地发动120名青壮年，组建成立了宁西游击队，张瑞标任队长。两支游击队成立后，主要活动于宁化西南部各地，打击地方刀团匪反动武装。

民国20年（1931年）12月，为保卫新生苏维埃红色政权，曹坊区苏维埃政府组建曹坊红色警卫营，营长、教导员军政主官由上级委派，辖2个连，共300余人，其中1连驻守曹坊、2连驻守石牛。曹坊红色警卫营成立后，主要在宁（化）、（长）汀、清（流）、连（城）4县边境开展游击斗争，有力地打击地方刀团匪等反动武装，保卫新生的苏维埃红色政权和根据地的安全。

民国21年（1932年）1月，中共闽粤赣省委作出《关于扩大红军问题决议》，要求宁化、长汀、连城在3月底前成立1个独立师，宁化成立2个团。中共宁化县委、县苏维埃政府根据省委决议，决定以宁西游击队和曹坊红色警卫营为主，组建成立独立5团，由龚连基任团长兼参谋长、范世英任政委，辖3个连，共500余人。不久又组建成立新编补充团，由独立5团特务连连长张瑞标任团长。这2个团后又改编为独立7团，隶属闽粤赣省军区。

民国21年（1932年）8月，在宁化县城组建成立独立第7师，由陈树湘任师长、范世英任政委，辖2个团，每团4个连，共700余人，第1团由宁化城关、曹坊、禾口、淮阳的游击队改编而成，由邱国元任团长；第2团由独立七团改编而成，由张瑞标任团长，隶属福建省军区。独立第7师在宁（化）清（流）归（化）地区打击地方刀团匪反动武装斗争中英勇善战，令国民党军闻风丧胆，当地群众广为传诵一首顺口溜："红独7师，猛如雄狮，当者披靡，顽抗伏尸。"

民国21年（1932年）冬，为统一军事指挥，便于战斗行动，宁（化）清（流）归（化）军分区将曹坊等地游击队整编为宁南游击支队，胡明才任支队长、王有田任副支队长，辖2个连，每连60—70人，共130余人；将禾口、淮阳等地游击队整编为宁北游击支队，李魁元任支队长，辖3个连，每连100余人，共300余人。2个支队先后配合独七师打击地方刀团匪反动武装，配合东方军围歼国民党军区寿年78师。民国23年（1934年）4月，宁南游击队改编为独立7团第2营。

民国22年（1933年）3月，独立第7师在上杭石圳编入红19军55师。6月，在上杭旧县红19军整

注①：该词手写稿为"宁化、清流、归化，路隘林深苔滑。众志已成城，风卷红旗如画。如画如画，直指武夷山下。" 正式发表稿为："宁化、清流、归化，路隘林深苔滑。今日向何方？直指武夷山下。山下山下，风展红旗如画。"1956年8月，首次在《中学生》杂志发表时题为《宁化途中》，1957年1月在《诗刊》发表时改作《元旦》。

编为红34师，时归属红12军建制，编入红一方面军战斗序列。独立第7师调上杭改编时，宁化于当月在县城重新组建一个由宁化地方革命武装和石城独立团合编而成的独立师。为借助独立第7师在宁化的军威，新组建的独立师称为"中国工农红军新编独立第7师"，隶属福建省军区。新独立第7师当晚即开赴泉上打击刀团匪反动武装。7月配合东方军攻打泉上土堡。11月缩编为独立第7团。新独立第7师在巩固和扩大宁（化）清（流）归（化）根据地方面发挥了重大的作用。

红12军征战宁化 民国20年（1931年）6月，谭震林、罗炳辉率红12军进入宁化发动群众，开展土地革命、发展地方革命武装、建立地方临时政权和临时党组织。10月间，红一军团12军和闽西地方新12军在长汀会师，红一方面军总前委决定红12军和新12军合编为12军，罗炳辉任军长、谭震林任政委、谭政任政治部主任。老12军主力34师、35师调回江西，编入红一军团的红四军，调出部分兵力编入补充新12军。12月，红军再度入闽，以淮土为根据地，发展西区禾口和南区曹坊根据地，解放宁化县城。

东方军攻克泉上土堡 民国22年（1933年）7月1日，中革军委下令组建东方作战军（简称"东方军"）。根据中央提出的"东征福建、筹款百万、赤化千里、创造百万铁红军"任务，东方军司令员彭德怀、政委滕代远率东方军（以红三军团为主，统辖红19、34师及地方武装），从江西的乐安、广昌等地分2路挥师挺进宁化，7月5日在宁化以西地区完成战略集结。7月5日晚，东方军发布作战命令，以红5师为先头梯队、红4师为后梯队，急速挥师泉上，对盘踞在泉上土堡的国民党守军和地方反动武装实施战术包围。

泉上土堡位于泉上罗李，扼宁（化）清（流）归（化）3县要冲，是赣东南经宁化通往闽中腹地和闽西通往闽北的必经之地，战略地位十分重要。不仅威胁附近根据地的安全，也是东方军向东进击的极大障碍。当时泉上土堡内住有120多户李氏人家，国民党军52师307团及宁化等县地方反动武装1200余人龟缩在土堡内。

东方军根据敌我双方态势，决定采取"围点打援"战术，先消灭泉上土堡及增援的国民党军，继而达到彻底消灭国民党军52师卢兴邦部的目的。在兵力部署上，由红5师负责主攻泉上土堡，红4师和新独立第7师负责打援。7月7日，红5师15团首先发起了红洞岗和天子嵊外围战，迅速夺取国民党军外围2个阵地，包围了泉上土堡。

泉上土堡被围后，守敌几次突围不成，一面向师部火速求援，一面加筑工事，企图顽守待援。驻永安国民党军第52师卢兴邦即派156旅旅长张兴隆亲率309团增援307团，东方军第4师及新独立第7师奉命在延祥石狮岭设伏阻击。7月9日延祥阻击战打响，经一小时激战，全歼国民党军309团400多人，其中击毙旅长张兴隆以下100多人、俘获团长卢胜斌以下300多人，缴获步枪400多支、轻机枪4挺。紧接着，红4师乘胜进占清流东北重镇——嵩溪，新独立第7师进占清流西北的岭下、田背一线，红34师进占清流西南的雾阁，红5师13团乘胜东进，歼灭归化守敌一个营。外围战及阻击战的胜利，使泉上土堡守敌完全孤立无援，为攻克土堡创造了有利条件。

泉上土堡工事坚固，易守难攻，主攻部队红五师15团几次强攻不成。后采取挖地道爆破强攻的战术，经十多天土工作业，一条宽4.50尺，高6尺，长数十丈的地道直通土堡围墙底下，红军把2个装满土硝的棺材安放在地道尽头。7月19日拂晓，随着一声巨响，土堡炸开了一个缺口，红15团吹响冲锋号，从四面八方冲进土堡，经一阵白刃战，全歼国民党军307团及宁化、清流、归化、长汀、石城等县地方反动武装共1200余人，其中击毙300多人，俘获国民党宁化县政府新旧县长以下900多人，国民党军307团团长程泗海自杀。缴获步枪700余支、轻机枪3挺、驳壳枪60支、迫击炮2门、银元万余元。红东方军东征福建首战告捷，解放了宁化东北片，赤化了宁化全县，使闽西和闽北革命根据地连成一片。

形成区域革命中心 第三次反"围剿"胜利后，宁化、清流、归化成为中央苏区的东线战略要地。为强化党对宁化、清流、归化3县的集中统一领导，巩固边区红色政权，中共闽粤赣省委根据中央局"关于宁化等地建立强有力的中心县委，以领导其他县委"的重要指示，于民国21年（1932年）2月，将中共宁（化）清（流）归（化）工委改为中共宁（化）清（流）归（化）中心县委（又称中共宁化中心县委），由霍步青任中心县委书记，郑国勋任组织部长、廖有銮任宣传部长、张恩崇任军事部长、吴富莲任妇女部长、张敏禄任秘书；同时成立少共宁化中心县委，高一致任少共书记，中心县委机关设宁化县城关基督教堂。3月18日，在长汀召开福建省第一次工农兵代表大会，成立福建省苏维埃政府，根据中革军委指示，立即成立福建省军区，同时组建了3个军分区。3月下旬，在宁化县城召开宁（化）清（流）归（化）军分区（又称第三军分区）成立大会，由杨春山任司令员、霍步青兼任政治委员，军区机关与中共宁化中心县委机关同设宁化县城关基督教堂。10日，在宁化县城成立宁（化）石（城）清（流）军分区指挥部，与宁（化）清（流）归（化）军分区同一套班子，统一指挥宁化、清流、归化、石城4县地方革命武装。民国22年（1933年）8月后，根据中华苏维埃中央政府的会议决定，在泉上、湖村新设泉上、彭湃两县。至此，中共宁化县委领导宁化、清流、归化、彭湃、泉上5县，总面积5900多平方公里，5个县辖42个区和290多个乡苏维埃政府，各县、区、乡都建立了中共组织和群众团体，全区党员队伍迅速发展壮大，仅宁化县就有党员七八百人之多。宁（化）清（流）归（化）军分区（包括宁石清军分区指挥部）统一指挥宁化、清流、归化、彭湃、泉上、石城6县地方革命武装。在中共宁化中心县委领导下，宁化、清流、归化、彭湃、泉上苏区进入全盛发展阶段，宁化苏区成为中央苏区的区域革命斗争活动中心。

第四次反"围剿"胜利后，闽北、信（江）抚（河）、建（宁）黎（川）泰（宁）三块苏区成为中央苏区的东北门户和战略要地。为加强党对这一战略要地的统一领导，民国22年（1933年）4月26日，中华苏维埃中央政府决定设立闽赣省。

随着第五次反"围剿"战争的节节失利，闽赣省北部各县相继失守。民国23年（1934年）5月底，宁化、清流、归化、彭湃、泉上五县由福建省划归闽赣省管辖。6月，闽赣省委、省苏维埃政府、省军区机关从建宁县伊家区都上乡（今建宁县伊家乡都上村）移驻彭湃县安远区里坑乡（今宁化县安远乡里坑村），其间中共中央政治局常委、中央政府人民委员会主席张闻天莅临闽赣省检查指导工作，7月26日中共闽赣省委扩大会议在宁化县城召开，张闻天在会上作《闽赣党目前中心任务》的政治报告。8月，闽赣省机关又从里坑移驻宁化县城，中共宁化中心县委随即撤销，所辖县由省委直接领导，并分别在泉上、归化成立了两个军分区，后闽赣省机关分别移驻泉上、彭湃（今宁化县安远乡），于民国24年（1935年）3月撤出宁化县境。宁化苏区曾成为闽赣省后期革命斗争活动中心。

（五）土地革命

第二次反"围剿"胜利后，红12军奉命挺进宁化开辟闽西北革命根据地，中共闽粤赣省委多次派出工作团配合红12军指导宁化建党建政及建立地方革命武装。随着各级苏维埃政权和党组织的建立和发展，宁化发动了轰轰烈烈的分田运动。

民国20年（1931年）5月至民国22年（1933年）8月，宁化先后分批开展了分田工作，以乡为单位，在各乡成立分田委员会和农会（或贫农团），负责分田和阶级成分评定工作，以原耕地为基础，坚持"按人均分配土地，抽多补少，抽肥补瘦，地主不分田，富农分坏田"的原则，有效抵制了王明推行的按"劳动力和人口混合分田"的"左"倾土地政策，较好地坚持和执行了毛泽东所主张的土地分配政策。第一批分田从民国20年（1931年）5月至民国21年（1932年）3月，曹坊、淮阳、禾口、长宁、南城堡、武层、方田、石壁、邓坊等区完成了土地分配工作。第二批从民国21年（1932年）秋冬开始，城郊、安乐、丁坑口、横锁、下巫坊、中沙等区完成了土地分配工作。第三批从民国22年（1933年）8月开始，泉上、湖村、店上、安远、营上等区完成了土地分配工作。

（六）发展苏区事业

宁化成为革命根据地后，受到国民党政权的严密封锁，工农商等经济和社会事业受到严重影响和破坏，军民生活面临重重困难。宁化苏区各级党组织和苏维埃政府，根据中华苏维埃中央政府关于发展苏区经济和社会事业的决定，积极组织生产，恢复和发展苏区经济，兴办社会事业。

中华苏维埃中央政府非常重视发展粮食生产，每年都发出搞好春耕夏收、秋种冬耕的指示和训令。宁化苏区广大贫苦农民分到土地后，劳动热情高涨，努力发展粮油生产。民国22年（1933年）宁化冬种油菜1872担（31.20公顷），比民国21年（1932年）增加一倍以上。民国23年（1934年），宁化苏区成为福建省种油菜最多的苏区县。在农忙季节，针对劳动力短缺问题，苏维埃政府一方面成立耕田队，互调余缺；另一方面针对宁化妇女没有下地耕田（犁田）的习惯，提出"男人上前线、妇女学耕田"的号召。发动青年妇女下地耕田，搞好春耕夏收、秋种冬耕。县、区、乡苏区干部纷纷响应，一边组织生产，一边参加劳动。

在国民党严密封锁下，宁化苏区商业萧条，出现工业品紧缺昂贵，农产品价格猛跌的反常现象，食盐、煤油紧缺，手工业生产严重下滑，尤其是纸业生产处于停滞状态。宁化苏区各级党组织和苏维埃政府，通过多种形式发展公营商业、合作商业和私营商业。执行中华苏维埃政府颁布的《关于合作社暂行组织条例》《商人条件》规定，采取有效措施，沟通内外贸易，搞活商品流通，保障了基本商品供给和军民生活所需。民国 22 年（1933 年）8 月，宁化成立对外贸易局和粮食调剂局，并成立宁化县中华纸业贸易公司，开展城乡商品交流和对外贸易，商业较前活跃。福建省苏维埃政府第四次扩大会议表扬宁化对外贸易取得的成绩。同时，把恢复和发展手工业生产当作苏区经济建设的重要任务，采取组织合作社和扶持私人投资的办法，办起各种手工业合作社（厂）。曹坊小罗溪办起熬硝盐和炼樟脑厂，禾口、淮阳、武层联合办起铁器生产合作社，中沙、南城堡利用当地资源办起生铁生产合作社，长宁（治平）300 多个纸业作坊恢复生产。红军还在湖村田螺寨建起兵工厂，制造子弹和手榴弹；在安远和宁化县城关建起被服厂，主要生产军衣、军帽、被单、绑腿、干粮袋等军需被装。

在大力发展经济、支援革命战争的同时，宁化苏区注重发展文化教育卫生事业，采取有力措施对旧教育制度进行根本改革。从民国 20 年（1931 年）冬开始先后举办识字班、午读班、干部培训班，兴办列宁小学 200 多所，设立了图书馆、讲读所、体育场、俱乐部等，开展唱歌、读报、讲演、文娱等多种文化活动。宁化成为中央苏区重要组成部分后，苏区干部和红军部队调动频繁，为方便广大军民通信，根据中华苏维埃中央政府内务部关于统一苏维埃邮政问题的第 1 号布告，于民国 21 年（1932 年）4 月在宁化县城成立宁化中心邮政局，统一领导清流、归化县邮政局和曹坊、凤山、店上邮政分局，办理苏区各项邮政业务。为改善宁化苏区医疗卫生条件，发展苏区卫生事业，民国 22 年（1933 年）9 月，中华苏维埃中央政府内务部作出在各苏区设立医疗所的决定，宁化办起 20 多个诊疗所，为群众免费看病。在城关、湖村、泉上、禾口、淮阳、安远、方田等地，先后办起了红军后方医院和福建省军区第三分院。

（七）开展扩红运动

民国 18 年（1929 年）3 月至民国 23 年（1934 年）10 月，宁化苏区积极响应中共中央和福建省委关于扩大红军的号召，广泛开展扩红突击运动，涌现出整团、整营、整连、整排加入红军，党团支部全体党团员、全县区苏维埃主席、少先队长全部报名参加红军的热潮，涌现出妻送郎、父母送子、兄弟同参军、父子齐上战场等许多感人场面和典型事迹。其间，中共中央和福建省委派出毛泽覃、胡耀邦、陈丕显、伍洪祥等先后到宁化苏区开展扩红支前突击运动。宁化扩大红军分为 4 个阶段：

第一阶段【民国 18 年（1929 年）3 月至民国 20 年（1931 年）11 月】 民国 18 年（1929 年）3 月，红军首次入闽经过宁化凤山、大王、孙坑一带时，青年王盛权、孙益、饶立栋等一批当地青年参加红军。民国 19 年（1930 年）年初，毛泽东、朱德率领红四军从古田出发，经过宁化，挥师江西。宁化泉上赖畲曹汝学、邱水旺，安远黄世春以及横锁伍家坊到宁化县城卖柴的 10 多个青年参加红军。6 月，红四军 2 纵队到宁化支持西南五乡农民武装暴动，李宽和等一批青年参加红军。民国 20 年（1931 年），红军取得第二次反"围剿"胜利，红 12 军到宁化帮助建党、建政、建立地方革命武装，同时扩红、筹款，县苏维埃政府动员青年参加红军，仅泉上就有 30 多人加入红 12 军。民国 20 年（1931 年）6 月后，红 11 师 32 团政委杨成武率部在泉上筹款、扩红，10 多名青年参加红军。

第二阶段【民国 20 年（1931 年）12 月至民国 22 年（1933 年）4 月】 民国 20 年（1931 年）12 月，中央苏区第一次党代会决议指出："在扩大红军运动中，应扩大并加紧对独立师及地方武装的领导，这样来把一部分地方武装编入到红军中去。"民国 21 年（1932 年）1 月 11 日，中共闽粤赣省委关于扩大红军问题的决议指出："宁化、长汀、连城应在 3 个月中成立一独立师，宁化须有二团，长汀、连城须建立一团。"7 月 2 日，中央执委指出："为着红军在战争的开展中能得到充分的兵员补充，并且能不断的有组织的输送到前方。""从现有苏区的各县或几县成立 1 个红军补充团。凡是扩大到主力红军中去的工农战士，需要经过这一补充团的集中训练，以便整队地送往前方。"宁化县党组织和县苏维埃政府根据指示精神，积极建立和发展地方红军，各区乡纷纷建立起警卫连、游击队。民国 21 年（1932 年）春，在宁西、宁南两支游击队及警卫连的基础上扩大独立第 5 团和独立团，接着组建独立第 7 师，建立东南、宁北 2 个游击队以及独立营。民国 22 年（1933 年）2 月 18 日，中共闽粤赣省委指示宁化在 2 月 20 日至 3 月 20 日扩大红军 600 人，后来大部分编入主力红军。民国 22 年（1933 年）2 月 8 日，苏区中央局为了粉碎国民党对中央苏区第四次"围剿"，发出"最大限度地扩大与巩固主力红军，在全国各苏区创造一百万铁的红军，动员所有模范队、模范少先队，整营整团加入红军中去"的号召。4 月 8 日，宁化城关扩红 2 个营。

　　第三阶段【民国 22 年（1933 年）5 月至民国 23 年（1934 年）3 月】　5 月 12 日，宁化县苏维埃政府在全县开展"红五月"扩红运动，中共宁化县委、县苏维埃政府组织县区干部成立扩红突击队深入各乡村开展扩红竞赛活动，组织宣传队、文艺队、鼓动队、劝导队进村入户，进行层层发动，广泛宣传，广大赤卫队、少先队、党团员热情高涨，踊跃报名参军，赤卫队、少先队整排、整连、整营、整团成建制加入红军，当月扩红 800 多人。5 月 25 日，宁化模范团在巫坊全团加入红军。7 月，500 多少先队员加入少共国际师，这一阶段宁化动员组织少年、青壮年参加红军数千人。仅民国 22 年（1933 年）9 月上旬至 10 月下旬，一个半月完成扩红任务 2000 余人，涌现出淮阳、禾口 2 个扩红模范区，福建省苏维埃政府副主席阙继明专程前往淮阳、禾口两区，授予"我们的模范区"金字光荣匾，上杭、才溪等地派出 100 多名代表专程前往两区学习扩红经验。宁化苏区在扩红突击运动中，还涌现出 20 多个党团支部全体党团员集体加入红军的先进事迹，上演了"兄弟同参军、父子齐上阵、夫妻一条心"的感人场面，受到中华苏维埃中央政府机关报《红色中华》的多次赞扬。这一阶段宁化扩红 10000 多人。

　　第四阶段【民国 23 年（1934 年）4 月至 9 月】　第五次反"围剿"失利后，苏区越来越小，扩红工作艰巨。苏区中央局分配宁化扩红任务 2100 名，县苏维埃政府克服重重困难完成 2061 名。

　　（八）积极支援前线

　　第二次国内革命战争时期，为保障红军给养，确保战争需要，宁化苏区广泛开展经济竞赛及收集粮食、借谷、节省 3 升米活动，在财力、物力上支援主力红军作战。民国 21 年（1932 年）6 月 20 日与 10 月 21 日，中共中央执委发出 13 号和 17 号两道训令，分别分配宁化苏区一期 10000 元、二期 7000 元"革命战争"公债，宁化如期完成。民国 22 年（1933 年）7 月 22 日，中央执委决定发行经济建设公债 300 万元。8 月 12 日在中央苏区南部 17 县经济建设大会上，宁化代表黎盛根、张恩水接受 20 万元经济建设公债和 8 万元合作社股金筹款任务，与其他 16 县开展竞赛。会后，层层宣传发动，号召党员干部带头，完成了筹款任务。此外，少共宁化县委组织开展"少共国际号"飞机募捐活动，发动青少年捐助大洋 36.10 元。

　　民国 22 年（1933 年）3 月，中共中央执委发布 20 号训令，要求借到的谷子"长汀、宁化，集中于区政府保存，听候中央处理"。宁化人民积极执行，仅禾口区不到 7 天就借出稻谷 245 石（每石 60 公斤），且大部分群众不要借谷票，不要政府归还。福建省苏维埃政府对宁化人民"能够在粮食万分恐慌中赊卖给红军四五百石米，支援红军"给予表扬。民国 23 年（1934 年）2 月，中共中央发表《为迅速开展收集粮食突击运动而斗争》的社论，2 月 2 日，中共中央粮食会议决定："集中土地税、公债款，以收谷子为原则，开展普遍的收集谷子突击运动。"划定宁化为中央粮食部派员开展突击运动区域。特派员陈光化到宁化指导突击运动，派赖拔群到宁化检查帮助工作，福建省委派巫子元任宁化突击队长。县、区两级大部分干部参加突击队到各区开展经济动员突击运动，采取措施，打击惩办破坏分子，表扬奖励先进单位和个人。中华苏维埃政府机关报《红色中华》红榜表扬按时完成任务的下巫坊、横锁、淮土、丁坑口等区。下巫坊等区获得筹粮模范区称号，县苏维埃政府颁发光荣牌。仅一个月全县收集粮食三万零几百担，现金折合银元 3700 元，成为中央苏区收集谷子最多的县份之一。4 月 19 日，中央人民委员会发出"立即开展节省 3 升米捐助红军的群众运动"号召。6 月 2 日，中共中央委员会、中央人民委员会分配给宁化筹集 5000 担（每担 50 公斤，下同）粮食任务；至 7 月 15 日宁化完成 7480 担，超额完成 2480 担（泉上、彭湃两县未计在内）。7 月 22 日，中共中央委员会、中央人民委员会作出秋收中借谷 60 万担及征收土地税的决定，要求 9 月 15 日完成。8 月 18 日，宁化开始动员，8 月底完成 34000 担。在收集粮食、借谷运动和节省 3 升米运动中，宁化涌现出许多先进人物和事迹，泥瓦匠施显保（红军家属）在贫农团会上自报借谷 16 担，寿春堂（商号）借谷 40 担，禾口大路背一红军妻子自动借谷 9 担，并说："我愿自己节省一些，借给红军，使他们吃饱饭，打胜仗。"宁化东郊区列宁小学组织粮食突击队、调查队，帮助征收地主富农的谷子 30 石，儿童自己节省大米三四十石支援红军。

宁化苏区除动员组织广大青壮年参加红军外，县、区、乡还广泛组织赤卫队、少先队等群众武装，在人力上配合主力红军作战。民国21年（1932年）6月28日，中共宁化县委、县苏维埃政府在淮阳召开各区主席及军事部长联席会议，决定县成立1个赤少模范营，各区成立1个赤少模范连，每连120人以上。7月、9月，中央执委发出14、15号两道训令，要求1县成立1个赤少军，3个区成立1个赤少师，每区成立1个赤少团，每乡成立1个赤少营，每营2至5个连。至民国23年（1934年）3月，宁化赤少群众武装发展到7个营、40个连，赤少队员3717名，其中女赤少队员775名、模范营队员1794名。赤卫队员既是红军的主要来源，又是支前的骨干。仅民国23年（1934年）2月，东方军攻打沙县，宁化苏区在短短10天之内动员了1086名赤少队组成运输队、担架队，前往沙县担负军需品、战利品运输和战场救护等任务。

据统计，民国20年（1931年）春至民国23年（1934年）秋，宁化苏区共筹集粮食950多万斤、钱款54万元和大量被装支援前线，组织了2万多人次的担架队、运输队担任支前后勤保障任务，成为福建省的支前重点县。

（九）长征出发地

由于中央"左"倾机会主义领导推行错误的军事战略方针，导致第五次反"围剿"失败，中央苏区日益缩小。至民国23年（1934年）9月，中央红军被压缩在江西的瑞金、兴国、宁都、于都、石城、会昌，福建的宁化、长汀等县及其周边的狭小地域，被迫实行战略大转移。驻宁化中央主力红军从驻地向于都方向集结，开始了举世闻名的二万五千里长征。宁化成为中央红军长征出发地的4个起点县之一。

红军退守宁化 民国22年（1933年）9月下旬，蒋介石调集50万大军分四路"围剿"中央苏区，宁化苏区成为中央苏区东南战线的战略"锁匙"要地，是敌我双方争夺的重点地区之一，也成为中央主力红军的主要驻守地之一。

民国22年（1933年）12月中旬，中央主力红军转入战略防御，福建省军区所属部队及新组建的红九军团活动于闽赣边界的建宁、泰宁、宁化、长汀一线。民国23年（1934年）2月下旬至3月下旬，国民党东路军汤恩伯、孙元良、王仲廉、李默庵部相继攻占沙县、将乐、泰宁、归化，红7团、红34师及其他红军部队被迫向西退守建宁、宁化一线。5月中旬至6月初，国民党东路军孙元良部、第52师、第3师相继攻占建宁、永安、连城，红一、三、七、九军团从东北一线向南退守宁化、石城、长汀、宁都、兴国一线。民国23年（1934年）6月后，国民党东路军蒋鼎文进取石城，第六路军薛岳部从龙冈向古龙冈推进，以上3路国民党军像3根楔子步步插进中央苏区腹地，然后对中央主力红军实行分割"清剿"。

至长征出发前，驻守宁化的中央主力红军约1.40万人，占中央主力红军总兵力的16%强，其中红三军团第4师及军团医院驻守宁化淮土凤凰山（今淮土乡凤山村），少共国际师一个团驻守宁化淮阳隘门，中革军委直属炮兵营驻守宁化淮阳，红九军团后方机关驻守宁化曹坊上曹、下曹及滑石一带。

踏上万里征途 民国23年（1934年）5月中旬，闽赣省北部各县相继失守，宁化、清流、归化、彭

特记图1-1 宁化凤凰山红军长征出发地 （1993年摄）

湴、泉上 5 县由福建省划归闽赣省管辖，为粉碎国民党军 6 路进攻，保卫中央苏区，中央和省委对宁化苏区的工作发出重要的指示信。民国 23 年（1934 年）6 月 12 日，中央局给闽赣省战地委员会的指示信中明确指示："闽赣应以宁化为中心，确实加强突击力量"，并对各项工作做了具体部署。6、7 月间，项英、毛泽民、张闻天等领导莅临宁化苏区，检查督促闽赣省及宁化工作。朱德亲自部署宁化等地方武装消灭石城、宁化、安远等反动刀团匪，巩固闽赣边苏区的任务，并电令红九军团一部协同闽赣军区肃清刀团匪。9 月，闽赣省战地委员会发出 10 月份工作计划，强调宁化苏区在 10 月 4 日前以飞快的速度动员和扩大地方武装。7 至 12 月，闽赣省军区地方武装在宁化、清流、归化、建宁、泰宁等区域，依托有利地形，节节阻击国民党军，有效牵制了国民党第 8、第 52、第 80、第 88 共 4 个师的兵力，迟滞国民党军向中央苏区腹地的推进速度，掩护了中央主力红军战略大转移。

民国 23 年（1934 年）10 月 7 日，中革军委向各军团发出集中地域行动部署电令，驻防上曹、下曹及滑石一带的红九军团后方机关奉命立即前往长汀向瑞金行进，出发长征；9 日至 12 日，从石城防御阵地撤守在宁化凤凰山、方田、隘门、淮阳一带的红三军团第四师及军团医院、少共国际师一团、中革军委直属炮兵营等中央主力红军，先后经凤凰山向江西于都方向集结。10 月 16 日，中央主力红军 8.60 万余人渡过于都河，向西突围实行战略大转移，踏上了前途艰险的万里征途。

血战湘江 宁化籍红军参加长征的有数千人，大部分编在红三军团第 4 师和红五军团第 34 师，分别担任长征中最艰巨的前卫和后卫任务。前卫红 4 师一路与堵敌激烈交战，连续冲破国民党军三道封锁线，后卫红 34 师一路与追兵短兵相接，节节阻击国民党军。在关系党和红军生死存亡的战略性决战——湘江战役中，前卫红 4 师和后卫红 34 师与国民党军作殊死拼杀，誓死掩护主力红军渡江。

前卫红 4 师于民国 23 年（1934 年）11 月 25 日渡过湘江，控制了湘江西岸的界首渡河点，在界首以南的光华铺布防阻击进攻的国民党军，经 7 天 6 夜与敌勇猛厮杀，激烈奋战，至 12 月 1 日，突破国民党军第四道封锁线，掩护中央军委第 1、2 纵队渡过湘江，虽然歼灭国民党军数千，但自身伤亡惨重，损失近半。

红 34 师在长征途中担任红军总后卫队，被称为"殿军"，不断与追赶堵截的国民党军队进行殊死战斗，任务艰巨，责任重大。11 月底，殿后的红 34 师接到中央军委"星夜兼程过河"的紧急电报，冲破国民党军包围，急行军赶到广西兴安县界首镇，准备和那里的红军大部队一起强渡湘江。但此时以界首镇为中心的广西兴安至全州的湘江一带数十里源头口岸全部被国民党军占领，东岸则是桂军和湘军刘建绪部、国民党中央军周浑元部和广西民团等。此时，毛泽东、朱德、周恩来、彭德怀等仍在广西兴安县界首镇湘江边一座古老的庙宇"三官堂"（后改为红军堂）里指挥红军强渡湘江。27 日红 34 师奉命阻击国民党军，掩护红军大部队及中共中央、中革军委领导机关渡江。红 34 师在桂北灌阳县的文市至水车一线阻击数倍于己的国民党军疯狂进攻，经 5 天 4 夜浴血奋战，全师 5000 多人牺牲 4000 多人。红 34 师的殊死拼杀，为红军大部队争取到宝贵的渡江时间。12 月 1 日，毛泽东、朱德、周恩来、彭德怀等中央领导人及红军大部队渡过湘江，突破国民党军第四道封锁线，而红 34 师所剩 1000 余人却被国民党军重重包围在湘江东岸无法渡江，师长陈树湘率领余部突围后，沿桂湘分界的都庞岭山麓转战至湖南道县，开展游击战。12 月中旬，陈树湘在战斗中不幸腹部中弹被捕，他乘国民党军不备，从腹部伤口处伸手进去绞断肠子，壮烈牺牲，时年 29 岁，用生命践行"为苏维埃流尽最后一滴血"的誓言。红 34 师余部艰苦转战桂北、湘南一带与国民党军周旋，开展游击战。民国 25 年（1936 年）冬，在湘南九嶷山遭国民党军"清剿"，终因孤军无援，弹尽粮绝，大部分壮烈牺牲，少数幸存者潜往湘赣边寻找红军游击队。红 34 师是湘江战役中唯一一支从师长、政委以下成建制牺牲的部队。宁化参加长征的数千红军，经湘江战役大部分牺牲，长征胜利到达陕北时仅剩 58 人。

2005 年 10 月，中央党史研究室原副主任石仲泉到宁化县调研说："没有宁化子弟兵在湘江战役中的巨大牺牲，长征的历史有可能要重新书写。在这场战役中，打得最惨烈的就是红五军团的红 34 师。据说这个师主体子弟兵全是福建宁化人，打得最勇敢，死得也最壮烈，最后全师覆没。如果没有这个师的忘死相拼的话，恐怕很难按时过江。一旦误时，后果不堪设想。"2006 年 5 月 25 日，湘江战役旧址被国务院批准列入第六批全国重点文物保护单位。

（十）苏区沦陷

中央主力红军长征出发后，国民党军 52 师于民国 23 年（1934 年）12 月 1 日攻占宁化县城，12 月中旬攻占泉上县，至此宁化苏区全部沦陷。国民党反动派反攻倒算，对宁化苏区人民实行血腥的白色恐怖政策，肆意烧、杀、掠、抢，无恶不作。宁化县被烧毁房屋 1.60 万间，烧光自然村 100 多个，被灭绝的有 5500 多户，遭杀害群众 3300 多人，被抓壮丁 2300 多人，被抢妇女 500 多人，下落不明 3300 多人，饿死 23000 多人，土地荒芜 2333 公顷，全县总人口锐减 3 万多人。到处是家破人亡、妻离子散、田园荒芜、百业凋零的惨象。蒋介石在其"剿匪"报告中描述："剿匪之地，百物荡尽，一望荒凉。"

不仅如此，国民党反动派还残害被俘的红军伤病员和游击队员。民国 23 年（1934 年）12 月，巫坊区石下乡（今湖村镇石下村）红军后方医院（设丘氏宗祠内）百余名红军伤病员转移至店上区邱山乡（今水茜乡邱山村），当地刀团匪将手无寸铁完全失去抵抗能力的红军伤病员及医护人员，全部残忍刺杀活埋，制造了骇人听闻的"丘山惨案"。民国 24 年（1935 年）2 月下旬，转战于闽赣边的游击队员有 4 位战士因作战负伤，失散于彭湃县丰坊区丰坪乡（今宁化县安远乡丰坪村）茶垣，被当地匪徒抬入山中活埋。民国 24 年（1935 年）4 月，撤至南城区泗坑乡（今方田乡泗坑村）田螺髻的中共宁化县委、县苏维埃政府机关和宁化游击队 300 多人遭国民党军队及地方铲共义勇队包围，奋战 3 昼夜，弹尽粮绝，小部分突围，大部分牺牲。游击队指挥部领导人黎盛根被俘后受尽酷刑，宁死不屈，是年秋在宁化城关猪子坝英勇就义。游击战士邱朝坤被俘，被反动派用剪刀钻子刺得浑身鲜血，惨不忍睹，最后在禾口慷慨就义。至此宁化县苏维埃政府消失。

宁化苏区沦陷后，地方革命武装力量一部编入闽赣省军区所属部队，在闽西北、闽赣边、闽中十几个县坚持 3 年游击战。另一部在宁化境内坚持游击战，几经艰苦转战，大部壮烈牺牲，余部突围后在连城境内与方方领导的闽西红九团会合。民国 27 年（1938 年）年初，闽西红九团编入新四军第二支队，北上开赴抗日前线。宁化在这一时期成为闽赣边游击战的组成部分，是中央苏区坚持革命时间最长的苏区县之一，宁化县城也是中央苏区县中最后失守的"红色堡垒"。

老区建设

一、老区认定

1951 年，中共中央和中央人民政府派出由 8413 人组成的中央南方革命老根据地访问团，慰问南方各革命根据地，中央南方革命老根据地访问团第十分队（以下简称访问团）负责访问宁化、清流、明溪等革命老区。8 月 26 日下午，由队长王胜彪（宁化凤山赤岭村人，参加过长征的老红军）、副队长夏凤珠、队员王宝庆和文工团组成的访问团，从长汀步行抵达宁化，受到宁化城区 8800 多人欢迎。27 日，宁化县举行 3000 多名干部群众参加欢迎"中央人民政府南方革命老根据地访问团"大会，晚上文工团演出秧歌、花鼓舞等节目慰问宁化老区人民。县政府召开宁化县第一次革命老根据地军烈属代表大会，王胜彪、中共永安地委书记王敬群、中共宁化县委书记孙民夫、宁化县县长张桓东在会上分别作讲话和报告。会议推选周松根、官盛茅等代表宁化老区人民出席在北京召开的全国军烈属代表大会。经代表讨论提议和大会审议，确定全县 40 个村为老区基点村。具体为：

一区　社背、李七坑、横锁。

二区　邓坊、江头、石后、新岗、陈家、官坑、大王。

三区　俞坊、夏坊、上曹、陈坊、黄坊、凌家山、下赖、石牛。

四区　巫坊、邓坊、谌坑、城门、石墨、下埠、泉上。

五区　里坑、安远、营上。

六区　松林下、叶坊、中沙、龙头、武层、楼家。

七区　寺背岭、三黄。

八区　淮土、水东、王屋。

九区　沿口。

1952年1月28日，中共中央发出《关于加强老根据地的工作指示》，永安专署组织老区工作队（16人）到宁化开展老区建设工作。11月22日，成立宁化县革命老根据地建设委员会，召开宁化县第一次老根据地人民代表会议。大会根据1952年8月24日中共福建省委《关于划分老根据地问题讨论的记录》精神，经代表们提议，重新认定宁化县老区基点村为204个。具体为：

一区　红卫、双虹、中山、小溪、高堑、瓦庄、下巫坊、谢地、马元亭、外乌石、马源、内乌石、水口、高岭、黄泥桥、上坪、横锁、伍家坊、龙下、青州坑、青塘尾、茜坑、旧墩、古武溪、寨角、巫高、李七、社背、曹家屋。

二区　邓坊桥、三坑、江口、张家地、三寨、石碧、石碧坑、大角、陈坊、桃金、江家岭、拱桥、大江头、新圩、老市、大路、陂下、刘村、官坑、税下、小吴、陈家坑、溪背、茶湖江。

三区　上曹、下曹、滑石、凌家山、三黄、黄屋岭、黄坊、石牛、下赖、坪上、黄金进、罗溪、寨子上、大南坑、小南坑、丁坑口、大坪、张河坑、罗坊、小坊、赖畲、三大、陈坑、安乐、夏坊、谢坊、马家围、洋坊、龙地、俞坊。

四区　泉上、石门洞、墨科龙、青瑶、新军、谢新、豪亨、泉正、泉永、店上、张坑、城门、彭高、下埠、谌坑、巫坊、大岭坑、黎坊、湖村、石下、陈家、邓坊、小岭坑。

五区　安远、扬田、悠溪背、营上、割畲、洪围、杜家、里坑、罗江下、岩前、伍坊、中郑、张坊、芒东桥、明珠、沙坪、大洋、高洋、上伊、老河龙。

六区　中沙、廖家、渔潭、长元、下沙、半溪、楼家、石门山、樟荣、武昌、何屋、叶坊、松林下、武层、上畲、肖家山、神坛坝、上黄京、下黄京、昆岗、龙头、济村、芙蓉下、三村、湖头、丘坑、上南坑、吾家湖、罗家、洋地、长坊、新田。

七区　治平、陈公段、邓屋、彭坊、湖背角、社田、田畲、光亮、上坪埔、上坪段、高地、下坪、开子山。

八区　方田、禾岭下、泗溪、大坪地、岭下、王屋、大畲、沙罗坝、南城、泗坑、罗布里、淮阳、桥头、竹园、凤山、仕边坑、大王、罗坑、吴陂、禾坑、田背、寒谷、水东、隘门。

九区　沿溪、寒坑、沿口、水茜、石寮、杨城、庙前、张坊。

1987年，根据福建省老区办《关于核实老区乡村的通知》精神，三明市政府《关于审定三明市革命老根据地的乡镇的报告》（明政〔1987〕综145号）确认宁化县所有乡（镇）属于老区乡（镇），所有建制村均属老区建制村。

二、老区宣传

宁化在第二次国内革命战争时期作为中央苏区重点县和中央红军四个长征起点县之一，为中国革命作出了巨大的牺牲和贡献，但由于宁化行政区划变化较大（中华人民共和国成立初期隶属福建省人民政府永安专员公署，1956年6月改属龙岩专员公署，1962年1月改属三明市＜地区＞管辖）以及宣传不够等原因，宁化作为老区长期得不到应有的关注，各主流媒体在宣传报道老区的舆论中很少提及宁化。在进入市场经济之后，由于宁化远离经济发达地区和中心城市，处于劣势区位，加上交通闭塞，资源优势不明显，发展社会经济主要靠有限的内力支撑，外力支持有限，导致经济发展缓慢，属福建省经济欠发达县之一。

为了让更多人了解认识、关心支持、共同建设宁化老区，宁化县委、县政府把老区作为对外宣传宁化的重要品牌，广泛开展红军长征纪念、革命遗址开发保护及拍摄老区宣传电视专题片、开发以老区革命历史为主题的"红色旅游"等活动。宁化县革命老根据地建设办公室（简称县老区办）与有关部门联合撰写文章稿件、拍摄图片向有关刊物投稿，宣传宁化老区的革命历史与建设成就，同时组织学生参观革命遗址与纪念馆、举办文艺演出等，有效地扩大宁化老区影响，提高知名度。2001 年，宁化县委、县政府决定把打响"苏区"品牌作为发展县域经济的一项重大举措，扩大社会影响力，对接国家老区扶持政策，争取老区项目扶持，以加快县域经济和社会事业的发展。

（一）对外宣传

1996 年，福建省电视台、福建省老区建设促进会（简称省老促会）联合录制的《情系红土地》电视专题片在宁化拍摄。1999 年，福建省革命老区根据地建设办公室（以下简称省老区办）拍摄《风展红旗如画》电视系列专题片宣传宁化老区历史与现状。在纪念毛泽东《如梦令·元旦》词创作 70 周年之际，《中国老区报》第 664 期第二版专题宣传宁化老区两个文明建设成就。2002 年 6 月，福建省电视台文化生活频道《长命百岁》栏目，专题宣传宁化"五老"之一、百岁老人黎盛珠的革命人生。2004 年，《三明重要革命遗址遗迹》收录宁化革命重要人物 39 人、革命遗址遗迹 26 处。2005 年，《厦门日报》"新闻大篷车"赴宁化老区慰问采访；中国曲艺家协会到宁化开展"送欢笑——走进宁化苏区"慰问演出，中国曲艺家协会主席刘兰芳、副主席姜昆和耿连凤、戴志诚、石富宽等曲艺家还专门到黎盛珠家进行慰问演出；"2005 中国红色之旅"大型主题宣传活动以宁化老区历史为素材在宁化举行开机仪式；"走进苏区，情系客家"厦门宁化青年联谊活动在宁化举行；发行以宁化重点革命遗址遗迹为背景的集邮纪念册，开展中央苏区"乌克兰"、红军长征出发地——宁化邮票展示活动。

据统计，1988—2005 年，宁化共举办大型纪念活动 10 次，先后拍摄《老区新貌》《火红岁月》《镌刻》《老区办大力扶持农业综合开发性生产》《为民办实事》《宁化——苏区乌克兰》等宣传宁化老区的电视片，出版《宁化老区革命烈士传》《钢铁之师 血染湘江》《风展红旗如画》等反映宁化革命斗争历史的书籍，有 760 篇（件）宣传报道宁化老区的文稿图片被省内外报纸杂志、电台、电视台采用。

（二）老区历史地位研究

2005 年 10 月，县委、县政府邀请中央党史、军史权威专家及省、市党史专家到宁化召开座谈会。中国党史学会常务副会长、中央党史研究室原副主任、党史研究员石仲泉在会上作《中央红军长征与宁化》的专题发言，省党史室巡视员、党史研究员林强作《宁化人民对红军长征的三大贡献》专题发言，以丰富翔实的史料佐证宁化是中央苏区重点县和中央红军长征起点县；彭德怀元帅侄女、解放军少将彭钢，中国军事科学院军史研究员徐占权，中央文献室党史研究员张素华等对宁化苏区的历史作用都进行了论证。为巩固宁化作为中央苏区重点县和中央红军长征起点县的历史地位，打响"苏区"品牌，深化宁化老区宣传进一步夯实了党史基础。

（三）革命遗址及文物开发保护

中华人民共和国成立后，宁化县积极开展对革命遗址及文物的开发和保护，先后对中共闽赣省委、省苏维埃政府旧址，宁化县苏维埃政府旧址，宁化中心县委旧址，泉上县苏维埃政府旧址，彭湃县苏维埃政府旧址，曹坊秘密农会旧址，朱德召开群众大会旧址，宁化西南五乡农民武装暴动旧址，宁化特区委旧址，中共宁化县委党训班旧址，泉上土堡战役旧址，田螺寨兵工厂遗址，苏区时期列宁小学遗址，工农红军长征起始点遗址等进行登记保护，收集革命文物有邓子恢题写的毛泽东《如梦令·元旦》匾额、《中国工农红军军用号谱》、光荣匾、乡政府通知书、军烈属优待证、《赤卫队、少先队誓词》、互济会会员证、"扩红"捷报、《婚姻条例》、砚石（闽赣省苏维埃主席邵式平用）、口杯、铁皮口杯和脸盆（苏区干部使用）、苏维埃印章和印盒、土炮、鸟枪、大刀、梭镖、纸业工会证章、股票、手榴弹、药罐、碾槽、布草鞋、马灯、座钟、扁担、红旗、口令袋、《旧式武器使用法》课本、红军战士家信、区苏维埃政府标志、木质标语、列宁小学课本等 300 多件。并于 1978 年年底在北山公园建竣革命烈士纪念碑，让后人世代缅怀革命先烈，牢记革命历史。

1988 年后，宁化县进一步加大对革命遗（旧）址的挂牌保护与修葺工作力度，投入资金进一步打造苏区形象。1991 年 3 月，宁化革命烈士纪念碑被省人民政府确定为第三批省级文物保护单位。1996 年和 2001 年宁化县革命纪念馆先后被市政府确定为首批市级爱国主义教育基地，被省政府确定为第三批省级爱国主义教育基地。1994 年 10 月，《中国工农红军军用号谱》（由宁化失散老红军罗广茂捐献，毛边纸油墨印制而成。收集有红军生活、训练、作战及部队番号、职务等曲谱340多首）经国家文物局鉴定，是国内保存最为完整，内容最为具体的一本红军军用号谱，被定为国家一级文物。2001年，在北山革命纪念园内新置的《如梦令·元旦》毛泽东青铜雕像，淮土乡刘氏家庙（宁化县第一次工农兵代表大会旧址）和曹坊乡曹氏宗祠（曹坊秘密农会旧址）被列入第二批县级文物保护单位。2003年，修复宁化县第一次工农兵代表大会旧址等4处县级文物保护单位。2004年4月，宁化县革命纪念馆制定向未成年人等免费（优惠）开放实施办法，加强未成年人思想道德建设工作。2005年，投资230万元在南大街与中环路交汇处新建占地8000平方米的红军长征出发地纪念广场；县政府拨出专款30万元，对北山革命纪念馆革命斗争史陈列厅及版面进行全面改造。

　　据统计，1988—2005年，全县革命遗址（迹）被列入省级文物保护单位1处，县级文物保护单位2处，修复13处，共投入资金500多万元加大宁化苏区红色形象硬件载体建设。

宁化县革命遗(旧)址及纪念性建筑表

特记表1—2

革命遗址名称	管理部门	保护等级
宁化革命烈士纪念碑	宁化县人民政府	省级文物保护单位
宁化县革命纪念馆	宁化县文体局	县级文物保护单位
马家红军烈士墓	安远乡人民政府	
田螺髻战斗遗址	方田乡泗坑村委会	
鸡公山战斗遗址	安远乡东桥村委会	
周坑口战斗遗址	淮土乡周坑村委会	
宁化县苏维埃政府保卫局遗址	淮土乡周坑村委会	县级文物保护单位
棠地革命烈士纪念碑	水茜乡人民政府	
凤凰山中央红军长征出发地遗址	淮土乡凤山村委会	
邱山革命烈士纪念碑	水茜乡人民政府	
《如梦令·元旦》毛泽东青铜塑像	宁化县革命纪念馆	
石下红军医院遗址	湖村镇石下村委会	
沙罗坝红军医院遗址	方田乡大罗村委会	
治平革命烈士纪念碑	治平乡人民政府	
禾口区扩红指挥部遗址	石壁镇立新村委会	
城关红军医院遗址	翠江镇小溪村委会	县级文物保护单位
中共彭湃县委、县苏维埃政府遗址	湖村镇巫坊村委会	
河龙红军兵站遗址	河龙乡河龙村委会	
石下红军烈士墓	湖村镇人民政府	
中共武层区委、区苏维埃政府遗址	济村乡武层村委会	
红军抗日先遣队司令部遗址	曹坊乡下曹村委会	
石寮红军兵工厂遗址	水茜乡石寮村委会	
少共宁化中心县委遗址	翠江镇中山村委会	
巫坊红军医院遗址	湖村镇巫坊村委会	

续特记表 1—2

革命遗址名称	管理部门	保护等级
田螺寨红军兵工厂遗址	湖村镇石下村委会	县级文物保护单位
东方军指挥部遗址暨彭德怀、滕代远旧居	湖村镇陈家村委会	
陈塘红军医院遗址(中央红色医院第四医院)	石壁镇陈塘村委会	县级文物保护单位
中共彭湃县安远区委暨区苏维埃政府遗址	安远乡安远村委会	
闽赣省军区司令部遗址	安远乡里坑村委会	
泉上土堡战斗遗址	泉上镇罗李村委会	
宁化县第一次工农兵代表大会遗址	淮土乡淮阳村委会	县级文物保护单位
宁化西南五乡(曹坊)农民武装暴动指挥部遗址	曹坊乡上曹村委会	
中共三黄支部遗址	曹坊乡三黄村委会	县级文物保护单位
连岗中学党团混合小组活动遗址	翠江镇红卫村委会	
曹坊秘密农会遗址	曹坊乡上曹村委会	县级文物保护单位
宁化红军长征出发地纪念广场	宁化县人民政府	

三、老区扶建

(一) 老区建设

1949 年 10 月 21 日宁化和平解放后,宁化老区人民发扬苏区精神,进行社会主义革命和建设事业,完成了生产资料私有制的社会主义改造。1950 年,开始土地改革运动,至 1952 年 6 月土改运动基本结束。1953 年 3 月 28 日,县委下发《关于加强老区工作的指示》,扶持贫苦、烈属、军属、工属修建房屋 1000 余间、桥梁 24 处、大中型水利 45 处,发放棉衣 7000 余件、救济贷款 27 万元,减免老区公粮 60 万公斤。1955 年,宁化县老区建设委员会开展生产互助合作工作,全年购置喷雾器 152 架、火药 150 公斤、铁屑 150 公斤、耕牛 50 头、犁 100 张、耙 60 把,支持老区农业生产建设;为 26 户军烈属新建房屋 19 间、翻修 47 间。在 1953—1957 年第一个五年计划中,宁化县工业、农业、教育、卫生、文化事业有了较大的发展和进步。由于"大跃进"和十年"文化大革命"内乱,宁化经济发展严重受挫。中共十一届三中全会后,宁化老区实行改革开放,1979 年宁化县第四次党代会后,工作重点实现了从"以阶级斗争为纲"到以经济建设为中心,从"抓革命促生产"到"抓效益促经济振兴"两大历史性转变,贯彻"调整、改革、整顿、提高"经济发展方针,县域经济得到恢复性发展。1979—1984 年,国内生产总值年均增长 10.10%,财政总收入年均增长 10.10%,社会消费品零售总额年均增长 17.40%,社会固定资产年均投资 1194 万元。1985 年,宁化县第五次党代会后,围绕建立有计划商品经济体制目标,大力实施"抓好两件大事、建设三个基地、搞好三个基础、注重三大发展"和"一调整、四发展、两突破"的社会经济发展战略("抓好两件大事"即体制改革和对外开放,"建设三个基地"即建设粮食、用材林、经济作物商品生产基地,"搞好三个基础"即能源、交通、教育基础设施,"注重三大开发"即建材、农副产品综合加工利用、矿产加工利用技术开发;"一调整"即调整农村产业结构,"四发展"即大力发展经济作物、畜牧水产、乡镇企业、林业,"两突破"即重点突破乡镇企业和畜牧水产),对内全面推行企业改革,继续深化农村改革,对外加快开放步伐,促进产业结构调整优化,县域经济加快提升,实现了快速发展。1985—1987 年,宁化县国内生产总值年均增长 9.50%,财政总收入年均增长 29.20%;社会消费品零售总额年均增长 21.60%,于 1987 年跨上亿元大台阶;社会固定资产年均投资 1813 万元;农民人均纯收入年均增长 14.80%。

1988 年,省、市拨付扶贫资金 76.05 万元,县直部门支持 45.05 万元,扶建畜牧水产养殖、黄花菜种植等 11 个生产基地，新建方田、安远、淮土 3 个乡水电站及乡（镇）经济实体 13 个，架设输变电线路 37 公里，修建小学教室 90 间 4590 平方米、桥梁 13 座 295 米，铺设自来水管道 7 公里，打井 10 口，修建机耕道 21 公里，资助水土流失严重的禾口、淮土两乡群众改烧柴为烧煤 5 万元。1989—1990 年，投入扶贫建设资金 1201.50 万元，扶建项目 185 个，有 16 个乡（镇）共计 123 个建制村受益。1991—1995 年，投入资金 1975.93 万元，支持 16 个乡（镇）共计 411 个建制村扶贫开发，扶建项目 432 个，其中生产建设项目 44 个、福利建设性项目 388 个。共修建校舍 146 间 6672 平方米、桥梁 50 座 1048 米、机耕路 216.50 公里，架设输变线路 72.50 公里，新建电视差转台 2 座，修建饮水工程 2 处，铺设自来水管道 39000 米。2000 年，投入扶贫资金 81 万元，扶建项目 56 个。贯彻"教育优先，科技兴农"的战略方针，坚持"扶建先扶智、治穷先治愚"原则，开展科技下乡活动，举办烤烟栽培、烤烟烘烤、食用菌栽培等实用技术培训 5 期，培训人员 782 人次，组织 160 名青年农民参加省农函大学习。抓好"五通"（通水、通电、通路、通广播电视、通电话）建设，成立"五通"工作领导小组，县政府与水利、电力、交通、广播电视、电信等部门及 15 个乡（镇）签订"五通"责任书。是年，全县完成 26 个建制村通水，新建蓄水池 90 个；安装自来水管道 12710 米，受益群众 3620 户 16379 人；完成 32 个自然村、848 户 3705 人用电工程；完成 25 个建制村通电话工程，装电话 510 部，受益群众 6763 户 29374 人；完成 10 个自然村 85 户通广播电视工程，受益 300 户 1200 余人。2005 年，投入扶贫开发资金 96 万元，扶建项目 58 个，修建乡村道路 41 条 75 公里、桥梁 3 座 76 米、校舍 3 座，农田水利 8 处，饮水工程 2 处，扶建农业科技制种示范基地 1 处、养殖基地 1 处。

　　1988—2005 年，中央、省、市共向宁化老区投入扶贫开发资金 1550.85 万元，群众自筹 3000 多万元，部门支持 700 多万元，扶建项目 1565 个。

1988—2005 年中央、省、市扶建宁化老区资金投入情况表

特记表 1—3

年度	资金(万元)			扶持项目(个)		
	总金额	生产建设	公益事业	总数	生产建设	公益事业
1988	76.05	51.30	24.75	98	11	87
1989	66.20	47.60	18.60	85	25	60
1990	67.30	37.80	29.50	103	19	84
1991	63.00	37.80	25.20	76	23	53
1992	58.00	29.50	28.50	68	10	58
1993	52.50	23.00	29.50	98	5	93
1994	69.30	20.00	49.30	120	3	117
1995	63.00	21.50	41.50	80	3	77
1996	67.50	24.50	43.00	93	3	90
1997	58.60	16.00	42.60	90	2	88
1998	71.70	10.00	61.70	98	1	97
1999	112.00	5.00	107.00	79	3	76
2000	100.70	2.00	98.70	80	1	79
2001	116.00	4.50	111.50	93	3	90
2002	133.00	11.00	122.00	89	2	87
2003	132.50	32.00	100.50	77	3	74

续特记表 1—3

年度	资金(万元)			扶持项目(个)		
	总金额	生产建设	公益事业	总数	生产建设	公益事业
2004	147.50	2.00	145.50	80	1	79
2005	96.00	2.00	94.00	58	1	57
合计	1550.85	377.50	1173.35	1565	119	1446

（二）老区建设促进会扶建

宁化县老区建设促进会扶建 1995 年 12 月 12 日，县老促会成立。1996 年，县老促会开展全县农村无清洁安全饮用水、无电、无公路"三无"村调查，并将调研报告报送县委、县政府和省、市老区办，省、市老区办追加宁化县建设资金 24.50 万元。是年，县老促会向香港星火基金会争取资金 20 万元，赞助城南小学新建教学大楼。1998—1999 年，县老促会组织调查曹坊、淮土、湖村等 12 个老区村和城郊、河龙等 8 个村脱贫致富奔小康、农村基础设施建设、群众生产生活情况，撰写 12 篇调查报告，及时向上级反映，为领导决策提供参考。2000 年冬，县老促会受县政府委托，检查督促全县 57 个"五通"项目资金使用、工程进展、建设质量等情况。2001 年 10 月，县老促会提出宁化县城设苏区县标志的建议，县委、县政府采纳建议并新建红军长征出发地纪念广场。2005 年 10 月红军长征出发地纪念广场竣工。

1996—2005 年，经县老促会协调争取，福建省黄仲咸教育基金会、福建大丰文化基金会、香港星火基金会共捐资人民币 135.90 万元、港元 25 万元，兴建中、小学共 19 个项目及添置教学设备，资助 80 名老区学生到大学、中专、职业学校学习。县老促会理事单位共扶持项目 191 个，资金 681.55 万元，邀请省、市老科技工作者协会老专家 16 人到宁化帮扶 11 个科技项目。

中国老区建设促进会扶建 2003 年，中国老促会在全国选择 20 个老区贫困县进行调研，省老促会、福建省革命老根据地建设办公室（简称省老区办）经过排队比较，确定宁化作为福建省唯一的全国老区贫困县调研点。7 月，省老促会调研组深入宁化老区调研后，向中国老促会报送了《勿忘老区，扶持老区》调查报告，以大量的事实真实反映宁化老区存在的贫困问题，随后在全国老区宣传工作会议上，省老促会领导对宁化老区存在的贫困问题据实陈述，引起中国老促会领导高度关注。2005 年 1 月 10 日—14 日，中国老促会会长王作义在省、市老促会、老区办领导的陪同下到宁化进行为期 4 天的调研。回北京后，王作义将宁化老区存在的贫困问题书面向国家有关部门通报，并通过新华社记者作《基础设施落后，部分群众生活困难》一文在《国内动态清样》上刊登，引起了中央领导和国家有关部门对宁化老区的关注。是年，中国老促会将宁化列入直接联系县，宁化 2 条红色旅游公路（宁化至石壁、宁化至天鹅洞）总计 61 公里被列入国家 100 个红色旅游精品县交通扶建项目（2008 年全部建成通车），这是宁化自中华人民共和国建立后国家直接拨款的最大扶持项目。同时，宁化老区农村医疗服务体系也被列入国家农村医疗卫生服务体系国债改造提升项目。

（三）老区人才培养

1988—2005 年，宁化县组织老区农民参加农函大和技术培训，选送烈士、"五老"后代参加老区大中专预科班深造。县老区办与科协、妇联、农业等部门联合举办各种技术培训班 134 期，参训农民 31713 人次，组织农民参加农函大学习 2300 人次，选送老区大、中专生源 211 人。

1988—2005 年宁化县培养老区人才情况表

特记表 1—4

年度	选送老区大、中专生生源(人)	组织农民参加农函大人数(人次)	举办技术培训班	
			期数(期)	参训人数(人次)
1988	16	0	5	260

续特记表 1—4

年度	选送老区大、中专生生源（人）	组织农民参加农函大人数（人次）	举办技术培训班	
			期数(期)	参训人数(人次)
1989	0	0	3	150
1990	3	0	6	180
1991	5	0	3	150
1992	11	200	10	812
1993	17	200	26	13075
1994	4	160	9	362
1995	8	160	7	460
1996	6	160	5	650
1997	4	160	6	1360
1998	4	160	6	1720
1999	1	160	7	2780
2000	1	160	5	782
2001	13	160	5	537
2002	17	160	5	573
2003	23	160	8	3182
2004	30	150	6	1680
2005	48	150	12	3000
合计	211	2300	134	31713

（四）"五老"工作

1984 年，根据省老区办〔1983〕020 号文《关于进一步对革命"五老"人员开展调查摸底工作的通知》规定，三明市政府认定宁化县"五老"人员 835 名，其中老中共地下党员 19 名、老接头户 1 名、老游击队员 634 名、老苏区干部 181 名。2005 年，全县健在的"五老"307 名、"五老"遗孀 93 名。

落实"五老"待遇 1984 年 10 月起，定额补助"五老"中的孤老每人每月 20 元；1990 年，提高至每人每月 30 元。1995 年 7 月 1 日起，按规定标准定额补助全县 90 名未享受定补的"五老"人员。1997 年，根据省政府关于提高"五老"中无依无靠和有依无靠两类"五老"的定补标准通知，宁化县对两类"五老"定补从 1996 年 10 月起，分别提高到每人每月 80 元、50 元。1999 年 7 月 1 日起，对全县"五老"待遇人员按无依无靠、有依无靠及有依有靠三类分别给予每人每月 120 元、90 元、60 元的补助，对全县 203 名"五老"遗孀按政策实行每人每月补助 30 元。2005 年，经几次调整后，全县"五老"人员待遇按无依无靠、有依无靠及有依有靠三类分别提高为每人每月 285 元、230 元、185 元，"五老"人员遗孀定补标准从每人每月 30 元提高至 100 元。

关心慰问"五老"人员 县老区办组织开展慰问"五老"，走访"五老"家庭，召开"五老"代表会、座谈会等活动，酌情给予生活确有困难的"五老"人员财物补助，每年春节向"五老"及"五老"家庭赠送慰问金及年画、慰问信等慰问品。1988—1994 年，共调剂资金 19.25 万元对尚未享受定补的"五老"实行定期定额两全人身保险。1997 年起不定期组织"五老"人员体检。1999 年起实行"五老"人员就医优待，发放优惠卡，凭卡看病免收挂号费、注射费，减免 50%住院床位费、手术费及护理费。2005 年起发放农村"五老"人员每人每年医疗补助费 400 元。

二、客家祖地

客家，是汉民族中一支个性鲜明的优秀民系，她的历史是一部移民史。自西晋末永嘉之乱始，中原汉人为逃避战乱和灾害，陆续迁入闽粤赣连接地区，与当地原住居民杂处，在生产、生活、语言、文化乃至婚姻各方面长期交汇、融合。到两宋时期，便逐步孕生以中原古汉文化为根基、以兼容畲瑶文化元素为特征的多元文化，产生此文化的群体被称为客家民系，她所产生的文化称客家文化。客家民系以南迁汉人为主体，同时包容"客化"的畲、瑶等族人。客家民系孕育、诞生的地域以宁化及其石壁为中心包括赣南的宁都、石城、瑞金和闽西的清流、长汀、明溪等地的闽赣连接地区。客家民系在南宋形成后，为求更好地生存发展，又从中心地区不断的再迁徙播衍，迄今遍及中国 10 余省市区和海外 80 多个国家和地区。100余年间，海内外学者在研究客家史中，对宁化及其石壁作出科学定位，称宁化及其石壁为客家早期聚散中心，孕育客家民系、客家文化的摇篮，客家祖地等。20 世纪 80 年代"客家热"兴起，宁化为适应客属祭祖朝圣和客家学建构的需要，大力推进石壁客家祖地建设，开展客家学研究和客家联谊，取得重大成果，得到客家人士和学界的充分肯定。

客家祖地形成

石壁是一个地区的泛称，历史上石壁有洞、塘、寨、都、乡、城、市等各种不同的称谓，地理范围为今石壁镇、淮土乡和方田乡、济村乡的一部分，亦可简称为"宁化西乡"，总面积 479 平方公里。历史文献中的石壁有时也指代整个宁化县。今石碧村为宁化县石壁镇的一个建制村，位于宁化西部，是石壁镇辖区的中心地，也是石壁盆地之中央，历史上曾称玉屏、石碧等。

石壁上市《清河郡张氏十修族谱》中《宁阳石壁形胜记》载："石壁号曰玉屏，乃宁阳分野西北之乡也。层山叠嶂，附卫千里。理取伏例船形，是其名也。至若来龙祖脉，溯其源，出自白水顶，斯风云之所撼，江山之所带，孤峰仄宇，峭壁万寻。天将雨则白云相搏，诸山星拱，势若万马奔驰，枝分千里，脉派万方之真，乃入宁之华表，豫章之苗裔者也。一脉超递至千家围，由升仙台孤峰峻耸，怪石嵯峨，绿水潺流，茂林翁蔚，石锣与石鼓时鸣，春鸟并春花角胜。奇峰日午，鹤立霞楼，天滋浪平，鸥浮鹄玄。香炉峰卷青霜，狮子岩前锡挂，屏山叠嶂，危岭千霄，此熊刘二羽士修身霞举于其山也。乡人异之，构二仙之像，文人墨士，览胜传奇，载之志书。传之海内外，题韵不辍，往来冠盖，频无间断。一脉穿山，迤逶东家坪，艮龙发秀，亥脉铺毡。由此至白岭脑，寻细枝条至孔莹堂，顿住，山明水秀，地广而平，苍松翠蠘，万卉森罗，左为宁化之当途，右为琴江之古道，两省通驿，经商成缕，界由吴家围粉壁前，族分上下，宗谊无殊，迄今百世，和睦最笃，由然可表。虽然世事沧桑，几经鼎革，四方足迹，未尝沧亡不彰。石壁者，宁阳之西北乡也。"

文中"宁阳"是宁化县城之雅称。"琴江"是江西省石城县的主要河流，是石城县之代称。"两省"是指福建、江西两省。

一、形成条件

（一）自然条件

宁化石壁属亚热带季风气候，光照充足，雨量充沛，适宜多种动植物生长，作物可一年多熟，发展种养业的条件得天独厚。土地广袤，沃野百里，为发展种植业，解决食物、纺织原料提供良好条件。境内林木茂盛、矿产丰富，为发展伐木及采掘、手工业，解决经济问题提供有利条件。兼之地域广阔，夏无酷暑，冬无严寒，气候宜人，利于辟地安身，安居乐业。宁化石壁优越的自然环境吸引四处漂泊寻求生存发展之地的客家先民。客家学者、香港中文大学教授罗香林民国 36 年（1947 年）所著《宁化石壁村考》写道："石壁复为地兼墟场，且毗连村落至多之大村，可知石壁在该地之重要，及其相连村落之多，其能容纳多量之避难民众，无足怪也。"

（二）地理条件

宁化石壁位于闽赣两省八县结合部，古时道路纵横，有 6 条古道进出县境，其中站岭隘是闽西北与赣南边界上最低的隘口，自古为 2 省重要通道，是福建 9 个出省通道之一（浙、赣、粤 3 省），有达 2 省 8 县之径。宁化石壁地处赣江、韩江、闽江三江之源，有通"三江四水（加长江）"之便。客家先民入闽，主要溯赣江、抚河而上，经宁都、石城、南丰等地翻越站岭隘而进入宁化石壁，或从赣东进入闽北再进入宁化石壁。客家人迁出宁化或石壁，一由汀江而下直达闽西南部、粤东北部，一由闽江而下直达闽北、闽中、闽东各地。在先古只有陆路、水路通行的情况下，交通四通八达的宁化石壁，成为客家先民迁徙的首选之地。地理位置是形成客家民系的重要条件。

（三）社会条件

客家先民垦殖开发　宁化石壁在隋末以前，居住着为数不多的畲族、古越族和汉人，生产方式原始，刀耕火种。隋大业年间（605—618 年）客家先民巫罗俊筑堡卫众，远近争相依附，聚集了大量的黄连峒及周边汉人和土著居民。巫罗俊率众"开山伐木，泛筏于吴，居奇获赢"。唐贞观三年（629 年），巫罗俊自诣行在上状，言黄连土旷齿繁，请求朝廷授田定税，唐太宗嘉许，令其归剪荒以自效。唐乾封二年（667 年）朝廷准奏始设黄连镇，辖地近 5000 平方公里。唐开元十三年（725 年），应镇民罗令纪之请，朝廷升黄连镇为县。经过 100 多年的垦殖开发，昔日蛮荒的黄连峒成为治化的黄连县，时黄连耕地连顷，诸业兴旺，成为先于汀州的商业中心。地方经济富庶，百姓生活殷实，吸引大量迁徙中的客家先民。

没有战乱，社会安宁　宁化石壁在南宋绍定年以前，治化有方，没有兵燹、匪劫，民赖以安，度地为域，日出而作，日落而归，百姓安居乐业，呈现"出入相友，守望相助"的太平世面，成为战争的"避风港"，吸引客家先民迁居石壁。罗香林所著《宁化石壁村考》说："宁化等地，未及兵祸，故为当时避地乐土，客家先民之群趋其地，亦势所然也。"台湾陈运栋所著《客家人》说："福建宁化县，地接赣南，西北有高山环绕，宛如世外桃源，尤为当时避难最安全的地方。"

早期客家先民引路　在唐中期"安史之乱"前，宁化石壁便有中原汉人从江南迁徙定居，这些早期先民将宁化石壁优越的自然环境、资源禀赋、地理区位和良好的经济、社会情况，通过省亲、访友、经商等途径口口相传，由此引发江南客家先民再度迁徙宁化石壁。《张氏族谱》载："我十二世祖安卿公，访友来闽，止宿玉屏（石壁旧称）山之下市，筑室而居，不复再徙。"张氏先后有多个宗系相互牵引迁入石壁。

二、形成经过

（一）早期聚散中心

西晋末年至南宋，客家先民前 3 次大迁徙，使大量客家先民进入以石壁为中心的闽粤赣连接地区，形成客家民系的主体。据宁化客家研究会对客家姓氏族谱的搜集和研究，北宋前从江南迁入宁化及其石壁的姓氏有 118 姓，南宋后从江南迁入宁化及其石壁的姓氏有 63 姓，分别占历代迁入宁化及其石壁姓氏 218

姓的 54.13%和 28.90%。由于客家先民陆续从江南大量迁入宁化及其石壁，并在此聚集繁衍，使地旷人稀的宁化及其石壁人口大量增加，从北宋元丰年间（1078—1085 年）的 3 万多人，增至南宋宝祐年间（1253—1258 年）的 3.80 万户 11 万多人。仅 170 余年，人口增加 8 万之众，使宁化石壁成为客家先民的早期聚散中心和客家历史长河的源头与上游。

（二）孕育客家民系

唐中叶至南宋，宁化及其石壁客家先民成为优势族群，他们通过社会、经济、文化和联姻活动等方式，将中原先进的生产技术、生活习俗、思想理念及语言等文化形态（并融入江淮文化、吴越文化、荆楚文化）传与当地土著民。同时，外来汉人与原住土著民在接触中相互碰撞，相互吸引，相互融合，渐渐产生一种新的语言，即客家方言（客家话）。客家话产生后，各族群间的语言交流障碍消除，客家文化形成，这就是石壁客家始祖文化。这种由客家先民与当地土著交融形成的新型文化，产生在特定的地域（宁化石壁）、特殊的历史年代（唐至宋末），标志着客家民系的孕育形成。

（三）客属向外迁徙

南宋至清朝初期，宁化及其石壁社会环境发生很大变化：一是人口骤增，由于客家先民陆续从江南大量迁入宁化及其石壁，至南宋宝祐年间（1253—1258 年），宁化达 3.80 万户 11 万多人，每平方公里 15.70 户，人口密度超过汀州、福州，"地旷人稀"变为"地狭人稠"，人均占有资源减少，生存空间缩小，出现"至有赡养无资，生子不举者"。二是社会不宁，南宋绍定三年（1230 年）、元至正二十二年（1362 年），宁化南城盐商晏彪、曹坊曹柳顺分别聚众起义，先后攻克宁化及周边县，长汀、连城等邻县先后发生瘟疫、饥荒等自然灾害。宁化及其石壁由"世外桃源""战争避风港"变为"动乱之地"、战争的"风口浪尖"。三是闽西南部、粤东北部仍是"地旷人稀"，尤其在抗元失败后，"地为之墟"。为寻找更安宁、宽松的生存环境，宁化石壁客家人携家陆续大量外迁，大部分迁徙至闽西南部、粤东北部、赣南等地。据客家姓氏族谱研究，这一时期，宁化及其石壁迁出 147 姓，人口锐减，至明成化八年（1472 年），仅 5157户 33152 人。宁化石壁是客家人外迁的主要始发地之一，客家始祖文化渐次播衍世界各地。

（四）客家话形成

宁化客家方言继承的是唐宋时期的中原古音，是早期客家话，是客家方言的母语。客家先民南迁的时间上下约千年，迁出的地域主要有河南、山西、陕西、山东、安徽、甘肃等省，到达宁化石壁后，纷繁复杂的各地方言成为经济联系、文化交流以及群众之间共同活动的严重障碍，客家群体在长期的生产生活中求同存异，在公共场合逐渐使用大家都懂的语言，舍弃自己的方言土语，经过长期发展，形成宁化客家话。（详见卷三十二　宗教　民俗　语言）

（五）文化意识生成

客家文化意识的生成是民系诞生标志之一。客家文化意识中一以贯之的是儒学精神，同时在形式上又有开放变革的特征。客家人具有突出的"纲常"伦理、崇先报本、四海为家的文化意识。流传至今的《客家迁流诗》："人禀乾坤志四方，任君随处立纲常；年深异境犹吾境，身入他乡即故乡。"刘氏族诗："骏马骑行各出疆，任君随处立纲常；年深外境皆吾境，日久他乡即故乡；早晚勿忘亲命语，晨昏须顾祖炉香；苍天佑我卯金氏，二七男儿总炽昌。"刘氏族诗是刘广传为嘱咐儿孙外迁不要忘祖而作。刘广传出生宁化，是客家刘氏始祖刘祥的第十四代孙，南宋端平二年（1235 年）登进士，授瑞金县令，后出镇潮州都统制，自宁化迁居潮州，后迁梅县，为梅县刘氏开基祖。刘广传的诗作于元初，鲜明体现了客家历史中积淀的文化意识。

客家人崇文重教。客家地区长期流传着这样的童谣："蟾蜍罗，咯咯咯，唔（不）读书，冇（没）老婆""月光光，秀才郎，骑白马，进书堂……""生子不读书，不如养大猪"等。"耕读传家"成为客家人的价值取向，许多客家堂屋的楹联都有此内容的体现。明嘉靖《宁化县志》载："宁化人物富庶，气性刚愎，男不逐末，而耕读。"家庭重教，族中重教，蔚为风气。客家人的许多族谱的族规中都有鼓励读书的内容，在族产、祠产、房产中，都有学田、学租一项，中秀才之后，可获一笔可观的学田、学租。在宋代，闽粤赣边三地的 30 多个纯客县（为今区域计算），有的尚未建县，但宁化不仅"天圣始有学"，而且在唐末就有一名进士及第，宋代进士达 29 人，占宁化科举时代进士总数 50 名的 58%。客家重教之风溯于宋，起于以石壁为中心的摇篮区，随着客家人的迁徙吹到了广阔的客家地区。

客家人的"硬颈精神"，也源于客家先民的迁移史，而出炉于宁化。台湾客家学者温怀湶的族叔温绍仪临终前对温怀湶嘱咐说："我们温氏是来自福建宁化，'硬颈精神'是祖先从宁化传下来的。"

（六）民俗融合

客家民俗源于中原古礼，涵容江淮、荆楚、吴越、赣北等地区的许多习俗，并融入畲瑶民俗，体现自周至宋各个时期的特点，故客家民俗是多元民俗，其中许多是在宁化生成的。明嘉靖《宁化县志》载：（宁化）冠婚丧祭间用古礼。这种古礼就是中原古汉之礼，主要体现在婚、丧、节、庆各种仪礼之中。宁化传统饮食、服饰、建筑等民风民俗也多体现出既承继中原传统又有所创新变化的独特风貌。（详见卷三十二　宗教　民俗　语言）

客家迁徙与衍播

一、客家迁徙

客家先民和客家人的大规模迁徙有 5 次：

第一次迁徙　西晋末年至隋唐，中原汉民为躲避"五胡乱华""永嘉之乱"，向南迁往西起益州（今重庆市）东至长江口的长江沿岸，移民高潮历时 100 多年，而其余波长达 300 余年。部分南迁的中原移民沿武夷山南下或由赣江抵达闽粤赣连接地区的宁化石壁一带。梅县《丘氏族谱》载："河南丘氏，先世东晋五胡之扰，渡而南，入闽西而汀之宁化石壁。"梅县《陈氏族谱·陈氏重修家谱原序》载："肇于虞思，衍于敬促。南北朝，星落九野，一支流入闽之宁化。"宁化《巫氏族谱》载："始祖天生，居湖广长沙府博罗县，自楚移建昌，生子三。长子德益，于南齐永明元年（483 年），自建昌移闽汀黄连峒（宁化）吾家湖（济村乡）。"据族谱和文献记载，西晋末年至隋唐间迁入宁化的姓氏还有管、邓、钟、许、涂、罗、刘、雷、廖、蒙等。到唐天宝元年（742 年），宁化人口总户数达 1500 户（含今清流和明溪的一部分）。

第二次迁徙　唐末至北宋初，由于黄巢起义以及契丹（辽）、女真（金）入侵中原，北宋王朝帝都向江南搬迁，大批客家先民迁入闽粤赣连接地区，其中有自中原故土始发的，也有侨居在江淮地区和长江以南地区再迁的。宁化石壁与江西交界，有武夷山脉作为屏障，阻隔北方战乱，又属赣江、汀江、闽江源头，石壁盆地地势平坦开阔，林丰土肥，气候温和，雨量充沛，同时开发较早，优越的地理位置和自然环境，吸引大量客家先民迁入。宁化《刘氏族谱》载："一二七世刘详，避'黄巢之乱'，与其子天锡，自洛阳徙居宁化石壁洞。"宁化《杨氏族谱》载："用藩，原籍山东潍州，唐敕封奉议大夫，生子二，长胜二郎，任延平刺史，居延平，因'黄巢之乱'举家卜隐宁化石壁杨家排而居。"宁化《伊氏族谱》载："伊氏世居河南开封陈留县临清乡。唐僖宗乾符二年（875 年），避乱过江，迁居宁化武曲锡源驿（河龙乡）。"台湾台东《官氏族谱》（1976 年修）载："官膺，本姓关，解梁（今山西解县）人。黄巢起义后，与祖母避居宁化石壁，改姓官。"据族谱和文献记载，唐末至北宋初迁入宁化的姓氏有 87 个，到北宋元丰年间（1078—1085 年），宁化户数达 1 万余户，较唐天宝元年大幅增加。

第三次迁徙　北宋末年至南宋末年，由于北宋末"靖康之难"，百万汉民南移，客家先民持续、大量进入宁化，闽粤赣连接地区成为客家先民的大本营。据族谱和文献记载，北宋末年至南宋末年迁入宁化的姓氏 47 个，南宋宝祐元年（1253 年）达 3.80 万户 11 万余人，为清朝以前人口高峰。客家先民与当地瑶、畲族在同一地域共同生活、从事经济活动，心理、语言、风俗上逐渐趋于一致，形成一个独特的族群即客家民系。

第四次迁徙 南宋末年到明末清初，闽粤赣地区人口饱和，农民起义不断，灾荒频及。宁化石壁客家人大规模迁往地广人稀的闽西南部和粤东梅州地区。明万历元年（1573年）宁化人口5696户29199人，清顺治九年（1652年）锐减到15529人。

第五次迁徙 19世纪中叶起，清咸丰年间（1851—1861年）太平天国起义失败，参与太平天国运动的客家人为躲避追杀，加之受广东西部土客械斗影响，客家人分迁于广东南部与海南岛、台湾、香港、澳门，甚至走出国门，到达南洋群岛，远至欧美各国。

二、血缘衍播区域

闽西 闽西南部为宁化及其石壁客家人外迁的第一站。据统计，迁往长汀的姓氏有石、孙、刘、邢、吴、钟、夏、温、蔡、阙、詹、廖、李、姚、曾、邹、董、谭、马、上官、孔、包、华、陈、沈、卓、胡、赵、骆、赖、柯、翁、莫、康、谌、游等数十姓。《上杭县志》（丘复纂）载："（上杭氏族）自宁化石壁村迁入者，为数更多，计有丘、江、朱、伍、官、陈、袁、范、张、黄、曾、詹、谢、严、罗、龚等姓。"据族谱和有关文献资料，迁往上杭的还有包、伊、汤、吕、巫、李、吴、沈、高、温、傅、阙、简、黎、冯、梁、赖、廖、薛等姓。武平林富保《武平客家与宁化石壁的渊源关系》载："借阅摘录武平各姓氏族谱三十多部，其中确切记载经宁化及其石壁转迁来武平的姓氏达三十三姓。其中，刘、林、张、李、曾、何、吴等均属武平著姓，人口多，分布很广。还有钟、曹、梁、巫、肖、王、范、徐、郭、戴、吕、郑、余、邹、方、赵、包、危、潘、石、宋、程、连、童、朱、卜等姓都曾定居宁化或石壁。笔者所见的武平各姓族谱中，他们的祖先十之八九均经宁化石壁迁来的。"《永定县志》（1994年版）载："1987年全县有112姓，明成化十八年（1482年）编审户口，全县人口仅11129人。县邑居民大多是中原后裔，经宁化石壁转迁来永定落籍开基。"《连城县志》（1993年版）载："县内居民均是中原后裔，先迁徙江西，在唐、元期间经宁化石壁再迁来连城。"

广东 清光绪温仲和《嘉应州志》载："梅州人民抗元的壮烈，地为之墟，闽之邻粤者，相率迁移来梅，大约以宁化为最多。所有戚友询其先世，皆来自宁化石壁人。"民国元年（1912年）英国传教士艮贝尔所著《客家源流与迁徙》载："岭东之客家，十有八九皆称其祖先系来自福建汀州府宁化县石壁村。"梅州客家联谊会《客家姓氏渊源》第一、二集收集梅州客家69姓，载明由宁化及其石壁迁入的有48姓，另有9姓据族谱和有关文献资料证实也迁自宁化及其石壁，以上达57姓，占83%。《梅县志·人口》（1994年版）载："以1989年人口普查统计，人口总数为前24位的姓氏中，同宁化或其石壁有渊源关系的有18姓，人口总数为382052人，按1989年人口数统计，这24姓总人口为449979人，同宁化或其石壁有渊源关系的18姓，占前24位姓氏人口总数的85%。"《蕉岭县志》（1992年版）载："按清中期统计资料，镇平县（今蕉岭县）有40多个姓，其中有16个姓氏明确从福建宁化石壁辗转迁徙而来，约占当时镇平县姓氏的40%左右。"加上族谱和有关文献资料证实的另外7姓，共有23姓迁自宁化及其石壁，占当时镇平县姓氏的一半以上。同时16姓中有11姓为著姓，占当时镇平县17个著姓的65%。大埔县在第二届世界大埔同乡联谊会上撰楹联："洪洞古槐，汀江石壁，茶岭薪传一脉；九州俊秀，四海英才，寸草图报三春。""汀江石壁"即宁化石壁，"茶岭"为大埔代称，"薪传一脉"表明大埔客家人由宁化及其石壁衍播。

赣南 宁化与赣南互有衍播。宋代之前，由赣南迁往宁化及其石壁。宋代后，尤其明清时期，由宁化及其石壁直接或经闽西、广东迁往赣南。据统计，赣东南的石城、宁都、广昌、瑞金四县，迁宁化及其石壁72姓，由宁化及其石壁直接迁石城、宁都、广昌三县65姓，经闽西、广东再迁赣南的更多。万芳珍、刘纶鑫所著《客家入赣考》载："史载，嘉靖万历间，宁都'家给人足'，'城中世业悉属下乡，招闽赣流寓赁耕'，'先代相仍，公耕一主之田至子孙十余世，近者五六世、三四世'。闽佃所自'建宁、宁化之人居十之七八，上杭、连城居其二三'。宁都客家就是这些先代相仍而定居的闽佃后裔。"查考当地地名志，明清两代自闽迁入、原籍清楚的基础村171个自然村，其中宁化、建宁140村，上杭、连城31村，分别占总数的81.87%和18.13%。

四川 李全中《成都东山氏族志》载：成都东山客家敬奉的始祖基本上是宋末元初由江南迁到闽西宁化县石壁乡的，或再迁至粤东嘉应州和惠州等地的。自宁化及其石壁迁去的不少，如在"填四川"中，郭沫若祖先原居"宁化县龙上里七都（今石壁地区），约在乾隆四十六年（1781年），其祖先郭有元做苎麻生意到四川。约在乾隆末、嘉庆初，迁居四川嘉定府乐山县沙湾镇。"方田龙虎地余氏在乾隆年间入川26户。宁化淮阳刘氏在康乾时期入川150余名男子。迁往四川的还有中沙廖氏、河龙伊氏、城郊文氏等。

香港 宁化及其石壁客家人直接迁香港较少，大都先衍播闽西和广东，于明清时期，再迁往香港。大部分香港客家人为宁化及其石壁后裔。香港荃湾区三栋屋博物馆对陈氏源流写道："三栋屋是十八世纪由陈姓族人所兴建的客家围村，距今有二百多年的历史。据该族《四必堂陈氏族谱志》记载，陈氏远祖最初定居于福建省汀州府宁化县，其后有部分族人迁广东的龙川居住，至明朝末年再向南迁徙至博罗、惠阳及罗芳等地。18世纪中叶，十三世祖陈任盛随伯父侯德自罗芳徙居浅湾，即今荃湾老屋场（即重建前的大窝口村第二座），在濒海的地方筑磡，开垦耕地，务农为业。"香港新界水上《廖氏族谱》载："唐时我祖由江西于都避乱，迁宁化石壁寨。"香港新界《曾氏历代宗亲谱》载："宋政和壬辰年，由南丰迁徙福建宁化县石壁乡居焉，生子仲辉，辉生子桢孙、佑孙，因宋元兵拓，不能安居，由宁化徙广东长乐县家焉。"

部分姓氏衍播香港情况：

李氏，宁化—上杭—兴宁、五华—惠州、深圳—香港新界。

吴氏，宁化—梅州—博罗、深圳—香港新界元朗大井围、荃湾等地。

张氏，宁化—上杭—梅州—博罗—香港新界粉岭、大屿、长沙、水口、贝澳老围、荃湾、大埔等地。

刘氏，宁化石壁—梅县—惠阳—香港。

何氏，宁化石壁—兴宁—深圳—香港。

巫氏，宁化—兴宁—深圳—香港。

叶氏，宁化—龙川—南雄—潮州—惠州—东莞—香港新界莲麻坑。

丘氏，宁化—潮州—惠州—香港新界樟树滩、赤泥坪。

郭氏，宁化—潮州—香港大屿山白芒。

温氏，宁化—潮州—惠州—香港新界担水坑。

黄氏，宁化—潮州—深圳—香港新界沙田。

邓氏，宁化—潮州—惠州—香港新界蓝田、荃湾。

刁氏，宁化—惠州—香港新界荃湾。

马氏，宁化—潮州—惠州—香港新界碗窑。

朱氏，宁化—惠州—香港—香港石塘咀、九龙沙挖铺等地。

台湾 厦门大学人类学教授陈国强1992年到台湾调查访问后认为："台湾客家与宁化关系密切，不仅他们的祖、根在宁化，就是现在台湾的物质文化也保留了一些传统特点。""台湾客家的历史，据有关史料记载：大量是在清康熙二十年代后，即1683年（康熙二十二年）台湾与祖国大陆统一后，广东嘉应州属（今梅州市属）的各县客家，纷纷和福建闽南人迁居台湾。但在此前，已有客家人迁入，而且嘉应州的客家，祖地即在宁化石壁。"①台湾有60个常见姓氏中的600多万人与宁化及其石壁有渊源，其中300余万客家人由宁化及其石壁经闽西和广东迁入，另200余万为迁入闽南南靖、平和、诏安、漳州等地的闽南人。

台湾巫氏为宁化开山祖巫罗俊的后裔，高雄县凤山市镇北里，有一座纪念巫罗俊的北辰宫，俗称巫王爷庙。台湾许多巫氏宗祠堂联写明源自宁化，他们的辈序也标明"黄连""宁化"等地名。

桃源县龙潭乡云凌村兴隆新村有25户宁化人氏，被称为宁化村。

据统计，宁化及其石壁与台湾有亲缘关系的达90姓以上，分别为丁、万、马、邓、王、方、丘、

注：①陈国强、林家煌：《宁化石壁与台湾客家》，《云南社会科学》1993年第3期。

叶、左、卢、艾、宁、冯、朱、华、伊、刘、许、危、江、阴、欧阳、孙、伍、张、李、陆、邵、汪、严、连、苏、陈、巫、余、吴、邹、杜、杨、何、罗、林、郑、易、范、周、陈、修、胡、姜、柯、钟、饶、俞、庄、段、郭、夏、聂、高、翁、黄、钱、徐、袁、黄、曹、谌、龚、章、梁、肖、康、程、彭、傅、韩、董、曾、谢、温、游、雷、赖、蓝、管、廖、蔡、熊、潘、黎、戴。

国内外凡有客家人的地方，都有宁化及其石壁客家人的后裔。西安交通大学人文学院教授黄中岩在《宁化石壁是客家的摇篮》中写道："宁化石壁是客家民系的摇篮，是客家子孙后裔辐射中外的基点。"

三、宁化客家后裔

据族谱和有关文献记载，绝大多数宁化石壁客家后裔，把从宁化石壁迁来的第一代客家人尊为开基祖或一世祖。这种情况在其他客家地区少见。

《李氏族谱》载：闽开基大始祖火德公……（李火德在宁化石壁出生，28 岁迁上杭）。

梅州《刘氏族谱》载：闽粤刘氏后裔，均以祥公为始迁之祖。

南靖《刘氏族谱》载：始祖刘祥，入闽开基于汀州宁化石壁葛藤凹，传至刘弁（一百一十九世），任宁都府瑞金县令。后传十四子、八十八孙，闽、粤、台之刘族多为其裔。

广东《丘氏族谱》载：三郎（法言）从河南固始迁居宁化石壁，是广东发祥之始祖。

兴宁《伍氏族谱》载：我远祖宋由闽汀州府宁化县石壁乡，后迁居于潮州府程乡县松口，即嘉应松口溪南为始祖。

上杭《张氏族谱》载：张氏一一七世张端是入闽始祖，从宁化石壁迁居上杭，成为上杭的开基始祖。

兴宁《吴氏族谱》载：纶次子吴宥，迁居福建宁化石壁，是闽粤吴氏始祖。

大埔《范氏族谱》载：六十一世，坤，移福建宁化开基为始祖。

五华《蓝氏族谱》载：万一郎由崇善场迁居宁化石壁。二十一世念郎迁程乡，开基创业，为梅县蓝氏开基始祖。

潮州《邓氏族谱》载：裔孙志斋（九十五世）于宋庆元五年（1199 年），自宁化石壁移居潮州府程乡，为邓氏一世祖。

广东《巫氏族谱》载：一世罗俊。入粤各地世系、英德高坎世系，一世仕聪，宁化十七世大一郎长子。惠州一世仕政，大一郎三子……潮州一世仕宗，大一郎四子。丰顺汤坑一世仕敬，大一郎六子……

《罗氏族谱》载：罗氏于晋永嘉年间始入赣南，唐僖宗时迁宁都，不久入宁化石壁乡。五代以后，分迁各地，支派甚众。闽系罗氏，均出自汀州宁化石壁。

《温氏族谱》载：四十三世，南宋由石城迁福建宁化石壁乡。子三，次子瑾，讳同保，其裔孙分布闽、粤、赣各地，故闽、粤、赣之温氏均奉同保为大始祖。

《谢氏族谱》载：开书，宋末元初，由浙江始宁迁居宁化石壁村，传二世孙逢春，迁居大埔，其子朴六任梅州尉令，迁居梅县。后衍平远、惠州、蕉岭、潮州、河源、兴宁、五华以及江西。

梅县《侯氏族谱》载：侯氏不断南迁，后择居于宁化石壁。我祖乡贤公，名安国，宋淳祐间乡贡进士，教授程乡，随任由闽入粤，肇基程乡城东攀桂坊，建祠于城东。

《何氏族谱》载：始祖，大郎……唐天成元年（1926 年），任满定居石壁村。

梅州《姚氏族谱》载：始祖念一郎，字景清，由莆田迁宁化，宋时任梅州驿，遂徙梅州之均田……

兴宁《幸氏族谱》载：始祖郎鄪公字伯茂，由江西南康徙居福建汀州宁化县石壁村，明洪武年间因乱，曾孙四人等负祖上金骸徙居广东惠州府兴宁东厢章峰堡起户开籍。

梅县《曹氏族谱》载：始祖明贵，于宋乾祐年间（948—950 年），由山东曹州迁闽宁化石壁传至八世，文林长子法录，由宁化迁嘉应州开基。

梅县《池氏宗族续修谱》载：即以粤论，有居于广之番禺、南海者；有居于潮之揭阳、大埔、饶平、程乡者，皆自闽之宁化石壁来也。

兴宁《马氏族谱》载：南宋初年（1127 年）马七郎移宁化安乐乡，为闽汀派马氏之始祖。七郎之九世孙马十三郎于明永乐五年出任惠州府营千总,十年落居于兴宁西厢茅塘堡乌鸦落阳。

兴宁《陈氏四修谱》载:一世祖文公,原居福建汀州宁化,宦游广东,徙居循州石马乡。

梅县《洪氏族谱》载:始祖贵生公,由石壁迁丰顺布心,再迁梅县石坑玉坪。

梅县《隆文冯氏世系》载:一世,念二郎,由福建宁化石壁迁梅县隆文开基。

五华《华城邬氏族谱》载:成化宋进士,宦任福建汀州宁化县正堂。解祖后,立基宁化上三乡石壁,为入闽始祖。

梅县《邓氏族谱》载:八十九世大猷,宋徽宗时为国子监,于汀州宁化立业。其孙志斋,南宋庆元五年)1199年)由宁化石壁移居广东程乡,为梅州一世祖。

兴宁《河西刁氏族谱》载:始祖刁清,生四子,元末明初自宁化石壁始迁潮州府揭阳县萱田村第八图小径村。

梅县《杨氏族谱》(新杨)载:原姓林,住宁化石壁,传至第七代绍远,于元末徙梅县易姓杨,绍远称梅县一世祖。

武平《练氏族谱旧序》等载:舜麒次子友明,字小聪,由河南河内县迁福建宁化县,为入闽练氏始祖。临江练氏六世学珠第四子渊文,讳豪任,元延祐间(1314—1320年)任宁化县教谕,为避乱举家迁武平象洞肇基。像洞练氏始祖,裔孙广布闽、浙、陕、蜀、黔、粤、滇、桂、湘、赣各地。

渤海堂《甘氏族谱》载:甘氏祖宗,原居福建宁化石壁乡葛藤保,后迁居江西赣州府信丰。

梅县《卢氏族谱》载:天保佑,宋度宗七年(1271年),由宁化迁居永定陈东乡开基(为当地一世祖)。千四郎,宋末元初,由宁化石壁迁居广东梅县白渡保田背村开基。

花县《洪氏宗族谱》载:始祖贵生公,由宁化石壁迁丰顺布心,再迁石坑玉坪。

平远《韩氏族谱》载:韩启,号开庐,由宁化挈眷迁粤之平远县八尺筌竹村浮冈寨开基,为梅州韩氏始祖。

《孙氏族谱·远祖世系》载:契全公,派名世全。元末荒乱,由宁化石壁沿途迁徙,于明洪武八年(1375年)移居兴宁东厢留田堡之官亭,为兴宁孙氏开基祖。

梅州《赖氏族谱》载:五郎,南宋时为守殿将军,原居石壁村。生子九:依次名自六郎至十四郎。七郎,生子三:法华、祖华、祖三。祖华、祖三兄弟于明初自宁化迁程乡四都开基。

《闽、粤、赣廖氏世系》载:实蕃,讳花,字循正,号五郎。由宁化迁居上杭,后裔入粤,奉一世祖。

梅州《黎氏族谱》载:入粤先祖天麟公,原籍宁化,为番禺尹,迁居梅州程乡大柘村落马桥,为岭东之始祖。

四川三台县(小隆桥)《文氏族谱》载:始祖少竹公,福建汀州府宁化县东门外亳塘尾人氏。明代时移居江西赣州府会昌县羊角水营盘东背,乾隆元年,子相公携子美麟来川。

《闽汀三洲戴氏总谱》载:十五世祖胜公之子均钟,北宋庆历七年(1047年)生于峡江,26岁时自江西浮梁(景德镇)迁居宁化石壁。之后,又迁长汀宜德里(三洲)戴坊,均钟为三洲始祖。

《氏族志》(龚氏)载:龚氏(武陵郡晋大夫龚空之后)始祖宋季由宁化石壁徙上杭县城。

《福建大平寨房与平和房的世系》:五十五启杰公,号素庵,行四十三郎,由汀州宁化徙漳州平和清凝里(今平和九峰),此为平和曾姓最早开基祖。

台湾高雄《朱氏族谱》载:高雄朱氏以朱熹为一世,传六世炳,于元仁宗延祐六年(1319年)任宁化县令,遂家于宁化,后传五世,至十七郎,迁龙岩开基为始祖。

梅县(谢田村)《丘氏族谱》载:始祖志仁,元延祐间避媒孽诏加刑戮自闽宁化石壁迁居广东梅州松源郡蕉岭。

《兴宁县志》载:元朝末年林文懋由宁化石壁出任广东潮阳县主簿,遂立籍海阳(潮州)为林氏入粤始祖。

《兴宁县志》载:入粤始祖潘琴于南宋末年偕弟由宁化移居广东长乐卜居南段。

《兴宁县志》载:入粤骆氏始祖,系于南宋末年由宁化石壁迁居广东龙川龙母。

《蕉岭县志》载:蕉岭冯氏,望出上党。唐宋之际,冯念七九郎自宁化石壁迁居广东丰顺,是为入粤始祖。后裔再衍蕉岭。

《连城县志》：宋时（1163年），谢十郎和谢十一郎，从宁化石壁迁连城，为谢氏东祠和城墙窝祠始祖。

《宁化客家姓氏源流简介》载：袁德公，原居江西，后迁居闽之宁化石壁葛藤坑，传至万三公，生子满珊，于元末迁居汀州上杭白沙，白沙建有昆山祠，奉满珊公为开山祖，其裔孙分衍广东潮汕、饶平等地。

《闽、粤、赣高氏族谱源流序》：文辉迁居宁化石壁，其子十郎，于元成宗元贞二年（1296年），迁居上杭胜运里，后裔多居闽、赣各地，均奉十郎为始祖。

《客家纵横》载：北宋末，詹学传因属主战派，被贬出朝廷，南下避居福建宁化石壁村。为闽、粤詹氏始祖。

梅州《客家姓氏渊源》（第二集）载：戴氏七十四世春，宋末，定居于宁化石壁乡杏花村。生子四，三子澄逊由宁化再迁漳州漳浦县，生子九，元朝初年与第七子玉麟（号念七郎）云游名胜，抵粤，择居镇平（蕉岭），为镇平戴氏开基祖。后裔分迁福建、广东、江苏各地。

梅州《客家姓氏渊源》（第二集）载：南宋，文辉由邵武迁居宁化石壁村，生一子，十郎，闽赣之高氏均奉十郎为始祖。

梅州《客家姓氏渊源》（第二集）载：孟坚，讳固，南宋由广东石蜡迁闽宁化石壁乡开基，为宁化石壁梁氏开基始祖。孟坚六世孙永年，迁梅县水南，为开基祖。孟坚六世孙永贞之第六子，由元大德十一年（1307年），由宁化石壁迁梅县松口田心开基，为一世祖。其子孙分别为梅县的松东涧田、松口马头岗下、松北车田上、大唐唇、枧头和五华、蕉岭、大埔县等地梁氏开基祖。

广东《幸氏古今》：八十九世鄠公，于明洪武二年（1369年）迁居宁化石壁。鄠公之曾孙钦风、崇远、智崇、宗明四兄弟负三代祖骸，迁往广东兴宁开基，为入粤始祖。

另，广东大埔杨氏祠堂联记载：

谓龟山后裔，我不敢知。陈俎豆而荐德馨，道脉遥通陟降；

从宁化始迁，今犹可考。笃本支以昭世系，守功其嘱几筵。

上杭李氏大宗祠惇叙堂修祠庆联记载：

火炽昭乾坤由宁化而丰郎派衍三房万代子孙推望族；

德星昭日月历宋元而明清散居寰宇千秋俎豆荐馨香。

广东平远县麻楼村陈氏祖堂柱联记载：

溯闽宁迁居平阻越八代，人吉于斯，族姓晋衍绵世泽；

经明清迄至民国历三朝，诗书启后，人文蔚起振家声。

广东梅县水南坝莆田里廖氏书堂联记载：

由宁化来梅州，贻谋后裔，百代簪缨声扬世彩荣万代；

始水南居莆田，体念先人，一堂昭穆名垂俎豆享千秋。

兴宁幸氏"念祖存仁祖联"记载：

由宁化而开基本儒学而受恩荣艺苑之芳声宛在；

自豫章而胥宇采藻芹而探桂杏兴朝之伟绩聿新。

广东孙氏祖屋联记载：

石壁溯渊源，纬武经文，篡历朝鹊起蝉联，闻帅前人光俎豆；

珊田承统绪，支分派别，冀来世螽诜嶙振，乡宾后裔荐馨香。

客家姓氏·族谱·宗祠

一、姓氏

（一）姓氏渊源

据文字资料统计，与宁化及其石壁有渊源关系的客家姓氏达 210 姓以上。他们的迁入时间为隋（含隋代）以前 11 姓氏、唐代 46 姓氏、五代时期 14 姓氏、北宋 58 姓氏、南宋 63 姓氏、元代 13 姓氏、明代 18 姓氏、清代 6 姓氏。南宋宝祐年间（1253 年）之前，迁入 192 姓氏，占总数的 83.84%。最早迁入宁化的汉族姓氏为管姓。宁化水茜张坊《管氏族谱》载：东汉初，有思藏，曾任山东副都军务，自豫章之带源徙居闽地宁阳招贤里羊岗坝（今宁化县水茜乡张坊村）。在后唐年间，有后裔真郎，返迁江西带源居住。

客家主要姓氏中，与宁化及其石壁有渊源的是：卜、刁、丁、万、于、马、上官、方、贝、孔、王、尹、毛、邓、车、文、韦、尤、田、古、占、斥、史、白、宁、左、申、尼、圣、甘、龙、石、叶、包、卢、冯、丘（邱）、艾、刘、伍、过、齐、权、关、农、庄、年、阳、任、华、危、江、许、吕、朱、邢、阴、阮、伊、孙、邬、汤、池、纪、羊、尧、毕、余、何、闵、麦、辛、佘、邵、利、花、李、陈、吴、张、宋、陆、苏、罗、巫、连、沈、汪、杜、严、邹、杨、时、罕、练、范、居、幸、房、易、卓、欧、武、庞、岳、油、陕、孟、屈、周、官、郑、林、金、欧阳、单、荚、项、修、封、段、饶、洪、胡、柳、钟、侯、姚、赵、骆、郝、柯、姜、施、俞、贺、科、徐、袁、晏、聂、贾、钱、凌、班、秦、顾、桂、陶、能、高、莫、翁、涂、唐、郭、夏、通、梅、章、龚、曹、谌、梁、康、黄、常、阎、萧、崔、湛、揭、童、韩、葛、彭、董、蒋、程、曾、温、谢、傅、游、焦、雷、褚、鲍、蓝、赖、詹、简、虞、谭、廖、管、缪、裴、蔡、熊、鄢、潘、滕、颜、黎、薛、戴、魏。其中，巫、林、王等姓，自宁化外迁后，改为他姓，巫姓迁江西石城改姓黄、迁江西于都改姓蒙，林姓迁广东梅县改姓杨，王姓迁福建漳浦改姓游。

据 169 姓族谱和文字资料统计，分别源自 14 个省区：

河南 58 姓：管、钟、许、陈、罗、赖、李、黎、方、练、滕、黄、丘（邱）、时、温、范、伊、谢、张、柯、邬、胡、蔡、高、孙、郑、王、蓝、姚、傅、谭、赵、肖、梅、周、刁、荚、沈、湛、汤、梁、阴、危、陆、丁、袁、潘、叶、上官、谌、白、苏、阮、毛、虞、封、齐、史。

中原（族谱只记载"中原"，没有具体省区）29 姓：伍、贝、薛、董、蒋、柳、尹、邢、卓、吕、毕、罕、通、科、段、熊、饶、过、居、钱、金、焦、易、莫、于、甘、尧、斥、占。

山东 17 姓：江、花、杨、唐、羊、卜、孔、阙、聂、崔、林、曹、姜、宁、任、单、晏。

山西 15 姓：邓、巫、纪、官（原姓关）、裴、连、汪、池、万、贾、项、曾、田、古、郝。

河北 13 姓：侯、欧阳、邹、马、游、魏、俞、卢、凌、詹、简、骆、童。

陕西 7 姓：杜、雷、冯、康、郭、程、宋。

甘肃 3 姓：廖、严、彭。

安徽 7 姓：洪、何、余、包、朱、贺、戴。

江苏 9 姓：龚、徐、施、吴、华、石、缪、修、刘。

浙江 5 姓：翁、夏、龙、章、房。

江西 3 姓：涂、鄢、艾。

辽宁 1 姓：韩。

四川 1 姓：幸。

广东 1 姓：揭。

河南 58 姓占总数 34.32%，加上"中原" 29 姓，共 87 姓占 51.48%。以大中原（包括河南、"中原"、山西、山东、河北、陕西、甘肃、安徽）统计，共 149 姓，占 88.17%，表明宁化及其石壁根在中原。（大部分迁入宁化的姓氏不只一族一次，而是多批多次于不同时间迁入，上述统计是最早一批的原籍。）

据族谱和文字资料记载，客家先民南迁动因主要有躲避战乱灾荒、择优而居、随官留居、充役驻防留居、逃避赋役及迫害等5个方面。其中，躲避战乱、饥荒、疾疫共116姓，占68.64%，分别为廖、邓、涂、巫、于、缪、石、许、陈、罗、刘、龙、陆、赖、杜、李、龚、徐、贺、卢、纪、雷、黎、方、江、程、饶、滕、侯、丘、范、欧阳、章、过、杨、练、唐、邹、苏、居、白、金、伊、官、谢、严、马、张、封、袁、柯、邬、胡、花、冯、焦、贝、薛、蔡、游、童、鄢、蒋、高、洪、郑、周、羊、姚、翁、卜、康、潘、傅、谭、裴、赵、柳、钱、莫、孔、尹、邢、包、阙、肖、梅、甘、魏、夏、戴、晏、田、斥、尧、占、古、简、骆、郝、幸、俞、华、刁、吕、荚、崔、科、段、湛、毕、罕、通、汤、艾、上官。择优而居共37姓，占21.90%，分别为管、黄、伍、温、时、吴、孙、彭、王、蓝、聂、沈、汪、阴、丁、林、池、熊、万、阮、修、揭、贾、姜、宁、任、宋、项、齐、史、虞、梁、易、连、凌、单、毛。随官留居共9姓，占5.33%，分别为钟、施、何、卓、曾、危、朱、叶、曹。充役驻防留居共4姓，占2.37%，分别为余、郭、韩、谌。逃避赋役、迫害共3姓，占1.78%，分别为童、詹、房。

（二）姓氏分布

据族谱和文献资料记载，客家先民始迁宁化时，最初定居点集中在石壁地区，姓氏具体分布为：

石壁（含龙上上里、龙上下里、龙下里）：邓、钟、许、巫、龚、江、侯、温、杨、邹、官、谢、毛、甘、严、马、张、邬、冯、贝、薛、洪、吴、孙、邢、肖、魏、虞、苏、童、郭、曾、戴、古、詹、骆、幸、周、吕、科、段、汤、房、梁、石、林、池、卢、过、居、钱、袁、焦、鄢、曹、莫、艾、程、晏。

宁化（原文如此，没有具体地点）：陈、涂、杜、徐、雷、黎、方、练、黄、施、柯、胡、游、董、蒋、高、王、姚、翁、卜、康、傅、谭、裴、赵、孔、尹、包、阙、卓、梅、危、占、简、郝、华、韩、刁、沈、朱、于、缪、白、贺、尧、贾。

在城里（县城、城郊）：廖、罗、纪、时、伍、荚、连、阴、丁、易、龙、阮、姜、任、项、齐、史、饶。

招得里（安远）：滕、唐、斥、汪、万、潘、封、花、单。

招贤里（水茜、安远、中沙一部分）：管、丘、郑、宁、谌（下曾里）、揭、范（攀龙里）、李、熊。

会同里（曹坊、安乐、治平一部分）：赖、蓝、凌、欧阳、彭、聂。

永丰里（中沙、河龙）：伊、何、金、蔡（赤冈）。

新村里（安乐、城南）：羊、夏、俞、叶、章、修。

泉上里、泉下里：毕、罕、通、陆、上官、宋、柳、余。

胜道乡：田。

清化图：崔。

桂花：湛。

1985年据宁化县志编纂委员会办公室（以下简称宁化县志办）调查，全县姓氏164姓，分布为：

城区（含翠江镇、城郊乡）：丁、于、马、王、韦、毛、邓、古、甘、龙、左、叶、卢、史、宁、冯、丘、吕、庄、许、刘、江、徐、藩、邬、危、朱、伍、伊、阴、孙、阳、纪、李、巫、杨、严、杜、苏、连、吴、沈、余、何、邹、张、邵、林、周、房、郑、官、居、孟、胡、赵、施、姜、俞、钟、姚、屈、袁、贾、顾、梅、聂、夏、崔、高、郭、唐、涂、钱、翁、陶、肖、曹、龚、梁、康、谌、闫、董、蒋、韩、彭、童、温、曾、傅、赖、雷、蓝、虞、褚、廖、颜、潘、黎、戴、魏、陈、罗、黄、谢。

城南乡：上官、马、王、邓、龙、叶、卢、丘、许、刘、江、朱、伍、伊、阴、孙、李、杨、吴、张、欧阳、林、周、陕、练、聂、夏、徐、肖、龚、董、曾、赖、雷、蓝、廖、黎、魏、藩、陈、罗、黄、谢。

济村乡：丁、马、王、邓、丘、白、尧、刘、池、江、伍、伊、阮、阴、孙、李、巫、杨、严、吴、沈、余、邹、张、欧阳、林、周、油、练、胡、施、俞、钟、夏、涂、徐、曹、童、温、曾、赖、雷、蓝、虞、廖、熊、黎、魏、陈、罗、黄、谢。

安乐乡：丁、上官、马、王、方、邓、叶、丘、刘、朱、伍、孙、李、巫、杨、吴、辛、何、邹、张、林、郑、胡、施、洪、俞、夏、郭、徐、肖、朝、梁、童、雷、蓝、阙、廖、熊、戴、潘、陈、罗、黄、谢。

曹坊乡：上官、马、王、方、邓、叶、冯、丘、刘、江、伊、李、巫、严、吴、邹、张、林、周、聂、夏、凌、翁、徐、肖、曹、董、童、温、曾、傅、赖、雷、蓝、廖、陈、罗、黄、谢。

治平乡：丁、刁、马、王、邓、丘、尧、刘、池、江、孙、李、严、连、吴、邹、张、林、吴、胡、钟、袁、桂、肖、曹、彭、曾、傅、赖、雷、蓝、廖、戴、陈、罗、黄、谢。

方田乡：丁、马、王、毛、邓、丘、刘、池、孙、李、巫、吴、余、张、林、郑、施、涂、温、曾、雷、廖、陈、罗、黄、谢。

淮土乡：上官、王、毛、丘、许、刘、江、朱、伍、伊、孙、李、巫、杨、吴、何、张、周、钟、夏、彭、温、赖、雷、廖、熊、魏、陈、罗、黄、谢。

禾口乡（石壁镇）：王、申、丘、刘、朱、伍、阮、伊、孙、李、巫、杨、严、吴、邹、张、林、周、卓、姚、郭、翁、徐、肖、梁、康、董、温、曾、傅、赖、雷、蓝、虞、廖、管、戴、陈、罗、黄、谢。

中沙乡：丁、上官、马、王、邓、尹、艾、龙、石、卢、宁、丘、吕、刘、汤、江、危、朱、伍、伊、阮、阴、孙、李、巫、杨、吴、宋、汪、余、何、邹、张、林、周、房、郑、胡、俞、侯、钟、姚、袁、夏、郭、唐、徐、肖、温、曾、傅、赖、雷、蓝、廖、熊、潘、黎、戴、魏、陈、罗、黄、谢。

河龙乡：王、毛、叶、宁、冯、丘、尼、刘、江、朱、伍、伊、李、巫、杨、苏、吴、何、邹、张、汪、陆、周、郑、练、柯、姜、侯、钟、夏、崔、翁、徐、龚、葛、温、曾、赖、蓝、熊、黎、魏、陈、罗、黄、谢。

安远乡：万、马、王、方、毛、邓、艾、甘、叶、占、卢、宁、冯、丘、白、斥、尧、吕、许、刘、江、危、温、彭、童、朱、伍、伊、李、巫、杨、杜、苏、花、吴、伍、余、何、邹、张、苏、卓、郑、练、胡、赵、柯、封、曾、程、傅、赖、姜、洪、俞、侯、饶、钟、姚、袁、顾、夏、郭、凌、唐、涂、翁、徐、肖、曹、龚、梁、董、游、揭、雷、蓝、阙、廖、熊、管、潘、黎、滕、魏、陈、罗、黄、谢。

水茜乡：丁、万、王、尤、毛、邓、叶、卢、宁、冯、丘、圣、许、刘、江、危、朱、伍、伊、华、阴、李、巫、杨、杜、苏、吴、余、何、邹、张、林、周、房、郑、胡、柳、施、钟、姚、袁、夏、崔、郭、唐、藩、魏、戴、涂、徐、宁、肖、曹、龚、能、谌、游、揭、彭、温、曾、傅、赖、雷、蓝、阙、廖、熊、管、潘、黎、陈、罗、黄、谢。

泉上镇：万、上官、马、王、韦、邓、尹、石、卢、史、宁、冯、丘、吕、农、许、刘、关、朱、阮、李、巫、杨、杜、连、吴、沈、余、张、陆、欧、林、周、卓、金、庞、郑、赵、柳、施、俞、钟、姚、骆、袁、郭、唐、涂、翁、徐、肖、曹、梁、谌、闫、董、蒋、彭、童、温、曾、傅、赖、雷、蓝、阙、廖、熊、潘、黎、滕、戴、陈、罗、黄、谢。

湖村镇：丁、上官、马、王、方、邓、卢、丘、尧、许、刘、汤、江、年、邹、危、朱、伍、伊、阴、孙、阳、麦、李、巫、杨、吴、沈、余、邹、张、周、郑、胡、洪、钟、姚、袁、夏、崔、郭、唐、涂、徐、肖、曹、童、温、曾、程、傅、赖、雷、蓝、廖、熊、管、黎、戴、魏、藩、陈、罗、黄、谢。

（三）姓氏外迁

据宁化县的 147 姓氏统计，外迁情况为唐代 8 姓氏、五代 8 姓氏、北宋 23 姓氏、南宋 41 姓氏、元代 30 姓氏、明代 34 姓氏、清代 3 姓氏。两宋外迁 64 姓氏，占 43.54%。南宋（含南宋）后外迁 108 姓氏，占 73.47%。其中，南宋和元代外迁 71 姓氏，占南宋后外迁姓氏总数的 65.74%。宁化及其石壁在南宋客家民系形成后大规模外迁，为闽粤赣连接地区独一无二。

宁化客家姓氏源流表

特记表 2—1

序号	姓氏	郡望	迁入时间	迁入第一人	迁出地区	定居地址	外迁时间	外迁第一人	迁往地区
1	丁	济阳	明	君荣	建阳	宁化县城圣堂前、方田沙罗坝、湖村留地、陈家	明末清初		建阳、福州、建宁,江西贵溪
2	卜	西河、武陵、河南	北宋		山东	宁化	宋末		
3	刁	河西、弘农、渤海	元	殷	山东昌乐	石壁	元末明初	清	广东揭阳蓝田,后衍海阳、兴宁、五华、龙川、广西
4	于	河南	元		河南	宁化	明		
5	万	扶风	南宋嘉定	善郎	浙江	招得里(安远)			
						石壁			江西金溪,后衍广东、五华、四川
6	上官	天水	南宋咸淳	潘(藩)	福建邵武	泉上里热水新坊		富郎、昊郎	广东,后衍长汀、江西宁都
						泉上	明万历十二年	文崇	江西宁都、平阳
7	马	扶风	唐	凯	江西建昌	新村里腊坑(安乐)		大六、七郎、四清	新村里夏坊、邱源、路背、上杭县
			唐	旺隆	长汀北团里南山下(今清流)	新村里(安乐)梨树隔马家围	唐大顺二年	二十一郎(益郎)、七郎	连城四堡,后衍广东、江西、台湾,以及东南亚各国
							唐末	殷	江西永新,衍湖南、香港、台湾
			南宋	七郎	长汀	安乐马家围	明永乐	十三郎	广东兴宁厢茅塘堡
8	王	太原	五代	起凤讳邦	江西宁都	宁化招得里(安远)王坊		先立	江西石城
								廉侍	广昌
			北宋开宝元年	纪立、有立		安远洋坊			江西广昌、石城、宁都、兴国、明溪
			北宋	十四郎	邵武禾坪(和平)	宁化		镇	清流,后衍明溪、建宁、泰宁、建阳、邵武、光泽、崇安(武夷山),浙江、广东、江西兴国、宁都、瑞金
						石壁	北宋太平兴国三年	九法二郎	长汀河田王坊
			南宋	玄郎	江西宁都	宁化	明永乐间	三十一郎	漳州,后衍广东、江西兴国
				千二郎	江西什乡	石壁寨	明、清		闽西、广东

续特记表2—1

序号	姓氏	郡望	迁入时间	迁入第一人	迁出地区	定居地址	外迁时间	外迁第一人	迁往地区
9	尤	吴兴	明	侗	泉州南安	宁化	明末		广东饶平、潮州、大埔
10	贝	清河	唐末	顺丰	中原	石壁	宋末	仲勋、仲显	广东丰顺汤坑、揭西河婆
11	毛	西河	南宋	滨、鸿	江西吉水	在城里永福坊		立桂	汀州城定光寺前毛家巷
								志韬、志略、志广	江西宁都东山坝
			明正统七年	槐	宁都东山坝	石壁			
					浙江	宁化			长汀
12	文	雁门	明	文贵		宁化县东门外濠塘尾	明末	少竹	江西会昌，后衍四川绵阳、三台、中江、彰明、安县
13	方	河南	北宋治平二年	敬斋(开宣)	江西崇仁	宁化在城里太平巷	元	二郎	江西梅潭江,后衍广东
14	尹	天水、河间	南宋		江西	宁化	明、清		江西、闽南、广东
15	邓	南阳	西晋太熙元年		山西汾水	石壁			
			西晋永嘉末	攸	山西	石壁			
			宋	有仪	福建沙阳	宁化安乐三大旧谢排、龙地、谢坊、治平邓屋、城南路头、凤凰山、泉上、湖村邓坊、石下、彭高、城郊谢地、岗头、方田岭下			闽西、闽南、广东、广西、江西
			宋徽宗时	大猷		宁化石壁	南宋宁宗五年	志圣、志贤、志斋	中国闽西、广东、江西、广西、香港、台湾,以及泰国
			宋	忠郎	河南涂水	宁化邓家塘		志信	江西宁都
								志陆	江西瑞金
16	孔	东鲁	唐末		山东	龙下里(济村)古背	南宋		
17	甘	渤海	北宋		中原	石壁乡葛藤保			江西信丰,后衍广东长乐(五华)、陆丰
18	古	新安	北宋			宁化	元		
19	艾	陇西、河南、天水	南宋		江西	宁化石壁	元		
20	石	武威	南宋		同安	石壁	南宋	三十七郎	广东惠州,后衍广东梅州、兴宁、潮安,江西赣南各地
							清乾隆	风佑	广西贵县
21	龙	天水、武陵	元泰定三年	八郎、九郎	浙江	宁化县城龙家术	清		闽西、闽北、江西、浙江、河南、湖南
22	占		北宋			宁化	明		江西宁都

续特记表 2—1

序号	姓氏	郡望	迁入时间	迁入第一人	迁出地区	定居地址	外迁时间	外迁第一人	迁往地区
23	卢	范阳	南宋嘉定	处信(三六郎)	江西虔化	石壁	南宋末	天祐、天爵、天保、县尹	永定城东乡(龙潭镇)、后衍上杭、南靖、漳州,广东韶州、翁源、英德、惠州、河源、龙川、梅县、大埔、潮州、连平、从化,江西赣州、长宁、四川
24	叶	南阳	南宋	清	江西临江府	宁化县城	元至正二十四年	福诚	新村里(安乐)叶坊,后衍明溪、福清、清流,江西石城
			南宋	大经	洪都武宁	宁化石壁			清流、长汀,后衍广东梅州、兴宁、大埔、长乐、龙川、河源、博罗,四川
25	田	雁门、北平	北宋	大郎讳宅中	江西兴国	宁化胜道乡		宗甫	广东梅县
26	史	京兆	民国初年			宁化县城			
			东晋		河南	石壁			
			唐咸通	礼郎	建州(建瓯)	招贤里(水茜)双溪口		廿二郎	连城,后衍江西赣州、永定、上杭、龙岩、诏安,广东英德、河源、梅县、蕉岭、平远、大埔、陆丰、兴宁、始兴、饶平、惠阳、增城、龙川、深圳、海南、台湾,以及东南亚各国
27	丘(邱)	河南、天水	北宋绍圣三年	尚文	江西永丰	宁化	北宋宣和六年	志文	江西石城,后衍连城、长汀
			北宋	法言	河南固始	石壁	宋中业	三五郎	上杭,后衍闽西、江西、广东、海南、香港、澳门、台湾
			北宋	传郎	江西宁都	龙上下里(济村)大坑口	南宋绍兴二十四年	迁二郎	广东
			北宋末年		江西石城	石壁	南宋		上杭,后衍广东兴宁
			南宋咸淳十年	万三字叔炬	建宁	招得里(安远)七都王坑	宋末	灵庚甫	江西宁都
28	白	南阳	元		江西	宁化永丰里(中沙)白源村			
			民国	阳清	江西石城	济村武垦			
29	斥	汝宁	北宋		中原	宁化安远	明		
30	包	丹阳、上党	北宋		安徽合肥	宁化	南宋		上杭
							明		广东梅县、兴宁、大埔
31	宁	齐	清	永忠	建宁均口	招贤里(水茜)			江西、广东、台湾
32	冯	始平、上党	唐末	万二名雪		石壁		念一郎、念二郎、念三郎	广东蕉岭、梅县、五华,后衍广东增城、恩平
				万八名雯		招得里冯家围	宋绍兴间		武平

续特记表 2—1

序号	姓氏	郡望	迁入时间	迁入第一人	迁出地区	定居地址	外迁时间	外迁第一人	迁往地区
32	冯	始平、上党	唐末	伯坚	建宁隆下堡	招得里(安远)	清	鳞良	闽北光泽
						石壁	唐末宋初	念七九郎	广东丰顺,后衍蕉岭
						石壁	明洪武	四十郎	上杭胜运里
33	邢	河间	北宋			石壁	宋末		连城,后衍上杭、永定、广东梅州、兴宁、平远、长乐
34	尧	河间、上党	唐		中原	宁化			
35	过	高平	南宋		山东	石壁	元		江西石城
36	吕	河东	南宋	万春	安徽婺源	石壁	元、明	秉仁	诏安
								大正	上杭,后迁南靖
								十二郎	上杭,后衍广东丰顺
37	朱	沛国	南宋嘉定五年	炳(万一郎)	梅县	宁化		十七郎	龙岩
			明正德七年	友诚	长汀	宁化余塘	明正德十年	成崇	江西石城小姑,后衍浙江、四川、广西
			明嘉靖二年	隆	泰宁	中沙			
			明末清初	必禄	建宁	石壁			江西永丰
38	伍	安定、武陵、东吴	唐长庆	德普	福州	麻仓(北宋前属宁化)		文微	长汀
								微己	清流
								厚己	宁化鱼龙
								正己	宁化在城里、招得里伍家坊、龙上下里王大垅、兴善里伍家坊、磜角,衍福建、江西、广东、四川
								行己	余杭
						石壁	元末	宋	广东梅县松口,后衍兴宁、蕉岭
						宁化	明成化	文重	江西宁都留坑、赖坑
39	任	乐安、东安	清道光	启星	长汀	城郊高堑江背			
40	华	武陵、平原、沛国	南宋绍兴	瑛(京一郎)	沙县	宁化县城			连城,后衍上杭、泉州,广东英德、浙江
			宋末			宁化			长汀、上杭、连城、浙江杭州,广东惠州、湖南长沙
41	伊	太原、陈留	唐乾符二年	文敏	河南陈留	宁化武曲锡源驿(河龙上伊)	明	崇本	上杭
								崇盛	清流
							明成化	百二郎、念四郎、百三郎	广东梅县

续特记表 2—1

序号	姓氏	郡望	迁入时间	迁入第一人	迁出地区	定居地址	外迁时间	外迁第一人	迁往地区
42	危	晋昌、汝阳	北宋元祐	建侯	江西	宁化危家山	明末	福纪	江西石城
			南宋绍兴	赐郎	邵武	宁化县城			
43	邬	颍川	北宋	成化	长汀	石壁		伯一郎	武平,后衍广东大埔、梅县、五华、龙川、兴宁
								伯三郎	江西丰城
								伯四郎	广东河源
44	刘	彭城	南朝	国祥	山西	石壁			
			唐乾符	祥	河南洛阳	石壁、淮阳、实竹山	南宋嘉定	开七	广东潮州,后衍闽南、江西、湖南、湖北、广西、江苏、四川、山东、贵州、云南、浙江、香港、台湾、澳门
			唐天祐三年	世昌	江西于都	新村里(安乐)刘茜坑			
			北宋天圣二年	新郎	南平	宁化			
			宋中业	森	江西宁都	宁化凌云乡、中沙下沙、黄柏源、章南源、兴善里陈埠岗			
			元	五一郎	建宁客坊	安远张坊、水茜龟嵊		云立、云习、云弟	江西石城,后衍吉安、永丰、建宁、光泽
				五二郎		城关薛家坊			
				五三郎		安远社垣		孟园	江西宁都,后衍吉安、永丰、石城,浙江常山
			元元统间	凝之	江西瑞州高安	宁化安乐赖畲			
			明	龙郎	江西高安	宁化县城、石壁、官坑、水茜龟嵊		嵩富	江西石城黄地
			明万历	奇凤	永安吉山	方田禾礤、大朱坊、曹坊宝丰			
45	齐	汝南	清		闽西	宁化在城里			
46	羊	泰山	唐永贞二年	士谔		宁化新村里	宋		
47	江	济阳	唐乾符二年	野一郎	江西	宁邑麻仓里			
			唐	孟德	江西饶州(鄱阳)	石壁			广东丰顺、紫金、深圳,台湾地区
			南宋建炎三年	霍	邵武	泉上里檀河下坑			
			南宋理宗	承、铎	江西	石壁			永定、上杭、广东大埔,后衍闽东、闽南、四川、粤东、台湾
48	池	西平	唐僖宗	涌源	光州固始	石壁	南宋末	梦鲤	广东嘉应、大埔、揭阳、镇平、平远、番禺、南海、饶平、兴宁
			南宋开禧	裕郎	江西宁都	龙上里池家坡	明		江西石城小姑

续特记表 2—1

序号	姓氏	郡望	迁入时间	迁入第一人	迁出地区	定居地址	外迁时间	外迁第一人	迁往地区
49	汤	中山	北宋	国彦	江苏句容	宁化县城		明恩、明渊、明衍	松江府、汀州府清流
			南宋末	均辅	宁化县城	石壁排	明洪武二十五年	益隆	中国长汀童坊林田、上杭、武平，后衍广东兴宁、蕉岭、梅县、五华、汕头、揭阳、广州、增城、花县、曲江、乐昌、江西寻乌、会昌、上坪、泰和、广西柳州、贺县、台湾，以及巴西、日本、毛里求斯、印度尼西亚、新加坡、泰国、东帝汶、澳大利亚
			明	班郎	清流	宁化鱼潭、中沙			江西宁都、石城
50	安	凉州、姑臧、河内、武陵	元			宁化	清		
51	许	高阳、汝南	南北朝		中原	石壁	元末	念三	广东饶平，后衍大埔
			北宋			泉上里邓坊	明		分衍闽西、闽北、江西、广东、台湾
52	毕	河内、东平、太原、河南	北宋		中原	宁化泉上里乌村毕家园	清咸丰间		
53	阮	陈留	元	逸叟	建宁	宁化	明、清		永定、连城、上杭，后衍广东大埔
			明	文富	建宁	宁化县城进贤坊	清	廷青	江西兴国
54	阴	西河	南宋绍兴三年	厚字雄宽	清流	宁化城郊岗下	清		闽北、江西、湖南
55	纪	平阳	唐初		中原	宁化	北宋		
56	孙	乐安	五代后唐同光二年	太郎	汀州花园角	淮土青坪、孙坑	北宋	念五郎	江西宁都
								大二郎、大七郎	江西瑞金
				宣教	江西宁都	石壁		建邦	浙江余姚，后衍广东兴宁
57	花	东平	南宋			安远张坊	明		
58	苏	武功、河内、扶风	明洪武	达德	河南	石壁村		八十八郎	广东兴宁
					宁化				永定苦竹乡
59	严	天水、冯翊、华阴	唐末	文藻	江西赣州	石壁严家			
			唐末	少祖		石壁			广东揭阳，后衍四川
			宋	天庠	江西兴国	石壁	元泰定	天庠	长汀，后衍连城、上杭、广东
			宋末	金德		宁化	元明间	木丛	广东海阳、大埔

续特记表 2—1

序号	姓氏	郡望	迁入时间	迁入第一人	迁出地区	定居地址	外迁时间	外迁第一人	迁往地区
60	杜	京兆	唐		陕西	宁化	唐中业	石城	
			南宋宝祐	时发	建宁客坊	安远浣溪村(杜家)		德祥	瑞金、宁都
							明初	德佑	邵武
61	巫	平阳	南北朝南齐永明元年	德益	江西建昌	龙下里(济村)吾家湖			
			隋大业	昭郎携子罗俊	闽之剑津(南平)	黄连峒(宁化古称)	五代	光一郎	上杭胜运里
							南宋绍兴	仕聪、仕成	广东英德
								仕政	广东惠州
								仕宗	广东潮州
								仕恭、仕猷	永定
								仕敬	广东曲江，后衍兴宁、长乐、大埔、梅县、龙川、惠阳、博罗、英德、江西安远
							南宋	大一郎	广东曲江，后衍兴宁、台湾地区
								千三郎	中国大埔，后衍平远、蕉岭、梅县、台湾，以及美国
							清初		深圳
									江西、广西
								泰郎	清流，后衍石城、宁都、四川
62	李	陇西	唐总章	茂郎	建宁桂阳乡	黄连武昌乡(中沙)	唐末	德馨	福清，后衍长汀、上杭、清流、永定、江西兴国、瑞金、南昌、宁都，广东
			唐	笙	绥城	石壁	明		云霄、诏安
			北宋太平兴国元年	崇富(大郎)	石壁村	会同里下坪	北宋		衍中国福建、江西、广东、广西、四川、香港、澳门、台湾，以及东南亚各国
			南宋淳熙八年	奇公孟佑携珍、珠二子	江西石城	宁化石壁李家坊	南宋宝庆二年	火德、木德	中国上杭、永定、武平、龙岩，后衍广东兴宁、五华、龙川、平远、梅县、紫金、丰顺、蕉岭、南雄、大埔、惠来、惠阳、河源、揭阳、潮阳、海丰、深圳、江西安远、遂川、寻乌、信丰、于都、四川、香港、台湾，以及新加坡、印度尼西亚
63	杨	弘农	唐	用蕃	南平	石壁杨家排	北宋大观	四威郎	中国江西石城，后衍邵武、广东，以及马来西亚、新加坡、泰国
							北宋	绵郎	浦城，后衍将乐、永定、浙江杭州、江西宁都、吉安、丰山、赣州、兴国、广东、台湾
			北宋皇祐末	森携子万福	将乐	泉上延祥		安礼	河龙高阳，后衍水茜张坊

续特记表 2—1

序号	姓氏	郡望	迁入时间	迁入第一人	迁出地区	定居地址	外迁时间	外迁第一人	迁往地区
64	新杨(原姓林)		北宋			石壁林家城	元末	远绍	中国广东梅县半径村，后衍广西、江西、四川、湖南、浙江、台湾，以及泰国、越南、印度尼西亚
65	连	上党	北宋	明	山西上党潞安	石壁葛藤坳	进步、道步、达步		广东五华,后衍广东龙门、龙川、潮州、潮阳、惠州、揭阳、东莞、乐昌、江西、四川、湖南、香港、台湾
			南宋	祥字肇祯	建宁三滩	宁化上进贤坊		兆甲	江西宁都
								贵郎	宁化新村里连屋坪、会同里案湖
66	吴	渤海、延陵	后唐同光二年	伯琏	南平	石壁			
			北宋	念七郎	江西临川	宁化			
			北宋天圣五年	宥(承顺)	江西南丰	石壁		坎一	龙岩
								坤二	永定衍广东、台湾
								震三	上杭衍广东、江西
			北宋大中祥符八年	举	建宁	安远		明继	江西石城
			南宋庆元三年	靖郎	江西南城	城关塔下街			
			南宋建炎	郑	清流	城南			
67	时	陇西、陈留	唐	阅	中原	宁化			
68	何	庐江	五代后唐天成元年	大乙郎	南京直隶庐江	石壁	后唐天成二年	大乙郎	武平,后衍长汀、龙岩、上杭、永定，广东兴宁、梅县、长乐、海阳、翁源、大埔、潮安、丰顺、龙川、饶平、揭阳、蕉岭，湖广益阳、江西会昌、赣州、于都、瑞金、分宜，广西贺县、郁林，湖南、香港、深圳、台湾
			宋绍兴	大郎	江西广昌	永丰里大何坊、衍坪铺	明、清		福建、江西、广东、湖南、广西、香港、澳门、台湾
69	余	下邳、新安	唐		邳州	宁化炉口头			泉州,后衍广东、永定
			北宋乾德	兴祖	福州	宁化柳杨里	宋乾德二年	万里、七郎	清流、高地
							明	积善	泉上里下埠,衍闽北、浙江、江西
			宋末元初	胜宝	清流	泉上里上畲	明洪武间	伯和	招贤里上谢,衍江西宁都、石城
			南宋	绣	江西九江德安	龙下里余家庄、龙上上里龙虎地	明、清		福建、江西、广东、四川、浙江、湖南、湖北、江苏、台湾
70	罕	荥阳	明		中原	宁化泉下里张家坑罕坑	清咸丰八年		
71	邹	范阳	唐武宗至宣宗间	松柏	江西奉新	石壁	唐景福二年	元金	泰宁,后衍长汀、上杭、永定，广东大埔、丰顺、河源、龙川、兴宁、蕉岭、梅县、五华

续特记表 2—1

序号	姓氏	郡望	迁入时间	迁入第一人	迁出地区	定居地址	外迁时间	外迁第一人	迁往地区
71	邹	范阳	唐末	来宾	泰宁	禾口凤凰山			
				一郎	江西南丰	招得里(安远)			
			宋	元大	建宁	水茜张坊	清		水茜村、江西石城
72	汪	平阳	南宋绍兴	宣	建宁里心	招得里(安远)下汪村	元	廷佛	宁都、光泽、南城、广昌、建宁、永定、石城、广东
73	沈	吴兴	南宋	椿、桂	建阳	宁化贵溪、招贤里(水茜)	明末		石城
74	宋	京兆	北宋	元东	河南开封	宁化土龙坑		新恩、新惠	浙江衍广东长乐、永安及广、惠、潮三州
								新友	江南夷陵
			清乾隆中期		江西宁都	宁化社背、方田泗溪			
			清同治	克昌	江西宁都赖村	泉上黄新村			
75	张	清河	五代天福间	云虎	姑苏	石壁(樟树下)	南宋		上杭、兴宁
			北宋	藏兴号均茂	江西	宁化龙下里三寨、小溪坝			说明：宁化张氏以唐时韶州别驾君政为始祖。居家韶州曲江，生六子，唐末，有二子(子胄、子虔)，三孙(宏愈、宏显、宏矩)部分裔孙迁入宁化各地。今全县张氏祠堂50多座，人口12万多人，占全县人口三分之一，裔孙分衍全国20多个省区市及世界各国。
				宣郎		方田村头、济村长坊、曹坊东坑、方田南城、淮土左坑、田背、寒谷、方田、石壁小吴、江口、官忠坑			
				思吉		济村肖家山、城郊江夏、石壁石壁坑、中沙鱼潭、湖村张家坑、济村上能坑、罗地、曹坊东坑、山地、石壁小吴、大江头			
			南宋	瑞祯(五十郎)	江西乐安	石壁千家围、溪背	南宋末	化孙	福建、广东、江西衍世界各地
				念五		宁化青平寺、陂下、济村、张河坑、小南坑			邵武、光泽、连城、长汀，江西瑞金、石城
			南宋绍定元年	十三郎	福州	雷陑、社下、黄竹坑、石岭下、寨头			江西石城屏山
			南宋	五七郎		石壁、桂林			石城
				三七郎		城南上坪			
			南宋景炎二年	卓立	浙江龙泉	宁化千家围、山下、桂下、上坪			
			南宋	泰郎		湖头			
				四郎		石壁上市			
			元	心佛	安溪芜头乡	安远张坊			
76	陆	河南	北宋		吴地	石壁十八寨			
					江西金溪	宁化泉下里陆坊	清		福建、江西、广东、浙江

续特记表 2—1

序号	姓氏	郡望	迁入时间	迁入第一人	迁出地区	定居地址	外迁时间	外迁第一人	迁往地区
77	陈	颍川	南北朝			宁化			
			唐开元二十二年	苏	南剑州(沙阳)永安	石壁			
			南宋	万顷		石壁	元	宠、赟	江西赣州、吉安，广东兴宁，后衍上杭、武平，广东惠州、梅州、大埔、五华、和平、归善、镇平、饶平、平远、蕉岭、河源、罗定，江西信丰，广西、湖南、湖北
			南宋		石城	宁化			上杭、广东揭阳
			南宋	魁		石壁	元末明初	孟二郎、孟三郎	广东程乡，衍大埔、兴宁、长乐、龙川，江西、湖南、香港、澳门、台湾
			南宋	肇基		宁化石壁	明	明公四十七郎	广东蕉岭、梅县、兴宁
			元元贞元年	起明	永安安沙牛栏角	宁化城南龙下寨			
						宁化		文	广东兴宁石码
						石壁	元大德	斐然	广东兴宁石码上庄
				季仲、季宣	兴化(莆田)	石壁	元至正	元忠	广东程乡、韶州(韶关)、平远，江西石城，四川
					江州义门	石壁			永定
78	幸	雁门	南宋	登嵩	江西高安	宁化			
			元	郎酆	江西南康	石壁	明洪武二年	钦凤、宗远、智崇、宗明	中国广东兴宁，后衍北京、上海、西安、河北、内蒙古、辽宁、新疆、四川、河南、江苏、湖北、湖南、贵州、江西、广西、海南、云南、广东河源、惠来、龙川、台湾、香港，以及马来西亚、美国、泰国、瑞典
79	范	高平	唐僖宗年间	坤(俊祥)	南剑州沙县	黄连攀龙里黄竹径	秋(启明)		江西石城，后衍清流、建宁、上杭、龙岩、永定、长汀、连城，广东嘉应州(梅州)、梅县、海阳、大埔、英德、饶平，江西瑞金、于都、赣县、兴国、台湾

续特记表 2—1

序号	姓氏	郡望	迁入时间	迁入第一人	迁出地区	定居地址	外迁时间	外迁第一人	迁往地区
79	范	高平	北宋绍圣五年	衡、衍	清流	石壁		伯一郎、伯四郎、伯伍郎、伯陆郎、伯八郎、伯九郎、伯十一郎	上杭,后衍长汀、连城、武平、永定、漳平、江西、广东、台湾
								伯二郎	龙岩,后衍湖南长沙,广东大埔、英德、信宜
								伯三郎	永定,后衍江西瑞金,广东增城
								伯十郎	广东大埔,后衍蕉坑、东碓堆、三河坝、饶平、三饶、丰顺、潮阳、揭阳、韶关、英德、台湾
			元成宗元贞二年	十郎(原姓李)	泰宁	水茜棠地			
					宁化			子茂	江西宁都固村土伦排
80	林	西河	唐开成二年	梅湖	闽东	宁化泉上里		奉	上杭
								奇	清流温郊薯坑、上杭
			北宋元祐元年	正	福州济南山	石壁林家城	元延祐二年	融公夫人携六个儿子	长汀河田、广东英德
			南宋	显荣	莆田	石壁	南宋	评事	广东大埔,后衍蕉岭、归善(惠阳)、平远、武平、湖广(湖南、湖北)
				文德		宁化	元	五郎、六郎、九郎	永定、闽南、广东,后衍闽侯,浙江温州,台湾
						石壁	元末	向日	诏安,后衍广东饶平,揭阳,台湾
						石壁	元末	文懋	广东海阳,后衍江西安远、广东兴宁
						石壁		林华兄弟	广东兴宁
81	欧阳	渤海	三国时期		晋江	宁化水茜			
			唐乾符	十四郎(万春)	晋江	宁化丰宝山			
						宁化	明正德七年	南乔	江西宁都长胜半迳
82	卓	南阳、西河	南宋		建州	宁化			长汀、上杭、永定
			南宋景炎	赟	河南开封	宁化	清		重庆南川
83	易	太原	南宋嘉熙	一、二、三郎	长汀	兴善里陈埠岗、在城里角头街、永丰里沙坪			
84	固	河东	清末		江西	安远			

续特记表 2—1

序号	姓氏	郡望	迁入时间	迁入第一人	迁出地区	定居地址	外迁时间	外迁第一人	迁往地区
85	罗	豫章	隋开皇	万发	沙县	黄连峒竹筱窝(宁化城关)	唐	千九郎	汀州、江西
			唐乾符元年	景新	江西宁都太平乡	石壁葛藤村	宋	洪祖	连城、龙岩、长汀
			宋	尚崇		宁化			长汀、上杭、连城、江西安远、万邑、吉水、兴国、赣州、宁都,广东兴宁、大埔、丰顺、惠州、博罗、和平、梅县,湖南、浙江、四川
86	金	彭城	南宋		中原	宁化永丰里(中沙)	元		
87	周	汝南	北宋		福建漳浦濂溪	石壁			
			南宋		河南汝南	石壁		宗贵	永定,后衍上杭、连城、晋江,广东大埔、饶平
				奇桂		淮土大王坊	南宋	必胜	江西石城珠坑
			宋末元初	四郎、五郎、六郎、八郎	江西抚州	宁化县			
				四九郎	江西抚州	永丰里(中沙)	明天启六年	朝魏	乌村(湖村)北山,后迁(湖村)龙头
			南宋初	仁德	河南光州固始	宁化石壁	宋末元初		五华水寨玉茶珠瑞湖村
			南宋景定间	承发	江西抚州	宁化县城	元至元	义	新村里周坑、食竹山、夏坊岭坊口
			元	宁志坚	江西石城	宁化东门			
						宁化	清嘉庆	敬熙	广东梅县松口,后衍台湾
88	官	东阳	唐僖宗	膺(原姓关)	山西解梁(解县)	石壁葛藤洞	元至元	耀	广东大埔
								擢	福建诏安
								跃	广东海丰
89	郑	荥阳	后唐	彦华	福州南台	招贤里郑家坊(水茜庙前)	北宋	云虎	永安桃源洞
								云熊	连城表籍里
90	单	南安、河南	清光绪	蔼钟	江西南城	宁化安远			
91	房	清河	明永乐末	远绍号万宝	北京	石壁	明末		中国广东潮州大麻石,后衍江西、湖南、湖北、四川、浙江、海南、福建、台湾,以及东南亚,欧、美、澳各洲
92	居	渤海	南宋		山东	宁化	明		江西宁都
93	练	河内	唐	友明字小聪	河南河内	宁化			建宁、江西新淦县(今新干县)三洲

续特记表 2—1

序号	姓氏	郡望	迁入时间	迁入第一人	迁出地区	定居地址	外迁时间	外迁第一人	迁往地区
93	练	河内	元	渊文	江西临江	宁化城关	元延祐二年		武平象洞，衍福建、浙江、江西、四川、陕西、贵州、广西、湖南、台湾
94	封	渤海	明末	广盛	江西南丰	安远桥头坊			
95	项	辽西	清末	朝福	连城温坊	宁化在城里			
96	赵	天水	北宋		中原	宁化	元末明初		广东、浙江、台湾，以及南洋群岛
97	郝	太原	南宋		山西	宁化	元、明		泉州
98	英	荥阳、武陵	南宋	四郎	江西吉安	宁化在城里薛家坊			清流，后衍江西、广东、安徽
99	胡	安定	唐末		江西	宁化	南宋		闽西、广东
			清	宗腾	长汀林田	城郊小月水			
100	柯	济阳	唐末			宁化	明洪武	福	经长汀、上杭，迁广东梅县、兴宁
101	柳	河东	北宋	庆郎		湖村田坎背、水茜庙前	清		石城
102	钟	颍川	东晋末	贤	江西兴国	石壁		朝	长汀，后迁上杭、武平、漳州、泉州、广东梅州、兴宁、蕉岭、潮州、程乡(梅县)、江西、四川、台湾
			北宋神宗	刚	武平	宁化			
103	科		南宋			石壁十八寨	元		
104	段	京兆	北宋		中原	石壁段屋里	元		
				安秋、安丰	大埔	宁化县城			
105	修	临川、庐陵	明嘉靖	定富(以忠)	长汀河田	宁化新村里洋坊(安乐)	清		赣东南
106	侯	上谷	唐		河北	石壁	南宋淳祐	安国	广东程乡(梅县)
107	俞	河涧、河东、江陵	北宋		江西	石壁			长汀邱坑
			南宋绍兴	胜均、胜祖、胜安	江西信州	宁化新村里(安乐)	明	一甫郎	长汀河田
			明洪武	思宇	江西南城曾潭	宁化上进坊		永隆	城郊俞坊，后衍建阳、顺昌、崇安、江西、浙江
108	饶	平阳	北宋			宁化饶家坊	清康熙		江西石城
109	姜	天水	明永乐	官九兴三郎	明溪胡坊	新村里(安乐)陈坊	清	永而	江西吉安
								瑝明	四川
			明隆庆	宣琼	江西饶州安仁	招得里(安远)张坊	明万历	延洪、延胜	永丰里沙坪(河龙)
110	施	吴兴	唐天祐元年	泰定郎	广州	宁化县城桥南		文受	辽东定辽右沙河里

续特记表 2—1

序号	姓氏	郡望	迁入时间	迁入第一人	迁出地区	定居地址	外迁时间	外迁第一人	迁往地区
110	施	吴兴	唐天祐元年	泰定郎	广州	宁化县城桥南	明	泽唐	朱坊(方田),后衍江西石城、永安、邵武
111	洪	敦煌、宣城、豫章	南宋		江西乐平	宁化	元		广东海阳、嘉应州(梅州)
						石壁		贵生	广东丰顺,再迁梅县石坑玉坪
112	姚	吴兴	南宋	景清(念一郎)	莆田	宁化	元初	景清(念一郎)	中国广东梅州均田,后衍广东海阳、平远、潮州、大埔、江西、四川、湖南、广西、台湾,以及东南亚各国
113	贺	广平	元元贞二年	友文	兴化	宁化	元元统元年	万四郎	广东饶平,后衍广东潮州、梅州、惠州及东南亚
114	骆	内黄	南宋		江南	石壁	元	子昌(十三郎)	广东龙川,后衍和平、兴宁
115	袁	汝南	南宋	万三郎	江西宜春	治平乡社背村	宋末		上杭
						石壁	元初	满珊	上杭,后衍广东潮汕、饶平
116	聂	河东、新安	北宋景祐二年	龙德	江西清江	曹坊滑石聂坊			长汀、邵武、明溪、广东、江西、台湾地区
117	莫	巨鹿、江陵	南宋			石壁	明、清		长汀、清流、上杭、广东梅州、兴宁、大埔
118	贾	武威	明洪武九年	八郎	江西建昌	宁化	清		福建、江西、广东
119	夏	会稽	唐乾符元年		中原	石壁	唐末	祥	湖广,衍广东潮州
			北宋	寿山		新村里(安乐乡)		良佑	汀州(长汀)
			南宋绍兴间	元吉	长汀	安乐夏坊、路背、溪背、禾塘、田背	明永乐间		安乐福坑里、社背、牛牙岐、石牛、宁化县城、张濠坑、武平县
			南宋	辛郎、有进	江西石城	龙下里(济村)邱坑、里坑、永丰里版山			宁化龙中乡、凤山五星、宁化城关、闽北、闽西、江西
120	晏	齐	五代十国			宁化县城、方田城南、湖村石下	南宋绍兴		
			元延祐四年	宣郎	江西临川	宁化归仁里晏坊(今属明溪县)	明	福宝	清流、宁化
121	钱	彭城	南宋		浙江	石壁	元末	开禧	广东大埔
			清咸丰十一年	毓德、毓余	连城	宁化			
122	徐	东海	唐天宝		江西石城	宁化			闽西、广东、台湾
			南宋开禧二年	原忠	江西建昌	宁化肩潭岭	明洪武		广东揭阳蓝田都埔头乡,后衍广东平远、五华、台湾
			南宋开禧	原瑶	江西建昌	城关太平巷	明正统		谌坑
			南宋开禧	原瑛	江西建昌	龙上下里(济村)徐家庄	明洪武		

续特记表 2—1

序号	姓氏	郡望	迁入时间	迁入第一人	迁出地区	定居地址	外迁时间	外迁第一人	迁往地区
122	徐	东海	宋末元初	一郎	江西宁都	宁化		丙郎	上杭陈东坑,广东丰顺、五华、长乐
			元初	伸佑(字洪郎)	江西石城	龙上下里(济村)徐家庄		四六郎	长汀河田
			明	维熙		曹坊根竹村			
123	翁	盐官、临川、钱塘	北宋初		浙江	宁化			广东梅州、潮州,江西石城
						安远高桥		志隆	
124	高	渤海	唐		河南	宁化			
						宁化	五代	懋昭	江西石城横江
				文辉	邵武	石壁	元元贞二年	十郎	上杭胜运里,后衍漳州、广东惠州、潮州、梅州、大埔、五华、兴宁、揭阳、梅县、江西
						淮土	明天启	宗春	江西石城大由盘龙窝
125	郭	太原	五代十国	汙郎、民郎	浙江	宁化	北宋	元吉	江西石城郭家湾,衍闽西、闽北、江西
			北宋	福安	陕西华州(华县)	石壁	南宋	天锡、天柱、天佐、天华、天荣、天佑、天禄	上杭、漳州、龙溪(龙海),广东大埔、五华、梅州、饶平、海丰、陆丰、蕉岭
						龙上下里七都(济村)	清乾隆	有元	四川乐山
126	唐	晋阳	唐中和	汴	江西南丰	招得里(安远)磜上			
			唐末		江西	宁化	宋		长汀、上杭,广东大埔、兴宁
							明万历		广西灌阳
127	凌	河间	明	万圣	江西南昌	曹坊凌家山	清		闽西、江西、广东
128	涂	南昌(豫章)	唐末			宁化			长汀,后衍上杭、武平、永定、连城,广东梅州
			明	元盛	建宁	宁化城郊官家边			
				天佑	长汀	曹坊罗溪村			
129	通	西河	南宋		四川	宁化泉下里张家亨通家地	清咸丰八年		
130	黄	江夏	唐			宁化		景升	广东程乡
			宋	化字惟成	邵武禾坪(和平)	龙下里(济村)黄茶洋、发宁化各地	宋建炎二年	潜善(九子公)	广东梅州,衍华南各地
							宋末	大源、大本	上杭、永定,后衍江西、广东、深圳、台湾
			南宋德祐	伯三、伯四(福公系)	清流水南坊	新村里黄埔、会同里、永丰里			

续特记表 2—1

序号	姓氏	郡望	迁入时间	迁入第一人	迁出地区	定居地址	外迁时间	外迁第一人	迁往地区
130	黄	江夏		八郎(永公系)	建宁永乐黄坊	招贤里李坳			
131	萧	兰陵、河南	北宋	理、梅轩	江西泰和	石壁葛藤坳		梅轩	广东梅县松源都,后衍广东兴宁、河源、饶平、和平、肇庆、阳春、阳江、平远、海丰、五华、江西泰和、兴国,湖南
			明初	成广	明溪夏阳	湖村罗坊			
						石壁			漳州、泉州、厦门、台湾
132	梅	汝南	南宋		江西九江	宁化	元		
133	曹	谯国、彭城、高平、巨野	南宋	明贵	山东曹州(菏泽)	石壁	明弘治	法录(十郎)	广东梅县西坑,后衍湖南东安,江西瑞金,广东惠州、兴宁
			南宋咸淳	远生	浙江台州	会同里(曹坊乡)			上杭、长汀、连城、广东
134	龚	武陵	唐开元	志远	江苏扬州	石壁			邵武、长汀
					邵武	宁化			龙岩、上杭、武平
135	崔	清河、博陵	南宋	承章	山东	宁化	明	成章	广东循州板塘,后衍广州、韶关、顺德、惠州、河源、江西、福建
136	康	京兆	北宋			宁化			
				富友	长汀馆前	曹坊三黄			福建、江西、广东
137	章	河简	元末	万兴	浙江	安乐洋坊	明清之际	寿赤、寿贱	崇安、建阳、江西于都
138	谌	河南	南宋景炎	念一郎号茂晖	江西南昌	宁化下觉里、招贤里冢下、梅坑、洋城			闽西、闽北、江西、广东
						宁化	清康熙	聚珍	宁都田埠
139	梁	安定	南宋	固(讳孟坚)	广东顺德	石壁	元初	永元	梅县,后衍建宁、江苏南京,广东惠州、海丰、大埔、蕉岭、五华、番禺、顺德、陆丰、台湾
140	彭	陇西、宜春	五代后唐同光二年	福祥	江西宁都	治平乡彭坊村	南宋淳熙	德诚	曹坊彭家庄,后衍长汀,江西瑞金
					江西吉水	石壁	宋	延年	广东揭西,后衍台湾
			明嘉靖二十四年	行修	乐安增坊	安远碐下			
141	董	陇西	五代		中原	宁化	宋		长汀,后衍粤东、闽南
						石壁	元	廷坚	广东兴宁窖溪湖,后衍东乡铁屎岭、江西南康大塘口
142	蒋	乐安	唐末	纪	江西	石壁	宋		长汀,后衍梅州兴宁、惠州、惠阳淡水

续特记表 2—1

序号	姓氏	郡望	迁入时间	迁入第一人	迁出地区	定居地址	外迁时间	外迁第一人	迁往地区
143	韩	昌黎	南宋	峣	越(浙江)	石壁		启	广东平远县八尺笙竹村浮光寨，后衍广西廉州合浦、广东揭阳河婆、江西赣县大布
144	揭	潮阳、豫章	元	文再	建宁	水茜	明嘉靖	万仪	江西宁都固村
145	程	安定	元	洪范	陕西	龙上里(淮土)程家窑	明		建宁，陕西、江西鄱阳、南城、石城
						宁化	清乾隆	俊顶	江西宁都黄陂
146	傅	清河	唐	显通字万金	江西金溪县	宁化黄双洲(水茜)、上傅、下傅、儒地、安远安家礁		二郎、五郎	长汀、江西石城
			南宋咸淳元年	一郎以南讳天植	宿州灵璧	石壁大城坑坳里		是郎(侍郎)	长汀、连城、上杭、泉州、广东潮州、兴宁、佛山、南海、江西
147	焦	中山、广平、冯翊	北宋		中原	石壁十八寨	元		
148	童	渤海、雁门	北宋	万一郎	浙江宁波	宁化石壁		一郎	长汀青岩里坪田营，后衍连城、上杭、广东大埔
			元元贞元年	四郎	清流四堡童坊	曹坊石牛			闽西、江西
149	曾	鲁国	北宋	中彦	江西虔州	宁化		美、良	江西石城、新干，后衍闽西、闽南，广东兴宁、蕉岭、平远，江西于都
			北宋雍熙间	文兴、文举	江西新陂太和	江头岭(治平)、吾家湖(济村)、曹坊、方田南城、张家山			江西石城、宁都、福建延平、松溪、寿宁、浦城、明溪、长汀，湖广、四川、粤东
			北宋	庆禄携子五二郎	江西南丰	会同里(曹坊)马龙坪	北宋元祐三年	智先	方田南城
			北宋政和二年	纡悖	江西南丰	石壁	宋末元初	桢孙、佑孙	广东五华，后衍广东兴宁、梅县、平远、龙川、惠州、河源、和平、广州、新宁、蕉岭
						石壁	宋末元初	六十四郎(掌公)	上杭，后衍永定、石城、平和，台湾地区
			元末	裕振	江西赣州	宁化			广东梅州、惠阳、和平、蕉岭、兴宁、江西
			明正统元年	冕讳深明	江西石城	方园里(方田)			江西石城、宁都、福建延平、松溪、寿宁、浦城、长汀、明溪、梅州及四川
150	湛	豫章	北宋		河南	宁化	南宋		
151	温	太原	五代后梁	同保	江西石城	石壁、中沙石门、湖村石下	宋	念九郎	中国上杭安乡洪山塘，衍闽西、闽南、广东、江西、海南、香港、台湾，以及东南亚各国
			五代后周广顺元年	太良	江西石城	宁化城、会同里温坊	北宋	广英	清流、长汀、江西石城，后衍上杭胜运里

续特记表 2—1

序号	姓氏	郡望	迁入时间	迁入第一人	迁出地区	定居地址	外迁时间	外迁第一人	迁往地区
152	游	广平	唐末			宁化			
			北宋	再潮	江西临川大路背	安远里坑、水茜焦坑			
			南宋		江西临川	石壁	南宋末	文珀	上杭、永定、平和、诏安、广东大埔
							明正德间	五九郎	永定大溪背、东南亚各国
153	游王	原平	五代后唐		中原	石壁			
						宁化县城东门王家巷	明成祖永乐十二年	王念八、王念七	漳浦县秀篆乡 (由念八之子佰十起改姓游,世称游王氏)
154	谢	陈留、东山	五代后梁开平元年	望	邵武禾坪(和平)	石壁村倾排	南宋	如松	建宁上庄
						石壁	南宋隆兴元年	十一郎、十三郎	连城,后衍长汀、武平、上杭、永安、建欧、永定、广东、江西、台湾
			宋末元初	开书(有谱作开宣)	浙江始宁东山(上虞)	石壁	元	选春、逢春	广东大埔、潮州,后衍兴宁、惠州、梅州、梅县、河源、五华、平远、海丰、福建连城、江西、台湾
								朴六	广东梅州、潮州,江西及东南亚各国
			南宋末	五一郎(一郎)		宁化城	元至正间	贞郎	安乐谢坊
			元初	定之	江西	石壁		元贵	永定,广东大埔、梅县、潮州
			元	普郎	建宁董家坊	禾口			
			明	广乾	建宁董家坊	淮土			
			清	传荣	建宁董家坊	石壁南田沙洲墩	清	大厚	江西石城,清流、永安
			清康熙三十一年	恩万	江西石城	河龙			
155	鄢	太原	北宋			石壁十八寨			
						宁化曹坊东坑	明	大三	广东梅江通天

续特记表 2—1

序号	姓氏	郡望	迁入时间	迁入第一人	迁出地区	定居地址	外迁时间	外迁第一人	迁往地区
156	蓝	汝南	五代后周广顺二年	文选(又名有善)	上杭蓝尾驿	会同里(曹坊)蓝家庄	宋开宝八年	六五	治平佐坑,后衍方田泗溪、曹坊双石,江西石城
			南宋咸淳元年	万一郎	建宁崇善乡	石壁寨	元太定间	和二郎	长汀平岭水口
							清初		江西万载、宜春、分宜、修水、铜鼓、宜丰、奉新,湖南浏阳、醴陵
			明	流禄	上杭卢丰	宁化桂头	明清间	长成、长富	江西宁都、瑞金、闽北
157	蒙	安定	隋	巫罗俊	南平	宁化	明洪武十八年	必子	江西会昌长河堡(改姓蒙)、于都盘古山,衍广东、江西、广西
158	赖	颍川、松阳	唐武德五年	桂	浙江松阳	石牛(曹坊双石)			
				标	上杭古田	石壁		八郎、九郎、十郎、十三郎	清流、明溪、长汀、上杭、武平、永定、漳州、南靖、惠州,广东兴宁、五华、梅县、蕉岭、平远,台湾
			南宋绍兴	极(报)	江西宁都	宁化登荣巷(赖家巷)			中沙、练畲
			宋治平间	朝英		石壁	南宋	荆、梁、雍	漳州诏安,后衍台湾地区
								豫、徐、扬	广东惠州、潮州
159	雷	冯翊	东晋	汉	豫章	黄连镇竹筱窝(宁化县城)			
			周万岁通天间	世宗		方田铁树坪	唐	承银	常德银村
			唐建中四年	甫	江西抚州	永丰里(中沙)下沙村			清流、闽西、广东、台湾地区、江西石城
			北宋政和二年	惇	江西南丰	石壁下	宋末元初	桢孙、佑孙	广东长乐,后衍兴宁、梅县、平远、镇平、五华、龙川、惠州、河源、和平、广州、新宁
			元	梓福		宁化	明正德间	千一郎	上杭
						宁化	元至元	帝锡	江西兴国对坊上焦
160	虞	陈留	明	友纲	建宁大南堡	龙上下里陈坑里		本宽	江西兴国,后衍江西石城、顺昌
161	简	范阳	北宋末年	会益(孟一)	江西清江	宁化	南宋乾道二年	会益(孟一)携子驱	中国上杭,后衍永定、龙岩、长汀、永泰、福鼎、霞浦、南靖、广东、四川、浙江、台湾,以及印度尼西亚、缅甸、荷兰
162	詹	河间	北宋靖康	学传	江西广昌	石壁	南宋绍兴十一年	学传携黑龙、白龙二子	广东大埔,后衍饶平、潮安、惠宁、普宁、四川、台湾
			宋		邵武	宁化	宋末		长汀、永定,后衍梅州、长乐、惠州

续特记表 2—1

序号	姓氏	郡望	迁入时间	迁入第一人	迁出地区	定居地址	外迁时间	外迁第一人	迁往地区
163	鲍	上党、泰山、东海、河南	南宋			石壁			广东大埔
164	阙	下邳	北宋		山东	宁化	南宋末		长汀、上杭、永定,后衍广东
			清咸丰间	常兴	清流	安乐陈坊			
165	蔡	济阳	北宋	谌	莆田仙游	宁化			
				福粤	建阳	宁化			武平、上坑、连城,后衍广东梅州兴宁,江西南康、上饶
166	裴	河东	北宋		山西	宁化			
167	管	平昌、晋阳	东汉初	琦殷、思藏	江西宁都带源	招贤里洋岗坝(水茜张坊)	后唐	真郎	江西宁都带源
			南宋		金陵	石壁	南宋末	开宏(三三郎)	广东大埔、嘉应、饶平、潮阳、山东
168	廖	武威	南北朝	忠		宁化			
			唐	四十一郎	虔化(宁都)	石壁		实蕃讳花	宁化陈坊、清流、上杭,后衍广东蕉岭、兴宁、梅县、惠阳、五华、紫金、博罗、河源、大埔、海丰、陆丰、潮州,福建南靖、安溪,广东深圳,香港
			北宋嘉祐	达郎	宁都	龙下里(济村)古背、石壁溪背、安远七都牛头寨		来郎	淮土磜下、磜上、茜坑、禾岭下、禾坑、水东、泗溪、坪上、绍岗、罗溪、龙岭下、黄田馆、清流、长汀、龙岩、四川、重庆
								德郎	中沙廖家坪
			明洪武二年	景祐	江西宁都	淮土禾坑、水东			
169	谭	济南、弘农、齐郡	北宋		江西弋阳	宁化			闽西、广东
170	熊	江陵	南宋开禧二年	万珠讳七十郎	江西石城上柏昌	济村黄柏岭、三村、中沙孙家湖	宋咸淳	念三、念四	长汀衍闽西、闽北
			南宋宝庆二年	四十郎	豫章进贤熊家塘	石壁熊东坑	南宋昭定	安福	长汀大同乡,后衍广东、江西、台湾
171	缪	兰陵	元	允宁	江苏崇明	宁化			中国广东惠阳,后衍丰顺、揭阳、中山、博罗、河源、陆丰、海丰、东莞、五华、紫金、广西、四川、云南、湖南,以及马来西亚、新加坡

续特记表 2—1

序号	姓氏	郡望	迁入时间	迁入第一人	迁出地区	定居地址	外迁时间	外迁第一人	迁往地区
172	黎	京兆	唐	度	江西宁都	宁化		天麟	广东兴宁、后衍梅县、五华、平远、丰顺、揭阳、大埔、陆丰、海丰、惠阳，江西寻乌、安远、会昌、兴国、长宁，湖南、湖北、广西
			南宋嘉泰四年	跃郎	湖广岳州(今湖南岳阳)	永丰里(中沙)上跃村		四二公、四五公	泉下里(湖村)黎坊、长汀
173	滕	南阳	南宋绍定	学珠	江西临川	招得里(安远)滕坊		榜二、榜遂、榜仪	邵武、南平、广东
						宁化安远滕坊	明末		江西石城
174	潘	荥阳	南宋	进郎	邵武禾坪	招得里(安远)潘家磜	明万历	胜班	江西宁都
			南宋	法明	江西项山	石壁	南宋末年	琴、瑟	广东长乐、后衍平远、兴宁、梅县、五华、大埔
175	薛	河东	唐末		中原	宁化	元	信	广东平远
			宋	伯肇、伯启	漳州	宁化	南宋嘉定	伯肇	广东海阳、后衍五华、梅县、兴宁
								伯启	上杭胜运里
176	戴	谯	北宋熙宁初	均坤	江西浮梁(今景德镇)	石壁	北宋	均坤	长汀宣德里(三洲)戴坊
			南宋	杏	漳州	石壁杏花村			漳浦、同安、南安、晋江，广东五华、南雄、始兴、蕉岭、大埔，江苏南京、广西桂林、台湾
177	魏	巨鹿	唐	桢(贞)	江西广昌	石壁		文俊	中国清流，后衍江西石城，福建南平、上杭、浙江平阳，广东五华、惠宁、普宁、龙川、紫金、河源、潮州、广州、韶关、惠来、博罗、揭阳、海丰、顺德、陆丰、饶平、惠阳、增城、肇庆、惠州、潮安、罗定、东莞，四川、广西、台湾，以及印度尼西亚、美国、加拿大
						石壁	宋	弥(四一郎)	永定黄竹烟，后衍南靖、漳州、台湾

注：1. 本表所列系自东汉至清代（少数至民国初）曾在宁化居住过且有族谱、史、志等资料依据的姓氏。抗日战争后，特别是中华人民共和国建立后迁入的姓氏未统计列入。

2. 文氏资料来源为四川三台（小隆桥）《文氏族谱》。

3. 其他姓氏资料来源：余保云：《宁化客家姓氏》，福州，海风出版社，2010；《宁化客家姓氏简介》，〔明〕新出（2012）内书第210号，2012。

二、族谱编修

(一) 始修与续修

宁化客家人历来重视编修族谱,将族谱视为维系宗族、继承与垂范传统宗法、记录宗族与地域史和讲道德守法纪的依据。

宁化始修最早的为刘氏族谱,唐乾符二年 (875 年) 因黄巢战乱,刘祥携全家三代 40 余人 (含家丁) 从浙江金华迁居宁化县石壁葛藤凹 (今石壁镇南田村) 开基,生息繁衍。五代后晋天福二年 (937 年) 春,刘祥孙刘沐主持首修刘氏族谱。北宋元丰二年 (1079 年) 由刘月清重修。

杨氏始祖杨用蕃原籍山东,五代时,其子胜二郎任延平刺史,迁居延平,唐乾符元年 (874 年),避黄巢起义战乱,自延平迁居宁化石壁杨家排。北宋元祐五年 (1090 年) 杨四郎首修杨氏族谱。至 1990 年已 13 修,其中清代续修 8 次,民国期间续修 2 次。

吴氏始祖于后唐同光二年 (924 年) 由延平迁居宁化,宋开庆元年 (1259 年) 首修吴氏族谱 (吴陂),至 1994 年已 10 修。

封氏于明朝末年迁居安远郑坊桥,已繁衍 11 代,200 余人。虽世居宁化时间不长,人口不多,但自清代首修,至 1995 年已 8 修。

张氏第六世张嵩于唐广明元年 (880 年) 迁居宁化石壁田尾坑 (今淮土田背)。后多支张氏迁居宁化,繁衍茂盛,成为宁化人口最多的姓氏,江口 (淮土乡) 张氏于北宋嘉祐八年 (1063 年) 首修。张氏各支系修谱情况为 4 修 1 支、7 修 1 支、8 修 3 支、9 修 5 支、10 修 10 支、11 修 4 支、13 修 9 支、14 修 9 支。10 修以上共 32 支占 76.19%。石壁村下市张茂甫公祠共修 13 次,分别为 1377 年、1452 年、1613 年、1705 年、1742 年、1798 年、1825 年、1850 年、1870 年、1914 年、1937 年、1989 年、1995 年。密度最高时期为清道光五年 (1825 年) 至民国 26 年 (1937 年),112 年间修 5 次,平均 22.40 年一修。宁化民间有宗祠发生火灾、水灾或其他重大事故重修祠堂后应修谱习俗,其 13 修 (1989 年) 至 14 修 (1995 年) 仅隔 6 年。

宁化九塘寨廖氏于明隆庆二年 (1568 年) 首修,至 1992 年已 11 修,分别为 1568 年、1616 年、1646 年、1707 年、1768 年、1802 年、1833 年、1873 年、1909 年、1941 年和 1992 年。清顺治三年 (1646 年) 至宣统元年 (1909 年),续修 7 次,平均 37 年一次。

水茜老屋下雷氏 18 修、井背周氏 22 修、张坊管氏 23 修。

据统计,宋代以前首修的还有上官、谢等姓氏,共修 11 部。元代,首修 2 部。明代盛行,首修 26 部。清代达到高潮,首修 49 部。民国时期首修 4 部。中华人民共和国成立后,自 1990 年起,再次达到高潮;至 2005 年,全县 169 个姓氏有 66 个续修,各类族谱达 269 部。

(二) 编修程序

成立修谱机构 称为谱局或理事会,负责编纂和后勤服务,旧时常由主修、倡修、编修、监修、协修、校阅等组成,主修一般由族长担任。20 世纪 90 年代各姓氏修谱盛行后,一般设主任委员、副主任委员、委员、主编。

筹集经费 旧时修谱经费一般来自族田、祭田及其他族产的收入,除此之外,每个入谱的男丁都须交纳一定数额的谱银。20 世纪 90 年代后主要通过捐资和族谱预售筹集,部分地方仍按男女人丁摊派集资。

开局 谱局或理事会全体成员到祠堂祭拜祖先,念"告祖文"祷告祖宗,取出保存在祠堂的旧谱使用,标志修谱正式启动。谱中的"凡例"定好后,一般要出榜通告族人,表明本次家谱编修宗旨、基本体例、资料报送要求。书稿编好后,即请名人作序以弘扬先辈祖德,同时请人刻写和印刷,监修、校阅负责校对。

出谱 谱书装订完毕后,即通告族人,择吉日,锣鼓开道,鞭炮齐鸣,以大轿将修好的新谱迎回祠堂。

发谱 择吉日举族对谱礼拜，由族长用朱笔按序发谱，一般为每房一部，祠堂留一部。旧时有"先得谱先得福"的习俗，因此各房选择年轻力壮者为接谱人，备好轿辇，为抢先以最快速度将族谱送到本房的祖堂（香火厅），在接谱时常发生"抢谱"现象。现今，有的氏族简化发谱程序，由各房出资购买，避免争谱和抢谱矛盾。

保管 旧时，各房各支领谱后，均要妥善保存，一般秘不示人，更不能出卖。每年大祭时，都要将谱带到祠堂查核，如保管不善，将受到训饬。擅自出卖者，将被视为不肖子孙而逐出宗族。有的宗族为妥善保存族谱，特别配制谱箱收藏，安放在祖堂的香案上，或同神祖牌位并列，除清明外，不得搬运、翻阅。

宁化泉上延祥村《杨氏房谱》管理规定：谱有不幸遭水火而失者，限一月内告明主爵尊长暨管祠首事，同诣祖祠查系何字号失去，焚香告祖、立代谱字一纸付失谱人每岁呈验；谱乃家乘，各宜珍藏世守，如有私售于人者，是不敬祖宗轻族党，公议削藩出族；祭谱之期不另择吉，议定于清明日与前谱同祭，永为定规。

（三）族谱内容

旧时族谱一般包括谱名、谱序、凡例、图像、谱论、恩荣录、姓氏渊源、世系、族规族法、祠堂、族产、字辈、传记、五服图、坟墓、地方掌故、寺庙记、地理风水等内容。主要记述本族的迁徙原因、时间、地点以及辗转行程路线；记载名人传略，包括他们的学位、官职、事迹等；记载各地的祠记、庙记、桥记、墓记、楼记等；还立有家规族规，将遵守国法、团结宗族、孝敬父母、友爱兄弟、尊崇师长、重教兴学、和睦乡邻、勤劳节俭等为人处事、传统礼制的道德规范和行为准则形成条文，约束、教育、激励族人，体现客家人传统美德和家教文化。同时，也有对女性的歧视，规定女性不得上族谱。

中共十一届三中全会实行改革开放后，续修族谱基本只保留谱名、序、凡例、图像、世系、祠堂、坟墓、字辈、传记等内容，旧宗法内容被删除。实行计划生育政策后，不少氏族允许女性上谱。

宁化延祥村光绪丁丑年《官木公房谱》所载族规：

国课早输

尺土寸地，皆君之赐。急公奉上，乃民之义。况沐天家之福，而衣租食税，敢不早输国课乎？倘有因仍陋习，早不应期完纳，而待追呼再三，或至贻累族人，务必集众拿获，送官重处外，决不许饮福。

忤逆犯上

身由亲而出，行以孝为大，故子于父母，自当下气怡声，曲尽色养。倘仅酒食有供，厉声诟谇，或且菽水不顾，恣意呛哮，大灭人伦，必送官重处，永不许饮福。若弟侄辈，敢于尊长之前，肆侮逞凶，则处以族法。苟或不遵，定然签呈究治。

奸淫

淫为十恶之首，律例森严，而在本族尤甚。倘有上下蒸淫，灭纲常，绝伦纪等人，沦于禽兽，送官究治外，仍处以族法，吊谱除名，永不许饮福，以为千秋炯鉴。而养奸者，亦照此例。

盗葬祖坟

祖宗坟墓，祖宗之魄所依。若谋风水之胜，阴行盗葬，以为有份儿孙，经发觉而无妨，则一人作俑，人人效尤，将祖墓无殊千人冢矣。速即押令起迁，除拜祖谢土外，永不许饮福。

掘冢侵占

掘人尸骸，其罪莫大。律云："见棺者绞，见尸者斩。"我族当其凛之。或有凌懦弱之祖墓，欺无嗣之孤坟，掘冢篡葬，定行首官治罪。至于籍现在有坟，越界址、斩龙脉，押令起迁原穴外，仍罚钱二千文，停止十年不许饮福。

盗卖

祖宗尝产，春秋祀典所关。或因贫窭，或持横强，将产盗卖，不顾血食斩绝，追还原业外，罚钱二千，停止十年不许饮福。而本族受业者，亦照此例。

酗酒雀角

酒以养性，亦易以乱性，庙中饮福，尤宜节制。今限每席饮酒五壶，永为定例。如违规酗酒，猖狂雀角，凡成大衅者，罚钱一千二百，停止六年不许饮福。

隐匿

经管蒸尝，务必矢公矢慎。如已收租税，饰为未收未销，公项糊为己销，追回原项外，罚钱八百，停止四年不许饮福。

僭越

宗庙之礼，所以序昭穆也。派序有尊卑，同派有长幼，断不容于僭越。无知而越者，罚钱二百，停止一年不许饮福；若有识者，则加倍焉。

肃衣冠

祭祀以敬为主，务宜肃衣冠，齐肃洞洞属属，俨如祖宗之在上焉。秃头露足，何以为敬？时当对越，勿遵是规，不许登席饮福。

肃清祠宇

祠宇为祖灵所栖，尚乎清洁，倘将污秽之物，堆积充盈，祖灵其何安也？犯者罚钱四百。

无嗣牌祀

无嗣之灵，皆祖宗之子孙也，前代伯叔，既推爱祖敬宗之意，而俾以附食矣。近代有欲立继而苦无旁支者，有能立继而不愿立继者，将产助入祠中，议定设牌奉祀，永享血食。不仅附食于祖，所以慰无嗣之灵也。

盗伐荫木

培植荫木，盖以接龙脉也，故乡龙、水口各处坟墓暨各岭树，祖宗皆为耸蓄，至今宝之，而不忍伐。凡有盗砍一杆者，罚钱一千。不遵则呈官，以盗究治。

窝匪诱盗

处世接人，胥以正大为主。立身不轨，窝藏逃亡匪类者，与夫勾诱外贼，而瓜分其盗物者，鸣官究处并逐远方，永不许回乡居住。非徒不许饮福而已也。

夜行

夜行有禁，久已著为律例，当亦吾族之所共知也。况居在乡中，出作入息，自有常候，不甚紧急，夜间行游，非奸即盗，犯者以盗呈究。

赌博

士农工商，各有正业。习于赌博，不惟正业荒废，而家业亦以立亡，为害洵非浅也！自后互相查察，一见有此，鸣众将族法重处不贷。

妇道不率

妇处闺门，孝翁姑，顺夫子，足不逾阃，内言不出，方为尽道。而要为夫者，身范端正也。倘内不克孝，而际迎神、建醮、会戏之时，出而观赏，与男人僧道杂处；或夫与人商事，接语妄谈；甚至夫有口角细故，抛头露面，散发秽言，以丧廉耻，以起大衅，此皆大伤风俗者也。犯此者，惟夫是问，罚钱八百，停止四年不许饮福，并录其名与犯条于祠中以示戒。

薪积要途

薪以饮食日用所需，但乡中道路逼窄，充积要途，岂第艰于行走，抑且火烛是患，急宜预防。因仍前辙，贮于空闲之地者，罚钱四百。

三、宗祠

（一）宗祠概况

2005 年，全县有 64 姓宗祠 220 座，其中有明确始建时间的 86 座（唐 1 座、五代 1 座、宋 16 座、元 3 座、明 4 座、清 33 座、民国 11 座、当代 17 座）。拥有宗祠最多的是张氏，共有 46 座，分布在 14 乡（镇）39 村，其中石壁镇 14 座。建宗祠最早的是巫氏，巫氏隋末迁入宁化，始祖巫罗俊开发宁化有功，唐麟德元年（664 年）去世，葬宁化县城（时为黄连镇）竹筱窝。后唐同光二年（924 年）宁化县令王云将县衙迁到竹筱窝，巫罗俊墓遂迁至清流嵩溪镇黄沙口牛牯壅（时为宁化县域）。为纪念开镇功臣巫罗俊，在县衙前建土地祠，奉祀巫罗俊及其柴、纪二配。清康熙李世熊《宁化县志·祠庙志》载："土地祠，祀土地神也。祠内在县治大门内之左。朔望正官谒庙及城隍，四祠行二拜礼。除夕封印随祀之。别邑有为义起用山川日致祭者。"并按"宁化土地肖像乃增二妃，初诧不经，后考《巫氏家族》，谓神即巫祖定生，开辟黄连镇者。定生没，葬竹筱窝，即今县治署。后唐改邑，迁葬定生于嵩溪黄沙渡，而定生之神于此，以土地辟自定生，而邑治又利其宅兆也。二妃即定生柴、纪二配。"

罗氏始祖发宣义于隋大业十四年（618年）迁宁化（黄连）竹筱窝，传四世孙罗令纪创建黄连县有功，朝廷"授开县董事，封忠义孝悌，唐义士"，原建别墅（祠堂）于竹筱窝，后唐同光二年（924年），县令王云将县治设于竹筱窝，罗氏在翠华山麓冬茅窠新建祠堂，称"弗匮堂"。

温氏始祖同保于唐大中元年（847年），避乱徙居闽赣边界，执教于宁化河龙乡中瓦窑，卒于后梁龙德元年（921年），葬宁化永丰里下坪角前排（今河龙乡明珠村）。宁化滑石温氏宗祠建于宋咸淳二年（1266年）以前，堂号为"序伦堂"。

一般建祠之前，先建香火厅（祖堂），在人口发展、较有经济实力后再集资建祠。建祠后，香火厅仍保留，一般为一房（一支系）的祖堂，祀奉一房的祖宗。

有的宗祠祠庙一体，先建庙，后将祖宗牌位与神共祀奉，也有将祖神化，奉为地方神灵。泉上镇延祥村新林寺为神、祖供奉的典型。新林寺建于宋庆元五年（1199年），刘子昌之母余益娘葬于刘家山屋，立下守坟祠一所，称"水口庵"。宋嘉定七年（1214年）官三郎携家四口入庵常住。后刘郑郎重建水口坟祠，取名"新林庵"，其右侧由杨姓创建五通庙。元代，改水口庙为新林寺，中厅塑三宝、定光大佛、伏虎禅师等佛像。左建普庵堂，右建三阳殿，左廊有观音阁，右廊设十王殿，中厅左侧奉祀四世杨万福与刘、官、曾、杨历代祖牌，右侧为藏经二阁。明洪武三十一年（1398年）初建水口庙，崇祀杨氏四世祖万福牌位。清乾隆二十一年（1756年），杨淑人于庵右侧隙地建仓屋两排，中立朱子祠。新林寺门前有可容纳千人的围坪，戏台与寺门相对。寺外门联：山联老树风霜古，地接新林岁月新。此寺祀奉佛、神、祖，四方杂处，各得其所。

宁化宗祠建筑风格比较古典，以飞檐斗拱大屋顶的宫殿式建筑为主，一般分上厅、下厅，上厅供祭祀用，下厅可以搭戏台演戏。2005年，除石壁客家公祠外，淮土刘氏家庙最大。

（二）祠堂文化

堂号堂联 "堂"系指以祠堂为代表的家庙、祖堂、厅堂等宗族活动场所，"堂号"为场所名号。有的堂以郡望为号，如刘氏彭城郡、张氏清河郡、马氏扶风堂。大部分以先世之德望、功业、科第、文字或祥瑞典故，自立堂号，石壁下市张氏宗祠、曹坊上曹曹氏宗祠、石壁陈家陈氏宗祠、方田黄竹坑曾氏宗祠等为典故堂号，另有淮阳刘氏家庙"肃闻堂"、黄氏宗祠"肇禋有成"、方田沙罗坝丁氏宗祠"松梦传徽"、安乐龙地邓氏宗祠"高密流徽"、淮土吴陂伍氏宗祠"庐江衍续"、曹坊根竹徐氏宗祠"伦攸叙"、曹坊黄坊的黄氏宗祠"爱存悫著"等也为典故堂号。宁化张姓堂号各地不同，有敬本、追远、弘光、敦睦、萃饮芳源、受先之祐、思孝、敦伦、世德流芳、孔安绥祉、敬爱、思源、仁率、继志、嘉谟岩远、绪赞曲江、永茂、惠时、受天之祐、孝友、绥我思成等，有的出自典故，多数为非典故。

堂联，浓缩氏族历史与文化，称为微型族谱，反映宗族的源流、传统、重要典故、文化理念等。

宁化石壁杨边杨氏宗祠堂联：
授姓自三封杨国瑞兆三寰位擢三公名济三喜改革三月编修三史身去三惑雪深三尺百世渊源千古在；
展猷从四袭诸侯金畏四知馨传四相堂高四老臣清四德阁著四香诗并四杰量怒四邻数相德业万年流。

河龙伊氏宗祠堂联：
从汴播迁而后文塘泽衍武曲支分门闾辟翠华百世衣冠成望族；
唐代十宅以来郭仆风光水南烟景渊源接莘野千秋俎豆拜崇祠。

石壁南田谢氏祠堂联：
庙魏彪炳始祖申伯承思周宣之赐姓两千八百年宏基宏业；
神昭敬祝哀公裔孙敕封宝树之灵根九州五郎号列祖列宗。

县城罗氏总祠堂联：

遵综匡正近溯豫章缅祖泽汪洋上下四千年永纪本源一脉；

先兆宜城后延吴越喜宗支繁衍纵横数万里母分遵企二堂。

淮阳刘氏家庙堂联：

十继朝纲申帝业；

六逾世纪拓雄猷。

王大垅伍氏家庙堂联：

浩气凛冰霜御史英风慑牛李；

甘棠渑雨露大常遗爱沛姑苏。

淮土寒谷村张恩远、彦旻二房公祠堂联：

佐汉高祖代秦兴汉一颗丹心照日月；

辅唐玄宗平乱扶唐满眶碧血壮江山。

南田马氏宗祠堂联：

国有贤人齐拥戴；

家无学子早栽培。

邓坊桥村张文贵祠堂联：

希贤希圣作天下一流人物；

全忠全孝扶世间亿万纲常。

祠产　也称族产，分为祭产（蒸尝）、学产，宗族不大，族产不多的没有明确划分。

族产的来源主要有3部分：祖先遗留除分配儿孙外的产业，较大户人家自愿捐献的产业（也称义捐），按户、丁摊派的钱、地、房产。采取出租、轮流耕作（由耕作者负责当年宗族蒸尝开支）等方式经营管理。

祭产，称蒸尝，用于一年春秋二祭（春为清明节；秋为古八月初一，称小清明）、平时祠堂香火和供品及其他宗族活动。春秋二祭侧重有所不同，春清明节，以扫墓为主，祠堂祭祀、祖堂点烛焚香、烧纸钱，扫墓后，以小族为单位"吃清明"（族人聚餐）；秋清明以祠堂祭祖为主，一般不扫墓。祠堂举行大祭，而后演戏、聚餐。有的大族祠堂，如淮土刘氏家庙，在民国之前，有时一连数十天在祠堂演戏、"吃清明"。参加者为60岁以上老人、小学毕业以上学历的族人、官职较高者、祠堂管理人员。其开支源于总祠的蒸尝收入或各族按天轮替或对部分族人的摊派（有的族人为了不让子孙把家产特别是田产卖掉而"败家"，委托宗族代管产业，子孙要出卖产业，须经祠堂的领导机构批准，摊派其一天"吃清明"费用）。

宁化族产最早产生于宋代，石壁上市《张氏族谱》载，四郎在宋淳熙二年（1175年）"置买白源张廷郎恩田32担（折合0.53公顷——本书编者注）"作为宗祠祭产。但是作为族产的学产（学租田）在宋、元时期，没有明确划分。据清康熙李世熊《宁化县志·学田志》记载："宁之有学田，则自嘉靖二十九年潘公时宜始也。""宁化学田、塾田，计积二顷七十三亩有奇，豪民占佃者，岁仅输金五十二两有奇。"说的应是官府所设学田。

九寨塘《廖氏族谱》（清道光十三年）载："现遗田六十余石，统归两房轮流耕管，以为祭上祖之资。"《廖氏族谱》（明崇祯十五年）载："吾祖廖杨郎，所创山场，东至上水桥洞口，西至河山塘水口先小朱场鸡母窠，南至李花仚山湖墩，北至白石嵊横嶂案为界，皆有祖坟墓址存焉。"

有的宗族把族田分为蒸尝田、军产田（军田）、学租田（学田）。蒸尝田，又称祭产、祀产、尝产，主要用于祭祀、扫墓之用。军产田主要用于族中从军者。石壁上市《张氏族谱》（十修）记载："递年应作军人回籍以作盘费。"该谱《文善公房祭产》明确军田分配方式：大坑上分、大口乌墩、章家坑口等四处为长房收；漳南李家坑、门口社上二处中房收；蒲杓丘、秀嵊、石寨下、香炉窠、主家坑、极杂坑、南田里、木马坑隔里等八处小房收。学租田也称作文武学租田，石壁上市《张氏族谱》（十修）载："（学租田租米）抽与子孙入文武者平分，收为养廉以图上进之资。"石壁杨边《杨氏重修族谱》载："乾隆四年（1739年）先严致远、亭允蒙学宪赵取入黉宫游泮之日，合房老幼喜议抽拨学田，以室产之厚薄抽拨学田之多寡。先严弃世而小子接焉。但思此租虽系士子膏火之贵，然纳奏名之贡监生亦宜少分。分祖太之余惠，定议抽拨之内生员七分、贡监三分，永为定列，倘未得生贡俱归贡监收纳。盖学租原是培养人才，纵蒸尝有缺，此学租终不可变易，即或暂时俱未得其人承收，亦必金人经理拓大之，以绵久远。"杨边杨氏朝楼公房有蒸尝田 5 处，合租谷 29 石（担）；学田 4 处，合租谷 19 石。泉上延祥杨希曾、杨希孟二人抽出学田 5.67 公顷（85 亩）。学田给予的方式不一，有的是给谷子、钱，有的则给学田耕作，不收租谷。

寻根谒祖

一、客家始祖遗址

（一）宗祠祖庙

宁化至今保存或重建 64 姓宗祠 220 座，各宗祠神坛上都祀奉本宗族宁化开基始祖神位（详见本卷"宗祠"部分）。

（二）始祖坟墓

刘氏祥、杨氏用蕃、罗氏令纪、巫氏罗俊、温氏同保以及张氏、邱氏、雷氏、孙氏、黄氏、王氏、廖氏、谢氏、何氏、吴氏、伍氏等祖坟大多保存完好，有的进行了修葺。刘祥墓，据《梅县刘氏族谱》载：刘祥"享年 82 岁。公姚合葬宁化石壁村葛藤凹（今石壁镇南田村）八仙下，棋形"。坟墓于 20 世纪 50 年代遭雷击，坟堂被炸毁。今刘祥墓为宁化刘氏族人在原址重建。

（三）村落遗址

石壁村、葛藤凹（坪）、李家坪（李氏大始祖火德公出生地）、杨家排（杨胜二郎出生地）、俞坑里、南田、沙洲段、塘坑里、南山下、庵坝里、南田街、程家屋、蓝家屋、蒋家窠、尚家坳、夏家屋、邹家排、李子坪、陈家屋等都是唐宋间客家始祖开基立业的居住地，现存不少遗址遗物。20 世纪 80 年代后期始，许多姓氏族人带着族谱到石壁，或据族谱记载来信来电，查找其祖先开基地。

二、客家祖地认同

自民国 36 年（1947 年）客家学一代宗师罗香林发表《宁化石壁村考》以后，引起越来越多的海内外客家学专家学者对宁化及其石壁的浓厚兴趣，纷纷到宁化及其石壁作田野调查及科学考察。进入 20 世纪 80 年代后，"客家热"在世界客家地区兴起。客家团体各种活动增多，客家宗族、家族不惜耗资寻根觅祖，续编族谱、家乘，修、建宗祠。在这一背景下，宁化及其石壁成为客家宗族、家族寻根觅祖的目的地，台湾官姓、吕姓、刘姓、巫姓、丘姓等在 20 世纪 80 年代就先后到石壁寻根，大陆则更多。1988 年 1 月厦门大学中文系教授、博士生导师黄典诚、教授周长揖一行 3 人专程到石壁考察客家方言和历史文化。1989 年 1 月广东梅州客家文化考察组到石壁考察，12 月全国人大常委会副委员长陈丕显、全国政协原副主席杨成武到宁化考察石壁。1990 年 3 月，客家祖地旅游新闻采访团（新华社福建分社、福建日报社、福建电视台、福建电台、福建画报社、港台信息报社、福建侨报社、上海旅行社、三明电台）一行 28 人到宁化及石壁采访。

1991 年 3 月，台湾旅行社大陆旅游团一行 14 人到宁化观光、考察；4 月杨成武将军为石壁题书"客家祖地"；6 月新华社、中新社、省电台、厦门电台、福建日报社、港台信息报社、福建侨报社、海峡之声电台等 8 家新闻媒体组成记者团到宁化采访、考察；8 月闽西客家学研究会秘书长吴福文等到石壁考察。1992 年 7 月，福建省政协原主席伍洪祥、福州军区参谋长熊兆仁、闽西客联会、客家学研究会等领导到宁化考察客家历史文化，伍洪祥题书"石壁客家摇篮"，9—10 月广东梅州客家历史文化考察团考察中原、中南、华东 9 省 15 个县市后，在《考察报告》中写道："福建省宁化县石壁乡（今为禾口、淮土 2 个乡）

是粤东地区许多客家人都念念不忘的祖居地。"同年厦门大学人类学教授陈国强，福建社科联秘书长、研究员周立方在《福建学报》（第三期）上发表《宁化石壁研究的意义》一文，文中写道："这些从石壁迁到闽、粤、台及其他各地的客家人，多自称一世祖出自石壁，故宁化石壁便自然成为'客家摇篮''客家发祥地''客家祖地'。"1997年台湾姓名渊源研究学会理事长林瑶棋考察石壁后，在《台湾源流》杂志第8期上发表《台湾客家人的弱势族群情结》一文，文中写道："许多客家人（包括闽南）的族谱都记载着祖先是经由宁化石壁再播迁到粤东（或闽南），因此石壁这个地方被客家人公认为客家人的摇篮或总祖地。"

1997年10月13日—15日，第一届"宁化石壁与客家世界"学术研讨会在宁化举行，由中国社会科学院近代研究史研究所、文化部华夏文化促进会客家研究所、福建省客家学会、宁化石壁客家宗亲联谊会（以下简称宁化县客联会）和宁化县客家研究会（以下简称宁化县客研会）联合主办，来自国内北京、河南、陕西、四川、湖北、上海、江西、广西、福建等10个省区市和法国的专家、学者出席，共收到论文55篇。大会研讨了宁化石壁与客家世界的密切关系，学者们以丰富的史料，从客家的迁移、形成、地缘、亲缘、文化、语言等各方面富有说服力地论证宁化石壁是客家人南迁的中转站，是客家民系的摇篮，是客家人心目中的圣地，是大多数客家人的祖籍地。文化部华夏文化促进会客家研究所所长丘权政讲："石壁是不折不扣的客家祖地。"赣南师范学院中文系教授谢万陆说："所以石壁不是一般的'中转站'，而是由成熟走向发展的接壤地；或者说是孕育的终结，发展的起点，是客家民系摇篮之一。"河南郑州大学中文系教授、河南中原客家研究会执行会长崔灿说："石壁不仅仅是客家民系南迁的中转站，而且她为客家民系的诞生提供了许多重要条件，客家方言在这里整合统一。某种意义上还可以说，客家民系在这里形成。"社科院民族研究所研究员罗美珍说："宁化石壁是客家方言形成时期最早的聚散中心。"

2000年11月17日—18日，由国际客家学会、文化部华夏文化促进会客家研究所、北京大学历史系客家历史与文化研究所、宁化县客联会和宁化县客研会联合主办的第二届"宁化石壁与客家世界"学术研讨会在宁化举行，来自北京、陕西、河南、天津、江苏、上海、江西、广东、福建等省市及中国香港、中国台湾地区、日本等90名专家、学者出席，收到论文63篇，其中59篇论文在会上交流。大会的中心议题是研讨宁化石壁与客家人、客家世界的关系及石壁在客家史上的重要地位和作用。与会专家学者在"石壁是客家早期的聚散中心""石壁是客家摇篮"和"石壁是客家祖地"等观点上，取得比较普遍的共识。广东省地方志编纂委员会办公室原副主任侯国隆在《宁化石壁是客家摇篮》论文中，从石壁的地理、人口、语言、民俗等方面进行剖析，最后得出结论："宁化及其石壁，说它当时在客家形成过程中酝酿作用也好，是客家的初始期也好，它都是摇篮，客家在摇篮中成长，在客家形成过程中功不可没。如果没有前期宁化石壁的酝酿和初步形成，便没有日后在闽粤赣边地区形成的客家民系。"文化部华夏文化促进会客家研究所所长丘权政在《论石壁与大槐树》论文中，剖析石壁与洪洞县大槐树在汉族移民中起作用有四方面的不同，认为石壁"是辗转南迁的客家先民的最终定居地，由于定居地与迁出地的地理环境、生产和生活方式、风俗习惯、语言、文化等大相径庭，在这特殊的环境里进行整合，'经过较长时间发展，孕育颇具特色的客家民系，为客家民系的形成起了重要作用'。"厦门大学客家研究中心主任孔永松教授在主旨报告中阐述："从大槐树南迁的是客家先民，到了石壁以后才是客家人，祖公在宁化石壁，客家祖籍地在石壁，这是一种认同，不要争。"宁化县客研会会长刘善群在《试论宁化石壁的客家历史作用》一文中，多角度论证宁化石壁是唐宋时期客家的集散中心，是宋代的客家人文中心，是客家祖地。第二届"宁化石壁与客家世界"学术研讨会还扩大了石壁研究的层面，考证了中华人民共和国原主席刘少奇家族的中代始祖是唐朝末年在宁化石壁开基的刘祥，林彪是南宋宁化知县林文德后裔，等等。

1988—2005年，海内外众多学者论述石壁客家祖地的论文、专著达数百万字，新闻媒体记者到宁化采访1000人次，各级各类报道石壁客家祖地新闻2000篇（次），石壁祭祀祖宗、观光旅游者来自五大洲25个国家和地区，30万人次。

三、客家祖地建设

（一）客家公祠建设

20 世纪 80 年代起，"客家热"在世界兴起，到石壁寻根觅祖的海内外客家人不断增加，他们找到了祖宗开基发祥之地，但无处焚香点烛，寄托思念，这引起县委、县政府的重视。1991 年，县委、县政府策划兴建客家公祠。1992 年，时任三明市委书记周厚稳到石壁调研，确定客家公祠建址在石壁村土楼山坡；6 月，"客家祖地"牌楼、接待厅、衔接维藩桥的长廊动工；11 月竣工，并举行首届客家民俗文化节暨客家公祠奠基仪式。1993 年 2 月，时任县委书记陈元浩、县长肖明洪、县人大常委会副主任张恩庭等在石壁召开现场办公会，确定客家公祠建设规划；4 月 5 日，客家公祠正式动工。1994 年，适遇特大洪灾，工程停建。1995 年，县政府成立石壁客家公祠建设委员会，张恩庭任主任，张益民、侯迎华、周仿、刘善群为副主任，并拨款 150 万元，重新启动。5 月，以马来西亚客家公会联合会会长肖光麟博士为团长，香港南源永芳集团有限公司董事长、全国政协委员姚美良局绅为顾问的马来西亚客家文化寻根访问团到石壁寻根谒祖，姚美良、肖光麟高度评价客家公祠的兴建，并倡议举行客家公祠落成典礼和世界客家人的公祭大典。8 月，全国政协副主席叶选平为客家公祠题写祠名。11 月，客家公祠主体竣工并举行第一届世界客属祭祖大典。在首届祭祖大典上，姚美良带头慷慨解囊 60 万元，发动成立客家公祠基金会，共筹集资金 100 万元。1996 年 10 月，在第二届世界客属石壁祖地祭祖大典上，姚美良捐资建造的"客家之路"、陈列馆，马来西亚肖晚香捐资建造的碑林竣工剪彩。1996 年 5 月，由客家公祠建设基金会斥资的第二期工程文博阁动工，1997 年 8 月竣工。1998 年 10 月 16 日举行落成典礼，标志客家公祠的整体竣工。

客家公祠坐落于石壁镇石壁村土楼坡上，主要由公祠、碑亭、"客家之路""客家祖地"牌楼和广场组成，总占地面积 2 万平方米，总建筑面积 4000 平方米，总投资 400 万元。公祠主体坐落于石壁村土楼山半坡，坐北朝南，后倚武夷山脉，前瞰石壁盆地，近山匀称，远山环抱。公祠仿古宫殿形式建筑，雕梁画栋，飞檐翘角，斗拱叠涩，琉璃金瓦，气势宏伟，辉煌壮观。门楼上挂着叶选平专为公祠书写的"客家公祠"精制祠匾。公祠占地 3300 平方米，分为三大进，由宽大回廊连成一体。第一进为前厅和天井，可供上千人休息。三面墙上悬挂姓氏渊源介绍板和"石壁功勋"表彰栏。第二进为正殿，也称"玉屏堂"即神祖堂，堂内祀奉着客家 160 个姓氏的始祖神位，一次可供 300 多人祭祀朝拜。第三进为文博阁，面积 900 平方米，为客家文化、珍藏谱牒及文物资料的展览厅和陈列室。公祠正下方的台阶上为碑亭，古朴典雅的亭中立着一方大石碑，正面镌刻姚美良题撰的"客家魂" 3 个雄浑大字，背面镌刻县政府所立的祠记。碑亭正前方 200 米为叠层高矗、斗拱飞檐、古典雄伟、石柱碧瓦的"客家祖地"牌坊，牌坊横匾镌刻全国政协原副主席杨成武将军题书的"客家祖地"四个大字。牌坊后横额为书法家刘老苍题书"永世其昌"。牌坊与碑亭之间由 200 米长的"客家之路"连接，路口立着路碑，正面为姚美良题署"客家之路"四个大字，背面为县政府撰写的路记，路旁为"客家姓氏碑廊"，记载数十姓的宗族渊源。

（二）公共建设

1991 年，禾口乡所在地由三明市规划设计院规划设计，并经县政府批准。1992 年起旧街改造，共拆迁 345 户、11 个单位，面积 9 万平方米，集镇主街道由 12 米拓宽至 30 米，由 400 米延伸至 1500 米。1993 年禾口乡改称石壁镇，被建设部列为全国小城镇建设试点镇，规划面积 4.50 平方公里，石碧村被建设部列为新农村建设示范村。1997 年，石壁镇街道路面水泥铺设和基础设施建设竣工。

（三）远景规划设计

2004 年，县政府邀请北京万诺普旅游景观设计中心对石壁客家祖地建设进行总体勘测、规划、设计，10 月规划设计单位提出初步意见。2005 年根据各方意见，作进一步修改。整个设计以"寻根谒祖、宗教朝圣"为主体，按照融自然观光、民俗欣赏、健康娱乐、休闲度假为一体的设计理念，规划面积占地约 100 公顷，划为"两轴六区三口四环"即两条景观轴线、六大旅游景区、三个出入口、四条旅游环线。

四、庆典祭祀

1992年11月18日—20日，宁化举办首届客家民俗文化节，其间在石壁客家公祠的基坪上举行了祭祖仪式，美国、新加坡、印度尼西亚、瑞典、泰国等国家和中国港台地区23名客家人与当地数万人参加。

1995年5月24日，以马来西亚客家公会联合会会长萧光麟为团长，全国政协委员、香港南源永芳集团有限公司董事长姚美良为顾问的马来西亚客家文化寻根访问团一行153人到石壁寻根谒祖，为宁化有史以来接待的最大规模寻根访问团，开创世界客家人组团到宁化寻根谒祖的先河。11月28日—29日，中国福建宁化石壁客家公祠落成暨首届世界客属石壁祖地祭祖大典在石壁举行，马来西亚、新加坡、泰国等海外客家社团代表和中国香港、中国台湾地区140人，中国内地广东、河南、陕西、福建省等代表，以及当地乡亲6万人参加，16个国家（地区）共216个客属团体（个人）和20个内地单位（个人）致贺电、贺信。姚美良担任主祭生。庆典期间，召开客联会第二次会议，确定每年农历八月初一为客家公祠的公祭日。

1996年10月16日，第二届祭祖大典在石壁举行。美国、法国、缅甸、马来西亚等国家和中国香港、中国台湾地区共12个祭祖团共265人，中国内地四川、河南、广东、江西、福建等代表110人，以及当地群众共5万人参加，中央电视台、新华社、中新社、福建电视台、福建日报社、香港文汇报社等10多家新闻媒体参加采访。其间，举行了碑林、客家姓氏碑廊、陈列馆揭幕和客家公祠文博阁奠基仪式。

1997年10月16日—17日，首届福建省客家文化节暨第三届世界客属石壁祖地祭祖大典在石壁举行，并纳入1997年中国旅游节福建省四大活动之一，马来西亚、新加坡、泰国、法国等国家和中国香港、中国台湾地区共12个客家社团441人，以及内地4.50万人参加。

1998年10月16日—17日，第四届祭祖大典在石壁客家公祠举行，其间举行了客家公祠文博阁落成典礼。

1999—2001年，第五至七届祭祖大典在石壁镇举行，海内外共计4.30万人参加。其中，2000年第六届祭祖大典纳入在龙岩市举办的世界客属第十六届恳亲大会系列活动，美国、加拿大、巴西、法国、毛里求斯、印度尼西亚、马来西亚、缅甸、澳大利亚、日本、英国等国家和中国香港、中国台湾地区共20个团612人参加，到宁化的国家和地区数创历年新高。印度尼西亚第二大党大同党创建人、客属总公会创会长、亚细安客联总会总主席吴能彬为首次参加祭祖。

2002年10月4日、16日和26日，第八届祭祖大典分3次在石壁客家公祠举行，由宁化县政府主办，马来西亚居銮客家公会、三明市客家联谊会协办，英国、澳大利亚、新西兰、马来西亚、新加坡等国家和中国香港、中国台湾地区，以及中国内地北京、四川、湖南、江西、广东、福建等省市，共32个祭祖团（组）1000余人和当地乡亲共计万余人出席大典，3次祭祖分别由姚森良、刘柏鑫、黄树党担任主祭生。大典期间，举行了宁化县客联会和宁化县客研会成立十周年庆典活动，县政府表彰第一批"石壁功勋"10名个人、3个团体，并在客家公祠为已故姚美良挂功德匾。

2003年10月23日—24日，第九届祭祖大典举行，来自海内外11个祭祖团300余人和当地乡亲共5000余人参加。

2004年11月22日—23日，第十届祭祖大典在石壁举行，并列为同期在江西省赣州市举行的世界客属十九届恳亲大会的一项重要内容，马来西亚、泰国、加拿大、美国、毛里求斯、文莱、澳大利亚、印度尼西亚等国家和中国香港、中国台湾地区共18个团队417人，中国内地6个团队28人，共计5000人参加。马来西亚拿督、客家公会联合会理事长吴德芳担任主祭生。其间，举行了石壁客家公祠建竣十周年和世界客属石壁祖地祭祖大典举办十周年的"双庆"活动，成立宁化石壁客家公祠董事会，选举吴德芳为首届董事长，并表彰"石壁功勋"个人4名、团体2个。新华网现场直播"双庆"盛况，对石壁历次祭祖活动、历史定位等全方位宣传，在海内外客家人中产生较大影响。

2005年11月15日—17日，第十一届祭祖大典举行，大典首次由海外客属组织即马来西亚客家公会联合会主办，三明市客家联谊会、宁化县客联会协办，石壁客家公祠董事会承办。马来西亚、新加坡、加拿大等国家和中国香港、中国台湾地区，以及中国内地北京、厦门等城市，共 7 个祭祖团 200 人以及当地乡亲共 5000 人参加，其中"全球客家·崇正会联合总会"由总执行长黄石华教授带队第一次组团参加祭祖活动。其间，举行了宁化县政府代三明市政府颁发"捐赠兴办公益事业功勋奖"仪式、《姚美良与石壁》一书首发式。

石壁祭祖大典祭文

恭维列祖，源远流长。中原士庶，世代书香。
避乱远祸，南迁辗转。汇聚三江，石壁发祥。
宽仁恭俭，坚毅自强。崇祖崇教，爱国爱乡。
嗣承炎黄，文继周商。薪火相传，文教灿烂。
海纳百川，客家荣昌。全球播衍，五洲传芳。
先祖功绩，水碧山苍。前哲懿德，月华日光。
客家后裔，嘉行显扬。光前裕后，再赋华章。
八方游子，故土难忘。寻根谒祖，万里还乡。
虔行仪礼，俎豆馨香。祭告英灵，罗拜祖堂。
列祖列宗，德泽绵长。福荫万代，子孙兴旺。
民系发达，华夏辉煌。天下大同，吉庆安康。
敬请列祖，降享蒸尝。祭神神在，伏惟尚飨。

五、捐赠

（一）捐赠金额

为发展客家事业，建设石壁客家公祠等公益设施，各客属团体与个人慷慨解囊，踊跃捐赠。1993—1999 年捐赠金额 455 万元，2000 年捐赠金额 39.40 万元，2001—2005 年捐赠金额 64.84 万元。

（二）捐建工程

自 1992 年 11 月客家公祠奠基至 1998 年配套竣工，总投资 400 多万元，其中海内外客属宗亲捐赠 100 多万元。马来西亚姚美良发起成立客家公祠基金会，姚美良、姚森良兄弟及其家族累计为客家公祠捐款近 100 万元，其中捐赠公祠基金 60 多万元，捐建客家之路 30 万元。马来西亚肖畹香捐建客家碑林 8 万元，香港崇正总会捐赠 4 万元。1993—1995 年，新加坡客家宗亲张让生、何华英（张让生夫人）和黄水养等捐资 23.60 万元建设石壁客家医院。1997 年，香港胡文虎基金会捐资 30 万元建设石壁客家中学教学楼。1999 年，香港崇正总会捐资 45 万元重建石壁杨边小学，建成后更名为石壁崇正小学。1999 年浙江省宁海慈云禅寺释允慧法师捐赠 40 万元修建石壁客海禅寺大雄宝殿。

六、石壁功勋表彰

为表彰对石壁客家祖地开发建设的有功人士和团体，县政府在 2002 年和 2004 年世界客属石壁祖地祭祖大典期间，分别表彰第一、第二批"石壁功勋"。第一批被表彰的"石壁功勋"社团为香港崇正总会、胡文虎基金会、马来西亚居銮客家公会，个人为姚美良、姚森良、萧光麟、何华英、黄水养、丘权政、黄清林、肖畹香、黎国威、张让生。第二批被表彰的"石壁功勋"社团为马来西亚客家公会联合会、新加坡南洋客属总会，个人为吴能彬、李木生、温添贵、罗焕文。

客家文化·研究·联谊

一、客家特色文化

（一）客家话

宁化（石壁）客家话，是客家民系形成初期的语言，又称"闽西客家话的一种土语""原始客家话"，随着客家人的流迁，传播粤东、闽西等客家地区，与当地方言整合后形成粤东、闽西等客家话。中国社会科学院（以下简称社科院）民族研究所罗美珍研究员讲："宁化石壁是客家方言形成时期最早的聚散中心。"

宁化客家话较普通话有许多特点，但与其他地区客家话一致。一是部分词身兼几类。如：鼻，既是名词，"鼻子、鼻涕"，又是动词"嗅"。烧，既是动词"燃烧、发烧"，又是形容词"暖和"。二是单音节名、量词重叠的范围比普通话广。如：日日（每一天），碗碗（每一碗），夜夜（每一晚）。三是有些虚词的用法与普通话不一致。如，将"添"字放在谓语后面或句末表示再，如：食滴子添（再吃一点）、坐下子添（再坐一会儿）。四是有些词与普通话含义一样，但在句中的位置不同。如"倒"字：买得一身衫裤倒（买得到一套衣服）、眸得一场电影倒（看得到一场电影）。

宁化客家话同闽西、粤东客家话有许多相同的常用词汇（详见卷三十二宗教　民俗　语言）。

（二）教育理念

宁化客家地区山高谷深，交通不便，"舟车不通而商贾窒"，只能实行比较单一的粗犷型山地农业，商业不发达，重农轻商的思想盛行。这样的土壤，决定了客家人要生存，只有勤于耕稼；要发展，只有读书仕进，舍此别无他途。因此，客家社会就自然而然形成了耕读传家的文化传统和教育理念。宁化及其石壁客家人崇文重教风气浓厚，培育了许多杰出人才，随着客家人的播衍，先进的教育理念得到传承。《嘉庆重修一统志》载汀州府历史名人共 224 人，其中"人物" 70 人；唐至宋真宗（618—1010 年），共有"人物" 6 人，其中宁化 5 人，占 83.33%；唐、北宋期间，共有"人物" 8 人，宁化人占 62.50%；唐宋两代共有"人物" 11 人，宁化占 45.45%，表明教育的兴旺随着客家人的迁移而传承到其他客家地区。

（三）建筑风格

殿堂式、围龙屋、土楼（含方形和圆形）等客家民居建筑典型风格都源自宁化及其石壁。清康熙李世熊编纂的《宁化县志》载，宁化在隋朝末年"筑堡卫众，寇不敢犯，远近争附之"，堡即为土堡，为宁化人对土楼惯称，李世熊所记"堡"，年代早，规模也大。林嘉书《土楼与中国传统文化》（上海人民出版社 1995 年版）载："南靖县 17 姓四类土楼（圆、方、长方、半圆）占有的家族来源中，有魏、林、赖、刘、丘、董、吴、肖、黄、王、詹、邓共 12 姓，占 2/3 强，其中 9 姓讲客家方言，3 姓讲闽南方言……极少数独立于闽南方言区中的零星土楼，如漳浦县锦江楼（圆楼）的林姓家族，则出于石壁。从这里可以看到，在当代社会文化的交流传播有着巨大差别的古代，建筑文化的传播是与姓氏家族本身的迁移分布直接相关的，与封建伦理和家族制度密不可分。"林嘉书列举了华安县沙建乡岱山村椭圆形齐云楼的郭氏家族，广东省大埔县枫朗镇椭圆形维新楼的黄氏家族，诏安县李氏弧形土楼群（亦称半月楼）的李氏家族，平和县安厚乡梧坑社弧形土楼曹氏家族，深圳宝安大万世居连氏家族，香港基湾三栋屋陈氏家族等，都源于宁化及其石壁。范家增在《从永定圆楼之"根"讲到客家文化》中写道："永定客家先民绝大多数是在南宋、元、明初迁入永定境内的；迁来之前，又大多数在号称客家摇篮的宁化石壁村'落脚'过或长或短的一段时间。永定现在，堡已无实可考，但客家摇篮的宁化却仍可得见，永定客家先民多由宁化迁来，他们所建的堡当和宁化的差不多。据考，宁化土堡在唐宋时已有，但为数不多，大部分建于明末清初，清咸丰间还有建造。"①谢万陆著《客家学概论》写道："不论是永定土楼或者梅州'围龙屋'，都由闽西北地区的'方楼'或'围楼'发展而来，一般的所谓客家土楼有三种典型样式，即五凤楼、方楼或圆楼。所谓五凤楼，实际上只是在宁化方楼的原格局中将正屋和横屋顺进深方向由前而后递加楼层至五，其立面形象宛如一把交椅,只不过以'凤'谥美而已……方楼与圆寨实质上是照搬了宁化、长汀方楼、圆楼格局。"②

(四)客家民俗

以宁化及其石壁为中心的闽赣联结地区所形成的客家民俗,随着客家人的迁移而传播到其他客家地区。婚礼中的"轿封"等程序仪式,葬礼中的坟墓形式,宁化与梅州等客家地区为一个模式,保留至今。端午节门前挂葛藤、除夕守岁、点岁火、煮"长命菜",年初七吃"七种羹"(七样菜、七宝羹)等,客家人迁居到哪里,便带到哪里。在民国之前,客家地区普遍有此习,如今大多地区已消失,但宁化仍保留。

(五)饮食文化

大部分客家特色的饮食都与宁化有渊源。如客家擂茶,起源于宁化石壁,曾传遍客家地区,如今保留者甚少,而宁化仍盛行,喜欢擂茶款待客人。

凡是有较大规模的客家祭祖团体到石壁客家公祠,品尝正宗的客家擂茶——石壁擂茶是必备的一项活动。宁化人爱吃生鱼片、田鼠干等,传到了粤东地区。《石窟一征》载,梅州地区有的县仍有吃生鱼片习惯,宁化则经久不衰,成为地方特色佳肴。

梅县梁伯聪在《梅县风土二百咏》中写道:"旧姓今存古、卜、杨,大多族谱祖闽方;女鞋豆腐仍原样,宁化人来说故乡。"其附注:"梅县各姓,大多数由闽方宁化迁来,传二十余世,杨、古、卜三姓较先,传世有十代者矣。谚曰'未有梅州,先有杨、古、卜'。有到过宁化者云:'梅州食品豆腐与妇女之拖鞋,仍如原乡一样云。'"

二、客家研究

1984年,宁化县志办在编纂县志过程中,注意到宁化特别是石壁与客家之间非同寻常的关系,开始搜集客家方面的资料并着手研究,宁化客家研究由此发端。宁化客家研究得到县志编纂委员会顾问、厦门大学著名语言专家黄典诚教授的指导,他提出石壁是客家摇篮、是客家方言的摇篮。广东省梅州地区方志界学者就客家研究先后数批到宁化实地考察、交流,并在报刊上发表文章,论述石壁在客家史上所起的作用,启发和促进宁化客家研究。是年,在外界学者的影响和推动下,通过挖掘、研究宁化客家史料,时任宁化县志办主任的刘善群在《宁化方志通讯》第一期上发表《略从姓氏流迁话石壁》一文,成为宁化客家研究的开篇之作。1987年宁化县志办编辑出版《客家的第二祖籍——宁化石壁》,收集研究石壁文章22篇,引起各方面的关注。1990年定稿的新编《宁化县志》突出宁化是纯客家县、石壁是客家摇篮的县情特色,在人口、语言、文化、民俗等篇章中重点记述客家与宁化的源流关系。

1990年4月13日,正式成立宁化县客研会,为客家研究的专门机构,是年在石壁举行的客家文化庙会上第一次提出"石壁是客家祖地"的观点。1991年2月,宁化县志办、宁化县客研会联合编辑出版论文集《客家人与宁化石壁》,其中《客家祖地——宁化石壁》等文论证了"石壁是客家祖地"的观点。5月,宁化县客研会编辑出版《宁化客家研究》第一期,为国内第一个县级客家研究刊物,并在上海首届客家学研讨会暨客家联谊会上交流。1992年宁化县客研会编辑出版《宁化客家百氏》和《宁化客家研究》第二期,宁化县民间文学集成编委会编纂出版《中国民间故事集成·福建卷·宁化县分卷》《中国谚语集成·福建卷·宁化县分卷》《中国歌谣集成·福建卷·宁化县分卷》,收录大量客家故事、谚语和歌谣。是年刘善群在香港首届国际客家学研讨会上发表《关于客家民系形成中心地域探讨》,首先提出了"客家民系形成时期有人文中心,宁化石壁是中心点,其中心地域是以石壁为中心的闽赣联结区"观点。11月28日宁化县客联会成立,主要开展客家联谊工作。1993年宁化学者张恩庭、刘善群、张仁藩主编出版28万字论文集《石壁之光》。

注:① 《客家学研究》第四辑,华东师范大学《历史教育与问题》杂志社刊发,1997年。
② 《客家学概论》江西高校出版社1995年P123—124。

　　1995 年，刘善群编辑出版《客家礼俗》，提出"客家文化的区内划分，应打破政区界线，按文化特点划分为闽赣、闽西、粤东、赣南四小区"的观点。2000 年，张恩庭、刘善群总编出版《客家祖地石壁丛书》，为海内外第一部综合性的客家社区丛书，时任副省长的汪毅夫、全球客家崇正会联合总会总执行长黄石华教授、国际客家学会会长郑赤琰教授、中国文化部华厦客家研究所所长丘权政分别为《客家祖地石壁丛书》作序，《人民日报》、中央人民广播电台等中央媒体和部分地方报纸杂志报道推介。是年刘善群编辑出版《客家与宁化石壁》，论证客家民系形成的阶段性、分期和每个时期的人文中心，首次提出"三期四区"（即北宋为初步形成时期，中心在以宁化石壁为代表的闽赣联结区；南宋至元为成长时期，中心在以长汀为代表的闽西地区；明代为成熟期，中心在以梅县为代表的粤东区；以赣县为中心的赣南地区是明清客家人的聚散中心之一）的观点。宁化学者余兆廷编辑出版《客家姓氏渊源》，统计发现同宁化有渊源关系的客家姓氏 198 个，并整理了其中 100 多个姓氏的渊源。2003 年余保云编辑出版近 30 万字的《论石壁》，收集、摘要近百年中外专家、学者石壁研究论述，成为研究石壁阶段性总结资料书。

　　1988—2005 年，共搜集县内各种客家文献资料 5000 万字，族谱 70 姓，编著出版书刊 44 种，1000 万字，8 万册。其中，论文集 5 本 180 万字，1.40 万册；专著 240 万字，4.20 万册。

1987—2005 年宁化县客家学术研究成果表

特记表 2-2　　　　　　　　　　　　　　　　　　　　　　　　　　　　　　　　单位：万、册

书刊名称	作者（主编）	类别	字数	印数	出版时间、单位
客家第二祖籍	宁化县志办（编）	文集	4	1000	1987 年
客家人与宁化石壁	宁化县志办、宁化县客研会	文集	2	1000	1991 年
宁化客家研究（1—2）	宁化县客研会	刊	17	4000	1991 年、1992 年
宁化客家百氏	宁化县客研会	资料书	2	1000	1992 年
宁化县志	宁化县志编纂委员会、主编刘善群	志书	124	3000	1992 年福建人民出版社
宁化三套集成（故事、谚语、歌谣）	宁化民间文学集成编委会、主编谢起光	编著	40.50	1000	1991 年
宁化石壁客家祖地	陈国强、张恩庭、刘善群（主编）	田野调查	24	1000	1997 年
石壁之光	张恩庭、刘善群、张仁藩（主编）	文集	28	3000	1993 年厦门大学出版社
宁化英烈	宁化县党史研究会，主编李水钿	编著	12.70	3000	1994 年鹭江出版社
宁化客家百氏（增订本）	宁化县客联会、宁化县客研会	资料书	7	1000	1995 年
宁化石壁	宁化县客联会、宁化县客研会	论著	4	1000	1995 年
客家礼俗	刘善群	论著	12.70	8500	1995 年福建教育出版社
宁化石壁与客家世界学术研讨会论文集	张恩庭、刘善群（主编）	文集	44	3000	1998 年中国华侨出版社
客家祖地宁化石壁	宁化县客联会、宁化县客研会	论著	8	2000	1991 年
客家祖地石壁丛书	张恩庭、刘善群主编	丛书	155.20	3000	2000 年中国华侨出版社
石壁与客家	张恩庭、刘善群主编	文集	63.40	3000	2000 年中国华侨出版社

续特记表 2-2

书刊名称	作者(主编)	类别	字数	印数	出版时间、单位
客家与宁化石壁(丛书之一)	刘善群	论著	23.40	3000	2000 年中国华侨出版社
宁化掌故(丛书之一)	余保云	编著	20.40	3000	2000 年中国华侨出版社
宁化客家姓氏源流(丛书之一)	余兆廷	编著	15.70	3000	2000 年中国华侨出版社
宁化客家民俗(丛书之一)	李根水、罗华荣	编著	12	3000	2000 年中国华侨出版社
宁化客家人物(丛书之一)	张恩庭	编著	19.70	3000	2000 年中国华侨出版社
宁化民间传说(丛书之一)	谢起光	编著	13.60	3000	2000 年中国华侨出版社
宁化客家民间音乐(丛书之一)	王建和、张标发	编著	25.70	3000	2000 年中国华侨出版社
宁化风光(丛书之一)	伊可生、蒋道钟	编著	13.60	3000	2000 年中国华侨出版社
论石壁	余保云摘编	文摘	27	1000	2002 年海风出版社
风展红旗	宁化党史室、档案馆	大事记	30	800	2003 年
乡情路更长	雷动和	文集	9.80		2001 年
客家祖地——宁化	县委宣传部	画册		29000	2000 年
客家魂 1—11	宁化县客联会、宁化县客研会	刊	150		1995—2006 年
宁化客家牌子锣鼓	钟宁平主编	编著	18	1000	2001 年内蒙古人民出版社
宁化县的宗族、经济与民俗	劳格文、杨彦杰	编著	71	1000	2005 年国际客家学会、法国远东学院
客家与石壁史论	刘善群	著	30	3000	方志出版社
起步·开创	宁化县客联会、宁化县客研会	编著	12	1000	
宁化客家骄子	张恩庭	编	10	500	
石壁客家纪事	张恩庭	编撰	6	1000	
姚美良与石壁	宁化县客联会、宁化县客研会	文集	8	1000	
客家祖地	刘善群	画册	32码	2000	
宁化寺庙观	张恩庭	编著	8.80	500	
义士高风——罗令纪传奇	罗华荣	著	10	1500	
状元张显宗	张万益	著	6	1000	

三、客家联谊

据统计，1990—2005 年，接待寻根祭祖、学术考察的海内外客家人 260 批次，分别来自马来西亚、新加坡、泰国、印度尼西亚、越南、柬埔寨、缅甸、菲律宾、文莱、日本、澳大利亚、新西兰、巴西、巴拉圭、美国、加拿大、英国、法国、瑞典、荷兰、毛里求斯、印度等国家和中国香港、中国澳门、中国台湾地区，以及中国内地 10 余个省市区。其中，到访团队最多的为马来西亚，有 30 个客属团体，组织 50 个团队、2000 人次到过石壁。次数最多的为马来西亚居銮客家公会会长姚森良局绅，12 年中，领团到石壁 14 次。接待年纪最长者为世界刘氏宗亲联谊总会主席、马来西亚丹斯里拿督大企业家刘南辉，他带领全家族三代及亲友 40 多人到石壁祭祀祖宗，时年已 90 高龄。年龄最小的为印尼一位女孩，不足 4 周岁。

（一）国内联谊

1984 年，广东梅州地区赴福建文博民俗学习考察组一行 13 人到石壁考察。1989 年 1 月，广东梅州客家文化考察组到石壁考察。1990 年 3 月，由新华社福建分社、福建日报社、福建电视台、福建省广播电台、福建画报社、港台信息报社、福建侨报社、上海旅行社、三明电台等单位记者、学者组成客家祖地旅游新闻采访团一行 28 人到宁化采访，并在石壁张氏宗祠举行客家文化庙会及座谈会。1991 年 3 月，台湾旅行社大陆旅游团一行 14 人到宁化观光、考察石壁。1991 年 6 月，新华社、中新社、省电台、厦门电台、福建日报社、港台信息报社、福建侨报社、海峡之声电台等 8 家新闻媒体组成记者团到宁化采访、考察。8 月，闽西客家学研究会秘书长吴福文等一行到石壁考察。10 月，"华东地区市报副刊会议暨宁化、三元文学笔会"在宁化举行，对石壁客家祖地作了深入调查。11 月，广东梅州客家历史文化考察团到宁化考察。1992 年 9 月，宁化石壁客家祖地文化代表团出席在香港中文大学举行的首届国际客家学研讨会和香港崇正总会会庆。1994 年 12 月，宁化县客联会代表团出席在广东梅州举行的第十二届世界客属恳亲大会，为宁化县首次派团出席世界客属恳亲大会。1996 年 1 月，福建省宁化、长汀客家文化访问团在姚美良组织和带领下到香港特区，访问 25 个客家社团，宣传宁化石壁。

1997 年，宁化县客联会、宁化县客研会先后到广州、梅州、大埔、北京、福州和长汀等地联谊。台湾地区各姓渊源研究学会理事长、《台湾源流》杂志社社长林瑶棋到宁化考察访问，全年接待内地 10 余省（区市）参观、考察人员 3 万人次。1998 年，先后到广东大埔、福州、厦门、龙岩、长汀和北京等地交流、访问。10 月，宁化县客联会代表团出席在台北市举行的第十四届世界客属恳亲大会。是年，接待台湾地区、香港特区宾客 120 人。1999 年，接待厦门、福州等地来宾 100 多人。2000 年 9 月 25 日，宁化县客联会代表团出席在香港特区举行的全球客家·崇正会联合总会成立两周年会庆暨香港崇正总会成立 79 周年会庆、第三十五届理监事就职典礼，接待海外来宾 700 人次。2000 年 11 月 20 日—23 日，出席在龙岩市举行的第十六届世界客属恳亲大会，拜访和接触海内外客属社团首领，发出参加世界客属石壁祖地祭祖大典的邀请并获广泛响应，会后法国、马来西亚、英国、印尼、日本、澳大利亚、缅甸、美国等国家和中国香港、台湾地区 612 名乡亲，于 11 月 22 日—23 日到石壁参加祭祖大典。是年，到江西赣州、广东南雄珠玑巷、梅州、鹤山、福州、厦门、龙岩、长汀、连城等地考察、交流。

2001 年 7 月 2 日—9 日，三明市客家联谊会、宁化县客联会共同组织客家联谊访问团，先后访问龙岩市、连城县、永定县、梅州市、大埔县、兴宁县、龙川县、赣州市、兴国县、宁都县等市、县政府和客属组织，倡议举办中国内地客属恳亲联谊大会，得到各地的积极响应和支持。9 月 27 日，宁化县客联会代表团出席在香港举行的第四届全球客家·崇正会联合总会年会，宁化县客联会会长张恩庭、县宁化县客研会会长刘善群当选为全联会第二届执行委员会委员。9 月 28 日，宁化县客联会派代表出席在深圳市举行的全球客属促进中国和平统一大会。10 月 12 日，中国客家恳亲联谊大会在宁化举行，北京、陕西、海南、江西、广东、福建等省市 30 多个恳亲团的 300 多名代表与会。2002 年 2 月，参加三明市客家联谊会第九届国际客家学研讨会三明论文初审会。到江西兴国、福建清流交流，并出席闽西客联会第二届会员代表大会，张恩庭被选为副会长，刘善群被选为理事。5 月，县党政领导和宁化县客联会、宁化县客研会等主要负责人访问香港、澳门。

2003 年 10 月 26 日—28 日，宁化县客联会代表团出席在河南省郑州市举行的第十八届世界客属恳亲大会和第六届全球客家·崇正会联合总会年会，散发宁化客家书、刊等资料 1200 份。世界客属恳亲大会主席团会议通过"关于正式成立宁化石壁客家公祠董事会的提案"。2004 年 11 月，分别出席在广东省深圳市举行的第五届亚细安（东盟）客属恳亲大会和在江西省赣州市举行的第十九届世界客属恳亲大会。全年接待境内游客 11 个省（市、区）6000 人次。2004 年，宁化县接待香港特区、台湾地区寻根祭祖团；7 月，宁化县客联会组成"中国福建省三明市宁化客家祖地访问团"，访问香港特区的客属团体；10 月，以县委书记陈忠杰为团长的"中国福建省三明市宁化县人民政府代表团"访问香港特区。2005 年 10 月 12 日—14 日，出席在四川省成都市举行的第二十届世界客属恳亲大会。

（二）海外联谊

1995 年 5 月 24 日，以马来西亚客家公会联合会会长萧光麟为团长，全国政协委员、香港南源永芳集团有限公司董事长姚美良为顾问的马来西亚客家文化寻根访问团一行 153 人到石壁寻根谒祖。10 月 3 日，以姚森良为团长的马来西亚居銮客家公会祭祖团一行 22 人到石壁客家公祠祭祖。10 月 14 日，以唐世谕为团长的马来西亚大埔同乡会客家寻根访问团一行 14 人到石壁寻根祭祖。11 月 11 日，以王忠平为团长的马来西亚沙巴中国客家文化寻根祭祖团一行 66 人到石壁寻根祭祖。

1996 年 1 月，福建省宁化、长汀客家文化访问团在姚美良组织和带领下，出访马来西亚、泰国、新加坡等国家，访问 25 个客家社团，宣传宁化石壁。11 月，宁化县客联会代表团出席在新加坡举行的第十三届世界客属恳亲大会。是年接待到访的海外宾客 10 批、724 人，比 1995 年增长一倍。1997 年，接待巴西、巴拉圭、法国、马来西亚、新加坡、泰国、日本等海外寻根、考察。

1999 年 11 月，宁化县党政领导和客联会、研究会等主要负责人访问马来西亚、新加坡，并出席在马来西亚吉隆坡举行的第十五届世界客属恳亲大会。2002 年 5 月，县党政领导和宁化县客联会、宁化县客研会等主要负责人访问马来西亚、新加坡，并出席在马来西亚沙巴州亚庇市举行的第三届亚细安（东盟）客属恳亲大会。11 月 20 日—23 日，宁化县出席在印度尼西亚雅加达举行的第十七届世界客属恳亲大会，大会主办者给予宁化代表团很高的礼遇，宁化县客联会会长张恩庭被列为大会副主席，为大会唯一的县级客属团体的领导人。主席团会议通过"关于成立世界客属中国石壁客家公祠理事会的提案"，进一步确立石壁客家祖地、客家朝圣中心的地位。是年接待海外宾客 350 人。

2004 年，接待新加坡、马来西亚、泰国、加拿大、美国、毛里求斯、文莱、澳大利亚、印尼、日本、法国、菲律宾等 12 个国家 24 个寻根祭祖团 906 人。7 月，宁化县客联会组成"中国福建省三明市宁化客家祖地访问团"，访问泰国、马来西亚、新加坡 16 个客属团体。10 月，以县委书记陈忠杰为团长的"中国福建省三明市宁化县人民政府代表团"访问泰国、马来西亚和新加坡，并出席在马来西亚吉隆坡举办的第一届客家文化节。

卷一 政区

宁化地处福建西北部，始称黄连峒，唐乾封二年（667年）设黄连镇，开元十三年（725年）升为黄连县。天宝元年（742年），取"宁靖归化"之义更名为宁化县，隶属建州、汀州府（临汀郡）、汀漳道。第二次国内革命战争时期，境内分设宁化、彭湃、泉上3个苏区县。1949年10月21日宁化和平解放，先后隶属永安专区、龙岩专区、三明专区（地区）、三明市。1959年2月至1961年9月6日宁化县与清流县合并为清宁县。1961年9月7日，恢复宁化县建置。1988年，全县设2镇、14乡，分辖207个建制村、12个居民委员会，户籍人口数311694人。2005年，全县设4镇、12乡，共辖210个建制村、13个社区，户籍人口数346236人，全境土地总面积2407.19平方公里。县城设翠江镇，为三明市辖县。

第一章 建置沿革

第一节 沿革

宁化古称黄连峒，唐乾封二年（667年）始设黄连镇，开元十三年（725年）升为黄连县。天宝元年（742年），取"宁靖归化"之义更名为宁化县。建县后历经唐（618—907年）、五代十国（907—960年）、宋朝（960—1279年）、元朝（1271—1368年）、明朝（1368—1644年）、清朝（1644—1911年）、民国（1912—1949年9月30日）诸代。第二次国内革命战争时期，宁化是中央苏区重点县。民国19年（1930年）6月27日，宁化第一个红色政权——宁化县革命委员会成立；民国20年（1931年）11月，中国共产党建立宁化县苏维埃政府。民国19年至民国23年（1930—1934年）期间，境内曾相继建立过宁化、彭湃（址设湖村巫坊，后迁安远）、泉上3县。中共宁（化）清（流）归（化）中心县委设宁化城关。安远乡里坑村、城关曾先后为闽赣省苏维埃政府驻地。民国23年（1934年）10月，红军长征后国民党政府恢复对宁化统辖。

1949年10月1日，中华人民共和国成立；同年10月21日，宁化县和平解放。1950年3月1日，宁化县人民政府正式成立。1959年2月，宁化、清流两县合并称清宁县，县城设于宁化城关。1961年9月7日，恢复宁化、清流两县原建制。1967年3月9日，宁化县实行军管，中国人民解放军宁化县人民武装部设立生产领导小组统管全县。1968年11月4日，宁化县革命委员会成立，为党政合一领导机构，行使原县委、县人民政府职能。1980年11月，撤销宁化县革命委员会，恢复宁化县人民政府。

第二节　隶属

宁化隋以前名不见于史，属江南道建州绥城（绥安）地。唐乾封二年（667年），建置黄连镇，隶属江南道建州。开元十三年（725年），升黄连镇为县，仍属江南道建州。开元二十六年（738年），设汀州，黄连县改属汀州。天宝元年（742年），黄连县更名为宁化县，隶属江南东道临汀郡汀州。北宋初宁化县隶属江南道汀州。元丰间宁化县改属福建路汀州。元至正十九年（1359年），改汀州为路，宁化县属福建行中书省汀州路。明洪武元年（1368年），改汀州路为府，宁化县属福建布政使司汀州府直至清末。

民国元年（1912年），撤府改道，宁化县属福建省汀漳道。民国14年（1925年），废道，实行省、县二级地方体制，宁化县直属福建省政府。民国19—23年（1930—1934年），宁化县建立苏维埃政府属福建省苏维埃政府。民国23年（1934年）4月后，改属闽赣省苏维埃政府。同年10月，工农红军撤离宁化苏区长征后，国民党恢复对宁化的统辖，隶属福建省第八行政督察专员公署，治所长汀。民国24年（1935年）10月，改属福建省第七行政督察专员公署，治所长汀。民国36年（1947年）4月，改属福建省第六行政督察专员公署，治所永安。

1949年10月1日，中华人民共和国成立；同年10月21日宁化和平解放后，成立中国人民解放军宁化县临时工作委员会。1950年3月1日，宁化县人民政府成立，隶属永安专员公署。1956年6月，改属龙岩专员公署。1962年1月，宁化县从龙岩专署析出，改属三明市。1963年，隶属三明专员公署。1967年3月，设立中国人民解放军宁化县人民武装部生产领导小组，隶属三明专区军事管制委员会。1968年11月，成立宁化县革命委员会，取代宁化县人民政府，隶属三明专区革命委员会。1980年11月，宁化县人民政府恢复工作，隶属三明地区行政公署。1983年4月28日，三明专署撤销，成立省辖三明市，实行地、市合并，以市带县新体制，宁化县隶属三明市管辖，至2005年未变。

第二章　位置　境域

第一节　位置

宁化地处福建西北部，位于北纬25°58′—26°40′、东经116°22′—117°02′之间，东毗明溪、清流县，西连江西省石城、广昌县，南邻长汀县，北接建宁县。2005年，县城翠江镇至清流县城33公里，至明溪县城82公里，至三明市158公里，至长汀县城88公里，至建宁县城91公里，至省会福州437公里，至江西省石城县城52公里、广昌县城124公里。

第二节　境域

1988年，县境东西宽66.20公里，南北长76.70公里，总面积2368平方公里。

1997—2000年，根据国务院下发《关于开展勘定省、县两级行政区域界线工作有关问题的通知》，宁化县完成勘定省、县边界线长543.09公里。其中，宁化县与广昌县边界线长32.17公里、与石城县边界线长182.70公里、与长汀县边界线长55.80公里、与明溪县边界线长86.23公里、与清流县边界线长129.03公里、与建宁县边界线长57.16公里。（详见卷三十一　民　政　第六章　边界管理）

2005年，福建省国土资源厅（以下简称省国土厅）组织有关单位对全省县级行政勘界成果进行数字化，核定宁化县境域东西宽66.20公里，南北长76.70公里，总面积2407.19平方公里（闽国土资综〔2005〕140号），比1988年增加39.19平方公里。

第三节　县城

县城位于县域中部翠江镇，海拔317米，属河谷平原。1988年，城市规划面积20平方公里，城区建成区面积2.66平方公里，人口3万余人（含流动人口）。主要街道有南大街、中山路、新桥路、西大路、北大街、小溪路、五星路。南大街为商业中心。城区有商业网点100多个，旅馆招待所13家，小学、中学和专业学校12所，医疗卫生单位7个，文体活动场所8处，金融单位4家，城区房建总面积110多万平方米。

1988年，县城有14路，即中山路、新桥路、上进路、小溪路、西大路、新桥一路、新桥二路、城西路、花心街一路、花心街二路、东街路、北山一路、北山二路、北山三路。11弄，即永新弄、团结弄、革新弄、和平弄、永虹弄、立新弄、新街弄、塔街弄、向阳弄、翻身弄、先进弄。8巷，即英雄巷、光荣巷、红色巷、横巷、太平巷、水门巷、中心巷、城隍巷。5街，即横街、南大街、新南大街、北大街、角头街。2坪，即红星坪、红专坪。1背，即阁背。

1988年后，县委、县政府实施"改拓并举"措施拆迁改造旧城，开发拓展新区，扩大城区面积，增加城镇人口，兴建市政设施，提高城市化水平。2004年，推进城东中环路、江滨中路、龙门路"两纵一横"路网建设。至2005年，城市规划面积扩大到40平方公里，城区建成区面积扩大到6平方公里，人口增加到7万余人（含流动人口）。相继建成邮电综合大楼、边贸大楼、金叶大厦、翠景大厦、国土大厦、电力大厦、烟草大厦等标志性建筑和自来水厂、公厕等市政设施。其中，北山革命纪念园改扩建，凸显革命老区特色；红军长征出发地纪念广场的落成，填补了宁化地标性建筑的空白。先后建成朝阳新村、林业新村、江滨花园、城东广场、东方花园等一批居民小区和商住楼，建成和完善城区道路、桥梁、防洪堤、管道、供水、液化气等基础设施。县城城市化水平和功能得到提升。

2005年，城区划分为中山、双虹、红卫、朝阳、小溪5个社区，路、村、街、巷、弄、坪、园和小区扩大到99条（个），设置住户门牌号码7683个。

一、中山社区

共有路、小区、巷、弄、村24条（个），设置1476个门牌号码。

13路：向阳路1—26号、阁背路1—113号、高墘街一路1—30号、高墘街二路1—30号、高墘街三路1—30号、东街路1—190号、中山路1—35号、中环东路1—104号、中环中路1—138号、玉林路1—62号、玉林二路1—52号、玉林三路1—43号、新桥一路1—69号。

4小区：翠江大厦小区、翠江明珠小区、化肥厂宿舍小区、城东广场小区。

3巷：水门巷1—128号、城隍巷1—135号、中心巷1—45号。

2弄：先进弄1—28号、翻身弄1—20号。

2村：中东新村1—70号、江下新村1—128号。

二、双虹社区

共有村、弄、路、小区、街21条（个），设置1762个门牌号码。

9村：瑶上村1—62号、新建一村1—23号、新建二村1—187号、七里圳村1—55号、东方段村1—87号、南门新村1—90号、林业新村1—220号、五家山村1—34号、龙门新村1—222号。

5弄：塔街弄1—18号、立新弄1—75号、永虹弄1—18号、新街弄1—28号、红专弄1—46号。

3路：江滨路1—5号、西大一路1—120号、新桥二路1—92号。

3小区：东方花园小区、何家园小区、江滨花园小区。

1街：南大街1—360号。

三、红卫社区

共有路、街、巷、村15条（个），设置1274个门牌号码。

7路：城西路1—74号、北山一路1—49号、北山二路1—57号、北山三路1—66号、西门路1—84号、西山路1—140号、五星路1—80号。

3街：角头街1—95号、北大街1—110号、花心街1—76号。

3村：鸡山新村1—210号、城北新村1—80号、油堂新村。

2巷：红色巷1—131号、太平巷1—22号。

四、朝阳社区

共有村、路、弄、小区11条（个），设置1211个门牌号码。

7村：观音村1—8号、紫竹新村1—22号、紫竹村1—10号、朝阳新村1—450号、农业新村1—83号、马岭坑口村1—20号、松树园新村1—220号。

2路：朝阳路1—36号、中环北路1—202号。

1弄：朝阳弄1—160号。

1小区：朝阳小区。

五、小溪社区

共有村、弄、巷、小区、路、街28条（个），设置1960个门牌号码。

15村：西瓜寨村1—30号、早禾排村1—43号、金鸡山村1—330号、磨子山村1—6号、曹家山村1—26号、茶果山村1—176号、红星坪村1—31号、桐子排村1~20号、五坑口村1—64号、小溪新村1—100号、巫家山村1—14号、杉岭下村1—26号、新庙段村1—95号、岗上园村1—62号、金鸡新村。

3弄：永新弄1—52号、革新弄1—30号、团结弄1—24号。

3巷：英雄巷1—44号、光荣巷1—92号、和平巷1—28号。

3 小区：意华园小区、运明园小区、盈盛园小区。

2 路：上进路 1—289 号、西大二路 1—70 号。

2 街：横街 1—35 号、小河边街 1—273 号。

第三章　行政区划变更

第一节　乡（镇）区划变更

1988 年，全县行政区划为翠江、泉上 2 镇，城郊、横锁、安乐、曹坊、治平、湖村、方田、济村、禾口、淮土、中沙、河龙、水茜、安远 14 乡，共辖 12 个居委会、207 个建制村。

1988 年宁化县乡(镇)行政区划表

表 1-1

乡(镇)	乡(镇)政府驻地	下辖建制村(居)委
翠江镇	城关	双虹、小溪、中山、红卫、北山(居委)、双虹(居委)、小溪(居委)、中山(居委)、红卫(居委)9 个
泉上镇	泉上	泉上、罗李、联群、谢新、青瑶、延祥、黄新、泉正、泉永、豪亨、新军、泉上(居委)12 个
湖村乡	湖村	邓坊、陈家、龙头、石下、湖村、黎坊、巫坊、城门、下埠、店上、谌坑、湖村(居委)12 个
禾口乡	禾口	红旗、立新、杨边、小吴、大路、溪背、陂下、陈家坑、刘村、隆陂、官坑、石碧、江家、桃金、陈塘、三坑、邓坊桥、江口、张家地、南田、拱桥、江头、禾口(居委)23 个
城郊乡	城关	高堑、连屋、马源亭、马源、旧墩、下巫坊、杨禾、上畲、九柏嵊、夏家、瓦庄、茶湖江、雷陑、社下、巫高、社背、李七、都寮 18 个
淮土乡	淮土	淮阳、桥头、水东、禾坑、吴陂、青坪、罗坑、团结、竹园、礤下、孙坑、凤山、五星、大王、赤岭、梨树、隘门、仕边、田背、寒谷 20 个
济村乡	济村	神坛坝、济村、武层、肖家山、洋地、湖头、罗家、三村、上龙头、长坊、新田、昆岗、吾家湖 13 个
方田乡	方田	方田、岭下、泗溪、大罗、泗坑、南城、村头、朱王 8 个
横锁乡	横锁	横锁、鱼龙、青塘、龙下窠、茜坑、上坪、水口、肖家 8 个
安乐乡	安乐	刘坊、夏坊、马家围、安乐、谢坊、洋坊、三大、黄庄、丁坑口、罗坊、赖畲、安乐(居委)12 个
曹坊乡	曹坊	上曹、下曹、双石、罗溪、黄坊、滑石、三黄、根竹、坪上、宝丰、官地、黄金进、南坑、曾家背 14 个
治平乡	治平	邓屋、彭坊、治平、湖背角、社福、坪埔、泥坑、高地、下坪、高峰、田畲、光亮 12 个
中沙乡	中沙	半溪、中沙、下沙、廖家、练畲、何屋、武昌、高坪、叶坊、楼家、樟荣、石门、双源、中沙(居委)14 个
河龙乡	河龙	河龙、前进、大洋、永建、下伊、高阳、明珠、沙坪 8 个
水茜乡	水茜	安寨、水茜、上谢、棠地、张坊、下洋、下付、蕉坑、沿溪、沿口、杨城、石寮、邱山、庙前、儒地、水茜(居委)16 个
安远乡	安远	岩前、安远、伍坊、永跃、黄塘、张垣、丰坪、硝坊、营上、马家、割畲、杜家、井坑、洪围、里坑、后溪、增坑、灵丰山、东桥、安远(居委)20 个

注：表中未注明居委会的为建制村。

1990年9月29日，湖村撤乡建镇，实行镇管村体制，行政区划和镇政府驻地不变。1992年5月8日，撤销横锁乡恢复城南乡，行政区划不变，乡政府驻地从横锁村迁至曲段村。1993年12月7日，撤销禾口乡设立石壁镇，实行镇管村体制，行政区划和镇政府驻地不变。2000年7月18日，撤销治平乡设立治平畲族乡，行政区划和政府驻地不变。2005年，全县行政区划为4镇、12乡，共辖13个社区、210个建制村。

第二节 村（社区）区划变更

1988年6月1日起《中华人民共和国村民委员会组织法》试行，确认村民委员会为基层群众性自治组织，不再是一级政权组织和行政组织。年底，全县区划为207个建制村、12个居民委员会。1993年4月25日，城南乡新设城南村。1994年3月24日，湖村镇城门村划分为城门、彭高2个建制村。1994年9月29日，淮土乡罗坑村划分为罗坑、周坑2个建制村。2003年，翠江镇所辖的社区调整为双虹、小溪、中山、红卫、朝阳等5个社区；泉上、湖村、石壁、安乐、中沙、水茜、安远、曹坊8个乡（镇）分辖的居委会更名为社区居委会。2005年，宁化县村（社区）区划为13个社区、210个建制村。

2005年宁化县乡(镇)村(社区)行政区划表

表 1-2

乡(镇)		社区和建制村	村民小组(个)
翠江镇	5	中山、双虹、小溪、红卫、朝阳5个社区	0
	4	双虹村、小溪村、中山村、红卫4个建制村	49
泉上镇	1	泉上社区	0
	11	泉上、罗李、联群、谢新、青瑶、延祥、黄新、泉正、泉永、豪亨、新军11个建制村	131
湖村镇	1	湖村社区	0
	12	湖村、邓坊、陈家、龙头、石下、黎坊、巫坊、城门、彭高、下埠、店上、湛坑12个建制村	88
石壁镇	1	石壁社区	0
	22	红旗、立新、杨边、小吴、大路、溪背、陂下、刘村、隆陂、官坑、石碧、江家、桃金、陈塘、三坑、江口、南田、拱桥、江头、陈家坑、邓坊桥、张家地22个建制村	242
城郊乡	18	高堑、连屋、马源、旧墩、杨禾、上畲、夏家、瓦庄、茶湖江、雷陑、社下、巫高、社背、李七、都寮、马元亭、下巫坊、九柏嵊18个建制村	165
淮土乡	21	淮阳、桥头、水东、禾坑、吴陂、青平、周坑、罗坑、团结、竹园、礤下、孙坑、凤山、五星、大王、赤岭、梨树、隘门、仕边、田背、寒谷21个建制村	139
济村乡	13	济村、武层、洋地、湖头、罗家、三村、长坊、新田、昆岗、神坛坝、肖家山、上龙头、吾家湖13个建制村	100
方田乡	8	方田、朱王、岭下、泗溪、大罗、泗坑、南城、村头8个建制村	91
城南乡	9	城南、横锁、鱼龙、青塘、茜坑、上坪、水口、肖家、龙下寨9个建制村	65
安乐乡	1	安乐社区	0
	11	刘坊、夏坊、安乐、谢坊、洋坊、三大、黄庄、罗坊、赖畲、马家围、丁坑口11个建制村	101
曹坊乡	1	曹坊社区	0
	14	上曹、下曹、双石、罗溪、黄石、滑石、三黄、根竹、坪上、宝丰、官地、南坑、曾家背、黄金进14个建制村	143

续表1-2

乡(镇)		社区和建制村	村民小组(个)
治平畲族乡	12	邓屋、彭坊、治平、社福、坪埔、泥坑、高地、下坪、高峰、田畲、光亮、湖背角12个建制村	100
中沙乡	1	中沙社区	0
	13	中沙、下沙、半溪、廖家、练畲、何屋、武昌、高坪、叶坊、楼家、樟荣、石门、双源13个建制村	106
河龙乡	8	河龙、前进、大洋、永建、下伊、高阳、明珠、沙坪8个建制村	69
水茜乡	1	水茜社区	0
	15	水茜、安寨、上谢、棠地、张坊、下洋、下付、蕉坑、沿溪、沿口、杨城、石寨、邱山、庙前、儒地15个建制村	226
安远乡	1	安远社区	0
	19	安远、岩前、伍坊、永跃、黄塘、张垣、丰坪、硝坊、营上、马家、割畲、里坑、杜家、井坑、洪围、后溪、增坑、东桥、灵丰山19个建制村	258
合计	223		2073

第四章　乡镇场概况

第一节　镇概况

一、翠江镇

翠江镇地处宁化城区，古名竹筱窝，辟于后唐同光二年 (924年)，至2005年已有1081年历史。1984年，行政区划为镇建制，因翠江穿过镇中而称为翠江镇，为县委、县政府驻地，县政治、经济、文化、商贸中心。2005年，镇域面积24平方公里。

中华人民共和国成立初期隶属第一区公所，1952年成立城关镇政府，1958年改称城关人民公社星火（居民）大队。1969年3月，星火（居民）大队从城关人民公社析出，单独成立城镇革命委员会；1984年8月，从城关人民公社析出城区4个农业生产大队与城镇革命委员会合并，建置翠江镇。2004年，翠江镇被建设部、国家发展改革委员会等6部委确定为全国重点镇。2005年，下辖4个建制村49个村民小组、5个社区33个居民小组，计14067户、户籍人口41818人。

第二次国内革命战争时期，翠江镇是中央苏区的重要组成部分，曾为县苏维埃政府所在地，毛泽东、朱德、彭德怀等老一辈革命家都在此留下过革命足迹。当时参加红军人数达2个营。中华人民共和国成立后，全镇在册的各个历史时期革命烈士有233人。中华人民共和国开国少将孔俊彪出自城关。北山革命纪念园是全国百个红色旅游景点景区之一，园内树立以毛泽东诗词《如梦令·元旦》为背景的雕像，建有革命烈士纪念碑和革命纪念馆（博物馆）。县城南端建有占地8000平方米的红军长征出发地纪念广场。2005年，重建的慈恩塔屹立于福荫山（又名福林山）上。清代书画家、"扬州八怪"之一的黄慎塑像矗立在繁华闹市区的瘿瓢园。老佛庵坐落于小溪河畔，是县城的佛教中心。烧卖、生鱼片和宁化酒娘是城区美食文化代表。

（一）经济建设

1988年，全镇工农业总产值1492.32万元、财政总收入46.50万元、居民可支配收入1951元、农民人均纯收入602元。1990年起，在发展第一产业的同时，加快发展二、三产业。至2005年，全镇工农业总产值25826万元、财政总收入197.80万元、居民可支配收入7586元、农民人均纯收入3964元，分别为1988年的17.31倍、4.25倍、3.89倍和6.58倍。

农业生产　主要农作物有稻谷、蔬菜、水果、生姜、食用菌、茶叶。1988年，集资7.50万元，修建电灌站1座；投工3500多个，修水利35处。建立吨粮田66.70公顷、蔬菜基地146.70公顷、养鱼基地34.67公顷、果园81.73公顷，全镇耕地603.80公顷，农业总产值1151.62万元。1990年，优化配方施肥、病虫害综合防治等配套高产技术，粮食播种面积935.73公顷，粮食总产4379吨；多种经营以"菜篮子"工程为主，全年种植蔬菜383.30公顷，向市场提供蔬菜12075吨；农业总产值1532.09万元。2000年，发展食用菌生产（茶薪菇、凤尾菇等菌类）56.50万袋，种植草菇、大球盖菇、蘑菇4.80万平方米，培育食用菌种植大户10户，建立10个茶薪菇栽培示范点；全年粮食总产4934吨，烤烟总产量90吨，水果总产量1000吨，实现农业总产值3455万元。2005年，抓好农业结构调整，发展生姜种植41.86公顷，收购生姜65万公斤；全年完成粮食总产量4000吨、水果总产量2537吨、肉蛋奶总产量705吨；农业总产值4887万元，为1988年的4.23倍。

乡镇企业　1988年，全镇有企业1654家，从业人数3234人，总产值340.70万元。主要出口产品为儿童玩具、氧化稀土、木碗、鸡毛扫等。1990年起，坚持"镇办、村办、组办、户办、联办"五轮并驱，实行"种植、养殖、加工、商业、运输、建筑、服务、房地产"八业并举，集体企业发展到14家。1993—2001年，发展股份合作制企业，先后引进投资150万元以上的企业19家，全镇个体私营企业发展到3780家，注册资金1.90亿元。2002年，重点发展涉农企业，以年产值1000万元的民营企业佳穗粮食加工厂为龙头，带动城区大小几十家粮食加工企业联合发展，打响"客家优质米"品牌。2005年工业产值20939万元，为1988年的61.46倍。

（二）社会事业

教育　1988年，全镇在校中小学生6411人。1990年，投资14.54万元兴建红旗小学教师宿舍楼。1992年，投资4.50万元建设红旗小学围墙和操场。1994年，投资24万元改建铜锣坵小学教学楼（2004年更名为宁化县特殊教育学校）。1997年，投资30万元装修宁化县第六中学实验大楼。1998年，投资130万元建设宁化县第六中学和红旗小学教学大楼，整改8000平方米校园，宁化县第六中学升格为福建省三级达标学校。2005年，全镇在校中小学生10910人。

科技　1988年，翠江镇加强村级科技示范基地建设，培育种养殖科技示范户21户。1989—1991年，连续获得福建省"科技示范乡镇"称号。1992—2005年，突出管理、服务、引进3个重点，推广农业科技种植面积366.66公顷。先后举办种、养、加工业等培训班80期，培训1万人次，培育科技示范户70户。

计划生育　1988年，全镇计划生育政策符合率93.60%，人口自然增长率6.90‰。1990年，加大计划生育动态管理和流动人口管理。1999年，健全计划生育协会管理，被宁化县计划生育领导小组授予"1998年度先进计生协会"称号。2001年4月，被市委、市政府授予"2000年度计生工作先进镇"。2004年3月，被宁化县计划生育领导小组授予"2003年度计生协会先进集体"。2005年，全镇出生332人，计划生育政策符合率96.40%，人口自然增长率4.30‰，计划生育工作名列全县第一名。

防洪堤建设　翠江河穿城而过，由于上游水土流失严重，洪涝灾害频发。1998年开始建设城区防洪堤，2001年10月完工，总投资2350万元，堤长11.80公里，防洪标准由5年一遇提高到20年一遇。

精神文明建设　1988年起，翠江镇划分4个共建片区，成立"理事会"，开展军警民共建活动，创建文明安全小区18个。依托建县人物罗令纪的罗氏祠堂和开发黄连峒先驱者巫罗俊的怀念堂，建立"社会主义新型祠堂文化基地"，把公民道德教育、普法活动、计划生育等先进文化思想与祭祀、议事活动有机融合，设立宣教室、图书室、阅览室、书画室、文艺排练室、公民道德学习室。祠堂夕阳红艺术团自编自演山歌、小品、计生民谣、快板，结合"三下乡"（文化、科技、卫生三下乡）巡回演出。社区居民自发组织5个文艺团体，把精神文明建设融入当地民俗及各种文化活动之中，每逢周末和"五一""七一"、国庆节、重阳节、春节、元宵节等重要节假日，开展翠园广场周末大家乐和各种法制宣传、公民道德宣传、计划生育宣传，举办文艺晚会，推进城区村风、民风好转。整治社区环境卫生，突出背街小巷及城乡结合部的卫生管理，完善二级环境卫生管理制度，绿化、美化、净化城区生活环境。

2000年和2005年，翠江镇连续获第七、八届"省级文明乡镇"称号；辖区内有省级文明单位7家，市级文明单位35家，县级文明单位64家。

（三）市政建设

1988年，加大市政建设投入，公共建筑沿南大街、北大街、中山路、西大路、中环路等走向，统一布局，分期建设。主要建筑物有客家宾馆、工业品贸易大楼、客家边贸中心市场、邮电大楼、烟草大厦、金叶大厦、边贸大楼、翠景大厦、电力大厦、国土大厦等，主要居民住宅小区有朝阳新村、松树园新村、农业新村、江下新村、南门新村、龙门新村、东方新村、林业新村、城北新村、鸡山新村、小溪新村、新庙段新村等。1993—2001年，共投入资金384万元，开发朝阳小区、城东小区、中环路沿街住房，并开发墩子前、埂背、小溪百货仓库4137平方米等地块房地产。2002年，镇房地产公司开发建设的"翠江大厦"交付使用。至2005年，城东广场、翠江大厦、江滨花园、东方花园、朝阳商住楼、北街商住楼、运明园、盈盛园、意华园等房地产建竣，天鹅大厦、翠江明珠住宅小区开工。全镇新铺设水泥道路108条，市政道路总长23.30公里，其中20—30米宽的主干道有10.70公里。镇区有公园2处，革命纪念馆、文化活动中心、县委老干部活动中心、科技活动中心、图书馆、工人俱乐部、体育馆、县医院、县中医院、县妇幼保健院各1所。有完中1所、初中2所、小学3所、中心幼儿园1所。

1988—2005年翠江镇主要年份经济社会发展情况表

表1-3

年份	户籍人口（人）	农业总产值(万元)		粮食总产量（吨）	烤烟总产量（吨）	生猪出栏数（头）	工业总产值（万元）	财政总收入（万元）	农民人均纯收入（元）	在校中小学学生人数(人)
		合计	其中：畜牧水产产值							
1988	30284	1151.62	419.93	4128	5	6866	340.70	46.50	602	6411
1990	31516	1532.09	427.86	4379	2	7600	601.90	112.38	890	7484
1995	36174	3339.00	1772.00	4305	27	10350	327.50	133.32	2194	8865
2000	38283	3455.00	1603.00	4934	90	4859	—	236.62	3360	9812
2005	41818	4887.00	2195.00	4000	20	6840	20939.00	197.08	3964	10910

二、泉上镇

宋至元朝为登龙乡温泉团，明、清时改称泉上里。民国时，曾设元仲乡。苏维埃时期，设置泉上县。中华人民共和国成立后沿袭旧制。1951年，属宁化县第四区。1958年，成立泉上人民公社。1984年，撤社建镇。2005年，辖11个建制村、1个社区，计6258户、户籍人口数21813人。

泉上镇地处宁化县东部，位于北纬26°25′，东经116°57′之间，距县城44公里。东邻明溪县盖洋，西靠湖村、水茜，南接清流县林畬、嵩溪，北连明溪县枫溪、夏坊，是四面环山盆地，三县七乡（镇）结合部。2005年，镇域面积194.26平方公里，其中耕地面积2343.47公顷。境内属丘陵地带，海拔千米以上山峰有酒堂寨（1087米）和石壁岭（1120米），木材蓄积量50多万立方米，毛竹林4666.67公顷。主要矿产有钨、煤、铁、铅、石灰石、高岭土等。由于地势居高，蓄水不足，民间流传"泉上好大丘，三年两不收，一年雨水好，有米下福州"的民谣。1971—1975年，国家投资580万元，建成总库容1480万立方米的泉上水库，灌溉面积1066.67公顷，结束农田夏旱的历史。

泉上镇是明溪、清流、宁化要冲，自古为历史重镇。民国19年（1930年）1月，毛泽东率红四军途经泉上，宿于泉下村。民国 22 年（1933 年）7 月，彭德怀率领红东方军从赣入闽东征，攻克泉上土堡。第二次国内革命战争时期，泉上青年踊跃参军参战。中华人民共和国成立后，全镇在册的各个历史时期革命烈士 92 人。镇内文物众多，青瑶村和谢坊村保存有宋元时期古窑址；延祥村文化底蕴深厚，其明代古建筑群规模宏大，村中保存为数可观的古井、古瓷缸、古牌匾、古香炉、古字画及 200 多年前种植的牡丹；建于清顺治十一年（1654 年）的泉上土堡遗址尚存；延祥孔坑茶为清代贡品；明末清初泉上村里龙乡（今泉上村）文人李世熊（字元仲）编纂的《宁化县志》名扬全国，被誉为"天下名志"；第二次国内革命战争时期参加红军的罗广茂曾是朱德身边的司号员，其珍藏的《中国工农红军军号谱》（保存于县博物馆），属国家一级文物。

（一）经济建设

1988 年，全镇工农业总产值 2317.38 万元、财政总收入 135 万元、农民人均纯收入 620 元。1990 年起，调整产业结构，发展乡村企业。2000 年，农业总产值 8013 万元、财政总收入 265 万元、农民人均纯收入 2961 元。2005 年，工农业总产值 25934 万元、财政总收入 331 万元，人均纯收入 3575 元，分别为 1988 年的 11.19 倍、2.45 倍和 5.77 倍。

农业生产　以种养业为主，农副产品有稻谷、烤烟、食用菌、水果、生猪、牛、兔等。1988 年，粮食种植面积 3954.67 公顷，总产量 17963 吨；烤烟种植面积 352.93 公顷，总产量 554 吨。1989 年，开始发展食用菌生产，推广"中心+大户+农户"生产模式，种植面积逐年扩大。1990 年起，稳定粮食生产，发展烤烟生产。1999 年起，出台优惠政策，发展草兔养殖，成立合作组织，创建"泉上草兔"品牌，推动传统畜牧业向现代畜牧业转变。2005 年，全镇种植粮食 3073.80 公顷，总产量 17581 吨；种植烤烟 1116.67 公顷，总产量 1759 吨；种植食用菌 20 万平方米，总产量 1000 吨，产值 400 万元；肉兔存栏 4 万头以上，产值 240 万元。

乡镇企业　1988 年，全镇主要有机砖厂、编织袋厂、钨矿、煤矿等企业，产值 119.10 万元。1996 年起，依托自然资源，开展招商引资，发展乡村企业。2005 年，主要有延祥铅金属矿、煤矸石新型建材厂、拳力木业有限公司、泉上城兴木业、泉下靶场细木工板厂、泉上编板厂、泉上家具厂、宏兴制衣厂、鸿达制衣厂、漫步服装制造有限公司、泉上以祥制衣厂等企业，企业总产值 13220 万元，为 1988 年的 111 倍。

（二）社会事业

教育　1988 年，镇区有宁化第五中学、泉上中心小学、泉下学校（包括初中部）、泉上中心幼儿园各 1 所，完全小学 8 所，在校中小学生 3333 人。2002 年拆校并点，泉下学校初中部并入宁化第五中学。2005 年，镇区有中心校、泉下完全小学、泉上中心幼儿园各 1 所，延祥教学点 1 个。中心学校校园面积 33610 平方米、校舍面积 8801 平方米，有小学教学班 41 个、小学生 1200 人，幼儿园教学班 8 个、入园幼儿 295 人。

卫生　1988 年，有镇卫生院 1 所，村级卫生所 10 个，乡村医生 10 人。随着农村医疗制度改革，加大医疗基础设施的投入，泉上镇医疗卫生事业发展较快，2005 年，泉上卫生院成为集医疗与预防为一体的一级甲等医院，开展常见病、多发病的诊疗及下腹部手术、骨外伤固定、中医诊疗、针灸、口腔等科目和全镇预防保健工作，服务 3 万人。

计划生育　1988 年，全镇计划生育政策符合率 75.47%。1995 年起，逐步建立计划生育村民自治，健全镇、村、组三级计划生育管理队伍。2000 年，建立计划生育微机管理网络。2005 年，全镇出生 239 人，人口自然增长率 6.38‰，计划生育政策符合率 97.07%。

（三）集镇建设

1988 年，新辟新街和新建农贸市场 1 万平方米，年底有 4300 平方米正式投入使用。1995 年，完成镇区东街、泉侨街、泉下街水泥路面铺设 2115 平方米；程控电话扩容至 1000 部；有线电视网络基本形成，用户达 1000 户；对自来水厂进行技改，新增用户 400 户；新办老年公寓。2000 年，投资 90 万元铺设泉上至泉下柏油公路；宁化第五中学教学综合楼和学生宿舍楼投入使用；延祥谢厝坑通电和新军、豪亨两个建制村自来水工程完工。2002 年，新建住宅 62 幢；投资 335.80 万元，对泉上镇镇区供水进行系统改造，并于 2003 年 8 月投入使用，日供水 3000 吨，受益人口 7979 人，群众生活和企业用水得到保障。2005 年，黄新村饮用水工程列入"利民工程"项目；完成泉上至延祥、豪亨至新军公路改建。

1988—2005 年泉上镇主要年份经济社会发展情况表

表 1-4

年份	户籍人口（人）	农业总产值(万元)		粮食总产量（吨）	烤烟总产量（吨）	生猪出栏数（头）	工业总产值（万元）	财政总收入（万元）	农民人均纯收入（元）	在校中小学生人数（人）
		合计	其中：畜牧水产产值							
1988	20406	2198.28	610.62	17963	554	10169	119.10	135	620	3333
1990	21210	3433.95	696.28	19663	756	11200	226.90	155	863	3209
1995	21694	8335.00	2325.00	18516	1197	18626	278.00	210	2003	3337
2000	21909	8013.00	2302.00	19769	1211	14691	—	265	2961	3397
2005	21813	12714.00	3922.00	17581	1759	19437	13220.00	331	3575	2736

三、湖村镇

湖村自后唐开基建村，迄今已有 1000 多年历史，曾有桐市、乌村、湖村、蛟湖等称谓。1958 年成立人民公社，1984 年撤社建乡，1990 年撤乡建镇。湖村镇位于县城东部，距县城 28 公里，东接泉上镇，西连中沙乡，南与清流县毗邻，北靠水茜乡。2005 年，镇域面积 158.38 平方公里，其中耕地 1935.59 公顷、山地面积 1594.84 公顷。辖 12 个建制村、1 个社区，计 3949 户、户籍人口 15977 人。1991—2005 年，先后获省明星乡（镇）、省税源普查先进单位（1999 年）、省双拥工作先进单位、省计划生育协会先进单位、省"三个代表"（中国共产党始终代表中国先进社会生产力的发展要求，始终代表中国先进文化的前进方向，始终代表中国最广大人民的根本利益）重要思想学习教育活动先进集体、省优秀人民调解委员会等称号。

第二次国内革命战争时期，湖村是中央苏区重要组成部分，工农红军的大后方、军需物资补给地。当时，彭湃县苏维埃政府设在巫坊村陈姓外祠，中央红军医院设于石下村八角楼和邱氏祠堂，兵工厂设石下田螺寨。彭德怀指挥的红三军团，驻扎在石下村八角楼和陈家村的官家墩。全镇有 314 人参加工农红军。中华人民共和国成立后，全乡在册的各个历史时期革命烈士有 77 人。

湖村是县域旅游重镇，境内有国家地质公园天鹅溶洞群、福建省最深的内陆湖——蛟湖（深 103 米）、银杏山庄、灵隐寺、五顶帐，下埠五通庙、古戏台、店上双忠庙、城门观音桥（2000 年重建）、工农红军烈士纪念碑（1999 年修建）等名胜古迹。其中，天鹅洞群是福建省规模最大、数量最多、分布最密的溶洞群，2004 年 1 月，被国土资源部授予"国家地质公园"称号。镇西老虎岩洞内经中国科学院及省、市专家考察，发现有距今 4 万年的古人类化石。湖村地灵人杰，出现明代武魁、明威将军张运中，清乾隆进士张腾蛟，道光时诗画出众的张华元，同治年间为民除害的秀才陈经洪，光绪时济贫于民的官鼎水，第二次国内革命战争时期的彭湃县苏维埃主席邱洪玖、副主席曾佑源，参加过二万五千里长征的红军吴德胜、陈学发、赖德明等人物。清代书画家、"扬州八怪"之一的黄慎幼时曾在蛟湖畔结庐勤读。每年农历七月二十四日至二十六日店上村举办的耕牛交易会，是周边几个县最大的耕牛交易会。

湖村境内有钨、煤、石灰石、高岭土、铁、铜、云母等矿产资源，其中煤储量达 23 万吨，石灰石储量达 3 亿吨，钨储量达 30.40 万吨，木材蓄积量 52 万立方米，竹林地 2069.46 公顷，森林覆盖率 70.10%。

（一）经济建设

1988 年，工农业总产值 1703.39 万元、财政总收入 8.50 万元、农民人均纯收入 605 元。1990 年，工农业总产值 2206.88 万元、财政总收入 11.30 万元、农民人均纯收入 863 元。1995 年，工农业总产值 7758.40 万元、财政总收入 14.20 万元、农民人均纯收入 2110 元。2000 年，调整产业结构，大力发展乡村企业，财政总收入 15.40 万元、农民人均纯收入 3048 元。2005 年，工农业总产值 34997 万元、财政总收入 16.75 万元、农民人均纯收入 3687 元，分别为 1988 年的 20.55 倍、1.97 倍和 6.09 倍。

农业生产 1988年，粮食总产量13058吨，烤烟总产量297吨。1900年，粮食总产14132吨，烤烟产量538吨，造林415.60公顷，实现消灭荒山目标。1995年，粮食总产14145吨，烤烟总产量1100吨；山地开发推行谁种谁有的优惠政策，基本实现人均1亩果园目标，水果产值2170万元；发展草菇、蘑菇种植53000平方米，生产香菇20万袋。2000年，粮食总产16484吨，烤烟总产量998吨，新植水蜜桃704公顷，食用菌生产85万袋，依托农星公司走"公司+农户"路子，年出栏肉鸡70万羽。2005年，粮食总产15307吨，烤烟总产量1100吨；农业总产值12267万元，为1988年的8.16倍。

乡镇企业 湖村是宁化的工业重镇。1988年，乡村企业有小钨场、小煤矿、大理石厂、茶场、碗厂、纺织厂、电木粉厂等，总产值199.90万元。1991年起，发挥矿产、林竹等资源优势，发展村镇企业。1995年，全镇企业总产值763.40万元。至2005年，引进资金（含福建省重点项目宁化行洛坑钨矿有限公司投资）3.60亿元，有大小企业400家，主要有水泥厂、结晶硅厂、竹胶板厂、碳酸钙厂、刨花板厂、石灰厂、木材加工厂、机砖厂、石料场及银杏山庄、瓷器厂等，总产值22730万元，为1988年的113.71倍。

（二）社会事业

教育 1988年，全乡有初中1所，学生623人；完全小学10所，初级小学2所，学生904人；中心幼儿园1所，学生132人；村级幼儿班11个，在校幼儿176人。乡村两级共同集资205万元，新建校舍5所，改建危校4所。1991—1998年，镇政府投资500万元，新建湖村学区教学楼、食堂、学生宿舍楼、多媒体教室，建筑面积5430平方米。2005年，湖村学区有教师140人，初中班16个，学生804人；小学10所，学生1156人；幼儿班12个，在园儿童287人。

卫生 1988年，重点开展乡、村卫生保健达标和儿童计划免疫。1995年，全镇12个建制村均设卫生所，有乡村医生14人。1996—2005年，镇政府投资128万元，新建卫生院门诊部，修建住院部。卫生院占地面积4500平方米，建筑面积2558平方米，设内、外、儿、妇、中西医科、防疫科，"X光"室、化验室、"B超"室等科室。2004年，湖村镇卫生院被省卫生厅评为文明卫生院。2005年，投入8万元改造装修防疫组，达到规范化接种室标准。

计划生育 1988年，全乡计划生育政策符合率85.90%，人口自然增长率4.90‰。1994年，建立镇、村计生协会，加强计生村级自治。1995年，计划生育政策符合率91.24%。2005年，全镇计划生育政策符合率95.29%，人口自然增长率4.57‰。

（三）集镇建设

湖村是宁化五大集市之一，南宋嘉定元年（1208年）已设墟市。1990年撤乡建镇后，镇党委、镇政府加大推进集镇建设力度。1998年，投资120万元新建5000平方米农贸市场，投资150万元扩建坑尾自来水容量池、新建巫坊村山背自来水厂1座，水容量20万立方米，解决集镇所在地4个建制村居民生活用水问题。为加快国家地质公园——天鹅洞风景区建设，2003年年底，开始实施石洞夹村民小组搬迁，20户村民全部安置到湖村、巫坊公路沿线建房。至2005年，全镇新建集市面积1.20万平方米。

1988—2005年湖村镇主要年份经济社会发展情况表

表1-5

年份	户籍人口（人）	农业总产值（万元）		粮食总产量（吨）	烤烟总产量（吨）	生猪出栏数（头）	工业总产值（万元）	财政总收入（万元）	农民人均纯收入（元）	在校中小学学生人数（人）
		合计	其中：畜牧水产产值							
1988	15733	1503.49	431.87	13058	297	7420	199.90	8.50	605	1826
1990	16429	2026.48	446.28	14132	538	9100	180.40	11.30	863	1711
1995	17342	6995.00	1900.00	14145	1100	14320	763.40	14.20	2110	2284
2000	16423	7545.00	1774.00	16484	998	9550	—	15.40	3048	2741
2005	15977	12267.00	3138.00	15307	1100	15593	22730.00	16.75	3687	1960

四、石壁镇

石壁古称玉屏，唐至明曾设里、乡、都、市等，清属龙上下里，民国为禾口乡。中华人民共和国成立后初期沿袭旧制。1950—1958 年，属宁化县第二区禾口区管辖。1958 年，禾口、石碧 2 个人民公社成立。1959 年，禾口、淮土、石碧、凤山 4 个人民公社合并为禾口人民公社。1961 年 9 月，中共禾口工作委员会成立，辖禾口、淮土、石碧、凤山、方田 5 个人民公社。1964 年 6 月，中共禾口工作委员会撤销。1966 年，禾口与石碧 2 个人民公社合并为禾口人民公社。1984 年撤社建乡，撤销禾口人民公社，建置禾口乡。1993 年撤乡设镇，撤销禾口乡，建置石壁镇。截至 2005 年，辖 22 个建制村、1 个社区，计 8968 户、户籍人口 34098 人。其中，溪背村于 2004 年被省政府批准为畲族村。

2004 年 10 月 23 日石碧村党支部书记张仁和因公殉职，2005 年被中共福建省委追认为优秀共产党员，其先进事迹传遍八闽。2005 年，石壁镇被三明市授予"文明镇"称号。

石壁镇位于宁化西部，处于北纬 26°14′、东经 116°31′之间，距县城 17 公里。东接城郊乡，西邻江西省石城县观下乡，西南、东南分别与淮土乡和方田乡接壤，北依济村乡。2005 年，镇域面积 136.50 平方公里。境内已探明矿藏有锡、稀土、萤石、瓷土和紫砂 10 余种，稀土遍及全镇各村，储量丰富。辖区内有客家祖地及东华山、双桂峰、狮子峰、升仙台、隆陂水库、围屋、屋桥、古墓等旅游景点和古迹。

石壁镇是闽西 100 个革命老区重点乡（镇）之一，是第二次国内革命战争时期中央苏区重要组成部分，22 个建制村全部为革命基点村。民国 18 年（1929 年），禾口第一名共产党员王子谦以"华丰庄"杂货店为中心，组织农会，发展党员，领导西乡革命。民国 19 年（1930 年）6 月 25 日，举行宁化西南半县农民武装暴动，建立西乡革命委员会。民国 20 年（1931 年）11 月，禾口区革命委员会成立，开展土地革命。为支援红军反"围剿"，禾口人民捐粮、捐物、捐钱、踊跃参加红军，是全县参加红军人数最多的乡，达 1300 多人。中华人民共和国成立后，全乡在册的各个历史时期革命烈士有 636 人。13 岁参加红军的解放军济南军区空军原政委、少将张雍耿为石壁立新村人。禾口（今石壁镇）、淮土两区，被中华苏维埃中央政府授予"扩红模范区"光荣称号。立新村红军桥、陈塘村红军医院等革命旧址保存较为完好。

石壁是世界客家祖地，自西晋永嘉之乱始，大批中原汉人举族南迁，辗转汇集到以石壁为中心的石壁盆地，数百年间与当地土著相互融合，于两宋期间产生客家文化，孕育出客家民系。客家先民以石壁为据点，向外拓殖，直至侨居到世界五大洲 80 多个国家和地区，拥有客属近亿人，石壁成为世界公认的"客家祖地"。

1992 年，县政府在石碧村土楼山动工兴建占地 3000 平方米的"石壁客家公祠"；1995 年 11 月 28 日落成，并举行石壁客家公祠落成暨首届世界客属石壁祖地祭祖大典活动，来自马来西亚、新加坡、泰国，以及中国香港、中国台湾的客属社团代表、新闻记者、内地省市代表及县内群众 6 万人参加祭祖活动。2005 年，已连续举办 11 届世界客属石壁祖地祭祖大典，上千个团队，世界五大洲 30 个国家和地区 30 余万客家人到石壁客家公祠寻根祭祖、考察调研、旅游观光。

（一）经济建设

1988 年，全乡工农业总产值 2027.67 万元、财政总收入 249.70 万元、农民人均纯收入 407 元。1990 年起，调整产业结构，发展粮食、烤烟生产，促进农民增收。1995 年，全镇工农业总产值 6875 万元，财政总收入 280.36 万元，农民人均纯收入 1563 元。2000 年后，石壁镇发挥客家祖地、革命老区、边贸重镇优势，培育支柱产业，打造石壁品牌，发展旅游等第三产业。2005 年，全镇工农业总产值 23540 万元、财政总收入 477.98 万元、农民人均纯收入 2895 元，分别为 1988 年的 11.61 倍、1.91 倍和 7.11 倍。

农业生产　1988 年，全乡种植粮食 3181.33 公顷，总产 15457 吨；种植烤烟 721.67 公顷，总产量 1093 吨。1990 年起，推广双季稻、优质水稻品种，提高产量和质量。1995 年起，改进烤烟栽培和烘烤技术，随着产量和质量的提高，烤烟成为石壁镇的支柱产业。2005 年，种植粮食 3052.33 公顷，总产量 18300 吨，为 1988 年的 1.18 倍；种植烤烟 1386.67 公顷，总产量 2080 吨，为 1988 年的 1.90 倍。2005 年，全镇有耕地 1981.06 公顷，是福建省最大的烤烟生产地，主要农副产品有茶油、糯米、花生、水果、茶叶、食用菌。

乡镇企业 1988 年，全镇主要有陶瓷厂、综合厂、印刷厂、宁化锡矿等企业，企业总产值155.50 万元。1990 年起乡（镇）企业改制，重点发展个体、私营企业。1995 年，全镇企业总产值39 万元。2005 年，有印刷厂、五金厂、大理石厂、糯米加工厂、砖厂、酿酒厂、东华矿业公司、食品有限公司、自来水厂等大小企业473 家，总产值11760 万元，为1988 年的75.63 倍。年生产加工优质糯米3 万吨，是全省最大的国家级优质糯稻——荆糯生产加工集散地。

（二）社会事业

教育 1988 年，全乡有中学1 所，村级小学22 所，在校中小学生5293 人。20 世纪90 年代，推进教育基础设施建设，通过第一轮"普九"（普及九年义务教育）验收。1996 年客家中学建成招生。2003 年，宁化县第二中学通过省级三级达标中学验收。2005 年，全镇有中学2 所，高中班32 个、初中班44 个，在校学生3836 人，教职员工278 人；小学教学点17 个，在校学生1683 人；幼儿班34 个，在园幼儿609 人，学前班250 人。

文化 在第二次全国文物普查期间，境内发现伍家屋傀偏山、陂下神坝里、交车、小吴观石排等古文化遗址，地表采集到印纹硬陶等残片。作为客家祖地和第二次国内革命战争时期中央苏区的组成部分，石壁文化积淀深厚，形成"祠堂文化""庆典文化""民俗民间文化""宗教文化""姓氏文化""红色革命文化"等特色文化，中央电视台、地方台及海内外的新闻媒体多次报道；民俗文化、民间文化表演活动曾获省、市奖项。

卫生 1988 年，全乡有中心卫生院1 所、医疗点1 个、村级卫生所22 所，有乡村医生22 人。随着医疗制度的改革，石壁医疗卫生保健事业发展较快，2005 年，全镇共有中心卫生院1 所、分院1 所、门诊部2 个，医技人员36 人；村级卫生所22 所，乡村医生44 人。石壁卫生院占地面积7000 平方米，建筑面积4020 平方米，设B超、心电图、内科、外科、放射科等15 个科室，为宁化县西片中心卫生院。

计划生育 1988 年，全乡计划生育政策符合率78.25%。1992 年，成立乡计划生育服务所，加强计生队伍建设。2003 年，被福建省计划生育委员会授予"先进计生服务所"称号。2004 年，被国家计生委评为"全国婚育新风进万家活动先进示范基地"。2005 年，全镇计划生育政策符合率96.43%，婴儿出生率8.72‰，人口自然增长率7.25‰。

（三）集镇建设

1993 年，石壁镇被建设部列为小城镇建设试点（乡）镇。1994 年，由三明市规划设计院编制完成《石壁镇小城镇1994—2010 年建设规划》，规划面积1.42 平方公里，涉及4 个建制村和1 个社区，1.80 万人口，分东、西两段分片建设。1995 年，东段实施集镇改造建设，铺设红旗、立新2 村集镇主街道总长1500 米，宽30 米的水泥路面，建设新华村、松华村、农贸新街、腊树坝等居民小区；西段实施三明市爱国主义教育基地——客家祖地建设和福建省住宅建设试点的枫树垅小区建设，在杨边、石碧2 村兴建客家公祠、客家医院、客家中学、客海禅寺等集朝圣、旅游、观光为一体的综合性基础设施，拓宽改造石碧主街道，铺设水泥路面。2000 年，石壁镇筹资180 万元在官坑村早禾田兴建大型自来水厂，日供水580 多吨，用户3100 户。2005 年，石壁镇委托福建省建设厅村镇建设发展中心编修总体规划，规划面积由原来1.42 平方公里扩大到4.20 平方公里。

1988—2005 年石壁镇主要年份经济社会发展情况表

表1-6

年份	户籍人口（人）	农业总产值（万元）		粮食总产量（吨）	烤烟总产量（吨）	生猪出栏数（头）	工业总产值（万元）	财政总收入（万元）	农民人均纯收入（元）	在校中小学生人数（人）
		合计	其中：畜牧水产产值							
1988	31174	1872.17	624.14	15457	1093	10896	155.50	249.70	407	5293
1990	32460	2203.73	564.20	16374	1111	12390	105.00	177.42	765	5320
1995	34396	6836.00	2161.00	16455	1793	18500	39.00	280.36	1563	6428
2000	34680	7261.00	2442.00	18045	1656	21260	—	391.20	2416	7511
2005	34098	11780.00	3594.00	18300	2080	28360	11760.00	477.98	2895	5519

第二节 乡概况

一、城郊乡

元朝属桂枝乡兴善里，明清为兴善里，民国时期分属城东镇和城南镇。苏区时期（1930—1934年）归属城郊区。中华人民共和国成立后，1951年属宁化县第一区。1964年6月，社、队合并调整，成立城关人民公社、旧墩人民公社、巫高人民公社、上畲人民公社4个人民公社；1966年8月，4个人民公社合并为城关人民公社。1969年3月，划出星火（居民）大队另设城关镇（今翠江镇）。1984年8月，划出城区双虹、中山、红卫、小溪4个农业大队（归属翠江镇），更名为城郊乡。

城郊乡地处宁化县城四周，属城乡结合部。东邻湖村，西连石壁，南与城南乡毗连，北和中沙乡接壤。2005年，乡域面积189.48平方公里，其中耕地2991.04公顷、林地13626.73公顷。主要矿产有石灰石、钾长石、稀土等。水力资源丰富，河流有东、西溪2条，为闽江源头之一。1988—2005年，先后建成寨头岭坝后电站、瓦庄电站、茶湖江电站、东溪电站，总装机容量2480千瓦。2005年，辖18个建制村165个村民小组，计5782户、户籍人口23316人。下巫坊村有集市，圩日为农历三、八日。保存较为完好的古迹有社背土楼和明朝洪武年间始建的社下俞氏祠堂。李七村是宁化西南五乡农民武装暴动村之一。中华人民共和国成立后，全乡在册的各个历史时期革命烈士有358人。

（一）经济建设

1988年，全乡工农业总产值3081.54万元、财政总收入41.38万元、农民人均纯收入618元。1991年起，乡党委、政府将全乡划分为近郊、中郊、远郊3个经济辐射圈，发挥资源和地域优势，依托城市、服务城市，发展工农业生产。2005年，全乡工农业总产值34024万元、财政总收入63.11万元、农民人均纯收入3477元，分别为1988年的11.04倍、1.53倍和5.63倍。

农业生产 1988年，全乡粮食总产量18585吨，烤烟总产量448吨。1990年起，调整种植结构，实行烟稻轮作。1995年，粮食总产量18340吨，烤烟总产量763吨。2000年，粮食总产量18654吨，烤烟总产量876吨。2004年起，发展肉牛养殖业。2005年，粮食总产量17306吨，烤烟总产量945吨；牛存栏2453头，其中母黄牛1728头；禽畜肉类总产量2065吨；蔬菜总产量1.60万吨。

乡镇企业 1988年，开展招商引资，发展乡村企业，企业总产值186.80万元。1995年，全乡各类企业271家，主要从事建材、化工、竹木制品、食品加工、餐饮等生产经营。1996年起，实施"工业兴乡"战略，新建宁化县东溪化工有限公司、宁化县振兴竹木制品有限公司、宁化县兄弟米业有限公司、宁化县春辉茶业有限公司、宁化县恒鑫木业有限公司等。2005年，全乡有各类企业462家，企业总产值21193万元，为1988年的113.45倍。

（二）社会事业

教育 1988年，全乡有中心小学1所，完全小学15所，初级小学4所，中小学学生3306人；幼儿园20个，在园幼儿539人。1998—2004年，全乡投入800多万元新建和改建校舍，其中投资200万元新建东风小学教学楼1座，通过第一轮"普九"验收。2004年，城郊中心学校与东风小学分离，迁至高堑村。2005年，全乡共有中心小学1所、完全小学8所、教学点3个，学生2671人；幼儿园14个，在园幼儿414人。

卫生 1988年，乡卫生院设防疫、妇幼保健等科室，有医技人员12人。1991年，城郊卫生院经初级卫生保健审评为基本达标乡。2002年，兴建卫生院门诊大楼，改造病房设施，改善服务环境。2005年，乡卫生院有医技人员14人；有村级卫生所18所，乡村医生37人。

计划生育 1988年，全乡人口自然增长率8.16‰。1990年，成立乡计生协会，18个建制村相继成立计生协会组织。2005 年，全乡出生 174 人，其中政策内生育 166 人，计划生育政策符合率 95.40%；人口自然增长率 2.07‰，比 1988 年下降 6 个千分点。

（三）乡村建设

1988—2002 年，城郊乡推进基础设施和新村建设，实现村村通程控电话，完成农网改造，90%的村解决卫生饮水问题，安装闭路电视，建成乡敬老院，新建电站 3 座。2003 年 7 月，城郊乡投资 1050 万元的东溪电站技改并网发电。2005 年年底，高塈、连屋、马元亭、马源、杨禾、夏家、瓦庄、茶湖江、社下、都寮、李七、社背、巫高等 13 个建制村实现道路硬化。

1988—2005 年城郊乡主要年份经济社会发展情况表

表 1-7

| 年份 | 户籍人口（人） | 农业总产值(万元) | | 粮食总产量（吨） | 烤烟总产量（吨） | 生猪出栏数（头） | 工业总产值（万元） | 财政总收入（万元） | 农民人均纯收入（元） | 在校中小学学生人数(人) |
		合计	其中:畜牧水产产值							
1988	21577	2894.74	978.18	18585	448	13942	186.80	41.38	618	3306
1990	22751	3838.54	1004.12	19976	539	17706	117.30	45.25	840	2555
1995	23769	7965.00	2547.00	18340	763	17659	544.80	241.26	2067	3443
2000	23838	8659.00	2625.00	18654	876	13400	—	323.07	2965	3539
2005	23316	12831.00	3648.00	17306	945	17650	21193.00	63.11	3477	2671

二、淮土乡

淮土原名"怀土"。宋至元属桂枝乡管辖。明至清称龙上上里。民国时期分设淮土乡、凤山乡。民国 19 年（1930 年），建立淮土区苏维埃政府。中华人民共和国成立后，1952 年，划归宁化县第八区。1956 年，分别成立凤山、淮土 2 乡。1958 年，撤乡建人民公社；1959 年，凤山人民公社、淮土人民公社并入禾口人民公社。1966 年，凤山、淮土合并为淮土人民公社。1984 年，撤社建乡。2005 年，辖 21 个建制村 139 个村民小组，计 7961 户、户籍人口 31715 人。

淮土乡地处宁化县西南部，距县城 27 公里，东连方田乡，西与石城县朱坑乡交界，南接江西省石城县横江小姑村，北靠石壁镇。2005 年，乡域面积 98.85 平方公里。淮土乡是全县最干旱地区，2005 年，水土流失面积 5984.30 公顷，占土地总面积的 60.54%。

民国 20 年（1931 年）11 月，中共闽粤赣省委委员、闽西苏维埃政府主席张鼎丞在淮阳村刘氏家庙主持召开宁化县第一次工农兵代表大会，选举产生宁化县苏维埃政府。第五次反"围剿"失败后，凤山、大王两村是红军集结之地，成为红军长征始发村之一。全乡参加红军 1000 多人。中华人民共和国成立后，全乡在册的各个历史时期革命烈士有 545 人。境内存有第一次工农兵代表大会旧址 (刘氏家庙)、凤山红军街和桥头村竺隐寺、禾坑村张公庙等名胜古迹。

淮阳、大王村的祠堂文化、百鸟灯 (高灯) 制作、采茶剧、花灯为当地特色文化。始建于唐朝元和年间 (806—820 年) 的龙华寺是拜佛朝圣旅游胜地。

（一）经济建设

1988 年，全乡工农业总产值 2034.40 万元、财政总收入 6.51 万元、农民人均纯收入 400 元。1990 年始，调整产业结构，发展烤烟生产，扩大食用菌种植，推进乡 (镇) 企业发展。1995 年，工农业总产值 7052.20 万元、财政总收入 12.82 万元、农民人均收入 1606 元。2005 年，全乡工农业总产值 26331 万元、财政总收入 23.72 万元、农民人均纯收入 3102 元，分别为 1988 年的 12.94 倍、3.64 倍和 7.76 倍。

农业生产　1988 年，粮食总产量 12267 吨，烤烟总产量 584 吨。油茶总产量 100 吨，占全县产量的 50%。1990 年，完成农业总产值 2227.35 万元，实行科技种田，建立吨粮田 133.30 公顷，丰产片 266.60 公顷，推广再生稻 26.67 公顷，粮食总产量 13170 吨；推广烤烟"上山进单" (利用农地和单季晚田，先种烟、后插秧），全乡种植烤烟 632 公顷，总产量 825 吨；开辟果园 100 公顷；林业生产抓住林地、苗木、资金、劳力"四落实"，全乡造林 261.86 公顷，封育成林 270 公顷，荒山绿化经省检查验收达标，基本消灭荒山。2000 年，粮食总产量 14863 吨，烤烟总产量 820 吨；大力发展油茶生产，全年垦复 933.30 公顷，建立寒谷、田背 70.66 公顷高标准油茶林改造示范片，建成桥头 13.30 公顷新植油茶示范片，发展茶薪菇 30 万袋，总产达 50 吨；建立仕边村 150 头规模的肉牛养殖示范场；投资 41.20 万元，改造中低产田 265.30 公顷，新建禾坑排灌站 1 座，实现改造区年亩增粮食 75 公斤。2005 年，粮食总产量 15372 吨，烤烟总产量 935 吨，油茶总产 1500 吨；农业总产值 9051 万元，为 1988 年的 5.34 倍。

乡镇企业 1988 年，乡村企业总数 599 个，从业人员 3670 人，产值 340.50 万元，出口创汇产品主要有钨酸和竹编工艺品。1990 年，调整产品结构，增强竞争能力，乡村企业总产值完成 582.10 万元。2000 年，投资 30 万元，组建淮土鞭炮生产联合体，年最大生产能力 18 亿响；淮土精包装茶油获三明市"12·8"名特优产品展销会金奖。2005 年，先后成立三明扬晨食品公司，兴办宁化顺发竹制品厂、淮土养殖场、宁化瑶塘理德机砖厂，扩建肉牛批发交易市场，引进内资总额 1592 万元，引进外资 30 万美元成立宁化联晖服装织造有限公司，全年工业总产值 17280 万元，为 1988 年的 50.75 倍。

（二）社会事业

教育 1988 年，有中学 1 所，在校学生 960 人；小学 26 所，在校学生 3337 人。1995—2004 年，先后修建凤山中学教学楼、淮土中学教学楼、淮土中心小学综合楼、凤山中学宿舍楼、竹园小学教学楼、田背小学、学区教学楼，通过第一轮"普九"验收。2005 年，全乡有中学 1 所，在校学生 1525 人，教职工 112 人；小学 14 所，在校学生 1682 人，教职工 155 人；幼儿园 19 个班，在园幼儿 616 人。

卫生 1988 年，有中心卫生院 1 所、凤山医疗点 1 个、农村医疗所 21 所。中心卫生院设内科、外科、儿科、妇产科、中医科、防疫科等科室，新增 B 超、自动洗胃机等医疗设备。1990 年，儿童计划免疫保偿村达 100%，妇幼卫生保健发展到 8 个村。2005 年，新建卫生院病房 1 座，全乡 21 个建制村均建立初级卫生保健站。

计划生育 1988 年，全乡计划生育政策符合率 80.00%，人口自然增长率 9.10‰。1990 年，成立计生协会。1997 年，制定《关于计划生育奖惩规定》，计划生育政策符合率 95.16%。2005 年，全乡出生 353 人，其中政策内生育 337 人，计划生育政策符合率 95.47%，人口自然增长率 3.17‰。

（三）乡村建设

1988—1996 年，先后改建淮阳老街，新建电影院门市部、乡政府办公楼、宿舍楼，淮阳中心边贸市场、凤山农贸市场、五星与田背边贸批发部。1997 年，新建淮土敬老院，组建城管队。2003 年，改建淮阳自来水厂，日供水 2500 吨，推进罗坑、禾坑、隘门、寒谷等村级自来水工程建设。2005 年，铺设凤山片供水工程主管道 5 公里，自来水通村率 100%、入户率 82%。

1988—2005 年淮土乡主要年份经济社会发展情况表

表 1-8

年份	户籍人口（人）	农业总产值(万元)		粮食总产量（吨）	烤烟总产量（吨）	生猪出栏数（头）	工业总产值（万元）	财政总收入（万元）	农民人均纯收入（元）	在校中小学学生人数（人）
		合计	其中:畜牧水产产值							
1988	30598	1693.90	549.18	12267	584	9887	340.50	6.51	400	4297
1990	32112	2227.35	544.30	13170	825	10722	582.10	8.31	636	4123
1995	33070	6603.00	2118.00	14300	1430	21180	449.20	12.82	1606	4811
2000	32978	5435.00	1647.00	14863	820	13890	—	17.63	2561	4553
2005	31715	9051.00	2479.00	15372	935	16971	17280.00	23.72	3102	3207

三、济村乡

济村古称"桂枝"，明清时改称"龙下里"。民国32年（1943年）称济村乡。中华人民共和国成立后，1961年成立济村人民公社。1984年撤社建乡。2005年，辖13个建制村100个村民小组，计3804户、户籍人口15072人。

济村乡位于宁化县西北部，距县城17公里，处于北纬26°20′，东经116°33′之间。东邻中沙、城郊2乡，西北与江西省石城县的丰山、高田、琴江相毗邻，南连石壁镇。全乡有5个建制村与江西接壤。2005年，边界线长达36.64公里，有7条省际边界公路可通江西省石城县，是典型的边界乡。平均海拔400—800米。乡域面积154.60平方公里（15460公顷）。全乡有山地面积11113公顷，其中毛竹面积733公顷。活立木蓄积量70万立方米，毛竹蓄积量110万株。主要河流济村河上游建有溪源水库，库容400万立方米，供灌溉、发电两用。据探测资料表明，境内锌铍矿石储量442万吨，钨金属储量1173吨，钽铌矿储量400吨，此外还探明有铜矿、锡矿、钾长石等矿种。全乡有药材基地80公顷，其中银杏33公顷，罗汉果20公顷，厚朴、白术、杜仲、太子参、辛夷花等27公顷。粮食作物以水稻为主，主要经济作物有烟叶、药材等，农副产品有茶叶、香菇、蘑菇、罗汉果、竹荪等。

济村历史人文和旅游资源较丰富，清代著名画家、"扬州八怪"之一的黄慎，清代著名书法家伊秉绶等曾在济村生活和学习过，留下大量墨宝。后梁贞明二年（916年），闽王王审知曾派员在济村铸造铅钱——光背"开元通宝"，为福建省最早的钱币铸造地之一。碗窑上遗址（宋代）属县级文物保护单位。济村有19个老区基点村。第二次国内革命战争时期，有500多人参加红军，其中有147人在中华人民共和国成立后被授予革命烈士称号。境内的东华山森林公园海拔1148.90米，为宁化县佛、道两教圣地和重要旅游景点。溪源大峡谷风景秀丽，地势奇特，植物繁茂，生物种类繁多。

（一）经济建设

1988年，全乡工农业总产值1967.80万元、财政总收入24.40万元、农民人均纯收入517元。1990年起，稳定粮食生产，发展烤烟、食用菌和乡村企业，加大剩余劳动力转移力度。2005年，工农业总产值15561万元、财政总收入215.82万元、农民人均纯收入3049元，分别为1988年的7.91倍、8.85倍和5.90倍。全年输出剩余劳动力2650人，创收4000多万元。

农业生产　1988年，种植粮食2391公顷，总产量10641吨；烤烟种植343公顷，总产产量356吨；生姜、黄花菜种植面积居全县首位，分别达到26.20公顷和10.33公顷；竹林300公顷，立竹量21万根，造林80公顷，获1988年度"宁化县林业生产先进单位"称号；食用菌总产量16吨；畜牧水产总产值500.01万元。1995年，粮食总产量11504吨，实施再生稻高产低耗工程38.20公顷，粮烟高产高效工程261.30公顷；种植烤烟717.30公顷，总产量935吨。2000年，粮食总产量13148吨；烤烟产量802吨；改造果园306.67公顷，水果总产量663吨；种植反季节蘑菇50万袋、茶薪菇20万袋，食用菌产值148万元。2005年，种植粮食2280公顷，总产量11525吨，比1988年增长8.31%；种植烤烟471公顷，总产量741吨，分别为1988年的1.37倍和2.08倍；竹林733公顷，立竹量110万株，林业总产值1100万元；生猪出栏6893头，肉牛育肥出栏516头；畜牧水产产值1472万元，比1988年增长2.94倍。

乡镇企业　1988年，有乡办羽绒厂，新办皮革厂、制鞋厂、竹木工艺厂和生化试验厂，总产值316.60万元。1990年起，整合资源、用好政策，推进乡村企业发展。2005年，有市级规模以上企业（济村锌铍矿）1家，县规模以上企业（济村钨矿）1家，建材、林竹加工等企业412家；企业总产值8853万元，比1988年增长26.96倍。

（二）社会事业

教育　1988年，全乡有初中1所，学生318人；中小1所，完全小学5所，学生1393人；幼儿园（班）12个，在园幼儿242人。1988—2002年，先后新建洋地、湖头、昆岗、神坛坝、武层、迳里、三村、长坊、黄柏等9个村级小学教学楼，通过第一轮"普九"验收。2003—2005年，先后投资360万元新建学生宿舍楼、小学教学楼各1座。2005年，有初中1所，学生818人；中心小学1所、初级小学7所，学生 832 人；幼儿园（班）10 个，在园幼儿 187 人。

卫生　1988 年，有中心卫生院 1 所，村级医疗点 11 个。济村卫生院为乙级一等医院，设有 B 超、检验、放射等技科室，开展内科、外科、妇产科、儿科等常规诊疗业务，有床位 15 张，年门诊量 6500 人次，住院 2300 人次。2004 年，按省级标准装修改造妇产科病房。2005 年，全乡有中心卫生院 1 所，医技人员 15 人；村级卫生所 11 所，乡村医生 13 人。

计划生育　1988 年，全乡计划生育政策符合率 80.13%，人口自然增长率 8.04‰。自 1990 年起，各村设立婚育学校，1990 年人口自然增长率 18.40‰。1995 年人口自然增长率 4.00‰；2000 年人口自然增长率 6.98‰。1998 年，乡村两级相继成立计生协会组织。2001 年，被省政府评为"婚育新风进万家活动先进乡"。2005 年，全乡出生 154 人，其中政策内生育 149 人；计划生育政策符合率 96.75%，人口自然增长率 7.64‰。

（三）乡村建设

1988—1999 年，济村乡开展新村建设，整治村容村貌，先后兴建邮电大楼、乡政府大楼，各村安装闭路电视，兴建通村简易公路。2000—2001 年，实现村村通电话，兴建乡敬老院，完成农网改造。2002—2003 年，开展通村公路全面整修，实现闭路电视县乡联网，县政府投资 170 万建成黄柏电站，推进殡葬改革，改土葬为火化。2004 年始硬化通乡、通村公路。2005 年，全乡按国家公路标准硬化水泥路面近 30 公里，实现移动、联通讯号全覆盖，完成集镇供水和村级供水工程建设，有 11 个建制村开通有线电视。

1988—2005 年济村乡主要年份经济社会发展情况表

表 1-9

年份	户籍人口（人）	农业总产值(万元)		粮食总产量（吨）	烤烟总产量（吨）	生猪出栏数（头）	工业总产值（万元）	财政总收入（万元）	农民人均纯收入（元）	在校中小学学生人数（人）
		合计	其中：畜牧水产产值							
1988	14280	1651.20	500.01	10641	356	6608	316.60	24.40	517	1711
1990	15170	2357.41	604.03	11284	547	9267	525.70	54.58	732	1255
1995	15333	5969.00	1778.00	11504	935	13500	81.00	149.41	1596	1533
2000	15371	5495.00	1353.00	13148	802	6382	—	199.65	2513	1657
2005	15072	6708.00	1472.00	11525	741	6893	8853.00	215.82	3049	1650

四、方田乡

方田乡旧名为方园里，宋至清属龙上上里，始建乡于民国元年（1912 年）。中华人民共和国成立后沿袭旧制。1958 年成立方田人民公社。1961 年划出南城与泗坑两个农业生产大队成立南城人民公社。1964 年，南城人民公社又并入方田人民公社。1984 年 7 月撤社建乡，建置方田乡。2005 年，下辖 8 个建制村 91 个村民小组，计 2965 户、户籍人口 11479 人。其中，泗坑及泗溪为畲族村。方田属省定贫困乡，2005 年，全乡有三分之一人口外出就业，是典型的劳务输出乡。

方田乡位于宁化西南部，地处北纬 26°11′05″、东经 116°32′24″ 之间，距县城 24 公里。东邻城郊，西毗江西石城横江镇，南接曹坊、治平，北靠石壁镇。2005 年，乡域面积 101.72 平方公里，其中耕地 1365.99 公顷。森林覆盖率 74.60%，木材蓄积量 30 万立方米，年产商品材 8.20 万立方米；毛竹 200 万根，年产商品毛竹 100 万根。境内的泗溪村森林面积 1350 公顷，野生植物 700 余种，百年以上红豆杉 20 余棵，有香檀、楠木及独具特色四方竹、金竹、黑竹；有国家一、二级保护动物 30 余种；是生物多样性保护区。方田溪、大罗溪各建两座水电站，至 2005 年，装机 2100 千瓦。矿产资源以石英为主，探明储量 1000 万吨。方田是红军二万五千里长征起点之一，参加红军 700 多人。中华人民共和国成立后，全乡在册的各个历史时期革命烈士有 296 人。境内泗坑田螺髻庙、大罗张家山庙、大罗丁氏祠、方田古华山庙、泗溪玉屏山、泗溪光化寺、朱王云隐寺、关帝庙等名胜古迹保存较好。"古坑粉干"制造工艺独特，生产历史悠久，在宁化及周边地区享有盛誉。

（一）经济建设

1988年，全乡工农业总产值1163.47万元、财政总收入22.55万元、农民人均纯收入592元。2000年，调整产业结构，增加制种面积，扩大烤烟生产，内引外联发展乡村企业。2005年，工农业总产值14686万元、财政总收入142.73万元、农民人均纯收入3314元，分别为1988年的12.62倍、6.33倍和5.60倍。

农业生产 1988年，粮食种植面积1418.06公顷，总产量6760吨；种植烤烟348公顷，总产量517吨；水稻制种26.67公顷。1995年起，调整产业结构，进行农业综合开发，粮食种植面积1560.67公顷，总产量8200吨；推进科技兴烟，烤烟成为支柱产业，种植640公顷，总产量979吨；水稻制种11万公斤，创产值1180万元。2000年，粮食总产量9708吨，烤烟总产量689吨，食用菌发展15万袋。通过"公司+农户"的发展模式，年产古坑粉干10万公斤。2005年，粮食总产量9350吨；种植烤烟404公顷，总产量606吨；水稻制种73.33公顷，为县主要制种基地之一，为福建种业公司提供良种20万公斤，仅制种一项全乡人均增收100元以上。

乡镇企业 1988年，主要企业有机砖厂、木制品厂、茶场、林场，产值46.40万元。1995年，新增大理石加工厂、竹木制品加工厂，企业总产值127万元。1996年起，开展招商引资，实施项目带动。至2005年，先后投资360万元建成客家永强机械厂，投资320万元建成永彪广式家具厂，投资235万元建成方泰金属制品厂，投资260万元建成陂田电站。全乡企业总产值7010万元，是1988年的151.08倍。

（二）社会事业

教育 1988年，全乡有中心学校（附设初中班）1所，初中教学班8个，学生360人；中心小学1所，完全小学7所，初级小学13所，班级68个，学生1178人。1989—2002年，先后新建中小教学综合楼、中心校教工宿舍楼各1座，新建南城、泗坑、大畬、泗溪、岭下、范家、村头、禾岭等小学教学楼8座，通过第一轮"普九"验收。2003—2005年，投资171.50万元，兴建总建筑面积2350平方米的中学教学综合楼。2005年，有九年一贯制学校1所、小学9所，在校学生968人；幼儿（园）班9个，在园幼儿126人。

卫生 1988年，全乡有中心卫生院1座、村级卫生所8所。1992年起，实施农村初级卫生保健规划，妇幼保健工作建卡率93.70%，预防接种率95.50%。2003年，标准化建设医院妇产科及预防接种室。2005年，乡中心卫生院占地面积1250平方米，有医技人员12人，床位15张，配备X光机、B超等医疗设备；有村级卫生所8所，乡村医生20人。

计划生育 1988年，全乡计划生育政策符合率66%。1990年起，村村设立婚育学校。2000年起，加强计生宣传教育与跟踪管理。2005年，全乡政策内生育106人，计划生育政策符合率97.17%，人口自然增长率4.19‰。

（三）乡村建设

1988—1992年，新建方田新街，铺设长350米、宽18米水泥路面主街道，沿街两旁新建商住楼房29幢；投资30万元新建方田大桥1座；投资50万元新建方田乡政府办公楼。1993—1994年，对方田老街进行改造，拆除旧建筑0.59万平方米，新建砖混结构住房39幢，铺设水泥路面街道200米。1995—1998年，安装集镇所在地电视地面卫星接收站；投资150万元新建方田中心小学教学楼；推进朱王村范家新村建设，拆除破旧房屋20幢，新建砖混结构住宅35幢。1999—2001年，铺设坪布至方田2.30公里的柏油路。2002—2005年，投资65万元新建自来水厂，投资38万元新建朱王、南城、泗坑、村头等村饮水工程，全乡自来水入户900户，受益群众4000人。至2005年，全乡通村道路硬化率75%。

1988—2005 年方田乡主要年份经济社会发展情况表

表 1—10

| 年份 | 户籍人口（人） | 农业总产值(万元) | | 粮食总产量（吨） | 烤烟总产量（吨） | 生猪出栏数（头） | 工业总产值（万元） | 财政总收入（万元） | 农民人均纯收入（元） | 在校中小学学生人数(人) |
		合计	其中：畜牧水产产值							
1988	11078	1117.07	306.74	6760	517	5200	46.40	22.55	592	1538
1990	11401	1229.35	325.85	7340	605	6267	61.00	35.28	682	1510
1995	11834	4523.00	1253.00	8200	979	9980	127.00	69.27	1809	1762
2000	11812	4994.00	1393.00	9708	689	11508	—	71.88	2812	1534
2005	11479	7676.00	2080.00	9350	606	14500	7010.00	142.73	3314	968

五、城南乡

宋至元朝属桂枝乡，明清时期为新村里。民国 19 年至民国 23 年（1930—1934 年）为横锁区。中华人民共和国成立后沿袭旧制。1951 年 6 月横锁区属宁化县第一区。1958 年 10 月，横锁区与城关人民公社合并。1961 年，成立横锁人民公社。1984 年，撤社建乡，建置横锁乡，乡址设在横锁村。1992 年 5 月，横锁乡更名为城南乡，乡政府迁址距县城 3 公里的曲段村。2005 年，下辖 9 个建制村 65 个村民小组，计2458 户、户籍人口 9481 人。

城南乡位于北纬 26°10′—26°16′、东经 116°29′—116°45′之间。东邻清流县，西接城郊乡，南靠安乐乡，北连翠江镇。2005 年，乡域面积 75.61 平方公里，其中山地面积 5597.53 公顷、耕地面积 1213.99 公顷。森林覆盖率 73%，木材蓄积量 40 多万立方米，毛竹 20 万根，年产松脂 2000 吨、木材 3000 立方米。出产野生红菇、梨菇、灵芝等。境内水力资源丰富，翠江流经城南村、鱼龙村、横锁村、肖家村四个建制村，建有乌龙峡、龙下、水口水电站和库容 10.20 万立方米的肖家叶坊小型水库。已探明的矿产有石英石、高岭土、稀土、钾长石、辉绿岩等。境内名胜古迹有水口巫氏祠堂、上坪南山古刹、水口村牌坊（节孝坊）、鹫峰寺和宁石凌古寨。水口村黄泥桥温泉，水温 38℃，是宁化旅游景点之一。海拔 800 米以上山峰有上坪村南山顶（碧云峰）和鸡心咀。第二次国内革命战争时期，红军建立上坪村高岭根据地。中华人民共和国成立后，全乡在册的各个历史时期革命烈士有 97 人。

（一）经济建设

1988 年，全乡工农业总产值 1234.79 万元、财政总收入 33.27 万元、农民人均纯收入 597 元。1995 年起，调整产业结构，发展烤烟生产和短、平、快近郊型农业。2005 年，工农业总产值 15362 万元、财政总收入 148.80 万元、农民人均纯收入 3446 元，分别为 1988 年的 12.44 倍、4.47 倍和 5.77 倍。

农业生产　1988 年，种植粮食 1934.67 公顷，总产量 7747 吨；种植烤烟 80.87 公顷，产量 91 吨；畜牧水产总产值 324 万元。1990 年起，推广杂交水稻优质新品种，全乡良种覆盖率达 85%以上。1995 年，调整产业结构，发展烤烟生产和特色养殖。2000 年，大山农业有限公司落户鱼龙村，创建优质高产蔬菜基地 20 公顷，种植反季节蔬菜，带动周边近 200 户村民发展蔬菜产业。2005 年，种植粮食 1548.40 公顷，总产量 8142 吨；种植烤烟 343.47 公顷，产量 515 吨；新建水口生态养殖场，年出栏生猪 3000 头。

乡镇企业　1988 年，全乡有水口小水电厂、机砖厂等企业 7 家，企业总产值 25.50 万元。1989 年起，内引外联发展乡村企业。1995 年，新办城南机砖厂、上坪乌油厂等企业，全乡企业总产值 434.80 万元。2000 年起，先后引进兴办利丰化工、天和山庄等 12 家规模企业。2005 年，全乡企业总产值 8220 万元，为 1988 年的 322.35 倍。

（二）社会事业

教育　1988 年，全乡有村级小学 8 所，教学点 4 个，在校学生 1004 人。1990—2000 年，先后投资150 万元新建城南小学教学楼、城南中心小学教学楼，通过第一轮"普九"验收。2005 年，有初级中学 1

所，学生 496 人；完全小学 2 所，学生 510 人；幼儿班 8 个，在园幼儿 148 名。

卫生 1988 年，全乡有卫生院 1 所，村级医疗点 9 个。1995—2004 年，增设铜锣丘、城南医疗点。2005 年，投资 50 万元新建城南卫生院，开设内科、外科、妇科、儿科及中医门诊，有医技人员 7 人；9 个建制村均设卫生所，有乡村医生 9 人。

计划生育 1988 年，全乡计划生育政策符合率 75%。1995 年成立乡计生协会，设立计生中心户长，人口自然增长率 12.60‰。2005 年，全乡出生人口 83 人，计划生育政策符合率 97.50%，出生率 8.70‰，人口自然增长率 4.90‰。

老年协会 1998 年，成立乡老年协会，组建长寿互助会，每年重阳节长寿会集体祝寿，60 岁以上的逢十老人集体祝寿。1999 年，各村相继组建老年协会和老年活动中心，每年老人节长寿互助会与计生协会联合开展评选"好儿女""好儿媳""先进老年协会""优秀协会会长"活动，以乡政府名义进行表彰。2005 年，有会员 1016 人。横锁老年协会被省、市人民政府授予"五有老协会"称号。

（三）乡村建设

1988—1994 年，城南乡推进基础设施建设，开辟城南商业街，先后新建砖混结构商住楼 75 座。1995 年，实施"造福工程"，高岭自然村 31 户 176 人迁入新居。2000 年，建设上坪、水口、横锁、肖家、青塘、茜坑、鱼龙等村自来水工程，自来水入户 450 户，受益 2100 人。2005 年，铺设横锁集市水泥路 1500 平方米，新建村部办公楼 4 个，农村住房新建和改建 820 座，新建沼气池 80 口。

1988—2005 年城南乡主要年份经济社会发展情况表

表 1-11

年份	户籍人口（人）	农业总产值(万元)		粮食总产量（吨）	烤烟总产量（吨）	生猪出栏数（头）	工业总产值（万元）	财政总收入（万元）	农民人均纯收入（元）	在校中小学学生人数(人)
		合计	其中：畜牧水产产值							
1988	8606	1209.29	324.00	7747	91	3972	25.50	33.27	597	1004
1990	9225	1883.71	421.89	8603	160	5806	260.10	35.70	819	798
1995	9492	4469.00	1445.00	8614	265	8243	434.80	115.63	1845	1084
2000	9618	5383.00	1510.00	8453	400	6980	—	126.39	2899	1010
2005	9481	7142.00	1555.00	8142	515	6718	8220.00	148.80	3446	1006

六、安乐乡

古称黑虎峒，宋至元称新村里，明初称安乐铺。民国 21 年（1932 年），安乐建立区苏维埃政府。中华人民共和国成立后，于 1950 年设立第三区公所。1958 年 10 月，成立安乐人民公社。1984 年 9 月撤社建乡，建置安乐乡。2005 年，全乡辖 11 个建制村和 1 个社区，计 4403 户、户籍人口 17445 人。

安乐乡地处宁化县东南部，位于北纬 26°06′、东经 116°44′之间，距县城 22 公里。东、南与清流县接壤，北邻城南乡，西与曹坊乡交界。2005 年，全乡总面积 178.20 平方公里，其中耕地 1866.76 公顷、山地 1.40 万公顷、森林 1.60 万公顷、毛竹林 4266.67 公顷（立竹量 600 万根）。森林覆盖率 68%，毛竹种植面积居全县第 2 位。主要土特产有毛边纸、笋干、冬笋、红菇、香菇、木耳、草蘑菇（梨菇、松菇）、灵芝等。主要河流为安乐溪、罗坊溪，建有梧坊、夏坊、铜盘、黄庄、洋坊、陈坊、龙地、碗瑶下等 8 座水电站，总装机容量 1535 万千瓦。已探明矿产有石灰石、稀土、硅石等。

安乐乡夏坊村游傩是宝贵的非物质文化遗产，传统的吴屋龙灯、俞坊板凳龙灯、花灯远近闻名。明朝万历帝敕封的吴文真仙为安乐本土人，每年农历正月初五开始，安乐 20 多个自然村流行轮流抬吴文真仙雕像游村保平安活动。第二次国内革命战争期间，安乐、丁坑口先后建立乡苏维埃政权。中华人民共和国成立后，全乡在册的各个历史时期革命烈士有 142 人。民国 19 年（1930 年）1 月，朱德率领红四军途经安乐。2005 年，全乡 11 个建制村均为老区基点村。

（一）经济建设

1988 年，全乡工农业总产值 1752.81 万元、财政总收入 26.50 万元、农民人均纯收入 503 元。1989—2000 年，加大农业基础设施投入，调整产业结构，发展乡村企业，推动工农业生产。2005 年，工农业总产值 27383 万元、财政总收入 220.49 万元、农民人均纯收入 3607 元，分别为 1988 年的 15.62 倍、8.32 倍和 7.17 倍。

农业生产　1988 年，种植粮食 2555.47 公顷，总产量 10409 吨；种植烤烟 302.40 公顷，总产量 310 吨；林业产值 117 万元。1995 年起，推广科技种田，提高粮食产量，扩大烤烟面积。2005 年，种植粮食 1936.67 公顷，总产量 11642 吨，总产量比 1988 年增长 12%；种植烤烟 806.33 公顷，总产量 780 吨，分别比 1988 年增加 167% 和 152%；林业产值 2749 万元，比 1988 年增加 22.50 倍；生猪存栏 7512 头，新增母黄牛 401 头，竹山养羊 3200 头。

乡镇企业　1988 年，全乡有木制品厂、伐木场、建筑队、土纸作坊等企业 21 家，企业总产值 304 万元。1994 年起，立足资源优势，开展招商引资，发展乡村企业。2005 年，全乡有大小企业 221 家；固定资产投资 1300 万元；企业总产值 17938 万元，为 1988 年的 59 倍。

（二）社会事业

教育　1988 年，全乡有初中 1 所，学生 823 人（其中福建革新机器厂厂办学校学生 268 人）；小学 24 所，学生 1724 人。1990 年起，实施"科教兴乡"战略，推进素质教育。1997 年，乡政府投资 30 万元新建实验楼。2003 年，乡政府投资 120 万元年新建教学综合楼。2005 年，全乡有普通中学 1 所，在校学生 881 人；小学 11 所，在校学生 1003 人；幼儿园 11 所，在园幼儿 288 名。

卫生　1988 年，有乡中心卫生院 1 所，农村合作医疗 11 所，乡村医生 18 人。2000 年，县、乡两级投资 76 万元新建病房楼，新增 B 超、心电图机、化验仪器等医疗设备，床位 55 张。2005 年，共有卫生院医技人员 17 人、乡村医生 18 人。

计划生育　1988 年，全乡计划生育政策符合率 85%。2005 年，全乡出生人口 164 人，出生率 9.50‰，计划生育政策符合率 93.90%，人口自然增长率 5.70‰。

（三）乡村建设

1988—1993 年，实施集镇北扩，对旧街狭小街道进行拆旧拓展，铺设宽 30 米、长 1500 米的主街道水泥路面，新建砖混结构商住楼房 112 栋。1994 年，安装集镇所在地电视地面卫星接收站 1 座。1994—1998 年，完成乡中心学校宿舍楼、综合楼、农村信用社、法庭、财政所、敬老院等一批公共基础设施建设及配套设施，建成集镇 200 吨自来水饮水工程。2000 年，实现自来水工程日供应量 300 吨；实施农村电网改造工程，全乡 11 个建制村全部完成农网改造。2003—2005 年，完成洋坊—三大陈坊，丁坑口—罗坊—赖畲龙地水泥路面硬化工程，全乡通村道路硬化率 85%。建成安乐初级中学学生食堂、科技楼，完成乡政府办公楼、职工食堂、会议楼建设。新建集镇北街路背墩 12 户楼房。

1988—2005 年安乐乡主要年份经济社会发展情况表

表 1-12

年份	户籍人口（人）	农业总产值(万元)		粮食总产量（吨）	烤烟总产量（吨）	生猪出栏数（头）	工业总产值（万元）	财政总收入（万元）	农民人均纯收入（元）	在校中小学生人数(人)
		合计	其中:畜牧水产产值							
1988	16735	1448.81	385.86	10409	310	6242	304.00	26.50	503	2547
1990	17165	2133.30	404.20	11191	450	7294	524.20	79.00	708	1901
1995	17325	5871.00	1527.00	10760	880	13708	388.80	124.00	2006	2774
2000	17307	6730.00	1492.00	11765	844	11196	—	185.89	3030	2992
2005	17445	9445.00	2254.00	11642	780	11463	17938.00	220.49	3607	1884

七、曹坊乡

曹坊乡以开基祖姓曹而得名。宋至元属桂枝乡，明、清时称会同里。1950年，设第三区公所，辖大同（曹坊）、新村（安乐）、治平3乡。中华人民共和国成立后沿袭旧制。1951年和1954年，治平、安乐两乡从第三区公所分出设宁化县第七区和第三区，曹坊乡设为第十一区。1956年，第十一区撤销，划分为上曹、滑石、根竹、南坑、坪上、双石等6乡，统归第三区管辖。1957年，上曹、滑石、根竹3乡合并为曹坊乡，南坑、坪上、双石合并为坪上乡。1958年，成立曹坊、坪上、滑石3个人民公社。1964年，坪上人民公社并入曹坊人民公社；1966年，滑石人民公社并入曹坊人民公社。1984年撤社建乡，建置新的曹坊乡。2005年，辖14个建制村、1个社区，计6262户、户籍人口25178人。

曹坊乡，东与清流县和安乐乡交界，西靠治平乡，南接长汀县，北邻方田乡。2005年，乡域面积194.26平方公里，其中耕地3101.88公顷、山地1.52万公顷。曹坊乡是三明地区革命斗争的发源地及二万五千里长征的起点之一。民国18年（1929年）8月，中共宁化第一个党支部在曹坊三黄村成立。第二次国内革命战争时期，曹坊2000多人参军参战。中国人民解放军南京军区炮兵原副司令、少将张新华，经历长征的老红军张新生、冯义隆等均为曹坊籍。中华人民共和国成立后，全乡在册的各个历史时期革命烈士有300多名。境内有二万五千里长征出发聚集地、宁化西南半县农民武装暴动旧址等革命遗址和伊秉绶墓、温坊古桥、下曹村古建筑群、客家祠堂建筑群等历史文化遗迹。

自1990年起，曹坊乡大力推进"一户一就业"工作，促进劳动力流动转移。2005年，全乡向二、三产业转移劳动力7352人，被定为"三明市劳动力转移试点乡（镇）"。

（一）经济建设

1988年，全乡工农业总产值1942.86万元、财政总收入112.32万元、农民人均纯收入465元。1989年起，调整产业结构，二、三产业比例逐年提高。2005年，工农业总产值30479万元、财政总收入232.73万元、农民人均纯收入3232元，分别为1988年的15.69倍、2.07倍和6.95倍。

农业生产　以种植水稻和烟叶为主，在稳定粮食生产的基础上，发展烤烟生产。1988年，粮食总产量14873吨，烤烟总产量534吨；1995年，推广新品种新技术，提高单位面积产量，粮食总产量15611吨，烤烟总产量1680吨；2000年，粮食总产量16590吨，烤烟总产量1909吨；2005年，粮食总产量19956吨，为1988年的1.34倍；烤烟总产量1484吨，为1988年的2.78倍。

乡镇企业　1988年，全乡有农机厂、石灰厂、水泥厂等大小企业12家，企业总产值109.20万元。1989—2002年，重点突破农副产品深加工、矿产开发等生产性项目，加快发展乡村企业。至2005年，共招商引资3500多万元，先后引进福仙化工、森宝化工、金星牧业、浙龙竹制品厂、坪上电站、上曹砖厂、曹坊加油站等企业7家，企业总产值19028万元，为1988年的174.25倍。

畜牧业生产　曹坊是远近闻名的仔猪生产基地，年产仔猪超过10万头。1988年起，陆续引进金星牧业有限公司、龙鑫养殖场等企业，改良品种，发展杂交内二元、内三元良种母猪，培育壮大仔（肉）猪、带动肉牛、山羊、獭兔和鸡、鸭养殖业。2005年，全乡有可繁育母猪5618头，比1988年增加4049头；可繁育母牛1259头。

（二）社会事业

教育　1988年，全乡在校中小学生3884人。1989—2002年，实施"科教兴乡"战略，加大教育投入，通过第一轮"普九"验收。2003年，县、乡两级投资180万元建设宁化第三中学综合实验楼。2004年，县、乡两级投资120万元建设中小综合教学楼。2005年，适龄儿童入学率100%，九年义务教育通过省、市"普九"验收和复查，留守儿童管理受到国家表彰，宁化第三中学被评为全国流动人口子女、农村留守儿童示范家长学校。

卫生　1988年，全乡有中心卫生院1所，村级卫生所14所。1990年起，加快建设农村卫生服务体系。1996年，曹坊中心卫生院升级为一级甲等医院。2005年，全乡有中心卫生院1所、医技人员6人、村级卫生所14所、乡村医生23人。

计划生育　1988年，全乡人口出生率16‰，计划生育政策符合率65%。1990年起，开展计生综合治理，加强流动人口管理。2005年，全乡人口出生率9.80‰，计划生育政策符合率93.60%，育龄群众计生政策知晓率和满意率达93%以上。

（三）乡村建设

1988—1990年，新建4个电视地面接收站；全乡新建住房227户，总面积2.30万平方米。2000年，完成全乡农网改造，实现村村通程控电话，拓宽坪上至宝丰公路，开通曾家背至城郊断头路，完成双石、罗溪、下曹、根竹4村通水工程，新建计生服务楼。2005年，全乡共投入资金4000万元铺设通村公路66公里，规划建设上曹集镇并示范推广，每村建立精品住宅小区1个。

1988—2005年曹坊乡主要年份经济社会发展情况表

表1-13

| 年份 | 户籍人口（人） | 农业总产值（万元） | | 粮食总产量（吨） | 烤烟总产量（吨） | 生猪出栏数（头） | 工业总产值（万元） | 财政总收入（万元） | 农民人均纯收入（元） | 在校中小学生人数（人） |
		合计	其中:畜牧水产产值							
1988	22820	1833.66	467.86	14873	534	7472	109.20	112.32	465	3884
1990	24245	2426.48	633.03	16034	830	8647	232.30	158.34	663	2989
1995	25149	8252.00	2305	15611	1680	16400	583.30	165.81	1993	4075
2000	25350	7528.00	1463	16590	1909	8656	—	299.35	2685	5174
2005	25178	11451.00	2337	19956	1484	13148	19028.00	232.73	3232	3374

八、治平畲族乡

治平畲族乡原名寺背岭，民国33年（1944年）设乡。中华人民共和国成立后沿袭旧制。1958年更名为治平人民公社。1984年撤社建乡，建置治平乡。2000年7月，更名为治平畲族乡。2005年，辖12个建制村100个村民小组，其中治平、坪埔、社福、光亮、高峰、下坪、高地、泥坑、湖背角9个建制村为畲族村；全乡计3210户、户籍人口12975人，其中畲族雷、蓝两姓共825户3876人，分别占总户数和总人口的25.70%、29.87%。

治平畲族乡地处闽、赣两省三县（石城、宁化、长汀）十乡镇（石城的横江镇、小姑乡、洋地乡、长汀的铁长乡、庵杰乡、新桥乡、馆前镇和宁化的淮土乡、方田乡、曹坊乡）交界处，属内陆盆地（山区）丘陵区，平均海拔678米。境内最高峰鸡公崬海拔1389.90米，为宁化县最高峰。乡政府所在地距县城56公里。2005年，乡域面积132.14平方公里，其中耕地1007.21公顷。经济作物以烟叶、食用菌为主。土特产有玉扣纸、笋竹制品等。全乡有毛竹林9666.67公顷，为三明市最大的毛竹之乡。毛竹产业是治平畲族乡特色产业，竹业加工企业产值占全乡企业总产值的95%。治平的花灯、官刀斧头灯、马灯、船灯、板凳龙等传统民俗活动历史悠久。第二次国内革命战争时期，全乡600余人参加红军，其中有中华人民共和国成立后曾任江苏省军区副司令员兼南京警备区司令员的曾万标，被授予空军上校军衔的赖林芝等。中华人民共和国成立后，全乡在册的各个历史时期革命烈士有170人。主要名胜古迹有兴福寺、高峰哨所、玉扣纸手工作坊、鸡公崬、云霄山、神仙脚磐石及古杉、红豆杉原始群落等。高寨坑、桥下、治平三大溪流，分别为赣江、韩江、闽江的源头之一。

（一）经济建设

1988年，全乡工农业总产值766.06万元；农民人均纯收入497元，其中畲族人均纯收入380元。2000年起，充分利用民族政策，经济建设进展显著。2005年，工农业总产值16493万元，为1988年的21.53倍；财政总收入131.20万元；农民人均纯收入2999元（其中畲族人均纯收入2750元），为1988年的为6.03倍。

农业生产　1988 年，全乡农业总产值 742.06 万元，粮食总产量 3522 吨，烤烟总产量 41 吨；1995 年，稳定粮食种植面积，提高复种指数，大力发展烤烟生产，粮食总产量 3554 吨，烤烟总产量 375 吨；2005 年，粮食总产量 4213 吨，烤烟总产量 333 吨。

毛竹生产　治平畲族乡以"竹纸之乡"闻名，1988 年，全乡有竹林面积 8667 公顷，竹山立株为 450—600 根/公顷，竹业产值 126.96 万元。1994 年，实施"把山当田耕，把竹当菜种"的竹业发展战略，竹山立株为 900—1200 根/公顷。2000 年，贯彻《宁化县竹业发展"十五"规划》，竹山立株为 1500—1800 根/公顷。至 2005 年，治平畲族乡先后投资 316 万元修建竹山公路 28 条 78 公里、竹山喷灌工程 30 处，受益面积 1400 公顷，建成坪埔村"宁化县现代竹业科技园"20.87 公顷。全乡毛竹林 9666.67 公顷，竹山立株为 2100—2400 根/公顷，竹业产值 2085 万元，为 1988 年的 16.42 倍。

乡镇企业　1988 年，全乡有乡村企业 393 家，从业 1888 人，产值 24 万元；新办乡办企业有竹制品工艺厂、硫铁矿开采工程队、土纸经销公司；企业产品中的卫生竹筷、笋壳叶地毯均有出口，销往日本、新加坡等国家。1995 年，落实企业工作目标，引进资金 298 万元；新办鸿运竹器厂、杂木厂、松木厂、彭坊香芯厂；有股份合作制企业 12 家；全乡有企业 443 家，从业 3254 人，实现总产值 482.80 万元，出口玉扣纸 99 万元。2005 年，引进内联资金 1069 万元，大力发展竹制品企业；全年企业总产值 11790 万元，为 1988 年的 491.25 倍。

（二）社会事业

教育　1988 年，全乡有初中 1 所，在校学生 325 人；小学 26 所，在校学生 1245 人。1989—2002 年，加大教育投入，通过第一轮"普九"验收。2005 年，有中心校 1 所（含初中、小学、幼儿园）、初级小学 4 所（邓屋小学、田畲小学、下坪小学、高地小学），中小学生 1406 人。

卫生　1988 年，新建乡卫生院综合楼。1990—2000 年，在全乡推广实施初级卫生保健。至 2005 年，有乡卫生院 1 所（占地面积 285.95 平方米，建筑面积为 1143.80 平方米），有医技人员 15 人；农村合作医疗所 11 所，有乡村医生 15 人。

计划生育　1988 年，全乡计划生育政策符合率 61.27%，人口自然增长率 8.16‰。1990 年，全乡计划生育政策符合率 95.80%。1995 年，实行乡村干部计生工作责任制，推动计生工作从管理型向服务型转变，全乡计划生育政策符合率 96%。1998 年起，乡村相继成立计生协会组织。2000 年，全乡计划生育政策符合率 97.50%。2005 年，全乡计划生育政策符合率 96.00%，人口自然增长率 4‰。

（三）乡村建设

1988 年起，推进基础设施建设，开展集镇规划改造，集资 26 万元，完成召光电站 2 台机组安装配套；乡政府投资 47.70 万元，修建公路 13 公里、建桥 5 座、建电视卫星地面接收站 1 个、电视差转台 3 处。1990 年，乡政府新建校舍 2 座；集资 7 万元，建设治平电视卫星微波接收站，架设邓屋、彭坊、治平、坪埔 4 村有线电视线路。1995—2000 年，乡政府投资 20 万元，装修初中教学楼主体工程；投资 35 万元，铺设下街和乡政府至庵门口水泥路面 4500 平方米、下水道 6500 米；投资 25 万元，开通治平至长汀 7.50 公里边贸公路；完成中心学校教学楼建设和高地、坪埔、高峰 3 个建制村自来水工程；开通社福、光亮、高峰、下坪 4 个畲族村程控电话，完成邓屋、彭坊、湖背角 3 个建制村农网改造。至 2005 年，先后建成洪门坝商贸住宅综合小区、笋竹交易批发市场、敬老院和卫生院等社会事业项目；安置"5·13"洪灾受灾户 22 户；乡政府投入 198 万元新砌防洪堤 360 米，建成入区大桥 1 座。

1988—2005 年治平畲族乡主要年份经济社会发展情况表

表 1-14

年份	户籍人口（人）	农业总产值(万元)		粮食总产量（吨）	烤烟总产量（吨）	竹笋干总产量（吨）	工业总产值（万元）	财政总收入（万元）	农民人均纯收入（元）	在校中小学学生人数（人）
		合计	其中:林业总产值							
1988	11912	742.06	126.96	3522	41	132	24.00	—	497	1570
1990	12792	1326.58	360.84	3737	85	173	124.10	—	685	1262

续表 1-14

| 年份 | 户籍人口（人） | 农业总产值(万元) | | 粮食总产量（吨） | 烤烟总产量（吨） | 竹笋干总产量（吨） | 工业总产值（万元） | 财政总收入（万元） | 农民人均纯收入（元） | 在校中小学学生人数（人） |
		合计	其中:林业总产值							
1995	13266	2677.00	592.00	3554	375	227	482.80	—	1540	1451
2000	13264	3571.00	1265.00	4261	362	305	—	—	2435	1369
2005	12975	4703.00	2085.00	4213	333	400	11790	131.20	2999	1406

注：2000 年前财政总收入数据丢失。

九、中沙乡

古时相传河沙含金，曾名金沙。宋至元朝属桂枝乡。明、清称永丰里。民国 32 年（1943 年）属永丰乡。中华人民共和国成立初期沿袭旧制。1951 年，属宁化县第五区。1958 年 10 月，成立中沙人民公社。1984 年 8 月撤社建乡。

中沙乡地处宁化县城北部，位于北纬 26°22′、东经 116°41′之间，距县城 14 公里。东邻湖村镇，西连济村乡，南靠城郊乡，北接河龙乡。2005 年，乡域面积 116.72 平方公里（11672 公顷），其中耕地 1608.79 公顷、山林 8122.51 公顷。境内有村溪和水茜溪两条河流。主要农作物为稻谷、烤烟、食用菌。农副产品有茶叶、大豆、辣椒、竹笋、棕制品、油茶等。矿产主要有萤石矿、钨矿、稀土等。2005 年，辖 13 个建制村、1 个社区居委会，计 3711 户、户籍人口 15176 人。

中沙历史人文荟萃，曾出过 8 名进士、12 名举人、20 名贡生。下沙村系中华人民共和国成立前宁化水运航道口岸之一。古迹保存较好的有武昌村唐代修建的石板官道和 2 座石马桩。清乾隆元年（1736 年）由湖南传入石门村的祁剧，至今已有 200 多年历史，完全保留古老祁剧的艺术特点，被喻为湖南古老祁剧的活化石，是宁化县非物质文化遗产的宝贵传承。中沙乡为革命老区，在第二次国内革命战争时期，全乡共 500 多人参加红军和游击队。中华人民共和国成立后，全乡在册的各个历史时期革命烈士有 151 人。

（一）经济建设

1988 年，全乡工农业总产值 1366.84 万元、财政总收入 32.72 万元、农民人均纯收入 495.60 元。1990 年始，调整产业结构，大力发展烤烟生产，发挥矿产资源优势，工业企业与第三产业发展迅速。2005 年，工农业总产值 15633 万元、财政总收入 40.80 万元、农民人均纯收入 2977 元，分别为 1988 年的 11.44 倍、1.25 倍和 6.01 倍。

农业生产　1988 年，全乡农业总产值 1279.84 万元。1989 年开始，大规模发展养鱼业；至 1993 年，发展池塘养鱼、稻田养鱼、沟坑式稻田养鱼 388 公顷。1991—1994 年，发展种桑养蚕。1995—1996 年，创办年养殖 10 万只甲鱼的闽中特种养殖场。1997 年，突破烤烟生产历史最高纪录，种植 664.33 公顷，收购量 1035 吨。2000 年，在圳背建立 30 户联户连产 10.13 公顷的"一稻一鱼"示范片。2001 年，引进内二元母猪上百头，畜禽类专业户 38 户。2002 年，开始种植荷兰豆、淮山、红心地瓜、七彩玉米、马铃薯、药材等特色经济作物。2005 年，新植茶园 33.33 公顷；改造老果园 26.67 公顷，栽培草腐生食用菌 2300 平方米；种植烤烟 310 公顷，总产量 495 吨；农业总产值 6813 万元，为 1988 年的 5.32 倍。

乡镇企业　1988 年，全乡企业总产值 87 万元。1990 年，开采萤石矿。1992 年，下沙工业小区投资 100 万元新办加油站、马嘴电站、生物有机化学厂、竹制品厂 4 家企业。1993 年，扩大下沙工业小区原有 9 家厂（站）规模，并引进项目 4 个。1994 年，组建宁化县化工联营厂、农技服务公司、食用菌开发公司、农产品加工公司。1995 年，创办洋宁木业有限公司等股份合作企业 4 家。1996 年，新增股份合作企业 21 家。2000 年 12 月，引进 600 万元创办宁化县石磊矿业有限公司。2005 年，全乡有宁化县石磊矿业公司、宁化县三和木业公司以及丰源木材厂 3 家规模企业，其中"县重点保护企业"宁化县石磊矿业公司累计生产萤石精粉 10 万吨，产值 6000 万元，缴交税费近 700 万元，被评为"宁化县纳税先进企业""三明市纳税大户"；全乡企业总产值 8820 万元，为 1988 年的 101.38 倍。

（二）社会事业

教育 1988 年，全乡有中学 1 所，学生 519 人；中心小学 1 所、村级小学 20 所，学生 1571 人。1990 年，创办中沙乡文明市民业余学校。1992 年，创办中心幼儿园，新建中心小学学生宿舍楼。1998—2000 年，装修中小教学楼，添置配套设施。2001 年，乡政府投资 65 万元兴建宁化四中师生综合楼。2002—2003 年，乡政府投资 48 万元建设楼家村逸夫小学教学楼。2005 年，有中学 1 所，学生 1031 人；中心小学 1 所，村级小学 12 所，学生 1022 人；中心幼儿园 1 所，在园幼儿 300 人。

卫生 1988—1990 年，中沙卫生院添置医疗器械，装备 X 光室。2000 年，开设中医肿瘤、肝病疑难杂病专科，该项目负责人傅寿根曾获东亚地区疑难病诊疗论文金奖和县科技奖。2005 年，开展预防接种室和产房规范化建设，提升应急救治能力；中沙卫生院有医技人员 10 人；13 个建制村均设卫生所，有乡村医生 13 名。

计划生育 1988 年，全乡计划生育政策符合率 89%，人口自然增长率 4.50‰。1989 年，全乡计划生育工作获全县第一名。1990 年，中沙被县评为计划生育先进乡。1999 年，乡政府投资 15 万元建成计生服务所大楼，并完善相应基础设施，实行网络数字化服务。2005 年，全乡出生 140 人（其中政策内出生 133 人），出生率 9.16‰，计划生育政策符合率 95%，人口自然增长率 4.60‰。

（三）乡村建设

1988—1993 年，铺设集镇街道水泥路面 400 米，安装集镇所在地电视地面卫星接收站，新建公路大桥 1 座。1994—1996 年，推进中沙至下沙千米商业街建设，建成敬老院宿舍楼、集镇闭路电视接收系统。1998 年，铺设廖家、半溪、楼家 3 个建制村水泥路面 3 公里。2000 年，改造农村电网，村村通电。2001—2002 年，兴建中沙自来水厂，乡政府争取农业专项资金 292.50 万元，实施楼家片农业综合开发项目及农田低改工程。2003 年，建成中沙至武昌、楼家至樟荣公路。2005 年，全乡通村道路硬化 85%。

1988—2005 年中沙乡主要年份经济社会发展情况表

表 1-15

| 年份 | 户籍人口（人） | 农业总产值（万元） | | 粮食总产量（吨） | 烤烟总产量（吨） | 生猪出栏数（头） | 工业总产值（万元） | 财政总收入（万元） | 农民人均纯收入（元） | 在校中小学学生人数（人） |
		合计	其中：畜牧水产产值							
1988	13549	1279.84	352.50	10304	380	5644	87.00	32.72	495.60	2090
1990	14033	1724.11	406.72	11385	427	7249	169.80	70.22	725.00	1716
1995	14832	5147.00	1735.00	11772	541	11090	92.90	154.00	1742.00	2463
2000	15193	4813.00	1479.00	10777	495	8635	—	168.37	2518.00	2540
2005	15176	6813.00	1965.00	11145	495	9885	8820.00	40.80	2977.00	2053

十、河龙乡

古称"河龙排"，清朝属永丰里。中华人民共和国成立后沿袭旧制。1958—1965 年，建置河龙人民公社。1966 年，并入中沙人民公社。1982 年恢复河龙人民公社。1984 年撤社建乡。2005 年，辖 8 个建制村 69 个村民小组，计 2037 户、户籍人口 8264 人。

河龙乡位于县城北部，距县城 26 公里。东邻水茜乡，西与江西省石城县高田镇毗邻，南接中沙乡，北与安远乡接壤，平均海拔 597 米。2005 年，乡域面积 64.25 平方公里，其中耕地 927.65 公顷、山林 4578.43 公顷。境内山峦起伏，最高峰为福建嶂，海拔 1019.70 米。全乡森林覆盖率 75%，松杉杂木蓄积量 28.30 万立方米。主要特产有河龙贡米、牛角椒、稻田鲤鱼干。主要矿产资源有锡矿、石英石矿等。主要溪流有河龙溪、高阳溪、明珠溪和永建溪 4 条，其中永建溪经安远乡出建宁，是闽江源头之一。境内有沙坪中（2）型水库 1 座，灌溉面积 400 公顷，水电站 1 座，装机容量 2400 千瓦。境内有始建于宋代的下伊水南古庙、清代贞节牌坊、明末清初抗租运动农民起义军将领黄通旧居遗址、高阳将军牌坊和黎氏家庙、张氏宗祠等古建筑保存较好。上伊民间祁剧承袭湖南祁剧一脉，已有 200 多年历史，深受当地群众喜爱。第二次国内革命战争时期，中国共产党在河龙建立苏维埃政权。民国 19 年（1930 年）1 月，毛泽东曾率领红四军途经大洋村向江西进发。中华人民共和国成立后，全乡在册的各个历史时期革命烈士有 26 人。

（一）经济建设

1988 年，全乡工农业总产值 767.52 万元、财政总收入 28.88 万元、农民人均纯收入 458 元。1990 年起，引种杂交水稻，发展茶叶种植、加工等高优农业。1995 年起，调整农业产业结构，发展烤烟、生猪等种养业，引资开发下伊锡矿，发展个私经济。2005 年，工农业总产值 9659 万元、财政总收入 105.35 万元、农民人均纯收入 2988 元，分别为 1988 年的 12.58 倍、3.65 倍和 6.52 倍。

农业生产 1988 年，主产粮、烟、茶、生猪，总产值 707.02 万元；种植烤烟 176 公顷，新植茶园 20 公顷，创办首个茶叶加工厂，年出栏肉猪 2520 头，粮食总产量 5337 吨。1990 年起，发展种植园香稻 978、宜香优 673 等优质杂交水稻品种，提高品质和产量。1999 年，建成年出栏肉猪 3000 头的宁化龙腾养殖公司，带动全乡发展生猪养殖。2000 年，种植烤烟 272 公顷，总产量 420 吨。2003 年起，改造老茶园，引进新品种，扶持种茶大户，扩大茶园面积。2005 年，种植烤烟 260 公顷，总产量 350 吨；新植茶园 60 公顷，总产量 20.38 吨；出栏肉猪 8958 头；粮食总产量 6488 吨，比 1988 年增加 1151 吨，增长 21.57%；全乡农业总产值 5298 万元，为 1988 年的 7.49 倍。

乡镇企业 1988 年，茶厂、有色金属厂等乡村企业总产值 60.50 万元。1990 年起，扶持发展民营经济，木竹加工、粮食加工等合股企业相继投产。1995 年，引资开发下伊锡矿，建设明珠电站，创办同发机砖厂。2005 年，全乡有各类企业 14 家，从业人员 162 人；总产值 4361 万元，为 1988 年的 72.08 倍。

（二）社会事业

教育 1988 年，有中心学校 1 所、完全小学 7 所、初级小学 7 所，学生 1091 人；幼儿园（班）5 个，在园幼儿 104 人。1992—1998 年，先后投资 375 万元新建中心学校小学、初中教学楼各 1 座，兴建村级小学教学楼 8 座，建成中心学校综合楼和"逸夫楼"，校舍面积 2150 平方米。2005 年，有中心学校 1 所、完全小学 2 所、初级小学 5 所，学生 996 人；幼儿园（班）9 个，在园幼儿 176 人。

卫生 1988 年，有中心卫生院 1 所。1989—1995 年，重点开展乡村初级卫生保健达标和儿童计划免疫。1996 年，通过省级"初级卫生保健达标"验收。2005 年，乡政府投入 35.80 万元建成占地 250 平方米、建筑面积 506 平方米的卫生院门诊大楼，设内、外、妇、儿、中医等临床科室及标准化接种室、放射、化验、B 超等辅助科室。2005 年，全乡有中心卫生院 1 所，医技人员 8 人；村级卫生所 8 所，乡村医生 11 人。

计划生育 1988 年，全乡计划生育政策符合率 61.27%、人口自然增长率 8.16‰。1995 年，实行乡村干部计生工作责任制，推动计生工作从管理型向服务型转变，人口自然增长率 5.46‰。1998 年，乡村相继成立计生协会组织。2005 年，全乡出生 56 人，计划生育政策符合率 95.90%，人口自然增长率 8.86‰。

（三）乡村建设

1988 年起，推进基础设施建设，改变集镇狭小、市场零乱局面。1991 年，乡政府投资 10 万元铺设集镇所在地街道。1995—1996 年，乡政府实施樟元垅造福搬迁工程，共有 30 户大洋村民迁入新居。1997 年，"6·9 洪灾"山体滑坡毁坏永建村嶂背组十几栋民房后，乡政府规划新建"嶂背新村"，永建村嶂背组有 32 户居民迁入。1997—1998 年，乡政府整治集镇，拆除旧建筑 0.69 万平方米，新建砖混结构商住楼房 56 栋，主街道拓宽至 18 米。2002—2005 年，乡政府投资 133 万元新建乡自来水厂，建设高阳、明珠、大洋、沙坪自来水饮水工程，自来水入户 800 户，受益 3300 人。

1988—2005 年河龙乡主要年份经济社会发展情况表

表 1-16

年份	户籍人口（人）	农业总产值(万元)		粮食总产量（吨）	烤烟总产量（吨）	生猪出栏数（头）	工业总产值（万元）	财政总收入（万元）	农民人均纯收入（元）	在校中小学学生人数(人)
		合计	其中:畜牧水产产值							
1988	7420	707.02	223.72	5337	158	2520	60.50	28.88	458	1091
1990	7800	982.65	272.91	5683	291	3380	128.10	39.08	646	1136
1995	8092	2798.00	964.00	5832	400	6050	81.50	68.49	1758	1515
2000	8362	2923.00	998.00	6033	420	4615	—	85.24	2582	1469
2005	8264	5298.00	1735.00	6488	350	8958	4361.00	105.35	2988	996

十一、水茜乡

宋代属登龙乡招贤里，清为招贤里。民国时期设招贤乡。中华人民共和国成立初期沿袭旧制。1950 年，隶属宁化县第四区（湖村）；是年冬，划归第五区（安远）。1952 年，设为第九区。1958 年，成立水茜人民公社。1961 年，分为水茜、庙前、沿溪 3 个人民公社。1964 年，复合并为水茜人民公社。1983 年撤社建乡。2005 年，辖 1 个社区、15 个建制村，226 个村民小组，计 6451 户、户籍人口 27963 人。

水茜乡位于宁化县东北部，地处北纬 26°23′—26°33′、东经 116°41′—116°52′之间，距县城 33 公里。东接泉上镇、明溪县枫溪乡，西邻中沙乡、河龙乡，南接湖村镇，北接安远乡、建宁县均口乡。截至 2005 年，乡域面积 241 平方公里，其中耕地 3272.97 公顷、山地面积 17866.67 公顷。平均海拔 455 米。境内河流有张坊溪、上谢溪、儒地溪。盛产红菇、豆腐皮、银杏、香菇、猕猴桃、笋干等土特产品。

水茜文化历史悠久，庙前村郑家坊是宋代史学家、兵部侍郎郑文宝出生地。始建于清代中期被称为"闽北走廊"的藩维桥已有 200 余年历史。传统的木偶戏、舞龙灯等民间艺术远近闻名。沿口村传统的铸造（铸犁斗、庙钟）手工艺代代相传，铸造的庙钟畅销闽西北地区。假岩溶地貌形成的岩石寨风光和石寮村堪称"世界之最"的杉木王群（每 0.67 公顷蓄积量 178.23 立方米）为两大优美景观。第二次国内革命战争时期，毛泽东、朱德、彭德怀、滕代远等老一辈革命家曾在水茜留下过革命足迹。当年苏维埃政府设在沿溪村寒坑庙，红军医院设邱山村，红军兵工厂和后勤留守处设石寮村。石寮村是参加二万五千里长征老红军谢运清的世居地。

（一）经济建设

1988 年，全乡工农业总产值 2793.01 万元、财政总收入 102.36 万元、农民人均纯收入 462 元。1999 始，发挥乡村区位优势，鼓励扶持个体私营经济，大力发展第三产业。2005 年，全乡工农业总产值 17791 万元、农民人均纯收入 2998 元，分别为 1988 年的 6.37 倍和 6.49 倍。

农业生产　1988 年，播种粮食 5100.93 公顷，总产量 19860 吨；种植经济作物 615.60 公顷，其中烤烟 349.93 公顷、油茶 215.20 公顷、花生 14.13 公顷、莲子 2.93 公顷。1999 年起，加强农业基础设施建设，改善农田生产条件，调整优质品种种植结构，推广抛秧、旱育秧、再生稻等农业新技术。加快发展经济类作物种植，提高烤烟生产水平，推广种植乌龙茶、铁观音等优质品种，巩固水果基地，改造低产果园。2003 年，引进宁化县大山农业有限公司，种植反季节无公害蔬菜 66.67 公顷。2005 年，播种粮食 4162.67 公顷，总产量 22504 吨；种植烤烟 1045.33 公顷，总产量 1034 吨；种植茶叶 27.27 公顷，总产量 34 吨；种植水果 211.73 公顷，总产量 602 吨；种植银杏 10 万株；种植蔬菜 496.67 公顷，总产量 7426 吨；食用菌总产量 144 吨；建成反季节蔬菜生产基地达 200 公顷，培育种植户 1300 户，销售收入 700 万元，人均增收 160 元；黄瓜、苦瓜、韭菜花、红丰 404 辣椒、荷兰豆、甘蓝 6 个品种通过省级无公害蔬菜认证。

乡镇企业　1988 年，全乡工业总产值 43.30 万元。1999 年起，立足本地资源，开展招商引资，先后兴办鸿运竹制品厂、顺林竹制品厂、庙前竹制品厂、水茜木材加工厂、宏鑫木材综合加工厂、庙前木材综合加工厂、水茜机砖厂、宁化县福建嶂茶园、宁化县大山农业有限公司、宁化县翠茜粮食加工厂、"佳家福"超市等企业。2005年，全乡固定资产投资4665万元，招商引资1982万元，企业数289家，从业人员962人，企业总产值6863万元，营业收入6375万元，利润总额69万元，缴纳税金18万元，工业总产值为1988年的158.50倍。

（二）乡村水利

截至2005年，境内有上谢小（1）型水库、破溪小（2）型水库、雷地小（2）型水库、下付小（2）型水库、石寮小（2）型水库、洋畲小（2）型水库、龟嵊小（2）型水库、大坑小（2）型水库等8座水库，张坊陂、杨城石墩陂、安寨高潭陂等水陂203座。灌溉渠道185.56公里，灌溉面积1666.67公顷。2002年，乡政府投入20万元维修加固下付水库。2004年，投入30万元维修加固上谢小（1）型水库、庙前雷地水库和张坊陂；建成庙前、下洋村自来水厂；投入50万元新建儒地水库。2005年，乡政府投入35万元维修加固张坊洋畲水库、石寮水库，建设安寨、沿溪、沿口、儒地、上谢村自来水工程。

（三）社会事业

教育　1988年，水茜中学在校学生504人，中心学校在校学生2904人。是年，乡政府投入15万元新建庙前学校教学楼。1990—1996年，县、乡两级先后投入257万元，新建庙前学校教师宿舍楼、初中教学楼、中学师生宿舍楼、中学食堂。1998年，水茜学区中学和小学分开成立水茜中心学校和水茜初级中学。1999年，乡政府投入65万元新建水茜中学学生宿舍楼。2002—2005年，县、乡两级先后投入146万元，新建占地2206平方米的中学教学综合楼；投入111万元改善教学办公设施及学生住宿条件；投入79万元改建、新建中心学校综合楼和教学综合楼。2005年，水茜中学学生1387人；中心学校有校点15个，学生1761人；幼儿园15个班，453人。

卫生　1988年，有中心卫生院1所，村级卫生所15所。1990年，乡卫生院设内科、外科、五官科、儿科、妇产科、防疫组等科室。2005年，乡卫生院占地面积6240平方米，先后添置B超、X光机、血气分析仪、新生儿辐射台、急救呼吸机、心电监护仪等医疗设备，有医技人员19人；15个建制村均设卫生所，有乡村医师43人。

计划生育　1988年，全乡计划生育政策符合率36.65%，出生率12.59‰，死亡率7.26‰。1991年，成立计生协会和人口婚育学校。1997年，全乡计划生育政策符合率96.98‰，人口出生率14.87‰，死亡率6.05‰。2005年，全乡出生311人，计划生育政策符合率97.75%。

（四）乡村建设

1988年，乡政府投入15万元新建占地460平方米的财政所大楼。1999年，投入32万元新建占地200平方米的计生服务所大楼。2003年，投入26万元铺设集镇街道水泥路面。2005年，投入20万元进行集镇总体规划；投入120万元新建日供水2000吨的自来水工程；投入3200万元新建规划用地面积20557平方米、占地8150平方米、建筑面积25600平方米的新田里住宅小区和占地1300平方米、建筑面积2600平方米的农贸市场。

1988—2005年水茜乡主要年份经济社会发展情况表

表1-17

年份	户籍人口（人）	农业总产值		粮食总产量（吨）	烤烟总产量（吨）	生猪出栏数（头）	工业总产值（万元）	财政总收入（万元）	农民人均纯收入（元）	在校中小学学生人数（人）	
		合计	其中：畜牧水产产值							水茜中学	中心学校
1988	25593	2749.71	822	19860	315	12668	43.30	102.36	462	504	2904
1990	26598	3255.51	847.64	21683	394	15817	97.30	119.65	672	426	2860
1995	27393	8658.00	2468	23080	1090	20300	115.30	125.83	1680	501	3056
2000	27849	7704.00	1799	24280	957	11150	—	300.00	2540	1438	2857
2005	27963	10928.00	2895	22504	1034	13400	6863.00	21.20	2998	1387	1761

十二、安远乡

宋称"黄土岗"，明代设"安远司"，清为招得里，民国时期改为安远镇。1949 年 10 月 21 日宁化解放后设安远区公所。1958 年，称安远人民公社。1984 年撤社建乡。2005 年，辖 19 个建制村、1 个社区，258 个村民小组，计 8214 户、户籍人口 34466 人。

安远乡地处县城北部，距县城 42 公里。东邻建宁县均口镇，西与江西石城县高田镇和广昌县塘坊乡毗邻，南接河龙、水茜乡，北连建宁县客坊、黄埠、伊家乡。是闽赣两省四县八乡的结合部，平均海拔 478 米。2005 年，乡域面积 276.43 平方公里，其中耕地 3783.33 公顷、林地面积 20641.79 公顷，木材积蓄量 50 万立方米，毛竹 100 万株。盛产粮食、烟叶、肉猪、仔猪，特产有辣椒、银杏、红菇、魔芋、稻田鲤鱼等。已探明有萤石矿、稀土、钾长石、铜矿和大理石等矿产资源。境内牙梳山为省级自然保护区，发源于牛牯峰山麓的安远溪为闽江源头，境内河长 27.70 公里，流域面积 321.50 平方公里，建有增坑、双溪口、灵丰山小（2）型水库 3 座。

民国 19 年（1930 年）1 月，毛泽东率领红四军二纵队曾进驻安远。民国 22 年（1933 年），彭湃县苏维埃政府从湖村巫坊村迁驻安远，方志纯曾任彭湃县委书记。民国 23 年（1934 年），闽赣省苏维埃政府由建宁都上迁驻安远里坑村。中华人民共和国成立后，全乡在册的各个历史时期革命烈士有 66 人。

（一）经济建设

1988 年，全乡工农业总产值 3260.03 万元、财政总收入 53.50 万元、农民人均纯收入 555 元。1989 年起，大力发展乡（镇）企业。1995 年，加大招商引资力度，发展食用菌、反季节蔬菜种植，发挥红色文化和省级自然保护区等资源优势，开发旅游业，全乡企业总产值 489.60 万元。2005 年，工农业总产值 29074 万元、财政总收入 242.84 万元、农民人均纯收入 3258 元，分别为 1988 年的 8.92 倍、4.54 倍和 5.87 倍。

农业生产　1988 年，全乡粮食播种 5196.93 公顷，总产量 24267 吨；种植烤烟 475.27 公顷，总产量 321 吨；订单水稻制种 66.67 公顷。1995—2000 年，科技兴烟，培育烤烟支柱产业，扩大种植优质水稻品种规模。2001 年，成立安远食用菌专业合作社，建立基地、打造品牌，申报绿色食品标志，提高农副产品市场准入，增强竞争力。2005 年，全乡粮食播种 4253.33 公顷，总产 22338 吨；种植烤烟 1100 公顷（其中厂办基地 200 公顷），烤烟总产量 1500 吨；发展姬松茸 30 万平方米，产值 1000 万元，利润 400 万元；订单制种 200 公顷，订单种植槟榔芋 66.67 公顷、西瓜 66.67 公顷、荷兰豆、刀豆 33.33 公顷。

乡镇企业　1988 年，机砖厂、制材厂、茶厂、活性炭厂等乡村企业总产值 130.80 万元。1995—2005 年，先后兴建伍坊、永跃、灵丰山电站，在张垣、伍坊建立 30.67 公顷的养鳗场，三鑫木业有限公司，宁化县国丰林场等。其中，三鑫木业成功注册商标，安远首次拥有产品品牌。2005 年，乡镇企业总产值 14073 万元，为 1988 年的 107.60 倍。

（二）社会事业

教育　1988 年，全乡有初中 1 所，教学班 15 个，学生 630 人；完全小学 19 所，班级 171 个，学生 4039 人；幼儿园（班）15 个，在园幼儿 386 人。1989—2002 年，先后新建中学综合楼、小学教学楼、中学、小学教工宿舍楼、学生宿舍楼，新建永跃、伍坊、增坑、营上、黄塘、张垣、洪围、灵丰山等小学教学楼 8 座，通过第一轮"普九"验收。2003—2005 年，县、乡两级投资 210 万元新建占地 650 平方米且建筑面积 2580 平方米的中学学生宿舍楼，投资 190 万元新建小学教学楼，扩大校园面积 600 平方米。2005 年，有中学 1 所，学生 1642 人；小学 19 所（其中中小 1 所、完全小学 3 所、初级小学 15 所），学生 2359 人；幼儿园（班）16 个，在园幼儿 488 人。

卫生　1988 年，有卫生院 1 所，村级卫生所 19 所。1992 年，新建乡卫生院门诊大楼。1997 年，乡卫生院被定为一级甲等医院及爱婴医院。2000 年，标准化建设医院妇产科及预防接种室，并通过评估达标验收。2005 年，乡卫生院占地面积 3236 平方米，有医护人员 45 人，配置进口心电图、半自动化仪及国产 X 光机、尿常规检测仪等仪器设备，床位 40 张，年门诊量 36000 人次，住院 2800 人次。

计划生育　1988 年，全乡计划生育政策符合率 60.16%。1990 年，设立婚育学校，开展育龄夫妇优生优育知识培训，帮扶二女计划生育户，实行养老保险。2005 年，全乡出生 379 人（其中政策内生育 363 人），计划生育政策符合率 95.78%，人口自然增长率 2.32‰。

乡村建设 安远为宁化县北部大乡，自古集市贸易远近闻名，明代时集市规模和交易量在汀州府辖区为最。1992 年起，以乡政府为中心，按"四纵三横"总体框架，开展集镇规划建设，推进日供水 2000 吨的自来水工程和主街道路面硬化、绿化、亮化工程。2002—2005 年，先后新建耕牛、仔猪交易、楼背街小商品和农产品交易市场，开发芙蓉段居住小区（一期工程）。2005 年 9 月，聘请浙江大学设计院专家调整集镇建设规划，形成"两轴、六中心、十大模块"（两轴，即联系南北城区的综合发展轴，沿安远溪河滨水景观轴；六中心，即文教中心、老城中心、旅游贸易中心、新城中心、南部居住片区中心、人工湖景观中心；十大模块，即老区居住模块、新区居住模块、新区观光居住模块、新区边贸旅游模块、工业生产模块、文教模块、新城拓展模块、嵌入山体景观模块、城镇拓展模块、旅游发展模块）。集镇区域规划面积从 1.50 平方公里扩大到 4 平方公里。

1988—2005 年安远乡主要年份经济社会发展情况表

表 1—18

年份	户籍人口（人）	农业总产值（万元）		粮食总产量（吨）	烤烟总产量（吨）	生猪出栏数（头）	企业总产值（万元）	财政总收入（万元）	农民人均纯收入（元）	在校中小学生人数（人）
		合计	其中：畜牧水产产值							
1988	29929	3129.23	880.80	24267	321	9422	130.80	53.50	555	4669
1990	31357	3975.79	914.57	25933	450	10500	130.30	67.78	763	4409
1995	33090	10438.00	3071.00	26980	1250	21460	489.60	103.45	1862	4784
2000	34171	11189.00	3076.00	26817	2300	16634	—	157.67	2733	6281
2005	34466	15001.00	4333.00	22338	1500	19328	14073.00	242.84	3258	4001

第三节 泉上华侨农场

泉上华侨农场地处宁化县东部，位于北纬 26°26′、东经 116°57′ 之间。2005 年，场域面积 5.01 平方公里，辖 9 个生产生活区，分布于泉上、湖村 2 镇境内，其中一队、二队、三队、四队、九队在西面的湖村片，五队、六队、七队、八队在东面的泉上片。全场计 432 户、户籍人口 1131 人。主要物产有李、奈、梨等优质水果以及花生、大豆等经济作物。场部设在泉上镇联群村肖家岗，距县城 43 公里。

1965 年 10 月，为安置归国华侨，根据国家华侨事务委员会和福建省政府的指示，省侨办接侨筹备小组到闽西北考察选点，通过对几个县的考察比较，认定宁化县泉上、湖村两人民公社境内地域宽广、土质肥沃、气候适中，且有一定的水源可利用，宜于安置归侨开发生产。当时设计规模为归侨和当地农民并入共 1.50 万人，土地 8000 公顷（其中耕地 1133.33 公顷），辖 4 个管区（后因归侨未满，农民未并入，所以呈星散布局）。12 月 20 日，福建省侨委派黄秀坝、孔祥宽、蔡振忠、杨玛福等到泉上开展农场筹建工作。1966 年 10 月 5 日，经福建省政府批准，正式成立"国营福建省宁化泉上华侨农场"。农场系事业性省属国有企业，为区级单位，隶属福建省侨务委员会管理。时场部设在湖村片西龙头（即第二生产队驻地），距湖村 3 公里、泉上 13 公里、宁化县城 31 公里。1969 年 12 月，为便于管理，场部迁至泉上联群村肖家岗（即第五生产队驻地），至 2005 年未变。

建场初期，农场下设 5 个生产队。1966 年 12 月 17 日，首批印尼难侨到场，被安置在湖村片 3 个生产队。1966 年 12 月 18 日，第二批印尼归侨共 1059 人进场，安置在泉上片 1 个生产队。1968—1969 年，为接纳安置缅甸归侨，农场增建第六、第七生产队。1968 年 12 月 20 日和 1969 年 2 月 1 日，第一批和第二批缅甸归侨先后进场，被安置在泉上片的第七生产队。1969 年 6 月 17 日，第三批缅甸归侨进场，被安置在泉上片第六生产队。1969 年 7 月 20 日，第四批缅甸归侨进场，被安置在湖村片第三生产队。1978 年，为接纳安置越南难侨，又建立第八、第九生产队。1978 年 7 月，被越南当局驱赶的印支难民（越南难侨）共 120 户 670 人进场，当时被分散安置于农场的 6 个点，具体为一队 22 户 126 人、二队 17 户 93 人、三队 9 户 51 人、六队 12 户 92 人、七队 23 户 119 人、八队（农中）37 户 189 人。1966—1978 年，农场先后接纳并安置归难侨共 2595 人，其中印度尼西亚归侨 1196 人、缅甸归侨 668 人、越南难侨 670 人及印度、新加坡、马来西亚、泰国、柬埔寨等国归侨共 61 人。

农场自成立始，因各个时期形势变化和需要，建制几经更迭。1968 年 12 月 29 日至 1969 年 10 月，更名为宁化县泉上华侨农场革命委员会。1970 年 1 月至 1972 年 12 月，农场划归福建省军区生产建设兵团第 10 团建制，农场属第 4 营。1973 年 1 月 1 日，福建省革命委员会撤销兵团建制，恢复泉上华侨农场革命委员会。1973 年 1 月至 1977 年 3 月，农场由宁化县代管。1978 年 4 月，宁化泉上华侨农场归省侨办主管。1999 年 6 月 29 日，农场由省侨办下放给宁化县政府管理，为县政府直属单位。

1985 年 1 月，农场进行机构改革，变行政管理型为生产服务型，实行家庭联产承包责任制、家庭农场等多种形式生产责任制。场部机构保留办公室、人事劳动股、财务室、武装保卫股，其他分别设置农牧、茶叶、工业、商业服务经理部，实行一级核算，统一管理。生产队管理人员由 3 人减至 1 人，共减少行政及服务人员 39 人，减少开支 28080 元。1993 年，农场进行人事制度改革，精减人员 29 人，使原有 100 名工作人员减至 71 人。1994 年后，茶厂、食品罐头厂、工交修理厂、塑料厂、果蔬经营部、农业综合服务部因经济状况差，相继倒闭；学校、医院按政策纳入地方归口部门管理。至 2005 年 12 月，成立农场党委、纪委和人民武装部；场部设办公室、人事劳动股、财计股、农业股、保卫股、团委、妇联、侨联；工作人员减至 16 人。

1966—1969 年，国家先后拨给农场安置费 284 万元；此后又陆续拨给 130 多万元，先后建起专供安置归侨的土坯砖砌新瓦房 44910.76 平方米。1966 年 10 月，大批印尼归侨回国时，福建省侨务委员会派农场场长黄秀坝率领接侨小组专程前往广东省湛江地区迎接，副省长谭政、三明地区领导许集美以及宁化县副县长邵子厚等到农场慰问归侨。1980 年 1—5 月底，联合国粮农组织援助宁化泉上华侨农场 689 名印支难民 5 个月供应粮食共 51675 公斤、食油 3112.50 公斤。1987 年，联合国援助农场 8 万美元，建设中学教学设备项目。1988 年，联合国先后援助农场 99450 美元建设农场医疗所和医疗设备项目、果品加工设备项目。1989 年，联合国援助农场 5 万美元建设猕猴桃基地项目与青梅园项目。2004 年 12 月 14 日，宁化县政府批复同意将原宁化监狱土地 53.33 公顷、50 套原干警住房、1 个机砖厂及周边取土场产权划归农场所有。2005 年 6 月，农场正式接管该资产，并完成土地确权和房产产权发证工作。

各级党委、政府领导关心爱护归难侨，多次到农场调研慰问，解决实际困难。1981 年 5 月 14 日，中共宁化县委以宁委〔1981〕综 56 号文决定，对在“文化大革命”期间受迫害的黄秀坝等 37 位农场干部职工给予彻底平反，恢复名誉。1983 年 3 月 31 日，中共福建省委书记项南在中共三明地委书记邓超和中共宁化县委书记王善扬的陪同下，到农场看望归侨。1991 年 9 月 5 日，省侨办主任庄南芳到农场考察。1998 年，根据 5 月 20 日福清会议“山海协作，结对扶贫”精神，宁化华侨农场与常山华侨农场结对子，宁化华侨农场共有 17 户 56 人搬迁到常山华侨农场居住。1999 年 6 月 15 日，福建省政府副省长汪毅夫、省政府副秘书长张健，在三明市政府副市长郑国仁的陪同下，专程到农场调研农场领导体制改革问题。2005 年 5 月 25 日，福建省政府副省长王美香到农场调研慰问归侨。至 2005 年 12 月，归（难）侨被提拔为国家干部的有 37 人，在农场任职和调出农场后担任科级职务的 22 人、处级职务 14 人、厅级职务 2 人。

随着改革开放的不断深入和农场自身的发展变化，农场人口也随之变化，有一部分归（难）侨因工作需要调往三明、福州、深圳、厦门等城市。约 800 名归难侨出境往中国香港、澳门地区或其他国家定居。据 1982 年 7 月第三次全国人口普查统计结果，农场总户数 455 户，总人口 1975 人（其中男 1022 人、女 953 人）。2005 年，农场户籍人口 432 户 1131 人，在职干部职工 315 人、退休人员 328 人。

一、经济建设

（一）农业生产

1966—1995年，全场开发土地295.73公顷。建场初期主要种植水稻、地瓜、荞麦、高粱等粮食作物。1973年，种植粮食作物46.20公顷，总产量81151公斤。1980年，实行家庭联产承包责任制，大力发展经济作物，主要种植茶叶、柑橘、黄花梨、芙蓉李、猕猴桃等。1991年，种茶139.20公顷，茶叶成为农场的支柱产业。1999年，调整农业结构，做大做强水果产业。至2005年年底，引进名、优、新、特水果品种种植66.67公顷，改造老果园100公顷，年产优质水果2000吨，建立66.67公顷速生丰产林、33.33公顷银杏和20公顷雷竹基地。

（二）工业企业

1965年，农场成立运输队和机修厂，运输队有"解放"牌汽车2辆、40型拖拉机2台、推土机2台，有驾驶员和管理人员12人。机修厂有机修工4人，主要承修本场汽车。1966年，开设农场商店门市部。1969年，创办农场茶叶加工厂。1983年，运输队汽车增至7辆，有拖拉机21台驾驶员和管理人员33人；机修厂有车床3台、电焊机2台及气焊机、中刨机、洗床、镗缸机、磨缸机等设备，机修人员增至15人。1984年起，运输队改由个人承包。1985年，农场在宁化城关、三明市区开办贸易服务公司，成立"福建省宁化华侨企业总公司"，下设茶叶公司、农业公司、工业公司、商业服务等专业公司。1988年9月，农场建成食品罐头厂，主要生产柑橘罐头、中华猕猴桃原汁、浓缩汁、果酱及各类蜜饯产品，年生产能力500吨。1990年，因经济效益滑坡，商业服务公司停办。1993年，食品罐头厂停产；1994年，茶叶加工厂停产，茶叶公司、工业公司停办；1998年，农业公司停办。

二、社会事业

（一）教育

1966年起先后创办幼儿园、小学和中学。至1995年，农场归侨子女考上中等专业学校43人、高等院校52人（其中大专20人、大学本科32人）。2001年4月，农场小学归口当地教育部门管理。

（二）卫生

1966年12月，农场创办泉上华侨农场红色医院，有医生2人、卫生员6人；第一、二、三、四、六、七等生产队均设医疗室。1978年，泉上华侨农场红色医院更名为"泉上华侨农场卫生院"，院部设场部（肖家岗）。医院建筑面积1095平方米，有病房3间，病床10张，设中、西医两科。医疗设备主要有万能手术台、无影灯、口腔科器械、显微镜、心电图机、放射治疗机等，并配有救护车1辆。1966—1987年，全场职工实行公费医疗。1988年，进行医疗制度改革，职工医疗费用实行农场负担90%、职工个人负担10%。1990年，职工医疗费用改为农场负担80%、职工个人负担20%。1991年，职工医疗费用改为农场负担70%、职工个人负担30%。1994年以后，农场实行场内合作医疗制度，取消医疗费报销。2001年7月，农场医院纳入当地卫生部门管理。

（三）文化体育

农场体育设施较为健全，所辖9个生产队均建有篮球场、羽毛球场、乒乓球室等体育运动场所。1971年，获宁化县篮球比赛亚军；1973年农场小学足球队到厦门参加省级少年组足球赛，获亚军；1984年获宁化县象棋比赛冠军；1988年，农场国际象棋男女运动员代表宁化县参加三明市国际象棋比赛，分别获男女团体赛冠军；1989年，农场小学羽毛球运动队代表宁化县参加三明市儿童组羽毛球比赛，团体总分居三明市第二名；2004年，获福建省"华侨农场文化节"三等奖。

三、基础设施

1966 年建场后，在国家扶持下，先后建成各种用途房屋 5.20 万平方米，其中场部占地面积 19832.75 平方米，房屋建筑面积 10696.15 平方米。建成 34 条街弄（其中有 3 条主道、31 条巷道），街道总长约 3 公里，全部铺设水泥路面。1999 年起，农场加强场内基础设施建设，共投资 300 万元铺设 9 条通往各队主干道水泥路 15 公里，建成全场各队自来水管网，投入 100 万元建立场部中心广场、阅报栏、全民健身活动点、老人活动中心、职工文化娱乐中心，实施绿化美化和夜景工程。同时实施"侨居造福工程"，改善归难侨居住条件。至 2005 年年底，共投资 800 万元新建住房 250 户，大部分归难侨迁入新居。

四、职工生活福利

归侨被安置到农场后，国家除免费按户提供住房外（人口多的户 70 平方米，人口少的户 40 平方米），口粮、食油按人定量由国家供应。对有劳动能力的成年（满 18 周岁）归侨均吸收为农场职工，达到退休年龄（男 60 岁、女 50 岁）安排退休，按月发给退休费。对子女多、劳力少的困难户及老弱病残归侨，农场按国家规定给予固定生活救济补助。农场职工福利费按全场职工工资总额 10% 提取，主要用于职工生活困难补助。国家另外拨给职工退休、离休费、出国定居补助费及政策性社会支出、救灾、科研等开支费用。职工死亡按规定发给丧葬费，因公伤造成死亡的发给家属抚恤费，对其未成年子女抚养到 18 周岁。

据统计，1966—2005 年国家拨给农场生产救济扶持款 1000 万元，农场福利费支出 300 万元。

1970—2005 年宁化泉上华侨农场主要年份经济与社会发展情况表

表 1-19

年份	总人口		归难侨人（人）	社会总产值（万元）	年人均收入（元）	年职工人均收入（元）
	户数（户）	人数（人）				
1970	510	1892	1856	8.80	153	390
1980	539	2083	1347	123.90	362	1222
1990	450	1448	945	151.79	873	1350
2000	415	1219	768	220.00	1652	2878
2005	432	1131	697	899.00	3734	8089

附：41 名爱国华侨青少年事迹

20 世纪 60 年代中叶，印尼当局掀起一股反华排华狂潮。1966 年 10 月 10 日，印尼棉兰陆军当局为破坏中国政府接运因受迫害自愿回国华侨工作，采取欺骗性宣传，在棉兰华侨中学难侨"收容所"以所谓"检查卫生"为名，强行给难侨们拍摄侮辱性照片。为抗议这一暴行，华侨青少年进行坚决抵制和斗争，有 41 名华侨青少年被印尼军警逮捕，其中年龄最小的只有 13 岁。41 名华侨青少年在狱中多次被严刑拷打，为维护祖国尊严，他们始终坚持民族气节，和印尼军警展开不屈不挠的斗争并进行 6 天的绝食。他们给中国共产党中央委员会主席毛泽东写了一封致敬信；绣制一面有"毛主席万岁"五个金光大字的红旗；制作一件由一个五角星和毛泽东像，周围有 41 颗小五星组成，象征着 41 名华侨青少年心向祖国和毛泽东的礼物献给祖国；集体创作《我们的誓言》《囚徒之歌》《我们不是犯人》等战斗诗篇和歌曲，充分体现中华民族不可侮的英雄气概。

在中国政府的强烈抗议和海外侨胞的声援下，41 名华侨青少年被非法关押 40 天后，印尼当局被迫无条件释放他们。41 名华侨青少年于 1966 年 12 月 20 日回到祖国怀抱。党和国家对 41 名华侨青少年维护祖国尊严和坚持民族气节的斗争精神，给予充分的肯定和高度赞扬。12 月 29 日，人民大会堂举行万人欢迎大会，国务院副总理陈毅在会上发表讲话，给予 41 名华侨青少年高度评价，国务院总理周恩来等党和国家领导人亲切接见41名华侨青少年。1967年4月3日，41名华侨青少年被安置到泉上华侨农场。此后，他们为农场的发展作出积极的贡献，有的加入中国共产党，被提拔到领导岗位。其中，余亚周由农场调任福建省外事办副主任。廖彩玲1972年被推荐到福建农学院就读，毕业后留校任教；后任省侨办副主任。吴招安先后任农场中学教师、革命领导小组组长、团委书记、党委书记等职；1981年10月调任泉州中国旅行社、华侨大厦经理。苏立球1981年1月至1983年9月任农场副场长，后调任三明市中国旅行社、三明宾馆经理。

41名印尼华侨青少年名单

廖彩玲	沈汉清	吴招安	苏立球	蔡强霖	张良明	黄界仁	何德荣	温世昌
黄福良	杨玉英	刘翠娟	钟志明	郭月玲	王金铭	郑天书	王其禄	李锦新
陈志文	刘瑞芝	苏平安	郑仙彩	林爱莲	谭微笑	谢接芳	肖远辉	熊敬灵
刘义志	郭利华	郑仙妹	钟新秀	王桂花	李春园	邢益成	郑天赐	谢文临
廖盛昌	李明光	丘月豪	余亚周	黄顺才				

卷二　自然环境

　　宁化地处闽赣边界武夷山南段东麓、闽赣台地大面积抬升区的相对下陷地带，总面积 2407.19 平方公里。地势西高东低，低山、丘陵、盆地占总面积的 96.26%，为福建西北部的边界山区县。最高峰为治平畲族乡的鸡公崠，海拔 1389.90 米；最低处为城南乡肖家河道口，海拔 290 米；县城海拔 317 米。全境南北长 76.70 公里，东西宽 66.20 公里。宁化属中亚热带季风气候区，夏无酷暑，冬无严寒，气候温和，雨量充沛。1988—2005 年，年平均气温 17.9℃，年均降水量 1792.40 毫米，年均无霜期 270 天，年均日照时数 1661.50 小时。境域自然条件良好，植被纵跨闽北、闽中两个照叶林区，森林植被类型及植物种类组成丰富多样，2005 年，全县林地面积 17.80 万公顷，森林覆盖率 74.20%。溪河分流闽江、韩江、赣江 3 个水系，水力资源丰富。县域地处南岭钨锡稀有金属成矿带东延部分，成矿地质条件有利，是省定 17 个矿藏资源重点县之一，被誉为"有色金属聚宝盆"。其中，湖村行洛坑钨矿为全国四大钨矿之一，石壁乌竹管锡矿为福建省最大的锡矿。丰富的自然资源，为人民群众提供了有利的生产生活条件。随着经济的发展，生态环境在一定程度上受到破坏，野生动植物品种数量减少，土壤、空气和水质量有所下降，异常天气增多，自然灾害发生频率有所增大，给人民生产生活带来一定的影响和危害。

第一章　地形地貌

第一节　地形

　　宁化全境四周高中间低，地势总体自西向东倾斜，由于多次构造运动的影响，使境内地壳形成"多"字形的复杂地貌。

　　武夷山南段蜿蜒县境西部，山峦连绵起伏，鸡公崠、木马山、雪峰山、牙梳山、金华山等海拔 1300 米以上高山形成西部边界高耸山带，并且由北至南分出 3 条横向支脉，把境内分隔成 5 个不同的地带性地貌。

第二节 地质地貌

一、地带性地貌（流水地貌）

（一）北部安远河谷盆地

东有张天口、莲花山、马鞍山，形成独立的河谷盆地，西有金华山、雪峰山、牙梳山、牛牯崬，南有福建崬，北有四方山。河流自成体系，汇流出境，盆地内营上东西向断层形成的河谷走廊成为宁化北部与江西的通道。

（二）西北褶皱山带

起自东华山沿北东向经清江崬、福建崬入建宁境至桃花山，斜贯县境西北部，分布济村、河龙两乡全境及石壁、中沙、水茜3个乡（镇）的北部。

（三）中部四陷地带

由中沙—石壁断裂带、湖村—曹坊断裂带、店上北东东向扭压性断层、宁化断层相互联结组成。其西端为宽广的石壁断陷盆地，东端有新先排、甘木潭山间小盆地，东北有水茜断陷盆地，东北方联结通道多为两侧笔直沟谷走廊，中心为翠江阶地，地貌为海拔340—360米之丘陵构成的夷平面，山头广布一层石砾层，高出当地河床面30—40米。该地带含石壁、淮土、翠江、城郊、城南、中沙、水茜、湖村、泉上等乡（镇）的全部或大部地区。石壁盆地为紫色粉砂岩组成，发育随处可见的方山、奇峰、赤壁等丹霞地貌。水茜盆地为陆相红色粉屑构造，富含钙质，风化后形成奇峰异壁，构成壮丽的假岩溶地貌。

（四）南部褶皱山带

自治平畲族乡的鸡公崬起，经大兴山到莲花掌，中间为宁化断层和丁坑口断层割裂，有9座千米以上山峰分布其间，形成以中山为主脊的治平、方田褶皱山地和城郊、湖村、泉上三乡（镇）南部山地。

（五）南部低山丘陵褶皱山地

由于南部山带展布曹坊、安乐境内，形成丘陵山地。

二、其他地貌

除上述地带性地貌外，还有在湖村、泉上、龙地等地碳酸盐构造的溶洞、岩溶地貌，在泉上东北部有一向东北凸出的弧形地貌，在武夷山北坡的鸡公崬一带普遍见有滑坡现象。

第三节 主要山脉

鸡公崬 坐落于治平畲族乡高峰村，海拔1389.90米，为宁化境内最高山脉。北支沿北东向经木马山、正顶脑入方田、曹坊两乡边境。南支经焦背崬、鸟子脑入曹坊乡根竹村的虎竹寨。山脉漫布整个治平畲族乡。

牙梳山 坐落于安远乡和江西省广昌县交界的武夷山脉南段，海拔1387.30米，为宁化第二高山脉。从主峰向东南曲折起伏，经雪峰山、金华山至仙山脑，形成北部西缘大片山地。山脉屏护着安远、河龙，是宁化、广昌两县分水岭，安远溪源头即发源于这一山带山麓。

木马山　坐落于治平畲族乡，海拔 1328 米。

金华山　坐落于安远乡，海拔 1314 米。

雪峰山　坐落于安远乡，海拔 1310 米。

正顶脑　坐落于治平畲族乡，海拔 1222 米。

鸟子脑　坐落于治平畲族乡，海拔 1213.50 米。

东华山　坐落于石壁镇张家地与江西省石城县交界处，海拔 1148.90 米。

莲花掌　坐落于湖村镇邓坊村与泉上镇延祥村交界处，海拔 1120.50 米。山脉向东南蜿蜒起伏，经三层寨、银坪顶、象峰岽向东南蜿蜒入清流境内。

石壁岭　坐落于泉上镇南部，海拔 1120 米。青瑶溪发源于山南麓，泉上水库坐落于山之东北麓。山中林木茂密，涵养水源不断补充泉上中型水库蓄水。

三层寨　坐落于湖村镇，海拔 1107 米。

象峰岽　坐落于湖村镇与清流县嵩溪镇交界处，海拔 1100.70 米。

酒堂寨　坐落于泉上镇延祥村东北，海拔 1087 米。延祥溪发源于山之西南麓，该山与石壁岭一坳之隔，相互连接，横贯于泉上镇与延祥之间，使延祥村形成独立的山间盆地。

嵩吉顶　海拔 1085 米，坐落于湖村镇与清流县嵩溪镇交界处。

张天口　坐落于安远乡西南与建宁县接壤处，海拔 1084.10 米。主脉向东北逶迤入建宁县均口乡，向东南经水茜乡桃丰山、河龙乡的福建嶂至中沙乡的清江岽，至济村乡的留地山，形成斜贯县境北部的山带，是安远溪和翠江的分水岭。

牛背脊　坐落于治平畲族乡，海拔 1075.70 米。

牛牯岽　坐落于安远乡割畲村，海拔 1060 米，山麓坳口为通江西省广昌县的大道。沿西北走向至井坑折向东行称"四方山"（海拔 1013 米），界建宁县，形成安远乡西北部的山地。

桃峰山　坐落于水茜乡，海拔 1058.80 米。

宝华山　坐落于曹坊乡宝丰村，海拔 1032.40 米。北走马林寨（海拔 984 米），入方田乡境。

田螺髻　坐落于方田乡泗坑村，海拔 1031.30 米。南入大兴山，北走牛皮磜，折而往东为高墩岭、南平寨（旧称潭飞寨）。宋绍定年间（1228—1233 年）晏头陀曾据此举行农民起义。自牛皮磜而西北入紫云山，形成方田乡西部大片山地。

大兴山　坐落于方田乡泗坑村，海拔 1020 米。

芒花顶　坐落于城郊乡东南部的李七村，海拔 1019.70 米。东支向东入竹篙岭，七里圳溪源头分别发源于山麓。继续向东北蜿蜒至县城南面称"南山"，有著名的"南山古刹"建于山中，风景秀丽，旧时列为宁化八景之一，称"南岭清秋"。复起而高耸称"龙明顶"，逶迤入城南乡上坪村。西支起伏入社背村，山势复高耸，北走巫高嵊，逶迤入雷陑的菩萨嵊脑，形成城郊乡东南山地，山脉东支横亘阻断县城南部出路。新华厦系构造形成的 16 公里长的黄地甲断层的笔直深切谷地，使竹篙岭成为历史上宁化通曹坊、长汀的最短通道。

福建嶂　坐落于河龙乡，海拔 1019.70 米。

四坊山　坐落于安远乡井坑村，海拔 1010.20 米。

第二章　气候

第一节　气候特征

宁化属亚热带季风气候区。夏季主要受来自海洋湿润而温暖的热带或海洋气团控制，常刮偏南风，炎热多雨；冬季主要受副极地大陆气团控制，盛行偏北风，寒冷干燥。冬夏季风环流转换，形成夏长冬短、春秋对峙、干湿两季分明和灾害性天气较多的气候特征。全年降水量充沛，季风气候显著，四季分明。

一、春季（3—6月）

阴雨潮湿，温度、降水量逐步上升，其间气温常有冷热交替的多变状况，月平均气温在12.8—25.1℃之间。降水量在前春（3—4月）为423.30毫米，晚春（5—6月）为582.80毫米。常因降水强度大而有暴雨，个别年份气候反常，有时长期低温阴雨或干旱缺水，或出现五月寒、大风、冰雹、雷击等灾害性天气。

二、夏季（7—9月）

常受单一副热带高压控制，气候炎热少雨，天气晴热。降水主要为午后的热雷雨，受台风影响时有大雨，甚至大暴雨出现。夏旱概率较高，据实测记录有三分之一的年份都发生过不同程度的旱情。约有一半的年份在9月下旬出现不同程度的早秋寒。

三、秋季（10—11月）

气候凉爽，干燥少雨，雨量明显减少，总雨量仅占全年的7%左右，旱情平均两年一遇。个别年份，因南方暖气流回跳与冷气团汇合，有3—5天或稍长时间的连绵秋雨，气温逐渐下降。月平均气温在19.1~14.1℃之间，初霜多数出现于本季。

四、冬季（12—2月）

天气干燥寒冷，月平均气温为9.5—7.6℃，极端最低气温为-9℃，平均季降水量为242毫米。固体降水每年均有，但形成积雪的年份较少，1988—2005年造成严重危害的有3次，实测最厚积雪14厘米（1993年1月14日—23日）。

1988—2005年宁化县四季气候若干要素平均值情况表

表 2-1

气候要素	春季(其中4月)	夏季(其中7月)	秋季(其中10月)	冬季(其中1月)
气温(℃)	18.50	27.10	19.10	7.60
雨量(毫米)	203.10	135.60	76.80	86.10
日照(小时)	105.10	227.70	167.20	89.30

第二节　气象要素

一、温度

（一）气温

1988—2005年，全县年平均气温17.9℃，1月最低为7.6℃，7月最高为27.1℃。春季趋向上升，秋季趋向下降。但因受地形影响，各地气温均有差别，年、月平均气温明显不同。气温日变化以日出前（5—6时）最低，午后（14—15时）最高，平均日差9.5℃。极端最高气温一般出现于7月或8月，通常为35—37℃，2003年8月2日为最高达38.6℃。高于或等于35℃的高温天气在5—10月间均有出现，但集中于7、8月，年均15天左右。极端最低气温一般出现于12—1月，通常为零下3—5℃，1990年12月29日和1999年12月23日达零下9℃。小于或等于0℃的低温日年均14天，出现最早日11月10日，最迟日3月25日。

各月气温升降幅度不同，冬夏季气温变化缓慢，3—4月增温迅速，平均升温5.6℃左右。10—12月降温快，平均降温5—6℃。"20"型秋寒（日平均气温连续3天小于或等于20℃的天气过程）一般出现于每年10月4日左右，最早出现于1999年9月22日。"23"型秋寒（日平均气温连续3天小于或等于23℃的天气过程）一般出现于每年9月16日左右，最早出现于2000年9月8日。

全县霜期年际变化较大，年平均霜日23天。最长连续霜日达19天，出现于2001年12月22日至2002年1月9日，其中16天有冰冻。平均初霜日为11月25日，最早出现于1997年11月5日，最迟出现于1995年1月2日。平均终霜日为2月27日，最早终霜日出现于2004年2月6日，最迟终霜日出现于1992年4月1日。有霜期95天，最长141天，出现于1991年度，最短39天，出现于1994年度。全年霜日多集中于12月至次年2月。无霜期270天左右。

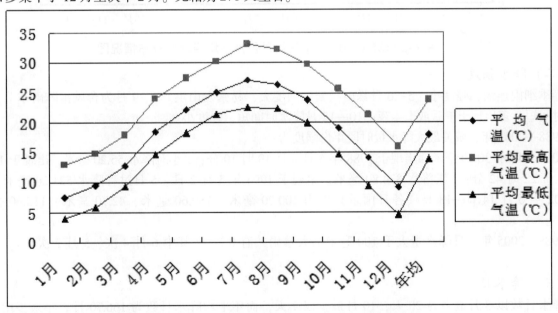

图2-1　1988—2005年宁化县各月气温分布情况图

（二）地温

县境地表温度和气温变化规律基本相同，但地面温度变化幅度大于气温变化。1988—2005年，县气象局监测地面温度年均值 20.5℃，比年均气温偏高 2.7℃。地面极端最高温度一般出现于 7—8 月，裸地可达 60—70℃；最高出现于 1988 年 7 月 9 日，为 68.1℃。地面极端最低温度出现于 12 月至次年 1 月，一般在 -5—-7℃，个别年份-8—-9℃；极端最低温度出现于 1994 年 1 月 21 日，为-8.7℃。地表下 5 厘米、10 厘米、15 厘米和 20 厘米深度的地温年平均值分别为 20.2℃、20.02℃、20.1℃和 20.1℃。地中各层地温差异不大，年变幅和日变幅均小于温变化。

二、降水

（一）降水量

县境属江南春雨区的一部分，降水主要集中于 3—6 月（其中以 6 月为最多），以后逐步减少，11 月为最少。

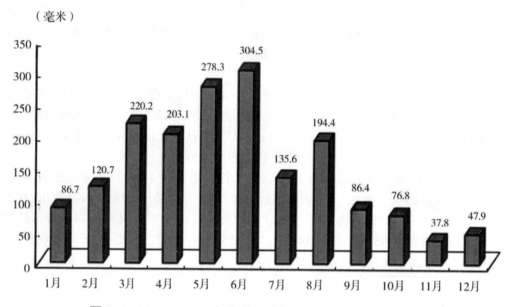

图 2-2　1988—2005 年宁化县各月平均降水量分布情况图

（二）降水强度

春季细雨连绵，强度小。5—6 月暴雨频繁，强度大，易暴发山洪。7—9 月为台风雷阵雨季节，来势猛，时间短，多出现于午后或上半夜。10—12 月降水时间短，强度小。

1988—2005 年，城关最大降水量时段年份强度为：

10 分钟降水 30.10 毫米，出现于 1988 年 5 月 4 日 19 时 10 分；1 小时降水 55.20 毫米，出现于 1994 年 5 月 2 日 22 时 42 分；1 天降水 334.80 毫米，出现于 1994 年 5 月 2 日。5 日过程降水 521.20 毫米，出现于 2002 年 6 月 14 日—18 日（各日雨量分别为 100.20 毫米、189.60 毫米、42.70 毫米、115.60 毫米和 72.90 毫米）。

1988—2005 年，日降水量大于 100 毫米的大暴雨共有 8 次，其中 6 月 4 次、5 月 2 次，7、8 月各 1 次。

（三）降水日数

降水日数以 3 月最多为 20 天，10 月最少仅 7 天，而年平均降水日数为 166.70 日。年最多雨日 190 天，出现于 1997 年；年最少雨日 123 天，出现于 2003 年。汛期的 3—6 月雨日最多，月平均雨日 17.60—19.80 天；10 月雨日最少，月平均雨日 7.30 天。年平均暴雨日数 5.20 天，年最少暴雨日数 2 天，分别出现于 1993 年、2003 年和 2004 年；年最多暴雨日数 13 天，出现于 2005 年。月暴雨日数最多为 2005 年 5 月达 8 天，没有暴雨出现的为 11—12 月。

三、蒸发

1988—2005 年，宁化县蒸发量和气温的变化规律基本相同，最大值出现于 7 月，最小值出现于 2 月，多年平均蒸发量 1319.50 毫米。年最少蒸发量 1204.80 毫米，出现于 1995 年；年最大蒸发量 1625.70 毫米，出现于 2003 年。月最大蒸发量 258.30 毫米，出现于 1988 年 7 月；月最小蒸发量 27.40 毫米，出现于 2000 年 2 月。

1988—2005 年宁化县各月平均蒸发量情况表

表 2-2　　　　　　　　　　　　　　　　　　　　　　　　　　　　　　　单位：毫米

月份	1	2	3	4	5	6	7	8	9	10	11	12	全年
年均蒸发量	54.00	52.10	68.20	100.60	122.70	137.40	198.10	177.30	140.30	119.70	83.10	66.00	1319.50

四、湿度

1988—2005 年，全县年平均水气压 18 百帕，年变化趋势与气温相同。月最小水气压多出现于 1 月，平均最小值为 8.80 百帕；月最大水气压出现于 8 月，平均最大值为 27.70 百帕。最大水气压极值 35.30 百帕，出现于 2000 年 7 月 28 日；最小水气压极值 1 百帕，出现于 1999 年 12 月 22 日。

相对湿度年平均为 82%，变化范围在 79%—85% 之间。平均最大值出现于 2—6 月，最小值出现于 7 月和 10—12 月。日平均最大值出现于清晨，最小值出现于 14—16 时。

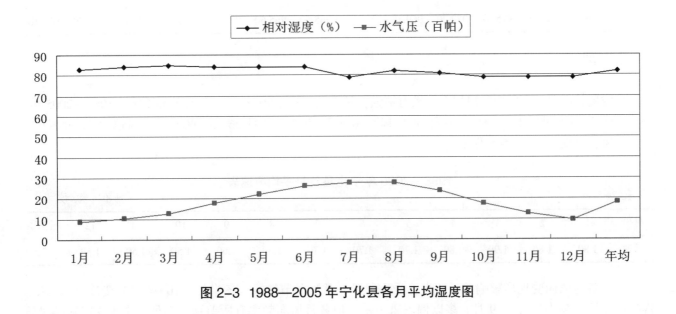

图 2-3　1988—2005 年宁化县各月平均湿度图

五、日照

1988—2005 年，全县年均日照时数为 1661.50 小时，百分率为 43，日照时数最少年份为 2000 年，仅 1378.20 小时；最多年份为 2003 年 2047.30 小时，日照最大年际差 669.10 小时。年各月日照时数：7 月最多，平均为 227.70 小时；2 月最少，平均为 74.10 小时。日照月际差为 153.70 小时。日照年可照时数 4423 小时（闰年 4434 小时）。由于受云、雾、地形等因素的影响日照时数稍有不同。

1988—2005 年宁化县各月平均日照时数表

表 2-3 单位:小时

月份	1	2	3	4	5	6	7	8	9	10	11	12	全年
日照时数	89.30	82.20	78.00	105.11	124.22	139.00	227.70	196.70	165.10	167.20	151.90	135.10	1661.50
日照百分比	31	37	28	31	32	35	67	61	54	51	47	44	43

六、气压

1988—2005 年,县境年平均气压为 971.10 百帕,一年内以 7、8 月高温季节最低,12 月至次年 1 月寒冷季节最高。极端最低气压为 945.10 百帕,出现于 1996 年 8 月 1 日;极端最高气压为 994.90 百帕,出现于 1999 年 12 月 22 日。一日之中 14—16 时最低,8—9 时最高。月际间气压变化情况均有不同。

1988—2005 年宁化县平均气压变化表

表 2-4 单位:百帕

月份	1	2	3	4	5	6	7	8	9	10	11	12	全年
最高	983.00	981.00	978.10	974.10	971.00	972.00	967.20	967.30	973.30	977.80	981.40	984.10	973.40
最低	978.20	976.20	973.10	969.80	976.00	964.10	963.50	963.50	968.40	971.40	976.80	979.30	975.40
平均	980.60	978.70	975.80	972.20	969.10	965.90	965.60	965.60	970.30	975.80	979.20	981.70	971.10

七、风

县域地处山区,一年中静风居多,风力不强,年平均风速 1.70 米/秒,各月差异不大。1988—2005 年,10 分钟平均最大风速 18 米/秒,为西南偏西风,出现于 1993 年 7 月 26 日;瞬间极大风速达 22.50 米/秒,为偏西风,出现于 2005 年 5 月 1 日。

1988—2005 年宁化县各月平均风速表

表 2-5 单位:米/秒

月份	1	2	3	4	5	6	7	8	9	10	11	12	全年
风速	1.80	1.80	1.90	1.80	1.70	1.70	1.70	1.60	1.60	1.50	1.50	1.50	1.70

由于各地风向受地形影响差异较大,受季风影响并随季节转换。冬半年(10—4 月)受冷空气影响,盛吹偏北风,夏半年(5—9 月)多以偏东风为主。但各月风向频率有所差别,春秋两季为季风转换过渡期。一年中,静风频率最大,占总频率 39%,东北风占 11%。全年各风向中,年均风速最大值 3.70 米/秒,为西南偏南风,最小值 2.10 米/秒,为东南风。

1988—2005 年宁化县各月最多风向及频率分布表

表 2-6 单位:%、米/秒

月份	1	2	3	4	5	6	7	8	9	10	11	12	全年
风向	W C	NE C	NE C	NE C	NE C	NE C	E C	NE C	NE C	NE C	NE C	W C	NE C
频率	12 37	11 35	12 34	12 36	12 37	12 35	10 37	12 37	12 39	11 44	10 46	8 46	11 39

1988—2005 年宁化县各风向频率、平均风速表

表 2-7　　　　　　　　　　　　　　　　　　　　　　　　　　　　单位:%、米/秒

风向	N	NNE	NE	ENE	E	ESE	SE	SSE	S	SSW	SW	WSW	W	NW	WNW	NNW	静风
频率	6	5	12	8	8	4	3	2	2	1	2	3	7	4	2	2	28
风速	3.50	3.20	2.50	2.20	2.20	2.20	2.10	2.40	3.30	3.70	3.40	3.20	2.70	2.40	2.50	—	—

注:频率指该风出现次数和风总次数的百分比。

第三章　水文

第一节　地表水

一、水系

宁化溪、河分属闽江、韩江、赣江 3 个水系。

（一）闽江水系主要溪河

翠江　属沙溪支流九龙溪上游，主要支流有东溪、西溪、七里圳溪、石螺坑溪、安乐溪，先后于不同河段汇流出境。境内河长 75.10 公里，流域面积 1622.40 平方公里，总落差 663 米，径流量 16.80 亿立方米。其中:

东溪　为翠江第一大支流，发源于建宁九县山麓，流经水茜，中沙乡武昌、溪口至城关合水口与西溪汇合，流域内植被良好。上游有水茜溪、泉湖溪、中沙溪 3 条支流，境内总长 54.10 公里，流域面积 818 平方公里，总落差 637 米，年径流量 8.29 亿立方米。其中，水茜溪（东溪上游九县山至溪口段）包括上谢溪、蕉坑溪、沿溪、杨城溪 4 条支流，河长 36.80 公里，流域面积 335.40 平方公里;泉湖溪发源于泉上镇联群村，一路纳细流 23 条，至溪口汇入东溪主流，河长 43.70 公里，流域面积 273.60 平方公里;中沙溪发源于河龙乡仙山脑山麓，在上游和中游汇集雷家坪溪、樟南源溪、叶坊溪 3 条支流，至饭罗墩汇入东溪主流，河长 22.80 公里，流域面积 130 平方公里。

西溪　为翠江第二大支流，发源于方田泗坑，主要支流有方田溪、淮土溪、石壁溪、武层溪。在城郊合水口与东溪汇合，河长 42.50 公里，流域面积 513 平方公里，总落差 442 米，年径流量 5.19 亿立方米。因流域内植被遭破坏，加上紫色页岩分化强烈，水土流失严重，含砂量大，每逢大雨河水浑浊不堪。

安远溪　发源于牛牯峄山麓，流域内森林植被较好，属多雨区。因安远受福建嶂和桃丰山阻隔，在安远境内自成水系。3 条支流在安远附近汇流后经永跃村向东北流入建宁县的宁溪，经金溪和富屯溪汇流入闽江，为闽江水系三级支流宁溪的上游。境内河长 27.70 公里，流域面积 321.50 平方公里。

罗溪　（亦称曹坊溪）　发源于曹坊乡官地，经长汀边界入清流罗口溪，至秋口汇入九龙溪，属闽江水系第四级支流。境内河长 13.60 公里，流域面积 49 平方公里，总落差 720 米，年径流量 0.51 亿立方米。

治平溪　发源于高地，先后共纳小溪涧 10 条，经桂口并入长汀境，与罗溪汇合流入罗口溪，属闽

江水系第四级支流。境内河长32.50公里，流域面积126.50平方公里，总落差770米，年径流量1.74亿立方米。

除以上4条溪河外，尚有属闽江水系的11条小溪独流出境，分别流入罗口溪、九龙溪、枫溪、盖洋溪、嵩溪、宁溪。

（二）韩江水系主要溪河

县域属韩江水系的溪河有下坪溪和叶公岭溪。

下坪溪（又名奄香溪） 发源于治平畲族乡赖家山，至沙罗排纳桥下溪入汀江，汇入广东韩江。流域内森林茂盛，水质清澈。境内河长13.50公里，流域面积41.20平方公里，总落差803米，年径流量0.45亿立方米。

叶公岭溪 发源于治平畲族乡田畲村的杨梅岭下，由叶公岭出境。境内河长3.60公里，流域面积8.70平方公里。

（三）赣江水系主要溪河

主要有横江溪和米子迳溪。

横江溪 发源于治平畲族乡高地村各溪里，流经桥下水库沿宁化和江西省石城边界至淮土乡五星村米子迳附近出境，属赣江支流琴江的上游。境内河长14.50公里，流域面积43.10平方公里，总落差606米，年径流量0.45亿立方米。

米子迳溪 发源于淮土乡仕边村张坊，流经五星村的塘家山至米子迳附近出境后汇入横江溪。境内河长9.40公里，流域面积14.90平方公里，总落差95米。

除以上2条溪以外，属赣江水系的还有4条小溪（其中淮土3条、济村1条），分别独流出境，入横江或白沙水，汇入琴江。

二、水位 径流 洪水

（一）水位 径流

宁化县水位变化受季节、年际影响极大，基本与降雨量同步。水位每年4—9月最高，10—3月水位最低。一年最高水位差为8.80米，最低水位差为3.29米。1988—2005年，平均水位为海拔311.11米（1985年国家高程基准，下同），最高水位海拔319.60米（1994年5月2日），最低水位海拔310.73米（1986年9月25日）。

县水文站确定，宁化警戒水位为海拔314.50米，达到海拔316.30米即进入危险状态（平均5年一遇）。1988—2005年，县水文站设两个点对中沙溪和西溪水位进行监测，测点分别在在中沙乡渔潭和县政府大门右侧附近。

20世纪70年代开始，宁化县先后在县水文断面上游河道内开发修筑蓄水大坝，建造水电站，对水位的自然规律短时期内产生一定影响。枯水季节的瞬时最低水位及相应流量值受上游水库的蓄放水影响极大。

中沙溪水位 1988—2005年，县水文断面中沙溪多年年均水位为322.178米。年均流量186.20立方米/秒。中沙溪径流分配基本与降水一致。4—10月为丰水期，发生洪水的来源为锋面雨和台风雨，11月至次年3月为枯水期。

1988—2005年宁化县中沙溪断面水位流量情况表

表2-8   单位：米、立方米/秒

年份	水位				流量			
	最高	时间	最低	时间	最高	时间	最低	时间
1988	4.44	5月5日	1.36	12月24日	294	5月5日	1.66	12月24日
1989	5.27	5月12日	1.37	12月9日	418	5月13日	1.66	12月9日

续表 2-8

年份	水位				流量			
	最高	时间	最低	时间	最高	时间	最低	时间
1990	5.51	6 月 13 日	1.37	1 月 5 日	438	6 月 13 日	1.90	1 月 5 日
1991	5.10	3 月 22 日	1.41	12 月 27 日	336	3 月 22 日	1.52	12 月 27 日
1992	8.68	7 月 6 日	1.42	12 月 25 日	1170	7 月 6 日	2.69	1 月 25 日
1993	4.73	5 月 24 日	1.44	12 月 30 日	284	5 月 24 日	1.72	12 月 30 日
1994	9.51	5 月 2 日	1.42	1 月 6 日	1420	5 月 2 日	2.07	1 月 6 日
1995	7.16	6 月 17 日	1.57	1 月 6 日	779	6 月 17 日	2.50	12 月 6 日
1996	6.06	6 月 21 日	1.58	2 月 1 日	500	6 月 21 日	1.45	2 月 6 日
1997	9.05	6 月 9 日	1.60	3 月 14 日	1300	6 月 9 日	1.26	3 月 14 日
1998	7.22	6 月 23 日	1.63	11 月 16 日	807	6 月 23 日	3.30	11 月 16 日
1999	6.39	8 月 26 日	1.55	3 月 5 日	577	5 月 26 日	1.92	3 月 5 日
2000	5.35	6 月 25 日	1.54	1 月 1 日	391	8 月 25 日	1.89	1 月 1 日
2001	5.50	6 月 13 日	1.51	12 月 29 日	413	6 月 13 日	1.82	12 月 29 日
2002	7.60	6 月 16 日	1.50	3 月 12 日	900	6 月 16 日	1.80	3 月 12 日
2003	7.28	5 月 17 日	1.18	11 月 8 日	817	5 月 17 日	0.98	11 月 8 日
2004	4.42	7 月 7 日	1.15	1 月 17 日	297	7 月 7 日	0.86	1 月 17 日
2005	6.94	6 月 21 日	1.12	11 月 6 日	722	6 月 21 日	0.77	11 月 6 日

西溪水位 1988—2005 年，县水文断面西溪多年年均水位为 311.11 米。西溪径流分配基本与降水一致。5—8 月为丰水期，发生洪水的来源为锋面雨和台风雨，11 月至次年 3 月为枯水期。水位最高为 13.95 米（1994 年的 5 月 2 日），最低为 4.70 米（2005 年 9 月 25 日）。

1988—2005 年宁化县西溪断面水位情况表

表 2-9　　　　　　　　　　　　　　　　　　　　　　　　　　　　　　单位：米

年份	水位			
	最高	时间	最低	时间
1988	8.43	6 月 13 日	5.14	12 月 18 日
1989	9.04	1 月 7 日	5.12	9 月 12 日
1990	8.89	6 月 8 日	5.14	7 月 29 日
1991	8.46	5 月 6 日	5.06	8 月 5 日
1992	11.30	7 月 6 日	5.23	1 月 25 日
1993	9.24	4 月 23 日	5.11	2 月 18 日
1994	13.95	5 月 2 日	5.15	1 月 7 日
1995	10.35	6 月 17 日	5.10	12 月 28 日
1996	9.14	6 月 21 日	4.93	6 月 18 日
1997	12.12	6 月 9 日	4.95	1 月 12 日
1998	10.32	6 月 9 日	4.92	12 月 27 日
1999	9.67	5 月 18 日	4.88	3 月 8 日
2000	9.58	8 月 25 日	4.89	3 月 29 日

续表2-9

年份	水位			
	最高	时间	最低	时间
2001	11.35	6月13日	4.83	11月25日
2002	10.06	6月15日	4.76	1月10日
2003	8.68	5月17日	4.74	9月29日
2004	9.30	7月17日	4.71	11月3日
2005	8.86	5月22日	4.70	9月25日

（二）洪水

宁化县洪水季节一般在每年5—8月。据西溪水位预警塔自动系统监测，1988—2005年宁化共发生6场较大洪水，分别为1992年7月6日、1993年4月23日、1994年5月2日、1995年6月17日、1997年6月9日和1998年6月9日。其中，1994年5月2日洪水最大，超警戒水位5.10米，洪水上涨城关街面达1.50米以上，县城大部分房屋和物质被洪水淹没，损失严重。1993年4月23日洪水最小，超警戒水位0.39米。

三、水质

1988—2005年，县环保局监测数据显示，宁化饮用水水源地水质只含少量的挥发酚类和氨氮，没有发现其他有害物质，符合饮用水标准。参照2005年宁化水域功能区达标率，九龙溪、水茜河和西溪河的监测结果，没有发现其他有害物质，符合饮用水质达标标准。

2004年宁化县集中式饮用水水源地水质监测结果表

表2-10

序号	监测项目	执行标准	计量单位	1月6日	3月2日	5月10日	7月6日	9月1日	11月2日
1	水温		℃	12.70	10.70	14.80	22.60	26.50	20
2	pH	6~9		7.18	7.16	6.65	6.90	6.15	6.86
3	溶解氧	≥5	毫克/升	10.32	9.72	8.82	8.05	7.59	7.57
4	高锰酸盐指数	≤6	毫克/升	1.65	2.13	1.67	2.13	2.43	1.62
5	氨氮	≤1.0	毫克/升	0.04	0.044	0.093	0.083	0.204	0.152
6	总磷(湖库＜0.05)	≤0.2	毫克/升	0.013	0.021	0.025	0.026	0.023	0.024
7	氟化物	≤1.0	毫克/升	0.068	0.066	0.03	0.191	0.182	0.166
8	挥发酚	≤0.005	毫克/升	0.001	0.001	0.001	0.001	0.001	0.001
9	石油类	≤0.06	毫克/升	0.02	0.03	0.04	0.005	0.005	0.005
10	粪大肠菌群	≤10000	个/升	687	1040	900	1100	500	200
11	达标项目数		个	10	10	10	10	10	10
12	水质达标率		%	100	100	100	100	100	100

注：水源地：寨头里水库。

2005 年宁化县水域功能区达标率检测结果表

表 2-11　　　　　　　　　　　　　　　　　　　　　　　　　　　　　　　　　　　　单位：毫克

监测水域情况					站点名称	检测情况(毫克/升,pH 值除外)						
水体名称	水体类型	水体功能	断面名称	监测项目名称		1月5日	3月2日	5月9日	7月6日	9月7日	11月2日	平均
九龙溪	Ⅲ类	渔业用水	肖家	pH 值	中心断面平均浓度	7.58	6.89	6.99	7.46	6.86	6.89	—
				溶解氧	中心断面平均浓度	10.60	11.20	8.10	7.24	7.05	7.96	8.69
				氨氮	中心断面平均浓度	0.181	0.320	0.395	0.120	0.063	0.058	0.19
				高锰酸盐指数	中心断面平均浓度	2.19	3.75	5.92	2.25	2.37	2.01	3.08
水茜河	Ⅰ类	源头水	水茜中学	pH 值	中心断面平均浓度	7.15	6.69	6.67	7.30	6.85	6.80	—
				溶解氧	中心断面平均浓度	10.90	10.94	8.10	7.49	7.50	8.18	8.85
				氨氮	中心断面平均浓度	0.134	0.124	0.132	0.093	0.050	0.026	0.093
				高锰酸盐指数	中心断面平均浓度	1.42	1.89	1.93	1.77	1.81	1.71	1.76
西溪河	Ⅲ类	渔业用水	茶湖江	pH 值	中心断面平均浓度	7.22	6.70	6.80	7.17	6.73	6.75	—
				溶解氧	中心断面平均浓度	10.30	10.67	8.00	6.82	7.81	8.06	8.61
				氨氮	中心断面平均浓度	0.161	0.187	0.434	0.147	0.076	0.039	0.174
				高锰酸盐指数	中心断面平均浓度	2.54	2.53	5.88	2.31	1.94	1.89	2.85

第二节　地下水

　　据福建省闽西地质大队对宁化地下水水质测验评定，宁化地下水质良好，适用于饮用及农田灌溉和工业用水。

　　1986 年，省水文总站与省农业区划办整理出版的《福建省地下水资源》载：宁化县地下水天然资源总量 55022.11 万吨/年，平均每平方公里地下径流量 636.59 吨/日。

一、类型分布

（一）山间盆地水文地质区松散岩类孔隙水

地下水径流量 460.06 万吨/年，占地下水径流总量的 0.84%。分布面积 60.72 平方公里，占全县总面积的 2.52%，平均每平方公里拥有 207.58 吨/日。主要分布于泉上、湖村、城郊、石壁、安远等乡（镇）的河谷盆地。

（二）岩溶水文地质区碳酸盐岩类裂隙溶洞水

地下水径流量 1294.24 万吨/年，占地下水径流总量的 2.35%。分布面积 53.03 平方公里，占全县总面积的 2.20%，平均每平方公里拥有 668.65 吨/日。分布于泉上、湖村盆地南部和丁坑口、龙地。

（三）丘陵水文地质区基岩裂隙水

地下水径流量 10302.74 万吨/年，占地下水径流总量的 18.72%。分布面积为 465.45 平方公里，占全县总面积的 19.34%，平均每平方公里拥有 606.44 吨/日。分布于全县所有丘陵地区。

（四）中低山水文地质基岩裂隙水

地下水径流量 42965.07 万吨/年，占地下水径流总量的 78.09%。面积 1788.79 平方公里，占全县总面积的 74.31%，平均每平方公里拥有 658.06 吨/日。分布于全县中低山地区。

二、地热水与冷泉水

（一）地热水

县境内有地下温泉 1 处，位于城南乡水口村黄泥桥，出泉眼水温为 38℃，出水量 0.03 立方米/秒。

（二）冷泉水

地下冷泉水以碳酸盐类裂隙溶洞水为主，地下冷泉面积达 2380.30 平方公里，年径流总量为 5022.40 万吨，主要分布于湖村、泉上、安乐 3 个乡（镇）。地下冷泉 10 处，水温 16—21℃，流量 0.10—0.60 立方米/秒，水质清晰，无任何污染，流量、流速、水温、水质等周年不变，极为稳定。

第四章　土壤植被

第一节　土壤

一、山地土壤

全县山地面积 183907.54 公顷，土壤分为红壤、黄壤、紫色土、石灰（岩）土、草甸土等 5 个土类 10 个亚类 29 个土属。其分布规律具有明显的垂直地带性，海拔 800 米以下为红壤带，海拔 800 米以上为黄壤带，海拔 1380 米以上的缓坡至山顶平台有山地草甸土分布。此外，由于母岩的影响，在紫色页岩、紫色砂岩、紫色粉砂岩、紫色泥岩和石灰岩地区有紫色土、石灰（岩）土非地带性土壤类型的区域性分布。

（一）红壤类

红壤为亚热带地带性土壤类型。面积 163179.47 公顷，占全县山地面积的 88.73%。广泛分布于海拔

800 米以下低山、丘陵地区。母岩以花岗岩为主，千枚岩、砂岩为次。母质为残积和堆积，土层一般较深厚。全剖面土色红、深红、浅红或棕红。质地较黏重，pH 值 4.0—6.0。有机质和氮、磷、钾均较缺乏。该土类有红壤、黄红壤、暗红壤、水化红壤、粗骨性红壤等 5 个亚类 18 个土属。

红壤 有 7 个土属，面积 126776.53 公顷，占全县山地面积的 68.93%。分布于全县各地海拔 700 米以下的低山丘陵地带。红壤土层深厚，质地黏重，肥力中等。适宜发展杉木、马尾松、毛竹等用材林和油茶、油桐、茶与柑橘等经济林。

黄红壤 有 4 个土属，面积 31252.20 公顷，占全县山地面积的 16.99%。除中沙乡外，各乡（镇）在海拔 600—1100 米地段均有分布。黄红壤土层较深厚，质地重壤至轻壤，水湿条件较好，养分含量比红壤高。适宜种植杉木、毛竹、马尾松和阔叶树。

暗红壤 有 3 个土属，面积 1588.67 公顷，占全县山地面积的 0.86%。零星分布于水茜、湖村、方田、曹坊等乡（镇）海拔 400—600 米的山坡中部、山脚或山洼部。暗红壤处于常绿阔叶林或针阔混交林地带，环境荫蔽，温差变幅小，地表枯枝落叶多，腐殖质层厚而黑，土层深厚，质地轻壤或中壤，水肥条件良好。适宜发展杉木和闽楠、樟等珍贵阔叶树种。

水化红壤 域内仅 1 个堆积水化红壤土属，面积 93.13 公顷，占全县山地面积的 0.05%。零星分布于湖村、泉上、中沙等乡（镇）的低山、丘陵的山脚或山窝。所处地形低洼、地下水位高，排水不良，土壤中铁的氧化物长期处于水化状态，剖面常有流水线，心土具有红白相间的网纹层，土层厚度 1 米以上。质地中壤，肥力中等。适宜毛竹和江南桤木等树种生长。

粗骨性红壤 有 3 个土属，面积 3468.93 公顷，占全县山地面积的 1.89%。主要分布于中沙、河龙、安远、湖村、泉上、石壁等乡（镇）海拔 500—1000 米的中、低山的山顶脊部或山陂上部。土壤发育不完整，成土发育阶段年轻，全剖面常呈 AC 型或 BC 型。土层浅薄，母质特征突出，石质性强。质地石砾壤土，有机质贫乏、土壤干燥，肥力低。适宜种植马尾松、木荷、杨梅等耐干旱、瘠薄的阳性树种。

（二）黄壤类

黄壤属中、北亚热带地带性土壤类型。面积 3683.40 公顷，占全县山地面积的 2%。主要分布于安远、曹坊、治平、河龙、济村、湖村等乡（镇）海拔 800 米以上的中山区，母质多为残积。由于山高雾多，空气湿度大，土壤中受到游离氧化铁作用而使土色发黄，土层浅薄至中等深厚。质地壤土或黏土，pH 值 4.0—5.5，有机质含量较高，肥力中等。县域该土类有黄壤和粗骨性黄壤 2 个亚类 6 个土属。

黄壤 有 3 个土属，面积 1967.80 公顷，占全县山地面积的 1.07%。主要分布在安远、曹坊、治平等乡（镇）海拔 800 米以上的山坡上部或山顶。土层浅薄至中厚，质地粘壤至黏土，有机质积累较多，肥力中等。适宜发展柳杉、黄山松等用材林和茅栗、锥栗等经济林。

粗骨性黄壤 有 3 个土属，面积 1715.60 公顷，占全县山地面积的 0.93%。主要分布于治平、曹坊、安远、河龙、湖村等乡（镇）海拔 1100 米以上的山顶或山脊。土层浅薄，土体中含有大量石砾块和原生矿物，质地轻壤，有机质较丰富，但腐殖质层薄，肥力低。适宜种植茅栗、白栎、黄山松等耐寒树种。

（三）山地草甸土类

系中亚热带地带性土壤类型，域内仅 1 个亚类 1 个土属，面积 3.73 公顷，占全县山地面积的 0.002%，分布于治平乡高峰村的鸡公崬山顶海拔 1375—1385 米处。母岩为泥质岩，因山高风大，气温低，湿度大，地势平缓，排水不良，土壤微生物活动弱，腐殖质积累而不易分解，形成松软的半分解黑色草甸土。土层浅薄，质地轻壤，pH 值 4.8，有机质含量高，但有效肥力低。宜于封山育草，发挥其保持水土作用。

（四）紫色土类

系非地带性土壤类型，域内仅 1 个亚类 3 个土属，面积 16986.73 公顷，占全县山地面积的 9.24%。主要分布于石壁、淮土 2 个乡（镇），中沙、河龙、安远、水茜、泉上、安乐、曹坊等乡（镇）的低山、丘陵亦有零星分布。该土壤是由紫色页岩、紫色砂岩、紫色粉砂石等母岩发育而成的一种岩性土，因母岩松脆，易风化侵蚀，延缓了土壤的正常发育，使土壤常处于幼年阶段，土层浅薄。全剖面紫色（猪肝色），层次过渡不明显，质地粘壤或黏土，pH 值 4.0—4.8。土壤有机质、氮素含量较低，但磷、钾含量较高，肥力中等。适宜发展马尾松、枫香、木荷、黄檀、胡枝子、紫穗槐、狗尾草、马唐等乔、灌、草相结合的水土保持林。亦可种植板栗、茅栗、茶、柑橘、枇杷和柿等经济林。

（五）石灰（岩）土类

石灰（岩）土类县域内仅有棕色石灰土亚类，棕色石灰泥土土属，面积 54.20 公顷，占全县山地面积的 0.03%。分布于泉上镇联群村。母岩为石灰岩，土壤风化强烈，表土因淋溶作用而钙质含量低。全剖面棕色，质地中壤，pH 值 5.7，具石灰反应。肥力中等，适宜种植喜钙植物。

二、耕地土壤

全县耕地土壤有水稻土、旱耕地土壤 2 个类型。

（一）水稻土

1.水稻土土属

（1）渗育型水稻土 有黄泥田、红土田、紫泥田、白土田、砂质田 5 个土属。

黄泥田 全县有 4289.80 公顷，占水稻土的 15.19%，各乡（镇）均有分布。主要发育于火成岩、沉积岩或残积母质上，多分布于梯田、阶地，是县境面积较大、作物适宜性较好、土地利用率较高的中产田土壤类型。但黄泥田土壤呈酸性反应，养分较贫乏，耕层质地中壤至重壤，若发育于花岗岩等含石英砂粒较多母质上的黄泥田沙性则较强，耕层浅薄，有旱、瘦、浅障碍因素。农业生产适宜于烤烟—稻、稻—稻—油（肥）、稻—稻—闲、稻—闲等耕作方式。

红土田 全县有 20 公顷，占水稻土的 0.07%。是面积较少的、零散分布的、水耕熟化度较低的一类土壤。

紫泥田 全县有 2491.10 公顷，占水稻土的 8.82%。为紫色或红色砂岩、页岩风化物形成的区域性土壤类型。主要分布于石壁、淮土两乡（镇）及水茜、安远的部分区域。因土壤所处位置、利用和耕作水平的不同，土壤肥力有较大差异。农业生产适宜烤烟—稻、稻—稻—油（肥）、稻—菜等方式。

白土田 全县有 83.70 公顷，占水稻土的 0.30%。分布于山坡与平洋面衔接的转折处，母质多为坡积物。因土体 p 层长期受侧渗水漂洗作用，土壤中黏粒和铁等物质流失，产生漂白层而得名。

砂质田 全县有 55.80 公顷。占水稻土的 0.20%。分布于河漫滩及河岸两侧，成土母质为冲积物，城郊、安乐、水茜等乡（镇）有较多面积。砂质田是一种耕作年代短、土体发育差的田块，常年受洪水冲刷侵蚀，质地砂土至轻壤土，漏水漏肥严重，心土层有砾石。因常年受洪涝影响，土地利用受到限制，一般一年一至二熟，种稻或稻—菜为主。

（2）潴育型水稻土 有乌泥田、灰泥田、石灰泥田、潮沙泥田等 4 个土属。

乌泥田 全县有 1004.80 公顷，占水稻土的 3.56%。分布于村庄周围平洋田，母质多为冲积和坡积物。乌泥田经长期的改土培肥、水旱轮作，土壤理化性状好，土体结构优良，养分丰富，水、肥、气、热较协调，生产潜力大，成为高产田土壤类型田。一年多熟，宜种性广，高产稳产。

灰泥田 全县有 12726.40 公顷，占水稻土的 45.07%。灰泥田为县内主要耕作土壤类型，分布区域广，河岸平洋、缓坡地、山垅中和村庄周围均有。成土母质有坡积、冲积、洪积物等。土壤质地因母质不同差异较大，土壤质地中壤至重壤，肥力仅次于乌泥田，耕性、生产性好，一年二至三熟，农业利用有烤烟—稻、稻—稻—油（肥）、稻—菜等方式。

石灰泥田 全县有 76.90 公顷，占水稻土的 0.27%。为石灰岩区的石灰性土壤经水耕熟化形成的区域性土壤，湖村、安乐、曹坊等乡（镇）有小面积分布。石灰泥田区有较好的生产条件和自然温光条件，土壤保水保肥性好。但石灰泥田表现为质地黏重，水土温低，水稻座苗，土壤有较强烈的石灰性反应，pH 值 7.2 以上。农业利用有烤烟—稻、稻—稻—油（肥）、稻—菜等方式。

潮砂田 全县有 1517.70 公顷，占水稻土的 5.37%。主要分布于河谷小平地和溪河边，母质为河流冲积物发育而形成的水田，以水茜、安远、中沙、城郊、城南、安乐等乡（镇）面积较大。潮砂田土壤耕性好，土性热，起苗快。农业生产利用有稻—稻—油（肥）、稻—菜、烤烟—稻等方式。

（3）潜育型水稻土 有青泥田、冷烂田 2 个土属。

青泥田　全县有 2506 公顷，占水稻土的 8.88%。一般分布于较为宽阔的山垄和低洼地，成土母质为坡积、洪积物。青泥田多为冷烂田，经水改、耕改后土壤水气状况得到改善调节后形成。青泥田保水保肥性强，潜在肥力较高，土性偏冷，耕作一年一熟或二熟，开沟排水后，也可种植旱作物。生产利用以烤烟—稻为常见。

冷烂田　全县有 3463.40 公顷，占水稻土的 12.27%。主要分布于山垄山脚及低洼地带，为长期浸水条件下发育形成的水稻土。水、气、热条件差，有冷、烂、酸、锈、毒和光照不足等多种障碍因素，生产率低下，属需要重点改造的典型低产田，以一年一稻为主。

2.水稻土土种

全县水稻土共 11 个土属 34 个土种。

（1）**黄泥田土属**　有 6 个土种：

乌黄泥田面积 338.50 公顷，占全县水稻土面积的 1.20%；灰黄泥田面积 2998.20 公顷，占水稻土面积的 10.62%；黄泥田面积 655.40 公顷，占水稻土面积的 2.32%；黄泥骨田面积 61.60 公顷，占水稻土面积的 0.22%；灰黄泥沙田面积 157.60 公顷，占水稻土面积的 0.56%；黄泥沙田面积 75.20 公顷，占水稻土面积的 0.27%。

（2）**红土田土属**　有 1 个土种，面积 20 公顷，占水稻土面积的 0.07%。

（3）**紫泥田土属**　有 6 个土种：

乌紫泥田面积 109.90 公顷，占水稻土面积的 0.39%；灰紫泥田面积 1407 公顷，占水稻土面积的 4.98%；黄底紫泥田面积 39.30 公顷，占水稻土面积的 0.14%；紫泥田面积 814.30 公顷，占水稻土面积的 2.88%；紫泥沙田面积 102.60 公顷，占水稻土面积的 0.36%；砂底紫泥田面积 2 公顷，占水稻土面积的 0.007%。

（4）**白土田土属**　有 2 个土种：

白鳝泥田面积 33.70 公顷，占水稻土面积的 0.12%；白底田面积 50 公顷，占水稻土面积的 0.18%。

（5）**砂质田土属**　有 2 个土种：

砂质田面积 48.10 公顷，占水稻土面积的 0.17%；黄沙田面积 7.70 公顷，占水稻土面积的 0.03%。

（6）**乌泥田土属**　有 4 个土种：

乌泥田面积 434.80 公顷，占水稻土面积的 1.54%；青底乌泥田面积 27.30 公顷，占水稻土面积的 0.10%；黄底乌泥田面积 262.70 公顷，占水稻土面积的 0.93%；砂底乌泥田面积 279.90 公顷，占水稻土面积的 0.99%。

（7）**灰泥田土属**　有 4 个土种：

灰泥田面积 6213.80 公顷，占水稻土面积的 22.01%；青底灰泥田面积 1783.10 公顷，占水稻土面积的 6.31%；黄底灰泥田面积 3004.80 公顷，占水稻土面积的 10.64%；砂底灰泥田面积 1724.70 公顷，占水稻土面积的 6.11%。

（8）**潮砂泥田土属**　有 2 个土种：

乌砂田面积 421.50 公顷，占水稻土面积的 1.49%；灰砂田面积 1096.30 公顷，占水稻土面积的 3.88%。

（9）**石灰泥田土属**　有 2 个土种：

石灰泥田面积 28.20 公顷，占水稻土面积的 0.10%；石灰板结田面积 48.60 公顷，占水稻土面积的 0.17%。

（10）**青泥田土属**　有 1 个土种，面积 2507.10 公顷，占水稻土面积的 8.88%。

（11）**冷烂田土属**　有 4 个土种：冷水田面积 175.90 公顷，占水稻土面积的 0.62%；锈水田面积 97.80 公顷，占水稻土面积的 0.35%；浅脚烂泥田面积 2739.10 公顷，占水稻土面积的 9.70%；深脚烂泥田面积 468.30 公顷，占水稻土面积的 1.66%。

（二）**旱耕地土壤**

2005 年，全县旱耕地面积 1485.07 公顷。旱耕地土壤有红壤、黄壤、紫色土、石灰土、潮土 5 个土类，含红壤、黄红壤、暗红壤、水化红壤、粗骨性红壤、红土、黄泥土、酸性紫色土、紫泥土、石灰岩土、沙土 11 个亚类，计 27 个土属。其中，属于红壤亚类的有酸性岩红壤、基性岩红壤、泥质岩红壤、砂质岩红壤、石灰岩红壤、堆积红壤、侵蚀红壤 7 个土属；属于黄红壤亚类的有酸性岩黄红壤、泥质岩黄红壤、砂质岩黄红壤、侵蚀黄红壤 4 个土属；属于暗红壤亚类的有酸性岩暗红壤，基性岩暗红壤、泥质岩暗红壤 3 个土属；属于水化红壤亚类的仅堆积水化红壤 1 个土属；属于粗骨性红壤亚类的有酸性岩粗骨性红壤、泥质岩粗骨性红壤、砂质岩粗骨性红壤 3 个土属；属于红土亚类的有红泥土、红泥砂土 2 个土属；属黄泥土亚类的仅有黄泥土 1 个土属；属于酸性紫色土亚类的有泥质岩酸性紫色土、砂质岩酸性紫色土、侵蚀酸性紫色土 3 个土属；属紫泥土亚类的有猪肝土 1 个土属；属于石灰岩土亚类的有棕色石灰土 1 个土属；属于砂土亚类的有灰砂土 1 个土属。境内旱耕地土壤多以小块状零散分布于各乡（镇）、村庄周围，少见大面积成片分布。全县旱耕地土壤分布形态与同类山地土壤基本相同，但红土亚类旱耕地主要分布于一些高丘、低中山坡和坡底部位；黄泥土亚类旱耕地分布于县域北部的中山山坡地上；紫泥土亚类旱耕地主要分布于石壁、淮土、方田等乡（镇）；砂土亚类旱耕地分布于各地溪流两岸的沙洲地带。

三、土壤肥力

（一）土壤养分

有机质 全县山地土壤有机质平均含量 4.68%。其中，一级（>4%）面积占 58.30%，二级（4%—3%）面积占 18.90%，三级（3%—2%）面积占 15%，四级（2%—1%）面积占 5.80%，五级（1%—0.6%）面积占 1.60%，六级（<0.6%）面积占 0.4%。有机质含量最高的为山地草甸土达 18.45%，其次是石灰（岩）土为 10.39%，含量最低的为紫色土 2.61%。耕地土壤有机质缺乏的（<1%）为 305 公顷，占 1.08%；含量水平一般的（1%—2%）为 8851.90 公顷，占 31.35%；含量水平丰富的（>2%）为 19076 公顷，占 67.56%。

全氮 全县山地土壤全氮平均含量 0.145%。其中，一级（>0.2%）面积占 20.60%，二级（0.20%—0.15%）面积占 22.50%，三级（0.15%—0.10%）面积占 25.50%，四级（0.10%—0.075%）面积占 1.01%，五级（0.075%—0.05%）面积占 19.90%，六级（<0.05%）面积占 10.50%。全氮含量最高的为山地草甸土达 0.64%，最低的紫色土为 0.092%。

碱解氮 境内山地土壤碱解氮平均含量 202.1 ppm（ppm 是溶液浓度<溶质质量分数>的一种表示方法，表示百万分之一）。其中，一级（>ppm）面积占 70.70%，二级（150—120 ppm）面积占 16.40%，三级（120—90ppm）面积占 6.80%，四级（90—60 ppm）面积占 5.50%，五级（60—30 ppm）面积占 0.20%，六级（<30 ppm）面积占 0.40%。碱解氮含量最高的山地草甸土为 644 ppm，含量最低的紫色土为 155 ppm。耕地土壤碱解氮含量水平缺乏的（<100 毫克/千克）997.90 公顷，占 3.53%；含量水平一般的（100—250 毫克/千克）27235.50 公顷，占 96.47%；无含量水平丰富的（>25 毫克/千克）的土壤。

速效磷 全县山地土壤速效磷平均含量 3.97 ppm。其中，二级（40—20 ppm）面积占 1.30%，三级（20—10 ppm）面积占 10.20%，四级（10—5 ppm）面积占 24.20%，五级（5—3 ppm）面积占 24.90%，六级（<3 ppm）面积占 39.40%。山地土壤普遍缺磷，含磷最高的山地草甸土仅 20 ppm，也没有达到一级（>40ppm）指标。耕地土壤速效磷含量缺乏的（<8 毫克/千克）为 18981.30 公顷，占 67.23%；一般的（8—15 毫克/千克）6681.40 公顷，占 23.67%；丰富的（>15 毫克/千克）2570.70 公顷，占 9.10%。

速效钾 全县山地土壤速效钾平均含量 146.10 ppm。其中，一级（>200 ppm）面积占 23.10%，二级（200—150 ppm）面积占 19.90%，三级（150—100 ppm）面积占 25.40%，四级（100—50 ppm）面积占 20.40%，五级（50—30 ppm）面积占 8%，六级（<30 ppm）面积占 3.30%。速效钾含量最高的山地草甸土达 396ppm，最低的石灰（岩）土仅 27 ppm。耕地土壤速效钾含量缺乏的（<80 毫克/千克）13865.90 公顷，占 49.11%；含量一般的（80—100 毫克/千克）9739.10 公顷，占 34.49%；含量丰富的（>100 毫克/千克）4628.50 公顷，占 16.39%。

（二）土壤生产力

根据土壤理化性状综合评定，全县山地土壤生产力分 3 类。

I 类 面积 111152.07 公顷，占山地面积的 60.40%。主要有红壤、黄红壤、暗红壤、黄壤、山地草甸土等亚类，除山地草甸土亚类仅分布于治平乡鸡公崇外，其余亚类全县各乡（镇）均有分布。其中，泉上镇Ⅰ类土壤面积占全镇山地总面积的93.20%，安乐、治平、城郊、安远4乡（镇）Ⅰ类面积均占70%以上，河龙、石壁、淮土3乡（镇）Ⅰ类面积在10%以下。该类土壤植被覆盖完好，具有较厚的枯枝落叶层和表土层，土壤养分状况较好，湿润肥沃。

Ⅱ类　面积70009.84公顷，占山地面积的38.10%。主要有红壤、黄壤、红色石灰性土、水化红壤、粗骨性黄壤、粗骨性红壤、酸性紫色土等亚类。全县各地均有分布，其中河龙乡Ⅱ类土壤面积占该乡山地土壤面积的92.70%，淮土乡占90.70%，中沙、石壁两乡（镇）均占70%以上，泉上镇、安远乡均占15%以下。该类土壤土层中厚或较薄，腐殖质层较薄，肥力中等。植被覆盖较完好的地区水肥条件较好，淮土、石壁等乡（镇）由于植被破坏严重，一般水肥条件较差。

Ⅲ类　面积2745.67公顷，占山地面积的1.50%。主要有侵蚀紫色土、侵蚀红壤土2个土属和粗骨性黄壤亚类。大部分分布于石壁镇，其Ⅲ类面积1753.87公顷，占全县该类土壤面积的63.90%。安远、水茜、济村、治平等乡也有少量分布。该类土壤植被稀疏，土层浅薄，干燥贫瘠，甚至母岩裸露，水土流失严重。

通过对耕地土壤养分、物理状况和生产率等综合分析，全县耕地土壤生产力分为3个类型：高产田1522公顷，占5.39%；中产田12748公顷，占45.15%；低产田13963公顷，占49.46%。

第二节　植被

一、山地植被

（一）植被特征

宁化县山地植被属于中国亚热带常绿阔叶林区域（东段），福建中亚热带照叶林（常绿阔叶林）地带。由于这一地带的闽北部和闽中部（包括闽西、闽东）两个照叶林区（相当于两个亚热带）的分界线从县域北部安远乡通过，县内自仙山脑—福建嶂—桃丰山一线山脉以南的15个乡（镇）属于中亚热带照叶林地带的闽中部照叶林区（即南岭东部山地常绿槠类照叶林区）和闽西博平岭常绿槠类照叶林小区。而该线山脉以北的安远乡以及河龙乡永建村则属于闽北部照叶林区（即闽浙赣山地丘陵常绿槠类、半常绿栎照叶林区）及闽北武夷山常绿槠类、半常绿栎类照叶林小区。全县植被因纵跨闽北、闽中两个照叶林区，境域地形、气候、土壤等自然条件比较复杂，森林植被类型及植物各类组成丰富多样。

据对全县植被调查（共设置547个标准地）统计，有维管束植物1320种，分属193科704属。其中，蕨类植物33科67属125种，裸子植物10科26属42种，被子植物150科611属1153种。组成全县地带性植被即常绿阔叶林的植物区系成分，主要有壳斗科、樟科、山茶科、蝶形花科、金缕梅科、冬青科、杜英科、山矾科、木兰科、杜鹃花科、蔷薇科、桑科、大戟科、紫金牛科、兰科、禾本科、竹亚科等。其森林乔木层则以壳斗科的甜槠、栲树、米槠、大叶锥、罗浮栲、鳖蜎栲等栲属树种占明显优势而成为群落建群种；山茶科的木荷，壳斗科的青冈、细叶青冈、多穗石栎，杜英科的猴欢喜、中华杜英等也占有较重要地位。此外，林中散生较多的有樟科的刨花润楠、薄叶润楠、紫楠、闽楠、黄樟、沉水樟，金缕梅科的细柄蕈树，胡桃科的少叶黄杞，竹亚科的毛竹等。常绿阔叶林下层常见的灌木种类有弯蒴杜鹃、刺毛杜鹃、小果南烛、短尾越橘、米饭花、黄瑞木、梨花、油茶、杜茎山、鼠刺、二列叶柃、细齿叶柃、毛冬青、梅叶冬青、狗骨柴、小叶赤楠、绒毛润楠、树参、草珊瑚、百两金、朱砂根等。林下的草本植物以狗脊蕨、淡竹叶、芒萁为多，里白、乌毛蕨、团叶鳞始蕨、黑莎草、苔草、麦冬等亦较常见。藤本植物主要有大血藤、三叶木通、白木通、香花崖豆藤、鸡血藤、显齿蛇葡萄、中华猕猴桃、络石等。

宁化县地带性植被具有福建中亚热带闽北部和闽中部两个照叶林区植被的过渡性特点，即县域北部以闽北地区主要森林群落类型——苦槠林为主，还分布大面积的茅栗林（安远乡有6666.67公顷，其中纯林2646.67公顷）以及成片的白栎、小叶栎等华北暖温带的温性落叶灌丛或落叶林。这些群落在县域中、南部罕见或不出现。县域南部则以闽中、闽西地区主要森林群落类型——甜槠林、米槠林为主，林下亦出现较多偏热性灌木种类。这一特点与宁化县地处闽西偏北的武夷山脉南段东麓和县域北部地势较高又处在武夷山脉垭口的地形、地理位置因素紧密相关。

（二）植被类型

全县植被分8个类型124个群系374个群丛。

常绿阔叶林 常绿阔叶林是境内地带性典型植被类型。其森林群落除在县与北部含一定的落叶树种外，基本上全年保持常绿；林冠较凹凸起伏，色相暗绿而单调，树干一般较通直浑圆；群落结构复杂，林相整齐，层次分明；乔木层和下木（包括灌木和乔木苗木）层通常各有2个亚层，草本层1—2个亚层。该植被型主要有甜槠林、栲树林、米槠林、苦槠林、青冈林、大叶锥林、木荷林、细柄蕈树林、罗浮栲林、闽楠林等10个群系。主要分布于海拔400—1000米之间的安远牙梳山、治平棋盘山、泉上莲花掌和济村、石壁东华山及一些村庄的后龙山和水口山。

落叶阔叶林 县域落叶阔叶林较少，主要有枫香林、赤杨叶林、南酸枣林、茅栗林、白栎林、小叶栎林、锥栗林、板栗林等群系。枫香林零散分布于海拔900米以下的山坡中上部或常绿阔叶林的林缘、林中空地，林内多混生常绿阔叶树种构成落叶、常绿阔叶混交林。赤杨叶林广布在土层深厚、肥沃湿润的山谷或山坡下部，但群落面积不大。南酸枣主要分布于安乐乡和泉上镇。茅栗林、白栎林、小叶栎林集中分布在安远乡，其中茅栗分布在海拔700米以上的山地。锥栗林、板栗林均为人工栽培，零星小片分布于村庄附近的山坡地。

常绿针叶林 主要有马尾松林、杉木林、黄山松林、湿地松林、黑松林和杉、松混交林。一些常绿阔叶林林缘或山坡下部有小片南方红豆杉、长苞铁杉林、柳杉林等群系。马尾松林分布最广，马尾松林乔层多数为单优势种组成，结构简单，林相比较整齐，乔木、下木、草本三层明显。在山坡上部或山脊，林下常以芒萁或白茅、芒组成下草；在土层较厚的地方有卡氏乌饭、黄瑞木、柃木、石斑木、映山红等灌木和木荷、枫香、杨梅、甜槠、栲树等幼树；在山坡的下部常与杉木、毛竹等构成混生林。其次是杉木林，主要分布在国有林场、伐木场和乡、村集体林场。由于杉木造林后施行人工抚育，林下仅有山莓、盐肤木、梅叶冬青、黄瑞木、小叶赤楠等少许灌木和蕨、狗脊蕨、野茼蒿、飞蓬、芒萁等下草。此外，湿地松林、黑松林均系人工林，小片分布在宁化国有林场和曹坊乡黄坊村。长苞铁杉林分布在治平畲族乡邓屋村，由于人为破坏，仅见零星分布。南方红豆杉林小片分布于济村、安远、泉上等乡（镇）。柳杉林主要分布在安远、河龙两乡和宁化国有林场。

针、阔混交林 该群落类型由于常绿阔叶林遭受人为破坏后，马尾松侵入而形成的一种次生性质较明显的植被类型。除淮土、翠江外，其他海拔在400—900米之间的乡（镇）均有分布。县域内天然针、阔混交林主要有马尾松、栲树林和马尾松、木荷林两个群落类型。下木层中常见灌木有黄瑞木、卡氏乌饭、鼠刺、小叶赤楠等。常见的乔木幼树有甜槠、栲树、苦槠、青冈、木荷、枫香。草本植物主要有芒萁、狗脊蕨、淡竹叶、芒等。

竹林 全县主要有毛竹林、刚竹林、苦竹林、水竹林、紫竹林、净竹林等群系。毛竹林主要分布于海拔在400—800米之间的治平、曹坊、安乐、方田、湖村、泉上等乡（镇）。群落结构层次分明，乔木层种类简单，一般由单一毛竹组成。林下常见的灌木有毛冬青、野漆、黄绒润楠、百两金、柃木、盐肤木、黄瑞木、梨茶。草本植物主要有淡竹叶、狗脊蕨、芒、五节芒、芒萁。此外各乡（镇）的部分山坡、山脚、河旁和房前屋后也有零星竹林，群丛面积仅几亩至数十亩。

灌丛 全县常见的有檵木灌丛、黄瑞木灌丛、水竹灌丛、映山红灌丛等，多分布于村庄附近的低山、丘陵地区。安远乡还有白栎灌丛、茅栗灌丛等落叶灌木林。由于林木经常被火烧或砍柴，因此往往一兜多萌条而呈丛生状态。

草丛 全县低山、丘陵地区常成片分布五节芒草丛、白茅草丛、芒萁草丛。草丛内常混生一些灌木和藤本植物，主要有檵木、美丽胡枝子、小果南烛、卡氏乌饭、乌药、垂穗石松、牛尾菜、野葛。在中山地区的山坡上部或山脊则多为菅草、野香茅、箱根野青茅、拂子茅、沼原草等禾本类草丛，草丛中还混生有少许胡枝子、野山楂、馒头果、长叶冻绿等。

经济林　全县主要有油茶林、油桐林、茶树林、厚朴林、柑橘林、板栗林等。油茶林主要分布于淮土、石壁、安远等乡（镇）的丘陵地区；油桐林主要分布于城郊、湖村等乡（镇），其他乡（镇）多为零星分布；茶树林全县各乡（镇）均有栽培；柑橘等果树主要分布在翠江、济村、淮土、曹坊、湖村、泉上等乡（镇）。

（三）植被分布

水平分布　宁化植被地跨福建中亚热带照叶林（常绿阔叶林）地带闽北部和闽中部两个照叶林区。其地带性植被在县域南、北部的分布（主要是纬度地带性）有较明显差异，表现为中、南部较多甜槠林、米槠林、栲树林、细柄蕈树林、大叶锥林等，南部栲类林中有苦槠零星出现，北部以苦槠林为主，还有大面积茅栗林或成片的白栎、小叶栎等温性落叶灌丛或落叶林。

垂直分布　境内地形复杂，地貌类型多样，相对高度达1100米，植物的垂直分布较为明显。以境内第二高峰牙梳山植被垂直分布为例，该山自山麓安远乡安远村（海拔400米）至牙梳山顶峰（海拔1387.30米），相对高度差987.30米，可分为4个植被子带：

人工植被带　分布于海拔400—650米的高丘、低山地带，主要有杉木、油茶、果树、茶树等人工林。

常绿阔叶林带　分布于海拔400—900米之间的山坡中、下部，主要树种有甜槠、米槠、栲树、青冈、细柄蕈树、木荷、山杜英等。在个别阳坡地段或照叶林受破坏后的地方，马尾松侵入且常突出于林冠上层，形成针、阔叶混交林。

中山矮林带　分布于海拔900—1200米之间，主要树种有木荷、石栎、青冈、福建青冈、茅栗等。由于山高、坡陡、温度低、湿度大，因此，乔木树种矮化，植株多分枝且弯曲，树干上常有苔藓附生，成为苔藓矮林。

中山灌（草）丛带　分布于海拔1200米至山顶（1387.30米），植被群落中主要有野山楂、映山红、单毛山柳、小叶赤楠、小果南烛、胡枝子、箱根野青茅、沼原草、拂子茅、芒、龙胆草、苔草、金丝桃、牡蒿、一支黄花、过路黄等多优势灌（草）丛。

二、耕地植被

（一）水稻田杂草

水稻田杂草有44科151种，常见杂草33种。平洋田杂草的种类主要有稗、鸭舌草、圆叶节节菜、水竹叶；部分水稻田由于干湿交替频繁，杂草生长旺盛，加上坡壁杂草的延伸，其杂草的种类多，常见有游草、双穗雀稗、千金子、异型沙草、鸭嘴草、酸模叶蓼与稗、水竹叶、圆叶节节菜、鸭舌草等。山垅田水生性杂草最常见的有鸭舌草、野慈姑、矮慈姑、稗，还有圆叶节节菜、水龙、水蕹、眼子菜、游草、双穗雀稗、槐叶萍、萤蔺等。

（二）山地果园杂草

山地果园杂草主要有禾本科13种，菊科6种和扛板归、小飞篷、牛筋草、金狗尾草、马唐、雀稗、白茅、荻、菝葜、小叶菝葜10种。

（三）茶园杂草

茶园杂草常见有67科355种。主要有稗、小飞蓬、白茅、金狗尾草、荻芒、苞子草、小叶菝葜、扛板归、华南鳞盖蕨等。

（四）烟田杂草

烟田杂草有51科272种。主要有碎米荠、看麦娘、雀舌草、牛繁缕、土荆芥、胜红蓟、稀签、梁子菜、早熟禾、毛茛、马唐、旱稗、辣蓼、千金子、稻搓菜等。

第五章　自然资源

第一节　土地资源

一、土地总面积

1988 年，全县土地总面积为 2368 平方公里。

1993 年，县土地局完成土地利用现状调查。据 1996 年变更调查省级汇总统计，全县土地总面积为 2381.28 平方公里。2005 年，福建省国土资源厅组织有关单位对全省县级行政勘界成果进行数字化，核定宁化县辖区土地控制面积为 2407.19 平方公里。2005 年，据土地利用现状调查，全县有耕地面积 32478.94 公顷，林地 17.80 万公顷，水利设施用地 481.78 公顷。

二、土地类型

根据 1984 年 9 月全国农业区划委员会印发的《土地利用现状调查技术规程》中的《土地利用现状分类及含义》，将土地利用现状分为耕地、园地、林地、牧草地、居民点及工矿用地、交通用地、水域、未利用土地八大类（一级类型）。从 1996 年始至 2002 年，县土地局均以 2381.28 平方公里总面积调查各类土地动态变化情况。

1996—2002 年宁化县八大类型土地面积表

表 2-12　　　　　　　　　　　　　　　　　　　　　　　　　　　　　　　　单位：公顷

年份	全县总面积	土地类型							
		耕地	园地	林地	牧草地	居民点及工矿用地	交通用地	水域	未利用土地
1996	238128	32633.43	3325.56	176967.47	—	4289.75	2086.72	4954.32	13870.75
1997	238128	32597.19	3338.56	176946.12	—	4307.31	2089.43	4959.44	13889.95
1998	238128	32577.99	3391.62	176880.32	—	4319.88	2106.87	4958.75	13892.57
1999	238128	32597.62	3475.04	176792.16	—	4334.41	2109.29	4957.28	13862.20
2000	238128	32621.22	3484.29	176789.50	—	4318.32	2109.29	4957.08	13848.30
2001	238128	32621.23	3498.33	176739.81	—	4321.31	2109.29	4958.65	13879.38
2002	238128	32477.86	3498.33	176739.49	—	4323.67	2109.29	4993.52	13985.84

2003 年，宁化县国土资源局（以下简称县国土局）依据国土资源部和农业部印发新的《土地分类》进行土地利用现状变更调查。新的《土地分类》一级类型为农用地、建设用地、未利用土地三大类，各类型下分二级类型和三级类型。因分类的改变，导致各类型土地面积发生变化，如"农村道路"用地，在一级类型八大类中，属于"交通用地"，而在新的一级类型三大类中，把"农村道路"划归"农用地"中的"其他农用地"。

2003—2005 年宁化县一级类型土地面积表

表 2-13　　　　　　　　　　　　　　　　　　　　　　　　　　　　　　　单位：公顷

一级类型		2003 年	2004 年	2005 年
农用地	耕地	32477.92	32484.82	32478.93
	园地	3501.77	3510.16	3549.91
	林地	176724.37	176724.04	176670.06
	牧草地	—	—	—
	其他农用地	8962.61	8962.61	8962.61
	小计	221666.67	221681.63	221661.51
建设用地	居民点及工矿用地	4335.29	4399.46	4483.98
	交通用地	779.83	779.83	779.83
	水利设施用地	481.58	481.58	481.78
	小计	5596.70	5660.87	5745.59
未利用土地	未利用土地	7915.71	7842.15	7777.87
	其他土地	2948.91	2943.34	2943.03
	小计	10864.62	10785.49	10720.90
合计		238127.99	238127.99	238127.99

三、土地分布

1996 年与 2005 年，县国土局两次开展土地利用现状调查，全县土地分布分别见表 2-14、2-15。

1996 年宁化县八大类型土地状况分布情况表

表 2-14　　　　　　　　　　　　　　　　　　　　　　　　　　　　　　　单位：公顷

乡镇	耕地	园地	林地	牧草地	居民点及工矿用地	交通用地	水域	未利用土地	合计
翠江镇	493.28	484.38	1069.20	—	355.20	57.91	98.86	230.10	2788.93
泉上镇	2345.33	205.52	14996.63	—	524.71	177.94	418.14	757.54	19425.81
湖村镇	1940.46	258.98	12008.66	—	335.87	175.71	346.58	771.85	15838.11
石壁镇	2510.64	106.63	8296.36	—	360.35	121.08	559.61	735.06	12689.73
城郊乡	2993.37	206.37	13606.81	—	347.41	175.23	381.71	1237.61	18948.51
淮土乡	1908.20	189.59	590.00	—	281.93	91.17	281.86	1231.71	4574.46
济村乡	1890.00	133.78	12092.99	—	143.20	130.00	320.00	749.23	15459.20
方田乡	1368.59	75.34	7627.92	—	106.91	56.47	147.82	789.44	10172.49
城南乡	1220.78	38.71	5480.21	—	123.18	65.13	254.87	378.68	7561.56
安乐乡	1868.69	138.36	14477.54	—	279.48	138.75	234.55	683.21	17820.58
曹坊乡	3107.79	143.04	14566.98	—	226.73	155.64	273.93	952.20	19426.31
治平畲族乡	1009.48	26.68	11349.84	—	109.04	68.53	130.50	520.26	13214.33
中沙乡	1601.16	523.86	8197.75	—	231.97	100.93	279.06	737.06	11671.79
河龙乡	934.57	121.87	4596.52	—	91.41	77.93	148.34	454.23	6424.87
水茜乡	3305.09	111.05	18158.53	—	353.19	211.46	468.29	1446.99	25054.60
安远乡	3827.84	168.68	20647.0	—	319.19	242.47	538.85	1898.93	27643.03

续表 2-14

乡镇	耕地	园地	林地	牧草地	居民点及工矿用地	交通用地	水域	未利用土地	合计
华侨农场	21.85	360.28	35.84	—	30.13	11.19	7.95	34.43	501.67
凉伞岗农场	123.31	22.37	52.45	—	13.62	9.73	35.08	28.16	284.72
其他用地	0.38	—	—	—	33.99	1.69	0.63	2.17	44.86
国有土地	157.12	10.00	3761.00	—	16.96	17.71	27.62	234.48	4224.89
县级飞地	5.29	—	44.72	—	—	—	—	—	50.01
合计	32633.22	3325.49	171657.02		4284.47	2086.67	4954.25	13873.34	232814.46

2005 年宁化县三大类型土地分布情况表

表 2-15　　　　　　　　　　　　　　　　　　　　　　　　　　　　　　　　　　单位：公顷

乡镇	农用地						建设用地				未利用土地			合计
	耕地	园地	林地	牧草地	其他农用地	小计	居民及工矿用地	交通用地	水利设施用地	小计	未利用土地	其他土地	小计	
翠江镇	439.29	483.13	1069.20	—	143.94	2135.56	407.76	28.65	21.64	458.05	139.72	55.69	195.41	2789.02
泉上镇	2343.47	208.58	14991.03	—	636.53	18179.61	526.31	42.19	85.54	654.04	441.10	151.05	592.15	19425.80
湖村镇	1935.59	269.10	11968.29	—	535.21	14708.19	357.73	75.05	8.95	441.73	472.00	216.18	688.18	15838.10
石壁镇	2520.04	178.23	8208.69	—	624.45	11531.41	365.13	39.38	104.78	509.29	407.19	241.83	649.02	12689.72
城郊乡	2991.04	206.37	13626.73	—	917.59	17741.73	327.47	58.39	6.61	392.47	579.59	234.72	814.31	18948.51
淮土乡	1894.47	204.61	5897.40	—	519.28	8515.76	287.77	41.95	52.61	382.33	839.81	146.95	986.76	9884.85
济村乡	1898.51	140.48	12085.48	—	540.65	14665.12	145.94	39.23	16.11	201.28	365.37	227.43	592.80	15459.20
方田乡	1365.99	80.99	7620.61	—	413.97	9481.56	109.15	31.16	3.61	143.92	456.36	90.66	547.02	10172.50
城南乡	1213.99	45.41	5449.29	—	345.23	7053.92	209.04	17.33	—	226.37	82.82	198.45	281.27	7561.56
安乐乡	1866.76	143.11	14474.26	—	521.86	17005.99	281.72	60.35	3.85	345.92	317.43	151.23	468.66	17820.57
曹坊乡	3101.88	163.53	14542.65	—	617.95	18426.01	236.95	59.31	14.13	310.39	516.85	173.06	689.91	19426.31
治平畲族乡	1007.21	33.95	11342.75	—	297.17	12681.08	111.30	32.23	14.63	158.16	289.43	85.66	375.09	13214.33
中沙乡	1608.79	591.35	8122.51	—	456.02	10778.67	233.58	55.93	6.07	295.58	397.61	199.93	597.54	11671.79
河龙乡	927.65	119.34	4578.43	—	252.55	5877.97	95.99	41.88	58.95	196.82	292.13	57.96	350.09	6424.88
水茜乡	3272.97	115.51	18156.89	—	1025.79	22571.16	359.29	45.52	8.63	413.44	755.23	311.82	1067.05	24051.65
安远乡	3783.33	173.51	20641.79	—	1114.41	25713.04	328.16	70.92	4.37	403.45	1126.13	400.41	1526.54	27643.03
华侨农场	21.85	360.28	35.84	—	—	417.97	30.13	11.19	7.95	49.27	34.43	—	34.43	501.67
凉伞岗农场	123.31	22.37	52.45	—	—	198.13	13.61	9.73	35.08	58.42	28.16	—	28.16	284.71
其他用地	0.38	—	—	—	—	0.38	39.99	1.69	0.63	42.31	2.17	—	2.17	44.86
国有土地	157.13	10.06	3761.06	—	—	3928.25	16.97	17.71	27.62	62.30	234.35	—	234.35	4224.90
县级飞地	5.29	—	44.72	—	—	50.01	—	—	—	—	—	—	—	50.01
合计	32478.94	3549.91	176670.07	—	8962.60	221661.52	4483.99	779.79	481.76	5745.54	7777.88	2943.03	10720.91	238127.97

第二节　矿藏资源

　　宁化地处南岭钨锡稀有金属成矿带东延部分，成矿条件有利，矿藏资源较为丰富，是省定 17 个重点县之一。至 2005 年，全县有矿产 38 种、矿（化）点 116 处；探明储量的矿产主要有 9 种，其中位于湖村镇的行洛坑钨矿为全国四大钨矿之一，石壁镇乌竹管锡矿属省内最大的锡矿。石灰石储量居全省前列，石灰石钙含量 48% 以上，属华东地区大型石灰石矿床之一。

一、金属矿

　　有钨、钼、铋、锡、钴、铜、铅、锌、银、铁、锰、金、铌、钽、铍、稀土等 16 种。

二、非金属矿

　　有煤、硫铁矿、磷、萤石、滑石、重晶石、石灰岩、大理石、白云岩、高岭土、陶瓷用砂岩、钾长石、硅石、白云母、辉绿岩、花岗岩、汞砷、粗面岩、矿泉水、泥煤、建筑用砂、黏土等 22 种。

三、主要矿种

　　（一）钨矿

　　截至 2005 年，全县探明储量 30.65 万吨。其中，湖村镇行洛坑 30.43 万吨，居全国第四位；泉上国母洋 982.60 吨；济村各溪口 1173.12 吨。

　　（二）钼矿

　　分布于湖村镇行洛坑，截至 2005 年，全县查明储量 3.08 万吨。

　　（三）稀土矿

　　截至 2005 年，全县查明储量 8000 吨。有城郊乡张家塘、俞坊、旧墩，翠江镇中山村粪土窠、金鸡山，安乐乡夏坊，中沙乡田螺坑，济村乡武层，安远乡杜家、井坑，城南乡横锁等 11 个矿点。其余 21 个稀土异常点估算储量达 1.80 万吨。

　　（四）锡矿

　　截至 2005 年，全县查明储量 4507 吨。其中，石壁乌竹管 3507 吨，河龙下伊 1000 吨。

　　（五）煤矿

　　分布于湖村煤矿（甘木潭），截至 2005 年，探明储量 90.10 万吨。

　　（六）石灰石

　　截至 2005 年，全县查明储量 3.20 亿吨，远景储量 15 亿吨以上。有湖村镇狮岩、石下、翠湖，泉上镇墨科龙，城郊乡石门楼，安乐乡龙地，曹坊乡等 7 个石灰岩矿体。

　　（七）萤石

　　截至 2005 年，全县查明储量 50 万吨。其中，中沙 40 万吨，安远乡杨坊、里坑等成矿区 10 万吨。

　　（八）硫铁矿

　　分布于治平畲族乡开子山，截至 2005 年，查明储量 75 万吨。

（九）锌矿

分布于济村溪源，截至 2005 年，探明锌金属量 25.96 万吨。

2005 年宁化县矿产分布点情况表

表 2-16

序号	矿(床)点	简评	序号	矿(床)点	简评
1	行洛坑钨钼大型矿床	已探采	36	安远钾长石矿点	可开采
2	湖村邓坊钨矿点		37	安远翁家硅石矿点	
3	湖村彭高铁矿点	拟开采	38	安远永跃辉绿石矿点	已开采
4	湖村石灰岩小型矿床	拟开采	39	安远井坑稀土矿	可开采
5	湖村翠湖水泥灰岩矿点	拟开采	40	安远杜家稀土矿	可开采
6	湖村大理岩矿点	拟开采	41	安远里坑稀土矿点	
7	湖村城门稀土矿点		42	安远中郑铜矿(化)点	
8	湖村鱼钦砂锡矿(化)点		43	安远伍坑铜矿(化)点	
9	湖村下邓坊钨矿(化)点		44	安远萤上独居石砂矿点	
10	湖村鱼钦钨矿(化)点		45	安远管下寮独成石砂矿点	
11	湖村严坊铁矿(化)点		46	安远独居石磷钇砂矿点	
12	湖村李花铁矿(化)点		47	安远杨坊萤石矿(化)点	
13	湖村中坑黄铁矿(化)点		48	济村各溪口钨小型矿床	已开采
14	湖村磷矿(化)点		49	济村龙头含金多金属矿点	有前景
15	泉上国母洋钨小型矿床	已开采	50	济村铜坑里多金属矿点	有前景
16	泉上谌家地钨矿点		51	济村溪源铅锌铍矿	已开采
17	泉上联群高岭土矿点	已开采	52	济村武层稀土矿	
18	泉上豪亨硅石矿点	拟开采	53	济村肖家山稀土矿(床)点	
19	泉上石灰窑下白云岩矿点	有前景	54	济村里坑钨矿(化)点	
20	泉上彩员内白云岩矿点		55	济村徐家地铁矿(化)点	
21	泉上石灰岩矿点	已开采	56	济村昆岗汞砷矿(化)点	
22	泉上凹背铁矿(化)点		57	济村吾家源铌钽矿(化)点	
23	泉上曾坑铁矿(化)点		58	石壁片里坑金矿(化)点	
24	泉上川龙铁矿(化)点		59	乌竹管锡中型矿床	已探采
25	泉上铁矿(化)点		60	石壁紫砂陶土矿床	已开采
26	泉上锰矿(化)点	曾开采	61	石壁邓坊铁矿(化)点	
27	泉上黄铁矿(化)点		62	石壁张家地高岭土矿点	已开采
28	泉上新先排烟煤矿(化)点		63	五里亭石膏矿化点	可开采
29	泉上罗坊坝泥煤矿点		64	石壁联布寮钨(银)矿点	有前景
30	甘木潭无烟煤小型矿床	已探采	65	城南横锁村北稀土矿	
31	泉上甘木潭烟煤矿(化)点		66	城南鱼龙稀土矿点	
32	泉上黄田磷矿(化)点		67	城南水口辉绿岩石矿点	
33	泉上石壁岭磷矿(化)点		68	城南青塘稀土矿点(一)	
34	安远萤石重晶石小型矿床	已开采	69	城南青塘稀土矿点(二)	
35	安远里坑萤石矿(化)点		70	方田砂罗坝硅石矿点	可开采

续表 2-16

序号	矿(床)点	简评	序号	矿(床)点	简评
71	方田张家山白云母矿(化)		94	城郊寨头里稀土矿点	
72	方田村头稀土矿点(一)		95	城郊狐狸墩稀土矿点	可开采
73	方田村头稀土矿点(二)		96	城郊社下稀土矿	
74	安乐夏坊稀土矿	已开采	97	城郊马元硅石矿点	
75	安乐龙地石灰岩矿点	已开采	98	中沙萤石矿	可开采
76	安乐丁坑口石灰岩矿点		99	下沙独居石矿砂点	已开采
77	安乐矿泉水点		100	中沙茶山寨独居石砂矿点	已开采
78	安乐寨上黄铁矿点	可开采	101	中沙田螺坑稀土矿	
79	安乐黄庄硅石矿点	已开采	102	中沙石门山铅锌矿(化)点	
80	曹坊辉绿岩矿点	已开采	103	河龙前进稀土矿点(一)	已开采
81	曹坊坪上稀土矿点(一)		104	河龙前进稀土矿点(二)	
82	曹坊坪上稀土矿点(二)		105	河龙下伊多金属矿点	有前景
83	曹坊石灰岩村石灰岩矿点	已开采	106	河龙中宜高岭土矿点	
84	曹坊李李花番铌钽矿点		107	水茜庙前稀土矿点	
85	淮土小王坑高岭土矿点	已开采	108	水茜黄沙潭铜矿(化)点	
86	淮土黄地铜矿(化)点矿		109	水茜上谢稀土矿点	
87	淮土钴矿点	曾开采	110	治平开子山滑石矿	有前景
88	翠江粪斗窝稀土矿	已开采	111	治平桥下铅锌矿点	
89	翠江镇南稀土矿点		112	治平苦裁窗铅锌矿点	
90	翠江钴矿点		113	治平南凤段多金属矿点	
91	翠江金鸡山稀土矿	可开采	114	治平圣和平独居石砂矿点	
92	城郊张家塘稀土矿	已开采	115	治平开子山黄铁矿	拟开采
93	城郊旧墩稀土矿点		116	治平开子山白云岩矿点	

第三节　水资源

一、地表水资源

据宁化县水利电力局（简称县水电局）、三明水文分站1994年编写的《宁化县水资源开发利用及分析评价》，全县水资源地表水按地形、地质、旱涝灾害以及水文、气象等情况，可分为3个水资源区：Ⅰ区有安远、河龙、济村、城郊、翠江、方田、治平、城南、安乐、曹坊等10个乡（镇）以及中沙乡的石门、樟荣、双元等3个建制村，总面积1458平方公里；Ⅱ区有泉上、湖村、水茜等3个乡（镇）及中沙乡的楼家、中沙、下沙、半溪、何屋、练畲、廖家、叶坊、武昌、高坪等10个建制村，总面积708.90平方公里；Ⅲ区有石壁、淮土2个乡（镇），总面积242.50平方公里。2005年，3个水源区划分不变。

（一）县域水资源

据县水电局、三明水文分站1994年编写的《宁化县水资源开发利用及分析评价》，全县平均径流量为24.32亿立方米。Ⅰ区为14.79亿立方米，Ⅱ区为7.15亿立方米，Ⅲ区为2.38亿立方米。工农业和城乡人畜生活用水除大部分回归河道外，仍有少部分消耗的水量不包括在河川径流中，全县平均还原水量为1.12亿立方米，占地表水资源总量的4.60%。还原水量为Ⅰ区0.63亿立方米，Ⅱ区0.36亿立方米，Ⅲ区0.14亿立方米。

1994—2005年，综合水文资源观测分析，全县平均境内水资源量24.43亿立方米，平水年（P=50%）为24.67亿立方米，偏枯年（P=75%）为19.80亿立方米，枯水年（P=90%）为16.28亿立方米。

（二）入境水资源

1988—2005年，境外河水流入境内的有Ⅰ区安远乡的店前小溪，集雨面积11平方公里，流入Ⅱ区水茜乡的有苦竹坪、箭竹坑、熊地和高寨坑等4条小溪，合计集雨面积74.60平方公里。全县入境河流集雨面积85.60平方公里。经水利、水文分析计算，全县多年平均入境水资源量为0.91亿立方米，平水年（P=50%）为0.86亿立方米，偏枯年（P=75%）为0.72亿立方米，枯水年（P=90%）为0.59亿立方米。

二、地下水资源

宁化属山丘区地下水补给河川基流，大气降水和地表水的稳定下渗量，是地下水补给的主要来源。地下水资源为浅层地下水，即逐年可由降雨量补给更新的地下水，不包括深层地下水。

根据县水电局、三明水文分站1994年编写的《宁化县水资源开发利用及分析评价》，全县平均地下水资源量为7.22亿立方米，平水年（P=50%）为7.10亿立方米，偏枯年（P=75%）为5.99亿立方米，枯水年（P=90%）为5.13亿立方米。

三、水资源总量

宁化水资源以境内水为主，外县入境水仅占总水资源的2.30%—2.40%。据县水电局、三明水文分站1994年编写的《宁化县水资源开发利用及分析评价》，宁化县平均水资源总量为26.34亿立方米。平水年为25.55亿立方米，偏枯年为20.56亿立方米。1995—2005年，有些年份天气异常，受洪涝旱灾等自然因素影响，平均水资源总量为27.85亿立方米。平水年为26.51亿立方米，偏枯年为21.86亿立方米。全县水资源在时空上分布不太均匀，汛期（4—10月）一般占全年水量的75%—80%，在地区分布上，Ⅱ区相比Ⅰ区、Ⅲ区较为丰富。

县域每平方公里产水量为109万立方米，以水量计算，水资源比较丰富。但从各分区分析，由于地形地貌复杂，土地分散，高低不同，均存在程度不同的旱情旱片。按2005年全县人口及耕地计算，人均水资源量为7608立方米，0.067公顷平均水资源量为6247立方米，高于全国及福建省的平均水量。

1994年宁化县平均地表水水资源量分布表

表2-17

分布	面积（平方公里）	年降水量（毫米）	年径流量	多年平均水资源量（亿立方米）			Cv	Cs/Cv	各保证率水资源量（亿立方米）		
				径流量	还原水量	合计			P=50%	P=75%	P=90%
全县	2409.80	1762.10	1008.70	24.31	1.13	25.44	0.30	2.00	24.67	19.84	16.28
Ⅰ区	1458.40	1769.00	1014.00	14.79	0.63	15.42	0.32	2.00	14.95	11.67	9.56
Ⅱ区	708.90	1759.00	1008.00	7.15	0.36	7.51	0.30	2.00	7.28	5.85	4.60
Ⅲ区	242.50	1729.30	978.50	2.37	0.14	2.51	0.35	2.00	2.41	1.88	1.46

注：1.Ⅰ区包括安远、河龙、济村、城郊、翠江、方田、治平、城南、安乐、曹坊等10个乡（镇）及中沙乡的石门、樟荣、双元等3个建制村。Ⅱ区包括泉上、湖村、水茜等3个乡（镇）及中沙乡的楼家、中沙、下沙、半溪、何屋、练畲、廖家、叶坊、武昌、高坪等10个建制村。Ⅲ区包括石壁、淮土等2个乡（镇）。2.还原水量指工、农业用水和人畜生活用水扣除回归河川后的耗水量。3.保证率水资源量已包含降水径流与还原水的合计量。4.多年平均为1988—1994年。5.表中Cv为变差系数，Cs为偏差系数。

第四节　野生动植物资源

一、野生动物

（一）陆生动物

全县有野生动物种类 131 科 427 种，其中哺乳纲 17 科 42 种、鸟纲 36 科 113 种、两栖纲 5 科 6 种、昆虫纲 66 科 249 种、爬行纲 7 科 17 种。

1.国家级保护动物

国家一级保护野生动物　境内有黑麂、云豹、华南虎、豹、山牛、麋鹿、金钱豹、梅花鹿、白颈长尾雉、黄腹角雉、白肩雕、中华秋沙鸭、黑鹳、蟒。

国家二级保护野生动物　境内有红隼、豺、穿山甲、苏门羚、斑羚、巨松鼠、大灵猫、金猫、小灵猫、猕猴、黑熊、丛林猫、水鹿、白鹇、斑头鸺鹠、长耳鸮、猫头鹰、勺鸡、褐林鸮、黄嘴白鹭、蜂鹰、草鸮、红角鸮、花田鸡、啄木鸟、鹭、岩鹭、鸳鸯、雀鹰、鹰雕、林雕、锦鸡、白尾鹞、小隼、褐翅鸦鹃、小鸦鹃、白腹里啄木鸟、白颈长尾雉、水獭、虎纹蛙、花鳗鲡、大鲵、硕步甲。

2.省级保护野生动物

境内有Ⅰ级：水獭。Ⅱ级：眼镜蛇、眼镜王蛇、豪猪、花面狸、猞猁、黄鼬、食蟹獴、豹猫、棕鼯鼠、白鹭、苍鹭、白额山鹧鸪、火斑鸠、赤翡翠、戴胜、大拟啄木鸟、家燕、金腰燕、灰喜鹊、喜鹊、画眉、黑斑蛙。Ⅲ级：长尾旱獭、果子狸。

3.主要保护动物分布

华南虎　当地名老虎、王斑虎，哺乳纲，猫科，属国家一级保护动物。1996 年，在安远牙梳山偶有发现踪迹，但未见实体。

云豹　又名龟纹豹，当地名石豹子、石虎子，哺乳纲，猫科，属国家一级保护动物。县内安远、水茜、河龙、安乐、治平等乡均有分布。

豹　又名金钱豹，哺乳纲，猫科，属国家一级保护动物。1992 年，安远、水茜、安乐等乡均有发现，数量极少。

鬣羚　又名苏门羚，当地名山牛，哺乳纲，洞角科，属国家二级保护动物。县内各地岩山裸露的中山地带均有分布，尤以安远、治平等乡数量较多。

黑麂　当地名獐子，哺乳纲，鹿科，属国家一级保护动物。分布于曹坊、治平、安远等乡，已濒临绝迹。

猕猴　又名恒河猴，当地名猴子，哺乳纲，猕科，好群居，属国家二级保护动物。主要分布在泉上镇的延祥和安远乡的牙梳山。

穿山甲　当地名鲮鲤，哺乳纲，穿山甲科，主食蚁类，属国家二级保护动物。全县各地均有分布。

黑熊　别名狗熊，当地名熊。哺乳纲，熊科，属国家二级保护动物。主要分布于泉上镇，多栖息在阔叶林中。

大灵猫　当地名九节狸，哺乳纲，灵猫科，属国家二级保护动物。全县各地均有少量分布，安远乡较常见。多栖于灌木林中。

豹猫　当地名猫狸、斑狸，哺乳纲，猫科，属国家二级保护动物。县内各地均有少量分布。

青羊　又名斑羚，当地名练石羊。哺乳纲、牛科，属国家二级保护动物。县内各地低、中山多岩石的山地均有分布。

白颈长尾雉　当地名雉鸡，鸟纲，雉科，属国家一级保护动物。县内各地低山灌（草）丛中均有分布，但已濒临灭绝。

白鹇　当地名鸽鸡、雪鸡、寒鸡，鸟纲，雉科，属国家二级保护动物。一雄配多雌，结群觅食。境内海拔700米以上的阔叶林和毛竹林中均有分布。

（二）水生动物

浮游动物　浮游动物常见的有原生动物、轮虫类、枝角类、桡足类等。广泛分布于全县各池塘、稻田等人工水域和有机物含量较高的天然水体，其种类和数量在池塘、稻田水体较多，水库、溪河水体次之。

底栖动物　包括水生环节动物、底栖软体动物。主要有水蚯蚓、沙蚕、蚂蟥。全县各地池塘、水库、稻田、溪河等水体中均有分布。

水生昆虫　有鞘翅目、半翅目、脉翅目、双翅目、蜻蜓目、渍翅目、浮游目、毛翅目、鳞翅目的水生种类。全县各地池塘、水库、稻田、溪河等水体中均有分布。

鱼类　全县鱼类有61种，分别隶属13科47属。主要种类有鲤科、鲶科、平鳍鳅科、鲶科、胡子鲶科、合鳃科、鱼旨科、鳢鱼科、鰕虎科、攀鲈科、鳢科。其中，鲤科35种，占57.38%；鲶科5种，占8.20%；平鳍鳅科和鳅科各4种，各占6.56%；其他9科13种，占21.31%。其中，草鱼、鲤鱼、鳙鱼、罗非鱼、鲫鱼、彭泽鲫、日本大板鲫、团头鲂、三角鲂、鳗鲡、倒刺鲃、鲶鱼、斑点叉尾鮰、云斑鮰、史氏鲟、虹鳟、鳜鱼等鱼类已被人工养殖。多数鱼类生活在溪河、水库等水域。养殖鱼类栖息场所为池塘、水库、稻田等水体。

两栖类　主要有虎纹蛙、黑斑蛙、青蛙、棘胸蛙、小鲵（蝾螈）等。主要分布于全县各溪河、山涧天然水域和池塘等人工水域。其中，小鲵为国家一级保护动物，主要分布于安远。

爬行动物　主要有鳖、龟等。境内各溪河均有发现野生分布。

虾蟹类　主要有中华新米虾、日本沼虾、红螯相手蟹等小型虾蟹品种和1987年、2002年分别引进的中华绒毛蟹、南美白对虾。全县各天然与人工养殖水域中均有分布。

螺、贝类　主要有腹足类的田螺，瓣鳃类的黄蚬、三角帆蚌、褶纹冠蚌等。分布于池塘、溪河、水库等水体，部分稻田有田螺分布。

二、野生植物

（一）陆生植物

全县有植物245科961属1911种。其中，菌类植物28科67属152种，蕨类植物37科69属136种，裸子植物10科26属48种，被子植物170科799属1575种。

珍稀植物　国家一、二级珍稀植物有南方红豆杉、银杏、伯乐树、建柏、香果树、闽楠、香樟、花榈木、秃杉、短萼黄连、八角莲、观光木、中华猕猴桃、绞股蓝14种。省重点保护植物有长苞铁杉、江南油杉、黄樟、茅栗、八角糙果茶5种。

用材林种　以杉木、马尾松为主。珍稀植物有柳杉、水杉、福建柏、三尖杉、南方红豆杉、少叶黄杞、鹅掌楸、深山含笑、樟、沉水樟、闽楠、檫树等。

经济植物　分纤维植物、油脂植物、香料植物、淀粉植物、水果、干果植物、单宁植物、药用植物7种。在药用植物中属珍稀的有八角莲、少花石吊兰、短萼黄连、细茎斛、金线莲、短柱钛线莲、徐长卿、凹叶厚朴等。

主要保护植物与分布

银杏　当地名白果、鸭脚子。银杏科、银杏属，落叶乔木，属国家二级保护植物。属种子植物中最古老的孑遗植物之一，被称为"活化石"。县内安远、水茜、河龙、中沙、湖村等乡（镇）村边屋旁有零星栽培，至2005年仍保存10余株千年古树。

香果树　茜草科、香果树属，落叶乔木，属国家二级保护植物。1983年，在安远牙梳山高寨坑海拔

700 米处的山坡发现 3 株。

福建柏　柏科，福建柏属，常绿乔木，属国家二级保护植物。县境内曹坊等乡（镇）有零星天然分布。

闽鄂山茶　别名长瓣短柱茶，当地名山茶花，梨茶。山茶科，山茶属，常绿灌木或小乔木，属国家二级保护植物。主要分布安远乡东桥、永跃等村密度较小的阔叶林中。

钟萼木　别名伯乐树，钟萼木科，钟萼木属，落叶乔木，属国家二级保护植物。1985 年 12 月在城郊乡社背村水口山发现 3 株。

鹅掌楸　当地名马褂木，木兰科，鹅掌楸属，落叶乔木，属国家二级保护植物。济村乡有天然分布，各乡（镇）亦有零星栽培。

凹叶厚朴　当地名厚朴树，木兰科，木兰属，落叶乔木，属国家三级保护植物。湖村镇境内阔叶林中有天然分布。

长苞铁杉　松科，铁杉属，常绿乔木，属国家三级保护植物。分布于治平畲族乡邓屋村的召光自然村屋后山，今仅存数株。

沉水樟　当地名大叶樟，樟科，樟属，常绿乔木，属国家三级保护植物。分布于安远、湖村等乡（镇）的阔叶林中。

闽楠　别名楠木、竹叶楠，当地名楠木、桢楠。樟科，楠属，常绿大乔木，属国家三级保护植物。县内城郊、湖村、济村等乡（镇）的一些村庄的水口山、屋后山有零星分布，2005 年仍保存较多树王。

短萼黄连　当地名土黄连。毛茛科，黄连属，多年生草本，属国家三级保护植物。县内石壁、安远、河龙、治平等乡（镇）有分布，生于中山地区的林荫湿地或溪谷两侧的阔叶林下。

八角莲　八角莲属，多年生草本，属国家三级保护植物。分布于县内湖村、治平、水茜、城郊等乡（镇），生于阔叶林或竹林中阴湿处。

胡豆莲　别名三小叶山豆根，当地名胡豆莲。蝶形花科，山豆根属，小乔木，属国家三级保护植物。域内安远乡牙梳山的高排自然村有少量分布。

（二）水生植物

主要有芜萍、小浮萍、紫背浮萍、青萍、满江红、卡洲萍、菹草、马来眼子菜、轮叶黑藻、芦苇、稗草、水浮莲、凤眼莲、喜旱莲子草、金鱼藻、莲、莲藕、芡实、荇菜、菱、茭白、荸荠、席草等，全县各地均有分布。浮游植物主要有绿藻门、蓝藻门、硅藻门等，分布于全县各地池塘、稻田和有机物较丰富、含氮量高的天然水体中。

第六章　自然灾害

第一节　水灾　旱灾

一、水灾

洪涝是宁化县域内的主要自然灾害。日降水 50—100 毫米造成的洪涝每年均有发生。1988—2005 年，受暴雨造成的洪涝灾害共有 13 次，其中 150 毫米以上的有 3 次，分别为 1994 年 5 月 2 日、2001 年 6 月 13 日和 2002 年 6 月 15 日。

1988—2005 年宁化县重大水灾情况表

表 2-18

年份	出现日期	暴雨量（毫米）	翠江水位（米）	受灾范围	受灾人数（万人）	死伤人口（人）	直接经济损失（万元）
1988	6 月 13 日	108.88	8.43	城关、禾口、城南	7.80		
1994	5 月 2 日	334.80	13.96	全县	27.00	89	86000
	6 月 15 日	113.70	10.31	安远、河龙、水茜			35000
1995	6 月 16—17 日	215.00*	10.35	全县			25700
1997	6 月 9 日	150.00	12.12	全县	18.63	8	31400
2001	5 月 17 日	147.90	9.33	全县	12.30	67	3265
	6 月 13 日	154.90	11.35	全县	17.63	313	28000
2002	6 月 13—18 日	521.20*	10.06	全县	25.10	596	31000
2003	5 月 14—16 日	135.10	8.68	7 个乡(镇)	5.23		6028
2004	7 月 7 日	108.70	9.30	全县	13.20	1	5000
2005	5 月 8—9 日	112.50*	7.43	全县	12.10	138	11000
	5 月 22 日	88.70	8.86	全县	2.30	2	3141
	6 月 19—21 日	162.30*	8.59	全县	6.20	35	3800

注:有"*"符号的为累计量。

二、旱灾

全县每年均有不同程度的旱灾，多为秋冬旱，次为夏旱，春旱较少，且以小、中旱为主。2002 年 3—6 月的春旱造成受灾人口 13.24 万人（其中 9.98 万人饮水困难），农作物受灾 15667 公顷，直接经济损失 7323 万元。2003 年 6 月 28 日至 8 月 5 日与 2002 年同期相比降水偏少 80%，而蒸发量则偏多 37%，气温偏高 2.2℃，高于或等于 35℃的炎热日数 42 天。持续高温、少雨、蒸发量大的天气，引发自 1939 年后最为严重的特大旱情，致使河道枯竭、水库蓄水锐减，导致全县 24.90 万人受灾，4.56 万人饮水困难，农作物受灾 17975 公顷，绝收 5933 公顷，直接经济损失 15660 万元。

1988—2005 年，比较明显的旱情有 1992 年 10 月 11 日至 12 月 8 日的秋冬旱，1994 年 10 月 11 日至 11 月 30 日的秋冬旱，1996 年 10 月 11 日至 12 月 1 日的秋冬旱，1998 年 9 月 13 日至 10 月 9 日的夏旱，2000 年 6 月 22 日至 7 月 16 日的夏旱，2003 年 6 月 28 日至 8 月 14 日的夏旱，2003 年 9 月 9 日至 10 月 12 日的夏旱，2003 年 11 月 22 日至 2004 年 1 月 15 日的冬旱。

第二节　大风　冰雹

一、大风

大风（瞬间风速达到或超过 17 米/秒），全县每年都有发生。1988—2005 年，造成严重危害的共 4 次：2000 年 7 月 1 日，治平、曹坊、湖村等乡（镇）的大风，致 2 人死亡，作物受灾，房屋倒塌；2004 年 4 月 25 日发生的风灾，全县 2.50 万人受灾，烟叶等农作物受灾 1067 公顷，损坏房屋 2132 间，直接经济损失 653 万元；2004 年 7 月 12 日，泉上、湖村、安远、中沙、水茜等乡（镇）发生风灾，致 0.20 万人受灾；2004 年 8 月 26 日出现 9 级大风，持续 10 分钟之久，伴有大雨，全县 9.12 万人受灾，农作物受灾 2355 公顷（其中绝收 235 公顷），损坏、倒塌房屋 5090 间，直接经济损失 1054 万元。

二、冰雹

境内降雹期多在 3—5 月，以午后到傍晚时分居多，一般持续时间短，只有几分钟或十几分钟，但往往强风带雨加雹，给人民生命财产造成严重损失。灾害多发生于县境北部、东部的山区。1988—2005 年，危害严重的共 8 次：1992 年 4 月 27 日下午安远乡出现大风和冰雹，冰雹从建宁方向而来，东北西南走向，时间约半个小时，冰雹最大直径 5—6 厘米，最大风力 11—12 级，两人合抱的大树被刮倒 3 棵，受灾范围遍及 7 个村庄，损坏房屋 600 间（倒塌 5 间）、谷仓 6 座、烤烟房 182 座，烤烟受灾面积 690.30 公顷，直接经济损失 110 万元。1993 年 4 月 25 日，泉上、禾口、淮土等乡（镇）降雹，冰雹最大直径 4 厘米，伴有 7—9 级大风、龙卷风，毁坏农作物、房屋、水利设施等，直接经济损失 577 万元。1994 年 4 月 8 日，部分乡（镇）降雹，冰雹最大直径约 2 厘米，伴有大风、龙卷风，涉及湖村、泉上、水茜、中沙、石壁、淮土、城郊、济村等 8 个乡（镇）30 个建制村，造成 1 人死亡，直接经济损失 480 万元。1995 年 4 月 15 日，石壁、淮土、方田等乡（镇）降雹，伴有大风，直接经济损失 4700 万元。1996 年 6 月中下旬，石壁、方田、泉上、城区等乡（镇）降雹，伴有雷雨大风，造成雷电击死 5 人、伤 2 人的特大灾难。2001 年 4 月 8 日，城郊、石壁等乡（镇）降雹，致 9.60 万人受灾，伤 97 人，农作物受灾 208.30 公顷，损坏、倒塌房屋 1988 间，直接经济损失 1323 万元。2003 年 4 月 12 日，曹坊、治平乡降雹，致 0.86 万人受灾，伤 3 人，损坏房屋 1269 间，直接经济损失 635 万元。2005 年 5 月 3 日，全县乡（镇）降雹，致 11.05 万人受灾，烤烟等农作物受灾 2400 公顷，其中绝收 107 公顷，损坏、倒塌房屋 78 间，直接经济损失 6360 万元。

第三节 寒害 冻害

一、寒害

（一）寒潮

年均发生 1—2 次。其中，1996 年和 1998 年各有 3 次。1996 年 2 月 18 日—21 日，受冷空气影响，连续出现冰冻、雨凇，造成高海拔地区的治平、河龙、曹坊、安远等乡受冻严重，全县直接经济损失 2600 万元。寒潮出现时间最早的是 1990 年 11 月 10 日，最迟的是 1995 年 3 月 25 日。

（二）倒春寒

倒春寒出现于春天早稻播种育秧季节，日平均气温 12℃以下，持续 4—5 天以上，造成烂种烂秧。倒春寒平均 2—3 年一遇，城关多发生于 3 月下旬至 4 月上旬。1988—2005 年，危害较大的倒春寒分别发生在 1988 年 3 月 16 日—25 日、1991 年 3 月 28 日至 4 月 4 日、1992 年 3 月 20 日—30 日、1996 年 3 月 18 日—28 日和 4 月 1 日—5 日。其中，1996 年的倒春寒，造成严重的烂种烂秧，导致全县双早插秧期普遍推迟 10 天左右。

（三）五月寒

五月寒发生于 5 月下旬至 6 月上旬早稻孕穗期，日平均气温连续 3 天以上低于 20℃，致使早稻受害。1988—2005 年，五月寒共出现 2 次，平均 9 年一遇，未产生重大危害。安远、河龙、曹坊、治平等地较易发生，海拔 600 米以上地区则经常发生五月寒。

（四）早秋寒

1988—2005年，“23”型早秋寒（日平均气温连续3天或3天以上低于23℃）共出现3次，分别发生于1994年9月12日、2000年9月8日和2004年9月9日，其中2004年9月9日受寒害影响明显，烟后稻、双季晚稻受灾严重；“20”型早秋寒（日平均气温连续3天或3天以上低于20℃）共出现6次，平均3年一遇，其中2002年9月23日出现的寒露风，造成比较明显的危害。从地域上分，石壁、淮土最轻，城关及海拔400米以上地区次之，高海拔600米以上地区最重。

二、冻害

（一）雪灾

1988—2005年，造成严重危害的雪灾有3次。1990年1月31日至2月1日，积雪厚达8—9厘米，造成交通受阻。1993年1月14日—23日大雪9天，为宁化近30年最大的一次积雪过程，积雪厚达14厘米，造成交通受阻，果树等大量冻死。2002年12月26日—28日大雪，积雪厚12厘米，为2000年以来最大的一次降温、降雪过程，全县农作物受灾758.33公顷，蔬菜253.30公顷，果树受冻266.70公顷，林木受损166.70公顷，损坏毛竹210万根，冻死牲畜698头，造成直接经济损失3000万元，全县公路中断42条284班次，受阻15个乡（镇），8个乡（镇）87个村供电中断，192所学校停课，蔬菜、水果等农副产品价格上涨。

（二）霜冻灾害

宁化每年均有霜冻，严重霜冻造成损害。2001年12月22日至2002年1月9日，出现最长连续霜日19天，其中16天有冰霜，各种蔬菜、茶树、果树被大量冻死。

第四节 地质灾害

全县地质灾害主要有滑坡、崩塌、泥石流、地面塌陷等4种类型，具有点多、面广、规模小、类型多样等特点。已发生的灾点隐性强、危害大，是福建省地质灾害中等发育区县之一。

一、滑坡

滑坡灾情直观、破坏性强、发生率高，成为县域主要地质灾害，分布于除翠江镇以外的15个乡（镇）。1988—2005年，全县大小滑坡92处，损失1万元以上的点40处，造成人员死伤亡的有7处，死11人，伤10人。共损害房屋341间，造成直接经济损失276.96万元。

1988—2005年宁化县主要滑坡灾害情况表

表2-19

序号	乡(镇)	建制村	灾点名称	发生时间	造成损失		
					伤亡人数(人)	损害房屋(间)	经济损失(万元)
1	城郊乡	雷陌村	寨上滑坡	1992年6月	0	6	1.20
2		马元亭村	王坑滑坡	2002年6月16日	0	8	4.00
3		夏家村	江家排滑坡	2002年6月16日	0	7	3.50
4		都寮村	黎坊滑坡	2002年6月16日	0	6	2.00
5		都寮村	杜家滑坡	2002年6月16日	0	3	1.50

续表 2-19

序号	乡(镇)	建制村	灾点名称	发生时间	造成损失		
					伤亡人数(人)	损害房屋(间)	经济损失(万元)
6	石壁镇	邓坊桥村	枫栋排滑坡	1994年5月	0	4	4.00
7		江口村	小岗上滑坡	1997年6月	0	15	12.00
8		拱桥村	水南坑滑坡	2001年5月	0	3	1.50
9		张家地村	张家地滑坡	2001年8月	0	2	1.00
10	淮土乡	寒谷村	五里亭滑坡	2002年6月16日	0	4	4.00
11		周坑村	上禁山滑坡	2002年6月16日	0	6	6.00
12	方田乡	泗溪村	猫公段滑坡	1999年6月19日	0	2	1.20
13		村头村	牛角湾滑坡	2002年6月16日	死1人	24	24.00
14		南城村	南城滑坡	2002年6月16日	0	30	30.00
15		大罗村	大畲下滑坡	2002年6月16日	死3人	7	10.00
16		泗溪村	牛栏嵊滑坡	2005年6月	0	4	1.60
17	济村乡	湖头村	湖头滑坡	2002年6月16日	0	20	8.00
18	安远乡	永跃村	围上滑坡	2002年6月16日	0	9	10.00
19		东桥村	苦竹坑滑坡	2002年6月16日	死1人	15	15.00
20		增坑村	焦公际滑坡	2002年6月16日	死2人伤2人	2	30.00
21		割畲村	研里滑坡	2002年6月16日	0	4	1.20
22		灵丰山村	鼓西前滑坡	2003年4月	0	2	3.50
23	河龙乡	永建村	嶂背组滑坡	1997年6月9日	死1人	13	15.00
24		沙坪村	大石边滑坡	2002年6月16日	伤1人	20	10.00
25	水茜乡	上谢村	庙前排滑坡	2002年6月16日	伤3人	4	4.00
26		沿口村	船形山滑坡	2002年6月16日	0	3	1.00
27		棠地村	老屋下滑坡	2005年5月	死1人	6	5.30
28		下洋村	留地滑坡	2005年5月	0	4	3.46
29	治平乡	下坪村	际口滑坡	2002年6月15日	0	12	4.00
30	曹坊乡	南坑村	小南坑滑坡	1994年5月	死2人伤5人	10	20.00
31		曾家背村	李屋排滑坡	1994年5月	0	4	1.00
32		官地村	邱地滑坡	2000年8月	0	2	1.00
33		宝丰村	际上滑坡	2002年6月15日	0	24	10.00
34		双石村	石牛迳滑坡	2002年8月	0	8	3.00
35	安乐乡	赖畲村	龙地北东滑坡	1998年6月	0	3	1.50
36		安乐村	吴屋组滑坡	2005年6月	0	6	3.00
37	城南乡	鱼龙村	鱼龙滑坡	2005年5月	0	3	1.00
38	泉上镇	新军村	新建峰上滑坡	1994年5月2日	0	4	1.50
39		延祥村	下村滑坡	1997年5月	0	8	3.00
40		黄新村	横江桥滑坡	2002年6月15日	0	18	8.00
41		青瑶村	旱坑滑坡	2005年6月	0	6	6.00

二、崩塌

1988—2005 年，全县发生崩塌灾害 2 处，均因削坡形成高陡坡，土层松散，裂隙发育，暴雨诱发崩塌，为人为造成的地质灾害。其中，2001 年 6 月，淮土乡寨下村老村里崩塌土方 1500 立方米，经济损失 0.20 万元；2002 年 3 月，方田乡岭下村陂头坑崩塌土方 270 立方米，损失房屋 2 间，经济损失 1 万元。

三、泥石流

1988—2005 年，全县发生泥石流灾害 3 处，皆为特大暴雨山洪暴发引发。其中，1994 年 5 月，济村乡罗家村罗家嶂泥石流 8 万立方米，死 11 人、伤 10 人，损毁房屋 110 间，经济损失 150 万元；2002 年 6 月，湖村镇行洛坑钨矿尾矿坝决口泥石流 10 万立方米，冲毁良田 4.67 公顷，经济损失 60 万元；2002 年 6 月，安远乡增坑村董王坑泥石流 6 万立方米，伤 3 人，损坏房屋 112 间，冲毁整个自然村，经济损失 100 万元。

四、地面塌陷

1988—2005 年，全县发生地面塌陷 2 处。1997 年 5 月，泉上镇豪亨村大垅自然村，煤矿采空区塌陷长 120 米，宽 80 米，造成水田不能耕种，经济损失 15 万元。2001 年 5 月，湖村镇邓坊村渔钦岩溶塌陷直径 4.20 米，深 10 米，损坏房间 2 间，经济损失 0.30 万元。

卷三　人口

　　1988年，宁化县户籍人口311694人，人口自然增长率7.87‰，人口自然增长率出现逐年递增的趋势。至1990年，全县总人口336914人，自然增长率20.26‰，比1988年提高12.39个千分点，宁化人口处于生育最高峰，人口自然增长速度较快，与社会经济发展水平产生不协调现象。为控制人口增长，提高人口素质，县委、县政府贯彻执行中共中央、国务院《关于加强计划生育工作稳定低生育水平的决定》和《福建省计划生育条例》等计划生育方针、政策，持续、深入开展计划生育，加强计生管理，落实各项节育措施。1991年后，由于计划生育各项政策和措施的贯彻落实，群众婚育观念逐步转变，人口出生得到控制，人口自然增长率逐年下降。人口出生率从1990年的高峰值26.05‰下降到2005年的9.56‰，人口自然增长率从1990年的20.26‰下降到2005年的4.57‰，生育水平得到有效控制并趋于稳定。至2005年，全县人口346236人，17年间全县累计少出生7万余人，实现了人口从原来的高出生、低死亡、高增长到低出生、低死亡、低增长的历史性转变。据第三次全国人口普查统计，2000年全县具有大学（含专科）、高中（含中专）、初中文化程度人口在6岁以上人口中所占比重，比1990年分别提高0.90、2.50和13.20个百分点，人口文化素质有较大提高。"少生优生、晚婚晚育、优育优教、女儿也是传后人"等新型婚育观念逐步深入人心，全县计划生育取得明显成效。2005年，宁化县晋升为省级计划生育"二类先进县"。

　　由于经济社会发展、人民生活水平提高、国家安定和医疗卫生条件改善，人口死亡率从1988年的6.42‰下降到2005年的4.99‰。家庭结构趋向小型化，平均每个家庭人口从1988年的5.11人减少到2005年的3.83人。人口向城市转移集中，城区所在地翠江镇的人口密度从1988年的1261.83人/平方公里增加到2005年的1742.42人/平方公里。人口与土地紧密结合的小农模式逐步被打破，脱离土地外出务工人数猛增，流出人口从1995年的6664人增加到2005年的78429人。人民生活水平随着人口计划生育持续开展和改革开放的深入不断得到改善和提高，农民人均纯收入和城镇职工平均工资由1988年的713元、1509元增加到2005年的3673元与14430元，分别增长了4.15倍和8.56倍；城镇居民人均可支配收入7586元，比1990年增长5.87倍，年递增13.70%。

第一章　人口状况

第一节　人口数量与变动

一、人口总量

1988 年，全县总户数 60970 户、户籍人口 311694 人。1990 年，为全县人口出生最高峰，总户数 65423 户、总人口 336914 人。随着计划生育各项政策和措施的贯彻落实，群众婚育观念逐步转变，人口出生得到控制。2005 年，全县总户数 90500 户，户籍人口 346236 人。

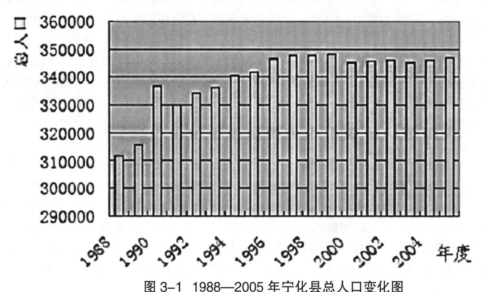

图 3-1　1988—2005 年宁化县总人口变化图

二、人口变动

（一）自然变动

1988 年，全县出生 3134 人，出生率 10.05‰；死亡人口 1982 人，死亡率为 6.36‰；人口自然增长率为 3.69‰。1990 年，全县出生人口 8704 人，出生率高达 25.83‰；死亡人口 2098 人，死亡率 6.23‰；人口自然增长率 19.60‰，比 1988 年提高 13.24 个千分点。1991 年后，由于计划生育各项政策和措施的贯彻落实，群众婚育观念逐步转变，人口出生得到控制。2005 年，全县出生人口 3435 人，出生率为 9.92‰；死亡 1726 人，死亡率为 4.99‰；人口自然增长率为 4.93‰。同 1988 年、1990 年相比，出生率分别下降 0.13 个千分点和 15.91 个千分点，人口自然增长率分别下降 1.24 个千分点和 14.67 个千分点。1988—2005 年，总人口增加 34542 人，平均每年增加 2032 人。

（二）机械变动

宁化是著名的客家祖地和闽赣边贸县，人口迁入迁出较频繁。迁入原因主要有工作调动、大中专毕业生分配、企事业单位招工、政府部门招聘公务员、军人转业退伍、通婚、退休等。人口迁出的主要原因有工作调动、招工、升学、通婚、征兵、离退休返回原籍等。1988年，迁入4765人，迁出3597人，净迁入1168人。2005年，迁入4538人，迁出5339人，净迁出801人。1988—2005年，总体上迁入多于迁出，净迁入8186人。

1988—2005年宁化县人口数量与变动情况表

表3-1

年份	总户数 （户）	户籍人口 （人）	出生人数 （人）	出生率 （‰）	死亡人数 （人）	死亡率 （‰）	自然增长率 （‰）	迁入人数 （人）	迁出人数 （人）
1988	60970	311694	3134	10.05	1982	6.36	3.69	4765	3597
1989	63793	315197	4791	15.20	1860	5.90	9.30	3734	4153
1990	65423	336914	8704	25.83	2098	6.23	19.60	3448	4555
1991	67264	330140	5852	17.73	1861	5.64	12.90	3218	3697
1992	68894	334408	4209	12.59	1950	5.83	6.76	3383	3774
1993	68840	336568	3570	10.61	1938	5.76	4.85	3945	3979
1994	72162	340717	3383	9.93	2116	6.21	3.72	3264	3853
1995	73233	341811	3106	9.09	2145	6.28	2.81	3930	3303
1996	76840	346659	3451	10.963	2310	6.67	3.29	5940	5605
1997	79558	347970	3841	11.04	2417	6.95	4.09	4798	3025
1998	82099	347880	3651	10.49	2356	6.77	3.72	4232	2951
1999	85595	348064	3348	9.62	2342	6.73	2.89	3671	5370
2000	87391	345394	3243	9.39	2063	5.97	3.42	8354	5482
2001	88196	345767	3095	8.95	2004	5.80	3.15	5614	4712
2002	88684	345909	3055	8.83	1870	5.41	3.42	6036	4840
2003	89186	345342	3086	8.94	1886	5.46	3.48	5243	3613
2004	90004	346189	3199	9.24	1891	5.46	3.78	5114	3193
2005	90500	346236	3309	9.92	1726	4.99	4.93	4538	5339
合计			71306	—	36815	—	—	83227	75041

注：总户数及迁入、迁出人口数据来源《宁化县统计年鉴》，其他数据来源于计划生育年报表。

（三）人口流动

1988年起，宁化流入人口主要集中在城区，流出人口主要为外出务工。1995年，全县人口341811人，流入人口6390人，占总人口的1.87%；流出人口6664人，占总人口的1.95%。2000年，全县人口345394人，流入人口7230人，占总人口的2.09%；流出人口40745人，占总人口的11.80%。2005年，全县人口346236人，流入人口1482人，占总人口的0.43%；流出人口78429人，占总人口的22.65%。其中，流出人口占总人口比例最高的是中沙乡35.44%，最低的是湖村镇2.53%。

2005 年宁化县各乡(镇)流动人口情况表

表 3-2　　　　　　　　　　　　　　　　　　　　　　　　　　　　　　　　单位:人

乡(镇)	户籍人口	流入人口	占总人口比例(%)	流出人口	占总人口比例(%)
翠江镇	41818	767	1.83	3417	8.17
泉上镇	21813	92	0.42	2735	12.54
湖村镇	15977	8	0.05	405	2.53
石壁镇	34098	17	0.05	7673	22.50
城郊乡	23316	30	0.13	4779	20.50
淮土乡	31715	48	0.15	9402	29.65
济村乡	15072	19	0.13	3165	21.00
方田乡	11479	—	—	3628	31.61
城南乡	9481	7	0.07	1823	19.23
安乐乡	17445	111	0.64	4387	25.15
曹坊乡	25178	54	0.21	8802	34.96
治平畲族乡	12975	44	0.34	3052	23.52
中沙乡	15176	202	1.33	5378	35.44
河龙乡	8264	14	0.17	2602	31.49
水茜乡	27963	4	0.01	7412	26.51
安远乡	34466	65	0.19	9769	28.34
全县	346236	1482	0.43	78429	22.65

注:数据来源于 2005 年度计划生育年报。

三、人口分布与密度

(一) 人口分布

宁化县人口分布,低山区稠密,高山地带稀疏,非农业人口占少数。1988 年,全县划分为 16 个乡(镇),总人口 311694 人。人口超过 3 万人的有翠江、禾口和淮土 3 个乡(镇),人口超过 2 万人的有泉上、城郊、曹坊、水茜、安远 5 个乡(镇),人口在 1 万—2 万人之间的有济村、湖村、方田、安乐、治平、中沙 6 个乡(镇),人口不足 1 万人的有横锁和河龙 2 个乡。非农业人口主要分布在翠江、泉上、湖村、中沙、安远、水茜、禾口、安乐等乡(镇)。

随着改革开放的深入和市场经济的发展及撤乡并镇,人口逐渐往宁化城区及乡(镇)所在地转移。1995 年,全县人口 341811 人。人口超过 3 万人的有翠江、石壁、淮土、安远等 4 个乡(镇),人口超过 2 万人的有泉上、城郊、曹坊、水茜 4 个乡(镇),人口在 1 万—2 万人之间有济村、湖村、方田、安乐、治平、中沙 6 个乡(镇),不足万人的有城南和河龙 2 个乡。非农业人口主要分布在翠江、泉上、湖村、中沙、安远、水茜、石壁、安乐等乡(镇)。至 2005 年,全县人口 346236 人。人口超过 4 万人的有翠江镇,超过 3 万人有石壁、淮土、安远 3 个乡(镇),超过 2 万人的有泉上、城郊、曹坊、水茜 4 个乡(镇),人口在 1 万—2 万人之间有济村、湖村、方田、安乐、治平、中沙 6 个乡(镇),不足万人的依旧为城南和河龙 2 个乡。非农业人口主要分布在翠江镇及泉上、湖村、中沙、曹坊、安远、水茜、禾口、安乐等乡(镇)政府驻地。县城所在地翠江镇人口占总人口的 12.08%。

(二) 人口密度

1988 年,全县总人口 311694 人,人口密度平均为 129.46 人/平方公里。城区翠江镇和其他乡(镇)

的人口密度相差较大,翠江镇人口30284人,人口密度为1261.83人/平方公里;其他15个乡(镇)人口281410人,人口密度为118.06人/平方公里。1995年,全县总人口341811人,人口密度全县平均141.97人/平方公里。2000年,全县总人口345394人,人口密度平均143.45人/平方公里。2005年,全县总人口346236人,人口密度平均为143.80人/平方公里。其中,翠江镇人口41818人,人口密度为1742.42人/平方公里;其他乡(镇)总人口304418人,人口密度为127.71人/平方公里。人口密度同1988年相比,全县平均每平方公里增加14.34人,其中翠江镇每平方公里增加480.59人,其他乡(镇)每平方公里增加9.65人。

1988—2005年宁化县各乡(镇)人口总数与密度变化情况表[①]

表3-3

乡(镇)	面积(平方公里)	1988年		1995年		2000年		2005年	
		人口(人)	人口密度(人/平方公里)	人口(人)	人口密度(人/平方公里)	人口(人)	人口密度(人/平方公里)	人口(人)	人口密度(人/平方公里)
全县	2407.71	311694	129.46	341811	141.97	345394	143.45	346236	143.80
翠江	24.00	30284	1261.83	36425	1517.71	37090	1545.42	41818	1742.42
泉上	225.52	20406	90.48	21808	96.70	22053	97.79	21813	96.72
湖村[②]	159.74	15733	98.49	17345	108.58	16021	100.29	15977	100.02
石壁[③]	136.46	31174	228.45	34401	252.10	34656	253.96	34098	249.88
城郊	200.39	21577	107.68	23656	118.05	23838	118.96	23316	116.35
淮土	101.73	30598	300.78	32825	322.67	33050	324.88	31715	311.76
济村	151.19	14280	94.45	15215	100.63	15410	101.92	15072	99.69
方田	107.80	11078	102.76	11838	109.81	11798	109.44	11479	106.48
城南[④]	83.06	8606	103.61	9428	113.51	9612	115.72	9481	114.15
安乐	184.33	16735	90.79	17234	93.50	17241	93.53	17445	94.64
曹坊	194.40	22820	117.39	24840	127.78	25536	131.36	25178	129.52
治平[⑤]	136.37	11912	87.35	13263	97.26	13282	97.40	12975	95.15
中沙	116.43	13549	116.37	14835	127.42	15206	130.60	15176	130.34
河龙	64.96	7420	114.22	8034	123.68	8311	127.94	8264	127.22
水茜	241.29	25593	106.07	27407	113.59	28030	116.17	27963	115.89
安远	280.04	29929	106.87	33257	118.76	34260	122.34	34466	123.08

注:①土地面积来源于《宁化年鉴(1988)》。

②1990年,撤销湖村乡,改置湖村镇。表中1988年为湖村乡数据。

③1993年,撤销禾口乡,改置石壁镇。表中1988年为禾口乡数据。

④1992年5月,横锁乡更名为城南乡。表中1988年、1990年为横锁乡数据。

⑤2000年7月,治平乡更名为治平畲族乡。表中1988年、1990年、1995年为治平乡数据。

第二节　人口构成

一、年龄、性别构成

（一）年龄

1988年后，由于执行计划生育政策和提高人口素质，人口平均年龄呈上升趋势。2000年，全县14周岁以下少儿81170人，比1990年减少25279人，下降23.75%；少儿人口占总人口23.50%，比1990年下降8.1%。1990年，0—4岁年龄组少儿占总人口比例最高，为12.43%；2000年，10—14岁年龄组少儿占总人口比例最高，为8.1%。

（二）性别

1988年后，由于生活质量提高、社会保障制度建立、生育观念变化，男女性别比例逐渐趋于平衡。1990年各个年龄段性别比基本平衡，2000年份年龄段性别比从低龄段往高龄段呈明显的下降趋势。1988—2005年，出生人口性别比基本呈下降趋势，出生人口性别比最高的是1992年，达150.39，最低的是2004年，为110.74。

1990年宁化县人口分年龄段性别结构表

表 3-4

| 年龄段 | 人口数（人） | | | 性别比 | 占总人口比 |
	合计	男	女	（女=100）	（%）
0—4 周岁	41894	22117	19777	111.83	12.43
5—9 周岁	33838	17280	16558	104.36	10.04
10—14 周岁	30717	15812	14905	106.09	9.12
15—19 周岁	39482	20297	19185	105.80	11.72
20—24 周岁	37368	19225	18143	105.96	11.07
25—29 周岁	29028	15005	14023	107.00	8.62
30—34 周岁	22870	11910	10960	108.67	6.79
35—39 周岁	20403	10619	9784	108.53	6.06
40—44 周岁	15484	8069	7415	108.82	4.60
45—49 周岁	12239	6543	5696	114.87	3.63
50—54 周岁	14169	7507	6662	112.68	4.21
55—59 周岁	10428	5464	4964	110.07	3.10
60—64 周岁	9361	4658	4703	99.04	2.78
65—69 周岁	7478	3680	3798	96.89	2.22
70—74 周岁	5063	2350	2713	86.62	1.50
75—79 周岁	2709	1090	1619	67.33	0.80
80—84 周岁	1113	388	725	53.52	0.33
85—89 周岁	293	77	216	35.65	0.09
90—94 周岁	35	9	26	34.62	0.01
95—99 周岁	—	—	—	—	—
100 周岁以上	1	—	1	—	—

注：数据来源于《福建省宁化县1990年人口普查计算机汇总资料》。

2000 年宁化县人口分年龄段性别结构表

表 3-5

年龄段	人口数(人)			性别比(女=100)	占总人口比(%)
	合计	男	女		
0—4 周岁	15455	8538	6917	123.44	4.47
5—9 周岁	22798	13274	9524	139.37	6.60
10—14 周岁	42917	22551	20366	110.73	12.43
15—19 周岁	22161	12148	10013	121.32	6.42
20—24 周岁	14239	6573	7666	85.74	4.12
25—29 周岁	24921	11746	13175	89.15	7.22
30—34 周岁	30303	14788	15515	95.31	8.77
35—39 周岁	26836	13309	13527	98.39	7.77
40—44 周岁	20211	10234	9977	102.58	5.58
45—49 周岁	18809	9582	9227	103.85	5.54
50—54 周岁	14290	7289	7001	104.11	4.14
55—59 周岁	10717	5600	5117	109.44	3.10
60—64 周岁	12089	6276	5813	107.96	3.50
65—69 周岁	8419	4230	4189	100.98	2.44
70—74 周岁	6775	3182	3593	88.56	1.96
75—79 周岁	4569	2102	2467	85.20	1.32
80—84 周岁	2155	899	1256	71.58	0.62
85—89 周岁	629	222	407	54.55	0.18
90—94 周岁	128	40	88	45.45	0.04
95—99 周岁	13	3	10	—	—
100 周岁以上	—	—	—	—	—

注:数据来源于《2002 年宁化统计年鉴》,为第五次宁化县人口普查数据。

1988—2005 年宁化县出生性别比情况表

表 3-6　　　　　　　　　　　　　　　　　　　　　　　　　　　　　　　　单位:人

年份	当年出生				一孩出生				二孩出生			
	合计	男	女	出生性别比	合计	男	女	出生性别比	合计	男	女	出生性别比
1988	3134	—	—	—	—	—	—	—	—	—	—	—
1989	4791	2766	2025	136.59	3172	1869	1303	143.44	1373	753	620	121.45
1990	8704	4598	4106	111.98	4950	2623	2327	112.72	2234	1179	1055	111.75
1991	5852	3304	2548	129.67	3649	2014	1635	123.18	1750	1010	740	136.49
1992	4209	2528	1681	150.39	2738	1448	1290	112.25	1379	1009	370	272.70
1993	3570	2002	1568	127.68	2309	1177	1132	103.98	1210	798	412	193.69
1994	3383	1900	1483	128.12	2290	1180	1110	106.31	1007	657	350	187.71
1995	3106	1681	1425	117.96	2243	1131	1112	101.71	807	505	302	167.22
1996	3451	1896	1555	121.93	2400	1246	1154	107.97	979	598	381	156.96
1997	3841	1989	1852	107.40	2732	1381	1351	102.22	959	557	402	138.56

续表3-6

年份	当年出生				一孩出生				二孩出生			
	合计	男	女	出生性别比	合计	男	女	出生性别比	合计	男	女	出生性别比
1998	3651	1937	1714	113.01	2619	1348	1271	106.06	991	559	432	129.40
1999	3348	1808	1540	117.40	2344	1240	1104	112.32	951	530	421	125.89
2000	3243	1733	1510	114.77	2361	1227	1134	108.20	843	480	363	132.23
2001	3095	1637	1458	112.28	2224	1115	1109	100.54	840	504	336	150.00
2002	3055	1686	1369	123.16	2159	1115	1044	106.80	849	535	314	170.38
2003	3086	1641	1445	113.56	2221	1114	1107	100.63	835	508	327	155.35
2004	3199	1681	1518	110.74	2035	1128	1177	95.84	856	526	330	159.39
2005	3435	1717	1592	107.85	2452	1206	1246	96.79	936	575	361	159.28

注:数据来于各年度计划生育年报。

二、职业构成

由于农业结构调整,农村劳动力出现剩余。剩余劳动力部分外出打工,部分转移至第二、三产业。据1990年第四次人口普查资料显示,全县农林牧渔业从业人员144943人,占就业人口的82.21%;在其他职业中,从事工业人数最多,为12719人,占就业人口的7.21%。

1990年宁化县人口职业状况情况表

表3-7　　　　　　　　　　　　　　　　　　　　　　　　　　　　　　单位:人

年度	农林牧渔	工业	建筑业	商业、公共饮食、物资供销和仓储业	交通、运输、邮电通讯	房地产管理、公用事业、居民服务和咨询服务业	卫生、体育和社会福利事业	教育、文化艺术和广播电视事业	科学研究和综合技术服务事业	金融、保险业	国家机关、党政机关和社会团体	其他行业	合计
1990	144943	12719	1472	4877	1982	911	1146	4085	84	478	3607	9	176313

三、农业、非农业人口构成

1988年,全县总人口311694人。其中,农业人口279317人,占89.61%;非农业人口32377人,占总人口10.39%。1990年,全县总人口336914人。其中,农业人口290206人,占总人口的86.14%;非农业人口46708人,占总人口的13.86%;1995年,全县人口341811人。其中,农业人口304202人,占总人口89%;非农业人口37609人,占总人口11%。2000年,全县人口345394人。其中,农业人口305766人,占总人口的88.53%;非农业人口39628人,占总人口的11.47%。2005年,全县人口346236人。其中,农业人口296614人,占总人口85.67%;非农业人口49622人,占总人口的14.33%。

1988—2005年,全县每年有一部分农业人口因就业、上学、参军、随军等转为非农业人口,农业人口比重逐年有所下降,非农业人口相应增加,但农业人口仍占绝大多数。

第三节　民族与姓氏

一、民族

全县人口民族构成以汉族为主。据1990年第四次人口普查资料统计，全县共有11个民族。其中汉族328025人，占总人口的98.22%；10个少数民族人口5948人，占总人口的1.78%，其中畲族占绝大多数。

2000年第五次人口普查，全县汉族人口291335人，占总人口的97.62%；少数民族7099人，占总人数的2.38%，比1990年增加1151人，提高0.60个百分点。少数民族人口增加，主要原因是计划生育政策的倾斜。

1990年与2000年宁化县各民族构成情况表

表 3-8　　　　　　　　　　　　　　　　　　　　　　　　　　　　　　　　　　　　　单位：人、%

年份	总人口	其中												少数民族人口占总人口比重
		汉族		少数民族										
		人口	占总人口比重	畲	回	苗	高山	壮	瑶	满	土家	京	白	合计	
1990	333973	328025	98.22	5842	37	22	14	9	8	5	6	4	1	5948	1.78
2000	298434	291335	97.62	7003	28	26	10	8	10(侗、瑶、满合10人)		14	—	—	7099	2.38

注：1.数据来源于《福建省宁化县1990年人口普查资料》及编录于2002年宁化统计年鉴中相关"五普"资料，但两次普查口径不同，"五普"中人口数与计生数据相差较大，下同。
　　2.少数民族按照1990年人口多少排序。

二、姓氏构成

1990年第四次全国人口普查统计，全县共有141个姓氏（排名不分先后，下同），包括：邓、钟、邱、巫、罗、赖、李、陈、郑、雷、伍、欧阳、刘、杨、伊、温、唐、施、邬、官、甘、黎、滕、范、蔡、江、薛、吴、张、谢、何、高、余、黄、傅、王、阮、廖、方、阴、汪、危、池、熊、徐、万、丁、易、杜、曹、湛、潘、马、上官、洪、侯、周、叶、郭、蓝、沈、曾、萧、戴、卢、姚、林、梁、魏、汤、缪、于、龙、童、俞、姜、涂、毛、朱、彭、赵、胡、林、宋、韩、冯、董、蒋、程、袁、许、吕、苏、贾、石、邹、陆、郝、古、龚、尹、于、连、葛、尧、虞、油、柯、严、修、桂、翁、凌、聂、郏、田、詹、艾、顾、阙、卓、裴、金、柳、年、游、章、申、宁、能、华、圣、尤、揭、卜、封、房、占、包、花、白。其中，张、王、李等姓氏均为万人，分布地区较广。

2005年，全县共有173姓。包括：卜、刁、丁、万、于、马、上官、方、孔、王、尹、毛、邓、韦、尤、田、古、占、史、白、宁、甘、龙、石、叶、包、卢、冯、邱、艾、付、刘、伍、任、华、危、江、年、许、吕、朱、邢、阴、阮、伊、孙、邬、汤、池、纪、麦、尧、毕、余、何、花、李、陈、吴、张、宋、陆、邵、苏、罗、巫、连、沈、汪、杜、严、邹、杨、辛、肖、练、孟、范、居、油、房、易、卓、周、官、郏、郑、林、金、欧阳、单、宗、项、修、封、段、饶、洪、胡、柳、钟、祝、侯、姚、屈、赵、骆、郝、柯、姜、施、俞、贺、徐、袁、聂、能、贾、顾、陶、钱、凌、高、莫、翁、涂、唐、郭、夏、梅、桂、殷、章、龚、曹、湛、阎、葛、梁、康、黄、萧、崔、揭、童、董、韩、彭、蒋、程、曾、温、谢、傅、游、雷、蓝、赖、詹、阙、虞、褚、廖、管、蔡、熊、颜、潘、滕、黎、戴、魏、藩。主要姓氏有张、黄、吴、王、陈、邱、刘、李、曾、巫、廖，均为万人，共200533人，占普查总人口的67.20%；在0.50万—1万人之间的依次有罗、谢、赖、马、曹、范、伍、雷 等8个姓，共有55331人，占普查总人口的18.54%；在0.10万—0.50万人之间的依次有邓、温、夏、徐、杨、孙、周、伊、余、朱、邹、林、官、郑、俞、肖、付、潘、熊、江、黎、冯、何、胡、叶等25个姓，共有63714人，占总人口的21.35 %；在0.05万—0.10万人之间的有兰、彭、钟、宁、聂、方、卢、丁、管、池、许、杜、童、蓝、施、涂、傅、游、连 等19个姓，共14591人，占总人口的4.89%；在0.05万人以下的有110个姓，共12067人，仅占总人口的4.04 %。

三、姓氏分布

2005 年，全县173个姓氏具体分布为：

卜：城区、安远（安远）

刁：城区、治平（坪埔）

丁：城区、湖村（陈家）、安乐（三大）、治平（高地）、济村（湖头）、方田（方田）、淮土（淮阳）、水茜（儒地）

万：城区、泉上（泉上、谢新）、水茜、安远（东桥）

马：城区、城郊（马源、马元亭）、城南（青塘、城南）、湖村（湖村）、泉上（泉上）、安乐（马家围、谢坊、洋坊、安乐）、曹坊（双石）、治平（治平）、济村（济村）、方田（方田）、石壁（南田）、安远（马家）

方：城区、城郊（上畲）、湖村（湖村）、安乐（丁坑口）、曹坊（南坑）、安远（安远）

孔：城区、城郊（高堑）

王：城区、城郊（茶湖江、高堑）、湖村（湖村）、泉上（泉上、谢新）、城南（城南）、安乐（安乐）、曹坊（双石）、治平（高地）、济村（济村）、方田（泗溪）、石壁（红旗）、淮土（大王、竹园、凤山、隘门）、中沙（中沙、下沙、楼家）、水茜（下洋）、河龙（河龙）、安远（永跃、营上、马家、割畲、杜家、洪围、后溪）

尹：城区、中沙（中沙）

毛：城区、河龙（大洋）、安远（张垣）

邓：城区、城郊（下巫坊、都寮）、湖村（邓坊、湖村、城门）、泉上（泉上）、城南（鱼龙）、安乐（洋坊、三大、赖畲）、曹坊、治平（邓屋）、济村（神坛坝）、方田（岭下）、中沙（练畲）、水茜（下洋）、安远（硝坊）

尤：城区、水茜（蕉坑）

白：城区、济村（神坛坝）

宁：城区、中沙（中沙）、水茜（沿溪）、安远（永跃）

龙：城区、城南（龙下寮）

叶：城区、城郊（杨禾）、城南（肖家）、安乐（夏坊）、水茜（水茜）、安远（安远）

卢：城区、泉上（泉上）、城南（青塘）、水茜（水茜）、安远（安远）

冯：城区、城郊（马元亭、都寮）、曹坊（宝丰、三黄）、水茜（水茜）、安远（后溪、灵丰山）

丘（邱）：城区、城郊（雷峏、茶湖江、都寮、九柏嵊、李七、社背、上畲）、湖村（石下、城门）、泉上（泉正、新军）、城南（城南）、安乐（安乐）、曹坊（官地）、治平（湖背角）、济村（济村、湖头）、方田（方田）、石壁（陈家坑）、淮土（寨下）、中沙（中沙、半溪、练畲、叶坊）、水茜（安寨、蕉坑、石寮、儒地、水茜）、河龙（河龙）、安远（安远）

付：城区、中沙（中沙）、水茜（下付）

刘：城区、城郊（马元亭）、湖村（店上）、泉上（黄新、延祥）、城南（水口）、安乐（刘坊、马家围、赖畲）、曹坊（双石）、治平（治平）、济村（济村、上龙头）、方田（方田）、石壁（官坑）、淮土（淮阳）、中沙（中沙）、水茜（上谢）、河龙（下伊、沙坪）、安远（伍坊、黄塘、杜家、井坑、洪围）

伍：城区、城郊（茶湖江、社下）、城南（鱼龙）、安乐（罗坊）、济村（济村）、淮土（吴陂）、中沙（叶坊）、水茜（上谢）、河龙（永建）、安远（伍坊、张垣、灵丰山）

任：城区、城郊（高堑）

华：城区、水茜（沿溪）

危：城区、城郊（马元亭）、湖村（陈家）、中沙（中沙、楼家）、水茜（沿口）、安远（安远）

江：城区、城郊（旧墩）、湖村（湖村）、城南（鱼龙）、曹坊（双石）、治平（治平）、济村（济村）、中沙（中沙）、水茜（水茜）、河龙（沙坪）、安远（安远）

许：城区、泉上（泉上）、安远（岩前）

吕：城区、中沙（半溪）

朱：城区、湖村（湖村）、泉上（青瑶）、城南（鱼龙）、中沙（中沙）、水茜（杨城）、安远（硝坊）

阴：城区、城郊（马源、连屋）、湖村（湖村）、城南（横锁）、方田（方田）、中沙（中沙、练畲）、水茜（水茜）

阮：城区、城郊（上畲）、济村（洋地、湖头）

伊：城区、城郊（社下）、湖村（湖村）、城南（城南）、曹坊（南坑）、济村（济村）、方田（方田）、石壁（立新）、淮土（淮阳）、中沙（中沙、何屋、武昌）、水茜（水茜）、河龙（上伊、前进、下伊）、安远（丰坪）

孙：城区、城郊（瓦庄）、城南（城南）、安乐（安乐）、治平（治平）、济村（神坛坝）、方田（方田）、石壁（红旗）、淮土（孙坑）、中沙（中沙）、水茜（水茜）、泉上（泉永）

汤：城区、湖村（湖村）、中沙（中沙）

池：城区、方田（大罗）、治平（高地）

麦：水茜（水茜）

毕：城区、水茜（水茜）

余：城区、湖村（下埠）、泉上（泉上）、济村（武层）、方田（南城）、中沙（半溪、廖家）、水茜（上谢）、安远（岩前）

何：城区、城郊（社下）、水茜（水茜）、安远（马家、黄塘）

花：安远（安远）

李：城区、城郊（高堑、瓦庄）、湖村（湖村）、泉上（泉上、罗李）、城南（鱼龙）、安乐（谢坊）、曹坊（双石）、治平（下坪）、济村（武层）、方田（方田）、石壁（红旗、立新、大路）、淮土（田背、罗坑、寨下、寒谷）、中沙（中沙、下沙、半溪、武昌、高坪、楼家、樟荣、双源）、水茜（上谢）、河龙（高阳）、安远（后溪、东桥）

陈：城区、城郊（杨禾、旧墩、社下、茶湖江）、湖村（陈家、湖村、黎坊、巫坊、城门、下坪）、泉上（泉上、延祥）、城南（青塘）、安乐（谢坊、黄庄、丁坑口）、曹坊（双石）、治平（高峰）、济村（昆岗）、方田（方田）、石壁（陈家坑）、淮土（淮阳）、中沙（中沙、下沙、半溪、练畲、叶坊、楼家、樟荣、双源）、水茜（水茜、丘山、庙前）、河龙（河龙）、安远（伍坊、岩前、硝坊、灵丰山、东桥）

吴：城区、城郊（连屋、都寮）、湖村（湖村）、泉上（豪亭）、城南（横锁、肖家）、安乐（丁坑口）、曹坊（三黄）、治平（湖背角）、济村（济村、三村）、方田（方田）、石壁（红旗、杨边、江家、邓坊桥、官坑）、淮土（吴陂、竹园）、中沙（中沙、下沙、半溪、廖家、练畲、何屋、叶坊）、水茜（儒地）、河龙（下伊）、安远（伍坊、张垣、里坑、丰坪）

张：城区、城郊（马元亭、夏家、连屋、茶湖江、社下、高堑、雷陋）、湖村（陈家、湖村、巫坊、店上）、泉上（泉上、联群、黄新）、城南（鱼龙、青塘、龙下窠、茜坑、上坪、城南）、安乐（丁坑口）、曹坊（滑石、黄金进、坪上、南坑）、治平（泥坑）、济村（济村、神坛坝、武层、湖头、长坊、肖家山、上龙头、三村、昆岗、新田）、方田（村头）、石壁（红旗、立新、杨边、小吴、大路、溪背、陂下、陈家坑、刘村、隆陂、官坑、石碧、江家、桃金、陈塘、三坑、邓坊桥、江口、张家地、南田、拱桥、江头)、淮土 (田背、赤岭、团结、仕边、竹园、礤下、五星、周坑、寒谷)、中沙 (中沙、下沙、半溪、练畲、何屋、武昌、高坪、叶坊、楼家、樟荣、石门)、水茜 (上谢、张坊、沿口、庙前)、河龙 (高阳)、安远 (张垣、割畲)

　　陆：城区、泉上 (新军)

　　苏：城区、水茜 (水茜)、安远 (马家)

　　罗：城区、城郊 (瓦庄、高堑)、湖村 (谌坑)、泉上 (罗李)、城南 (青塘)、安乐 (罗坊)、曹坊 (根竹)、治平 (治平)、济村 (罗家、上龙头)、方田 (朱王、村头、大罗)、石壁 (红旗)、淮土 (青平、周坑)、中沙 (中沙、楼家、石门)、水茜 (水茜)、河龙 (河龙、永建)、安远 (营上)

　　巫：城区、城郊 (下巫坊、九柏嵊、雷陌、社下、巫高、社背、都寮、高堑)、湖村 (巫坊)、泉上 (泉上)、城南 (水口)、安乐 (黄庄)、曹坊 (坪上、曾家背)、济村 (武层、新田、昆岗)、方田 (方田)、石壁 (大路)、淮土 (田背)、中沙 (中沙、练畲、高坪)、水茜 (沿溪)、河龙 (河龙)、安远 (安远)

　　连：城区、治平 (治平、高地)

　　沈：城区、湖村 (邓坊)

　　汪：城区、城郊 (高堑)、河龙 (永建)

　　杜：城区、城郊 (都寮)、水茜 (水茜)、安远 (杜家)

　　严：城区、曹坊 (双石)、治平 (光亮)、石壁 (立新)

　　邹：城区、城郊 (夏家、杨禾)、治平 (湖背角)、济村 (济村)、石壁 (立新)、中沙 (中沙、下沙、叶坊)、水茜 (张坊、水茜)、安远 (安远)、曹坊 (上曹)、湖村 (邓坊)

　　杨：城区、城郊 (杨禾、连屋、上畲)、湖村 (邓坊)、泉上 (延祥)、济村 (上龙头)、石壁 (立新)、淮土 (吴陂)、中沙 (中沙、练畲、叶坊、楼家)、水茜 (下洋、蕉坑)、河龙 (前进)、安远 (安远)

　　肖：城关、城南 (茜坑、肖家)、湖村

　　练：城区、城南、河龙 (下伊)、安远 (岩前)

　　范：城区、城郊 (都寮)、湖村、泉上、曹坊 (黄金进、官地、三黄、坪上、宝丰)、治平 (邓屋、彭坊)、方田 (方田、朱王)、石壁 (立新)、中沙 (中沙)、水茜 (棠地)、安远 (安远)、城南 (城南)

　　房：城区、水茜 (水茜)

　　易：城区、城郊 (瓦庄)、中沙 (楼家)、水茜 (水茜)、河龙 (沙坪)

　　卓：城区、安远 (安远)

　　周：城区、城郊 (马元亭)、湖村 (龙头)、泉上 (泉上)、安乐 (马家围、夏坊)、曹坊 (双石、三黄)、济村 (济村)、石壁 (立新)、淮土 (淮阳)、中沙 (下沙)、水茜 (张坊)、河龙 (下伊)、安远 (里坑)

　　官：城区、城郊 (瓦庄)、泉上 (黄新、延祥)、曹坊 (官地、坪上)、淮土 (礤下)、中沙 (中沙、何屋)、治平 (治平)

　　郑：城区、泉上 (罗李)、中沙 (中沙、练畲、樟荣)、水茜 (庙前、石寮、杨城)、安远 (永跃、东桥、岩前、安远)、安乐 (三大)

　　林：城区、城郊 (茶湖江)、湖村 (湖村)、泉上 (泉上)、安乐 (黄庄)、方田 (南城)、石壁 (立新)、淮土 (淮阳)、中沙 (中沙、练畲)、水茜 (水茜)、河龙 (河龙)、安远 (安远)

　　金：城区、城郊 (高堑)

　　欧阳：城区、城南 (龙下窠)

　　修：城区、水茜 (水茜)

　　封：城区、安远 (黄塘)

　　饶：城区、城郊 (连屋)

　　洪：城区、安远 (张垣)

　　胡：城区、城郊 (连屋)、治平 (下坪)、济村 (上龙头)、中沙 (中沙)、安远 (安远)

钟：城区、湖村（陈家）、泉上（谢新、泉正、黄新、豪亨）、治平（治平）、中沙（中沙）、水茜（庙前）、安远（安远）

祝：城区、安远（张垣）

侯：城区、安远（安远）

姚：城区、泉上（黄新）、中沙（武昌）、安远（安远）

赵：城区、安远（安远）

姜：城区、安乐（三大、黄庄）、安远（杜家）

施：城区、城郊（连屋、瓦庄）

俞：城区、城郊（社下、茶湖江）、安乐（刘坊）、方田（泗坑）、中沙（中沙）、安远（东桥）

徐：城区、城郊（连屋）、湖村（谌坑）、泉上（泉上）、曹坊（三黄、根竹）、济村（武层、新田）、石壁（红旗、刘村、隆陂）、水茜（杨城）、安远（安远）

袁：城区、治平（治平）、安远（安远）

聂：城区、曹坊（罗溪）

顾：城区、安远（安远）

凌：城区、安远（张垣）、曹坊（罗溪）

高：城区、水茜（水茜、杨地）

翁：城区、中沙（中沙）、安远（丰坪）

涂：城区、城郊（茶湖江）、曹坊（罗溪）、安远（安远）、泉上（泉上、联群）

夏：城区、城南（肖家）、安乐（夏坊、三大）、淮土（五星）、中沙（中沙、下沙、樟荣、石门、双源）、曹坊（双石）

殷：城区、城郊（杨禾）

章：城区、中沙（中沙）

龚：城区、城郊（高堑）

曹：城区、城郊（高堑）、泉上（黄新）、安乐（刘坊）、曹坊（上曹、下曹、黄金进）、治平（邓屋）、济村（济村）、安远（安远）

谌：城区、泉上（新军）、水茜（儒地）

梁：城区、城郊（社背）、中沙（中沙）

黄：城区、城郊（杨禾、连屋）、湖村（陈家）、泉上（谢新、黄新、泉永、新军）、城南（城南）、安乐（谢坊、黄庄、安乐）、曹坊（双石、黄坊）、治平（湖背角）、济村（济村、神坛坝、三村）、方田（方田）、石壁（红旗、刘村）、淮土（淮阳、桥头、寨下）、中沙（中沙、下沙、半溪、练畲、武昌、楼家）、水茜（安寨、水茜、上谢、棠地、下洋）、河龙（明珠、沙坪）、安远（灵丰山）

揭：城区、安远（安远）

童：城区、城郊（连屋）、湖村（湖村、谌坑）、曹坊（双石）、安远（安远）

董：城区、曹坊（上曹）

韩：城区、城郊（高堑）

彭：城区、泉上（泉上）、治平（彭坊）、水茜（沿口）、安远（杜家）

程：城区、安远（营上）

曾：城区、城郊（瓦庄、高堑）、湖村（湖村）、泉上（联群）、城南（城南）、曹坊（曾家背）、治平（治平、湖背角、社福、坪埔、田畲、光亮）、济村（神坛坝、吾家湖、三村）、方田（泗溪、南城、朱王）、石壁（南田）、中沙（中沙、半溪、楼家）、水茜（沿口）、河龙（河龙）、安远（永跃、洪围、后溪、增坑、灵丰山、东桥、丰坪）

温：城区、泉上（新军）、济村（长坊）、方田（泗溪）、淮土（寨下）、中沙（中沙、叶坊）、安远（安远）、曹坊（滑石）、河龙（大洋）

谢：城区、城郊（社下、连屋）、湖村（湖村）、泉上（谢新、青瑶、黄新）、城南（城南）、安乐（谢坊)、曹坊(双石)、治平(湖背角、泥坑)、济村(济村)、方田(泗坑)、石壁(红旗、溪背、南田)、淮土(五星)、中沙(中沙、下沙、半溪)、水茜(石寮)、河龙(永建、下伊)、安远(黄塘、马家、割畲、里坑、后溪、增坑、灵丰山)

傅：城区、曹坊(罗溪)、石壁(石碧)、水茜(棠地)、安远(岩前)、河龙(河龙)

游：城区、安远(里坑)

雷：城区、城郊(旧墩)、湖村(湖村)、泉上(泉永)、城南(茜坑)、安乐(安乐)、曹坊(南坑)、治平(高峰、治平、湖背角)、济村(济村)、方田(泗坑)、石壁(刘村、溪背、蓝田)、淮土(淮阳)、中沙(中沙、下沙、半溪、武昌)、水茜(庙前)、河龙(河龙)、安远(东桥)

蓝：城区、城郊(茶湖江)、湖村(湖村)、泉上(泉正)、安乐(黄庄)、曹坊(双石)、治平(治平、湖背角、社福、坪埔、邓屋)、济村(神坛坝)、方田(泗溪)、水茜(沿口)、安远(东桥)

赖：城区、湖村(陈家)、泉上(泉上)、城南(青塘)、安乐(安乐)、曹坊(双石)、治平(高峰)、济村(济村)、淮土(寨下)、中沙(中沙、练畲)、水茜(沿溪、下付、沿口)、河龙(河龙)、安远(安远)

詹：城区、城郊(巫高)、治平(下坪)

阙：城区、安乐(三大)

虞：城区、济村(神坛坝)

廖：城区、城郊(九柏嵊、高堑)、湖村(湖村)、泉上(谢新)、城南(水口)、安乐(安乐)、曹坊(罗溪)、治平(邓屋)、济村(济村、上龙头)、方田(岭下)、石壁(拱桥)、淮土(水东、禾坑、磜下)、中沙(中沙、半溪)、水茜(蕉坑)、安远(安远)

管：城区、水茜(张坊)、安远(伍坊)

蔡：城区、中沙(半溪)、泉上(泉上)

熊：城区、城郊(高堑)、湖村(陈家)、泉上(泉上)、济村(三村)、中沙(下沙)、水茜(水茜、下洋)、安远(安远)

颜：城区、安远(安远)

潘：城区、城郊(马源、马元亭)、城南(水口)、安乐(丁坑口)、水茜(水茜、下洋)、安远(岩前)

滕：城区、安远(安远)

黎：城区、城郊(都寮、高堑)、湖村(黎坊)、城南(青塘)、河龙(高阳)、安远(安远)

戴：城区、治平(湖背角)

魏：城区、安乐(龙下窠)

另仅分布在城区的姓氏共有49个，分别为：于、上官、韦、田、古、占、史、甘、石、包、艾、年、邢、纪、尧、宋、邵、辛、孟、邬、居、油、郏、单、宗、项、段、柳、骆、郝、柯、贺、能、贾、陶、钱、莫、唐、郭、梅、桂、阎、葛、康、萧、崔、蒋、褚、藩。

第四节　人口素质

一、文化素质

1990年，据第四次人口普查统计，全县6岁以上人口中，具有小学文化程度及以上142818人，占普查总人口的42.76%；识字很少或不识字72966人，占普查总人口的21.85%；大学本科405人、专科1232人，占普查总人口的0.49%。

2000 年，据第五次人口普查统计，全县不识字或识字很少和小学文化程度人口比例分别比 1990 年降低 7.3、1.57 个百分点；具有初中、高中、中专、大学文化程度的人口，分别比 1990 年提高 11.28、0.50、1.32 和 0.89 个百分点；大学本科 746 人、专科 3364 人，占普查总人口的 1.38%；有研究生 6 人。

1990 年与 2000 年宁化县 6 岁以上人口文化构成统计表

表 3-9　　　　　　　　　　　　　　　　　　　　　　　　　　　　　　　　　　　　　单位:人

年份	6 岁以上人口数	其中:具有小学以上文化程度										识字很少或不识字	
		小学		初中		高中		中专		大学、大专			
		人数	占普查总人口(%)	人数	占普查总人口(%)	人数	占普查总人口(%)	人数	占普查总人口(%)	人数	占普查总人口(%)	人数	占普查总人口(%)
1990	284323	142818	50.23	47768	16.80	14744	5.19	4390	1.54	1637	0.58	72966	25.66
2000	279783	122920	43.93	83814	29.96	16983	6.07	8542	3.05	4110	1.47	43408	15.51

注:数据来源于宁化县 1990 年和 2000 年人口普查资料。

二、身体素质

人口寿命　1988 年，随着医疗水平和人民生活水平提高，全县人民健康水平也逐步提高。据 1990 年第四次人口普查资料显示，全县有 80 岁以上人口 1442 人，长寿水平为 7.80%，其中百岁以上老人 1 人。2000 年，第五次人口普查资料显示，全县有 80 岁以上人口 2925 人，比 1990 年增加 1483 人，长寿水平为 11.65%，比 1990 年提高 3.85 个百分点。2005 年，全县有 80 岁以上人口 4183 人，比 1990 年增加 1258 人，长寿水平为 15.23%，比 2000 年提高 3.58 个百分点，其中百岁以上老人 7 人。

残疾人口　1988 年，全县有各类残疾人 12021 人。1990 年，全县有各类残疾人 12268 人，占总人口的 3.64%。其中，听力语言残疾 4122 人、智力残疾 2514 人、肢体残疾 1840 人、视力残疾 1754 人、精神残疾 480 人，综合残疾 1558 人。此后几年，县内残疾人数有所增加（增加的部分原因是统计口径有所变动）。据 2005 年调查统计，全县有残疾人 24434 人，占总人口的 7.06%。其中，听力语言残疾 7073 人、智力残疾 2111 人、肢体残疾 5515 人、视力残疾 3934 人、精神残疾 1801 人、综合残疾 4000 人。

1990 年与 2005 年宁化县各类残疾人情况调查表

表 3-10

分类	1990 年			2005 年		
	残疾人数(人)	占残疾人比(%)	占总人口比(%)	残疾人数(人)	占残疾人比(%)	占总人口比(%)
合计	12268	—	3.64	24434	—	7.06
听力语言残疾	4122	33.60	1.22	7073	28.95	7.04
智力残疾	2514	20.49	0.75	2111	8.64	0.61
肢体残疾	1840	15.00	0.55	5515	22.57	1.59
视力残疾	1754	14.30	0.52	3934	16.10	1.14
精神残疾	480	3.91	0.14	1801	7.37	0.52
综合残疾	1558	12.70	0.46	4000	16.37	1.16

第五节　婚姻家庭

一、婚姻状况

1990 年，据第四次人口普查统计，全县 15 岁（含 15 岁）以上人口 227524 人，其中有配偶 157598 人、丧偶 14977 人、离婚 1271 人。2000 年，第五次人口普查统计，全县 15 岁（含 15 岁）以上人口 216610 人，其中有配偶 164290 人、丧偶 15270 人、离婚 1580 人。

1990 年与 2000 年宁化县婚姻状况对比表

表 3-11　　　　　　　　　　　　　　　　　　　　　　　　　　　　　　　　　单位:人、%

年份	15 周岁以上人口	未婚		有配偶		丧偶		离婚	
		人数	比例	人数	比例	人数	比例	人数	比例
1990	227524	53678	23.59	157598	69.27	14977	6.58	1271	0.56
2000	216610	35470	16.38	164290	75.85	15270	7.05	1580	0.73

注:数据来源于 1990 年人口普查和 2000 年人口普查资料(2002 年统计年鉴)。

二、家庭构成

1988 年，全县总户数 60970 户，平均每个家庭人口 5.11 人。1995 年，全县总户数 73233 户，平均每个家庭人口 4.67 人。2000 年，全县总户数 87391 户，平均每个家庭人口 3.95 人。2005 年，全县总户数 90500 户，比 1988 年增加 29530 户，增幅 48.43%；平均每个家庭人口为 3.83 人，比 1988 年减少 1.28 人。1988—2005 年，全县总户数呈逐年增加趋势，家庭结构向小型化发展。

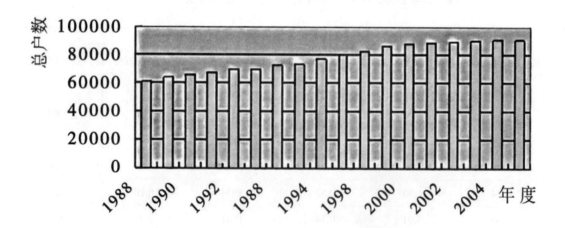

图 3-2　1988—2005 年宁化县总户数变化图

第二章　计划生育

第一节　宣传教育

1988—1989 年，县委、县政府组织开展计划生育基本国策、人口基础理论知识等教育宣传，更新婚姻生育观念，增强人口忧患意识。1990—1997 年，每年印发计划生育各类入户宣传资料 3 万余份，在公共场所和主要道路口书写张贴计生宣传标语，县、乡（镇）、村婚育学校开展政策法规、计划生育基础知识、优生优育等方面的宣传，各乡（镇）组织人员利用墟天开展育龄群众计生宣传咨询活动。1998 年，开展以"婚育新风进万家"为主要内容的计生宣传活动，广泛宣传晚婚晚育、少生优生、优育优教等新型婚育新观念。2000 年 3 月，县政府统一印制《中共中央、国务院关于加强计划生育工作稳定低生育水平的决定》的学习宣传资料 4 万份，发放各乡（镇）、村。2001 年，实施"百村万户示范工程"，全县树立 48 个示范村、4800 户示范户，形成村两委—计生小组长—示范户的宣传网络主线，村有宣传栏，组有宣传园，户有宣传袋、宣传品、联系卡。

2002 年，县政府在石壁镇召开全县"婚育新风进客家"现场会，推广以祠堂为依托的"新型生育文化活动中心"，全县共组织客家长老新型生育文化志愿者宣传队 8 个，志愿者宣传员 231 人。2003 年，总结推广城区巫罗俊怀念堂、石壁张氏祠堂及老人协会创办祠堂新型生育文化建设经验，促进全县"婚育新风进客家"活动深入开展。2004 年，编写《春风绿翠江——宁化县婚育新风进客家活动集锦》宣传小册，制作《正是春风化雨时》婚育新风巡礼 VCD 专题片，召开全县"婚育新风进客家"典型培育经验交流表彰会，制作"关爱女孩"电脑彩喷宣传画一条街。2005 年，实施"关爱女孩"工程，以巫氏、张氏、罗氏、刘氏等 4 个姓氏祠堂为试点，开展"女孩上族谱"、建立"女能人谱"等活动。宁化县被评选为全国"婚育新风进万家"活动先进县，福建省推广宁化县培育宣传志愿者经验。

第二节　晚婚晚育

1988 年，全县结婚登记 2375 对夫妻中属晚婚年龄结婚的 623 对，占 26.23%。2005 年，全县登记结婚的 2761 对夫妻中属晚婚年龄结婚的 1305 对，占 47.27%，晚婚率比 1988 年提高 21.04%，晚育率也相应提高。

1988—2005 年宁化县婚姻登记情况表

表 3-12

年份	结婚登记			年份	结婚登记		
	登记对数	其中:晚婚对数	晚婚率(%)		登记对数	其中:晚婚对数	晚婚率(%)
1988	2375	623	26.23	1991	2780	1255	45.14
1989	2120	446	21.04	1992	1960	697	35.56
1990	2308	790	34.23	1993	1856	614	33.08

续表 3-12

年份	结婚登记			年份	结婚登记		
	登记对数	其中:晚婚对数	晚婚率(%)		登记对数	其中:晚婚对数	晚婚率(%)
1994	2245	676	30.11	2001	1868	915	48.98
1995	2257	796	35.27	2002	2033	1037	51.01
1996	2488	944	37.94	2003	2280	1125	49.34
1997	2501	1164	46.54	2004	2439	1142	46.82
1998	2374	1121	47.22	2005	2761	1305	47.27
1999	2422	1110	45.83	合计	41300	16845	40.79
2000	2233	1085	48.59				

第三节　计划生育管理

一、目标管理

(一)乡(镇)目标管理

1988—1990 年,县政府主要领导每年与各乡(镇)签订计划生育合同书。1991—2005 年,县委、县政府每年向各乡(镇)下达计划生育目标管理责任书,作为考核各乡(镇)党政领导班子及其主要领导政绩的主要内容之一,每年年终抽调组织有关人员进行考评,兑现奖惩。各乡(镇)每年依据县下达的计划生育指标进行分解,并与各建制村村两委签订(或下达)包含有工作指标、工作保证措施、考评和奖励办法等内容的计划生育目标管理责任状。

(二)县直部门目标管理

1988—1998 年,实行县级领导班子、县直各单位与乡、村联系挂钩制度,实行计划生育目标管理,县直部门与一个村的计划生育工作挂钩,与挂钩乡(镇)共同承担责任、同奖同罚。1999—2005 年,县委、县政府每年向县计生领导小组成员单位下达计划生育目标管理责任书,要求部门主要领导做好本系统干部职工计划生育工作,配合计生部门开展工作,解决计划生育综合治理工作中遇到的问题。

(三)责任保证金制度

1996—2001 年,实行计划生育责任保证金制度,全县 30 名县级领导及 67 名抓计划生育工作重点村、后进村的副科级领导每人缴纳 300、200 元不等的计划生育责任保证金。2002—2005 年,乡(镇)主要领导和分管领导也实行责任保证金制度,每人每年缴纳计划生育责任保证金 500 元。

(四)"一票否决"制度

1993 年,县委、县政府实行计划生育"一票否决"制度,2000 年在考核 1999 年度工作时,全县有 4 个乡(镇)和 10 个农村工作队被取消评先评优资格,3 个单位被取消文明单位称号,16 名干部因计划生育问题影响调资。2003 年对 2002 年度计划生育工作进行考核时,否决了 3 个综合考评后 3 名乡(镇)主要领导的评先评优资格。2004 年,否决了 2003 年有发生"两非"(非医学需要的胎儿性别鉴定、非医学需要的人工终止妊娠)案件的 2 个县直单位,否决拟提副科级干部 1 人。1993—2005 年,在招干、招工、农转非、评先评优等协审中,共"一票否决"22 个单位和 242 名个人。

二、"两非"治理

1988—2002 年，县委、县政府多次召开"两非"治理专题会议，安排部署出生人口性别比失调专项治理工作。2003 年，查处影响性别比案件 19 起，对涉案的 B 超医生和实施终止妊娠术医生分别给予开除公职、解除合同、留党察看和行政警告处分，对责任部门主要领导和分管领导分别给予党内严重警告、行政记过和行政警告处分。2004—2005 年，共查处 15 例影响性别比案件，遏制选择性别生育行为。

三、流动人口计划生育管理

1988 年，针对流动人口特别是流出人口逐年增多的现象，县计划生育管理部门建立健全流动人口档案，发放流出人口"婚育证"，审检流入人口计划生育情况。1995—1997 年，把 18 周岁以上未婚青年列入计划生育管理对象，签订保证合同，定期见面访视。2000 年始，全县每年开展一次流动人口联网大清查。2004 年，制定下岗职工计划生育管理交接办法，规范下岗职工计划生育管理。2005 年，依托各地宁化商会、驻外办事处等机构，聘请流出人口计划生育协管员，开展流出人口计划生育对象宣传、服务，遏制流动人口政策外生育现象。

第四节　计划生育服务

一、技术服务

（一）孕前服务

1988 年，宁化县按照《福建省计划生育条例》（后改名为《福建省人口与计划生育条例》规定，实行依法凭证怀孕、生育。规定育龄妇女在怀孕前必须先向县计划生育管理部门申请办理生育计划证（后改名为生育服务证）。宁化县自 2002 年 9 月 1 日始，对新婚夫妻生育一孩的，允许孕后补证。1992—1994 年，全县农村育妇一年"双查"（查环、查孕）3 次；1995—2002 年，全县农村育妇每年"双查"4 次。2003 年 9 月始，实行分类管理，对持生育证未生育以及生育两个女孩未采取绝育措施的育妇一年检查 4 次，40 岁以下育妇一年检查 3 次，40 岁以上育妇一年检查、访视各 1 次。2005 年所有育妇一年参加"双查"3 次。

（二）避孕药具服务

1992 年始，全县 16 个乡（镇）设立避孕药具发放点，免费向育龄群众发放避孕药具。1995 年，在全县 210 个建制村计划生育服务室设立避孕药具发放点。2002—2005 年，县计划生育管理部门每年调查乡、村避孕药具使用情况 2 次以上，分类汇总，跟踪服务，减少意外妊娠现象。宁化县被国家人口计划生育委员会评为 2005 年"全国人口和计划生育系统药具工作先进集体"。1988—2005 年，全县共发放避孕药具 20 万盒。

（三）节育服务

县计划生育服务部门根据有关计划生育政策指导已婚男女选择适宜的避孕节育方法，并提供安全、有效、规范的技术服务。对实行计划生育的育龄夫妻，免费提供避孕、节育技术服务，避孕节育措施推行知情选择。1988—2005 年，全县免费为育龄夫妇落实各类节育措施 121653 例。

二、优生优育

1990 年始，全县 16 个乡（镇）建立人口婚前学校，每月定期办班授课，分层次对育龄对象进行人口理论、生育政策、优生优育知识教育，同时开展出生缺陷干预工程，提供生殖保健服务，减少出生缺陷的发生。至 2005 年，全县人口婚前学校共办班 1245 期，接受优生优育知识人数 137640 人。

三、服务站所建设

1992 年，县、乡两级投入 18 万元，为全县 16 个乡（镇）配备 B 超和妊娠检查仪。1993 年，县政府核拨 50 万元为乡（镇）计划生育服务站购置配套器械和设备。1994 年，全县 16 个乡（镇）的计划生育服务所招收卫技人员 70 名。1995 年，宁化县计划生育服务站大楼竣工，石壁、安远、泉上等 6 个乡（镇）服务所通过三明市达标验收，全县 210 个建制村基本建立计划生育服务室。1996 年，县政府核拨 50 万元为县计划生育服务站配备空调机、综合手术床、B 超等设备，为 16 个乡（镇）计划生育服务所统一配备妇检床、手术床、无影灯、显微镜、消毒车及输氧设备。1998 年，对县、乡计划生育服务站、所进行规范性改建。2003 年 12 月，县计划生育服务站升为一级服务站。2004 年，县计划生育服务站通过三明市"优质服务站"验收，4 个乡（镇）计划生育服务所被福建省计划生育委员会授予先进所称号，12 个乡（镇）计划生育服务所通过省、市计划生育委员会合格所验收。

2000—2005 年，全县共筹集资金 168.50 万元，重新装修县计划生育服务站，购置无痛终止妊娠仪、血液分析仪、血凝仪等设备；新建 3 个、改造 6 个、重新装修 7 个乡（镇）计划生育服务所；14 个乡（镇）计划生育服务所新购置万元以上的线阵 B 超，3 个中心所购置了激光治疗仪、化验、消毒、空调等设备。

四、奖励与帮扶

（一）"三结合"帮扶

1988—2000 年，县委、县政府开展"三结合"（计划生育工作与发展农村商品经济相结合，与帮助农民勤劳致富奔小康相结合，与建设文明幸福的家庭相结合）帮扶计划生育户工作，统一制作优惠证，计划生育户凭证享受优惠待遇。在没有取消农业税和九年义务教育学杂费之前，各乡（镇）免除二女户上缴各种费用，教育部门减半收取二女户孩子九年义务教育期间的学杂费，对二女户孩子考入县内普通高中实行降低 3 分录取。卫生部门对二女户、独生子女户免收就诊挂号费。烟草部门免费提供包衣种子。劳动部门对二女户免费提供就业信息，优先办理求职登记并免收相关费用。土地部门减半收取二女户建房土地使用费。广电部门对计划生育户安装闭路电视减免 10% 的初装费。

2001—2005 年，除继续开展"三结合"帮扶外，县、乡、村三级的党员、干部与计划生育二女户、独生子女困难户实行"一帮一"结对帮扶，开展"三个一"（送一份温暖、提供一份致富信息、送一套计划生育科普宣传资料）活动，重点帮助被帮扶户发展家庭经济。同时每年为二女户提供一定数量的无息贷款，解决生产、生活中的困难和问题。1988—2005 年，全县受益计划生育户达 11.20 万户次。

（二）生育保险

1988—1989 年，在全县开展办理独生子女平安保险、独生子女养老保险、绝育手术平安保险、二女夫妇养老保险的落实工作。1990—2001 年，以县、乡、村各出一点的办法（县、乡各出 400 元，村出 200 元），按"谁结扎、谁受益"的原则为二女户办理 1000 元的养老保险。2002 年，取消对农村二女户办理养老保险的做法，改为一次性奖励 500 元。

（三）奖励措施

干部职工、城镇居民生育一孩、农村夫妻生育一男孩后，要求领取"独生子女证"（后改名为独生子女父母光荣证）的，单位职工可以享受 500 元奖励金（单职工的由单职工所在单位全额发放，双职工的由夫妇双方单位各发 50%）。从 2002 年 9 月 1 日始，农村已办理独生子女父母光荣证的独生子女户，由县财政一次性支付奖励费 500 元。2005 年 1 月 1 日起，实行农村部分计划生育家庭奖励扶助制度，对农村只有一个子女或两个女孩的计划生育家庭，夫妇年满 60 周岁后，由财政安排专项资金，按人年均不低于 600 元的标准发放奖励扶助金，直到亡故为止。奖励扶助金由省财政负担 80%，设区市和县级财政负担 20%。是年，全县有 379 人享受到该项奖励扶助金。

第五节　计划生育机构与队伍

一、县级计划生育机构与队伍

（一）宁化县计划生育领导小组

1990 年，宁化县成立计划生育领导小组，由县政府主要领导任组长，一名县委副书记任常务副组长，县政府分管副县长和人大、政协、组织、纪委（监察）、宣传等部门的主要领导以及县计划生育协会会长、县计划生育局局长为副组长。2005 年延续。

（二）宁化县计划生育局

宁化县计划生育局前身为宁化县计划生育办公室，成立于 1975 年 8 月，1976 年正式挂牌成立宁化县计划生育委员会。1979—1988 年，宁化县计划生育委员会行政编制 5 名。1989 年，宁化县计划生育委员会编制增加到 9 名，内设办公室和宣教、计财、法规 3 个股室。1997 年 8 月，宁化县计划生育委员会更名为宁化县计划生育局，核定行政编制 11 名。设局长 1 名、副局长 2 名、股级职数 6 名，下设办公室、政策法规股、计财股、宣传教育股、科学技术股 5 个股室。2002 年 11 月机构改革后，宁化县计划生育局核定行政编制 8 名。2005 年，设局长 1 名、副局长 4 名，下设办公室、政策法规股、计财股、群工宣教科技股 4 个股室。

（三）局辖站（队）

宁化县计划生育服务站　前身为宁化县计划生育宣传指导站，成立于 1983 年 8 月，核定全额财政拨款事业编制 5 名。1990 年 6 月，县政府撤销宁化县计划生育宣传指导站，建立宁化县计划生育服务站，全额财政拨款事业编制增加到 15 名。2005 年延续。

宁化县流动人口计划生育管理站　成立于 1991 年 4 月，核定编制 10 名，其中县财政拨款 2 名，自收自支编制 8 名。2002 年，国家取消流动人口管理收费后，城区流动人口管理职能划归翠江镇负责，原管理站人员分流。

宁化县人口调查队　1999 年 1 月成立，归属宁化县计划生育领导小组直接管理，经费由财政专项预算，人员从乡（镇）和宁化县计划生育服务站抽调组成。2000 年 6 月，宁化县编制机构委员会下文批准宁化县人口调查队为宁化县计划生育局所属的股级事业单位，核定全额财政拨款事业编制 6 名，实有人数 6 人。2005 年延续。

二、乡、村计划生育机构与队伍

1988 年，各乡（镇）成立计划生育办公室，建立计划生育专业队，全县有乡（镇）计划生育工作人员 149 人，工资自收自支。1989 年，全县各建制村、社区配备计划生育管理员，村民小组配备计划生育宣传员。1992 年起，每个乡（镇）配备计划生育专职副书记；1993 年，全县乡（镇）新招收计划生育服务所技术人员 78 人。1996 年，经考试考核择优录用，全县重新定编乡（镇）计划生育工作人员 94 人，享受全民合同工待遇，县财政补助每人每月工资 90 元；1998 年提高到每人每月 130 元。1999 年，全县在编乡（镇）计划生育人员工资统一纳入县、乡财政预算，乡（镇）计划生育办人员享受乡（镇）在职干部同等待遇，县财政补助每人每月工资增加到 200 元。

2004 年，整合乡（镇）计划生育工作人员，经考试考核，从 191 名参加考试者中择优聘用 103 名，其余人员或转编转岗，或提前退休，或解除劳动合同。同时向社会公开招聘乡（镇）服务所卫技人员 17 名，乡（镇）计划生育服务所的卫技人员比例平均达到 70%以上。整编后的乡（镇）计划生育工作人员工资由原乡（镇）财政包干转由县财政直接发放。2005 年，实行村级计划生育管理员"县管、乡聘、村用"制度，县财政补助村计划生育管理员月工资 200 元，并享受村干部奖金和补贴。

第三章　居民生活水平

第一节　经济收入

一、收入水平

（一）农村居民收入水平

1988 年，全县农民人均纯收入 713 元，比 1987 年增加 181 元，增长 34.02%。1989—1991 年，随着农村产业结构调整和乡镇企业的发展，农民收入逐年增加，至 1992 年农民人均纯收入 1061 元，比 1988 年增长 48.81%。1997 年，农民人均纯收入 2584 元；2005 年，农民人均纯收入 3673 元，比 1988 年增长 4.15倍，平均每年增长 174 元，年递增 10.10%。

（二）城镇居民收入水平

1988 年，城镇职工年人均工资 1509 元，比 1987 年增加 390 元，增长 34.85%。1990 年，城镇职工年人均工资 2081 元，居民可支配收入 1227 元。1996 年，实施下岗职工再就业工程，建立养老、失业、工伤等保险制度。是年，职工人均年工资 5031 元，比 1990 年增长 1.42 倍；城镇居民人均可支配收入 4012 元，比 1990 年增长 2.27 倍。2001 年，职工人均年工资 9446 元，城镇居民人均可支配收入 6519 元。2005 年，职工人均年工资 14430 元，比 1988 年增长 8.56 倍，年递增 13.90%；城镇居民人均可支配收入 7586 元，比 1990 年增长 5.18 倍，年递增 12.91%。

二、收入结构

（一）农村居民收入结构

1988 年，农民收入来源由单一产业转变为多个产业齐头并进，第一产业也从单一的粮食生产转变为农林牧渔全面发展，特别是烤烟收入比重全面提高。农民家庭经营收入 1988 年占纯收入的 87.90%，1993 年占 83.60%，2000 年占 77.50%，2005 年占 71.70%，家庭经营收入成为农民收入的主要渠道。进入 21 世纪后，二、三产业收入和外出劳务收入比重逐步提高。2000 年，家庭经营纯收入中人均从二、三产业取得的纯收入达到 256 元，占年纯收入的 9.40%；外出劳务收入人均 92 元，占年纯收入的 3.50%。2005 年，农民家庭经营纯收入中人均从二、三产业取得的纯收入为 263 元，占纯收入的 7.20%；外出劳务收入人均 486 元，占纯收入的 13.20%。

（二）城镇居民收入结构

1988 年，随着市场经济体制的逐步建立和多种经济成分的发展，城镇居民收入逐渐向多元化方向发展，居民非工资收入比重呈上升趋势。1990 年居民非工资收入占实际收入的 16.80%，2000 年提高至 23.40%。2005 年，城镇居民可支配收入中，经营净收入占 10.70%，转移性收入占 19.50%，财产性收入占 2.60%。其中，居民非工资收入占实际收入的 32.80%，比 1990 年增加 16 个百分点。

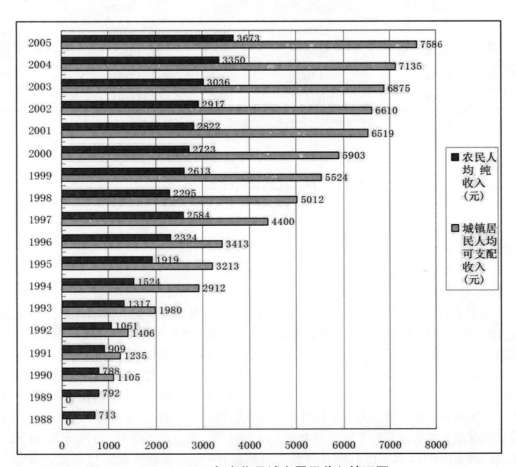

图 3-3　1988—2005 年宁化县城乡居民收入情况图

注：1.城镇居民人均可支配收入 1988—1989 年缺数据；

　　2.宁化县 1990 年开始进行城镇居民收支调查，故比较基期为 1990 年。

三、储蓄存款

1988 年，受通货膨胀及抢购风潮的影响，全县城乡居民储蓄年末存款余额仅 6064 万元，比 1987 年年末增长 7.30%。1989 年，市场物价回落，城乡居民储蓄存款恢复性增长。1990 年，全县城乡居民储蓄存款余额 10864 万元，人均 322 元。1996 年，全县城乡居民储蓄存款余额 46219 万元，人均 1333 元。2000 年，全县城乡居民储蓄存款余额 68762 万元，人均 2494 元。2005 年，全县城乡居民储蓄存款余额 144923 万元，人均 4175 元，人均存款余额为 1988 年的 23.90 倍。

1988—2005 年宁化县城乡居民储蓄情况表

表 3-13　　　　　　　　　　　　　　　　　　　　　　　　　　　　单位：万元

年份	储蓄存款年末余额	比上年增长(%)	年份	储蓄存款年末余额	比上年增长(%)
1988	6064	7.30	1997	54675	18.30
1989	8064	32.98	1998	57388	4.96
1990	10864	34.72	1999	61999	8.03
1991	14339	31.99	2000	68762	10.91
1992	18105	26.26	2001	75156	9.30
1993	20827	15.04	2002	86138	14.61
1994	26238	25.98	2003	104623	21.46
1995	35448	35.10	2004	122838	17.41
1996	46219	30.39	2005	144923	17.98

注：城镇居民收入统一口径，1990—1996 年为生活费收入，1997 年起为可支配收入。

第二节　生活消费水平

一、消费状况

（一）农村居民消费状况

1988 年，全县农村居民人均生活消费支出 623.68 元，其中食品消费支出 358.80 元，占生活消费支出的 57.53%。1991 年，农村居民人均生活消费支出 714 元，比 1988 年增长 14.48%。食品、衣着、居住、用品和文化消费支出分别为 428 元、46 元、122 元、52 元和 44 元。1996 年，农村居民人均生活消费支出 1833 元，比 1988 年增长近 2 倍。食品、衣着、居住、用品、文化消费和医疗消费支出分别为 1049 元、103 元、306 元、77 元、109 元和 44 元，消费结构发生质的变化，用于吃、穿的比重下降，文化、教育、娱乐支出上升。2000 年，农村居民人均生活消费支出增至 1936 元，比 1988 年增长 2.10 倍。食品、衣着、居住、用品、文化消费和医疗消费支出分别为 935 元、94 元、331 元、65 元、179 元和 49 元。2005 年，农民人均生活消费支出 2712 元，比 1988 年增长 3.35 倍。其中，食品消费支出 1277 元，占生活消费支出的 47.09%，分别比 1988 年和 1996 年下降 10.44 和 10.14 个百分点。

（二）城镇居民消费状况

1988 年起城镇居民的消费结构开始逐步优化。1990 年，城镇居民人均消费支出 1096 元，其中吃、穿、用三项基本生活费用占总消费支出的 69.60%，用于教育文化娱乐、医疗保健、交通运输、居住方面的消费占 30.40%。1996 年城镇居民人均消费支出 3000 元，为 1990 年的 2.74 倍。2000 年城镇居民人均消费 4198 元，为 1990 年的 3.83 倍。其中，基本生活费用占 63.80%，比 1990 年下降 5.80 个百分点。2005 年城镇居民人均消费上升到 5190 元，比 1990 年增长 3.74 倍，年递增 10.93%。其中，基本生活费用占 62.60%，比 1990 年下降 7 个百分点，享受性和发展性消费支出的比重上升 7 个百分点。

二、消费结构

（一）农村居民消费结构

衣　20 世纪 80 年代起，农村居民着装日趋多样化、成衣化，衣料质量提高，着装消费上升。1988

年，农民人均衣着消费 42 元，占生活消费支出比重的 6.73%。至 2005 年人均衣着消费为 101 元，占生活消费比重下降 3.01%。

食　20 世纪 80 年代中期，农村居民基本上为主食型消费，主食在食品消费中占较大比重。1996 年，食品消费中主食比重降至 40.70%。2005 年降至 32.90%，副食和在外饮食比重则上升到 66.70%。其中，人均消费肉类 25.80 公斤，比 1988 年（17 公斤）增长 51.76%；年递增 2.50 %，蛋及蛋制品、禽肉、水产品和水果消费均有较大幅度增长。

住　1988 年，农民人均居住面积 26.30 平方米。1992 年、1996 年和 1999 年，分别为 32.50、32.90 和 39 平方米。2005 年农民人均居住面积上升至 48 平方米，比 1988 年增长 82.51%；农民人均住房支出 428 元，比 1988 年增长 3.20 倍；农民住宅中有 63.60% 为钢筋混凝土和砖木结构，浴室和卫生间等居住配套设施日趋完善。

行　1988 年农村居民交通、通讯方面支出占生活消费的 0.60%，1995 年为 4.80%，2005 年为 9.80%。2005 年，每个农民家庭平均拥有摩托车 0.89 辆、固定电话 0.91 部、移动电话 0.96 部。

用　20 世纪 80 年代前，一般家庭所向往的耐用消费品是自行车、手表、缝纫机。20 世纪 90 年代，农民购买耐用消费品趋向高档化，越来越多的家庭拥有洗衣机、电视机、录放像机、影碟机、电风扇等，燃具也由土灶逐渐转为沼气灶、电炊具和液化气灶，用柴草做主燃料的农户逐年减少，空调、电冰箱等高档电器也进入寻常百姓家。2005 年，全县每百户农户拥有彩色电视机 101 台，电风扇 197 台，录像机、放像机、影碟机等 87 台。

文化娱乐　1988 年，农村居民文化教育、娱乐消费支出人均 35 元，业余文化娱乐生活比较单调，拥有黑白电视机的家庭不足 50%。进入 20 世纪 90 年代后，大部分建制村建起了图书室、老年之家、科技文化夜校等，在一定程度上丰富了农民业余精神生活。1999 年全县实现村村通广播电视，2000 年农村居民文化教育、娱乐消费支出人均 179 元，比 1988 年增长 4.11 倍。2005 年农村居民文化教育、娱乐消费支出人均 357 元，为 1988 年的 10.20 倍。其中，广播、电视消费的现金支出人均 35 元，图书、文化娱乐现金支出人均 7 元，技术培训费现金支出人均 6 元。

1990 年与 2005 年宁化县农村居民生活消费结构对比情况表

表 3-14　　　　　　　　　　　　　　　　　　　　　　　　　　　　　　　　单位:元

年份	项目	支出合计	衣	食	住	行	用	其他
1990	金额	624	45.00	363.00	103.00	4.00	76.00	33.00
	结构(%)	100	7.21	58.17	16.51	0.64	12.18	5.29
2005	金额	2712	101.00	1277.00	428.00	267.00	178.00	461.00
	结构(%)	100	3.72	47.09	15.78	9.85	6.56	17.00

（二）城镇居民消费结构

衣　1988 年起，城镇居民衣着日益成衣化、美观化。1990 年，城镇居民人均衣着消费支出 80 元；1996 年 290 元，比 1990 年增长 2.63 倍；2000 年 487 元，比 1990 年增长 5.09 倍；2005 年，城镇居民人均衣着消费支出 602 元，比 1990 年增长 6.53 倍，年递增 14.40%。

食　1988 年起，食品消费结构从以粮食为主转向以副食为主，消费形式也转向营养化、方便化。1990 年，城镇居民人均食品支出 609 元，恩格尔系数 55.60%。1996 年，人均食品支出 1646 元，比 1990 年增加 1037 元。2000 年，人均食品支出 1796 元，比 1990 年增长 1.95 倍；恩格尔系数 42.80%，比 1990 年下降 12.80 个百分点。2005 年，人均食品支出 2414 元，比 1990 年增长 2.96 倍，年递增 9.60%；恩格尔系数 46.50%，比 1990 年 55.60% 下降 9.10 个百分点。其中，人均消费粮食 85 公斤，人均消费猪、牛、禽肉 49.80 公斤，比 1990 年增长 1.10 倍；人均消费鲜蛋 18.60 公斤，比 1990 年增长 4 倍。水产品、鲜菜、鲜牛奶等人均消费量也明显增加。

住　1990 年，城镇居民人均居住面积 7.70 平方米，84% 居民独家使用自来水。1996 年，城镇居民人均居住面积 14 平方米以上，使用自来水的住户占 98%，使用液化气的住户 70%。2005 年，单栋住宅占 38%，三居室以上占 36%，二居室占 12%；居住设施方面有浴室、厕所的住户占 84%，比 1990 年增加 40%；40%的住户拥有空调设备。

行 1990 年，城镇居民人均交通、通讯支出 10.42 元。1996 年，城镇居民人均交通、通讯支出 104.90 元，比 1990 年增长 9 倍。2000 年，城镇居民人均交通通讯支出 337 元，比 1996 年增长 2.21 倍。2005 年，城镇居民人均交通通讯支出 577 元，为 1990 年的 55.37 倍，年递增 30.70%，占生活消费支出的 11.12%；每百户城镇居民拥有摩托车 66 辆，比 1996 年增加 62 辆；成年人普遍使用手机、小灵通，部分家庭拥有小轿车。

用 20 世纪 80 年代，城镇居民家庭中比较贵重的耐用品仍是黑白电视机、手表、收音机等。90 年代后逐渐被彩电、冰箱、洗衣机等取代，彩电由 46 厘米到流行 63 厘米以上，洗衣机由普通型向全自动型转化，音响、影碟机、电脑、空调也在普通居民家庭逐渐普及。1990 年，每百户城镇居民拥有洗衣机 64 台、电冰箱 12 台、彩色电视机 40 台。2000 年，每百户城镇居民拥有洗衣机 96 台、电冰箱 80 台、彩色电视机 98 台、影碟机 48 台、电脑 4 台。2005 年，平均每户拥有彩色电视机 1.32 台，每百户城镇居民拥有电冰箱 82 台，影碟机 74 台，录音机、放像机 26 台，微波炉 38 台，电脑 24 台。

文化娱乐 1988 年起，城镇居民文化娱乐意识增强，文化娱乐项目增多，晨练、球类比赛、卡拉 OK 等各种娱乐健身活动逐渐兴起，外出旅游人数也逐渐增多。1990 年，城镇居民教育、文化娱乐消费人均支出 76 元。1996 年增加到 352 元，比 1990 年增长 3.63 倍；2000 年为 364 元；2005 年为 423 元，比 1990 年增长 4.57 倍，年递增 12.10%。

1990 年与 2005 年宁化县城镇居民生活消费结构对比表

表 3-15　　　　　　　　　　　　　　　　　　　　　　　　　　　　　　　　单位：元

年份	项目	支出合计	衣	食	住	行	用	其他
1990	金额	1096	80.00	609.00	80.00	10.00	125.00	192.00
1990	结构(%)	100	7.30	55.57	7.30	0.91	11.40	17.52
2005	金额	5196	602.00	2414.00	465.00	577.00	691.00	447.00
2005	结构(%)	100	11.59	46.46	8.95	11.10	13.30	8.60

卷四 中共宁化地方组织

1988—2005年，中国共产党宁化县第六届至第十届委员会结合县内实际，充分发挥领导决策机构作用，致力发展全县政治、经济、文化、民生各项事业，大力推进政治建设、党的建设和经济建设，组织开展重大政治活动，培育张仁和等党员先进典型，建设党员干部队伍和基层组织，增强宗旨意识，改进工作作风，夯实执政基础，提高执政能力。坚持开展党风廉政建设，注重从源头上预防和治理腐败，推进反腐倡廉学习教育活动，查处党员、干部违法违纪案件。坚持开展宣传思想工作和精神文明建设，突出思想道德建设，强化理论武装和舆论支持，营造发展氛围，聚集发展合力。支持县人大行使国家权力机关职权、县人民政府履行职责，坚持中国共产党领导的多党合作和政治协商制度，开展统一战线工作，密切党群、干群关系，维护社会稳定，构建和谐社会，促进政治文明、物质文明、精神文明等协调发展。

第一章 组织机构

第一节 县委机构

一、领导机构

（一）县委全委会

县委全委会为党代会闭会期间县级最高领导决策机构。县委全委会作出的决策，由县委常委会负责组织实施。1987—2005年，召开中共宁化县第六次至第十次党代会，分别选出县委委员23人、23人、27人、29人和29人。

中共宁化县第六届至第十届全委会委员名表

表4-1

时间	人数	县委委员名单（按姓氏笔画为序）
第六届（1987年11月—1990年12月）	23	王火辉、王瑞枝、朱永康、李元茂、李良臣、李轩源、杨振嵩、邱雅文、邱魁生、何清和、张来水、张秀兰、张河仁、张起桥、张添根、陈元浩、范登禄、夏忠谋、郭文芳、黄永发、黄岐光、温道镜、谢美淡
第七届（1990年12月—1993年12月）	23	王瑞枝、刘飞、刘道崎、江华、李玉兔、李轩源、杨秀芳、肖明洪、邱隆声、邱雅文、邱德奎、张东生、陈元浩、陈金锋、范登禄、官恩海、居苏华、徐生伙、翁金明、黄永发、黄玉金、黄恒标、温道镜

续表4-1

时间	人数	县委委员名单
第八届（1993年12月—1998年11月）	27	王传题、王金长、王海源、王瑞枝、邓云子、危发英、刘亮春、江华、江正根、李家才、杨秀芳、邱德奎、何正彬、张长生、张东生、张益民、陈元浩、陈永平、陈建昌、陈金锋、陈瑞喜、林福生、罗朝祥、周瑛、徐生伙、曾国远、温道镜
第九届（1998年11月—2003年11月）	29	邓云子、叶敏生、伍日明、刘日太、江建强、纪熙全、巫美莲、巫雪峰、吴俊慰、张长生、张苏闽、张金炎、陈灿辉、陈忠杰、陈瑞喜、陈瑞镜、林移发、林福生、罗继民、罗朝祥、徐生伙、黄丰能、黄建锋、曾和平、谢贤根、赖经仁、廖善朋、熊旭明、潘闽生
第十届（2003年11月—）	29	丁玉铭、邓云子、叶敏生、刘日太、刘世繁、江正根、李平生、肖文波、吴成球、吴联派、吴瑞玉、张仁优、陈忠杰、陈定荣、陈瑞镜、林美金、林福生、罗朝祥、郑建平、郑洪钦、赵明升、董香妹、曾和平、谢荣好、谢贵水、赖锡升、雷掀、廖金辉、廖剑平

（二）县委常委会

县委常委会为县委领导核心机构，主持县委日常工作。县委常委、书记、副书记由县委全委会选举产生。县委常委会邀请县人大常委会党组书记和县政协党组书记列席，根据会议内容，邀请县人大常委会、县人民政府、县政协领导以及县直有关部门负责人列席。

1988—2005年宁化县委领导名表

表4-2

姓名	籍贯	职务	文化程度	任职时间
朱永康	江苏省南通市	书记	大学	1984年10月—1989年8月
黄永发	福建省上杭县	书记	中专	1989年8月—1992年12月
陈元浩	福建省福州市	书记	大学	1992年12月—1996年2月
林纪承	福建省三明市	书记	大学	1996年2月—1998年9月
吴俊慰	福建省泉州市	书记	大学	1998年9月—2003年2月
陈忠杰	福建省福州市	书记	大学	2003年2月—
王火辉	福建省清流县	副书记	大学	1984年10月—1990年8月
黄永发	福建省上杭县	副书记	中专	1987年7月—1989年8月
张添根	福建省宁化县	副书记	大专	1987年7月—1988年4月
程立双	福建省大田县	副书记	高中	1988年7月—1990年8月
李轩源	江西省石城县	副书记	大专	1989年11月—1991年5月
陈元浩	福建省福州市	副书记	大学	1990年12月—1992年12月
肖明洪	福建省宁化县	副书记	高中	1990年12月—1993年10月
李玉兔	福建省南安市	副书记	初中	1992年12月—1993年10月
李家才	福建省建宁县	副书记	大专	1993年10月—1996年3月
林福生	福建省福州市	副书记	大专	1993年5月—1998年9月
周瑛（女）	福建省连城县	副书记	大学	1993年10月—1997年10月
唐连惠	福建省福州市	副书记	大学	1996年3月—1998年9月
邓云子	福建省宁化县	副书记	大专	1996年2月—2003年11月
陈灿辉	福建省惠安县	副书记	大学	1996年3月—2000年8月

续表 4-2

姓 名	籍 贯	职 务	文化程度	任职时间
陈忠杰	福建省福州市	副书记	大学	1998 年 9 月—2003 年 2 月
纪熙全	福建省尤溪县	副书记	大学	1998 年 9 月—2001 年 8 月
丁玉铭	福建省泰宁县	副书记	大专	2001 年 8 月—2004 年 5 月
刘日太	福建省长汀县	副书记	大专	2001 年 2 月—
吴联派	福建省大田县	副书记	大专	2003 年 11 月—
吴成球	福建省建宁县	副书记	大学	2003 年 11 月—
巫福生	福建省清流县	副书记	大专	2004 年 5 月—
杨振嵩	广东省大埔县	常委	高中	1987 年 12 月—1990 年 9 月
李轩源	江西省石城县	常委	高中	1985 年 1 月—1989 年 11 月
陈元浩	福建省福州市	常委	大学	1988 年 1 月—1988 年 12 月
谢美淡(女)	福建省闽清县	常委	大学	1988 年 12 月—1989 年 8 月
张东生	福建省宁化县	常委	大专	1989 年 11 月—1996 年 9 月
官恩海	福建省大田县	常委	大专	1990 年 12 月—1992 年 2 月
李玉兔	福建省南安市	常委	初中	1990 年 12 月—1992 年 8 月
阳治平	福建省清流县	常委	大专	1991 年 4 月—1992 年 9 月
林福生	福建省福州市	常委	大专	1991 年 4 月—1993 年 5 月
陈建昌	福建省南靖县	常委	大专	1992 年 8 月—1996 年 9 月
罗朝祥	福建省宁化县	常委	中专	1992 年 8 月—1997 年 11 月
陈金锋	福建省莆田市	常委	大专	1992 年 8 月—1995 年 7 月
邓云子	福建省宁化县	常委	大专	1993 年 10 月—1996 年 2 月
林曙辉	福建省大田县	常委	大学	1996 年 3 月—1997 年 12 月
赖经仁	江西省石城县	常委	大学	1996 年 4 月—2001 年 10 月
纪熙全	福建省尤溪县	常委	大学	1996 年 9 月—1998 年 9 月
郑纪成	福建省永安市	常委	大学	1996 年 9 月—1998 年 9 月
陈瑞喜	福建省宁化县	常委	大学	1996 年 9 月—2001 年 2 月
潘闽生	福建省宁化县	常委	大专	1997 年 11 月—2003 年 11 月
廖善朋	福建省明溪县	常委	大学	1998 年 9 月—2003 年 11 月
黄建锋	福建省尤溪县	常委	大学	1998 年 9 月—2002 年 10 月
刘日太	福建省长汀县	常委	大学	1998 年 9 月—2001 年 2 月
林守钦	福建省长乐市	常委	大学	1994 年 4 月—2001 年 10(挂职)
谢贵水	福建省建宁县	常委	大专	2000 年 2 月—2004 年 5 月
叶敏生	福建省明溪县	常委	大专	2001 年 9 月—
陈红兴	福建省泰宁县	常委	大学	2001 年 9 月—2003 年 11 月
赵明升	湖北省房县	常委	大学	2003 年 11 月—
林美金(女)	福建省莆田市	常委	大学	2003 年 11 月—
廖金辉	福建省宁化县	常委	大学	2003 年 11 月—
刘世繁	福建省宁化县	常委	大专	2003 年 11 月—
卢红义	山东省蒙阴县	常委	大学	2004 年 5 月—

二、工作机构

1988 年，中国共产党宁化县委员会（简称县委）设县委办公室（挂政策研究室、台湾工作办公室牌子）、县委组织部、县委宣传部、县委统一战线工作部（简称县委统战部）、县委政法委员会（简称县政法委）、党史研究室、县直属机关工作委员会（以下简称县直机关工委）、政治体制改革办公室、党校。

1990 年 4 月，设立县委老干部局（简称县老干局），与县人事局合署办公。

1991 年 4 月，县人事局、县老干局分开办公，宁化县老龄工作委员会（简称县老龄委）与县老干局合署办公。

1992 年 5 月，政策研究室改称党建工作办公室。

1996 年，撤销党建工作办公室，职能交由县委办公室承担；政策研究室、台湾工作办公室并入县委办公室（保留政策研究室、台湾工作办公室牌子）；机要局归口县委办公室管理；社会治安综合治理委员会办公室（简称县综治办）与县委政法委机关一个机构、两块牌子。

1997 年 7 月，县委统战部加挂宁化县民族宗教局（简称县民宗局）牌子；1997 年 8 月，宁化县精神文明建设委员会更名为中共宁化县委精神文明建设指导委员会（简称县文明委），下设办公室，为正科级单位，归口县委宣传部管理。

2002 年，党政机构改革，县委设置办事机构 8 个：县委办公室、县纪律检查委员会（简称县纪委，监察局与县纪委合署办公）、县委组织部、县委宣传部、县委统战部、县委政法委、机构编制委员会办公室（简称县编办）、县委机关工作委员会。设置部门管理机构 4 个：县老干局（归口组织部管理）、精神文明建设指导委员会办公室（简称县文明办）、县委信访局（归口县委办公室管理）、县政府信访局（归口县政府办公室管理）。设置议事协调办事机构 1 个：县委农村工作领导小组办公室（简称县委农办，加挂政府农业办公室牌子）。

2005 年，县委设县委办公室、县纪委（监察局与县纪委合署办公）、县委组织部、县委宣传部、县委统战部、县委政法委、县编办、县委机关工作委员会。设置部门管理机构 4 个：县老干局（归口组织部管理）、县文明办、县委信访局（归口县委办公室管理）、县政府信访局（归口县政府办公室管理）。设置议事协调办事机构 1 个：县委农办，加挂县政府农业办公室牌子。

第二节　纪委机构

1988 年，根据中纪委〔1988〕8 号文件《关于党的各级纪委内部机构和干部职务设置的若干规定》，经县委研究决定，将县纪委机构调整为办公室、纪律检查室、案件审理室、来信来访室等 4 个科室。随着职能细化，至 2005 年，县纪委设办公室、案件审理室、执法监察室、党风室、纪检监察一室、纪检监察二室、信访室、宣教室、机关效能建设领导小组办公室（简称效能办，为挂靠单位）、纠正行业不正之风办公室（简称纠风室）等 10 个科室，编制 31 人。

第二章　重要会议

第一节　党员代表大会

一、中共宁化县第六次代表大会

中共宁化县第六次代表大会代表 349 人，由全县各党委、党组、党总支部、党支部分别召开党代表大会、党委扩大会、党组联席会、党员大会等，以无记名投票方式和 20% 以上的差额选举办法选举产生。其中，各级领导干部占 60%，其他由各类专业技术人员、各条战线的优秀共产党员、优秀党务工作者、劳动模范等先进模范和少数民族代表构成。

大会于 1987 年 11 月 26 日—29 日在宁化县影剧院召开。大会听取和审议朱永康代表县委作《在党的十三大精神指引下夺取新的胜利》工作报告。选举产生第六届县委委员 23 人、候补委员 4 人，县委书记 1 人、选举产生县纪委委员 13 人、县纪委书记 1 人。

中共宁化县第六次代表大会作出决议：1988—1990 年，宁化县发展战略与奋斗目标为：贯彻落实中共十三大精神，加快改革，扩大开放，完善经营体制，优化产业结构，促进生产力发展。逐步建立有计划商品经济体制的基本框架，实现国民经济持续、稳定、协调发展，实现"三年脱贫，五年摘帽"，为 20 世纪末工农业总产值再翻一番，人民生活达到小康水平打下坚实的基础。

二、中共宁化县第七次代表大会

中共宁化县第七次代表大会代表 280 人，由全县各党委、党组、党总支部、党支部分别召开党代表大会、党委扩大会、党组联席会、党员大会等，以无记名投票方式和 20% 以上的差额选举办法选举产生。其中，各级领导干部占 60%，其他由各类专业技术人员、各条战线的优秀共产党员、优秀党务工作者、劳动模范等先进模范和少数民族代表构成。

大会于 1990 年 12 月 12 日—15 日在宁化县影剧院召开。大会听取和审议黄永发代表县委作《坚持党的基本路线，团结奋进，振兴宁化》工作报告和李玉兔代表县纪委作的纪检工作报告。选举产生第七届县委委员 23 人、候补委员 3 人、书记 1 人、县纪委委员 15 人、县纪委书记 1 人。

中共宁化县第七次代表大会作出决议：1990 年 12 月至 1993 年，宁化县发展战略与奋斗目标为：在党的基本路线指导下，动员和依靠全县各级党组织和广大干部群众，集中精力把宁化的改革开放和建设搞得更快更好。积极推进综合改革试验，进一步实施外向型经济发展战略。突出抓好科技教育，加快小城镇建设步伐，大力加强党的建设、社会主义民主法制建设和精神文明建设，为全面完成"八五"计划打好基础，努力把宁化县建成稳定、繁荣、文明、小康的县份。到 1993 年，国内生产总值达 2.96 亿元，平均每年递增 10.46%；工农业总产值达 5.21 亿元，平均每年递增 11.68%，其中农业递增 6%、工业递增 15.46%；财政收入达 3450 万元，平均每年递增 9.33%；人口年平均增长率控制在计划指标之内，人民生活向小康水平迈进。

三、中共宁化县第八次代表大会

中共宁化县第八次代表大会代表 270 人，由全县各党委、党组、党总支部、党支部分别召开党代表大会、党委扩大会、党组联席会、党员大会等，以无记名投票方式和 20%以上的差额选举办法选举产生。其中，各级领导干部占 60.40%，其他由各类专业技术人员、各条战线的优秀共产党员、优秀党务工作者、劳动模范等先进模范和少数民族代表构成。

大会于 1993 年 12 月 23 日—25 日在宁化县影剧院召开。大会听取和审议陈元浩代表县委作《建立社会主义市场经济体制，加快宁化现代化建设步伐》工作报告和邓云子代表县纪委作的工作报告。选举产生第八届县委委员 27 人、候补委员 4 人，选举产生县委书记 1 人、县纪委委员 17 人、县纪委书记 1 人。

中共宁化县第八次代表大会作出决议：1993 年 12 月至 1998 年，宁化县发展战略与奋斗目标为：努力实现"三个再造""三个翻番"。即：在山上再造一个宁化，在城东再造一个宁化城关，在工业经济总量上再造一个宁化；国内生产总值 1994 年实现 7 亿元，1998 年达到 14 亿元；工农业总产值 1993 年实现 10 亿元，1998 年达到 20 亿元；财政收入 1993 年实现 3500 万元，1998 年达到 7000 万元。人民生活达到小康水平。

四、中共宁化县第九次代表大会

中共宁化县第九次代表大会代表 280 人，由全县各党委、党组、党总支部、党支部分别召开党代表大会、党委扩大会、党组联席会、党员大会等，以无记名投票方式和 20%以上的差额选举办法选举产生。其中，各级领导干部占 60%，其他由各类专业技术人员、各条战线的优秀共产党员、优秀党务工作者、劳动模范等先进模范和少数民族代表构成。

大会于 1998 年 11 月 23 日—25 日在宁化县影剧院召开，听取和审议吴俊慰代表县委作《艰苦创业，团结拼搏，把充满希望的宁化带入 21 世纪》工作报告和刘日太代表县纪委作的工作报告。选举产生第九届县委委员 29 人、候补委员 5 人，选举产生县委书记 1 人、县纪委委员 15 人、县纪委书记 1 人。

中共宁化县第九次代表大会作出决议：1998 年 11 月至 2003 年，宁化县发展战略与奋斗目标为：高举邓小平理论伟大旗帜，坚持党的基本路线，全面贯彻中共十五大精神，进一步解放思想，深化改革，扩大开放，组织实施新一轮创业，突出抓好"三创一带"（围绕资源开发、争创农业发展新优势；围绕边贸开发，争创第三产业发展新优势；围绕客家祖地开发、争创对外开放新优势。以农业为龙头，以工业经济和对外开放为两翼，带动发展第三产业）工作。大力加强党的建设、社会主义精神文明建设和民主法制建设，保持社会稳定，加快社会各项事业发展，实现经济社会持续、快速、健康发展。国内生产总值每年平均增长 8%以上，到 2003 年达到 13.23 亿元以上；财政收入达到 1.20 亿元以上；农民人均收入达到 3800 元以上，每年实际增长 10%以上。

五、中共宁化县第十次代表大会

中共宁化县第十次代表大会代表 281 人，由全县各党委、党组、党总支部、党支部分别召开党代表大会、党委扩大会、党组联席会、党员大会等，以无记名投票方式和 20%以上的差额选举办法选举产生。其中，各级领导干部占 59.80%，其他由各类专业技术人员、各条战线的优秀共产党员、优秀党务工作者、劳动模范等先进模范和少数民族代表构成。

大会于 2003 年 11 月 26 日—28 日在客家宾馆会议宫召开，听取和审议陈忠杰代表县委作《与时俱进，艰苦创业，为建设闽赣边界中部经济强县而努力奋斗》工作报告和刘日太代表县纪委作的工作报告。选举产生第十届县委委员 29 人、候补委员 5 人，县委书记 1 人，选举产生县纪委委员 19 人、县纪委书记 1 人。

中共宁化县第十次代表大会作出决议：2003 年 11 月至 2006 年 6 月，宁化县发展战略与奋斗目标为：高举邓小平理论伟大旗帜，以"三个代表"（中国共产党始终代表中国先进生产力的发展要求，代表中国先进文化的前进方向，代表中国最广大人民的根本利益）重要思想为指导，全面贯彻中共十六大和十六届三中全会精神，狠抓发展第一要务，积极实施"基础先行、做优环境、整合资源、扩张总量"的经济发展战略，加快建设"两区一镇"（特色产业聚集区，新兴文化旅游区，闽赣中部边贸重镇）。以工业突破性发展带动农业产业化，推进城乡一体化，促进物质文明、政治文明、精神文明协调发展，努力建设闽赣边界中部经济强县，为全面实现小康社会打下坚实的基础。国内生产总值年均增长 10% 以上，其中工业增加值平均增长 20% 以上；财政收入与 GDP 同步增长；固定资产投资额平均增长 12% 以上。到 2008 年，地方级财政收入超亿元，城镇化水平达 30% 以上，城区面积达 8 平方公里，城区人口超过 8 万人。

第二节　县委全体（扩大）会议

1988—2005 年，县委全体委员会议共召开 34 次。

1988 年 3 次，主要内容：讨论审议中共宁化县六届委员会任期目标问题；讨论通过全委会报告；学习贯彻中共十三届三中全会精神和省委四届九次全体（扩大）会议精神；研究部署宁化县治理经济环境、整顿经济秩序和全面深化改革工作。

1989 年 6 次，主要内容：县委书记朱永康向全会报告 1988 年工作情况和 1989 年工作意见；传达中共十三届四中全会文件和省委四届十次全体（扩大）会议文件；讨论通过关于认真学习、坚决贯彻中共十三届四中全会精神的决议；宣读《中共宁化县委关于坚决贯彻〈中共中央关于进一步治理整顿和深化改革的决定〉的通知》；总结工作；布置全县党建工作。

1991 年 1 次，主要内容：传达贯彻市委四届五次全体（扩大）会议精神，研究部署年度工作。

1992 年 5 次，主要内容：通过关于《加快改革开放、加速经济发展的十六条措施》和《加强社会主义精神文明建设的十条措施》的决议；传达学习贯彻中共十四大精神和省委五届七次全体（扩大）会议精神、市委四届九次全体（扩大）会议精神；通过《中共宁化县委关于进一步加强农业和农村工作的实施意见》；两个文明表彰会；推荐出席中共十四大代表候选人初步人选；讨论通过出席市党代会代表候选人预备名单。

1993 年 2 次，主要内容：传达省委五届八次全会暨市委四届十次全会精神；学习中共十四届三中全会决定；讨论并通过县委七届九次全体（扩大）会议决议；审议中共宁化县第七届委员会在第八次代表大会上的工作报告，审议县第八次党代会的议程安排和其他有关事宜安排。

1994 年 2 次，主要内容：研究出席中共三明市第五次代表大会代表名额，传达中共十四届四中全会精神和省委五届九次全体（扩大）会议、市委四届十一次全体（扩大）会议精神。

1995 年 1 次，主要内容：选举产生出席省、市党代会代表。

1996 年 3 次，主要内容：县委书记林纪承作《抓落实、办实事、求实效，努力开创我县两个文明建设的新局面》报告；通过《关于进一步加强党的建设的决议》；学习中共十四届六中全会精神；传达贯彻省委六届三次全体（扩大）会议精神；讨论通过《宁化县"九五"期间社会主义精神文明建设规划》；研究部署精神文明建设工作；通过增选递补县委委员的决定。

1997 年 1 次，主要内容：传达贯彻中共十五大精神和省委六届七次全体扩大会议、市委五届十次全体扩大会议精神。

1998 年 3 次，主要内容：部署建设高素质干部队伍工作；通过《中共宁化县委关于依法治县的决定》；讨论通过《中共宁化县第八届委员会在中共宁化县第九次代表大会上的工作报告》；讨论通过中共宁化县第九次代表大会议程；讨论通过中共宁化县第九次代表大会常务委员会委员和常务主席名单；讨论通过中共宁化县第九次代表大会日程；传达贯彻市委五届十二次全体扩大会议精神。

1999年1次，主要内容：审议通过《中共宁化县委关于加快实施科教兴县战略的决议》及《中共宁化县委关于加快国有企业改革和发展的决议》。

2000年2次，主要内容：审议通过《中共宁化县委九届五次全体会议决议》；审议通过《中共宁化县委关于制定国民经济和社会发展"十五"计划的建议》及《中共宁化县委关于进一步加强党的建设若干问题的决定》。

2002年1次，主要内容：传达中共十六大和省、市委全会精神，安排部署宁化县全面建设小康社会、加快推进社会主义现代化建设、加强和改进党的建设工作。

2003年1次，主要内容：听取中共宁化县第十次代表大会筹备情况的报告，通过中共宁化县第九届委员会在中共宁化县第十次代表大会上的工作报告；讨论通过县委委员、县委候补委员、纪委委员预备人选建议名单和中共宁化县第十次代表大会主席团成员、常务委员会委员、常务主席和秘书长、副秘书长建议名单、代表资格审查委员会建议名单；讨论通过中共宁化县第十次代表大会日程。

2004年1次，主要内容：通过《县委全委会对乡镇党政正职拟任人选和推荐人选表决办法》《县委全体委员集体廉政承诺》《中共宁化县委十届二次全体会议决议》。

2005年1次，主要内容：通过《中共宁化县委十届四次全体会议决议》。

第三节　县委常委（扩大）会议

一、县委常委会

县委常委会由县委书记或委托副书记召集，根据会议内容，有时扩大到县人大常委会、县政府、县政协、县纪委、县人武部等有关部门的主要领导参加，主要内容为传达和研究上级党委、上级政府的指示和决定，讨论决定县委的重大问题和重要工作。1988—2005年，县委常委会共召开87次：

1988年7次，会议主要内容：讨论修订工作目标；传达全省宣传工作会议精神；讨论县委全委会报告；研究政法工作；研究县人大会议筹备工作；研究协作办、副食品基地建设问题。

1989年2次，会议主要内容：研究县人事局有关劳改释放人员转干、干部调县外及调资遗留问题；确定县委党史工作委员会改名为县委党史研究室；研究县政协党组调整内部设置问题。

1991年1次，会议主要内容：研究处理城郊乡扬禾村村民与清流县林业公安干警冲突事件；审定报送市表彰的社会主义物质、精神文明先进单位、个人名单；研究年终目标管理考核事宜。

1992年2次，会议主要内容：加强县委党校工作有关事宜。

1993年1次，会议主要内容：研究县卷烟厂筹建工作问题。

1995年4次，会议主要内容：研究召开人大、政协会议有关事宜；研究机构改革问题；布置政法工作；确定"七一"优秀党员表彰名单。

1996年6次，会议主要内容：研究受灾乡（镇）补助问题；确定为民办实事事项；布置计划生育工作；研究召开县委八届七次全体扩大会议有关事宜；研究小康工作；调整县委副书记分工；充实县政府党组问题；助理调研员工作安排；布置"严打"（指依法从重从快严厉打击刑事犯罪活动）工作；讨论《宁化县委常委会工作规则》；讨论制订"大哥大"（手提电话俗称）使用暂行规定。

1997年18次，会议主要内容：传达全省教育"两基"（基本实施九年义务教育和基本扫除青壮年文盲的简称）攻坚会议、全市乡（镇）企业改革经验交流会议、全省村镇规划建设管理工作会议和全省旅游重点产业工作会议精神；研究农转非问题；研究党建、农村奔小康、先行工程、春季"严打"整治行动、宣传思想工作；讨论机构改革中人员分流及政府专业经济行政管理部门成建制转为经济实体问题；讨论确定乡（镇）机构改革方案；研究内贸企业改革、粮食购销、有关干部调动和入编问题；研究1997年财政预算方案；研究土地管理工作；研究企业改制中的离退休干部待遇问题；研究宁化师范扩大招生问题；确定机关科级单位领导职数问题；审议"人民好公仆"候选名单；研究人事任免、翠城影院转让问题；推荐省人大代表候选人；讨论修改县委八届九次全体扩大会议决议（草案）；研究机构改革"三定"（定职能、定机构、定编制和领导职数）有关遗留问题；研究县农业局培训中心及保鲜冷库综合楼建设、民办教师转正问题；推荐出席市第九届人民代表大会代表、市政协第六届委员会委员候选人；研究违反计划生育政策的民办教师转正问题；布置做好召开宁化县十二届人大六次会议和县政协五届五次会议工作；研究侨联、台联换届有关问题。

1998年24次，会议主要内容：研究县人武部营房改造问题；研究干部处分和干部待遇问题；研究县粮食流通体制改革和国有企业下岗职工再就业问题；布置县总工会、县妇联换届选举工作；研究重点建设项目计划申报和"9·8"厦门招商与上海展销会筹备工作；布置县人大换届选举工作；研究成立农业和农村工作等领导小组；确定县委报道组、县客家宾馆的管理隶属关系；制定党政机关无线移动电话和住宅电话使用管理规定；研究县委常委分工及县领导挂乡（镇）分工；研究城区排涝工程建设及殡仪馆和看守所建设选址问题；研究烟叶特产税进入乡财预算体制。

1999年3次，会议主要内容：研究计划生育工作；研究参加龙岩世界客属恳亲大会有关事宜。

2001年4次，会议主要内容：研究"七一"评先进问题，研究确定出席省、市党代会代表候选人初步人选；研究组建城市经营有限责任公司问题。

2002年5次，会议主要内容：研究开展学习谷文昌先进事迹活动和"6·16"抢险救灾表彰名单；传达全市乡（镇）换届选举工作会议精神、全市农村"三个代表"重要思想学习教育活动总结表彰会精神、全市宣传部部长会议和全市党委办公室主任座谈会精神；研究机构改革、精神文明建设等有关事宜。

2003年7次，会议主要内容：研究县委领导工作分工及农村税费改革试点工作问题；布置县第十次党代会筹备相关工作；审议县第十次党代会报告；研究县处级领导挂包乡（镇）问题；研究开展红军长征出发70周年纪念活动和县领导挂包项目、非公企业安排等问题。

2005年3次，会议主要内容：布置开展学习宣传张仁和先进事迹活动；通报省、市林业厅（局）联合调查组对实名举报县林业局滥发林木采伐许可证等问题调查的简要情况，提出处理意见。

二、县委常委会扩大会议

1988—2005年，县委常委会扩大会议共召开111次：

1988年2次，会议主要内容：研究工、青、妇工作；传达省委全体扩大会议精神。

1989年2次，会议主要内容：传达省委有关会议精神；研究党务工作。

1991年2次，会议主要内容：研究全县林业工作、干部农转非问题；研究上报评选省、市优秀党员、先进党务工作者、先进党委名单。

1995年1次，会议主要内容：传达全省组织工作会议精神，提出贯彻意见。

1996年2次，会议主要内容：布置全县治安工作；传达全省政协会议精神、全市纪检工作会议精神；布置群团换届工作。

1997年2次，会议主要内容：学习中共十五大会议精神；传达省、市老干部局、老龄工作委员会、关心下一代工作会议精神。

1998年6次，会议主要内容：研究城区排涝工程建设和县看守所、县殡仪馆建设选址问题；确定全县水果主栽品种；研究粮食企业附营业务与收储业务分离问题；研究成立宁化县计划生育人口调查队；研究整治城区环境卫生与交通秩序工作方案。

1999年13次，会议主要内容：研究第三产业和发展非公有制经济问题；下达1999年度外引内联招商引资任务；传达省、市老区工作会议精神及研究贯彻意见；研究"双拥"（拥军优属、拥政爱民）工作；研究年度财政预算、党风廉政建设、计划生育工作；布置纪念建国50周年活动；研究乡（镇）及县直机关清理、清退临时工作人员及有关问题；研究世界客属石壁祖地祭祖大典有关事宜；研究布置团县委换届工作问题；研究县看守所建设方案；研究民政福利有奖彩票销售问题；研究天鹅洞风景区第三期建设筹资方案；研究农副产品的商标、包装问题；研究农业综合开发、"五冬"（冬修、冬种、冬造、冬建、冬防）生产计划及农业品牌问题。

2000年8次，会议主要内容：研究无村部建制村的村部建设和加快发展壮大村级集体经济问题；传达学习中央经济工作会议精神和全省"计划生育"等会议精神；讨论"十五"规划纲要。

2001年20次，会议主要内容：传达省、市精神文明建设会议精神和农村工作会议精神；通过参加市第六次党代会代表初步人选名单；研究县水泥厂整顿工作；研究客家工作；研究安全生产、农业综合开发和乡（镇）烟叶特产税基数调整问题；研究城市规划建设管理工作、先行工程建设工作、蛟湖银杏山庄规划建设有关事宜。

2002年9次，会议主要内容：传达全省精神文明建设工作会议和全市政法综治工作会议、全市信访工作会议、省委七届三次全会和市委六届五次全会等会议精神；研究招商引资、烟叶生产、县人武部指挥自动化中心建设等问题；推荐上报全省第八届精神文明建设先进名单。

2003年7次，会议主要内容：传达贯彻省委七届五次全会、市委六届七次全会和全市加快县域经济发展现场会精神；研究城南工业园建设有关问题；部署党风廉政建设和反腐败工作；研究天鹅洞群风景区经营权转让问题；学习省委、省政府《关于加快县域经济发展的若干意见》文件精神。

2004年11次，会议主要内容：研究城南工业园建设、人口与计划生育工作问题；传达贯彻省委七届七次全体（扩大）会议等省、市会议精神；研究开展第20个教师节庆祝活动和高考优秀表彰问题；布置客家祖地"双庆"（第十届世界客属石壁祖地祭祖大典暨石壁客家公祠建竣十周年）活动；讨论林业改革与发展、创新农村工作机制、加快发展个体私营经济问题；研究2005年国民经济和社会发展主要预期指标安排问题；研究城乡低保工作；研究召开县委十届二次全会有关事项。

2005年26次，会议主要内容：部署开展保持共产党员先进性教育、学习宣传张仁和先进事迹活动；研究县委2005年工作要点及项目竞赛考核办法；研究体育中心项目建设、县医院改革和人口与计划生育工作；讨论《中共宁化县委常委会保持共产党员先进性教育活动整改方案（讨论稿）》；制定试行部分县直单位"一把手"在岗目标承诺制度；布置开展第十一届世界客属石壁祖地祭祖活动；研究城区脏乱差整治、事业单位机构改革问题；研究西部区域水土流失治理问题；讨论《中共宁化县委关于制定宁化县国民经济和社会发展第十一个五年规划的建议（征求意见稿)》及县委十届五次全会上的工作报告；研究筹资建设城南工业园部分厂房问题。

第四节　县委专题会议

1988—2005年，共召开县委专题会议43次。

1989年3次，主要内容：研究巫氏宗亲及海外巫姓后裔要求归还巫氏祠（时为县食品厂酱油车间）重建问题；传达省林业会议精神；研究部署全县"扫黄打丑"（"扫黄"指清理黄色书刊、黄色音像制品及歌舞娱乐场所、服务行业的色情服务，"打丑"指打击卖淫嫖娼、赌博等社会丑恶现象）专项整治工作。

1990年3次，主要内容：研究中央领导到宁化调研的地点和内容；研究全县计划生育工作。

1991年1次，主要内容：讨论宁化县"八五"期间农业发展规划有关问题。

1992年2次，主要内容：研究县委党校工作；研究财贸工作。

1993年1次，主要内容：研究宁化县卷烟厂筹建问题。

1994年3次，主要内容：研究全县精神文明建设；部署计划生育工作；研究财贸经济工作。

1995年3次，主要内容：研究新上烤烟打叶复烤生产线项目问题；研究武装工作和民兵预备役工作；布置客家祭祖大典有关工作事宜。

1998年5次，主要内容：研究武装工作和民兵预备役工作；研究城区管理工作和勘界工作；研究宁化闽G7022号客车在建宁县均口镇龙下十八闸水库路段发生重大车祸处理问题。

1999年5次，主要内容：研究城区防洪堤设计问题；制定客家宾馆改革方案；研究全县农村电网建设与改造工作；研究武装工作。

2000 年 1 次，主要内容：研究部署世界客属石壁祖地祭祖大典筹备工作。

2001 年 4 次，主要内容：研究武装工作；研究引进中密度纤维板项目问题；讨论客家工作；传达省第七次党代会精神。

2002 年 4 次，主要内容：研究党风廉政建设工作、武装工作；安排农业综合开发工作；研究对苏维埃彭湃县委旧址、锣鼓坪东方军攻打泉上土堡誓师大会等革命旧址保护性开发工作。

2003 年 1 次，主要内容：听取县人武部党委工作汇报，讨论研究武装工作。

2004 年 2 次，主要内容：传达贯彻三明军分区国防动员委员会集训会议精神，听取县人武部党委工作情况汇报；研究县委十届二次全会有关问题。

2005 年 5 次，主要内容：布置学习宣传张仁和先进事迹活动；通报省、市林业厅（局）联合调查组对实名举报县林业局滥发林木采伐许可证等问题调查的情况；研究武装工作；研究加强水土流失综合治理工作。

第三章　重大决策实施成效

第一节　党的建设成效

1988 年，开展社会主义初级阶段理论和党的基本路线教育，培训理论骨干，宣传中共十三大精神。1989—1990 年，开展社会主义教育活动（简称"社教"），县设"社教"总团，下设 18 个分团。县乡举办党员培训班，召开县乡（镇）两级形势报告会，党员参训率 98% 以上。全县各党支部开展"为党增光辉，为民办实事"活动，密切党群干群关系。1994 年，组织党员学习《邓小平文选》，办培训班 31 期，培训党员 10133 人，发放学习资料 1800 册，编发期刊 5 期 600 份，编印《邓小平文选》辅导材料和《农村实用技术辅导材料》6000 册，派代表队参加三明市学习《邓小平文选》知识竞赛，获三等奖和竞赛活动组织奖。1995 年，开展"两学习"活动（学习建设有中国特色社会主义理论和《中国共产党党章》），县委成立学习活动领导小组，下发《关于在全体党员中开展"两学习"活动的工作意见》。2000 年，开展"三讲"（讲学习、讲政治、讲正气）教育活动，成立"三讲"教育办公室，制定并下发《宁化县领导班子和领导干部"三讲"教育实施方案》，组织"三讲"对象和部分科级干部开展"驻村夜访"活动，帮助群众解决实际困难。2001 年，开展"三个代表"重要思想学习教育活动，县委成立领导小组，建立健全领导干部挂乡（镇）联系村、督查工作、学习考勤、请示汇报和落实反馈、工作通报等制度。2003 年，县委下发《关于在全县基层党组织中兴起学习贯彻"三个代表"重要思想新高潮的通知》，组织党员深入学习中共十六大精神和《中国共产党章程》，继续开展机关效能建设和"三抓三比"（抓学习、比素质，抓服务、比作风，抓落实、比成效）教育活动，开展国有企业和非公有制企业党员"爱岗、敬业、守法"三大教育，开展农村党员实用技术培训教育，提高带领群众共同致富本领。2005 年，开展保持共产党员先进性教育活动，推出全省先进典型张仁和，开展"学习张仁和、为民谋利益、尽责促发展"等主题实践活动。

【链接资料】

张仁和事迹

张仁和，男，1966 年 7 月生，宁化县石壁镇石碧村人，1984 年 9 月入党，1992 年 5 月至 2004 年

10 月任中共石碧村支部书记。2004 年 10 月 23 日上午，在组织铺设通村水泥公路时，被一辆忽然失控的施工车撞伤头部，经抢救无效，不幸去世，年仅 38 岁。2005 年 2 月被福建省委追授为优秀共产党员。新华社、中央电视台、中央人民广播电台、《光明日报》《经济日报》等 11 家媒体分别在 2005 年 4 月 15 日、16 日报道张仁和先进事迹。中共中央政治局常委李长春在新华社报送的"福建省宁化县石碧村党支部书记张仁和同志先进事迹"材料上作出批示。福建省委、三明市委作出决定，号召全体党员学习张仁和先进事迹。福建省委书记卢展工、省长黄小晶、省委副书记王三运，三明市委书记叶继革、市长张健和省直部门及其他县市等各级党组织党员干部 3000 多人先后到石壁镇石碧村参观"张仁和先进事迹陈列室"，学习张仁和先进事迹。

第二节　经济建设成效

一、农业方面

1988 年，加强农业基础设施建设，坚持综合开发，调整农业产业结构，推进产业化经营，发展订单农业，烤烟种植面积、产量跃居全省首位。1989 年，粮食总产量达 204300 吨，被列为国家商品粮基地县。1993 年，推行"公司+农户"经营方式，建设十大农副产品基地，将种桑养蚕列入农业主导产业，提出建立 666.70 公顷桑蚕基地目标，蚕桑产业因产业定位、养蚕技术、市场变化等问题，历时 5 年未获成功。1995 年，发展特色农业、效益农业、创汇农业和乡（镇）企业。其中，全县蘑菇种植 33.80 万平方米；香菇产量 528 吨；烟农售烟收入突破亿元大关，达 11896.36 万元。1997 年，烤烟种植面积 13393 公顷，收购烟叶 22596.43 吨，创历史最高水平。2000 年，全县订单农业种植面积达到 1688 公顷，主要品种有荷兰豆、四季豆、毛豆、红心地瓜、槟榔芋等。2001 年，国家立项农业综合开发土地治理项目安远岩前片、石壁拱桥片完成投资 306.70 万元；成立宁化县农业 155 服务中心，开通 96155 农业服务热线电话。2002—2004 年，壮大水果、竹业、牲畜、食用菌、油茶 5 个产业，建设 10 个农产品基地和 6 家龙头企业，与龙岩卷烟厂合作开发 1000 公顷烤烟厂办基地。全面推行集体林权制度改革，全县 82% 的农户户均承包山林面积 7.66 公顷。2005 年，畜牧、食用菌、林竹、茶叶、蔬菜等特色农业基地规模不断扩大，发展铁观音、金观音、丹桂、天鹤等高香型茶叶种植，建成年产 300 吨茶叶加工厂。

二、工业方面

1988 年，实施发展工业第一轮目标责任制承包，县林产化工厂获"国家二级企业"称号，县钨矿、县通用机器厂、县煤矿等 3 家企业被评为省级先进企业。1990 年，宁化县通过"省工业标准化示范县"验收，达到省 A 级水平。1991 年，推进"五放活"（经营放活、用工放活、内部分配放活、价格放活、企业机构设置权放活）综合改革，至 1993 年年底，全县有国家二级企业 1 家、省级先进企业 5 家，有部优产品 2 个、省优产品 5 个。1994 年，实施第二轮工业承包责任制，开展"工业发展年活动"，重点开发工业"八条龙"（建材、矿产品、精细化工、针织、饮料食品、林竹、服装、机械电子）系列产品。2002 年，提出"招商兴工"战略，一手抓国有企业改制，一手抓民营经济发展。2003 年，启动规划面积 4.20 平方公里的华侨经济开发区（城南工业园）建设；至年底，全县工业总产值达 51299 万元，比 1998 年增长 56%。其中，规模以上工业企业总产值达 19287 万元，规模以下工业总产值达 32012 万元。2004 年，确定"3+2"产业（林产工业、特色食品加工业、针纺服装业三大产业集群和建材、矿产两大重点产业）发展思路。2005 年，全县工业总产值 8.17 亿元，比 1988 年增长 2.99 倍。

第三节　城乡与交通建设成效

一、交通方面

1988年，铺设南线柏油公路，拓宽改造城南过境公路，改造修通境内断头公路。至1990年，全县通车里程1062.23公里。1992—1998年，举行"先行工程"大会战，累计投资1.52亿元，铺设宁化城关至谢坊、谢坊至黄庄等高等级路面25.14公里，城关至隘背、城关至湖村等次高级路面70.20公里。2005年，投资3882万元，改建谢坊至田坪二级水泥路12.63公里。蔡屋至燕子塘、东风林场至五里亭、城关至湖村锣鼓坪3条线路被交通部纳入红色旅游经典景区线路建设项目，合计86.58公里，按二级公路标准改建，累计投资3亿元。

二、城市建设方面

1988年始，分期实施旧城改造。至1991年，新建东山桥、西门桥和2座吊桥，改建东门桥，拓宽寿宁桥，拓宽取直城区4个入口通道。兴建客家边贸中心市场、宁化大酒家、邮电综合大楼、边贸大楼、交通大楼、北山公园，烟草大厦主体落成（其时为全县最高大楼）。1994年，县中医院门诊大楼、县防疫站综合服务楼、县计划生育服务楼、农资农副产品交易中心、总量100吨的沙子甲液化气贮罐站相继完工并投入使用。1996年，改造西大路、南大街交通护栏。1999—2003年，完成县城体系规划编制，建成客家边贸城、城东广场、金叶大厦及龙门桥。2004年，建设中环路、龙门路城东"两纵一横"路网，扩建中环路大桥。2005年，继续实施城区"东扩南伸"发展战略、推进城东"两纵一横"路网建设。

第四节　生态与环境建设成效

一、旅游方面

1986年，宁化县旅游局成立后，加强队伍建设和景点景区管理。1990—1991年，设立天鹅洞群风景区管理处，启动并相继开发天鹅洞群景点，天鹅洞群被省政府命名为省级风景名胜区。1997—1999年，先后设立石壁客家祖地旅游管理处和宁化牙梳山省级自然保护区。2004年，国土资源部批准天鹅洞群为第三批国家地质公园。是年，宁化县挂牌出让天鹅洞群风景区经营权。2005年，委托北京万诺普旅游景观设计中心与中国科学院地理所联合编制《宁化县旅游产业发展总体规划（2006—2025年）》，推进"一个中心，三种类型旅游区"（城区旅游服务中心、西部客家祭祖旅游区、东部地质观光旅游区、北部休闲度假旅游区）建设，委托福建省城乡规划设计研究院编制《天鹅洞群风景名胜区总体规划》和《天鹅洞群国家地质公园建设详细规划》。先后开发以天鹅洞群国家地质公园为代表的生态旅游、以石壁客家祖地为代表的人文旅游、以北山革命纪念园为代表的红色旅游，加强"客家祖地、红色苏区、地质公园"三大旅游品牌建设，旅游综合收入超亿元。

二、生态环境保护方面

宁化是福建省严重水土流失区，1988 年起，随着社会和经济建设不断发展，生态环境问题日益突出，县委采取措施推进环境保护和生态建设，加强环境监督管理，加大工业企业污染治理和县城环境整治力度，加强水土流失治理，总结推广草、灌、乔三位一体综合治理水土流失模式。1989—1992 年，先后成立县环保局和各乡（镇）环境保护办公室，投入 500 万元进行城市环境综合整治，加强监测城区大气污染排放量和环境质量，减少废水污染物排放。1993—1994 年，县委组织制定《宁化县重点水土流失区治理规划报告书》，主要采取"五个结合"（试验示范与面上治理相结合，生物措施与工程措施相结合，草、灌、乔相结合，治理山头与改造灶头、砖瓦窑相结合，水土保持林、薪炭林和经济林相结合）开展水土流失综合治理。1995—2000 年，成立县水土保持行政执法领导小组，出台《宁化县实施（水土保持法）细则》《宁化县水土保持预防监督工作规定》《宁化县水土保持方案报告审批制度》，实施全县 3 个区（预防保护区：包括城郊、中沙、水茜、曹坊等乡（镇）140 个建制村，面积 17.48 万公顷。重点治理区：包括石壁、淮土、方田和水茜等乡（镇）50 个建制村，面积 3.20 万公顷。重点监督区：翠江、城郊、泉上、湖村、石壁等乡（镇）20 个建制村和重点厂矿，面积 3 万公顷）水土流失治理，先后被确定为全省 7 个水土保持重点县和全省"四荒"（指属于农村集体经济组织所有的荒山、荒沟、荒丘、荒滩）拍卖试点县之一、被水利部确定为全国水土保持预防监督规范化建设试点县，被列为全国水土保持生态环境建设"十百千"示范工程（1999 年，水利部、财政部联合在全国确定了深圳、大连、青岛等 10 个城市，江西省兴国县、甘肃省定西县等 100 个县和 1000 条小流域作为全国水土保持生态环境建设示范工程，简称"十百千"示范工程）示范小流域并通过国家验收。2001—2003 年，先后编制并组织实施《宁化西部区域水土保持生态环境建设规划》《宁化县寨头里水库生活饮用水地表水源保护区划定方案》《宁化县城市环境规划》及《宁化县生态功能区划》。2005 年，全县建立 2086.79 平方公里的生态功能区、自然保护区、饮用水源保护区，投入环保资金 2099.07 万元，治理工业企业"三废"（废气、废水、废渣），投入水土流失治理资金 1994.20 万元，全县水土流失面积减少 13829 公顷，河道清水工程清淤土方 35 万立方米，建设项目环保投资 4285.41 万元，主要河流地表水水质达国家 Ⅱ 类标准，饮用水源水质达国家 Ⅰ 类标准，环境空气质量达国家一级标准，整体环境质量优良。

第五节 社会事业建设成效

一、教育事业方面

1988 年，实施"一无二有"（校校无危房、班班有教室、人人有课桌椅）工程，初考获全市县级评比第一名，中考成绩综合总分名列全省榜首。成立宁化县电大工作站，13 个乡（镇）开办文化技术学校，其中扫盲班 12 个，被市政府批准为基本无文盲县。1989 年，从县到村建立成人教育机构。1990 年，高考取得历史最好成绩，中考综合率居全省第一，是年新建宁化县第七中学。1992 年，湖村、城郊、石壁 3 个乡（镇）实施九年义务教育。1994 年，宁化县职业中学成为全市第三所完全独立的职业高级中学。1995 年，宁化县职业中学升格为福建省宁化职业中专学校。1996 年，宁化县第一中学通过省二级达标学校验收。1998 年，通过省政府"普九"评估验收和省政府扫盲跟踪督导及国家验收，是年新建向阳学校。2000 年 5 月，福建省宁化师范学校改制为三明工贸学校。2001 年，宁化县通过三明市政府"两基"年检，被省政府授予"两基巩固提高先进县"称号。2003 年，通过福建省"实验教学普及县"验收。2004 年，宁化县第六中学通过省二级达标学校验收。2005 年，成立民办城东中学，宁化县第一中学实现初、高中分离分设，建成独立高级中学。

二、医疗卫生方面

1988—1990 年，推进创建"省级卫生县城"工作，坚持开展以预防为主的群众性爱国卫生运动，成立宁化县儿童计划免疫保偿基金会及各乡（镇）基金分会，宁化县被世界卫生组织确定为福建省五个妇幼卫生示范扩展县之一。1991—1992 年，先后获得福建省爱国卫生运动委员会授予的"灭鼠先进县"和"省级卫生县城"称号。1993—1995 年，加强食品卫生监督，对食品生产经营单位进行卫生审查和卫生许可证发放，获得卫生部授予的"全国食品卫生示范县"称号。1999—2001 年，推行产前检查预约制及定点住院分娩制，实施福建省结核病控制项目。2003—2005 年，推进疾病预防控制机构建设，宁化县成立突发公共卫生事件应急领导小组和医疗急诊抢救小组，制订《突发事件应急处理预案》《非典防治预案》《食物中毒处理预案》《禽流感防治预案》，建成县疾病预防控制中心，设立 120 急救中心，增强公共卫生突发事件应急处置能力。开展创建卫生镇（村）活动，全县农村累计自来水受益 21.47 万人，占农村人口的 70.52%；改厕 4.22 万户，占农村总户数的 58.80%，获"省初级卫生保健合格标准县"称号。2005 年，率先在全省实现儿童计划免疫与妇幼保健"两卡合一"信息网络管理。

三、文化体育方面

1988—1990 年，建成宁化县青少年宫和宁化县图书馆，组织普查、搜集全县古文化遗址、文物和民间文学资料。1991—1995 年，编印出版"三套集成"（《中国民间故事福建卷·宁化分卷》《中国民间歌谣福建卷·宁化分卷》和《中国民间谚语福建卷·宁化分卷》），出版中华人民共和国成立后第一部《宁化县志》和 10 余部部门志。1996—2002 年，编印出版《宁化客家民间音乐》《宁化客家牌子锣鼓》等资料性书籍，开展具有客家特色的"祠堂文化"建设，"巫罗俊公怀念堂"被中共中央宣传部（简称中宣部）确定为全国 100 个公民道德建设试点单位之一。2004 年，县体育中心第一期工程动工。至 2005 年，城乡群众文化、体育生活日益丰富，文化市场日趋活跃，常年举办各类文艺活动，组织文艺节目深入城乡演出，全县业余剧团 24 个。大量文史、理论作品在省级以上刊物发表或出版社出版并获奖，音乐、舞蹈等艺术作品多次参加省级以上展演交流并获奖。群众体育蓬勃开展，竞技体育先后出现亚洲冠军、世界冠军，实现宁化县乃至三明市个人世界冠军零的突破。历次文物普查中陆续发现许多历史遗址、遗物和文物资料，先后抢救性修复和维修郑文宝墓、伊秉绶墓、罗令纪墓、宁化县第一次工农兵代表大会旧址、豫章书院、曹氏家庙等 6 处县级文物保护单位。

四、广播电视方面

1988 年，开始试行调频广播，全县 15 个乡（镇）设广播站，92 个建制村通广播，相继建成电视转播台、电视卫星地面接收站、电视微波站。1989—1990 年，调频信号覆盖全县，16 个乡（镇）通有线广播。1992—1993 年，建成城区有线电视中心机房，实现城区有线电视电缆大联网，各乡（镇）相继开通有线电视，全县卫星地面接收站发展到 36 座。1994 年，调频传输广播完全取代有线传输广播，有线电视台开办《宁化新闻》。1996 年开通县乡微波联网。2003—2004 年，组织实施县乡有线电视光纤联网工程和 50 户以上自然村"村村通"广播电视工程。至 2005 年，全县广播人口覆盖率 95%，电视人口覆盖率 97.50%，有线电视传输节目 33 套。全县 210 个建制村有线电视光纤联网 182 个，全县有线电视用户数达 3.30 万户。

五、精神文明建设方面

1988 年，召开创建文明县城千人动员大会，开展"人人讲卫生、美化我翠城"活动。1996 年，开展

"三优街"（优美环境、优良秩序、优质服务）十大窗口百日竞赛活动和"宁化精神宁化人""全省重点发展闽东南，宁化怎么办"大讨论，提出"更新观念，艰苦创业，团结拼搏，务实创新"的宁化精神。1997年，老红军王荣高家庭被省评为"五好文明家庭"。1998年，三明市委、市政府授予宁化创建文明县城（市、区）竞赛活动一级达标县（市、区）。1999年，开展"我为'三农'（农村、农业、农民）做什么""保护生态环境，倡导文明新风"等主题活动。2001年，翠园文化广场落成，社会群众文艺团体组织开展"周末大家乐"活动。2003年，制定出台《宁化县文明社区创建工作规划》。6月5日，签订《晋江市文明委、宁化县文明委开展精神文明建设结对共建协议书》，建设红军长征出发地纪念广场。2005年，红军长征出发地纪念广场竣工。

六、客属联谊交流活动方面

1988—1991年，组织开展石壁客家祖地研究及客家联络联谊活动，宁化客家学者参加国内外客家学研讨会，研究论文参与交流。1992年，举办首届客家民俗文化节，动工兴建客家公祠。1995年，客家公祠建竣，举办首届世界客属石壁祖地祭祖大典。至2005年，共编印出版研究宣传宁化客家祖地书刊1000余万字，主办两届"石壁与客家世界"学术研讨会，海内外200多名学者专家出席研讨，连续举办11届世界客属石壁祖地祭祖大典，共接待国内19个省市、海外26个国家和地区30万人次，15次组团出席世界客属恳亲大会、亚细安客属恳亲大会等客家活动，与40多个国家和地区100多个客属社团开展联谊交流。

七、社会保障方面

1997—2001年，出台《宁化县城市居民最低生活保障规定》，建立再就业基金，执行机关事业单位工作人员退休养老保险制度，发放下岗职工基本生活费，保障最低生活。2001年，实施城镇职工基本医疗保险，参保人数3844人，征缴基金累计315.39万元。2002—2004年，实施农村低保，延长随军家属困难补助期限并提高补助标准。2005年，组织开展全县已保与未保家庭收入状况普查，完善低收入家庭档案，做到应保尽保。为4120户11625名农村低保对象发放农村最低生活保障金415.01万元；为668户1849名城市对象发放城市最低生活保障金93.19万元。

第四章　纪检监察

第一节　廉政建设与纠风反腐

一、廉洁自律

1988年，开展普及党纪条规教育（简称"普纪教育"），县委批转县纪委《关于全面开展党内法规学习教育的意见》，印发《党纪手册》6000册、条规辅导教材1800份、学习材料6100份；举办党员条规学习培训班196期，参训2万人次；播放电化教育片125场次，组织4.30万人次观看。1989年，县纪委下发《刹住公款吃喝歪风，促进为政清廉》通报，统计检查县交通局、县物资局、县供销社、县老区办、县民政局、县计划委员会、县农业委员会及工商银行宁化县支行等11个单位招待费共42860元，比1988年下降 41%。测评检查全县 105 名乡（镇）副科级以上领导干部工作、思想、作风，10 人得"一般票"和"差票"。1990 年，巡回播放《坚持为政清廉，甘当人民公仆》《绿色背后的腐败》等电化教育片，组织 1 万人次观看。通报批评禾口乡滥发奖金事件。1991—1992 年，建立经济工作联系点制度，县纪委常委、各科室挂点联系 13 个厂矿、企业、乡（镇），乡（镇）纪委建立 45 个联系点。1993 年，建立领导干部个人重大事项请示报告制度，共实施报告事项 20 件，重新聘请县乡两级党风监督员 370 人，收到党风监督员提供和反映信息 150 条。1994 年，开展"以案说纪"活动，剖析案例 5 个，编发通报 3 期，编写学习教材 600 册，举办骨干培训班 27 期，850 人受训。

1995—1996 年，县委成立"领导干部廉洁自律""国有企业领导干部廉洁自律"工作协调小组，印发 600 份廉洁自律情况自查自纠登记表，查处违反规定参加汽车驾驶技术培训 26 人，违反规定购置汽车、摩托车 65 辆。1997 年，贯彻《中国共产党党员领导干部廉洁从政若干准则（试行）》，清理公费住宅电话 310 部、移动电话 16 部，查处科级领导干部违规购置电话案件 2 件 2 人。查出违规私设"小金库" 19.15 万元，立案查处 7 人。清查违规收费 55.50 万元，追缴应缴规费 44.63 万元。1998 年，下发《关于重申严禁用公款旅游的通知》。1999 年，县纪委制定《党和国家机关工作人员在公务交往中收受礼品实行登记上交工作规定实施意见》《关于贯彻落实制止党和国家机关工作人员赠送和接受红包〈暂行规定〉的实施办法》《贯彻落实〈暂行规定〉工作方案》，先后有 32 名县处级领导干部申报个人收入，5 名县处级领导上交礼金红包共 1.69 万元。

2000—2001 年，组织"三讲"对象对照廉洁自律重点内容，进行自查自纠和整改廉洁自律问题。2002 年，开展权力观专题教育活动，组织学习中共中央总书记江泽民"七一"重要讲话，县几套班子成员作出"为人民掌好权、用好权"的承诺。2003 年，清查全县 103 个副科级以上单位和 768 名副科级以上领导干部拖欠公款问题，清理资金 39581 元。2004 年，举办"党员干部警示教育暨反腐败成果展"，8000 人次观展。2005 年，登记调查全县副科级以上领导干部及家属经商办企业情况，未查出违纪违规行为。

二、源头治腐

1988 年，坚持党的民主生活会和党员领导干部双重组织生活会制度，开展领导干部民主评议工作。1989 年，调查 87 个正科级单位 114 名正科级干部配偶及其子女经商情况，未发现重要违纪问题。调查私设"小金库"情况，发出整改通知书 11 份。1990—1991 年，推行三明市机关廉政建设"一条龙"服务经验，实施"两公开一监督"（公开办事制度、公开办事结果、接受群众监督）制度，全县公开项目 184 个。1992 年，确定 32 个市、县级企业民主制度建设试点单位，共收到职工提案 960 多条。1993—1994 年，县纪委下发《关于进一步深化"两公开一监督"制度的意见》，聘请党风廉政监督员 380 人，向各级党委反映有关问题 450 件。1995 年，开展"反腐败工作千人问卷调查"活动，召开座谈会 20 场，走访干部、群众 200 人次。

1996—1998 年，先后下发《关于进一步加强村务公开民主管理工作的通知》和《关于进一步规范村务公开工作的意见》。1999—2000 年，全县 33 个党委以及检察院、法院制定《关于贯彻党风廉政建设责任规定的实施细则》，先后对因失职造成事故并产生不良后果的直接责任者和领导责任者进行责任追究，共立案 10 件，给予党纪政纪处分 10 人（副科级以上领导干部 3 人），给予行政撤职 1 人、党内严重警告 2 人、党内警告 4 人。

2001—2002 年，推进行政审核审批改革，规范行政审批权力，43 个部门共清理规范性文件 471 件。2003—2004 年，县委制定贯彻落实省委反腐倡廉"六个机制"（思想教育机制、制度规范机制、监督制约机制、查案惩处机制、干部保护机制、廉政责任机制）实施意见，建立定期联席会议、定期督查和挂钩联系点三项制度，确定乡（镇）、县直部门联系点 10 个。2005 年，县委转发中央和省、市纪委关于学习贯彻落实中共中央《建立健全教育、制度、监督并重的惩治和预防腐败体系实施纲要》的通知，明确县纪委各科室及县直有关单位主要任务分工。年内发布责任追究通报 2 期，对 13 名责任人进行责任追究，查处 6 名党员干部参与赌博违纪行为。全县受理群众信访举报 156 件（次），立案查处各类违纪违法案件 80 件。

三、监督检查

1988—1991 年，清查干部建私房，列入清理 607 户（其中副科级以上干部 100 户），罚款处理 335 户（其中副科级以上干部 77 户），补缴税金 66 户（其中副科级以上干部 21 户），罚款总金额 18.90 万元（其中副科级以上干部 9.98 万元）。1990—1991 年，建立 111 个单位和 384 名副科级以上领导干部"党风档案卡"。1992 年，修订完善工程招标制度，确定招标工程的造价起点数额，监督边贸市场、邮电大楼、交通综合大楼等工程招标。1993 年，开展"刹风整纪"活动，1000 人参加自查自纠，查摆问题 80 项，涉及金额 3.20 万元。1994 年，开展"三清一刹"（清理乱收费、清理机关及工作人员利用职权无偿占用企业财物、清理公款出国（境）旅游、狠刹部门行业不正之风），清理自立收费项目 5 项，金额 6.80 万元，清理党政机关借用、占用企业资金 267 万元，财物折款 8.10 万元。1995 年，开展"三清理"（清理公路"三乱"、清理中小学乱收费、清理乡财），清理乱收费金额 18.40 万元，查处典型案件 4 件，取消涉农收费项目 35 项。1996 年，下发《关于开展农村财务清理专项监察的通知》，清理 138 个建制村村财 4848.12 万元，查处违规违纪资金 42.38 万元，清退 32.93 万元。1997 年，贯彻中央《关于切实做好减轻农民负担工作的决定》，专项审计全县 16 个乡（镇）156 个建制村。

1998—1999 年，专项调查执法部门服务意识较差等热点问题，落实收费许可证和企业交费登记卡制度，清理行政事业性收费和集资、基金等收费。2000 年，先后下发《关于重申严禁私设"小金库"的通知》《关于重申严禁党员干部参与赌博的通知》《关于重申严肃县乡机关事业单位清理清退纪律的通知》，查处并通报参与赌博的党员干部 23 人。2001—2002 年，修订完善《宁化县机关效能建设绩效考评办法》《宁化县机关效能建设诫勉教育、效能告诫暂行规定》，建立《绩效考评报备制》，开展效能建设 18 个重点联系单位绩效考评。2003—2004 年，转发省纪委、监察厅《关于违反农村税费改革政策行为党纪政纪处分的暂行规定》，督促 16 个乡（镇）清退统筹提留款 532.14 万元，查处增加农民负担案件 4 件，减轻农民负担 32.35 万元。2005 年，检查医药购销和教育收费情况，督促执行义务教育收费"一费制"和公办高中"三限政策"（限分数、限人数、限钱数）。

1993—2005 年，开展招生、聘干、征兵、房改、建设工程项目、减轻农民负担、救灾款物使用发放及政府采购等专项监督检查和执法监察 357 项，发现各类问题 463 个，向有关部门提出意见和建议 240 项。

1993—2005 年宁化县开展监督检查和执法监察情况表

表 4-3

年份	开展监督检查和执法监察(次)	发现问题(个)	提出意见和建议(条)
1993	14	8	6
1994	16	12	9
1995	16	15	11
1996	36	62	42
1997	32	68	42
1998	25	26	20
1999	36	77	7
2000	26	15	13
2001	28	19	32
2002	26	22	16
2003	29	26	21

续表 4-3

年份	开展监督检查和执法监察(次)	发现问题(个)	提出意见和建议(条)
2004	27	43	12
2005	46	70	9
合计	357	463	240

第二节　案件查处

一、信访举报

1988 年，根据《中国共产党纪律检查机关控告申诉工作条例》《中华人民共和国行政监察法》和信访举报工作的有关规定，宁化县先后建立《信访集体排查制度》《署实名举报反馈制度》《信访督办制度》，公开信访处分程序和依法依纪受理、处分信访举报事项，自觉接受监督。规范信访行为，引导群众依法有序开展信访活动，鼓励和提倡署实名举报，对署实名举报优先受理，优先初查，优先审结，优先反馈。至 2005 年，县纪检监察部门共受理来信、来访、来电举报 2162 件（次）。

二、案件查办

1988 年，全县查处违纪案件 37 起，涉及 56 人，其中党员 46 人（副科级以上党员 7 人，一般党员 39 人）。处分 44 人，其中开除党籍 11 人，留党察看 9 人，严重警告 8 人，警告 15 人，撤销党内职务 1 人；受处分的党员中有 8 人还受到政纪法纪处分。同时对整党期间调查的全县 39 个副科级以上干部建私房遗留问题进行查证核实，对 35 人实行经济处罚，处罚金额 6353.77 元。

1989—1990 年，全县查处违纪案件 111 起（经济案件 30 起），涉及 131 人，其中党员 114 人（副科级以上党员干部 11 人，一般党员 103 人）。处分 109 人，其中开除党籍 29 人，留党察看 32 人，严重警告 26 人，警告 20 人，撤销党内职务 2 人。查处违纪金额 46.78 万元，为国家挽回损失 28.57 万元，追回赃款 25.39 万元。同时对 185 名副科级以上干部和 747 名股级以下党员干部建私房的建房资金、建筑材料来源、占地面积进行查证核实，有 77 名副科级以上领导和 258 名干部补交罚款 18.90 万元。

1991 年，全县查处违纪案件 64 起（经济案件 21 起），涉及 64 人。其中处分违纪党员 64 人；开除党籍 4 人，留党察看 23 人，撤销党内职务 3 人，严重警告 26 人，警告 8 人。全年查处违纪建私房案件 3 起，基本完成党员干部建私房清理工作。

1995 年，全县查处违纪案件 63 起，处分违纪党员 52 人。处分违纪党员中：副科级以上党员 8 人，一般党员 44 人；开除党籍 21 人，留党察看 10 人，撤销党内职务 1 人，严重警告 14 人，警告 6 人。

1996—2000 年，全县查处违纪案件 435 起，处分违纪党员 133 人。处分违纪党员中：副科级以上党员 26 人，一般党员 107 人；开除党籍 36 人，留党察看 10 人，撤销党内职务 8 人，严重警告 66 人，警告 13 人。挽回损失 139 万元。

2001—2005 年，全县查处违纪案件 384 起（经济案件 32 起），处分违纪党员 133 人。处分违纪党员中：副科级以上党员 13 人，一般党员 120 人；开除党籍 28 人，留党察看 16 人，撤销党内职务 6 人，严重警告 56 人，警告 27 人。挽回损失 25.28 万元。

1988—2005 年，全县共立案查处党员、干部违法违纪案件 1094 件，给予党纪处分 818 人、政纪处分 276 人。

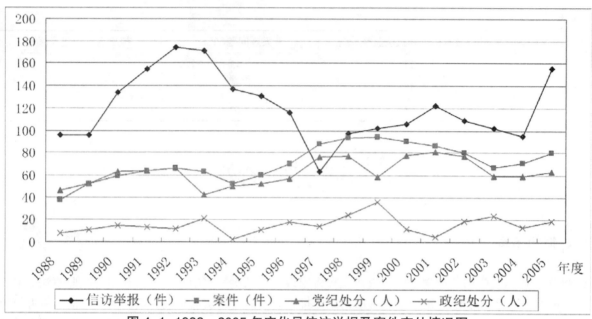

图4-1　1988—2005年宁化县信访举报及案件查处情况图

三、案件审理

1988—2005年，贯彻《中国共产党纪律检查机关案件检查工作条例》《中国共产党纪律检查机关案件审理工作条例》《监察机关调查处理政纪案件办法》和《三明市纪检监察机关案件审理工作制度》，共审结案件1266件，审结率100%。

附：典型案例

宁化县客家宾馆贪污窝案　1999年8月至2002年5月，县政府招待所副所长、客家宾馆副总经理阴某某及餐饮部经理李某某和餐饮部采购员张某某3人利用职务便利，虚开"宁化县招待所食堂采购物资验收单"，共同套取公款计人民币58986.90元私分。阴某某假借"领导要用""代领导结算"等名义，指使李某某交代张某某虚开"宁化县招待所食堂采购物资验收单"套取公款人民币212750元。张某某单独采取虚开"宁化县招待所食堂采购物资验收单"和套摹他人名字的手段贪污公款100406.20元。2002年9月，县纪委查结县客家宾馆贪污窝案。该案涉及违纪违法总金额50多万元，其中阴某某共贪污公款人民币235580元，李某某共贪污公款人民币23451.90元，张某某共贪污公款人民币106406.20元。县纪委直接追缴违纪金额近30万元，3名违法人员被移送司法机关处理。2003年2月，张某某因犯贪污罪且未退赃被宁化县人民法院判处有期徒刑9年；3月19日，阴某某、李某某因犯贪污罪分别被宁化县人民法院判处有期徒刑7年和有期徒刑1年6个月、缓刑2年。

县公安系统张某等8人受贿、失职案件　2002年3月至2004年1月，黄某某受"蛇头"许某的委托，要求为4人骗取出境证件，黄某某分别找到时任某派出所所长的吴某某、邱某某、聂某某、江某某、吴某某等5人审核签批了黄某某提供的非法办理出境手续材料，为黄某某骗取出境手续提供了便利条件。随后黄某某分别送给吴某某人民币4500元、邱某某人民币3000元、聂某某人民币4900元、江某某人民币2万元。此外，在办理骗取出境证件手续中，原某派出所户籍警林某某在明知作假的情况下，还向江某某提供虚假户籍信息，签署假证明。为此，江某某从黄某某支付的好处费中支出2000元给林某某。时任某派出所户籍民警的王某某在办理出境申请材料审核中，未依法履职，为黄某某骗取出境证件提供了条件。

2002年4月至2004年1月，吴某某（女）在任县公安局出入境管理科科员期间，利用职便，违规受理上报由黄某某代办的申请赴港定居相关材料，收受黄某某送给的人民币共计4万元。时任出入境管理科科长的张某某在为黄某某办理赴港定居证过程中，收取黄某某现金人民币2万元。

为此，张某某、江某某等 8 人分别受到开除党籍、党内留党察看一年、党内严重警告、行政记过等处分。

第三节　机关效能建设

2000 年 6 月 20 日，县委、县政府召开千人动员大会，在县、乡（镇）机关和具有行政管理职能的事业单位全面推行效能建设，成立县效能办，挂靠县纪委、县监察局，核定机关事业编制 3 名。县效能办开展明察暗访活动，受理并及时查处投诉件，解决人民群众反映的热点难点问题。全年受理办结群众投诉 93 件，通过查处投诉件退还不合理收费 3000 余元，政纪立案 1 人。

2001—2003 年，围绕依法治国、依法治县基本方略的实施，按照建立办事高效、运转协调、行为规范的机关管理体系要求，全面推进机关效能建设。先后建立《绩效考评报备制度》，下发《机关效能建设工作实施意见》，制定《效能建设监督检查责任制》和《宁化县机关效能建设工作考评实施细则》，出台《关于优化经济发展环境的若干规定（试行）》，为规模以上企业业主发放绿卡，开展软环境建设专项整治。共受理办结群众投诉 152 件，给予效能告诫 25 人，诫勉教育 10 人，责成有关部门退回对企业、群众不合理收费 11.20 万元，为个体企业协调解决经济赔偿 3.70 万元。

2004 年，贯彻《中华人民共和国行政许可法》，把抓项目、招商引资列入各单位绩效考评重点，严格实行绩效考核和效能建设"一票否决制"。全年，受理办结群众投诉 56 件，给予效能告诫 14 人、诫勉教育 6 人。

2005 年，成立效能督查工作小组，受理群众投诉 59 件，给予效能告诫 3 人、诫勉教育 7 人。为 56 名群众及企业主排忧解难，对 116 窗口单位的效能情况进行通报。

第五章　组织建设

第一节　党员队伍建设

一、发展党员

1988 年，全县 20 个党委、7 个党总支部、538 个党支部，有中共党员 10213 人，其中女性党员 1073 人。1992 年，民主评议出合格党员、基本合格党员占党员总数的 97.50%；基本不合格党员 819 人和不合格党员 456 人，占党员总数的 2.50%；组织处置 286 人，其中劝退除名 281 人、退党除名 1 人、脱党除名 4 人。2005 年，全县有党员 13455 人，其中女党员 1744 人、少数民族党员 258 人。

1988—2005 年，县委把发展党员工作纳入基层党委年度党建目标，要求每个农村党支部保持有 5—10 名的入党积极分子常数，每年有 3—5 名的重点培养对象，每年发展 1—3 名党员。对 1 年或 2 年以上（含 2 年）未发展党员的支部，县委组织部以整改通知书的形式直接通知基层党委书记，要求基层党委对 1 年未发展党员的党支部发出预警通知，2 年内未发展党员的党支部给予黄牌警告，任期内没有发展党员的党支部书记予以撤换，党支部评先选优实行一票否决。实行发展党员推优制度、报告制度、公示制度、初审制度和责任追究制度，在全县县直机关党组织和部分农村党组织推行票决制，建立发展党员工作台账"三册一表"（即申请入党人员花名册、入党积极分子花名册、预备党员花名册、发展党员初审情况登记表），规范发展党员工作。

二、党员教育

1988 年，组织 178 个支部的 3453 名党员（占党员总数的 34.80%）开展民主评议党员试点工作。其中，评出合格党员 2292 名，占 66.38%；基本合格党员 919 名，占 26.61%；基本不合格党员 151 名，占 4.37%；不合格党员 91 名，占 2.64%。1989 年，开展"社教"活动，700 名干部下基层与群众"四同"（同吃、同住、同劳动、同商量），县直机关干部参加农业开发、兴修水利等劳动达 3800 多人次。全县各党支部共办实事 1357 件，办好事 1.60 万件。县四套班子领导下基层累计 1589 天（其中住村 216 天），解决实际问题 1667 件。县党员电化教育办公室拍摄和翻录 9 部电教片，巡回播放 64 场，2.50 万人（次）观看。1990 年，县委下发《关于进一步加强全县干部马克思主义理论学习的决议》，县四套班子中心组学习马克思主义理论原著 10 篇及 2 个纲要 63 场次，各基层党委中心组学习累计 192 场次。举办"东欧形势变化的实质和教训""纪念鸦片战争 150 周年"等大型报告会。

1991 年，组织开展学习谷文昌"忆传统、作贡献、争当新时期合格共产党员""创先争优"，副科级以上干部"下基层、送温暖、解疙瘩、办实事'百户'调查"和"党员奉献月"等活动，为群众办实事 5000 件。1992 年，民主评议全县 10532 名党员，评出合格党员 8479 名、基本合格党员 1991 名、基本不合格党员 40 名、不合格党员 22 名。1993 年，健全"三会一课"（党员大会、党支部委员会、党小组会、党课）制度，开办党训班 81 期，培训党员 3.80 万人次。1994—1995 年，县委下发《关于在全体党员中开展"两学习"活动的工作意见》，农村党员开展"创先争优"活动，机关党员开展"学习孔繁森，争当人民好公仆"和"说办就办，说到做到"等活动，近万名党员参加"两学习"（学习中国特色社会主义理论和新党章）知识竞赛，党员代表队参加三明市学习《邓小平文选》知识竞赛，获三等奖和组织奖。1996 年，组织开展"党员标准大讨论"，开办专题广播节目 32 期，举办农村党员实用技术培训班 884 期，参训 13700 人次。1997—1999 年，组织机关、企事业单位开展"爱岗敬业、创先争优"活动，农村开展"双带双创"（党支部带领群众奔小康、创小康村，党员带头奔小康、创小康户），"学美岭、创五好"活动。

2000 年，开展"三讲"教育活动，组织"三讲"对象和科级干部 106 人深入 16 个乡（镇）70 个村"驻村夜访"，召开座谈会 260 场次，访谈 2300 人，收集群众意见 950 条，解决实际困难 260 件。2001—2002 年，开展"三个代表"重要思想学习教育活动，组织党员收看省委组织部下发的《通用教材》和《林人楷模》等电教片，编印的《丰碑永存——谷文昌同志在宁化》一书受到中央组织部的肯定。2003—2004 年，县委下发《关于在全县基层党组织中兴起学习贯彻"三个代表"重要思想新高潮的通知》，机关事业单位党员开展机关效能建设、"三抓三比"（抓学习、比素质，抓服务、比作风，抓落实、比成效）活动，对国有企业和非公有制企业党员进行"爱岗、敬业、守法"三大教育。

2005 年，开展保持共产党员先进性教育活动，县委成立领导小组、制定具体实施方案，组建 21 个督导组和 8 个巡回检查组，全县党（工）委、党支部 13162 名党员参加活动。总结推广全省先进典型张仁和，开展"学习张仁和，为民谋利益，尽责促发展""学习张仁和、争当好党员""学习张仁和、争创新佳绩"和"心系群众促发展""团结协作谋发展""领富帮富求发展""情系家乡助发展"等主题实践活动。举办村党支部书记"学习张仁和精神专题研讨会"，设立"张仁和助困基金"，建立民生民情档案，开展党员干部"一人办一件好事实事"的扶贫帮困活动。全县有 6000 名党员与困难群众结对帮扶，提供帮扶资金 40 万元，致富信息 900 条，致富项目 250 个。

第二节 基层组织建设

一、基层党组织设置

1988年，设立县人大、县政府、县政协、县检察院、县法院等5个机关党组。撤销宁化县林业委员会、宁化县农业委员会、宁化县经济委员会、宁化县财政委员会党委。县直机关党委改为县直机关党工委，为县委派出机构。全县有16个乡（镇）和县人武部、泉上华侨农场、宁化监狱、县直机关党工委共20个党（工）委。

1989年10月，恢复宁化县林业委员会、宁化县农业委员会、宁化县经济委员会、宁化县财政委员会党委。

1991年4月，增设县文明委党委。

1992年1月，增设县公安局党委；5月，横锁乡党委更名为城南乡党委。

1994年1月，禾口乡党委更名为石壁镇党委。

1996年12月，成立县直机关、县委农办、县财贸工作委员会、县文明委、县经济局、县林业局、县教育局、县卫生局党委，撤销县直机关党工委和宁化县林业委员会、宁化县农业委员会、宁化县经济委员会、宁化县财政委员会及县文明委党委。

1997年1月，成立县农业系统、县财贸系统党委，撤销县农办、县财贸工作委员会、县文明委党委。

1998年12月，成立县直机关党工委和县委直属系统、县政府直属系统、宣传系统、政法系统、县建设局、县交通局、县粮食局、县商业总公司、县供销社9个党委，撤销县直机关党委，县财贸系统党委更名为县财办系统党委。

2000年9月，治平乡党委更名为治平畲族乡党委。

2002年4月，成立县经济贸易局、县城乡规划建设局党委，撤销县经济局、县建设局、县财办系统党委。

2004年8月，成立县委城南工业园工委。

2005年9月，撤销宁化监狱党委；12月，成立县委教育工委。至2005年年底，全县共有16个乡（镇）党委、3个工委（县直机关党工委、教育工委、城南工业园工委）、14个县直机关（含事业单位）党委以及泉上华侨农场党委等34个党（工）委，11个党总支，532个党支部。设立县人大、县政府、县政协、县检察院、县法院、县工商联、县工商局、县地税局、县国税局、县药品监督管理局、县国土资源局、县质量技术监督局12个机关党组。

二、基层党组织建设

1988年，调整任期已满的党支部班子，批准新成立党支部32个，党委改总支部4个。1989年，建设党委、支部党建活动室，84个农村党支部开辟党建活动基地140公顷。1991年，县委制定《宁化县村级组织建设发展纲要》和《加强农村基层组织建设意见》。是年，村级组织换届选举，调整207个农村党支部支委216人，其中村支部书记27人，县直机关派出65名干部到63个村担任支部副书记。开展农村党支部达标升级活动，建立党小组活动室182个、村民小组活动室801个。1992年，调整70个村级班子成员170人，其中村支书28人、村主任21人。举办农村干部培训班26期，培训1103人。1994年，开展"双带双创"和创10个先进党委、100个坚强支部、1000名优秀党员活动。1995年，县委制定新一轮"村级组织建设三年规划"，实施"村级组织建设年"，县四套班子成员各挂1个乡（镇）、联系1个以上村，抽调 107 名县直机关干部组成工作队驻村帮助抓好村级党建工作。1996 年，开展"学美岭、创五好"活动，组织 35 个小康示范村党支部书记到美岭村参观学习。1997—1998 年，县委把农村基层组织建设纳入对乡（镇）两个文明建设考评重要内容，下达责任状，下发百分制考评细则。1999 年，县委下发《关于建立宁化县非公有制经济组织党建工作联席会议制度的意见》，成立德兴木业综合加工厂、翠景液化气有限公司 2 个党支部和 4 个居委会支部，实现"一居一支部"目标。

2002 年，县委下发《关于开展"党员增素质、支部增活力"活动的通知》，确定 69 个支部为创建典型单位，培育、推广淮土乡水东村、城郊乡下巫坊村、翠江镇双虹村等一批创建典型。2003 年，村级组织换届选举，169 个村党支部实行"两推一选"（党员推荐、群众推荐、党内选举），选举产生新一届村两委干部 1226 人，其中村党支部书记 197 人、村主任 206 人。选派 10 名科级领导干部到 10 家重点非公有制企业担任党建工作指导员，成立佳源米业、腾龙水泥、申达木业、安丰煤业 4 家非公有制企业党支部。2004 年，成立泉上拳力木业有限公司、翠江化工有限公司、金山染织有限公司 3 家非公有制企业党支部。2005 年，开展"双培双强"（把农村党员干部培养成致富能手、把致富能手培养成党员干部、带头致富能力强、带领群众共同富裕能力强）和"中心+大户+农户"活动，举办政策理论讲座 210 场次、实用技术培训 616 场次，培训农村党员干部 1.50 万人次，培养党员科技示范户 1000 户，80% 以上有劳动能力的农民党员掌握了 1—2 门实用技术。成立东溪化工有限公司党支部。至 2005 年年底，全县共有 10 家非公有制企业成立党支部。

第三节　干部队伍建设

一、干部人事制度改革

1988 年，县委制定《关于宁化县干部管理范围的暂行规定》和《关于干部调配、任免的若干规定》，实行"下管一级"，减少中间环节，管事与管人一致。1991 年，制定《宁化县干部任免调配管理条例》，建立健全干部任免调配运行机制。1997 年，下发《关于加强全县干部管理工作的意见》，明确机构改革后党政干部管理权限，规范干部的选拔、任用、调动、回避。1999 年，改革科级干部委任制，试行公开选拔副科级领导干部，在三明市范围内择优选拔任用副乡（镇）长 5 人。2000 年，制定《领导干部个人向县委推荐干部责任制暂行规定》和《关于试行乡科级领导干部任前公示的暂行规定》，在全县范围公开选拔副科级领导干部 2 人（团县委副书记和化工实业总公司党总支部书记）。2001 年，推行差额考察、考察预告和任前公示制，任前公示拟提任正、副科级领导干部人选 12 人，其中 1 人因公示期间群众反映的问题经调查基本属实而不予提任。

2002 年，县委制定《中共宁化县委常委会讨论决定干部任用表决办法（试行）》，对科级干部的任用实行县委常委会无记名投票表决。2004 年，制定《县委全委会对乡（镇）党政正职拟任人选和推荐人选表决办法》，对乡（镇）党政正职新提名人选由县委全委会无记名投票表决，制定《宁化县干部实绩登记制度（试行）》，实行"3+1"（"3"即工作人员年内最能体现出自己工作水平和能力的三项主要工作业绩。"1"即领导干部年内自己感到最不满意或有待加强的一项工作）干部实绩登记制度，对全县 1280 名科级干部、县管后备干部和下派驻村干部实行实绩登记，建立干部年度考核、评优评先、晋升和推荐、考察、任用机制。2005 年，县委制定《关于在部分县直单位试行"一把手"在岗工作目标承诺制度的通知》，引进市场经济原则管理干部，用企业合同方式考评干部，从 2006 年起实施。

二、干部教育培训

1988 年，举办"宁化县贯彻落实党的十三大精神培训班"，培训科级干部 208 人。1989 年，举办"宁化县副科级以上干部学习宣传十三届四中全会精神培训班"和"宁化县副科级以上干部学习《江泽民同志国庆讲话》培训班"各 2 期，共培训 832 人次。1990 年，举办"宁化县科级干部马克思主义理论读书班" 2 期，共 300 人参加，主要学习《马克思主义哲学纲要》《关于社会主义若干问题学习纲要》。1991 年，举办 150 人参加的"宁化县直机关企事业单位副科级干部岗位职务理论培训班"和 170 人参加的"县直机关科级干部学习江泽民'七一'讲话干部读书班"。1992 年，举办首期党校学历班，中青年干部 37 人参加学习。1993 年，举办共有 407 人参加的党校学历班、经贸骨干培训班、妇女干部培训班和科级干部学习《邓小平文选》培训班各 1 期。1994 年 8 月，县委下发《关于举办副科级以上青年干部思想作风建设讲习班的通知》，全县 35 周岁以下副科级以上干部参加讲习班学习。

1995 年 3 月，县委制定《宁化县 1995—2000 年培养选拔女干部和发展女党员工作规划》和《关于进一步加强干部培训工作的意见》。1996 年，举办全县青年干部英语培训班 18 期，培训 3340 人，考试合格 1100 人。1997 年，编印毛泽东、邓小平、江泽民等三代领导人的重要讲话及有关文件，举办共有 598 人参加的党政领导干部学历班、经贸骨干、科技副乡镇长、科级干部学习中共十五大精神培训班。举办计算机培训班 2 期，参加考试 80 人，72 人合格。举办英语培训班 16 期，参加考试 1600 人，1520 人合格。1998 年，举办 140 人参加的党政干部学历班、妇女干部培训班、非党干部培训班各 1 期，组织 860 名青年干部分别参加计算机培训、考试和英语考试。1999 年，开办中央党校函授学院大专班、电大班和高等院校专业证书班，聘请专家先后讲授《中华人民共和国合同法》《中华人民共和国行政复议法》《中华人民共和国税收征收管理法》《中华人民共和国商业银行法》等法律法规 4 场，参加学习副科级以上干部 2000 人次。

2000 年，组织 736 名青年干部参加计算机等级培训与考试和 794 名青年干部参加全省第七次英语培训与考试，63 名科级干部分别参加研究生、大学、大专等学历教育。2001 年 10 月，举办有 45 人参加的第一期科级干部进修班，主要学习政治理论、经济、财经纪律、党风党纪以及军事知识等课程。2002 年，短期培训 616 名副科级以上干部，进行《树立正确权力观》《管好干部的生活和社交圈》等 6 个专题辅导和优质稻、水果、食用菌、毛竹等实用技术培训。2003—2004 年，先后举办第二、第三期科级干部进修班，共调训干部 100 人，组织 45 人次参加省、市委党校、行政学院和各类学校调训。2005 年，建立科级以上领导干部"周末学习"制度，聘请省委党校、浙江大学等省内外专家、教授到宁化授课。举办 72 名县管后备干部参加的培训班和 45 名科级干部参加的培训班各 1 期，先后选派科级以上领导干部 32 人次参加省、市党校和干校学习。

三、干部选拔任用

（一）乡（镇）领导班子配备

1988 年始，乡（镇）领导班子 3 年换届 1 次，每次换届前，县委组织部组织考察组，深入各乡（镇），采取领导述职、民主测评、民主推荐、个别谈话、实地察看等形式，全面考察乡（镇）领导班子。1993 年，调整乡科级领导干部 334 人，其中新提任副科级以上干部 35 岁以下占 56%、副科级妇女干部 11 人。1996 年，调整乡科级领导干部 156 人，新一届乡（镇）党政班子成员平均年龄 34.50 岁，其中新提任副科级以上干部 35 岁以下占 56%、副科级妇女干部 11 人。35 岁以下 112 人，占 70%；中专以上学历的 142 人，占 67.20%；妇女干部 8 人；非中共党员干部 5 人。1999 年，换届后乡（镇）党政班子成员平均年龄 35.30 岁。其中，35 岁以下 114 人，30 岁以下 62 人；大中专以上学历 196 人，占 84%；妇女干部 16 人；非中共党员干部 8 人。2002 年，调整乡科级领导干部 214 人，其中党委班子成员 116 人、政府班子成员 82 人、人大主席 16 人。乡（镇）党政班子成员平均年龄 35.20 岁。其中，35 岁以下的 103 人，占班子成员的 52.10%；大专以上学历的 178 人，占 90%；妇女干部 21 人；非中共党员干部 13 人；少数民族干部 7人。至 2005 年，乡（镇）领导班子共换届 5 次，分别为 1990、1993、1996、1999 和 2002 年。

（二）部门领导班子配备

2001 年，提任正、副科级领导 11 人。2002 年，县直党政机构改革，共分流科级干部 31 人，其中提前退休 3 人、离岗待退 27 人、先行离岗 1 人。2003 年，宁化县台胞台属联谊会（简称县台联）、宁化县归国华侨联合会（简称县侨联）、宁化县总工会和宁化县妇女联合会（简称县妇联）换届。2005 年，共提任副科级以上干部 69 人，其中正科级 18 人、副科级 51 人。

（三）后备干部队伍建设

1990 年，县管后备干部 46 人。1991 年，抽调科级和科级后备干部 265 人包村，加强培养锻炼。1993年，各乡（镇）、县直各部门均有后备干部 2—3 人，提任副科级以上领导的后备干部 105 人。1995 年，建立 3 支后备干部队伍，其中县管党政后备干部 260 人，乡（镇）书记、乡（镇）长后备干部 37 人，妇女后备干部 40 人和非党后备干部 50 人。1996—2000 年，建立常数为 200 人的县管党政班子成员后备干部队伍，常数为 50 人的乡（镇）党政主要领导后备干部队伍，先后选送 111 名后备干部分别参加省、市、县委党校和干校脱产培训。2001—2005 年，先后选派县管后备干部 36 人参加项目工作，23 人参加县重点工作，43 人到村任职。

四、干部监督管理

1988 年，县委下放干部管理权限，"下管一级，管少、管好"。1992 年，县委制定《关于领导干部个人重大事项履行报告的若干规定》。1994 年，县、乡（镇）机关抽调 725 名干部，分别组成农村经济、抗灾救灾、计划生育、农村治安综合治理工作队下乡驻村开展工作。1994—2003 年，先后制定下发《关于开展"领导班子思想作风建设年"活动的意见》《关于乡科级领导干部廉洁自律有关规定的实施和处理意见》《关于乡（镇）党委实行"重大问题集体决策"的暂行规定》《宁化县领导班子和干部队伍建设规划（1997—2000 年）》《关于加强非领导职务干部管理的通知》和《关于鼓励县乡机关、事业单位工作人员举办或参与工业企业工作的暂行规定》。2004 年，实行干部实绩登记制度，共调阅全县科级干部、后备干部的《干部实绩手册》1140 本。选派一批县、乡（镇）党政群机关和企事业单位干部到相对后进、薄弱村任职 3 年，实行县委组织部和派出单位双重管理。2005 年，先后选派 20 名年轻科级干部分赴莆田涵江区、泉州丰泽区挂职锻炼 3 个月。县委组织部下发《关于在全县科级干部中开展"一人一项目"活动的通知》，评选活动中收集的项目，纳入年终绩效考评。

第六章　宣传教育

第一节　理论学习与调研

1988 年，组织开展社会主义初级阶段基本国情、生产力标准大讨论和《马克思主义哲学》《中国革命史》《建设中国特色社会主义》等重大理论学习，成立宁化县职工思想政治工作研究会、宁化县农村思想政治工作研究会。1989 年，春夏之交北京政治风波发生后，县委组织党员干部学习《人民日报》"4·26"社论、《告全体共产党员和全体人民书》、中共中央总书记江泽民国庆讲话。组织理论宣讲 256 场，播放教材片 2000 场，发放宣传材料 4.50 万份。1990 年，组织 5000 名党员干部学习马克思主义理论原著 10 篇及 2 个纲要，宁化县合成氨厂被评为三明市"思想政治工作先进单位"。1991 年，组织学习中共十三届七中全会文件和中共中央总书记江泽民"七一"讲话，先后召开"弘扬雷锋精神"和"七一"党建理论研讨会，论文《对权力文明建设的思考》获市"七一"党建理论研讨会一等奖。1992 年，组织学习邓小平南方谈话、中共十四大报告和新的《中国共产党章程》，举办"宣传思想工作与经济建设""农村社教""企业思想政治工作"等理论研讨活动，编辑《山花》《火花》《农村社教》3 本论文集，论文《浅谈农村思想政治工作网络建设》在省农村研讨会交流并获一等奖。

1993 年，举办邓小平理论、社会主义市场经济知识理论骨干培训班 6 期，培训 580 人；举办中国特色社会主义理论轮训 259 期，轮训党员 19000 人次。1994 年，举办学习《邓小平文选（第三卷）》培训班 29 期，培训基层党员干部 103698 人次，先后开展"精神文明""农村思想政治工作""职工思想政治工作"理论研讨活动，宁化县农村思想政治研究会、宁化县职工思想政治工作研究会被评为"福建省先进思想政治工作研究会"。1995 年，组建《邓小平同志建设有中国特色社会主义理论学习纲要》和《中国共产党章程》理论宣讲小组，巡回辅导 40 场，培训党员 1.10 万人次，县有线电视台专题播出"学习邓小平建设有中国特色社会主义理论" 25 讲。1996—1997 年，组织党员干部学习《为人民服务》《领导干部一定要讲政治》等理论文章。1998—1999 年，确定翠江镇、泉上镇、石壁镇、河龙乡等 7 个党委为理论学习联系点，深入开展"学习邓小平理论和新党章"活动，举办培训班 90 多期，培训党员干部 1.30 万人次。

2000 年，组织县 15 位处级干部下基层讲党课，在翠江镇开展"四动工程"（服务联动、政策促动、能人带动、真情感动）思想政治工作试点活动，淮土乡党校被评为"省先进基层党校"。2001 年，开展"三个代表"重要思想学习宣传活动，邀请市宣讲团、省委党校专家教授到宁化举办专题学习辅导 2 场，组建县宣讲团宣讲 16 场次，举办纪念建党 80 周年理论研讨会，选送优秀论文 7 篇参评市党史理论研讨会并获奖，县委宣传部获"纪念建党 80 周年理论研讨会组织奖"。2002 年，组织学习中共十六大精神，举办"科级干部短期培训班""学习党的十六大精神报告会""学习贯彻党的十六大理论骨干培训班"和"学习实践'三个代表'，加快县域经济发展"理论研讨活动，形成《立足优势，突出特色，谋求发展——宁化县域经济的现状与对策的思考》《强化诚信意识，建设诚信环境》等一批调研成果。

2003 年，组织理论骨干赴基层宣讲中共十六大精神 68 场次，5 万人次听讲，举办"邓小平生平和思想"研讨会、学习贯彻中共十六届四中全会精神宣传骨干培训班和"地税杯"学习贯彻中共十六届四中全会精神理论研讨会，论文《谷文昌精神的"品牌价值"：致力发展——山区县学习谷文昌精神的思考》获"全省'学习郑培民精神'理论研讨会"二等奖，《当前农村思想政治工作的着力点》获市首届社科成果奖三等奖。2004 年，开展"树立和落实科学发展观"学习宣传活动，组织学习《中国共产党第十六届三中全会公报》《中共中央关于完善社会主义市场经济体制若干问题的决定》和《人民日报》关于树立和落实科学发展观的 4 篇社论，召开"树立和落实科学发展观，加快宁化新发展"座谈会。2005 年，邀请专家到宁化举办"落实科学发展观，构建社会主义和谐社会""统筹城乡发展的农村发展观""科学发展观与人口问题"等系列报告会。

第二节　新闻宣传

一、时事、政策宣传

1988 年，宣传中共十三大精神，开展社会主义初级阶段理论和党的基本路线教育，培训理论骨干 1800 人，举办学习会、宣讲会、辅导会、播放电教片等 1000 场次。1989 年，组织 700 名党员干部分成 18 个分团，赴农村、企业、学校开展"社教"活动，开展"宁化改革十大成就"评选和"坚持四项基本原则"　"自力更生、艰苦奋斗"两大宣传月活动。1990年，成立"社教"总团，组织813名干部参加"社教"工作队，下基层驻村挂点开展"社教"。1991年，先后组织"社教"宣讲1998场次，听众达26.79万人，社教入户率和成人教育面达90%，首批71个"社教"村全部通过省、市达标验收。1992年，开展中共十四大精神和邓小平理论学习宣传活动，举办企业厂长、书记培训班2期，学习辅导会23场次，辅导党员干部6700人次，宣讲120场次，全县95%以上的群众接受宣传教育。1993—1996年，宣传中共十四届三中、四中、五中、六中全会精神和《中华人民共和国国民经济和社会发展"九五"计划和2010年远景目标纲要》《中共中央关于加强社会主义精神文明建设若干重要问题的决议》。1997年，开展中共十五大精神学习宣传活动，组织宣传报道河龙乡永建村村干部李玉堂为抢救群众生命财产英勇献身的先进事迹，在《人民日报》《福建日报》《三明日报》发表通讯，全县巡回演出"李玉堂先进事迹"专场文艺晚会。1998—1999年，开展纪念中共十一届三中全会召开20周年活动，全县举办宣讲、演出、征文等活动52场次，参加10万多人。

2000年，组织开展"致富思源、富而思进"教育和"加快宁化发展"大讨论，县有线电视台播出专题节目13期。2001年，组织宣讲中共中央总书记江泽民　"七一"重要讲话和中共十五届六中全会精神16场次，县有线电视台播出理论宣讲专题15期，涌现出水茜乡干部吴中声、城郊乡巫坊村党支部书记陈尚松等一批先进模范人物。2002年，县有线电视台开设"学习、宣传、贯彻十六大"专栏，举办学习中共十六大精神和"三个代表"重要思想报告会、理论骨干培训班。2003年，邀请市理论专家为县委学习中心组作《全面建设小康社会》的中共十六大专题辅导报告，组织理论骨干宣讲中共十六大精神68场（次），举办学习贯彻中共十六大精神演讲比赛，组队参加三明市学习中共十六大精神电视竞赛并获三等奖。开展向谷文昌学习活动，组建"谷文昌先进事迹报告团"巡回报告20场（次），编印《丰碑永存》书籍2000册，在县革命纪念馆设立谷文昌事迹展览室。2004—2005年，宣传中共十六届四中全会精神，开展保持共产党员先进性教育活动，推出"致力发展、一心为民、脚踏实地、清正廉洁"的时代先锋——石壁镇石壁村党支部书记张仁和。县委组建张仁和先进事迹报告团在省直机关、全省九地市和三明市十二个县（市、区）举办报告会30场，听讲达5万人次，在全县巡回报告31场次。编辑刻录《丰碑永驻》VCD光盘500张，编印宣传册《张仁和———一面永不褪色的红旗》2000册，购买数字电影《村支书张仁和》光盘1800套，举办《永远的丰碑——张仁和之歌》专题文艺晚会。县政府网站和县有线电视台开辟张仁和先进事迹专栏，设立"忠魂永恒""红色记忆""客家之子"和"学习张仁和，建设新农村"等专栏节目。

二、中心任务宣传

1988—1989年，组织开展"发展外向型经济"宣传活动和国庆40周年系列庆祝活动，举办"宁化县建国40周年成就图片展"，《三明日报》刊发"建国40周年成就·宁化专版"。1990—1991年，宣传推广县工交企业、财贸系统、林业系统等一批促进经济发展典型。1992年，开展"学先进、当典型、谋发展"和"农村科教电影汇映月"活动，宣传推广县林产化工厂开拓市场，湖村、石壁等乡（镇）发展农业经济，县合成氨厂运用和转化科技成果，翠江镇双虹村先富带后富等四类先进典型，放映《科学种田》《科学种烟》等科教片48部304场次，观众达18万人次。1993年，开展纪念"改革开放十五年"主题宣传，评选出"宁化城区新貌、烤烟生产效益"等十大改革开放成果。《三明日报》相继刊发《来自边贸试点县系列报道》和《宁化农村经济发展系列报道》。1994年，组织开展"工业经济发展年宣传月"活动，集中宣传县合成氨厂、县通用机械厂、县水泥厂、县林产化工厂等一批企业典型。

1995年，先后制作5个抗洪抢险救灾录像专题片，《福建日报》《三明日报》等省、市媒体刊发反映宁化干部群众抗洪救灾稿件138篇，县广播电台、县有线电视台播出抗洪救灾专题10期。1996年，结合"6·16"三明经贸洽谈会、"8·18"三明（宁化）边贸暨投资合作洽谈会，深化宁化边贸宣传。1997年，布置设计"9·7"三明（宁化）边界贸易暨投资合作洽谈会和"5·20"福州（三明）产品展销会展销馆，边贸展馆被评为市一等奖。1998年，组织"农村奔小康、农业综合开发、国企改革"等系列宣传活动，宣传报道果树生产、肉牛养殖、食用菌种植等一批新的经济增长项目。1999年，先后开展"想项目、议项目、干项目" "我为农村、农业、农民做什么" 大讨论活动，设计 "宁化酒娘" 等11个产品项目广告。

2000年，组织开展 "思源、思进，加快宁化发展" 大讨论，设计、推广淮土茶油、宁化薏米等11个农副产品品牌。2001年，开展 "影响宁化发展的思想观念及软环境的差距在哪里" 大讨论。2002年，开展农税宣传月活动，组织 "农税情" 文艺演出。2003—2004年，开展 "未来五年发展路" 主题大讨论，征集 "加快发展金点子" "宁化未来大家谈" "我们离发达地区有多远" 等系列征文，宣传 "建设闽赣边界中部经济强县" 发展目标、"招商兴工" 发展战略及城南工业园区等一批重点建设项目。2005年，开展 "基础先行、做优环境、整合资源、扩张总量" 发展战略宣传活动，在县有线电视台播出《抓项目、增后劲、促发展》《贯彻中央1号文件精神，促进农业农村工作发展》等系列专题报道16期。

第三节　对外宣传

一、客家祖地宣传

1990年，中央电视台、福建电视台等10家新闻单位到宁化采访石壁客家祖地，报道一批反映宁化客家文化和地域风情的新闻稿件。1992年，举办首届宁化客家民俗文化节，福建音像出版社向海内外发行客家祖地专题风光片《客家祖地风情》（上、下集）和《山韵》2000片（册）。1993—1994年，中央电视台、福建电视台先后播出《宁化客家人》《客家风情》专题片，马来西亚人类博物馆《客家之旅》摄制组到石壁拍摄专题片。1995年，中央电视台、新华社、中新社、中央人民广播电台、《香港文汇报》《香港商报》《美国侨报》等海内外新闻媒体宣传报道客家公祠落成和首届石壁祭祖大典盛况，县委、县政府摄制发行《宁化风情》3集电视宣传片。1996年，《香港文汇报》《新华每日电讯》《赣南日报》等媒体刊发"宁化客家"专版，福建电视台播出《客家祖地宁化》3集专题片。1997—1998年，中央电视台"中国新闻""天涯共此时"栏目，中新社、《福建日报》《香港文汇报》等深入详细报道世界客属石壁祖地祭祖大典情况。

1999年，制作《客家摇篮》《石壁沧桑》电视专题片。2000年，制作《神奇的客家祖地——宁化石壁》电视专题片获福建省对外宣传品制作"金帆奖"二等奖。2001年，县委宣传部被中共福建省委对外宣传小组评为"九五"期间对外宣传先进集体。2003年，举办客家祖地旅游笔会。2004年，举行石壁客家公祠建竣十周年暨第十届世界客属石壁祖地祭祖大典，中央电视台、新华社、福建电视台、《香港文汇报》《客家》杂志社等13家媒体报道祭祖大典盛况，中央电视台第7频道播出《走进石壁村》专题电视片、《发现》栏目播出5集宣传短片，《客家源·石壁根》光盘、《客家祖地》邮册先后出版发行6000（盘）册。2005年，中央电视台、福建电视台播出《我是客家人》《宁化客家祖地》专题片。

二、革命老区宣传

1988—1995年，建设、充实宁化革命纪念馆设施和馆藏文物，编写《宁化县爱国主义教育读本》。1996年，维修宁化革命纪念馆并重新布展，接待1万人次参观学习。1997年，毛泽东《如梦令·元旦》大型铜雕在北山公园竣工，参观量达5万人次。1998年，宁化革命纪念馆被批准为"省级爱国主义教育基地"。1999年，举行《如梦令·元旦》创作70周年纪念活动和"老区行"笔会。2001年，在三明市区设立大型固定"宁化革命老区"宣传广告，推介红色旅游。2005年，举办纪念红军长征胜利70周年系列活动，制作《宁化苏区乌克兰》VCD光盘3000片，发行《中央苏区，红军长征出发地》纪念邮册1000套。中国老区建设促进会、江苏省广电总台和三明市委、市政府等部门联合在宁化北山革命纪念园举行"2005中国红色之旅"关机仪式，举行中国曲艺家协会"送欢笑——走进宁化苏区"大型慰问演出活动。中央电视台"搜寻天下"栏目《珍藏的红色记忆——足迹》播出 3 集反映宁化革命历史题材的专题片《军号嘹亮》《武夷山中的红色娘子军》《烈士村的日子》，福建电视台播出《长征从这里出发》《周林，我的长征路》《苏区乌克兰》《宁化苏区传奇》专题片，《福建日报》刊登《长征从这里出发——宁化人民对红军长征的三大贡献》文章，《三明日报》刊登《宁化，长征从这里出发》《血染红旗，风展如画——红军长征在宁化集结出发》专版。宁化北山革命纪念园入选中宣部、国家旅游局"全国百个红色旅游经典景区"之一。

第四节　思想政治工作

1988 年，县委组织县直机关科级干部培训班及全县 207 个村党支部书记培训班，学习宣传中共十三大文件精神，开展生产力标准的学习讨论，明确生产力标准是检验一切工作的根本标准，在广大党员中开展改革开放十年来的形势教育，澄清"十年改革换来物价上涨"的错误认识。1990 年后，建立健全各项党建工作制度，把思想政治工作放在首位，加强党员教育和管理工作，各级党员干部学习马克思主义哲学和科学社会主义理论形成风气。是年，举办各类党员干部培训班、学习班 324 期，受训党员 3.20 万人次。1995 年，县委成立"两学习"（学习中国特色社会主义理论和《中国共产党章程》）活动小组，开展"两学习"活动；县委组织部、县委宣传部联合下发《关于在全体党员中开展"两学习"的工作意见》；全年举办党员培训班 28 期，受训 1500 人次；全县征订《中国特色社会主义理论学习纲要》《党员学习讲话》等学习教材 6500 册、《中国共产党章程》3000 多本；县委组织部制作党员教材 2 本；引进电教片 9 部，在全县播放 3000 余场次，受教育党员 12.30 万人次。

2000 年，制定《宁化县领导班子和领导干部"三讲"教育实施方案》，配合"三讲"办公室，组织"三讲"对象和部分科级干部开展"驻村夜访"活动，访谈 2300 人，收集群众意见 950 条，帮助解决实际困难 260 件。建立健全学习制度，县几套班子领导坚持每月 1 次中心组学习，县直机关干部坚持每两周一次政治学习。

2005 年，按照中央、省委、市委部署，分 3 批在全县 33 个党委、10 个党总支、540 个党支部、13162 名党员中开展党的先进性教育活动，把学习张仁和贯穿于先进性教育活动始终，在不同阶段分别开展"典型在我县，我们怎么学""对照张仁和、差距在哪里""学习张仁和、今后怎么办"系列活动，促进全县党员干部观念转变和素质提高。开展创建"学习型党组织"和"学习型机关"活动，制定《关于加强县直机关干部学习的制度》，规定每月第一、三周六集中理论学习，各乡（镇）党委也制定相关学习制度。通过长效型的学习机制，使全县党员政治思想素质得到普遍提高。

第七章　统一战线工作

第一节　党外人士工作

1988—1989 年，县委发挥党外人士作用，开展与党外人士协商合作，先后下发《关于进一步加强和改善党对统一战线和人民政协工作领导的意见》《关于进一步加强与党外人士合作和协商的实施意见》《关于进一步做好我县统战工作的实施意见》，县委统战部与县委组织部联合下发《关于对党外后备干部进行摸底考核工作的意见》。1990年，提任党外副处级干部5人，其中副县长1人、县政协副主席3人、县政协副处调研员1人。1991年，建立县委常委、县政府党员领导与党外代表人士联系交友制度和县委统战部党外代表人士每季度召开一次通报、协商、座谈会（简称季谈会）制度，县委常委和县政府党员领导13人联系28名党外知识分子和各界代表人士，每个党员领导联系2名以上党外代表人士，每年交友谈心2次以上，每半年向县委统战部填送1次交友谈心活动登记表。1994年，县委下发《关于进一步加强与党外人士合作和协商的实施意见》，县委统战部与县委组织部联合下发《关于加强党外后备干部队伍建设的通知》，协商、推荐、考察、确定科级党外后备干部50人、副处级党外后备干部6人，举办28人参加的首期党外干部读书班。1995年，县委统战部被三明市委统战部授予"党外干部工作先进单位"。1998年，组织30人参加第2期党外干部培训班，提任副处级党外干部2人，其中县人大常委会副主任1人、县政协副主席1人。2001年，县委下发《关于进一步做好我县统战工作的实施意见》。2003年，提任并外调党外副县长1人。2005年，在职党外副科级以上领导干部27人（副处3人、正科2人、副科22人），14个乡（镇）配备党外副乡（镇）长。县委常委、县政府党员领导保持联系2名以上党外代表人士，县委统战部领导和机关工作人员每人每年联系5名党外代表人士。

1988—2005年，先后选送85名党外干部到省、市、县委党校和干校培训，提任党外副科级以上干部共43人（副处8人、正科3人、副科32人）。先后推荐31名党外各界代表人士分别当选省、市人大代表，推荐32名党外各界代表人士分别担任省、市政协委员（其中市政协常委1人）。召开党外各界代表人士协商会、通报会、座谈会78场次，党外人士关于建设城区防洪堤、建立工业园区、优化软环境等建议被县委、县政府采纳实施。

1991—2004年宁化县党外人士参与政治协商合作情况表

表4-4

年份	届数	人大代表、政协委员人数（人）			常委人数（人）		
		总数	党外人数	党外比例（%）	总数	党外人数	党外比例（%）
1991	十一届县人大	283	105	37.10	17	2	11.76
	四届县政协	130	80	61.54	25	16	64.00
1994	十二届县人大	298	104	34.90	17	4	23.53
	五届县政协	140	87	62.14	25	16	64.00
1999	十三届县人大	200	69	34.50	19	4	21.05
	六届县政协	138	83	60.14	27	18	66.67
2004	十四届县人大	198	70	35.35	21	3	14.29
	七届县政协	137	84	61.31	29	19	65.52

第二节　非公经济组织工作

一、项目资金引进

1988年，统战部门利用"三胞"（海外侨胞、台湾同胞、港澳同胞）回宁化寻根谒祖、探亲旅游日益增多的良机，开展"三引进"（引进资金、引进人才、引进技术）工作，服务经济发展。是年，组织"三胞"49人次参加经贸洽谈项目13个，签订意向书5项，发动"三胞"捐赠人民币122.44万元支持家乡建设及兴办福利事业。1989—1990年，统战部门先后向县经济部门推介34位"三胞"人员，开展经贸洽谈合作，签订合同4项、协议2个，投资人民币3.70亿元。1991年，统战部门协助引进"三资"企业（在中国境内设立的中外合资经营企业、中外合作经营企业、外商独资经营企业）5个，引进外资人民币161万元、美元60万元。1992年，参加客家民俗文化节的"三胞"与宁化签订人民币1.90亿元经贸合作意向合同书。1993年，邀请5位香港同胞回宁化考察，签订经贸合作协议2项。

1994—1995年，协助引进台资企业等项目7个、合同资金392.71万美元、人民币200万元。1996年，推介境内外客商40人参加市政府"6·16"和厦门"9·8"招商活动。1997—1999年，引进项目2个，合同利用外资200万美元，引进香港崇正总会捐建石壁镇杨边村"石壁崇正小学"人民币25万元。"三胞"为宁化各类公益事业捐赠人民币65.40万元。2000年，引进香港崇正总会完善"石壁崇正小学"设施款人民币20万元，是年"三胞"为宁化各类公益事业捐赠人民币80万元。2001年，引进香港同胞何银发捐建中沙乡半溪村小学千禧教学楼人民币12万元、捐建宁化县第四中学铺设水泥路面人民币3000元。2002年，引进香港同胞胡仙捐建客家中学教学楼人民币30万元，印尼归侨"41名小英雄"代表捐建泉上华侨农场敬老院等人民币20万元。2004年，引进兴建宁化县医院后勤综合楼建设项目"三胞"资金人民币230万元。2005年，引进"三胞"人民币1000万元兴建三明市宏光玻璃有限公司项目。

二、非公有制经济人士工作

1991年，县委先后下发《关于贯彻落实中央〔1991〕15号、闽委综〔1991〕43号和明委（1991）32号文件的意见》和《关于进一步发挥工商联作用的通知》。宁化县工商联合会（简称县工商联）换届，新一届（第六届）会长由县政协副主席担任，2名副会长中1人为非公有制经济代表，21名执行委员中非公有制经济代表10人，常务委员8人中非公有制经济代表3人。县委统战部与县工商联联合开展非公有制经济人士状况调查，建立非公有制经济代表人士档册，确定培养、使用对象。1996年始，县委统战部建立与非公有制经济代表人士联系交友、走访座谈制度，联系重点对象17户，每年走访、座谈2次以上。1997年，建立县四套班子领导联系非公有制经济重点户制度，联系交友32人。成立县工商联党组，县委统战部副部长任党组书记。县工商联（商会）换届，会长由非党干部担任，4名副会长中非公有制经济代表2人。第七届执行委员会24名执行委员中非公有制经济代表16人，常务委员11人中非公有制经济代表6人。2000年，县政府成立三益贷款担保公司，为非公有制企业提供贷款担保。2001年，县工商联（商会）换届，第八届执行委员会29名执行委员中非公有制经济代表24人，常务委员11人中非公有制经济代表7人，正、副会长5人中非公有制经济代表3人。2005年，县四套班子领导挂钩帮扶非公有制重点企业37家。

1988—2005年，先后有非公有制经济代表24人当选为市、县、乡（镇）人大代表（其中市人大代表1人，县人大代表2人），担任市政协委员的非公有制经济代表2人（其中常委1人），县政协委员非公有制经济代表37人（其中常委3人）。引导、组织非公有制经济代表180人参加"光彩事业"（非公有制经济人士和民营企业响应国家号召，为帮助贫困地区发展经济而开展的开发式社会扶贫活动）扶贫帮困、捐资助学等活动，捐资107万元，捐助210名贫困生上学；安排就业7698人，其中下岗职工再就业300人；有28名非公有制经济代表人士分别受到省、市、县各类表彰。

第三节　联络联谊工作

1988年，县委统战部与台、侨部门开展全县台情、侨情普查。1991年，协调解决多年悬而未决的"巫罗俊怀念堂"用地问题，海内外巫氏宗亲捐资140万元兴建。1995年，县委统战部被市委统战部授予海外统战工作先进单位。1996年，"巫罗俊怀念堂"竣工。1999年，"巫罗俊怀念堂"巫罗俊塑像落成。1997年，开展第2次全县台情、侨情普查，调查统计宁化在海（境）外的"三胞"情况（全县计有华侨华人39870人，港澳同胞3475人，归侨948人，出国新移民180人，侨眷6268人，港澳眷属3153人，台湾同胞4户25人，在台人员557人，台属13840人），收集建立世界各地19个客家民间组织、民间团体、同乡会档册，为海（境）外有影响的代表人物63人立册。2001年6月，成立宁化县海外联谊会，聘请海（境）外4名知名人士为宁化县海外联谊会名誉会长（其中美国、英国、澳大利亚、中国台湾各1人），3人为常务理事（其中中国香港、中国澳门、中国台湾各1人）。2002年，举办巫罗俊诞辰1420周年纪念。2004年，第3次普查台情、侨情，全县计有海外华侨华人1250人，港澳同胞1359人，新出国人员181人，归侨828人，侨眷5391人，港澳眷属1383人，新出国人员眷属628人。

1988、1997、2005年宁化县3次港澳同胞及新出国人员眷属普查情况表

表4-5

年份	港澳同胞	港澳眷属	新出国人员	新出国人员眷属
1988	3025	2860	—	—
1997	4375	3153	176	624
2005	1359	1383	181	628

1988—2005年，县委统战部门共接待海（境）外团、组170个6500人次，其中来自澳大利亚、新西兰、英国、泰国、新加坡、马来西亚等国家和中国香港、中国澳门、中国台湾地区的巫氏宗亲后裔团组13个404人次。海（境）外"三胞"为宁化各类公益事业捐赠2000多万元，建成公益项目50个，其中医院1所、学校13所。共组织153人次参加新加坡、马来西亚、泰国、中国香港和中国台湾地区国际性会议17次、学术研讨会17场。每年登门走访慰问在宁化的"三胞"及其眷属、召开座谈会各2次以上，为"三胞"及其眷属办好事实事共120件，发慰问金和困难补助款4.30万元。

第八章 政法与社会治安综合治理

第一节 政法

一、队伍建设

1988年，全县政法系统有干警165人。1992年，开展"满意在政法，争当人民卫士"活动。1995年，福建省委政法委员会下发"七条禁令"后，县政法委制定实施细则，规范全县政法干警执法行为。1996年，在全县政法干警中开展"敬业爱岗为民树形象"活动，加强窗口单位建设，提高为民服务水平。是年，县政法委增加协管政法部门科级干部职能，会同县委组织部制定《政法干部管理办法（试行）》，规范政法系统中层干部的任免。1997年，开展"三讲"教育活动，提高政法干警业务能力、办案效率和服务水平。1998年12月，根据中共中央办公厅、国务院办公厅转发财政部《关于政法机关不再从事经商活动和实行收支两条线管理后财政经费保障的若干规定的通知》，开展政法机关从事经商活动专项清理整顿，公用经费由县财政核拨。1999年，县政法委书记与政法各部门负责人签订《领导班子和队伍建设责任书》，开展"双争"（争当人民满意的政法单位和争创人民满意的政法干警）活动。2000年，宁化县人民法院（以下简称县法院）实行中层干部竞聘试点，13名干部竞争上岗。2001年，开展"三个代表"重要思想学习教育活动，推进公正文明执法。2002年，制定《警示教育制度》《执法、执纪督察、检查制度》《重大事项报告、查处制度》《打招呼、谈话、告诫制度》《领导责任追究制度》《队伍建设分析制度》和干部管理机制，宁化县人民检察院（简称县检察院）9名中层干部竞争上岗。2003年，建立政法干警人身安全保障制度，设立安全保障基金，解除政法干警后顾之忧。2004年，开展"远学任长霞、近学郑忠华、树队伍良好形象"活动，组织选手参加三明市演讲比赛，获一等奖。2005年，全县政法干警424人，其中大学本科以上学历占干警人数的27%、中专以上学历83%。

1988—2005年，全县受市级以上表彰的政法先进单位7个，其中全国政法先进单位1个、省级1个、市级5个；获市级以上先进个人38人，其中全国政法先进个人1人、省级7人、市级30人；获县级表彰政法干警409人次。查处政法干警违法犯罪4人、违反党纪政纪40人次。

二、维护社会安定稳定

1988年，县政法委共召开"四长"（公安局局长、检察院检察长、法院院长、司法局局长）联席会议24次，解决重大疑难案件11起。1989年，制定《关于对付突发性事件的工作预案》。1991年，县政法委组织协调政法各部门破获发生在曹坊乡、治平乡、泉上镇境内的3起凶杀案。1992年7月16日，曹坊乡境内发生一起特大持枪抢劫凶杀案，2人被害，6万多元人民币和1辆摩托车被抢。县政法委迅速组织侦破，仅用140个小时就将2名案犯捉拿归案。

1998年，制定下发《中共宁化县委关于依法治县的决定》。2001年，实行矛盾纠纷排查调处"四定"（定牵头领导、定责任单位、定协办单位、定办结期限）责任制，建立每季度一次矛盾纠纷排查调处联席会议制度。2004年，建立"打、防、控"一体化机制，健全治安防控体系，加强对特种行业和公共场所管理。2005年10月，县政法委组织中国曲艺家协会"送欢笑——走进宁化苏区"演出期间的安全保卫工作。1988—2005年，县政法委共召开联席会议260次，推动大要案查处和疑难案件审结300余件，调处各类矛盾纠纷7500余起。

三、"严打"整治

1988年9—10月，县政法委组织开展严厉打击严重刑事犯罪专项整治活动（简称"严打"），抓获犯罪分子101人，摧毁犯罪团伙18个，缴获枪支8支、子弹1920发、雷管6枚、雅马哈摩托车1辆、银元14枚、现金800元。召开共2万人次参加的公判大会6场，公开宣判重大案件24件。1990年，开展"严打"活动3次，摧毁犯罪团伙24个，抓获犯罪分子370人（其中江西等地流窜到宁化犯罪分子96人），缴获赃款、赃物折合人民币37万元。组织公开宣判大会2场,公开宣判典型刑事案件12件。1991—1992年，开展"反扒窃"专项斗争，共破获盗窃自行车案件126起，抓获犯罪分子84人，追回被盗自行车365辆。1993年7月10日至8月10日，开展"反盗窃"专项斗争，破获盗窃案件29起，摧毁盗窃团伙6个，抓获盗窃犯36人，缴获赃款、赃物折合人民币3.98万元。1994年，破获盗窃机动车案件23起，缴获赃车23辆；破获"车匪路霸"案件12起、森林刑事案件11起；追捕在逃犯45人，召开公判大会7场。

1995年5月，开展打击拐卖妇女儿童犯罪专项行动，侦破拐卖人口案件16起。1996年，开展"打现行、抓逃犯"专项斗争，破获刑事案件242起，其中重大刑事案件97起，抓获违法犯罪分子207人，摧毁犯罪团伙11个，抓获各类逃犯43人（其中三明市在册逃犯19人），收缴各类枪支122支、管制刀具11件，缴获各种机动车辆39辆及赃款赃物折合人民币53.60万元。召开公判大会6场，公开宣判27起刑事案件35名案犯，协助三明市中级人民法院执行死刑5人。1997年3月—6月，成立春季严打整治行动领导小组，组织集中统一行动3次，破获各类刑事案件133起（其中大案36起、积案10起），抓获犯罪嫌疑人156人，查处治安案件114起，抓获逃犯13人，查扣嫌疑摩托车88辆、"东风"牌货车1辆、拖拉机 1 部，收缴非法枪支 84 支、炸药 30 公斤、雷管 220 枚、导火索 20 米。

1998—1999 年，开展"破大案、打团伙、追逃犯"活动，共破获刑事案件 140 起，其中大案 81 起、查处治安案件 239 起；缴获枪支 38 支、炸药 704 公斤、雷管 1756 枚、赃车 60 辆；抓捕逃犯 4 人。2000 年，开展打击犯罪团伙、拐卖妇女儿童犯罪和禁娼禁赌专项斗争，摧毁犯罪团伙 23 个，抓获拐卖妇女儿童罪犯 27 人，解救被拐妇女儿童 66 人。破获特大盗窃摩托车团伙案 1 起，抓获江西籍盗窃团伙成员 5 人。查处卖淫嫖娼 3 起 15 人、赌博 24 起 83 人。2001—2002 年，召开公判大会 5 场，公开宣判罪犯 13 名，执行死刑 3 人。2001 年 4 月至 2003 年 3 月，先后组织"天网""迅雷""犁庭""扫穴"等专项打击和集中整治行动，摧毁犯罪团伙 71 个，破获各类刑事案件 1355 起、盗窃案件 747 起、抢夺案件 22 起及各类经济犯罪案件 25 起，涉案总值 117 万元。2004 年，开展打击多发性案件、治爆缉枪专项行动和"破大案、抓逃犯"等专项行动。2005 年，开展打击"两抢一盗"、经济犯罪、盗抢机动车、聚赌等专项行动，在城区开展打击"寻衅滋事、聚众斗殴"专项整治斗争。

1988—2005 年，县政法委共组织开展专项打击活动 23 次，摧毁犯罪团伙 278 个 854 人，追捕逃犯 225 人，解救被拐妇女 74 人。

四、政法宣传与调研

1988—1994 年 9 月，编发《政法简报》112 期。1994 年 10 月，《政法简报》改为《宁化政法》，每月 1 期，印制 1000 份，发至政法各部门基层单位和全县各乡（镇）、村、组。1995 年，县政法委组织撰写的群体性事件调研论文获三明市政法研讨会二等奖。1996 年，政法队伍建设重点调研课题参加全省调研会议交流。1997 年，成立调研领导小组，推进队伍建设、错案追究、执法监督等重点课题调研，形成调研文章 26 篇。2001 年 3 月，组织政法各单位 115 名中层干部开展"双百"（进百村、每村走访百户）调研活动，收到建议 2000 条。1998—2005 年，每年组织一次调研活动，评选优秀调研论文，服务领导决策，推动政法综治工作。

五、奖励见义勇为

1992 年，县政府拨专款为全县 33 万人民投保见义勇为人身意外险。1994 年 4 月，成立宁化县见义勇为奖励基金会，县政府每年拨专款 6000 元作为见义勇为奖励基金。1997 年 8 月 29 日，宁化县见义勇为奖励基金会更名为宁化县见义勇为工作协会。截至 2005 年，用于表彰奖励的金额 2.80 万元，基金余额 5.80 万元。2005 年，全县共表彰见义勇为先进分子 33 人，其中女性 5 人、牺牲 3 人，报送省级表彰 5 人、市级表彰 18 人、县级表彰 10 人。

第二节　社会治安综合治理

一、责任与激励机制

（一）综治领导责任制

1991 年始，县委、县政府主要领导与各乡（镇）主要领导、县直各部门签订或颁发《社会治安综合治理领导责任书》。1997 年，制定《实行社会治安综合治理一票否决权制的实施办法（暂行）》。1999 年 8 月，修订完善社会治安综合治理一票否决权制。2001 年，建立健全综治、纪检、组织、人事、监察 5 部委联席会议制度及县直各单位和各乡（镇）主要领导、分管领导综治实绩档案、评议制度，把综治实绩作为干部晋级、奖惩、录用的重要依据。

1991—2005年，县委每年召开综治专题常委会2次以上，每季度召开1次以上专题治安形势分析会，研究解决社会治安稳定的重大问题。全县共签订或下发《社会治安综合治理领导责任书》662份，对社会治安混乱的单位实施黄牌警告或一票否决。1997—2005年，全县有24个单位受到黄牌警告，61个单位被一票否决。

（二）激励机制

1991年始，县委、县政府把社会治安综合治理作为乡（镇）和县直部门主要领导、分管综治领导年度述职内容，明确任何部门和个人在办理招工转干、评先受奖、晋职晋级时都必须经过县综治部门协审把关。1993年，宁化县在全省综治"一五"规划实施情况考评竞赛中率先实现达标县。2003年，宁化县在三明市综治年度考评中获第三名。

至2005年年底，全县受省、市表彰的综治先进单位18个，其中，省级4个、市级14个；综治先进个人21人，其中，省级4人、市级17人；县委、县政府表彰综治先进单位263个、综治先进个人479人。

二、基层综治建设

（一）乡镇综治建设

1991年5月，宁化县社会治安综合治理委员会（简称县综治委）下发《乡（镇）社会治安综合治理委员会主要任务、职责及工作制度》，全县16个乡（镇）成立社会治安综合治理委员会和社会治安综合治理办公室，配备综治副乡（镇）长或副书记，配齐社会治安综合治理办公室人员。1994年6月配齐各乡（镇）综治副书记。2004年，根据《三明市党政领导社会治安综合治理责任书》要求，按照一类乡（镇）2名、二类乡（镇）1名配齐社会治安综合治理办公室专职人员。至2005年，全县16个乡（镇）配齐综治副书记和31名社会治安综合治理办公室专职人员。

（二）县直单位综治建设

2004年起，县直各企事业单位建立人民调解委员会或设立人民调解员，至2005年，县直12个企事业单位人民调解委员会共有成员74人，14个中央、省、市属企事业单位均设立人民调解员，41家县直企事业单位聘请85名保安员。

（三）村（居）综治建设

1991年始，结合村（居）换届选举，全县217个建制村（居）建立治保、调解组织。2002—2005年，开展"一区两会三包"（民警责任区、村治保会、村调委会，包学习、包责任、包成效）活动，使村（居）治保会、调解会实现"六有"（有机构、有牌子、有印章、有工作记录本、有制度、有办公场所）。

（四）流动人口管理

2004年始，按照《福建省"平安县（市、区）"考评验收细则》规定，组建宁化县城区暂住（流动）人口协管员队伍，翠江镇配备专职流动人口协管员3人。各乡（镇）先后成立流动人口管理站，配备流动人口协管员15人，各村（居）配备兼职流动人口协管员。2005年延续。

（五）治安巡逻

2003年，成立宁化县城区治安巡逻队，共有队员22人，由翠江镇综治委管理，业务隶属翠江派出所，经费由县财政每年出资6万元、城区各受益单位每年出资300—1000元。2004年，建立乡（镇）所在地治安专职巡逻队和村（居）治安义务巡逻队。至2005年，全县乡（镇）治安专职巡逻队有13支72人，治安护村义务巡逻队56支208人，治安护村义务巡逻队协助政法部门破获刑事案件25起、治安案件68起，抓获违法犯罪嫌疑人55人。

（六）综治平安经费

2003年，采取"乡（镇）财政出一点、受益单位和个人出一点"办法筹集乡（镇）群防群治经费，乡（镇）财政自筹落实综治办人员特岗津贴每人每月70元，县、乡综治经费按人均不少于0.20元纳入财政预算。2004—2005 年，县、乡两级财政均按人均 0.25 元预算综治经费、按人均 1 元预算平安建设经费。

三、平安建设

（一）宣传发动

1991 年年初，县政法委创办《情况与动态》工作简报，10 月改为《宁化政法》。2000 年，全县各中小学校聘请综治副校长，组织开展"学生带法回家"活动。2004 年，《宁化政法》改为《建设"平安宁化"工作简报》，县有线电视台开设"建设平安宁化，构建和谐社会"电视访谈栏目。2005 年，宁化县举办"平安宁化"建设元宵灯展，组织平安建设文艺队和法制宣传队演出。

1991—2005 年，全县综治部门共出综治平安建设墙报 756 期，悬挂和张贴标语 1 万条，散发宣传资料 8.30 万份，召开座谈会 300 次，制作固定标语 500 条，组织踩街活动 50 次，发送综治和平安建设短信 5 万条。

（二）平安创建

1991 年 7 月，县综治委在泉上镇召开社会治安示范村建设现场会，启动社会治安示范村建设。1992—1995 年，先后开展社会治安综合治理"百村达标""联校共建校园治安环境""治安合格单位"和"达标创优"活动。1995 年，县委明确各级党政一把手为社会治安综合治理第一责任人，确定一把手在社会治安综合治理中的位置。1997 年，组织开展安全文明片区、安全文明村（镇）活动，县领导每人挂包一个文明安全片区，组织干警和基层干部进村入户开展创建活动。2001 年起，县教育局每年与各学校签订或下发《校园治安综合治理领导责任书》，年终组织验收。2003 年，开展人防、物防、技防相结合的社会防控体系建设，全县创建文明小区 20 个，安全文明小区覆盖户数 12512 户，覆盖率达 92%；安全文明村（镇）206 个，覆盖户数达 74879 户，覆盖率达 97%。2004 年 7 月，县委、县政府制定并下发《关于建设"平安宁化"的实施意见》，开展"平安宁化"创建活动，提出通过 4 年努力，力争全县 16 个乡（镇）全部达到"平安乡镇"标准。是年，县综治委制定创建平安单位、平安村（居）和平安家庭等考评验收标准，落实平安建设措施。2005 年，县综治委领导和综治委成员单位帮扶 51 个乡（镇）和村（居）；是年，翠江、湖村、石壁、济村、治平、水茜 6 个乡（镇）通过三明市综治委考评验收，达到"平安乡镇"标准。经过县综治委对全县单位和村（居）考评验收，全县有 52 个单位达到"平安先进单位"标准，47 个单位达到"平安合格单位"标准，88 个村（居）达到"平安村（居）"标准。是年 10 月，组织 76 名政法干警和 34 名翠江镇干部在城区 76 条街巷开展创建"平安街巷"活动。

（三）重点整治

1992 年起，县综治委重点整治治安问题较突出的乡（镇）、村（居），分别成立以科级干部为队长的治安重点整治工作队，落实宣传发动、调查摸底、夯实基础、强化"严打"、加强防范等措施。1999 年，在重点整治曹坊乡上曹村治安问题过程中，设立村民小组"平安奖"，调动村组干部开展平安建设的积极性。至 2005 年，全县共组织治安重点整治工作队 63 支 380 人，重点整治 67 个单位和村（居），截至年底，经过市、县和各乡（镇）综治委考评验收，全部验收合格。

（四）治安联防

1994 年 7 月，江西瑞金、宁都、石城和福建长汀、宁化五县市签订《闽赣四县一市治安联防会议章程》，开展治安大联防。是年联手破获刑事案件 4 起，调解边界群众纠纷 2 起。1997 年 10 月 29 日—30 日，闽赣两省五县市第四次边界治安协作联防会议在宁化县召开。至 1998 年，五县市先后协助破获各类刑事案件 100 起，抓获犯罪嫌疑人 72 人，协助追缴赃款、赃物折人民币 700 余万元。

（五）物防技防

1988 年始，城区和各乡（镇）推行铁门、防盗网等物防措施，重点单位和重点部位安装监控器。至 2005 年，城区安装电子监控摄像探头 22 个，安装摄像探头或红外线报警监控器 100 余处。

第九章　精神文明建设

第一节　思想道德建设

一、"三德"教育

1988 年，县文明委修订印发《最佳商店标准》《文明经商十不》《柜台纪律十不》《营业员守则》《最佳营业员标准》和《顾客文明公约》，举办"两德"（社会公德、职业道德）教育各类骨干培训班 251 期，培训骨干 6230 人。1989 年，县文明委组织开展"治理、整顿、改革"建言献策活动，评选表彰 10 个最佳单位、10 名优秀职工和 8 名最佳计策建议者。开展"四有"（有理想、有道德、有文化、有纪律）教育和"天鹅杯"优质服务竞赛活动，评选出一等、二等、三等门市部和商店各 6 个。1990 年，县文明委开展"学雷锋精神、做文明市民"教育活动，创办文明市民学校，县设总校，各乡（镇）、部门、大企业设立分校或教学班 352 个，制定《宁化县文明市民守则》，发行《文明市民读本》1.15 万册，分期分批培训教学骨干 2270 人，受教育人数 32227 人，文明市民业余教育获全市一等奖。制定"共学雷锋、共建精神文明、共同继承和发扬古田会议精神"活动方案，发行《雷锋精神在福建》1000 本，组织读本知识竞赛 2 次，召开座谈会 3 次，建立学雷锋送温暖小组 1120 个，做好事 25520 件。

1991—1992 年，县文明委在全县组织开展"岗位学雷锋、行业十争当"活动，组织机关、企事业单位干部职工学雷锋、做好事 1.60 万件；各学校和团支部组成学雷锋活动小组为群众做好事、办实事 5200 件；评选表彰学雷锋先进集体 51 个、先进个人 58 人、拔尖人才 5 人、三明市行业标兵 1 人。1993 年，县文明委召开毛泽东等革命家为雷锋题词 30 周年千人纪念大会暨先进事迹报告会；开展"四优街"（优质服务、优良秩序、优美环境、优秀岗位）、"两佳两差"（即最佳和最差门市部或营业所、营业员）评比和创"无伪劣商品一条街"活动。县委、县政府表彰 10 名行业标兵和 6 名精神文明建设积极分子。1994 年，全县 16 个乡（镇）成立文明村民业余中心学校，208 个建制村设立分校，举办师资培训班 2 期。发行《文明市民读本》（法制篇和行为规范篇）及科普读物 1.36 万册，参加学习人数达 10 万人次。评选表彰"岗位学雷锋、行业十争当"先进单位 5 个、十大行业标兵 20 个。

1995 年，县文明委召开全县文明市民教育经验交流会，评选出 1995 年度十大"文明市民标兵"，发行《市民读本》（行为规范篇）学习资料 1 万份，《市民读本》（爱国篇）5000 本。1996 年，县文明委开展"社会公德教育周"活动，召开创建文明窗口工作座谈会，推荐建行、工行、地税城关分局、农资公司等为市级文明窗口。1997 年，县文明办出台"创文明机关"考评办法，召开"政德建设理论研讨会"，开展窗口行业"树示范窗口、赛星级门店、创优质服务厅、评群众满意率"活动，全县 21 个单位、101 个部门和基层所站推出承诺项目 288 项。是年，宁化遭遇 3 次严重自然灾害，县委动员各机关团体、厂矿企业捐款 40 万元，捐献衣物 3.20 万件。1998 年，县文明办召开全县文明市民教育工作经验交流会，开展"学雷锋行动月"活动，在北山公园举行纪念毛泽东等老一辈革命家为雷锋题词发表 35 周年仪式暨"青年志愿者服务队"授旗仪式，全县上万名青年志愿者上街开展便民利民服务。

1999—2000 年，县文明办制定下发《开展争做文明市民活动计划》，开展"保护生态环境，倡导文明新风"等主题活动和治理城乡算命、卜卦等迷信活动专项行动，组建县"三下乡"（文化、科技、卫生下乡）服务团并集中活动 2 场。2001—2002 年，县文明办开展全县中小学生公德教育系列活动，印发《宁化县公民道德教育卡（学生版）》7万份；建设先进祠堂文化，巫罗俊怀公念堂成为中共中央宣传部确定的全国100个公民道德建设试点单位之一。2003年，县文明办指导巫罗俊公怀念堂开展"道德之星"评比表彰活动，评选出尊老爱幼、计划生育、学文重教、科技兴农、勤劳致富、见义勇为、依法纳税、助人为乐、下岗再就业等先进典型10个。城郊乡东片老人长寿协会举办一年一度的逢十老人集体寿庆，被推荐为全国精神文明创建创新案例，人民网、《文明风》《三明日报》等多家媒体宣传推广，带动全县出现出书庆寿、书画庆寿、音舞庆寿、花灯庆寿等文明祝寿方式。

2004年，县文明办在城区南大街醒目位置和小溪社区、朝阳社区设置公民基本道德规范大型宣传牌，印制1.10万份公民基本道德规范宣传单；开辟有线电视专栏，宣传"爱国守法、明礼诚信、团结友善、勤俭自强、敬业奉献"公民基本道德20字规范；开展道德实践活动，组织93个县级以上文明单位与154个困难家庭结成帮扶对子，帮扶资金12万元。2005年，县文明办订购发放《公民思想道德建设实施纲要》4.50万册，宣传热心小区公益事业的一批"三德"建设典型人物和先进集体，其中市民张新财被评为"三明市十佳文明市民"候选人；举办知识竞赛、书画展、报告会，纪念宁化建县1280周年和红军长征胜利70周年等主题活动。宁化县被中宣部、文化部列为第二期"百县千乡宣传文化工程"项目定点单位。

二、未成年人思想道德教育

2004年，宁化县建立全县未成年人思想道德建设联席会议制度，确定为未成年人办实事项目8个，开展整治网吧、净化荧屏、"扫黄打非"等专项行动，专题调研未成年人犯罪状况、道德状况、生存状况，征集未成年人思想道德教育实例，编发《精神文明简报》专刊，举办"弘扬和培育民族精神"老干部报告会、纪念伊秉绶诞辰250周年大型广场书法表演等系列教育活动，参加活动学生4.50万人次。

2005年，县文明办印发《关于进一步加强和改进未成年人思想道德建设的目标任务分工》，专题调研全县各职能部门参与未成年人思想道德建设的工作情况、爱国主义教育基地、青少年校外文化活动场所建设状况，征集未成年人思想道德教育创新案例。其中，宁化县第一中学发动师生每天节约一分钱，资助贫困学生的"一分钱献爱心"活动被评为省创新案例，并被推荐参评全国创新案例，在中央精神文明建设指导委员会办公室《未成年人思想道德建设工作简报》刊发。

第二节　文明创建活动

一、创建文明县城

1988年，宁化县开展"人人讲卫生、美化我翠城"活动，县财政核拨10万元，县环卫站购置自动倒衔垃圾车1辆，翠江镇城区卫生管理办公室配置小四轮专用车。1989—1991年，县文明办复查先后获省、市、县命名的文明单位、文明村、文明户。1992—1993年，县文明办开展工农、军民、干群等结对共建活动，全县创省级文明单位2个、市级文明单位31个、县级文明单位260个、文明楼院1995座、文明户（五好家庭）31350户；开展全民义务植树活动，评选出绿化红旗单位23个、绿化先进单位45个；举办宁化第四届菊花展，参展菊花2万盆。1994年，县文明办先后在中国人民银行宁化县支行、县水泥厂、泉上镇召开创建"双文明单位"和"双文明户"现场经验交流会，评选出"双文明单位"45个、"双文明户"2.18万户、红旗单位10个、文明标兵10个、最佳单位10个和最佳营业员（服务员）20个。1995年，开展争当"文明市民标兵"活动，通过市民教育市级抽查考试，推荐2名全市文明市民标兵，其中济村乡张捷新被被评为首届三明市文明市民。

1996年10月4日，全省第六届文明（先进）县城暨创建边界文明县城活动联谊交流会在宁化召开；

11 月 14 日，县委召开共建"三优街"总结表彰大会，表彰红旗单位、最佳商店（单位）、文明标兵、最佳营业员（服务员）和先进工作者各 10 个。1997 年，县政协委员刘铮铮家庭被三明市评为"五好文明家庭"标兵户，华侨农场韩金其等 9 户家庭被三明市评为"五好文明家庭"，评出县"五好文明家庭" 100 户。宁化师范与武警宁化消防大队被市评为"双拥共建先进集体"，泉上镇政府与泉上靶场被评为"福建省军民共建社会主义精神文明先进单位"。1998 年 2 月 16 日，三明市委、市政府授予宁化县 1996—1997 年度创建文明县城（市、区）竞赛活动一级达标县（市、区）。1999 年，全县申报创建省级文明单位 12 个，市级文明单位 49 个。2000 年，开展科普系列活动和"清除黄赌毒、倡导文明新风"教育活动，确定银兴、宁化师范学校、县医院、北山、农业新村、县政府大院、沙坝园、伍家山等 8 个小区为创建市级高标准文明安全小区。

2001—2002 年，县文明办开展"九联一体化，服务千万家"（"九联"指科教、文体、法律、卫生、电业、供水、邮电、广电、工商行政管理九部门）活动，代办点、服务站进入社区，其中"北山社区服务中心"服务项目达 30 个。2003 年，县文明办制定出台《宁化县文明社区创建工作规划》，组织开展科学、教育、文化、体育、环保、涉台教育"六进社区"活动。6 月 5 日，宁化与晋江市签订《晋江市文明委、宁化县文明委开展精神文明建设结对共建协议书》，确定第一批共建援助项目，总金额 135 万元，其中县图书馆电子阅览室、县纪念馆多功能展室于 11 月竣工。2004 年，县委、县政府召开城区环境秩序整治大会和城管职能部门协调会议，从 2 月起开展为期 2 个月的城区环境综合整治。聘请城区公德巡查员 124 位，县广电局报道公德巡查活动新闻获三明市新闻评比一等奖。2005 年，县文明办开展创建文明县城公益广告一条街活动，在城区主干道统一制作沿街护栏公益广告 80 块。

二、创建文明村镇

1988—1989 年，宁化县开展"六提倡、六反对"（提倡崇尚科学，反对封建迷信；提倡健康娱乐，反对聚众赌博；提倡婚姻自主，反对买卖婚姻；提倡村邻和睦，反对宗族械斗；提倡艰苦创业，反对铺张浪费；提倡少生少育，反对超计划生育）活动。全县先后成立红白理事会、扶正压邪理事会、青年新风促进会、妇女禁赌会和老年协会等组织 196 个，成员 1146 人。理事会等民间组织主持简办结婚、做寿、乔迁等喜、丧事 2255 场次。1990—1993 年，宁化县开展村镇"六联六建"（思想工作联做，共育"四有"新人；科学文化联教，共同提高素质；社会治安联防，共创安定环境；公益事业联办，共建服务设施；环境建设联搞，共建园林片区；经济工作联抓，共图区域繁荣），出现湖村镇工农共建、泉上镇军民共建、曹坊乡罗溪村干群共建新农村、宁化县化工实业总公司与城郊乡高堑村工农共建、翠江镇双虹片区大厂带小厂等一批共建典型。

1994—1995 年，县文明委重点开展湖村、泉上、石壁、翠江 4 镇的创建工作，推荐湖村、石壁为市级文明乡（镇）。1996—1997 年，县文明委在农村开展"创十星、评十户"（"十星"为经济发展、爱国奉献、治安稳定、优生优育、科技示范、崇文重教、移风易俗、环境美化、民风淳朴、党建加强）活动；全县 67 个建制村 17615 户农户参评，共评出十星户 1258 户、十星级文明村 16 个。1998—2000 年，县文明办开展"三下乡""美在农家"等活动，建设"图书村"合格村，订购《中国农民基本常识读本》2000 套，每个村配备 10 套。2001 年，县委建立县级领导干部和县直部门挂点包村制度，指导扶持挂点村精神文明建设。2002 年，宁化县开展创建文明乡（镇）竞赛活动，制定《宁化县创建文明乡镇竞赛考评细则》，全县筹集资金 100 万元扶持群众建设沼气池 2400 口。

2003 年，省、市下拨专项扶持资金，为湖村镇巫坊村、石壁镇石碧村 2 个"精品村"建设图书阅览室、道德教育室、文体娱乐室、宣传栏等文化活动场所，添置电脑、VCD、乒乓球桌、图书等设施。2004 年，县文明办宣传、推广巫罗俊公怀念堂"先进文化进祠堂"和城郊乡下巫坊村老年协会集体寿庆活动经验，表彰"诚实守信我先行"先进私营企业和个体工商户。2005 年，全县开展"学习张仁和，争创文明村"活动，加强农村新村规划，建设"五通"（通路、通电、通水、通广播电视、通电话）工程。是年 8 月 18 日，县委召开全县农村精神文明建设工作会议，组织各职能部门领导和各乡（镇）分管领导、文明办主任现场观摩翠江镇双虹村"三户"（文化中心户、婚育新风示范户、平安示范户）建设、巫罗俊怀念堂"先进文化进祠堂""石碧村精品文明村"建设等农村精神文明先进典型。

三、创建文明行业、文明单位

1988年，县委、县政府召开两个文明建设表彰大会，表彰奖励工贸企业在"爱岗位创一流成绩"的评佳选优活动中评选出的最佳单位、优秀职工、最佳计策建议者各10个。1994年，争创市下达的45个文明行业、文明单位。是年，新创市级文明单位10个，23个单位为新创县级文明单位，256个单位被保留县级文明单位资格，1个单位被取消文明单位资格，2个单位被黄牌警告。1995年，县文明委复查考核全县45个市级文明单位和4个省级文明单位，推荐1995年度市级文明单位22个、省级文明单位4个。1996年，县文明委对文明单位实行动态管理，推荐省级文明单位8个、市级文明单位38个、县级文明单位72个。是年6月6日，在宁化师范学校召开创建省、市级文明单位经验交流会；8月3日，在县林产化工厂召开"文明企业"创建工作会。1997年，县文明办开展"创文明行业，建满意窗口"和"评群众满意率"活动，确定公安、税务、工商行政管理、邮电、电业、城建、金融、卫生、财贸、交通等10个重点服务窗口，评出红旗单位、最佳示范窗口、文明标兵、最佳营业员（服务员）10个和先进工作者10人。

1998—2000年，县文明办突出程序、标准、承诺、言行"四个规范"，开展窗口行业"满意杯"竞赛活动。以效能建设为重点，开展党政机关"创文明机关，做人民满意公务员"活动，树立县国税局、县烟草局、县电力公司等一批行业典型，推动全县各行业把规范服务落实到基层、窗口。2001年，县文明办组织人大代表、政协委员、行风监督员对31个执法、服务部门进行群众满意率测评，平均分为85.90分，满意率在80分以上的行业占97%。2002年，县文明办开展各行业创建"青年文明号""巾帼示范岗"和评选"放心店""七星门店"等活动，其中县烟草公司开展"金三明杯"创文明行业、建满意窗口活动，县国税局、县医院联合开展创建学习型文明单位活动。2003—2004年，县文明办制定《宁化县2003—2005年度文明行业创建工作规划及实施意见》，召开全县行业创建工作会议，部署开展以"诚实守信我先行""共创文明社区，同享幸福生活"为主题的文明行业、文明社区创建活动。2005年，举办全县各级文明单位业务骨干创建工作培训班，组织文明单位动态记分考核和实地考评，对各申报单位、村镇、学校三年来的创建工作进行总评验收，组织申达木业等个体私营经济参评市级文明单位。

第十章　其他党务工作

第一节　党校教育

一、教育培训

（一）中青年干部培训

1992年3月，县委党校举办学时3个月的"宁化县首期党校学历班"，培训对象为全县各党委推荐的股级干部及部分新上任的未经培训的科级干部，学员37人，主要学习马克思主义哲学、科学社会主义、政治经济学、中共党史、党建理论等5门主课，另开设国情与战略、公文写作、法学知识、领导科学、烟草知识、科技知识、林业知识、计划生育与人口理论等8门讲座。1993、1995、1996、1997、1998年，县委党校先后举办宁化县第二、第三、第四、第五、第六期党校学历班，学员累计243人。第四期学时2个半月，其他均为2个月；第五期增设现代科技、环保、财会等新的培训内容；第六期把哲学、科学社会主义内容调整为专题讲座，增加领导科学、市场经济知识、邓小平理论、公文写作、现代科技等课程的授课时间。

2001年，县委党校原学历班改为中青年干部培训班，9月17日开学，学时2个月，学员73人。课程按主课、常识课、讲座课、实践课等四大课程设置，以"三基本、五当代"（马列主义、毛泽东思想、邓小平理论为三基本，当代世界经济、政治、军事、科技、世界思维为五当代）为主要教学内容，教学改革取得突破，特别是实践课的开设，增强了学员理论联系实际的能力。2005年5月，县委党校举办"宁化县第八期中青年干部培训班"，学制2个月，学员72人，增设演讲、情景模拟、论文交流等课程。

（二）科级干部进修班

2001年10月，县委党校举办"宁化县第一期科级干部进修班"，学时1个月，学员50人，课程设置除增加领导科学课程的授课时间外，大部分参照第七期中青年干部培训班的授课内容。2003—2005年，县委党校先后举办宁化县第二、第三、第四期科级干部进修班，学时均为1个月，学员累计147人。第二期增设案例分析和调研课，第三期增设公共行政概论和《中华人民共和国宪法》课程，第四期增加"执政能力"系统知识讲授。

（三）经贸骨干培训班

1992年7月，县委党校举办"宁化县首期经贸骨干培训班"，培训时间2个月，38名学员主要是县各经济主管部门干部、经贸企业厂长（经理）、优秀企业后备干部、乡（镇）企业领导干部和分管乡（镇）企业的领导。培训内容分为必修课和业务知识两部分，其中必修课为领导科学、当代企业管理、马克思主义基本理论（哲学）、社会主义经济理论（政治经济学）等课程，业务讲座为经济法规、企业领导学、国际形势、审计知识、银行信贷与结算、财政与税收、工业企业经济开发可行性论证、公共关系学、对外开放与利用外资、对台贸易经验介绍、宁化经济发展概况、经济信息工作等。1993、1994、1997年，县委党校先后举办宁化县第二、第三、第四期经贸骨干培训班，学员累计116人。其中，第三期培训时间为20天，其他为1个月。其后未再开办。

（四）妇女非党干部培训班

1993年7月，县委党校举办"宁化县首期妇女干部培训班"，培训时间1个月，学员40人，学习内容分为必修课和专题讲座两部分，其中必修课为领导科学、哲学、中共党史、党建理论和中国特色社会主义理论，专题讲座为法律知识、党风廉政建设、县情与改革、股票证券知识、计划生育人口理论和妇女工作知识。1994年10月，县委党校举办"宁化县首期非党干部读书班"，培训时间15天，学员28人。主要学习《邓小平文选（第三卷）》、中共十四届四中全会精神、中国特色社会主义理论、社会主义市场经济知识、统战理论知识及政策、领导科学、形势报告、爱国主义教育、县情、法律知识和科技知识等课程。1995年11月，县委党校举办"宁化县第二期妇女干部骨干培训班"，时间1个月，学员41人。1998年10月，"宁化县第三期妇女干部培训班"和"宁化县第二期非党干部培训班"同时开班，合并上课，培训时间1个月，培训学员50人，其中妇女干部班30人、非党干部班20人。1993—1998年，县委党校举办妇女非党干部培训班5期，培训妇女和非党干部159人。2000年，县委党校举办妇女非党干部培训班1期，培训妇女和非党干部54人。2001—2005年，县委党校举办妇女非党干部培训班5期，培训妇女和非党干部457人。

（五）村级后备干部培训班

1991年7月，县委党校举办"宁化县首期村级后备干部培训班"，学员52名，学时6个月，培训内容主要为语文、哲学、科学社会主义理论、基层领导学、党建理论、法律知识、农村财会、农业知识、文秘知识等课程。1992—1995年，县委党校先后举办宁化县第二、第三、第四、第五期村级后备干部培训班，第五期学时一个半月，其他均为3个月，学员累计207人。1991—1995年，县委党校举办村级后备干部培训班5期，培训学员259人。1996—2000年，县委党校举办村级后备干部培训班5期，培训学员210人。

2001—2005 年，县委党校共举办村级后备干部培训班 7 期，培训学员 425 人。

（六）公务员培训

1996 年 6 月，县委党校与县委组织部、县人事局联合举办县乡机关工作人员培训班 3 期，932 人参训。2002 年，县委党校与县人事局联合举办公务员依法行政培训班 2 期。2003 年，县委党校被福建省人事厅评定为"福建省公务员培训基地"，举办公务员依法行政培训班 2 期。2004 年，举办"公务员行政许可法知识"培训班 4 期。2005 年，举办《中华人民共和国公务员法》干部培训班 4 期。

（七）短期培训班

1988—2005 年，县委党校共举办时间为 20 天（不含 20 天）以内的各类短期培训班 47 期，培训学员8850 人。

（八）联合办班

1988 年 10 月，县委党校与县委宣传部联合举办为期 3 天的"宁化县'生产力标准'再学习、大讨论学习班"，200 余名副科级以上干部参训。1995 年 12 月下旬，县委党校与县委组织部、县委宣传部联合举办为期 3 天的"宁化县建设有中国特色社会主义理论和新党章培训班"，学员 900 人。2001 年 9 月 12—14日，县委党校与县委组织部、县委宣传部联合举办"宁化县学习中共中央总书记江泽民'七一'讲话理论骨干培训班"，学员 50 人。2002 年 6 月，县委党校与县委组织部、县纪委联合开展"宁化县科级干部权力观教育"，全县副科级以上干部分 2 期进行培训。12 月 30 日—31 日，县委党校与县委组织部、县委宣传部联合举办"宁化县学习十六大精神理论骨干培训班"，培训 16 个乡（镇）党委和县直机关党委宣传委员40 人。1988—2005 年，县委党校与县委组织部、县纪委、县委宣传部共举办各类培训班 6 期，培训党员干部 1640 人，与县党工委联合举办入党积极分子培训班共 11 期，培训入党积极分子 1375 人。

（九）学历教育

1986 年 9 月，县委党校举办全日制脱产二年制学习国民教育系列党政干部中专班，招收党政干部学员40 人，学员于 1988 年 7 月毕业。1988 年，县委党校招收党政干部中专专修班学员 30 人，学制 1 年。1994 年，中央党校函授学院福建分院三明学区宁化辅导站成立，县委党校开设行政管理、经济管理、法律3 个大专专业。1994—2005 年，共招收大专学员 971 人，毕业 716 人。1999 年，县委党校与县委组织部、三明农业学校联办以村主干为招生对象的农学专业中专班，学制 3 年，录取 50 人，毕业 50 人。2002 年，县委党校增设中央党校函授本科班教学点，开设行政管理、经济管理、法律 3 个专业。2002—2005 年，县委党校共招收本科学员 279 人，毕业 168 人。

二、理论研究

1988—2005 年，县委党校在搞好干部教育培训的同时，坚持"三个服务"（科研工作为提高教学质量服务，为县委、县政府决策服务，为两个文明建设服务）方针，结合改革发展的重大理论和现实问题，开展理论研究，撰写科研文章。至 2005 年，共发表论文 238 篇，其中省级 69 篇、市级 109 篇、县级 60 篇。有 77 篇论文获奖，其中省级 5 篇、市级 23 篇、县级 49 篇。

三、基层党校指导

1988—1989 年，县委党校先后派出 6 名教师到各乡（镇）上党课，为乡（镇）党校提供资料和编写《乡镇党校教材》3 部，举办乡（镇）党校教员、分管教学副校长备课会 2 次，对教材进行分析讲解，交流办学经验。1990 年 5 月，县委党校成立"宁化县基层党校工作指导站"，检查督促基础建设及办学情况，组织编写教材，培训师资，协助授课并定期召开教学工作会。1992 年，县委党校内部增设"基层党校工作指导室"，加强基层党校制度建设、业务培训和课题调研。

1994 年年初，县委党校与县委组织部联合制定下发《加强乡镇党校工作的意见》，派出 3 名教师分赴

16 个乡（镇）和机关党校进行学习辅导。组织教师编写辅导教材 1 份，召开全县基层党校工作会议 1 次，开展基层党校师资培训 2 期，参训 42 人。1995 年，县委党校与县委组织部、县委宣传部联合举办"基层党校中国特色社会主义理论和新党章师资培训班"，参训 40 人，派出 3 名教师分赴 16 个乡（镇）和县直机关党委党校巡回讲课 21 场次。1997 年 4 月 14 日，县委党校下发《关于做好 1997 年基层党校工作的通知》，举办"基层党校学习十五大精神骨干培训班"，培训师资 60 人。2000 年，县委党校召开全县基层党校工作会议 2 次，开展基层党校师资培训 2 次，参训 83 人。2005 年，县委党校派出 5 名教师分赴 16 个乡（镇）和县直机关党委、党校，开展"学习张仁和，为民谋利益，尽责促发展"为主题的巡回讲课 39 场次。

1998—2005 年，县委党校共派出教师 160 人次到基层党校讲课、指导工作。

第二节　老干部工作

1988 年，全县老干部管理工作由县人事老干局负责。1990 年 4 月，设立县老干局，与县人事局合署办公。

1990 年，以县离退休干部活动中心为依托，成立县关心下一代工作委员会（简称县关工委），开办老年学校、成立县老龄委及办事机构，先后为 54 人办理离、退休手续（其中离休 3 人、退休 51 人）。城区 7 个离退休干部学习小组定期开展学习活动，每月组织安置在农村的离退休干部学习，解决离退休人员医疗费实报实销问题以及提高公务费、发放护理费、住房、子女就业、家属"农转非"问题。开展"敬老周"活动，召开座谈会，组织登高、游园、老年健身操比赛、门球比赛以及老少同乐联欢会，组织宣讲团，深入城乡学校为师生进行革命传统教育，组织 30 名离退休干部作为交通督导员，上街进行交通执勤。

1991 年 4 月，县人事局、县老干局分开办公，县老龄委与县老干局合署办公。

1995 年，县政府下发《关于调整企业离休干部离休金的通知》《关于调整行政、事业、企业单位离休干部部分经费的通知》《关于调整企业离退休人员退休金若干具体问题和处理意见》等文件，落实离退休干部生活待遇，开展离休干部生活待遇落实情况调查与督查。宁化县粮食局为本系统离休干部每年每人免费供应 5 公斤食油、100 千瓦时电量、100 吨自来水；宁化县电力公司为本单位离休干部每人每年增发 100 元健康费，同时规定对全县离退休干部建房内线安装和安装接线实行优惠；县林委创办红砖厂、锯板厂及林业重阳股份有限公司等老干部经济实体。建立健全学习制度，成立 1 个老干部党支部、9 个老干部党小组，提高离退休干部的政治思想素质。是年，全县有离退休干部 130 人（其中异地来宁化安置 13 人），县老干活动中心被评为三明市老干活动中心先进单位。

2000 年，县老干局开展"三讲"和江泽民"三个代表"重要思想学习教育活动。举办"反对迷信、崇尚科学"实例教育图片展。是年，全县建有 5 个离退休干部党支部、1 个离退休干部党小组，每月开展 1 次以上集中学习。年内组织慰问老干部 2 次，县委、县政府 2 次向老干部通报工作。县老干局贯彻实施《企业离退休干部"两费"保障机制》，给予 4 个部门 8 名特困企业离休干部补助共 5.20 万元。举办首届离退休干部运动会，330 人参加。县政府动工兴建退休干部体育活动中心。

2005 年，健全退休管理服务网络，落实离退休人员待遇，组织离退休干部观看"送欢笑——走进宁化苏区"慰问演出活动，举办 1 场老年专题广场文艺晚会，发放慰问信、挂历 2200 份。对到龄离退休人员进行调查摸底和档案核查，全年批准办理退休 152 人，为 51 人审批死亡抚恤和遗属困难补助。

1988—2005 年，县老干局每年春节召开座谈会，慰问老干部，送慰问信、挂历。组织老干部参加登高、门球、台球、象棋、麻将、健身操、舞蹈、读书看报活动，丰富老干部文体生活；老年学校开办时事政治、法律常识、卫生保健、书法、绘画、乐器等课程，参加学习 8500 人次；县关工委组织离退休老干部宣讲团深入中小学校对学生进行爱国主义教育达 87 场，受教育人数 10 万人次。全县先后有 500 名离退休干部被单位返聘、他聘或兴办经济实体，有 150 人被评为治安协理员、计划生育顾问、党风廉政监督员、交通秩序督导员，真正做到老有所学、老有所乐、老有所为。

第三节　对台工作

一、对台宣传

1988 起，县委对台工作办公室（简称对台办）利用接待台胞回乡探亲的机会，通过召开座谈会，向台胞宣传"和平统一、一国两制"方针以及改革开放政策，介绍家乡两个文明建设成就，让广大台胞增强两岸人民一家亲的认同感，扩大宁化的知名度。至 1994 年，编写对台宣传稿 276 篇，分别被省电台《海峡之声》和三明市电台《三明台声》《海峡瞭望》采用，将宁化县客研会编纂的客家论文汇编《石壁之光》寄送台湾 30 本，提高宁化知名度。

1995 年春节期间，对台办向台湾同胞发送中共中央总书记江泽民《关于台湾问题的八项建议和主张》300 多份。召开回乡探亲台胞座谈会，对赴台探亲 12 人进行行前教育。组织人员参与编写《寻根揽胜三明情》，介绍宁化与台湾的历史渊源、风土人情、民族风俗等内容，赠送每位回乡探亲的台胞。

2000—2003 年，对台办向赴台人员以及回乡探亲、祭祖、经贸考察、观光旅游的台胞，赠送《宁化投资指南》《论石壁》《客家魂》等宣传品和宣传资料 1200 多份；配合石壁客家祭祖，拍摄《神奇的客家祖地——宁化》宣传片，赠送台胞带回台湾，广泛宣传宁化。2005 年，台湾"中国电视台"到宁化拍摄《万里江山大陆寻奇》。

1988—2005 年，对台办累计向省、市相关媒体投送涉台稿件 1000 多篇，通过回乡探亲台胞带去联络亲人的信函 500 多件，邮寄贺岁卡 2000 多张，赠送宣传品 3000 多份、宣传片 200 份。中秋、元旦召开台胞、台属座谈会 56 场，900 多人参加。

二、两岸交流

1988 年，对台办接待台胞 107 人次，有 6 位台胞带回蓬莱谷种、葡萄、甜瓜、美国无核桃供有关单位和亲属试种。

1989—1990 年，对台办接待台胞 281 人次，协助办理居留、定居、婚嫁、遗产继承、赴台等事务 32 人次。1991—1994 年，接待台胞 800 多人次，协助办理居留、定居、婚嫁、遗产继承、赴台等事务 260 人次。

1995 年，对台办配合开展"客家民俗风情"旅游观光年活动，广泛联谊交友，推进两岸交往，为台胞、台属协助办理居留、定居、婚嫁、遗产继承、赴台等事务 100 余人次，其中返乡定居 1 人、赴台定居 1 人、赴台探亲看病 12 人，接待台胞 92 人次。台湾第一、二代在宁化寻觅配偶已结婚的 6 对。春节期间向台胞、台属发送贺年卡、年画 500 多份。在"11·28"活动期间，台湾国民党候补委员、国民党大会代表、主席团主席、国大党图案副书记长、世界客属总会理事长陈子钦为"客家公祠"落成赠送"国族之光"匾牌。

1996—2000 年，对台办发挥客家祖地在宁化与台湾交流的特殊作用，推动宁化与台湾文化、科技、教育、经贸等领域的双向交流，邀请台胞参加一年一度的世界客属石壁祖地祭祖大典，接待台胞 1000 多人次。2000 年，宁化获批准赴台看病、探亲、奔丧的台属 44 人，为宁化县赴台人员最多的一年；宁化县人员与台胞成亲 20 对，为历年最多的一年。

至 2005 年，对台办和有关部门接待到宁化探亲访友、寻根谒祖台胞 2321 人次，办理县内台属赴台探亲 212 批次 379 人、到台定居 10 人、涉台婚姻 87 件、因公赴台参观访问 11 人。

三、经贸合作

1988年后，随着两岸关系的进一步缓和，台商到宁化投资创业逐渐增多。1989年，台商黄启伦与湖村乡合办启华建材有限公司，5位台胞向宁化捐赠5.70万元兴办学校、电视差转台等公益事业6个。1990年，引进台资1700万元，创办台资企业8家。

1995年《中华人民共和国台湾同胞投资保护法》及省实施办法颁布后，宁化县认真贯彻执行，全年兴办由台湾洪森航空货运有限公司参与的福建省宁化蛟龙水泥有限公司，总投资1557.40万元，由宁化县化工实业有限公司与宁化旅台同乡会合资创办的福建省宁化县建峰水泥有限公司，总投资450万元（其中台资200万元）。支持台属兴办经济实体24家，全县台属兴办个体经济实体上万元资金的150多户。

1996—2000年，为加强与台资企业的联系，巩固和发展台资企业，县委、县政府制订领导与台资企业挂钩制度，将台资企业振兴竹制品有限公司、胶木电器制品有限公司、万协竹木艺品有限公司列为首批挂牌保护企业。

2001年，宁化与台商签订6个投资项目，其中台商独资4个、合资2个，总投资670万美元。

2002年，台商投资50万美元开工建设台资企业游乐园，振兴竹胶板厂增资190万美元，坤兴针织厂增资100万美元。

2005年，按照县委、县政府招商引资总体部署，对台办采取"朋友邀请、项目邀请、真情邀请"的措施，邀请8位台商到宁化考察。贯彻《中华人民共和国台湾同胞投资保护法》，全年新批办台资企业2家，投资200万美元。

1988—2005年，全县共兴办台资企业38家，实际利用台资1300万美元，台资企业涉及建材、竹木制品加工、农业、旅游等项目。

四、服务办事

1988年起，对台办认真贯彻落实对台工作方针政策，主动服务台胞、台属，协助解决台胞、台属在子女升学、办理宗属关系公证、涉台婚姻登记、申领在台退休金、台胞滞留延期及台资企业在创办和生产经营等方面存在的问题，热心提供咨询，做好服务，积极妥善处理涉台事务。

1990—1995年，对台办受理台胞台属办理事务78件92人次，接待来信20多件，解决台资企业经济纠纷2件，解决台资企业原材料供应紧张2件。

1996—1998年，对台办为台胞台属办理有关公文证书7件，协助办理近期居留13人次，调解家庭纠纷及其他事项22人次。

1999年9月21日，台湾发生大地震，对台办与县有关领导走访慰问台资企业和返乡探亲台胞。组织发动台属开展"打一个电话、写一封关怀信函"活动，开展赈灾募捐筹集3.30万元，通过县红十字会统一上交送往台湾。

2000—2005年，对台办受理台胞台属办理事务234件，接受咨询680人次，为台商企业解决生产、生活问题21件。其中，2002年，对台办为台商程功钦协调办理房产证等有关优惠政策兑现，减免费用1.20万元；2004年，认真贯彻《中华人民共和国台湾同胞投资保护法》，县主要领导与县法院为坤兴公司与省进出口公司的纠纷案向省、市有关部门联系，妥善解决问题；2005年，县分管领导和对台办对重点台资企业振兴竹制品厂原材料供应不上面临停工停产问题，及时和盛产毛竹乡镇领导联系，解决毛竹供应紧张问题。

1988—2005年，全县接待台胞台属来信来访800多人次，为台胞台属办实事340件。

第四节　机要保密工作

一、保密宣传

1988 年 9 月 5 日《中华人民共和国保守国家秘密法》在第七届全国人民代表大会常务委员会第三次会议通过后，县委认真宣传贯彻，加强保密工作。

1989—1990 年，组织放映保密教育内部电影 27 场，在城乡播放保密教育录像片 550 多场次，受教育 6 万多人次。利用党校培训及有关会议组织学习《中华人民共和国保守国家秘密法》与《中华人民共和国保守国家秘密法实施办法》，强化保密意识。

1991—1995 年，把《中华人民共和国保守国家秘密法》列入"二五"普法工作重要组成部分。先后购进保密教育录像片 6 部，分别在机关、乡村播放 100 多场次，受教育 1 万多人次。张贴、播放宣传标语 4000 余条，出宣传栏、墙报 50 多期，组织开展《中华人民共和国保守国家秘密法》知识竞赛、测试活动 30 余次，印发《保密知识》《保密制度汇编》《保密工作要点》6500 册。

1996—2005 年，县保密部门开展"三五""四五"保密普法教育系列活动，组织播放保密教育录像片 450 多场次，受教育 5 万多人次。开办保密课 120 多场，听课人数 6000 多人次。

二、定密工作

1991 年，县委调整充实保密委员会，由一名县委常委任主任，有关要害部门相应成立保密机构。县直机关有 21 个单位成立定密工作领导小组，配备专（兼）职保密员。县政府办公室下发《开展依法定密工作的通知》，明确定密领导和定密审核人，规范定密工作程序。 1995 年，全县各单位部门基本制定了定密工作制度，建立密件资料的收发、传阅、借阅、清退制度。至 2005 年，共举办全县定密知识讲座 8 场次，培训保密人员 350 人。全县所有部门全部配备专（兼）职保密员。

三、涉密载体管理

1990 年起，县委下发《关于贯彻实施"印刷、复印国家秘密载体暂行管理办法"的实施意见》，县保密部门对印刷单位实行国家秘密载体复印许可证管理。大力加强对涉密纸介质、磁介质（计算机硬盘、移动硬盘、软盘等）、光介质（光盘等）、半导体介质（U 盘、存储卡等）等涉密载体的管理，规范保密文件和资料收发、运转、清退及销毁的运作程序。对全县经营性印刷、打字、复印、废品收购等企业进行登记管理，确定审批定点复制、销毁单位。至 2005 年，各涉密单位严格执行规则，未发生失、泄密事件。

四、保密设施

1989 年，县委机要局开通机要专线电话会议设备和纪要专线程控电话设备，承办机要专线电话会议 16 场，装设机要专线电话机 7 部。1995 年，县保密办制定《宁化县保密技术防范设备必有必备实施计划》。重点单位购置保密设备，重点涉密单位设置独立机要保密室，安装铁窗、铁门、铁柜、录像监控装置。至 2005 年，全县投入资金 30 多万元，配备密码文件柜、铁质文件柜 1100 个、碎纸机 200 台、计算机隔离卡 1500 个、信号干扰仪 5 个。

五、计算机信息系统管理

1995 年，县保密部门制定加强计算机、传真机和通信设备管理制度，对现代化通信设备和办公自动化设备严加管理。县机要局、县政府办公室、县公安局、县统计局等有传真、微机的单位严格执行管理制度，在通信方面严格区分明传与密传，加密传真一律用机要专线；对县统计局的微机管理做到定员、定机使用。2000 年，开展全县办公自动化设备涉密情况调查，掌握全县计算机信息系统使用情况。2001—2005年，根据网络的实际应用需求和防范能力，对全县计算机网络进行合理定位，区分公众网、内部网和涉密网，严格内外网物理隔离，严防涉密计算机连接公众网。

六、保密检查

1990 年起，县保密部门每年开展各种形式的保密检查，主要检查保密工作方针政策、法规制度贯彻执行情况、保密组织机构建设、保密设施配置和保密环境情况，严肃查处失泄密事件，维护国家秘密安全。1995—2005 年，加强计算机保密技术检查，在各单位自查自纠基础上，开展重点抽查，配合省、市保密技术检查。至 2005 年，全县共组织保密检查 21 次，抽查单位 329 个，未发生过重大失泄密事件。

卷五 宁化县人民代表大会

1988—2005 年, 宁化县人民代表大会及其常务委员会 (以下简称县人大、县人大常委会) 先后召开了第十届、第十一届、第十二届、第十三届、第十四届人民代表大会, 分别产生各届人民代表大会及常务委员会。至 2005 年, 五届人大共召开 21 次会议。17 年间, 县人大及常委会认真履行宪法和法律赋予的职责, 依法行使地方权力机关职权, 听取和审议县政府工作报告、国民经济和社会发展计划工作报告、财政年度预结算工作报告、人大常委会工作报告、法院工作报告、检察院工作报告, 常委会会议讨论、决定本行政区域重大事项 100 多项。加强司法机关和执法人员执法监督检查, 监督宁化县人民政府、人民检察院、人民法院 (以下简称 "一府两院") 工作, 依法选举、任免国家机关工作人员, 指导乡 (镇) 人大主席团开展工作, 加强人大制度宣传和理论研究。围绕县中心工作, 充分发挥代表作用, 组织代表调研视察; 完善各项工作制度, 改进工作作风, 提高办事效率, 保护人民民主权利, 有力促进宁化县经济社会发展和社会主义民主法治建设。

第一章 代表选举

第一节 选民及代表构成

1990 年 12 月, 全县选民 204499 人, 参加投票选举选民 199499 人, 占选民总数 97.56%。选举产生县第十一届人民代表 283 名。其中, 妇女代表 58 名, 占代表总数的 20.49%; 少数民族代表 6 名, 占 2.12%; 中共党员 178 人, 占 62.90%; 代表中农民 144 人, 占 50.88%; 工人 24 人, 占 8.48%; 干部 68 人, 占 24.03%; 知识分子 23 人, 占 8.13%; 军人 2 人, 占 0.71%; 其他人士 24 人, 占 8.48%。代表中大专文化以上文化程度 43 人, 占 15.20%; 中专 80 人, 占 28.27%; 初中 114 人, 占 40.28%; 小学以下 46 人, 占 16.25%。全县选举产生乡 (镇) 人大代表 1135 名, 其中妇女代表 232 人, 占 20.44%。

1993 年 12 月, 全县选民 217752 人, 参加投票选举选民 216326 人, 占选民总数 99.35%。选举产生县第十二届人民代表 299 名。其中, 妇女代表 70 名, 占代表总数的 23.41%; 中共党员 195 人, 占 65.22%; 代表中农民 169 人, 占 56.52%; 工人 21 人, 占 7.02%; 干部 68 人, 占 22.74%; 知识分子 23 人, 占 7.69%; 军人 2 人, 占 0.67%; 其他人士 39 人, 占 13.04%。代表中大专文化以上文化程度 48 人, 占 16.05%; 中专 101 人, 占 33.78%; 初中 103 人, 占 34.45%; 小学以下 47 人, 占 15.72%。全县选举产生乡 (镇) 人大代表 1142 名, 其中妇女代表 230 人, 占 20.14%。

1996 年为乡 (镇) 人大换届选举年, 县人大常委会成立选举领导小组办公室, 制定乡 (镇) 换届选举工作意见，把选举工作划分为宣传发动、选民登记、酝酿推荐候选人、投票选举、召开代表大会等 5 个阶段，以城南乡为试点，以点带面，使换届选举工作积极稳妥开展，从全县 21 万选民中选出乡（镇）人大代表 899 名。

1998 年为县级人大单独换届选举年，全县选民 225651 人，参加投票选举 224176 人，占选民总数 99.35%。选举产生县第十三届人民代表 200 名。其中，妇女代表 51 人，占代表总数的 25.50%；少数民族代表 5 名，占 2.50%；中共党员 131 人，占 65.50%；代表中农民 101 人，占 50.50%；工人 15 人，占 7.50%；干部 68 人，占 34%；知识分子 14 人，占 7%；其他人士 2 人，占 1%。代表中大专文化以上文化程度 59 人，占 29.50%；中专 62 人，占 31%；初中 67 人，占 33.50%；小学以下 12 人，占 6%。

1999 年，为乡（镇）人大换届选举年，全县 22.30 万选民有 22 万参加选举投票，参选率 98.65%，选出 899 名新一届乡（镇）人大代表，选出乡（镇）人大主席团、乡（镇）长各 16 名，副乡（镇）长 58 名。

2002 年为乡（镇）单独换届选举年，全县 23.50 万选民有 22.80 万参加选举投票，参选率 97.02%，选出 899 名新一届乡（镇）人大主席团和政府领导班子。

2003 年为县级人大单独换届选举年，全县选民 241180 人，参加投票选举 226707 人，参选率 94%。选举产生县第十四届人民代表 198 名。其中，妇女代表 51 人，占代表总数的 25.76%；少数民族代表 5 名，占 2.53%；中共党员 124 人，占 62.63%；代表中农民 95 人，占 47.98%；工人 19 人，占 9.60%；干部 67 人，占 33.84%；知识分子 16 人，占 8.08%；其他人士 1 人，占 0.51%。代表中，大专文化以上文化程度 68 人，占 34.34%；中专 64 人，占 32.32%；初中 62 人，占 31.31%；小学以下 4 人，占 2.02%。

1988—2005 年，全县共进行 7 次县、乡（镇）换届选举，其中 1998、2003 年为县级人大单独换届选举，1996、1999、2002 年为乡（镇）单独换届选举，1990、1993 年为县、乡（镇）同步换届选举。参加县、乡（镇）换届选举的选民共计 1759052 人。其中，最少的一次为 1990 年换届选举，选民 199499 人；最多的一次为 2002 年换届选举，选民 22.80 万人。7 次换届共选举产生县、乡（镇）人大代表 7051 人，其中县人大代表 1180 人、乡（镇）人大代表 5871 人。参加投票选举的选民占选民总数比例最高的为 1998 年换届选举，达 99.35%，最低的是 2003 年换届选举，为 93.99%。历次换届选举代表结构和比例渐趋合理，县第十五届人民代表大会代表中具有初中以上文化程度所占比例由第十一届的 86.28% 上升至 99.50%，55 岁以下的中青年代表所占比例由 94.69% 上升至 96%，妇女代表所占比例由 20.49% 上升至 25.50%，少数民族代表所占比例由 2.12% 上升至 3%。

第二节　省、市两级人大代表

一、宁化县出席省人代会代表

省七届人大代表：温道镜、黄锄荒、冯雪文
省八届人大代表：温道镜、黄锄荒、曾旺娇（女）
省九届人大代表：巫雪峰、唐连惠、曾旺娇（女）
省十届人大代表：李锦华、陈忠杰、杨　莉（女）

二、宁化县出席市人代会代表

（一）市第七届人大代表（1987 年 11 月—1993 年 1 月）

马小霞、邓仁发、王火辉、王运源、王煌明、朱永康、阴长庆、庄周云、何文藻、宋　芹、李荣亮、杨金波、吴清莺、吴河流、吴佩琅、张连英、张合英、张兴利、张建国、张居林、张恩庭、张光雄、张道南、张瑞尚、陈永芳、陈志鹏、陈济沛、邱荣銮、邱蕃炎、郑成辽、郑汉周（1989 年被罢免）、周克亮、林其土（1988 年 3 月被罢免）、胡初雄、赵辉存、郭文芳、徐安老、黄文土、黄水生、曾泽富、雷玉贵、廖永华（1989 年 12 月被罢免）

（二）市第八届人大代表（1993 年 2 月—1997 年 11 月）

马序庆（1993 年 9 月被罢免）、王传题、王荣福、卢秀梅、兰进成、伊宏帮、伊玲英、刘翠玉、许锡明、孙水祥、阴长庆、苏华山、苏惠宁、李德贵、肖明洪、吴功亮、邱世能、何文藻、李 芹、张万福、张启尤、张河生、张益明、张瑞尚、陈元浩、陈文贵、陈永芳、陈志鹏、陈林秀、巫福娥、吴瑞春、林玉梅、林金鹏、郑成辽、胡初雄、胡海岳、钟志南、黄五香、黄永发、黄振曦、蒋祈灿、温道镜、廖远才、杨振嵩（1994 年 1 月补选）、林德发（1994 年 2 月补选）

（三）市第九届人大代表（1997 年 12 月—2002 年 10 月）

王晓榕、毛忠勤、伍 飚、伍玉英、危境炳、刘灵勤、江建强、许云顺、孙水祥、杨建平、杨振嵩、吴金珠、邱久长、邱筱菁、张元斌、陈元浩、陈长溪、陈定荣、林纪承、郑成辽、郑星光、唐又群、唐连惠、黄丰能、黄振曦、黄新民、董香妹、曾万钦、曾茹芳、谢丽琴、谢宝珠、雷 掀、阙维林、廖伙明、陈忠杰（2000 年 1 月 9 日补选）、吴俊慰（1999 年 1 月 9 日选出）、林福生（1999 年 1 月 9 日选出）

（四）市第十届人大代表（2002—2006 年）

马安平、王建兴、庄奕贤、伍武林、孙水祥、孙代景、吴金珠、吴俊慰、邱久长、邱福琴、张石金、张秀华、张运椅、张新国、陈长溪、陈定荣、林少钦、林福生、罗长水、罗启发、范建荣、郑成辽、郑国仁、曹秋香、彭 强、黄新民、谢荣好、赖锡升、雷东福、雷晓华、阙维林、廖小华、廖善朋、陈忠杰（2004 年 1 月另行选举）

第二章　代表大会

第一节　第十届县人民代表大会

第十届人大（1987—1990 年）共召开 4 次会议（1987 年 11 月召开十届人大第一次会议）：第二、三、四次会议先后于 1988 年 8 月 25 日—27 日、1989 年 8 月 30 日至 9 月 1 日、1990 年 5 月 17—19 日在宁化影剧院召开。第二、三、四次均听取和审议通过《宁化县人民政府工作报告》《宁化县人大常委会工作报告》《宁化县人民法院工作报告》《宁化县人民检察院工作报告》。另外，第二次会议听取和审议通过《关于 1988 年 1—7 月份国民经济和社会发展计划执行情况的报告》《关于 1987 年财政决算和 1988 年 7 个月来财政收支情况及今后工作意见的报告》，补选县人大常委会委员 1 人；第三次会议听取和审议通过《关于宁化县 1988 年国民经济和社会发展计划执行情况以及 1989 年计划指标安排和 1—7 月计划完成情况的报告》《关于 1988 年财政预算执行情况和 1989 年财政预算（草案）以及 1989 年 1—7 月份财政预算执行情况的报告》；第四次会议听取和审议通过《关于宁化县 1989 年国民经济和社会发展计划执行情况及 1990 年计划草案的报告》《关于宁化县 1989 年财政决算和 1990 年财政预算草案的报告》。

第二节　第十一届县人民代表大会

第十一届人大（1991—1993 年）共召开 3 次会议：第一、二、三次会议先后于 1991 年 1 月 15 日—18 日、1992 年 3 月 19 日—21 日、1993 年 2 月 3 日—5 日在宁化影剧院召开。第一、二、三次会议均听取和审议通过《宁化县人民政府工作报告》《宁化县人大常委会工作报告》《宁化县人民法院工作报告》《宁化县人民检察院工作报告》。其中，第一次会议听取和审议通过《关于宁化县 1988—1990 年国民经济和社会发展计划执行情况及今后三年计划主要指标的报告》《关于 1990 年财政预算执行情况和 1991 年财政预算（草案）的报告》，选举县人大常委会主任 1 人、副主任 4 人、委员 11 人，选举县长 1 人、副县长 5 人、法院院长 1 人、检察院检察长 1 人；第二次会议听取和审议通过《关于宁化县 1991 年国民经济和社会发展计划执行情况及 1992 年计划安排（草案）的报告》《关于 1991 年财政预算执行情况和 1992 年财政预算（草案）的报告》；第三次会议听取和审议通过《关于宁化县 1992 年国民经济和社会发展计划执行情况与 1993 年计划（草案）的报告》《关于 1992 年财政预算执行情况和 1993 年财政预算（草案）的报告》，补选县长 1 人、检察院检察长 1 人，选举宁化县出席三明市第八届人民代表大会代表 43 名。

第三节　第十二届县人民代表大会

第十二届人大（1994—1998 年）共召开 6 次会议：第一、二、三、四、五、六次会议先后于 1994 年 1 月 13 日—16 日、1995 年 3 月 2 日—4 日、1996 年 4 月 22 日—26 日、1997 年 2 月 26 日—28 日、1997 年 11 月 26 日、1998 年 2 月 8 日—10 日在宁化影剧院召开。第一、二、三、四、六次会议均听取和审议通过《宁化县人民政府工作报告》《宁化县人大常委会工作报告》《宁化县人民法院工作报告》《宁化县人民检察院工作报告》。其中，第一次会议听取和审议通过了《关于宁化县 1993 年国民经济和社会发展计划执行情况及 1994 年国民经济和社会发展计划（草案）的报告》《关于 1993 年财政预算执行情况和 1994 年财政预算（草案）的报告》，选举县人大常委会主任 1 人、副主任 4 人、委员 12 人，选举县长 1 人、副县长 6 人、法院院长 1 人、检察院检察长 1 人；第二次会议听取和审议通过《1994 年国民经济与社会发展计划执行情况和 1995 年国民经济与社会发展计划草案的报告》《1994 年财政预算执行情况和 1995 年财政预算草案的报告》；第三次会议听取和审议通过《关于 1995 年国民经济和社会发展计划执行情况与 1996 年计划草案的报告》《关于 1995 年财政预算执行情况和 1996 年财政预算草案的报告》，补选县人大常委会主任 1 人、副主任 1 人、县长 1 人；第四次会议听取和审议通过《1996 年国民经济和社会发展计划执行情况与 1997 年计划草案的报告》《1996 年财政预算执行情况和 1997 年财政预算草案的报告》，补选法院院长 1 人、检察院检察长 1 人；第五次会议选举产生宁化县出席三明市第九届人民代表大会代表 34 人；第六次会议听取和审议通过《关于 1997 年国民经济和社会发展计划执行情况与 1998 年计划草案的报告》《关于 1997 年财政预算执行情况和 1998 年财政预算草案的报告》。

第四节　第十三届县人民代表大会

第十三届人大（1999—2003 年）共召开 6 次会议：第一、二、三、四、五、六次会议先后于 1999 年 1 月 6 日—9 日、2000 年 2 月 24 日—26 日、2001 年 1 月 10 日—12 日、2002 年 1 月 10 日—12 日、2002 年 10 月 28 日—29 日、2003 年 2 月 25 日—26 日召开。第一、二、三、四、六次会议地点在宁化影剧院，第五次会议地点在宁化县客家宾馆会议宫。第一、二、三、四、六次会议均听取和审议通过《宁化县人民政府工作报告》《宁化县人大常委会工作报告》《宁化县人民法院工作报告》《宁化县人民检察院工作报告》。其中，第一次会议听取和审议通过《关于宁化县 1998 年国民经济和社会发展计划执行情况与 1999 年国民经济和社会发展计划草案的报告》《关于宁化县 1998 年财政预算执行情况和 1999 年财政预算草案的报告》，选举县人大常委会主任 1 人、副主任 4 人、委员 14 人，选举县长 1 人、副县长 5 人、法院院长 1 人、检察院检察长 1 人，补选三明市第九届人民代表大会代表 2 人；第二次会议听取和审议通过《1999 年国民经济和社会发展计划执行情况与 2000 年国民经济和社会发展计划草案的报告》《1999 年财政预算执行情况和 2000 年财政预算草案的报告》，补选县第十三届人大常委会委员 3 人，县第十三届人大常委会组成人员增加到 21 人；第三次会议听取和审议通过《关于 2000 年国民经济和社会发展计划执行情况与 2001 年国民经济和社会发展计划草案的报告》《关于 2000 年财政预算执行情况和 2001 年财政预算草案的报告》，审查批准《宁化县国民经济和社会发展“十五”计划纲要》，补选检察院检察长 1 人；第四次会议听取和审议通过《关于宁化县 2001 年国民经济和社会发展计划执行情况与 2002 年国民经济和社会发展计划草案的报告》《关于宁化县 2001 年财政预算执行情况和 2002 年财政预算草案的报告》，补选法院院长 1 人；第五次会议选举产生宁化县出席三明市第十届人民代表大会代表 33 人；第六次会议听取和审议通过《关于宁化县 2002 年国民经济和社会发展计划执行情况与 2003 年国民经济和社会发展计划草案的报告》《关于宁化县 2002 年财政预算执行情况和 2003 年财政预算草案的报告》。

第五节　第十四届县人民代表大会

第十四届人大届期是 2004—2006 年。2004、2005 两年间，共召开 2 次会议。第一、二次会议先后于 2003 年 12 月 29 日至 2004 年 1 月 1 日、2005 年 1 月 11 日—13 日召开，会议地点均在宁化影剧院。第一、二次会议均听取和审议通过《宁化县人民政府工作报告》《宁化县人大常委会工作报告》《宁化县人民法院工作报告》《宁化县人民检察院工作报告》。其中，第一次会议听取和审议通过《关于宁化县 2003 年国民经济和社会发展计划执行情况与 2004 年国民经济和社会发展计划草案的报告》《关于宁化县 2003 年财政预算执行情况和 2004 年财政预算草案的报告》，选举县人大常委会主任 1 人、副主任 4 人、委员 16 人，选举县长 1 人、副县长 6 人、法院院长 1 人、检察院检察长 1 人，选举三明市第十届人民代表大会代表 1 人；第二次会议听取和审议通过《关于宁化县 2004 年国民经济和社会发展计划执行情况与 2005 年国民经济和社会发展计划草案的报告》《关于宁化县 2004 年财政预算执行情况和 2005 年财政预算草案的报告》，补选县人民政府县长 1 人。

宁化县第十至十四届人大常委会主任及副主任名表

表 5-1

届次	职务	姓　名	性别	党派	任职时间
第十届	主任	温道镜	男	中共党员	1987 年 11 月—1990 年 12 月
	副主任	张恩庭	男	中共党员	1987 年 11 月—1990 年 12 月
		林建铭	男	中共党员	1987 年 11 月—1990 年 12 月
		王家瑞	男	中共党员	1987 年 11 月—1990 年 12 月
		刘永贵	男	中共党员	1987 年 11 月—1990 年 12 月
第十一届	主任	温道镜	男	中共党员	1991 年 1 月—1993 年 12 月
	副主任	杨振嵩	男	中共党员	1991 年 1 月—1993 年 12 月
		张恩庭	男	中共党员	1991 年 1 月—1993 年 12 月
		孙万春	男	中共党员	1991 年 1 月—1993 年 12 月
		邱魁生	男	中共党员	1991 年 1 月—1993 年 12 月
第十二届	主任	陈元浩	男	中共党员	1994 年 1 月—1996 年 3 月
		杨振嵩	男	中共党员	1996 年 4 月—1998 年 12 月
	副主任	杨振嵩	男	中共党员	1994 年 1 月—1996 年 3 月
		张恩庭	男	中共党员	1994 年 1 月—1998 年 5 月
		孙万春	男	中共党员	1994 年 1 月—1998 年 12 月
		林玉花	女		1994 年 1 月—1997 年 5 月
		陈建昌	男	中共党员	1996 年 4 月—1998 年 12 月
第十三届	主任	林福生	男	中共党员	1999 年 1 月—2003 年 12 月
	副主任	张东生	男	中共党员	1999 年 1 月—2003 年 12 月
		江　华	男	中共党员	1999 年 1 月—2003 年 12 月
		邱雅文	男	中共党员	1999 年 1 月—2002 年 11 月
		张如梅	女		1999 年 1 月—2003 年 12 月
第十四届	主任	林福生	男	中共党员	2004 年 1 月—
	副主任	邱蕃炎	男	中共党员	2004 年 1 月—
		江　华	男	中共党员	2004 年 1 月—
		于福东	男	中共党员	2004 年 1 月—
		张如梅	女		2004 年 1 月—

第三章　县人大常委会

第一节　组织机构

县人大常委会由县人大常委会主任、副主任、委员若干人组成，与每届县人大代表任期相同。1988年，县人大常委会机关设办公室、财政经济工作委员会、教科文卫工作委员会、法制工作委员会、农村工作委员会。1989年，增设人事工作委员会（1991年12月后更名为人事任免代表联络工作委员会）。2004年3月，增设城镇建设环境保护工作委员会。2005年11月，县人大常委会信访室升格为副科级单位。

第二节　常委会会议

1988年2月，第十届人大常委会第2次会议作出《关于认真贯彻执行〈档案法〉的决议》和《关于认真贯彻执行〈福建省保护消费者合法权益条例〉的决议》。10月，第十届人大常委会第8次会议审议，作出《关于宁化县城总体规划调整的批复》。1989年4月，第十届人大常委会第11次会议审议通过《宁化县人民政府关于翠江、泉上镇水源保护区管理办法》，于6月1日公布施行。1990年6月15日，第十届人大常委会第19次会议审议批准县政府制定的《宁化县依法治县方案》，作出《宁化县人大常委会关于依法治县的决议》。1991年10月15日，第十一届人大常委会第6次会议听取并审议县政府《关于实施初级中等义务教育的规划》，作出《宁化县人大常委会关于同意实施初级中等义务教育规划的决议》。1992年4月11日，第十一届人大常委会第9次会议听取并审议县政府《关于开展宪法颁布实施十周年宣传活动的报告》，作出《宁化县人大常委会关于在全县公民中开展宪法颁布实施十周年宣传活动的决议》。1993年3月31日，河龙乡召开第十二届人大三次会议补选3名副乡长期间，个别人进行非组织活动，违反《选举法》的有关规定。7月9日，第十一届人大常委会第18次会议听取并审议河龙乡人大主席团《关于河龙乡十二届人大第三次会议的情况报告》和县调查组的报告，作出《宁化县人大常委会关于河龙乡十二届人大第三次会议选举无效的决议》。

1994年5月2日，宁化遭受百年不遇特大洪灾。第十二届人大常委会第6次会议和第7次会议先后审议通过《宁化县人大常委会关于批准县人民政府调整1994年国民经济计划报告的决议》《宁化县人大常委会关于批准县人民政府调整1994年度财政预算的决定》，第十二届人大常委会第7次会议还听取和审议县政府关于《中华人民共和国森林法》贯彻实施情况汇报，作出《宁化县人大常委会关于进一步贯彻实施〈森林法〉的决议》，再次审议县政府《关于调整宁化县城区总体规划的议案》，作出《关于宁化县城区总体规划调整的批复决议》。1995年7月19日，第十二届人大常委会第14次会议听取并审议县政府关于《中华人民共和国妇女权益保障法》和《福建省实施〈妇女权益保障法〉办法》贯彻实施情况汇报，作出《宁化县人大常委会关于进一步宣传贯彻〈中华人民共和国妇女权益保障法〉和福建省实施〈中华人民共和国妇女权益保障法〉办法的决议》。1996年3月21日，第十二届人大常委会第18次会议听取和审议县政府贯彻实施《福建省农业集体经济承包合同条例》的情况汇报，作出《宁化县人大常委会关于进一步贯彻实施〈福建省集体经济承包合同条例〉的决定》。9月23日，第十二届人大常委会第24次会议听取和审议县政府《关于宁化县"二五"普法总结和"三五"普法规划情况汇报》《关于在全县公民中开展"三五"普法教育工作的议案》，作出《县人大常委会关于继续深入开展法制宣传教育的决议》。

1997年12月8日，第十二届人大常委会第36次会议听取并审议县政府《宁化县预算外资金管理办法（草案）》，作出《宁化县人大常委会关于对县人民政府提请审议的〈宁化县预算外资金管理规定（试行）〉的决议》。1998年9月15日，第十二届人大常委会第42次会议再次作出《关于依法治县的决议》。11月17日，第十二届人大常委会第44次会议审议通过《宁化县人民政府关于依法行政的实施规划（草案）》《宁化县人民法院关于实施依法治县决议的方案》《宁化县人民检察院关于实施依法治县决议的方案》。2000年2月1日，第十三届人大常委会第11次会议听取并审议县政府《关于要求撤销治平乡，设立治平畲族乡的议案的说明》，作出《宁化县人大常委会关于同意〈撤销治平乡，建立治平畲族乡议案〉的意见》。3月27日，第十三届人大常委会第12次会议作出《宁化县人大常委会关于授予宁化县公安局交通警察大队"人民满意交警队"荣誉称号的决定》。8月30日，十三届人大常委会第15次会议听取并审议通过县政府《宁化县殡葬管理规定》，作出《宁化县人大常委会关于〈宁化县殡葬管理规定〉的决议》。

2001年9月24日，第十三届人大常委会第24次会议听取并审议县政府《关于在全县公民中开展法制宣传教育的第四个五年规划》，作出《宁化县人大常委会关于进一步开展法制宣传教育的决议》。2004年11月26日，第十四届人大常委会第7次会议听取并审议县政府关于《宁化县域城镇体系规划》编制的说明，作出《宁化县人大常委会关于〈宁化县域城镇体系规划〉的决议》。2005年12月20日，第十四届人大常委会第17次会议作出《宁化县人大常委会关于授予县公安消防大队"人民满意消防大队"荣誉称号的决定》。

第四章　主要工作活动

第一节　执法监督

1988年2月和1989年12月，县人大常委会组织调查组深入调查了解禾口乡某某村马某某提出的不服劳教申诉案件和曹坊乡女青年曹某某提出的控告案件，督促司法机关依法落实上述两起案件的审理，维护当事人的合法权益，依法惩处犯罪分子。1994年，县人大常委会被三明市人大常委会评为人大法制宣传教育先进单位。1995年，组织部分人大代表对公安干警廖某某非法拘禁县人大代表一案进行多次调查，督促有关部门进行严肃查处，维护了人大代表的合法权益和法律尊严。1996年，组织人员协调、解决治平乡高地一名村民林业承包合同纠纷案；组织人员深入法院、检察院调查群众反映王某某强奸一案重罪轻判情况，召开主任会议听取县法院审判情况的汇报，提出书面意见，督促县人民法院重新组织合议庭再审，罪犯原判10年有期徒刑改判为14年有期徒刑。1997年，县人大常委会再次被三明市人大常委会评为人大法制宣传教育先进单位，至此连续4年获此荣誉称号。2000—2005年，组织开展农业法、环保法、残疾人保障法、预防未成年人犯罪法、土地承包法、动物防疫法、刑事诉讼法、水污染防治法等法律法规的执法检查。

1988—2005年，县人大常委会先后审议贯彻实施《中华人民共和国宪法》等243部法律法规情况，提出审议意见83份，作出决议、决定29项，对土地、森林、城市规划、矿产资源、统计、电力、农民负担等 98 部法律法规贯彻实施情况进行执法检查，提出整改意见 370 条，开展法制宣传教育 127 场次，举办科级干部法律培训、讲座 18 场次。

第二节　工作监督

1988 年起，县人大常委会不断加强对"一府两院"工作及部门工作监督。1994 年，县人大常委会首次组织 30 位县人大代表对政法系统和工交系统的 12 个部门进行工作评议，对受评单位的主要领导进行履职测评。1994—1998 年，共组织县人大代表 968 人次评议 36 个单位及其主要负责人，评出优秀干部 7 人，称职 28 人，基本称职 1 人。2000 年，组织 20 名县人大代表评议县土地管理局、交通局、建设局、水电局、电信局 5 个部门的工作及其主要负责人履职情况。2002 年，组织县人大代表评议县教育局、民政局、审计局、计划生育局、公安局等 5 个部门及其主要负责人工作。第十三届人大常委会第 32 次会议专题听取各受评单位落实评议意见的整改情况汇报。2004 年，组织县人大代表评议县法院、检察院、司法局工作，评出满意单位 2 个，基本满意单位 1 个。2005 年，县人大常委会组织县人大代表评议县公安局消防大队争创"人民满意消防大队"工作、审议通过县公安消防大队"争创人民满意消防队"的报告，授予"人民满意消防大队"称号。

第三节　人事任免

1988—1990 年，任免国家机关工作人员 138 人次。其中，决定任命代理县长 1 人、副县长 4 人，任免县政府工作人员 68 人次；决定任命法院代理院长 1 人，任免法院工作人员 38 人次；决定任命检察院代理检察长 1 人，任免检察院工作人员 12 人次；决定任免县人大常委会机关工作人员 6 人次；接受辞去县长 1 人、副县长 2 人；接受辞去常委会委员职务 1 人，罢免市、县人大代表 3 人。

1991—1993 年，任免国家机关工作人员 211 人次。其中，决定任命代理县长 2 人次、副县长 8 人次，任免县政府工作人员 100 人次；决定任命法院代理院长 1 人，任免法院工作人员 41 人次；决定任命检察院代理检察长 2 人，任免检察院工作人员 27 人次；决定任免县人大常委会机关工作人员 22 人次；接受辞去县长 2 人、辞去法院院长 1 人、辞去检察长 1 人；接受辞去县人大常委会委员 1 人，罢免市人大代表 1 人，撤职 2 人。

1994—1998 年，任免国家机关工作人员 359 人次。其中，决定任命代理县长 2 人次、副县长 11 人次，任免县政府机关工作人员 190 人次；任命代理法院院长 1 人，任免法院工作人员 99 人次；决定任命代理检察长 1 人，任免检察院工作人员 22 人次；决定任免县人大常委会机关工作人员 10 人次；接受辞去县长职务 3 人、副县长 8 人，辞去法院院长 1 人，辞去检察长 1 人；接受辞去县人大常委会主任 1 人、副主任 2 人、委员 2 人；决定补选三明市第八届人大代表 4 人，批准拘留县人大代表 1 人。

1999—2003 年，任免国家机关工作人员 158 人次。其中，决定任命代理县长 1 人、副县长 5 人，任免县政府机关工作人员 37 人次；决定任命法院代理院长 1 人，任免法院工作人员 66 人次；决定任命检察院代理检察长 2 人次，任免检察院工作人员 12 人次；决定任免县人大常委会机关工作人员 23 人次；接受辞去县长职务 1 人、副县长职务 2 人，辞去法院院长 1 人，辞去检察长职务 2 人；接受辞去人大常委会副主任职务 1 人，辞去常委会委员职务 2 人；决定补选三明市九届人大代表 1 人，批准刑事拘留县人大代表 1 人。

2004—2005 年，任免国家机关工作人员 108 人次。其中，决定任命副县长 3 人次，任免县政府机关工作人员 42 人次；决定任命县法院代理院长 1 人，任免法院工作人员 15 人次，任命法院人民陪审员 27 人；决定任命检察院代理检察长 1 人，任免检察院工作人员 8 人次；决定任免县人大常委会机关工作人员 7 人次。决定接受辞去副县长职务 1 人，辞去法院院长职务 1 人，辞去检察院检察长职务 1 人。决定许可对涉嫌犯罪人进行刑事审判的县人大代表 1 人。

第四节　议案、建议办理

1988 年，淮土、石壁两乡代表联名提出《要求加强林业和水土保持工作问题》议案，县政府组织县水土保持委员会（简称县水保委）和县林委落实该议案，筹措资金种植水土保持林，严格控制砍伐林木，实行改灶节柴、改烧柴为烧煤，市、县两级政府拨出 8 万元为禾口、淮土 2 乡配备两辆专用车解决运煤问题。1990 年，林建铭等代表联名提出《关于研究部署依法治县工作》的建议，县政府责成县司法局制定《宁化县依法治县方案》和《宁化县依法治县实施细则》，第十届人大常委会第 19 次会议作出《宁化县人大常委会关于依法治县的决议》。1991 年，禾口代表团代表联名提出的《关于重点开发石壁客家祖地振兴宁化》的议案，被县委、县政府列入重要工作，成立宁化县客家祖地开发工作领导小组，筹集 950 万元资金进行客家祖地系列开发，吸引客家后裔回宁化寻根谒祖、旅游观光、投资兴业。

1995 年，温建平等代表联名提出《关于要求政府对种子供应的数量和质量严加管理》的议案，县人大农村工作委员会组织人员深入到安远、曹坊、城郊及县种子公司调研，督促有关部门采取措施解决种子供应和质量问题。1996 年，马安平等代表联名提出《关于要求有关部门组织协调小组，做好高地村民张逢兴与高地村竹山承包纠纷息讼工作的议案》，县人大法制工作委员会组织人员深入治平乡高地村调解，双方当事人达成书面《执行和解协议》。1999 年，危发英等代表联名提出《关于在新一轮土地承包中切实保障妇女合法权益的议案》，县人大农村工作委员会组织人员先后深入水茜、安远、曹坊、治平、方田、淮土、翠江、湖村 8 个乡（镇）调查了解，向县人大常委会提交《关于第 023 号议案办理情况报告》，第十三届人大常委会第 4 次会议听取和审议了该议案的办理情况汇报，并将审议意见以宁常〔1999〕13 号文件下达县政府，县政府补充完善《关于保障农村妇女婚后落户、划分责任田、口粮田等权益的规定》，纠正在新一轮土地承包中部分农村妇女权益受损现象。

2000 年，张永善等代表联名提出《关于切实做好法律援助工作，进一步建立、健全和完善法律援助保障制度的议案》，县政府成立宁化县法律援助委员会，下发《宁化县人民政府关于做好法律援助工作的通知》和《宁化县法律援助基金的征集、使用、管理办法》，县财政拨出 8 万元作为法律援助垫底资金及业务经费，是年受理法律援助案件 16 件。2001 年，张运琴等代表联名提出《关于要求加强寨头里水库水源保护和完善水库工程建设的议案》，县政府成立寨头里水库水源保护工作协调小组，出台《宁化县寨头里水库饮用水源保护区管理规定》，关闭水库周边的采石场，拨出 30 吨水泥和 8 万元资金，实施水库除险加固工程和防汛公路改造。2004 年，吴志明等代表联名提出《发展工业要注意保护生态环境的议案》，县政府制定下发《宁化县生态功能区划》，把生态与自然保护建设和规划纳入县、乡（镇）经济发展的长远规划和年度计划，出台《关于落实环保工作统一监督管理部门分工负责及责任追究制度的意见》，把环境保护与建设、污染处理列为县长任期目标及乡（镇）长、县直有关部门负责人的年度考评责任目标，清理整顿采矿企业与木材加工企业，关闭部分破坏环境资源的小矿业和资源浪费严重的木材加工企业。

2005 年，肖文忠等代表联名提出《关于要求政府协调解决我县液化气供应市场有关问题的议案》，县政府责成县质量技术监督局、物价局对液化气的质量、数量、气瓶安全实施监督，加强价格监管，促进液化气质量、数量、气瓶安全、价格等问题解决。

1988—2005 年，县人大常委会先后制定《宁化县人大常委会关于办理人民代表建议、批评和意见的规定》《宁化县人民代表大会代表议案处理暂行规定》，县政府也相应下发《关于办理人大代表建议和政协委员提案工作的暂行规定》。县第十届至第十四届人大代表联名提交议案、建议、批评和意见共 1524 件，其中第十届人大各次代表大会收到代表议案、建议、批评和意见 325 件；第十一届人大各次代表大会收到代表议案、建议、批评和意见 201 件；第十二届人大各次代表大会收到代表议案、建议、批评和意见 426 件，被列为交县人大常委会审议的议案 5 件；第十三届人大各次代表大会收到代表议案、建议、批评和意见 344 件，被列为县人大常委会审议的重要议案 3 件；第十四届人大各次代表大会收到代表议案、建议、批评和意见 228 件，被列为县政府办理、交县人大常委会审议的重要议案 5 件。

第五节　代表活动

1988—1990 年，县人大常委会组织开展"创建先进代表小组、争当优秀人大代表"和"学雷锋、树新风"活动，先后两次召开全县代表工作经验交流会，表彰奖励优秀人大代表和先进代表小组。1991—1993 年，建立健全代表定期联系选民制度，泉上镇人大主席团率先组织部分县、乡人大代表评议镇辖基层所站工作，随后中沙、安远、石壁、翠江、城郊等乡（镇）相继开展评议基层所站工作，《福建人大通讯》《福建日报》先后报道评议活动。1994—1998 年，组织代表开展考察 18 次，评议"一府两院"工作 5 次，开展创先争优活动 4 次，评出先进代表小组 19 个、优秀人大代表 155 人。

1999—2003 年，县人大常委会规定每月 10 日为常委会主任接待代表日，先后组织开展"代表工作年"和"深化代表工作年"活动，开展"一信（即每位代表给县人大常委会写一封信，反映群众关注的热点、难点问题）、二联（即代表和选区选民联系，和各自所在的代表小组联系）、三争当（即争当勤奋学习的表率、争当致富能手、争当优秀代表）"活动，表彰 19 个先进代表小组和 155 名优秀人大代表。全县 16 个乡（镇）设立"人大代表议政室""人大代表接待室"，组织代表参加考察、执法检查、评议、专题调研等活动 560 人次，邀请代表列席常委会会议 70 人次。

2004—2005 年，开展"为选民办好事、实事"创先争优活动，共征集到代表对全县各项工作的意见、建议 360 条，召开全县人大代表工作经验交流会，表彰先进代表小组 6 个，优秀人大代表 30 人。

第六节　信访办理

1987—1990 年，第十届人大常委会共受理代表和群众来信 724 件、来访 270 人次。1991—1993 年，第十一届人大常委会共受理代表和群众来信 686 件、来访 623 人次。1994—1998 年，第十二届人大常委会共受理代表和群众来信 2567 件、来访 4342 人次。1999—2003 年，第十三届人大常委会共受理代表和群众来信 1698 件、来访 3660 人次，另受理省、市人大转办件和县人大常委会领导批办件 178 件。2004—2006 年，第十四届人大常委会共受理代表和群众来信 365 件、来访 1433 人次，另受理省、市人大转办件和县人大常委会领导批办件 54 件。

1987—2006 年，县人大常委会共受理人大代表和人民群众来信 6040 件、来访 10328 人次。

附：来信来访办理案例

1992 年，曹坊乡派出所干警叶某误认为女青年曹某某骗婚，刑讯逼供，造成冤假错案，曹某某多次向有关部门申诉无果后到县人大上访，县人大常委会信访办会同县纪委、检察院、公安局等部门多次深入曹坊乡调查了解，在县人大常委会的监督下，有关部门对案件予以重新认定，对实施刑讯逼供的干警叶某判处有期徒刑一年、缓刑一年。

1994 年，农民群众来信来访反映县种子公司经营的种子混杂不纯，造成农民损失严重，要求给予赔偿。县人大常委会与县政府组织人员深入乡村调查、核实情况，督促县种子公司落实赔偿责任，维护群众利益。

1995年3月，群众来信来访反映部分乡村在计划生育"五清理"（清理早婚早育、清理计划外生育、落实节育措施、清理计划外怀孕、清理奖惩兑现）工作中，违反有关法律、法规和规定，擅自采取一些过激措施，侵犯人民群众的合法权益。县人大常委会第16次会议听取和审议县政府关于《福建省计划生育条例》的贯彻实施情况汇报，提出了按法律、法规、政策做好计划生育工作的建议。

1996年，安乐乡马家村夏某某因检举揭发自留山遭乱砍盗伐问题而受打击报复，多次向有关部门反映未果后到县人大上访。县人大信访办几次会同人大法制委召集县检察院、县林委、县林业公安及安乐乡政府到现场勘察了解，经多方调查取证，提出由安乐乡政府负责落实夏某某住房损坏赔偿问题，县林委负责解决林权纠纷问题方案，解决了这起事件。

2000年，湖村镇村民邓某某到人大上访诉称：1998年8月，县公安局收取邓某某取保候审保证金2000元；1999年10月，以两次传唤其不到为由将2000元取保候审保证金转作没收处理。县人大信访办、法制委与县公安局多次协调，2000年12月8日，县公安局下文撤销没收邓某某2000元取保候审保证金不当的决定，如数退还当事人2000元。

2003—2004年，城郊乡连屋村年近七旬的阴某某到县人大上访，反映其被邻居江某某故意伤害致轻伤二级，自诉至县法院，因被告出逃下落不明，法院一直无法开庭审理。县人大常委会分管领导主持召开县公安局、检察院、法院、司法局等单位领导参加的座谈会，进行专题研究，协商办理意见，并形成会议纪要，由阴某某本人向县法院提出撤诉改向县公安局提出控告，由公安局立案侦查。2004年1月18日，被告江某某被县公安局抓获。3月18日，县法院判处江某某6个月拘役，赔偿阴某某医疗费等2615.42元。

2005年9月，县人大信访室收到曹某某等102人的联名来信，反映县村镇建设公司开发松树园新村未及时交清土地出让金，导致建村7年房产证、土地证无法办理。县人大常委会批转县城乡规划建设局办理，并责成局长亲自督办。10月19日，县城乡规划建设局作出了办理结果的书面答复。

第七节　人大制度宣传与理论研究

一、宣传

1988—1990年，县人大常委会组织人员撰写宣传稿件，分别被《福建人大通讯》《三明人大通讯》刊用12篇和14篇。1995年，向省、市人大常委会报送稿件128篇，被刊用55篇，县人大常委会在全市宣传报道工作评比中获第一名。1996年，县人大常委会在省、市人大常委会宣传报道工作评比中均获第一名。1999—2003年，被省、市人大常委会刊物采用稿件130多篇（条），编印《代表风采录》和《代表工作征文选》，县人大常委会办公室获省人大常委会办公室2002—2003年度信息工作先进单位。2004—2005年，开展纪念地方人大设立常委会20周年系列活动，县人大常委会与县文体局、文联联合举办以宣传人民代表大会制度为主题的书画展，展出书画作品38件。

二、理论研究

1988年6月，县人大常委会首次发起举行"南方九省（区）十六县（市、区）人大工作研讨会"。1989—1992年，召开一年一度全县人大工作理论研讨会，加强人大制度的理论研究，共完成16项调研内容，撰写调研论文6篇。1994年，组织开展"东华山杯《人大制度赞》"征文活动，收到调研文章和宣传人大制度的稿件 16 篇。2004 年，开展"坚持人民代表大会制度，促进人大工作创新专题调研"，选送 10 篇调研文章参加全市人大理论研究优秀论文评选，其中 3 篇获奖。至 2005 年，共提交"南方九省（区）十六县（市、区）人大工作研讨会"研讨文章 36 篇。

第八节　指导乡（镇）人大主席团工作

1988—2005 年，县人大常委会行使职权，指导乡（镇）人大主席团开展工作，定期组织乡（镇）人大主席和人大常委会办公室主任分期分批参加学习、培训、参观、考察，邀请乡（镇）人大主席列席县人大常委会议，开展考察调研、执法检查等活动。各乡（镇）人大履行工作职责，办理代表和群众的议案、批评和建议，定期组织代表听取承办议案部门的情况汇报，评议本行政区域内的基层站所工作，做好人大代表换届选举。至 2005 年，全县乡（镇）历经 5 届人民代表大会。

卷六　宁化县人民政府

1988年，第十届县政府突出农业在国民经济发展中的基础地位，实施发展工业第一轮目标责任制承包，至1990年，全县粮食总产量连续3年超历史水平。相继完成宁化县合成氨厂（简称县合成氨厂）年产1.50万吨合成氨和500吨钨酸钠生产线、稀土分离、宁化县水泥厂（简称县水泥厂）、宁化县林产化工厂（简称县林产化工厂）、宁化县煤矿（简称县煤矿）等技改项目，开发化肥、松香、水泥、矿产等工业产品。1990年全县高考取得历史最好成绩，中考综合比率居全省第一。

1991年1月，宁化县组成第十一届县政府，届内贯彻中共十四大精神，实施"八五"计划，发展生态农业和"两高一优"（高产、高效、优质）农业，开展工业企业综合改革，突出边贸特色，投入1000万元建成宁化边贸中心市场，为其时闽西北最大的县级中心农贸市场，累计投入1.10亿元完善基础设施建设。

1994年1月，宁化县第十二届县政府产生，实施"九五"计划。推进农业综合开发。应对1994年"5·2"和"6·15"两次特大洪灾。稳粮兴农，大力发展竹业，提出"把山当田耕，把竹当菜种"的发展策略。推进企业股份合作制改革，抓好建材、矿产品、精细化工、针织、饮料食品、林竹、服装、机械电子等工业"八条龙"系列产品开发。提前3年完成省道福五线、建文线、洋万线宁化境内路段168公里的拓改任务，完成工程总投资1.52亿元，其中建成二级公路72公里，结束了县内无高等级公路的历史。

1999年1月至2003年12月，第十三届县政府全面落实土地承包经营30年不变政策，应对2003年"6·16"特大洪灾和"非典"疫情，调整优化工业布局，打造具有较强聚集功能的工业平台，启动城南工业园区建设，完成县城翠江镇体系规划编制，建成客家边贸城、城东广场、金叶大厦、龙门桥等一批标志性建筑。

2004年1月始，宁化县第十四届县政府围绕建设"闽赣边界中部经济强县"目标，实施"基础先行、做优环境、整合资源、扩张总量"经济发展战略，大力推进特色产业集聚区、新兴文化旅游区、闽赣中部边贸重镇"两区一镇"建设。完成城区总体规划修编、城东"两纵一横"路网建设，申报"福建省民间文化艺术（客家习俗）之乡"获省政府批准命名，客家山歌、客家擂茶制作工艺及宁化石壁客家祖地祭祖被列入第二批省级非物质文化遗产保护名录。至2005年，全县农业总产值15.68亿元，规模以上工业完成产值6.05亿元，增幅居全市前列。

第一章　组织机构

第一节　领导机构

县政府由县长、副县长和局长（主任）等组成，在县委领导下，实行县长负责制，对县人民代表大会负责并报告工作，县人民代表大会闭幕期间向县人大常委会报告工作，同时对三明市政府负责并报告工作。县长任县委副书记，常务副县长任县委常委会委员。

县政府实行全体会议、常务会议、县长办公会议和县政府专题会议制度。县政府全体会议和县政府常务会议是县政府集体决策的主要形式。

县政府县长、副县长由县人民代表大会选举产生。

宁化县第十届至十四届县人民政府县长、副县长名表

表6-1

届　次	职　务	姓　名	性别	籍　贯	学历	任职时间
第十届	县　长	王火辉	男	福建省清流县	大学	1987年11月—1990年8月
	副县长	何清和	男	福建省建宁县	大学	1987年11月—1990年6月
	副县长	孙万春	男	福建省宁化县	大学	1987年11月—1990年9月
	副县长	刘道崎	男	福建省宁化县	本科	1987年11月—1991年1月
	副县长	陈元浩	男	福建省福州市	大学	1987年11月—1990年9月
第十一届	代县长 县　长	陈元浩	男	福建省福州市	大学	1990年9月—1991年1月 1991年1月—1992年12月
	代县长 县　长	肖明洪	男	福建省宁化县	大专	1992年12月—1993年2月 1993年2月—1993年10月
	副县长	刘道崎	男	福建省宁化县	本科	1991年1月—1992年12月
	副县长	刘耿东	男	江苏省丹阳市	大专	1990年9月—1992年12月
	副县长	陈建昌	男	福建省南靖县	高中	1990年9月—1994年1月
	副县长	郭达养	男	福建省龙岩市	中专	1990年9月—1994年1月
	副县长	翁金明	男	福建省莆田市	大专	1990年9月—1994年1月
	副县长	周　瑛	女	福建省连城县	大专	1991年12月—1993年10月
	副县长	常德深	男		大学	1992年12月—1994年1月
	副县长	邱蕃炎	男	福建省宁化县	大学	1992年2月—1994年1月
	副县长	巫仁泽	男	福建省宁化县	大学	1993年1月—1994年1月
第十二届	代县长 县　长	李家才	男	福建省建宁县	大专	1993年10月—1994年1月 1994年1月—1996年3月
	县　长	唐连惠	男	福建省福州市	大学	1996年3月—1998年9月
	副县长	陈建昌	男	福建省南靖县	高中	1994年1月—1996年3月

续表6-1

届　次	职　务	姓　名	性别	籍　贯	学历	任职时间
第十二届	副县长	郭达养	男	福建省龙岩市	中专	1994年1月—1998年7月
	副县长	翁金明	男	福建省莆田市	大专	1994年1月—1998年9月
	副县长	常德深	男		大学	1994年1月—1994年11月
	副县长	邱蕃炎	男	福建省宁化县	大学	1994年1月—1996年9月 1997年12月—1998年12月
	副县长	林曙晖	男	福建省大田县	大学	1994年3月—1997年11月
	副县长	耿　鸣	男		大学	1996年5月—1998年10月
	副县长	赖瑞福	男		大学	1996年7月—1998年5月
	副县长	徐水泉	男	福建省建宁县	大学	1996年9月—1998年9月
	副县长	何正彬	男	福建省宁化县	大专	1996年9月—1999年1月
	副县长	屠慧芬	女		大学	1997年12月—1998年9月
第十三届	代县长 县　长	陈忠杰	男	福建省福州市	研究生	1998年9月—1998年12月 1999年1月—2003年11月
	副县长	纪熙全	男	福建省尤溪县	大学	1998年10月—2001年8月
	副县长	丁玉铭	男	福建省泰宁县	大专	2001年8月—2003年10月
	副县长	徐海生	男	福建省沙县	大学	1998年10月—2001年9月
	副县长	张仁椒	男	福建省宁化县	大学	1999年9月—2001年9月
	副县长	邱蕃炎	男	福建省宁化县	大学	1999年1月—2003年12月
	副县长	董香妹	女	福建省宁化县	大学	1999年1月—2003年12月
	副县长	何正彬	男	福建省宁化县	大专	1999年1月—2003年12月
	副县长	黄立勇	男	福建省建宁县	大专	2001年9月—2003年12月
第十四届	代县长 县　长	丁玉铭	男	福建省泰宁县	大专	2003年11月—2003年12月 2003年12月—2004年5月
	代县长 县　长	巫福生	男	福建省清流县	大专	2004年5月—2005年1月 2005年1月—
	副县长	何正彬	男	福建省宁化县	大专	2003年12月—2007年1月
	副县长	黄立勇	男	福建省建宁县	大专	2003年12月—2007年1月
	副县长	赵明升	男	福建省清流县	本科	2003年12月—2007年1月
	副县长	罗启发	男	福建省宁化县	大专	2003年12月—
	副县长	雷泽炜	男	福建省宁化县	大专	2003年12月—2007年1月
	副县长	许丽华	女	福建省建宁县	本科	2003年12月—
	副县长	李闽忠	男	福建省闽侯县	研究生	2004年12月—2006年12月
	副县长	林金木	男	福建省福州市	研究生	2005年10月—
	副县长	姜长华	男	福建省永安县	大学	2007年1月
	副县长	陈瑞镜	男	福建省宁化县	大专	2007年1月
	副县长	李平生	男	江西省南城县	本科	2007年1月
	副县长	肖秀沐	男	福建省大田县	本科	2007年1月

第二节　工作机构

一、县政府机构

1988 年，县政府机构设县政府办公室、体制改革委员会、华侨事务办公室、县志办公室、档案局、经济开发办公室、人事老干部局、劳动局、民政局、公安局、司法局、老区办、统计局、计量局、教育局、文化局、卫生局、广播电视局、爱国卫生运动委员会、计划生育委员会、体育运动委员会、科学技术委员会与科技协会、林业委员会、经济贸易委员会（辖第二轻工业局、交通局）、农业委员会（辖农业局、水利电力局、畜牧水产局、乡镇企业局、扶贫办公室）、计划委员会（辖物资局、物价委员会）、财政贸易委员会（辖财政局、税务局、审计局、工商局、商业局、粮食局、供销联社）、对外经济委员会（辖外贸局、投资企业公司）、精神文明建设委员会（辖建设局、土地管理局），在职 436 人，其中行政人员 283 人。

1990 年，成立县老龄委、信访局、档案馆、环保局，恢复县老干局、农机局。

1991 年，成立县建设委员会，撤销建设局。

1992 年，成立县冶金工业局。

1996 年，县政府机构改革：撤销体制改革委员会，职能由县政府办公室承担；信访局并入政府办公室，保留信访局牌子；县政府办增挂保密局牌子；撤销经济贸易委员会，组建经济局；技术监督局由县政府办公室管理；组建地质矿产勘探局，由经济局管理；计划委员会更名为计划局；物价委员会更名为物价局，由计划局管理；撤销农业委员会，职能分别交由县委农村工作领导小组办公室和农业局承担；撤销农业综合开发办公室、农业机械管理局，行政职能交由农业局承担；成立农业机械管理办公室，为副科级事业单位，由农业局管理；畜牧水产局并入农业局（保留畜牧水产局牌子）；乡镇企业局与农业局合署办公；撤销文化局、体育运动委员会，组建文化体育局；机构编制委员会办公室更名为机构编制委员会办公室，与人事局合署；计划生育委员会更名为计划生育局；科学技术委员会更名为科学技术局；对外经济委员会更名为对外经济贸易局；林业委员会更名为林业局；绿化委员会办公室并入林业局；集体林区改革试验区领导小组办公室与林业局合署；老区办与民政局合署；爱国卫生运动委员会办公室并入卫生局；撤销职工教育委员会办公室，职能交由劳动局承担；广播电视局更名为广播电视事业局，旅游局更为名旅游事业局，均为县政府直属事业单位；设立县政府财贸工作领导小组办公室（正科级），作为议事协调机构；撤销财政贸易委员会，职能交由财贸工作领导小组办公室承担；物资局、商业局成建制转为经济实体，行政职能交由财贸工作领导小组办公室承担；第二轻工业局成建制转为经济实体，行政职能交由经济局承担；机关事务管理局成建制转为服务实体，保留部分行政职能。

1997 年，县水土保持委员会办公室（以下简称县水保办）加挂县水土保持局牌子；撤销县政府办公室保密局牌子，在政府办公室加挂外事办公室牌子；县宗教局更名为县民族宗教局；成立县政府驻厦门办事处、驻福州办事处、驻深圳办事处，隶属县政府办管理，均为副科级建制。

1998 年，县编委划归县委，成立中共宁化县委机构编制委员会，下设中共宁化县委机构编制委员会办公室（以下简称县编委办），同时挂宁化县人民政府机构编制管理办公室名称。确立县委、县政府信访局机构级别为副科级，由县政府办公室管理；成立县商业行业管理办公室，与县商业总公司实行一套人马、两块牌子管理；成立县第二轻工业行业管理办公室，与第二轻工业联社实行一套人马、两块牌子管理。

1999 年，县林业公安分局更名为宁化公安局森林分局；县菌草生产开发办公室更名为县食用菌生产开发办公室（以下简称县菌草办）。6 月，泉上华侨农场由省管下放为县政府管理，机构设置为正科级。

2002 年，政府机构改革，县政府办公室加挂外事侨务办公室、经济体制改革委员会办公室牌子，国防动员委员会人民防空办公室设在县政府办公室。计划局更名为发展计划局，科学技术局与其合署；物价局并入发展计划局，保留牌子；国防动员委员会经济动员办公室设在发展计划局；不再保留经济局、财贸工作领导小组办公室，组建经济贸易局，国防动员委员会支前办公室设在经济贸易局；保留教育局，文化体育局与其合署；组建民族与宗教事务局；保留民政局，加挂革命老根据地建设委员会办公室牌子；老龄工作委员会办公室设在民政局；不再保留劳动局，组建劳动和社会保障局；不再保留土地管理局、地矿局，组建国土资源局；不再保留建设局，组建城乡规划建设局；保留交通局，国防动员委员会交通战备办公室设在交通局；不再保留水利水电局，组建水利局，将水电行政职能划入经济贸易局；保留农业局，加挂畜牧水产局牌子，乡镇企业局并入农业局，对外挂牌；保留林业局，集体林区改革试验区领导小组办公室并入林业局。部门管理机构保留统计局，仍为正科级，由政府办管理；保留粮食局，仍为正科级，由经济贸易局管理；组建安全生产监督管理局，由经济贸易局管理；不再保留对外经济贸易局，组建对外经济贸易工作领导小组办公室，加挂对外贸易经济合作局牌子；成立宁化县国际贸易促进委员会、中国国际商会宁化县商会，实行一个机构、两块牌子，挂靠在县外经贸工作领导小组办公室，为县政府直属正科级事业单位。

2003 年，县普通教育督导室更名为县政府教育督导室；撤销县客家宾馆（县政府招待所）。

2004 年，成立县城南工业园管理委员会，为县政府派出正科级机构，由县委办公室、县政府办公室管理；在文化体育局加挂宁化县版权局牌子。

2005 年，县信访局升格为正科级；成立县政府驻北京联络处，为县政府驻北京办事机构，隶属县政府办公室管理。

至 2005 年年底，县政府共设县政府办公室、发展计划局、经济贸易局、教育局、民族与宗教事务局、民政局、劳动和社会保障局、国土资源局、城乡规划建设局、交通局、水利局、农业局、林业局、公安局、司法局、财政局、人事局、卫生局、计划生育局、审计局、环境保护局、监察局（列入政府工作部门序列，不计入政府机构数）等工作部门 21 个；部门管理机构 3 个，分别为统计局、粮食局、安全生产监督管理局；设议事协调办事机构 1 个（对外经济贸易工作领导小组办公室）；县政府派出机构 1 个（城南工业园管理委员会）。

二、乡（镇）人民政府

1988 年，全县设 2 镇、14 乡，分别为翠江镇、泉上镇、城郊乡、横锁乡、安乐乡、湖村乡、曹坊乡、治平乡、济村乡、方田乡、禾口乡、淮土乡、中沙乡、水茜乡、河龙乡、安远乡。共有 207 个建制村、2069 个村民小组、12 个居民委员会。

1990 年，经省政府批准，湖村乡从 9 月 29 日起改设镇建制。

1992 年 5 月 8 日，经省政府批准，横锁乡更名为城南乡，乡治迁址曲段村。

1993 年 12 月 7 日，经省政府批准，禾口乡改制为石壁镇。

1994 年，全县设 210 个建制村、1967 个村民小组、12 个居民委员会。

1997 年，乡（镇）党政机构改革，全县 16 个乡（镇）划分为一类乡（镇）8 个，二类乡（镇）8 个。一类乡（镇）为：翠江镇、城郊乡、湖村镇、泉上镇、石壁镇、淮土乡、水茜乡、安远乡。二类乡（镇）为：城南乡、安乐乡、曹坊乡、治平乡、济村乡、方田乡、中沙乡、河龙乡。乡（镇）统一设党政办公室、社会事务办公室、农业办公室、财经办公室、计划生育办公室、村镇建设办公室等 6 个综合办公室。

2000 年 7 月 18 日，经省政府批准，治平乡改名为治平畲族乡。

2001 年，经省委、省政府批准，全县分为一类乡（镇）12 个、二类乡（镇）4 个。其中，一类乡（镇）为：翠江镇、城郊乡、湖村镇、泉上镇、安乐乡、曹坊乡、济村乡、石壁镇、淮土乡、中沙乡、水茜乡、安远乡。二类乡（镇）为：城南乡、治平畲族乡、方田乡、河龙乡。

2002 年，乡（镇）党政机构改革，不分乡（镇）类别，各乡（镇）设乡（镇）长 1 名，副乡（镇）长 2—4 名，挂职锻炼和下派挂职的综治、科技、计划生育副乡（镇）长不占职数。乡（镇）工作机构不分乡（镇）类别，统一由 6 个改设为 5 个，即党政办公室（挂文明办公室牌子）、农村经济办公室（挂财政所牌子）、社会事务办公室、计划生育办公室和社会治安综合治理委员会办公室。

2004年，全县设4镇、12乡，共辖210个建制村、5个社区、7个居民委员会，全县共有人口345723人，为三明市辖区内人口第三大县。

2005年，全县保持4镇、12乡设置，共辖210个建制村、13个社区居委会，人口346236人。

第二章　重要会议

第一节　县政府办公会议

1988—2005年，共召开236次政府办公会议。

1988年9次，会议研究的主要议题和内容：公路桥梁建设安排问题，财贸工作，副食品基地建设，深化企业改革，教育、外经、外贸、林业工作，集资办学，粮食入库，城区建设等问题。

1989年18次，会议研究的主要议题和内容：工交生产方案，工作要点和工作计划，林产化工厂、矿业公司、印刷厂等企业招标事宜，巫氏祠产权（所有权）问题，县水泥厂水泥价格问题，民政办福利院问题，湖村乡翠湖水泥厂引进外资问题，垃圾场征地问题，干部违纪处理问题，县林业化工厂审计处理工作，烤烟收购任务、产品税返乡问题，县实验小学平房拆迁工作，佛教协会与红卫村争议产权问题，电力分配及电价问题，烟叶、松脂、粮食、蔺草生产问题，冬季防火工作，处理停产半停产企业等问题。

1990年20次，会议研究的主要议题和内容：解决小溪居民伊某某的房屋拆迁后遗留问题，禾口、淮土水土保持区推广烧煤工作，副食品基地建设，煤炭分配计划和蜂窝煤生产的有关事宜，县、乡联营羽绒服装厂的体制问题，小水电、民用电基数和小水电价格问题，鼓励外商、台商投资的优惠条件，湖村天鹅洞风景区建设，解决宁化工业企业流动资金缺乏、技改资金不落实问题，蔺草生产与收购存在问题，夏粮收购工作，协调县钨矿与县第二中学债权债务问题，煤矿安全生产以及处理泉上镇豪亨村无证开采问题，过境公路县林产化工厂至何家园地段改造工作，湖村镇钨矿、凉伞岗农场机砖粘土矿申办采矿许可证问题，寨头里水库工程管理体制等问题。

1993年24次，会议研究的主要议题和内容：兴建岩岭水库资金协调，宁化驻深圳办事处设立后开展工作问题，先行工程，松脂生产，寨头里水库管理和水资源保护问题，工业生产、财政、税务工作，中心农贸市场和农资农副产品交易中心市场建设问题，机关、事业单位退休养老保险工作，泉上镇新鸿水泥厂供电问题，邮电大楼建设，副食品基地建设，县11万伏输变电线路走廊林木、农作物损失的补偿问题，县投资企业公司入股九洲集团公司股金及其红利分配问题，县11万伏输变电线路工程和乌龙峡电站改造工程（以下简称"两电"工程）资金问题，安乐乡老街改造问题，电力调度问题，寨头里水库发电与供水矛盾问题协调，重点工程建设和城区建设问题，西溪水轮泵电站管理问题，工业经济工作以及合成氨生产等问题。

1994年31次，会议研究的主要议题和内容：安远乡架设沙坪至伍坊13.20公里35千伏输变电线路和安远乡小水电联网问题，宁化至湖村输变电线路技改工程协调，县综合电价调整及电建基金征收问题，乌龙峡电站和龙下电站管理体制协调，县农业综合开发机构问题，村镇建设，城东小区开发，中环路建设，农村工作，招生工作，供销联社机关人员退休养老保险归属管理问题，"菜篮子"工程基地建设问题，工业经济运行、二轻企业生产、乡（镇）企业发展工作，公路"先行工程"建设，灾后城乡建设，县越剧团管理体制改革，粮食收购工作，县外贸公司历史遗留的财务问题，竹木管理，乌龙峡电站技改后新淹没土地的补偿事宜，地产碳铵冬储及农资市场管理问题，城区街道环境整治，天鹅洞景区二期工程建设，县电力建设债券兑付问题，市场物价副食品产销工作，毛竹生产及产销协调，河龙乡杨桐坑与安远农场划拨土地权属争议问题，西溪电站技改工程勘测设计和筹备工作，县乡（镇）企业局及所属有关企业债权债务协调等问题。

1995年41次，会议研究的主要议题和内容：部署医药市场检查整顿工作，县乡（镇）企业局及所属有关企业房产折价、清偿债务涉及税费、人员分流协调，城南乡电力问题协调，县化工实业总公司水泥项目资金筹措协调，宾馆会议楼建设，残疾人工作，烟草大楼建设用地问题，县土地利用总体规划方案，明运宁化公司拆迁，县钨矿与湖村镇矿点选矿协调，煤矿安全生产，城区配电及通讯、有线电视网络改造问题，兴顺针织服装有限公司历史遗留的房产及土地权属问题，"菜篮子"产品生产、上市计划以及有关扶持政策，解决乌龙峡、龙下电站建设淹没耕地征粮、定购粮核减问题，宁化一中和兴顺针织服装有限公司插花房地产的调整问题，碳铵供应问题，城郊乡高山片公路通往寨头里水库的杉岭下路段改造问题，县外贸公司注册资金变更问题，粮食收购工作，粮油批发市场建设，供销联社机关人员的养老保险遗留问题协调，整顿城区户口实行微机管理工作，社会福利院建设用地问题，县针织总厂破产企业待业职工一次性安置等问题。

1996年21次，会议研究的主要议题和内容：加强沙坪水库管理和增强其发展后劲问题，工业经济目标及企业技术进步奖励、引进资金奖励考核问题，县人武部收归军队建制领导问题，协调解决县水泥厂蛟龙生产线和化工实业总公司水泥厂资金缺口问题，城南板鸭厂停产善后处理事宜，国家定购粮奖售化肥供应工作，开征副食品人寿调节基金，工商局与所办市场实行管办分离工作，台商就城关水泥有限公司股份和转让问题，县行政机关事业单位工作人员正常晋升工资档次和节支奖的兑现问题，国税、地税税收征管范围调整问题，烟草收购工作，翠江镇所辖4个村农户旧房改建的有关问题，电力公司电价问题，解决安远、河龙、中沙、水茜4乡供电等问题。

1997年33次，会议研究的主要议题和内容：乡（镇）土地垂直管理工作，县酒厂、印刷厂房产及土地出让问题，协调解决台商投资兴办养鸡场、饲料加工厂的用地、开户等有关问题，国家定购粮奖售化肥供应工作，县电气化县建设，物资总公司体制改革，"双基"（基础知识和基本技能训练）教育工作，减轻农民负担工作，猪牯山房地产开发，集资建校工作，土地管理工作，成立宁化县煤炭管理办公室，内贸企业改革，广济桥维修事宜，调整电价，集资办学，财政预算，县预算内企业改革，通用厂改制，协作公司破产问题，建设石壁3.50万伏输变电站问题，城郊乡城关水泥厂恢复生产以及恢复生产以前有关债权债务问题，松树园小区开发问题，县投资企业公司破产职工安置问题，建设城南中学教学楼选址问题，县林业局人造板厂、城关制材厂的改制工作，安远3.50万伏变电站建设工作，公务员录用、大中专毕业生就业工作，县政府驻外办事处建设工作，计划生育手术费收费标准，社会福利企业宁化县恒大联营水泥厂减免税问题，宁化县城郊乡盛达特种养殖场贷款遗留问题，建立城市居民生活保障制度，二轻企业改制、实施再就业工程等问题。

1998年39次，会议研究的主要议题和内容：人事任免，县钨矿改制，整顿城区摩托车营运，解决城区伍家山路段路灯安装问题，农业特产税和地方税委托代征，契税和住房公积金管理，县图书馆评估验收，过路（桥）费征收及管理，县政府驻厦门办事处客房改造、驻福州办事处办公经费问题，县自来水公司增加人员后核增工资基金问题，增加初中布点，规范企业用工管理，增设朝阳新村、新庙段、新建二村居委会，乡（镇）广播电视站收编，城区初中划片招生与高中收费问题，社区服务优惠政策和大中专毕业生就业遗留问题，烟叶生产，解决县五交化公司因改制涉及的抵押物调整及贷款偿还问题，下岗职工社区服务业优惠政策、土地执法模范县验收工作，安乐乡赖畲村新村建设用地问题，转业志愿兵、城镇退伍兵安置，县水泥厂职工子弟学校分离问题，县食品冷冻厂拍卖及县地税局办公大楼用地问题，解决县化工实业总公司、农资公司、电力公司三角债务问题，百货站小溪仓库及土地使用权转让政策优惠问题，水利建设基金征收工作，城区防洪工程建设，延长农村土地承包期工作，游泳池建设用地，道路交通安全工作，广播电视光纤传输网基地建设问题，县公路"先行工程"建设贷款还贷问题，县土地利用总体规划，农村居民最低生活保障制度，湖村天鹅洞风景区征地、规划设计问题，城区排涝工程建设资金筹集问题，农资经营管理工作，县建筑公司改制过程中部分房地产变现事宜，烟草办公大楼建设用地问题，解决治平乡高山区部分农户缺粮等问题。

1999年后，改革会议制度，主要以县政府专题会议和县长办公会议代替。

第二节 县政府专题会议

1988—2005年，共召开430次政府专题会议。

1988年1次，会议研究的主要议题和内容：停缓基建的扫尾工作。

1991年21次，会议研究的主要议题和内容：天鹅洞风景区供电、用电协调，县副食品基地生产计划和扶持政策，城区"三优"（优美环境、优良秩序、优质服务）街改建装修、整治容貌问题，客家祖地开发规划，长坊药场管护问题，城区房地产开发，沙坪水库高阳配套引水渠道工程建设，沙坝园小区开发，无线电二厂关闭后职工就业安排问题，天鹅洞4.80公里林业旅游公路修建，城区治安联防队组建后的经费来源问题，北山公园规划内地面物的权属和补偿等问题。

1992年15次，会议研究的主要议题和内容：设立驻深圳联络组有关工作，县教育"六项督导"（管理职责、教师队伍、办学条件、教育经费、事业发展、教育质量）工作，毛竹资源的开发、利用及收购工作，无线电二厂关闭后工人的就业、生活安置问题，"八五"期间县水利水电工作规划，烟叶收购工作，副食品基地建设工作，南大街延伸地段建设用地规划，城区公共卫生厕所改造和新建问题，电力工程建设问题，"巫罗俊公怀念堂"建设用地等问题。

1996年1次，会议研究的主要议题和内容：工会工作。

1997年度4次，会议研究的主要议题和内容：乡（镇）土地管理部门垂直管理工作，酒厂、印刷厂房产及土地出让问题，国家定购粮奖售化肥供应工作等问题。

1998年9次，会议研究的主要议题和内容：安乐乡赖畲村新村建设用地问题，化工实业总公司、农资公司、电力公司三角债务问题，百货站小溪仓库及土地使用权转让政策优惠的问题，水利建设基金征收工作，城区防洪工程建设，道路交通安全工作，广播电视光纤传输网基地建设问题，公路"先行工程"建设贷款还贷等问题。

1999年32次，会议研究的主要议题和内容：建文线宁化城关路段改造工程资金筹措工作，工会工作，春运工作，交通安全工作，牲畜定点屠宰管理工作，县闽西北客家边贸综合批发市场建设问题，东华山道路交通安全管理问题，县化工实业总公司原城关变电所至厂部10千伏供电专线拆除和补偿事宜，建设闽西北客家综合批发市场需拆迁电影公司（翠城影院）、石油公司房产的有关问题，液化气管理问题，采矿换证、新办证审批程序管理工作，粮食顺价销售存在问题，农资经营问题，看守所建设，江滨路改造，设定城区客货车辆停放区域，县通用机械厂要求实行整体租赁经营问题，城区新建通信管道有关问题，城区防洪堤建设问题，农业品牌创评问题，志愿兵转业安置工作，县医院急救中心大楼建设有关事宜，县房地产公司实施农贸市场至老干部活动中心地段开发改造项目第一期工程土地出让金有关问题，县电力公司与县水泥厂用电问题协调，县劳模待遇问题，清理整顿农村合作基金会问题，客家风味小吃的开发和创品牌工作，城区路灯管理职能移交等问题。

2000年61次，会议研究的主要议题和内容：春运工作，石壁客家祖地和城区新庙段建设用地遗留问题，落实方田—村头、石壁—淮土、湖村—泉上3条通乡柏油路建设资金问题，制定取缔无证生产鞭炮措施，研究部署整治泉上镇原已关闭停产小煤窑的非法开采问题，清理整顿农村合作基金会问题，机关、事业单位退休干部活动经费问题，县民兵武器装备仓库搬迁问题，县土地局办公楼拍卖事宜，寨头里水库水源保护区森林砍伐问题，蛟湖旅游风景区开发有关征用土地和民房拆迁问题，宁化县与石城县部分群众采矿纠纷问题，清理整顿全县小水泥生产问题，林业大楼拆迁改造事宜，城区畜禽专业批发市场建设问题，客运车辆营运问题，城区中小学划片招生问题，粮食企业改革资产变现有关问题，兴顺针织有限公司原针织总厂职工经济补偿金问题，安全生产工作，城建城管工作，农村经济工作，公费医疗管理工作，残疾人康复中心用房问题，城区交通和市容市貌整治问题，华侨经济开发区筹建工作，城区防洪堤建设问题，三明市汽车运输总公司并购县汽车运输公司有关事宜，粮食市场管理工作，城区光缆建设管线埋设有关事宜，中山街人行道改造等问题。

2001年70次，会议研究的主要议题和内容：春运工作，县外贸公司减员分流后职工的养老统筹金交缴问题，工会工作，讨论《宁化县农村公路规划（初稿）》，打击非客运车辆载客营运问题，劳模补充养老保险问题，促成"客家客运有限公司"在宁化注册登记问题，无绳电话（小灵通）网络建设，宁化704台划转省管工作，翠园改造贷款问题，已购公有住房和经济适用房（以下简称房改房）上市交易问题，教师进修学校文化用品厂税收优惠问题，城建城管工作，经济工作，模拟移动通信网退网工作，加强牲畜屠宰管理工作，城防工程建设，城市教育费附加征收工作，石壁镇石南小（2）水库除险工作，县电信大楼办理房屋产权证和电信江下基站房产过户手续问题，耕地开发项目规划，县食品公司改制及职工安置分流问题，沼气池建设，城防堤建设，宏凌硅业有限公司搬迁问题，灾后重建问题，工业、农业工作，城区小溪河防洪堤加高方案，消防整治，整顿规范市场经济秩序工作和治理"餐桌污染"、建设"食品放心工程"工作，金融工作，佳冶牧业有限公司肉牛养殖项目前期准备工作，中环路东侧3#地开发建设问题，天鹅洞景区核心部分山林产权、土地产权、房屋拆迁及景区管护问题，龙门桥建设问题，县药品监督管理局成立后有关财产移交、人员工资问题，中小学危房改造工程有关收费等问题。

2002年38次，会议研究的主要议题和内容：县林产化工厂改制债权清理工作，规范房地产市场问题，县农调队办公用房问题，县水泥厂破产有关事宜，城镇职工医疗保险工作，"6·16"洪灾后重建家园工作，金融工作，寨头里水库生活饮用水地表水源保护区划定问题，石板桥水库电站梯级开发项目前期工作问题，客家祖地服务用房建设问题，县园林管理所（翠园）职工安置问题，食品公司改制及职工安置问题，"餐桌污染"治理工作，建设宁化县西门加油站涉及广播设施保护有关问题，工会工作，金牛牧业有限公司发展肉牛养殖贴息贷款问题，朝阳新村六期（县交警大队后）房地产开发问题，音像制品管理工作，新车站建设征地问题，旅游工作，客家边贸城市场安全整治等问题。

2003年66次，会议研究的主要议题和内容：工会工作，乡（镇）农机站人员下放乡（镇）管理后有关事项，县标准化烟草站建设有关事项，离休干部等特殊人员医药费管理问题，一中学生公寓建设问题，县生态功能区划编制工作问题，台资游乐园项目供水问题，防治"非典"工作，县商业总公司下属的糖烟酒公司、纺织品公司归还农村信用联社贷款本息问题，开通学生周末班车营运问题，城市建设，机动车驾乘人员保险有关问题，县医疗保险网络建设问题，东溪流域（石板桥水库）综合开发项目前期工作问题，县通用机械厂土地使用费减免问题，引进客商新办民用液化气贮罐站项目问题，密集场所消防安全疏散通道、安全出口专项整治工作，新车站建设有关问题，县疾病预防控制中心项目建设问题，金牛牧业有限公司贷款担保问题，县林产化工厂拍卖机器设备遗留问题处理，安全生产工作，水利建设基金和城区防洪工程修建维护管理费征收问题，县化工实业总公司改制有关问题，乡村公墓建设，武装工作，信访工作，宁化县生态功能区划编制工作，土地收储工作，土地拍卖问题，龙门桥建设，新车站建设，房地产开发，安全生产，新车站、东方花园、城东二期设计方案问题，重大项目建设贷款等问题。

2004年57次，会议研究的主要议题和内容：清理拖欠工程款工作，信访协调工作，房地产开发土地出让金问题，财税工作，整治城区秩序和车辆管理问题，土地开发与管理问题，布置治理"餐桌污染"工作，县客家文化中心项目建设，契税直征工作，县级储备粮轮换问题，江滨路农贸市场路段整治问题，矿产资源监督管理问题，招商引资兴建二中学生公寓楼问题，煤矿安全专项整治问题，整顿城区交通秩序和打击非法营运车辆问题，加快钨矿规模开采项目前期工作问题，加强监管县腾龙水泥有限公司采矿安全问题，县特殊教育学校、城郊中心学校迁址、扩建问题，残疾人就业保障金征收有关问题，华侨经济开发区建设问题，坤兴针织公司新上纺织项目问题，矿山生态环境和安全生产工作，县煤炭（燃料）公司改制问题，县妇女儿童活动中心建设问题，财政机关直接征收契税问题，县副食品调节基金征收等问题。

2005年55次，会议研究的主要议题和内容：无害化垃圾处理问题，"锦绣花园"国有土地出让有关问题，财政大楼建设，依法关闭县客家花炮生产有限公司问题，客家边贸城整治工作，发展银杏产业，财福源广场大楼项目建设，华侨经济开发区建设，县农业机械公司改制问题，企业入驻城南工业园施工建设收费，县钨矿改制及行洛坑钨矿项目建设问题，整治安丰煤矿周围小煤窑非法盗采问题，乌龙峡电站改制前期工作有关问题，城东中学和体育中心建设征地问题，寨头里水库生活饮用水源保护区（以下简称保护区）生态环境整治问题，省道307线华侨经济开发区路段建设问题，行洛坑钨矿开采项目征占林地问题，政务信息网第一期建设工程问题，恒祥农牧有限公司产权过户问题，城东中学建设征地问题，宁化师范附属小学兴建教学综合楼问题，天鹅大厦项目建设问题，县煤炭（燃料）公司资产拍卖问题，华侨经济开发区一期标准厂房及附属设施建设，医疗保险缴费基数调整等问题。

第三节　县长办公会议

1988—2005年，共召开189次县长办公会议。

1988年7次，会议研究的主要议题和内容：越剧团体制改革、归属问题，百货公司分家事宜，化肥供应等问题。

1989年16次，会议研究的主要议题和内容：下沙农场划拨移交事宜，城区生活用煤供应问题，化肥价格问题，高等院校毕业生分配问题，人事变动、奖励升级问题，妥善处理停产半停产企业等问题，湖村水泥厂土建扫尾工程资金贷款等问题。

1993年15次，会议研究的主要议题和内容：山区开放开发及人事工作，基础设施工程、为民办实事，解决蚕桑公司人事、经费问题，解决烟叶收购资金、淀粉降解树脂项目考察和筹建资金问题，举办"世界客属恳亲联谊会"工作，设立边界贸易开发区问题，农转非、聘干农转非、人事任免、宁化县第一中学招生问题，减轻农民负担工作，城市增容费收取问题，大中专毕业生分配问题，县政府领导分工、行政经费开支等问题。

1995年9次，会议研究的主要议题和内容：乡财体制问题，粮食收购补贴、液化气价格、德国政府救济粮分配、电价及城区电网改造问题，宁化县第六中学、宁化县第七中学体制变更问题，烟叶核减产量、面积问题，副食品基地建设，复退军人安置，投资企业公司、化工实业总公司清产核资，水泥厂基建项目资金筹措等问题。

1996年30次，会议研究的主要议题和内容：投资企业公司破产，二轻竹器厂、外贸公司等单位遗留问题处理，为民办实事工作，县实验小学新建教学楼有关拆迁户迁建住宅地基问题，县直机关企事业单位计划生育工作，设立老区扶贫开发基金，师范类大中专毕业生分配，清房工作，"菜篮子"产品生产、上市计划以及有关扶持政策，县行政机关事业单位工作人员正常晋升工资档次和节支奖的兑现问题，工商所与市场办分离问题，成立宁化冷冻厂，县酒厂土地开发，县二轻竹器厂关闭，'96世界客属石壁祖地祭祖大典筹备工作，黄牛改良工作，技工学校毕业生分配，蚕桑公司债务处理，农业综合开发，违纪干部处理，县供销社改革方案等问题。

1997年26次，会议研究的主要议题和内容：土地垂直管理，液化气调价、房改方案问题，教育系统自费生安排，投资企业职工安置，百货公司有偿抵押问题，电气化县建设，物资总公司体制改革问题，内贸企业改革，对外"窗口"建设，林业预算内企业改革，通用厂改制，投资企业破产职工安置问题，特困职工优待证发放和若干优惠政策问题，商贸企业改革问题，县长、副县长工作分工，建立城市居民最低保障线制度、客家祭祖经费结算等问题。

1999年11次，会议研究的主要议题和内容：行政事业单位工会费缴纳，确立公费医疗定点医院，第五次人口普查，县电力调度中心大楼建设，闽西北客家综合批发市场建设，人事问题，重建慈恩塔征用土地减免费用，县公交公司投资环城小客车营运，边贸批发市场建设，商业系统糖烟酒、饮食服务、钟表、信托公司改制问题，全县电价调整和小水电上网问题，财政周转金整顿办法和清理整顿部门有偿使用资金实施意见，城镇退伍兵安置，县城区停止个人建房，江滨路延伸，农贸市场至老干部活动中心地段开发改造，国有资产管理，设立凤山初级中学和水茜初级中学，成立机关文印中心和后勤服务中心，减免客家急救中心建设项目有关费用，开征自来水资源费，县供销社改制问题，城区牲畜定点屠宰问题，实施新土地管理法问题，县博物馆工作及第二批县级文物保护项目的确定，加强地方税收征收管理等问题。

2000 年 17 次，会议研究的主要议题和内容：组建县企业贷款担保机构，发展边界贸易，县对乡（镇）实施"分税制"财政管理体制，粮食购销和县医药公司改制，清理整顿农村合作基金会问题，宁化县"十五"计划与 2015 年远景目标纲要，科教兴县战略，城区防洪堤建设，品牌创建工作，乡镇企业改制，鼓励农村和县外人员进城居住兴办实业，粮食收购价格，县律师事务所改制，广播电视升级改造，人事等问题。

2001 年 9 次，会议研究的主要议题和内容：年度财政预算，县外贸公司改革，县林产化工厂改革，涉农收费公示，实施科教兴县战略，六中教学楼建设，退伍兵安置，县化工实业总公司钨制品生产线租赁问题，松脂收购，城市绿化工作，组建县城市经营公司等问题。

2002 年 9 次，会议研究的主要议题和内容：乡（镇）五保统筹管理工作，财政预算，县审计师事务所脱钩改制，县林产化工厂改制问题，户籍管理制度改革，农村信用社发展问题，师范类毕业生工作安排，供销社、粮油总公司改革，县水泥厂清算工作部分事项，县政府领导安全生产责任分工，利丰化工有限公司工业用地等问题。

2003 年 9 次，会议研究的主要议题和内容：县林产化工厂离退休人员安置问题，县客家宾馆（县政府招待所）改革问题，县化工实业总公司改制，乡（镇）引资新增税收优惠问题，地区津贴兑现，交警用地，县物价局恢复财务独立核算问题，县疾控中心建设，荣华装饰材料批发市场建设，城东幼儿园建设等问题。

2004 年 20 次，会议研究的主要议题和内容：客家文化中心建设问题，安全生产，县外贸公司申请破产问题，财政收入，垃圾场建设使用问题，农村信用社改革问题，拍卖县检察院办公楼问题，县政府庭院改造，水利专治前期经费问题，农村低保问题，财政预算，环保局购地债务，县中医院购县计划局旧宿舍楼土地问题，宁化"十一五"编制工作和重点项目，政务网建设问题，财政审计，重点项目建设，农村低保，县级财政收支预算和机关事业单位工作人员养老保险问题，济村溪源锌铍矿详查股权转让和引进锦阳木业来宁化投资办厂等问题。

2005 年 11 次，会议研究的主要议题和内容：红色旅游项目（交通项目）问题，财政收支预算等问题，营造良好金融环境促进县域经济发展及宁化县金融贡献奖设立问题，肉牛产业需要解决的问题，城东中学确认事业单位问题，"十一五"规划问题，小溪集贸商场建设用地项目拆迁方案，公务员工资制度和规范公务员收入改革问题，宁化影剧院消防隐患整治等问题。

第四节　县政府常务会议

1988—2005 年，县政府常务会议共开 61 次。

1995 年 3 次，会议研究的主要议题和内容：救济粮款分配，困难企业救济，乡镇补助，化肥厂、针织厂下岗职工安置，厦门翠江公司房产问题，民政救济款项分配等问题。

1996 年 3 次，会议研究的主要议题和内容有：人事工作，农业综合开发办经费问题，支前民兵肺病解决问题、部分单位工程款拖欠问题，大中专毕业生分配，开发办经费等问题。

1999 年 11 次，会议研究的主要议题和内容：新一届县政府领导工作分工，政府自身建设，人事问题，住房制度改革，县政府工作要点，车辆通行费征收管理，农村合作医疗工作试点问题，财政预算安排，房屋拆迁补偿和安置房计价标准，地产抵押规范，人事任免，县政府工作规则，城区防洪堤建设，设立城东居委会有关事项，殡葬管理等问题。

2000 年 10 次，会议研究的主要议题和内容：人事问题，调整全县小学学制，县政府工作要点，城乡用电同价方案，县林业和县供销社系统改革问题，鼓励外商投资的优惠规定，鼓励农村及县外人员进城有关政策，三明市汽车运输总公司并购县运输公司有关问题，已购公有住房和经济适用房上市交易管理等问题。

2001年7次，会议研究的主要议题和内容：人事问题，城镇职工基本医疗保险问题，天鹅洞风景区经营权转让，政务公开，外经贸工作，城市居民最低生活保障问题，建立土地收储出让制度，成立城市经营公司，对重大特大安全事故应急处理预案等问题。

2002年5次，会议研究的主要议题和内容有：发展银杏生产问题，城镇退役士兵安置，供水价格调整，人事问题，财政、民政工作等问题。

2003年4次，会议研究的主要议题和内容：建设旅游星级宾馆问题，县级财政预算，人事问题，通过新一届县政府组成人员等问题。

2004年10次，会议研究的主要议题和内容：新一届政府班子自身建设问题，兴办城东初级中学，国有企业改制，加快西部水土流失治理工作，行政服务中心建设，外贸出口实行奖励政策，县体育中心建设，华侨经济开发区建设，烟叶生产工作等问题。

2005年8次，会议研究的主要议题和内容：城乡低保，加快行洛坑钨矿规模开采项目建设，设立县政府林权登记管理办公室，县体育中心建设，加强县行政服务中心建设与管理问题，事业单位人事制度改革，加强城区管理等问题。

第五节　县政府联席会议

1988—2005年县政府联席会议共开48次。

1988年4次，会议研究的主要议题和内容：矿业总公司有关工作，协作办有关事项，副食品基地建设有关事项等问题。

1989年1次，会议研究的主要议题和内容：侨商为翠湖水泥厂提供外资担保问题。

1993年30次，会议研究的主要议题和内容：讨论县委1993年工作要点和分工情况，推荐表彰市双文明建设先进单位和个人，人大、政协会筹备问题，北山公园二期工程、中环路规划、县政府招待所三星楼改造问题，住房制度改革方案，农业和农村经济工作，计划生育工作，乡（镇）目标考核兑现及表彰，财政收支预算，为民办实事问题，城区总体规划初步方案，企业离退休干部山区补贴，先行工程集资，房改资金统筹使用，卷烟厂筹建问题，电力债券发行等问题。

1995年6次，会议研究的主要议题和内容：责任目标及考核办法，为民办实事项目，工业责任目标工作，创建省级文明县城方案，计划生育工作，烟草生产工作，先行工程，菌草生产，机构改革等问题。

1996年7次，会议研究的主要议题和内容：农村工作问题，党政机构设置方案，城关至安远先行工程公路改造方案，菌草生产问题，讨论修改1997年工作初步设想等问题。

1997年后，县政府联席会议主要由县政府专题会议和县长办公会议代替。

第三章　施政纪略

第一节　第十届县政府工作

1987 年 11 月至 1991 年 1 月，第十届县政府届内深化改革、扩大开放，开展治理整顿，"一手抓经济建设、一手抓精神文明"，政府各项工作取得新进展，实现"七五"计划向"八五"计划的顺利过渡。

一、农业

1988 年，第十届县政府突出农业在国民经济发展中的基础地位，提出"增产粮食为根本，发展烤烟为龙头，开发山地为重点，发展基地为依托，增产增收为目标"的发展农业总体思路，粮食种植面积稳定，产量持续增长。1988—1990 年，全县粮食总产量连续 3 年超历史水平，其中 1990 年全县粮食总产量达 2.12 亿公斤，比 1987 年增产 2136 万公斤。调整农村产业结构，发展烤烟种植，全县种植烤烟 1.38 万公顷，累计收购烟叶 17.97 万公斤。农民售烟收入 8641.40 万元，其中 1990 年农民种烟收入 3800 万元，人均 135 元。烤烟品种"翠碧 1 号"在全市、全省推广。全县造林面积 1.20 万公顷，通过省宜林荒山造林绿化验收。发展茶果生产，全县茶果基地 1.38 万公顷，基本实现村村有茶果基地。水土流失治理实行以小流域为单位，因地制宜，分层次科学治理，推广生物措施与工程措施相结合，草、灌、乔、林、茶、果相结合，治理山头和改造灶头、砖瓦窑相结合，水保林与经济林相结合，完成"改灶节柴、改燃节柴" 5.20 万户，占总户数的 93%，并通过省级验收。1988—1990 年，累计投入资金 2000 万元用于改善农业设施、改造中低产田、开发土地资源、补贴化肥供应以及普及推广农业新技术。

二、工业

第十届县政府实施发展工业第一轮目标责任制承包，发展"工贸结合、技贸结合、两头在外、深度加工"的企业群体，相继完成县合成氨厂年产 1.50 万吨合成氨和 500 吨钨酸钠生产线、稀土分离、水泥厂、林产化工厂、县煤矿等技改项目，开发化肥、松香、水泥、矿产等工业产品，获得部优产品 2 项，省优产品 5 项，保优 3 项，填补国内空白 1 项，宁化县被三明市委、市政府评为"发展城市工业先进单位"，通过"省工业标准化示范县"验收，达到省 A 级水平，县林产化工厂获得"国家二级企业"称号，县钨矿、县通用机械厂、县煤矿等三家企业被评为省级先进企业，县器材厂、水泥厂、合成氨厂等 6 家企业被评为市级先进企业。

三、经贸

第十届县政府坚持"增加收入为目标，支农促工为前提，扩大销售为重点，保障供给为根本"的发展方针，1988—1990 年，累计财政收入比 1987 年前 10 年的财政收入总和还多出 414 万元。城乡市场繁荣，1990 年，零售商业、饮食业、服务机构达 3213 家，从业人员达 4834 人，分别比 1987 年增长 12.50% 和 19.80%；边贸额达 7000 万元。

四、基础设施

1988—1990 年，第十届县政府共筹资 2500 万元，对旧城进行分期改造，新建东山桥、西门桥和两座吊桥，改建东门桥，拓宽寿宁桥，对城区 4 个入口和通道进行拓宽和取直。先后铺设南线柏油公路，拓宽改造城南过境公路，改造修通境内断头公路。1990 年全县通车里程 1062.23 公里，连续 2 年被市评为交通工作先进单位。新建沙子甲日产万吨自来水厂，城区和 14 个乡（镇）先后开通自动电话和长途直拨电话。

五、社会事业

第十届县政府届内普及初等义务教育，向各级各类大中专学校输送人才 1722 人，1990 年全县高考取得历史最好成绩，中考综合比率居全省第一。文化、卫生、科技工作均取得进步，被列为全省初级卫生保健试点县之一，3 年创科技成果 143 项。新建第七中学、图书馆、文化中心、林业科技大楼，充实完善青少年宫、工人俱乐部、翠城影院等文化生活设施。城乡开通调频广播，新建电视微波站，部分县直单位和乡（镇）安装了闭路电视。

1990 年，全县社会总产值完成 4.39 亿元，比 1987 年增长 37.70%。其中，第一产业 2.66 亿元、第二产业 0.94 亿元、第三产业 0.79 亿元，分别比 1987 年增长 32.60%、78.90% 和 40.10%。全县地方级一般预算收入 2640 万元，比 1987 年增长 94.30%。农民人均纯收入 788 元，城镇居民人均可支配收入 1227 元，分别比 1987 年增长 23.50% 和 25%。

第二节 第十一届县政府工作

1991 年 1 月—1994 年 1 月，第十一届县政府届内贯彻中共十四大精神，解放思想，更新观念，加快改革，扩大开放，实施"八五"计划，推动经济和各项事业持续、快速、健康发展。

一、农业

第十一届县政府推进农业基础产业，调整农业产业结构，发展生态农业和"两高一优"（高产、高效、优质）农业。巩固烤烟基地，提高产量、质量和效益。1991—1994 年，累计烤烟社会产量 53 万公斤，交售烤烟 47.50 万公斤，烟农售烟收入 2.40 亿元，增加县、乡、村财政收入 5154 万元。新植茶果园 0.64 万公顷、桑园 0.03 万公顷。农业总产值年平均递增 10.40%，乡镇企业 1993 年总产值比 1990 年翻了两番。

二、工业

第十一届县政府实行"五放活"（经营放活、用工放活、内部分配放活、价格放活、企业机构设置权放活）综合改革，1991—1994 年共完成技改投资 49 项，比前 3 年增长 133.30%；完成新产品开发 11 项，比前 3 年增长 120%；完成新技术推广应用项目 4 项，比前 3 年增长 100%；创国家二级企业 1 家，省级先进企业 5 家，部优产品 2 个，省优产品 5 个。至 1993 年年底，新开工投资百万元以上项目 10 个，新批办"三资"（在中国境内设立的中外合资经营企业、中外合作经营企业、外商独资经营企业）企业 8 家，新办内联企业 15 家，引进县外资金 3476 万元。

三、经贸

第十一届县政府突出边贸特色，全县建立和完善 32 个中心批发市场、8 个常年商品展销点、22 个边贸集市市场、140 家批发企业，投入 1000 万元建成宁化边贸中心市场，为当时闽西北最大的县级中心农贸市场，发展"小集镇、大市场"，推进 7 个边贸乡（镇）市场和街道建设。

四、基础设施

第十一届县政府提出"夯实基础，保证重点，兼顾一般"的建设思路，3 年累计投入 1.10 亿元，建成宁化城关至江西石城 31 公里柏油路，动工修建城区中环路。城区建成中医院门诊大楼、防疫站综合服务楼、计划生育服务楼、农资农副产品交易中心、总量 100 吨的沙子甲液化气贮罐站等相继投入使用，开工建设客家边贸中心市场、宁化大酒家、邮电综合大楼、边贸大楼、交通大楼。城区房地产开发完成 15 万平方米，农村完成 6 个集镇和 55 个中心村建设目标。开通程控电话 5000 门，先后完成 11 万伏输变电线路和乌龙峡电站技改工程。

五、社会事业

第十一届县政府届内全县 16 个乡（镇）全部实施初中义务教育，经市政府验收评估达"良级"，被市级授予"文明学校" 12 所，评为市先进班集体 5 个，泉上中心小学被省教育委员会评为农村示范小学。广播电视、计划生育、体育事业取得新的进展，初步形成以卫星地面接收站、广播电视专用微波站、电视差转台相结合的多功能多渠道的电视覆盖网络，电视人口综合覆盖率 92% 以上。全县出生人口 3570 人，人口增长率控制在 0.971%，1992 年通过全市组织的"基本达标县"检查验收。宁化体育代表队在省运动会上取得 6 枚金牌、6 枚银牌、4 枚铜牌的好成绩。

1993 年，全县地区生产总值完成 6.82 亿元，比 1990 年增长 38.56%。其中，第一产业 4.76 亿元、第二产业 1.13 亿元、第三产业 0.93 亿元，分别比 1990 年增长 37.34%、74.67% 和 21.13%。全县地方级一般预算收入 3404 万元，比 1990 年增长 28.90%。农民人均纯收入 1317 元、城镇居民人均可支配收入 2002元，分别比 1990 年增长 44.89% 和 33.73%。

第三节　第十二届县政府工作

1994 年 1 月至 1999 年 1 月，第十二届县政府届内制定"三个再造，三个翻番"（在山上再造一个宁化，努力实现林业的 4 个跨越；在城东再造一个宁化城关，向建好一条路，扩大半座城的目标努力；在工业经济总量上再造一个宁化，努力实施一年延伸"短腿"，三年形成主导，五年起步腾飞）的发展目标，提出"优化种养，以农兴工，搞活边贸，以贸促工"工作思路，实施"九五"计划。

一、农业

1994 年，第十二届县政府成立农业农村工作领导小组，提出"压烟减粮促多经，确保两增收，实现小康县，推进产业化"的工作思路，推进农业综合开发。应对 1994 年"5·2"和"6·15"两次特大洪灾，重选创收项目，开展抗灾自救。稳粮兴农，大力发展竹业，提出"把山当田耕，把竹当菜种"的发展策略，竹业取得明显进展。1997 年落实中央提出土地承包 30 年不变政策，开展土地承包经营试点工作。1998 年开始全面铺开土地承包经营，落实中央提出的山地承包 50 年不变政策，在城南乡 9 个村开展集体林权经营体制改革试点。全县基本实现小康乡（镇）达 10 个，占总数 62.50%；实现小康村 130 个，占总数 61.90%；实现小康户数 51010 户，占总数 78%。

二、工业

第十二届县政府届内推进企业股份合作制改革，以调整结构和提高经济效益为重点，对国有企业采取股份合作制改组、有偿转让产权或股权、引进外资嫁接改造以及转型、租赁、拍卖、破产等系列措施，抓大放小、扶优扶强。对独立核算工业企业、内贸企业进行改制。落实企业自主权，推进第二轮工业承包责任制。实施"工业发展年活动"，重点抓好建材、矿产品、精细化工、针织、饮料食品、林竹、服装、机械电子等工业"八条龙"系列产品开发。

三、经贸

第十二届县政府坚持"依托三明，背靠沿海，面向赣南，互惠互利，共图发展"的边贸发展方针，发展具有边贸特色的市场经济，实施"菜篮子"工程，培育本地市场，拓展区域市场，届内先后引进县外资金 2.40 亿元，可比口径实际利用外资 1176 万美元。1998 年，全县社会消费品零售总额 35020 万元，比 1993 年增长 44.29%。

四、基础设施

第十二届县政府提前 3 年完成省道福五线、建文线、洋万线宁化境内路段 168 公里的拓改任务，完成工程总投资 1.52 亿元，其中建成二级公路 72 公里，结束了县内无高等级公路的历史。改、扩、新建水电站 7 座，新增发电装机 5525 千瓦，新增 14 个无电村供电，电话交换机总容量达到 3.04 万门，城乡拥有各类电话 22313 部，为 1993 年年末的 5 倍，64% 的建制村开通程控电话，全县中心村电视覆盖率达到 95.50%。

五、社会事业

第十二届县政府届内筹措 6272 万元资金改善城乡办学条件，教育"两基"顺利通过省验收和国家复查，5 年共取得科技成果 49 项，其中 7 项获省、市奖励，反映客家风情的舞蹈《踩竹麻》获全国舞蹈比赛"群星奖"铜牌奖，舞蹈《采萍曲》获省第八届音乐舞蹈节舞蹈比赛银奖和市创作一等奖、演出一等奖。

1998 年，全县地区生产总值完成 12.17 亿元（现价），比 1993 年增长 36.53%。其中,第一产业 6.02 亿元、第二产业 2.00 元、第三产业 4.15 亿元，比 1993 年分别增长 -0.04%、20.61% 和 170.50%。地方级财政一般预算收入 8023 万元，比 1993 年增长 42.43%。农村居民人均纯收入 2295 元、城镇居民人均可支配收入 5012 元，分别比 1993 年增长 74.26% 和 150.35%。

第四节　第十三届县政府工作

1999年1月至2003年12月，第十三届县政府届内提出全面实施"三创一带"工程（围绕资源开发，争创农业发展新优势；围绕边贸开发，争创第三产业发展新优势；围绕客家祖地开发，争创对外开放新优势；以农业为龙头，以工业经济和对外开放为两翼，带动发展第三产业），县域经济得到较快发展。

一、农业

第十三届县政府全面落实土地承包经营30年不变政策，实行土地经营承包的农户达67659户，占农户总数的99.30%，土地承包面积占总耕地面积的99.70%。应对2003年"6·16"特大洪灾和"非典"疫情，实施农业115工程（即夯实粮食基础，稳定烤烟支柱，壮大水果、竹业、畜牧、食用菌、油茶5个产业），加快农业产业化进程，优化区域结构、品种布局、粮食和经济作物比例，主抓优质稻生产，发展订单农业，壮大烤烟、水果、畜牧、食用菌、油茶等产业规模。

二、工业

第十三届县政府突出经济效益，坚持放开搞活，扶优做强，调整优化工业布局，打造具有较强聚集功能的工业平台，启动城南工业园区建设，实施税收奖励、土地出租等优惠政策，石磊矿业、恒大钨制品、坤兴针织、佳穗米业等规模以上企业相继开工、投产。至2003年年底，以竹木加工、林产化工、建材、矿业开发和针纺织业为重点的国有及年产品销售收入500万元以上的非国有工业（规模以上工业企业）总产值19287万元；规模以下工业总产值32012万元；全社会工业总产值51299万元，比1998年增长56%。

三、经贸

第十三届县政府围绕"让边贸活起来"工作重点，加快市场基础设施建设，客家边贸城、中心农贸市场等一批较大型批发零售市场先后完工并投入使用。2003年，全县社会消费品零售总额54192万元，比1998年增长64.62%。

四、基础设施

第十三届县政府完成县城镇体系规划编制，建成客家边贸城、城东广场、金叶大厦、龙门桥等一批标志性建筑，建成商品房面积21.70万平方米。新铺设等级公路62公里，改造乡村公路100公里，完成省道204线谢坊至田坪12公里公路路基改造。改扩建电站25座，新增发电装机5465千瓦，完成208个建制村的农村电网改造，改造面为99%。

五、社会事业

第十三届县政府届内投入1亿元完成96项中小学校舍新建、危房改造，面积12.20万平方米；县乡有线电视实现联网，广播和电视人口覆盖率分别达到95%和97.50%；新增城乡程控电话2万门、移动电话8500门，99.50%的建制村开通程控电话。城镇贫困居民做到应保尽保，农村低保逐步推开，全县企业养老、失业保险覆盖面分别达到 97%和 100%。

2003 年，地区生产总值完成 16.44 亿元，与 1998 年相比，增长 37.12%。其中，第一产业 7.42 亿元、第二产业 2.89 亿元、第三产业 6.13 亿元。地方级财政一般预算收入 6288 万元。农民人均纯收入 3036 元、城镇居民人均可支配收入 6875 元，分别比 1998 年增长 32.29%和 37.17%。

第五节　第十四届县政府工作

2004 年 1 月始，第十四届县政府围绕建设"闽赣边界中部经济强县"目标，实施"基础先行、做优环境、整合资源、扩张总量"经济发展战略，大力推进特色产业集聚区、新兴文化旅游区、闽赣中部边贸重镇"两区一镇"建设，促进经济社会又好又快发展。

一、农业

2004 年，第十四届县政府扩大烤烟、畜牧、食用菌、林竹、茶叶、蔬菜等特色农业基地规模，全县农产品规模加工企业 94 家。发展无公害、绿色有机食品，实现无公害农业产品标志使用权和绿色食品认证零的突破，3 家农业企业成功申报无公害农业产品标志使用权，"客家源"牌红薯粉丝、"宁花"牌山茶油、"碧水"牌姬松茸 3 个产品获绿色食品标志。全县申报无公害等农业品牌 5 个，"东华山"牌松脂被评为省级名牌，"穗利"牌大米被评为省名牌产品，"淮土"牌山茶油等获市知名商标称号。银杏用材林培育、虎杖规范化栽培及加工利用等项目被列入省、市科技计划。至 2005 年，全县农业总产值 15.68 亿元。

二、工业

2004 年，时尚防火等 3 家企业通过 ISO 9000 系列质量体系认证，全县规模以上工业产值完成 32353 万元。2005 年年底，钨矿规模开采等 5 个项目被纳入省、市级重点项目计划，工业企业改制进入扫尾阶段，国有资本退出一般竞争性领域。全年新增规模以上工业企业 11 家，全县规模以上工业完成产值 6.05 亿元，增幅居全市前列。

三、经贸

第十四届县政府整合开发旅游资源，加快新型边贸开发，发展特色服务产业。2004 年，天鹅洞群成功申报国家地质公园并实现经营权合作转让。2005 年，北山革命纪念园等 3 个项目被列入全国 100 个"红色旅游经典景区"名录。边贸流通繁荣，全年社会消费品零售总额 66315.10 万元。

四、基础设施

第十四届县政府完成城区总体规划修编、城东"两纵一横"路网建设、城区部分主干道的人行道和路灯改造、新汽车站、红军长征出发地纪念广场、法院审判综合楼和城东中学等项目，体育中心、垃圾处理一期项目完成主体工程。房地产开工建设面积 30 万平方米。总投资 31000 万元改造省道 205 线谢坊至燕子塘、省道 307 线东风林场至五里亭、县道 796 线宁化城关至湖村至锣鼓坪 3 条省重要干线公路。通乡公路硬化 20 公里。完成 203 个建制村通村公路硬化，建制村公路硬化通达率 96.70%。

五、社会事业

申报"福建省民间文化艺术（客家习俗）之乡"获省政府批准命名，客家山歌、客家擂茶制作工艺及宁化石壁客家祖地祭祖被列入第二批省级非物质文化遗产保护名录。高考本科以上万人口上线率2004年至2005年连续2年居全市各县（区）第一。完成县级疾控中心一类实验室和15个规范化预防接种门诊室建设。实施乡镇卫生院改造和村卫生所规范化建设。省级卫生县城顺利通过审核验收。农村"户户通电"和广播电视"村村通"工程全面竣工，有线电视和无线数字电视实现下乡进村入户。

2005年，地区生产总值完成218561元，比2003年增长21.20%。其中，第一产业9.61亿元、第二产业4.34亿元、第三产业7.82亿元，分别比2003年增长10.89%、44.64%、22.30%。地方级财政一般预算收入7609万元，比2003年增长21.01%。农民人均纯收入3673元、城镇居民人均可支配收入7586元，分别比2003年增长20.98%和10.34%。在2005年度福建省县域经济发展评价中，宁化名列第22位，比2004年上升27位。

第四章　其他政务

第一节　依法治县

1989年，县政府制定《宁化县依法治县方案》，将92部与全县政治、经济、社会生活密切相关的法律法规分解到各个执法部门，要求各执法部门制定具体方案。1990年，确定安乐乡安乐村开展依法治理试点，制订《依法治村方案》《依法治村方案实施细则》和《村规民约》。1991年，总结依法治村试点经验，开展依法治厂、治校等各项治理活动，制定《依法治理标准及达标方案》。1992年6月，召开全县依法治理经验交流会。1997年，确定翠江镇、泉上镇等4个单位为依法治理试点单位，结合农村"创十星评十户"（具体内容为经济发展、爱国奉献、治安稳定、优生优育、科技示范、崇文重教、移风易俗、环境美化、民风淳朴、党建加强）活动，依法治理农村热点、难点问题。1998年10月19日，成立县依法治县领导小组，下设办公室（以下简称依法治县办），制定依法治县、治乡（镇）、治校和企业标准，调整充实各乡（镇）和行政执法机构人员。

1999年9月10日，依法治县办与县教育局联合召开全县依法治校经验交流会，宁化县第一中学、宁化县第六中学、宁化县实验小学等10个单位在会上介绍经验，促进全县依法治校。2004年，县司法局和县民政局联合下发《"民主法治示范村"创建活动实施意见》，制定创建"民主法治示范村"的评分标准。淮土乡水东村、城郊乡高堑村、湖村镇龙头村被授予三明市首批"民主法治示范村"称号，翠江镇红卫村委会获"福建省民主法治示范村"称号。2005年，召开全县创建"民主法治示范村（居）"经验交流会，参照《"民主法治示范村（居）"考评标准》，检查督导第2批5个创建"民主法治示范村（居）"的创建情况。

第二节　信访工作

一、办信接访

（一）办信接访制度

1988—1993 年，县政府先后下发、转发《关于进一步加强信访工作的通知》《福建省党政机关信访工作规定》《福建省委办公厅关于加强反腐败斗争中信访工作意见》，建立领导阅批信访件、办信办访、不定期召开信访联席会制度和回信、回访、约访、转办、联办、协办、保密、档案、统计报表等工作制度。2000—2001 年，县政府下发《信访工作滚动管理办法》，开展创建信访工作"五有"（有信访工作领导小组、有专兼职信访干部、有信访接待室、有一套完善的工作制度、有一套便民服务措施）、"三无"（无集体上访、无越级上访、无信访积案）合格乡（镇）活动，建立信访问题调处"五定"（定包案领导、定责任单位、定责任人、定办理要求、定办理期限）责任制，全县 16 个乡（镇）设立信访工作领导小组、信访接待室、信访办，配备专兼职信访干部、村信访联络员 262 人。

2003—2004 年，县政府先后下发、转发《关于建立矛盾纠纷和信访问题排查调处联席会议制度实施意见》《信访效能督办制度》，制定《宁化县关于处置突发性群体性事件工作机制》和《建立县集中处理信访突出问题及群体性事件联席会议制度》，联席会议下设办公室及土地征用和矿产纠纷问题、国有企业改制问题等专项工作小组 8 个，调查、处理、疏导省、市排查通报的信访件及县排查通报的信访件 23 件，办结率达 100%。2005 年，县政府制定《办理群众来信、接待群众来访、督查督办工作规则》，组织县、乡干部培训学习《信访条例》；县委、县政府领导带领经贸局、信访局人员劝返 4 批到省、市上访人员，协调处理热、难信访问题 79 件；联席会议办公室召开会议研究部署，集中处理信访突出问题及群体性事件，排查分析热、难信访问题 29 件。

（二）领导接访

1987 年始，宁化县规定每月 15 日为县领导轮流定期接待群众来访日。1987 年 12 月至 1989 年 12 月，"县长接待日"由正、副县长轮流接待，共接待来访 57 批 146 人，办结率 96.50%。1990 年始，"县领导接待日"由县党政领导轮流接待，实行"三固定"（固定时间、地点、人员）、"四有"（有牌子、有时间、有登记、有汇报总结）、"三结合"（接访与回访结合、接访与走访结合、接访与约访结合），共接待来访 102 件，办结 101 件。1991—1993 年，共接访 160 批 359 人，办结 157 批。1994 年，县领导共接访 35 批 101 人，办结率 100%。1998 年，县领导共接待来访 72 批 243 人，办结率 100%，县领导阅批信访件 192 件，并指定专人督办上级转办信访件。1999 年，县领导共接待来访 55 批 283 人，办结率 98.2%，阅批来信 372 件，呈报件阅批率 100%，办结率 97.80%。2000 年，县领导共接待来访 98 批 375 人，办结率 100%。

2001 年始，"县领导接待日"由县委、县政府领导及县人大、政协、检察院、法院主要领导轮流接待，县人大常委会组织"一府二院"和政法、公安、信访等单位开展乡（镇）墟日接访人民代表和人民群众活动，变群众上访为领导下访。2002 年，县领导共接待来访 144 批 702 人，其中当场解决答复 36 批 98 人，批转有关部门调查处理 108 批 604 人，办结率 100%。2003 年，共接访、协调处理解决群众疑难信访问题 46 件。2004 年始，"县领导接待日"由县委、县人大、县政府、县政协领导轮流接待，共接待来访 200 批 870 人，其中当场解决答复 62 批，批转有关部门调查处理 138 批，办结率 96.50%。阅批群众信访 368 件，阅批率 100%，办结率 96%。2005 年，共接访 108 批 414 人，办结率 100%。

二、来信办理与来访接待

1988—1990 年，来信来访主要反映违反计划生育政策、部分计划外有偿培训自费学生（全县 272 人）被退回后安置、城关小溪路拓宽改造拆迁户安置、党政干部建私房等问题。1991 年始，对群众来信实行复信制度。1992—1999 年，来信来访主要反映关停企业（宁化县无线电二厂、宁化县针织厂、宁化县稀土厂）职工安置、村镇建设拆迁安置、农民负担、农资供应、下岗职工再就业和享受优惠政策、土地延包等问题。2000—2005 年，来信来访主要反映土地承包、企业职工养老保险、工资发放、生活费、安置费、城区旧危房改造、集体山林转让承包纠纷等问题。

1988—2005 年，共办理人民群众来信 2275 件，接待来访 3383 批 14464 人，对群众来信来访，除匿名信和地址不详信件外，实行登记、转办、自办、联办、催办、督办、反馈。县党政领导坚持阅批群众来信，共协调处理重要、疑难信访件 526 件。

1988—2005 年宁化县人民群众来信来访及办理情况表

表 6-2

类别＼年度		1988	1989	1990	1991	1992	1993	1994	1995	1996	1997	1998	1999	2000	2001	2002	2003	2004	2005	合计
群众来信（件）		215	108	242	148	110	144	111	179	150	101	117	107	133	75	90	78	71	96	2275
群众来访	批数（批）	30	60	178	166	98	110	96	106	111	183	180	165	282	256	280	426	357	299	3383
	人数（人）	110	72	228	289	241	176	316	328	803	537	694	857	1415	1203	1473	1917	2202	1603	14464
群众来信来访合计		325	180	470	437	351	320	427	507	953	638	811	946	1548	1278	1563	1995	2273	1699	16739
领导接访	批数（批）	32	25	102	74	50	36	35	15	22	69	72	55	98	95	144	166	200	108	1398
	人数（人）	102	44	130	163	133	63	101	66	378	273	243	283	357	526	702	924	870	414	5772
办理查处查报及上级交办信访件	件数（件）	21	24	71	98	77	21	21	23	25	17	36	25	20	156	127	198	20	41	1021
	办结率（%）	95.20	91.70	96	100	100	100	100	100	97	100	100	100	100	100	100	100	96.50	100	

附：重大信访事件办理案例

2002 年，县水泥厂改制引发 200 人集体到县上访，主要反映下岗安置补偿标准偏低、社会养老保险及再就业等问题。3 月 18—21 日，30 名职工在县委、县政府机关大院门口静坐 3 夜 4 天。县几套班子主要领导接待职工代表，听取意见建议，决定根据解除劳动合同前 12 个月企业平均工资标准和职工工龄，每年工龄补偿 1 个月平均工资，并按参加失业保险情况发给失业金（最长不超过 2 年）。

2003 年，县化工实业总公司（原县化肥厂）改制引发 300 人集体到县上访，主要反映下岗安置补偿标准偏低、社会养老保险及再就业等问题。6 月 16—18 日，50 名职工在县委、县政府机关大院门口静坐 2 夜 3 天，县几套班子主要领导接待职工代表，听取意见建议，决定根据解除劳动合同前 12 个月企业平均工资标准和职工工龄，每年工龄补偿 1 个月平均工资，并按参加失业保险情况发给失业金（最长不超过

2 年)。解决了自中华人民共和国成立以来宁化县规模最大的集体上访事件。

第三节 信息化建设

2003—2005 年，宁化县人民政府门户网站开通，拓展了政务信息公开广度，提高了政务公开工作效率，扩大了公众在涉及群众切身利益、社会关注度高的公共政策决策过程的参与度。县内行政事业单位人事招录信息、行政审批事项、政府采购事项、政府投资项目和重大建设事项、国民经济和社会发展规划及专项规划、区域规划等相关信息、行政事业性收费事项、行政执法事项、国有资产管理信息、政府财政预决算信息等多项政务信息先后上网公布。

第四节 机关事务管理

一、政府采购

1999 年 9 月，县政府设立政府采购办公室，依照《中华人民共和国政府采购法》程序，按照公开、公平、公正和诚信原则，坚持凡是大项商品和设备，或是能够相对集中形成一定批量的商品和设备都按规范程序实行公开招标。2000—2005 年，先后印发《宁化县 2001 年政府采购目录》，出台《宁化县行政事业单位办公消耗品定点采购管理暂行规定》和《宁化县县级政府采购管理暂行办法》，组织政府采购 420 余次，采购金额 6508.55 万元，年平均节约率 17.05%（详见"卷二十六 财政 税务"相关内容）。

二、后勤管理

1989 年 6 月，宁化县机关事务管理局（简称县管理局）成立后，充分挖掘已有资源，对闲置资产进行合理利用，做到"资金、资产、人员"三不闲置。对机关大院各单位用电用水问题进行不定期的督促检查，全年检查机关单位用电用水 18 次，纠正浪费水电现象 39 次，对 8 个单位提出限期整改意见。

1990—1995 年，县管理局为政府大院内各部委办局安装、检修、更换照明设备近 5000 余次，更换水龙头、闸阀 1500 余次，组织清理、疏通化粪池、下水道 45 次。每季度开展用电用水大检查，累计纠正浪费水电现象 390 次，对 91 个单位提出整改意见。1996—2000 年，县管理局健全机关单位用电用水制度，规范政府大院内停车秩序，保障进出道路的畅通，开展水电使用定期检查，杜绝长明灯、长流水，对 9 个单位浪费水电现象进行通报批评，限期整改。

2005 年，县管理局下发《政府机关大院开展节约型机关活动》通知，对机关大院各单位用电问题进行不定期的督促检查，并将资源浪费的 5 个单位在县有线电视台曝光。

三、安全管理

1988 年，县管理局建立健全人员车辆进出政府大院登记制度，加强夜间巡查，组织保安人员业务培训 2 次 12 人次。

1990—1995 年，县管理局先后修改制定《政府大院巡查督查管理制度》《夜间车辆出入登记制度》《夜间巡查非正常情况反馈制度》《安全保卫工作管理制度》和《机关大院安全防火管理制度》。加强夜巡力量，每晚安排 2 人从 22 点至次日早晨 8 点对机关大院进行不间断巡逻值班。组织开展大型消防器材知识实战演练 8 次，参加 90 人次。

2000 年，县管理局加强政府大院安全保卫工作，排除消防安全隐患 3 次，阻止不明身份人员进入 79 人次。

2005 年，县管理局开展"消除火灾隐患、构建和谐社会"消防器材知识实战演练 3 次，参加 210 人次，邀请保安公司对保安人员进行业务培训 3 次 18 人次。加强节假日单位值班管理，开展安全大检查 3 次，发现安全隐患 12 处，发出限期整改通知书 7 份。

四、生活服务

（一）生活管理

1988 年，县管理局对政府宿舍区进行加大环境卫生管理力度，拆除违章搭盖 120 平方米。1990—1995 年，县管理局加大对政府宿舍区美化绿化，种植绿化树 100 余株，绿篱 200 米，安装路灯 20 盏。2000 年，县管理局加大政府宿舍区政府公房管理，建立住户信息登记制度，制定卫生公约，禁止在生活区乱堆乱放和喂养禽畜，加强安全巡回检查，在每幢宿舍楼配备配齐消防器材。

2005 年，县管理局对政府宿舍区用电进行"一户一表"改造；为大院内部委、办、局安装、检修、更换照明设备近千次，更换水龙头、闸阀 500 余次，组织清理、疏通化粪池、下水道 45 次。完成办公开水供应和领导、单身干部职工的用膳服务工作。全年共培育各种草本花卉 1680 盆，院内常规花卉摆设 100 多个品种，营造了一个整洁、优雅的办公环境。3 月，县管理局被三明市绿化委员会授予"全市绿化先进单位"称号；10 月份，通过省、市"三优一满意"验收检查，县管理局被省机关事务管理局授予先进单位称号。

（二）文印收发

1988 年，县管理局加大文印收发管理，建立健全文件收发登记制度，全年签发登记重要文件资料、挂号等 5800 多件次，分发平信 2.10 万封、报纸 3 万份。1990—1995 年，县管理局平均每年签发登记重要文件资料、挂号等 5000 多件次，分发平信 2 万封、报纸 4 万份，未发生任何遗失事故。2000 年后，随着电子信息化的发展，各单位文件资料的收发部分通过电子邮箱传输，信件逐年减少。2005 年，县管理局共签发登记重要文件资料、挂号等 2800 多件次，分发平信 1.80 万封、报纸 10 万份。

卷七　中国人民政治协商会议宁化县委员会

1988—2005 年，宁化县历经第三届、第四届、第五届、第六届、第七届人民政治协商会议。第三届委员 102 人，第四届委员 130 人，第五届委员 140 人，第六届委员 137 人，第七届委员 137 人。共召开 19 次全委会、103 次常委会、157 次主席办公会议。中国人民政治协商会议宁化县委员会（以下简称县政协）坚持中国共产党领导下的多党合作和政治协商制度，贯彻执行"长期共存、互相监督、肝胆相照、荣辱与共"的方针，把握团结、民主两大主题，团结各界人士，对地方重要事务以及人民生活的重要问题进行政治协商，发挥民主监督作用，履行参政议政职能，合力推进宁化经济建设和各项事业发展。

第一章　机构与委员

第一节　组织机构

1988 年，宁化县第三届政协委员会机构下设办公室、提案工作委员会、学习委员会、联络工作委员会、经济科技工作委员会、文史资料研究委员会、政协之友联谊办公室、"三胞"（台湾同胞、海外侨胞、港澳同胞）工作委员会、法制工作委员会、宗教工作委员会，机关干部由第二届的 7 人增加到 15 人。第四届政协委员会下设机构调整为政协办公室和学习、提案、文史、联络、经济科技、文教卫生体育、"三胞"联谊、法制民族宗教等委员会，机关干部职工 17 名。第五届政协委员会下设机构为政协办公室和学习、提案、文史、联络、经济科技、文教卫体、民族宗教法制等委员会，1998 年年底机关干部职工 25 人；第六届政协委员会下设机构调整为办公室、提案文史办公室、经济科技办公室和专门委员会办公室，机关干部职工 24 人。2005 年，第七届政协委员会下设机构为办公室、提案文史办公室和专门委员会办公室，机关干部职工 18 人。

第二节　政协委员

　　第三届至第七届县政协委员共计648人，非中共委员占委员总数的65.80%，大专以上学历委员占委员总数38.58%。其中，第七届中具有大专以上文化程度所占比例由第四届的21.56%上升至59.71%。委员界别设置较广泛，组成结构较合理，文化程度较高，为委员参政议政的广泛性、代表性和有效性提供基础。

宁化县第三届至第七届政协委员组成结构表

表7-1　　　　　　　　　　　　　　　　　　　　　　　　　　　　　　　　　　　　单位：人

届次＼组成	委员						常委			正、副主席			附注
	委员总数	中共委员	非中共委员	上届保留	新进委员	女委员	常务委员	中共常委	非中共常委	总数	中共委员	非中共委员	
第三届	102	33	69	38	64	18	21	8	13	5	2	3	后增补3名委员
第四届	130	46	84	69	61	28	25	8	14	5	2	3	后增补7名委员
第五届	140	53	87	50	90	36	25	9	16	5	3	2	
第六届	137	54	83	60	77	38	27	9	18	5	4	1	届中工作调动、岗位变动13名，增补14名
第七届	137	53	84	60	77	38	29	10	19	5	4	1	委员名额为139名，暂缺2名

宁化县第三届至第七届政协委员界别设置情况表

表7-2　　　　　　　　　　　　　　　　　　　　　　　　　　　　　　　　　　　　单位：人

政协委员界别	第三届	第四届	第五届	第六届	第七届
中共党员	33	46	53	54	53
青年	2	4	4	5	5
妇女	4	4	6	5	6
工人	4	8	9	0	0
工会	0	0	0	9	6
农业	8	7	10	10	12
经济	0	0	14	23	12
工商	4	7	0	0	0
工商联	0	0	7	9	14
科技	11	13	12	10	10
教育体育	15	18	16	0	0
教育	0	0	0	12	12
文艺	3	5	4	0	0
文艺体育	0	0	0	5	5
医药卫生	10	12	15	10	10
台胞台属	7	7	8	7	6
归侨侨眷	7	8	8	7	6

续表 7-2

政协委员界别	第三届	第四届	第五届	第六届	第七届
少数民族	2	3	2	2	4
商业	2	0	0	0	0
供销	0	4	0	0	0
手工业	1	0	0	0	0
乡镇企业	0	5	0	0	0
老红军、军烈属	3	0	0	0	0
荣军军烈属	0	2	0	0	0
宗教	3	2	2	4	4
原国民党起义人员	2	0	0	0	0
特邀	8	11	11	10	17
港澳	0	0	4	0	0

宁化县第三届至第七届政协委员性别、年龄结构情况表

表 7-3　　　　　　　　　　　　　　　　　　　　　　　　　　　　　　　单位:人

届　次	人数		35 岁以下	36—49 岁	50—59 岁	60 岁以上	平均年龄(岁)
	男	女					
第三届	84	18	10	55	29	8	47.60
第四届	102	28	4	67	48	11	49.19
第五届	104	36	44	57	38	1	42.15
第六届	99	38	17	48	44	28	40.45
第七届	101	38	13	54	58	14	40.60

宁化县第三届至第七届政协委员文化、职称结构情况表

表 7-4　　　　　　　　　　　　　　　　　　　　　　　　　　　　　　　单位:人

届　次	大专以上	中专高中	初中	小学	高级职称	中级职称	初级职称
第三届	22	48	21	11	25	—	—
第四届	31	63	27	9	—	—	—
第五届	47	64	23	6	40	42	—
第六届	67	54	16	0	8	45	29
第七届	83	47	7	0	3	46	25

1987—2005 年宁化县政协负责人名表

表 7-5

姓　名	性别	籍　贯	职　务	任职时间
郑世佑	男	福建省宁化县	副主席	1984 年 7 月—1999 年 1 月
王瑞枝	男	福建省莆田市	主　席	1987 年 11 月—1998 年 2 月
张和松	男	福建省宁化县	副主席	1987 年 11 月—1991 年 1 月
郭达养	男	福建省龙岩市	副主席	1987 年 11 月—1990 年 9 月
黄锄荒	男	福建省诏安县	副主席 调研员	1987 年 11 月—1991 年 4 月 1991 年 4 月—1998 年 8 月

续表 7-5

姓　名	性别	籍　贯	职　务	任职时间
林玉花	女	福建省晋江市	副主席	1991 年 1 月—1993 年 10 月
赖达群	男	福建省明溪县	副主席	1991 年 1 月—1999 年 1 月
杨秀芳	男	福建省连城县	副主席	1991 年 1 月—1998 年 8 月
居苏华	男	江苏省镇江市	副处级调研员	1992 年 7 月—1993 年 11 月
邱雅文	男	江苏省响水县	副主席	1994 年 1 月—1998 年 10 月
张益民	男	福建省宁化县	副处级调研员	1996 年 10 月—
罗朝祥	男	福建省宁化县	主　席	1998 年 2 月—2007 年 1 月
王盛通	男	福建省宁化县	副主席	1998 年 10 月—
于福东	男	山东省高青县	副主席	1998 年 10 月—2003 年 12 月
伍日明	男	福建省宁化县	副主席 副处级调研员	1998 年 10 月—2003 年 12 月 2004 年 1 月—
翁金明	男	福建省莆田市	副主席 调研员	1998 年 10 月— 2005 年 12 月
董香妹	女	福建省长汀县	副主席	2003 年 12 月—
马安平	男	福建省宁化县	副主席	2003 年 12 月—

第二章　政协会议

第一节　政协全体委员会议

　　第三届委员会（1987 年 11 月至 1991 年 1 月）　共召开 4 次全体会议，分别于 1987 年 11 月 10 日—15 日、1988 年 8 月 24 日—27 日、1989 年 8 月 29 日至 9 月 1 日、1990 年 5 月 16 日—19 日在宁化县影剧院（简称县影剧院）召开。会议的主要议题和内容：审议通过常委会工作报告、提案办理情况报告，选举主席、副主席、常务委员、增补委员。

　　第四届委员会（1991 年 1 月至 1994 年 1 月）　共召开 3 次全体会议，分别于 1991 年 1 月 14 日—18 日（召开地点为县政府办公楼六楼会议室）、1992 年 3 月 18 日—21 日（召开地点为县影剧院）、1993 年 2 月 2 日—4 日（召开地点为县影剧院）召开。会议主要议题和内容：审议通过常委会工作报告、提案办理情况报告，选举主席、副主席、常务委员、增补委员。其中，第一次会议作出学习贯彻《中共中央关于制定国民经济和社会发展十年规划和"八五"计划的建议》的决议。

　　第五届委员会（1994 年 1 月至 1999 年 1 月）　共召开 5 次全体会议，分别于 1994 年 1 月 12 日—16 日（召开地点为县政府办公楼六楼会议室）、1995 年 3 月 1 日—3 日（召开地点为县影剧院）、1996 年 4 月 23 日—25 日（召开地点为县影剧院）、1997 年 2 月 25 日—27 日（召开地点为县影剧院）、1998 年 2 月 7 日—10 日在（召开地点为客家宾馆）召开。会议的主要议题和内容：听取并审议通过第四届常委会工作报告、提案办理情况报告，选举主席、副主席、常务委员、增补委员。

第六届委员会（1999年1月至2003年12月）　共召开5次全体会议，分别于1999年1月5日—8日（召开地点为客家宾馆）、2000年2月23日—25日（召开地点为县影剧院）、2001年1月9日—11日（召开地点为宁化宁化县影剧院）、2002年1月9日—11日（召开地点为影剧院）、2003年2月24日—26日（召开地点为县影剧院）召开。会议的主要议题和内容：听取并审议通过第五届常委会工作报告和提案办理情况报告，作出第五届常委会工作报告决议和关于学习贯彻中共十五届三中全会精神的决议，选举主席、副主席、常务委员。

第七届委员会（2003年12月至2007年1月）　2003—2005年，共召开2次全体会议，分别于2003年12月28日—31日（召开地点为客家宾馆）、2005年1月10日—12日（召开地点为县影剧院）召开。会议的主要议题和内容：听取和审议通过政协宁化县第六届常委会工作报告和1999—2003年5年间提案工作报告，作出第六届常委会工作报告的决议，选举主席、副主席、常务委员。

第二节　政协常务委员会议

1988—2005年，宁化县政协常务委员会议共召开103次。

1988年10次，会议研究的主要议题和内容：总结政协工作情况，讨论成立政协之友联谊会事宜，完善提高城区基础建设问题，通报县委对召开政协三届二次会议的决定，讨论通过《常委会工作规则》，协商政协宁化县三届二次会议筹备事项，讨论《宁化县政府工作报告》，讨论县政协三届常委会工作报告和提案报告。

1989年9次，会议研究的主要议题和内容：制定工作计划，通报全县工农业生产情况、财政收入情况，学习中共中央、省委有关领导讲话精神，学习中共十三届四中全会公报，讨论政协三次会议工作报告，讨论《宁化县政府工作报告》，增选常委，通报工作组改委员会的决定，学习中共中央总书记江泽民在国庆40周年纪念会上的讲话，学习全国政协七届八次常委会决议，布置老委员联谊会工作。

1990年9次，会议研究的主要议题和内容：学习中共中央〔1989〕14号文件，传达市政协四届三次会议精神，通报中共宁化县委批准召开政协三届四次全体会议决定，传达《三明市政协提案办案意见》《省政府提案办案工作草案》，宣布新一届县人大、县政府、县政协领导调整名单，通报县领导分工有关事项的规定，研究县政协领导分工，讨论宁化县"八五"计划，人事安排。

1991年8次，会议研究的主要议题和内容：研究通过县政协第四届委员会各专门委员会和委员小组负责人问题，讨论通过《政协宁化县第四届委员会常务委员会工作规则》，通报政协四届一次会议以来提案交办情况，传达省政协六届四次会议精神，部署当前工作，研究计划生育工作，学习中共中央总书记江泽民建党70周年讲话，治安工作，人事任命。

1992年5次，会议研究的主要议题和内容：制定工作计划，传达省政协会议精神，通报全县法制建设情况，学习中共十四大精神。

1993年常委会8次，会议研究的主要议题和内容：讨论《宁化县政府工作报告》，协商执行主席分工，拟定政协四届三次会议议程，通报全县农业、工业经济情况，学习中共〔1993〕9号文件、福建省委〔1991〕15号文件，人事安排，审议通过委员名单。

1994年6次，会议研究的主要议题和内容：讨论通过《政协宁化县第五届委员会常务委员会工作规则》《政协宁化县第五届委员会专门委员会组织细则》《政协宁化县第五届委员会提案委员会工作细则》，制定工作计划，通过设置7个专门委员会的决定，主席常委工作分工，传达全国政协八届二次会议精神、省政协七届二次会议精神，布置开展百日调研活动。

1995年6次，会议研究的主要议题和内容：协商讨论《宁化县政府工作报告》草案，讨论通过政协常委会工作报告和五届二次全委会议程，布置开展学习孔繁森的先进事迹活动，传达省政协七届三次会议、市政协五届三次会议，通报政府工作情况等。

1996年5次，会议研究的主要议题和内容：制定工作计划，扶贫工作安排，学习全国政协文件，传达市政协工作会议精神，安排落实主席会议所布置的工作任务。

1997年4次，会议研究的主要议题和内容：讨论《宁化县政府工作报告》，学习中共十五大精神，增补五届政协委员，布置做好五届五次会议准备工作事宜。

1998年6次，会议研究的主要议题和内容：讨论《宁化县政府工作报告》，学习全国"两会"（人大和政协会议）精神，学习《中共宁化县委关于依法治县的决定》，讨论通过《政协宁化县委员会关于学习贯彻〈中共宁化县委关于依法治县的决定〉草案》，学习中共十五届三中全会精神，传达市政协第4次会议精神，协商讨论修改中国人民政治协商会议第六届宁化县常委会工作报告（讨论稿），审议五届常委会工作报告，协商通过六届政协委员名单。

1999年5次，会议研究的主要议题和内容：传达省政协会议精神，讨论通过"常委会工作规则"和"1999年工作要点"，制定1999年工作具体目标，换届选举工作问题，协商讨论政协常委会工作报告。

2000年5次，会议研究的主要议题和内容：信息工作，扶贫工作，学习全国政协文件，传达市政协工作会议精神，安排落实主席会议所布置的工作任务，布置调研活动。

2001年5次，会议研究的主要议题和内容：传达省、市政协工作会议精神，学习中央经济工作会议精神、学习中共福建省委七次党代会精神，通报关于"严打"和社会治安工作，研究财政工作。

2002年4次，会议研究的主要议题和内容：通报县政府工作情况，布置工作，研究提案工作，学习中共十六大报告，传达市政协七届一次会议精神，通过《政协第六届宁化县常委会关于学习贯彻中共十六大精神，落实县委九届十次会议（扩大）会议精神的决议》，审议常委会工作报告。

2003年7次，会议研究的主要议题和内容：协商讨论政府工作报告，讨论通过政协常委会工作报告，讨论通过增补政协委员名单，讨论通过六届五次会议有关事项，传达省、市政协常委会精神，通报全县经济运行情况、党风廉政建设情况，讨论《关于加快城区城市化建设步伐的调研报告》；协商通过优秀委员、优秀提案和承办提案先进单位名单。

2004年常委会共召开1次，会议研究的主要议题和内容：讨论县政协全年工作要点。

第三节　政协主席办公会议

1988—2005年，主席办公会议共召开157次。

1988年6次，会议研究的主要议题和内容：研究政协工作问题，讨论办药厂问题，组织学习全国政协关于《常委会工作规则》《政协全国专门委员会组织通则》，讨论成立宁化政协之友联谊会事宜，学习《中共中央关于党和国家机关必须保持廉洁的通知》（中共中央〔1988〕5号文件）和《关于贯彻中央〈关于党和国家机关必须保持廉洁的通知〉》（闽委〔1988〕10号文件）。

1989年8次，会议研究的主要议题和内容：讨论教育考察事宜，制定工作计划，研究选调机关干部下基层开展社会主义教育活动事宜。

1990年8次，会议研究的主要议题和内容：学习《中共福建省委关于学习贯彻中共中央关于坚持和完善中国共产党领导的多党合作和政治协商制度的意见的通知》，讨论政协宁化县三届三次会议以来常委会工作报告，人事任免，讨论政协宁化县三届四次会议议程、日程及有关事项，通报党组会议研究关于换届选举人事问题，布置开展城市管理研讨会工作，通报《政协机关走访联系委员的决定》。

1991年7次，会议研究的主要议题和内容：学习《中共中央关于国民经济和社会发展十年规划和"八五"计划》（中共中央〔1991〕1号文件）；研究主席、副主席工作分工问题，学习中共中央总书记江泽民"七一"讲话精神，传达有关苏联形势变化的文件，讨论对台工作及农村和农业工作。

1992年6次，会议研究的主要议题和内容：学习中共中央、福建省委有关文件精神，研究工作，布置召开十省十二县横向联谊会事宜。

1993年11次，会议研究的主要议题和内容：传达省、市政协会议精神，工作安排，学习、贯彻落实全国"两会"精神，布置有关县政协换届筹备工作事宜。

1994年7次，会议研究的主要议题和内容：学习《中国人民政治协商会议章程》，通报"5·2"洪灾情况，研究工业问题，学习中央、省、市、县有关会议精神。

1995年12次，会议研究的主要议题和内容：审议1995年工作要点，研究县政协五届二次会议有关事项，布置对烟草收购和先行工程的考察工作，学习第十七届中共中央公报，传达县委会议精神，讨论"九五"规划。

1996年13次，会议研究的主要议题和内容：研究文史提案工作，学习中共十四届六中全会精神，讨论常委会工作报告和提案工作报告，讨论通过县政协五届三次会议议程，讨论通过政协宁化县委员会的补充意见，审议通过县政协五届三次会议有关事项，人事问题。

1997年11次，会议研究的主要议题和内容：学习全省经济工作会议精神，讨论《宁化县政府工作报告》，讨论县政协常委会工作报告，提案工作，传达全国"两会"及省政协七届五次会议精神，干部廉洁自律和加强机关自身建设有关事宜，提案工作。

1998年9次，会议研究的主要议题和内容：县政协第五次会议筹备工作，传达省政协八届一次会议精神，拟定工作计划，讨论殡仪馆建设问题，布置县政协换届准备工作，主席、副主席工作分工，开发西门果山基地问题。

1999年10次，会议研究的主要议题和内容：主席、副主席工作分工，文史资料工作；讨论常委会议程，小商品市场开发、政协委员调整工作事宜。

2000年6次，会议研究的主要议题和内容：制定工作计划，传达学习中央、省、市有关会议精神，布置开展"稳粮促烟"课题调研及城市规划建设与管理情况调查，讨论通过"常委会工作规则"，讨论《宁化县政府工作报告》，学习全国"两会"精神。

2001年2次，会议研究的主要议题和内容：制定工作计划，布置精神文明调查研究工作。

2002年13次，会议研究的主要议题和内容：拟定工作要点，调整机关人员工作，研究县政协会议室装修及干部职工福利问题，传达全国政协会议精神和省政协八届五次全会精神，县政协领导工作分工问题。

2003年6次，会议研究的主要议题和内容：制定工作计划，布置县政协六届五次会议的筹备工作，人事安排，党组成员工作调整，小车司机入编，换届考核工作，县政协七届一次会议筹备工作。

2004年12次，会议研究的主要议题和内容：布置年终机关迎接考核检查工作，讨论主席、副主席工作分工，研究招商引资工作，传达学习全国"两会"精神，制定机关管理制度，传达全省政协工作会议主要精神，布置县政协七届二次会议筹备工作事宜，讨论常委会工作报告，讨论贯彻中共福建省委《关于进一步加强新时期人民政协工作的决定的实施意见》。

2005年10次，会议研究的主要议题和内容：布置县政协七届二次会议筹备工作，研究招商引资问题，讨论县政协常委会工作要点及县政协领导班子整改方案，布置关于开展特色产业调研工作，研究聘请机关通讯员问题，讨论党支部换届改选问题，学习中共十六届五中全会公报，研究机关中层领导班子配备问题。

第三章　主要活动

第一节　参政议政

第三届县政协先后制定《政协宁化县常务委员会工作规则》《政协宁化县各专门委员会工作细则》《政协委员小组活动简则》。县政协常委会定期邀请县党、政领导到政协通报政治、经济和社会生活中有关重要情况及全县形势和任务，组织委员研究和讨论全县政治、经济和人民生活等重要问题，就县经济体制改革、经济发展战略、资源开发、科技、教育、文化、卫生事业发展等方面，提出意见和建议。县政协领导先后参加全县工业经济、农业经济、精神文明建设、清理整顿公司、清理党政干部违纪建私房等领导小组工作，13位委员分别被县纪委、监察局、审计局聘为党风监督员，特邀监察员和特约审计员。

第四届县政协先后就县国民经济和社会发展十年规划、"八五"计划（草案）、县委、县政府加速经济发展的战略设想以及事关全县国计民生重大问题、重大决策开展主题协商讨论和监督。1991年，县政协邀请10位县领导和20位县直部门领导向委员通报经济工作情况，开展"提一条合理化建议、传递一条经济信息、办一件实事好事、写一份调查报告、搞一项社会服务"活动，组织委员赴基层考察调研，提出建议98条，提供经济信息20条，为群众办实事、好事37件，引进经济技术项目8个，资金达1050万元，其中委员引进的台资二轻开关盒厂解决了80人的就业问题。

第五届县政协制定《政协宁化县委员会关于政治协商、民主监督、参政议政的实施细则》，形成全体会议议大事、常委会议议专题、主席会议议全局的协商格局，参与政府工作报告、国民经济与社会发展计划、财政预算、"九五"计划和2010年远景目标纲要的协商讨论。开展专项监督、问卷调查、跟踪调查活动，参加全县税收、财务、物价、廉政建设情况的检查和民主评议行风活动，16位委员被县纪委、监察局、审计局和法院聘为常年特约行风监督员。1997年4月，提交《关于加强城区精神文明建设议案》后，县委4位常委到县政协召开座谈会，县委、县政府采纳县政协有关意见，开展全县城市综合治理。

第六届县政协领导参加县委、县政府重要会议、听取重要情况通报，参加重大问题决策协商，先后就国民经济和社会发展、"十五"计划、经济运行和财政运行状况、党风廉政建设、社会治安、社会保障等议题开展专题协商。建立健全办理政协建议案、专报件、提案、社情民主反映督办等十项制度，运用主席建议案形式提出规范推广种植银杏的建议被县政府采纳实施，安远、翠江、水茜等8个乡（镇）实现规模种植，成为农户增收新亮点。

第七届县政协先后就制定和实施"十一五"规划，全县经济和社会发展情况，党风廉政建设，"平安宁化"建设情况进行专题协商，开展"宁化发展大家谈"建言献策活动，邀请政协常委、离退休干部、老政协委员、党政部门负责人座谈，收集关于"宁化发展定位问题""加强农业产业化进程""加快工业园区建设""决策民主化""改善宁化交通状况""做大城市""重视人才资源开发与利用""生态保护和合理利用资源""招商引资""激活民间资本"等10个方面的意见与建议，报送县委、县政府决策参考。

第二节 考察调研

第三届县政协开展考察调研 52 次，形成调查报告 47 份，提出建议 160 条，涉及工业、农业、边界贸易、科技文化、文教、卫生等领域，其中《关于改善宁化师范附属小学教师住宿状况》《健全初级卫生保健体系》等调研意见，受到省、市教育和卫生部门的重视，拨款修建宁化师范附属小学教师宿舍和完善基层卫生院硬件设施。1988 年 2 月，组织医疗卫生界委员与县红十字会、防疫站对泉上华侨农场进行卫生考察，发现泉上华侨农场饮用水有害元素含量高、医疗设备差、归侨疾病多、就医困难等问题并专题报告省安置难民办公室。5 月初，省安置难民办公室拨款 15000 美元为泉上华侨农场添置医疗设备，并出资给华侨农场二队、五队各打两口密封式深井，解决饮水卫生问题。

第四届县政协开展考察调研 35 次，其中经济方面的专题调研 17 次，专题研讨 18 次，形成专题报告 35 份，建议 150 条，省委《八闽快讯》《福建农村工作》，省《政协通讯》和县《领导参阅》《宁化政研》《宁化快讯》《宁化政讯》等刊物，先后刊载县政协 10 篇调查报告。县政协与县委统战部联合调查撰写的《宁化知识分子工作调研材料》被省委统战部列入全省统战工作会议典型交流材料之一，并编入《各地统战工作调研报告典型经验汇编》。

第五届县政协共开展考察调研 22 次，形成专题报告 67 份，提出建议 342 条，其中《烤烟科教农结合》《规范烤烟收购市场》《高山偏远山区开展脱贫奔小康》《关于贯彻<劳动法>和企业社会保障金制度的调研报告》等调研报告被《三明日报》《福建农村工作》《福建劳动》等报刊登载。1994 年 7 月，开展个私工商户和私营企业千户行调研活动，形成调查报告，引起县委、县政府的重视，出台鼓励扶持个私经济发展的优惠政策，开展优化环境年活动。1996 年 7 月，组织调查组深入 6 个乡 (镇) 13 个收购点 130 多个农户家中开展烤烟生产和收购情况调查，发现并向县委、县政府通报烟叶外流、收购秩序较乱、服务质量较差及搭车收费等问题，县委、县政府授权县政协组织烤烟收购督查组开展监督。1996 年，组织委员深入高山偏远地区开展脱贫奔小康百户调查，提出"开放开发齐动，治本治标兼顾，输血造血并举，治愚治穷同步"的对策，县委、县政府采纳县政协的建议调整农村经济工作部署，在人力、物力和财力方面重点向高山偏远地区倾斜，促进脱贫奔小康。

第六届县政协共完成调研课题 53 个，形成专题报告 53 份，其中 9 篇调研报告得到县党政主要领导批示，12 篇被省、市刊物采用。1999 年 6 月，组织委员调查 3 个乡 (镇)、3 个村、2 个计划生育服务站计划生育工作情况，发现少数村干部产生懈怠情绪，节育措施不到位，计划生育"五清理"工作不彻底，村级计划生育台账动态管理不及时等问题，并向县委、县政府报送调查报告，县委、县政府责成计划生育职能部门采取措施予以纠正，并将整改落实情况反馈县政协。2000 年年初，组织委员调查城市规划建设与管理情况，提出"放低进城门槛"的建议；11 月，县政府出台《宁化县鼓励农村和县外人员进城的规定》。2001 年 7 月，县政府采纳县政协关于实施种子种苗工程的调研建议，把种子种苗工程列为实施农业"五大工程"之一。

第七届县政协围绕全县经济社会发展中带全局性的重要问题和群众关心的热点、难点问题，组织委员开展考察调研活动，形成 16 篇调研报告，得到县委、县政府的重视和采纳。2005 年 6 月，县政协开展关于考察环境保护工作情况的调研报告得到县委书记的批示，要求县委督查室对涉及部门整改工作进行督促落实。

第三节　提案议案办理

第三届、第五届县政协14位委员针对殡葬管理不善，乱埋乱葬现象严重问题，先后提出《兴建宁化县火葬场》《移风易俗、改土葬为火葬》《移风易俗，改革殡葬，筹建火葬场》《关于殡葬管理方面的几点意见》等提案，被县政府采纳。1998年8月，县政府投资650万元在翠江镇小溪村油家园兴建殡仪馆，2000年8月竣工投入使用。2003年4月，县政府发布《关于加强骨灰管理，严禁乱埋乱葬》的通告，对境内骨灰流向管理和清坟工作作出明文规定。第五届委员针对水土流失严重，洪涝灾害频发问题，先后提出《移山浚河，降低水位，减轻宁化城区水患》《加高城区河两岸河堤》《关于治理宁化城区下游河段减轻城区洪灾》《要求清理翠江河城关段》《把城区防洪治洪提到为民办实事的首位》等提案被县政府采纳，将防洪堤工程建设列入1998年为民办实事的重要项目。2001年10月，翠江城区两岸11.80公里的防洪堤竣工。

五届县政协第四次会议上，县政协针对民营企业厂（场）分散、无法形成规模效应问题，提出《关于规划建立民营经济工业园区的建议》，被县政府采纳实施，1996年6月，经省政府批准，设立"福建省宁化华侨经济开发区"（又称城南工业园区）。六届县政协四次、五次会议和七届县政协二次会议上，委员先后提出《关于建议政府对我县工业园区选址进一步论证核定，并抓紧实施"三通一平"工程》《加强工业园区建设步伐，促进我县经济走上发展的快车道》《关于多渠道筹集资金建设工业园区的提案》等建议。2003年，动工兴建城南工业园区。至2007年年底建成城南工业园区（一期），面积88公顷。

1988—2005年，县政协共收到涉及经济建设、精神文明、民主法制、廉政建设、城市建设、科教文卫体、社会保障、劳动人事、民族宗教、政法、统战、侨务、民政、水利、交通、环保等各方面的委员提案1807件，其中第三、四、五、六、七届县政协分别为376件、327件、363件、437件和304件。立案1286件，其中第三、四、五、六、七届县政协分别立案245件、179件、265件、301件和296件，并在规定时间内全部办复。

第四节　文史资料工作

1988年，县政协文史工作组改为文史资料委员会，组织城区知名人士和离退休干部、教师等人员，撰写亲历、亲见、亲闻的史料，抢救文史资料，提供文史稿源。1997年，《宁化文史资料》第十八辑中的《宁化县城区八月十八天后宫庙会调查》和《闽西宁化县湖村店上庙会调查》入选国际客家学会海外华人研究社、法国远东学院联合编辑的《客家传统社会丛书》。1998年，应法国远东学院博士劳格文之约，组织人员撰写两篇客家民俗史料，在香港出版发行。至2005年，县政协共征集政治、经济、军事、科技、教育、文化、卫生、社会和历史人物等各类史料291篇，约120万字，编辑出版13辑《宁化文史资料》（第9—21辑），计14400册，先后与全国16个省市、120多个县（市、区）政协及有关部门进行交流，并寄送北京图书馆、北京师范大学历史系资料室、北京社会科学院近代史研究所、福建省文史研究馆、福建省党史办、福建省博物馆、福建省教育科学研究所、人民出版社革命史编辑室、中国社会科学院历史研究所等单位。此外，配合三明市政协文史委征集《三明宗祠集萃》《摩崖石刻》等宁化境内的有关资料。

第五节　联谊交往

1988 年 7 月 9 日，宁化县政协之友联谊会成立，首届会员 42 人。至 1991 年 1 月，第三届县政协派员参加在石城、宁化、赣州、永安、长汀、广昌召开的历次"闽赣两省十三县（市）政协工作横向联系会议"，组织人员赴外地考察学习 5 次，接待省、市八大民主党派负责人、省政协农村经济考察团、市政协物质文明及精神文明建设、宗教、民族工作考察组和省内外县（市）到宁化考察联谊团组 20 批次，共计 300 人。

第四届县政协派员参加闽赣两省十三县市政协工作横向联系会和川、粤、湘、桂、苏、皖、冀、吉、黑、闽十省（区）十三县（市）政协横向联谊会，交流经验，沟通情况，交换信息，签订意向性协议 20 项。1992 年 9 月，宁化县举办十省（区）十一县（市）政协横向联系会第二次会议。1991 年 1 月至 1994 年 1 月，县政协会同县统战、侨、台部门共接待回乡探亲、观光旅游的港澳台胞和海外华人 1009 人次。

第五届县政协先后举行纪念抗日战争胜利 50 周年、中国共产党建党 75 周年、红军长征 60 周年、周恩来 100 周年诞辰、人民政协成立 45 周年暨宁化县政协成立 15 周年、迎接香港回归书画展、专题报告会、吟诗会、联欢会等活动。1994 年 1 月至 1999 年 1 月，每年举行迎春茶话会、中秋座谈会和妇女、青年、教育、宗教、经济等界别人士座谈会，会同统战、侨、台、工商联等部门和团体，共接待"三胞"（台湾同胞、港澳同胞和海外侨胞）1846 人次，重要社团 13 批计 460 人次，引进项目 3 个，资金 1030 万元。

第六届县政协会同宁化县客联会和宁化县客研会连续举办 5 届世界客属石壁祖地祭祖大典，接待海外 24 个国家和地区祭祖团队 101 个共 1949 人和 15 个省市的祭祖团队，推进宁化与世界客属联络联谊，交流合作。加强与省、市有关部门及沿海地区的联系合作，通过省、市政协牵线，邀请省农林大学的领导、教授以及省内一些企业人士到宁化考察，为宁化经济发展和招商引资出谋划策，提供信息。

第七届县政协加强与台港澳同胞和海外客家社团组织、人士的联系、沟通，会同宁化县客联会、客家客研会，举办石壁客家公祠建竣十周年暨世界客属第十届石壁祭祖大典活动。2005 年，组织开展与省内外政协横向联谊和交流，开展世界客属第十一届石壁祭祖大典活动。

第六节　信息工作

第三届县政协建立信息奖励制度，编写《政协工作动态》89 期，提供政协信息 153 条。1990 年，被省、市政协评为"政协信息工作先进单位"。第四届县政协共编印《政协动态》《政协工作简报》等 57 期，向省、市、县三级信息网报送信息 120 条。第五届县政协在委员中聘请 12 位信息员，编发《社情民意表》。1994—1998 年，县政协连续 5 年在全省政协工作经验交流会上作《贵在主动，重在务实，好在超脱》《增强调查研究力度，提高参政议政实效》《充分发挥常委会的核心作用》《调查研究要在准、深、实上下功夫》和《发挥政协优势，做好社情民意工作》的典型发言，交流材料被《人民政协》《省政协通讯》和市政协《同舟》转载。第六届县政协共编印《政协简报》《社情民意》《呈阅件》等 45 期，编发社情民意信息 165 条，被全国、省、市、县信息网络采用 86 条。第七届县政协通过座谈讨论，调研考察、发放社情民意征集表等形式，收集社情民意 100 条，报道社情民意 32 条。2005 年，县政协被评为"全市政协信息工作先进单位"。

第七节　政协委员小组活动

第三届县政协制定《政协委员小组活动简则》，建立 8 个委员小组，做到五个有：有分管领导，有办公场所，有学习制度，有工作计划，有参政议政活动。第六届县政协各委员小组共开展小组活动 30 次，调研活动 27 次，形成委员集体提案 27 件，为群众办实事好事 32 件，其中经济组委员小组提出的加强液化气价格管理和规范中环路环境卫生管理等建议被有关部门采纳。第七届县政协实行政协领导挂委员小组制度，开展争创先进委员小组活动，制定评选先进委员小组和优秀小组长的实施办法，对委员小组开展活动提出量化指标，委员小组开展调研 30 次，完成调研报告 8 篇，形成反映社情民意材料 20 份、集体提案 8 份，办实事好事 38 件，4 个委员小组被评为先进委员小组，4 个小组长被评为优秀小组长。

卷八　群团组织

中共十一届三中全会后，宁化县人民团体（亦称群众团体）相继成立和恢复。宁化县总工会（简称县总工会）组织会员积极参与企业民主建设管理，开展岗位练兵和劳动竞赛。各级共青团组织开展学雷锋青年志愿者行动，实施"希望工程"，积极服务经济建设。妇女组织在全县开展"创建五好家庭""双学双比""巾帼创业""巾帼扶贫""巾帼文明岗"等活动。各群团组织发挥职能，履行职责，在服务会员、回报社会、招商引资、捐资助学、扶贫济困、维护权益、客家研究、海外联谊、扶持老区建设、实行计划生育等活动中发挥重要作用，为宁化经济建设和社会发展作出积极贡献。

第一章　工会组织

第一节　组织机构

一、县总工会

1988年，县总工会内设办公室、组织部、宣传部、生产劳动福利部。设主席1人、副主席2人。下设职工工作委员会、职工法律信访室、退休职工管理服务办公室、职工技协办公室、职工物价监督总站、县工运研究会、县离退休职工联合会、县职工技术协作委员会和县职工文艺联谊协会。2005年，内设机构为办公室、财务室。设主席1人、副主席2人。下设工人俱乐部、职工业余学校2个事业单位。

二、基层工会

1988年，全县基层工会组织197个，会员12809人 [包括非公有制企业、乡（镇）企业会员255人]，其中女会员4719人。2000年，县总工会成立宁化县非公有制企业工会组建工作领导小组，开展非公有制企业工会组建工作。至2002年年底，全县组建非公有制企业工会45个，会员1420人。2004年，组建和完善全县16个乡（镇）机关工会。2005年，全县基层工会组织206个，会员14454人，其中女会员4986人。基层职工技协37个，会员1082人，各类专业服务队17个，技协经济实体2个。

第二节 代表大会

宁化县工会第十四次代表大会于 1990 年 7 月 17 日—19 日召开。出席代表 175 人。大会听取和审议并通过第十三届工会主席代表宁化县工会第十三次委员会所作的《坚持党的领导，依靠广大职工，为宁化县两个文明建设建功立业》的工作报告；选举产生宁化县工会第十四届委员会委员 21 人，常务委员会委员 9 人，主席、副主席、经费审查委员会主任和副主任各 1 人。

宁化县工会第十五次代表大会于 1993 年 10 月 27 日—28 日召开，出席代表 188 人。大会听取和审议并通过第十四届工会主席代表宁化县工会第十四届委员会所作的《坚持党的领导，全心全意依靠工人阶级，动员全县职工为 21 世纪经济发展打下坚实基础》的工作报告。选举产生宁化县工会第十五届委员会委员 19 人，常务委员会委员 9 人，主席、副主席、经费审查委员会主任和副主任各 1 人。

宁化县工会第十六次代表大会于 1998 年 10 月 30 日—31 日召开，出席代表 167 人。大会听取和审议并通过第十五届工会主席代表宁化县工会第十五届委员会所作的《高举邓小平理论伟大旗帜，动员和依靠全县职工为实现宁化县跨世纪宏伟目标建功立业》的工作报告，听取、审议通过第十五届委员会的《财务报告》《经费审查工作报告》。选举产生宁化县工会第十六届委员会委员 23 人，常务委员会委员 9 人，主席、副主席、经费审查委员会主任和副主任各 1 人。

宁化县工会第十七次代表大会于 2003 年 9 月 25 日—26 日召开，出席代表 166 人。大会听取、审议并通过第十六届工会主席代表宁化县工会第十六届委员会所作的《在"三个代表"重要思想指导下，团结和动员全县职工，为全面建设小康社会而努力奋斗》的工作报告，听取和审议第十六届委员会《财务报告》和《经费审查工作报告》。选举产生宁化县工会第十七届委员会委员 21 人，常务委员会委员 9 人，主席、副主席、经费审查委员会主任和副主任各 1 人。

第三节 主要活动

一、共建"职工之家"

1988—2005 年，县总工会在全县开展党、政、工共建"职工之家"和"职工小家"活动，每年进行一次检查验收，达标者颁发"合格职工之家"证书，每三年进行一次复查和评比表彰。至 2005 年年底，全县建合格"职工之家"112 个，占基层工会总数的 54.40%。共评选先进"职工之家"221 家次。县总工会表彰优秀工会工作者 450 人次、优秀工会积极分子 362 人次、关心支持工会工作的党政领导干部 93 人次。县水泥厂、县电力公司、县通用机械厂、县林产化工厂、县电信局工会被评为"福建省模范职工之家"，城郊学区高堑小学、电力公司湖村供电所工会小组先后被评为"福建省模范职工小家"，张仁福、李恩鑫、涂春、巫松林相继被评为"福建省优秀工会工作者"，王小琳、宁英能、王顺能、张标献被评为"福建省优秀工会积极分子"，邱先辉被评为"福建省热心支持工会工作的党政领导干部"，范登禄被中华全国总工会授予"工会工作三十年纪念"证章、证书。

二、干部培训

1988—2005 年，县总工会先后举办工会主席、工会专职干部、工会小组长培训班 30 期，培训各类工会干部 800 人，选派 36 人参加省工运干校工会主席岗位培训。举办企业工会安全监督员、职工技办干部、女工会干部、文体与宣传骨干、工运调研员培训班计 13 期，培训各类业务骨干 177 人次。举办"三个代表"重要思想和"知、爱、建宁化"知识竞赛 3 次，举办各类学习、宣传、文艺骨干培训班 11 期，培训 370 人。组织开展全县企业"爱岗位，当主人""全国班组职工学习邓小平理论知识竞赛"和学习张仁和先进事迹等活动 89 场次。

三、服务职工

（一）办理来信、接待来访

1988 年，县总工会受理职工信访件 24 起，调处 13 起，接待职工来访 89 人次。1995 年，协同有关部门对县皮塑厂、县针织厂、县无线电器材厂等 9 起较大的信访件进行调处，做到件件有回音，事事有着落，有效地维护了职工的合法权益。2000 年，受理县矿山机械厂、县染织厂、县针织总厂职工因改制引起的经济纠纷及林业系统改制中职工养老金缴交等问题来信来访 10 起 36 人次，为职工提供法律援助，妥善解决相关问题。至 2005 年，县总工会共接待来访 1607 人次，受理信访件 315 件。调处、解决 258 件，协助企业解决下岗职工安置、养老、再就业、拖欠职工工资等问题。

（二）帮助下岗职工再就业

1988 年，县总工会开展"结对子、一帮一"活动、百名工会主席和在职劳动模范先后与 215 名下岗职工结对子，帮助下岗职工再就业，引导下岗职工从事种养、加工、运输、修理、服务、经商。2003 年，开展就业培训、就业介绍和援助等活动，举办下岗职工转岗培训 267 人次，介绍再就业 289 人次。至 2005 年，共介绍 3680 名下岗职工再就业。

（三）启动"送温暖"工程

1992 年，开展"进百家门，知百家忧，暖百家心"活动。春节期间，县总工会组织送温暖小组到基层慰问职工 494 户，发慰问品 632 件、慰问金 18090 元。1994 年 5 月 2 日，宁化遭遇特大洪灾，县总工会发给 4 个受灾企业 60 名受灾职工共 10000 元慰问金。1995 年春节，县总工会发给 16 名特困职工共 3000 元慰问金。1996 年，县财政下拨 3 万元，启动为特困职工"送温暖"工程，基层工会、职工捐助 2 万元，建立"送温暖"基金。至 1997 年年底，"送温暖"基金达 10 万元，本金加利息，基金总额逐年增加。

2005 年，"送温暖"基金和全县工会系统筹款，用于重点补助基层特困职工。开展"金秋助学"活动，对考上大学成绩优异的特困生给予特殊补助。共慰问特困职工 1661 户次，发放慰问品 632 件，"金秋助学"27 人，助学金额 4 万元。

（四）管理服务退休职工

1988 年 10 月，县总工会成立宁化县退休职工管理委员会，召开首届离退休职工代表大会，代表 132 人；成立宁化县退、离休职工联合会。1992 年，退休职工活动中心"益寿楼"建成，购置 15 种健身器材。基层工会建立基层退休管理委员会 92 个，建立退休职工活动室 29 个，总面积 1210 平方米，配备专、兼职管理人员 37 人。1999 年，开展退休管理达标竞赛活动，5 个基层退休管理委员会获三明市"退休职工之家"称号。2005 年，全县退休职工均纳入社区管理。

（五）女职工活动

1987 年 12 月，县总工会成立宁化县女职工工作委员会（简称女职委）。1988 年，县总工会被评为"福建省女职工工作先进单位"；职工张碧玉、林佩英先后被评为"福建省先进女职工工作者"。1992—1993 年，为全县 114 个单位的 1736 名女职工进行妇科普查，普查率 100%。1998 年，县印刷厂工会主席邓春娥被三明市评为"再就业工作先进个人"，参加三明市"下岗女工再就业典型事迹"报告会。2001 年，女职委开展"捐一元钱，献一片情"姐妹献爱心活动，共募捐7000元。是年，对89户特困职工进行"微机化"管理。2003年，2011名女职工参加"双文明"（物质文明、精神文明）建功立业活动。同年，邀请北京妇幼保健院主任医师为女职工举办保健知识讲座。2004年，在全县女职工中开展姐妹献爱心"结对子"帮扶活动，筹资21940元慰问特困女职工；报送2名特困女职工享受"三明市特殊病保险"；"三八"妇女节，举办女职工维权周活动。至2005年，全县206个基层工会均相继成立女职工组织，有女职工工作委员会43个。各级女职委组织学习《中华人民共和国工会法》《中华人民共和国劳动法》《女职工劳动保护条例》维护女职工合法权益，为女职工办实事。组织开展"巾帼双文明立功"竞赛和"就业、成才、奉献"达标活动，为女职工岗位成才、技术上等级和下岗再就业创造条件。

四、服务经济

（一）社会主义劳动竞赛

1988年，全县各级工会开展"质量品种效益年"竞赛。1990年，全县科协会员提出各种革新技术1742条，实施287条，获经济效益403万元；举办各类技术培训班134期次，参训7986人次；开展各类技术比武161场次、参赛2477人次；完成技术攻关58项，创经济收入378万元；引进、推广新技术43项，获经济效益52.70万元；开发新产品3项，获经济效益105.60万元。县化工实业总公司科技协会引进钨酸钠生产新工艺，增创效益30万元，被评为县科技成果一等奖，获"福建省职工技协优秀成果奖"。革新机器厂科技协会开发新产品Z4-35型卧式圆盘缝合机，获福州市"腾飞金马奖"和"省优秀新产品奖"。县矿山机械厂科技协会研制生产的"QPK快速闸门启闭机"，仅一年就为企业创收40万元，获"福建省职工技协优秀成果奖"。县通用机器厂科技协会研制开发CW10-20轮胎装拆机，填补了省内空白。1994年，县总工会开展"三个一"（帮企业献一计，为提高产品质量献一计，带好一名学徒）和"四个十"（攻难关10个、推进先进技术10个、开展新产品10个、发明创造10个）等活动。1995年，开展"再展雄风"为内容的社会主义劳动竞赛，企业工会、教育系统、金融系统分别开展电焊、缝纫、口才演讲、战地救护、计算机比赛。1996年，宁化选派车工、钳工选手参加三明比赛，县通用机器厂廖宏根获二等奖，县化工总厂陈向明获钳工中级技术证书，邮电局技术协会获市先进单位，县矿山机械厂生产的QPR快速闸门启闭机、县自来水厂生产的爱扳式太阳能热水器均获省技术协会成果奖。1997年，县总工会获三明市"八五期间合理化建议活动和技改项目"优秀组织奖。1999年，县化工实业总公司职工技术协会被评为"福建省职工技协活动先进集体"，黄登寿、涂春被评为"福建省职工科技协会活动先进个人"。2001年，县总工会举办"经济技术创新培训班"培养32名骨干，组织3800人参加计算机培训，有3名选手参加三明市计算机比赛，获中级证书。是年，县电力公司获三明市"经济技术创新工程先进单位"称号，县电力公司变电运行组获三明市"经济创新示范岗"称号，张高水获三明市"经济技术新能手"称号，有4人获市总工会颁发的"经济技术创新工程组织奖"。2003年，实施"863"再就业计划，参加电脑培训914人（其中女职工123人），介绍289个下岗职工再就业。2004—2005年，开展"功臣杯"活动，举行计算机竞赛，宁化县获"三明市计算机比赛优秀组织奖"。

（二）职工合理化建议

1988年，开展以"双增双节"（增产节约、增收节支）为主要内容的职工合理化建议和技术改造活动，全县3814人提合理化建议3150条，实施729条。

1997年，县化工实业总公司陈定荣等4人提出"改蒸汽加热碳化煤球循环气为石灰窑尾气加热循环气"的合理化建议被采纳实施后，仅节约蒸汽1项，每年为企业新增25万元效益。至2005年，全县职工提各种合理化建议14998条，被采纳实施4419条，增创2199万元。

（三）安全生产和劳动保护监督检查

1989年，全县共有17家企业建立安全生产、劳动保护监督检查委员会，33个企业配备安全监督员，215个班组设有安全劳动保护检查员。1993年，县总工会会同县劳动局检查安全隐患310项，整改298

项。1997年，开展安全生产大检查，重点检查建安企业施工现场，查出隐患189条，整改180条；清理整顿小煤窑65个。1998年始，在全县企业开展"功臣杯""安康杯"竞赛活动。2005年，全县72家企业的3780名职工参加"安康杯""功臣杯"劳动竞赛，职工安全意识增强。

（四）班组建设

1988年，工交企业开展以班组思想政治工作、生产任务、质量指标、民主管理、安全生产和劳动保护为竞赛内容的创"合格班组""信得过班组"和"先进班组"（简称"三组"）升级竞赛活动。1989年，全县33个企业的234个班组参与"三组"升级竞赛活动。1990年，考核验收169个班组，达标72.80%，其中达到"三组"标准分别为60个、45个和18个。

（五）劳动模范评选与管理

1988年，县总工会组织开展劳动模范候选人推荐、评选和管理，协助落实劳动模范津贴、补充养老保险、子女农转非、组织劳动模范疗养、慰问特困劳动模范等工作。1989年，全县有8人获"三明市劳动模范"称号。1991年，有3人被评为福建省劳动模范，11人获"三明市劳动模范"称号。1992年，落实劳动模范待遇，为5位劳动模范子女办理农转非户口，组织部分劳动模范到北京、桂林疗养。1993年，组织劳动模范和先进人物共28人去疗养地疗养。1995年，为9位劳动模范补充养老保险。1998年，全县获省五一劳动奖章1人、市职工劳动模范称号5人、农民劳动模范称号3人。落实21名劳动模范参加补充养老保险。2000年"五一"劳动节，县委、县政府召开历届劳动模范代表座谈会，县委书记、县长、县人大、县政协领导到会慰问劳动模范。是年，落实省级以上劳动模范津贴发放和疗养待遇。2001—2004年，全县获"三明市劳动模范"称号9人，获"福建省劳动模范"称号1人，获福建省五一劳动奖章1人。

至2005年，全县共有全国劳动模范1人、省级劳动模范23人、省五一劳动奖章获得者1人、市级劳动模范65人。

五、参政议政、基层民主制度建设

（一）县总工会与县政府联席会议

1990年、1996年、1997年、1998年和2004年，县总工会与县政府先后召开5次联席会议，研究落实市级以上劳动模范补充养老保险、企业下岗职工享受社会优惠政策和救济金发放、县环卫站临时工办理养老保险、政府拖欠交通工程公司"先行工程"款利息、全县乡（镇）干部职工享受医疗保险和住房公积金等问题。

（二）基层民主管理和民主监督

建立职工代表大会制度　1988年始，建立健全职工代表大会制度，加强企、事业单位民主管理和民主监督。1993年，全县33家单位职工代表提交方案949件，被采纳675件，职代会提案1345件。至2005年，全县有74家企、事业单位建立职工代表大会制度，占应建数的94%，有职工代表1142人。

建立集体协商和集体合同制　1989年，推行企业"共保合同"，全县有32个企业签订。县邮电局等企业执行合同规定，为职工办实事103件，建宿舍24套。溪口采育场为38位职工建宿舍400平方米。1995年全县11个企业签订集体合同。至1997年年底，全县81家企业签订集体合同。其中"三资"企业5家、乡（镇）企业2家。2001—2005年，15家事业单位签订集体合同。

建立厂务公开制度　1999年，根据中纪委《关于推行厂务公开制度的通知》精神，县纪委、县委组织部、县经济局、县总工会联合下文，推进厂务公开，并在全县开展试点。是年，全县建立厂务公开制度企业38家，占应建数的82.60%。2000年，建立厂务公开制度企业39家，占应建数的92.80%。全县大部分学校、乡（镇）机关，分别建立校务、医务、所务、政务公开制度。对15家国有企业抽样验收，均符合要求。至2005年，全县建立厂务公开制度的企事业单位86家，其中55家企事业单位实行业务招待费向职工代表大会报告制度和民主评议企业领导干部制度。

职工代表大会民主评议企业领导　1993年始，开始职代会民主评议干部工作，是年全县评议干部 498 人，受奖 51 人，免职 5 人。1997 年，县总工会贯彻落实中共中央组织部《关于做好国有企业领导班子建设工作的通知》和全国总工会《关于职工代表大会民主评议企业领导干部的实施意见》精神，全县各职工代表大会对国有企业的厂长（经理）、副厂长（副经理）、党委书记、副书记、董事长、副董事长开展年度考核、测评。至 2005 年，全县有 17 个国有企业职工代表大会考核、测评党、政、工领导干部（部分企业拓宽到中层领导）470 人。

第二章 青少年组织

第一节 共青团

一、组织机构

（一）共青团宁化县委员会

1988 年，共青团宁化县委员会（简称团县委）内设团务部、农村工作部、学校和少年先锋队工作部、城市青年工作部、组织部，下属单位有宁化县青少年宫。1997 年，机构改革，内设办公室、青年工作部、农村青年工作部、学校和少年先锋队工作部。2005 年，新的职级配置，内设办公室、学校和少年先锋队工作部，设书记 1 人、副书记 2 人。

（二）基层团委

1988 年，全县基层团委 29 个、团总支 24 个、团支部 513 个、专职团干部 35 人。1989 年，团县委成立共青团宁化县直属机关委员会。2005 年，全县基层团委 27 个、团总支部 17 个、团支部 491 个，有专职团干部 32 人。

二、代表大会

1990 年 10 月 13 日—14 日，共青团宁化县第十三次代表大会在县委党校召开。大会听取和审议第十二届团县委工作报告，提出工作目标和任务。选举产生第十三届团县委委员 29 人、常委 9 人、书记 1 人、副书记 2 人。

1993 年 10 月 24 日—27 日，共青团宁化县第十四次代表大会在县委党校召开，与会代表 250 人。大会听取和审议第十三届团县委《团结奋进，再立新功》工作报告，提出工作目标和任务。选举产生第十四届团县委委员 31 人、常委 9 人、书记 1 人、副书记 1 人。

1996 年 11 月 9 日—10 日，共青团宁化县第十五次代表大会在县委党校召开，与会代表 183 人。大会听取和审议第十四届团县委《团结带领全县团员青年实现世纪宏伟目标建功立业献青春》工作报告，提出工作目标和任务，选举产生第十五届团县委委员 31 人、常委 9 人、书记 1 人、副书记 1 人。

1999 年 11 月 1 日—3 日，共青团宁化县第十六次代表大会在客家宾馆会议宫召开，与会代表 166 人。大会听取和审议第十五届团县委《高举伟大旗帜，肩负历史使命，为推进我县新一轮创业贡献青春》工作报告，提出工作目标和任务，选举产生第十六届团县委委员 31 人、常委 9 人、书记 1 人、副书记 1 人。

2002 年 9 月 6 日—7 日，共青团宁化县第十七次代表大会在县委党校召开，与会代表 124 人。大会听取和审议第十六届团县委《高举旗帜跟党走，与时俱进创新业，为加快我县改革开放和现代化建设奉献青春》工作报告，提出工作目标和任务，选举产生第十七届团县委委员 29 人、常委 7 人、书记 1 人、副书记 3 人。

2005 年 11 月 26 日—27 日，共青团宁化县第十八次代表大会在客家宾馆召开，与会代表 126 人。大会听取、审议第十七届团县委《肩负使命，铸就青春辉煌——在建设闽赣边界中部经济强县进程中谱写壮丽的青春篇章》工作报告，提出工作目标和任务，选举产生第十八届团县委委员 29 人、常委 7 人、书记 1 人、副书记 2 人。

三、主要活动

（一）组织建设

1988 年，开展党建带团建"三级联创"（创五四红旗团县委、五四红旗团委、五四红旗团支部）活动。1995 年，团县委下发《关于加强农村团支部建设的意见》。1998 年，县委组织部下发《关于进一步做好推荐优秀团员妇女为党的发展对象的工作意见》。2001 年，下发《基层组织"三级联创"活动的实施意见》，将"三级联创"活动和基层党建带团建相结合，选派 253 名团干部参加团中央（13 人）、团省委（84人）、团市委（149 人）及有关部门（7 人）组织的理论和业务知识培训，提高团干部自身素质和领导水平。至 2005 年，全县共发展新团员 55368 人，有 5366 名团员加入中国共产党，120 名团干部被列为领导干部培养考察对象。

1988—2005 年，共推选优秀团干部 765 人，其中 479 人被列入领导干部考察对象，124 名团干部被提任科级领导职务。

（二）青少年思想教育

1988 年，组织"三爱"（爱党、爱国、爱军）教育知识竞赛 65 场、"我与改革共命运"演讲会 372场，组织城区 600 名新团员到革命烈士纪念碑前集体宣誓。1989 年，举办"塑五四风范，扬改革新风"宣讲会。是年开始颁发团员证，全县共筹集颁证经费 42768 元，发展新团员 3510 名，颁团员证 16192 人，颁证率 98.70%。1990 年，开展以"学雷锋，争做合格共青团员"为主题的团员教育评议活动，举办培训班 6 期、演讲会 202 场，印发宣传材料 3.50 万份，出专栏 3630 期。是年，组织大中专学生开展"宁化改革成就畅谈周""迎亚运、比贡献"宣传周社会调查活动，组织中小学生参加少年军校、文艺、美术等中心夏令营活动。1992 年，先后开展"理想""人生"系列思想教育、宁化青年盼奥运万人签名和"学习雷锋精神、坚持立国之本、树立人生观航标"系列活动。1993 年，先后组织 100 名大中专学生到农村、机关、学校、厂场基层团组织挂职锻炼或开展社会调查，组织 2 万名学生参加县各类夏令营活动、5 名优秀队员赴朝鲜参加手拉手夏令营活动。1995 年，举行首次 18 岁成人仪式，开展"爱新中华、振兴宁化"、观看百部爱国主义优秀影片、读百部好书以及纪念抗战胜利 50 周年等主题活动。

1996 年，开展"迎接香港 97 回归"知识竞赛和捐资兴建爱国主义教育基地活动，共收到捐建"风展红旗如画"群雕款 3 万元。组织百名大中专学生参加社会实践活动。1997—1998 年，先后举办"国土杯"喜迎香港回归祖国演讲赛、"国税杯"革命传统代代传火炬接力赛、纪念"五四"运动 81 周年活动。组织离、退休老干部深入学校、厂矿作"五四"爱国运动宣讲报告。1999 年，组织 45 名中学生和辅导员赴北京参加学习科技、文化"手拉手"夏令营。2001 年，组织团员学习中共中央总书记江泽民"七一"重要讲话。联合建宁、泰宁、清流、明溪等苏区团县委，在建宁毛泽东故居举行"党在我心中"主题团队活动。2001 年，开展科技、文化、卫生"三下乡"活动，发放宣传单 2500 份，接受咨询 1000 人次。2002年，开展纪念中华人民共和国成立 80 周年系列活动。2003—2004 年，举办"小法官""小交警""小医生"中心夏令营活动。组织 120 名优秀少先队员和"三好"学生参加青少年宫开设的美术、钢琴、小号、计算机、英语培训班。2005 年，下发《关于在全县开展"永远跟党走，作为在海西，促进新跨越，创业在宁化"为主题的增强团员意识教育活动的实施方案》，开展"我为组织建言献策"和"一助一""结对帮扶"系列活动，举办"学习张仁和，争当时代好青年"为主题的团日活动。

（三）服务经济建设

1988 年，选送优秀农村青年到农函大、农广校学习。开展青工"五小"（小发明、小创造、小革新、小设计、小建议）智慧杯竞赛活动，共取得"五小"科技成果 31 项。其中，禾口乡陶瓷厂 3 名青年设计 3 种新品种，创产值 5 万元。1992 年，成立宁化县青少年科技文化服务中心，创办"共青团夜市"，鼓励团员、青年创办经济实体，从事个体私营经济活动。1993 年，开展"创汇能手、脱贫致富能手、乡镇企业青年工人技术标兵竞赛"和青工"小发明、小设计、小创造、小改革"活动，共取得成果 450 项，提合理化建议 2000 条，被采纳 160 条，创经济效益 30 万元。1995 年，济村乡食用菌种植大户刘清亮获"福建省青年星火带头人"称号。1998 年，中沙乡下沙村养猪大户陈清华获"第二届福建省十大杰出青年农民"称号。2000 年，组织青年志愿者开展"三下乡"（科技、文化、卫生下乡）活动，共发放实用技术宣传资料 2000 份，接待技术咨询 1000 人次。

2001 年，发展培养青年农民致富典型 53 人，引导农民青年参加"青年营销行动"，共组建营销队伍 23 支 1000 人。团县委被团省委、省科技厅评为"2000—2001 年度福建省培养星火带头人活动先进组织单位"。2002 年，为 21 位农村青年致富能手争取低息贷款 30 万元，领办和推广科技致富项目 36 个。2003 年，团县委与宁化县农村信用合作联社联合下发《关于实行农村青年创业致富带头人贷款优惠规定》，全县建立 147 人的县级农村青年创业致富带头人档案，各乡（镇）、村，分别建立 50 人、10 人的乡、村青年创业致富带头人档案。中沙乡养猪大户陈清华、曹坊乡种果大户曹繁荣分获"全国青年创业致富带头人"和"省青年创业致富带头人"称号。2005 年，开展"小康燎原"工程活动，举办各种培训班、技术推广会 50 场次，培训青年 2500 人。

（四）青年志愿者活动

1989 年，团县委成立农村青年帮耕（田）代插（秧）小组，组织青年团员为民办好事。1993 年，组织开展"学雷锋为民服务"活动 5 次，全县团员、青少年参加 10 万人次。1994 年，宁化发生"5·2""6·15"洪灾，团县委组织 26300 名青年组成 600 支抗洪抢险突击队，共解救被困群众 3000 人，抢运粮食 10 万公斤，清除道路塌方 10 万立方米，修复水渠 7000 米。1995 年，团县委创建"宁化县青年志愿者服务岗"，各级团组织相继建立 30 支医疗保健、电器维修、法律及科技知识咨询、"帮耕助插"和茶果、蘑菇、烤烟栽培技术辅导等青年志愿者专业服务队，常年开展服务。1996 年，全县青年志愿者专业服务队发展到 67 支，做好事 1.70 万件。1997 年，成立"宁化县青年志愿者协会"，500 名青年志愿者组成 45 支专业服务队，为群众开展水果、毛竹、烤烟、食用菌、水稻、畜牧、水产等种植、养殖技术咨询服务。

1999 年，团县委组织团员、青年参加"保护母亲河行动"，开展环保宣传和募捐活动。2003 年，召开纪念"开展学习雷锋活动 40 周年暨弘扬谷文昌精神"座谈会，组织全县青年捐款，在隆陂水库修建谷文昌纪念碑。2004 年，团县委、县教育局、县财政局和县人事局联合成立大学生志愿服务欠发达地区招募办公室暨项目办公室，招募志愿者并安排服务岗位，共有 5 名志愿者到宁化志愿服务。2005 年，组织 500 名青年志愿者参加"福建省第二届全国网络媒体宁化采访"和"中国曲艺家协会走进苏区宁化慰问演出"活动的接待、引导服务。是年，在宁化志愿服务的大学生志愿者 15 人，其中支教 11 人，支农、支医各 2 人。

（五）青年文明示范岗活动

1988 年，团县委在全县各行各业开展技术比武 120 场次，参加 2000 人次。1995 年，团县委及税务、邮电、旅游、商业等窗口行业，先后开展创建"青年文明号"集体优质服务活动，向社会推出承诺卡。1997 年，团县委开展"青年文明号助万家"活动，把优质服务向社区延伸。1999 年，各创建单位开展"青年文明号走进千万家"优质服务。2003 年，开展"争创信用标兵，全面建设小康社会"信用建设示范月活动和"真情助困进万家"等示范活动。2004 年，开展"青年文明号十周年纪念"活动。至 2005 年，宁化县获得省级"文明青年号"称号 4 个、市级"文明青年号"称号 25 个。

（六）青少年维权活动

1994 年，团县委成立维护青少年合法权益委员会。1999 年，成立创建"优秀青少年维护岗"领导小组，定期召开联席会议，建立健全维权制度，为青少年提供法律咨询。2002 年，成立"宁化县青少年法律援助部"，团县委、公安、司法部门联合开展"创建优秀青少年维权岗"活动。2003 年，翠江镇派出所被评为"三明市优秀青少年维权岗"。2004 年，在青少年宫创建青少年法制教育基地，开展青少年法律援助服务，共接待来访 140 人次，电话咨询 190 起，办结侵害未成年人合法权益案件 9 起。2005 年，团县委重点创建"优秀青少年维权岗"，开展失足青少年帮教、文化市场监督、校园周边环境治理、未成年人法律援助活动。组织 18 批共 9000 名学生参观青少年法制教育基地。全年共接待来访 60 人，电话咨询 70 起，办结侵害未成年人合法权益案件 5 起。

（七）实施"希望工程"

1994 年，开始实施"希望工程"计划，团县委组织义卖"希望工程之笔"6000 支，收到社会捐款 1470 元，帮助 196 名失学儿童重返校园，救助 110 名因受洪灾而失学的儿童。1996 年，团县委发动全社会为白血病患者吴某某（学生）捐款 2 万元，组织青年开展"献爱心、存本金、捐利息"活动，共收到存款 1 万元，捐助贫困生 87 人。1997 年，挂点帮扶治平乡泥坑村的三明电业局团委，筹资 20 万元建立"希望工程基金"，每年帮扶治平贫困生 3 万元，其中资助 30 名特困生直至初中毕业。是年，团县委为泉上镇泉下学校争取建设"希望小学"资金 19.10 万元。1999 年，省、市"希望工程"办公室下拨 7075 元，救助 110 名贫困生；三明市供电局资助治平学区 29 名贫困生学费 5050 元；县"青年文明号"创建单位资助 128 名特困生学费 13480 元；学校团组织成立"献爱心基金会"23 个，开展"一分钱献爱心"活动，募捐 5 万元，资助贫困生 606 名。2004 年，团县委、宁化县关心下一代工作委员会（简称县关工委）、宁化县妇女联合会（简称县妇联）等联合开展"爱心扶贫助学行动"，筹集资金 5 万元，资助大学生 16 人。2005 年，团县委争取希望工程款和筹集社会助学资金 5 万元，资助贫困生 40 人。

1994—2005 年，全社会共捐资 60.51 万元，救助贫困失学儿童 13511 人。

第二节　少先队

一、组织机构与代表大会

1992 年，少先队宁化县第一次代表大会召开，选举产生宁化县第一届少先队工作委员会。1996 年，少先队宁化县第二次代表大会召开，选举产生宁化县第二届少先队工作委员会。

二、主要活动

1988 年，实施"跨世纪中国少年雏鹰行动"，全县推广使用《雏鹰达标手册》，开展争章、考章、颁章活动。1993 年，实施《中国少年先锋队教育纲要》，建设少先队阵地，开展"创红旗大队""学雷锋、学赖宁，争当苏区好少年"等主题活动。1994 年，组织全县近万名中、小学生参加县、乡与市小学"结对子"活动，6 月中旬在曹坊乡双石村举行宁化师范附属小学（简称宁师附小）与曹坊乡双石小学"手拉手结对子"现场观摩会。1995—1996 年，开展少先队员"五自"（自理、自学、自律、自护、自强）学习实践活动。1997 年，深入开展"手拉手结对子"活动，全年新增 5000 对，建立手拉手书屋 10 个，是年共有 1300 名少先队员加入团组织。

2000—2001 年，团县委下发《"星星火炬代代相传"，迎接新世纪主题教育活动方案》，实施少先队体验教育活动，举办有 500 名青少年参加的宁化县首届"消防雏鹰"夏令营，增强青少年交通安全和环保意识。2003 年，选送 2 名优秀辅导员参加省少先队干部班培训。2004 年，选送 3 名学生参加"三明市中、小学生邮票演讲比赛"，宁化县第六中学（简称宁化六中）谢香云获中学组一等奖，宁化县实验小学（简称县实验小学）郭诗颖获小学组二等奖。宁化县分别被省、市授予"少先队工作红旗县"，宁师附小少先队大队被评为"全国少先队红旗大队"。2005 年，开展"学习张仁和，争当苏区好儿童"队日活动，举办以"科学、和谐、发展"为主题的全县中小学生科技知识竞赛、纪念红军长征 70 周年少儿歌咏比赛和中、小学生艺术书画比赛。

第三章　妇女组织

第一节　组织机构

一、宁化县妇女联合会

1988 年，宁化县妇女联合会（简称县妇联）内设宣传部、妇女儿童权益部、办公室，下设妇女儿童服务中心。2003 年，妇女儿童服务中心由 12 人缩编为 2 人。2005 年，县妇联内设办公室（包括组织联络部、宣教部）、妇女儿童权益部（含妇女发展部），有主席 1 人、副主席 2 人。

二、基层妇女组织

1988 年，全县共有 16 个乡（镇）妇联组织、24 名专职乡（镇）妇联干部、207 个村妇女代表委员会（以下简称妇代会）。是年，成立县直机关妇女委员会。2000 年，全县 16 个县直机关党委相应成立妇女委员会，7 个非公有制经济单位成立妇女小组。1990 年、1996 年和 2002 年，先后进行乡（镇）妇联换届选举，全县共有乡（镇）妇联主席 16 人、副主席 24 人。平均年龄 29 岁。其中，本科、大专文化程度分别为 2 人和 30 人。1997 年、2000 年、2003 年，先后进行村级妇代会换届选举。2003 年，全县共有村妇代会主任 210 人。其中，有 187 个妇代会主任当选为村两委（村党支部、村委会）干部，占全县村妇代会主任总数的 89%。2005 年，全县有村妇代会 210 个，组建率 100%。机关妇女委员会 18 个，兼职妇女委员会主任 18 人。

第二节　代表大会

1990 年 11 月 11 日—12 日，宁化县第十一次妇女代表大会在县委党校召开，与会正式代表 250 人，特邀代表 20 人。大会听取、审议和通过第十届县妇女联合会执行委员会《坚持党的领导，发扬"四自"精神，为两个文明建设再添光彩》工作报告，选举产生第十一届县妇女联合会执行委员会委员 28 人、常务委员 9 人、主席 1 人、副主席 2 人。

1993 年 10 月 28 日—30 日，宁化县第十二次妇女代表大会在县委党校召开，与会正式代表 251 人、特邀代表 20 人。大会听取、审议和通过第十一届县妇女联合会执行委员会《务实创新，开拓前进，为宁化县两个文明建设再立新功》工作报告，选举产生第十二届县妇女联合会执行委员会委员 33 人、常务委员 9 人、主席 1 人、副主席 2 人。

1998 年 10 月 28 日—30 日，宁化县第十三次妇女代表大会在县客家宾馆召开，与会正式代表 240 人、特邀代表 20 人。大会听取、审议和通过第十二届县妇女联合会执行委员会《团结务实，拼搏创新，为宁化县新一轮创业而努力奋斗》的工作报告，选举产生第十三届县妇女联合会执行委员会委员 35 人、常务委员 11 人、主席 1 人、副主席 2 人。

2003 年 9 月 24 日—25 日，宁化县第十四次妇女代表大会在县客家宾馆召开，与会正式代表 169 人、特邀代表 20 人。大会听取、审议和通过第十三届县妇女联合会执行委员会《以"三个代表"重要思想为指导，团结动员全县各界妇女，为全面建设小康社会而奋斗》的工作报告，选举产生第十四届县妇女联合会执行委员会委员 35 人、常务委员 9 人、主席 1 人、副主席 2 人。

第三节　主要活动

一、妇女队伍建设

1988 年，县妇联选派女干部参加省、市、县举办的培训班学习培训。1990 年，开展"六有"（有人员、有制度、有活动、有作为、有场所、有经费）、"六好"（班子作用好、阵地建设好、制度落实好、带领致富好、服务群众好、培育典型好）创建活动，全县有 188 个妇代会建立健全各项工作制度，3 个乡妇联和 45 个村妇代会实现"六有"，30 个妇代会实现"六好"。县妇联被三明市妇联评为"组织建设先进单位"。1995 年和 1998 年，县委组织部先后下发《宁化县 1995—2000 年培养选拔女干部及发展女党员工作规划》和《关于进一步做好推荐优秀团员、妇女干部作为党的发展对象的工作意见》，培养、选拔女干部和发展女党员。1996 年，全县 16 个乡（镇）妇联正、副主席中有党员 10 人。1997 年，全县 210 个村妇代会主任中有党员 80 人，206 个村妇代会主任被选入村党支部委员、村委会委员，有 2 名当选为村主任。2000 年，全县 210 个村妇代会主任中，被选入村党支部委员 48 人，选入村委会委员 148 人，其中担任村主任 1 人、党支部副书记 8 人、副主任 5 人。2003 年，全县 210 个村的 187 位村妇代会主任被选入村两委占总数的 89%，其中任村党支部书记 1 人、村主任 2 人。至 2005 年，全县共培训妇女干部 1500 名，向党组织推荐 2000 名妇女作为入党对象，其中 1759 名加入中国共产党，占全县党员总数的 13%。

二、宣传教育活动

1988—1989 年，先后开展"迎着改革浪潮激流勇进"系列活动和"改革十年的妇女"征文比赛活动。1994 年，贯彻中国妇女"九大"提出的"创造新岗位、创造新业绩、创造新生活"的大会精神。1995—2005 年，先后举办迎接世界妇女第四次大会在中国召开大型文艺晚会、千名妇女迎接世界妇女第四次大会百科知识竞赛，迎接香港、澳门回归知识竞赛，"翠华巾帼风采"文艺晚会、踩街等活动和开展"巾帼反腐倡廉，共创世纪辉煌"主题教育宣传活动。

三、服务经济建设

（一）"双学双比"活动

1989 年，全国妇联等 12 个单位联合开展妇女"学文化、学技术、比成绩、比贡献"（简称"双学双比"）活动，宁化县及各乡（镇）成立农村妇女"双学双比"竞赛活动领导小组，制定 5 年规划。是年，全县开办农村妇女文化技术夜校 16 所，开办教育班、科技兴农班、巩固提高班 172 个。1990 年，村村有夜校，县妇女扫盲率达 97%，通过省级扫盲达标验收。被表彰的"双学双比"活动先进单位 7 个、协调部门 3 个、女能手 100 人。1992—2005 年，组织 3690 名妇女参加电大、农函大、农广校学习，农村妇女参加水稻、烤烟、食用菌种植及养殖等各类实用技术培训 28.70 万人次，评定农村女技术员 529 人，全县种、养、加工女能手和女状元以及各类女专业大户、科技女示范户 580 人、营业女能手 160 人。其中，2004 年，治平畲族乡种竹和加工竹胶板半成品的女能手邱碧珍获全国三八绿色奖章。

（二）"巾帼扶贫"活动

1998 年起，县妇联开展"巾帼扶贫"活动，先后向省、市妇联争取小额信贷扶贫资金 90 万元，扶持 16 个乡（镇）82 个村的 200 户农妇和 26 名下岗女工发展生产，共开发 169 个项目，帮助妇女脱贫致富。1999 年，争取省妇联小额信贷 4.10 万元，扶持城郊乡雷陑村 20 户贫困妇女发展豆腐皮生产加工，每户每年加工 2500 斤，各获利 5000 元。2000 年，帮扶对象从农村贫困户扩大到城镇下岗贫困女工。2001 年，县妇联投入 1 万元小额信贷，扶持 5 户下岗女工各饲养蛋鸡 2000 只，创收 7200 元。2003 年，开展"手拉手"结对帮扶活动，组织全县副科级以上女领导、女干部、女党员、妇女科技示范户、"双学双比"女能手 200 人，与贫困妇女结对子，通过信息、项目、资金多种形式，帮助贫困妇女解决生产、生活实际困难。县妇联投入 1.20 万元，扶持 4 户下岗女工开办小百货和食杂店。2004 年，开展农村妇女"巾帼科技致富百千万工程"活动。至 2005 年，全县共创建巾帼科技示范村 18 个，建立烤烟、食用菌、养猪等种、养、加工的县级培训示范基地 8 个和乡级培训示范基地 16 个，发展茶叶、水果、烤烟、食用菌等乡级女科技致富协会 16 个，扶持贫困妇女建家庭沼气池 380 个，培训、转移农村妇女富余劳动力 2330 人。

（三）"巾帼建功"活动

1991 年，成立"巾帼建功"活动领导小组，开展"巾帼创业""巾帼扶贫"、创建"巾帼文明岗"、评选"巾帼建功十佳文明经营者"等活动，全县获全国三八红旗手 1 人，省、市三八红旗手 37 人，省级"巾帼建功"标兵 200 人，各级"巾帼文明岗" 80 个。1996 年，实施"巾帼社区服务工程"。1997 年，开展"翠华巾帼文明杯"活动，评选出先进集体 2 个、先进个人 14 人。1998 年，表彰"巾帼文明岗" 24 个、"巾帼建功"先进个人 21 人。2000 年，成立北山社区服务中心，共有工作人员 5 人、服务人员 38 人，其中下岗女工 20 人，设家庭清洁、代找工作、婚姻介绍等 30 多个服务项目。2001 年，在县有线电视台开辟《巾帼风采》专栏，宣传 5 位获三明市妇女劳动模范先进事迹。9 月，县妇联组织中华巾帼志愿者 20 人到安远乡开展法律、卫生、科技、文物、森林保护宣传活动。2003 年，建立"中华巾帼志愿者"百名骨干队伍，上街入户宣传各种法律、法规和全国妇女"九大"精神。2004 年，成立宁化县客家妇女创业者联谊会，搭建下岗女工再就业和农村富余女劳动力转移平台。2005 年，组织 100 名"巾帼志愿者"开展"学习张仁和、服务社会、温暖进万家"便民服务活动，组织全县女职工开展"巾帼文明示范岗"创建活动。

（四）"五好"文明活动

1988 年，"三八"节、"母亲节"期间，县妇联举办"母亲颂"联谊会，开展评选"好妈妈""好婆媳"、军人"好妻子、好母亲"活动。发动妇女在精神文明建设中移风易俗，倡导文明新风，全县有妇女禁赌协会 57 个、移风易俗改革协会 2 个、扶正压邪理事会 15 个。1989 年，相继成立企业女子"星星"联谊会、女教师联谊会、离退休女干部联谊会和机关妇女委员会，共有委员 150 人。1997—2001 年，共表彰县"五好文明家庭" 159 户。2002 年，开展"婚育新风进万家"和文化、科技、卫生"三下乡"活动，提高妇女素质，摒弃陈规陋习。2005 年，全县有各种移风易俗组织 196 个，县妇联和禁毒办联合开展"不让毒品进我家，创建无毒家庭"万户家庭拒绝毒品宣传活动。

四、权益维护

1989 年，县妇联成立维权工作小组，围绕新《中华人民共和国婚姻法》《中华人民共和国妇女权益保护法》和《中华人民共和国未成年人保护法》，举办法律培训班和专题讲座，开展"三八"维权宣传周活动。1992 年，县妇联获三明市《中华人民共和国妇女权益保护法》宣传活动先进集体称号。1999 年，成立"妇女儿童法律咨询援助服务中心"，县人大、县政协、县公安局、县检察院、县法院、县司法局等部门领导任顾问和业务指导，服务中心律师负责接待和受理投诉。2001 年，县妇联、总工会、法律援助中心等 6 个单位，共同制定《关于做好社会特殊群众法律援助工作制度》，设立妇联、工会、团县委、残联、老龄委 5 个法律援助部。2002 年，制定《宁化县妇女发展纲要（2001—2010 年)》和《宁化县儿童发展规划纲要（2001—2010 年)》。2003 年，设立 16 个乡（镇）"家庭暴力报警点"，维护家庭暴力受害者的合法权益。2005 年，推荐 3 名妇女干部为人民陪审员；协助公安部门开展打击拐卖妇女儿童专项行动；办理妇女"家庭暴力问题"和"婚姻财产纠纷问题"等来信来访；向市妇女儿童工作委员会申请 2 万元专项资金，为部分乡村、社区妇女进行乳腺疾病健康普查。

1988—2005 年，县妇联协助公安、司法等部门，成功解救 15 名被拐卖妇女。县、乡妇联共接待妇女来信、来访 1500 件次。县法律援助中心援助困难妇女 106 人次。

五、关爱幼儿与女童

1988—1989 年，全县建立家长学校 138 所，县妇联开办妇联实验托儿所，设 3 个班，招收 95 名幼儿。1990 年，组织开展家教理论研讨，汇编《家教论文集》，印发《家教博览小报》3200 份。各基层妇女组织利用家长学校和保育知识培训班，进行"三优"（优生、优育、优教）宣传。1995 年，成立宁化县妇女儿童工作委员会，制定《宁化县妇女儿童工作规则》和《宁化县妇女儿童工作委员会成员单位职责分工》，宁化县家教工作顺利完成"九五"家教规划评估总结。1997 年，县妇联组织调查因贫困而失学、辍学女童情况，发动社会各界捐助失学、辍学女童复学。1998 年，向全国儿童基金会、省妇联争取资金资助曹坊中心小学 50 名女学生，县妇联获三明市实施"春蕾计划"先进集体称号。2002 年，启动"小公民"道德建设计划，开展全县少年儿童争做合格"小公民"活动。2004 年，全县有 3 所学校获省、市级"小公民道德建设先进集体"称号，其中省级 1 所、市级 2 所；12 名学生获省、市级"五小"标兵称号，其中省级 5 人、市级 7 人。2005 年，开展"争做合格父母、培养合格人才"的"双合格"家庭教育，邀请市"争创双合格"家庭教育讲师团专家到学校开展专题讲座，拍摄《失落的灵魂》和《十八岁生日》电视短剧参加"星空杯"竞赛，其中《十八岁生日》获"星空杯"我最喜爱的家庭短剧奖。

1988—2005 年，县妇联共获捐款 20.80 万元，救助贫困女童 500 人次。评出"优秀春蕾女童"16 人，其中省级 4 人、市级 12 人。

第四章　工商业联合会

第一节　组织机构

1988 年，全县共有工商联会员 120 个，其中企业会员 17 个、团体会员 6 个、个人会员 97 个。1991年 6 月，宁化县商会成立，与宁化县工商联合会（简称县工商联）"一套人马、两块牌子"。1994 年，泉上、湖村、安远、安乐相继成立乡（镇）商会。1996 年 3 月，成立宁化县城区服装行业分会。2003—2005 年，宁化县商会北京分会、泉州分会相继成立。2005 年，全县共有工商联会员 430 个，其中企业会员 28个、团体会员 14 个、个人会员 388 个。

第二节　代表大会

1991年7月18日—19日，县工商联第六届会员代表大会在县政府六楼会议室召开，与会代表65人。大会听取和审议第五届执行委员会《发挥民间商会作用，为社会主义两个文明建设服务》工作报告，通过《关于第五届执行委员会工作报告》和关于学习"江泽民同志在庆祝中国共产党成立七十周年大会上的讲话"决议。选举产生第六届委员会执行委员会委员21人。其中，非公经济代表人士10人，占执行委员会委员总数的49.60%；常委6人，其中非公经济代表人士3人，占常委总数的50%；协商选举主任、副主任各1人。

1997年1月22日，县工商联第七届会员代表大会在客家宾馆召开，与会代表75人。大会听取和审议第六届执行委员会《努力做好非公有制经济代表人士思想政治工作，为宁化县改革开放和两个文明建设作出新贡献》工作报告，通过《关于学习、贯彻中共十四届六中全会精神》的决议。选举产生第七届委员会执行委员会委员24人，其中非公经济人士代表16人，占执行委员会委员总数的66.70%；选举常委11人，其中非公经济人士代表6人，占常委总数的54.30%；协商选举会长1人、副会长4人，其中非公经济人士代表2人，占正、副会长总数的40%。

2001年9月27日，县工商联第八届会员代表大会在客家宾馆召开，听取和审议第七届执行委员会《以"三个代表"重要思想为指针，努力做好工商联工作》的工作报告，通过《关于第七届工商联会员代表大会工作报告》和《关于深入学习、贯彻江泽民同志的"七一"讲话》的决议。

第三节　主要活动

一、宣传教育

1988年，县工商联举办职业道德培训班，培训5000人次。1990—1993年，县工商联学习、贯彻《邓小平视察南方讲话》，向全县工商界人士和个私企业主宣传工商联性质、作用、职能和任务，激发工商界人士创业热情。1994—1996年，县工商联与县个体劳动者协会联合举办法制培训班，学习《中华人民共和国反不正当竞争法》《中华人民共和国商标法》及新税制规定和保险知识，对非公有制经济人士进行爱国、敬业、守法教育。1997年，召开个私民营经济代表人士"迎香港回归、庆'七一'"座谈会。1998—2003年，县工商联与县委宣传部、县委统战部联合创办《个私之友》小报，每季一期，每期2000份，营造"诚实守信"的良好道德氛围；118名会员参加《信誉宣言》活动，引导会员、企业"以德治企，以德兴企"。2004—2005年，县工商联组织会员学习国务院《关于鼓励、支持、引导非公有制经济发展的若干意见》和县委、县政府《关于贯彻三明市委、市政府进一步加快发展个体私营经济的决定的实施意见》，培育诚实守信、守法经营、管理先进、效益显著、形象良好的龙头企业。

二、参政议政

1988—1994年，县工商联、县委统战部、县政协工商工作组，围绕"全县非公有制经济发展缓慢和工商企业滑坡"等主题，先后开展调研6次，写出《宁化县个私经济发展缓慢的原因》《我县非公有制经济情况与建议》等调研报告6篇，工商界政协委员提交《治理对非公经济的收费项目，印制统一收费手册、凭册收费》等提案 5 件，县政府召开专题会议，综合治理个私经济发展软环境，取消不合理、超标准收费。其中个体私营营业用电价格每度下降 0.32 元。1995—2000 年，先后开展 15 次调研，撰写 11 篇调研报告。工商界政协委员提交《关于整顿货运市场》《在县、乡（镇）两级政府中，确定一位领导分管非公有制经济》等议案 25 件，其中《在县、乡（镇）两级政府中确定一位领导分管非公有经济》等提案被县委、县政府采纳实施。其间，1998 年 9 月，县委、县政府在县工商联设立投诉中心，调处涉及个私经济的各类投诉。2001—2005 年，工商界政协委员提交《壮大民营活动》《扩大非公有经济精神文明覆盖面》等议案 58 件，就非公有经济人士反映有些部门出现"门难进、事难办、话难听"等热点、难点问题，向县委、县政府建言献策。是年，《中共宁化县委、宁化县人民政府关于进一步发展个体私营经济的实施意见》颁布实施。2005 年，分别当选为市、县、乡人大代表的非公有经济代表 24 人，其中市人大代表 1 人、县人大代表 2 人。当选为市政协委员 2 人，其中常委 1 人。当选为县政协委员 37 人，其中常委 3 人。

三、服务会员

（一）落实政策

1988 年始，县工商联为工商业者协调解决"私营工商业改造""文化大革命"和"城镇居民下放农村"中的历史遗留问题。1992 年，工商业者沈某某病故，按政策补贴其丧葬费和亲属抚恤金。至 2005 年，县工商联协助为工商联会员王某某按干部待遇办理退休，补发原工商业者兰某某在"文化大革命"中被扣发的生活费 300 元，补发伊某某、谢某某抚恤金各 200 元，重新认定原工商联安远分会揭某某干部公职，并协助办理退休手续。

（二）提供信息

1989 年，县工商联与泉州"两会"（工商联合会、商会）工商咨询服务处签订横向信息咨询协议书，并编发《宁化工商信息》。1989—2005 年，为会员发送各类信息 451 条（其中 1990 年被采纳信息 32 条），咨询成交额 120 万元。先后调运铁丸 5 次计 68 吨、钢材 100 吨、针织机 2 台、进口复印机 1 台、棉纱 9 吨、海蜇皮罐头 270 箱，推销水果 4000 公斤、布匹 6373 米、竹筷 500 箱。

（三）维护权益

1988 年起，县工商联参与县委、县政府清理、整顿行政事业性收费调查，纠正加重个私负担，影响个私经济发展的乱收费、乱罚款、乱设卡的"三乱"行为。1993—1996 年，为个体私营企业调处各类纠纷 28 次，追讨债务 11050 元。1998—2005 年，设立非公有制经济投诉中心，受理、调处涉及个体私营经济方面的投诉 95 件。

（四）救灾慰问

1988 年，县工商联慰问会员困难户和受灾户共 171 人次，送补助款和慰问金 9610 元。1994 年"5·2"洪灾后，为 65 户重灾会员和原工商业者发放救灾慰问金 2900 元。至 2005 年，县工商联慰问困难户、受灾户 2600 多人次，发放慰问金及物资 10 余万元。

（五）对口服务

1997—2005 年，县领导与非公有制经济重点户联系交友 126 户次，平均每人联系交友 2 户。对 63 家重点私营企业挂牌重点保护，现场办公 80 场次，解决实际问题 100 个，协调解决货款 800 万元，联络营销产品价值 800 万元。

（六）融资担保

1995—1999 年，县工商联筹办互助储金会，共为会员融资贷款 58 笔，计 405 万元。2000 年，宁化县三益贷款担保有限公司成立。至 2005 年，共担保贷款 359 笔，计 3250 万元。

（七）商品展销

1990 年始，县工商联组织 26 个会员企业，先后 14 次参加福州、厦门、济南、桂林、上海等地商品交易会、座谈会，推销地方产品，销售金额 412.30 万元；签约项目 27 项，签约资金 3.14 亿元。1995—2000

年，县工商联参与筹办"宁化风味小吃一条街""乡村个私经济一条街"及 10 家客家风味小吃示范展览等个体私营经济展销馆。

（八）招商引资

1990 年，县工商联协助有关部门参与投资经贸洽谈会 10 次，订立意向书 4 件，创办合资企业 2 家，引进台资 60 万元。1998 年，引进福清私营企业投资 180 万元，新办大型养殖企业 1 家。1999 年，引导 12 家私营企业参与国企改制承包、租赁或股份合作，注入资金 850 万元，帮助原国企下岗职工再就业。2002 年，县工商联组织会员、企业主前往泉州、厦门、福州、上海等地开展招商引资 5 场次。2004 年，促成长乐商会 5 位业主到宁化创办企业，总投资 3000 万元。2005 年，组织基层商会开展项目竞赛活动。其中，宁化县永春商会会员新上项目 4 个，总投资 1000 万元；宁化县浙江商会组织会员新上项目 4 个，总投资 2000 万元。

1990—2005 年，共招商引资 7090 万元。

（九）项目申报

2001—2004 年，县工商联和县计划局、县项目前期办、县财政局等部门共同申报"山海协作"龙头企业项目 10 个，争取省、市扶持项目 7 个，扶持资金 140 万元，贴息项目 3 个，贴息资金 42 万元。引导宁花科技食品有限公司"宁花"牌茶籽油商标申报三明市知名商标；引导宁化县利丰化工有限公司攻关无色松香系列产品，通过 IS9001 论证。2005 年，在福州召开的科研成果交易会期间，签约 22 项，其中合同 15 项、协议 4 项、意向 3 项、项目投资金额 31405 万元。是年，7 家私营企业与县城南工业园签订用地合同，4 家动工建设。

四、光彩事业

1996 年，县工商联会员开始参与光彩事业（1994 年 4 月 23 日，由中国民营企业家响应《国家八七扶贫攻坚计划》所发起并实施的一项以扶贫开发为主题的事业）活动。1999 年，会员捐资 5 万元资助修桥、铺路、建校，扶贫帮困 180 件次。2000 年，县工商联组织 100 名非公有制经济代表和会员捐款 5 万元帮助贫困生 90 名、受灾户 37 户。2001 年，宁化县农星农牧有限公司垫付成本 50 万元扶持 6 个乡村的 260 户贫困户发展养禽业，100 名工商业主捐款 10 万元开展扶贫帮困、助学、救灾、修桥、铺路等公益事业，其中林自强、罗庆林等 26 名会员捐助见义勇为基金 1.50 万元。2002 年，县工商联协调解决"6·15"洪灾重灾会员企业流动资金 60 万元，全县个私业主扶贫助困、助学及各类公益事业捐款 12.60 万元，其中 14 位个私业主与 19 名特困生"结对子"，帮扶每位特困生每年 300 元学费。2003 年，全县个私业主扶贫助困、助学及各类公益事业捐款 8.30 万元，其中 15 位个私业主与 22 名特困生开展"结对子"帮扶。2004 年，全县个私业主捐资扶贫帮困、助学及各类公益事业 18.90 万元，其中 18 位个私业主与 26 名特困生开展"结对子"帮扶，10 位个私业主在"六一"儿童节为贫困儿童捐款 6000 元，麦可蛋糕店给向阳小学残疾儿童捐献节日蛋糕 80 份。2005 年，个私业主捐资 69 万元办好事 68 件，其中捐资 5.50 万元扶助贫困学生 116 人。

1996—2005 年，全县非公有制经济人士共捐款 62.50 万元，做好事 248 件，帮扶贫困生 149 人，救济受灾户、贫困户 307 户，引进客商 21 个，新安排下岗职工就业 229 人。获得各种荣誉 85 个，其中 119 个单位和个人分别受到省、市、县表彰，80 人次被评为县"先进会员"和"光彩之星"。

第五章　文学艺术界联合会

第一节　组织机构

1988 年 12 月，宁化县召开首届文学艺术工作者代表大会，成立宁化县文学艺术界联合会（下简称县文联）选出主席、副主席各 1 人，通过《宁化县文学艺术界联合会章程》。1999 年起设主席 1 人。2002 年始，为正科级群团组织，设主席、副主席各 1 人。2005 年 1 月，成立宁化县文学工作者协会、书法、美术、摄影工作者协会和宁化县音乐、舞蹈、戏曲、民间文艺工作者协会，各设主席、副主席，分别有会员20 人、38 人和 37 人。

1988—2005 年，全县先后加入福建省作家协会、书法家协会、戏剧家协会、音乐家协会、舞蹈家协会、民间文艺家协会、摄影家协会、曲艺家协会等 23 人。加入三明市作家协会、音乐家协会、民间文艺家协会、书法家协会、舞蹈家协会、戏剧家协会、曲艺家协会等 76 人。

第二节　代表大会

1988 年 12 月，宁化县首届文学艺术工作者大会在县政府六楼会议室召开，与会代表 86 人。讨论通过《宁化县文学艺术界联合会章程》，成立县文联，确定文联"联络、协调、服务"三大职能。选举产生主席1 人（由县文化局局长兼）、副主席 1 人。截至 2005 年，再未召开代表大会。

第三节　主要活动

一、发掘与创作

1988—2005 年，编辑出版《中国民间故事集成·福建卷·宁化分卷》《中国歌谣集成·福建卷·宁化分卷》《中国谚语集成·福建卷·宁化分卷》，有宁化民间故事、民间歌谣和谚语入选三明市民间文学《三套集成》和福建省民间文学《三套集成》。全县会员在市级以上报纸杂志发表小说、散文、诗歌 1000 多篇（首），有多个书画、舞蹈、音乐创作获国家、省、市奖项。（详见"卷二十八　文化　体育"）

二、服务会员

1990—1994 年，县文联先后组织"三月三曲水流觞"诗会、"中秋赏月"诗词会和"金秋书画展"。1996—1997 年，举办客家祖地"华夏书画展""迎香港回归书画展"，组织 60 位宁化县文艺界人士开展

"迎回归"踏青活动。1999年，举办"郭达养根雕书法展"。2001—2002年，邀请三明市书法家到宁化采风，组织选手参加三明市"玉带桥"卡拉OK歌手赛和国际交谊舞大赛并获奖。2003—2005年，举办县老年书画展、伊秉绶诞辰250周年"书画表演及书法展"和4次大型征文活动。

三、服务"三个文明"建设

1988—1990年，县文联组织会员编写《计划生育演唱材料》1期，参与客家民俗、文物、音乐、民间传说研究。1997年，配合县总工会举办《主人翁风采》征文评奖。1998年，县文联、县博物馆联合举办"美籍华人雷静波画展"。2000年，县文联、县计划生育局、县土地局、县环保局、县计划生育协会联合举办"宁化人口、土地、环保三大国策书法作品展览"。2002年，县委宣传部、县直机关工委、县综治委、县老区办、县文联联合举办迎中共十六大征文活动。2003年，县地税局、县文联、县旅游局先后联合举办"客家地税采风"和"客家旅游采风"笔会活动。县文联、县妇联和县委文明办分别联合举办《巾帼颂》《我们离发达地区有多远》征文活动。2004年，县文联与县人大、县文体局联合举办"纪念人大成立50周年书画展"，选送宁化巫、罗、谢、王姓氏祠堂和客家公祠参加省文联主办的《八闽名祠》评选活动。2005年，县委宣传部、县文联、县老区办、县老促会联合举办"苏区情"大型征文活动和"纪念中国工农红军长征胜利70周年"书画展。

四、创办文艺刊物

1989—1995年，县文联创办《翠江文艺》并出刊36期。2000年，《宁化文艺》创刊，至2005年，《宁化文艺》共出刊6期，计6000册，每期作品，被市级以上文艺报刊转载、发表均在20篇以上。

第六章　科学技术协会

第一节　组织机构

1988年，宁化县科学技术协会（简称县科协）内设办公室。全县16个乡（镇）先后成立科学技术协会（简称科协），由乡（镇）科技副乡（镇）长或分管科协领导兼任主席，210个建制村成立科普分会，均配备村科技副主任。宁化县林产化工厂科学技术协会成立。是年，全县县级学（协）会、研究会组织22个，会员1230人。1991年，福建省农村致富技术函授大学（以下简称农函大）宁化分校成立。1993年3月，县科协与县科学技术委员会（简称县科委）合署办公。1994年，宁化县化工实业总公司科学技术协会成立。1997年1月，县科协与县科委分离，县科协内设综合股，设主席1人、副主席2人。2005年，全县县级学（协）会、研究会29个，会员2430人；乡（镇）科协16个，农村专业技术协会52个，会员520人。

第二节　代表大会

1993 年 12 月 13 日—14 日，县科协第四次代表大会在县委党校召开，与会代表 128 名。会议听取、审议第三届委员会主席作《总结经验，加快开创科协工作新局面》工作报告，通过《关于通过第三届委员会工作报告的决议》和《科协四大章程的决议》。选举产生第四届科协委员会委员 45 人、常委 9 人、主席 1 人、副主席 1 人。

2004 年 3 月 30 日—31 日，县科协第五次代表大会在客家宾馆召开，与会代表 85 人、特邀代表 38 人。大会听取、审议第四届委员会主席所作《围绕大局，发挥优势，为全面实施科教兴县战略作出新的贡献》工作报告，通过关于批准第四届委员会工作报告的决议和《科协委员章程》，选举产生第五届科协委员会委员 36 人、常务委员 12 人、主席 1 人、副主席 3 人。

第三节　主要活动

一、科普宣传

（一）出版刊物

1988—1993 年，县科协创办《宁化科技信息》并出刊 72 期，每期印发 130—150 份，宣传、介绍工业、农业等实用技术知识、信息、最新科技动态、新产品和新技术。

（二）科普宣传栏（画廊）

1988 年始，县科协在县城寿宁桥头旁建立科普画廊，每年出刊 3 期计 72 版。1989 年，绘制面积为 1.50 平方米的科普宣传画 10 幅，在南大街展出。1990 年，在中山街展出百米科普画廊，宣传生产、生活科普知识，国内外科普动态和破除迷信、反对邪教知识。至 2005 年，全县共有科普宣传栏（画廊）126 个，刊出科普专栏（画）2966 期。

（三）科普宣传车下乡

1988 年和 2001 年，县科协购置科普宣传车 1 辆下乡用。至 2005 年，科普宣传车下乡开展计划生育、健康、破除迷信、科学防治"非典"（非典型肺炎）、预防禽流感等科普宣传活动 438 次。

（四）科技进步宣传月（宣传周）

1992—1995 年，县科协每年组织开展"科技进步宣传月"活动，张挂大幅标语、更新科普专栏（画廊）内容，组织宣传队下乡开展科技咨询服务，播放科教电影、录像 24 场次，编印宣传材料 200 份。1995 年，"科技进步宣传月"改为"科技进步宣传周"，至 2005 年县科协共组织召开座谈会、报告会 211 场，张贴标语 1304 张，发放宣传品 63658 份，出科普宣传栏 500 期，播发广播稿件 3671 篇，放映录像、电影、幻灯 4064 场。

1999—2004 年，县科协连续 6 年被三明市"科技活动周"组委会评为"科技活动周"优秀组织奖。

二、青少年科技教育

（一）中小学生科技夏令营和智力竞赛活动

1988—1993 年，县科协、县青少年科技辅导员协会联合组织小学生参加生物、地理、林业等科技夏令营活动 12 期 417 人次；开展智力竞赛 4 次，29 人参与，18 人获奖。1994 年，组织中小学生参加三明市第七届青少年发明创造作品和论文竞赛活动，其中邱翠兰、吴震芬合写的《西溪的保护意见》获科学论文三等奖。1995—1999 年，县科协举办"爱国、立志、成才""手拉手结对子""6·5"世界环境日、"6·7"珍惜生命之水青少年环境保护知识竞赛和"珍惜生命之水"征文比赛，990 人次参加，46 人次获奖。2002—2003 年，先后组织中、小学生参加省、市青少年科技创新大赛，全县 7 项科技创新作品获青少年科技创新大赛三等奖，16 名学生获个人奖，其中宁师附小学生制作的"中国古代四大发明"获第四届福建省青少年电脑作品设计制作竞赛二等奖，张文洪的"未来潜水艇"获三明市第 19 届科技创新大赛二等奖。2004—2005 年，县科协先后举办全县中小学生计算机信息技术知识竞赛和"科学、和谐、发展"科普知识竞赛，共有 33 名学生获奖。

（二）科技小论文

1988—1993 年，全县中、小学评出优秀论文 32 篇、小制作 87 件。1997 年，县科协、县教育局、团县委、县青少年科技辅导协会联合组织青少年生物小论文竞赛，评出优秀论文 10 篇。7 月，在宁师附小举办《多媒体电脑在家庭中的应用》讲座并现场演示。2001 年，县科协组织开展校园科技活动，举办中、小学生科普创意绘画征奖赛及画展。

1988—2005 年，县科协共评选优秀论文 67 篇，其中 6 人获省、市科学论文竞赛奖，分别为县实验小学二年级学生张荣宁的《绿地——我们的家园》获省科协、省教委"1998 年福建省青少年科技传播行动'保护我们的家园'书画比赛"三等奖，宁化一中学生王琪的《翠江洪灾浅探》获福建省中小学生科普征文比赛初中组一等奖，宁化一中学生陈启华的《生命之美》获福建省中小学生科普论文比赛高中组二等奖，邱翠兰、吴震芬和巫朝俊获市级奖。

三、农村实用技术培训

1988—1993 年，全县举办水稻垄畦栽、抛秧、配方施肥、烟草种植、果树栽培、食用菌栽培、畜牧水产等实用技术培训班 2232 期，每年培训 1.50 万—3.20 万人次。1994 年，举办各种培训班 330 期，培训 1.50 万人次，其中县科协、县食用菌办联合举办食用菌技术骨干培训班 2 期，聘请专家授课培训各乡（镇）技术骨干 300 人；举办畜牧水产、烟草、果园管理、种桑养蚕、食用菌等培训班 24 期，发放各种技术资料 1500 份，组织下乡开展丰产竹栽培技术宣传，印发宣传材料 7000 份。1995 年，举办各类实用技术培训班 280 期，培训 1.50 万人次。1996 年，共举办县、乡、村各类实用技术培训班 300 期，培训 2 万人次，聘请三明市程建炎等 3 位高级农艺师到宁化进行果树栽培、水产养殖等授课培训。1997—2005 年，每年举办各种农村实用技术培训班 260—320 期，每年培训 2 万—3 万人次。

1988—2005 年，全县共举办各类实用技术培训 3462 期，培训 20.20 万人次。农函大宁化分校共招生 5588 人，学员结业后，均能掌握 1 门以上农村致富技术。

四、学（协）会活动

（一）"金桥工程"

1994 年，县科协成立"金桥工程"协调指导小组，制定《宁化县科协实施"金桥工程"方案》，实施"金桥工程"项目 17 个，创经济效益 1376 万元。其中，被省科协"金桥工程"项目组立项登记 5 项，《烤烟地膜覆盖栽培技术推广应用》项目获省"金桥工程"三等奖。1995—2000 年，各学（协）会和厂矿科协会，组织实施"金桥工程"项目 30 项，创经济效益 4464.80 万元。至 2005 年，全县实施"金桥工程"项目 56 项，创经济效益 5840.80 万元。其中，被福建省科协"金桥工程"项目组立项登记 14 项，《优质高产油茶基地建设》项目被列入省科委科技计划项目，《螺旋藻养殖及产品系列加工》项目获省科协"金桥工程"项目表扬奖。

（二）村会协作

2001 年起，县各学（协）会开展"村会协作"活动，提供技术有偿服务，提高农业生产效益。2002 年，县食用菌协会与泉上镇 70 户菇农签订协议，种植蘑菇 2 万平方米，产蘑菇 15 万公斤，产值 45 万元，每平方米年产提高 1 公斤，县食用菌协会获技术指导费 2 万元。至 2005 年，县各学（协）会共签订"村会协作"协议 175 份，开展技术有偿服务，取得良好经济效益。

（三）畜牧水产学会活动

1988 年，县畜牧水产学会组织兽医卫生检疫技术操作比赛，受到农业部表彰。1990 年，开展学习、贯彻国务院《家禽家畜防病条例》宣传活动。1991—1995 年，县畜牧水产学会引进推广肉牛、太湖母猪、丽佳鸭、连鲤、单性罗非鱼等优良畜、禽、水产品种，取得显著经济效益。1996—2005 年，县畜牧水产学会坚持稳定猪、禽生产，加速黄牛改良和肉羊养殖，大力发展竹山养羊和七彩山鸡等珍稀禽类饲养，引进虹鳟鱼试养成功。

（四）医学会活动

1988—1992 年，县医学会共举办健康知识讲座 8 场，组织编写"烟情与禁烟""吸烟的害处""吸烟与癌症""怎样戒烟"等宣传材料。1993—2001 年，组织撰写论文 440 篇，其中在国家级、省级、地市级刊物分别发表 46 篇、119 篇和 136 篇。出版《宁化县卫生人员科技成果与论文摘编》450 册，开展"5·5"消除碘缺乏日宣传活动 9 次，组织上街和下乡（镇）义诊 69 次，义诊患者 4000 人次。2002—2005 年，继续开展"5·5"消除碘缺乏日宣传活动和在城关北大街口义诊、咨询服务活动。

（五）吸烟与健康协会活动

1988—1994 年，县吸烟与健康协会共出戒烟宣传专栏、墙报 30 期，画刊 20 版，印发戒烟资料 5000 份；举办讲座 100 场，听众 3 万人次；组织 2000 名中小学生参加《吸烟与健康》文、画比赛，54 件作品获奖。1995—1996 年，开展第 8 个和第 9 个"世界无烟日"宣传活动。1998 年，县吸烟与健康协会会长杨洪瑞被评为全国控制吸烟积极分子。1999 年 4 月，杨洪瑞出席第八届全国吸烟与健康学术研究会，提交论文《控烟十年谱新章》。至 2005 年，协会收集烟草与健康资料卡片 3 万张，编印《烟草与健康》科普小报 18 期 2000 份，分发各地。全县 15 岁以上男性吸烟率 49.80%，比 1988 年下降 17.80%，杨洪瑞获"2005 年中国控烟先进奖"。

（六）农学会活动

1988—1997 年，县农学会推广"稻、萍、鱼立体种养"新技术，举办果树、食用菌栽培等农村实用技术培训班 55 期，培训掌握 1—2 门实用技术人才 1 万人。1998—2001 年，开展优质稻丰产栽培示范、反季节蔬菜栽培和无公害蔬菜栽培、果树蔬果套袋及矮化树型修剪技术推广、果树优良品种母本园和新品种示范园建设。会员撰写论文在省级刊物发表 37 篇。2003—2005 年，县农学会建设精品果园和生态果园示范片 12 片，面积 2.40 万公顷。

五、组织网络建设

1988 年，县珠算学会、县吸烟与健康协会、县林产化工厂科协分别成立，新增会员 70 人；整顿充实外语、农学、二轻等 6 个学会理事会，使县级学会达到 25 个，会员 1492 人。是年，县科协被评为"三明市家用电器培训工作先进单位"。1990 年，建立林业科技中心，各乡（镇）林场、森工企业设林业科技推广站（组），各村建立林业科技推广小组，形成三级林业科技网。1991 年，整顿 28 个县学（协）会，其中 22 个学会在县民政局登记注册并修订新章程，成立地质矿藏暨矿业学会和档案学会。1992 年，青少年科技辅导员协会召开第四届代表大会，成立人体科学研究会。1993 年，全县 16 个乡（镇）配齐科技副乡（镇）长，132 个建制村配备科技副村长。同时建立各种专业技术服务队 45 个，人员达 480 人。1994—1995 年，先后成立县化工实业总公司科协和县物理学会、县劳动就业服务企业协会。1996 年，召开县科协四届三次全会和县科协四届八至十一次常委会，巩固发展科普组织网络，全县学（协、研究）会达到 28

个。 1997 年，贯彻落实县委、县政府下发《关于进一步加强和改善对科协工作的领导，充分发挥科协作用的意见》。1998—1999 年，县科协先后召开四届五次、六次全委会，共表彰先进单位 17 个、先进工作者19 人。至 1999 年，全县共有乡（镇）科协 16 个、科普文明乡（镇）3 个、科普文明村 20 个、农村专业技术研究会 32 个，农村科普网络得到进一步建立健全。2000 年，县科协召开四届七次会议，表彰先进单位 8 个、先进个人 12 人。2001 年，县委、县政府下发《关于引进高层人才和青年专业人才的实施意见（试行）》。2002 年，组织 68 名科普工作者参加福建省科普志愿团宁化分团。2004—2005 年，县委、县政府下发《关于加强农村专业协会建设的意见》，促进科技与经济结合，完善社会化服务体系，推进农业产业化建设。

第七章　归国华侨联合会

第一节　组织机构

1982 年 10 月，宁化县归国华侨联合会（简称县侨联）成立。1997 年，县侨联与县外事办、县侨办合署办公，"三块牌子、三个公章、一套人马"。2002 年，县外事办、县侨办并入县政府办公室，县侨联与县委统战部合署办公，设专职侨联主席 1 人。2005 年，建制未变。

第二节　代表大会

1992 年 12 月 7 日，宁化县第三次归侨、侨眷代表大会在客家宾馆召开，与会代表 80 人。大会听取、审议《宁化县归国华侨联合会第二届委员会工作报告》，选举产生第三届侨联委员会委员 13 人、主席 1人、兼职副主席 3 人、秘书长 1 人。

1998 年 4 月 12 日，宁化县第四次归侨、侨眷代表大会在客家宾馆召开，与会代表 80 人。大会听取、审议第三届委员会《发挥优势，为我县两个文明建设多做贡献》工作报告，通过《抓住机遇，推进新一轮创业，致全县归侨侨眷一封信的倡议书》，选举产生第四届委员会委员 13 人、主席 1 人、兼职副主席 3人、秘书长 1 人（兼）。

2003 年 4 月 21 日，宁化县第五次归侨、侨眷代表大会在客家宾馆召开，与会代表 80 人。大会听取审议第四届委员会《高举党的十六大旗帜，开创新时期侨联工作新局面》的工作报告，通过《宁化县第五次归侨侨眷代表大会关于宁化县侨联第四届委员会工作报告的决议》，选举产生第五届委员会委员 11 人、主席 1 人、兼职副主席 3 人、秘书长 1 人（兼）。

第三节　主要活动

一、侨情普查

1988、1997 和 2005 年，县侨联先后进行 3 次侨情普查。2005 年，宁化籍海外华侨、华人、归侨眷属的人数，比 1988 年明显减少，主要原因是返回原籍、出国、迁居等。

1988、1997、2005 年宁化县 3 次侨情普查情况表

表 8-1　　　　　　　　　　　　　　　　　　　　　　　　　　　　　　　　单位：人

年份	华侨华人	归侨	侨眷
1988	17192	1286	5387
1997	39860	948	6268
2005	1250	828	5391

宁化籍华侨、华人主要分布于美国、加拿大、阿根廷、意大利、俄罗斯、英国、法国、德国、匈牙利、波兰、奥地利、丹麦、挪威、马来西亚、新西兰、南非等 25 个国家和地区，其中学术界、科技界人士居多，经济界有实力的人士较少。

二、联谊交友

1988 年起，县侨联除了开展华侨及侨眷的联谊交友和联络接待外，还兼开展港澳同胞和眷属的联谊交友和联络接待工作。1991 年，接待马来西亚客家公会联合会博士肖光麟一行 28 人的寻根访问团。1994 年，接待香港明爱机构吴伟棠一行 12 人。1995 年，参与接待参加"宁化石壁客家祖地客家公祠落成暨首届世界客属宁化石壁祖地祭祖活动"的境外客属团体首领、侨领 30 人。1998 年，接待英国崇正总会会长张醒雄为团长的商贸考察团 17 人和旅美华人、国画家雷静波。2001 年，接待日本福冈福建同乡会会长林其根、全美华人协会会长邹作雄、新加坡客属总会会长曾良才、泰国巫氏宗亲总理事长巫庭光、中国香港崇正总会理事长黄石华。2002 年，接待美国哈佛大学博士劳格文、新加坡分子和细胞生物学研究院副院长洪万进，以及印度尼西亚 41 名归侨小英雄回泉上华侨农场访问观光团一行 33 人。2003 年，接待美籍华人贡谷绅、雷洪音夫妇。2005 年，接待参加第十一届世界客家石壁祖地祭祖庆典的马来西亚、新加坡、印度尼西亚、泰国的海外客家团体首领姚森良、曾良才、李菊芳等 76 人。

1995—2005 年，县侨联共接待到宁化探亲访友、寻根谒祖以及旅游观光、经贸洽谈的海外侨胞和港澳同胞 120 批 2700 人次，参与接待 30 多个国家和地区的客属团体和客家乡亲 3200 人次。

三、招商引资

1988 年，县侨联开展牵线搭桥、招商引资，动员华侨、港澳同胞捐助宁化公益事业，共举办各种招商活动 12 人次，达成投资意向 2 个。1994 年，港商投资 100 万元创办宁化县恒大水泥有限公司。1995 年，外商投资 450 万元，创办宁化县蛟龙水泥有限公司。1998 年，港商创办宁化县农星农牧有限公司。1999 年，港商投资 100 万元创办宁化县家佳友超市。2000 年，外商投资 500 万元创办宁化县宏凌硅业有限公司。2001 年，港商创办宁化县春辉茶业有限公司。2002 年，港商投资 200 万元创办宁化县时尚防火建材有限公司。2003 年，港商投资 400 万元创办宁化县大自然木业有限公司。2004 年，外商投资 450 万元创

办宁化县三联木业有限公司，投资1500万元创办宁化县华茂服装有限公司；港商投资110万元创办宁化县立英塑料公司，投资500万元创办宁化县南宁针织有限公司，投资1000万元创办宁化县恒源服饰有限公司，投资260万元创办宁化县和裕农业发展有限公司。2005年，外商投资1000万元创办宁化县富山教学仪器实业有限公司；港商投资350万元创办宁化县联辉服装有限公司、投资200万元创办宁化县金星牧业有限公司。

1988—2005年，县侨联引进和配合有关部门引进侨资和中国港澳同胞投资项目17项，总投资7100万元。其中：港商12个，投资3400万元创办企业、公司共12家；外商5个，投资3900万元创办企业和公司5家。海外侨胞和港澳同胞共为宁化捐资3200万元兴办各类公益福利事业，其中新加坡侨胞何华英、黄水养捐资23万元兴建石壁客家医院，海外客家后裔捐资560多万元兴建石壁客家公祠，海外巫氏后裔捐资260万元兴建巫罗俊公怀念堂。

四、权益保护

1988—1990年，县侨联、县人大、县侨办深入归侨、侨眷较多的翠江、城郊、泉上、安远、水茜、曹坊、城南、禾口、淮土等乡（镇）和泉上华侨农场，宣传《中华人民共和国归侨、侨眷权益保护法》并进行执法检查。1991—2000年，举办法律专家咨询活动39场次，受理归侨、侨眷和海外侨胞来信、来访2160人（件）次，先后协调落实7户侨户房产等涉侨政策。

五、参政议政

1988年，有11名归侨、侨眷和海外侨胞担任县人大代表和县政协委员。1994年，有15名归侨、侨眷和海外侨胞担任县人大代表和县政协委员。至2005年，县侨联共推荐64名归侨、侨眷和海外侨胞分别担任省、市、县人大代表和政协委员，其中归侨曾旺娇和李锦华担任省人大代表，潘德财、黄振曦、张新国、叶茂南担任市人大代表，冯雪文、杨金灿、吴祝秀、王善兴、张新国、张清禄、蓝建平担任市政协委员。侨界人大代表、政协委员共撰写、提交各种建议案、提案190份，反映侨情、社情民意320条。

1988—2003年宁化县归侨、侨眷海外同胞政治安排情况表

表8-2　　　　　　　　　　　　　　　　　　　　　　　　　　　　　　　单位：人

年份	县人大代表		县政协委员	
	届次	人数	届次	人数
1988	第十届	4	第三届	7
1991	第十一届	4	第四届	8
1994	第十二届	5	第五届	10
1998	第十三届	5	第六届	7
2003	第十四届	4	第七届	6

六、为归侨排忧解难

1988年，县侨联为归侨、侨眷及海外侨胞办实事、好事25件次，为8户侨眷解决生产生活困难11件次。1991年，组织安远乡安远村和永跃村等10户侨眷成立废品收购队，合作创收，受到省、市侨联表扬。1993年，组织泉上镇泉南村12侨户养殖特种动物，增收脱贫。1994年，宁化遭受"5·2"特大洪灾，县侨联为受灾群众争取省、市侨务部门补助3万元。2001年，协调解决4户特困归、难侨享受农村低保待遇。2002年，为全县18位归侨退休职工落实生活补贴。2004—2005年，县侨联与漳州东山县侨联结成山海协作对子，促进两地经济发展。

1988—2005 年，县侨联共为归侨、侨眷和海外侨胞办实事、好事 765 件次，解决实际困难 583 件次。每年春节慰问重点侨户、患病住院的归侨、侨眷和重点归侨遗属。

第八章　台胞台属联谊会

第一节　组织机构

1987 年 3 月，宁化县成立台胞台属联谊会（简称县台联），与县委统战部合署办公，专职干部 1 人。2005 年，建制未变。

第二节　代表大会

1992 年 12 月 7 日，宁化县第二届台胞台属代表大会在客家宾馆召开，与会代表 65 人。大会听取审议第一届理事会会长所作的工作报告，选举产生第二届理事会成员 11 人、会长 1 人、兼职副会长 2 人。

1998 年 4 月 12 日，宁化县第三届台胞台属代表大会在客家宾馆召开，与会代表 65 人。大会听取审议第二届理事会会长所作的工作报告，选举产生第三届理事会成员 9 人、专职副主席 1 人、兼职副会长 2 人。

2003 年 4 月 21 日，宁化县第四届台胞台属代表大会在客家宾馆召开，与会代表 66 人。大会听取审议第三届理事会会长作《高举党的十六大旗帜，为实现祖国和平统一大业而努力奋斗》工作报告，选举产生第四届理事会成员 9 人、专职副主席 1 人、兼职副会长 2 人。

第三节　主要活动

一、台情调查

1992 年和 2001 年，县台联进行 2 次台情调查。1992 年全县台湾同胞 15 户 52 人、去台人员 436 人、台属 11089 人。2001 年，全县台湾同胞 11 户 36 人。2005 年，全县台湾同胞 9 户 27 人、去台人员 375 人、台属 9369 人。宁化县台湾同胞主要为 1949 年随国民党赴台湾人员，绝大部分是军界退伍老兵。

二、接待联谊

1987 年 4 月，台湾当局开放两岸探亲、探病以及有关人员往来，县台联开始接待到宁化探亲访友、寻根祭祖、旅游观光和经贸洽谈的台胞、台商。1988 年 4 月，接待以台湾宁化同乡会会长程功钦为团长、原国民党中校贾斌为副团长的回乡寻根访祖团一行 19 人。1989 年，接待到宁化寻根祭祖的台湾巫氏宗亲总会会长巫永福一行 33 人。1995 年，接待台湾世界客属总会理事长陈子钦一行 30 人。1997 年 5 月，接待由中华全国台湾同胞联谊会协助邀请的旅居巴西、巴拉圭的台湾客属祭祖团一行 32 人。1998 年，参与接待和安排台湾旅美国画家、美籍华人雷静波到宁化办画展。2000 年，接待台湾国民党中央党部原总干事、蒙藏委员会委员雷臻焰一行 4 人。2002 年，接待台湾程氏企业有限公司经理程培辉一行。2003 年，接待台湾中兴大学校长贡谷坤和教授雷洪音夫妇一行。2004 年，接待到宁化寻根祭祖的美东台湾客家联谊会理原事、纽约华人社团联席会主席黄哲操、美国大唐公司董事长陈达孝一行 24 人。

1988—2005 年，县台联共接待到宁化探亲访友的台胞 1396 人，经贸洽谈和旅游观光 1653 人。参与接待到宁化参加世界客属石壁祭祖庆典活动的台湾岛内客属团体和客家乡亲 76 批 1789 人次。

三、引进台资

1988 年，县台联协助有关部门引进台商投资 150 万元改建安乐造纸厂。1990—1991 年，引进台商程功钦投资 100 万元创办宁化胶木制品有限公司、台商陈秋圳投资 160 万元创办宁化振兴竹制品有限公司。1992—2004 年，先后引进台胞程功钦投资 120 万元创办宁化萤石精选有限公司、台商廖松亨投资 380 万元创办城关水泥有限公司、程功钦兄弟投资 200 万元创办宁化建峰水泥有限公司、陈秋圳投资 60 万元创办宁化翠竹休闲山庄。2005 年，引进 60 万美元创办宁化杜葛生物发展有限公司、150 万美元创办宁化中泰食品有限公司。

1988—2005 年，县台联共引进和协助有关部门引进台资企业 14 家，总投资人民币 1350 万元、美元 420 万元。

四、排忧解难

1988 年起，县台联坚持到台资企业和台胞、台属家中走访慰问、了解情况，协助有关部门解决台胞、台属生产生活中的困难。1994 年，坚持执行春节、清明、中秋等传统节日慰问制度、生日寿辰祝贺制度、住院病故探亲制度，同时积极开展台胞、台属的参政议政、民主监督工作。至 2005 年，共为台胞、台商、台属办实事、好事 579 件次，解决实际困难 362 件次。

五、参政议政

1988—2005 年，共推荐 53 名台胞、台属担任市政协委员和县人大代表、县政协委员。台胞、台属人大代表、政协委员共撰写各种建议、提案 160 份，反映台情民意 380 条。

1988—2005 年宁化县台胞台属政治安排情况表

表 8-3　　　　　　　　　　　　　　　　　　　　　　　　　　　　　　　单位：人

年份	县人大代表		县政协委员	
	届次	人数	届次	人数
1988—1991	第十届	3	第三届	7
1991—1994	第十一届	4	第四届	8
1994—1998	第十二届	4	第五届	8
1998—2003	第十三届	3	第六届	7
2003—2005	第十四届	3	第七届	6

六、对台宣传

1995 年，县台联组织台胞、台属和台商学习江泽民《为促进祖国统一大业的完成而继续奋斗》重要讲话及"和平统一、一国两制"的基本方针。1997 年，举办"迎香港回归盼祖国统一"卡拉 OK 比赛。1998 年，制作宁化客家祖地风土人情、人文观光、经济建设成就 VCD 片，分发台属和入台人员。2002—2004 年，邀请台湾长乐文化传播公司、台湾录影传播事业有限公司、台湾客家杂志社拍摄宁化客家祖地《拜访客家人》《大陆寻根》《客家源流》《万里江山大陆寻根》电视宣传片，并在台湾主要电视台播放。

1988—2005 年，县台联向回乡台湾同胞、赴台探亲访友人员分发各种入台宣传资料 1.60 万份，召开台胞台属和台商各种座谈会 47 场次，撰写和发表各种对台宣传稿件 130 篇。

第九章　残疾人联合会

第一节　组织机构

1990 年 6 月，宁化县残疾人联合会（简称县残联）成立，隶属县民政局。1995 年，成立县残疾人工作协调委员会，教育、卫生、劳动、民政部门为成员单位，内设办公室。1997 年 11 月，成立县残疾人劳动服务管理站，为县残联下属单位。1999 年，县残联与县民政局分离，人员、经费独立。2000 年，全县 16 个乡（镇）相继成立乡（镇）残疾人联合会，由民政办公室主任兼任理事长。至 2005 年，全县肢体、视力、听力、言语、智力、精神、综合残疾等各种残疾人有 24434 人，占全县人口 7.06%。

第二节　代表大会

1990 年 9 月，第一届宁化县残疾人联合会代表大会在县委党校召开。选举产生大会主席团和执行理事会，选出主席 1 人、执行理事会理事长 1 人。

1994 年，第二届宁化县残疾人联合会代表大会因故没有召开。执行理事会理事长由第一届理事长继任。

1999 年 9 月，第三届宁化县残疾人联合会代表大会在客家宾馆召开，与会代表 90 人，其中残疾人 62 人，占代表总数的 68.89%。会议听取和审议第二届理事长工作报告，选举产生第三届大会主席团和执行理事会，选出主席 1 人、理事长 1 人。

2005 年 9 月，第四届宁化县残疾人联合会代表大会在客家宾馆召开，与会 115 人，其中正式代表 85 人、残疾人代表 43 人。大会听取第三届理事长作《与时俱进，知难而进，团结拼搏，再创宁化残疾人事业发展新业绩》工作报告。审议通过第三届理事会工作报告。大会选举产生第四届主席团和执行理事会，选出主席 1 人、理事会理事长 1 人。

第三节　主要活动

一、扶残助残

1991 年始，县残联开展 "捐献 1 元钱，扶残作贡献" 活动，是年共接收捐款 6 万元。1992 年，县政府出台《关于对残疾人实行优惠待遇的规定》，减免残疾人经商、就业、就医等税费。1994 年 5 月 15 日第四次全国助残日，开展为残疾人免费理发、缝纫，修理自行车、钟表活动。1996 年 9 月，全省残联工作会议在宁化召开，各县分管副县长和残联理事长参加。县残联与团县委、县妇联联合开展爱心募捐活动，共募捐 5 万元。1998 年 5 月 17 日第八次全国助残日，组织踩街活动，举行 "助疾杯" 知识竞赛，宣传《中华人民共和国残疾人保护法》。2004 年，县委办、县政府办倡议为残疾人募捐，共募捐 1.50 万元。2005 年 5 月 15 日（第 15 个全国助残日），举办残疾人就业现场招聘会，达成聘用意向残疾人 56 人。

1991—2005 年，开展贫困残疾人临时补助和 "两节"（元旦、春节）集中慰问，每年补助慰问费 2 万元。

二、康复治疗

1991 年，开办聋儿语训班，培训聋儿 30 多人。1992—1993 年，省专家到宁化为 35 名患小儿麻痹症儿童免费手术。1996 年，开展 "健康快车"（白内障复明）活动，100 名贫困白内障患者重见光明。2000—2005 年，先后开展 "光明行动" "助行工程" 等活动，共实施白内障复明手术 786 例；为 79 名低视力患者进行矫治和配置助视器；训练聋儿 23 人，配置助听器 11 件；为 10 名麻风病畸残者实施矫治，22 名进行功能训练，配备辅助用具 139 件；训练肢残人 46 人、脑瘫儿童 11 人、智力残疾儿童 37 人；为 29 名下肢残疾人免费安装假肢，配置盲杖、拐杖、轮椅，为视疾、听疾人配置助视器、助听器等各种用品、用具 1052 件。

三、教育就业

1992 年，选送视力残疾人王永澄、张启秋到河南省针灸推拿学校进行 3 年专业学习。1994 年，选派 2 人到上海参加残疾人特殊业务学习。1997 年始，按比例安置残疾人就业。1998 年，成立宁化县向阳学校。2004 年，宁化县向阳学校更名为宁化县特殊教育学校，建立随班就读体系，选送一批聋哑儿童到三明聋哑学校就读。是年，全县视力、听力、弱智三类少年儿童入学率，分别为 87.50%、92% 和 91%，不少残疾学生接受高级中等教育。2004 年，《宁化县残疾人就业保障金征收管理办法》颁布实施，采取按比例、集中、个体、劳务输出和自愿组织相结合形式安置残疾人就业。2005 年，3 名残疾学生考入高等学校，28 名残疾学生和残疾人子女共获得 6000 元捐助。

2001—2005 年，全县共教育和培训残疾人 1350 人，安排残疾人就业 4150 人。

四、扶贫保障

1996 年，投入 20 万元，补助 1000 名（每人 200 元）残疾人参加农村社会养老保险。1999 年起，开展残疾人专项扶贫，采用 "到户到人" "结对帮扶" 等方式，扶助残疾人脱贫。2001 年，实施 "安居工程"，为农村残疾人无房（危房）户建（改）住房。是年，有 20 户（危）房的特困残疾人享受建房补助，其中有 16 户每户补助 1 万元。2004 年始，建立残疾人保障体系。2005 年，投入扶贫款 35 万元，帮扶 102 户贫困残疾人。

五、法律服务

2000 年，开始建立信访工作机制，维护残疾人合法权益，全年接待来信来访 150 人次，残疾人反映的问题 90% 以上得到解决。2002—2005 年，设立残疾人法律援助服务部，有 15 名残疾人获得法律援助。

六、自强自立

1991 年，肢残人苏志和被评为福建省自强模范。2003 年，盲人王永澄获全国自强模范称号。2004 年，县医院副主任医师肢残人傅寿根（在国内外书刊发表学术论文超过百篇）被评为福建省自强模范。2005 年，残疾人赖巧玲当选为县政协第八届委员，泉上镇联群村残疾人张启春和泉上村残疾人吴添祥分别当选为村主任和村支部副书记。

第十章　其他群众组织与社会团体

第一节　个体劳动者私营企业协会

一、组织机构

1983 年，宁化县个体劳动者协会（以下简称县个协）成立。1988 年，相继成立翠江、湖村、泉上、中沙、水茜、安远、禾口、淮土、安乐、曹坊、治平 11 个分会，并成立行业会员小组 245 个，全县个体工商户会员 4737 户。1990 年，县个协组建翠江市场分会和河龙、济村工作点。1993 年，全县个体工商户会员 11773 户。1995 年 3 月 4 日，县个协召开第四届理事会。是年，各分会进行换届选举和调整。1998 年，县个协设办公室、宣传教育部、组织联络部、经营指导部、青妇工作委员会、法律顾问服务室。2000 年 6 月，宁化县私营企业协会成立，与县个协合署办公，"一套人马、两块牌子"，县个协保留翠江、湖村、安远、石壁（原禾口）、曹坊、城郊（原中沙分会）6 个分会。2005 年，县个协设会长 1 人、副会长 2 人、理事 5 人、常务理事兼秘书长 1 人。全县个体工商户会员 3780 户、私营企业 278 户。

二、主要活动

（一）教育培训

1988—1989 年，县个协对会员进行职业道德和法制教育培训 93 场次，受教育者占个体户总数的 80%。1990 年，建立个协会员业余学校（夜校）4 所，组织会员学习《中华人民共和国集会游行示威法》《中华人民共和国行政诉讼法》和《物价管理条例》。1991 年，开展岗前法规培训，培训 512 人。1992 年，组织 5600 人参加学习邓小平南方谈话，组织会员参加三明市举办的职业道德规范培训和测试，平均得分 98.56

分，获全市第三名。1993—1994 年，加强法制和职业道德培训、教育，培训 16472 人次。

1995—1996 年，组织会员学习《中华人民共和国反不正当竞争法》《中华人民共和国消费者权益保护法》和《中华人民共和国税收征收管理法》，开展"百城万店无假货"活动，分发倡议书 5000 份。1997 年，组织会员学习《中华人民共和国产品质量法》《中华人民共和国行政处罚法》和《中华人民共和国食品卫生法》。1998 年，组织会员学习《中华人民共和国经济合同法》《中华人民共和国公司法》和《个协劳动者和私营企业协会经营者职业道德规范》。1999 年，开展"户户讲道德，店店无假货"的道德教育，抵制"三乱"（乱摊派、乱收费、乱罚款），为个体户和私营企业挽回经济损失 160 万元。2000—2005 年，开展以职业道德规范为主题的"职业道德规范年"活动，全县成立 46 个自管小组，有成员 239 个，职业道德规范普及教育联络员 115 人。

（二）服务会员

法律维权　县个协建立法律服务中心和法律咨询服务室，聘请法律顾问 2 人，为会员和消费者提供法律维权服务。1988—1996 年，法律咨询 1256 人次，协调解决会员与消费者纠纷 655 起 917 人，挽回经济损失 158.70 万元。1997 年，翠江镇环保办扣押某个私业主价值人民币 1500 元物资，经县个协协调后交还。1998 年，县个协按三明市政府关于"国营、集体、企业和个私企业享受同等待遇"规定，协调县电力公司纠正提高个私企业营业电价的做法。1999 年，县个协联合县物价委员会，制止县林政、渔政管理机构向个体饮食店每月收取 60 元野生动物保护费行为。2000—2002 年，撤诉 116 起，调解纠纷 107 起，挽回经济损失 10.37 万元。2003 年，曹坊分会为会员排忧解难 17 次，挽回经济损失 5.80 万元，其中为曹坊街面上个体户用电价格与供电所协商，将电价下调 0.118 元/度。

1988—2005 年，县个协共受理投诉 217 起，协调会员与消费者纠纷 792 起，挽回会员经济损失 246.57 万元。

信息服务　1988—1996 年，全县个体协会建立信息点 17 个，每年为会员提供信息 50 条。1997 年，提供有效信息 12 条，会员获益 30 万元。其中，曹坊分会为禽蛋、水果贩运户曹某等 9 人提供货源信息，曹某等获利 18 万元。1999 年，湖村分会成立水果中介服务中心，为果农提供销路信息。2000 年，为会员提供信息 40 条，增加会员收入 60 万元。2001 年，翠江分会为会员提供信息 2 条，创利 7000 元。2002 年，提供信息 38 条，会员增收 31 万元。2003 年，湖村分会促成与厦门同安中盛集团签订 7.50 万公顷花生包销协议，促成与连城地瓜干厂签订 3 万公顷地瓜包销协议。2004—2005 年，提供有效经济信息 17 条，会员销售产品金额达 150 万元。湖村、中沙水果中介点组织 30 个营销员前往广东、厦门、泉州等地寻找销路，销售早、中熟水蜜桃及芙蓉李共 2500 吨，金额 100 万元，外调地瓜 500 吨。

融资周转　1990 年始，县个协建立互助资金会为会员担保贷款。1995 年，160 位个体户集资互助，共集资 24.70 万元，贷款 16.50 万元。1997 年，水茜分会帮助会员贷款 82.80 万元，为禾口陶瓷厂 6 个股东协调资金 10 万元购设备。1998 年，湖村分会帮助种果户吴某及建材批发部解决贷款 3 万元。2000 年，湖村分会帮助万象家具厂、爱心儿童厂解决贷款 6 万元。2002 年，湖村分会替凉伞岗农场竹制品厂贷款 1 万元，石壁分会帮通达粮食加工厂解决 5 万元周转款。

经营指导　1988 年，县个协扶持贩运业，引进帮销货物总量 8858.50 吨。1989 年，为缺乏劳力或因病无法进货的个体户代进货并送货到店 40 次。1990 年，组织联购分销安远服务部，为会员送货上门。1992 年，指导 200 户个私业主把布局不合理的停歇商业改为服务行业。1994 年，帮助部分饱和行业的个私业主购买大卡车从事长途运输。1995 年，支持个体私营企业承包、租赁荒山林地和水域，从事种养业，实行产、供、销、农、工、贸一体化经营。1996 年，帮助 128 户饱和行业的商业户转行变更营业范围。1997 年，指导 72 户饱和行业商业户转行开辟新的生产经营途径。1998 年，为新发展的 1000 户个体经营者，搞好市场预测和择业选择。2000 年，组织和鼓励会员参加各类经贸活动和展销活动，扩大知名度。2002—2005 年，帮助个私企业会员调整产品结构，增强市场竞争力，提高经营效益。

（三）服务社会

捐助公益事业　1988 年开始，曹坊个私分会廖扬秋、中沙私营陶器业主林梦龙、泉上卢纪明、中沙分会会长黄长金、翠江分会刘春辉、中沙分会曾金银等共捐款 24.20 万元，用于建桥、铺路、建茶亭、救灾等。至 2005 年，曹坊、泉上、中沙、湖村、安远、安乐等分会共捐款 262.30 万元兴办公益事业。

扶贫济困　1990 年，个协会员为县光荣院打扫卫生，为住院老人洗、补衣服，理发 200 人次；泉上分会捐款 1135 元，为敬老院修水泥路，并捐助困难孤寡老人 600 元。1993 年，全县个协会员为贫困户、受灾户捐款 3.60 万元。1997 年，个协会员购买 3600 元补品和水果慰问孤寡老人。1998 年，水茜分会发动会员捐款 600 元为乡敬老院安装抽水机，解决敬老院用水困难。1999 年，安乐分会会员捐款 2000 元，为 1 户困难户小孩治病。2001 年，翠江分会会员林明权给宁化县向阳小学儿童赠送价值 2000 元的中秋月饼。2002 年，翠江分会理事吴文斌向县光荣院捐赠价值 4000 元的热水器 1 台。2005 年春节，县个协慰问特困会员 15 户，赠送价值 3000 元的慰问品。

捐资助学　1998 年，全县个协会员捐助河龙大洋村 14 名贫困儿童 4 万元。1999 年，捐资助学 1.60 万元。2000—2003 年，开展个体私营业主"爱心献春蕾"捐资助学活动，其中翠江、湖村、水茜分会共捐资 2.55 万元。2004—2005 年，湖村分会捐资助学 4000 元，福建省三团电器燃器有限公司董事长林定川购买 5000 元学习用品赠送河龙乡明珠、河龙两村学生，14 名个私业主捐助 18 名特困生共 5400 元。

1988—2005 年，县个协、县工商联、县妇联和翠江、湖村、水茜等分会共为贫困生捐款 7.21 万元。

第二节　计划生育协会

一、组织机构

1989 年 12 月，宁化县计划生育协会（简称县计生协会）成立。1994 年，县计生协会内设办公室。全县有计生协会 264 个，其中县级 1 个、乡（镇）16 个、村（居）210 个、机关单位 37 个，共有会员 35285 人。2000 年 1 月，确定县、乡（镇）计生协会为党委管理的群众团体，参照实行公务员制度。2005 年，全县共有计生协会 277 个，其中县级 1 个、乡（镇）16 个、村（居）222 个、机关企事业单位 37 个、流动人口计生协会 1 个，共有会员 31462 人。

二、代表大会

1988—1992 年未召开县计生协会代表大会，其中 1990 年 2 月 26 日，县委下文聘请 17 名计生协会顾问，未设会长。

1993 年 4 月 6 日，县计生协会第二届代表大会在县城召开，与会 30 人。大会选举第二届计生协会名誉会长 1 人、副会长 2 人。1994 年 3 月 18 日，县委下文调整计生协会名誉会长和副会长。

1999 年 3 月 29 日，县计生协会第三届代表大会在县城召开，与会 90 人。大会听取、审议第二届计生协会会长作《总结经验，开拓进取，为计生协会工作大提高而努力奋斗》工作报告。选举产生第三届计生协会名誉会长 1 人、会长 1 人、副会长 2 人。

2004 年 3 月 20 日，县计生协会第四届代表大会在县城召开，与会 80 人。大会听取和审议第三届计生协会会长作《总结经验，迎接挑战，努力开创计生协会工作新局面》工作报告。会议选举产生第四届计生协会名誉会长 1 人、会长 1 人、副会长 3 人。

三、主要活动

（一）计划生育协会网络

网底建设　1997 年始，全县村（居）建立计生协会小组，配备计生协会小组长 1996 人，县计生协会被三明市委、市政府授予"计划生育网底建设先进单位"。翠江镇红卫村朱金华和湖村镇邓坊村钟雪芳分别被福建省计划生育协会授予"百佳会长"和"百佳计划生育协会小组长"称号。1998年，计生协会小组开展"两评"（评计划生育底子、评干部是否带头执行计划生育国策）活动，共查出漏报28人、婴儿胎次移位10例、性别差错7例、暗婚8例。1999年起，县计生协会组织开展"百佳"小组长评比表彰活动，各乡（镇）开展评选"优秀计划生育协会小组""优秀计划生育家庭"，支持计划生育工作"优秀婆婆"活动。2002年，《中国计划生育协会工作通讯》第二期刊登《抓好四个关键环节、发挥组长三大作用》文章，介绍宁化县开展网底建设经验。2004年，建立小组长量化管理考核机制，编印《小组长风采》和《百佳计划生育协会小组长先进事迹汇编》，中国计划生育协会授予翠江镇小溪村"全国计划生育协会先进单位"称号。2005年，中国计划生育协会授予安远乡伍坊村"全国计划生育协会先进单位"称号。

协会整建 1999—2000年，整顿建设符合"三三三制"要求（"五老"人员、在职干部、育龄群众代表各占三分之一比例）的村计生协会理事会。经整顿建设，全县一、二、三类村计生协会分别为95个、99个、28个，占村级计生协会总数的42.87%、44.60%和12.60%。

"双创"活动 2001年始，开展"双创"（创建合格村计生协会和一流村计生协会）活动，调查评估全县村（居）计生协会，县计划生育领导小组以城南乡横锁村为试点，每半年督查1次。2002年5月，全县一流村（居）计生协会58个，占26.13%。合格村（居）计生协会112个，占50.45%。

（二）建设新型生育文化

2001年始，全县各级计生协会积极建设新型生育文化，翠江镇、石壁镇、淮土乡把宗祠建成宣传新型生育文化阵地，全县共自发组建婚育新风文艺宣传队11支，创作《十唱计划生育好》《独生子女一枝花》等20个文艺节目在城乡巡回演出。县计生协会理事黄瑞海自费2万元制作宣传道具，开展婚育新风文艺宣传、花灯展和踩街活动30场次。2005年，《中国计划生育协会工作通讯》刊文介绍宁化县建设新型生育文化典型经验。

（三）幸福工程和计划生育帮扶

1994年，开展"百村万户少生快富奔小康"示范活动，全县共建立示范户10300户，开展二女计划生育户养老保险核查，落实二女计划生育户养老保险688例。1995年，县政府制定实施扶持独生子女户、二女结扎户、计生协会会员特困户措施11条。其中，包括农村独生子女和二女计划生育户的子女就读小学、初中的杂费减半，给农村独生子女发证和发给独生子女父母每人100元养老保险费等。2001年，开展计生协会"服务年"活动，组织3500户"少生快富户"帮扶7000计划生育户参与致富项目。2003年，成立"幸福工程"项目办公室，采取一年一周期的"小额资助、直接到人、滚动运作、劳动脱贫"的救助模式，开展"幸福工程救助计划生育贫困母亲"活动。2004—2005年，全县共投入幸福工程资金90.40万元，救助计划生育贫困母亲388户次，还款率、滚动率均为100%，脱贫率95.04%。

（四）民主参与和民主监督

1995年，个别乡镇计划生育工作中采取过激行动，损害群众利益，导致群众信访、上访不断，县计生协会共处理群众来信338件，接待来访群众191人次。其中，治平乡高地村张某计划外抱养，对处罚过高不服，反复越级上访，县计生协会会同县计划生育委员会、县信访局、县政府办等部门经过调查核实后，给予妥善解决。同时调处淮土乡水东村廖某、曹坊乡曾家背巫某房屋被毁要求赔偿问题。

（五）理论研究和新闻宣传

1988—1992年，县计生协会组织开展人口与计划生育理论研究和宣传。1993年，县计生协会组织撰写的新闻《别开生面的"挑刺会"》和《三招显灵》分获第四届福建省计划生育好新闻一等奖和第六届全国人口专业报好新闻三等奖。1999年4月20日，《福建日报》刊登通讯《只有退休的干部，没有退休的党员》，介绍刘高隆热心计划生育工作事迹。2003年10月14日，《福建老年报》刊登通讯《王瑞枝的计划生育情结》。2004年，县计生协会被三明市委、市政府评为"计划生育协会工作先进集体"。至2005年，刘高隆、王新亭、王瑞枝分别获得"全国计划生育协会先进个人""全国计划生育协会先进工作者"和"全国计划生育协会先进志愿者"称号。

第三节　老区建设促进会

一、组织机构

1995 年 12 月 12 日，宁化县老区建设促进会（简称县老促会）成立。1996 年 1 月，正式办理社团管理登记。设会长、副会长、常务理事、秘书长。至 2005 年，建制未变。

二、理事会

1995 年 12 月 17 日，召开县老促会第一次理事会，选举县老促会会长 1 人、常务副会长 4 人、副会长 5 人、常务理事 17 人、秘书长 1 人、副秘书长 2 人。聘请老红军王荣高、谢运清为顾问，邀请县委、县政府主要领导任名誉会长。

2000 年 11 月 6 日，在客家宾馆召开县老促会第二届一次理事会，与会 33 人。大会总结理事会 1995—2000 年工作，布置第二届理事会工作任务，选举第二届理事会理事 19 人、常务理事 7 人、名誉会长 5 人、顾问 2 人。

三、主要活动

（一）宣传苏区

1996 年，县老促会拍摄电视专题片《情系红土地》《风展红旗如画》对外宣传宁化革命老区。1997 年春节，组织城区学校师生瞻仰革命英雄纪念碑，举办书画展览、歌咏比赛。"六一"儿童节举行演出，邀请老红军为青少年讲老区光荣历史。组织撰写 30 篇宣传苏区稿件被市以上杂志刊登。

1999 年，新建毛泽东《如梦令·元旦》铜雕和曹坊农民武装暴动遗址石碑，修建革命纪念馆。

2002 年，撰写宣传宁化老区新变化，改革开放新成就的报道文章共 41 篇被市以上刊物发表。

2003 年，《中国老区建设》第 12 期刊登刘根发撰写的《老区，不该遗忘的角落》，《红土地》杂志刊登雷动和撰写的《宁化苏区贡献大，宁化红军功不可没》。12 月 6 日，福建省老区建设促进会（简称省老促会）副会长蔡学仁率省电视台记者到宁化拍摄革命纪念馆、苏维埃政府旧址。2005 年，江苏省广电总台新闻中心（1860 新闻眼）抵石壁镇、淮土乡等地拍摄红军桥、红军标语、宁化县第一次工农兵代表大会遗址（淮土刘氏家庙），中国老区建设促进会、江苏省电视台新闻中心主办的"2005 中国红色之旅"关机仪式在宁化举行，县委宣传部、县老区办、县老促会等单位联合举办"苏区情"征文及书画展活动。

2001—2005 年，县老促会组织在市以上老区刊物刊登文章 90 篇。

（二）调查研究

1996 年，县老促会开展全县农村无清洁安全饮用水、无电、无公路的"三无"村调查，并将调研报告报送县委、县政府和省、市老区办，省、市老区办追加宁化县建设资金 24.50 万元；先后 7 次到乡村调查研究，撰写调查报告 5 篇，其中寒谷村村情调查报告被省、市老促会转发；向香港星火基金会争取 20 万元，赞助城南小学新建教学大楼。1998—1999 年，县老促会调查曹坊、淮土、湖村等乡（镇）的 12 个老区村和城郊、河龙等乡的 8 个村脱贫致富奔小康、农村基础设施建设、群众生产生活情况，撰写 12 篇调查报告，及时向上级反映。2000 年冬，县老促会受县政府委托，检查督促全县 57 个"五通"（通水、通电、通公路、通电视、通电信）项目资金使用、工程进展、建设质量等情况。2001 年 10 月，县老促会向县委、县政府提出宁化县域设苏区县标志的建议，县委、县政府采纳建立红军长征出发地纪念标志建议，决定新建红军长征出发地纪念广场。2003 年 3 月，省老促会副会长李清藻到老区曹坊乡驻乡调研，撰写调研报告《老区农村全面建设小康社会难点与思考》。5 月，省老促会调查组到宁化调研，形成《勿忘老区、扶持老区——中央苏区宁化县全面建设小康社会调研报告》。2004 年，县老促会组织开展交通状况、农民增收、农村劳动力转移、深化农村改革 4 个专题调查，撰写 4 篇调查报告均被省老区办主办的《红土地》杂志刊用。2005 年 1 月 10 日，中国老区建设促进会会长王作义、副会长陶量一行到宁化实地考察省老促会《调研报告》中反映的宁化交通闭塞、电力紧张、西部水土流失问题，经中国老区建设促进会呼吁推动、牵线搭桥，国家下拨宁化西部水土流失的治理费，由每年 40 万元增至 2007 年 360 万元。是年，宁化被列入"全国 50 个县级农村卫生院医疗服务体系建设规划"，建成 3 条红色旅游公路。

　　1996—2005 年，县老促会提出各种建议、意见 100 条，撰写调查报告 43 篇，其中 32 篇被县委、县政府及市以上报刊采用。

　　（三）服务苏区

　　1996—2005 年，经县老促会协调争取，福建省黄仲咸教育基金会、福建大丰文化基金会、香港星火基金会共捐资人民币 135.90 万元、港币 25 万元，为宁化兴建中、小学共 19 个项目及添置教学设备，资助 80 名老区学生到大学、中专、职业学校学习。县老促会理事单位筹措资金 681.55 万元，扶持项目 191 个。邀请省、市老科技工作者协会老专家 16 人到宁化帮扶 11 个科技项目。中国老区建设促进会、山西省老区建设促进会、山西老区医学院授予县老促会"帮学助教，功载老区"锦旗。每年春节，县老促会慰问革命"五老"，发给慰问金、年画等。

第四节　老龄工作委员会

一、组织机构

　　1990 年 6 月 16 日，宁化县老龄工作委员会（简称县老龄委）成立。1997 年 8 月，县老龄委编制 2 人。2001 年，全县 189 个建制村成立老年协会，泉上镇、城郊乡、城南乡相继成立老年互助会，入会 3000 人。2002 年，城郊乡东片村老人长寿协会成立。2005 年，建制未变。

二、主要活动

　　（一）系列活动

　　1990 年 12 月，县老龄委开展《福建省老年人保护条例》宣传。1991 年 1 月，县老龄委召开全体成员会议，研究规划首届老年节系列活动，表彰"老有所为""敬老好儿女""好婆媳"和老龄工作先进集体，其中授予老红军王荣高等 35 位老人"老有所为"先进个人称号，表彰 31 位青年、6 对婆媳和 18 个单位。1992 年，县老年基金筹备领导小组成立，筹集资金兴办企业。1993—1994 年，县老龄委兴办宁化县客家工贸公司、县政府机关老年后勤服务部、宁化客家药行等老年集体经济实体 9 个。

　　1995—1997 年，县老龄委先后下发《认真做好高龄老人关心和管理工作的通知》《村（居）老年协会工作制度》和《关于认真开展建立老农民退休金和固定生活补贴制度的通知》，推进全县老年协会工作。1998 年，县委办、县政府办下发《加强基层老年协会建设的通知》，促进全县老年协会建设。1999 年，县政府出台《全县老年人实行社会敬老优待规定》。2001 年 8 月 31 日，福建省福利彩票福利金首次补助宁化县 16 个特困老人。2005 年，县老龄委开展"老年节宣传周"活动，全年受理老年人来信、来访 35 件次，协助县法院、县司法局为老年人提供法律援助 16 次，县老龄委救助特困老人 30 人，发放救助金 6000 元。

（二）敬老活动

1990 年 10 月，县老龄委开展为期一周的"万人敬老"活动。1991 年 10 月，组织 20 个单位举行千人敬老游行，召开 80 岁以上寿星座谈会。1994 年，县委组织部等 11 个单位联合下发《关于开展庆祝老年节敬老系列活动的通知》，营造全社会敬老氛围。1995 年 11 月，县老龄委举行老红军、离退休老干部、光荣院老人、全国健康老人和社会各界老前辈代表座谈会。1998 年始，为全县老年人办理"敬老优待证"，县委、县政府出台敬老优待措施，对全县 70 岁以上老年人就诊、法律援助、参观娱乐等 17 个方面实行优待政策，100 岁以上的老年人每人每月发 100 元营养补贴，95 周岁以上的老年人每人每月发 50 元营养补贴。部分乡（镇）、村免收 60 岁以上老年人"三金"（公积金、公益金、村级管理费）及"村提留"等费。2002 年，城郊乡下巫坊村获"全省敬老模范村"称号。2005 年，全县 100 岁以上老人 7 人，其中女性 5 人；80—99 岁老人 4183 人，其中女性 2930 人。

1990—2005 年，县委、县政府每年老年节开展慰问离休干部、老红军、百岁老人和部分特困老人活动，县老龄委每年春节和重阳节都开展敬老和慰问老年人活动。

第五节　关心下一代工作委员会

一、组织机构

1990 年 2 月 28 日，宁化县成立关心下一代协会，设主席、副主席、常务理事、理事、秘书长、副秘书长。1993 年，全县共有关心下一代工作协会 173 个（其中，县级 1 个、县直机关单位 8 个、厂矿企业 4 个、乡<镇>16 个、村 139 个、居委会 5 个），成员 2552 人。1994 年 3 月，宁化县关心下一代协会更名为宁化县关心下一代工作委员会（简称县关工委），内设办公室及学校教育、社会教育、青工教育、家庭教育、敬老 6 个工作组。2000 年 7 月，新增科技、文娱宣传、基金工作委员会，共 9 个工作委员会及 1 个报告团。2005 年，全县有关工委组织 313 个（其中乡<镇>16 个、村<居>217 个、社区 5 个、机关 22 个、企事业单位 14 个、学校 39 个），成员 4568 人。

二、主要活动

（一）思想教育

1991 年，县关工委成立革命传统教育报告团，邀请老红军、离退休老干部到学校、农村、机关、工厂作报告 448 场，听众 365945 人。1992—1993 年，28 位离、退休干部组织 9 个帮教小组，对违法犯罪青少年进行帮教。1994—1995 年，县关工委组织离、退休干部先后到凉伞岗劳改大队帮教 229 名宁化籍服刑人员，到福州监狱和女子监狱帮教宁化籍 7 名少年犯和 10 名女犯。1998 年 8 月 5 日，召开全县帮教工作研讨会，翠江镇小溪村介绍帮教工作经验。2004 年 5 月，县关工委、县委政法委、县司法局、团县委组成联合帮教工作团，帮教在清流监狱服刑的 70 名宁化籍人员。2004 年，县关工委获"三明市二劳（劳改、劳教）帮救工作先进集体"称号。至 2005 年，全县 672 位帮教员共帮教失足青年 265 人，失足青年改好率 90%。

（二）扶贫助学

1994 年，县关工委、县计划生育协会联合发出扶贫助学倡议书，推动全县扶贫助学活动。1995 年，共收到助学款 56970 元，资助 847 名贫困中小学生。1997 年 5 月，共收到 95 个单位和 2000 人"为下一代献爱心"捐款 6.12 万元。2000 年 7 月，何银发、陈达夫等香港同胞捐赠中沙乡半溪小学建校款和资助贫困学生 11 万港元，其中何银发、陈达夫各捐人民币 2 万和港币 3.50 万元。2000 年 9 月，县关工委联系福州铁路分局客运段 45 和 46 次车队资助宁化六中 9 名贫困学生 12600 元，其中 3 名初中生每人 1000 元，6 名高中生每人 1600 元。2002 年，县关工委捐助考上南京大学的 1 名贫困生学费 1000 元，退休职工巫凤英联系县地税、县国税、县烟草、县电信等 12 个单位共 29 人为贫困生捐款 11640 元。2004 年，宁化县关心下一代扶贫助学工作协会成立，退休职工张子明捐款 10 万元，建立"宁化县子明助学基金"，每年支付助学款 15000 元，资助 30 名贫困中、小学生每人 200 元，免息借给 3 名品学兼优的贫困大学生每人 3000 元（6 年内归还）。是年，县关工委联系澳大利亚商人林杰，每年资助考上对外经济贸易大学 1 名贫困生 6000 澳元（折合人民币 10000 元）至大学毕业。2005 年 4 月，县关工委举行邱道贵资助宁师附小 52 名贫困生 10000 元捐款仪式。

1994—2005 年，县关工委共收到和发放社会各界捐款 1914881 元，资助 13124 名贫困学生。其中，县地税局干部职工捐款 14.95 万元，资助 112 名特困学生（23 人考上大学），宁化一中"一分钱献爱心基金"资助困难学生 1282 人次（260 人升入大学）14 万元。个人捐款较多的有：邱道贵 4 万元，林杰、徐漫林、王伟清、曾念军各 2 万元，翁家明、孙卫星各 1.50 万元，黄忠国 1.20 万元。

1994—2005 年宁化县关工委扶贫助学情况表

表 8-4　　单位：元、人

年度	收发助学款	扶助学生数	年度	收发助学款	扶助学生数	年度	收发助学款	扶助学生数
1994	800	11	1999	184000	1610	2004	280000	1300
1995	56970	847	2000	185800	1349	2005	284000	1300
1996	620	56	2001	218500	1513	合计	1914881	13124
1997	66000	1012	2002	231000	1513			
1998	136291	1203	2003	270900	1410			

第六节　消费者权益保护委员会

一、组织机构

1988 年 1 月 21 日，宁化县消费者权益保护委员会（简称县消委会）成立，设名誉会长 1 人、顾问 2 人、会长 1 人、副会长 3 人、秘书长 1 人、常委 15 人、委员 41 人，下设 12 个分会。1990 年，成立翠江中心市场、城关、安乐、曹坊、治平、安远、水茜、中沙、泉上、湖村、禾口、淮土 12 个保护消费者权益监督站，由各工商所长兼任站长，并配备专职监督员。1996 年，成立方田乡保护消费者权益监督站。2000 年 3 月，县消委会设常委 9 人。2005 年延续。

二、代表大会

1990 年 8 月 6 日，县消委会召开第二届换届选举大会，选举产生第二届县消委会委员 42 人、常委 15 人、会长 1 人、副会长 4 人、秘书长 1 人，聘请名誉会长 3 人、顾问 3 人。

1997 年 4 月 3 日，县消委会召开第三届换届选举大会，选举产生第三届县消委会委员 30 人、常委 13 人、会长 1 人、副会长 4 人、秘书长 1 人，聘请名誉会长 3 人、顾问 3 人。2000 年 3 月，县消委会常委调整为 9 人。

三、主要活动

（一）宣传

1990 年年初，县消委会、县工商局联合举办为期 2 天的伪劣商品展览，共展出食品、家电、卷烟、化妆品、金银首饰等 8 大类 86 种伪劣商品，参观群众 1 万人。5 月，开展评选"消费者信得过"活动，全县评选出消费者信得过商店 49 个，其中商业企业 37 家、工业企业 3 家、家电维修部 4 家、饮食服务部 5 家。1992 年，开展"学习雷锋，为民办实事"活动，县消委会与各分会组织钟表、修补、家电维修、医疗等行业学雷锋小组，上街为消费者免费服务 12 次，义诊 167 例。1994 年 4 月，县消委会举办消费者分会工作人员培训班，组织学习《中华人民共和国反不正当竞争法》和《中华人民共和国消费者权益保护法》。1995 年，共办《消费简报》4 期、宣传专栏及墙报 44 期（版），为 1074 人次提供法律咨询。1996—1998 年，先后开展"城乡万店无假货""讲诚信、反欺诈"和"讲文明树新风，争创诚信市场"活动，向全县经营者发出倡议书 3000 份，县客家边贸中心市场被评为省级文明市场，县消委会被三明市消费者委员会评为"消委会工作达标单位"。1999 年，县消委会和县工商局组织送法下乡宣传队，深入曹坊、石壁、泉上、治平等乡（镇）圩场，开展宣传服务活动。2000—2005 年，开展"健康、维权"主题宣传，营造良好消费环境，提高生活消费质量。

（二）维权

1988 年，县消委会接受消费者咨询 1532 人次，受理投诉 52 起，结案 51 起，为消费者挽回经济损失 3.75 万元。1989 年，贯彻《关于保护消费者合法权益条例》，受理投诉 100 起，结案 95 起，为消费者挽回经济损失 2.92 万元，查处假冒伪劣商品价值 5.95 万元。1990 年，县消委会牵头组织市场检查 6 次，配合县工商行政管理、物价、防疫、技术监督等部门进行市场检查 12 次，共检查国有、集体、个体 1372 户，销毁伪劣商品价值 37929 元，罚没金额 790 元。全县各监督站组织市场检查 129 次，共检查国有 140 户、集体 476 户、个体 4604 户，销毁假冒伪劣商品价值 22719 元，报请职能部门罚没金额 3044 元。1991 年，县消委会共受理投诉并结案 198 件，结案率 100%，为消费者挽回经济损失 1.92 万元。1993 年，县消委会接待来信、来访 386 人次，受理投诉伪劣商品案件 140 件，结案率 98.50%，为消费挽回经济损失 1.95 万元。1995—2002 年，县消委会受理消费者投诉案件 1518 件，为消费者挽回经济损失 37.60 万元，结案率 100%。2003 年，县消委会受理消费者投诉 155 件，为消费者挽回经济损失 3.95 万元，接受消费者咨询 210 人次。2004—2005 年，县消委会受理投诉 284 件，挽回经济损失 13.94 万元，接受咨询 300 人次。

1988—2005 年，县消委会受理消费者投诉 2996 件，为消费者挽回经济损失 74.98 万元。

1988—2005 年宁化县消费者投诉调解情况表

表 8-5　　　　　　　　　　　　　　　　　　　　　　　　　　　　　　　　　单位：件、万元

年份	受理投诉件数	结案率(%)	挽回损失金额	年份	受理投诉件数	结案率(%)	挽回损失金额
1988	52	98	3.75	1998	236	100	5.80
1989	100	95	2.92	1999	174	100	4.80
1990	144	100	1.78	2000	170	100	2.14
1991	198	100	1.92	2001	150	100	2.10
1992	209	100	2.03	2002	97	100	6.80
1993	140	98.50	1.95	2003	155	98.70	3.95
1994	196	100	5.11	2004	166	100	4.94
1995	271	100	2.99	2005	118	100	9.00
1996	233	100	5.50	合计	2996	99.46	74.98
1997	187	100	7.50				

第七节　宁化县石壁客家宗亲联谊会

一、组织机构

1992年11月，宁化县石壁客家宗亲联谊会（简称县客联会）成立，设会长1人、副会长5人、理事39人、顾问7人，邀请全国政协委员姚美良为荣誉顾问。相继成立刘、丘、谢、江、伊、氏、陈、王、孙、张、吴、杨、罗、黄、李等15个姓氏宗亲联谊会。1998年8月25日，县政府成立石壁客家祖地管理处，由县旅游局主管。2005年3月1日，石壁客家祖地管理处移交县客联会主管，设石壁客家祖地管理处主任1人。

二、理事会

1992年10月30日，县客联会第一届理事会在县政府会议室召开，与会理事39人。会议选举产生理事会理事39人、会长1人、副会长5人、秘书长1人、副秘书长4人。通过聘请姚美良（全国政协委员、香港南源永芳集团公司董事长）为荣誉顾问、李蓬蕊等7人为顾问、王荣高为名誉会长的决定及县客联会章程。1993年、1994年分别举行第二、第三次理事会议，听取和审议年度工作报告及其他有关事项。

1995年12月18日，县客联会第二届理事会第一次会议在金叶大酒店举行，与会县领导、理事36人。会议听取和审议第一届理事会会长作的第一届理事会工作报告，选举产生第二届理事会会长1人、副会长6人、秘书长1人，讨论通过联谊会章程。1996年、1997年、1998年、1999年、2000年分别举行第二、三、四、五、六次理事会，听取和审议年度工作报告，布置工作。

2001年4月10日，宁化县客联会第三届第一次理事会在县金叶大酒店举行，与会县领导、理事及来宾60人，三明市客家联谊会常务副会长张寿标到会指导。会议听取和审议第二届理事会工作报告，选举产生第三届理事会会长1人、副会长6人、秘书长1人，通过聘请陈忠表等27人为顾问、姚森良等8人为永远荣誉会长、丘恩东等38人为荣誉会长、罗朝祥等5人为名誉会长的决定，讨论修改并通过县客联会章程。2002年、2003年、2004年、2005年，分别举行了第二、三、四、五次理事会，听取和审议年度工作报告，布置工作。

三、主要活动

（一）境内外宗亲联谊活动

海内联谊　1992—1995年，县客联会先后派员参加福建客家联谊会和客家学会成立大会、梅州举行的世界客属第十二次恳亲大会、陕西省客家联谊会成立大会、香港特区中文大学和客家国际研究中心联合举办的国际客家学研讨会，参加者均被聘为名誉顾问。1996年年初，县客联会张恩庭一行3人在姚美良的带领下，访问香港、澳门的20余个客家社团和单位。1997年，张恩庭、刘善群等前往广州、梅州、大埔、北京、福州、长汀等地进行联谊，结识各方面人士和朋友，并与全国政协委员、香港南源永芳集团有限公司董事长、太平绅士姚美良先后在福州、新加坡、广东、三明、长汀等地多次接触交流。姚美良在海外广泛宣传发动，组织海外客家人士到宁化旅游观光、寻根祭祖。

2000年，县客联会派员分别前往江西省赣州市，广东省韶关市南雄珠玑巷、梅州市、鹤山市和福建省的福州市、厦门市、龙岩市、长汀县、连城县等地会友、考察、开会和联络。

2001年9月26日—28日，客联会张恩庭一行4人，参加香港崇正总会成立80周年会庆和全球客家崇正会联合总会成立 3 周年庆典活动；9 月 28 日，派员到深圳市参加全球客属促进中国和平统一大会；10 月 23 日—28 日，由县政协主席、三明市客家联谊会副会长罗朝祥率领一行 4 人，赴西安市参加第一届世界客属民祭炎黄两帝大会。2003 年 10 月 26 日—28 日，以县客联会名誉会长罗朝祥为团长，会长张恩庭为助理团长一行 10 人，出席在河南省郑州市举行的第十八届世界客属恳亲大会。2004 年 7 月 15 日—29 日，县客联会一行 8 人，组成中国福建省三明市宁化客家祖地访问团，在团长罗朝祥、副团长张恩庭、秘书长刘善群带领下访问中国香港客属组织。2004 年 11 月 14 日，以县委副书记吴成球为团长一行 6 人，赴广东省深圳市参加亚细安（东盟）客属第五届恳亲大会；11 月 18 日，以代县长巫福生为团长，张恩庭、张益民为副团长一行 8 人，组成福建省宁化县客联会代表团，赴江西省赣州市出席世界客属第十九届恳亲大会。2005 年，组团出席在四川省成都市举行的世界客属第二十届恳亲大会及在江西省赣州市举行的中国客属第三届恳亲联谊大会暨中国客家旅游文化节，并出席在三明市举行的三明市客家联谊会第二届代表大会暨成立 5 周年庆典。

1992—2005 年，县客联会共派出 15 批代表赴香港、澳门、广州、梅州、大埔、北京、福州、西安、厦门、龙岩、长汀、郑州、深圳、赣州、三明等地，参加境内宗亲联谊、恳亲活动。

海外联谊　1996 年年初，县客联会张恩庭一行 3 人在姚美良的带领下，访问新加坡、马来西亚、泰国的客家社团和单位；11 月，县委书记林纪承和刘善群应邀出席在新加坡举行的世界客属第十三届恳亲大会，与世界各地客家社团、客家人广泛接触，增进友谊和亲情。1999 年，罗朝祥、刘善群、巫雪峰等赴马来西亚出席第十五届世界客属恳亲大会，会议期间，发放 500 本客家祖地石壁的有关宣传材料。2002 年 5 月，县客联会派出 3 人参加中国三明市客家祖地恳亲团前往马来西亚沙巴州出席"亚细安客属第三届恳亲大会"；10 月，县客联会代表团一行 3 人，参加三明市客家联谊会组团，出席印度尼西亚雅加达举行的世界客属第十七届恳亲大会。2004 年 7 月 15 日—29 日，县客联会一行 8 人，组成中国福建省三明市宁化客家祖地访问团，在团长罗朝祥、副团长张恩庭、秘书长刘善群带领下访问泰国、马来西亚、新加坡和中国香港 16 个客属组织；10 月 20 日，以县委书记陈忠杰为团长的"中国福建省三明市宁化县人民政府代表团"一行 7 人，赴吉隆坡出席马来西亚客家公会联合会主办的"第一届客家文化节"。会后，拜访马来西亚、新加坡、泰国和中国香港等 7 个客属社团。1992—2005 年，县客联会共派出 15 批代表赴新加坡、马来西亚、泰国参加宗亲联谊、恳亲活动。

（二）宗亲联谊及恳亲活动

1992—1995 年，县客联会共接待来自全国各地和我国港澳台地区，以及新加坡、马来西亚、泰国、美国、日本、法国、荷兰等国家到宁化及石壁寻根谒祖的海内外客家宗亲、学者 120 批，5 万人次。其间，姚美良 3 次到客家祖地寻根谒祖，发动捐助和指导客家祖地建设。马来西亚客家公会联合会会长肖光麟组织马来西亚客家文化寻根团到石壁祭祖。1995 年，举办客家公祠落成暨世界客属祭祖大典。1996 年 5 月 7 日，接待新加坡武吉班让客家公会一行 17 人；6 月 4 日，接待由团长肖光麟、副团长黄拔祥率领的马来西亚客家公会联合会中国客家文化寻根访问团一行 60 人；6 月 6 日，接待由顾问姚美良、团长曹建强、副团长萧胜铨率领的马来西亚瓜拉冷岳客家公会中国客家文化寻根祭祖团一行 129 人；7 月 4 日，接待由团长黄子尧率领的台湾大陆客家文化逍遥游旅行团一行 16 人；10 月 6 日，接待香港崇正总会会长、香港星岛报业集团董事会主席胡仙一行 8 人。是年，县客联会共接待寻根谒祖海外宾客共 10 批计 724 人。

1997 年，县客联会协助举办"福建省首届客家文化旅游节暨 97 世界客家石壁祖地祭祖大典"活动。3 月 13 日，接待丘思东率领的马来西亚吡叻州嘉应会馆祭祖团一行 54 人；5 月 24 日，接待马来西亚关丹客家公会寻根访问团一行 43 人；9 月 19 日，接待新加坡武吉巴督客家公会会长张少坤一行 18 人。1998 年，接待新加坡兴宁同乡会客家黄氏公会董事黄昌盛一行 10 人，以英国崇正总会会长张醒雄为团长，首席副会长魏福来、副会长邓黄锦、执委蔡米高为副团长一行 20 人，美籍华人、国画家雷静波一行 3 人，全国政协委员、香港南源永芳集团有限公司董事长姚美良一行 9 人，中国台湾地区（宁化籍）雷臻焰夫妇。10 月 16 日，举办第四届世界客属石壁祖地祭祖大典。

1999 年，先后接待由领队彭启源带领的中国台湾怀宁录影传播事业有限公司一行 7 人，马来西亚财政部副部长黄思华一行 15 人，由团长侯胜芳，副团长钟鸿生、杨万华等率领泰国一行 27 人，马来西亚客家文化寻根访问团一行 134 人到石壁客家祖地寻根祭祖。是年 10 月 16 日，共 6 个团 116 人参加第五届世界客属石壁祖地祭祖大典。2000 年，先后有印度尼西亚客属总会会长吴能彬一行 4 人，泰国正大集团永安正大有限公司总经理温业成一行 6 人，中国香港南源永芳集团有限公司董事长杜怀泰一行 10 人，中国香港崇正总会会长、国际客家学会会长、中国香港岭南大学族群与海外华人商业研究部主任、教授郑赤琰一行 20 人，中国台湾电影公司汤庆添一行 16 人到石壁参观、考察和祭祖。11 月 22 日，共有 10 个海外客属团体 309 人参加世界客属第六届石壁祖地祭祖大典。是年，县客联会共接待寻根祭祖的印度尼西亚、泰国、马来西亚、美国、缅甸、法国、英国、日本、毛里求斯、加拿大、澳大利亚、巴西 12 个国家和中国港台地区的 31 个团体 733 人次。是年，共接待福建省东南电视台、福建省公共频道电视台、三明电视台、新华社、福建日报社、三明日报社等新闻媒体的采访，多方位宣传石壁客家祖地定位的理论依据和宁化县改革开放成就。

2001 年 3 月 11 日，马来西亚客家公会联合会祭祖团一行 29 人到石壁寻根祭祖；6 月 15 日，日本福冈华侨总会副会长、福冈福建同乡会会长、日本林英株式会社董事长兼社长、九州唐人馆董事长林其根一行 6 人，在福建省人大常委会副主任黄贤模和三明市政府副市长严凤英陪同下考察石壁客家祖地；10 月 12 日—13 日，宁化举办中国客属首届恳亲联谊大会，召开客家姓氏联谊座谈会；10 月 18 日，举办第七届世界客属石壁祖地祭祖大典。2002 年 8 月 14 日，中国台湾苗栗县客雅传播有限公司总经理汤庆添一行 50 人到石壁客家祖地寻根谒祖；9 月 24 日，中国香港胡文虎基金会董事长胡仙一行 20 人到石壁客家中学考察；10 月，澳大利亚天生投资有限公司董事长巫辅明一行 11 人、马来西亚马六甲客家公会会长黄树党一行 29 人先后到石壁客家公祠寻根祭祖；11 月，宁化县举办第八届世界客属石壁祖地祭祖大典。

2003 年，先后有印度尼西亚客属联谊总会常务主席张抗祥一行 15 人，中国香港蕉岭同乡会会长陈东生（晋瑕）等带领的广东梅州陈氏一行 92 人，全球客家崇正会联合总会总执行长黄石华、中国澳门崇正总会副会长赖高辉、广东客家民歌手廖芬芳等 3 人到石壁客家公祠寻根祭祖。11 月，宁化县举办第九届世界客属石壁祖地祭祖大典。2004 年，先后有马来西亚居銮客家公会署理会长姚森良、永久荣誉会长李木生及张原泰，马来西亚客属青年万里驱车寻根团团长曾庆华一行 65 人，新加坡茶阳（大埔）励志社客家文化考察暨探亲团一行 57 人，马来西亚马六甲茶阳会馆祭祖团一行 36 人到石壁客家公祠寻根祭祖。11 月 21 日，举行宁化石壁客家公祠董事会第一次会议，正式成立董事会。11 月 22 日，宁化县举办石壁客家公祠建竣十周年暨第十届世界客属石壁祖地祭祖大典，三明市委书记叶继革、市人大常委会主任李轩源、市政协主席吕少郎、副市长李家荣出席"双庆"典礼，并会见海内外知名客家人士和团队领导人。12 月 31 日，县政府第十次常务会议决定，将石壁客家祖地管理处管理权由县旅游局移交给县客联会，并委托客家公祠董事会经营管理。是年，县客联会共接待境内外 15 个国家和地区的 24 个团队 906 人（次）到石壁寻根谒祖。

2005 年 3 月 17 日，石壁客家祖地管理处召开客家公祠财产移交专题现场会，石壁客家祖地管理处正式移交县客联会管理。2 月 24 日，台湾"中国电视台"一行 3 人，到石壁客家祖地拍摄《万里江山——大陆寻奇》电视剧的外景及擂茶制作。8 月 18 日，中国香港特区福建联会宣传部主任张初考到宁化考察调研。10 月 25 日，台湾地区新竹市梅州同乡会理事长廖梓彬、名誉会长孔繁煜、台湾地区苗栗县兴宁同乡会创会长陈锦棠一行 60 人到石壁客家祖地寻根祭祖。11 月 16 日，举办第十一届世界客属石壁祖地祭祖大典，活动期间，举行董事会部分董事座谈会。是年，先后有中国老区建设促进会会长王作义、副会长陶量，福建省委书记卢展工、省委组织部部长李宏、省政府副省长陈芸、省委副书记王三运、省委宣传部副部长陈俊杰、省委组织部副部长陈向先、省人大常委会副主任曹德淦等领导考察石壁客家公祠。

第八节　宁化县客家研究会

一、组织机构

1991 年 3 月，宁化县客家研究会（简称县客研会）成立，选出会长 1 人、副会长 2 人、名誉会长 1 人、秘书长 1 人、理事 15 人，邀请黄典诚、李逢蕊、吴福文 3 位学者为顾问。2001 年，聘请郑赤琰、丘权政、李逢蕊、孔永松为顾问。2005 年，建制及人事未变。

二、理事会

1991 年 3 月 13 日，县客研会第一届理事会第一次会议在县政府会议室举行，与会县领导和理事 26 人。会议听取刘善群作筹备工作报告，选举产生县客研会名誉会长 1 人、会长 1 人、副会长 2 人、秘书长 1 人，通过聘请黄典诚、李蓬蕊、吴福文为顾问的决定，通过县客研会章程。1992 年、1993 年、1994 年分别举行第二、第三、第四次理事会议，听取和审议年度工作报告，布置县客研会工作。

1995 年 12 月 18 日，县客研会第二届理事会在金叶大酒店召开，与会县领导和理事 23 人。会议听取和审议第一届理事会工作报告，选举产生第二届理事会名誉会长 1 人、会长 1 人、副会长 3 人、秘书长 1 人，讨论修订县客研会章程。1996 年、1997 年、1998 年、1999 年、2000 年，分别举行第二、三、四、五、六次理事会。听取和审议年度工作报告，布置县客研会工作。

2001 年 4 月 10 日，县客研会第三届第一次会议在金叶大酒店举行，与会县领导、理事、来宾 30 人，三明市客家联谊会常务副会长张寿标到会指导。会议听取和审议第二届理事会工作报告，选举产生第三届理事会名誉会长 1 人、会长 1 人、副会长 6 人、秘书长 1 人，通过聘请郑赤琰、丘权政、李蓬蕊、孔永松为顾问的决定。2002 年、2003 年、2004 年、2005 年，分别举行第二、三、四、五次会议。听取、审议工作报告，布置县客研会工作。

三、主要活动

（一）客家学术研讨

1991 年，县客研会派员参加首届上海客家学研讨会。

1992 年，县客研会先后出席闽西客家学研讨会和客家联谊会成立大会、香港崇正总会 71 周年庆典和香港国际客家学研讨会。发表论文《关于客家民系形成的中心地域探讨》，主持举办客家史与客家文化研讨会。1996 年 7 月 1 日，县客研会接待并陪同法国学者劳格文等 3 人到石壁客家祖地考察、研究。

1997 年 2 月 19 日，县客研会接待并陪同日本东京一桥大学文学院言语社会研究科教授中川学一行 5 人考察石壁客家祖地；10 月 10 日，陪同法国学者劳格文到石壁调查考察客家民俗；10 月 13 日—15 日，举办宁化石壁与客家世界学术研讨会。

1998 年 3 月 25 日，县客研会接待日本大阪府看护专科学校女教授中洋子考察石壁客家祖地。

2000 年 11 月 6 日，县客研会接待日本东京都立大学社会人类学教授、博士渡边欣雄一行 5 人到石壁客家公祠考察，并陪同到城关、泉上、石壁等乡村作田野调查。

2002 年 2 月 27 日，张恩庭、刘善群、谢启光参加三明市客家联谊会召开的第九届国际客家学研讨会三明论文初审会。

2004 年，县客研会组织参加北京、赣州、龙岩等地举办的学术研讨会。是年，有《客家人在美国——

兼谈客家流迁诗》《新的历史丰碑——宁化石壁客家公祠建竣十周年回顾》《客家·族间交融的产物》《试论石壁与闽赣联结区的关系》《谈客家精神在张弼士身上的表现》《客家历史名人研究——解读：石壁辈出人才》《从宁化客畲关系看客家族群融合》《石壁与美国客家之缘》《试探客家民俗文化的包容性》《试论客家民俗文化的历史渊源》等论文在省、市报刊发表。

（二）书刊出版

1991—1995 年，县客研会先后编辑出版《宁化客家研究》《客家第二祖籍——宁化石壁》《石壁之光》《宁化石壁客家祖地》《宁化客家百氏》《宁化石壁》《客家礼俗》《客家人与宁化石壁》等书刊；协助省、市、县电视部门录制《宁化客家人》《客家风光》《石壁客家》等电视片。1996 年，县客研会编辑出版《客家魂》第一期、《宁化石壁》《宁化客家百姓》修订本和《石壁之光》等书刊。1997 年，编辑出版《客家魂》第二期和《宁化石壁与客家世界研讨论文摘要集》。1998 年，编辑出版《宁化石壁与客家世界》论文集、《客家魂》第三期、《石壁简介》等书刊。1999 年，编辑出版《客家祖地宁化石壁》、《客家魂》第四期、《客家祖地宁化石壁欢迎您》等书刊、画册。2000 年，编辑《客家魂》第五期、《第二届宁化石壁与客家世界学术研讨会论文集》（书名为《石壁与客家》），编印《中国大陆客家社团和刊物通讯录》。出版《客家祖地石壁丛书》，包括《宁化客家民间音乐》《宁化客家民俗》《宁化风光》《宁化姓氏渊源》《宁化掌故》《客家与宁化石壁》《宁化客家人物》《宁化民间传说》。是年，共投入资金 24 万元，编辑出版书刊 11 种，计 2.10 万册、232 万字。

2001 年，编辑出版《客家魂》第六期。2002 年，编辑出版《客家魂》第七期，为纪念"两会"（县客联会和县客研会）成立 10 周年编撰出版《起步·开创》，印制《中国石壁》画页 1.50 万份。2003 年，编辑出版《客家魂》第八期，出版发行《论石壁》一书。2004 年，编辑出版《客家魂》第九期、《石壁客家祖地》《新的里程碑——宁化石壁客家公祠建竣十周年特刊》《义士高风——宁化县建县始祖罗令纪传奇》《石壁客家会馆通告》《宁化籍历代名人索引》《姓氏渊源简介》等书刊、画册；制作《客家源·石壁根》VCD 光盘 2000 片。2005 年，编辑出版《客家魂》第十期、《姚美良与石壁》、《石壁客家》报第一、二期等书刊，协助三明学院客家研究所编写《石壁客家文化史》，在第十一届世界客属石壁祖地祭祖大典活动期间举行《姚美良与石壁》首发式。

卷九 司法

第一章 公安

  1988年始，宁化县公安局（简称县公安局）按照"建设过硬班子、纯洁公安队伍、树立良好警风、提高执法水平"的基本思路，以服务、服从宁化经济建设和社会发展为主要任务，以保卫人民生命财产安全，维护社会安定、稳定为宗旨，坚持从严治警、着力公安队伍的正规化建设，在内部保卫、治安管理、案件侦查、法制建设、拘留看守、火灾预防与扑救、交通管理等方面充分发挥职能作用，严厉打击各领域内的刑事犯罪活动，为宁化改革开放和经济建设保驾护航。1988年，开展"扫黄打丑"专项斗争。1992—1993年，重点开展"破大案、打团伙、追逃犯"和"打击团伙犯罪、整治农村治安、打击车匪路霸"专项斗争，共摧毁各类犯罪团伙87个。1996年后，先后开展"严厉打击严重刑事犯罪""严厉打击盗窃、抢劫机动车犯罪""打击人贩子，解救被拐卖妇女儿童""打击黑恶势力"等专项斗争。至2005年，全县累计侦破刑事案件8273起，累计查处治安案件9614起。

第一节 机构设置

  1988年，县公安局内设政保科、保卫科、治安科、预审科、政工科、办公室，辖交警大队、消防中队、刑事侦查大队、看守所、治安拘留所及林业公安分局。全县16个乡（镇），除治平、河龙2乡派驻公安特派员外，其余均设公安派出所；泉上、安乐、鱼龙林场、禾口林场设林业公安派出所。1990年5月26日，设立治平、河龙乡派出所。2002年机构改革后，县公安局机关内设政工科、办公室、警务督察室、装备财务科、法制科、出入境管理科、信息通信科、公共信息网络安全监察科、户政科、指挥中心等职能科室，辖国内安全保卫大队、刑事侦查大队、治安大队、巡逻警察大队、经济犯罪侦查大队等5个直属大队，辖看守所、治安拘留、16个乡（镇）公安派出所、武警中队、消防大队、交通警察大队与森林公安分局及其下设的5个派出所。2004年8月，撤并4个乡（镇）派出所，河龙派出所并入中沙派出所，方田派出所并入石壁派出所，城郊、城南派出所并入翠江派出所。2005年，建制延续。

1988—2005 年宁化县公安局局长及政委名表

表 9-1

姓名	性别	职务	任职时间
李元茂	男	局长	1974 年 3 月—1992 年 3 月
王传题	男	局长	1992 年 4 月—1995 年 1 月
张培清	男	局长	1995 年 1 月—1996 年 8 月
江建强	男	局长	1996 年 8 月—2000 年 11 月
庄庆忠	男	局长	2000 年 11 月—2003 年 11 月
肖文波	男	局长	2003 年 11 月—
黄永发	男	第一政委	1985 年—1992 年
林金模	男	政委	1988 年 1 月—1994 年 2 月
董以文	男	政委	1994 年 3 月—2001 年 10 月
叶其勇	男	政委	2003 年 12 月—

第二节 安全保卫

一、内部单位安全保卫

1988 年，全县有内部单位 95 个，其安全保卫工作由县公安局保卫科负责。1989 年，开展内部单位创建"治安安全单位"活动，制定保卫工作制度，签订防盗等责任书。1994 年，全县内部单位 132 个，其中，36 个为一级内部单位，由县公安局保卫科直接管理；其余由所在地派出所管理。2004 年，县公安局组建国内安全保卫大队，合并保卫科与政保科。2005 年止，建制未变。

二、重要活动安全警卫

1989 年 12 月 11 日和 13 日，全国人大常委会副委员长陈丕显、全国政协副主席杨成武分别到宁化考察工作，县公安局会同三明市公安局投入警力 238 人次，执行沿途交通、考察、瞻仰、参观期间的随行安全警卫和住地保卫任务。1996 年 10 月 16 日，县公安局会同三明市公安局出动警力 216 人次，执行世界客属石壁祖地祭祖大典的安全警卫任务。2005 年 10 月 13 日，县公安局会同市公安局投入警力 228 人次，执行中国曲艺家协会"送欢笑——走进宁化苏区"慰问演出活动的安全警卫任务。

1988—2005 年，县公安局共出动警力 5610 人次，执行各级领导、四海宾朋在宁化考察指导工作、参加各项庆典活动共 98 场次的安全警卫任务，确保各级领导、嘉宾的安全和活动的顺利进行。

第三节 案件侦查

一、刑事案件

1988 年，全县刑事案件立案 93 起，破获 85 起，摧毁犯罪团伙 11 个，抓获作案成员 345 人，缴获赃款赃物价值6万元。1991年10月—12月，开展以"反盗窃自行车"为突破口的专项斗争，破获盗车案件37起，摧毁盗车团伙3个，捕获盗车犯罪分子21名，追缴被盗自行车129辆。1992年，重点开展"破大案、打团伙、追逃犯"专项斗争，摧毁犯罪团伙34个，抓获逃犯21人，缴获赃款赃物折合人民币26.40万元。1993年，开展"打击团伙犯罪、整治农村治安、打击车匪路霸"专项斗争，摧毁"车匪路霸"等各类犯罪团伙53个。1996年，开展"严厉打击严重刑事犯罪"专项斗争，铲除地痞流氓团伙，收捕敲诈勒索、寻衅滋事地痞流氓17人，地痞流氓团伙骨干分子林某某、徐某某受到法律严惩。1997年，市公安局挂牌督办的案件8起，破获7起；2月9日，城区南大街发生1起流氓寻衅滋事人命案，刑侦干警仅用30个小时破获此案。1998年，开展"严厉打击盗窃、抢劫机动车犯罪"专项斗争，6月2日，抓获长期流窜宁化城关、中沙、水茜、安远、湖村、泉上、安乐、曹坊等地作案49起、盗窃摩托车49辆、总价值15万元的犯罪嫌疑人黄某某等。2000年，开展"打击人贩子、解救被拐卖妇女儿童"专项斗争，破获拐卖、收买妇女儿童案件41起，解救被拐卖妇女31人、儿童35人，抓获犯罪嫌疑人27名。2001—2002年，开展"打击黑恶势力"专项斗争，摧毁黑恶势力团伙5个，抓获骨干成员23人，带破案件32起。2002年，县公安局建立指纹自动识别系统远程工作站，新购现场勘查车、法国雷神紫外线勘查器材等一批先进技术装备，提高案件侦查质量。2005年10月10日和14日，发生特大恶性强奸、抢劫宁化县第七中学女生系列案件，省公安厅挂牌督办，县公安局组织60余名专案民警开展侦破；12月9日，抓获犯罪嫌疑人陈某某（男，36岁，福建省建瓯市人）。

1988—2005年，县公安局刑侦部门立刑事案件12238起，侦破8273起，其中重特大案件4306起，侦破2530起，侦破历年积案656起、隐漏案530起，协助外市县破案536起。摧毁各类犯罪团伙451个，抓获1623人，其中盗窃团伙308个1089人、抢劫团伙65个241人、流氓团伙4个17人、诈骗团伙17个66人、其他团伙57个210人。抓获各类刑事作案成员6170人，其中逮捕2702人、劳动教养99人、少年管教12人。缴获赃款赃物总值人民币1445.90万元。

1988—2005年宁化县刑事案件侦查情况表

表 9-2

年份	立案（起）	破案（起）	其中：重特大案		摧毁犯罪团伙			抓获作案成员（人）	处理			缴获赃款赃物（万元）	破历年积案（起）	为外县市破案（起）	抓获在逃犯罪嫌疑人（人）
			立案（起）	破案（起）	个数（个）	人数（人）	涉案（人）		逮捕（人）	劳动教养（人）	少年管教（人）				
1988	93	85	32	27	11	47	45	345	134	24	5	6.00	4	5	2
1989	610	420	105	82	32	98	115	344	201	—	—	27.80	5	23	18
1990	586	446	125	89	24	90	112	237	187	—	—	37.00	2	18	20
1991	545	442	119	86	27	87	92	362	199	—	—	45.30	15	26	15
1992	411	301	99	71	34	112	80	313	177	—	—	26.40	22	31	21
1993	485	400	134	103	53	190	128	414	224	19	1	52.10	18	25	26
1994	531	432	139	112	47	156	75	388	237	—	—	43.30	25	20	8
1995	923	573	267	143	29	107	98	477	179	—	—	104.50	38	22	4
1996	682	437	300	160	26	104	75	202	195	—	—	67.30	41	41	20
1997	639	403	260	132	17	63	75	403	126	15	—	58.50	22	38	15
1998	695	495	345	223	14	76	63	294	105	5	3	159.70	55	68	26
1999	784	550	353	217	15	58	86	397	137	11	2	136.50	85	14	80
2000	919	560	443	248	23	79	73	350	104	1	—	44.60	88	25	40
2001	918	561	375	201	25	95	70	390	102	—	—	66.10	51	28	38

续表9-2

年份	立案（起）	破案（起）	其中：重特大案		摧毁犯罪团伙			抓获作案成员（人）	处理			缴获赃款赃物（万元）	破历年积案（起）	为外县市破案（起）	抓获在逃犯罪嫌疑人（人）
			立案（起）	破案（起）	个数（个）	人数（人）	涉案（人）		逮捕（人）	劳动教养（人）	少年管教（人）				
2002	916	562	296	137	23	74	67	323	101	10	1	88.50	37	39	63
2003	916	565	300	171	16	47	50	338	65	10	—	144.30	94	43	65
2004	835	566	308	176	23	81	62	299	112	4	—	188.00	24	35	119
2005	750	475	306	152	15	59	93	294	117	—	—	150.00	30	36	146
合计	12238	8273	4306	2530	451	1623	1479	6170	2702	99	12	1445.90	656	536	726

二、经济案件

1988—2003年，经济犯罪案件并入刑事案件，由县公安局刑事侦查大队侦办。2004年8月，县公安局设立经济犯罪侦查大队（简称经侦大队），负责侦办《中华人民共和国刑法》规定的77种经济犯罪案件。是年，立案侦查并破获经济犯罪案件15起，追缴犯罪违法所得价值人民币62.55万元，协助外地公安机关侦办经济案件5起。2005年，经济犯罪案件立案19起，破获17起，其中省公安厅挂牌督办案件1起，破获1起。抓获经济犯罪嫌疑人20名，其中逮捕3名，移送起诉11名；共追缴赃款、犯罪违法所得和罚没款204.20万元。

三、治安案件

1988—2005年，全县查处治安案件9614起、违反治安管理条例行为23027人，其中提请逮捕追究刑事责任44人，劳动教养、少年管教296人，治安拘留4885人，罚款16480人，其他处理1366人。收缴大批淫秽书刊、画册、赌具等赃物，罚没款988万元。

第四节 治安管理

一、查禁黄、赌、毒

1988年8月—10月，开展"扫黄打丑"专项斗争，查处赌博案件18起98人，卖淫嫖娼案件24起207人，摧毁卖淫窝点4个，查获卖淫20人，摧毁淫秽录像播放点11个，查处传播淫秽录像案件11起70人（其中干部10人、职工23人），收缴并销毁淫秽书刊173种1646本、裸体扑克15副、淫秽录像带53盒、录音带26盒，逮捕3人，劳动教养23人，收容教养2人，治安处罚277人。1989年1月17日，破获曾某某等4人贩卖鸦片案，缴获鸦片2800克；4月18日，破获张某某等2人贩卖鸦片案，缴获鸦片530克。1991年5月，综合治理城区社会治安，先后摧毁卖淫窝点10个，查处提供色情服务的旅店及发廊6家、卖淫妇女23人、容留妇女卖淫4人、嫖客60人。1994年10月10日至11月25日，开展"取缔色情流氓、打击卖淫嫖娼活动"专项斗争，集中整治全县发廊业，公安派出所与发廊业主签订治安管理责任状。1998年12月2日，破获贩卖鸦片案1起，在石壁镇一饭店当场抓获江西省石城县滕某某等贩毒犯罪嫌疑人4人，缴获鸦片516克、小型汽车1辆。

1999年，开展禁赌禁娼专项行动，查处赌博案件278起182人，卖淫嫖娼案件12起24人，传播淫秽物品案件3起3人。2001年3月6日，查处安徽省界首市"星光艺术团"女演员在边贸城三楼跳裸体舞事件。2002年6月，县公安局下发《关于深入开展打击黄、赌、毒等社会丑恶现象的通知》。2003年6月6日，查获石壁镇某某电站一赌博窝点，抓获聚赌人员41人，缴获赌资20余万元；8月27日，在淮土乡五里亭与江西省石城县交界处一山上，查获一起聚众赌博案，抓获聚赌人员29人，缴获赌资4万元。2004年6月1日晚，查获在城区星河娱乐城吸食K粉、摇头丸的林某某、邱某某等7人。2005年1—5月，组织开展禁赌专项斗争，全县查处赌博案件215起567人，查获赌博团伙3个22人，查处赌资3万元以上的3起，查处15人以上的聚众赌博案件6起，缴获赌博"游戏机"29台。

1988—2005年，县公安局开展扫黄、禁赌、禁毒专项斗争72场次，共抓获贩卖鸦片案犯和吸毒人员17人，查获鸦片3846克。查处赌博案件513起939人，摧毁赌博团伙3个，缴获赌资50余万元，查获卖淫嫖娼案件36起136人，取缔色情场所6家，摧毁卖淫窝点14个。

二、特种行业管理

1988年，旅店业、印刷业、刻字业、旧货业与废旧金属收购业列为特种行业，县公安局审查辖区内49家旅馆、17家印刷厂、9家刻字店、28家旧货与废旧金属收购企业，规范开业许可审批制度，签订行业安全责任状。1994年，全县核发生产性废旧金属收购业特种行业许可证18家。至1995年，先后取缔无证经营或非法经营42家，全县持有特种行业从业资格的企业215家。1998年，机动车修理业列入特种行业管理，整治未经审批擅自开业的特种行业企业。1999年3—4月，清理整顿辖区内机动车修理业，取缔无证照非法经营活动；7—8月，开展创建"安全旅社"活动；至年底，全县持有特种行业从业资格的企业555家。

2000年，清查特种行业492家，取缔无证经营25家，发现隐患180处，停业整顿21家，限期整改43家。

2001年，县公安局下发《切实做好废旧金属收购业管理工作的通知》。2002年，全县持有特种行业从业资格的企业450家，从业人员871人。2003年，执行《福建省特种行业、公共娱乐场所日常治安管理暂行规定》和《检查证》制度，规范执法行为。2004年10月1日，执行《国务院对确需保留的行政审批项目设定行政许可证的决定》和《福建省特种行业和公共场所治安管理办法》，明确特种行业和公共场所列管范围及仍需公安机关审批许可或办理备案登记的行业。2005年，开展行业场所安全检查，落实备案登记制度。

三、枪支弹药及民用爆炸物品管理

（一）枪支弹药管理

1988年11月，县政府下发《关于收缴流散在社会上的枪支弹药、爆炸物品、管制刀具的通告》。1988年12月15日至1989年1月31日，开展统一收缴行动，共收缴各类枪支9支、子弹156发、各种管制刀具63把，治安拘留2人，罚款11人。1989年1月29日晚，省属革新机器厂发生1起特大盗窃枪支案，接到报案后，县公安局迅速成立专案组，8天后将张某某、夏某某等4名犯罪嫌疑人抓捕归案。案犯张某某被判处有期徒刑15年，其余3名案犯均受到法律制裁。1992年，清理登记辖区内枪支，全县收缴各类枪支148支、子弹168发、管制刀具122把。1996年，收缴各类枪支1349支、子弹230发、管制刀具48把。1997年，收缴民用枪支75支，查处涉枪案件3起，逮捕2人，治安处罚2人。2001年，成立治爆缉枪专项行动领导小组，开展集中整治行动6次，查处违反枪支管理案件1起1人，收缴各类枪支424支、子弹356发，并将收缴的非法枪支集中公开销毁。2002年，查处违反枪支管理案件7起7人，收缴枪支 42 支。2003—2005 年，查处违反枪支管理案件 24 起 18 人，收缴枪支 56 支、子弹 2200 发、管制刀具 22 把。

1988—2005 年，全县共查处违反枪支管理及涉枪案件 36 起，收缴各类枪支 2103 支、子弹 3110 发、管制刀具 255 把。

（二）民用爆炸物品管理

1988 年，先后开展使用爆炸物品安全大检查 8 次，发现隐患 157 处，整改 137 处，停业整顿 5 处，查处违反民爆物品管理规定案件 6 起 7 人。1990 年，县公安局、供销社、工商局等组成烟花爆竹安全管理委员会，组织检查生产、销售点，查堵乘车旅客携带易燃易爆品上车，清除隐患，确保安全。1992 年，实行雷管编号登记，一家一档，分层管理。1997 年，县公安局采取层层签订治安责任书的形式加强民爆物品管理。2000 年，专项整治烟花爆竹，取缔淮土乡传统手工作坊式无证烟花爆竹生产户 77 户，严格控制烟花爆竹进货及销售渠道。2001 年 5 月 11 日，宁化县成立民爆物品、烟花爆竹专项整治工作领导小组，开展民爆物品、烟花爆竹专项整治活动，破获非法买卖爆炸物品案件 1 起，逮捕犯罪嫌疑人林某某、连某某。

2002 年 1 月 5 日 10 时，淮土乡五星村米子径自然村一非法鞭炮加工厂爆炸，当场炸死 4 人。事故发生后，县公安局发出《关于彻底清查爆炸物品和进一步加强安全管理的紧急通知》，开展民爆物品统一清查整治专项行动，淮土派出所民警对该乡凤山、梨树等 8 个建制村展开拉网式清查。2003 年 8 月 29 日—31 日，突击检查全县民爆物品，捣毁淮土乡大王村孙某某、梨树村张某某、赤岭村王某某、凤山村王某某等 4 家非法生产、储存烟花爆竹窝点。2004 年，全县建成小型火工库 9 个，实行火工品集中存放保管和专人值班守卫，淮土客家花炮有限公司关闭转产。2005 年，加大收缴非法爆炸物品力度，严厉打击涉爆违法犯罪活动。

第五节　户政管理

一、户口管理

1988 年，全县户口除治平、河龙 2 乡委托乡政府文书管理外，其他乡（镇）均由各乡（镇）公安派出所管理。1990 年 5 月 26 日，设立治平、河龙乡派出所，接管户口管理业务；8 月，县公安局成立户政科，掌管全县户政，清理整顿农村户口。至 1995 年 12 月，实现一村（居）一员，一村（居）一册，一户一簿，一门一牌的户口规范化管理。2001 年，推行常住人口信息计算机网络化管理，登录新的《常住人口登记表》，换发新一代《居民户口簿》。2002 年，根据省公安厅统一部署，改革户籍管理制度，取消农业人口、非农业人口、自理口粮等户口性质的划分，统称居民户口，实行户口登记一体化；5 月，全县 16 个公安派出所全部完成户口管理微机建设；8—9 月，开展第五次人口普查前的户口整顿工作，查清全县人口底数，纠正户籍登记中的项目差错、信息数据错误、身份证重、错号等失误，解决未落户人员的落户问题。

二、颁发居民身份证

1988 年 1 月，颁发居民身份证 151676 张。1990 年，全县共颁发 199500 张居民身份证，占全县应领证人数的 96.60%。1991 年，全县集中发证结束。2005 年 11 月，启动第二代居民身份证换发工作；至 12 月 25 日，全县换证 42479 张。

第六节 预审 拘留 看守

一、预审

1988 年，县公安局预审部门受理各类刑事案件 98 起，审结移送起诉 81 起，免诉 10 起。1990 年，受理各类刑事案件 152 起，审结移诉 139 起，免诉释放 4 人，其他处理 5 起，共审结 144 起。通过预审办案，深挖盗窃、诈骗案件 64 起。1991 年 6 月和 1993 年 4 月，公安部下发《关于进一步控制使用收容审查手段通知》和《清理在押收审人员的通知》，预审科配合侦查部门清查在押人犯，至 1996 年年底，清理工作结束。1997 年 1 月起，取消收容审查手段，实施新的刑事诉讼法。1998 年后，改革侦防机制，预审科干警编入各刑警中队，实行侦审合一。

1988—1997 年，预审科审结移送犯罪嫌疑人 1696 人，年均审结率 87.20%。通过预审办案，深挖犯罪，破获刑事案件 249 起，增捕刑事犯罪嫌疑人 56 名，追缴赃款赃物总值 28.63 万元。

二、拘留

1988—2005 年，拘留所共收拘 5147 人，其中最少为 2004 年 146 人，最多为 2002 年 474 人。拘留所开展规范化建设及示范单位创建活动，未发生自杀、哄闹事故。

三、看守

1988 年，看守所收押人犯 359 人。1990 年 3 月，国务院颁布《中华人民共和国看守所条例》，看守所建立健全收押、提审、押解、会见等监规，打击、惩处"牢头狱霸"。1996 年 6 月 29 日下午，特大盗窃犯李某从看守所脱逃；7 月 1 日下午，在城郊乡茶湖江电站附近山上被擒获。1997—1999 年，开展"创等级看守所"活动，先后制定《民警 24 小时巡视制度》《安全检查制度》《集体交接班制度》《狱情分析制度》《在押人员行为规范》《出入监区制度》《余刑犯管理办法》等 46 种制度和各类表簿册 30 种。2001年 8 月 29 日，新看守所（位于城隍岭原石油公司废旧油库）动工建设；2002 年 12 月 19 日竣工。2002 年12 月 30 日，顺利完成看守所在押人员的转移和押解。至 2005 年，看守所累计收押各类违法犯罪人员4513 人次，无自杀、无集体哄闹监所、无非正常死亡。

1988—2005 年宁化县预审、看守、拘留情况表

表 9-3

年份	预审								看守所收押人数（人）	拘留所收拘人数（人）
	审结移诉人数（人）	被捕人犯审结率（%）	八类重特大案件审结率及时率(%)	准确率（%）	合法率（%）	深挖查破案件（件）	增捕犯罪分子（人）	追缴赃款赃物（万元）		
1988	141	99.00	100	100	100	10	1	0.30	359	321
1989	156	98.00	100	100	100	12	1	0.24	504	442
1990	204	98.00	100	100	100	64	5	5.79	247	278
1991	167	92.90	100	100	100	30	8	2.00	324	207
1992	145	99.40	100	100	100	45	22	3.00	247	262
1993	180	98.60	100	100	100	21	6	2.50	224	321

续表9-3

年份	预审								看守所收押人数(人)	拘留所收拘人数(人)
	审结移诉人数(人)	被捕人犯审结率(%)	八类重特大案件审结率及时率(%)	准确率(%)	合法率(%)	深挖查破案件(件)	增捕犯罪分子(人)	追缴赃款赃物(万元)		
1994	243	96.70	100	100	100	9	2	3.20	398	356
1995	155	97.20	100	100	100	25	4	4.10	347	190
1996	187	100.00	100	100	100	20	3	4.20	223	167
1997	118	100.00	100	100	100	13	4	3.30	187	151
1998	—	—	—	—	—	—	—	—	259	281
1999	—	—	—	—	—	—	—	—	200	338
2000	—	—	—	—	—	—	—	—	146	300
2001	—	—	—	—	—	—	—	—	162	269
2002	—	—	—	—	—	—	—	—	158	474
2003	—	—	—	—	—	—	—	—	155	365
2004	—	—	—	—	—	—	—	—	199	146
2005	—	—	—	—	—	—	—	—	174	279

第七节　消防

一、火灾预防

1988年，全县层层签订防火责任状，实行城区冬防期间防火、防盗打更巡夜。1992年，调整一、二级消防重点单位，全县一级消防重点单位17个，二级消防重点单位15个。实行目标管理，统一检查考评。1996年，重点组织开展农村防火工作。2004年，整改客家边贸城、宁化县影剧院、金叶大酒店等存在重大火灾隐患单位。2005年9月14日，县政府决定宁化县影剧院停止使用。

二、火灾事故

1988年12月10日3时，城郊乡社背村一村民家中因灶灰复燃引起火灾，造成经济损失2600元，死亡5人。1989年11月26日，安远乡杨林街一村民家中因电线短路引起火灾，造成56户285人受灾，烧毁粮食8687公斤，直接经济损失15.50万元。1993年2月1日20时50分，济村乡洋地村一村民家中因电线接触不良引燃稻草起火发生火灾，造成119户569人受灾，直接经济损失66.20万元。1995年8月1日2时40分，济村乡湖头村丘坑村民小组一农户因夜间用火不慎引起火灾，造成21户98人受灾，死亡2人，烧毁粮食7万公斤，直接经济损失27.50万元；8月12日15时50分，曹坊乡上曹村一村民因抽烟不慎引起火灾造成1人死亡，直接经济损失9200元。是年，全县发生火灾9起，死亡3人，直接经济损失51.83万元。1996年4月14日13时30分，安远乡洪围村一村民家中因电线绝缘老化短路引起火灾，造成30户156人受灾，死亡1人，直接经济损失2.04万元。1997年1月18日22时，泉上镇泉永村一村民因用火不慎引起火灾，造成16户38人受灾，死亡1人，直接经济损失9.80万元。

1999年1月6日10时，中沙乡石门村罗家山村民小组，一小孩玩火点燃稻草引起火灾，造成22户107人受灾，烧毁粮食6万公斤，直接经济损失28.30万元；2月7日14时40分，安远乡营上村一村民家中因电热毯起火引起火灾，造成35户156人受灾，烧毁粮食7.20万公斤，直接经济损失36.20万元。2000年10月8日20时15分，水茜乡石寮村三组因村民用火不慎引起火灾，造成4户16人受灾，死亡1人，烧毁粮食3500公斤，直接经济损失2.50万元。2001年10月24日21时10分，河龙乡下伊村寨上组发生1起纵火案件，犯罪嫌疑人宁某某酒后将自家2楼堆放的稻草点燃，随后火势蔓延周围邻居房屋，造成16户受灾，死亡1人，共烧毁房屋15栋，面积2500平方米，烧毁粮食55400公斤，直接经济损失12.40万元。2002年11月9日2时5分，济村乡武层村一村民因吸烟不慎引起火灾，受灾7户，死亡1人，直接经济损失3.70万元。2005年2月12日16时40分，水茜乡沿溪村土楼村一村民因烤火不慎引起火灾，受灾1户4人，死亡1人，直接经济损失1万元。

1988—2005年全县发生房屋火灾170起，死23人，伤11人，财物损失折合人民币631.58万元。

1988—2005年宁化县房屋火灾情况表

表9-4

年份	发生起数(起)	死(人)	伤(人)	损失折款(万元)	故意纵火(起)	电器设备(起) 小计	安装不合规定	使用不合规定	破旧老化	其他	违反安全制度(起) 小计	违章操作	电气焊割	吸烟	其他	用火不慎(起) 小计	生产用火	生活用火	吸烟	小孩玩火(起)	自燃(起)	其他(起)	原因不明(起)
1988	8	7	0	3.01	0	2	0	1	1	0	0	0	0	0	0	2	0	2	0	0	1	1	2
1989	4	0	0	25.99	0	2	0	0	2	0	0	0	0	0	0	0	0	0	0	0	1	0	1
1990	11	1	0	13.19	1	2	0	1	1	0	0	0	0	0	0	5	1	3	1	2	0	11	0
1991	8	0	0	14.31	0	2	0	1	1	0	0	0	0	0	0	2	0	2	0	3	1	0	0
1992	9	0	0	6.67	0	2	0	1	1	0	0	0	0	0	1	4	0	3	1	0	2	0	0
1993	4	0	0	70.18	0	1	0	0	1	0	0	0	0	0	0	1	0	1	0	1	0	0	0
1994	3	0	1	4.79	0	1	0	1	0	0	0	0	0	0	0	2	0	1	1	0	0	0	1
1995	9	3	0	51.83	0	4	0	0	3	1	0	0	0	0	0	1	0	1	0	0	0	0	0
1996	5	1	0	16.91	0	5	0	0	3	2	0	0	0	0	0	0	0	0	0	0	0	0	0
1997	9	2	3	53.26	0	5	2	0	0	2	0	0	0	0	0	5	0	5	0	0	0	1	0
1998	8	0	0	23.17	0	5	2	0	0	0	0	0	0	0	0	2	1	0	0	0	0	1	0
1999	21	0	3	93.14	0	6	1	3	2	0	0	0	0	0	0	10	0	10	0	4	0	1	0
2000	11	3	2	27.56	1	2	0	0	0	0	0	0	0	0	0	5	0	5	0	0	0	0	1
2001	13	2	0	48.24	1	4	0	3	0	1	0	0	0	0	0	5	0	5	0	0	0	0	3
2002	11	1	0	51.81	0	2	0	0	2	0	0	0	0	0	0	6	1	4	1	0	1	0	2
2003	15	0	0	59.82	1	4	1	3	0	0	0	0	0	0	0	8	0	6	2	0	0	1	1
2004	13	1	2	38.19	0	5	0	0	0	5	0	0	0	0	0	5	1	3	1	1	0	2	0
2005	8	2	0	29.51	0	2	0	0	2	0	0	0	0	0	0	5	2	2	1	0	0	0	0
合计	170	23	11	631.58	4	52	3	14	22	13	3	1	0	1	1	69	7	54	8	13	10	15	14

第八节 交通管理

一、路面管理

1988年，宁化城区主干道少而窄，随着人车流量剧增，经常引起交通堵塞。交警大队于南大街入口处派员上岗执勤，其余警力分片包干，采取人车流量高峰期站点、平峰期走线的工作方式，确保城区交通畅通。在城区主干道设立人车分流隔离栏，划定停车点与人行横道线，规范城区路面交通；对省道路面管理以交通事故多发、人车稠密和卡脖子路段为治理重点，组织警力检查、清理公路沿线乱建房、乱摆摊、乱停车、乱堆场的"四乱"现象，增设警示牌，减少事故发生。1990年，实行责任目标管理，加大路面监控力度。1991年，交警部门开展"反违章，压事故"和"百日交通安全"活动。1997年4—5月，开展交通秩序大整顿，查处各种妨碍交通秩序和危及交通安全的违章行为。1998年，开展"反超载、反超速""治乱、治堵"专项整治。建宁"8·27"特大交通事故发生后，重点检查客运车辆超载、超速行驶和日检情况等。2000年，县公安局成立创建"平安大道"工作领导小组，开展建文线宁化城关至谢坊路段"平安大道"创建活动。2002年，确定人流、车流量较大的中山街为严管示范街，投入31.10万元设置隔离栏2公里，制作各种交通标志21处，漆划交通标线7320米。2005年，开展春运整治以及"百日竞赛"等专项整治活动，改善辖区交通秩序。

二、机动车辆、驾驶员管理

1988年，宁化县交警大队（简称县交警大队）依照《关于机动车运行安全技术规范》（GB 7258-1987）和《福建省机动车驾驶员管理暂行办法》规定，管理机动车辆和驾驶员。1990年，全县登记机动车3758辆，其中汽车775辆、摩托车474辆、拖拉机（包括运输车）1906辆、轻便摩托车603辆。机动车驾驶员3614人，其中汽车类788人、摩托车类541人、拖拉机类1605人、轻骑类680人。1991年，推行车管、驾管、收费、保险、咨询、大队长接待日和肇事勘查、施救、估损、修理、索赔"一条龙"服务，实行"两公开一监督"（公开办案过程、公开办案结果、接受群众监督）制度，设立交通事故施救中心，是年全县登记机动车3831辆，机动车驾驶员2813人。1997年，全县登记各类机动车6018辆。1998年，全县登记各类机动车7120辆。

1999年春运期间，福建省交警总队在宁化县设立反超载工作服务台，县交警大队增设2个流动检查组，监控客车超载、非客运车辆载客等违章行为，共出动警力290人次，检查车辆7480辆，纠正违章100人，强制报废非客运车辆6辆。核发319名驾驶员春运准驾证，办理临时检验证179份。是年，县交警大队新建车辆检测站，检测摩托车3248辆、农用车353辆。2002年，县交警大队开展为期4个月的专项整治，纠正违章1万人次，查扣无牌、无证车辆520辆，扣驾驶证1100本，取缔违章搭盖、摆摊设点10处，督促无牌车挂牌300辆，举办违章驾驶员学习班16期计1600人，培训无证人员1100人。2005年，全县共登记机动车15124辆，其中汽车3141辆、摩托车5421辆、轻便摩托车3948辆、拖拉机类2614辆。各类机动车驾驶员30277人，其中汽车类5045人、摩托车类24927人、拖拉机类305人。

1988—2005年，全县交通事故立案1989起，死332人，伤1295人，经济损失430.21万元。

1988—2005 年宁化县机动车、驾驶员、交通事故情况表

表 9-5

年份	机动车辆(辆)					各类车型驾驶员(人)				交通事故			
	总数	其中				总数	其中			立案起数(起)	其中		
		汽车	摩托车	轻便摩托车	拖拉机		汽车类	摩托车类	拖拉机类		死(人)	伤(人)	经济损失(万元)
1988	—	—	—	—	—	—	—	—	—	94	14	55	8.10
1989	—	—	—	—	—	—	—	—	—	108	15	57	9.64
1990	3758	775	474	603	1906	3614	788	1221	1605	100	14	50	1.47
1991	3831	800	505	700	1826	2813	—	—	—	95	15	37	10.99
1992	4213	871	593	821	1928	3144	965	756	1424	68	26	17	11.90
1993	—	—	—	—	—	—	—	—	—	72	13	36	23.19
1994	4645	850	804	976	2015	4400	1136	1758	1506	86	16	41	30.90
1995	3562	686	712	673	1491	—	—	—	—	89	18	38	26.65
1996	4521	804	1860	318	1539	5904	1687	2495	1722	88	14	39	26.58
1997	6018	767	2833	1047	1371	10875	2780	5918	2177	79	11	29	23.27
1998	7120	1221	2933	1500	1466	12206	3008	7371	1827	73	16	36	42.67
1999	7503	1364	3041	1587	1511	14124	3266	9000	1858	185	25	149	58.50
2000	8327	1415	3681	1642	1589	16934	3551	11496	1887	138	13	93	26.68
2001	9017	1612	3817	1947	1641	18336	3705	12726	1905	170	20	129	30.20
2002	9338	1718	3918	2014	1688	21023	4125	15816	1082	204	17	176	35.65
2003	12377	2418	4712	2816	2431	23153	4357	18012	784	168	37	137	38.90
2004	13964	2910	4989	3612	2453	26241	4805	21127	309	87	30	90	14.17
2005	15124	3141	5421	3948	2614	30277	5045	24927	305	85	18	86	10.75
合计	113318	21352	40293	24204	27469	190232	39218	132623	18391	1989	332	1295	430.21

第九节 出入境管理

一、边境通行证管理

1988 年，县公安局治安科指定专人负责办理边境业务，办理前往边境业务 877 人次。1993 年 1 月启用新版《中华人民共和国边境管理通行证》。1994 年 8 月起，执行公安部《关于改进和加强边境管理区管理工作的意见》。2003 年，全县办理边境通行证 1810 份。此后随着经济特区的进一步开放，办理边境通行证的人员逐年减少，2006 年后不再办理边境通行证。

二、出入境管理

1988 年，县公安局政保科受理出境申请 105 件 189 人，获准出境 103 人、入境 289 人。1989 年，受理出境申请 102 件 166 人，获准出境 63 人、入境 85 人。1990—1995 年，获准出境 958 人、入境 1207 人。

1996 年 5 月，县公安局增设出入境管理科，专司出入境管理工作。是年，入境 650 人，受理申请出境 490 人，获准出境 428 人。2003 年，全年获准出境 1172 人、入境 146 人。2004 年，受理各类出国、出境申请 1788 人，获准出境 1748 人、入境 610 人。2005 年，根据省公安厅通知精神，实行申请护照时"一次说清"制度，开通邮政特快专递服务，提高办事效率。

1988—2005 年，县公安局共受理申请批准出境 10277 人，其中出国 2690 人、往港澳台 7587 人，接待入境 6580 人次。

第十节　林业公安

1988 年，宁化县林业公安分局（简称县林业公安分局）开展打击滥伐林木、无证运输木材、毁林犯罪的专项斗争，立案查处森林案件 179 起，收缴木材 165.88 立方米，挽回经济损失 17 万元。1990 年，侦破安乐乡三大村陈坊盗伐国有林木团伙，抓获 12 人。1992 年，查处非法贩卖野生珍稀动物案件 15 起，放生穿山甲 50 头、狸猫 1 只。1998 年 7—10 月，开展"百日治安整治"行动，查处各类森林案件 30 起、林政案件 27 起，破获刑事案件 3 起，逮捕 1 人，收缴木材 41 立方米，挽回经济损失 29.10 万元。1999 年，开展打击破坏森林和野生动物资源专项行动，查处各类案件 250 起，其中破获刑事案件 10 起，查获国家 II 类保护野生动物虎纹蛙、猫头鹰、小灵猫、穿山甲等 170 只，处罚各类森林违法人员 335 人，收缴木材 434 立方米，挽回经济损失 48 万元。2000 年，配合国家林业局在南方四省开展的"南方二号""南方三号"专项整治行动，共出动警力 637 人次，破获刑事案件 1 起，查处林政案件 61 起，处罚违法人员 81 人，收缴木材 49.50 立方米。2001—2005 年，先后组织开展打击破坏森林和野生动植物资源违法犯罪的"猎鹰行动""保卫绿色行动""春雷行动""绿剑行动"等专项斗争 12 场次，查处森林三类案件 1237 起，受处罚人员 2070 人，收缴木材 4393.70 立方米，挽回经济损失 364 万元。

1988—2005 年，全县共破获、查处森林三类案件 3897 起，其中刑事案件 311 起、治安案件 77 起、林政案件 3509 起；逮捕 215 人、治安处罚 94 人、林政处罚 5757 人、其他处罚 7 人；收缴木材 8093.18 立方米，收缴国家 II 级保护动物 456 只，挽回经济损失 668 万元。

1988—2005 年宁化县查处森林三类案件情况表

表 9-6

年份	查处森林三类案件(起)								野生动物(头)		查处人数(人)	处理(人)					收缴木材(立方米)	挽回损失(万元)
	受理起数	查处起数	刑事案件		治安案件		林政案件		查获头数	放归头数		逮捕	治安拘留	罚款	林政处理	其他处理		
			受理	查处	受理	查处	受理	查处										
1988	180	179	6	5	0	0	174	174	13	13	434	12	0	0	422	0	165.88	17
1989	367	366	13	12	0	0	354	354	8	8	529	5	2	0	522	0	507.20	22
1990	234	233	17	17	17	17	200	200	18	18	378	17	7	0	354	0	105.10	12
1991	198	198	16	16	6	6	176	176	22	22	268	32	1	15	220	0	181.90	14
1992	41	41	1	1	0	0	40	40	68	68	86	1	0	0	85	0	54.70	4
1993	153	152	21	20	3	3	129	129	13	13	276	9	0	0	267	0	390.60	23
1994	198	192	33	27	4	4	161	161	102	102	310	24	12	0	274	0	358.50	29
1995	196	195	28	27	3	3	165	165	10	10	279	27	0	0	252	0	363.30	23
1996	183	182	29	28	8	8	146	146	15	15	248	24	1	21	202	0	229.20	22
1997	263	261	11	9	6	6	246	246	10	10	297	3	0	4	285	5	257.50	23

续表9-6

年份	查处森林三类案件(起)								野生动物(头)		查处人数(人)	处理(人)					收缴木材(立方米)	挽回损失(万元)
	受理起数	查处起数	刑事案件		治安案件		林政案件		查获头数	放归头数		逮捕	治安拘留	罚款	林政处理	其他处理		
			受理	查处	受理	查处	受理	查处										
1998	218	218	9	9	3	3	206	206	223	223	302	6	1	2	291	2	377.60	31
1999	252	250	10	8	5	5	237	237	170	170	335	4	0	5	326	0	434.00	48
2000	195	193	22	20	0	0	173	173	4	4	261	11	0	0	250	0	365.00	39
2001	210	203	18	13	1	1	191	189	208	208	253	7	1	0	245	0	254.10	45
2002	204	202	18	16	6	6	180	180	23	23	244	8	0	0	236	0	397.60	30
2003	241	233	25	19	0	0	216	214	174	174	529	9	0	0	520	0	544.00	56
2004	327	315	55	46	0	0	272	269	30	30	514	7	19	0	488	0	1438.00	90
2005	284	284	18	18	16	16	250	250	68	68	530	9	3	0	518	0	1760.00	143
合计	3944	3897	350	311	77	77	3516	3509	1179	1179	6073	215	47	47	5757	7	8184.18	668

第十一节　法制建设

1990年8月，县公安局成立法制科，负责检查、监督公安执法情况及各类案件的审核把关，办理公安行政复议、应诉和国家赔偿案件，主持行政处罚案件听证，参与重大疑难案件的研究，开展法制培训，提供法律咨询。1994年起，法制科开展事前监督，提前介入可能引起诉讼的案件，减少申请复议、诉讼案件。是年，受理行政复议案件2起，变更罚款为警告处理1起，撤销案件1起。1995年，审核各类案件420起，发现和纠正执法问题31起，其中纠正降格处理4起。1996—1997年，开展法制教育活动，组织书面测试和法律知识竞赛活动，建立健全《案件审核制度》《告知被处罚人诉权制度》《罚缴分离制度》《执法检查制度》《错案追究制度》及《律师参与刑诉活动的六种法律文书》等多种制度，规范民警执法办案行为。

2000—2001年，贯彻《福建省公安厅关于进一步加强公安法制建设的决定》，先后制定《个案办案质量审核整改反馈制度》《重大、疑难案件集体研究制度》《不立、不捕、不诉案件报备制度》和执法台账等规章制度。2002年，重点加强民警法制教育，每月编发1期《公安执法参考》。2004年，县公安局成立各执法单位案件审核组，审核把关案件报案、立案、传唤、调查、取证、采取强制措施到结案等各环节，提高办案质量。2005年，贯彻全国公安法制工作会议精神，开展"规范执法行为、促进执法公正"专项整改活动，以保障严格、公正、文明执法为目标，以落实执法质量考核评议制度为重点，推进公安法制建设。

第二章　检察

　　1988 年始，宁化县人民检察院（简称县检察院）坚持"强化法律监督，维护公平正义"的检察工作原则，积极开展刑事、经济、民事行政、法纪、监所、林业、控告申诉等检察活动，带头学法、守法、执法，依法履行职责，发挥打击、预防、监督、保护的职能作用，维护社会公平正义，促进社会和谐稳定，为全县经济发展提供有力的司法保障。至 2005 年，审查起诉刑事案件 1650 件 2400 人，立案侦查经济案件 270 件 304 人，为国家挽回经济损失 1234.89 万元。

第一节　机构设置

　　1988 年，县检察院内设办公室、刑事检察科、法纪检察科、监所检察科、经济检察科、控告申诉科、林业检察科。5 月，成立检察院驻宁化劳改支队检察组；7 月，成立经济犯罪案件举报站。1989 年 5 月，设驻县工商局、中国农业银行宁化县支行检察室；6 月，设驻县供销社、县安全生产委员会、县矿产资源管理委员会检察室，成立县检察院纪检组；12 月，设立调研室。1990 年 6 月，设驻泉上、禾口、中沙、安乐、曹坊等乡（镇）检察室。1991 年 3 月，设立民事行政检察科。1992 年 8 月，设驻烟草局检察室。1993 年 12 月 2 日，撤销驻县供销社、县安全生产委员会、县矿产资源管理委员会、县工商局、县烟草局、中国农业银行宁化县支行 6 个检察室。1996 年，设办公室、政工科、审查批捕科、审查起诉科、反贪污贿赂检察科、法纪检察科、控告申诉科、民事行政检察科、监所检察科、林业检察科；5 月，刑事检察科分设刑事检察一科（批捕科）和刑事检察二科（起诉科）；6 月，撤销石壁、曹坊、安乐、中沙检察室，保留泉上检察室。1997 年 3 月，反贪污贿赂检察科更名为反贪污贿赂局，增设检察技术科。1998 年 4 月设立监察室，7 月撤销泉上检察室。2003 年，批捕科更名为侦查监督科，起诉科更名为公诉科，政工科更名为政治处，成立司法警察大队与行政装备科。2005 年 1 月，撤销行政装备科，设立法律政策研究室。至年底，县检察院共设办公室、政治处、纪检组、监察室、法律政策研究室、侦查监督科、公诉科、反贪污贿赂局、反渎职侵权局、控告申诉科、民事行政检察科、监所检察科、检察技术科、林业检察科、司法警察大队等职能部门 15 个。

1988—2005 年宁化县人民检察院检察长名表

表 9-7

姓　名	性别	职　务	任职时间
张河仁	男	检察长	1984 年 12 月—1990 年 11 月
居苏华	男	检察长	1990 年 11 月—1992 年 11 月
王金长	男	检察长	1992 年 11 月—1996 年 9 月
张苏闽	男	检察长	1996 年 9 月—2000 年 9 月
谢复兴	男	检察长	2000 年 9 月—2003 年 11 月
廖建平	男	检察长	2003 年 11 月—

第二节　刑事检察

1988 年，刑事检察受理公安机关提请批准逮捕 159 人，审查后批准逮捕 127 人，不批准逮捕 14 人，批捕准确率 99.20%；受理公安机关移送审查起诉、免诉案件 80 件 144 人，审查后起诉 70 件 115 人，免诉 5 件 19 人，不诉 1 件 1 人；受理自侦移送审查起诉案件 9 件 10 人，移送审查免诉 9 件 14 人，审查后起诉 9 件 10 人，免诉 9 件 14 人。1989 年，刑事案件大幅度上升，审查批捕、审查起诉的刑事案件是 1983 年"严打"后最多的一年。1991 年，从重从快打击严重刑事犯罪活动，刑事检察提前介入重大刑事案件，快捕快诉严重刑事犯罪案件，1—6 月发生 4 起故意杀人案，县检察院在公安报捕的 24 小时内作出了批捕决定。1995 年，被告人李某某、赖某某、苏某某等人先后从宁化县拐卖 10 名妇女、儿童到浙江省泰顺县，司法机关相互配合，奔赴浙江省取证，解救被拐卖妇女、儿童。1997 年 1 月 1 日，新修改的《中华人民共和国刑事诉讼法》开始实施，庭审方式改变，按照省检察院部署，县检察院开展"第一庭评比"活动，观摩评比每一名起诉干警的第一庭，锻炼出庭干警，提高公诉水平；6 月，县检察院被市检察院评为"最佳第一庭"。

1998 年，复查公安交警大队案件，发现被作为一般治安案件处理的 9 件 9 人构成交通肇事犯罪，经审查提起公诉，法院均作有罪判决。1999 年，加强对公安机关的立案监督，对构成犯罪而未立案的，向公安机关发出《要求说明不立案理由通知书》。对事实不清、证据不足的不捕案件，列出不捕原因及需要补充侦查内容送达公安机关，并跟踪监督。2002 年，刑事检察加大适用普通程序简易审力度，推行主诉检察官办案责任制，全年运用普通程序简易审案件 15 件 15 人，主诉检察官办案 60 件。纠正公安机关不该立案而立案的案件 9 件 25 人，向公安机关发出《要求说明不立案理由通知书》2 份，追捕犯罪嫌疑人 4 人。2005 年，纠正公安机关不该立案而立案的案件 4 件 8 人，审查公安机关报捕的 133 人，不批准逮捕 20 人。

1988—2005 年宁化县人民检察院刑事案件办理情况表

表 9-8

年份	公安报捕（人）	审查批捕（人）	不捕（人）	公安报起诉		审查起诉		移送三明市人民检察院起诉		免诉		不诉	
				件	人	件	人	件	人	件	人	件	人
1988	159	127	14	80	144	70	115	0	0	5	19	1	1
1989	255	197	40	109	195	95	158	2	2	4	20	0	0
1990	186	167	0	123	203	114	169	1	1	6	21	0	0
1991	217	186	32	106	162	97	153	0	0	6	21	0	0
1992	165	147	17	85	150	78	125	0	0	4	19	0	0
1993	275	216	57	135	212	119	168	0	0	12	39	0	0
1994	249	206	35	139	218	132	203	0	0	5	13	0	0
1995	130	114	16	136	176	114	166	0	0	18	19	0	0
1996	177	157	16	141	195	132	186	0	0	9	9	1	1
1997	148	120	28	83	110	73	92	5	9	0	0	2	3
1998	149	110	39	81	126	69	97	4	4	0	0	2	9
1999	186	137	49	108	153	111	173	3	3	0	0	0	0
2000	124	98	36	86	113	84	116	0	0	0	0	4	5
2001	93	85	8	74	109	68	102	5	5	0	0	1	2

续表9-8

年份	公安报捕（人）	审查批捕（人）	不捕（人）	公安报起诉		审查起诉		移送三明市人民检察院起诉		免诉		不诉	
				件	人	件	人	件	人	件	人	件	人
2002	88	80	8	90	111	79	91	6	14	0	0	5	6
2003	68	61	7	71	93	61	80	2	4	0	0	4	5
2004	99	90	9	80	100	77	96	0	0	0	0	2	2
2005	133	113	20	90	129	77	110	0	0	0	0	4	8
合计	2910	2411	431	1817	2699	1650	2400	28	43	69	180	26	42

第三节　经济检察

　　1988年，县检察院设立"贪污罪案举报室"，公布举报电话96100，通过举报途径掌控犯罪线索立案3件。是年，经济检察受理各类经济犯罪案件18件21人，其中立案侦查13件16人，办结贪污受贿案12件15人，起诉4件4人，免于起诉9件12人；挽回经济损失1.89万元。1989年，最高人民法院、最高人民检察院发出《关于贪污、受贿、投机倒把等犯罪分子必须在限期内自首坦白的通告》，县检察院广泛宣传、动员群众检举揭发，设立投案自首接待室，在期限内先后有17名经济违法犯罪分子投案自首，退缴赃款4.90万元。看守所在押人犯12人坦白交代余罪，涉案金额1.47万元，19人检举各类线索25条，涉案金额3.10万元。宁化劳改支队7名犯人检举揭发线索7条，涉案金额3.11万元。1992年，召开投案自首动员大会，共有7名贪污、受贿犯罪人员投案自首，退缴赃款5.50万元。1993年，成立反贪污贿赂检察科，"二块牌子、一套人马"，开展预防工作。

　　1994年，加大办理反贪大案力度，万元以上大案立案15件，占立案数的78.95%，比历史上突破大案最多的1989年高出50%，免诉案件仅占10.53%，为建院后经济罪案免诉率最低的一年。1995年，经三明市检察院授权，查办副处级领导干部犯罪案件1件，实现查办要案零的突破。1997年4月9日，反贪污贿赂局正式挂牌，立案查处贪污贿赂经济犯罪案14件14人，其中贪污案4件4人、受贿案5件5人、挪用公款案1件1人、偷税案3件3人、挪用资金案1件1人，大案率100%；移送审查起诉10件10人，撤案4件4人，结案率100%，挽回经济损失40余万元。1998年，重点查办村主干犯罪案件，立案查办村主干经济犯罪案件5件5人，占立案数的50%。1999年，县检察院反贪工作在市检察系统评比中进入前三名，被省检察院评为"五好""双满意"基层院。2000—2005年，深入开展职务犯罪预防工作，构建职务犯罪预防网络。

　　1988—2005年，经济检察共立案侦查经济案件270件304人，挽回经济损失1234.89万元。

1988—2005年宁化县检察院反贪污贿赂案件办理情况表

表9-9

年份	立案		决定逮捕	移送起诉		移送免诉		挽回经济损失
	件	人	人	件	人	件	人	万元
1988	13	16	0	4	4	9	12	1.89
1989	32	36	16	16	15	16	18	25.00
1990	27	33	8	7	7	19	21	30.00
1991	18	22	9	7	11	11	11	80.00

续表 9-9

年份	立案		决定逮捕	移送起诉		移送免诉		挽回经济损失
	件	人	人	件	人	件	人	万元
1992	19	21	4	4	4	9	9	22.00
1993	18	18	9	10	10	8	8	29.60
1994	19	21	16	16	18	2	2	46.00
1995	32	34	21	24	24	5	7	61.00
1996	13	19	9	12	18	2	2	42.00
1997	14	14	7	10	10	0	0	40.00
1998	10	10	4	7	7	0	0	40.00
1999	11	11	4	9	10	0	0	150.00
2000	7	7	4	7	7	0	0	160.00
2001	8	8	3	8	8	0	0	328.00
2002	7	8	0	7	8	0	0	30.00
2003	9	9	3	6	9	0	0	87.40
2004	6	6	0	6	6	0	0	34.00
2005	7	11	0	7	11	0	0	28.00
合计	270	304	117	164	187	81	90	1234.89

第四节　民事行政检察

　　1991 年，县检察院成立民事行政检察科，开展民事行政诉讼监督。1992 年，受理民事行政申诉案件 9 件，其中不服法院民事判决 7 件、行政诉讼案件 2 件，立案 2 件，经审查，提请市检察院抗诉，被采纳 1 件。1993 年，受理民事行政申诉案件 9 件，初查 9 件，立案 2 件，提请市人民检察院抗诉 1 件，发再审检察建议 1 件。1994—1996 年，按照"抓好重点、突出办案、打开局面"的指导思想，办理公民申诉案件。1997 年，受理申诉案件 9 件，立案审查 7 件，提出再审检察建议 1 件，提请市检察院抗诉 6 件，被采纳 4 件，抗诉成功 1 件。2000 年，受理民事行政申诉案件 8 件，立案审查 8 件；提请市检察院抗诉 4 件，建议提请抗诉 3 件，被采纳 5 件，调查结案 1 件，出庭支持抗诉再审 5 件，改判 4 件。

　　2001 年，遵循"狠抓质量要效果，强化监督促发展"的办案原则，受理、审查民事、行政申诉案件，全年受理申诉案件 9 件，立案审查 9 件，提请市检察院抗诉 4 件，建议提请抗诉 2 件，出庭支持抗诉 1 件，再审改判 1 件。2002 年，民事行政检察发现县水泥厂未把仓库原材料、半成品和有关附属设备总价值 108 万元的财产列入公开拍卖范围，向主管单位县经贸局发出检察建议，要求予以纠正，县经贸局与买受人协商补签未列入拍卖范围财产的有偿使用协议，避免国有资产流失。2003 年，受理民事行政申诉案件 6 件，其中提请抗诉 1 件，执行和解 2 件，发检察建议 3 件；处理来访息诉 10 件。2004 年，受理民事行政申诉案件 11 件，提请市检察院抗诉 2 件，建议提请抗诉 1 件，执行和解 2 件，发检察建议 2 件，初查案件 1 件，办理市检察院交办会审案件 2 件。2005 年，受理民事行政申诉案件 8 件，立案审查 6 件，提请抗诉 2 件，建议同级法院再审 2 件，法院改判 2 件。

　　1991—2005 年，民事行政检察共受理民事行政申诉案件 121 件，立案审查 80 件。经审查，提请市检察院抗诉 44 件，被采纳 22 件，建议同级法院再审 10 件，法院对抗诉、再审案件改判 15 件。

第五节　法纪检察

　　1988—1989 年，县检察院共受理法纪案件 23 件 36 人，其中立案侦查 9 件 15 人，起诉 7 件 9 人，免予起诉 1 件 4 人，不立案转有关部门处理 6 件 8 人。1990 年，受理法纪案件 18 件，立案侦查 9 件 12 人。其中，县财政局原局长谢某某徇私舞弊案，是县检察院重建后查处的宁化县首件科级干部渎职案；某派出所民警叶某刑讯逼供案，是县检察院重建后首次立案司法工作人员侵权犯罪案。1991 年，受理法纪案件 8 件 12 人，其中立案侦查 4 件 6 人，移送起诉 1 件 2 人，免诉 3 件 4 人。1992 年，受理各类法纪案件 5 件 10 人。其中，非法拘禁案件 1 件 4 人、重大责任事故案件 2 件 2 人、非法侵入他人住宅案件 1 件 3 人、侵犯公民通信自由案件 1 件 1 人；立案侦查 2 件 5 人，移送起诉 1 件 1 人，免诉 2 件 4 人。1994 年，受理法纪类案件 16 件 18 人，立案侦查 5 件 6 人。立案侦查案件中，非法拘禁 2 件 2 人、非法侵入他人住宅 1 件 1 人、徇私舞弊 1 件 1 人、伪证案 1 件 2 人。其中，查处武警李某徇私舞弊案，马某某、黄某某伪证案，是市法纪检察系统办理此类案件零的突破。

　　1995—1997 年，受理各类侵权、渎职案件 32 件，立案侦查 7 件，侦查终结 6 件，侦结移诉 1 件 1 人，撤案 1 件 1 人（1995 年立案案件），侦结不诉 2 件 2 人。1998 年，初查结案 6 件 6 人，配合县公安局刑警大队查处诬告陷害案 1 件 2 人、伪证案 1 件 6 人。1999 年，初查结案 20 件 20 人，立案侦查 1 件 1 人，侦结移送起诉 1 件 1 人。2003 年，立案侦查县公安局某派出所原所长伍某、民警张某包庇赌博的徇私枉法行为，并移送审查起诉。2004 年，开展预防职务犯罪活动宣传教育，召开座谈会，上法制课，分析制度及工作机制中存在的漏洞和问题，防患于未然。2005 年，开展"规范执法行为，促进执法公正"专项整改活动，排查渎职侵权线索 7 件，其中公安行政执法徇私枉法 5 件、行政执法机关涉嫌不移交刑事案件 2 件、国家机关工作人员涉嫌玩忽职守案件 1 件。初查 5 件 5 人，调查结案 4 件 4 人（其中徇私枉法案件 3 件 3 人、玩忽职守案件 1 件 1 人），立徇私枉法案 1 件 1 人。

　　1988—2005 年，法纪检察共立案侦查渎职侵权案件 51 件 68 人。

第六节　监所检察

　　1988—1989 年，监所检察辖县检察院驻县看守所检察室（简称驻所检察）和驻劳改支队检察组，共受理重新犯罪加刑案件 14 件 19 人。审查后起诉 13 件 17 人，免诉 1 件 1 人，不诉 1 人。1990 年，驻所检察纠正看守所干警违法看守行为 11 次，发出纠正违法通知书 3 份，检察 8 名监外执行"五种人"（犯罪被判缓刑、管制、假释、剥夺政治权利和因病保外就医）2 次，回访考察 1989 年劳改刑满、劳教期满释放人员和清流劳改支队宁化籍罪犯各 1 次。1991—1993 年，每年检察监外执行"五种人"2 次。1993 年参加县组织的帮教团帮教清流、宁化 2 个劳改支队宁化籍服刑案犯 229 名。1994 年，宁化劳改支队更名为宁化监狱。是年，开展监管改造场所管理教育、减刑、假释等各项业务检察 277 次，受理宁化监狱移送审查起诉加刑案件 10 件 11 人，起诉 9 件 10 人。

　　1995 年，驻监检察参加研究减刑假释材料 295 份，提出不予呈报减刑 2 件，立案侦查体罚虐待被监管人案 1 件 3 人；受理监狱移送起诉加刑案件 3 件 3 人，均予起诉。1997 年，驻监所检察配合看守所、宁化监狱安全防范检察 578 次，清监 108 次，单独检察 281 次，提出书面建议 5 份，检察监外执行"五种人"85 人。1998 年，对宁化监狱呈报减刑罪犯不予呈报或暂缓呈报减刑 5 人。2000 年，检察宁化监狱收押罪犯 7 名，检察看守所收押犯罪嫌疑人 148 名、释放 177 名，检察监外执行"五种人"53 名，发现脱管 6

名、漏管9名，提出纠正意见，监督刑罚执行。是年，宁化监狱分流罪犯1024名，此后不再关押罪犯。

2001年，开展清理和纠正超期羁押专项检查活动，单独检察206次，联合检察42次，发现超期羁押10件15人，其中纠正一审法院审理案件超审判期限3件3人、二审法院审理案件超审判期限7件12人。检察监外执行47名，发现脱管3名，漏管8名，提出检察建议，要求予以纠正。2003年，开展派驻检察室规范化建设，维护监管场所的监管秩序，发现并纠正超期羁押5件6人，纠正刑罚提前交付执行3件3人。2004年，监所检察发现错误计算抢劫犯罪嫌疑人张某（原被判处缓刑1年6个月，在监外执行过程中因违反《治安管理条例》被法院裁定收监执行）刑期45天，向法院提出纠正意见，法院经核对裁定书后撤销错误裁定。2005年，监所检察初查申诉、控告案件1件，发出《纠正违法通知书》2份，发出《检察建议》5份。

1988—2005年，监所检察共受理重新犯罪加刑案件60件68人。审查后起诉58件65人，免诉1件1人，不诉1人。

第七节　林业检察

1988—1992年，受理县林业公安分局提请批准逮捕犯罪嫌疑人85人，经审查批准逮捕67人，不批准逮捕18人；受理县林业公安分局移送审查起诉、免诉案件39件82人，起诉33件63人，免诉5件14人，不诉1件5人。1993—1999年，受理县林业公安分局提请批捕犯罪嫌疑人142人，批准逮捕106人，追捕1人，不批捕35人；受理移送审查起诉、免诉案件90件127人，起诉75件98人，免诉13件27人，不起诉2件2人。2000年，受理县林业公安分局提请批捕犯罪嫌疑人11人，经审查批准逮捕7人，不批准逮捕4人；受理移送起诉13件16人，经审查起诉13件16人。其中，起诉包某某捕杀国家一级保护野生动物白颈长尾雉1只，为宁化县首件非法捕杀珍贵濒危野生动物，包某某被判拘役4个月，罚款7000元。2001年，福建省人民检察院授予县检察院林业检察科"2001年度全省检察机关林区治安专项整治工作先进集体"称号。2003年冬至2004年春，宁化县发生林业违法案件70起，有40起进入诉讼程序。2005年，受理县林业公安分局提请批准逮捕犯罪嫌疑人12人，批捕10人，不批捕2人。受理移送起诉案件17件20人，起诉16件18人。

1988—2005年，林业检察共受理县林业公安分局提请批准逮捕犯罪嫌疑人273人，经审查批准逮捕221人，不批准逮捕52人；受理县林业公安分局移送审查起诉、免诉案件234件323人，经审查起诉210件270人，免诉18件41人，不诉6件12人。

第八节　控告申诉检察

1987年5月，县检察院成立控告申诉科。1988年，受理群众来信、来访252件，其中检举控告208件、申诉7件。控告申诉科自行查处12件，转办200件。公民信访提供犯罪线索20条，其中淮土建筑队工人张某某来信控告该队队长廖某某贪污公款1万余元，经县检察院派员调查属实，廖某某被追究刑事责任。1989年最高人民法院、最高人民检察院发出《关于贪污、受贿、投机倒把等犯罪分子必须在限期内自首坦白的通告》，8—10月控告申诉科受理举报信件84件，其中举报贪污、受贿52件。1990年，受理群众来信、来访245件，其中检举控告215件、申诉12件，属检察机关管辖的72件，初查72件，立案侦查27件，转办155件。

1991年，受理群众来信来访213件，其中来信191件、来访22件，属检察机关管辖范围的70件，自查 60 件；立案侦查重婚案 1 件 2 人。1992 年，开展"检察长接待日与法制宣传系列活动"，解决群众告状难问题。1993 年，发挥举报工作"窗口"和"桥梁"作用，受理群众来信来访 125 件，从中立案侦查贪污贿赂犯罪案件 14 件。1994 年，根据群众举报，侦破安乐乡某村原党支部书记邓某某、股东会会长邓某某贪污、受贿案。1995—1998 年，共受理举报线索 480 件，其中调查结案 111 件，立案侦查 16 件，挽回经济损失 45 万余元。1999 年 4 月，福建省人民检察院授予县检察院控告申诉科"文明接待室"称号。

2004 年，纠正公安机关对发生在泉上镇一起强奸案的错误认定，经重新侦查，核实 2 名犯罪嫌疑人的犯罪事实，2 名犯罪嫌疑人分别被判有期徒刑 2 年和 3 年，维护法律的公正。2005 年，推行控告申诉首办责任制，减少环节，缩短时间，提高效率，受理群众来信来访 67 件，其中来信 31 件、来访 36 件，属检察机关管辖的举报类线索 19 件，控告类线索 43 件，民事申诉类线索 5 件。初查举报线索 1 件，办理检察长批办件 38 件，办结各类信访案件 16 件。

第九节 检务公开与检察技术

1997 年 3 月，县检察院成立检察技术科，设立视听、法医、司法会计、文检 4 大技术门类，为三明市辖区内技术门类最齐全的县级检察院技术机构。1998 年，司法会计、法医、文检 3 项专业技术人员经最高人民检察院组织的专业培训结业，运用视听技术摄像录音 38 人次，照相 2 次，法医检验鉴定各类案件 69 件，进行公安机关提请批捕起诉案件文证审查 6 次，纠正鉴定结论 1 次，司法会计检验鉴定 5 件，检验鉴定金额 50 万元，文检检验鉴定 5 件，为揭露和证实犯罪起到重要作用。1999 年，摄像录音 39 人次，法医检验鉴定各类案件 81 件，文证审查 11 次，纠正鉴定结论 5 次，司法会计检验鉴定 6 件，鉴定金额 30 万元，协办经济犯罪案件 11 件，文检检验鉴定 1 件。

2000 年，摄像录音 17 人次，法医检验鉴定各类案件 78 件，进行公安机关提请批捕起诉案件文证审查 25 件，纠正鉴定结论 2 件，司法会计检验鉴定 7 件，鉴定金额 50 万元，文检检验鉴定 3 件。2001 年，摄像录音 163 人次，照相 65 次，法医检验鉴定各类案件 96 件，文证审查 15 件，纠正鉴定结论 2 件，司法会计检验鉴定 8 件，鉴定金额 40 万元，文检检验鉴定 6 件，配合反贪部门办理贪污、挪用公款等案件 9 件。城南乡发生一起因山场承包纠纷而引起的伤害案，法医在进行文证审查时，发现有 2 名被害人的伤情与鉴定结论不符，向办案部门提出审查意见被采纳。是年，县检察院检察技术科被福建省人民检察院授予集体二等功一次。2002 年，摄像录音 57 人次，法医检验鉴定各类案件 80 件，文证审查 20 件，纠正鉴定结论 3 件，司法会计检验鉴定 13 件，鉴定金额 50 余万元，文检检验鉴定 7 件，配合反贪部门办理贪污、挪用公款等案件 4 件。

2003 年，摄像录音 104 人次，法医检验鉴定各类案件 48 件，文证审查 21 件，司法会计检验鉴定 7 件，鉴定金额 60 万元，文检检验鉴定 3 件，配合反贪部门办理贪污、挪用公款等案件 9 件。2004 年，摄像录音 53 人次，法医检验鉴定各类案件 31 件，文证审查 22 件，司法会计检验鉴定 4 件，鉴定金额 10 万元，文检检验鉴定 6 件，配合反贪部门办理贪污、挪用公款等案件 11 件。2005 年，摄像录音 14 人次，法医检验鉴定各类案件 40 件，文证审查 30 件，司法会计检验鉴定 7 件，鉴定金额 100 万元，文检检验鉴定 6 件，配合反贪部门办理贪污、挪用公款等案件 8 件。是年，建成三级网的一期工程，开通三级网和局域网。

1997—2005 年，检察技术科运用视听技术摄像录音 485 人次，照相 67 次；法医检验鉴定各类案件 523 件；对公安机关提请批捕起诉案件进行文证审查 150 件，纠正鉴定结论 13 次；司法会计检验鉴定 57 件，鉴定金额 390 万元；办理文检检验鉴定 37 件；配合反贪部门办理贪污、挪用公款等案件 52 件。

第三章　审判

　　1988年起，宁化县人民法院（简称县法院）为打击违法犯罪，调节经济关系和社会关系，保护公民、法人和其他组织的合法权益，维护社会稳定，积极开展刑事、民事、商事、行政、林业、告诉申诉、执行等各项审判活动，努力探索审判工作新途径，不断提高审判质量和效率，为社会安定、经济发展提供司法保障和法律服务。至2005年，共审理各类刑事案件2324件3125人，审结各类民事案件8655件。

第一节　机构设置

　　1988年，县法院设办公室、刑事审判一庭、刑事审判二庭、民事审判庭、经济审判庭、林业审判庭及禾口、泉上、中沙、曹坊4个法庭。1989年，增设行政审判庭。1990年，增设告诉申诉庭、调研室。1991年，增设执行庭、政工科、翠江法庭，撤销刑事审判二庭，调研室更名为研究室。1992年，研究室更名为经济调解中心。1993年，撤销经济调解中心及翠江法庭。1994年，增设法警队。1996年，增设纪检组、司法技术室，法警队改为司法警察大队。1997年，增设房地产、行政装备科，禾口法庭更名为石壁法庭。1999年，中沙法庭更名为郊区法庭。2000年，告诉申诉庭改称立案庭，增设审判监督庭。2001年，撤销石壁、郊区法庭、泉上法庭，设立湖村法庭。2002年，设立监察室，撤销房地产庭、司法技术室，经济审判庭更名为民事审判二庭，民事审判庭更名为民事审判一庭，政工科改为政治处，撤销曹坊法庭，设立安乐法庭。2003年，设立少年审判庭，执行庭（局）为两块牌子、一套人马。2005年，县法院共设刑事审判庭、民事审判一庭、民事审判二庭、行政审判庭、林业审判庭、少年审判庭、审判监督庭、立案庭、执行庭（局）、司法警察大队、湖村法庭、安乐法庭、办公室、政治处、行政装备科、纪检组、监察室等职能部门17个。

1988—2005年宁化县人民法院院长名表

表9-10

姓　名	性　别	职　务	任职时间
邱魁生	男	院长	1983年12月—1990年9月
刘　飞	男	院长	1990年9月—1993年10月
曾国远	男	院长	1993年10月—1996年6月
罗继民	男	院长	1996年7月—2001年11月
郑建平	男	院长	2001年11月—

第二节　刑事审判

1988 年，县法院受理刑事公诉案件 92 件 143 人，受理自诉案件 7 件 12 人，审结 99 件 155 人，审结率 100%。1989 年，县法院成立投案自首接待室，某粮站副站长黄某连夜携带赃款到法院投案自首。10 月 14 日，县法院在宁化县影剧院公判经济犯罪案件 3 个，其中从宽处理适用高院通告规定的案犯 2 名。是年，从严从轻处理的案件 28 件 35 人。1988—1990 年，县法院共受理和审结刑事案件 396 件 629 人，重点打击杀人、抢劫、重大盗窃、强奸等严重危害社会治安的犯罪分子，配合三明市中级人民法院（简称市中院）执行雷风南、陈立喜、邓增辉等杀人、抢劫犯罪分子死刑。

1991 年，县法院召开大型公判大会 4 场，公开宣判 19 案 29 人，配合市中院执行死刑 1 名。1992 年，县法院审结杀人抢劫、故意伤害、抢夺等案件 21 件 27 人，判处 10 年以上有期徒刑 2 人、5 年以上 10 年以下 25 人，召开大型公判大会 2 场，公开宣判 7 案 16 人，配合市中院执行死刑 3 人。1993 年，县法院依照福建省高级人民法院（简称省高院）部署，从严从重从快判决严重刑事犯罪分子、犯罪集团的首要分子以及惯犯、累犯，抢劫团伙张某、伊某、赖某先后在公路上拦截外地车辆抢劫作案 8 次，共抢劫驾驶员人民币 1300 元，张某被从严判处有期徒刑 14 年，伊某、赖某（少年）分别判处有期徒刑 12 年和 5 年。

1995 年，县法院受理审结自诉案件 13 件。1996 年，推行办案期限承诺制度，公告办案期限 12 项承诺，公布监督电话，接受社会监督；受理和审结各类刑事案件 239 件 346 人，判处 10 年以上有期徒刑 15 人，判处 5 年以上 10 年以下有期徒刑 54 人；受理经济犯罪案件 19 件 27 人，其中贪污贿赂 18 件 26 人、挪用公款 1 件 1 人；召开宣判大会 6 场次，集中宣判 27 案 35 人，协助市中院执行死刑 6 人。1997 年 10 月 1 日，修改后的《中华人民共和国刑法》正式实施。是年，县法院审理刑事案件 26 件，召开宣判大会 2 场，配合市中院执行死刑 4 人。县法院刑事审判庭被省高院评为先进集体。1998 年，县法院从严判处驾驶无牌照以及无证驾驶、酒后驾驶造成重大交通事故案件，受理交通事故案件 9 件，9 名被告人均被判处实刑；从严判处滥用职权、索贿受贿、触犯刑律的村级领导 4 名，其中某村原党支部书记官某因受贿案被判处有期徒刑 5 年 6 个月；从严判处发生在闽赣边界的刑事案件 9 件 20 人；召开宣判大会 2 场，配合市中院执行死刑 3 人。

1999 年，县法院快审快判贩卖毒品、票据诈骗、过失方法危害公共安全罪等新类型案件，从严判处贩卖鸦片 570 克的被告人刘某、滕某、李某、赖某有期徒刑 7—11 年，并处罚金 1.50 万—2 万元。2000 年，审结猥亵儿童、非法经营无碘盐等新型案件，被告人均被判处实刑。2002 年 12 月 13 日，县法院受省高院委托召开宣判大会，执行故意杀人罪犯黄城仔、抢劫罪犯孙妹清死刑。2003 年，刑事审判推行普通程序简便审，共有被告人认罪案件 28 件，全部适用普通程序简便审。设立少年审判庭，受理少年刑事案件 14 件 30 人。2005 年，县法院审结首起"六合彩"赌博案。8 月 17 日，执行抢劫杀人罪犯陈远能死刑。

1988—2005 年，县法院共审理各类刑事案件 2324 件，涉案 3125 人；被判处 10 年以上有期徒刑 107 人，5 年以上 10 年以下有期徒刑 339 人，5 年以下有期徒刑或拘役、管制等刑罚 2391 人。

第三节　民事审判

1988 年，县法院受理各类民事案件 368 件（含 1987 年旧存 33 件），审结 359 件（其中调解 292 件、判决 32 件、其他处理 35 件），结案率 97.55%。1989 年，县法院"三优先"（优先立案，优先审理，优先调处）处理各类坟墓纠纷案件多起，及时解决矛盾，避免民事案件激变成刑事案件。1990 年，处理坟墓纠纷案件 12 件，其中制止械斗 9 起，防止可能发生的凶杀事件 4 起。制止械斗中肖某诉两邓某坟墓纠纷一案，两被告以原告之母的坟墓妨碍其祖上"风水"为由，要求原告搬迁坟墓。在遭原告拒绝后，两被告纠集同宗村民 100 余人强行掘开原告母坟，暴棺于外。原告亦召集同宗亲友 100 余人准备械斗。县法院闻讯后当天即组织审判人员赶赴现场，进行法律宣传教育和说服劝导，防止事态发展，查清事实，分清责任，调解处理，避免流血事件发生。

1991 年，县法院审结民事案件 483 件，无一超审限，禾口、泉上、曹坊、中沙法庭所审结的案件无发回重审，无改判，无错案。1992—1993 年，县法院改革民事审判方式，民事审判庭及 4 个法庭推行诉辩式"直接开庭"，处理民事案件 45 件，平息群众性械斗 8 起，防止当事人自杀 5 起。1994 年，民事审判庭及 4 个法庭审理因洪灾引发的不当得利、宅基地、相邻权、损害赔偿纠纷等案件 15 件。1995 年，受理中沙乡中沙村 4 户农民状告县种子公司销售伪劣谷种致使粮食减产案件 1 件，判决县种子公司赔偿农户损失。1996 年，县法院实行主审法官负责制，将部分案件决定权和法律文书签发权下放给 21 名主审法官，强化合议庭、独任法官的权力与职责。1998 年 4 月，成立房地产庭，专门负责房地产案件的审判。是年，共受理房地产案件 30 件，审结 28 件，涉及金额 97.19 万元。

1999 年，县法院受理离婚案件 181 件、人身损害赔偿案件 67 件，经调解结案 103 件，避免民转刑案件 6 件，化解冲突性群体性纠纷 4 起。县法院湖村法庭被三明市政法委评为"人民满意的政法单位"。2001 年，修订后的《中华人民共和国婚姻法》颁布实施后，首次审结一起赔偿精神损害费 4000 元的离婚案件。2002 年，审理婚姻家庭类案件 177 件，其中农村离婚案件涉及家庭暴力的比例上升。是年 1 月—4 月受理的 58 件离婚案件中，涉及家庭暴力 28 件，占 48.28%，与 2001 年同期相比上升 312.60%。2003 年"非典"（非典型肺炎）疫情期间，县法院采取电话录音、书信调解、邮寄送达等方式审理一方在北京、深圳"非典"疫区的离婚案件各 1 件。1 月—6 月受理交通肇事案件 10 件 10 人，比 2002 年同期上升 300%。2004 年 4 月，成立民事案件调解、速裁工作室。全年受理集体土地征用补偿款分配纠纷案件 47 件，审结拖欠农民工工资及拖欠工程款案件 7 件，标的 44.40 万元。

1988—2005 年，县法院共受理各类民事案件 8676 件，审结 8655 件（其中婚姻家庭纠纷 3553 件、债务纠纷 2902 件、损害赔偿纠纷 1109 件、其他纠纷 1091 件）。

第四节　商事审判

1988—1990 年，县法院共受理各类经济纠纷案件 416 件，审结 399 件，审结标的 693.07 万元；解决 61 个单位经济纠纷，盘活滞留资金 209 万元，为企业收回被拖欠货款 157 万元。1992—1993 年，审结三明市首起全民所有制企业县针织厂破产案。县法院设立烟草、水电、矿产、公路段、土地、监理站、工商行政管理等单位行政执法联络室，并在福建省率先成立经济调解中心，审结各类经济纠纷 313 件，调解标的 398.56 万元，为各企事业单位追回货款 320 余万元。1994 年，县法院为 12 家企业追回被长期拖欠的货款 196.84 万元，受理审结 53 件獭狸养殖纠纷案；经济庭审理、执行实现标的 326.14 万元，占审结标的 60.84%，案件执行率 85.99%。是年，县法院在三明市法院经济审判质量检查评比中获第一名。1995 年，开展全县 81 家工商企业债权债务问卷调查，及时帮助追回欠款，共受理和审结金融部门起诉的借款合同纠纷案件 401 件，解决争议标的 490.56 万元，为金融部门收回沉淀资金 112.56 万元。

1996 年，县法院立案受理县信托拍卖公司涉及多家银行、信用社、其他单位和个人的系列借贷纠纷案件，总标的 147 万元，依据当事人申请，查封扣押负责人黄某已负债外逃的县信托拍卖公司房屋及其他财产，此案得以审结。1997 年，收案 576 件，审结 571 件，审结率 99.13%；判决结案 137 件，上诉 8 件，1 件部分改判。1998 年，审理中国农业银行宁化支行诉被告宁化县融兴养鳗场等单位借款合同纠纷系列案，协同有关部门驻守鳗鱼场，变卖场内鳗鱼，为原告挽回经济损失 30 余万元。2000 年，县法院审理经济纠纷案件 352 件，审结标的 2036.89 万元；审结涉及外省、外县的案件 54 件，解决争议标的 545.34 万元；

审结农村基金会案件 63 件，执结 55 件，追回欠款 93 万余元。2003—2005 年，县法院共受理企业破产案件 25 件，协助政府妥善安置破产企业职工 1100 人。

1988—2005 年，县法院共受理各类经济商事案件 5969 件，审结 5705 件，审结标的 1.77 亿元。

第五节　行政审判

1989 年，县法院成立行政审判庭，受理和审结行政案件 4 件。1990 年 10 月 1 日《中华人民共和国行政诉讼法》开始施行，县法院组成行政审判合议庭，行政审判人员由原来的 2 人增至 4 人。1992 年，受理治安处罚行政案件 10 件，申请撤诉 8 件，因行政机关未作出处罚决定书而被撤回 2 件。1993—1994 年，受理审结行政案件 24 件。

1995 年，县法院受理审结行政诉讼案件 20 件，其中审结县农机化学校诉县地税局征收农用车驾驶员培训收入营业税一案，为国家税制改革后福建省首起税务行政案件。在审理曹坊乡村民陈某某诉县种子管理站药杀种禾案件中，行政审判人员与种子管理部门共同商讨整改种子质量措施，并向县政府提出《关于规范杂交水稻种子的生产经营强化种子管理》的司法建议，县政府采纳并制定《关于加强杂交水稻种子生产经营和管理的通告》。

1996—1999 年，县法院受理审结行政诉讼案件 36 件，受理非讼行政执行案件 293 件。其中，强制执行县政府申请强制拆除坐落在城关花心街 13 号砖木结构房屋一案，出动警力 40 余人、警车 2 辆，拘传阻挠执行的吴某、阴某某等 8 人。2000 年，县法院受理和审结行政诉讼案件 25 件，其中审结"李某诉某某乡人民政府不履行监督某某村村务公开职责案"，为福建省此类案件首例。2001 年，县法院拓宽司法审查范围，受理不服县交警大队道路交通事故责任认定案、县建设局不履行拆除违法建筑的法定职责案以及县劳动局未依法发放失业救济金等案件。2001—2002 年，县法院执结 9 个乡（镇）征收社会抚养费 10 万元。2004 年，县法院执结涉及 11 个乡（镇）的征收社会抚养费案件 35 件。

1989—2005 年，县法院共受理审结行政诉讼案件 191 件，其中维持 34 件、撤销 26 件、驳回起诉 15 件、撤诉 67 件、其他处理 49 件；受理并执结非讼行政执行案件 1123 件。

第六节　林业审判

1988 年，县法院组织林业审判人员深入安远、中沙等 10 个乡（镇）开展法制宣传。1989 年，受理审结各类林业案件 42 件，其中林业刑事案件 9 件，判刑 14 人；追回湖村木材加工厂及宁化林产品加工总厂被拖欠多年的货款 8 万元；审结湖村乡店上村、中沙乡武昌村争议 40 年面积 28.45 公顷的山林权属纠纷案。1990 年，受理审结盗伐、滥伐林木刑事案件 10 件，惩处毁林犯罪分子 12 人；审结山林权属纠纷 3 件、林业生产合同纠纷 5 件。1991 年 2 月，立案审理中沙乡楼家村与樟荣村林木侵权纠纷、樟荣村村民哄抢林木事件，维护世界银行贷款造林秩序。1994 年，审结林业刑事案件 16 件，判刑 20 人。1995 年，县法院受理三明市首例非法捕杀国家二类保护动物白鹇、金猫一案，判处被告人陈某有期徒刑 6 个月。1996—1999 年，县法院受理和审结各类林业案件 187 件。2000—2001 年，县法院受理和审结林业刑事案件 24 件，其中失火烧山案件 12 件，除 2 件被告人自首从轻适用缓刑外，其余均被判处 3 年以上有期徒刑。2004—2005 年，县法院从重从快判处一批严重失火烧山犯罪分子，并选择 18 个典型案件到安乐乡、水茜乡等案发地以案释法，扩大办案社会效果。

1988—2005 年，县法院共受理并审结各类林业案件 669 件，其中林业刑事案件 242 件，被判处刑罚

263 人，处理林权纠纷 427 件。

第七节　告诉申诉

1990 年 2 月，县法院成立告诉申诉庭，除人民法庭审理的案件外，民事、经济和刑事自诉案件由告诉申诉庭统一立案审查，然后移交各业务庭审理。1991 年，告诉申诉案件实行"接待、审查、立案、转办"一条龙服务，公开收案范围和收费标准，方便群众诉讼。1994 年，实行告诉申诉庭统一行使立案和收案登记工作制度，纠正收案随意性大、多头收案、自收自办、应收不收、收而不立等现象。1995 年，县法院立案审查实现"四无"（无立错案、无定错案由、无超立案期限、无有案不立），在全省法院告诉申诉工作经验交流会上介绍经验。1996 年，县法院加强审判监督，实行"办案不管钱、不收钱，收钱、管钱不办案，诉讼费依法收取"制度。

1997 年，县法院实施"铁案工程"，实行立案分离、审执分离、审监分离，清理"口袋案""抽屉案"，堵住人情案、关系案，改变多头立案、谁办谁立，以结代立，该立不立，不该立却立和民事、经济案件不分状况。2000 年，告诉申诉庭分为立案庭和审监庭，电脑跟踪管理诉讼和执行案件立案、收费、送达、开庭、裁判和执行阶段审判流程，立案大厅统一办理立案、收费、排期、送达、保全、委托评估等手续，当日立案，当日排期，当日送达。出台诉讼费减、免、缓制度，下岗工人、孤寡老人、无固定收入的残疾人、军人、军烈属等经审批可以减、免、缓交诉讼费。2002 年 8 月，县法院推行诉讼风险告知制度，发放当事人咨询、起诉或申请执行"诉讼风险告知书"和"执行风险提示书"。2003—2005 年，县法院建立专职信访接待、信访举报制度，双休日、节假日值班制度，院长接待日和院长、庭长预约接访等制度，群众来信来访有所下降。

第八节　立案监督与执行

1988 年，县法院各庭审结的案件由各庭负责执行，除指定专人负责日常执行外，视案情组织突击执行。1991 年 6 月，县法院成立执行庭，配备干警 9 人，购置"金杯"执行专用车 1 辆。10—11 月，组织干警 21 人，组成 4 个组，突击 45 天，执行案件 110 件，标的 131.78 万元。1994 年年初，执行庭设立执行组，专职执行人员 13 人。执行组在执行中注重执行效果，是年，江西省宁都法院到宁化县执行，冻结淮土冶金化工厂的启动资金 30 万元，该厂面临倒闭破产危险，县法院与宁都法院协调解冻该厂账户，暂留 20 万元启动生产，使该厂恢复生产。1995 年，县法院制定《执行工作规则》《执行工作责任考核实施办法》。1996 年 7 月，贯彻全国、全省法院执行工作会议精神，除人民法庭外，业务庭不再负责案件执行，审执彻底分离。1997 年 9 月 12 日至 10 月 10 日，县法院组织执行大会战，执结各类案件 124 件，执行标的 60 余万元。1998 年 8—11 月，开展"百日执行大会战"，集中统一行动 3 次，共执结案件 462 件，执结标的 203.54 万元。县法院获市中院"1998 年完成岗位目标任务一等奖"及"百日执行大会战先进单位"称号。

1999 年，县法院执行庭、法警大队、行政庭、林业庭组成专案执行组，开展"执行年"活动。2000 年 4—5 月，县法院开展重点清理金融案件执行大会战，共执结金融案件 48 件，为金融部门收回资金 190 万元。2001 年 5—6 月，县法院抽调各庭室 53 名干警组成 8 个执行小组，执行历年积案及中止执行的案件，共执结各类案件 138 件，执结标的 180 余万元。受理各类执行案件 461 件，执结 418 件，执结标的 1866.15 万元。2002 年，县法院受理各类执行案件 431 件，执结 398 件，执结率 92.34%。先后前往江苏、上海、广东、厦门、福州等省、市执结一批老案、难案，为企业追回被拖欠的货款110万元。

2003年，县法院加大执行拖欠农民工工资案件力度，维护农民工合法权益，宁化县绿鹏人造板有限公司拖欠103名工人工资13万元，法人代表不知去向，春节将至，县法院特事特办，估价拍卖该公司设备和半成品，兑现工人工资9.20万元，避免群体性上访事件发生。宁化县金属创伟制品有限公司拖欠农民工工资，业主躲债下落不明，范某某等12名农民工申请县法院执行，县法院执行人员公开处理该公司财产，兑现12名农民工工资1.85万元。湖村法庭快审快执黎某某等40位农民工被拖欠工资和保证金一案，黎某某等40位农民工从法官手中领到被拖欠3年的工资和保证金8.23万元。2004年，县法院开展"三清理"（清理未结执行案件、清理执行款物、清理执行卷宗）执行活动，共清理未结执行案件92件，执行款物150余万元，处理历年扣押物品价值0.70万元，归档执行案卷129册。是年，受理各类执行案件298件（含2003年旧存23件），执结281件，执结率94.30%；执结标的额1300万元，标的到位率92%。2005年，县法院受理各类执行案件460件，执结446件，执结率96.96%，执行标的830万元。

附：典型案例

一、盗窃枪支弹药案

1989年1月29日晚，夏某、罗某纠集张某、马某前往福建革新机器厂偷电风扇。当行至该厂原靶场弹药库时，夏某说此库有子弹，4人即共谋盗窃子弹打猎，盗走库内存放的子弹4箱（计6000发）和散装子弹8发。4人又共谋盗窃猎枪，在半成品仓库夏某发现1个木箱里装有半自动步枪配件，便装配了2支半自动步枪，逃离现场。行至弹药库后山时，马某将箱内的1铁盒子弹（750发）藏于山上，然后4人将所盗枪支弹药扛回罗某家中。张某发现有2支枪缺少撞针，当晚，夏某、张某、罗某再次窜到革新机器厂半成品仓库，盗走撞针2根、枪刷4把及枪管等配件，并窜到弹药库盗窃子弹300余发。事后，张某又先后装配2支半自动步枪。张某、罗某、夏某各分得半自动步枪1支、子弹1600余发；马某分得半自动步枪1支、子弹1500余发。张某、马某于1989年2月6日下午持枪到山上射击100余发子弹，夏某将分得的100余发子弹丢弃河里。

张某还于1988年5月18日晚纠集马某携带化纤袋、铁线等作案工具，窜到宁化县龙下水电站，盗窃"日立"牌20英寸（51厘米）彩色电视机1台，价值2310元，事后张某销赃未遂。

马某还于1988年10月间，伙同马某（另案处理）窜到福建革新机器厂，在仓库盗走"虎头"牌单管猎枪7支（不合格产品），价值180元。

法院判决：张某犯盗窃枪支弹药罪，判处有期徒刑13年；犯盗窃罪，判处有期徒刑3年，总和刑期16年，决定执行有期徒刑15年。马某犯盗窃枪支弹药罪，判处有期徒刑12年；犯盗窃罪，判处有期徒刑2年6个月，总和刑期14年6个月，决定执行有期徒刑13年6个月。罗某犯盗窃枪支弹药罪，判处有期徒刑13年。夏某犯盗窃枪支弹药罪，判处有期徒刑10年。

二、1994年"6·7"事件

1994年6月7日下午，陈某因摩托车行驶证号码和车架号码不符，被在宁化城区寿宁桥至南大街岗亭地段巡逻执勤的县公安局巡警廖某和陈某拦下。在他们去派出所的路上，陈某见宁化县翠江镇人大主席李某，陈某向其诉说情况，李某建议去监理站核对，而巡警廖某和巡警陈某坚持去派出所处理，陈某只好推车跟着两巡警朝南大街口走去，李某骑车跟在3人后面。当李某行驶至县饮服公司一楼五交化公司门市部门口时，廖某回转身，发现李某违章行驶后，即示意李某将车停住，并要李某交出钥匙。双方发生争执，廖某边说边伸手拔李某的摩托车钥匙，李某即用左手挡开，右手将钥匙抓在手上。廖某即一拳打在李某的左胸背部，左手抓提摩托车车把，用脚踢摩托车车身，致使李某连人带车一起倒地。当李某爬起来时，廖某又上前一拳击中李某左脸腮部，致使李某再次倒地。廖某把倒地的李某左手抓住，叫另一位巡警陈某过来铐李某。在李某说出自己是县人大代表的身份后，廖某仍协同陈某将李某双手铐在胸前，将李某拖往翠江镇派出所。翠江镇干部罗某见李某被铐，告知廖某和陈某说李某为翠江镇人大主席，县人大代表不能铐。廖某置之不理。直至县人大常委会、翠江镇、县公安局有关人员到翠江镇派出所后，李某的手铐才被解开。经县医院诊断，李某伤情为左额面、左胸背部软组织挫伤伴血肿，双前臂软组织挫伤伴皮肤擦伤，经市中院法医技术室鉴定，其伤情属轻微伤二级。案件发生后，引起宁化县人大常委会领导的重视。1994年6月8日，组织"6·7"事件调查组进行专门调查，法院判决廖某犯非法拘禁罪，判处有期徒刑1年。

一审判决后，廖某以其不知李某为县人大代表，同时是在李某违章并抗拒处理的情况下才使用手铐，是正常执法行为，不构成非法拘禁为由上诉市中院。二审法院作出〔1995〕三刑终字第83号判决，驳回上诉，维持原判。

三、教育局行政合同纠纷案

1997年9月，朱某被福建省宁化师范招生录取。是年11月10日，朱某作为甲方分别与委托培养单位的乙方县教育局协商签订《福建省学生与委托培养单位协议书》（简称《委培协议书》）约定：甲方在校期间如表现不好或学习不努力而退学的，应赔偿乙方培养费；甲方毕业后必须到委托培养单位工作，服从工作分配，服务期为6年，服务期间不得要求调动工作，否则偿还全部培养费；委培费等由甲方直接向学校缴付；甲方毕业后由乙方负责分配工作，享受中师毕业生待遇，保证专业对口；协议书自双方签订日起生效，双方不得毁约，如单方毁约，将负责赔偿对方全部损失。事后，朱某履行了《委培协议书》所确定的全部义务，并于2000年7月取得宁化师范毕业证书及三明市教育委员会师范类毕业生调配部门颁发的"就业报到证"。2000年8月16日，朱某按"就业报到证"期限到乙方县教育局报到，请求分配工作时，乙方以政策发生变化、无权作出是否分配为由，要求甲方再次签订《就业协议》，待甲方在2003年7月底前参加国民教育考试，取得大专以上学历毕业文凭后分配安排工作。对此，朱某不服，于2000年9月，向县法院提起诉讼，要求乙方县教育局履行《委培协议书》，负责立即分配甲方工作。2000年9月22日，县法院受理朱某诉乙方县教育局不履行教育行政合同纠纷一案。县法院依照《中华人民共和国行政诉讼法》第五条及最高人民法院关于执行《中华人民共和国行政诉讼法》若干问题的解释第五十七条第一款的规定，作出判决：朱某与县教育局签订的《委培协议书》行政合同行为合法有效。

第四章　司法行政

1988—1989年，宁化县司法局（简称县司法局）根据县委下发的《1988—1989年普法工作意见》，在全县开展普法宣传和依法治县活动，被中共中央宣传部（简称中宣部）、中华人民共和国司法部（简称司法部）评为"全国普法先进集体"，被福建省司法厅（简称省司法厅）授予"集体三等功"。1991年始，先后开展"二五""三五""四五"普法，大力提高公民的法律意识。1997年，坚持"以防为主、调防结合"方针，结合社会治安综合治理开展人民调解；成立宁化县安置帮教协调领导小组，做好"两劳"（劳改、劳教）释放人员登记，落实帮教责任。1999年，成立宁化县法律援助中心，加强律师队伍建设。至2005年，基层人民调解组织共调解各类纠纷17280起，宁化县律师事务所共担任法律顾问513家，办理各类公证63930件，提供法律援助630人，安置帮教1200多人。

第一节　机构设置

1988年，县司法局内设秘书科、宣传教育科、基层工作科、公证处、律师事务所，全县16个乡（镇）均设司法行政办公室。1989年，收编16个乡（镇）司法办人员，配备专职司法助理员24名。1997年，乡（镇）司法办更名为司法所。1998年，增设刑释解教安置帮教科，挂靠基层工作科。2005年，县司法局内设秘书科、宣传教育科、基层工作科、公证处、律师事务所，全县16个乡（镇）均设司法所。挂靠单位有县普法办公室、依法治县办公室、县法律援助中心、县刑释解教安置帮教领导小组办公室、"148"法律服务协调指挥中心、县综治委指导人民调解协调领导小组办公室。

第二节　法制宣传

1988年，县委下发《1988—1989年普法工作意见》，县委和16个乡（镇）先后调整充实普法领导小组，各建制村成立5—7人的普法辅导站。1989年，县司法局与县委宣传部、政法委组织全县订购有关"治理、整顿"的法律法规选编5000册，组织全县21.50万名应普对象学习法律法规基本常识，普及率98.50%，基本合格率90%以上。县司法局被中宣部、司法部评为"全国普法先进集体"，被福建省司法厅授予"集体三等功"。1990年，县司法局、县工商局、县个协、县供销合作联社对个体工商户和营业员进行有关法律知识测验4次，成绩合格率95.20%。全县65个单位行政领导参加省政府举办的为期3个月的行政法规培训，220家厂、场、所、公司负责人参加福建省经济法规统一培训。1991年，县委成立"二五"普法领导小组，下设办公室，以会代训与专门培训相结合举办普法骨干培训班，共培训普法骨干500人。1992—1993年，先后组织开展"宪法在我心中"作文竞赛、"普法杯"体育比赛和"有奖法律灯谜赛"等活动。

1994年10月18日，县政府召开全县"二五"普法考核验收经验交流会；11月，组织7000名干部、职工、师生参加全国《中华人民共和国消费者权益保护法》知识竞赛；全年举办专业法培训班52期，出法制宣传栏1023期，出动宣传车52辆次。1995年，举办"全县领导干部法制讲座"，邀请省法学会秘书长游劝荣主讲"市场经济就是法制经济"课程。4月中旬至5月上旬，抽查验收全县9个乡（镇）、39个县直单位"二五"普法工作，12月，召开全县"二五"普法表彰大会。1996年，启动"三五"普法，开展形式多样的宣传活动。1998年，举办《中华人民共和国邮政法》《中华人民共和国消费者权益保护法》《中华人民共和国消防法》《中华人民共和国预算法》《中华人民共和国环境保护法》《中华人民共和国电力法》《中华人民共和国防洪法》等法律"每月一法"学习电视征答赛和"普法杯"金融法律知识竞赛。1999年4月，县司法局、县普法办与县工商局联合举办《中华人民共和国合同法》有奖知识征答活动；9月10日，依法治县办与县教育局联合召开全县依法治校经验交流会；9月18日，举办城区副科级以上领导干部法律知识讲座。

2000年，县司法局组织"三五"普法重点对象参加法律常识考试，发出试卷7250份，及格率100%，发放《公民学法登记证》7000多本。通过三明市"三五"普法验收，县司法局先后被省、市依法治理领导小组评为福建省和三明市"1996—2000年度法制宣传教育工作先进单位"。2001年开始实施"四五"普法规划，10月19日，县委、县政府召开"三五"普法总结表彰暨"四五"普法动员部署大会，表彰"三五"普法中32个法制宣传教育先进单位和60名先进个人。是年，开展"严打"整治和整顿规范市场经济秩序法制宣传月活动，翠江司法所通过"严打"整治法制宣传，促使5名在逃人员主动到公安机关投案自首。2002年，出台《关于在全县公务员中开展学法用法活动和进行依法行政培训的实施意见》，举办公务员依法行政培训班2期，培训公务员800名。2003年，聘请省法学会副教授顾越利开办法制讲座，主讲"当代行政法的发展"，200名科级以上领导干部参加。2005年8月，全县"四五"普法通过三明市检查验收。

第三节　人民调解

1988—1989年，全县所有乡村建立排查机构，设置纠纷信息员，形成人民调解网络。1990年，县合成氨厂组建第一个企业调解组织。1991年，全县村（居）人民调解委员会（简称调委会）214个（其中一类调委会161个、二类调委会50个、三类调委会3个），形成"村小组—自然村—建制村—乡（镇）"四级调解网络。1992年，结合开展"社会治安综合治理百村达标"和争创"四无"（无民事转刑事、无非正常死亡、无群众性械斗、无纠纷积案）调委会系列活动，以翠江镇红卫、中山、小溪、北山4个村（居）调委会为达标试点，推行"十户调解员"制度，由有威信的长辈担任"十户调解员"。1994年，充实、整顿基层人民调解组织，选拔82名政治素质好、热爱调解事业的人员担任人民调解主任。1995年，全县有一类调委会147个、二类调委会42个；开展"创规范化调委会"活动，各基层调委会受理各类纠纷654件，调处成功611件，防止民转刑案件21件，防止非正常死亡41人。

1997年，坚持"以防为主，调防结合"方针，结合社会治安综合治理开展人民调解。1999年，通过调委会调解，妥善处理翠江镇小溪村与城南乡青塘村村民之间的坟墓纠纷事件。2000年，城郊乡成立由党委副书记为主任，司法、公安、土地、民政、妇联等单位为成员的人民调解服务中心，中心下设4个片区调解协调小组，调整充实人民调解委员会18个，成立调解小组164个，设立"十户"纠纷信息员535个，形成覆盖全乡的信息、动态网络和大调解格局。县委肯定和推广城郊乡的做法，全县各乡（镇）先后成立矛盾纠纷排查调处中心。

2005年，全县共有人民调解委员会255个，其中乡（镇）16个、村居（社区）调委会227个、企事业调委会12个，村民小组均建立调解小组，设立"十户"调解员。

1988—2005年，基层人民调解组织共调解各类纠纷17280起，调解率99.80%，防止民转刑案件523件，防止因纠纷引起的非正常死亡98人。

第四节　律师　公证

一、律师

1988—1992年，宁化县律师事务所由财政全额拨款。1992—1994年，由财政差额补助；1995年起，自收自支。1999年，更名为三明齐驱律师事务所；是年12月，律师事务所4位律师辞去现职，组建不占国家编制的合伙律师事务所。2000年，福建省司法厅批准正式成立"三明齐驱律师事务所"。

1988—2005年，宁化县律师事务所（三明齐驱律师事务所）共担任法律顾问513家，承办各类案件4552件，接待并解答法律咨询1.80万人次，为国家、集体、个人挽回经济损失6000余万元。

1988—2005年宁化县律师业务情况表

表9-11

年份	承聘法律顾问(家)	承办各类案件(件)						代写法律文书(份)	解答法律咨询(人)
		刑事辩护	民事代理	经济代理	行政诉讼	行政诉讼非诉讼事务	合计		
1988	18	106	35	12	0	7	160	358	611

续表9-11

| 年份 | 承聘法律顾问(家) | 承办各类案件(件) | | | | | | 代写法律文书(份) | 解答法律咨询(人) |
		刑事辩护	民事代理	经济代理	行政诉讼	行政诉讼非诉讼事务	合计		
1989	20	70	73	21	0	14	178	230	592
1990	21	100	45	18	1	7	171	247	149
1991	23	77	72	10	5	8	172	233	530
1992	25	60	57	28	0	8	153	241	456
1993	23	77	89	12	0	15	191	310	495
1994	31	110	93	27	0	0	230	218	365
1995	31	0	0	0	0	0	0	220	541
1996	29	0	0	0	0	0	0	172	821
1997	30	71	175	107	5	28	386	140	977
1998	32	65	161	84	4	68	382	226	1480
1999	31	75	163	55	4	25	322	149	2650
2000	32	47	139	72	12	18	288	102	1940
2001	33	71	190	28	10	47	346	75	1378
2002	33	41	114	28	3	49	235	57	1131
2003	33	0	0	0	0	0	0	42	1434
2004	33	0	0	0	0	0	0	96	1472
2005	35	45	160	10	6	27	248	40	1328

二、公证

1988—1989年，县公证处开展摸奖储蓄、企业招标承包选聘经营者、建筑安装工程招投标、农村民事法律关系以及房屋租赁、遗嘱、房产、收养等公证，共受理各类事项公证申请467件，办结406件，涉及金额3000多万元，经公证的合同履约率98%。1997年，开展烟草种植、收购合同公证，全年办理各类公证事项51370件。2003年，县公证处改制为自收自支事业单位，承担宁化、建宁、清流3县的公证业务，新增公证人员3名。2005年，办理各类公证事项800件。

1988—2005年，县公证处共办理各类公证63930件，为单位、集体和个人挽回经济损失8000万元。

1988—2005年宁化县公证业务情况表

表9-12

| 年份 | 办理各类公证(件) | | | | | |
	国内经济	国内民事	涉外民事	涉港澳	涉台	合计
1988	159	283	129			571
1989	296		110			406
1990	408	60	132		2	602
1991	745		141		5	891
1992	1496	62	128			1686
1993	778	152	120	0	0	1050

续表9-12

年份	办理各类公证(件)					
	国内经济	国内民事	涉外民事	涉港澳	涉台	合计
1994	552	37	191	0	0	780
1995	563	110	81	56		810
1996	540	238	107	93		978
1997	51015	105	156	74	20	51370
1998	334	46	97	11	32	520
1999	216	184	80	19	26	525
2000	105	112	92	13	10	332
2001	116	111	108	24	39	398
2002	125	115	345	73		658
2003	0	0	0	0	0	0
2004	0	0	0	0	0	0
2005	260	244	240	56		800

第五节　法律援助与服务

一、法律援助

1999年5月宁化县法律援助中心成立，11月17日正式挂牌运作。2000年，宁化县法律援助委员会成立，县政府下发《关于做好法律援助工作的通知》，县财政将法律援助办公经费列入财政预算，核拨5万元设立法律援助基金，成立县老龄委、县残联、县总工会、县妇联等法律援助部和泉上、安乐、石壁、安远法律援助站。2002年，成立翠江镇红卫片"法律援助"社区部和青少年法律援助部。9月，福建省法律援助中心规范化建设现场会在宁化县召开。2003年，福建省司法厅授予宁化县法律援助中心"落实法律援助办实事项目先进集体"称号，福建省精神文明指导委员会确定宁化县法律援助中心为福建省第四届"创文明行业，建满意窗口"竞赛活动示范点。

1999—2005年，宁化县法律援助中心共办理法律援助案件444件，受援人数630人。

二、基层法律服务

1988年，全县基层司法办担任常年法律顾问83家，其中企业顾问29家、乡政府法律顾问2家、建制村顾问52家；为顾问单位办理民事代理37件、经济代理9件、非诉讼代理9件，代写法律文书139份；追回债款12万元，避免经济损失20万元。是年，全县16个乡（镇）均设立法律服务站和公证联络站，开展民事诉讼代理、代写诉讼文书、联络办理公证等业务。1990年，法律服务站和公证联络站合并，改称法律服务所。1997年，宁化县法律服务中心与乡（镇）法律服务所共担任法律顾问185家，诉讼代理291件，协办公证、见证400件，代写法律文书321份，解答法律咨询863人次，调解各类民事纠纷323件，防止民转刑8件11人，避免和挽回经济损失66.30万元。2000年，保留宁化县法律服务中心、翠江法律服务所、城郊法律服务所，其他14个所合并成立宁化县客家中心法律服务所。共担任法律顾问199家，代理诉讼事务161件，代理非诉讼事务230件，调解纠纷203件，代书163份，解答法律咨询1200人次。

2005 年，基层法律服务所共担任法律顾问 120 家，代理诉讼事务 82 件，代理非诉讼事务 67 件，调解纠纷 368 件，协办公证 21 件，代写法律文书 167 件，解答法律咨询 1620 人次，办理法律援助事务 35 件。

三、"148" 法律服务专线

1999 年，县司法局成立 "148" 协调指挥中心；5 月 28 日正式开通宁化县法律服务专线电话，电话号码为 "148"。2000 年，"148" 协调指挥中心与宁化县法律援助中心合署办公，新装 "96148" 与 "148" "38148" 3 个电话号码同步使用，固定值班人员 3 人；7 月 30 日，全县 16 个乡（镇）均开通 "148" 法律服务专线电话。

1999—2005 年，"148" 法律服务专线年均接受各类咨询电话 400 余次，接待来访 300 余人次。

第六节　安置帮教

1997 年，宁化县成立安置帮教协调领导小组，下设办公室，挂靠县司法局。是年，以乡（镇）为单位排查摸底，造册登记 1994—1997 年全县范围内的刑释解教人员基本情况。2001 年，排查 1998—2001 年的刑释解教人员 498 人，填写《刑释解教人员基本情况登记卡》402 份，安置 434 人，落实帮教责任人 984 人。2002 年，排查 2001—2002 年刑释解教人员 199 人，填写《刑释解教人员基本情况登记卡》187 份，落实帮教责任人 368 人，开展 "两劳" 释放人员就业政策教育 185 人。2003 年，做好 "两劳" 释放人员造册登记，全年 "两劳" 释放人员 103 个，全部得到安置。2005 年，全县排查 2002—2005 年刑释人员 496 人，解除劳教人员 40 人，发现违法犯罪线索 3 条，破获刑事案件 1 件。至 2005 年年底，全县共建帮教小组 212 个，帮教人员 1246 人。

附：凉伞岗农场

1983 年，凉伞岗劳教农场由福建省公安厅划转福建省司法厅管辖。1987 年 9 月改称福建省宁化县劳改支队，并经福建省机构编制委员会核定为团级建制，场址设湖村乡凉伞岗，下辖 7 个中队。1994 年改为宁化监狱。2000 年 7 月撤并，犯人分流到福建省各地监狱及劳改农场，此后不再关押罪犯。

卷十　军事

1988 年后，宁化县政府依照法律规定权限，管理本行政区域内的征兵、民兵、预备役、国防教育、国民经济动员、人民防空、国防交通、国防设施保护、退出现役的军人安置和拥军优属等工作；与驻地军事机关根据需要召开军地联席会议，协调解决本行政区域内有关国防事务问题。

宁化革命老区，素有军队拥政爱民、地方拥军优属的优良传统。县委、县政府大力支持驻地军事机关执行军事任务和开展自身建设，协调解决随军家属实际困难和问题；驻地军事机关发扬拥政爱民光荣传统，主动服务党的中心工作，巩固发展军政军民关系，开展军警民共建社会主义精神文明和学雷锋树新风等活动，配合公安部门维护社会治安，参加抢险救灾，发挥人民军队为地方经济建设和社会稳定保驾护航的重要作用。1994 年，南京军区、福建省军区授予福建省宁化县人民武装部 "抗洪救灾先进单位" 称号。2005 年，福建省委、省政府授予宁化 "双拥工作先进县" 称号，省委、省政府、省军区授予宁化消防大队及共建单位三明工贸学校 "双拥共建先进单位" 称号。

第一章　驻地军事机关

第一节　人民武装部　武警

一、人民武装部

（一）宁化县人民武装部

1986 年 6 月，中国人民解放军宁化县人民武装部划归地方建制，改称福建省宁化县人民武装部，属县委军事指挥机关，副县级单位，接受宁化县委、县政府和三明军分区双重领导，县委书记兼任福建省宁化县人民武装部（简称县人武部）党委第一书记、县人武部政委任人武部党委书记，内设军事科、政工科、办公室。1996 年 3 月 23 日，福建省宁化县人民武装部收归军队建制，改称中国人民解放军福建省宁化县人民武装部，为正团级单位，接受宁化县委、县政府和三明军分区双重领导，县委书记兼任县人武部党委第一书记，设部长、政委、副部长职务，内设军事科、政工科、后勤科（原办公室）。2003 年取消副部长编制，2004 年恢复。至 2005 年，建制延续。

1986—2005 年宁化县人武部副团级以上人员名表

表 10-1

职务	姓名	性别	出生年月	籍贯	任期
部长	罗朝祥	男	1948 年 7 月	福建省宁化县	1986 年 2 月—1991 年 7 月
	赖经仁	男	1956 年 10 月	江西省石城县	1991 年 7 月—1999 年 3 月
部长	谢贵水	男	1957 年 6 月	福建省建宁县	1999 年 3 月—2004 年 3 月
	陈　平	男	1963 年 2 月	江苏省启东市	2004 年 3 月—
政委	李轩源	男	1945 年 1 月	江西省石城县	1984 年 1 月—1991 年 5 月
	罗朝祥	男	1948 年 7 月	福建省宁化县	1991 年 7 月—1996 年 3 月
	罗钦荣	男	1956 年 10 月	福建省将乐县	1996 年 4 月—1998 年 3 月
	张友生	男	1955 年 10 月	福建省大田县	1998 年 3 月—2000 年 3 月
	曹光火	男	1961 年 4 月	江西省鄱阳县	2000 年 3 月—2003 年 3 月
	卢红义	男	1961 年 7 月	山东省蒙阴县	2003 年 3 月—
副部长	王兴元	男	1955 年 3 月	福建省宁化县	1994 年 7 月—1999 年 3 月
	王继成	男	1962 年 1 月	江苏省启东市	1999 年 4 月—2003 年 3 月
	刘宁斌	男	1964 年 10 月	江西省瑞金市	2003 年 3 月—2004 年 3 月
	罗远昌	男	1965 年 4 月	江西省石城县	2005 年 3 月—

（二）基层人民武装部

1988 年，全县设有县直机关人武部、华侨农场人武部和各乡（镇）人武部。1999 年 7 月，增设教育局人武部、卫生局人武部。2005 年，全县有基层人武部 20 个。

二、人民武装警察

（一）武警宁化县中队

1988 年，武警宁化县一中队隶属武警三明市支队领导，称武警宁化县大队。1992 年 6 月，武警宁化县大队撤销，武警宁化县第一中队改称武警宁化县中队，隶属武警三明市支队和县公安局双重领导。2001年 1 月，武警宁化县中队由三明支队二大队托管。2005 年，武警宁化县中队隶属武警三明市支队和县公安局双重领导。

（二）武警宁化县消防大队

1988 年，中国人民武装警察部队宁化县消防中队编制 14 人。1997 年，县公安局消防科与县消防中队合并，组建中国人民武装警察部队宁化县消防大队（简称县消防大队），正营级，编制增至 17 人。2003 年12 月，大队建制 17 人，下设 1 个中队。至 2005 年，建制延续。

第二节　国防动员机构

1988 年，县委书记兼任县国防动员委员会第一主任，县长兼任主任，副主任分别由县政府分管武装工作的副县长和县人武部部长、政委兼任。1991 年，县国防动员委员会下设秘书组和人民武装动员、经济动员、交通战备、支前等 4 个办公室。2003 年 6 月，国防动员委员会调整办事机构，设综合、人民武装动员、政治动员、经济动员、人民防空、交通战备、科技动员、信息动员、支援前线等 9 个办公室。2005 年，建制延续。

第二章 兵役

第一节 现役征兵

一、兵役登记

征兵工作根据《中华人民共和国宪法》《中华人民共和国兵役法》及国务院和中央军委命令执行，包括征兵的组织准备（兵役登记）、征兵、送兵和善后处理 3 个主要阶段。一般情况下每年征兵 1 次，时间安排在冬季。1988 年没有征兵。1989 年改为春季征兵。1990 年春季和冬季 2 次征兵。1991—2005 年，均为冬季征兵。每次征兵首先进行兵役登记，全县各乡（镇）均成立兵役登记工作领导小组，下设兵役登记站，发布《兵役公告》和《兵役通知书》，各村（居）民兵营按兵役登记要求，组织适龄公民前往登记站进行兵役登记。经乡（镇）村、居委会目测、初检、初审，办理登记手续，下发《兵役登记证》和《预征对象通知书》。

二、兵员征集

1992 年 10 月 20 日至 12 月 9 日，全县征兵人数中，初中毕业以上文化程度占征兵总人数的 53.97%、农业人口占 88.89%、女兵占 0.79%。1999 年，县人武部被福建省人民政府征兵办评为"征兵先进单位"。2003 年，报名应征人数占全县适龄青年 42.87%。2004 年，应征入伍的新兵中，高中以上文化程度新兵占 58.01%、中共党员和共青团员占 61.88%、机关企事业青工占 9.39%、女兵占 3.87%，实现"双过半"（新兵高中以上文化、党团员）目标，县人武部被福建省人民政府征兵办评为"征兵先进单位"。2005 年，应征入伍的新兵中，高中以上文化程度新兵占 56.71%、初中文化文化程度新兵占 43.29%，农业户口占 95.73%，中共党员和共青团员占 73.78%。

1989—2005 年，全县连续 17 年无责任退兵。

三、新兵入伍

1988—2005 年，全县每年送兵都组织"欢送新兵大会"，县委、县人大、县政府、县政协四套班子领导出席，县人武部部长主持新兵入伍仪式，分管武装副县长作欢送新兵讲话，营造支持国防建设和征兵工作的良好氛围，提高全民国防观念。新兵起程时，中小学红旗队、彩旗队、标语队、腰鼓队，鲜花挥动，鼓乐齐鸣，载歌载舞，欢送新兵入伍。沿街单位和群众燃放鞭炮夹道欢送，胸带红花的新兵队伍经过南大街至汽车站，气氛热烈。

第二节　民兵预备役

民兵预备役分为第一类和第二类。第一类民兵预备役包括经过登记服士兵预备役的 35 岁以下退出现役的士兵、士兵预备役 35 岁以下的地方与军事专业对口的技术人员和其他编入预备役部队与预编到现役部队的 28 岁以下预备役士兵；第二类民兵预备役包括除服第一类士兵预备役的人员外编入民兵组织的人员、其他经过登记服士兵预备役的 35 岁以下的男性公民、服满第一类士兵预备役转服第二类民兵预备役人员。民兵预备役每年 3—4 月份进行登记。1988—1990 年，进行复退军人登记、统计，建立复退军人预备役档案，核对全县战争潜力，全县应服预备役复退军人中有 71 个专业的一类预备役人员和二类预备役人员。全县民兵预备役人员中基干民兵占 19.67%、专业技术兵占 2.77%。

1994 年，开展战争潜力调查，全县对与军事专业对口（半对口）技术人员进行登记。1996 年，开展民兵预备役抓典型、树标兵活动，评比党管武装好书记和民兵预备役建设先进单位。2002 年，县、乡（镇）加大财政投入，各基层人武部建立作战室，购置微机和打印机，配置图版等相关设施，装备民兵应急分队应急物资器材。2005 年，全县民兵预备役登记准确率和储备合格率均达 100%。

第三章　民兵

第一节　组织整顿

一、组织建设

1988 年，全县乡（镇）人武部直接领导乡（镇）所属企事业单位民兵组织。男、女民兵分别进行编组，同时调整配备民兵骨干队伍，增强军政素质。

1991 年 12 月，按照中国人民解放军总参谋部《关于在新时期加强我军后备力量建设的几个问题的报告》中提出的"控制数量，提高质量，抓好重点，打好基础" 16 字方针，宁化压缩民兵规模。1992—1995 年，按照《三明市整组工作验收标准》，依照规范化整组程序进行整组，结合整组、预备役登记与战争潜力调查，打下战时快速动员基础。

1996 年，全县基干民兵和普通民兵实行分别编组。1997—1999 年，中国人民解放军总参谋部、总政治部联合下发《关于深化民兵工作调整改革的意见》，提出民兵组织"减少数量、合理布局、突出重点、分类建设"的方针，县人武部突出基干民兵应急分队和专业技术分队建设，实行民兵应急分队择优单独编组，指派人武部干部兼任民兵应急分队连长、指导员，专武干部兼任排长。民兵专业技术分队按民兵装备和部队装备专业技术分队和地方与军事专业对口单位专业技术分队两种类型编组。县人武部被省军区评为民兵整组先进单位。

2000—2003 年，根据中国人民解放军总参谋部（参联字〔1997〕2 号）和南京军区《民兵组织整顿暂行规定》，县人武部推进民兵组织基础建设。2004 年，县人武部被三明军分区评为"2004 年度人武部正规化建设先进单位"。

2005 年，县人武部按照"编为用、建为战"原则，调整民兵实战化编组布局。

二、政治建设

1988 年，县人武部将政治教育纳入民兵训练计划，与军事训练统一安排和组织实施。1991 年，发生东欧与苏联事件，民兵训练突出反渗透、反和平演变，加强爱国主义教育，以广播、墙报、刊授等形式开展季度教育，共订《中国民兵》等刊授教材 1150 册，季度教育率 90% 以上。1992 年，在三明市召开的第四届民兵代表大会上，宁化县翠江镇等 6 个单位和赖经仁等 5 人受市委、市政府和军分区联合表彰，县机关人武部部长甘永国被授予"模范专职人民武装干部"称号。在县召开的第十二届民兵代表大会上，县委、县政府表彰党管武装好书记 13 名、民兵工作先进单位 54 个和民兵先进个人 55 人。

1994 年，县人武部开展以爱国主义为中心的国防教育，印发各类学习资料 5000 份，刊函授面达 96%。运用党校后备干部培训班、党员轮训班及各类会议、集训等载体，进行国防教育专题讲座和宣传，扩大国防教育面。

1995—1996 年，县人武部重点学习中共十四届四中、五中全会精神，《邓小平文选（第三卷）》和科学技术基础知识，先后开展 "爱武装""创一流成绩"、国防知识竞赛、读书演讲活动和开办广播、电视讲座，进行民兵政治教育。1998 年，县人武部下发政治工作意见，加大新闻宣传力度，是年被市级以上报刊采用稿件 50 篇，其中省级以上 15 篇。

1999—2003 年，县人武部采取"三结合"（国防教育与全民教育相结合，兵役法规教育与"三五"普法教育相结合，季课教育与经常性教育相结合）方法，运用"青年民兵之家""民兵活动室"、各种报纸杂志、刊函授和有线电视等阵地工具，印发政治教育测试卷 1000 份，促进民兵政治教育，增强全民国防观念。2004 年，深入推进"三结合"教育，编写教案 38 份，强化民兵政治教育舆论宣传，被国家和省、市级报纸杂志分别采用稿件 6 篇、8 篇和 4 篇，县人武部被三明军分区评为"2004 年度民兵政治教育先进单位"。2005 年，民兵组织干部参加同级村（居）支委或村（居）委工作，享受村（居）委副主任职级待遇，乡（镇）人武部部长为同级党委委员，民兵政治建设进一步加强。

第二节 训练

一、规范化训练

1986 年，县人武部建成民兵训练基地大楼，配置训练器材和生活设施，改变以往各乡（镇）分片分散进行民兵军事训练为县人武部训练基地集中训练。1988 年，全县集中训练民兵 350 人次。1990 年起，县人武部按照《民兵军事训练大纲》和《民兵军事训练成绩评定标准》，开始实行规范化训练，成立集训大队，下设军事教研组、政工教研组、后勤保障组。基干民兵及应急分队每期训练时间 15 天，训练内容有队列、射击、投弹、爆破、土工作业、反小股作战等课目。是年，组织专职武装干部、民兵干部、专业技术民兵军事训练 3 期。1991—1993 年，宁化县基干民兵 240 人次接受三明军分区考核验收。

1994 年，规范化训练民兵 348 人次。1995 年，军分区抽考全县第二期参训民兵射击、投弹等 6 个课目，成绩良好。全年训练新入队民兵合格率、储备率均 100%。同时开展为期 6 天的民兵工作业务和轻武器实弹射击训练。1996 年，全县专职武装干部、民兵干部通过军分区军事训练考核。1999 年，全年共训练基干民兵和专业技术兵 256 人次、应急分队 120 人次、民兵干部 108 人次。举办 1 期少年军训班，军训学生 500 人。2002 年，重点开展"保畅通"训练，军分区考核验收民兵应急分队训练，成绩良好。

2003 年，组织专职武装干部集训 15 天，训练应急分队 60 人次、基干民兵 252 人次，军分区考核民兵应急分队训练，各科目总评优秀。2004 年，突出民兵预备役野战化演练，组织专职武装干部集训 8 天、全县民兵干部集训 10 天，分别组织基干民兵训练和民兵应急分队训练 15 天和 20 天，共训练基干民兵 90 人次、应急分队 120 人次，民兵应急分队训练经军分区考核，各科目总评优秀。2005 年，组织专职武装干部、民兵干部和民兵应急分队开展反"台独"应急作战准备训练，经军分区考核成绩良好。

二、后勤保障

1988—2002 年，民兵事业费主要由各乡（镇）政府承担，用于民兵训练误工补贴，购置民兵训练教材、器材和集训民兵干部、民兵军事教员的伙食补贴。2003 年起，总参谋部统一制发民兵训练大纲和教材，下发民兵训练指标内弹药；省财政转移支付民兵和民兵干部军事训练误工补贴；县人武部基地民兵军事训练及教材、器材费用采取分级归口保障方法解决。2005 年，县民兵军事训练保障良好，训练基地教学、训练、生活设施健全。

第三节　装备管理

1988 年，实行县人武部主要领导每月、科领导每周、仓管人员（双人双锁、同进同出）每日一次检查专用武器库（室）、定期维护保养存放和配发的武器装备等武器管理制度，确保武器装备安全、技术状态良好；12 月，宁化县民兵装备仓库被省政府、省军区评为规范化建设达标单位。1997 年 12 月，宁化县民兵装备仓库被省军区评为民兵装备仓库业务管理正规化建设达标先进单位。2000 年 12 月，宁化县民兵装备仓库被省军区评为民兵装备仓库武器管理先进单位。2000 年，新建民兵武器装备仓库 1 座。2005 年，宁化县民兵装备仓库建成一体化联动报警、温度湿度自动化监控、电子红外线自动监控网络，形成"四网一体"（通话网、视频网、传输网、监控网）的安全防范体系，实现民兵武器管理连续 24 年安全无事故。

第四章　国防教育与人民防空

第一节　国防教育

一、宣传教育

1988 年，宁化县国防动员委员会（简称县国动委）实施《福建省全民国防教育大纲》，组织教育、文化、新闻、出版、广播、电影、电视等部门联合开展全县国防教育。

1990 年，县国动委开展防动乱演练 3 次，组织民兵 3000 人次参加。县人武部、县委宣传部等部门组成国防教育领导小组，培训理论教员 570 人、业余宣传员 3100 人；运用广播、图片、墙报、专栏、智力竞赛、刊授教材、自编教材、专题讲座等多种形式开展国防教育；中央、省、市报刊和电台（电视台）先后报道宁化国防后备力量建设情况 73 篇（次）；县直机关、县水泥厂等单位被省军分区政治部评为国防教育先进单位。1991 年，各乡（镇）、县直部委办局机关、各企事业单位先后成立国防教育领导小组，县、乡配备国防教员，制定国防教育大纲，举办国防知识竞赛、国防教育电影周活动，党校开设国防教育课，学校组织学生军训，增强全民国防观念。

1992—1997 年，县建立国防教育中心，各乡（镇）建立国防教育教研室，开设县主要领导、县人武部领导节假日和重大活动全民国防教育有线电视讲话。1998 年，县委党校在副科以上干部、中青年后备干部、村主干、团干、入党积极分子等培训班中安排两课时以上国防教育讲座，县人武部和武警部队派员到各中小学、三明工贸学校开展"军事训练周"活动。1999—2002 年，国防教育列入干部素质教育的重要内容，部队派员到县直部门单位讲授国防教育课 16 场次；国防教育日发放传单，张贴标语，组织全县干部、群众、学生参观革命旧址和陈列馆（室）。

2003—2004 年，拓宽国防教育渠道，采取集中刊授教育、个别教育与分片教育相结合，县人武部机关派员为县委党校、县人大、县政协、县检察院、县法院、县林业局、县交通局等单位上国防教育课 26 场次；县消防大队、县武警中队派员为各中、小学、三明工贸学校军训学生 2810 人。在第四个国防教育日开展国防法规和兵役法规宣传，发放传单 16000 份，张贴标语 700 张。针对台海局势，开展以对党忠诚、听党指挥为主要内容的民兵预备役专题教育和形势教育，随时准备应急动员参战支前。2005 年，举办《中华人民共和国兵役法》颁布 21 周年系列纪念活动，县电视台和县、乡（镇）广播电台（站）开辟"国防教育专栏"，各基层党委、人武部采取报告会、座谈会、演讲会、知识竞赛、文艺演出、宣传车、幻灯、墙报、黑板报、标语等形式，开展全民国防宣传教育。

二、军事日活动

1988 年起，每年"八一"建军节前夕，县委主持召开县委常委议军会，县国动委、驻宁化军事机关、县公安局、县检察院、县法院、县财政等部门领导列席，听取县人武部工作汇报，研究需地方解决的困难和问题。2000—2004 年，县委常委议军会议决定，由县政府协调给予资金支持，先后兴建民兵武器装备仓库 1 座、武警消防大队综合办公楼和县人武部指挥自动化办公大楼各 1 幢，改善部队设施设备、办公环境和人居环境。

1988—2005 年每年建军节期间，县委、县政府和县国动委组织开展军事日活动，慰问武警消防大队、武警中队等部队，召开座谈会、汇报会，学习军事知识，参加实弹射击，促进部队和军地"双拥"建设。

三、国防教育基地建设

1988 年，宁化县建成北山革命纪念馆、革命烈士纪念碑、县委党校、"青年民兵之家"等国防教育阵地。1990 年，建设国防教育电化播放点 120 个，聘请国防教育兼职教员 100 名，购置播放器材 30 套、各类教育资料片 100 部。1991—2005 年，陆续添置国防教育教学器材和民兵训练、函授、民兵整组、征兵工作等学习教材，建立健全国防教育配套设施，形成以县委党校、县图书馆、县革命纪念馆、县革命烈士纪念碑、县青少年宫等国防教育基地为中心，乡（镇）青年民兵之家、农村俱乐部等国防教育基地为辅翼的教育网络。

第二节 人民防空

一、防空预案

2003年，根据省、市人民防空工作会议关于"加快人民防空建设步伐，做好防空袭斗争准备"的要求，宁化县人民防空办公室（简称县人防办）负责编制完成以人口疏散、隐蔽、消除空袭后果为主要内容的《宁化县防空袭预案》，提高全民防空意识。

二、通信保障

以县人武部军事科、县人防办为主负责，县信息中心、县人民武装委员会（简称县武委会）办公室配合协调，建立与国家、军区、省、市、县国动委和县人武部防卫作战、各作战集群指挥机构之间的计算机局域网、政务信息网、军队指挥网和空情接收系统、视频系统。并由县人武部军事科和县人防办负责，县信息中心协调电信、移动、联通、邮政等有关通信运营公司搞好指挥通信保障。采取有线通信为主、无线通信为辅的办法，依托县人防地下指挥所和军用通信网，建立市、县国防动员指挥通信专线，搞好通信系统备份，做好指挥所应急通信保障各项准备。

依托县委机要局建立机要室，县人武部军事科保密室人员参加，采取机要密码文件建立上下之间、军地之间机要通信专线，实施24小时机要值班，负责国防动员指挥与人防等密码电报的接收和传送。

第五章　拥政爱民

第一节　军警民共建

1988年，成立驻宁化军事机关拥政爱民工作领导小组，以"同呼吸、共命运、心连心"为主题，开展军警民共建社会主义精神文明活动。全县建立规范化共建点10个，其中县人武部、县消防大队先后与宁化县第一中学、县医院、翠江镇朝阳新村居委会、三明工贸学校、县粮食局等单位结对共建。驻宁化军事机关发挥军事单位优势，组织共建单位员工开展军事活动，增强国防观念。1989年10月，举办宁化县"首届军、警、民军事体育比赛"；12月，县人武部被三明市委、市政府、军分区授予"双拥先进单位"称号。1990年，军警民共建文明村、文明街、文明路、文明厂、文明车站12个，帮军属小组21个。6月，省政府和驻闽部队授予县政府"双拥共建"先进单位称号，林宗河与茅振荣获"双拥共建"先进个人称号；7月，市委、市政府、军分区联合授予县民政局、县林委、泉上镇政府、禾口乡政府"双拥共建"先进集体称号。

1993年，县消防大队被市政府评为"双拥"先进单位。1994年，县政府核拨专款5万元，解决驻宁化军事机关生产、生活困难，各级党政、共建单位、群众为驻军办实事63件，其中县水泥厂为共建单位——武警三明支队四中队和驻凉伞岗劳改农场武警部队无偿提供水泥 3 吨、红砖 5 万块，驻宁化武警战士为群众做好事 36 件。1996—1997 年，宁化县争创"双拥模范县"，县政府核拨专款 17.50 万元用于发放部队补贴和设施建设。市委、市政府和军分区联合授予县粮食局、武警宁化中队"双拥先进单位"称号，市双拥办授予县消防大队"警民共建先进单位"称号。

1998 年，县领导组织春节慰问小组慰问驻军部队，分送慰问金及慰问物资，县政府核拨 10 万元为驻军部队解决环境、设施等方面困难。部队积极支持地方建设，县人武部与县职业中专学校合办两年制国防建设专业班，培养基层军事干部。1999 年，县政府核拨专款 55 万元，解决民兵武器仓库搬迁、训练基地维修、国防动员办公经费等问题，协调解决训练经费统筹问题。

2001—2002 年，县委、县政府召开专题会议研究全县武装工作，协调解决专武干部、随军家属政府补贴、武器封存经费等问题，随军家属困难补助期限由 2 年延长到 5 年，补助标准由每人每月 170 元提高到 230 元。省委宣传部、省精神文明建设指导委员会、省军区政治部联合授予县消防大队和三明工贸学校"第三届军民共建精神文明先进单位"称号。2005 年，按照"抓双拥、促稳定、促发展"的要求，调整充实双拥工作领导小组，完善议军会、双拥领导小组联席会议等工作制度。是年 6 月，省委、省政府授予宁化"双拥工作先进县"称号；12 月，省委、省政府、省军区联合授予宁化消防大队和三明工贸学校"双拥共建先进单位"称号。

第二节　抢险救灾

1988 年，县人武部组织民兵参加山林扑火等抢险救灾 32 起，抢救遇险群众 30 人。1994 年，宁化发生百年不遇特大洪灾，全县出动民兵解救被洪水围困群众 4200 人，抢运物资 250 吨，抢修水渠等大小水利工程 2400 处，清理淤泥垃圾 3000 立方米；武警宁化县中队抢救被洪水围困群众 600 人，抢救各类物质总价值 300 万元。南京军区、福建省军区授予县人武部"抗洪救灾先进单位"称号，武警宁化县中队被三明市委、市政府授予"抗洪抢险先进集体"称号，被武警总队授予"抗洪救灾集体三等功"。

1995 年，全县民兵为受灾群众捐款 2 万元、粮食 4000 公斤。2001 年 6 月，洪灾灾情严重，全县民兵预备役人员和驻宁化武警先后出动官兵抢救被洪水围困群众 500 余人，减少经济损失 800 万元，县政府授予武警宁化县中队"抗洪救灾先进单位"称号。是年，组建民兵应急扑火分队参加扑火 10 次。2002 年 6 月，建宁县发生特大洪灾，县人武部组织民兵预备役人员 24 小时不间断地勘察连城至建宁均口一线道路情况，随时排除险情，保障主力部队进入重灾区建宁县。全年出动民兵预备役人员参加森林防火和抗洪救灾 10 次，其中 6 月 19 日组织民兵应急分队人员前往安远曾坑村，清理道路塌方和抢修水渠 350 米、桥梁 2 座。市委、市政府授予县人武部"抗洪先进单位"称号。

2003 年，宁化发生严重旱灾，县人武部组织人员抗旱救灾 2 个月，缓解灾情。10 月 29 日 10 时 07 分，县消防大队接到江西往宁化方向一部大客车（赣 B31312）起火报警，迅速组织战士到达现场施救，8 分钟后成功控制火势，排除险情。2004 年，市政府授予县消防大队"防汛抗旱工作先进单位"称号。11 月 15 日，县 110 指挥中心调度县消防大队成功抢救欲从 4 楼楼顶跳楼轻生女子 1 人。2005 年 3 月 7 日 21 时 50 分，1 名年轻女子从宁化县动力迪吧 3 楼跳下，坠挂在窗户防盗网上，县消防大队战士接到报警后赶到现场将轻生女子救出，用担架送往医院抢救。

第三节 学雷锋 树新风

1988 年，全县有民兵学雷锋活动小组 400 个，组织民兵为军烈属、困难户做好事 800 件。1990 年，民兵学雷锋活动小组为军烈属做好事 916 件，义务植树 5 万棵，公益事业义务投工 9 万个工作日，向受灾群众捐款 2500 元。1991 年，全县民兵学雷锋小组 502 个，县人武部组织开展"学雷锋、比奉献"活动，全县民兵共为群众办实事、做好事万余件，向灾区捐款 5 万元，为公益事业、生产建设等义务投工 35 万个工作日。民兵中的"五好家庭"占全县"五好家庭"的 75%。1992 年，开展学雷锋、树新风和争先创优活动，全县组织 210 个民兵学雷锋小组为军烈属与群众做好事 4600 件。

1994 年，淮土乡、方田乡民兵学雷锋小组帮助"5·2"和"6·15"洪灾种植烤烟受灾户扶苗、洗苗、补苗 70.20 公顷，搭盖和修理重灾户房屋 860 间。全县民兵赈灾捐款 31250 元、衣物 980 件、粮食 5000 公斤。是年，开展扶贫帮困学雷锋活动，全县民兵扶贫帮困做好事上万件。1995 年，全县 480 个民兵学雷锋小组扶贫济困 200 户，为军烈属送米、送煤、打扫卫生等做好事 4900 件，义务投工修路 1.20 万个工作日，向受灾群众捐款 2 万元、粮食 4000 公斤。2001 年，全县 210 个民兵扶贫帮困、学雷锋小组与 16 个"爱心献功臣"服务小组扶贫帮困 300 户，做好事 1000 件。2002 年，开展全县民兵争先创优活动，3 月组织参训民兵 120 人次打扫城区主要街道卫生。2003 年，市卫生局、市红十字会授予县消防大队"无偿献血先进集体"称号。2005 年，全县 227 个民兵扶贫帮困、学雷锋小组和 16 个"爱心献功臣"服务小组扶贫帮困户 310 户，做好事 1200 件。

第六章 国防事务纪略

第一节 上级领导机关检查指导工作

1993 年 3 月 8 日，三明军分区司令姜善等到宁化检查指导民兵训练工作。

1995 年 12 月 22 日，福建省军区"县（市、区）人武部全面建设"先进单位考评组到宁化，考核验收县人武部全面建设工作并检查指导基层武装部工作。

1999 年 11 月 25 日，福建省军区政委、少将陆风彬在市军分区司令员郑树建、政委沈正平陪同下到宁化检查指导征兵与民兵预备役工作。

2000 年 10 月 19 日，福建省委常委、省军区司令员陈明端到宁化检查指导工作，听取县委、县政府汇报。

2001 年 4 月 1 日，福建省军区参谋长、少将王贺文到宁化检查指导武装工作，三明军分区政委沈正平陪同。

2001 年 5 月 26 日，福建省军区、三明军分区考核组到宁化，考核民兵应急分队军事训练工作。

2002 年 4 月 25 日—26 日，三明军分区司令员郑树建检查指导泉上、湖村及县直有关部门民兵整组工作。

2002 年 11 月 14 日，市委常委、军分区政委沈正平到县人武部调研征兵工作。

2002 年 11 月 30 日，福建省军区司令员张鹤田在三明军分区领导杨雁雄、沈正平等陪同下到宁化调研。

2003 年 11 月 24 日，省军区副政委文可芝率省军区工作组到宁化检查指导武装工作，三明市委常委、军分区政委沈正平陪同。

2004 年 6 月 16 日，省军区政治部主任、少将王清葆到宁化检查指导党管武装和国防后备建设工作。

2004 年 10 月 18 日，市委常委、军分区司令员杨雁雄和军分区政委沈正平到宁化参加县人武部指挥自动化办公大楼落成典礼,，县领导陈忠杰、巫福生、吴成球、刘世繁、卢红义出席。

2005 年 3 月 3 日—4 日，省军区副司令员朱光泉、三明军分区政委赵琛到县人武部检查指导保持共产党员先进性教育活动。

第二节　军事活动

1988 年 8 月，县武警中队派官兵参加三明市支队组织的第二次军事大比武，参加五四式手枪 25 米精度射击、五六式半自动步枪 100 米精度射击、班队列、擒敌对抗、投弹、5 公里武装越野等 6 个课目比武，总评成绩良好以上。

1990 年 3 月，武警三明支队按照国务院、中央军委〔1989〕79 号文件精神，撤销不符合武警执勤任务范围规定的宁化劳改农场支队邓坊、渔钦执勤点。

1993 年 4 月 1 日—11 日，武警宁化县中队部分官兵参加公安系统巡警成立阅兵大会。

1996 年 3 月 23 日，县人武部收归军队建制交接仪式在县政府三楼会议室举行，三明军分区司令员姜善带领军分区机关和有关部门领导主持交接仪式，县委、县政府、人大、政协主要领导、各乡（镇）专职武装干部共 80 余人参加交接仪式。1996 年 10 月 18 日，三明市纪念红军长征胜利 60 周年大会在宁化县召开。市、县领导，市直有关部门领导，三明各县（市、区）和老红军、老战士代表共 400 人出席。

2002 年 12 月 30 日，按照福建武警总队指示，武警三明支队派出二大队五中队、六中队、宁化县中队官兵共 40 人协助县公安局看守所迁址，总队参谋长谭学平带队，总队作战勤务处副处长黄芝山和支队参谋长具体指挥，安全地将 53 名在押犯和犯罪嫌疑人从旧监舍迁入新监舍。2003 年，开展全县退伍军人动员点验。县人武部制定动员点验方案，县财政拨出 3 万元动员点验专项经费。

2005 年 11 月，河龙乡河龙村、前进村、永建村、下伊村等地出现牛可疑口蹄疫，县政府启动宁化县重大动物疫情应急预案，县武警中队协助县政府击毙、深埋处理病牛及同群牛 267 头。

卷十一　综合经济管理

第一章　计划管理

从 1986 年始，宁化县计划部门加快和深化经济体制改革，注重计划管理和宏观调控相结合，先后编制《宁化县国民经济和社会发展第七个五年计划（1986—1990 年）》《宁化县国民经济和社会发展十年规划和"八五"计划纲要（1991—1995 年）》《宁化县国民经济和社会发展"九五"计划与 2010 年远景规划纲要（1996—2000 年）》《宁化县国民经济和社会发展"十五"计划纲要（2001—2005 年）》。全县经济管理各项指标均得到较大增长，1995 年，全县国内生产总值完成 10.75 亿元，比 1990 年增长 108.50%，年均递增 14.78%。2000 年，全县国内生产总值 13.41 亿元，比"八五"计划末增长 24.70%。一、二、三产业结构由 1995 年的 55:21:24 调整为 44:24:32，过于依赖农林产业的格局开始转变，农副产品加工、林业、矿产、建材、化工工业逐步壮大。2005 年，地区生产总值完成 218561 万元，固定资产投资 86200 万元，基础设施建设不断完善，经济和社会发展取得较好成绩。为适应改革开放需要，2002 年 4 月，宁化县计划局（简称县计划局）更名为宁化县发展计划局（简称县发改局）。随着改革开放的不断深入，其职能从指导经济管理由微观管理向宏观调控转变，从指令性计划向指导性计划转变。

第一节　管理机构

宁化县执行计划管理的机构原为宁化县计划委员会，1996 年更名为县计划局；宁化县物价委员会更名为宁化县物价局（简称县物价局），由县计划局管理。2002 年 4 月，县计划局更名为县发改局；宁化县科学技术局与县发改局合署办公；县物价局并入县发改局，保留牌子；宁化县国防动员委员会经济动员办公室设在县发改局。2005 年，上述机构建制延续。

第二节　计划编制与执行

一、"七五"计划编制与执行（1986—1990 年）

1986 年，编制《宁化县国民经济和社会发展第七个五年计划》，设定 1990 年（"七五"计划的最后一年）国民经济各项主要指标为：社会总产值 39750 万元；国民收入 23500 万元，人均 750 元；工农业总产值 25000 万元，人均 790 元，其中县属工农业总值 21800 万元、工业产值 8800 万元（含村办）、农业产值 13000 万元（不含村办工业）；全县工农业总产值比 1980 年翻一番；粮食总产量 2 亿公斤。至 1990 年，全县社会总产值 4.39 亿元，比 1987 年[1]增长 54.20%；国民生产总值 2.27 亿元，比 1987 年[2]增长 41.90%；国民收入 2.08 亿元，比 1987 年[3]增长 45.50%；农业总产值完成 1.58 亿元，比 1987 年[4]增长 29.14%，粮食总产量 2.11 亿公斤；工业总产值 2.19 亿元，比 1987 年[5]增长 98.85%，县属 2.18 亿元，增长 116%；县属工农业总产值 3.76 亿元，比 1987 年[6]增长 69.40%；一、二、三产业比重由 1987 年的 53.90：25.50：20.60 发展到 1990 年的 49.70：29.60：20.70；全县地方财政收入 2640 万元，比 1987 年[7]增长 94.26%；财政支出 3509 万元，比 1987 年[8]增长 43.84%；全县城乡储蓄存款余额达到 10866.20 万元，比 1987 年[9]增长 92.31%。1988—1990 年，全社会固定资产投资累计完成 7910 万元，比 1986—1987 年增长 35.10%；社会商品零售总额 1.67 亿元，比 1987 年[10]增长 56.90%；城镇居民人均可支配收入 1227 元；农民人均纯收入 788 元，比 1987 年[11]增长 43%。

宁化县"七五"计划主要经济指标完成情况表

表 11-1

指　标	1990 年计划数	完成数	完成计划(%)
社会总产值(万元)	39750	43910	110.47
国民收入(万元)	23500	20800	88.51
工农业总产值(万元)	39750	37600	94.59
粮食总产量(亿公斤)	2	2.11	105.50

二、"八五"计划编制与执行（1991—1995 年）

1991 年，编制《宁化县国民经济和社会发展十年规划和"八五"计划纲要》，其主要调节方向和目标为：国民生产总值年均递增 9.46%，1995 年达到 6.906 亿元，比 1980 年翻二番。农业总产值 1995 年达到 5.10 亿元，年均递增 5.99%；粮食总产量年均递增 1.64%，1995 年达到 2.32 亿公斤；工业总产值年均递增 16.41%，1995 年达到 6.10 亿元，其中轻工业产值年递增 14.90%、重工业产值年递增 11.16%；财政收入增长幅度（扣除物价上涨因素）与国内生产总值增长速度大体同步，"八五"期间年递增 8.67%，1995 达到 4000 万元，做到财政收支基本平衡；全社会外贸出口供货总额，1995 年达到 5000 万元，年均递增 31.74%；全社会固定资产投资"八五"期间累计达到 2.73 亿元，其中全民投资累计 1.26 亿元，比"七五"时期增长 1.58 倍；全县职工人均工资收入年递增（扣除物价上涨因素）4%左右；农民人均纯收入年均递增 10.51%，1995 年达到 1200 元，人民生活质量、生活环境和居住条件进一步改善；社会商品零售物价指数年上升率控制在 8%以内，"八五"期间控制在 7.50%左右；人口自然增长率"八五"期间控制在 12.60‰以内。1992 年 10 月，按"国民生产总值与 1980 年比，1994 年翻两番，2000 年翻三番"的目标要求，对《宁化县国民经济和社会发展十年规划和"八五"计划》主要指标进行了修订（具体修订目标见表 11-2）。至 1995 年，国内生产总值完成 107543 万元，比 1990 年增长 108.50%，年均递增 14.78%，超过修订后的"八五"计划年均递增 11.90%的要求；产业结构不合理状况得到初步改善，国内生产总值中一、二、三产业的比重由 1990 年的 59：21：20 发展到 1995 年的 44：31：25；人均国内生产总值完成 2632 元，比 1990 年增长 87.33%，年均递增 13.38%；工农业总产值达 15.63 亿元，比 1990 年增长 1.30 倍，年均递增 18.58%；农业总产值达 5.68 亿元，比 1990 年增长 48.90%，年均递增 8.30%；工业总产值达 9.95 亿元，

注：(1)—(11)的比较年份为第一次采用新的统计数字(GDP)的年份。

比 1990 年增长 2.48 倍，年均递增 28.38%；外贸出口总值 110 万美元，比 1993 年（1993 年起以万美元为单位统计）增长 154.80%，3 年年均递增 51.39%；实际利用外资 241 万美元，比 1990 年增长 29 倍，年均递增 76.40%；五年累计完成全社会固定资产投资 4.76 亿元，是"八五"目标的 1.74 倍；地方财政总收入 4271 万元，比 1990 年增长 60.78%，年均递增 8.35%；城镇居民人均可支配收入 3700 元，农民人均纯收入 1919 元，分别比 1990 年增长 2.02 倍和 1.44 倍。

宁化县"八五"计划主要经济和社会发展指标完成情况表

表 11-2　　　　　　　　　　　　　　　　　　　　　　　　　　　　　　　　　　　　单位：万元

指　标	1995 年		完成数	完成修订计划(%)
	原计划数	修订计划数		
国内生产总值	69060	77150	107543	139.39
农业总产值	51000	66000	56800	86.06
工业总产值	61000	119000	99500	83.61
地方财政收入	4000	6000	4271	71.18
农民人均纯收入	0.12	0.18	0.192	106.67
城镇居民人均生活费收入	—	0.20	0.37	185.00
五年累计全社会固定资产投资	27300	27300	47600	174.36

三、"九五"计划编制与执行（1996—2000 年）

1996 年，编制《宁化县国民经济和社会发展"九五"计划与 2000 年远景规划纲要》，其主要调节方向和目标为：国内生产总值"九五"期间年均递增 15.20%，2000 年达到 18.20 亿元（现价，下同）；一、二、三产业结构比例 2000 年调整为 44：31：25；财政收入"九五"期间年均递增 14.90%，2000 年达到 1.10 亿元；经济效益不断提高，工业资金利税率保持在 12% 以上，国内生产总值综合能耗每年下降 2%；全社会劳动生产率平均增长 8%；工业优质品率 2000 年达到 50%，出口供货总值 2000 年达到 1.50 亿元；全社会固定资产投资"九五"期间累计达到 15 亿元，年均递增 16%，2000 年当年投资 4 亿元；充分发挥科技在经济建设中的重要作用，科技进步对经济增长的贡献率每年提高 1 至 2 个百分点，2000 年达到 50% 左右；人均受教育年限达到 8 年以上，确保实现"两基"（基本扫除青壮年文盲、基本普及九年义务教育）目标，1997 年基本扫除青壮年文盲；职业高中在校生与普通高中在校生比重 2000 年达到 6：4；人口自然增长率"九五"期间控制在 12‰ 以内；人民生活水平、质量有较大提高；加快城镇住宅和公用设施建设，改善各项社会事业，完善各种服务设施；治理污染，提高环境质量。城镇居民人均收入和农民人均纯收入 2000 年分别达到 5200 元和 3300 元。根据"九五"计划中期评估情况，"九五"期中对计划部分指标进行了适当调整，调整后国内生产总值年均递增 4.50%，2000 年达到 13.63 亿元，一、二、三产业结构比例 30：40：30，5 年累计完成全社会固定资产投资 13.20 亿元。至 2000 年，国内生产总值达 13.41 亿元，财政收入 0.91 亿元，分别比"八五"末增长 24.70% 和 112.60%；一、二、三产业结构由 1995 年的 55：21：24 调整为 44：24：32，过于依赖农林产业的格局开始转变，农副产品加工，林产、矿产、建材、化工工业等逐步壮大，边贸、旅游取得成效，活力不断增强。基础设施日臻完善：累计改造省、县道 248 公里，往返三明及沿海中心城市的时间大为缩短，路网结构趋于合理，道路状况明显好转。此外，通信、能源、城市基础设施建设投资逐年加大，设施不断完善，瓶颈制约得到一定缓解；5 年累计完成全社会固定资产投资 8.70 亿元。2000 年，农民人均纯收入 2723 元，年均递增 7.20%；城镇居民人均可支配收入达 5903 元，年均递增 9.79%。

宁化县"九五"计划主要经济和社会发展指标完成情况表

表 11-3   单位：万元

指　　　标	2000 年计划数	完成数	完成计划(%)
国内生产总值	136300	134068	98.36
地方财政收入	11000	9080	82.55
农民人均纯收入	0.33	0.27	81.82
城镇居民人均生活费收入	0.52	0.59	113.46
五年累计全社会固定资产投资	132000	87000	65.91

四、"十五"计划编制与执行（2001—2005 年）

2001 年编制《宁化县国民经济和社会发展"十五"计划纲要》，其主要调节方向和目标为：国内生产总值年均增长 8%，2005 年达到 22.10 亿元以上（现价，下同）。一、二、三产业结构比例调整为 36∶30∶34；财政收入与国内生产总值增长基本同步；全社会固定资产投资年均增长 10%；城市化水平 25%以上；社会消费品价格上升幅度平均每年控制在 3%以内；实际利用外资年均增长 15%；出口创汇年均增长 15%以上；人口自然增长率控制在 7‰以内；城镇居民人均可支配收入和农民人均纯收入年均增长 5%—6%；科技进步对经济增长的贡献率达 45%以上，平均每年提高 1 个百分点；城镇登记失业率控制在 4%以内；环境质量保持在现有总体水平上，局部区域有所改善，地表水水质保持在三类水平以上，城区环境空气质量保持国家二级以上，环境噪声达到功能区要求，森林覆盖率达 75%以上，环境与经济协调发展。至 2005 年，地区生产总值达 21.77 亿元，年均增长 8%；人均地区生产总值 7178 元，年均增长 9.60%。发展后劲明显增强：2005 年，全社会固定资产投资完成 8.62 亿元，年均增长 28.69%；"十五"期间累计完成投资 22.65 亿元，比"九五"期间增长 160.30%。产业发展的基础日益增强：有一批工农业生产性项目开工建设或建成投产，5 年新增县级以上农业龙头企业 14 家、规模以上工业企业 26 家。各项基础设施不断完善：完成省道谢坊至田坪公路改造，累计完成县通乡公路改造 27 公里和 290 公里通村公路硬化；全面完成农村电网改造，开工城网改造，水电新增装机 8000 千瓦；农村基础设施建设投资逐年加大，推进实施防洪堤、耕地整理、旱片治理及节水改造、农业综合开发、西部水土流失治理、农村饮水等一批项目；城区建设进度加快，建成区面积扩展到 5.60 平方公里，城区道路、供水等基础设施建设随着城区扩张有序推进。产业结构逐步优化：一、二、三产业结构由 2000 年的 44.60∶22∶33.40 调整为 37.50∶30.50∶32，其中第二产业比重提高 8.50 个百分点，增幅高出全市平均水平 1.50 个百分点。改革开放取得实效：县属国有资本基本完成从一般竞争性领域退出，非公经济加快发展。农村税费改革不断深化，集体林权及其配套改革任务基本完成并通过省、市验收。2005 年，实际利用外资 720 万美元，年均增长 29.20%；完成出口总值 831 万美元，年均增长 57.40%。地方财力和群众收入增长稳定：2005 年地方级财政一般预算收入 11087 万元，年均增长 9.20%；城镇居民人均可支配收入 7586 元，年均增长 5.14%；农民人均纯收入 3673 元，年均增长 6.17%。各项事业协调发展：科技推广得到加强，5 年累计实施省、市科技计划项目 13 项；义务教育水平提高，学校办学条件有较大改善，素质教育全面推进，2004—2005 年高考本科以上万人上线率连续位居全市第一；公共卫生体系建设加强，完成县疾病控制中心建设，乡（镇）卫生院条件逐步改善，顺利通过省级卫生县城审核验收；广播电视联网率比 2000 年上升 81 个百分点，达到 91.90%；天鹅洞群成功申报国家地质公园；国土资源管理和环境保护工作力度加大；人口自然增长率控制在 5‰以内，社会保险、救济、福利相结合的社会保障体系初步形成。

宁化县"十五"计划主要经济和社会发展指标完成情况表

表 11-4 单位:万元、%

指 标	2005 年计划数	完成数	完成计划(%)
地区生产总值(GDP)	221000	218561	98.90
地方级财政一般预算收入	8700	11087	127.44
全社会固定资产投资	39000	86200	221.03
出口创汇	116	831	716.38
实际利用外资	400	720	180.00
社会消费品零售总额	108000	66315	61.40
农民人均纯收入	0.35	0.37	105.71
城镇居民人均可支配收入	0.79	0.76	96.20
人口自然增长率	4.50	5	—

第三节 投资管理

一、项目审批

1988—1997 年，县各项投资项目由各行业主管部门分别管理。随着经济体制改革的深入，1998 年，改革投资管理体制，简化下放投资项目审批权限，构建投资主体多元化，资金来源多渠道，投资方式多样化，项目建设市场化新模式。2000 年，县基建项目按照《中华人民共和国招标投标法》规定进行招投标，取消审批项目 7 项：取消对集体、个体投资小型基建项目的立项审批；对列入省重点、大中型项目长期规划或年度前期工作计划的项目，取消项目建议书的审批；对中央各部门、总公司条管的小型或总投资在 3000 万元以下的生产设施投资项目，取消项目建议书审批；投资在 2 亿元以下的内资房地产开发项目，取消年度投资计划；取消购置办公用房、营业用房和商品住宅项目审批；取消基建项目和房地产开发项目的投资许可证；取消重点物资分配计划。2003 年 6 月 1 日始，试行属县管理权限范围内的外商投资基建项目由审批制改为登记制。2004 年 7 月，国务院《关于投资体制改革的决定》出台后，宁化县进一步改革项目审批制度，落实企业投资自主权，对于企业不使用政府投资建设的项目一律不再实行审批制，区别不同情况实行核准制和备案制，同时规范政府投资行为。

二、重点项目建设

1988—1998 年，县重点项目建设由各行业主管部门分别管理。1999 年 11 月 25 日，县政府成立重点项目前期办公室，是年安排重点建设项目 58 个，总投资 96187 万元，年度计划 31302 万元，完成投资 18000.84 万元，占年度计划的 58.90%。2000 年，全县安排重点建设项目 54 个，完成投资 1.65 亿元，占年计划的 53.90%。桃溪小流域治理、国家立项农业综合开发项目、湖村旺顺木制品公司、水泥预制品厂、客家边贸批发市场、客家急救中心等项目完成年度计划。2001 年，全县安排重点建设项目 30 个，完成投资 1.34 亿元，占年计划的 69.40%。国家立项农业综合开发、商品粮基地建设、农星农牧有限公司等项目完成年度计划。2002 年，全县安排重点建设项目 42 个，完成投资 1.40 亿元，占年计划的 57.40%。其中，国家立项农业综合开发项目、商品粮基地建设、丰产油茶基地建设完成年度计划，农星农牧有限公司扩建、银杏生态观光园、利丰化工有限公司松香生产、宏凌硅业结晶硅生产建设投产或投入运营，城区房地产开发、治平高峰电站、农村电网改造顺利推进，翠景大厦、意华园等商住楼、金叶大厦、电力大厦调度中心综合楼相继竣工交付使用。

2003年，全县安排重点建设项目42个，完成投资1.75亿元，占年计划的53%。竹胶板家私生产、佳穗优质米加工、治平高峰电站开发、东溪电站技改、宁化县第六中学教学楼、龙门桥等项目建成投产或投入使用；石板桥水库枢纽工程、城区污水处理、垃圾无害化处理、省道307线清流至五里亭公路改建项目等前期工作完成预期目标。2004年，安排重点建设项目43个，完成投资2.30亿元，占年度计划的64%。利丰化工有限公司无色松香酯生产、星光化工松香生产线技改、成兴木业公司胶合板生产线技改竣工投产；银杏生态观光园建设、肉牛养殖场、城南工业园开发、省道204线宁化谢坊至田坪公路改建、东方花园居住小区开发等项目完成年度任务；汽车站建设、城东路网建设、荣华建材装饰城等项目开工建设；钨矿规模开采、石板桥水库枢纽工程完成前期工作，列入市重点项目。2005年，安排重点建设项目43个，完成投资3亿元，占年度计划的70%。南宁针织服装加工、城区自来水管网改造等项目完工，城区3450米路网、时尚防火板生产线技改、行洛坑钨矿开采、城乡电网改造、城南工业园开发（一期）、天鹅洞群国家地质公园建设、锌铍矿采选等项目加快推进，宁化县体育中心、宁化县城东中学、城关至湖村（天鹅洞）锣鼓坪红色旅游公路、省道东石线宁化城关至五里亭红色旅游公路、谢坊至燕子塘公路等项目完成前期工作，307线宁化峰头至五里亭公路、205线宁化谢坊至燕子塘公路列入省"十一五"公路建设规划。

1988—2005年宁化县全社会固定资产投资情况表

表11-5　　　　　　　　　　　　　　　　　　　　　　　　　　　　　　　　单位：万元、个

年份	全社会固定资产投资		年份	全社会固定资产投资	
	完成投资额	重点项目		完成投资额	重点项目
1988	2861	—	1997	13152	—
1989	2874	—	1998	18390	—
1990	2175	—	1999	20841	58
1991	2490	—	2000	24400	54
1992	5923	—	2001	26400	30
1993	11877	—	2002	28700	42
1994	14249	—	2003	32918	42
1995	13067	—	2004	52257	43
1996	10286	—	2005	86219	43

第二章　统计

1988年，宁化县统计局（简称县统计局）依照《中华人民共和国统计法》规定，承担国民经济分行业的常规统计，由基础单位定期填报统计报表，逐级进行上报，实事求是对统计数据进行客观分析，找出热点和难点问题，为县委、县政府决策提供参考依据。1990年和2000年先后开展两次人口普查，1993年开展第一次第三产业普查，1995年开展第三次工业普查，1996年开展第一次农业普查，2001年开展第二次基本单位普查，2004年开展第一次经济普查。统计调查逐步改变单一依靠全面调查的方式，与抽样调查、重点调查相结合，依法执行统计监督，查处统计违法案件，有力地保障了县内统计工作的良好开展。2002年，县统计局被评为福建省法制统计先进单位，2004年，被评为福建省法制工作先进单位；2001—2005

年，先后获福建省"四五"普法先进单位、法制统计先进单位等荣誉称号。

第一节　管理机构

1978 年 10 月，县统计局成立，正科级行政单位，编制 10 人。1984 年，县统计局成立宁化县农村社会经济调查队，系副科级中央直属事业单位，编制 8 人。1990 年，县统计局成立宁化县城市社会经济调查队，系副科级省属事业单位，编制 6 人。1993 年，县统计局成立全县 16 个乡（镇）统计站，配备专职或兼职统计人员。2005 年，县统计局设农村社会经济调查队、城市社会经济调查队、普查中心、办公室、综合股、经济股、法制股。

第二节　行业统计

一、统计报表

1988—2005 年，县统计部门实行月报、季报、半年报、年报等统计报表制度，由各单位定期填报统计报表，上报至县统计局，由县统计局汇总、上报至三明市统计局。三明市统计局经过核算、评估后将各项经济指标完成情况反馈至县统计部门，县统计部门通过报表数据反映国民经济和社会发展等情况，为县委、县政府提供编制国民经济和社会发展计划决策依据。

1988—2005 年宁化县主要经济指标完成情况表(一)

表 11-6　　　　　　　　　　　　　　　　　　　　　　　　　　　　　　　　单位:万人、万元

| 年份 | 年末人口 | 人口自然增长率 | 全社会从业人员 | 地区生产总值 | | 城镇单位在岗职工年平均工资 | 全社会固定投资 | 社会消费品零售总额 | 财政总收入 | 财政支出 |
				绝对值	发展速度					
1988	311694	7.87	12.74	32958	116.20	0.1509	2861	14140	1964	3759
1989	315197	9.35	13.14	39652	108.90	0.1702	2874	16053	2422	3324
1990	336914	20.26	14.01	43910	108.80	0.2081	2175	16725	2640	3509
1991	330140	11.97	14.35	52304	109.00	0.2130	2490	19074	2424	3583
1992	334408	6.80	14.60	63293	113.20	0.2394	5923	21658	2970	4000
1993	336568	4.86	12.89	68226	112.30	0.2158	11877	15509	3404	4527
1994	340717	3.74	13.29	84409	110.80	0.4086	14249	19389	3004	6544
1995	341811	2.81	13.51	107543	108.50	0.4184	13067	24167	4271	7081
1996	346659	3.32	12.76	115013	104.50	0.5031	10286	26269	5220	7876
1997	347970	4.08	12.79	120207	104.80	0.5818	13152	31929	5622	9722
1998	347880	3.72	12.79	121662	103.70	0.6875	18390	35020	8023	8759
1999	348064	2.89	12.71	126380	107.20	0.7060	20841	38018	8650	10537
2000	345394	3.40	12.56	134068	105.60	0.7376	24400	41281	9080	12576
2001	345767	3.16	12.54	142635	106.10	0.9446	26400	45246	9189	13113

续表 11-6

年份	年末人口	人口自然增长率	全社会从业人员	地区生产总值		城镇单位在岗职工年平均工资	全社会固定投资	社会消费品零售总额	财政总收入	财政支出
				绝对值	发展速度					
2002	345909	3.42	12.56	151401	106.40	1.0534	28700	49444	9318	14348
2003	345342	3.47	11.67	164451	107.30	1.1652	32918	54192	8821	16305
2004	346189	3.78	12.06	191444	110	1.3019	52257	60532	9709	18353
2005	346236	4.57	12.30	218561	110.20	1.4430	86219	66315	11087	22116

注：1993年后社会消费品零售总额为经济普查衔接数；财政总收入为中央级收入、地方级收入和基金收入的总和；农民人均纯收入、城镇居民可支配收入、居民消费价格指数为抽样调查数，1983年及1990年以前无此数字。人口自然增长率和发展速度的单位为‰、%。

1988—2005 年宁化县主要经济指标完成情况表(二)

表 11-7

年份	金融机构存款余额(万元人民币)	城乡居民储蓄存款余额(万元人民币)	金融机构贷款余额(万元人民币)	城镇居民人均可支配收入(万元人民币)	农民人均纯收入(万元人民币)	居民消费价格指数	可比口径实际利用外资(万美元)	验资口径合作利用外资(万美元)	出口总值(万美元)
1988	11604	6064	11667	—	0.0713	—	—	—	—
1989	14671	5256	13890	—	0.0792	—	—	—	—
1990	18165	10866	15234	0.1227	0.0788	97.70	8	—	—
1991	22038	14340	16330	0.1497	0.0909	103.00	21	—	—
1992	27651	18570	18940	0.1613	0.1061	107.80	60	—	—
1993	31979	21378	24465	0.2002	0.1317	115.60	106	251	48
1994	36529	27376	26762	0.3311	0.1524	125.20	203	240	82
1995	47954	37209	28481	0.3700	0.1919	115.60	241	114	110
1996	55638	47973	34074	0.4012	0.2324	106.60	253	174	155
1997	67573	54156	42993	0.4400	0.2585	101.40	280	150	220
1998	72565	59589	46434	0.5012	0.2295	97.60	199	184	18
1999	76032	63164	49563	0.5524	0.2613	98.20	225	226	18
2000	86428	67804	44918	0.5903	0.2723	100.70	200	238	86
2001	92290	73523	43923	0.6519	0.2822	99.10	262	271	123
2002	101678	85358	48413	0.6610	0.2917	99.80	318	402	197
2003	126769	100185	56300	0.6875	0.3036	101.90	430	370	162
2004	149793	121690	65289	0.7135	0.3350	104.00	570	756	180
2005	186460	144923	75263	0.7586	0.3673	102.40	720	912	831

注：居民消费价格指数的单位以上年为100。

二、统计信息与分析

1988—2005 年，县统计局根据统计资料，进行分析归纳，撰写统计信息和分析报告，被省级以上刊物采用的统计分析 48 篇、统计信息 100 条，其中《金融供求矛盾对县域经济的影响》获全省农调系统 2004 年优秀分析报告二等奖，《比较与启示——苏区 9 县对比》获福建省调查总队 2005 年评比一等奖。每年编辑出版《宁化县统计年鉴》，每月编辑主要经济指标完成情况表（呈阅件），发布《宁化县国民经济与社会发展统计公报》。

第三节 统计调查

一、普查

（一）人口普查

1990 年 7 月 1 日零时为第四次全国人口普查登记标准时点，1991 年 12 月宁化县完成人口普查。第四次人口普查结果：全县总户数 67748 户、总人口 333973 人，其中男 172100 人、女 161873 人。6 岁及 6 岁以上文化程度：大学本科 405 人、大学专科 1232 人、中专 4390 人、高中 14744 人、初中 47768 人、小学 142818 人、不识字或识字很少 72966 人。农业户口 314266 人、非农业户口 19528 人、户口待定和暂无户口 179 人。汉族 328025 人、少数民族 5948 人。百岁以上老人 1 人（女性）。

2000 年 11 月 1 日零时为第五次全国人口普查登记标准时点，2001 年 12 月宁化县完成人口普查。第五次人口普查结果：全县总户数 81974 户、总人口 298434 人，其中男 152586 人、女 145848 人。6 岁及 6 岁以上受教育程度：研究生 6 人、大学本科 746 人、大学专科 3364 人、中专 8542 人、高中 16983 人、初中 83814 人、小学 122920 人、扫盲班 10901 人、未上过学 32507 人。农业户口人数 261210 人、非农业户口人数 36455 人、户口待定和暂无户口的 769 人。汉族 291335 人、少数民族 7099 人。

（二）第三产业普查

宁化县自 1993 年 10 月 6 日开始对 1991 年和 1992 年全县的第三产业进行普查，普查结果：至 1992 年年底，全县有第三产业单位 6697 个，其中独立核算单位 663 个、单独核算单位 878 个、从事第三产业的个体户 5156 个。与 1991 年对比，全县第三产业单位增长 59.90%，独立核算单位增长 2.16%，单独核算单位增长 1.90%，第三产业城乡个体户增长 92.60%。

（三）工业普查

第三次全国工业普查以 1995 年 12 月 31 日零时作为普查标准时点，宁化于 1996 年 1 月 1 日开始实施第三次全国工业普查登记，普查结果：1995 年年底，全县工业企业及生产单位 1192 个，轻重工业比为 28.50 : 71.50，从业人员 13936 人。1995 年，全县乡及乡以上工业企业实现利税 1567.10 万元，其中国有工业实现利税 1229.50 万元，占 67.80%。

（四）农业普查

1996 年 12 月 31 日零时为第一次全国农业普查标准时点，宁化县普查结果：全县 16 个乡（镇）210 个建制村，农村住户 60646 户，农村住户人口 280342 人；农村住户农业用地 24932.80 公顷，其中水田 22981.50 公顷、旱地 1951.30 公顷；农作物种植面积 41942.30 公顷，其中粮食种植面积 27968.70 公顷。农村住户 7 周岁以上文化程度：不识字或识字很少 16733 人、小学 147951 人、初中 75840 人、高中 11572 人、中专 1185 人、大专及以上 533 人。农村住户从业人员 180128 人，其中种植业 119768 人、畜牧业 29821 人、林业 1508 人、渔业 346 人、农业服务业 810 人、工业 9953 人、建筑业 2616 人、交通运输业

1766 人、批零贸易餐饮业 3138 人、其他行业 10402 人。

（五）基本单位普查

第二次全国基本单位普查标准时点为 2001 年 12 月 30 日，宁化县普查结果：2001 年年底，全县有法人单位 705 个，其中单产业法人 435 个、多产业法人 270 个；从业人员 19710 人；产业活动单位 1429 个，从业人员 19989 人。

（六）经济普查

2004 年 12 月 31 日零时为第一次全国经济普查的标准时点，2005 年 1 月 1 日至 12 月 31 日为标准时期。宁化县普查结果：全县有法人单位 719 个，从业人员 18758 人，其中企业法人单位数 265 个，从业人员 8200 人，资产总计 136340 万元，全年营业收入 91924 万元；产业活动单位 1213 个，其中多产业法人所属的产业活动单位 739 个；个体经营户 9536 个，从业人数 13997 人，营业收入 78321 万元。

二、抽样调查

（一）人口抽样调查

1988—2005 年，除 1990 年、2000 年人口普查年份及 1995 年外，宁化县每年均被福建省定为人口抽样调查县。样本由省人口处及国家人口司随机抽样确定，被抽中的调查点分别为省抽样调查点和国家抽样调查点，调查项目主要有总户数、总人口、出生、死亡情况等。通过调查数据推算全县的人口数、出生率、人口自然增长率等各项指标。

（二）农村住户调查

农村住户调查是以农村家庭为调查对象，以农村住户家庭收入为主要内容的一项综合性调查。1984 年宁化县农村社会经济调查队成立后开始此项调查，具体方法是先从全县 16 个乡（镇）抽取定点乡（镇），然后从中抽取 1—2 个建制村，每个建制村抽 5—10 户，全县共抽取 70 户作为样本，样本每 5 年轮换 1 次，2005 年起每 4 年轮换一次。从中了解全县农民的生产、生活、消费和年积累情况。

（三）城市住户调查

城市住户调查是以城市居民家庭为调查对象，以家庭收支为主要内容的一项综合性社会经济调查。1990 年宁化县城市社会经济调查队成立后开始此项调查，具体方法是在翠江镇范围内抽选 300 户样品单位，再从 300 户内确定 50 户调查户，调查户每 3 年轮换 1 次。主要调查城市居民收入与支出状况，主要消费品拥有量，住房情况等指标，从中推算城镇居民生活、城市经济发展水平及变化。

第四节　统计服务

一、国民经济和社会发展计划执行情况监督

1988—2005 年，县统计局通过定期编制国民经济和社会发展报告，反映全县国民经济的发展水平、速度，检查监督全县各经济部门的计划完成情况，对在经济计划执行过程中存在的问题，分析原因，提出解决问题建议，为制订宁化县"九五""十五"计划，提供翔实数据和科学分析。

二、统计报表监督

1990 年，县政府规定全县各级各部门采用涉及国民经济社会发展状况的数据一律以统计部门公布的为准。1991—2005 年，县统计局建立健全统计数据质量评估制度，对各乡（镇）、各部门上报数据进行质量

评估，发挥统计监督作用。

第五节　统计执法

1988 年，县统计局成立法制股，检查监督县内各单位执行统计法律法规、基层统计规范化、统计报表制度情况，查处统计违法违规行为。1989 年，宁化县成立统计执法检查领导小组并设办公室，开展统计执法检查，查处违法违规行为。2001—2004 年，县统计局先后获得福建省"四五"普法先进单位、福建省法制统计先进单位等称号。至 2005 年，共立案查处统计违法案件 110 起，罚款 10.20 万元。

第三章　物价管理

1988 年始，县物价部门围绕"既要稳定物价，又要振兴经济"的指导思想，采取"调、放、管"相结合的价格改革思路，深化价格体制改革。1991 年，实行 60 种商品和收费（即"六〇控价工程"）目标责任制管理。1994—1996 年，建立健全 100 种主要商品价格和收费的检测体系。1997 年后，逐步放开价格管理，对关系居民基本生活必需品和服务收费，加强价格监管。至 2005 年，全县商品价格除水、电等关系到国计民生商品仍执行国家定价外，其他商品基本由市场调节。县物价局不断健全控价机制，对商品价格、商品成本调查和物价监督检查实行常态化管理，促进社会稳定。

第一节　管理机构

1962 年 5 月，宁化县物价委员会（以下简称县物委）成立；1966 年 10 月撤销；1980 年 5 月恢复并与县计委合署办公。1983 年 12 月，县物委事业编制 6 名。1985 年 1 月，开始独立办公；1996 年 12 月 2 日，县物委更名为县物价局，由县计划局管理；2002 年 11 月 4 日，县物价局并入县发改局，保留牌子。2005 年，机构建制未变。

第二节　物价总水平

1988—1989 年，全县农副产品收购价格总指数分别比涨 34% 和 6.67%，消费品集市贸易价格总指数分别比涨 33.10% 和 16.42%。1990 年，农副产品收购价格总指数比降 10.57%，消费品类集市贸易价格总指数比降 10.12%。

1988—1990 年宁化县各类农副产品价格情况表

表 11-8

类　别 ＼ 年　份	1988 年涨幅(%)	1989 年涨幅(%)	1990 年涨幅(%)
粮食类	47.90	5.10	-9.16
油脂油料类	34.70	6.41	-16.59
经济作物类	19.70	10.65	-12.89
木材类	19.30	21.76	0.01
畜禽蛋类	12.40	20.49	-11.90
干鲜果类	81.10	40.70	42.46
鲜蔬菜类	34.10	9.40	-14.50

1991 年，宁化县物价部门实行 60 种商品和收费（即"六〇控价工程"）目标责任制管理。1992 年，物价总水平基本稳定。1993 年，建设"菜篮子"工程，补贴资金和产品免税 20 万元，拨给原粮 50 吨、化肥 30 吨保障副食品正常生产。

1991—1993 年，职工零售物价总指数分别比涨 3%、7.70%和 13.70%，职工生活费用价格指数分别比涨 3%、7.80%和 15.60%，职工服务项目价格指数分别比涨 2.80%、9.10%和 33%，职工消费品价格指数分别比涨 3%、7.70%和 13.70%。

1991—1993 年宁化县主要消费品价格情况表

表 11-9

类　别 ＼ 年　份	1991 年涨幅(%)	1992 年涨幅(%)	1993 年涨幅(%)
食品类	2.10	10.60	16.00
衣着类	5.00	0.61	6.70
日用品类	1.80	-2.40	8.80
文化娱乐类	-3.70	-1.90	1.20
书报杂志类	0.60	2.50	8.80
药及医疗用品类	13.80	21.10	5.30
建筑装潢材料类	11.60	17.40	35.90
燃料类	20.60	-0.60	19.70

1994 年"5·2"和"6·15"特大洪灾后，全县物价尤其是副食品价格大幅上涨，县物价部门紧急出台稳定副食品、粮食、成品油、化肥、电力等一系列商品价格措施，维护社会稳定。1994—1996 年，建立健全 100 种主要商品价格和收费的监测体系，全县商品零售价格总指数分别比涨 22.20%、14.70%和 5.70%；居民消费价格总指数分别比涨 25.20%、15.60%和 6.60%。1997—1999 年，健全控价机制网络，控制物价过快上涨，商品零售价格总指数分别比涨-1.60%、-3.10%和-3.20%；居民消费价格总指数分别比涨 1.40%、-2.40%和-1.80%。

2000 年，全县商品零售价格总指数比 1999 年下降 1.50%。2000—2002 年，全县居民消费价格总指数分别比涨 1.10%、-0.90%和-0.20%。2003—2005 年，重点监测粮、油、肉、蛋、菜等农产品价格和化肥、煤炭、石油、药品、钢材、水泥、房地产等重要商品价格，"非典"期间监控药品、白米醋以及人民生活必需品价格，出台干预政策，稳定各类防"非典"商品价格，全县居民消费价格总指数分别比涨 1.90%、4%和 2.40%。

2000—2005 年宁化县主要消费品价格情况表

表 11-10

类 别 ＼ 年 份	2000 年涨幅(%)	2001 年涨幅(%)	2002 年涨幅(%)	2003 年涨幅(%)	2004 年涨幅(%)	2005 年涨幅(%)
食品类	-1.70	-3.80	0.60	-1.10	7.90	4.90
衣着类	-2.50	-2.20	-4.60	-2.90	-0.90	-0.10
家庭设备及用品类	-1.20	-5.40	-2.70	-2.20	-0.80	-1.00
医疗保健类	4.10	11.80	0.40	-1.10	-0.70	-1.60
交通和通信工具类	-2.80	-1.60	0.80	8.60	-0.40	-0.80
娱乐教育文化用品类	-8.00	-0.30	-1.00	6.20	5.40	3.00
居住类	7.30	-1.10	2.60	8.80	5.50	4.80
服务项目类	27.70	—	—	—	—	—

第三节　价费管理

　　1988 年 4 月，宁化县放开彩电、冰箱、名优酒、卷烟价格；5 月，放开肉、蛋、菜、水产品价格；6 月，调整粮油价格；7 月，放开全部酒类价格；8 月，放开县小水泥价格，调整化肥、农药、农膜、金属材料、化工产品、食糖、食盐、粮油等价格，调整煤出矿价格和公路货运基价，提高青霉素等 26 种西药价格，清理整顿 53 个单位行政事业收费，核发县司法局、县林业局、县劳动局等 26 个单位的"福建省行政事业性收费许可证"，核定发证单位收费项目 308 个，取消收费项目 42 个。1989 年 1 月，地产碳铵厂销价格单包装出厂价由每吨 188 元调整为每吨 262 元，双包装出厂价由每吨 205 元调整为每吨 285 元；4 月，早籼稻 50 公斤由 17.50 元调整为 22.50 元，晚籼稻由 18.30 元调整为 23.70 元；菜籽油 50 公斤由 148.40 元调整为 158.40 元；茶油 50 公斤由 177 元调整为 188.70 元；茶叶指导收购价格提高 20%，其中烘青绿茶（二级三等）从每公斤 5.86 元调整为每公斤 7.36 元。8 月，实行松香出厂、供应最高限价，一级品出厂最高限价每吨 2100 元，供应最高限价每吨 2400 元；调整部分西药价格。11 月，城关散装食盐零售价每 500 克提高 5 分。

　　1990 年，宁化县执行中央及福建省出台的省华能电价、棉纺织品、铁路水路货运、国产彩电、肥皂洗衣粉、絮棉等调价政策，取消工商外运费、驾驶员年检教习费、安全片区费、中高考代办费、造地费和土地开发费等收费项目，降低土地使用证书工本费、税务登记工本费、录像放映证工本费和专业职务聘任书工本费收费标准。1991 年，清理整顿行政事业性收费，全县核发新收费许可证 224 本，统一制定非商品收费价目表，实行 120 个服务单位明码收费管理，审核全县收费项目，清理不规范文件 22 个，废止交通安全片区费、市场卫生费、木材管理费等 12 个收费项目。1992 年，县政府下发《关于加强行政事业性收费管理工作的通知》，制定收费管理实施细则，明确个体私营经济行政事业性收费项目和收费标准，统一生猪宰杀收费标准每头税费 23.70 元，对企业管理的价格权限，下放给企业自行调节。

　　1993 年，宁化县取消涉农收费项目 49 项，减轻农民负担 900 万元；专项治理乱收费项目 59 项，涉及金额 108.64 万元；建立行政事业性收费单位收费台账，及时调整、变更收费项目和标准，是年取消收费项目 64 项，停止 11 项，纠正 8 项。1994 年，监管 8 大类 32 种商品价格和服务收费，建立价格台账，实行调价备案制度；调整县级分类综合电价，提高自来水、医疗门诊挂号费以及有线电视初装费收费标准；年审全县 285 个收费单位，取消涉农收费 152 项，减轻农民负担 200 万元；发放《个体私营经济收费文件项目汇编》小册子 5000 本。1995 年，调高碳铵出厂价、粮食收购价和供应价及石油液化气价格，限价管理沙石料，保障先行工程实施。11 月，限价管理猪肉、大米、鸡、鸭、鱼、蛋等 14 种副食品。配合交通、教育、监察部门检查清理公路"三乱"（乱收费、乱罚款、乱摊派）、中小学收费和外商投资企业税外收费。是年，累计清退各种押金、保证金和强行借款 116 万元，制止收费项目 5 项，涉及金额 15 万元。

1996 年，宁化县出台碳铵、电力、自来水和粮食收购等价格政策，举办行政事业收费法规培训班 1 期。1997 年，全县清理涉及企业负担收费项目 50 项，检查国家取消的部分建设项目收费 48 项，发放行政事业性收费明码牌 82 块，清理确认房地产中介服务机构，县物价局年审 285 个收费单位，合格率 98%。1998 年，县物价局调低农村电价每千瓦时 0.073 元，结合收费年审减轻企业负担，发放《企业收费登记表》，取消省、市相对应项目 85 项，减轻企业负担 30 万元。1999 年，县物价局调低农村电价 0.053 元，减轻农民负担 71.41 万元，公布 3 批药品零售价格，涉及品种 321 个，减少患者药费支出 6 万元。2000 年，县物价局调整核定客家宾馆客房收费、天鹅洞旅游服务收费、殡仪馆服务收费、拍卖中心服务收费、水表校验复接收费和部分小水电上网电价，重新制定县医疗单位 18 大类 1399 项服务收费项目及标准，实行成品油价格申报和液化气价格季度审价管理，306 个行政事业性收费单位年审合格率 95%，取消《收费许可证》2 本，印发《宁化县个体工商户、私营企业交费登记》6000 本、《农民负担卡》50000 本、《福建省企业交费登记卡》60 本。

2001 年，县物价局编制上报城乡用电同网同价方案，规范乡（镇）供水价格，调整公布 3 批 180 种基本医疗保险药品销售价格，核定继续教育培训费、医疗改革培训费、违章驾驶员培训费收费标准，调整弃土服务收费项目和标准以及土地资料工本费标准，审验全县行政事业性收费单位《收费许可证》正、副本 274 本，年审并办理收基金和附加费单位的许可证。全县 16 个乡（镇）、210 个建制村及各乡（镇）挂牌公示涉农收费，取消不合法收费 9 项，减轻农民负担 570 万元。2002 年，县物价局核定隆陂、桥下、泉上 3 座水库的发电用水价格；9 月，城区自来水价格调整为居民生活用水每吨 1 元、企业用水每吨 1.05 元、营业性用水每吨 1.10 元；11 月，全县城乡居民用电价格统一调整为每千瓦时 0.56 元，取消暂住人口管理费、外来流动人口管理费等 7 个收费项目，核定继续教育培训费、有关证照工本费及幼儿园收费标准。

2003 年，县物价局核定乡（镇）、村个人建房用地测绘收费和县自来水公司勘测费、交通从业人员岗位培训费、幼儿园收费、车辆停车代管收费、公务员培训费、乡（镇）有线电视收视费标准，调整规范建设部门建筑物放线、国土部门钉桩定性、普通高中招收"择校生"、医疗部门尿液分析、孕情监测等收费标准和液化气零售价格，取消国家法律和法规规定外 1997 年后面向农民的行政事业性收费项目和政府性基金项目，取消农业承包合同管理费（含鉴证、调解和仲裁费）、农技维修点技术服务费、山林纠纷调处费、森林资源补偿费、农村生猪定点屠宰费、自行车分合式牌证工本费、矿产资源生态环境保护费、生育计划证工本费、驾驶员安全教育培训费等 9 项涉农收费项目。

2004 年，县物价局规范全县 62 个水电站上网销售电价，核定电能表检定收费标准，出台新建住宅电力工程建设费收费管理办法，核定乡村医生执业培训收费、道路交通安全培训收费、职业卫生培训收费、天鹅停车场收费标准。落实中央取消行政事业性收费项目 3 项，涉农收费免收 8 项、降低标准 4 项，清理整顿涉及木材生产经营收费项目，核定秋季新学年非义务教育阶段学费、择校费、代办费、寄宿生住宿费以及学生公寓住宿收费标准，落实义务教育阶段"一费制"收费情况。2005 年，县物价局调整部分分类电价销售价格，实行用电大户峰谷分时电价政策，重新核定天鹅洞群风景区停车场、有线电视收视费收费标准，出台民用爆破器材销售价格，清理行政事业性收费，审核各收费单位和建制村所公示的与农民生产、生活密切相关的价格与收费，年审及换发 323 个收费单位的收费许可证。

第四节　物价监督检查

1988 年，县物价部门、县人大代表联合开展春节市场物价考察检查；4—5 月，查处城关供销社和淮土供销社销售化肥和白糖违价案件。7 月，组织检查城区市场物价，查处宁化汽车站擅自提高客运票价行为，没收提价收入 11000 元并处罚款 1000 元；8—9 月，处罚在抢购食盐风中高价出售食盐的 7 个个体承包户 450 元。是年，查处违价案件 94 起，查处违价金额 13.73 万元，其中退还消费者 4.16 万元、上缴财政 9.57 万元。1989 年，县物委开展全县物价大检查，重点检查化肥、石油、电力、粮食、木材、化工、金属材料等行业和单位。1990 年，县物委开展全县行政事业性收费大检查，共检查收费单位 62 个、收费项目 737 个，其中国家管理 168 项、省管 525 项、市管 25 项；查处违法收费金额 28.59 万元，其中自立项目 8 个，金额 28.35 万元（部门自立 2 个项目 5.88 万元，政府行为 6 个 22.47 万元）。开展物价大检查，重点检查 33 个单位（其中国有企业 14 个、集体企业 13 个、行政事业 6 个），共查处违价案件 3 起，一般违纪行为 7 起，查出违价金额 2.59 万元。是年，共查处违价案件 49 起，查处违价金额 10.70 万元，退还消费者 1.17 万元。

1991—1993 年，县物委检查县农资、煤炭、邮电、公安、工商、土地、环保、城建、卫生、教育、交通、林业、农委等系统 86 个单位的收费情况，共查处违价案件 47 起，查处违价金额 42.43 万元，退还消费者 15.89 万元。1994—1995 年，县物委重点检查粮食、食用油、食盐、医药、教育、电力、邮电、交通、农资价格，共查处违价案件 80 起，违价金额 44.10 万元，退还消费者 37.31 万元，上缴财政 6.79 万元。1996—1999 年，县物价局先后开展节假日市场价格、旅客运输价格、农资价格、药品和医疗服务价格、涉农收费、教育收费等专项检查，共查处违价案件 99 起，查处违价金额 169.31 万元，退还消费者 54.87 万元，上缴财政 113.99 万元。1998 年 5 月 1 日起执行《中华人民共和国价格法》和《福建省价格管理条例》。2000 年，县物价局查处违价案件 12 起，查处违价金额 72.71 万元，退还消费者 65.65 万元，上缴财政 7.06 万元。2001 年，县物价局开通"12358"价格举报电话，受理群众举报投诉案件 13 起，查处违价案件 4 起，退还消费者 2.72 万元，没收 0.40 万元。是年，共查处违价案件 36 起，处罚 21.40 万元，退还消费者 3.68 万元，上缴财政 17.72 万元。

2002 年，县物价局查处违价案件 8 起，查处违价金额 10.71 万元，没收违法所得 9.85 万元，罚款 0.60 万元，退还消费者 0.26 万元。中华人民共和国国家发展和改革委员会（简称国家发改委）授予县物价局检查分局"国家级规范化物价检查所"称号。2003 年"非典"疫情初期，药品、食品等部分商品价格异常，其中白米醋从 1 元 1 瓶飞涨至 10 元、15 元甚至 50 元 1 瓶。县物价局迅速介入，检查监督，稳定物价，其中白米醋价格短短 1 天降回 1 元 1 瓶。是年，查处违价案件 12 起，查处违价案件 19.43 万元，退还用户金额 10.36 万元，上缴财政 9.07 万元。2004 年，查处违价案件 19 起，涉及违价金额 298.70 万元，退还消费者 298.70 万元。其中，教育收费违价案件 4 起金额 130.70 万元，土地收费违价案件 1 起金额 104.80 万元，建设收费违价案件 2 起金额 15.30 万元，医疗收费违价案件 1 起金额 32 万元，电力价格违价案件 1 起金额 15.90 万元。2005 年，专项检查土地、环保、教育、医疗、防疫、供水等价格及收费情况，是年共查处违价案件 17 起，查处违价金额 87.37 万元。其中，查处违价案件 9 起，没收违价金额 8.59 万元，罚款 0.05 万元。

1988—2005 年宁化县价格监督检查查处情况表

表 11-11 单位:万元

年份	查处案件数(件)	查处违价金额	退还消费者	上缴财政
1988	94	13.73	4.16	9.57
1989	105	18.19	3.47	14.72
1990	49	10.70	1.17	9.53
1991	13	12.90	3.40	9.50
1992	18	27.33	11.19	16.14
1993	16	2.20	1.30	0.90
1994	18	7.80	6.50	1.30
1995	23	32.97	28.21	4.76

续表 11-11

年份	查处案件数(件)	查处违价金额	退还消费者	上缴财政
1996	39	3.33	2.60	0.73
1997	17	7.37	4.57	2.80
1998	31	29.03	25.07	3.96
1999	51	132.91	25.23	107.23
2000	12	72.71	65.65	7.06
2001	36	21.40	3.68	17.72
2002	8	10.71	0.26	10.45
2003	12	19.43	10.36	9.07
2004	19	298.70	298.70	0
2005	17	89.37	78.73	8.64

第五节　价格服务

　　1988 年，县物委和行政、企事业单位建立常年服务关系，开展价格咨询、物品估价等服务。1991 年，县物委为企业提供价格咨询等服务 130 次，为县公安局、县检察院、县法院、县医药公司等单位进行物品估价 70 宗，共定价物品 200 件，价值 84.20 万元。1995 年，县物委为县公安、县检察院、县法院等部门评估案件物品 83 宗，价值 60.40 万元，为各企事业单位提供价格信息 21 条，信息资料 84 份。1998 年，县物价局发放《中华人民共和国价格法》《福建省价格管理条例》宣传材料 500 份，发送各类价格信息资料 221 份，受理价格咨询、投诉举报 50 余件，评估涉案物品价格 82 份，价值 400 万元。2000 年，为县内 4 座中型水库进行供水价格测算，参与清算破产企业，受理各类价格鉴证业务 82 件，出具价格评估报告书 82 份，价值 105 万元，其中评估涉案物品价格 53 件，标的金额 67 万元。2001 年，评估涉案物品 33 件，价值 30.20 万元。2002 年，开展各类生产经营者和各行政事业单位的调定价费前期调研，提供成本测算、调价设计等服务。2003—2004 年，评估涉案物品价格 78 件，总值 86.90 万元。2005 年，建立健全车损评估、成本认证定期审价制度和价格执行情况定期认证制度，开展"价格服务进万家"系列活动。

　　1991—2005 年，县物价部门共为企业提供价格咨询服务 747 人次，提供各类信息资料 1242 份，为执法机关进行赃物鉴定 1813 件，涉案金额 1101 万元。

第四章　工商行政管理

　　1988—2005 年，宁化县工商行政管理局（简称县工商局）以经济建设为中心，加强管理服务和自身建设，在对全县市场进行监督管理的同时，建立和实行企业法人登记管理制度，加强企业经营活动监督检查，加强经济合同管理和商标广告管理，打击走私贩私、假冒伪劣产品，维护经营者和消费者的合法权益。

第一节　管理机构

1979年，县工商局成立。1999年，工商行政管理部门体制改革，实行省以下垂直管理。2005年，县工商局设股室9个、工商所6个、直属单位1个，编制103人，在岗89人。

第二节　市场监督管理

1988—1994年，县工商局筹措资金1000万元兴建客家边贸中心市场、泉上市场、曹坊市场、淮土市场及治平笋类专业市场。全县集贸市场发展到22个，面积75616平方米，商品品种近8000种，商品成交量185243吨，成交金额49536.10万元，其中工商行政管理部门引进帮销67859.80吨，成交金额13211.60万元。

1995—1997年，县工商局先后开展"无假冒伪劣商品""文明市场"及"计量信得过"市场创建活动，共查处市场案件105起，罚没1.32万元。安远乡政府建成"宁化县安远仔猪交易市场"，年上市仔猪3万多头，交易额400多万元。1997年"6·9"洪灾后，县工商局组织蔬菜公司和个体商户调进新鲜蔬菜100吨，保障供给，稳定市场。

1998年，县工商局开展"让市场干净起来"活动，客家边贸中心市场管理中心投入12.30万元改造排水设施，解决地面积水问题。同时，加强市场管理，查处不合格肉品案件31起。1999年，县工商局查处粮食案件48起，没收粮食61.60吨，罚没8.93万元；查处文化市场案件1起，收缴盗版影碟285片；查处市场掺杂使假案件101起，罚没2.60万元。2000年，县工商局开展春耕农资、烟花爆竹等市场检查19次，共检查生产经营单位12000户次，查处假冒伪劣商品标价30万元。2001年，县工商局重点整顿和规范市场经济秩序，开展大规模集中整治22次，查处假冒伪劣商品标价40万元。2002年，县工商局开展集贸市场专项整治、打假治劣、治理"餐桌污染"等行动，共检查各类市场30个次，企业和个体工商户6650户次，捣毁地下制假窝点3个。

2003年，县工商局以客家边贸中心市场为试点，开展"共建规范市场"活动，建立市场和企业商品准入、索证、备案制度，开展全县食品安全大检查3次，检查食品经营加工户392户次，检查市场22个次，捣毁地下加工点1户，查获销毁不合格水产品、调味品、矿泉水等商品标价1200元。强化"节日"市场监管，共检查各类经营户2980户次，销毁各种过期变质商品310件。开展违法捕猎和经营野生动物专项整治，检查市场23个次，饮食经营户131户次，水产品摊店36个次，检查饲养野生动物企业1户，发出严禁违法捕猎和经营野生动物通知书56份。

2004年，宁化县经纪人协会成立。全县有中介机构12家、经纪人131人、农副产品营销人员2000人，形成农副产品营销网络，指导签订订单农业合同46500份，涉及粮食、烤烟、养殖、加工等品种和行业。2005年，县工商局帮扶3户重点涉农企业建立健全"订单农业"台账，提高农业订单覆盖面和履约率，涉及粳糯稻、蔬菜、姬松茸菇、淀粉等项目，总产值5750万元，支持涉农企业和农村种养大户商标注册和环保食品、绿色食品论证。

第三节 企业登记管理

1988 年，全县注册登记各类经济主体 4737 户，从业人数 5369 人，其中私营企业 10 户、从业人员 94 人。县工商局建立和实行企业法人登记管理制度，是年登记注册企业 157 户，查处违法违章经营行为 16 户。1989—1990 年，县工商局结合换发营业执照，清理整顿全县企业，下发责令整改通知书 35 份。1991 年，全县登记注册企业 1264 户，其中企业法人 389 户、营业登记企业 875 户。1992 年，县工商局发展企业法人 82 户、营业登记企业 106 户、"三资"企业 4 户，办理企业变更登记 254 户。1993 年，县工商局办理股份制企业登记 3 家、股份合作制企业 14 家、企业变更登记 222 户次，为企业提供法规政策咨询 159 人次。1994 年，县工商局规范企业注册登记程序，审核公司资质条件，运用工商行政管理职能支持国有企业改制。1997 年，县工商局办理改制企业登记 9 户，全县企业总数 1704 户，其中企业法人 538 户、营业登记 1137 户、外资企业 29 户。1998 年，县工商局查处企业违法违章行为 11 起，罚款 0.26 万元，吊销企业营业执照 81 户。

1999 年，县工商局核发下岗人员个体、私营企业执照 418 份，在客家边贸中心市场及江滨路新建下岗职工摊位 100 个。2000 年，全县注册登记内资企业 1018 户，注册资金 27255 万元；外资企业 30 户；个体工商户 4311 户，从业人员 4555 人，注册资金 4429 万元；私营企业 74 户，从业人员 995 人，注册资金 3749 万元。2001 年，县工商局推行片区管理责任制，建立片区"经济户口"，达到"一户一档一卡"，清理检查各类企业和个体工商户档案 5329 件，发出催办（整改）通知书 429 份。2003 年，县工商局办理下岗人员个体工商户营业执照 262 户，免收工商各项费用 23.86 万元。指导下岗失业人员投资兴办私营企业 2 户，引导先致富个体工商户接纳下岗失业人员 79 人就业，私营企业接纳下岗失业人员 368 人就业。2004 年，县工商局办理企业和个体工商户注册资本分期到位 9 户、注册资本验证免予提交验资报告 19 户、免予年检 18 户、办理筹建登记 6 户、主体与经营资格分离 3 户、办理冠省名企业 1 户、冠市名企业 4 户。

2005 年，县工商局推行登记公示、公开、首办责任、告知承诺等登记制度，派员入驻宁化县行政服务中心。是年，办理无偿代理服务 65 户、注册资本分期到位 4 户、注册资本验证免予提交验资报告 3 家、筹建登记 2 户、主体与经营资格分离 3 户、冠市名 2 户、改制登记 5 户、免予年检 81 户、帮助安置下岗职工再就业 234 人、出具外资登记初审告知 11 户、外资变更初审告知 16 户。发展个体工商户 718 户，注册资金 1493 万元，从业人员 1126 人；注册登记个体工商户 3780 户，注册资金 3421 万元，从业人员 5023 人；新发展私营企业 88 户（其中分支机构 9 户），注册资本 10553 万元，雇工人员 929 人；注册登记私营企业 278 户（其中分支机构 24 户），注册资本 30288 万元，雇工人员 4847 人；新发展内资企业 20 户，注册资本 59 万元；注册登记有内资企业 397 户，注册资本 33085 万元；注册登记外资企业 57 户，新发展外资企业 5 户。开展危险化学品行业专项整治，督促更新或补办前置审批文件 20 户，发出书面限期补办通知书 5 份，责令整改通知书 30 份，责令停止经营通知书 16 份，立案查处涉及安全生产案件 11 件。至年底，全县注册登记各类经济主体 4512 户，从业人员 4 万多人，注册资本 8 亿元。

第四节 经济合同管理

1988 年，全县设立 5 个经济合同仲裁派出庭，受理合同纠纷 4 起，挽回企业经济损失 100 万元。1989 年，县工商局指导 124 家企业规范合同管理，检查合同 475 份，提出修改意见 72 条。1992 年，县工商局开展合同鉴证，提供相关法律法规咨询，挽回企业损失 2573.63 万元，协助 6 家企业追回拖欠款 40.70 万元。1994年，县工商局审核县林产化工厂等7家企业合同1000份，金额3000万元。1995年，县工商局开展不动产抵押登记1件，抵押物价值236万元。1996年，县工商局接受合同法律法规咨询205人次，协助企业追款1件金额0.20万元，评定"重合同、守信用"企业12家。

1999年《中华人民共和国合同法》颁布实施后，县工商局全年鉴证各类合同39341份，金额12307万元，为3家企业追回欠款2.20万元，办理动产抵押登记1件。2001年县政府表彰县级"重合同、守信用"企业8家，三明市政府表彰1家；县工商局办理动产抵押登记2件，主债权金额40万元；调解合同纠纷2起，解决争议金额3150万元；现场监督拍卖4场，拍卖成交金额49.70万元；鉴证烤烟收购合同3.69万份，金额1.24亿元。2004年，县工商局制印种植、养殖、加工3种示范性合同文本，规范全县订单农业合同。2005年，县工商局指导和协助农户签订农业订单合同6547份，金额8953万元；查处合同违法案件15件，罚没金额1.01万元。

第五节　商标广告管理

一、商标管理

1988年，全县共有注册商标15件，其中"东华山""小凤王"知名度较高。1990年，县工商局检查各类经营主体商标351户次，收缴非法使用他人商标标识标签1.50万份。1991年，开展烟酒类市场商标专项检查，查处假冒"剑南春""信丰"等白酒案件6起，总案值6万元。1992—1995年，重点保护宁化县水泥厂"蛟龙"商标和宁化县羽绒服装厂"小凤王"商标，协助企业打假维权，挽回企业经济损失30万元；规范商标印制，年检指定商标印制单位2家，全县有效注册商标20件。1997年，宁化水泥厂等3家企业加入福建省商标专用权保护网。1998年，县工商局办理酒酿生产企业商标注册申请6件。2000年，县工商局推荐宁化县松香厂、宁化县林产化工厂2家国有企业注册商标参加三明市知名商标评定，办理农副产品商标注册申请6件。2001年，县工商局推荐"东华山"注册商标参加福建省著名商标认定。2003年，全县个私企业商标注册59件。2004年，县工商局重点培育发展"宁花"等农业产业产品商标，加大商标保护力度，查处侵犯"长城"干红葡萄酒、"二锅头"白酒、"青岛"啤酒等知名商标案件23起，罚没3.72万元。2005年，全县有效注册商标35件，其中"宁花"商标为三明市知名商标。

2005年年底宁化县有效商标一览表

表11-12　　　　　　　　　　　　　　　　　　　　　　　　　　　　　　　　　单位:件

企业(个体)名称	商标名称	使用商品
宁化第一中学	育英	1类
宁化县客家菌草发展有限公司	翠山	29类
宁化县客家酒业有限责任公司	三荔	33类
宁化县同盛美容美发有限公司	同盛	35类
宁化县山野食品有限公司	山野风	30类
宁化县蓝藻生物有限公司	客族	30类
福建省宁花科技食品有限公司	宁花	29类
福建省宁花科技食品有限公司	淮土	29类
福建省宁化县利丰化工有限公司	东华山	30类
宁化县嘉源醇酒厂	客宴	33类
宁化县客源酒业有限公司	客源	33类

续表 11-12

企业(个体)名称	商标名称	使用商品
宁化县第一酒厂	嵊山桥	33 类
宁化县裕昌酒厂	客乡	33 类
福建省恒昌酒厂	慈恩塔	33 类
宁化县泓兴竹木制品有限公司	泓兴	19 类
福建省宁化县华联有限公司	劲远	25 类
宁化县霖裕米业加工厂	裕明来	30 类
宁化县佳穗米业有限公司	穗利	30 类
宁化县种子公司	翠农	31 类
宁化县正泉盛蛋糕面包世界	正泉盛	30、35 类
福建宁化腾龙水泥有限公司	蛟龙	19 类
宁化县翠湖新型建筑材料有限公司	翠湖	19 类
福建省宁化县拳力木业有限公司	拳力	19 类
余思沣	老余头	19 类
宁化县石壁客家食品有限公司	石壁	30 类
杨达华	博斯特	30 类
宁化县麦可糕点有限公司	麦稞	30 类
三明市园春食品发展有限公司	延祥	30 类
福建省恒大水泥有限公司	宁驼	29 类
宁化县第二水泥厂	千层楼	19 类
凌与焕	格超	29 类
宁化县三和木业有限责任公司	翠竹鸟	19 类
福建宁化腾龙水泥有限公司	宁燕	29 类
宁化县建峰水泥有限公司	石壁	19 类
宁化县家佳友超市	佳家友	29 类

二、广告管理

1988—1990 年，宁化县商业广告处于起步阶段，县工商局在中山街等主要干道设立公共广告栏 7 个，全县登记注册广告经营户 1 户，从业人员 5 名。1991 年，县工商局建立客家边贸中心市场附近 24 米的路牌广告 7 块。1992 年，设置南大街等地段路牌广告、信息牌 146 块。1995 年，县工商局宣传贯彻《中华人民共和国广告法》，举办培训班 12 期，广播宣传 39 次，印发宣传册 1100 本，整治广告市场，收缴非法广告 1500 张，查处虚假违法广告案件 9 起，纠正企业违法违章广告 29 起。1998 年，县工商局审批户外广告 220 次，设置县汽车站附近路牌公益广告 2 块。2001 年，县工商局专项整治广告市场，检查广告经营户 28 户次，收缴非法广告 8000 张。2003 年，县工商局拉网式检查全县广告经营单位及店堂广告牌匾、医疗广告、房地产广告，收缴非法广告 700 张，查处案件 3 起，罚款 0.80 万元。2004 年，县工商局专项整治农资违法广告，检查农资经营户 102 户次，立案查处涉及虚假宣传农资经营户 3 家。2005 年，县工商局补办户外广告登记 18 件，发出户外广告登记催办通知 22 份；收缴各类违法广告 620 份，清理违章广告 13 处；查处广告违法案件 15 件，其中医疗广告违法案件 4 件，罚没 0.41 万元。

第六节　经济监督管理

1988—1994 年，县工商局重点查处走私贩私、投机倒把行为，共查处各类违法违章经济案件 355 起，罚款 56.32 万元。1995 年，县工商局查获农药、农膜、种子、烟、饮料等假冒伪劣商品标价 10.20 万元，查处各类违法违章经济案件 32 起（其中千元以上案件 15 起），罚款 3.27 万元。1996 年，县工商局开展"公平交易执法年"活动，检查各类经营主体 2140 户次，查获不合格产品标价 10 万元。1997 年，查处各类违法违章经济案件 50 起，罚款 13.10 万元。1998 年，县工商局查获假冒伪劣商品标价 55 万元，捣毁制假窝点 5 个，查处各类违法违章经济案件 116 起，罚款 10.50 万元。

1999 年，县工商局重点开展打假打私，查获农资、药品、酒类等商品假冒伪劣商品标价 23.30 万元，立案查处 15 起，罚款 3.50 万元；立案查处香烟、油品走私，非法拼装车辆案件 4 起，罚款 0.32 万元。2001 年，开展打击制售假冒伪劣和走私贩私、反不正当竞争、安全生产等十项专项整治行动，查处各类违法违章经济案件 187 起，罚款 20.80 万元。2002 年，县工商局查处各类违法违章经济案件 209 起（其中万元以上案件 3 起），罚款 21.46 万元。2004 年，县工商局突出整顿市场经济秩序，查处各类违法违章经济案件 220 起（其中万元以上案件 4 件），罚款 19.70 万元。2005 年，县工商局先后开展食品质量安全、红盾护农、保护知识产权等专项整治行动 47 次，立案查处各类违法违章经济案件 216 起（其中万元以上案件 7 件），罚款 54.07 万元。

第七节　条码代码管理

1993 年，县工商局建立全县统一代码标识制度。1993—1995 年，全县累计新办证 729 家，举办代码工作培训班 30 期。1996 年，县工商局开始使用计算机管理代码。2000 年，实现组织机构代码与省代码管理中心数据库计算机远程联网和业务对接，网上统一赋码、授权办证。至 2005 年年底，县工商局共为 1020 个党政机关、社会团体、企业单位、个体工商户赋码，其中办理条形码的有宁化县佳穗米业有限公司、老余头食品厂、宁化县客家源食品有限公司、福建省宁花科技食品有限公司、泉上野山茶加工厂等 5 家。

第八节　消费者权益保护

1988 年 1 月 21 日，宁化县消费者权益保护委员会（简称县消委会）成立，下设分会 12 个。1990 年，县消委会评选县供销社等无假冒商品销售单位 4 家。1993 年，县消委会受理消费者投诉 140 件，结案率 99.50%，挽回消费者经济损失 19.50 万元。1996 年，县消委会、县工商联、县个体协会联合开展"城乡万店无假货"活动，发出倡议书 3000 份，评选出"文明摊店和信得过摊店"120 户。1997 年，增设分会 4 个、村级保护消费者权益监督站 57 个，构建县、乡（镇）、村三级消费者权益保护网络；县消委会开通"96315"消费者电话投诉举报中心，开展《中华人民共和国消费者权益保护法》《中华人民共和国反不正当竞争法》等法律法规墙报、图片展示活动。1998 年，基层工商所建立投诉服务站 12 个。1999 年，

"96315"投诉电话更改为"12315"，受理投诉147起，挽回消费者经济损失14.93万元。2001年，县消委会聘请村级"12315"投诉联络员50人，受理农民消费者投诉。2003年，县消委会开展"营造放心消费年"活动，重点检查食品、药品、农资等商品安全，立案查处案件59起，罚款4.42万元。2004年，县消委会健全投诉处理机制，受理消费者投诉166件，办结率100%，挽回消费者经济损失4.94万元。1988—2005年，县消委会共受理消费者申诉举报2500件，挽回消费者经济损失1000多万元。

第五章　质量技术与安全生产监督

1988年，宁化县推行国家法定计量单位，开展计量检定和强制检定工作及工业标准化管理，建立工业产品质量监督目录，抽检产品质量，监控涉及人身安全产品。宁化县安全生产委员会（简称县安委会）根据国家经济贸易委员会、劳动总局下发《关于开展"安全月"活动的通知》，成立"安全月"活动办公室，确定每年5—6月开展"安全月"活动。1990年，宁化县获"福建省工业标准化示范县"称号。1995年，宁化县贯彻GB/T 19000质量管理和质量保证系列标准，建立企业质量管理体系。1999年，宁化县质量技术与安全生产监督部门开展"放心工程"活动。2003年，重点开展"餐桌污染治理""建材市场专项整治""液化气瓶普查整治"，突出道路交通安全、矿山安全、危险化学品安全、易燃易爆物品安全、消防安全、特种设备安全重点检查。至2005年，全县产（商）品质量监督覆盖率100%，特种设备定期检验率100%。

第一节　管理机构

一、宁化县质量技术监督局

1986年，宁化县标准计量局成立，保留原宁化县计量所。1988年，宁化县标准计量局组建宁化县质量监督检验站。1989年，宁化县技术监督局成立。2000年7月1日起，宁化县技术监督局实行省以下垂直管理，更名为宁化县质量技术监督局（简称县质监局）。2005年，有行政编制10人、工勤1人、一所一站事业编制11人。

二、宁化县安全生产监督管理局

1984年，宁化县安全生产委员会（简称县安委会）成立。1988年起，县安委会主任由县分管工业的副县长兼任，下设安全生产办公室。2002年，县安委会更名为县政府安全生产委员会；宁化县安全生产监督管理局（简称县安监局）成立，核定编制5名，其中局长1名、专职干部4名。至2005年，机构建制未变。

第二节　计量管理

一、推行国家法定计量单位

1988 年，全县统计报表、政府公文、报纸、广播采用《中华人民共和国计量法》计量单位，改制全县非法定计量单位的计量器具。1989—1990 年，达到实施法定计量单位基本要求的单位 28 家，经三明市质量技术监督局验收考核合格。1991 年，宁化县技术监督局检查考核 45 个行政事业单位、25 家商贸企业、33 家工矿企业推行法定计量单位情况，验收合格及发证单位达 96%。1993 年，宁化县技术监督局验收合格单位 103 家，全县各行业全面使用法定计量单位，除个别特殊领域外，不允许再使用非法定计量单位，推行计量标准工作到此告一段落。

二、计量标准

1988—1989 年，三明市质量技术监督局考核通过宁化县质量技术监督局计量所（简称县计量所）的衡器、天平、砝码、血压计、长度、热工二次表、电学三表等 11 项社会公用计量标准，建立宁化县合成氨厂压力表和二次仪表、宁化县自来水厂水表检定装置、宁化县通用机器厂长度、宁化县电力公司的电度表等企业最高标准计量器具。1996 年，通过三明市计量局考核并换发新证。1999 年，计量标准复核换证，其中宁化县电力公司和宁化县自来水公司复检换证于 12 月底完成。2000 年起，因企业改制停止检定宁化县合成氨厂、宁化县通用机械厂企业最高标准计量器具。2001—2005 年，每年检定宁化县电力公司、宁化县自来水公司及县计量所的计量标准。

三、计量定级（升级）、达标

1988 年，全县列入计量定级验收和复查的企业有宁化县煤矿、宁化县矿山机械厂、宁化县制材厂、宁化县粮油加工厂、宁化县林产化工厂、宁化县合成氨厂、曹坊水泥厂、淮土冶金化工厂等，年底全部通过考核验收并上报省、市主管部门。1989 年，县计量实验室和质量实验室经三明市计量局考核验收合格。1990 年，宁化县服装塑料厂、宁化县印刷厂等 2 家企业通过计量验收，宁化县自来水公司、宁化县钨矿、宁化县机电厂、宁化县酒厂等 4 家企业通过计量复核验收。1991 年，全县有 10 家企业通过计量上等级考核验收，全计量上等级企业 48 家次。1992 年，翠湖水泥厂计量管理达标通过认证考核。1993 年，宁化县五交化公司、宁化县生活用品总公司老铁门商场被授予"计量信得过"单位，全县计量达标的乡（镇）企业 17 家，翠湖水泥厂、中沙生化厂、宁化县羽绒服装厂、宁化县水泥厂等企业建立计量管理体系。1994—1995 年，宁化县医院、宁化县中医院、禾口卫生院、湖村卫生院、泉上卫生院通过计量达标考核，乡（镇）企业计量达标认定 3 家，宁化县电力公司、淮土冶金化工厂等 10 家企业健全计量管理体系。宁化县质量技术监督局开展商业企业计量信得过单位评定，谢坊加油站评定计量信得过单位验收合格。1996 年，全县工业企业计量上等级 25 家。1997—1998 年，宁化县质量技术监督局开展卫生计量达标活动，整顿验收实验室 1 个，企业计量达标 1 家。1999 年，全县乡（镇）卫生院均取得福建省技术监督局、卫生厅颁发的计量达标合格证书。至此，计量定级（升级）、达标工作告一段落。

四、计量检定和强制检定

1988 年，宁化县计量检定和强制检定处于起步阶段，仅开展尺、砝码、天平、各类秤、量具、压力表、血压计的检定。1990 年，宁化县质量技术监督局开展 13 个项目的检定，处于受控状态的强制检定计量器具 518 台。1991 年，宁化县质量技术监督局加强管理强制检定计量器具，周期受检率大于 90%，其中计量标准周检率 100%，全县已开展的检定项目全部取得《社会公用计量标准证书》和《计量标准考核合格证书》。1992 年，宁化县质量技术监督局按福建省计划委员会下达的《福建省一九九二年度标准、计量、质量监督计划》，全县完成强制检定项目 13 项，同时开展长度、热电、力学类非强制检定计量器周期检定。1993 年，宁化县质量技术监督局开展计量加油机强制检定，全县强制检定计量具比率 97.60%，周期受检率 97%。1994 年，新增氧压表检定，对计量加油机周期强制检定，全县强制检定计量器具的备案率 100%，强制检定计量器具的周期受检率 98.70%。1996 年，宁化县质量技术监督局完成法定周期检定计量仪表 568 台套。1997 年，全县计量器具强制检定周期受检率 95%。1998 年，宁化县质量技术监督局检验全县农用电表 0.80 万台件，计量检测全县加油器、天平、压力器、衡器、地中衡等强检计量器具 600 件，受检率 95% 以上。1999 年，宁化县质量技术监督局造册登记 16 个乡（镇）210 个建制村电能表 7.10 万只，至年底更换电能表 35604 台（件），占全县总数的 50%；强制检定计量器具 3820 台（件），周检率 95.30%。2000 年，县质监局更换全县电能表，城镇住宅水表、电能表首检率 100%；强检计量器具 374 台（件），受检率 97%；监督管理重点计量器具 9 批次，合格率 100%。2001 年，县质监局开展"112 强检工程"，建立计量器具强检数据库。2002 年，全县天平、砝码、加油机周检率 100%，衡器周检率 96.75%，抽检水表、电表与衡器合格率 91%。2005 年，县质监局普查登记备案城区医院计量器具，医疗卫生计量器具备案率 100%，定检率 97.60%。

五、计量器具送检管理

1988—1989 年，宁化县质量技术监督局开展制造、修理计量器具的企业和工商户产品送检管理。1991—1992 年，宁化县质量技术监督局监管制造、修理计量器具的人员及产品，取得制造、修理计量器具许可证的个体秤工 2 人，生产的木杆秤 100% 受检。1997 年 9 月 1 日起，城区主要农贸市场固定摊点禁止使用杆秤。1999 年 1 月 1 日起，各乡（镇）公众交易中固定摊点禁止使用杆秤，县质监局取消 2 家工商户制造、修理计量器具许可证。至 2005 年，城区集贸市场固定摊点电子台、盘秤使用率 90% 以上，各乡（镇）固定摊点电子台、盘秤使用率 30% 以上。

第三节　标准化管理

一、工业标准化

1989 年，根据《中华人民共和国标准化法》《福建省企业产品标准备案管理暂行规定》，宁化县技术监督局开始受理行政辖区范围内企业产品标准备案。1990 年，宁化县获"福建省工业标准化示范县"称号。1991 年，宁化县质量技术监督局调查县属 28 家企业的 70 个产品标准及 26 家乡镇企业的 18 个产品标准，按标准生产的产品 88 个，其中采用国际标准生产的产品 8 个；标准备案的产品 20 个。建立企业标准体系的县属企业 21 家。1992—1998 年，全县企业标准化覆盖率达 95%。1999 年 3 月，县政府向福建省技术监督局申请开展消灭无标准生产试点县活动并制定实施方案。2000 年，通过消灭无标准生产试点县验收，全县共办理 81 家企业 94 种产品标准备案和注册登记。2005 年，全县标准注册企业 212 家、产品 246 项，其中采用国际标准生产的企业 4 家产品 4 种，分别为腾龙水泥有限公司生产的硅酸盐水泥、旺顺竹木有限公司生产的胶合板、三鑫木业有限公司生产的胶合板和恒大水泥厂生产的普通硅酸盐水泥。

二、标准监督与培训

1988 年 1 月，国家标准计量局发布《食品标签通用标准》，宁化县标准计量局开始监督企业执行新标准，全年受理标签 110 件。1989 年，宁化县技术监督局按照《中华人民共和国标准化法》，对全县企业产品实施监督 60 批次。1990—1999 年，宁化县技术监督局检查钢筋、食品、饮料、燃料、电线电缆、水泥、化肥等行业，处罚不按标准要求生产和销售的企业。2000 年 12 月，《福建省标准化管理办法》颁布实施。至 2005 年年底，宁化县技术监督部门共开展标准实施监督和检查标识 3900 批次，累计查处销售企业 418 家、生产企业 320 家，开展标准日宣传活动 17 次，举办标准化培训班 30 期。

三、农业标准化

1988—1991 年，宁化县推进"吨粮丰产片"和稻田养鱼等农业标准化项目。1992 年，推广农业工程项目"纲半田示范片"。1995—1997 年，全县实施大农业标准化"杂交水稻栽培技术规范" 2 公顷、"毛竹丰产培育技术标准" 600 公顷、"池塘养鱼综合标准" 100 公顷、"无公害蔬菜栽培技术规范" 0.35 万公顷。1998 年，全县建立高优农业示范区，其中杂交水稻规范化栽培 0.80 万公顷、蔬菜无公害栽培 8 公顷、丰产林 573 公顷。1999 年，宁化县制定种子标准体系和"杂交水稻栽培技术规范"，翠江镇推广杂交水稻栽培 2.50 公顷、无公害蔬菜栽培 30 公顷，全县推广池塘养鱼 80 公顷、稻（莲）田养鱼 240 公顷。2000 年，全县推广杂交水稻标准栽培 2.10 万公顷、稻（莲）田养鱼 240 公顷、无公害蔬菜栽培 50 公顷。2001 年，全县推广实施标准化种植杂交水稻 1420 公顷、无公害蔬菜 42 公顷、丰产林 430 公顷，推广淡水养殖 105 公顷。2002—2005 年，全县推广标准化种植杂交水稻 1400 公顷、无公害蔬菜 50 公顷、丰产林 450 公顷，推广淡水养殖 105 公顷。

第四节 质量监督管理

一、产（商）品质量管理

产（商）品质量监督 1988—1992 年，宁化县质量技术监督部门建立工业产品质量监督目录，抽检产品质量，监控涉及人身安全产品。1993 年，宁化县技术监督局开展市场商品质量监督 79 家次（食品质量监督抽检 57 家次、蜂窝煤质量监督 2 家次、家用电器 20 家次），抽检商品 668 个。1994—1996 年，宁化县技术监督局监督检查农药化肥、液化气用卡式炉具、汽车零配件、液化瓶重量、黄金首饰、建筑用红砖、低压电器、酒类商品、味精、酱油、家用电器、各类化妆品、鞋类、糕点、饮料等产品质量。1997 年，宁化县技术监督局抽查监督皮鞋、饲料、眼镜、水暖器材等商品，检测检验 16 家食品生产单位产品。1998 年，宁化县技术监督局抽查酱油品种 16 个，白酒品种 22 个，化肥、农药品种 24 个，汽油、柴油、润滑油品种 28 个，汽车配件品种 18 个，低压电器品种 37 个，其他各种小商品品种 350 个，检测出不合格样品 58 个并进行处理。

1999 年，宁化县技术监督局开展"放心工程"活动，跟踪农资、酒、瓶装饮用水、眼镜、服装、家电、汽油、柴油、液化气等行业的 9 个门点，半年预评，年终总评，跟踪点在 1 年内经省、市、县质量监督检查无违法行为、无消费者投诉，授予"放心店"称号。2000 年，县质监局授予宁化石油公司南门加油站、海鸥眼镜店、春辉名茶"放心店"称号。2001 年，县质监局授予家佳友超市、益宏啤酒食杂批发部"质量放心店"称号。2002 年，县质监局开展餐桌污染和集贸市场专项整治行动，共检查冷库 4 家、酒店、餐馆、学校及医院食堂、食品、饮料和调味品生产企业 23 家，抽样检查 23 批次，检查整治城区及乡（镇）集贸市场定量包装食品、高档药品 187 批次，立案处罚 2 家，下达整改通知书 12 份，销毁假冒过期食品。

2003 年，国家实行食品质量安全市场准入制度，县质监局建立 32 家食品生产企业质量档案，推进食品生产企业申请市场准入工作；检查县内水泥生产企业 2 家，调查登记县内一次性生活用纸生产加工企业 2 家，产品抽样送检合格。2004 年，县质监局重点检查食品、水泥及人造板质量。2005 年，县政府成立生产加工食品质量安全工作领导小组，每个乡（镇）确定质量技术监督协管员 1 人，形成县乡监管网络。县质监局与全县 60 家生产加工食品企业签订食品安全责任书和承诺书，组建 3 个监管小组，分片负责，加强监管。是年，三明市食品示范县工作会在宁化召开，推广县质监局食品监管经验，宁化县被福建省质量技术监督局列为食品质量安全监管示范县。

1988—2005 年宁化县商品质量监督抽查情况表

表 11-13

年份	质量监督覆盖率(%)	产品质量合格率(%)
1988	60	69.81
1989	90	88.70
1990	96.70	92.40
1991	100(城区)85(乡镇)	86.60
1992	100(城区)85(乡镇)	86.60
1993	100(城区)85(乡镇)	87.90
1994	100	87.90
1995	100	89.00
1996	100	89.00
1997	100	85.70
1998	100	88.80
1999	100	89.80
2000	100	90.20
2001	100	91.90
2002	100	91.70
2003	100	92.30
2004	100	92.50
2005	100	93.70

执法打假　1988 年，宁化县标准计量局组建宁化县质量监督检验站，开展查处伪劣商品等执法打假活动。1989 年，宁化县技术监督局查处不合格电风扇案件 2 起。1990 年，宁化县技术监督局抽查商品质量 3 次。1991 年，宁化县技术监督局组织全县范围检查 6 次，重点检查食品、家用电器、定量包装等商品，处理电器质量投诉 2 起，办理案件 24 起（其中家用电器质量监督案件 11 起，食品监督案件 8 起，其他质量监督案件 2 起，计量监督案件 3 起），行政处罚案件受理率 100%。1992 年，宁化县技术监督局成立打假领导小组，组织检查商品生产许可证、标签标准、电器安全性能指标、内在质量指标、商标侵权行为及药品

质量，共检查 256 家次 49147 件商品，价值 19.60 万元；立案罚款 54 起，结案率 98%。1995 年，宁化县技术监督局重点打击假冒伪劣商品，共销毁假冒伪劣商品总标价 27 万元，捣毁制售假冒伪劣产（商）品黑窝点 5 个。1996 年，宁化县技术监督局成立稽查队，重点监督关系人民群众生命财产安全及使用量大涉及面广的商品，检查 14 大类产（商）品，抽样 115 批次 350 件。

1997 年，宁化县技术监督局查处农药、化肥、电器、食品、机电产品等违法案件，销毁标价 5.60 万元的假冒伪劣商品。1998 年，受理消费者质量投诉 19 起，结案率 100%。查获假冒"剑南春""蒙古王""古井贡"等瓶装白酒案件 3 起，总案值 4 万元。1999 年，宁化县技术监督局受理质量投诉 21 件，涉及商品货值 22.70 万元；专项整治建材市场，查处没收劣质钢材货值 1900 元、水泥货值 1500 元。2000 年，县质监局成立后，组织检查单位 61 家，受理投诉 18 件，挽回消费者经济损失 4.58 万元。2001 年，县质监局先后开展"打假护农"和整治饮料、食品、啤酒、建材市场等专项行动，查获过期和不合格食品及无检疫证明的进口冷冻食品 5 批次，案值 12.50 万元；查处不合格生产饮料、冷饮、糕饼厂家 5 家；查获劣质钢材 2 吨、劣质水泥 20 吨、袋重不合格水泥 5 批次；查处不合格生产地条钢企业 3 家，没收不合格地条钢 8.50 吨；查获劣质碾米机 23 台、劣质电线 1.50 万米、无进网许可证手机 13 部、传呼机 95 部。是年，共查处假冒伪劣商品标价 56.80 万元。

2002 年，县质监局共查获假冒伪劣产（商）品标价值 58.40 万元，罚没 10.40 万元，其中查获质量不合格硫酸钾复合肥 11 吨、标识不符合要求碳铵 20 吨、过期或未标注生产日期农药货值 3000 元、袋重不合格水泥及石灰粉 226 吨、无生产许可证和不合格铝型材货值 4.80 万元、不合格装饰贴面板货值 1.20 万元、不合格建筑用 PVC 管材货值 6000 元；查处非法生产国家明令淘汰产品地条钢企业 3 家，没收地条钢 4.60 吨；查处不合格不锈钢管 2 起，不合格圆钢 1 起；查处非法生产螺纹钢窝点 1 个，查获无证生产建筑用螺纹钢 2.70 吨；查处液化气计量违法和违反安全法规案件 15 起。开展集贸市场和加油站计量专项整治，查处违法生产和销售非法定计量单位木杆称 65 杆，登记造册全县 28 个加油站 73 台加油机的电脑主板，抽样检查成品油质量，查处加油站计量违法案件 3 起。

2003 年，县质监局重点开展"餐桌污染治理""建材市场专项整治"和"液化气瓶普查整治"，查办餐桌污染案件 14 起、建材市场案件 19 起、违规充装液化气经营单位 2 家、使用逾期未检钢瓶和无安全标签经营单位 10 家，查封气瓶 201 只，强制送检 157 只。是年，共查获假冒伪劣商品标价值 72.50 万元。2004 年，县质监局开展手机专项打假活动，查办 10 起手机案件。是年，查获假冒伪劣商品标价值 79.30 万元，其中 1 万元以上案件 8 起、5000 元以上案件 19 起。2005 年，县质监局重点开展农资、建材、食品打假整治，查获东方花园商住小区、县医院 SARS 综合楼建筑工程使用不符合国家标准的铝合金窗，货值 5.90 万元，罚款 3 万元。

1993—2005 年宁化县执法打假情况表

表 11-14

年份	案件数(起)	罚没入库(元)	结案率(%)
1993	20	8885	100
1994	23	11790	100
1995	34	96000	100
1996	28	16000	100
1997	立案 15 起,现场处罚 21 起	37600	100
1998	16	52000	100
1999	立案 10 起,现场处罚 26 起	42388	100
2000	立案 12 起,现场处罚 26 起	42400	100
2001	立案 44 起,现场处罚 46 起	101000	100
2002	立案 48 起,现场处罚 15 起	104000	100

续表 11-14

年份	案件数(起)	罚没入库(元)	结案率(%)
2003	68	113000	100
2004	61	131600	100
2005	立案 38 起,现场处罚 14 起	134000	100

注:1988—1992 年缺资料。

二、质量认证

1995 年始,宁化县贯彻 GB/T 19000 质量管理和质量保证系列标准,建立企业质量管理体系。2003 年,宁化县腾龙水泥有限公司生产的 42.5R 普通硅酸盐水泥通过 ISO 9001 质量管理体系认证和产品质量认证。2004 年,宁化县利丰化工有限公司、时尚防火建材有限公司通过 ISO 9001 质量管理体系认证。

三、生产许可证管理

1988—2005 年,宁化县质量技术监督部门通过宣传发动、上门服务等方式检查督促企业申报生产许可证。至 2005 年年底,全县取得 QS 证书的食品生产企业 25 家,取得工业生产许可证的水泥生产企业 2 家、冷轧钢筋生产企业 1 家。

四、品牌创建

1988—1998 年,宁化县先后创建和巩固提升"蛟龙"牌水泥、"东华山"牌松香和松节油、"翠江"牌碳铵等品牌。1999 年,县政府开展"培育名牌、争创名牌、打响名牌三个一批"活动,培育客家酒娘、淮土茶油、河龙贡米等宁化特色品牌。2000 年,县政府制定《宁化县扶持优势品牌的若干规定》《宁化县优势品牌产品管理办法》,建立县优势品牌库,宁化县水泥厂"蛟龙"牌水泥、宁化县林产化工厂"东华山"牌松香和松节油、宁化县化工实业总公司"翠江"牌碳铵、客源酒业公司"客源"牌酒娘及辣椒、淮土茶油、豆腐皮、茶薪菇、姬松茸、薏米、古坑粉干、粉条、河龙贡米等农产品首批入库。2001—2002年,县质监局调整县优势品牌库,石壁客家食品有限公司生产的"石壁糯米"进入市级优势品牌库,成为进入市级品牌库的首个宁化产品。2003 年,宁化县春辉茶业有限公司申请无公害农产品标志。2004 年,宁化县佳穗米业有限公司"穗利"牌大米及宁化县利丰化工有限公司"东华山"牌松香树脂进入市级优势品牌库,福建宁花科技有限公司"宁花"牌食用植物油获三明市知名商标称号。2005 年,宁化县春辉茶叶有限公司的"春辉"牌铁观音茶、金珠鸿农业科技发展有限公司的水蜜桃、高堑商品鱼养殖示范基地的鲤鱼和草鱼、泉上水库养殖场的鲜活鲢鱼等 5 种产品获无公害农产品标志证书。

第五节　特种设备安全监察

一、特种设备及监督机构

特种设备包括锅炉、压力容器、压力管道、电梯、起重机械、客运索道、大型游乐设施、厂(场)内车辆,1988—2000 年 6 月由县劳动局监管,2000 年 7 月起划归县质监局管理。

二、现场监督与管理

2000 年，县质监局现场监察企业锅炉房 52 次，确认并登记建档小型和常压热水炉 35 台，查出"土锅炉" 4 台（其中无使用证 2 台），发出锅炉压力容器安全监察意见通知书 9 份，责令停用 2 台；联合消防、建设部门审核全县 18 个液化气经营网点安全状况；举办特种设备质量监督与安全监察研讨会和企业安全生产研讨班各 1 期，21 个单位 50 人参加。2001 年，县质监局监察检查液化气经营点及充装站 42 个次、锅炉房 48 个次、起重设备使用单位 18 个次，发出监察意见书 63 份。查处违规安装电梯 2 台、行车 1 台、立案 16 起，现场处罚 2 起；责令拆除"土锅炉" 13 台，就地封存 4 台，清理黑锅炉 4 台；举办司炉工、安全管理人员、液化气经营店负责人等安全知识培训 3 期，共有 137 人参训，全年特种设备无安全事故。2002 年，县质监局首次普查登记全县锅炉、压力容器、特种设备，共普查锅炉 156 台、压力容器 193 台、特种设备 60 台，普查登记率 100%，注册率占可发证率的 100%。现场监察锅炉房 56 个次、起重设备和压力容器单位 40 个次、加油站 14 个次，发出安全监察意见书 81 份，责成企业报废锅炉 18 台，封存锅炉 6 台、容器 4 台、行车 2 部、升降机 1 部。专项检查液化气瓶经销站点 72 个次，受理群众投诉举报 22 人次，立案查处使用过期液化气瓶、无证经营液化气案件 15 起。督促 42 家经销单位办理安全注册，提高企业在用设备操作持证率，其中压力容器 98%，电梯工 100%。

2003 年，县质监局查处"土锅炉""土行车"使用单位 3 家，非法移装、安装锅炉单位 3 家，责令报废锅炉 3 台、土行车 1 台，解体锅炉 4 台，查封"土锅炉" 2 台；查处违规充装液化气经营点 2 家、使用过期液化气瓶和无安全警示标志液化气瓶 10 家，查封液化气瓶 201 只，强制送检液化气瓶 157 只，立案 11 起，现场处罚 6 起，处罚金额 4.60 万元，完成液化气瓶产权转移 26122 只，检验整治过期液化气瓶 5490 只；下达特种设备安全监察意见书 31 份。是年全县在用特种设备注册率 100%。2004 年，县质监局专项整治起重机械和特种设备安全隐患，检查特种设备使用单位 154 家次，发现隐患 38 条，发出整改通知 113 份，建立 3 家重大设备危险源单位黄牌警示制度，全县新增特种设备登记注册率 100%；是年，查办案件 16 件，责令送检过期液化气瓶 196 只。2005 年，县质监局推行特种设备停用、定期检验企业申报制度，分类管理 130 家使用特种设备单位，将易燃、易爆、公众聚集场所列为 A 类单位重点监察，每季度监察 1 次；学校和其他企业列为 B 类单位，每半年监察 1 次；小型汽水两用锅炉等小设备列为 C 类单位，每年监察 1 次；4 月中旬起，实行全县隐患特种设备事故监控整治黄牌警示制度，全年取缔土制锅炉和压力容器 3 台。

2000—2005 年宁化县特种设备定期检验情况表

表 11-15

年份	锅　炉(个)		电梯 (台)	起重机械 (辆)	压力容器 (部)	厂内车辆 (部)	定检率 (%)
	内检	外检					
2000	18	37	4	—	62		100
2001	5	24	4	13	71	1	100
2002	22	34	9	18	17	—	100
2003	8	26	12	39	7	—	100
2004	23	26	11	20	95	11	100
2005	24	77	13	33	35	18	100

第六节 安全生产监督

一、安全检查

1988 年，县安委会、宁化县安全生产办公室（简称安办）开展生产企业安全生产大检查，共检查企业 120 家，重点检查特种设备锅炉 36 台，查出隐患 595 处，发出整改通知书 588 份，落实整改隐患 556 处，整改率 90%以上。1989 年，开展安全大检查 25 次，监察企业 130 家，共查出隐患 430 处，整改 344 处，整改率达 90%。1990—1993 年，检查矿山 19 家次和各生产企业 602 家次，查出隐患 3927 处，发整改通知书 2957 份，整改隐患 3544 处，整改率 90.25%。1994—1995 年，重点检查乡（镇）矿山和特种设备，共检查乡（镇）矿山锅炉 53 台次，起重设备和电梯 33 台次，检查生产企业 429 家次，发现隐患 2027 处，发整改通知书 1930 份，整改隐患 1824 处，整改率 89.99%。1996—1999 年，县安委会、县安办、县公安局、县工商局、县工会、县国土局、县质监局、县交通局、县卫生局、县保险公司等部门联合开展全县各生产企业、厂、矿综合性安全大检查，重点检查国有矿山 76 家、锅炉 102 台次、压力容器 49 台次、起重设备 47 台次、电梯 19 台次、建筑工地 15 处次，加油站和液化气站 43 个次、电站 31 座次、各类生产企业 289 家次，发现隐患 4780 处，发出整改通知书 4628 份，整改 4325 条，整改率 90.48%。

2000—2002 年，县安委会重点检查仓库、宿舍、生产厂房 12 家次，检查建筑工地 68 处、校园 104 所、旅游点 102 处、矿山 60 家次、非煤矿山 76 家和各类生产企业 362 厂次，发现隐患 1388 处，发整改通知书 1285 份，整改 1260 条，整改率 91%。2003—2005 年，突出道路交通安全、矿山安全、危险化学品安全、易燃易爆物品安全、消防安全、特种设备安全等 6 个重点，县安委会组织县公安局、县交警大队、县工商局、县安监局、县经贸局、县质监局等部门开展安全大检查，查处无证经营非煤矿山 54 家；查封无证经营加油站 10 户；查获非法加工鞭炮 4 起 4 人，没收非法销售鞭炮 212 万响，立涉爆案件 24 起，依法处理 26 人；查处违反安全法规使用特种设备的行政案件 16 起，罚款 6 万元；查处液化气经销门店违反安全法规行政案件 55 起，罚款 4 万元。排除各类消防隐患 2000 处。

1988—2005 年，县安委会累计检查企业 529 家次，发现隐患 15147 处，发整改通知书 13818 份，整改率 90%以上。

二、监督管理

1988 年，县安委会以抓基层为重点、监察为中心，开展安全生产监督管理，全年组织监察企业 120 家。是年，获三明市安全生产考核评比第一名。1989 年，县安委会监察企业 130 家，审批建筑工程 18 项，验收 11 项，审查新改建工程 8 项，解决安全生产技术难题 10 项。1990 年，县安委会举办安全生产系统工程培训班 1 期，在各生产单位推广使用安全生产程序检查表。是年，有 2 家企业被三明市劳动局授予"应用现代安全生产管理方法先进单位"称号。

1991 年，县安委会实行安全生产目标管理，县政府与县直各主管部门，县主管部门与各生产单位，各生产单位与车间、班组、工人层层签订安全生产责任书。是年，受县政府表彰奖励安全生产目标管理成绩显著的企业单位 31 家、先进工作者 93 人，宁化县获三明市安全生产目标管理第二名。1992—1993 年，县安委会建立安全生产目标管理长效机制，强化全县生产企业、矿山的监督管理，共有 37 家企业获"三明市安全生产合格单位"称号。1994 年，县政府与全县 49 个生产主管部门签订安全生产目标责任制。1995 年，县政府表彰奖励安全生产先进单位 12 个、先进工作者 40 人。

1996 年，国有企业向股份制企业转变，集体企业向私营企业转变，企业招工由劳动管理部门审批向企业自主招工转变。由于部分企业主安全生产意识较为淡薄，新工人未经工种安全操作培训就上岗，导致生产安全事故频发，全年共发生生产安全事故 8 起，死亡 6 人，重伤 3 人，其中触电死亡 1 人，县水泥厂看窑工被火烧死 1 人，萤石矿井坍压死亡 1 人，县煤矿井下爆炸死亡 1 人，机械伤害死亡 2 人。县安委会组织安办和有关部门深入事故现场，查明事故原因，分清事故责任，落实安全措施，防范事故发生。1997年，县安委会重点落实各乡（镇）企业、"三资"企业、矿山、建筑、易燃易爆危险化学物品隐患，突出行业安全生产目标责任制，试行安全生产风险抵押责任和奖惩制度，全县实行风险金抵押管理的 20 家生产企业未发生安全事故。1999 年，县政府制订并实施《宁化县安全生产责任制暂行规定》和《宁化县安全生产事故通报和处理办法》，开展安全生产专项监察，考核 16 个乡（镇）25 个责任单位和 38 个厂场安全生产目标，全年有 21 个单位获宁化县"安全生产目标责任先进单位"称号。

2000—2001 年，县政府组织县安委会、县经济局、县公安局、县交警大队、县建设局联合开展安全生产重点整治，突击检查烟花爆竹生产企业、道路交通、矿山、建筑工地，收缴非法生产鞭炮 1420 公斤、原材料 743 公斤、烟花 700 个，查处非法生产作坊 6 家；收缴炸药 900 公斤、雷管 1880 枚、导火线 610米，破获非法交易爆炸物品刑事案件 6 起 7 人，依法拘留 5 人，逮捕判刑 2 人；查获淮土乡非法生产鞭炮案件 5 起，非法销售案件 19 起，治安处罚 34 人，其中拘留 22 人，罚款 11 人，警告 1 人；查获违章车辆780 辆，扣证 330 本；关闭非法开采的小煤窑 37 家，停工整改建筑工地 12 处。

2002 年，根据国家安全生产监督局下发《关于开展安全生产执法督查的通知》，县政府成立安全生产专项整治领导小组，制定并实施《宁化县关于开展非煤矿山专项整治实施方案》《宁化县危化物品安全整治方案》和《关于集中开展火灾隐患排查整治工作方案》，组织县公安局、县安监局、县经济贸易局、县商业局、县工商局、县质监局、县交通局、县建设局、县供销社、县国土局、县电力公司及消防部门联合开展全县安全生产专项整治行动，检查危险化学物品经营单位 38 家、门店 61 个，取缔非法加油站 1 个，吊销经营许可证门店 6 家，行政处罚超范围经营化工油品门店 5 家；检查非煤矿山 76 家，发整改通知书55 份，责令停产整顿 8 家。全年有 6 个单位获县政府年度安全生产先进单位，30 人获先进工作者称号。

2003 年，县安委会、县安办、县公安局、县交警大队、县经济贸易局、县国土局、县监察局、县工商局、县质监局、县工会、县环保局及消防部门组成安全生产整治小组，收缴非法生产鞭炮 689 公斤，取缔鞭炮生产作坊 4 家；收缴炸药 83.75 公斤、雷管 245 枚、导火线 150 米；查处违章车辆 790 辆，扣证 3100本；关闭非法盗采小煤窑 11 处；取缔无证经营加油站 1 个，吊销非法经营化工油品许可证 6 户；收缴打火气体 66 罐、汽油、柴油 500 公斤；查扣不安全液化气瓶 186 只，强制送检液化气瓶 157 只，停业整顿违章经营液化气 12 家；收缴剧毒鼠药 1300 克、毒鼠强 1609 包、三气甲烷 6.50 公斤；关闭违反安全法规采石场 16 家、粘土矿 12 家、捞砂场 17 家。

2004—2005 年，县安委会、县安办、县公安局、县交警大队、县经济贸易局、县国土局、县监察局、县工商局、县质监局、县工会、县环保局及消防部门组成安全生产整治小组，共纠正道路交通违章 20593起，其中查处酒后驾车 36 起、超载 94 起；"春运"期间收缴鞭炮 21 封、打火气体 35 瓶，查扣非法载客小车 80 辆，罚款 40 万元；关闭矿点 31 处，封堵、捣毁、炸毁盗采煤洞 11 个，抓获查处盗采 3 人；检查烟花销售点 101 处，收缴炸药 846 公斤、雷管 2275 枚、导火线 2932 米、烟花 50 个、爆竹 2913 万响、礼花 15 盘；查处公众场所违反消防安全 17 起，罚款 1.63 万元；检查特种设备使用单位 154 家、电梯 11 台、起重设备 19 台，查出土锅炉 2 台，过期液化气瓶 196 只，立案 55 起，行政罚款 4.87 万元。

1988—2005 年宁化县安全生产事故统计表

表 11-16

单位：人

年份	年末工人总数	死亡人数	占工人总数比例(%)	重伤人数	占工人总数比例(%)
1988	7731	1	0.0129	0	0
1989	7336	0	0	0	0
1990	7374	0	0	0	0

续表 11-16

年份	年末工人总数	死亡人数	占工人总数比例(%)	重伤人数	占工人总数比例(%)
1991	7102	2	0.028	1	0.014
1992	6834	0	0	0	0
1993	8284	4	0.048	2	0.024
1994	8199	1	0.012	2	0.024
1995	8359	3	0.013	3	0.036
1996	7979	6	0.075	3	0.038
1997	8045	0	0	2	0.025
1998	19330	2	0.01	1	0.005
1999	17749	0	0	0	0
2000	16058	0	0	0	0
2001	16058	0	0	0	0
2002	12614	4	0.030	0	0
2003	12512	3	0.024	0	0
2004	12311	1	0.008	0	0
2005	12939	2	0.015	0	0

三、宣传教育

(一) 教育培训

1988 年，县安委会组织开展全县生产企业厂长、班组长、工人三级安全教育，先后举办安全生产技术培训 18 期，参训 760 人次，组织干部、工人和群众观看安全生产知识电影 19 场，印发安全生产简报 14 期。是年，发生生产安全事故 1 起，死亡 1 人，无重伤。1989—1990 年，共组织安全生产培训班 55 期，参训 2383 人次，连续两年无生产安全事故。1991—1993 年，坚持安全生产先培训、后上岗原则，先后举办全县安全生产技术培训班 24 期，参训 1886 人次，其中举办特种作业、电工、电焊工、锅炉工等技术培训及复审培训班 5 期，培训技术工 446 人次。1994 年，全县有 37 家企业被三明市评为安全生产管理合格单位。

1995—1997 年，县安委会共开展安全生产法律法规宣传教育和举办《中华人民共和国劳动法》学习培训班、安全培训班、厂长经理培训班、特种作业人员培训班 15 期 (次)，参训 2531 人次。1998 年，开展"安全生产周"活动，宁化县电力公司、建筑系统举办安全管理理论研讨会 2 期，57 人次与会研讨，举办电工、焊工、起重机械架子工等特种作业人员复审培训班 4 期，参训 300 人次。1999 年，举办木器家具、室内装饰企业安全生产法规培训班 1 期，参训 32 人，电工培训班 2 期，参训 13 人，矿山负责安全资格复审培训 1 期，参训 15 人。2000—2001 年，督促企业强化三级安全教育，组织 12 家企业 209 人参加安全知识竞赛，印发宣传材料 1 万份，张贴标语 1520 张。

2002—2004 年，县安委会宣传贯彻《中华人民共和国安全生产法》，组织大型文艺踩街活动，在有线电视台播放宣传教育片、警示片和标语口号，为各部门领导、企事业单位和工矿企业职工订阅《中华人民共和国安全生产法》2000 本；公安部门举办"四员"（爆破员、监炮员、仓管员、押运员）培训班，共培训考核合格"四员"400 人。2005 年，县安委会制定宣传《中华人民共和国安全生产法》方案，发放《中华人民共和国安全生产法》单行本 3000 册和《领导干部安全生产手册》300 册。是年，县安委会共举办矿长、安全员、危化物品及特种作业人员培训班 20 期，新培训和复审 1000 人次，组织 30 人参加省、市培训，举办安全生产法律法规和技术培训班 100 期，参训 1.20 万人次。

1988—2005 年，县安委会先后共举办安全生产技术培训班 229 期，参训 25459 人次。

（二）　"安全月"及"安康杯"知识竞赛活动

1988 年，根据国务院、国家经委、国家劳动总局下发《关于开展"安全月"活动的通知》，县安委会成立"安全月"活动办公室，确定每年 5 月—6 月开展"安全月"活动。至 2001 年，共组织 3735 人次参加，举办安全生产理论研讨会 31 期，1240 人次参加研讨，放电影 20 场，受教育人数达 1.60 万人。2002—2003 年，县安委会以宣传《中华人民共和国安全生产法》为主题开展"安全月"活动。2004 年，县委宣传部、县安监局联合制定《宁化县 2004 年"安全月"活动方案》，组织交警、质监、安监、消防等部门联合开展"安全月"咨询活动，展出安全宣传图片 300 张，发放《事故案例》《中华人民共和国道路交通安全法》等宣传品 2000 份，接受咨询 3000 人次。2005 年，县安委会发放宣传《中华人民共和国安全生产法》等宣传材料 1 万份，张贴标语 6000 张，出动宣传车 21 辆次，悬挂横幅标语 408 条，制作标语牌 120 块，出专栏 39 期。

1988—2005 年，县总工会、县安监局每年定期组织开展"安康杯"知识竞赛活动，参加活动人数达企业工会总人数的 60%以上。

第六章　审计

1988 年，实行厂长（经理）承包经营经济责任审计制度，开展企业审计、行政事业审计和专项资金审计。1995 年，随着《中华人民共和国审计法》的实施，宁化县审计局（简称县审计局）开始每年审计县财政预算执行情况，并代表县政府向县人大常委会报告预算执行审计结果。1996 年始，开展领导干部离任审计。2003 年，开展政府外债管理体制、森林生态补助资金和全县社保资金专项审计调查。至 2005 年，累计审计单位（项目）1289 个，查出违纪违规金额 11660.96 万元，上缴财政金额 766.52 万元。

第一节　管理机构

1988 年，县审计局内设行政事业股、工交股、商粮贸股、综合审计股、办公室，编制 18 人；6 月成立宁化县审计事务所，为集体所有制自收自支事业单位，编制 5 人。1997 年 8 月，县审计局内设人秘股、综合股、财政金融股、工交商企业股、行政事业股、固定资产投资股、法规审理股。2000 年，宁化县审计事务所撤销。2002 年 11 月，县审计局内设办公室、综合法规股、财政金融股、行政事业股、固定资产投资股、经贸股、任期经济责任股。行政编制 14 人、事业编制 1 人。2003 年 10 月，宁化县计算机辅助审计中心成立，为县审计局属股级事业单位，编制 2 人。2005 年，县审计局建制未变。

第二节　财政预算执行审计

1995 年，随着《中华人民共和国审计法》实施，县审计局每年审计县财政预算执行情况，并代表县政府向县人大常委会报告预算执行情况审计结果。1996—1998 年，按照"账户入手、下审一级、摸清家底、揭露问题、促进管理"的审计目标，审计县财政局、县地税局、金库等组织预算收支部门，发现部门（单位）预算外资金纳入财政专户管理不足 30%、农口单位挪用农业专项资金和农村中小学教育经费管理使用混乱等问题，重点查处曹坊学区私设账外资金 141 万元。1999—2001 年，重点审计科技部门、教育部门及其他掌管专项资金较多的单位，发现财政支出挂账、部分单位挤占挪用专项资金、预算外资金未纳入财政专户管理和教育部门乱收费等问题，提出审计建议并纠正规范部分学校高息集资偷逃利息税及县广电局费用失控浪费严重等问题。2002—2005 年，重点审计县财政局组织执行预算、县地税局税收征管情况，发现财政部门税费入库不及时、税务部门混税入库，教育部门乱收费、私设"小金库"、坐收坐支预算外资金等问题，提出加强税收征管、税基资料、金库对库款收支监管力度、遏制乱收费等审计建议。

1995—2005 年，共审计县级财政预算单位 87 个（次），查出及责令纠正违纪违规行为金额 3967.87 万元，收缴财政 215.71 万元。

第三节　企业审计

1988 年，全县企业实行厂长（经理）承包经营经济责任审计制度。1989 年，开展县属 11 个重点工贸企业承包兑现审计。1990 年，县审计局开展承包经营企业终结审计，查出问题资产 150 万元，划清前后任期责任；专案审计宁化县乳胶厂，查出违纪金额 6.50 万元，涉案 5 人。1991 年，开展全县工业技改周转金、矿产资源费、轻工企业效益滑坡、议价粮油经营亏损、县乡联营羽绒服装厂、国有商业企业库存商品及全县乡镇集体企业财务审计，同时开展 21 家企业第一轮承包终结审计，建议第二轮承包补充考核资金利税率指标。1992 年，县审计局审计调查宁化县百货、五交化、纺织品、糖烟酒等公司经济效益情况，提出整改商业企业经营管理意见。1993 年，企业审计中违纪审计和国有资产流失审计并重，查出宁化县化工实业总公司、宁化县运输公司、宁化县酒厂、宁化县外贸公司等企业违纪金额（隐瞒亏损）380.20 万元，潜亏 816.75 万元，宁化县化工实业总公司原总经理被免职。

1994—1996 年，县审计局重点审查宁化县农资公司、宁化县水泥厂、宁化县电力公司、宁化县化工实业总公司、宁化县羽绒服装厂、龙下电站、粮食系统等国有骨干工贸企业资产负债损益的真实性、合法性及资产保值增值情况，查出安乐粮站虚假库存 80 万元，正、副主任因贪污挪用公款 33.29 万元被依法判处有期徒刑。1997 年，县审计局重点审计药品进货渠道、价格及回扣等问题，发现主管部门在医药企业不合理开支 13.86 万元，宁化县医院违规向病人收取过餐费 3.26 万元等问题，作出违法所得金额上缴县财政的审计决定。1998 年，审计查出中国人民财产保险股份有限公司宁化支公司以安全奖冲保险收入漏计税费，责令限期向税务机关补交，建议清收应收未收的保费收入 11 万元。1999—2001 年，县审计局审计县重点支柱企业资产负债损益情况，发现宁化县电力公司采取虚列工资支出、房租收入不入账等方式私设"小金库"金额 134 万元，作出收缴及罚款 84 万元的处罚决定。2002—2005 年，审计宁化县化工实业总公司、宁化县煤矿、宁化县煤炭公司、客家宾馆等国有企业改制前资产、负债、损益情况，提出清查宁化县煤炭公司大量债权未收回及部分承包经营人员涉嫌侵占挪用公款等问题的审计建议，追回国有资产 5 万余元。

第四节　行政事业审计

1988 年，县审计局重点审计县行政事业执收执罚部门财务收支真实性和管理资金多、预算外收支多、罚没款收入多的单位，同时开展群众普遍反映强烈的教育、医疗等部门乱收费、高收费审计。1989—1993

年，审计发现行政事业单位违纪案件 80% 以上发生在预算外资金及挪用专项资金方面，审计决定从责令行政事业单位自纠向实施行政处罚转变，通报批评县广播站挤占挪用专项资金购买商品房的违纪行为。1994—1998 年，审计发现教育系统 16 个学区预算内经费紧张、中小学乱收费、预算外资金管理不规范等问题；审计查出县土地局隐瞒应上交的土地出让金收入 97.33 万元，责令上交并处罚款 4.80 万元。1999—2001 年，审计发现农业、广电、卫生等部门费用失控、浪费严重、违规乱收费、挤占挪用专项资金等问题，并作出审计处理。2002—2005 年，审计查出 18 个行政事业单位违纪违规金额 33 万元、损失浪费 4 万元、应交财政 39 万元。查处沙坪水库使用收款收据收取电费及鱼塘租赁承包费用纳入食堂账核算问题，责令补缴税 9 万多元。审计宁化县中医院核算不规范、部分药品价格应调未调、部分医技收费和医保中心核赔不合规定和宁化县种子公司违规套现等问题，分别作出处罚决定或改进建议，规范被审计单位财务管理。

第五节　专项资金审计

1988—1990 年，县审计局审计教育附加费、粮食收购等专项资金，向县政府提出每年平价粮节余指标由县政府掌管、加强各校勤工俭学与各项收费标准管理、回笼烟草资金等建议。1991—1994 年，县审计局重点审计"先行工程"公路建设资金、供用电工程专项资金，查出"先行工程"公路建设资金少征漏征问题。1995—1999 年，县审计局审计农业综合开发、民政救灾款、育林基金、文化市场管理费等专项资金，发现农业专项资金和育林基金被严重挪用、民政部门挤占挪用救灾款、文化市场管理费使用不规范等问题，并作出相应处理。2000—2002 年，县审计局审计 1999—2001 年度全县农业综合开发资金投入、使用及管理情况，发现县、乡财政配套不足等问题。2003—2005 年，县审计局审计城市居民最低生活保障资金、土地开发专项资金、机关事业单位养老基金、医保基金、环保专项资金及水电开发公司、城南工业园区管委会等单位专项资金使用管理情况。

第六节　经济责任审计

1996 年始，县审计局开展领导干部离任审计。是年，实施县公安局、县检察院、县法院、宁化县招待所领导离任审计及 16 个乡（镇）领导换届债权、债务等离任审计，查出宁化县招待所私设小金库 16.20 万元，隐瞒截留应上缴专项基金 4.10 万元及企业严重亏损等问题。1997—1998 年，县审计局实施宁化县经济协作办公室、县外贸公司、县畜牧局、县水电局、县烟草公司等 15 个单位领导离任审计。1999 年，实施乡（镇）党政领导换届离任审计项目 35 个，发现普遍存在政府往来账款名目繁多、固定资产管理混乱、挤占挪用专项资金、招待费偏高、"寅吃卯粮"等问题。2001 年，县审计局贯彻国家审计署制定的县级以下党政领导干部任期经济责任审计暂行规定实施细则和三明市党政领导干部和企业领导人员任期经济责任审计实施办法，全年共审计项目 11 个。2002 年，县审计局进行 11 个乡（镇）领导干部任期经济责任审计，发现乡（镇）财政财务管理存在财政预算约束不严、严重挤占挪用专项资金、预算外资金未实行"收支两条线"管理，内控制度管理薄弱等问题。2003 年，县审计局审计部分单位财务会计信息失真、虚假发票公款报销、公款缴纳个人所得税、转移隐瞒附业收入等问题。2004 年，共审计任期经济责任项目（单位）13 个，审计经济责任人 13 人，其中乡（镇）领导 6 人、县直部门领导 7 人，查纠违规金额 1538 万元。2005 年，继续推进领导干部任期经济责任审计工作，共审计任期经济责任项目（单位）15 个，审计经济责任人 15 人，其中乡（镇）领导 8 人、县直部门领导 7 人，发现个别部门固定资产管理混乱、挤占挪用专项资金、招待费偏高的现象，并提出整改和处理意见。

第七节　审计调查

1989—1992 年，县审计局重点审计调查乡（镇）企业的体制改革、固定资产投资控制、骨干工业企业调整产品结构，提高经济效益及其利益分配和全县农业贷款沉淀等问题，形成调查报告，提出整改意见。1993—1994 年，县审计局审计调查工商银行宁化支行、农业银行宁化支行的信贷资金营运状况，及时向福建省审计厅、国家审计署反映宁化县信贷资金周转困难情况，在审计过程中发现疑点及时移送检察机关立案侦破，农业银行宁化支行行长及两任信贷股长均被追究法律责任，依法判处有期徒刑。1995—1997 年，县审计局开展教育附加费、计划外生育费征收款、烟叶免税返回专项调查，发现部分乡（镇）自筹资金范围不明、管理使用混乱等问题；审计调查发现县水泥厂、县化工实业总公司、县羽绒服装厂、县林委森工等企业，至 1995 年 6 月份账面亏损 390 万元，亏损挂账 603 万元。

1998—2000 年，县审计局审计调查政府负债、社会保险基金、林业"金费"、城区防洪堤建设项目，发现县政府负债规模超财力、还债准备金和偿债基金不足、财政债务风险较大，以及社保基金存在参保企业欠交、漏缴基金、基金管理不够规范，林业"金费"未纳入财政专户实行收支两条线管理，征收管理中"跑、冒、滴、漏"现象较为严重，城区防洪堤建设项目存在基建手续不完整、项目内业资料管理较薄弱等现象。2001—2002 年，县审计局审计调查县教育局、城区中小学等教育事业费和县农办、县畜牧水产局、县水保办等单位支农专项资金管理使用情况，发现农口部门挤占挪用专项资金、工程决算不及时，乡（镇）农技站支农专项资金管理较混乱等问题；审计调查县林产化工厂资产、负债、损益情况，发现未按规定申报产品销售增值税 47.60 万元、对外投资及为其他单位担保造成损失 200 万元、账面亏损体现不实等问题。2003—2005 年，县审计局开展政府外债管理体制、森林生态补助资金和全县社保资金专项审计调查，发现政府外债风险较高、还贷准备金筹资被动、缺乏有效统筹规范集中管理机制等问题，并提出相应审计建议。

1988—2005 年宁化县审计情况表

表 11-17

年份	审计项目或单位(个)	查出违纪违规金额(万元)	减少财政补贴或拨款(万元)	归还原资金渠道(万元)	追还被占挪用资金(万元)	查出损失浪费金额(万元)	促进增收节支(万元)	移送案件线索(起)	查出应上缴财政款(万元)	已上缴财政款(万元)	收回上年欠缴款(万元)
1988	134	149.00	—	—	—	—	—	—	24.49	24.49	3.30
1989	110	139.35	—	—	—	—	—	—	43.97	43.97	—
1990	159	191.61	—	—	—	—	—	—	69.57	66.85	—
1991	122	446.00	41	—	25	—	—	1	80.00	79.60	—
1992	81	246.00	—	—	64	15	8	3	38.00	37.81	—
1993	86	1120.00	—	—	503	—	—	5	24.00	24.00	—
1994	71	220.00	—	—	34	—	—	3	118.00	118.00	—
1995	71	173.00	—	—	66	19	63	1	55.00	55.00	—
1996	108	576.00	—	—	50	23	75		97.00	62.00	—
1997	53	406.00	—	—	32	37	39		7.00	4.00	10.00

续表 11-17

年份	审计项目或单位(个)	查出违纪违规金额(万元)	减少财政补贴或拨款(万元)	归还原资金渠道(万元)	追还被占挪用资金(万元)	查出损失浪费金额(万元)	促进增收节支(万元)	移送案件线索(起)	查出应上缴财政款(万元)	已上缴财政款(万元)	收回上年欠缴款(万元)
1998	34	486.00	—	—	243	14	38	—	12.00	12.00	—
1999	61	735.00	—	369	—	—	—	2	94.00	94.00	—
2000	41	518.00	—	188	—	—	—	2	27.00	27.00	—
2001	36	260.00	7	—	—	—	—	—	14.00	13.00	—
2002	43	1182.00	—	—	—	—	—	—	20.00	20.00	—
2003	23	1545.00	—	448	—	4	—	1	72.00	29.80	—
2004	30	1026.00	—	191	—	—	—	1	24.00	24.00	—
2005	26	2242.00	—	—	—	—	—	—	37.00	31.00	—
合计	1289	11660.96	48	1196	1017	112	223	19	857.03	766.52	13.30

卷十二　农业

　　宁化县农业在三明市占有重要地位，粮食、烤烟、禽畜等农产品总产量居全市前列。

　　1988年起，在巩固家庭联产承包责任制的基础上，宁化县不断深化农村经济体制改革，农业从单一经营向多元化发展，打破了自给自足式生产形式，形成农产品商品化经营格局。同时围绕农业增效、农民增收两大主题，努力做好田、山两篇文章。"外靠集团、内扶大户"，大力发展优质粮食、烤烟、果蔬、食用菌、葛业等农业特色产业。推进商品粮基地建设、烟叶基地建设、土地整理、农田水利建设、节水灌溉等农业生产基础设施和农业综合开发项目建设，农业生产条件明显改善。2005年，全县农业总产值156852万元，比1988年现价增长10.65倍；农民人均纯收入3673元，比1988年增长4.15倍；粮食总产量215595吨，比1988年增长9.86%。

第一章　农业生产条件

第一节　耕地

一、类型与数量

　　全县耕地有水田和旱耕地两种类型。1988年，全县耕地面积29253.93公顷（其中水田28166.67公顷、旱地1087.26公顷），人均耕地0.09公顷。1991年，耕地面积29293.47公顷，比1988年增加39.54公顷。1997年，面积28478.20公顷，比1991年减少815.27公顷。2000年，耕地面积28531.60公顷，比1997年增加53.40公顷。2005年，耕地面积28112.27公顷（其中水田26626.67公顷、旱地1485.60公顷），比2000年减少419.33公顷，人均耕地面积降至0.08公顷。

二、土壤肥力

　　根据1979年第二次土壤普查土样化验分析，全县耕地土壤中与肥力有关的主要化学性状为：土壤有机质缺乏（<1.0%）的有306.40公顷，占1.09%；一般（1%—2%）的有8813.10公顷，占31.35%；丰富（>2%）的有18992.50公顷，占67.56%。pH值（酸碱性）中<4.50（强酸性）的有247.40公顷，占0.88%；4.60—5.50（酸性）的有10620.70公顷，占37.78%；5.60—6.50（微酸性）的有17131.50公顷，占

60.94%；6.60—7.50（中性）的有81.50公顷，占0.29%；>7.60（微碱性）的有30.90公顷，占0.11%。碱解氮缺乏（<100毫克/公斤）的有992.40公顷，占3.53%；一般（100—250毫克/公斤）的有27119.60公顷，占96.47%；丰富（>250毫克/公斤）的无。速效磷缺乏（<8毫克/公斤）的有18882.80公顷，占67.17%；一般（8—15毫克/公斤）的有6673.80公顷，占23.74%；丰富（>15毫克/公斤）的有2558.20公顷，占9.09%。速效钾缺乏（<80毫克/公斤）的有13806公顷，占49.11%；一般（80—100毫克/公斤）的有9695.80公顷，占34.49%；丰富（>100毫克/公斤）的有4607.60公顷，占16.39%。

通过对土壤养分、物理状况和生产率等综合分析，全县有一类田（或称一级田、高产田）1515.25公顷，占5.39%；二类田（或称二级田、中产田）12692.60公顷，占45.15%；三类田（或称三级田、低产田）13904.20公顷，占49.46%。但部分农户不注意用养结合，进行掠夺式生产造成了一些耕地土壤板结、耕层变浅，有机质含量下降，保水保肥能力变差。

三、利用状况

据1979年第二次土壤普查调查，全县有一年一熟（一季中稻或晚稻）面积8290.20公顷，占29.49%；一年两熟（双季稻或一稻—经济作物）面积13077.70公顷，占46.52%；一年三熟（稻—稻—油（菜））面积6744.10公顷，占23.99%。

按耕作方式分为水耕水种（水稻种植）和旱耕旱作，宁化县习惯于水田种水稻，旱地种旱杂粮（甘薯、玉米）。每年又可根据作物安排分为"稻—稻"连作和"水—旱（经作、旱杂粮）"轮作。1988年种植双季稻17930.30公顷，"烟—稻"轮作5138.90公顷。1995年调整为双季稻11556.20公顷，"烟—稻"轮作10181.50公顷。2005年进一步调整为双季稻2355.90公顷，"烟—稻"轮作10599公顷。

四、土壤改良

（一）冷烂田改造

1988年，全县有冷烂型低产田5969.50公顷，占耕地面积的20.41%。至2005年，通过国家财政资金和县、乡地方配套投入、农民投工投劳，共投入资金800万元，进行国家商品粮基地县项目、省发展粮食生产项目、省级商品粮基地县项目建设，全县完成石砌排洪排渍沟104条，109.24公里，改造山垅冷烂田4500公顷，占需改造面积的75.38%。通过工程改造，土壤水、气、热状况得到改善，肥力上升一级，生产率提高，水旱作物均适宜，效果明显。

（二）客土改良

1989年在治平、湖村、济村、禾口、水茜等5乡9个建制村及宁化县农业科学研究所（简称县农科所）共10片田墩，实施客土改良251.60公顷，此后每年均有安排客土改良项目实施。1989—2005年，通过国家农田基础设施建设投资补助，共进行2262.80公顷沙质田客土改良。

（三）合理施肥

增施有机肥　施用有机肥曾是传统农业生产的基本施肥方法，化肥出现并大量使用后，有机肥使用量和使用范围有所减少，但在蔬菜等经济作物生产中仍较多见。1990年商品有机肥开始推广，2005年全县使用量120吨。

配方施肥　由农技推广部门根据土壤的供肥能力和作物需肥习性，参照肥料利用率等参数，对肥料品种实行配比并规定施用方法和时间，进行作物施肥。1988—2005年，全县每年进行配方施肥均在2000公顷以上。

种植绿肥　利用冬闲田种植紫云英、肥田萝卜、蚕豌豆等绿肥作物改良土壤。1988年冬种绿肥2167公顷，1995年冬种绿肥1964公顷，2000年降至674.50公顷，2005年为442公顷。

稻秆回田　在农作物收获后将稻秆回田改土肥田，主要有直接回田、养牛垫栏积肥还田和种植食用菌后还田等，全县每年稿秆回田率 80%，面积 22500 公顷以上。

（四）合理耕作

采用"烤烟—稻""稻—菜""稻—稻—油"等耕作形式，促进土壤熟化，改良土壤，提高土壤肥力。

第二节　乡村劳力

一、劳力数量

1988—2001 年，农村劳力由 109504 人上升至 126535 人，年均增加 1310 人。2002—2005 年，农村劳力数量增长速度加快，2005 年达到 136830 人，年均增加 2574 人。

1988—2005 年宁化县农村劳动力数量变化情况表

表 12-1

年份	农业人口（人）	劳动力（个）	年份	农业人口（人）	劳动力（个）
1988	279317	109504	1997	307155	114433
1989	298953	109622	1998	308474	114690
1990	290206	111445	1999	308488	114711
1991	299150	113106	2000	305766	126405
1992	299117	114220	2001	305889	126535
1993	299924	116596	2002	305117	126578
1994	303669	116908	2003	305014	127747
1995	304202	114138	2004	302103	133179
1996	307108	114420	2005	296614	136830

二、劳力素质

1988 年，据农村住户抽样调查测算，全县 109647 名农村劳动力中，文盲半文盲 43802 人（占 40%）、小学文化 37231 人（占 34%）、初中文化 20806 人（占 19%）、高中文化 6570 人（占 6%）、中专文化 1095 人（占 1%）。其中，泥瓦匠、木匠、篾匠、拖拉机驾驶员、机电维修工、加工机械操作手等具有一技之长的劳动力有 10403 人，占总劳动力人数的 9.50%。随着农村九年制义务教育普及，农村劳动力文化素质逐年上升，文盲或半文盲劳动力数量大幅度下降。2005 年，全县 136830 名农村劳动力中，初中文化 57400 人（占 41.95%）、高中文化 9346 人（占 6.83%）、大中专文化 12014 人（占 8.78%），其中掌握各种技能的工匠 16967 人，占总劳动力人数的 12.40%。

三、农村剩余劳动力转移

1988 年，全县耕地面积 29253.93 公顷，茶果园 3071 公顷，养殖家畜 314580 头、家禽家兔 1979752 只。据农业经管部门测算，按正常农业生产生活活动需求，当年全县共需劳动力 71961 人，剩余劳动力 37543 人。共向非农领域转移劳动力 31235 人（其中县内转移 25580 人，外出务工经商 5655 人），劳务收入 3008.03 万元。1989 年起，随着农业生产条件改善，农村剩余劳动力数量不断增加，向非农领域转移速度持续加快。1992 年，全县向非农领域转移剩余劳动力 39333 人（其中县内转移 28521 人，外出务工经商 10812 人），劳务收入 3919.04 万元。1997 年，全县转移到第二、三产业和外出务工劳动力达 6.86 万人，占当年农村劳动力总数的 59.97%，劳务收入 7757.18 万元。1998—2004 年，大量农村青壮年劳动力向非农领域转移，占农村劳动力总数 60% 左右。2005 年，全年或大部分时间从事非农领域劳动的农村劳动力达 8.15 万人，占农村劳动力总数 59.58%；劳务收入 32246.09 万元，人均 3956.58 元。

第三节　畜力

一、水牛

1988 年，全县共有水牛 6182 头，随着农业生产责任制的落实和完善，农业生产中役使畜力强度要求逐步提高，农民养蓄水牛的热情提高，水牛存栏量逐年增加，至 1997 年全县水牛存栏量达到 10331 头。1998 年起，因种植业结构调整，水田大量改种烤烟等旱作经济作物，机耕船、烟地整垄机等农田作业机械引进推广，使用畜力的强度要求有所下降，水牛存栏数量也随之下降。2001 年，全县水牛存栏量 8768 头。2002 年，肉牛养殖被列为全县主导产业，大量黄牛被作为肉牛饲养，水牛存栏量回升至 10307 头。2005 年，水牛存栏量 10556 头。

二、黄牛

1988 年，全县黄牛存栏量 16627 头。1989 年起黄牛存栏量逐年上升，至 1994 年达 20128 头。1996 年，实施"黄牛改良工程"，养殖数量持续增加；至 1999 年全县黄牛存栏量 22352 头，出栏量 1916 头。2002 年，县委、县政府把肉牛养殖列为主导产业，黄牛养殖业得到较快发展。2005 年，全县出栏 4784 头，年末存栏量 24537 头，可供役使的黄牛 2 万头以上。

第四节　农业机械

一、农机具

（一）耕作机械

1988 年，全县有大中型拖拉机 109 台，手扶拖拉机 1802 台，耕作机械总动力 19540 千瓦；手工耕作器具有锄、钯、铲、齿钯、三角钯、禾钯、镐、两头斧、砍刀、秧盆等；畜力带动耕作器具有木犁、铁犁、耙、拉踏等。1989—2005 年，全县共购买耕作机械 2893 台（套）。2005 年年末，全县耕作机械总动力达 23197 千瓦，各类型拖拉机达 2478 台、烟地起垄机 2320 台、旋耕机 1219 台。

（二）排灌机械

1988 年，全县共有排灌机械总动力 2569 千瓦，其中柴油机 1212 千瓦、电动机 1357 千瓦；水泵及潜水泵 355 台。手工排灌器具有戽桶、龙骨车、筒车 3 种。各地蓄引水工程陆续建成，自流有效灌溉面积有所增加，农田灌溉机械使用频率呈下降趋势。1993 年始，各地农户陆续购进单相小功率潜水电泵，传统手工排灌器具戽桶、龙骨车、筒车基本被淘汰。1996 年 9 月，石壁镇农户一次购进单相电泵 30 台，用于农田抽水抗旱。2005 年，全县水泵台数达 763 台，比 1988 年增加 408 台。

（三）植保机械

1988年，全县有机动喷雾（粉）机129台、人力喷雾（粉）器24749架。1989—2005年，共购置机动喷雾（粉）机74台、人力喷雾（喷粉）器14万架。2005年末，全县有植保机械机动喷雾（粉）机79台、人力喷雾（喷粉）器7万架，总动力155千瓦。

（四）农副产品加工机械

1988年，全县农副产品加工机械动力11902千瓦，其中碾米机1446台、淀粉加工机械682台。随着农村产业结构调整，经济作物品种增多，加工机械种类和数量也逐步增多，1989—2005年，全县购进6YHN90型内置式烤烟机、6N120型新型碾米机、6F3型粉干机、6Y300型榨油机、9Z700型饲料加工设备等农副产品加工机械673台（套）。2005年年末，农副产品加工机械总动力增至15666千瓦，比1988年增3764千瓦。手工农副产品加工器具有砻、石磨、碓、石臼、刷瓦、渣钵、油榨、粉榨、转轮碾盘（畜力或水力带动）、水碓（水力带动）等，其中砻、碓、转轮碾盘、水碓已很少见。

（五）收获机械

1988年，全县有收获机械动力109千瓦，其中120型全喂入式联合收割机1台，机动脱粒机56台。1991—2005年，全县购置4L90型农友全喂入联合收割机、龙江140型圆盘割晒机、4LZ-1.2型改进式全喂入收割机、4LZ-1.8型、4LZ-1.6、4LZ-1.6B型联合收割机、4LZ-1.8B型全喂入联合收割机等收获机械80台。至2005年年末，共有收割机29台、机动脱粒机285台。手工收获器具有脚踏打谷机、胶轮手推车、板车、禾刀、打谷桶、撮斗、谷筛、风车、谷笪、箩筐、扁担等。

二、农机推广与培训

（一）农机推广

1988年起，县农机部门联合农机生产厂商向县内农民推介新型农业机械，减轻农事操作劳动强度，提升农业生产效率。至2005年，共引进推广农机新机种（新机型）29种3533台（套、件），全县农机总动力达65802千瓦，比1988年增加17749千瓦。

（二）农机技术培训

1988年，全县培训拖拉机驾驶员及各类操作手790人，其中农用运输车驾驶员36人、手扶拖拉机驾驶员711人、各类操作手（机修工、电焊工）培训43人。1989—2004年，全县共培训5831人，其中轮式拖拉机驾驶员（包括小四轮）2150人，手扶拖拉机驾驶员1761人，农机修理工、电焊工240人，其他操作手1308人，农机管理员372人。2005年，共培训555人，其中农用运输车、方向盘式拖拉机（小四轮）驾驶员培训275人，各类农机操作手及驾驶员复训280人。

1988—2005年宁化县主要农业机械年末拥有量情况表

表12-2　　　　　　　　　　　　　　　　　　　　　　　　单位:千瓦、台

项目 年份	农业机械总动力	1.耕作机械	拖拉机	烟地垄起机	2.排灌机械动力	柴油机（台）	电动机（台）	农用泵	3.植保机械动力	4.牧业机械动力	5.农副产品加工机械动力	6.运输机械	7.收获机械动力	机动脱粒机	联合收割机
1988	48053	19540	1911(台)	—	2569	1212	1357	355	254	1386	11902	10762	109	56	1
1989	47820	19226	1956(台)	—	2502	1207	1295	345	255	1432	12331	10486	55	24	—
1990	47899	19024	1953(台)	—	2617	1184	1433	355	411	1102	12823	10210	49	21	—

续表 12-2

项目 年份	农业机械总动力	1.耕作机械	其中		2.排灌机械动力	其中			3.植保机械动力	4.牧业机械动力	5.农副产品加工机械动力	6.运输机械	7.收获机械动力	其中	
			拖拉机	烟地垄起机		柴油机（台）	电动机（台）	农用泵						机动脱粒机	联合收割机
1991	47813	18422	1926(台)	—	2706	1204	1502	356	431	1113	13326	9639	64	21	3
1992	44450	15591	1701(台)	—	2581	1132	1449	327	387	656	13942	9840	36	—	3
1993	48796	15716	1737(台)	—	3036	1241	1795	453	379	904	14366	12989	—	—	—
1994	48426	15082	1667(台)	—	2818	1008	1810	527	364	804	14516	13543	—	—	—
1995	49249	16188	1795(台)	—	2780	102	496	653	354	832	14774	13063	—	—	—
1996	51725	19275	19232 kW/1996 台	—	2820	102	535	623	280	931	14613	12739	—	—	—
1997	51317	18866	18849 kW/1841 台	—	2334	722	1562	550	280	931	14613	12739	—	—	—
1998	50055	18737	18726 kW/1998 台	—	2217	664	1533	564	233	946	14598	11935	—	—	—
1999	50890	20861	20833 kW/1999 台	151	2208	673	1535	558	186	1038	14228	11215	—	—	—
2000	50031	20263	20195 kW/1764 台	—	2213	677	1536	458	186	945	14529	11128	11	2	2
2001	50922	21239	21202 kW/1755 台	—	2179	687	1490	589	192	1047	14847	10648	29	5	2
2002	53036	22484	22456 kW/1754 台	1397	2155	684	1471	521	159	868	15770	10826	29	5	2
2003	53954	23040	22890 kW/1795 台	1520	2420	829	1591	608	159	868	15870	10600	213	77	2
2004	55263	23197	23040 kW/2368 台	2120	2482	829	1594	608	159	868	15870	10600	778	182	20
2005	65802	23197	23100 kW/2478 台	2320	2492	839	1653	763	155	974	15666	11808	1273	285	29

第二章　粮食作物

第一节　水稻

一、主栽品种

1988—1993 年，早稻以中偏迟熟品种 78130、79106、闽科早 1 号、威优 64、威优 35 等为主（占早稻面积的 60%—80%），搭配汕优 399、威优 399、圭福 3 号等早中熟品种；中、晚稻品种基本实现杂优化，以汕优 63 为主，搭配特优 63、汕优 46 等。1994 年，水稻种植品种实行大更换，引进一大批新品种（组合），其中早稻使用品种（组合）有威优 77、协优 64、汕优 77、威优 64、威优 42、协优 42、601、8706、8002、558018、金早 6 号和陆青早 1 号等；中、晚稻品种在原有汕优 63、特优 63、汕优 46 等组合的基础上，引进汕优桂 33、汕优桂 32、威优 46、汕优 67、特优 72、特优 689、D 汕优 63 和 D297 优 67 等新组合。1997 年，推广应用水稻新品种（组合）有汕优 669、汕优多系一号、岗优 22、泉农 3 号、汕优 669、汕优多系一号、特优 63、汕优晚 86 等。

2000—2004 年，主要栽培品种有籼型威优系列、汕优系列、福优系列、金优系列、特优系列、花优系列、D 优系列、Ⅱ优系列、闽科早 22、601、闽科早 55、龙特早、溪选早 1 号、南系 1 号、漳龙 9104、佳禾早占、泉农 3 号、南保早、佳禾 7 号、78130、79106、8706、金早 14、陆青早 1 号、南厦 060、佳福占、丰园香稻等。2005 年，栽培品种主要有优质稻品种花优 63、丰园香稻（常规种）、两优 2186、谷优 527，D 优 68、川香优 2 号、宜香优 673 等；超级稻Ⅱ优航 1 号、特优航 1 号、两优培九、协优 9308、Ⅱ优明 86、D 优 527、天优 998、Ⅱ优 084、Ⅱ优航 2 号及单季晚稻迟熟品种汕优 70 等。

二、面积与产量

1988 年，全县水稻播种面积 41515 公顷，稻谷产量 191237 吨。推广杂优面积达 29808 公顷，占水稻播种面积的 71.80%。推广水稻垄畦栽 3678.40 公顷，其中早稻推广 1901.40 公顷，平均每公顷产量比平常栽培增加 307.50 公斤。单晚稻推广 1777 公顷，平均每公顷产量比普通栽培田块增加 438.75 公斤。1989 年，烤烟上山（山坡农地）进单（单晚稻田），减少挤占粮田。1991 年，实施"粮食工程"，开展吨粮乡（镇）、吨粮村、吨粮片、烟后稻跨"一纲半（亩产 600 公斤）"、再生稻高产五项攻关。1993 年，扩大经济作物种植面积和林、牧、副、渔各业的比重，全县水稻种植面积比 1992 年下降 15.13%。1996—1998 年，重点推广"三秧两稻"（抛秧、旱育秧、烟沟育秧、再生稻、烟后稻），水稻种植面积有所恢复，单产连年提高，总产恢复性增长。2000 年，调整水稻种植结构，发展优质稻和优质糯稻生产。

2005 年，政府实施农民种粮补贴政策（全县共补贴 340 万元），鼓励农民增加粮食生产，全县水稻播种面积 28774.53 公顷。宁化县农业局引进特优航 1 号、Ⅱ优航 1 号等优质高产超级稻新组合，建立中心示范点 9 个，推广面积 2007 公顷，单产每公顷 6212 公斤。

1988—2005 年宁化县水稻生产情况表

表 12-3

年份	早稻			中稻及一季晚稻（含再生头季稻）			双晚			再生稻			水稻合计		
	面积（公顷）	单产（公斤/公顷）	总产（吨）	面积（公顷）	单产（公斤/公顷）	总产（吨）	面积（公顷）	单产（公斤/公顷）	总产（吨）	面积（公顷）	单产（公斤/公顷）	总产（吨）	面积（公顷）	单产（公斤/公顷）	总产（吨）
1988	15931.10	4665	74319	7653.60	4995	38250	17930.30	4380	78535	—	—	—	41515.00	4531	188104
1989	16273.90	4785	77926	7985.70	5070	40487	17950.30	4455	79969	400.90	1425	571	42209.40	4826	203703
1990	16112.20	5010	80605	8062.50	5145	41482	18160.50	4545	82539	1275.50	1335	1703	42335.10	4948	209474
1991	15175.30	5220	79105	8331.10	5385	44863	17827.70	4740	84503	1334.50	1275	1701	41334.10	5378	222295
1992	12237.30	5235	64117	11469.40	5790	66408	15080.20	4965	74873	1240.10	1755	2176	38786.90	6233	241759
1993	6473.10	5325	34423	13627.87	6195	84425	13627.90	6195	84425	502.10	1935	972	32944.50	5426	178757
1994	8756.70	4290	37631	11769.70	6045	71148	14370.50	5460	78463	—	—	—	34896.90	5275	184081
1995	9291.40	4500	41756	14678.10	6060	88949	11556.20	5535	63964				35525.70	5427	192798
1996	9637.30	4530	43635	14731.50	6330	93250	11515.70	5595	64430				35881.70	5714	205028
1997	8765.40	4725	41375	16351.10	6480	105955	10096.00	5670	57244				35212.50	5535	194901
1998	10569.90	4755	50217	15103.30	6345	95830	11259.50	5565	62659				36932.70	5985	221042
1999	8493.70	4935	41918	16686.70	6585	109882	9704.00	5820	56477				34884.30	6632	231353
2000	4939.70	4965	24524	20834.30	6720	140006	5646.90	5895	33288				31420.90	6761	212437
2001	2518.30	4860	12257	23835.90	6675	159105	2512.20	6105	15337				29274.80	6618	193741
2002	2201.90	4950	10911	23820.50	6615	157573	2177.70	6075	13230				28200.10	6556	184880
2003	2179.40	4950	10786	23732.80	6465	153433	1829.10	5910	10810				27741.30	6090	168945
2004	2689.40	5010	13480	24025.40	6390	153522	2038.20	5850	11923				28753.30	6217	178759
2005	2692.70	5055	13606	23725.90	6435	152676	2355.90	5865	13817				28774.53	6212	178747

注：1988 年及 1994 年后再生稻生产情况未列入统计。

第二节　甘薯　大豆

一、甘薯

（一）主要品种

1988—1993 年，主要品种为"胜利百号"和当地种"六十天"。1994 年，引进金山 57、金山 1255、南薯 88 等新品种，淘汰"胜利百号"等品种。1999—2004 年，先后引进岩 7-3、岩薯 5 号、台薯 66、福薯 2 号。2005 年，共有岩 7-3、金山 630、岩薯 5 号等薯片加工型品种，泉薯 76、龙薯 14、龙薯 10 号、金山 291 等淀粉加工型品种，福薯 8 号优质食用型品种、福薯 7-6、福薯 10 号、广菜薯 2 号等叶菜用型品种。

（二）面积与产量

1988 年，全县甘薯种植 871.87 公顷，平均每公顷 2425.80 公斤，总产 2115 吨（5∶1 折谷，下同）。

1994 年，全县种植面积 1791.30 公顷，平均每公顷 4246.60 公斤，总产量达 7607 吨。其中，实施甘薯"五改"（改低产品种为高产品种，改露地育苗为地膜育苗，改平畦为高畦，改直插为斜插，改少施肥为多施肥、配施磷钾肥）面积 1330 公顷，平均每公顷产量比增 1460 公斤，增幅 47.70%。1999 年，连城地瓜干加工厂将原料薯生产基地扩大到曹坊、治平、湖村、泉上等乡（镇），实施订单生产，甘薯种植效益提高，种植地块向水稻田延伸。全县甘薯种植面积 2228.07 公顷，平均每公顷 4502.10 公斤，总产量 10031 吨。2003 年 3 月—9 月，发生严重旱情，双晚无法栽插，农民改种甘薯，全年种植 2987.72 公顷，平均每公顷 4637.30 公斤，总产量 13855 吨。2004 年，三明市客家源食品加工厂（淀粉食品加工企业）建成投产，建立湖村、中沙等乡（镇）甘薯生产基地 667 公顷，实行订单生产、保护价收购。全县甘薯栽培面积 3025.06 公顷，总产量 14559 吨。2005 年，推广"烤烟—甘薯—蔬菜"耕作模式，全县种植 3061.47 公顷，其中 30% 为连城红心地瓜干厂的订单鲜薯基地，总产量 16814 吨，平均每公顷 5492.13 公斤。

二、大豆

（一）主要品种

根据种植时期和地块部位不同，可分为春大豆、秋大豆和田埂豆。春大豆品种主要有古田春豆、浙春 2 号、浙春 3 号、美国黄沙豆、本地六月黄等，秋大豆主要品种有雁青、青仁乌等，田埂豆主要品种有本地大黄豆、埂青等。

（二）面积与产量

1988 年，全县种植大豆 1949.90 公顷，总产量 1928 吨，平均每公顷 988.77 公斤。1999 年始，推广两季田埂豆种植，田埂豆播种面积大幅增加，占大豆种植面积的 35%—43%。2005 年，推广"三争"（争株数、争荚数、争粒重）"三防"（防徒长、防早衰、防倒伏）配套技术，提高大豆单产，平均每公顷 2015.30 公斤，总产量 6681 吨。

第三节　其他粮食作物

一、玉米

有饲料玉米和果用玉米两类。饲料玉米以苏玉 1 号、苏玉 3 号、苏玉 5 号、掖单 13、闽单 88 为主。果用玉米有意大利黑玉米、韩国黑包公糯玉米、泰国花仙子粘玉米、巴西五彩粘玉米、紫香糯红玉米、超甜 2 号、科甜 110、闽紫糯 1 号、糯 98-1 等。

1988 年，全县种植 560.20 公顷，总产量 968 吨，平均每公顷 1727.95 公斤。1993 年，利用幼龄茶果园套种春玉米和水库季节性退水抢种一季秋玉米，全县种植 1287.70 公顷，总产量 2475 吨，平均每公顷 1922 公斤。1997 年，为发展饲料业和养殖业，湖村、城郊、石壁、淮土、曹坊、安乐等乡（镇）相继建立 667 公顷（1 万亩）饲料玉米生产基地，其中春玉米 319.10 公顷、秋玉米 314.70 公顷。春玉米平均每公顷 4726.50 公斤，秋玉米平均每公顷 5055 公斤。1999 年，果用生（熟）玉米棒走俏，意大利黑玉米、韩国黑包公糯玉米、泰国花仙子粘玉米、巴西五彩粘玉米、紫香糯红玉米等特种玉米价格比普通玉米高出数倍，刺激了特种玉米生产发展，全县玉米种植面积 1717.20 公顷，主要为果用特种玉米，总产量 3411 吨，平均每公顷 1986.37 公斤。饲料玉米生产萎缩，饲料加工用玉米主要从长江以北省市调入。2005 年，全县种植玉米 2011.30 公顷，总产量 4352 吨，平均每公顷 2163.77 公斤。

二、马铃薯

1988—2000 年，马铃薯种植品种有克新 2 号、克新 3 号等。2000—2005 年，种植的品种有费乌瑞它，春薯 4 号，中薯 2、3 号，紫花白（克新 1 号），紫花 851，美国大西洋，夏波蒂，布尔班克，坝薯 10 号，内薯 5 等。

1989 年起，马铃薯列入粮食统计，全县种植 81 公顷，总产量 321 吨，平均单产每公顷 3962.96 公斤（折谷，下同）。1991 年，引进推广"克新系列"新品种，全县种植面积 363 公顷，总产量 1036 吨，平均每公顷 2853.99 公斤。1997 年，引进推广脱毒马铃薯品种，出现百亩连片规模栽培，全县种植面积 891.80 公顷，总产量 3537 吨，平均每公顷 3966.14 公斤。1998—2004 年，发展冬闲田种植马铃薯，推广脱毒种薯和免耕栽培技术，种植面积和产量逐年上升。2005 年，种植面积 1495.70 公顷，总产量 6837 吨，平均每公顷 4571.10 公斤。

三、旱稻

宁化县内曾有过俗称旱禾的旱稻栽培历史，后因鸟兽危害严重、产量不高，于 20 世纪 60 年代消失。20 世纪 80 年代，低幼龄林果园套种受到重视，县农科所于 1988 年引进旱稻品种——巴西陆稻和尤溪山禾。在湖村、城南、安乐和县农科所进行小面积试种。1989 年，县农科所向全县旱地、农地、果园推广种植面积 80 公顷，平均产量为旱地每公顷 7308 公斤、农地每公顷 7755 公斤、果园套种每公顷 3150 公斤，共增产粮食 490 吨。后因其加工出米率不高，且整米粒少，食用口味欠佳，群众较难接受。1990—2003 年，仅在石壁、淮土等干旱严重地区，灌溉条件较差的水田零星种植。2004 年后绝迹。

第三章　经济作物

第一节　水果

一、品种

（一）野生半野生品种
主要有毛桃、猕猴桃、锥栗、茅栗、梧实、枳椇、山楂、杜梨、棠梨、豆梨、无花果、湖北海棠、杨梅、石榴、柿子、银杏、野荔枝、野杧果、树莓、草莓、榅桲、甘楂、五味子。
（二）人工栽培品种
常绿品种　主要有柑橘、枇杷、杨梅三种。
落叶品种　主要有桃、李、奈、梨、柿、葡萄、板栗、枣、青梅、猕猴桃、银杏、草莓等 12 种。

二、种植

1988 年，开发新果园，改造老果园，以温州蜜柑为主发展柑橘生产，扩种青梅、葡萄、梨、柿、桃等，新植果园 259.50 公顷，其中柑橘 162 公顷，占新植面积的 62%。年末全县果园 1434.70 公顷，水果总产量 1110 吨。1990 年，发展乡村集体果树基地和家庭"六小园"（小果园、小茶园、小菜园、小林园、小竹园、小庭院），新植果园 1293.10 公顷，建立柑橘丰产示范片 166.70 公顷，产量 1500 吨。1991 年 12 月 29 日至 1992 年 1 月 2 日，连续暴雪低温，全县 1333.40 公顷柑橘遭受冻害，受损严重。1993 年，转变水果发展战略，以发展落叶果树为主，适量搭配早熟温蜜和脐橙，重点发展油柰、日本甜柿、牛心柿、黄花梨、猕猴桃、青梅、水蜜桃、芙蓉李。1994 年，推广低产李园改造技术，提高种果管果水平，宁化县职业中学承包翠江镇中山村李园，通过改造株产 60 公斤；石壁镇金鸡山果场 1000 株芙蓉李，通过改造株产 50 公斤。1996 年，普查全县低产果园，开展扩穴改土、科学修剪、劣质果树高接换种、梨树内膛高接花枝等技术改造。

1998 年，茶果生产列为全县农业主导产业，确定主栽品种为金水二号梨、西选 1 号桃，区划全县 16 个乡（镇）为"二带一区"（即梨果带、桃果带和梨桃为主的多果类区），共种植梨 194.07 公顷、桃 272.73 公顷、李 148.40 公顷、柰 243.67 公顷。1999 年，建设"金水二号梨""西选 1 号桃"品种丰产优质示范园 100 公顷，建立果苗繁育基地 4 公顷，移栽桃、梨砧木 89 万株，嫁接出圃桃、梨苗木 65 万株。2001 年，推广果树蔬果套袋、高接授粉花枝和果树专用肥技术，优质果率从 35% 提高到 42%，单株产量从 18 公斤提高到 25 公斤。"黄花梨高接授粉枝新技术推广"获得农业部农牧渔业丰收奖三等奖。2003 年，引进桃、梨新品种 15 个，全县建立"西选 1 号"桃、早油桃、金水二号梨、科隆梨、美国黑李、油柰丰产优质示范片 10 个，建立 6.67 公顷以上连片精品果园 46 个，总面积 353.40 公顷，果品优质率 60% 以上。建立无公害果品示范基地 106.70 公顷，生产无公害鲜果 1900 吨。2005 年，建立城郊乡马元亭高标准果园示范基地 40.90 公顷，全县果园达 6347.10 公顷，水果总产量 39276 吨。

1988—2005 年宁化县水果生产情况表

表 12-4　　　　　　　　　　　　　　　　　　　　　　　　　　　　　　　　　　　　　单位：公顷、吨

年份	年末面积	新植面积	产量	
			总产量	其　　中
1988	1434.70	259.50	1110	
1989	1807.50	542.80	2966	
1990	2925.60	1293.10	4064	
1991	4698.10	1886.20	4890	柑橘 3452
1992	6798.00	2741.30	2920	柑橘 114
1993	8367.00	1975.30	6922	柑橘 1716
1994	9898.50	2300.50	9159	柑橘 2565、枇杷 92、柿 502、葡萄 89、柚 34、梨 1264、桃 1644、李 1764、杨梅 95、柰 444、青梅 110、其他 556
1995	10285.70	1186.90	12021	柑橘 3302、枇杷 81、柿 673、葡萄 94、柚 37、梨 1848、桃 1978、李 2193、杨梅 84、柰 831、青梅 345、其他 555
1996	10357.60	547.70	14642	柑橘 4209、枇杷 83、柿 686、葡萄 102、柚 29、梨 2354、桃 2841、李 2603、杨梅 53、柰 860、青梅 213、其他 609
1997	9031.20	462.50	19821	柑橘 5724、枇杷 61、柿 697、葡萄 87、柚 28、梨 3107、桃 3111、李 2697、杨梅 46、柰 3514、青梅 257、其他 492

续表12-4

年份	年末面积	新植面积	产量	
			总产量	其　中
1998	6464.50	274.10	20298	柑橘 6225、枇杷 125、柿 384、葡萄 78、柚 20、梨 2911、桃 4091、李 2226、杨梅 45、柰 3655、青梅 127、其他 411
1999	6326.80	548.90	22493	柑橘 9012、枇杷 79、柿 409、葡萄 76、柚 21、梨 3077、桃 3401、李 2285、杨梅 43、柰 3330、青梅 295、其他 465
2000	6190.80	299.50	24505	柑橘 6256、枇杷 122、柿 441、葡萄 112、柚 22、梨 4617、桃 6265、李 2117、杨梅 53、柰 3718、青梅 296、其他 486
2001	6206.90	281.10	28637	柑橘 6327、枇杷 271、柿 398、葡萄 314、柚 7、梨 5904、桃 7135、李 3307、杨梅 51、柰 4524、青梅 345、其他 54
2002	6164.50	208.90	32348	柑橘 6387、枇杷 251、柿 312、葡萄 156、柚 14、梨 6427、桃 11037、李 3142、杨梅 78、柰 4123、青梅 421
2003	6260.70	227.50	34623	柑橘 6850、枇杷 317、柿 370、葡萄 162、柚 18、梨 6418、桃 11909、李 3622、杨梅 94、柰 4125、青梅 395
2004	6372.10	33.40	36199	柑橘 7110、枇杷 337、柿 517、葡萄 191、柚 24、梨 7398、桃 11641、李 3746、杨梅 101、柰 4724、青梅 410
2005	6347.10	5.00	39276	柑橘 12942、枇杷 570、柿 602、葡萄 184、梨 20209、桃 13040、李 3831、杨梅 225、柰 5564、青梅 405、猕猴桃 3

第二节　茶叶

一、品种

主要有福云 6 号、福云 10 号、福鼎大白、福鼎大毫茶、黄旦、毛蟹、梅占、本山、铁观音、金观音、黄观音、丹桂。

二、种植加工

1988 年，全县共有茶园 1636.30 公顷，其中新植茶园 77.10 公顷，茶叶总产量 360 吨。1989 年，县政府补助新植连片 3.40 公顷以上茶园每公顷 300 元，新植福云 7 号、本山、黄旦等优质绿茶和中高档乌龙茶茶园 81 公顷，全年茶叶总产 398 吨。1992 年，全县改造低产茶园 533.40 公顷，全年茶叶总产量 616 吨。1994 年，地产茶叶价格暴跌，宁化县茶叶公司组织收购茶叶 100 吨运往广西加工成茉莉花茶，并销往山东等北方地区，缓解茶叶销售难问题。1998 年，通过改土培肥和修剪整形，改造老茶园 214 公顷。1999 年，宁化凉伞岗农场制作的天鹅翠螺、天鹅翠芽参加全省名茶鉴评，被评为省优质茶。2003 年，宁化县春辉茶业有限公司推广铁观音、天鹤、丹桂、台湾高山茶等优良品种，引进台湾茶叶加工技术，发展优质茶叶生产。2004 年，以宁化县春辉茶业有限公司为龙头，建立无公害生态示范茶园 33.40 公顷，带动农户种植台湾高山茶 66.70 公顷。2005 年年末，全县茶园 807.60 公顷，其中新植 6.70 公顷；全年茶叶总产量 1203 吨，其中红毛茶 23 吨、绿毛茶 941 吨、乌龙茶 226 吨、其他 13 吨。宁化县春辉茶业有限公司、园春新概念农业公司等龙头企业投资 10 万元建立茶叶良种苗木基地 2 公顷，培育铁观音茶苗 150 万株。宁化县春辉茶业有限公司制作的铁观音、本山、黄观音参加三明市春季优质茶叶鉴评，被评为市优质茶奖。

1988—2005 年宁化县茶叶生产情况表

表 12-5　　　　　　　　　　　　　　　　　　　　　　　　　　　　　　　　　单位：公顷、吨

年份	年末面积	新植面积	产量	
			总产量	其　中
1988	1636.30	77.10	360	
1989	1483.70	81.00	398	
1990	1369.20	30.90	419	
1991	1359.90	79.30	465	红毛茶 15、乌龙茶 64、绿毛茶 382、其他 4
1992	1294.60	31.70	616	绿毛茶 498
1993	1324.70	104.10	806	
1994	2410.10	1191.60	807	
1995	1477.10	52.00	882	
1996	1260.80	66.60	842	
1997	1139.70	5.70	789	
1998	976.90	0.47	720	
1999	779.50	0.80	632	
2000	876.10	5.30	859	
2001	758.70	6.40	936	
2002	780.60	2.90	1040	
2003	794.30	7.30	1067	
2004	800.80	0	1158	
2005	807.60	6.70	1203	红毛茶 23、绿毛茶 941、乌龙茶 226、其他 13

第三节　蔬菜

一、种类

县境内种植蔬菜种类繁多，主要有叶菜类、瓜类、豆类、茄果类、根茎菜类、薯芋类、葱蒜类、水生菜、多年生蔬菜等 9 个大类。

叶菜类　主要有大白菜、小白菜、空心菜（蕹菜）、甘蓝、花椰菜、芹菜、芫荽、生菜、茼蒿、茇达菜、麦菜、木耳菜、芥菜、苋菜等。

瓜类　主要有黄瓜、葫芦、西葫芦、苦瓜、南瓜、冬瓜、丝瓜、佛手瓜等。

豆类　主要有四季豆、豇豆、扁豆、荷兰豆、菜用大豆等。

茄果类　主要有辣椒、茄子、西红柿等。

根茎菜类　主要有白萝卜、胡萝卜、大头菜等。

薯芋类　主要有淮山、薯（大薯）、菜芋、槟榔芋、魔芋、菊芋等。

葱蒜类　主要有四季葱、山东大葱、大蒜、韭菜、韭菜花等。
水生菜类　主要有茭白、莲藕。
多年生蔬菜　主要有萱草、黄花菜等。

二、面积与产量

1988 年，发展冬闲田种植蔬菜 4415 公顷，总产量 48084 吨。1990 年，引进推广蔬菜新品种 50 多个，种植面积 5159.60 公顷，总产量 68726 吨。1998 年，冬种蔬菜列入各乡（镇）"五冬"（冬种、冬养、冬建、冬防、冬储）生产考核指标，全县蔬菜种植 6994 公顷，总产量 95457 吨。其中，湖村镇建立槟榔芋基地 66 公顷，安远乡建立荷兰豆示范基地 167 公顷。1999 年 5 月，中共福建省委书记陈明义考察安远乡伍坊村荷兰豆特色农业示范基地，给予肯定和赞扬。2005 年，全县蔬菜种植 8733.60 公顷，总产量 137167 吨，产值 5346.80 万元，成为宁化继粮食、烤烟之后的第三大作物。

1988—2005 年宁化县蔬菜生产情况表

表 12-6

年度	蔬菜面积（公顷）	单产（公斤/公顷）	总产量（吨）	年度	蔬菜面积（公顷）	单产（公斤/公顷）	总产量（吨）
1988	4415.40	10890.00	48084	1997	6351.30	15318.60	97293
1989	5006.10	13785.00	69009	1998	6994.00	13648.40	95457
1990	5159.60	13320.00	68726	1999	7043.10	14121.20	99457
1991	5300.30	17235.00	91331	2000	7717.30	14065.70	108549
1992	4700.60	15540.00	73046	2001	7643.50	15414.00	117817
1993	5089.20	15008.40	76381	2002	7922.80	15563.90	123310
1994	5666.30	15075.00	85419	2003	8231.00	15701.40	129238
1995	5802.50	15180.40	88084	2004	8253.90	15633.70	130602
1996	6019.50	14934.80	89900	2005	8733.60	15705.70	137167

三、订单蔬菜

1998 年，曹坊乡双石村赖富标等村民订单种植日本"王中王"辣椒 8 公顷，收获鲜椒 8.50 万公斤，产值 13.60 万元。安远、济村、中沙、城南、城郊等乡（镇）订单种植春收荷兰豆 25 公顷，平均每公顷单产成品豆 6000 公斤，产值 9600 元。河龙乡、济村乡订单种植高山烤烟后作种植反季节荷兰豆 15 公顷，平均每公顷单产成品豆 6750 公斤，产值 1.89 万元。1999 年，全县订单种植荷兰豆 167 公顷，平均每公顷单产 5250 公斤，产值 1.26 万元；订单种植"王中王"辣椒 15 公顷，鲜椒产量 18 万公斤，产值 28.80 万元。2001 年，水茜乡单晚田订单种植日本"王中王"辣椒 15 公顷，平均每公顷单产 12000 公斤，产值 9600 元；下付村订单种植韩国"白玉"萝卜 4 公顷，平均每公顷单产 22500 公斤，产值 11250 元。2002年，曹坊乡订单种植"王中王"辣椒 70 公顷，鲜椒产量 126 万公斤，产值 200 万元。

2004 年，翠江镇、城郊乡订单种植台湾肥姜 30 公顷，每公顷产值 4320—7200 元。2005 年，曹坊、治平、安乐、泉上等乡（镇）订单种植"王中王"辣椒 120 公顷，收购鲜椒 270 万公斤，产值 540 万元；曹坊乡赖富标建立辣椒专用标准烘烤房 7 座，自烤红椒干 10 万公斤，带动种椒农户烘烤红椒干 50 万公斤，销往武汉、湖北、湖南、江西等地；安远乡订单种植槟榔芋 200 公顷，每公顷产量 2.25 万公斤、产值 4.05 万元；宁化县大山农业有限公司蔬菜基地拓展至城南、水茜、中沙、安远、方田、城南等乡，其中烤烟后订单种植反季节黄瓜 20 公顷，平均每公顷产量 6 万公斤，产值 3.60 万元；水茜沿溪村周含起种植黄瓜 0.067 公顷，产量 9600 公斤，产值 7600 元，创县内种植蔬菜效益新高。

第四节　食用菌

1988—1991 年，食用菌零星生产，规模小，每年产量仅数吨。1992 年，全县食用菌产量 264 吨，其中香菇 162 吨、黑木耳 12 吨、毛木耳 35 吨、其他（平菇、竹荪、草菇、凤尾菇等）55 吨；总产值 364 万元。1994 年，食用菌生产列为农村经济新的增长点，全县栽培蘑菇 15 万平方米、香菇 1200 万袋、草菇 0.50 万平方米、木耳 2.24 万袋、金针菇 0.50 万袋，总产值 4000 万元。1995 年，宁化县成立县食用菌办公室（简称县食用菌办）和菌草开发总公司，保护价收购蘑菇、香菇。县财政拨出专款聘请外地师傅 16 人、本地菌技员 20 人，开展技术指导与培训。是年，全县种蘑菇 33.80 万平方米，产量 954 吨；香菇 400 万袋，产量 528 吨；草菇 7 万平方米。食用菌总产值达 4700 万元，农民收入 215 万元。由于受美国反倾销政策影响，是年盐水蘑菇市场遭遇重创，国内盐水蘑菇吨价由万余元跌至 2000 元，蘑菇产业步入低谷。

1996 年，县委、县政府聘请专家教授到宁化指导食用菌生产，组织 9 个乡（镇）分管领导和技术骨干 50 人到福建农业大学学习以草代木栽培花菇技术，组织生产示范户到连城县朋口乡、上杭县庐丰乡扶洋村观摩学习以草代木栽培花菇技术。全县栽培香菇 400 万袋（其中以草代木 10 万袋）、金针菇、凤尾菇各 20 万袋、平菇 25 万袋、蘑菇 0.30 万平方米，食用菌总产量 1463 吨。1997 年，全县生产香菇 663 吨、蘑菇 37 吨、黑木耳 27 吨、金针菇 49 吨、草菇 16 吨、凤尾菇 69 吨、其他菇类 61 吨。1998 年，发展反季节香菇 300 万袋、冬季香菇 50 万袋、茶树菇 25 万袋、姬松茸 1 万平方米、大球盖菇 600 平方米、其他菌类 42 万袋。食用菌鲜品总产量 3190 吨，干品总产量 974 吨，产值 1838 万元。1999 年，县政府下发《关于加快食用菌生产发展意见的通知》，将食用菌确定为重点培育的农业五大主导产业（水果、林竹、畜牧、食用菌、油茶）之一，补助当年新建的每座标准蘑菇房 200 元，优惠审批、扶持菇房搭架用材、用地及食用菌加工企业用电、用地、用水。全县栽培蘑菇、草菇等草腐生菌类（以稻草为主要栽培料的食用菌，下同）7.50 万平方米，香菇、茶树菇、金针菇等木腐生菌类（以木头、木屑为主要栽培料的食用菌，下同）500 万袋（其中珍稀菌类茶树菇 150 万袋），食用菌鲜品产量 3235 吨，产值 3209 万元，利润 2667 万元。

2000 年，新建标准土墙菇房 460 座，全县栽培木腐生菌类 1067 万袋、草腐生菌类 20.10 万平方米，食用菌产量达 1265 吨，产值 4434.80 万元。是年，冰香菇出口日本受阻，价格大幅下降，冰香菇产品销售陷入困境。同时木腐生菌类生产规模无序扩大，大量砍伐阔叶林，造成林木资源破坏。2001 年，县政府下发《关于发展食用菌产业继续实行优惠扶持政策的通知》，各乡（镇）制定相应的鼓励措施，石壁镇补助新建 3 座以上蘑菇房的农户每座 100 元，城郊乡协调扶持新建土墙蘑菇房的菇农每座贷款 1000 元。全县种植草腐生菌类 20.50 万平方米、木腐生菌类 828 万袋，食用菌鲜品产量 5557 吨，产值 4142.70 万元，菇农人均增收 160 元以上。2002 年 1 月 8 日，宁化县食用菌协会成立，会员 76 人。全县种植草腐生型食用菌 39.40 万平方米、木腐生型食用菌 900 万袋（其中有竹屑代木香菇 50 万袋，试验示范鲍鱼菇、口蘑、白灵菇、真姬菇、黄金菇等 50 万袋），鲜品产量 6580 吨，产值 4338.80 万元，菇农人均增收 150 元。

2003 年，全县种植草腐生菌类 55 万平方米、木腐生菌类 1000 万袋（其中有竹屑、杉木屑代料香菇 200 万袋、珍稀菌类 150 万袋），鲜品产量 6850 吨，产值 4968.38 万元，菇农人均增收 100 元。2004 年，县政府出台蘑菇种植大户优惠扶持政策，规定单户新建菇房 2 座以上 10 座以内的，每座补贴 200 元；单户新建菇房 10 座以上 30 座以内的，每座补贴 230 元；单户新建菇房 30 座以上的（含 30 座），每座补贴 280 元；免征新建蘑菇房菇房用地临时占地使用费，每座菇房免收竹、木材税金审批 1 立方米自用材作搭架料。全县种植草腐生菌类 143 万平方米、木腐生菌类 1300 万袋（其中以竹代木 200 万袋）、茯苓 33.33 万平方米，鲜品产量 7380 吨，产值 5168.89 万元。2005 年，引进客商 10 家，实现多个品种订单生产。全县种植草腐生菌类 157.33 万平方米、木腐生菌类 1000 万袋，鲜品产量 10073 吨，产值 5630 万元。

1988—2005 年，经人工培育并实行生产栽培的食用菌主要有蘑菇、香菇、姬松茸、大球盖菇、草菇、竹荪、金针菇、平菇、凤尾菇、毛木耳、茶树菇、杏鲍菇、鸡腿菇、真姬菇、金福菇、茯苓、灵芝等。

第五节　其他经济作物

一、麻类（包括苎麻）

1988 年，全县种植苎麻 263.50 公顷，产量 81 吨。1989 年，全县种植苎麻 162.70 公顷，产量 64 吨。1990 年，全县种植苎麻 110.30 公顷，产量 51 吨。1993 年起苎麻种植面积和产量大幅下降，至 2004 年全县苎麻种植面积仅 15.70 公顷，产量 9 吨。2005 年，苎麻种植不再列入统计年报。

二、甘蔗

1988 年，安乐、横锁、泉上等乡（镇）种植 10.40 公顷，品种为红皮种和青皮种，产量 613 吨。1989—2004 年，全县甘蔗种植面积在 17.30—62.10 公顷之间，产量 372—1720 吨。2005 年，全县甘蔗种植面积 58.50 公顷，产量 983 吨。

三、席草、蔺草

1988 年，全县席草面积 28.90 公顷，产量 166 吨。1989 年，全县种植席草 97.40 公顷，产量 438 吨。1990 年，全县种植席草 160 公顷，产量 742 吨。1991 年，全县种植席草 31.70 公顷，产量 345 吨。1992—2000 年，全县席草种植面积在 33.20—63.20 公顷之间，产量 185—372 吨。2001—2004 年，全县席草种植面积降到 15—17.50 公顷之间，产量 32—43 吨。2005 年，全县种植席草 30.30 公顷，产量 101 吨。

1988 年 1 月 12 日，城郊乡从浙江省鄞县调进一车蔺草种苗，在高堑村试种扩繁，当年每 0.67 公顷收获蔺草 350 公斤，产值 847 元。1989 年，城郊乡种植蔺草 74.40 公顷，每公顷产量 6000 公斤，高产田达 11250 公斤，1.50 米以上的达标草占 35%—40%，每公顷产值 1.20 万元，效益超过烤烟。1990 年，全县种植蔺草 150 公顷，总产 2250 吨。1991 年，受消费国日本市场波动影响，蔺草加工的榻榻米、坐垫等产品滞消，价格走低，是年，全县蔺草种植锐减至 5 公顷以下。1992 年后蔺草停止种植。

四、莲子

莲子主要产地为安远、河龙、水茜、中沙、石壁等乡（镇）。1988 年，全县种植莲子 365.30 公顷，产量 198 吨。1994 年，莲子价格大幅下挫，全县种植 204.33 公顷，产量 137 吨。1996 年，莲子价格回升，全县种植面积 87.30 公顷，产量 64 吨。2000 年，全县莲子种植面积 88.50 公顷，产量 81 吨。2004 年，全县莲子种植面积 56.80 公顷，产量 37 吨。2005 年，全县莲子种植面积 59.20 公顷，产量 42 吨。

五、薏米

1988 年，全县种植薏米 94.13 公顷，产量 275 吨。1989 年，全县种植薏米 39.67 公顷，产量 120 吨。1990 年，全县种植薏米 53 公顷，产量 222 吨。1991—2005 年，薏米生产不再列入统计年报。

六、木薯

木薯主要产地为翠江、城郊、城南、湖村、泉上、中沙等乡（镇）。1988年，全县种植128公顷，产量1145吨（折谷，下同）。1989—2005年，种植面积和产量逐年上升。至2005年，全县种植510.60公顷，产量7370吨。

七、果用瓜

县内果用瓜有西瓜、香瓜等，以西瓜为主。西瓜主产地为湖村、泉上、河龙、安远等乡（镇）。香瓜主产地为翠江、城南、中沙等乡（镇）。1988年，全县种植89公顷，产量1535吨。1989—2004年，果用瓜种植面积和产量逐年增长。至2005年，全县种植422.90公顷，产量10169吨。

八、荸荠

荸荠主要产地为城郊、城南、石壁等乡（镇）。1988年，栽培14.70公顷，产量191吨。1998年种植面积最大，为43.40公顷。1999年产量最高，为745吨。2001年后不再列入统计年报。

九、花生

花生种植分春秋两季，全县16个乡（镇）均有种植，其中湖村、泉上、石壁、淮土、城郊、城南等乡（镇）较多。1988年，全县种植46.50公顷，产量314吨。1989年起，随着花生加工及订单生产发展，栽培面积和产量逐年扩大。2004年，全县种植1770.70公顷，产量4232吨。2005年，全县种植1713.70公顷，产量4004吨。

十、蕉芋

全县16个乡（镇）均有种植。1991年，全县种植45.10公顷，产量628吨。1992年起，随着蕉芋粉市场价格走俏，蕉芋种植面积和产量上升。2005年，种植582.30公顷，产量8514吨。

十一、蚕桑

1991年，横锁乡农技站在横锁村桥头组引种杂交桑0.33公顷，产桑叶345.25公斤；养蚕0.50张，产茧17.80公斤，纯收入183.36元。1992年，县农业局成立蚕桑技术推广站，10月，县政府成立宁化县蚕业开发总公司。是年，全县桑树栽培198.73公顷，产桑叶2321吨，城郊、城南、曹坊、泉上、湖村、水茜、安远、中沙、济村等乡（镇）和宁化县职业中学养蚕252张，鲜茧产量3吨，平均每张蚕纯收入171元。1993年，县政府将种桑养蚕列入农业主导产业，提出建立666.70公顷桑蚕基地目标，新植桑园468公顷，全县桑园面积达656.50公顷，新建蚕茧烤房2座，养蚕6批832张，鲜茧产量15吨。1994年，全县新植桑园200公顷，年末留存桑园307.70公顷，桑叶产量3700吨，鲜茧产量27吨。1995年，国际丝绸价格大幅下跌，国内丝厂纷纷倒闭，蚕茧销售困难，价格下挫，桑园面积锐减，年末仅剩69.90公顷，桑叶产量565吨，鲜茧产量16吨。1996年5月21日，县政府撤销宁化县蚕业开发总公司，蚕桑生产终止。

十二、葛

宁化县内有大量野生分布，各地也有少量零星栽培，品种为本地农家种，当地群众把葛根加工成葛粉，药食兼用。2003 年，闽台合资企业三明杜葛生物有限公司落户宁化，着手开发葛业。2005 年春，三明杜葛生物有限公司从省内外引进宋氏 2 号、木生葛根、远山葛根、泰国粉葛、赣葛 2 号以及本地葛种等12 个品种，建立宁化县良种场、县农科所高产示范基地 4 公顷。10 月，明颐投资咨询公司注资三明杜葛生物有限公司，将三明杜葛生物有限公司改组为新联葛业有限公司。是年，全县扦插培育葛苗 180 万株，种葛 150 公顷，县农科所葛园每公顷产量达 7.50 万公斤，其中 2 公顷高产葛园产值 18 万元。

十三、油菜

1988 年，全县种植油菜 1392 公顷，产籽 550 吨。1989 年后，随着推广应用中油 821、江油 19 选甘蓝型品种和采用适时早栽、合理密植等措施，单位面积产量逐年提高。2001 年，每公顷产量达 930 公斤，比1989 年的 465 公斤增加 1 倍。2002 年后，年播种面积稳定在 1100 公顷以上，产籽 1081 吨以上。2005 年，播种 1148 公顷，产籽 1189 吨。

第四章　农业技术

第一节　耕作制度

1988 年，主要为水稻—休闲（即单季稻）、水稻—油菜、水稻—豆、双季早稻—双季晚稻、烤烟—水稻、水稻—水稻—油菜等耕作模式，耕地复种指数 206%，水稻面积占当年作物总播种面积的 68.77%，经济作物占 20.34%，其他作物占 10.89%。1989 年，变革部分温光条件较好的中稻田种植模式，推行烤烟上山进单和发展中稻—再生稻，单季稻田由一季变成一季半或二季。1993 年始，利用早稻田发展西瓜、花生、蔬菜等经济作物，实行经济作物—晚稻、稻—稻、稻—稻—油菜年度间轮作的新耕作制度。1995 年，耕地复种指数 226%，水稻占当年作物总播种面积的 55.14%，经济作物占 29.85%，其他作物占 15.01%。

1996 年，开展新一轮农业（种植业）结构调整，适当调减粮食作物播种面积，增加经济作物生产，耕作栽培模式逐渐向多熟制、多种类过渡，耕地复种指数 232%，水稻播种面积占农作物总播种面积的54.30%，经济作物播种面积占 31.30%，其他作物播种面积占 14.40%。2000 年起，农业生产由增产农业（单纯追求产量）向增效农业（高产、优质、高效）转变，耕作制度随之发生重大转变，耕地复种指数228.86%，水稻播种面积占农作物总播种面积的 48.10%（双季稻面积占 16.20%，单季稻面积占 31.90%），经济作物播种面积占 33.50%，其他作物占 18.40。2005 年，耕地复种指数上升至 234.63%，水稻播种面积占农作物总播种面积比例下降至 43.70%，经济作物播种面积比例上升至 37.20%，其他作物播种面积比例上升至 19.10%。

第二节 品种改良

一、品种选育

宁化县内农作物品种选育主要为大田用种的选留、扩繁和杂交水稻制种等方面。1988—2004 年，全县杂交水稻制种由宁化县种子公司负责组织实施。2005 年，杂交水稻制种改由福建六三种业公司负责组织实施。常规水稻种子和经济作物种子（种苗）选留繁育一般由农户在农技部门指导下自留自用或农户间自行串换。

1988—2005 年宁化县作物种子繁育情况表

表 12-7 单位：吨

年份	繁育种子数量		
	杂交水稻种子	常规水稻种子	其他作物种子
1988	118.30	115.00	—
1989	470.30	—	—
1990	229.00	26.00	—
1991	487.60	80.00	大豆良种 15、杂优父本 1.75
1992	195.00	15.50	—
1993	251.80	2.00	—
1994	363.00	1.70	—
1995	159.00	0.10	—
1996	377.00	—	—
1997	250.00	—	—
1998	266.00	—	—
1999	320.00	30.00	—
2000	168.30	—	—
2001	138.70	—	—
2002	507.70	—	—
2003	746.90	15.00	—
2004	50.58	—	—
2005	51.00	—	—

二、新品种引进

（一）水稻新品种引进

1988—2005 年，全县共引进水稻新品种 143 个，其中杂交水稻组合 106 个（优质稻组合 16 个）、常规稻品种 37 个（优质稻品种 15 个）。

1988—2005 年宁化县水稻新品种引进情况表

表 12-8　　　　　　　　　　　　　　　　　　　　　　　　　　单位：个

年份	杂 交 水 稻		常 规 水 稻	
	引进数	引进组合名称	引进数	引进组合名称
1988	8	威优 399、威优 171、威优 48-2、汕优桂 34、汕优 72、73、74、汕优 K75	5	B 九 25、金早 8 号、711、岩糯 599、80-18
1989	16	汕优 76、协优 64、威优 40、威优 60、协优 49、D 优 64、威优 77、汕优 85、汕优 68、威优 68、D 优 63、汕优 69、汕优 74、汕优 70、威优 70、四优 70	5	8706、泸红早 1 号、CQ082、79-12、台湾糯米 1 号
1990	—	—	3	601、金早 14、四云二号
1991	16	汕优 77、汕优 7023、优 VA200、汕优 80、汕优 79、汕优 78、特优 63、D297 优 67、汕优 GK276、汕优 GE434、黄优 3550、宇优 63、萍优 63、协优 46、威优 46、光优 6063	5	558018、陆青早 1 号、龙南早、荆糯 6 号、岩糯 655
1992	—	—	3	丝苗、软米、紫香糯
1993	2	D297 优 63、汕优桂 32	10	8002、红米、上农黑籼、佳禾一号、银马占、奥黄占、309、湘中选一号、珍香 8 号
1994	8	汕优 016、汕优晚 3、汕优 36 辐、协优 432、汕优 46、特优 72、优 I 63、汕优制西	—	—
1995	1	特优 689	—	—
1996	6	汕优多系 1 号、特优 86、特优 70、闽优 22、汕优 669、花 I 优 63	2	泉农三号、溪选早 1 号
1997	1	D297 优 155	—	—
1998	5	D 汕优 63、特优 669、II 优 77、汕优 82、汕优 89		
1999	7	II 优 86、协优 9308、II 优 46、特优多系 1 号、福两优 2186、福两优 2163、汕优明 86	1	佳禾早占
2000	5	协优 669、冈优 669、冈优 9308、特优 898、花优多系 1 号	1	南厦 060
2001	8	协优 3550、福两优 158、优 I 66、II 优 128、培杂双七、特改 158、金优 402、K 优 207	—	
2002	6	D 优 527、冈优 528、台优 1 号、新香优 80、特优 73、两优培九	—	—
2003	5	汕优 647、K 优 047、花优 63、金优 165、T 优 165	1	丰园香稻
2004	9	金优 100、T 优 5537、T 优 5570、冈优 725、II 优 128、协优 7954、II 优 1273、特优航 1 号、II 优 1389	1	佳辐占
2005	3	II 优 1273、II 优航一号、II 优 1259	—	—

（二）水果新品种引进

1988—2005 年，全县共引进水果新品种 54 个，其中常绿果树 3 个、落叶果树 51 个（其中李品种 7 个、梨品种 29 个、水蜜桃品种 6 个、油桃品种 5 个、枣品种 3 个、葡萄品种 1 个）。

1988—2005 年宁化县水果新品种引进情况表

表 12-9　　　　　　　　　　　　　　　　　　　　　　　　　　　　　　　　　　　　单位：个

年份	引进数	引 进 品 种 名 称
1988	2	早熟温蜜(柑橘类常绿果树)、永泰芙蓉李
1990	4	特早温蜜(柑橘类常绿果树)、大果型芙蓉李、大团水蜜桃、白香蕉葡萄
1996	1	西选一号(水蜜桃)
1997	3	黑琥珀(黑李)、黑玫瑰(黑李)、赣南脐橙(柑橘类常绿果树)
1998	7	龙泉梨系列 1–7 号接穗
1999	4	金水二号(梨)、蜜雪梨、水晶梨、科龙梨
2000	11	翠冠(梨)、西子绿(梨)、雪青(梨)、雪星 76(梨)、雪星 61(梨)、雪星 32(梨)、早美酥(梨)、早酥(梨)、梨 1-2-4(梨)、红香酥(梨)、美国甜油桃
2001	8	中梨 1 号(梨)、中梨 2 号(梨)、金星(梨)、七月酥(梨)、绿宝石(梨)、超五月火(早熟油桃)、早美光(早熟油桃)、早红宝石(早熟油桃)
2003	13	秋蜜桃(水蜜桃)、皮球硬桃(水蜜桃)、金秋桃(水蜜桃)、早红一号(油桃)、爱甘水梨、华山梨、六月雪梨、井上李、大石早上李、金秋李、七月鲜枣、大梨枣、杧果冬枣
2005	1	黑桃(水蜜桃)

（三）蔬菜新品种引进

1988—2005 年，全县共引进蔬菜新品种 72 个，其中叶菜类 24 个、瓜类 20 个、豆类 15 个、茄果类 7 个、根茎菜类 4 个、葱蒜类 2 个。

1988—2005 年宁化县蔬菜新品种引进情况表

表 12-10　　　　　　　　　　　　　　　　　　　　　　　　　　　　　　　　　　　单位：个

年份	引进数	引 进 品 种 名 称
1988	—	—
1989	—	—
1990	47	广东黄花菜、青秆小白菜、四川脆嫩儿菜、甜脆小白菜、多抗烟筒包、白麻叶大白菜、大青麻叶大白菜、玉甜青大白菜、小天使白菜、温州花菜、同安花菜、神农特大花菜、蔡兴利生菜、黑籽生菜包、京丰 1 号甘蓝、京丰 2 号甘蓝、京丰 3 号甘蓝、湖南木耳菜、厦门新优选吊瓜(黄瓜)、新世纪改良花皮大吊瓜(黄瓜)、澳洲大吊瓜(黄瓜)、夏青 1 号黄瓜、夏青 2 号黄瓜、夏青 3 号黄瓜、夏青 4 号黄瓜、节节冬瓜、毛冬瓜、黑皮冬瓜、短冬瓜、佳丰 1 号豇豆、佳丰 2 号豇豆、佳丰 3 号豇豆、佳丰 4 号豇豆、上海一点红豇豆、长江一号豇豆、温州之豇 19、844、台湾高产 1 号豇豆、泰龙一号豇豆、鸡爪椒、新中蔬 1 号西红柿、新中蔬 2 号西红柿、新中蔬 3 号西红柿、新中蔬 4 号西红柿、泰国皮球胡萝卜、蔡兴利黑田 17 厘米(5 寸)人参胡萝卜、花旗韭葱大蒜
1992	1	莲花韭菜花
1995	6	红皮莴苣、日本大萝卜、夏阳白菜、花生豆角(籽用豆角)、板桥莴苣、大板芥菜
1996	4	台中 11 号改良系列荷兰豆 603、604、610、奇珍 76 甜豌豆
1998	1	日本"王中王"辣椒
1999	1	广东鸡爪芥菜

续表 12-10

年份	引进数	引进品种名称
2000	4	牛心甘蓝、四小冬瓜 1 号、三月早丝瓜、早杂 8 号丝瓜
2001	2	泰国黄芹、韩国白玉萝卜
2003	1	清味三尺黄瓜
2005	5	海南节瓜（冬瓜）、金沙早生瓠瓜、福州芋瓠、台湾大肉苦瓜、大肉丝瓜

（四）食用菌新品种引进

1999 年，安远乡伍坊村村民郑瑞梅从仙游县引进姬松茸新品种小面积栽培获得成功。2002 年，宁化县食用菌示范场引进草菇新菌株、真姬菇、白灵姬、滑菇进行栽培示范，取得良好效果；引进杏鲍菇、巨大口蘑新菌株进行适应性栽培获得成功。2003 年，引进金福菇、黄柳菇、挥树花、阿魏蘑等珍稀菌类试验、示范栽培，金福菇、榆黄柳等新品种栽培获得成功。2005 年，引进真姬菇新菌株在城郊乡种植获得成功。

（五）其他作物新品种引进

1988—2005 年，全县共引进其他作物新品种 28 个，其中大豆品种 3 个、油菜品种 2 个、玉米品种 6 个、甘薯品种 6 个、马铃薯品种 3 个、茶品种 5 个、花生品种 3 个。

1988—2005 年宁化县其他作物新品种引进情况表

表 12-11　　　　　　　　　　　　　　　　　　　　　　　　　　　单位：个

年份	引进数	引进品种名称
1988	3	春大豆莆豆 8008，油菜中油 821、江油 19 选
1989	4	春大豆浙春 2 号、玉米烟单 3 号、6 号、掖单 2 号
1992	2	甘薯新品种金山 57、岩 7-3
1996	4	甘薯金山 630、岩薯 5 号、岩齿红、克新 3 号马铃薯
1998	1	大豆青仁乌 2 号
2002	5	马铃薯春薯 4 号、紫花 851，花生泉花 646、泉花 10 号、白皮金花 1012
2003	7	玉米穗甜 2 号、闽紫糯，茶红芽铁观音、金观音、丹桂、龙井 43 号、福云 6 号
2005	2	沪玉糯 2 号玉米，甘薯广紫薯 2 号

三、新品种试验与示范

（一）水稻新品种试验与示范

1988—2005 年，宁化县农业技术推广部门建立新品种小区试验基地，对各年度引进的水稻新品种进行鉴定筛选试验 18 次。通过试验，共筛选出适应性较广、产品性能好、抗病性强、品质较优的示范推广品种（组合）80 个。全县共实施新品种示范 47 片次，面积 74.40 公顷。经过示范，筛选出生态适应性较好的品种（组合）80 个，用于推广生产。

（二）其他作物新品种试验与示范

1988—2005 年，全县共实施果、茶、蔬菜、食用菌及其他作物新品种试种示范 159 片次，面积 9 公顷。经过试种示范，筛选出果、茶、蔬菜、食用菌及其他作物新品种 85 个，用于推广生产。

四、新品种应用推广

（一）水稻新品种扩繁生产

1988—2005 年，宁化县农业技术推广部门组织、指导部分农户集中连片扩繁大田生产用种，杂交水稻种子扩繁生产基地主要分布在方田乡和安远乡，一般年份杂交水稻制种面积 67 公顷以上。新引进常规水稻良种扩繁基地主要设在城郊、中沙乡，一般年份常规水稻良种扩繁面积 200 公顷以上。

（二）水稻新品种推广

杂交水稻新品种推广　1988—1999 年，县内杂交水稻新品种主要通过国营宁化县种子公司向农户销售和推广。2000 年，国家实行种子经营体制改革，允许民营种子公司参与经营杂优新品种推广。宁化经销杂交水稻种子的民营种子公司有神农大丰、六三种业、东方种业等 10 家，每年销售推广杂优种子 18 万—20 万公斤。

常规稻新品种推广　引进初期由宁化县农业技术推广部门负责试验筛选、示范验证确定可在生产上应用后，组织部分农户扩繁，扩繁生产的种子由种子部门收购，并通过县、乡农技推广网络销售给农户作为生产用种，然后由农户之间自行串换扩散。

（三）经济作物新品种推广

水果、蔬菜、食用菌等经济作物新品种先通过小面积试种观察有优异性状表现后，对水果采用剪取接穗嫁接育苗扩繁推广；对蔬菜及其他经济作物则由农户自行留种，并通过农户间串换扩散或通过民营蔬菜种子门市销售种子推广；对食用菌新菌种（株）的推广则通过委托制种单位，将拟推广的新菌种（株）扩制成生产用种，并销售给菇农应用到生产中。1988—2005 年，全县水果、蔬菜、食用菌等经济作物新品种推广平均在 200—500 公顷之间。

第三节　农技引进与推广

一、水稻栽培技术

（一）再生稻栽培技术

1988 年，水茜乡庙前村和城郊乡雷陑村利用中稻田试种再生稻，再生季平均每公顷单产 1260 公斤。1989 年，全县推广中稻—再生稻面积 1045.30 公顷，占当年单季晚稻田面积的 13%。头季稻平均每公顷单产 6461 公斤，比普通单季晚稻增 1050 公斤。实际再生留桩 566.40 公顷，成功 400.90 公顷，再生稻平均每公顷单产 1425 公斤。1991 年，再生稻普及全县 16 个乡（镇），面积 2140 公顷。头季稻平均比普通单季晚稻每公顷增产 258 公斤，实际再生留桩 1614 公顷，成功 1334.50 公顷，成功率 82.68%。再生季稻平均每公顷单产 1335 公斤。1993 年，单季稻田改种烤烟或其他经济作物，全县栽培再生稻 502.10 公顷，推广"三明市汕优 63 再生稻亩产 200—250 公斤栽培模式"技术，再生稻平均每公顷单产 1935 公斤。1998 年，县政府推广"中稻—再生稻"新组合，头季稻平均每公顷单产 8643.00 公斤，再生稻平均每公顷单产 3850.50 公斤，两季合计平均每公顷单产 12493.50 公斤，比当年相似条件单季稻平均每公顷增 4123.50 公斤，增长 49.28%。

1999 年，再生稻栽培中推广旱育秧、抛秧新技术，全县再生稻采用旱育秧栽培 185.20 公顷，头季稻每公顷产量达 9187.50 公斤，比同类普通栽培田每公顷增 924 公斤。实施抛秧再生稻 89.70 公顷，头季稻平均每公顷单产 9339 公斤，比普通栽培田块每公顷增 700.50 公斤，再生季稻平均每公顷产量 4269 公斤，比普通栽培田块每公顷增 418.50 公斤。2000 年，引进防治稻瘿蚊技术，改栽培双季稻为培植早稻—再生稻，将稻瘿蚊主害代三代、四代幼虫盛孵高峰期（即6月底至7月上旬和7月下旬至8月上旬）与水稻易受侵害期——秧苗期、分蘖期错开，以防避稻瘿蚊为害，全县推广种植"早稻—再生稻"2000公顷，头季稻平均每公顷产量8632.50公斤，再生季平均每公顷产量4402.50公斤，两季合计平均每公顷13035.00公斤。2001年，再生稻栽培终止。

（二）水稻旱育稀植技术

水稻旱育稀植栽培具有省种、省秧地、抗寒、早发、分蘖力强、高产等优点。1994年，引进水稻旱育稀植栽培技术，并在石壁镇红旗村小面积试种。1995年，全县早季栽培209.60公顷，平均每公顷单产6151公斤，比肥力相当的湿润育秧栽培田块每公顷增产268.35公斤，增长4.60%。1996年，水稻旱育稀植栽培由早稻扩大到中稻、单晚、烟后稻、双晚稻和制种等稻作类型，推广实施3420公顷，比1995年扩大15.50倍，平均每公顷比常规育秧增产501公斤，总产量增加1713.40吨，增加产值257万元。1998年，全县16个乡（镇）210个建制村76%的农户应用水稻旱育稀植栽培技术，总面积13534公顷，占全年种植水稻面积的36.65%，平均每公顷产量7688.70公斤，比当年同类普育普栽田每公顷增产494.10公斤，增长为6.90%，总产量增加6687.15吨。2001年，全县水稻旱育稀植栽培1.62万公顷，占水稻种植面积的56.12%，平均每公顷产量7965公斤。2002—2005年，全县水稻旱育稀植栽培面积占水稻种植面积的50%左右。

（三）水稻抛秧技术

水稻抛秧技术分为软盘育秧抛栽和旱育抛秧。宁化县大部分使用软盘育秧抛秧，旱育抛秧只有零星使用。1996年，引进水稻抛秧技术并示范种植早季水稻33.50公顷，平均每公顷产量7341公斤，比普通秧手插每公顷增产417公斤，增长6%。1997年，推广抛秧578.70公顷，比1996年扩大17.02倍。平均每公顷节省大田用工22.50个工日，节省秧田四分之三，节省种子费60元，产稻谷8090公斤，比手插田每公顷增766.50公斤，总产量增加443.38吨。平均每公顷收入12525.30元，比手插田增收2094.60元。1998年，县政府组织开展抛秧技术培训和召开抛秧现场会，同时规定抛秧盘购买资金由乡（镇）补贴0.10元/片，村补贴0.10元/片，农户负担0.10元/片，其余由县财政负担，全县实施抛秧3765.20公顷，平均每公顷产量8394公斤，比手插田每公顷增716.40公斤，总产量增2697.40吨。宁化县农业技术推广站（以下简称县农技站）研究总结的"烟后稻抛秧规范化栽培技术"获福建省农业厅1998年农业技术推广奖三等奖。2001年，全县推广抛秧栽培8060公顷，占水稻种植面积的27.92%。平均每公顷产量8034公斤，比增576公斤，总产量增4642吨，增收1229万元。2003年起，塑料软盘等农资价格上涨、种粮效益下降，抛秧面积相应减少。2005年全县推广2733.40公顷，占水稻种植面积的9.50%。

（四）烟沟育秧技术

1996年，石壁镇利用春烟田畦沟试验烟沟育秧9.20公顷。1997年，全县推广春烟田畦烟沟育秧2607公顷，可供应7821公顷大田用秧，节省秧地800公顷。应用烟沟育秧栽培的大田平均每公顷单产10015公斤，比常规育秧增加1435公斤。2000年起，由于烟沟育秧技术耗时费工等原因，烟沟育秧面积逐年减少。2005年，仅个别农户采用。

（五）水稻免耕栽培技术

2004年，宁化县引进水稻免耕栽培技术，在早稻栽培中试验，试验面积0.067公顷。2005年，在早稻栽培中试推广1公顷，并在中稻栽培中试验0.20公顷，试验类型有：免耕手插、免耕抛栽、免耕直播。经试验试种表明，水稻免耕栽培比常规栽培省工、省力、增产、增效，一般节省成本37.70%，每公顷增收稻谷727.15公斤，增长11.30%，净效益增长26.30%。

二、水果栽培技术

（一）柑橘应用微肥技术

1988—1989年，全县柑橘生产推广喷施硫酸镁、硫酸锌等微肥元素682公顷，每公顷增收3000元，产生经济效益 204.60 万元。1990 年，"微肥在柑橘生产上的应用"项目获福建省农业厅农牧业技术推广二等奖。

（二）白香蕉葡萄引种及丰产优质栽培技术

1990 年，翠江镇中山村四组引种白香蕉葡萄 1974 株，在瑶上建立 0.47 公顷引种、高产栽培示范园。1991 年，产葡萄 2 吨，产值 0.80 万元。1992 年，产葡萄 4 吨，产值 1.60 万元。1993 年，经宁化县科学技术委员会（简称县科委）实地测产验收，产葡萄 15 吨，产值 6 万元。1994 年 12 月，白香蕉葡萄引种及丰产优质栽培获宁化县科技进步三等奖。

（三）幼龄果园套种技术

1988 年，全县推广套种春大豆、花生、西瓜、绿肥等 533.30 公顷，增收 64 万元。1990 年，套种绿肥、春大豆、花生、蔬菜等 1000 公顷，增加收入 150 万元。1993 年，套种绿肥、大豆等 1666.70 公顷，增收 200 万元。1994 年，幼龄果园套种配套技术项目获全国农牧渔业丰收奖二等奖。

（四）高接换种技术

1996 年，全县共推广劣质桃、梨高接换种 40 公顷，第二年开始增产，增幅 60%。其中，翠江镇中山村双茶亭桃园实施劣质桃树高接"西选 1 号"桃 10 公顷，第二年每公顷产量 4500 公斤，产值 6750 元，第三年进入丰产期，每公顷产量 13500 公斤，产值 20250 元。

（五）黄花梨高接花枝

1997 年，翠江镇中山村、城郊乡高堑村、城南乡肖家村等梨园高接花枝 66.70 公顷，当年接芽均果 3—4 个，株增产 5 公斤，每公顷增产 4500 公斤，产生经济效益 60 万元。1998 年起，全县高接花枝面积逐年扩大，每年达 150 公顷，年增加产值 100 万元以上。2001 年，"黄花梨高接授粉花枝技术推广"获全国农牧渔业丰收奖三等奖。

（六）疏果套袋技术

2000 年，县农业局技术人员黄新民对黄花梨套袋 1000 个，生产 300 公斤套袋黄花梨，每公斤售价 3.20 元，比未套袋果售价每公斤增 1 元。2001 年，城郊乡下巫坊村果农陈上松套果 2 万个，每公斤梨果售价 2.40 元，比不套袋的价格提高 1 倍，增收 1.20 万元。当年全县推广疏果套袋 10 万个，增收 3 万元。

三、茶叶生产技术

（一）茶园条栽密植技术

2000 年，河龙乡建立条栽密植茶园 3.40 公顷，种植密度比普通茶园大 1—2 倍。2001 年，城郊乡瓦庄村建条栽密植茶园 11 公顷。2002 年，河龙乡河龙村建条栽密植茶园 20 公顷。2003—2005 年，每年在中沙、河龙、城郊、石壁、济村等乡（镇）推广茶园条栽密植技术 200 公顷，共产生经济效益 1500 万元。

（二）无公害茶叶生产技术

2000 年，城郊、中沙、河龙、湖村等乡（镇）开始实施茶叶无公害栽培。施肥以经过无害化处理的有机肥为主，病虫草防治以农业措施为主，减少化肥、农药施用量，全县推广茶叶无公害栽培 200 公顷，每公顷增加产值 6000 元，共产生经济效益 120 万元。2001—2005 年，每年推广茶叶无公害栽培 500 公顷，增加经济效益 300 万元。

（三）空调制茶技术

2004 年，宁化县春辉茶业有限公司引进空调制茶技术，制茶 20 吨，每吨增加产值 6000 元，共增加经济效益 12 万元。2005 年，河龙、中沙、城郊等乡乌龙茶主产区空调制茶 135 吨，增加经济效益 81 万元。

四、蔬菜栽培技术

（一）蔬菜施肥技术

20世纪80年代以前，菜农大都用人畜粪尿、猪牛栏粪沤制有机肥，并烧制土杂肥、火烧土等进行蔬菜施肥。一般每公顷用有机肥22500—30000公斤作底肥施用。城区菜农大都有在菜地边角备设肥坑用于屯集人畜粪肥的习惯，用于蔬菜追施肥。其中，火烧土等灰分沤制肥为菜农广泛使用，宁化农谚云："种菜不用灰，不如不要栽。"20世纪80年代后，碳酸氢铵、过磷酸钙、进口复合肥、钙镁磷、尿素、硫酸钾等化肥开始在蔬菜生产上广泛应用，提高了蔬菜产量。

（二）蔬菜病虫防治技术

蔬菜病害主要有软腐病、炭疽病、霜霉病、疫病、白粉病、猝倒病、立枯病等。宁化菜农大都采用引进高产抗病品种及避开病害高发期的栽培法，并结合使用农药防治，主要使用农药有：多菌灵、代森锌、代森锰锌、百菌清、世高、甲基立枯灵、粉锈宁、咪鲜胺、金雷、甲霜灵、农用链霉素等。20世纪90年代前，蔬菜虫害防治大都使用甲胺磷、敌敌畏、乐果、氧化乐果、甲基1605等中、高毒农药，所产蔬菜上市后出现市民吃菜中毒事件。1995年后上述农药被禁止在蔬菜上使用，逐步推广毒死啤、锐劲特、好得利、阿维菌素、苏云菌杆菌（BT）等低毒农药或生物农药。

（三）反季节栽培技术

1990年，城区菜农开始早春提前栽培小拱棚育苗。1995年起推广小拱棚加地膜覆盖栽培蔬菜，比常规种植提早一个月上市，主要品种有茄子、辣椒、空心菜、黄瓜、西葫芦等。1998年，全县推广荷兰豆高山反季节栽培15公顷，其中河龙乡永建村栽培9公顷、济村乡长坊村6公顷，平均每公顷产荷兰豆6750公斤。2004—2005年，宁化县大山农业有限公司在水茜乡发展黄瓜、秋甘蓝、苦瓜反季节栽培。

五、食用菌生产技术

（一）新技术开发

1995年，翠江镇、河龙乡发展以草代木栽培香菇5万袋、竹荪2000平方米。2000年，利用香菇废旧菇筒、草菇下脚料栽培蘑菇，每平方米可节约资金4—5元。2001年，县食用菌办主持的"竹屑栽培香菇及其配套技术研究"项目被列为三明市科委重点课题，茶薪菇高产优质栽培技术推广项目获全国农牧渔业丰收奖二等奖。2002年，组织实施"三明市沙溪沿岸星火产业带珍稀菌类食用菌产业化示范工程建设"项目子课题——"珍稀食用菌代用料综合技术开发""竹屑栽培香菇及其配套技术研究"课题通过市级验收。2003年，县食用菌办开展纯谷壳栽培竹荪和杉木屑栽培香菇及其配套技术试验，拓展食用菌代用料研究。2004年，县食用菌办申报的"食用菌新材料、新技术栽培示范基地建设"项目获福建省科技厅立项，"草菇杂交菌株高产优质栽培技术"获福建省计划厅立项。建立县级高产优质栽培示范基地3个、珍稀菌类示范基地1个。全县16个乡（镇）分别建立特色菌类新技术、新工艺、新材料、新品种示范点，培育食用菌生产重点村18个、生产大户100户。2005年，继续组织实施"草菇杂交菌株高产优质栽培技术"项目，建成4个草菇集约化生产示范点，形成8万平方米示范基地。

（二）病虫防治技术

1999年，淮土乡寒谷村3000平方米蘑菇出菇期发生褐腐病和褐斑病，通过摘除病菇和喷施0.10%漂白粉水剂，病害得到控制。2004年国庆前后，蘑菇播种后遇寒流，持续低温干燥造成泉上镇新军村、泉正村部分菇房菌丝走菌慢，绿霉和黄曲霉发生严重。发病较轻的菇房，通过采取喷施1%石灰水、施保功500倍液点治发病中心等办法，发病特别严重的采取58℃~62℃持续高温灭菌后重新播种，减轻了病害损失。

食用菌虫害主要有菇蝇、跳虫及螨类等。2004年，城郊乡马元亭李正望和淮土乡水东村廖善新两农户在果园种植蘑菇，发生菇蝇、跳虫及螨类等害虫，通过结合床面喷水用浓度为0.50%的敌敌畏水液喷洒2

次，并在床面每隔 1 米及门窗部位插挂 2%浓度的敌敌畏棉球熏杀，消除害虫危害。

（三）新品种栽培技术

蘑菇栽培　1995 年，全县大面积种植蘑菇，主要有集约化生产和散户栽培两种形式。安乐、翠江、城南、城郊、淮土等乡（镇）建立集约化蘑菇栽培基地 8 万平方米，采用砖房或简易塑料大棚，菇房（棚）内搭架设置数层菇床，一般散户栽培采用筑土墙建造菇房。常年栽培蘑菇的堆料时间在 9 月中旬（高海拔地区提前 15—20 天堆料），栽培料主要为稻草和牛粪，加水浸湿混合并添加少量石灰、尿素等辅料，打堆发酵 5—7 天上菇床。在菇床上进行二次发酵 2—3 天后开始播种，播种时间为 10 月上旬，覆土时间在 10 月下旬，11 月中旬出菇，翌年 4 月下旬结束栽培。2005 年，济村乡食用菌站利用冬闲田 1000 平方米种植地栽蘑菇，采用增温发酵剂进行一次性发酵，操作简便、容易推广。

姬松茸栽培　1996 年开始种植，主要集中在安远、中沙、水茜、河龙 4 个乡（镇）。菇房采用上盖遮阳网简易塑料大棚，菇棚内搭架设置数层菇床，一般每个棚栽培 600 平方米。3 月中旬堆料，栽培料主要为稻草和牛粪，加水浸湿混合并添加少量石灰、尿素等辅料，打堆发酵 3—4 天上菇床，在菇床上进行二次发酵 1—2 天后播种。5 月中旬出菇，10 月下旬结束栽培。

大球盖菇栽培　1998 年开始种植，以冬闲田野外栽培为主。一般安排 10 月中、下旬铺料播种，先将冬闲田开沟整畦，再将浸湿的稻草铺在畦上，并把菌种块按 15×15 厘米规格植入稻草中，然后覆土盖没稻草。11 月下旬出菇，翌年 5 月上旬结束栽培。

第四节　肥料施用

1988 年，全县推广测土施肥 9733.33 公顷，占粮食播种面积的 22.70%。亩平均增产 28.90 公斤，增产 7.70%。扩大绿肥种植，全县种绿肥 2167 公顷，比 1987 年扩大 762 公顷。1989 年，全县实施国家农业部星火计划"土壤识别与优化施肥"8666.67 公顷，"测土配方施肥"2933.33 公顷，"地方差减施肥"11066.67 公顷，推广施用镁肥微量元素肥料 2666.67 公顷。亩产平均比 1988 年分别增产 35 公斤、8.20 公斤、10 公斤、36.70 公斤。培肥地力项目投资 11.50 万元，建立紫云英基地 1483.93 公顷，建田头肥坑 800 余个。1990—1995 年，推广"地力施肥""配比施肥""测土施肥"和"优化施肥"等科学施肥方法，宁化县土肥站在全县推广"地差施肥"和"优化施肥"49133.33 公顷，据试点测产验收，亩产增加 52.60 公斤，同时推广省、市、县有关土肥科研试验项目 6 个，完成各种施肥技术简化试验 125 个。恢复发展紫云英种植 2800 公顷、肥田籽 333 公顷、稻田养萍 4113 公顷、稻田回草 18667 公顷。推广科学施肥与微肥 63867 公顷，全层施肥和控氨增磷钾配方比例为 1：24：0.43。推广硫酸镁肥 40 多吨、钙镁磷肥 2000 吨，应用面积 5333 公顷。抓好农业新技术新品种的试验、示范、推广作用及幼龄果园绿肥套种，全县 80%的幼龄果园都种上绿肥或短期经济作物，并进行绿肥品种引种试验。推广化肥深施面积 2 万亩，获得亩增 16 公斤稻谷的好效益。1996—2000 年，全县使用水稻专用肥 3.40 万公顷，实施化肥深施 65333 公顷，示范片经验收，每亩增产 23.80 公斤。推行水稻病虫草鼠综合防治技术 16667 公顷，其中示范 1467 公顷经验收综合防治示范区每亩增产 13.50 公斤，每亩节约农药成本 1.80 元，减少病虫损失 15 公斤。推广水稻中微肥应用 1 万公顷、烤烟专用肥 3 万公顷，推广果树平衡施肥 17333 公顷、中微 5333 公顷、根外追肥 21333 公顷。完成绿肥种植 10667 公顷，施用有机肥 15433 公顷，推广新农药和果树专用肥使用 66.67 公顷，引进推广旱地化肥深施器 200 套，用于果树和烤烟中耕施肥，肥效提高 40%以上，农户反映良好。

2001—2005 年，全县完成配方施肥 65333 公顷，推广春夏绿肥 3 万公顷，平衡施肥 8 万公顷，推广专用肥 6 万公顷、中微肥 3 万公顷。

第五节　植物保护

一、病虫草鼠害种类

（一）水稻病虫草鼠害种类

1988—2005 年，境内水稻病虫发生种类达 50 多种，主要病虫害 7 种，即三病四虫（稻瘟病、纹枯病、细菌性条斑病和二化螟、稻纵卷叶螟、稻飞虱、稻瘿蚊）；次要病虫害有白叶枯病、恶苗病、叶鞘腐败病、干尖线虫病、稻曲病、细菌性褐条病、细菌性基腐病、菌核病、胡麻叶斑病、谷粒黑粉病、病毒病（普通矮缩病、黄化矮缩病、锯齿叶矮缩病）和三化螟、大螟、台湾稻螟、稻巢螟、黏虫、稻苞虫、稻眼蝶、稻红瓢虫、稻秆蝇、水稻蝗虫、水稻蚜虫等 40 种。

农田害鼠种类有褐家鼠、小家鼠、黄毛鼠、黄胸鼠、黑线姬鼠等。主要害鼠为褐家鼠、黄毛鼠。

稻田恶性杂草为稗草、鸭舌草、矮慈姑、圆叶节节菜、水竹叶等。

（二）经济作物病虫害种类

全县经济作物病虫害种类多达 100 余种。据 1990—1991 年普查，境内较严重发生且对产量与品质有较重危害的有 30 种。

蔬菜类　炭疽病、霜霉（白粉）病、疫病、软腐病、枯萎病、青枯病等病害和菜青虫、小菜蛾、斜纹夜蛾、地老虎、潜叶蝇等害虫。

落叶果树　（桃、李、奈、梨）黑星病、轮纹病、炭疽病、流胶病、桃小叶病及蚜虫、食心虫、天牛、蚧壳虫等。

柑橘类　疮痂病和潜叶蛾、蚧壳虫、螨类害虫、锈壁虱等。

茶叶类　云纹叶枯病、轮斑病、假眼小绿叶蝉、茶叶害螨、茶尺蠖、茶毛虫、丽纹象甲等。

二、病虫测报

1988 年，对水稻主要病虫（三化螟、稻瘟病、卷叶螟等）开展较规范的调查与测报，作出相应的中、短期预报，提出防治指导意见。1990 年，以宁化县植保植检站（简称县植保站）为中心，分设东西南北 4 片（安远、泉上、石壁、曹坊）测报点，各测报点安装测报灯 1 盏，系统完整地记录灯下诱虫资料，开展田间病虫系统调查，系统测报对象增加稻飞虱、卷叶螟等病虫，建立水稻病虫害档案制度。1996 年，乡、村两级病虫测报体系弱化，病虫测报主要由县植保站承担。2005 年，中央、省、市、县四级财政共投资 288 万元，建设全国农业有害生物预警与控制区域站项目，建立标准病虫观察圃，配备病虫检测检验仪器设备 69 台（套）、设立实验室 6 个、购置机动喷雾器等应急植保器械 200 台、安装虫情测报灯 7 台，监测和预警县内农业有害生物，提供防控方案，同时承担全省和三明市业务部门下达的重大病虫害监测任务。

三、病虫草鼠害防治

1988 年，病虫防治以三化螟、稻飞虱、卷叶螟等水稻害虫为重点。杂草防除以稗草为主要对象，使用丁草胺引进化学防除。对鼠害使用剧毒剂氟乙酰胺、毒鼠强等杀灭。全年草鼠防治 50133.33 公顷。1991 年，建立曹坊乡罗溪村中心示范片，推动病虫草鼠害综合防治，采取农业生物、化学及其他防治措施，全县共挽回稻谷损失 615 万公斤。2002 年，执行农业部 199 号《公告》，全县停止使用六六六、滴滴涕、杀虫醚、除草醚、氟乙酰胺等 17 种剧毒农药。同时，在蔬菜、果树、茶叶、草药上停止使用或限制使用甲胺磷、甲基对硫磷、对硫磷、久效磷、磷胺等19种高毒农药。选用高产抗病良种，合理栽培管理，提高植株抗病能力，选用高效低毒新农药和生物农药，减少用药次数，病虫害危害总损失率控制在1.50%以下。2005年，以两迁（春夏季迁入、秋冬季迁出）稻飞虱、卷叶螟为防治重点，全面推广毒死稗、吡虫啉等新型低毒杀虫剂，甲胺磷、1605等剧毒农药基本被淘汰。

四、植物检疫

1988—1991年，县植保站配备专职检疫员3人，开展水稻制种、水果生产、果树苗木生产产地检疫和种苗调运、果品调运检疫。1992—1994年，县植保站代理福建省植保植检站执行斑竹省际边境检查站工作，检查验证过境运载农业植物产品车辆。1995年，普查美洲斑潜蝇和水稻水象甲等新检疫对象疫情。1996—2001年，开展方田、安远2个乡水稻制种田产地检疫。2002—2003年，普查桔小实蝇疫情，翠江、城郊、石壁3个乡（镇）发现有桔小实蝇零星为害，监测水稻水象甲，未发现疫情。2004—2005年，普查红火蚁疫情，未发现疫情。实施水稻制种产地检疫107公顷。

第六节　农业科技成果

1988—2005年，全县共实施作物新品种区域种植实验、新肥新药引进验证、作物栽培管理新技术等试验76个，有多项实验成果获县级以上科技成果奖。其中，1989年"施镁治理水稻黄叶研究"获三明市科技进步二等奖，"油菜丰产栽培"获宁化县科技进步三等奖；1991年"水稻缺镁诊断防治研究"获福建省科技进步三等奖，"双低油菜推广"获福建省农业厅农技推广三等奖；1993年"水稻营养障碍诊断与防治技术研究"获福建省科技进步三等奖；1998年"烟后稻抛秧规范化栽培技术"获福建省农业厅农业技术推广奖三等奖；2001年"茶薪菇高产优质栽培技术推广项目"获全国农牧渔业丰收奖二等奖，"黄花梨高接授粉枝新技术推广"获农业部农牧渔业丰收奖三等奖。

1988—2005年宁化县农业试验示范情况表

表12-12

年份	试验			示范		
	个数（个）	试验地点	试验内容	片数（片）	示范内容	面积（公顷）
1988	2	良种场、湖村	新品种区域种植实验、测土配方施肥	7	双杂双高产、中低产田改造协作攻关、玉米丰产、大豆丰产、病虫综防	13497.48
1989	2	良种场、湖村	新品种区域种植实验、地力差减法施肥、配方施肥	4	单晚汕优63公斤栽培模式和双杂亩产超双纲栽培模式，大豆、玉米、油菜丰产	4732.67
1990	7	县农科所、中沙、淮土、禾口	新品种区域种植实验、土肥科技	9	双早杂优丰产、再生稻	6533.34
1991	3	良种场、城郊、翠江	新品种区域种植实验、锌肥、镁肥试验	12	水稻增产示范、全层施肥和控氮增磷钾配方施肥	33466.67

续表 12-12

年份	试验			示范		
	个数(个)	试验地点	试验内容	片数(片)	示范内容	面积(公顷)
1992	8	良种场、曹坊、湖村、翠江、城郊、禾口、淮土、中沙	新品种区域种植实验、新农药药效、旱稻品种抗性鉴定、玉米营养袋育苗定向栽培、多效唑在双晚秧苗上应用效益、翠竹牌生长剂在烤烟上应用效益、生物钾肥及叶面肥施用	23	稻萍鱼丰收计划、水稻营养诊断与缺素防治研究、幼龄果园套种绿肥、果树高接换种	6866.66
1993	2	良种场、淮土	水稻新品种试验、增产菌在烟草上应用试验	15	再生稻高产低耗栽培、粮经双丰田、粮烟高产高效工程开发	8000
1994	4	良种场、城郊、中沙、曹坊	水稻新品种区域种植实验、绿肥品种引种、作物专用肥施肥量对比	18	粮烟高产高效工程、再生稻高产低耗工程、山区粮经双丰田工程	9850.20
1995	24	良种场、县农科所、中沙	新品种区域种植实验、水稻品种抗病性鉴定、水稻专用肥	28	水稻专用肥推广、病虫草鼠综合防治、水稻旱育稀植技术、农业高产优质高效工程	10466.26
1996	5	良种场、县农科所、中沙、石壁、城郊	新品种区域种植实验、烟沟旱育秧、旱育秧抛栽、烟—玉米—稻栽培、再生稻新组合试验	34	水稻抛秧、中微肥应用、黄花梨内膛高接花枝、劣质果园高接换种、新农药和果树专用肥使用	3533.47
1997	—	—	—	37	春玉米丰产、油奈疏果、劣质果树高换种、黄花梨内膛高接花枝、落叶果树整形修剪	1533.34
1998	5	城南、水茜、中沙、县农科所、良种场	植物动力 2003 应用、专用肥应用，小麦—玉米—旱高粱、巴西陆稻、尤溪山禾引种试验、新品种区域种植实验	29	水稻抛秧、壮秧肥应用、水稻苗期喷施植物动力 2003、烟后稻丰产	13480.01
1999	2	县农科所	品种区试、水果新品种引种	21	烟稻双丰收、金水 2 号梨、西选 1 号桃	7100
2000	1	良种场	稻品种区试	45	水稻、果树、食用菌综合示范	10066.67
2001	3	中沙、县农科所、良种场	优质稻规范化健身丰产栽培、新品种区域种植实验、南方落叶果树母本园	28	落叶果树高标准栽培	266.80
2002	1	县农科所	新品种区试	5	优质稻丰产、稻田养殖	333.35

续表 12-12

年份	试 验			示 范		
	个数（个）	试验地点	试验内容	片数（片）	示范内容	面积（公顷）
2003	7	县农科所	水稻、梨、桃、甘薯、木薯、马铃薯、花生新品种区域种植实验	56	极早熟油桃、金水 2 号梨、科龙梨、美国黑李、油柰等丰产优质,连片精品果园	353.33
2004	1	良种场	水稻新品种区域种植实验	40	优质稻基地、作物无公害种养	4000
2005	—	—	—	18	水稻丰产、脱毒甘薯、春花生丰产、蔬菜示范基地	1746.66

第五章　农业综合开发

第一节　农业结构调整

一、种植结构调整

（一）扩大果茶产业

1988—2005 年，全县共投入劳动工日 520.47 万个，开垦茶园 1749.87 公顷、果园 15074.20 公顷。其中，1992 年，种果 2741.30 公顷，是果园新植面积最大的年份；1994 年，种茶 1191.60 公顷，是茶园新植面积最大的年份。

1988—2005 年宁化县新植茶果园情况表

表 12-13　　　　　　　　　　　　　　　　　　　　　　　　　　　　　单位：公顷

年份	新植茶园	新植果园	年份	新植茶园	新植果园
1988	77.10	259.50	1998	0.47	274.10
1989	81.00	542.80	1999	0.80	548.90
1990	30.90	1293.10	2000	5.30	299.50
1991	79.30	1886.20	2001	6.40	281.10
1992	31.70	2741.30	2002	2.90	208.90
1993	104.10	1975.30	2003	7.30	227.50
1994	1191.60	2300.50	2004	—	33.40
1995	52.00	1186.90	2005	6.70	5.00
1996	66.60	547.70	合计	1749.87	15074.20
1997	5.70	462.50			

（二）发展"一村一品"

糯谷 1996年，专用型糯谷市场走俏，石壁镇引导农户发展专用糯稻生产。2000年，全镇糯稻种植面积达667公顷，年产商品糯谷3000吨，形成专用糯稻生产产业。

姬松茸 1996年，安远乡部分农户种植姬松茸取得很好的经济效益，安远乡因势利导，鼓励农户扩大栽培规模，至2005年，全乡栽培面积25万平方米，干品产量130吨。

腐竹 1998年，城郊乡雷陃村发挥腐竹传统产业优势，在宁化县农业局协助下制定产品统一标准，统一包装，形成雷陃腐竹专业村，年产量15吨。

古坑粉干 1998年，方田乡发掘古坑粉干传统生产工艺，组织农户联户生产，协调统一产品标准和包装，形成年产10吨古坑粉干生产专业村。

养羊 2000年，安乐乡黄庄村利用竹山多，野草资源丰富的优势，引进波尔山羊、麻羊、黄羊放养.至2002年，存栏4000只，出栏1000只，形成养羊专业村。

笋竹 2000年，治平乡利用竹山多优势，发展笋竹两用毛竹产业，至2004年形成年产毛竹56万根，篙竹52万根，笋干（鲜笋折干）450吨规模。

肉兔 2002年，泉上镇谢新村农户发展家兔养殖业。2004年出栏肉兔10000只，形成养兔专业村。

二、产业结构调整

1988起，宁化县调整优化产业结构，农、林、牧、渔业得到较快发展。至2005年，全县农业总产值达156852万元，比1988年27442万元增长4.72倍；经济作物播种面积达25883.20公顷，比1988年7773.40公顷，增加18109.80公顷，增长2.33倍；粮食总产量达215595吨，比1988年增加19346吨，增长9.86%。

农业总产值中种植业、林业、牧业、渔业均得到较大幅度增长，种植业产值8.27亿元，比1988年增长3.86倍；林业产值2.84亿元，比1988年增长11.28倍；牧业产值3.06亿元，比1988年增长3.28倍；渔业产值1.08亿元，比1988年增长10.39倍。农民人均收入由1988年的713元，增加到2005年的3673元，增长4.15倍。

第二节 农业基地建设

一、商品粮基地建设

（一）国家级商品粮基地建设

1989年，农业部、国家计划委员会批准宁化县为第二批国家级商品粮基地县，建设期1989—1990年，总投资480万元（其中国家240万元、省财政120万元、县级配套120万元），共改造中低产田930.80公顷，衬砌灌渠3条4.30公里，石砌排洪排渍沟10条35.20公里，客土改沙560公顷，开荒造田137公顷，冬种绿肥400公顷，建田头肥坑4282个，购置农业机械195台套，培训设备32台套，修建水利设施24处，完善9个乡农技服务体系及种子仓库、门市部3598平方米，晒场4890平方米。

（二）省级商品粮基地建设

1995年，福建省财政厅和农业厅批准宁化县列入省级商品粮项目县，建设期1995—2005年（2001年更名为农业综合开发中低产田改造项目），总投资2960.10万元，其中中央财政496.00万元、省级财政1148.30万元、市级配套256.31万元、县级配套512.55万元、乡村两级筹资投劳546.94万元。共改造中低产田4722公顷，建良种基地346.70公顷，客土改沙816.10公顷，营造田间防护林261.30公顷；建小拦河坝 14 座、防冲堤 9 处、沼气池 50 口、仓库晒坪 5180 平方米，衬砌灌渠 14 条 25.45 公里，修建田间 U 形槽 66 条 80.35 公里，石砌排洪排渍沟 64 条 58.35 公里，新修田间机耕路 26 条 44.62 公里；农技培训 5.08 万人次，新技术示范推广 20952 公顷，冬种绿肥 630.70 公顷；购置科技仪器 97 台（套）。

（三）省发展粮食生产专项资金项目建设

1991 年，福建省财政厅、农业厅、水利厅、机械厅批准宁化县发展粮食生产专项资金使用计划，建设期 1991—1995 年。1996—1998 年该项目停建。1999 年泉上镇泉下片立项。2000—2004 年该项目停建。2005 年济村乡济村片立项。

1991—2005 年，福建省批准宁化发展粮食生产专项资金项目建设，总投资 593.83 万元，其中省财政 421.10 万元，县级配套 40.00 万元，乡村配套 132.73 万元。新建灌渠 3 条 1.45 公里，田间 U 形槽 14 条 12.72 公里，排洪排渍沟 27 条 23.46 公里，田间机耕道 4 条 3.50 公里；客土改沙 706.70 公顷；农技培训 2.35 万人次，科技推广 17200 公顷次；建农技体系种子仓库、晒场 1680 平方米；改造低产田面积 1621 公顷。

（四）省级标准农田示范建设

2004 年，福建省财政厅、农业厅批准宁化县曹坊乡罗溪片为省级标准农田示范建设项目片，建设面积 200 公顷，总投资 180 万元，其中省财政 150 万元，县、乡配套 30 万元。新建灌渠 2 条 2.85 公里、田间 U 形槽 5 条 8.84 公里，石砌排洪排渍沟 3 条 2.23 公里，客土改良 180 公顷，建田间机耕路 3 条 3.94 公里，新技术示范推广 266.70 公顷次，平整土地 5.30 公顷，新修水利设施 1 处。

1995—2005 年，国家农业综合开发项目建设和 2005 年土地整理项目，由宁化县农业综合开发办公室承担。

二、优质茶叶基地建设

1988 年，湖村、城郊、曹坊、治平、济村、禾口、淮土、河龙、水茜等乡建立以福鼎大白茶品种为主的烘青绿茶生产基地 823 公顷。1989 年，湖村、翠江、城郊、中沙等乡（镇）引种福云 6 号、福云 7 号等茶叶良种，开始加工炒青绿茶。2000 年，湖村、翠江、中沙等乡（镇）建立炒青绿茶生产基地 660 公顷。2001 年 6 月，宁化第一家集茶叶种植、加工、销售为一体的茶产业龙头企业——宁化县春辉茶业有限公司成立。至 2005 年年末，宁化县春辉茶业有限公司在翠江、城郊、中沙、河龙、水茜、石壁、淮土等乡（镇）建立优质铁观音茶叶生产基地 384 公顷。

三、无公害商品蔬菜基地建设

2001 年，城郊乡高堑村建立无公害蔬菜生产基地 20 公顷。2003 年 12 月，翠江镇小溪村、红卫村建立车亭坪墩无公害蔬菜生产基地 200 公顷，成为宁化重点蔬菜生产基地。2005 年，长汀客商创办宁化县大山农业有限公司，在水茜乡水茜、安寨、杨城 3 个村及方田乡村头村建立无公害蔬菜生产基地 86 公顷。

四、无公害食用菌基地建设

（一）蘑菇基地

2004 年，泉上镇栽培蘑菇 5 万平方米，产值 120 万元。其中，泉上镇农技站张伍才投资 15.18 万元，建成泉正村蘑菇栽培基地 6000 平方米，年产鲜菇 4.93 万公斤，产值 16.08 万元、利润 7.14 万元。

（二）姬松茸基地

1999 年，安远乡伍坊村村民郑瑞梅种植姬松茸 3500 平方米获得好收成，周边群众纷纷效仿，种植面积逐年扩大。2004 年，全乡种植姬松茸 10 万平方米，成为全县最大的姬松茸生产基地。

（三）大球盖菇基地

2005 年，县食用菌办与漳州跃宗食用菌公司签订项目合作协议，在城郊乡高堑村新建大球盖菇无公害生产基地 10 公顷。

五、优质落叶果树基地建设

1992 年，县农业局组织制定全县果树发展规划，确定宁化果树以落叶果树为主的发展方向，重点发展芙蓉李、油柰、黄花梨、优质水蜜桃、宁化牛心柿、日本甜柿、猕猴桃、青梅等品种，适当发展极早熟温州蜜柑和脐橙，建设万亩优质落叶果树生产基地。1995 年，翠江、城郊、石壁、淮土等乡（镇）建成油柰基地 808.66 公顷；中沙、安远等乡建成黄花梨基地 2078.30 公顷；城南、济村、湖村、泉上等乡（镇）建成芙蓉李基地 1511.50 公顷；翠江、湖村、泉上、安乐等乡（镇）建成优质水蜜桃基地 1715.70 公顷。2005 年，方田、淮土、石壁、济村等乡（镇）建立牛心柿、板栗生产基地 720.30 公顷；湖村、泉上、翠江、城郊等乡（镇）建立"西选 1 号"早熟桃生产基地，面积达 1697.90 公顷；城郊、中沙、河龙、安远、水茜、曹坊、安乐、治平等乡建立"金水二号"梨生产基地 1778.60 公顷。

第三节　农业产业化经营

一、优质稻综合开发

1993 年起，宁化县重点发展优质稻，种植湖南软米、丝苗、紫香糯等优质稻 666.70 公顷；引进优质稻新品种 21 个，试验栽培 206.70 公顷，其中早季种植 53.30 公顷、晚季 153.40 公顷；筛选出湖南丝苗、软米、紫香糯和 309 等作为次年推广品种。1994—1999 年，受育种技术条件局限，优质稻品种产量性能较差，效益不高，导致优质稻发展速度缓慢，仅有个别农户零星种植。2000 年，随着城乡群众对米质的要求提高，政府大力扶持优质稻米生产，全县栽培优质稻 4933 公顷，优质率达 15.70%。早稻主栽佳禾早占品种，平均单产每公顷 5555.40 公斤；中晚稻主栽 D297 优 155、汕优多系 1 号等，平均单产每公顷 7145 公斤。是年，引进试种南厦 060、金优 402、两优培九、协优 9308、两优 2186、花优多系 1 号等优质稻品种（组合）。2001 年，宁化县成立优质稻开发领导小组和技术指导小组，重点推广优质稻种植，引进试种示范佳禾 11、三香稻等一级米新品种，推广"杂交优质稻规范化丰产栽培"技术，扶持宁化县佳穗米业有限公司、客家米业有限公司、兄弟米业有限公司等龙头企业建立优质稻谷生产基地，开发优质米精加工、精包装，拓展销售市场。全县栽培优质稻 1.24 万公顷，优质率 42.36%，创立"客家香米"品牌。

2002 年，引进试种示范佳福占、粤优 938、台优一号、丰园香稻、新香优 80 等新品种，种植优质稻 22108.80 公顷，比 2001 年扩大 9708.80 公顷，优质率 78.40%。宁化县佳穗米业有限公司等龙头企业与生产基地农民签订优质稻谷产销合同，全县共有 15 个乡（镇）69 个村 5406 户的 1653.30 公顷优质稻实行订单生产，收购价上浮 5%—10%，农民增收 50 万元。2003 年，确定主栽优质稻品种，建成"一片一种"生产基地 68 片，面积 2573.30 公顷，全县种植优质稻 22470.50 公顷，优质率 81%。厦门银青粮食加工有限公司、宁化县佳穗米业有限公司与中沙乡等地农民合同订购丰园香稻、佳福占、佳禾早占等品种 200 公顷，厦门银鹭集团订购优质专用糯稻 1333.30 公顷，当地粮食加工企业订购优质稻 1366.70 公顷，合同订购价上浮 20%~30%，全县农民增收 380 万元。2005 年，全县种植优质稻 25033.80 公顷，优质率 87%，其中推广一级米优质稻 2333 公顷。优质福中早季优质稻平均每公顷单产 6157.50 公斤，每 50 公斤卖价比普通稻谷增加 5 元；中、晚季优质稻每公顷平均产量 7143 公斤，每 50 公斤卖价增加 3 元。

二、无公害蔬菜综合开发

2005 年，宁化县大山农业有限公司在水茜、方田两乡发展订单蔬菜生产 86 公顷，福建省农业厅绿色食品开发中心确认宁化县大山农业有限公司生产的黄瓜、苦瓜、甘蓝、荷兰豆、花菜、韭菜花等 6 个蔬菜品种符合无公害蔬菜生产要求，宁化县大山农业有限公司获得上述蔬菜品种无公害蔬菜标志的使用权，实现宁化县无公害蔬菜品牌零的突破。

三、葛系列综合开发

2005 年，三明杜葛生物发展有限公司投资 2000 万元建立县良种场、县农科所引种繁育圃 4 公顷，建立县农科所、城南乡水口村葛根优质丰产示范基地 66.70 公顷，引进试种 12 个葛品种。全县共培育葛苗 180 万株，种葛 150 公顷。是年，筹建年产葛粉 4800 吨加工厂。

四、农业龙头企业

1988 年起，通过简化办证手续，减免征收县可控制税费等措施，吸引县外资金、鼓励引导当地能人，兴办领办涉农企业，推进农产品产业化开发。1997 年，客源酒娘（从事糯稻加工消化）投产。1998 年，宁化县佳穗米业有限公司、兄弟米业有限公司、客家米业有限公司等从事稻谷加工营销的企业先后投产。2001 年，宁花科技食品有限公司（从事油茶籽、腐竹、香菇等加工营销）投产。2002 年，外资涉农企业宁化县大山农业有限公司（从事蔬菜订单生产）、恒祥牧业（从事肉牛养殖业）、金星牧业（从事规模化养猪）、鑫鑫獭兔（从事獭兔养殖加工）先后落户宁化。2003 年，外资涉农企业鸿顺菌业、大禹水土保持公司、万士利食品（从事食用菌生产、加工、包装、营销）先后落户宁化。2004 年，外资企业客家源食品（从事甘薯淀粉、食品加工）落户宁化。2005 年，外资涉农企业新联葛业有限公司（前身为三明杜葛生物发展有限公司、从事葛产业开发）落户宁化。至 2005 年，全县小规模散户型家庭作坊式农产品加工营销企业达 1038 家。

附：土特名优产品

宁化牛角椒 宁化牛角椒制成的辣椒干以皮厚、籽少、色泽红艳有光泽、辣味适中口感好、富含维生素 C 等特质，深受消费者青睐。年产量最高峰时期达上千吨，出口量数百吨，曾大量销往斯里兰卡、新加坡等国家和中国港澳地区。后来由于病毒和烟青虫等病虫危害难以解决，种植面积逐渐萎缩，20 世纪 80 年代中期终止出口。2005 年仅有农户自发零星种植 90 公顷。

翠碧 1 号烤烟 翠碧 1 号是宁化县培育的优良烤烟品种，烟叶香气质好，质量上乘，产销两旺。除在宁化大量种植外，还推广到福建省其他地区和省外烟区。烤烟是宁化第二大种植产业，2005 年全县种植烤烟 10599 公顷（其中翠碧 1 号 6159 公顷），烟叶产量 14677 吨，产值 1.50 亿元。

玉扣纸 玉扣纸是传统手工造纸土纸中的上品，是传统的出口名优产品，在海内外享有盛誉。最盛时全县有纸厂 500 家，产量 5 万担（1 担为 50 公斤），其中玉扣纸产量占总数一半以上。治平乡是宁化玉扣纸生产基地，20 世纪 70 年代—80 年代，治平玉扣纸年产量一般在 800 吨以上，最高年份近 2000 吨。当时，玉扣纸属国家二类商品，一级、二级品直接调拨中央，其余品级远销东南亚。玉扣纸因其纸质好，不易硬化、变色、虫蛀，历来为国家档案、史集、佛经、族谱、账本、重要契约等所选用。从宋代起大臣给皇帝写奏本都爱用此纸，玉扣纸也因此获得"日鉴天颜"的美誉。1974 年，中共中央印刷出版《毛泽东选集》竖排线装本，选中治平玉扣纸；至 1976 年，共调运 640 吨。1986 年出口 149 吨。1988 年起，因手工造纸成本高，经济效益低，宁化玉扣纸产量渐少。至 2005 年，玉扣纸造纸工艺濒临失传。

红菇 境内各乡（镇）均有出产，是野生绿色保健食品，含有丰富的维生素 B、维生素 D、维生素 E、并含有其他食物中稀有的烟酸（尼克酸）以及微量元素铁、锌、硒、锰等。食用红菇有益肠胃，可预防消化不良、儿童佝偻，能提高人体正常糖代谢和机体免疫功能，对产妇乳汁减少和贫血等有特殊的食疗价值。由于人工栽培尚未获得成功，均以野生采摘获得产量，年产量5—10吨。

宁化古坑粉干　选用本地优质早稻，经山泉水浸泡、磨浆、蒸熟、压榨、晾晒等十二道工序纯手工精制而成，不添加任何食品添加剂，口感嫩滑细腻、富有弹性，具有食用方便、久煮不糊等特点。传说古坑粉干是中华名小吃宁化勺子粉的起源。古坑粉干，凝聚了宁化客家人的勤劳智慧，也蕴藏着客家人多姿多彩的饮食文化。

客家酒娘　选用当地产优质糯米、山泉水和天然植物制成的酒曲为原料，采用千年传统陶瓷酒缸酿造工艺，不添加任何食品添加剂制成的绿色饮品。酒精度7%—12%（V/V），富含单糖和人体所需的多种氨基酸等营养成分，具有舒筋活血、开胃促消化功效。食味醇香绵厚，甘甜可口，喝后不上头，是老少皆宜的饮中精品，亦是烹调佳肴的上等佐料。宁化县客源酒娘公司已开发生产出客源酒娘散装、易拉罐装、桶装系列产品，年产量100吨，产品曾获2004年福建省山海协作优质农产品展金奖。

茶籽油　采用紫色砂页岩发育形成的紫色土上自然生长的天然茶籽，经传统油坊榨取工艺加工制成，尤以淮土乡凤山一带所产的最为有名。产品纯天然，无任何污染，是标准的绿色食品，含有大量的油酸和亚油酸等成分，具有清热败火，生津润肺，养胃健脾，降低血液胆固醇，预防心血管类疾病等多种功效。2005年，全县有油茶林面积2万公顷，年产茶油2000吨。宁花科技食品有限公司等4家企业从事茶籽油产品开发经营，年外销量1000吨。

薏米　宁化薏米，也称宁化米仁、宁化薏苡仁，在宁化种植历史已有近300年历史，为禾本科作物，属药食两用植物，具有健脾补胃、清热利尿、养颜美容之功效。宁化客家方言"薏"与"玉"同音，薏米常与玉米混淆，为便于区分，宁化人也称薏米为米仁。宁化薏米具有煮后糯软粘香、细腻柔滑、气馨甘爽的特征和"糯、甘、稠"的显著特点。2005年，全县薏米种植14公顷，产量20吨。全县有河边田2000公顷和大量河边沙滩地，适宜发展薏米种植，薏米开发潜力较大。

优质大米　2002—2005年，全县水稻播种面积2.77万—2.89万公顷，年产稻谷17万—19万吨。其中，农业部部颁二级米以上优质稻谷13万吨，优质品率85%左右，尤其是河龙乡出产的"河龙贡米"，久负盛名。

第六章　农业服务体系建设

第一节　农业信息服务

一、农技宣传

1988—2005年，全县共印发《农技简报》108期20910份，《病虫情报》218期27230份，《经作简报》128期6600份，《宁化农业》126期114660份，各类作物栽培管理技术要点、科普技术资料、县乡农事信息等小册子362期185440份，《农民科技致富口袋书》1万册，《种养发大财》小册子45570份，《黄牛品种改良问答》小册子45000份，《宁化实用手册》600份，绘制印发作物栽培模式图3批9500份，共出农技宣传黑板报21000期次。农业155网络发放科技致富资料1000份、食用菌生产技术资料5000份。有4个乡（镇）10个建制村建立农民科技书屋10个。

二、信息网络建设

2002 年始，依托三明农业 155 网设立宁化农业 155 网页。2003 年 10 月 20 日，开通宁化农业信息网站。2004 年，农业信息化服务网络延伸至乡（镇），全县乡（镇）155 服务队配齐电脑、打印机、电话等设备。完成 80 名全国"一站通"农业信息员的申报认证，农业服务信息化工作通过市级验收，并列入农业部部级示范县。2005 年，通过网络为县内外群众、企业提供信息服务 3612 人次，提供种苗供求服务 318 人次，联系农产品产地经销商 85 人次，其中城郊乡一农户积压的 1 万多公斤中药材黄栀籽，经农业信息网站推介销出。

第二节　农技培训与指导

一、培训咨询

1988—2005 年，全县共举办各类农业技术培训班 3485 期次，受训 530582 人次。县、乡农技推广部门共接受农民群众就农事操作、病虫害防治、施肥灌溉、品种选择、农产品保鲜加工、产品运销等方面的疑难问题来访、来电咨询 207902 人次。

二、现场指导

1988 年，县农业科技部门选派 15 名技术骨干驻点安远、泉上、湖村，深入田间指导农户双季杂优栽培管理。1989 年，组织业务骨干 2000 人次深入村小组传授新技术。1998 年，组织科技下乡活动 1.60 万人次。2001 年，县、乡（镇）出动农业 155 服务队上门提供现场技术指导 33 次。2002 年，农业 155 服务中心组织上门服务 294 次。2003 年，农业 155 服务中心组织上门服务 3643 人次。2004 年，全县农业技术干部以农学会为平台与翠江镇中山村，中沙乡下沙、半溪、楼家，湖村镇黎坊、龙头、邓坊，城郊乡高堑、马元亭、连屋、瓦庄等 20 个村开展"村会协作"，就优质稻、水果生产等 6 个方面 46 个项目展开合作。农学会派出会员 370 人次，深入田间、果园进行现场指导。2005 年，县农业 155 服务中心组织中、高级专家现场技术指导 2903 人次。

第三节　农村中介组织

一、农村专业大户

1988 年起，县农业部门开展农村专业户培育工作，先后培育河龙乡种茶专业户张金全经营茶园 23 公顷，年产初制茶叶 10 万公斤，产值 100 万元，纯收入 10 万元；城郊乡果农张兴科承包荒山 2 公顷，种植美国黑李，年产鲜果 2.50 万公斤，产值 20 万元，纯收入 12 万元；城郊乡高堑村农户汪先东承包耕地 15 公顷，种植烤烟和烟后稻，年产烤烟 22500 公斤，稻谷 8.80 万公斤，产值 55 万元，纯收入 14 万元；安乐乡丁坑口村村民方鹿军承租耕地 6.67 公顷种植槟榔芋，年产槟榔芋 110 吨，并带动本村 6 户农户种槟榔芋 4 公顷，年产槟榔芋 66 吨，产品全部由其收购销往厦门，每公顷产值 3 万元、纯利 1.50 万元，其本人通过种植、收购、运销槟榔芋年获利 20 万元；石壁镇运销专业户张运林，每年收购加工糯谷 1 万吨，销往广东及闽东南地区，年纯收入 20 万元。至 2005 年 3 月，据县农业局组织全县 10%建制村抽样调查测算，全县共有家庭人均收入为当地普通农户 3 倍以上的各类种养加工销售专业大户 720 户，其中种植业 230户、养殖业 180 户、农产品加工业 30 户、流通营销业 280 户。

二、农村专业协会

2000 年，翠江镇成立果农协会，为会员提供农资供应、技术咨询、生产标准、统一包装、销售等服务。2001 年，成立宁化县果业协会，为会员提供栽培技术、销售指导、农资配送等服务。2003 年，安远乡伍坊村成立槟榔芋协会，每年组织该村及近邻村村民种植槟榔芋 30—50 公顷，种子由协会提供，产品全部由协会牵线以订单形式销往广东、闽南等地。2005 年，安远乡伍坊村槟榔芋协会组织种植槟榔芋 200公顷。是年，宁化县茶叶协会、安远乡食用菌生产合作社等专业协会组织相继成立。

三、农民合作经济组织

1988—2002 年，县、乡（镇）先后成立多个行业协会等农民合作经济组织，为会员提供农资供应、技术咨询、市场信息、产品销售等服务。其中，宁化县林木协会、宁化县生猪养殖协会、宁化县肉牛养殖协会、宁化县优质米加工协会和翠江镇蔬菜协会管理较规范、规模较大、效益较好。1992 年，城郊、翠江、禾口、安远、泉上、曹坊等乡（镇）成立农村合作基金会 6 家，吸收会员 8510 人，融资 1450 万元，为会员提供贷款支持和非会员贷款担保，年终根据经营情况和入股金额分红。2000 年，全国整顿金融秩序，会员退股，农村合作基金会撤销。2001 年，县果业协会协助果农制定水果行业生产标准和经营管理模式，县茶叶协会组织入会茶农开展茶叶标准化生产，选送茶样参加省、市茶业博览会、茶叶交易会评比，提高知名度。2003 年，安远乡伍坊村槟榔芋协会组织发展槟榔芋订单种植，产品销往广东、闽南等地。2004 年成立宁化县畜禽养殖协会。2005 年成立安远食用菌生产合作社。

第四节 农产品质量安全

1988—1990 年，宁化县开展农产品质量安全宣传，县农业局和县卫生局联合发放宣传资料 200 多份。1991—2000 年，实行县政府统一领导、农业主管部门依法监管的监督机制，开展农产品质量安全检查 23次，检查粮食、蔬菜、肉类等农副产品共 112 个品种，涉及生产厂家、单位 76 个，销毁不合格产品 12 批计 21 个品种。2001 年，开展动植物有害生物疫情普查，建立治理餐桌污染检测中心和动物疫情测报中心。2003 年，净化产地环境，严格农业投入品管理，推行标准化生产，提高生产经营组织化程度。广泛推行无公害化栽培，建立无公害果园 0.73 公顷，全面推广病虫综合防治；对蔬菜生产严禁使用甲胺磷、甲拌磷、对硫磷、甲基对硫磷、氧化乐果、毒死蜱、乙酰甲胺磷、氯氰菊酯、氰戊菊酯、溴氰菊酯、甲氰菊酯、三氟氯氰菊酯和百菌清等 13 种剧毒高残留农药，推广使用经无害化处理的有机肥，减少化肥施用量。2004年，抓好农业科技典型示范工程，建立优质稻示范基地 3333 公顷，无公害种养基地 666.67 公顷。是年，宁化县制定"扶持奖励申报有机食品、绿色食品、无公害农产品认证"政策，全县有 3 家农业企业申报了无公害农产品标志使用权，申报无公害农产品标志使用权取得零的突破。无公害农作物规模达 180.40 公顷，产量 3825 吨，产值 555 万元。农产品质量安全体系建设项目被省、市计划部门列入 2005 实施项目。2005 年，大力宣传、实施无公害食品行动计划，认真组织实施"食品放心工程"。组织宁化县大山农业有限公司申报韭菜花、荷兰豆、黄瓜等 6 个品种认证无公害农产品，宁化县春辉茶业有限公司、宁花科技食品有限公司两家企业申报绿色食品认证。开展市场蔬菜农药残留检测，新增水果、稻谷和其他经济作物产品等农药残留检测，合格率达到98%。

第七章　扶贫与小康建设

第一节　扶贫工作

1988年，福建省、三明市拨付扶贫资金76.05万元，县农业部门支持45.05万元，扶建畜牧水产养殖、黄花菜种植等11个生产基地，新建方田、安远、淮土3个乡水电站及乡（镇）经济实体13个，架设输变电线路37公里，修建小学教室90间4590平方米、桥梁13座295米，铺设自来水管道7公里、打井10口，修建机耕道21公里，支助水土流失严重的禾口、淮土2乡群众改烧柴为烧煤5万元。1989—1990年，投入扶贫建设资金1201.50万元，扶建项目185个，有16个乡（镇）共计123个建制村受益。1991—1995年，投入资金1975.93万元，支持16个乡（镇）累计411个建制村扶贫开发，扶建项目432个（其中生产建设项目44个，福利建设性项目388个）。共修建校舍146间6672平方米、桥梁50座1048米、机耕路216.50公里，架设输变线路72.50公里，新建电视差转台2座，修建饮水工程2处，铺设自来水管道39000米。

1997年，加大扶贫攻坚力度，加快农村奔小康步伐。宁化县农村小康工程领导小组及其办公室（简称县小康办）组织人员，于年初对全县贫困户状况，重新进行调查摸底，造册登记和建档立卡，实行动态管理。在此基础上，集中力量打好扶贫攻坚战。从县直各单位抽调158名干部，组成51个农村奔小康工作队，挂包47个后进村和4个典型村，并对全县70个贫困村、1207户贫困户、5708个贫困人口，进一步落实六项帮扶制度（领导干部帮扶、乡村干部党员帮扶、工作队帮扶、厂村帮扶、群众组织帮扶、智力帮扶）。同时加大资金扶持力度，县政府拨出专款7万元，各有关乡（镇）配套2万元，与市拨给的7万元扶贫专项资金配套，重点为11个乡（镇）22个村400户贫困户每户提供400元脱贫项目启动资金。是年，贫困户通过实实在在的帮扶，70%人口实现人均增收200—500元的目标，基本上告别贫困，过上温饱生活。1998—1999年，县委、县政府对全县672户贫困户进一步落实六项帮持制度。市、县66个奔小康工作队多方争取无偿到位资金498万元，物资870吨，做好事456件。全县有3400多名干部、党员参与"对口帮扶工作"活动，730名科、处级干部个人捐资10.92万元，为730户贫困户平均每户提供150元脱贫启动资金。全县农村建新房动工2826户，完工2435户，拆除破旧房3326座，改造二类户1960户，新增通电村20个，30%的贫困户实现人均增收100—300元。脱贫172户721人。2000年，全县共有55个农村奔小康工作队及所在单位382名科级干部落实帮扶贫困户382户，捐献脱贫资金7.64万元；资助特困生165名，捐资5000元；各驻村单位为驻点村办实事项目211个，其中生产性项目60个、社会事业型项目151个。全年到位资金62.68万元，物质支持折合人民币7.82万元。贯彻"教育优先，科技兴农"的战略方针，坚持"扶建先扶智、治穷先治愚"原则，开展科技下乡活动，举办烤烟栽培、烤烟烘烤、食用菌栽培等实用技术培训5期，培训人员782人次；组织160名青年农民参加省农函大学习。抓好"五通"（通水、通电、通路、通广播电视、通电话）建设，成立"五通"工作领导小组，县政府与水利、电力、交通、广播电视、电信等部门及15个乡（镇）签订"五通"责任书。是年，全县完成26个建制村通水，新建蓄水池90个；安装自来水管道127.10千米，受益群众3620户16379人；完成32个自然村848户3705人用电工程；完成25个建制村通电话工程，装电话510部，受益群众6763户29374人；完成10个自然村 85 户通广播电视工程，受益 300 户 1200 人。2005 年，投入扶贫开发资金 96 万元，扶建项目 58 个，修建乡村道路 41 条 75 公里、桥梁 3 座 76 米、校舍 3 座、农田水利 8 处、饮水工程 2 处，扶建农业科技制种示范基地 1 处、养殖基地 1 处。

1988—2005 年，中央、省、市共向宁化投入扶贫开发资金 1550.15 万元，群众自筹 3000 多万元，部门支持 700 多万元，完成扶贫项目 1565 个。

第二节 造福工程

1994 年，县委、县政府成立"造福工程"领导小组，制定《组织实施"造福工程"方案》，组织实施"造福工程"。山高水冷，土地贫瘠，交通闭塞，生产生活条件恶劣的河龙乡大洋村被列入"造福工程"重点村之一，选址建文线公路旁的樟元垅建设新村，省、县财政补助每人 800 元，县、乡、村各部门免除土地审批、规划设计、木材审批等费用，至 1998 年共完成 30 户 158 人搬迁。1997 年 6 月 9 日，河龙乡永建村嶂背自然村后山因连日暴雨山体滑坡，多数房屋被泥石流埋压，损失惨重，县乡两级迅速启动"造福工程"，政府财政支助每户现金 8000 元，并免除土地审批、规划设计、木材审批等费用，帮助选址建文公路与永（建）丰（坪）公路岔道旁重建嶂背新村，建房 32 幢，当年 32 户受灾农户 150 人迁入新村居住。

1994—2005 年，全县投入"造福工程"补助资金 379.65 万元，搬迁自然村 122 个，建设新村 53 个，帮助 1025 户 4714 人从自然条件恶劣和受地质灾害威胁严重地带搬迁到生产、生活条件较好的中心村附近或公路沿线建房居住。

第三节 小康工程

一、工作机构

1994 年 4 月，宁化县成立县小康办，县委书记任组长，代县长任第一副组长，县委副书记任常务副组长，分管农业农村工作的副县长任副组长，县直有关部门主要负责人 21 人为成员。领导小组办公室设宁化县农业委员会（简称县农委，县农委 1996 年 11 月后改称中共宁化县委农村工作领导小组办公室），县农委主任兼任县小康办主任，抽调 10 位县直部门干部组成小康办工作班子。各乡（镇）相应成立农村小康工程领导小组及其办公室。全县确立小康示范村 35 个，示范村成立小康机构，确定专职工作人员，建立农村奔小康工作网络。

二、小康标准

1996 年 2 月，按福建省和三明市有关部门确定的收入分配、物质生活、精神生活、人口素质、生活环境、社会保障、社会治安等 6 个方面 16 个指标制定《宁化县农村小康标准》《宁化县小康乡（镇）、小康村标准》《宁化县小康户标准》，采用"综合评分法"评价，综合评分达 90 分以上，小康乡（镇）、村、户达 80% 以上，认定为基本实现小康；综合评分达 100 分，小康乡（镇）、村、户达 80% 以上，认定为全面实现小康。

1996 年宁化县农村小康标准情况表

表 12-14

指 标 名 称	单 位	小康值	温饱值	权 数
农民人均纯收入	元	≥1300	370	30
基尼系数	—	0.30—0.40	0.20	5
恩格尔系数	%	≤50	65	6
人均日蛋白质摄入量	克	≥75	47	9
衣着支出	元/人	≥70	25	3
钢筋砖木结构住房面积比重	%	≥80	31	7
电视机普及率	%	≥70	9	6
服务消费支出比重	%	≥10	2	6
人口平均预期寿命	岁	≥70	68	4
成人识字率	%	≥90	68	5
安全卫生饮用水普及率	%	≥90	50	3
用电户比重	%	≥95	85	3
建制村通公路比重	%	≥85	50	3
建制村通电话比重	%	≥70	50	2
享受社会五保人口比重	%	≥90	50	4
万人刑事案件发案件数	件	≤20	20	4
合　　计				100

注：1.基尼系数是国际上研究社会的收入如何对社会成员之间分配的一种方法，也是反映居民之间收入差异程度的比较
　　精确的指标。

　　2.恩格尔系数是一种物质生活指标，指食品消费支出占总支出的百分比。

1996 年宁化县小康乡(镇)、小康村标准情况表

表 12-15

指 标 名 称	单 位	小康乡镇	小康村	温饱值	权 数
农民人均纯收入	元	≥1300	≥1300	370	35
人均动物性食品消费量	千克	≥45	≥45	18	12
钢筋砖木结构住房面积比重	%	≥80	≥80	31	10
电视机普及率	%	≥95	≥95	9	6
成人识字率	%	≥90	≥90	68	6
用电户比重	%	≥95	≥95	85	6
建制村通公路比重	%	≥95	—	50	6
自然村通简易公路比重		—	≥80	—	
建制村通电话比重	%	≥95	—	50	6
电话拥有量	部		≥1	0	
万人刑事案件发案件数	件	≤20	≤20	—	5
人均财政收入 人均村集体经济年纯收入	元	≥50	≥100	20 30	8
合　　计					100

1996 年宁化县小康户标准情况表

表 12-16

指 标 名 称	单 位	小康值	温饱值	权 数
农民人均纯收入	元	≥1300	370	45
人均动物性食品消费量	千克	≥45	18	15
人均钢筋砖木结构住房面积	平方米	≥15	4.50	10
电视机拥有量	台	≥1	0	10
成人识字率	%	100	68	10
户年生活用电量	千瓦时	≥250	50	10
合 计				100

三、工作措施

1996 年，县乡两级制定奔小康计划，制定 3 年基本实现小康的时间安排，翠江、湖村、泉上、安乐 4 个乡（镇）计划于 1996 年率先基本实现小康，城郊、城南、曹坊、治平、石壁、淮土 6 个乡（镇）计划于 1997 年基本实现小康，其余 6 个乡计划于 1998 年基本实现小康。全县各级共召开小康动员会 456 场次，参加人数达 13.40 万人次，编印简报 22 期 2200 份，印刷农村奔小康监测卡和汇总表 14 万份，印发《致全县农民朋友一封信》及《小康歌》6.50 万份。宁化县有线电视台设立"小康之路"专题，宁化县广播电台设立"脱贫致富奔小康"专题节目，定期或不定期报道全县农村奔小康动态和典型经验。全县树立小康典型示范村 35 个，抽调县直单位 148 人组成 46 个农村奔小康工作队，会同市级派出的 18 个工作队进驻 64 个村帮助开展奔小康工作，县财政设立"小康工程建设基金"，筹措资金 150 万元，用于小康示范村基础设施建设和贫困村扶贫开发。县委组织 35 个小康典型村党支部书记到永春县美岭村参观学习，组织两次奔小康大检查，全县农村小康综合评估得分 79.30 分。1997 年年初，县小康办组织人员重新调查全县贫困户状况，造册登记和建档立卡，实行动态管理。县直单位 158 名干部组成 51 个农村奔小康工作队，挂包 47 个后进村和 4 个典型村，推行"六项帮扶制度"，帮扶全县贫困村 70 个、贫困户 1207 户、贫困人口 5708 人。市、县财政各拨扶贫专项资金 7 万元，各有关乡（镇）配套 2 万元，提供 11 个乡（镇）22 个村的 400 户贫困户每户 400 元脱贫项目启动资金，贫困户 70% 的人口人均增收 200—500 元，全县小康综合得分 87.10 分。 1998 年，县直单位 145 名干部组成 46 个农村奔小康工作队，挂包当年要基本实现小康的 6 个乡 46 个村，市、县 66 个奔小康工作队争取帮扶资金 226 万元，物资 480 吨，为挂包村做好事 213 件。全县 1800 名干部、中共党员参与"对口帮扶工程"，368 名科级以上干部捐资 5.52 万元，为 368 户贫困户平均每户提供 150 元脱贫启动资金，30% 的贫困户人均增收 100—300 元。全县基本实现小康的乡（镇）10 个，占 62.50%；基本实现小康的村 130 个，比 1997 年增加 10 个，占 61.90%；基本实现小康的户数 51010 户，比 1997 年增加 950 户，占 78%。在 16 项综合评价指标中，达到和超过小康标准指标的有 8 个，全县农村小康综合得分 89 分。 1999 年，三明市、宁化县 66 个奔小康工作队争取帮扶资金 272 万元、物质 390 吨，为所挂包贫困村、后进村办实事，做好事 243 件。县、乡（镇）、村干部、中共党员 1600 人参与"对口帮扶工程"活动，362 名科级以上干部捐资 5.40 万元，为 362 户贫困户平均提供 150 元脱贫项目启动资金，81 户 381 人脱贫，52040 户基本实现小康，比 1998 年增加 1030 户，占农户总数的 79.20%。2000 年，三明市、宁化县共派出 55 个工作队，派队单位 382 名科级干部捐资 7.64 万元帮扶 382 户贫困户，捐资 5000 元资助特困生 165 名。各派队单位为驻点村办实事 211 项，其中生产性项目 60 项，社会事业性项目 151 项。全年到位资金 62.68 万元，物质支持折合人民币 7.82 万元。农村"五通"建设取得新成果，全县新增通电话村 25 个、通自来水村 26 个、通广播电视自然村 10 个、通电自然村 37 个 901 户，扶建沼气池 1804 个，完工投入使用 602 个。

2005 年，全县农村基本实现小康。

第八章　农村经营管理

第一节　管理机构

一、宁化县农办

1981 年 11 月，宁化县农业办公室改为县农委。1991 年 4 月，县农委加称县委农村工作部，实行一套人马、两块牌子。1992 年 4 月，县农委新设农业综合开发办公室，不增人员编制。1996 年 12 月，撤销县农委，设立中共宁化县委农村工作领导小组办公室（简称县农办，挂政府农业办公室牌子）。1997 年 8 月，县农办内设人秘股、扶贫办公室（挂农民负担监督管理委员会办公室牌子）、党委办公室等行政股室 3 个，机关行政编制 13 名、机关工勤人员事业编制 1 名。1997 年 9 月，县农办新增县农科教结合协调领导小组办公室，事业编制 3 名。

2002 年 3 月，县农办机关行政编制 10 名，机关工勤人员事业编制 1 名，新增挂靠宁化县农科教结合协调领导小组办公室（机构规格为正股级，事业编制 2 名，其中股级职数 1 名）与宁化县农业综合开发领导小组办公室（机构规格为正股级，事业编制 3 名，其中股级职数 1 名）2 个机构。2005 年延续。

二、宁化县农业局

1988 年，县农业局内设办公室、农技站、土肥站、植保站、果蔬麻烟杂技站、茶技站、经管站等职能部门，核定编制 39 人（其中行政编制 3 人、事业编制 29 人、控制指标 7 人）。1989 年，县农业局设办公室（含节能办公室），行政编制 3 人、控制编制 7 人，下设农技站、土肥站、植保站、经作站、经管站、种子公司、农科所、良种场，机关事业编制 56 人、乡（镇）编制 42 人。1992 年 10 月，新设立宁化县蚕桑技术推广站；12 月，新设立福建省农业广播电视学校宁化县分学校，新增编制 5 人，其他站所和人员编制不变。1996 年 12 月，县畜牧水产局并入县农业局（保留畜牧水产局牌子）；成立宁化县农业机械管理办公室，为副科级事业单位，由县农业局管理；宁化县乡镇企业局与县农业局合署。1997 年 8 月，县农业局机关内设办公室、政策法规股、科教外经股等 3 个股室，机关行政编制 15 名、机关工勤事业编制 2 名，其他站所和人员编制不变。1998 年 10 月，宁化县乡镇企业局人员和编制归宁化县经贸局管辖，其他站所和人员编制不变。1999 年 9 月，宁化县新设立县农业综合执法大队，新增编制 6 人。2000 年 6 月，撤销宁化县蚕桑技术推广站，编制 3 名增加到经作站。2002 年 11 月，县机构改革，保留县农业局，加挂县畜牧水产局牌子，宁化县乡镇企业局并入县农业局，对外挂牌。内设办公室、计财股、政策法规股、科教外经股、乡镇企业管理股等 5 个行政职能股室，宁化县农民负担监督管理办公室、宁化县农业资源区划委员会办公室挂靠县农业局。核定机关行政编制 14 名，其他事业编制不变。2005 年 12 月，县食用菌办并入县农业局。核定机关行政编制 17 人、事业编制 362 人（包括乡镇），其他站所和人员编制不变。

三、宁化县农机化管理中心

1988 年 1 月，宁化县农业机械管理站（1983 年由局改站）与新成立的宁化县农业机械管理站合署办公，两站共核定编制 10 人（其中行政经费开支 5 名、事业经费开支 5 名）。1990 年 4 月，撤站恢复为宁化县农业机械局，正科级建制不变。是年 12 月，县政府《关于我县农机系统管理机构的批复》（宁政〔1990〕综 165 号），将宁化县农机化培训学校、宁化县农机化技术推广服务站、宁化县农机公司划归宁化县农业机械局直属领导。1991 年 1 月，宁化县机构编制委员会《关于核定农机系统人员编制的批复》（宁编〔91〕002 号），核定行政编制 5 人、事业编制 2 人、局级职数 2 人、股级职数 1 人，内设办公室和管理股。宁化县农机监理站事业编制 5 人、股级职数 1 人。宁化县农机化学校与农机化技术推广服务站，两个机构、一套牌子，事业编制 20 人、股级职数 3 人。乡（镇）农机站保持原 11 名编制。1996 年，机构改革，撤销宁化县农业机械局，其行政职能交由县农业局承担。成立宁化县农业机械管理办公室，属副科级事业单位，内设办公室、管理股，下辖农机监理站、农机化学校、农机化技术推广服务站、乡（镇）农机站，由县农业局管理。2002 年 12 月，原农机站工作人员 19 人划归相应乡（镇）管理。2005 年，宁化县农业机械管理办公室其机构名称、规格及内设股室设置不变。

四、宁化县农民负担监督管理委员会

1989 年 9 月，宁化县农民负担监督管理委员会成立，设立农民负担监督管理委员会办公室，作为常设办事机构，承担农民负担监督管理日常工作。1993 年 3 月，原宁化县农民负担监督管理委员会改组为宁化县农民负担监督管理领导小组。1996 年 11 月，县级机构实行改革，部分单位职能重新划分确定，农民负担监督管理委员会办公室职能由原宁化县农业委员会划转到县农业局。各乡（镇）成立相应的监督机构，承担辖区农民负担监督工作。2005 年延续。

第二节　土地承包管理

1988 年，县委、县政府推进农村经济体制改革，在安远乡 10 个建制村、水茜乡 13 个建制村进行"双田制"（即将全部耕地划分为口粮田、商品粮生产田，下同）试点，促进耕地经营权流转，发展农业适度规模经营。1989 年，为解决由农民承担的"三提五统"（村级提留的公积金、公益金、管理费和乡镇统筹的教育附加费、计划生育费、民兵训练费、民政优抚费、民办交通费）及征购粮、"二工"（积累工、义务工）等各项义务因人口增减变化等各种原因而难以落实的问题，推行"五田制"（即将全部耕地划分为口粮田、责任田、机动田、租赁田、商品粮田）经营模式，并在中沙乡武昌村进行试点。为保证农户的吃饭问题，给各个家庭按人口分配足量的口粮田。为应对人口增减变化，提取一定数量的机动田，用于增补给增加人口的家庭。为探索农业规模化经营途径，并依据测算数据提取一定数量的耕地作为责任田、租赁田，由村民委员会承包给种田能手经营，收取承包金作为"三提五统"、积累工、义务工等费用。为更好完成征购粮任务，免除挨家挨户收购的不便，村民委员会统一抽取一定量的商品粮田，租给劳动力较强的农户种植，全村征购粮由承包者直接上缴给国家。劳动力弱的家庭仅耕种口粮田，劳动力强的家庭除耕种口粮田外，还可按其家庭情况承包一定数量的责任田、机动田、租赁田、商品粮田，按合同约定上缴村集体承包金与国家征购粮。

1990 年，全县有 13 个乡（镇）推广"双田制"，面积 7200 公顷，71 个建制村重新签订农业承包合同书 23 万份。1991 年，全县推广"五田制"经营模式，划分租赁田 3440 公顷、商品粮田 5173.33 公顷、责任田 13053.33 公顷、口粮田 5640 公顷、机动田 440 公顷，合计 27746.66 公顷。1994 年，完善以家庭联产承包为主的责任制和统分结合的双层经营体制，开展延长土地承包期和土地承包使用权有偿转让工作，向社会公开拍卖"四荒"（荒山、荒坡、荒丘、荒滩）经营使用权，发放已开发的山地、水面等土地使用证和经营许可证，承包期 50 年不变，并可继承转让。1997 年年底，开展新一轮农村土地承包期延长 30 年不

变试点；1998 年 9 月全面铺开；至 1999 年年底，完成全县 16 个乡（镇）210 个建制村 2036 个村民小组 68113 个农户 30.20 万农业人口，共 28503.90 公顷耕地第二轮土地承包；为农户颁发《土地承包经营权证》67659 份，占全县总农户 99.30%；发证面积 28155.47 公顷，占总耕地面积 98.80%。2004 年，开展农村土地（特别是抛荒耕地）流转工作。2005 年，全县实行土地经营权流转 640 公顷，其中合同期 5 年以上 306.67 公顷、合同期 5 年以下 333.33 公顷，签订流转合同 740 份。遏止因农村主要劳力外出等原因而出现耕地抛荒现象，促进土地集约化经营。

第三节　农民负担监督管理

1988—1992 年，宁化县按国务院规定标准，人均乡村提留统筹费总数按上年农民人均纯收入 5%提取。1992 年，全县农民人均负担 45.45 元，低于全市平均每人 54 元的标准。1993 年，县委、县政府执行中共中央办公厅、国务院办公厅《关于严格禁止乱摊派、乱集资、乱罚款的紧急通知》，全县清理涉及农民负担的文件 98 个，取消中央国家机关涉农负担收费项目 37 项中的 18 项、省涉农负担收费项目 13 项中的 8 项、市涉农负担收费项目 10 项中的 9 项。1996 年，贯彻执行农民负担预结算、监督卡、专项审计制度，发放国务院和省政府公布取消的涉农负担项目手册。1998 年，审核、规范村提留乡统筹收费项目标准，全县发放农民负担卡 53952 份，入户率 85%。处理和取消各类不合理负担 104.10 万元，农民人均负担 55.08 元。1999 年，各乡（镇）以 1995 年农民人均纯收入最低村的数据为基数计提村提留乡统筹，比例控制在 5%以内，村提留控制比例为 1995 年农民人均纯收入 2.30%、乡统筹比例为 2%，减轻农民各种不合理社会负担 94 万元。全县实行预决算制度的乡村比例 100%，农民负担监督卡发放率 98%，专项审计 134 个建制村农民负担。

2000 年，全县农民负担人均 65.35 元，占 1995 年农民人均纯收入的 3.41%，减免特困户、五保户、残疾人 5287 人的提留统筹负担 55.81 万元。2001 年，中央出台"八项禁止"（即禁止平摊农业特产税、屠宰税；禁止一切要农民出钱出物出工的达标升级活动；禁止一切没有法律、法规依据的行政事业性收费；禁止面向农民的集资；禁止各种摊派行为；禁止强行以资代劳；禁止在村里招待下乡干部，取消村组招待费；禁止用非法手段向农民收取款物）规定后，全县取消村组招待费，共减轻村财负担 105 万元，基层站、所取消 39 个涉农收费项目，减轻农民负担 171.50 万元，全县农民人均负担 67.72 元，占 1995 年全县农民人均纯收入的 3.53%，发放农民负担卡 6.40 万份，减免五保户、残疾人、特困户人口 5299 人的提留统筹负担 36.28 万元。2003 年，实行农村税费改革，国务院取消"三提五统"和"两工"制度，全县农民负担减少 2175.50 万元，农民人均减少支出 71.18 元。

1988—2003 年宁化县农民负担情况表

表 12-17　　　　　　　　　　　　　　　　　　　　　　　　　　　　　　　　　　单位：元

年份	上年人均纯收入	人均负担	年份	上年人均纯收入	人均负担
1988	413	20.65	1996	1919	75.96
1989	713	35.65	1997	2324	62.04
1990	792	39.60	1998	2585	55.08
1991	788	39.40	1999	2295	58.57
1992	909	45.45	2000	2615	65.35
1993	1061	53.05	2001	2723	67.72
1994	1317	60.96	2002	2822	70.00
1995	1524	76.20	2003	2917	72.86

第四节 农村集体财务管理

1988 年，宁化县推行农村财务新会计制度，加强审计监督，全县有 109 个建制村推行民主理财制度，规定村财收支一律先由民主理财小组审核后再入账，并张榜公布。1990 年，县农业局成立农村合作经济审计所，审计农村集体财务。1991 年，推行村账乡代管制度，乡（镇）政府成立村会计业务委托服务中心，每个会计负责 3—4 个建制村的会计业务，每 2 个月结账 1 次。1995 年，全县 210 个建制村全部成立民主理财小组，统一刻制民主理财监督章，付款凭证必须经民主理财小组审核，加盖民主理财监督章方可入账，并规定村财收入定时结账，及时公布收支情况。1996 年，福建省农业厅更新农村合作经济会计制度，县农业局举办《新会计制度》培训班，全县 210 个建制村会计和 16 个乡（镇）经管站长参训。

2000 年，《福建省村集体财务管理条例》颁布施行，县农业局分期分批培训各乡（镇）、村经管人员和村级会计。2003 年，统一取消"村提留，乡统筹"，全县村财总收入 793.80 万元，比 2002 年减少 1323.70 万元；村均收入 3.78 万元，比 2002 年减少 6.30 万元。2004 年，全县有 8 个乡（镇）101 个建制村实行村集体财务集中办公日制度，210 个建制村的民主理财监督小组按规定按时公开财务的村 193 个，占 91.90%；当年村均收入 4.23 万元。2005 年，县委组织部、县农业局、县民政局联合下发《关于全面推进村会计委托代理制度的通知》，全县共成立村会计委托代理服务中心 15 个，涉及建制村 206 个，占全县总村数的 98%。全县精减村干部 206 人，减少村级管理费开支 31.10 万元、节减非生产性开支 517.60 万元，村均节支 2.61 万元。

第五节 农机安全监理

1988—1990 年，宁化县执行农机安全监理规章，加强农机安全管理；完成全县农机技术档案整理 1000 多份；开展农机全面安全管理检查 2 次，共检查农用机械 278 台次，纠正违章操作 190 起。1991—1995 年，宁化县农机监理站印发安全操作规程 7060 份，检测农用机械 8224 台（其中拖拉机 3862 台、调修机车 547 台），检验核发固定作业机具号牌 4398 块；考核固定组作业机手操作证 5430 份；年审拖拉机驾驶员驾驶证 1622 本；纠正违章 875 起；查出未年检车辆 33 台、无证驾驶 80 人、未上户车辆 122 台，处罚 154 人。减少农机事故 321 起，其中拖拉机事故减少 145 起。宁化县农机监理站雷化万获农业部授予的 1993 年"全国农机安全监理先进工作者"称号。1996—2000 年，根据三明市农机监理所《关于做好九六年度拖拉机驾驶员审验和换发磁卡副证工作的通知》，宁化县农机监理站换发磁卡副证 922 本，纠正违章 1356 起，印发拖拉机驾驶员安全学习材料 5100 多份。检测农用机械 7655 台（其中拖拉机 5670 台、调修机车 667 台），检验核发固定作业机具号牌 5980 块；考核固定组作业机手操作证 6555 份；开展以打击黑车非驾、无牌无证、非法改装车辆为主的专项斗争共 132 次。年审拖拉机驾驶员驾驶证 1534 本，查出未年检车辆 98 台、无证驾驶 165 人、未上户车辆 136 台，处罚 243 人。机手持证率从 1996 年的 91% 上升到 96% 以上，2001 年，宁化县农机监理站开展"农机百日安全竞赛活动"和农机安全专项整治活动，建立农机监理田检路查日志制度。全年办理拖拉机挂牌 140 台，办理行驶证副证换证 291 本，驾驶员年审 272 人，拖拉机年检 796 台，培训农用车及拖拉机驾驶员 4 期 102 人，复训机手 2 期 137 人，农机操作手培训 4 期 320 人。完成农机成人教育 559 人，占任务的 101.60%。在石壁、翠江两镇开展固定作业机械挂牌试点工作，固定作业机构挂牌 450 台（套）。2002 年，宁化县农机监理站以清理"黑车非驾"和农村交通安全专项整治活动为突破口，加强田检路检，保障农机安全生产。全年共查处违章拖拉机 285 台次，扣车 92 台，纠正各类违章现象 214 起，督促挂牌 61 台。2003—2004 年，宁化县农机监理站全年共纠正各类违章 214 起，其中违章拖拉机 145 辆，扣车 80 台次。补办年检拖拉机 72 台，督办拖拉机上户挂牌 88 台，无证机手培训 65 人。全县年检拖拉机 1472 台，年审驾驶员 683 人，农机技术培训 520 人。开展农机大户培训两期 56 人，拖拉机驾驶员培训 3 期 109 人。办理新车挂牌 70 台，联合收割机挂牌 16 台，驾驶员考核 125 人，其中操作手 16 人。开展"农机手信得过维修店"评选活动，全县首批评选出 4 家"农机手信得过维修店"，并予以授匾。农机维修经营网点年审率达 100%。县农机监理站被省农机局授予 2003—2004 年度农机安全监理工作先进单位。

2005 年，宁化县贯彻执行省政府办公厅《关于印发福建省 2005 年预防道交通事故"五整顿、三加强"工作实施意见的通知》精神，成立农机安全整治工作领导小组，严格驾驶员考核和加强拖拉机手培训与监督管理，加大对上路行驶的无牌无证拖拉机的查处力度，打击"黑车非驾"和非法改拼拼装车辆等行为，建立执行日记。制定对边远村道、险道、学校周边及各墟日值班制度与预警措施，严禁拖拉机载人，从源头上杜绝和预防农机事故发生。全年组织开展农机安全大检查 4 次，纠正各类违章现象 321 起，处罚 58 人次，办理拖拉机新车挂牌 189 台，联合收割机挂牌 9 台，驾驶员考核 172 人，操作手 9 人。全县年检拖拉机 647 台；农机化技术培训 655 人，其中拖拉机驾驶员培训 4 期 172 人。

第六节　农业行政执法

1993 年，《中华人民共和国农业法》和《中华人民共和国农业技术推广法》颁布后，宁化县通过加强执法检查，把农民承担乡统筹、集体提留费用控制在上年人均收入的 5% 以内，减轻农民承担的各类社会负担。1995—1998 年，宁化县农业行政执法部门不断加大执法力度，打击违法行为，共查处非法经营种子案件 15 起、计划外制种 20.30 公顷、私繁种子 0.17 公顷，销毁非法经营杂交水稻种子 2500 多公斤，查处无证经营兽药案件 1 起、假劣伪农药案 3 起、破坏渔业资源案 38 起，销毁假劣兽药 1600 余箱，价值 20 多万元。做好植物检疫工作，签发合格种检疫证书 21 份，种子量 14 万公斤，签发烟叶调运检疫 6600 担，签发果苗产地检疫 2.50 万株。1998 年 8 月，县农业局新增设行政法规股后，组织 38 名执法人员参加市举办的法规知识培训，举办 3 期培训班，参训 142 人次；下乡宣传农业"两法" 26 场，印发宣传材料 3.20 万份，举办知识讲座 80 余场（次）。1999 年，宁化县农业行政执法部门检查种子经营单位和个人 23 家、农药经营 9 家，查处案件 17 起，罚款 4338.64 元，没收假种子 154 公斤，没收假劣兽药价值 8650 元，封存劣质农药 316 瓶 1134 包，查出从江西调入"五号病"肉猪 3 头、仔猪 23 头、水牛 4 头。扑杀"五号病"耕牛 313 头、猪 110 头，处理土地承包纠纷案 1 起。2000 年，宁化县成立农业综合行政执法大队，专门配备交通通信工具和办公场所。全年印发各类法规宣传材料 2 万多份，巡回宣传 19 次，接待群众来访 600 余人次，受理投诉 8 起，举办法规知识培训 132 人次。开展执法检查 100 余次，严厉打击坑农害农行为，保护农民合法权益。规范农业行政许可证管理，核发种子生产、经营和兽药经营、动物治疗、种畜禽许可证 197 份，核发农药经营上岗证和农药经营合格证 125 份。

2001—2005 年，宁化县农业综合行政执法大队贯彻落实全国、全省农业法制工作会议精神，加大农业综合执法力度，共出动执法人员 560 人次，开展农资市场检查 256 次，检查农药、化肥、兽药、饲料、种子等农资经营网点 252 家，共查处违法经营种子、农药、肥料等案件 82 起，没收假劣水稻杂交种子 4500 公斤，端掉制售假冒蔬菜种子窝点一个，查封无证兽药价值 6000 元，责令停止销售整顿企业 2 家，没收电鱼机 32 台、电鱼机动船 1 艘，捣毁制造电鱼机生产点 1 个，依法处理暴力抗法 2 起，检疫果苗 20 余万株、水稻杂交种子 4.2 万公斤，烟草产地 0.14 公顷。行政处罚 10.60 万元，没收违法所得 1.60 万元。发放各类经营许可证 18 份。2001 年，宁化县被福建省列为全省 10 个农业综合执法体系建设示范县之一。

卷十三　林业

宁化县是中国南方集体林区的重点林业县、闽江源头重要生态保护屏障。1988 年起，全县加大森林资源培育、保护和利用力度，开展预防森林火灾，防止盗砍滥伐，防治森林病虫害的林业"三防"（防止森林火灾，防止森林病虫害，防止乱砍滥伐）体系建设。1990 年，基本绿化宜林荒山后，营林重点转向速生丰产商品用材林基地和丰产竹林基地建设。1996 年，提出建设比较完备的林业生态体系和比较发达的林业产业体系的战略目标，林业生态体系建设逐步得到重视，通过实施生态公益林保护工程，建成生态公益林5.99 万公顷，占林业用地面积的 32.50%。1997 年，国有林产工业企业改制后，个体私营林产加工企业迅速发展，逐步建立起新型的林业产业体系，林产工业生产规模不断扩大，龙头企业初具雏形，产业结构不断调整，产品不断升级换代，形成多门类、多品种的林产加工系列产品。随着林业经营体制改革的不断深化，实现了"山有其主，主有其权，权有其责，责有其利"的目标，全县林业走上可持续发展道路。

1988—2005 年，全县造林 2.86 万公顷，生产商品材 151.84 万立方米，生产毛竹、篙竹 9826 万根，林业成为重要的经济支柱产业。2005 年，全县林业产业总产值 63370 万元，其中林产工业总产值 32062 万元，林业生态、社会、经济效益得到协调发展。

第一章　森林资源

第一节　林地资源

1988 年，据森林资源二类清查统计，全县行政区划总面积 236800 公顷，其中林业用地 186178.47 公顷、非林业用地 50621.53 公顷，分别占全县行政区划总面积的 78.62% 和 21.38%。在林业用地中，有林地 148559.27 公顷，占林业用地的 79.79%；疏林地 15110 公顷，占林业用地的 8.12%；灌木林地 1378.87 公顷，占林业用地的 0.74%；未成林造林地 7811.33 公顷，占林业用地的 4.20%；无林地 13311.67 公顷，占林业用地的 7.15%；苗圃地 7.33 公顷。全县森林覆盖率 62.75%。1997 年，据森林资源二类清查统计，全县行政区划总面积 236800 公顷，其中林业用地 184489.47 公顷，非林业用地 52310.53 公顷，分别占全县行政区划总面积的 77.90%、22.09%。在林业用地中，有林地 177483.67 公顷，占林业用地的 96.20%；疏林地 1041 公顷，占林业用地的 0.56%；灌木林地 1277.47 公顷，占林业用地的 0.69%；未成林造林地 2593.60 公顷，占林业用地的 1.41%；无林地 2089.60 公顷，占林业用地的 1.13%；苗圃地 4.13 公顷。森林覆盖率 74.49%。2000 年，据森林资源年度建档数据统计，全县行政区划总面积 236800 公顷，其中林业用地 184617.53 公顷，非林业用地面积 52182.47 公顷，分别占全县行政区划总面积的 77.96% 和 22.04%。在林业用地中，有林地 178088.87 公顷，占林业用地的 96.46%；疏林地 1014 公顷，占林业用地的 0.55%；灌木林地 1428.93 公顷，占林业用地的 0.77%；未成林造林地 1378.93 公顷，占林业用地的 0.75%；无林地 2702.67 公顷，占林业用地的 1.46%；苗圃地 4.13 公顷。森林覆盖率 74.80%。

2005 年，据森林资源年度建档数据统计，全县行政区划总面积 240719 公顷，其中林业用地 184591.40 公顷，非林业用地面积 56127.60 公顷，分别占全县行政区划总面积的 76.68%、23.32%。在林业用地中，有林地 178003.07 公顷，占林业用地的 96.43%；疏林地 932.07 公顷，占林业用地的 0.50%；灌木林地 1356.67 公顷，占林业用地的 0.73%；未成林造林地 840.73 公顷，占林业用地的 0.46%；无林地 3454.73 公顷，占林业用地的 1.87%；苗圃地 4.13 公顷。森林覆盖率 74.74%。

第二节　林木资源

一、蓄积量

1988 年，全县立木蓄积量 765.86 万立方米。按地类分：林分 692.21 万立方米、疏林 26.36 万立方米、散生木 47.29 万立方米。在林分蓄积中，用材林 646.12 万立方米、防护林 40.41 万立方米、特用林 5.68 万立方米、毛竹 1747.46 万株。按起源分：人工林 41.75 万立方米、天然林 724.11 万立方米。1997 年，全县立木蓄积量 864.48 万立方米。按地类分：林分 828.87 万立方米、疏林 0.70 万立方米、散生木 32.17 万立方米、四旁树 2.74 万立方米。在林分蓄积中，用材林 628.45 万立方米、防护林 141.40 万立方米、特用林 58.97 万立方米、薪炭林 0.05 万立方米、毛竹 2343.27 万株。按起源分：人工林 109.15 万立方米、天然林 755.33 万立方米。2000 年，全县立木蓄积量 877.18 万立方米，其中林分 839.12 万立方米、疏林 0.71 万立方米、散生木 34.62 万立方米、四旁树 2.73 万立方米。在林分蓄积中，用材林 571.83 万立方米、防护林 214.75 万立方米、特用林 52.54 万立方米、毛竹 2445.63 万株。2005 年，全县立木蓄积量 1002.15 万立方米。按地类分：林分 962.93 万立方米、疏林 0.69 万立方米、散生木 35.80 万立方米、四旁树 2.73 万立方米。在林分蓄积中，用材林 618.24 万立方米、防护林 289.71 万立方米、特用林 54.96 万立方米、薪炭林 0.02 万立方米、毛竹 2482.62 万株。

二、分布

2005 年，全县用材林面积 94004 公顷，蓄积量 618 万立方米，主要分布于城郊、安乐、安远、曹坊、方田、济村、泉上、中沙等 8 个乡（镇），其用材林面积占全县的 70.70%，蓄积量占全县的 68.20%。淮土、翠江用材林最少，面积仅占 1.20% 和 0.20%，蓄积量仅占 0.90% 和 0.20%。用材林各树种分布也不均匀，杉木主要分布于宁化国有林场、溪口和谢坊采育场及安乐、治平、城郊、曹坊、安远、河龙等乡（镇）；马尾松主要分布于城郊、安远、曹坊、方田、安乐、济村等乡（镇）；阔叶林主要分布于安远、安乐、方田、泉上、济村等乡（镇）。

全县防护林面积 49114 公顷，分为水源涵养林和水土保持林，主要分布于水茜、石壁、泉上、湖村、济村、淮土等 6 个乡（镇），防护林面积占全县的 77.80%。水茜乡地处闽江源头，大部分林地为水源涵养林，面积达 12300 公顷，占全县防护林面积的 25.04%。中沙、安远、城南、城郊、河龙等乡（镇）水源涵养林面积 9700 公顷，占全县防护林面积的 19.75%。方田、曹坊、治平乡无防护林。

全县特用林面积 6962 公顷，分为保护区林和保护小区林。保护区林分布于牙梳山省级自然保护区，面积 4518 公顷，占全县特用林面积的 64.90%。保护小区林面积 2444 公顷，占全县特用林面积的 35.10%，主要分布于水茜、城南、泉上、湖村、治平、安远、城郊、中沙、安乐、曹坊、方田、河龙等 12

个乡（镇）。

全县经济林面积 10045 公顷，主要分布于淮土、安远、湖村、城郊、石壁、中沙等 6 个乡（镇），占全县经济林面积的 74%，其中淮土乡 2804 公顷，占全县经济林面积的 27.91%。

全县毛竹林面积 17869 公顷，主要分布于治平、安乐、曹坊、泉上、方田、济村等 6 个乡（镇），面积 14345 公顷，占全县毛竹林面积的 80.28%。其中，治平、安乐 2 乡 11554 公顷，占全县毛竹林面积的 64.66%。

第三节　生态公益林

2000 年，按照福建省林业厅《关于开展全省生态公益林建设规划工作的通知》和三明市林业委员会《三明市生态公益林规划实施意见》要求，全县规划生态公益林 53358.60 公顷，占林业用地面积的 28.90%。2001 年，开展生态公益林区划界定，全县区划界定生态公益林 194 个建制村，面积 53358.60 公顷。其中，国家级生态公益林 47951.80 公顷，占 89.86%；省级生态公益林 5406.80 公顷，占 10.13%。签订界定书 480 份，其中国家级界定书 386 份、省级界定书 94 份。2004 年，根据国家林业局、财政部制定的重点生态公益林新的区位标准，调整生态公益林。2005 年，全县生态公益林 59926.80 公顷，占林业用地面积的 32.50%。其中，国家级生态公益林 58054.73 公顷（其中宁化国有林场 2236.87 公顷，寨头里水库上游 666.67 公顷的水土涵养林，对城区饮用水源寨头岭水库的水源涵养、净化水质起到重要作用），占生态公益林面积的 96.88%；省级生态公益林 1872.07 公顷，占生态公益林面积的 3.12%。生态公益林划分为 3 个保护等级：一级保护的生态公益林，禁止一切形式的采伐；二级保护的生态公益林，允许进行抚育和更新性质的采伐；三级保护的生态公益林，在保护的前提下可进行合理的改造，允许进行抚育、改造和更新性质的采伐。

1988—2005 年宁化县各类林地面积情况表

表 13-1　　　　　　　　　　　　　　　　　　　　　　　　　　　　　　　　单位：公顷

年份	土地总面积	林 业 用 地							非林业用地	森林覆盖率（%）
		合计	有林地	疏林地	灌木林地	未成林造林地	苗圃地	无林地		
1988	236800	186178.47	148559.27	15110.00	1378.87	7811.33	7.33	13311.67	50621.53	62.75
1997	236800	184489.47	177483.67	1041.00	1277.47	2593.60	4.13	2089.60	52310.53	74.49
1998	236800	184555.67	177612.34	1041.00	1277.47	2144.73	4.13	2476.00	52244.33	74.54
1999	236800	184555.67	177489.54	1038.20	1277.47	1940.40	4.13	2805.93	52244.33	74.54
2000	236800	184617.53	178088.87	1014.00	1428.93	1378.93	4.13	2702.67	52182.47	74.80
2001	236800	184621.47	177771.87	995.47	1443.67	1612.00	4.13	2794.33	52178.53	74.68
2002	236800	184621.47	177574.93	995.47	1443.67	1642.60	4.13	2960.67	52178.53	74.59
2003	236800	184621.47	177943.00	994.53	1437.87	1292.07	4.13	2949.87	52178.53	74.74
2004	236800	184617.53	178215.80	932.07	1425.53	759.07	4.13	3280.93	52182.47	74.85
2005	240719	184591.40	178003.07	932.07	1356.67	840.73	4.13	3454.73	56127.60	74.74

注：1988、1997 年为二类调查数据，其余年度为森林资源年度建档数据。

1988—2005 年宁化县各类森林蓄积量情况表

表 13-2　　　　　　　　　　　　　　　　　　　　　　　　　　　　　　单位：立方米、百株

年份	活立木蓄积	林分蓄积								薪炭林	防护林	特用林	经济林面积	竹林		疏林蓄积	散生木蓄积	四旁树蓄积
		合计	用材林											合计	其中:毛竹林			
			合计	幼龄林	中龄林	近熟林	成熟林	过熟林									
1988	7658599	6922099	6461199	1757929	3715636	454930	532704	—	—	404100	56800	—	175024	174746	263600	472900	—
1997	8644838	8288772	6284489	280137	2617954	2314342	1017221	54835	507	1414047	589729	—	235874	234327	7018	321667	27381
1998	8213371	7855518	5879705	183657	2373664	2349145	919146	54093	507	1389706	585600	—	236739	235192	6964	323589	27300
1999	8616088	8258870	6259015	139832	2064616	2741077	1250007	63483	518	1408992	590445	—	241002	239427	6967	322770	27381
2000	8771788	8391157	5479320	98137	1684978	2635108	1233837	66260	—	2147473	525364	324	245626	244148	7065	346185	27381
2001	8796649	8418885	5731592	80789	1377867	2704705	1488500	79731	—	2160082	527211	—	245626	243959	6973	343491	27300
2002	8973610	8594844	5849666	58582	1148878	2731882	1791238	119086	—	2211579	533599	—	245958	244315	6979	344406	27381
2003	9257408	8879374	6062852	43996	1126611	2710440	2051989	129816	—	2276727	539795	—	246085	244449	6964	343689	27381
2004	9852729	9459050	6062342	83535	1131664	2369585	2315192	162366	182	2854185	542341	—	249613	247970	6900	359398	27381
2005	10021484	9629236	6182380	73628	1065680	2285981	2553815	203276	189	2897107	549560	—	249890	248262	6900	358048	27300

注：1988、1997 年为二类调查数据，其余年度为森林资源年度建档数据。

第二章　林业制度改革

第一节　林业股份合作制改革

　　1988 年 8 月初，三明集体林区改革试验区领导小组确定安乐乡黄庄村为试点，开展"村林业股东会章程探索"项目试验；8 月底完成《项目调查报告》和《项目书》；10 月，通过论证并由三明市政府批准实施。1989 年，试点扩大到安乐乡谢坊村、丁坑口村和曹坊乡曾家背村，通过"村林业股东会章程探索"项目的实施、扩点和监测，明确集体山林的产权主体，完善经营管理体制、股份管理办法、林业分配制度。1992 年，在原项目试点村试验的基础上，选择安乐乡三大村和安远乡丰坪村作为该项目扩点试验村，之后开展全县 160 个村林业股东会和 14 个乡（镇）万亩林基地股东会村林业股份合作制改革，理顺林业股东会与村委会以及其他经济合作组织的关系，巩固发展林业双层经营体制，实行林业股东权利与义务相统一，提高股东会自我发展能力。

　　1994 年，结合林业股东会分红兑现，以安乐乡马家围、洋坊两个村为试点，开展以"重新界定产权，明确产权关系；清查森林资产，提高股票面值；调整分配比例，维护林农利益；完善规章制度，加强经营管理；冲破思想禁区，构建多元主体"为主要内容的林业股份合作制改革。1995 年，试点范围扩大到城郊乡社下村，试验的主要内容是在原有改革试验基础上，重点做好清查森林资产，解决原股票面值严重背离资产和实物价值情形，增强股东资产价值意识，进一步明晰产权关系，用《中华人民共和国合同法》来

保护林业股东会和林农拥有资产、收益分配等合法权益，实行"按劳分配为主与按股分红相结合"的分配制度。

第二节　集体林经营体制改革

1998年4月，宁化县成立深化集体林经营体制改革试点工作领导小组，在城南乡的9个建制村开展深化集体林经营体制改革试点，改革的总体目标是：从理顺产权关系入手，实现"两权"分离，"三权"归民，"五个转变"（"两权"分离，即山地所有权和经营权分离；"三权"归民，即使林农真正享有经营管理权，产品处置权，利益分配权；"五个转变"，即集体林产权从模糊向清晰转变，森林资源管护从靠少数村干部和护林员向广大林农自主管理转变，营林投入从集体向多元化、多形式转变，林业经营从粗放向集约转变，森林资源从存量资产向活化资产转变）。改革主要内容为："明晰产权，分类经营，落实承包，保障权益。"改革主要形式是："划片投标，押金承包，比例分成；产权到户，联合经营，比例上缴；产权到户，自主经营，定额上缴；林地租赁，谁造谁有，收入归己；资产评估，公开招标，有偿转让；规模经营，专业管护。"1999年，在城南乡集体林经营体制改革试点的基础上，在安乐乡谢坊村进行扩点试验。11月12日，县委、县政府下发《关于深化集体林经营体制改革的通知》，开展全县深化集体林经营体制改革。2001年4月，全县完成集体林经营体制改革的建制村203个，占应改村210个的96.67%；改革面积16.37万公顷，占应改面积的97.42%，其中押金承包0.78万公顷，联户经营3.10万公顷，自主经营3.69万公顷，林地租赁0.27万公顷，有偿转让0.25万公顷，林场经营2.66万公顷，责任管护5.62万公顷，符合三明市政府提出的应改村、应改面积达到90%以上的要求，通过市检查组验收。

第三节　集体林权制度改革

2003年7月，根据《福建省人民政府关于推进集体林权制度改革的意见》启动集体林权制度改革，宁化县成立深化集体林权制度改革领导小组（简称县林改领导小组），在湖村镇城门村开展试点。2004年5月，县政府下发《宁化县深化集体林权制度改革实施方案》，开展全县集体林权制度改革。在集体林经营体制改革的基础上，进一步明晰林木所有权和林地使用权，放活经营权，落实处置权，保障收益权，依法维护林业经营者的合法权益，实现"山有其主，主有其权，权有其责，责有其利"的目标，建立起经营主体多元化，权责利相统一的集体林经营管理新机制。改革的主要任务是：明晰产权，落实经营权；开展林权登记，发（换）全国统一式样的林权证；建立规范有序的林木所有权、林地使用权流转机制。

2004年6月10日，县林改领导小组印发《关于明确集体林权制度改革工作职责的通知》，实行"县直接领导，乡镇组织，村具体操作，部门搞好服务"的工作机制。全县派出由16个县直单位领导任队长的16个挂乡（镇）林改工作队，抽调34名县处级领导挂乡（镇）指导林改工作；各乡（镇）派出由1名乡（镇）领导或科级干部任组长的驻村林改工作组，全县派出驻村工作组210个786人；县林业局抽调182名技术人员组成16个驻乡（镇）技术服务组，负责16个乡（镇）的林改技术服务，每个乡（镇）技术服务组确定1名技术责任人，负责审核所在乡（镇）的林改技术资料，做到分层把关，明确责任，追踪管理，保证质量；县林业局成立4个林改业务督查组，负责乡（镇）林改技术服务督查工作；成立由县人大、县政协及监察、林业等部门组成的执法监察工作小组，开展集体林权制度改革专项执法监察，确保林改有序进行。

2005年3月下旬，县委办、县政府办下发《宁化县集体林权制度改革检查验收实施方案》；4月，抽调 96 名县直单位干部和业务技术人员组成 16 个林改检查验收工作组，进驻各受检单位进行检查验收，采取听、查、访、看方式，对村级林改内、外业质量进行逐项检查验收。全县查看村级林改档案 396 册、乡级林改档案 32 册，填写各类成果表格 2672 份；外业抽查 1145 个宗地（占宗地总数的 5.60%），宗地合格率 98.30%；召开座谈会 170 场次，参加座谈代表 1906 人，走访农户 2150 户，形成走访记录和测评材料 2300 份，群众满意度达 98%。经验收，全县综合质量评定为合格村 197 个，基本合格村 11 个，不合格村 1 个，合格率 99.50%。检查验收组对基本合格和不合格村提出整改建议意见，并限期整改。经整改后，村级林改质量合格率达 100%。8 月，全县 209 个建制村林改面积 11.78 万公顷，占应改革面积的 99.10%；宗地区划面积 17.84 万公顷，占应区划面积的 99.40%；林权登记面积 17.79 万公顷，占应登记面积的 99.10%；林权证打印面积 17.47 万公顷，占应发证面积的 97.30%；建立村级林改档案 396 册，乡级林改档案 32 册，村级林权基本图 209 张，乡级林权基本图 16 张；建立宗地档案 19472 袋，移交入库 19225 袋。并通过省、市联合检查验收组验收。

第四节　林业管理体制改革

1988 年 12 月，宁化县林业委员会（简称县林委）下设林业科技推广中心、鱼龙林场、禾口林场、林业养路段、木竹检查站、园林管理所、瓦庄苗圃、木材经营公司和 16 个乡（镇）林业站。1989 年，县林委成立宁化县森林植物检疫站，8 月更名为宁化县森林病虫害防治检疫站，核定编制 5 人。1990 年 6 月，县林委成立 16 个乡（镇）林业科技推广站，与乡（镇）林业站合署办公，核定编制 31 人。是年，宁化县成立县世界银行贷款造林项目办公室。1991 年，鱼龙林场、禾口林场划归三明市林业局管理。1992 年 5 月，县林委成立宁化县林业工程服务公司；10 月，县林委成立斑竹、禾口木竹检查站。1993 年 6 月，县林委成立林业基金征收管理站。1994 年 5 月，宁化木竹检查站和斑竹、禾口木竹检查站分别更名为宁化林业检查站、斑竹林业检查站、禾口林业检查站。1996 年 5 月，县林委成立宁化县林政稽查队，核定编制 10 人。1996 年 12 月，县林委更名为宁化县林业局（简称县林业局）。1997 年 3 月，县林业局成立宁化县林业产权服务所，核定编制 3 人；8 月，林业规划队、林业建设投资公司、森林资源管理站、国有林管理站、集体林管理站等单位从县林业局机关内设机构中分离，列入事业单位管理。2000 年 10 月，县政府成立宁化县牙梳山省级自然保护区管理处，核定编制 5 人。2004 年 4 月，县林业局成立宁化县竹业开发管理站，核定编制 3 人；成立宁化县野生动植物保护管理站（与森林资源管理站合署办公）。2005 年 5 月，县政府成立林权登记管理办公室，为县林业局下属股级事业单位，核定编制 2 人。11 月，县林业事业单位机构编制进行清理整顿，完成 8 家国有企业、3 家集体企业改制工作，筹措并支付改革费用 720 万元，安置职工 231 人。事业单位由改革前的 41 个调整为 28 个，精简 32%；人员编制由 316 人调整为 208 人（含绿化办、防火办、调处办编制），其中财政拨款 166 人、自收自支 42 人，精简 34.25%。森林公安经费列入县财政核拨，林业民警开始向公务员过渡。

经过改革后，县林业局下设县政府林权登记管理办公室、宁化县森林病虫害防治检疫站、宁化县林业检查站、宁化县森林资源管理站（加挂野生动物管理站牌子）、宁化县林业科技推广中心（加挂竹业站牌子）、宁化县牙梳山省级自然保护区管理处、宁化县林业规划队、宁化县速生丰产林基地管理站、宁化县林业服务中心（加挂林业基金征收管理站牌子）和 16 个乡（镇）林业站等事业单位。

第三章　森林培育

第一节　苗木培育

一、苗木生产

1988年，宁化县苗木培育推行以专业户育苗为主的承包合同制，县林业管理部门与育苗户签订育苗合同，提供种子、农药、化肥和技术指导。苗木出圃时，按不同树种和质量计价，合格苗木由林业部门包销，结账时扣回种子等货款。全县大田育苗24公顷，其中杉木7.40公顷、马尾松9.40公顷、其他树种7.20公顷。1989年，育苗树种除传统的马尾松、杉木外，培育木荷、酸枣、火力楠、胡枝子、翅荚木、赤桉等苗木7.87公顷，占育苗总面积的21.40%。同时开展马尾松营养袋育苗试点，培育43万株，存活9万株，存活率20.90%。全县大田育苗40.40公顷，其中杉木14.87公顷、马尾松17.66公顷、其他7.87公顷；产合格苗3029.60万株，其中杉木913.70万株、马尾松1860万株、其他苗木255.90万株。杉木、马尾松Ⅰ级苗率分别为55%、59%。1990年，推广马尾松营养袋育苗，全县容器育苗720万株，保存560万株，保存率77.80%。

1991年，随着大田育苗技术提升，苗木质量大幅提高，全县大田育苗22.80公顷（其中杉木8.60公顷、马尾松7.27公顷、其他6.93公顷），Ⅰ级苗率达80%，容器育苗220万株。2000年起，县林业管理部门取消定向计划育苗，苗木生产、销售市场化，由育苗户自行安排育苗树种、数量，自负盈亏。全县大田育苗0.55公顷，其中杉木0.06公顷、马尾松0.29公顷、其他0.20公顷。产合格苗39.22万株，其中杉木3.77万株、马尾松24.34万株、木荷11.11万株。Ⅰ级苗率达80%以上。容器育苗20万株。2002年，贯彻《中华人民共和国种子法》，开始实行种子经营许可证制度，全县大田育苗1.10公顷，其中杉木0.22公顷、马尾松0.63公顷、其他0.25公顷；产合格苗89.05万株，其中杉木14.62万株、马尾松65.13万株、其他9.30万株；容器育苗20万株。

2003年，宁化县贯彻《国家林业局林木种子生产、经营许可证管理办法》《国家林业局关于加强林木种苗质量监督管理的规定》和《国家林业局林木种子生产经营许可证年检制度规定》，对依法凭证生产经营的林木种苗实行包装和标签、质量检验、责任追究、种苗质量案件上报跟踪管理制度和林木种子生产经营许可证年检制度，全县大田育苗1.92公顷（其中杉木0.16公顷、马尾松0.13公顷、其他1.63公顷），容器育苗10万株。2005年，统一调度育苗种子，苗木质量合格者，发给"壮苗证"，等外苗现场销毁或填埋。全县大田育苗3.82公顷（其中杉木0.15公顷、马尾松0.20公顷、其他3.47公顷），Ⅰ级苗率达85%以上，容器育苗25万株。

1988—2005年，全县大田育苗179.09公顷（其中宁化国有林场6.75公顷），容器育苗2326.66万株。

1988—2005 年宁化县育苗面积情况表

表 13-3　　　　　　　　　　　　　　　　　　　　　　　　　　　　　单位：公顷、万株

年份	大田育苗	其中			容器育苗
		杉木	马尾松	其他	
1988	24.00	7.40	9.40	7.20	—
1989	40.40	14.87	17.66	7.87	9.00
1990	39.00	15.47	16.33	7.20	720.00
1991	22.80	8.60	7.27	6.93	220.00
1992	17.61	5.75	6.37	5.49	253.36
1993	5.07	—	—	—	264.00
1994	6.53	1.43	3.13	1.97	142.00
1995	5.80	—	—	—	330.00
1996	2.05	—	—	—	185.00
1997	3.30	—	—	—	20.30
1998	1.41	0.41	0.51	0.49	23.00
1999	0.40	0.03	0.37	—	33.00
2000	0.55	0.06	0.29	0.20	20.00
2001	2.10	0.12	0.56	1.42	32.00
2002	1.10	0.22	0.63	0.25	20.00
2003	1.92	0.16	0.13	1.63	10.00
2004	1.23	0.26	0.60	0.37	20.00
2005	3.82	0.15	0.20	3.47	25.00
合计	179.09	—	—	—	2326.66

注：本表数字来自县林业局营林股。

二、苗木引进

1988 年起，宁化县引进苗木新品种数量逐年增多，增加了树种资源。1994 年，县林业局从连城县引进雷竹种苗在瓦庄苗圃种植 0.33 公顷，成活率 95%。1997 年春，湖村镇村民肖景雄从武平县引进大头典竹种植 2.67 公顷。2001 年，县林业局从湖南省引进优良无性系油茶苗 1500 株在淮土乡竹园村种植 0.67 公顷，从澳大利亚引进互叶白千层 500 株在宁化县农业科学研究所（简称县农科所）和瓦庄苗圃种植，平均成活率 95%。2003 年，县林业局从厦门引进南方常绿杨，在城郊乡茶湖岗村、溪口采育场、瓦庄苗圃种植 2 公顷。2005 年，县林业局从江苏省引进南林 95 杨、895 杨和 447 杨。建立苗木繁殖基地，育苗 20 万株，在城南乡横锁村、安乐乡夏坊村分别种植 5.33 公顷和 8 公顷。引进泰兴佛指银杏 25 万株，在全县各乡（镇）栽植。从沙县引进 36 个不同品系乳源木莲 2 万株。在安乐夏坊村营造示范林 13.33 公顷。城郊乡个私业主引进邓恩桉，在马元亭村种植 71.33 公顷。

1988—2005 年，全县共引进苗木新品种 11 个 27 万株，育苗 20 万株，种植面积 103.66 公顷。

第二节 植树造林

一、更新造林

1988 年，全县共造林 2683.13 公顷（其中一般造林 49.40 公顷，工程造林 2633.73 公顷），用材林 2609.00 公顷、经济林 18.07 公顷、防护林 49.00 公顷、薪炭林 7.06 公顷。杉木、马尾松平均成活率分别为 93.10%和 82.50%。1989 年，实施福建省"三五七"（各市、县分别用 3—5 年时间，完成宜林荒山造林绿化和疏林地封育改造任务，7 年内实现全省绿化达标）造林绿化工程，县委提出"全党动员、全民动手、大干三年、绿化宁化"的奋斗目标，县委书记、县长分别与乡（镇）党委书记、乡（镇）长签订造林绿化责任状，各乡（镇）成立造林绿化指挥部，抓计划、山场、劳力和承包落实。全县共造林 4299.47 公顷，其中用材林 3889.93 公顷、竹林 47.80 公顷、经济林 258.60 公顷、防护林 6.07 公顷、薪炭林 97.07 公顷。1990 年，贯彻三明市委提出的提前 1 年实现宜林荒山绿化的指示，共建立造林示范点 66 片，营造示范林 888.80 公顷，全县造林 5447.87 公顷（其中用材林 5187.87 公顷、经济林 252.27 公顷、竹林 7.73 公顷）。11 月 23 日—30 日，福建省造林绿化检查组检查验收宁化县提前 1 年完成宜林荒山造林绿化工作，共抽查 13 个建制村和禾口国营林场第二工区、溪口采育场场部工区，抽查林业用地面积 10682.07 公顷，占全县林业用地面积的 5.76%。检查结果为当年造林面积准确率 95.50%，成活率合格率 99.40%；1989 年后人工造林面积准确率 95.80%，成活率合格率 97.60%。未发现 0.53 公顷以上的宜林荒山，零星分散小块荒山面积仅占 1989 年后人工造林合格面积的 1.06%，没有超过 5%的规定。

1991 年，启动实施世界银行贷款造林项目，在曹坊、安乐、湖村、泉上、中沙、安远、城郊、济村、水茜等 9 个乡（镇），选择 I、II 类林地，相对集中连片的山场营造速生丰产林。在造林过程中，推行品字形高标准整地、ABT 生根粉、营养袋造林等新技术，提高造林质量。1991—1993 年，投入资金 954.34 万元，营造速生丰产林 4880.90 公顷，其中杉木 1746.60 公顷、马尾松 2922.50 公顷、火炬松 211.80 公顷，成活率 95%以上。1994 年，实施县委、县政府"在山上再造一个宁化"目标，全县造林 1432.73 公顷，其中工程造林 1363.47 公顷，成活率达 85%以上。1995 年，全县造林 1583.07 公顷，"三五七"造林绿化工程通过省政府组织的达标验收。

2000 年始，改变以往由林业管理部门包办造林的做法，重点做好造林技术指导和质量跟踪检查。是年，全县造林 474 公顷（其中用材林 407.20 公顷、经济林 66.80 公顷），平均成活率 95%以上。2003 年，落实加快人工用材林发展的各项优惠政策，调动社会各界办林业的积极性，全县共造林 378.67 公顷，其中个私、联合体造林达 175.27 公顷，占造林总面积的 62.36%。2005 年，县林业局建立迹地更新保证金制度，业主在申请办理林木采伐许可证时，应签订保证迹地更新造林承诺书，每公顷预交 1800 元造林保证金。在法定的时间内，完成迹地更新造林，经林业局验收合格的，全额返还保证金。未能及时更新造林或不达标的，可以用保证金代行造林更新义务。对拒不履行造林更新义务的，按《中华人民共和国森林法》等有关法律、法规追究相关人员责任。是年，全县造林 868.13 公顷，其中用材林 838.26 公顷、经济林 5.67 公顷、竹林 24.20 公顷。

1988—2005 年，全县造林总面积 28609.40 公顷。

1988—2005 年宁化县造林情况表

表 13-4 单位:公顷

年份	造林总面积	其中			分林种、树种造林面积								
		一般造林	工程造林	其中:速生丰产林	用材林	其中			竹林	经济林	防护林	薪炭林
						杉木	松木	阔叶林				
1988	2683.13	49.40	2633.73	1280.93	2609.00	1296.00	1238.00	75.00	—	18.07	49.00	7.06
1989	4299.47	1030.87	3268.60	1524.33	3889.93	1436.67	2436.33	16.93	47.80	258.60	6.07	97.07
1990	5447.87	2080.20	3367.67	1734.80	5187.87	1862.20	3290.60	35.07	7.73	252.27	—	—
1991	1610.67	273.80	1366.87	1318.33	1527.67	741.60	735.14	50.93	—	57.93	—	25.07
1992	2575.80	1116.67	1459.13	912.67	2217.87	959.74	1044.53	213.60	21.93	336.00	—	—
1993	2403.20	1475.13	928.07	593.40	2261.20	1171.27	947.07	142.86	—	142.00	—	—
1994	1432.73	69..26	1363.47	614.53	1400.53	690.67	655.33	54.53	—	32.00	—	—
1995	1583.07	207.67	1375.40	592.33	1508.73	597.33	859.00	52.40	—	74.32	—	—
1996	1113.40	97.00	1016.40	292.87	972.60	179.47	579.87	213.26	122.13	18.67	—	—
1997	998.40	637.33	361.07	361.07	985.07	379.54	553.40	52.13	—	13.33	—	—
1998	735.13	393.60	341.53	329.40	341.53	72.67	90.46	178.40	374.07	19.53	—	—
1999	593.73	388.26	205.47	139.87	219.93	39.67	156.73	23.53	136.33	234.47	—	—
2000	474.00	135.47	338.53	271.87	407.20	153.87	240.13	13.20	—	66.80	—	—
2001	527.20	389.27	137.93	137.93	387.73	94.20	203.07	100.46	58.67	80.80	—	—
2002	475.00	275.13	199.87	139.67	403.80	76.40	239.20	88.20	23.93	47.27	—	—
2003	378.67	306.47	72.20	—	269.34	33.27	225	11.07	42.80	66.53	—	—
2004	409.80	340.87	68.93	—	293.13	80.73	161.33	21.07	47.20	69.53	—	—
2005	868.13	505.93	362.20	362.20	838.26	313.20	407.80	117.26	24.20	69.47	—	—
合计	28609.40	9772.33	18837.07	10606.20	25721.39	10168.50	14092.99	1459.90	906.79	1796.95	55.07	129.20

注:1.造林总面积来自宁化县统计年鉴,分类型数字来自县林业局营林股。

　　2.竹林仅指毛竹。

二、义务植树

1988 年 3 月,宁化县绿化委员会确定每年 3 月 12 日—18 日为全民义务植树周。全县出动 14.50 万人次,义务植树 68.53 万株,种绿篱 3110 平方米,种草 1073 平方米,绿化公路 54 公里。1989 年,县政府下发《关于加强城区绿化树木、丛竹、花、草种植管理保护的通知》,规定城区各单位绿化任务和责任,全县出动 19.30 万人次,义务植树 77.31 万株,种草 12475 平方米,种绿篱 4408 平方米。1991 年,全县出动 14.59 万人次,义务植树 93.51 万株,种绿篱 4600 平方米,种草 46000 平方米。1998 年,县委、县政府把植树造林、绿化美化与社会主义精神文明建设相结合,全县出动 19.60 万工日,义务植树 64.26 万株。2000 年,以城镇绿化为重点,以农村大环境绿化为主体,以公路、江河沿线绿化建设为网络,城乡联动,总体推进,加快绿化、美化进程。全县投入 19.72 万工日,植树 78.97 万株。2001 年,全县投入 19.88 万工日,植树 78.10 万株。2005 年,以"创建绿色家园,建设绿色宁化"为主题,开展宣传活动,提高全民对国土绿化的认识和参与绿化的积极性。全县投入 19.60 万工日,植树 80.20 万株,绿化公路 26 公里。

1988—2005 年,全县共投入 325.11 万个工日,义务植树 1405.80 万株,种绿篱 21512 平方米,种草 148953 平方米,绿化公路 146.40 公里。

1988—2005 年宁化县义务植树情况表

表 13-5

年份	植树(万株)	种绿篱(平方米)	种草(平方米)	绿化公路(公里)	出动人次(万人次)
1988	68.53	3110	1073	54.00	14.50
1989	77.31	4408	12475	—	19.30
1990	80.42	7661	8218	—	21.27
1991	93.51	4600	46000	—	14.59
1992	67.97	1733	—	—	13.84
1993	68.80	—	—	—	13.80
1994	62.28	—	—	—	20.54
1995	57.42	—	—	—	20.27
1996	68.80	—	—	—	13.80
1997	83.80	—	—	—	15.80
1998	64.26	—	—	—	19.60
1999	67.90	—	—	—	—
2000	78.97	—	—	—	19.72
2001	78.10	—	—	—	19.88
2002	80.34	—	7000	36.40	19.65
2003	83.24	—	34217	—	19.65
2004	79.69	—	39970	30.00	19.70
2005	82.20	—	—	26.00	19.60
合计	1405.80	21512	148953	146.40	325.11

第三节　林木抚育

一、幼林抚育

1988—1990 年，全县幼林抚育 28614.93 公顷，其中深翻 5003.80 公顷，施肥 2009.83 公顷。1991 年，全县幼林抚育 9015.60 公顷，其中深翻 288.27 公顷，施肥 1408.67 公顷。1993 年，世界银行贷款造林幼林抚育实行"三统一"（统一发包，统一技术指导，统一检查验收）。1993—1995 年，全县幼林抚育 26220.73 公顷，其中施肥 1120 公顷。1997 年，全县幼林抚育 4006.67 公顷。2005 年，全县幼林抚育 1484.13 公顷，其中深翻施肥 159.07 公顷，全面锄草抚育 685.40 公顷。

1988—2005 年，宁化县幼林抚育普遍采用"二二一一"4 年 6 次抚育制（造林当年和第 2 年每年夏秋各进行 1 次锄草、扩穴、培土抚育，第 3、4 年每年锄草或劈草抚育 1 次），并推广深翻、施肥技术，提高抚育质量，幼林抚育累计 100484.32 公顷。

二、抚育间伐

1988年，按照"三砍三留"（砍密留稀、砍劣留优、砍小留大）原则，全县抚育间伐833.73公顷。1996年起，为强化中幼林抚育间伐管理，加快中幼林抚育间伐进程，贯彻《福建省中幼林抚育间伐暂行管理办法》和《福建省中幼林抚育间伐材税费减征管理办法》，中幼林抚育间伐业务归县林委营林公司管理，启用《福建省中幼林抚育间伐材生产验收报告单》，集体林权单位和其他林权所有者间伐的林木采伐申请书，由林业站审核后，报县林委营林公司审批，发给抚育间伐的林木采伐许可证。同时，降低间伐材税费征收标准，农业特产税减征50%，育林费、维简费（简称"二费"）减征50%，全县抚育间伐4433.30公顷。1997年，每片伐区配专职施工管理员和技术质量监督员，加强伐区施工质量的监督检查，对违反技术要求作业的，要求施工单位限期纠正，全县抚育间伐4046.67公顷。1999年，对中幼林抚育间伐实行"指标单列"，优先设计审批、优先组织生产和销售，全县共抚育间伐2673.33公顷。2001年，执行《福建省中幼林抚育间伐材税费减征管理办法》，间伐材税费和中幼林抚育间伐设计费、检验费减半征收，全县抚育间伐1953.07公顷。2003年，简化间伐设计、审批、运输手续，放宽技术规程，调整管理计划，加快中幼林抚育间伐进程，全县抚育间伐2979.93公顷。2005年，开展用材林抚育间伐总体规划编制工作，全县抚育间伐1366.13公顷。

1988—2005年，宁化全县抚育间伐37164.95公顷。

1988—2005年宁化县林木抚育间伐情况表

表13-6　　　　　　　　　　　　　　　　　　　　　　　　　　　　单位：公顷

年份	幼林抚育	抚育间伐	年份	幼林抚育	抚育间伐
1988	8333.73	833.73	1998	2693.33	2026.67
1989	8826.07	2350.00	1999	2000.00	2673.33
1990	11455.13	684.53	2000	2000.00	2673.33
1991	9015.60	775.73	2001	2158.53	1953.07
1992	10193.33	627.87	2002	1248.27	1618.33
1993	8107.40	1029.00	2003	1323.73	2979.93
1994	9073.33	1273.33	2004	1458.40	2946.67
1995	9040.00	2873.33	2005	1484.13	1366.13
1996	8066.67	4433.30	—	—	—
1997	4006.67	4046.67	合计	100484.32	37164.95

第四节　竹林培育

1988年，宁化县落实竹山承包责任制，全县共垦复竹林510.73公顷。1991年，治平、安乐、城南、方田等乡进行丰产毛竹林培育试点，采取护笋养竹、垦复等措施，建成丰产毛竹林200.80公顷。1993年，宁化县林业投资公司对水茜乡石寮村20.73公顷毛竹林地进行施肥实验，每公顷施碳氨75公斤，每公顷施过磷酸钙150公斤，为推广竹林施肥提供经验。全县新植毛竹95.73公顷，施肥20.73公顷，垦复竹林322.67公顷。1994年，实施县委、县政府"把山当田耕，把竹当菜种"的竹业发展战略，全县新植竹类113.93公顷，垦复竹林2526.67公顷。1996年，县政府出台《关于加快竹业发展的决定》，重点扶持发展竹业产业，全县新植竹类122.80公顷，垦复竹林910.27公顷。1997年，县政府先后下发《关于加快宁化县发展毛竹生产的意见》《关于开展毛竹丰产示范片建设活动的通知》和《宁化县"十佳毛竹示范乡、村、场（点）"评选办法》，允许个人上山造竹，允许机关干部职工租用低产林或疏林地营造毛竹，允许个人或联合体组织承包竹林场开发毛竹产业，允许毛竹林的林权流转。全面推行"集体所有、家庭经营、长期承包、明确责任、合理分配"的竹林承包经营责任制，进一步完善合同，承包期一订30年不变。对新植毛竹连片1.33公顷以上，经县林业局验收成活率达85%以上的，按实际成活株数，每株给予3元的苗款补助，当年补助新植竹苗款25.20万元。同时开展毛竹大乡、大村、大户丰产示范片建设，建成县、乡（镇）领导丰产示范片427.06公顷。全县新植竹类470.53公顷，垦复竹林1483.60公顷，培育丰产竹林786.20公顷。

2000年，县政府编制《宁化县竹业发展"十五"规划》，把竹业确定为重点发展的农业主导产业之一，全县新植竹类48.13公顷，垦复竹林2017.80公顷，培育丰产竹林400公顷。2001年6月1日起，宁化县执行省财政厅、省林业厅文件规定，毛竹林业税费由每百根87元降至41元；启动实施省第二期竹业开发示范工程项目"毛竹丰产培育示范工程"和"沿河两岸竹林生态防护示范工程"。2001—2003年，在治平、安乐乡建成毛竹丰产示范基地420.60公顷；翠江、城郊、城南、石壁、方田、中沙等6个乡（镇）新造以大头典竹、雷竹等笋用小径竹为主的沿河生态防护竹林95.50公里、面积206公顷，通过省林业厅验收。2003年，县政府下发《关于开展竹业开发竞赛活动的通知》，以乡（镇）为竞赛单位开展竞赛活动。贯彻《三明市人民政府关于加快竹产业发展的若干意见》，简化毛竹采伐设计、小证、调运、加工利用一系列管理环节，全县新植竹类89.47公顷，垦复竹林1578.80公顷，施肥540.13公顷，培育丰产竹林560.73公顷。2004年，县政府成立竹业产业化领导小组，组织编制《宁化县2005—2010年竹业发展规划》。开展全县竹业大户调查摸底，对小径竹0.33公顷以上或毛竹3.33公顷以上的竹业大户登记造册，建立档案，筛选竹业大户100户，列入重点培育对象，实行跟踪管理。2005年，取消林业建设保护费，毛竹林业税费由原来的每百根41元降为36元。建立治平畲族乡坪埔村20.87公顷"宁化县现代竹林科技园"1个；建立安乐乡黄庄村、治平畲族乡治平村、泉上镇新军村48公顷市级科技示范片3片；培育市级科技示范户30户，竹林面积222.40公顷；培育县级竹业大户150户，竹林面积1750.80公顷。全县新植竹类83.47公顷，垦复竹林3195.60公顷，施肥200.80公顷，培育丰产竹林1688.33公顷。

1988—2005年，全县新植竹类2379.69公顷，垦复竹林26240.40公顷，培育丰产竹林6527.93公顷。

1988—2005年宁化县竹业生产情况表

表13-7

项目 年份	新植竹类(公顷)			垦复 (公顷)	施肥 (公顷)	丰产竹林培育(公顷)		竹山 道路 (公里)	竹山灌 溉水池 (立方米)
	合计	其中				历年巩 固面积	当年新 建面积		
		毛竹	小径竹						
1988	—	—	—	510.73	—	—	—	—	—
1989	47.80	47.80	—	232.80	—	—	—	—	—
1990	7.73	7.73	—	267.67	—	—	—	—	—
1991	—	—	—	308.20	—	200.80	200.80	—	—
1992	21.93	21.93	—	2543.33	—	—	—	—	—
1993	95.73	95.73	—	332.67	20.73	—	—	—	—
1994	113.93	113.60	0.33	2526.67	—	—	—	—	—
1995	333.30	333.30	—	1347.33	—	—	—	—	—
1996	122.80	122.13	0.67	910.27	—	—	—	—	—
1997	470.53	464.20	6.33	1483.60	—	987.00	786.20	—	—
1998	382.73	374.07	8.67	901.27	427.07	1414.07	427.07	—	—

续表 13-7

项目	新植竹类(公顷)			垦复	施肥	丰产竹林培育(公顷)		竹山	竹山灌
年份	合计	其中		(公顷)	(公顷)	历年巩	当年新	道路	溉水池
		毛竹	小径竹			固面积	建面积	(公里)	(立方米)
1999	146.00	—	9.67	1886.73	—	2124.27	710.20		
2000	48.13	34.13	14.00	2017.80	—	2524.27	400.00	—	—
2001	164.67	52.00	112.67	2001.47	195.20	3025.93	501.67		
2002	130.60	23.93	106.67	1420.40	482.13	3666.67	640.33	—	
2003	89.47	42.80	46.67	1578.80	540.13	4180.13	560.73	51.90	—
2004	120.87	47.20	73.67	2629.47	280.67	4792.73	612.60	108.30	520
2005	83.47	24.20	59.27	3195.60	200.80	5535.13	1688.33	145.70	600
合计	2379.69	1941.13	438.60	26240.40	2146.73	5535.13	6527.93	305.90	1120

注：小径竹包括雷竹、大头典竹、石竹、四方竹等；新植竹类包括非规划林地和四旁种竹。

第五节　花卉栽培

1988 年，全县仅瓦庄苗圃 1 家生产花卉，盆栽各类花卉 1251 盆，庭院地栽各类花卉 385 株。至 20 世纪 90 年代初全县地栽、盆栽的观赏树木和花卉有苏铁、日本五针松、珠兰、银柳、小叶榆、榕树、竹节蓼、鸡冠花、千日红、三角梅、太阳花、石竹、睡莲、十大功劳、夜合、含笑花、腊梅、虞美人、醉蝶花、紫罗兰、海桐、玫瑰、蔷薇、现代月季、碧桃、寿星桃、红叶李、樱花、梅花、紫荆、含羞草、天竺葵、金弹、四季橘、米兰、代代花、红背桂花、枸骨、红槭、葡萄、木槿、扶桑、芙蓉、牡丹、芍药、山茶花、金丝桃、四季海棠、仙人掌、蟹爪兰、昙花、令箭荷花、仙人球、瑞香、结香、胡颓子、紫薇、石榴、多花石榴、杜鹃、白丁香、连翘、桂花、迎春花、茉莉、夜来香、牵牛花、紫牵牛、圆叶茑萝、一串红、冬珊瑚、金鱼草、百日菊、大丽花、万寿菊、天人菊、菊、金盏菊、风车草、棕竹、马蹄莲、吊竹梅、吊兰、萱草、玉簪、百合、万年青、一叶兰、文竹、麦冬、虎尾兰、君子兰、朱顶兰、文殊兰、水仙花、葱兰、唐菖蒲、美人蕉、凤仙花、春兰、建兰等 54 科 85 属 102 种。

1997 年，瓦庄苗圃改制，先后创办宁金园艺场、盛林花木场、永鑫花木场 3 家花卉企业，除培育原有花卉品种外，引进瓜栗（发财树）、绿巨人、花叶娥掌、单桂、南洋杉、夏威夷椰子、国王椰子、蒲葵、海棠、也门铁、橡皮树、墨兰、非洲茉莉、红花继木、散尾葵、金钱榕、比利时杜鹃等 17 个新品种。2005 年，全县花卉种植面积 7.13 公顷，产量计 93860 株（盆）。

第六节　林场林区建设

一、国有林场建设

1988 年，宁化县有禾口林场、鱼龙林场 2 个国有林场。1991 年 5 月，划归三明市林业局管理，分别更名为国营宁化禾口林场、国营宁化鱼龙林场。1993 年，再次更名为宁化禾口国有林场、宁化鱼龙国有林场。1998年5月，2个林场合并，更名为福建省宁化国有林场，场址设城南乡鱼龙村伍家坊，距县城4公里，全场职工168人。2003年，设立安远分场。2005年，场部设综合科、计划财务科、营林科技科、资源管理科和生产经营科，下设5个工区和白僵菌厂，全场职工95人。开展育苗、造林、病虫害防治及木材生产销售，经营范围涉及翠江镇等10个乡（镇）40多个建制村，总面积8656.73公顷，其中林业用地面积7419.67公顷，非林业用地面积1237.06公顷。林业用地中有林地面积6772.53公顷，林木蓄积量78.90万立方米。

二、竹山设施建设

2002年以前，全县竹山基本不通道路，笋竹产品靠肩挑、背驮出山，劳动强度大，经济效益差，影响农民经营竹山积极性。2003年，为改善竹山经营条件，对连片66.67公顷以上不通公路的竹山实施畅通工程。修建竹山道路51.90公里。

2004年，在治平、安乐、曹坊、湖村、城郊等乡（镇）开展试点，对连片20公顷以上且有可能达到丰产竹林标准的竹山，推广竹林喷（滴）灌技术。全县新植竹类120.87公顷，垦复竹林2629.47公顷，施肥280.67公顷，培育丰产竹林612.60公顷，修建竹山道路108.30公里，建成竹山蓄水池26个、蓄水量520立方米。2005年，修建竹山道路145.70公里，建成竹山蓄水池30个、蓄水量600立方米。至2005年，全县修建竹山道路305.90公里，建成竹山蓄水池56个、蓄水量1120立方米。

第四章　森林保护

第一节　森林防火

一、设施建设

1988年，全县营造防火林带145.90公里。11月，宁化县森林防火指挥部办公室（简称县森防办）和泉上、安远、治平等乡（镇）分别安装25瓦电台1部，县、乡（镇）组网与三明市防火办建立无线电通信网络。1989年，建造城郊乡翠华顶瞭望台1座，配高倍望远镜1架，监测森林面积3.33万公顷。县森防办配备风力灭火机13台，各乡（镇）林业站配备对讲机23部，县、乡两级扑火队员配备劈刀、胶鞋、水壶、毛巾、服装等防火用具。1992年，县森防办配备照相机1架，2号扑火工具钢刷160把，灭火弹70个。禾口国有林场自购25瓦电台1部，与县森防办建立无线电通信网络。1995年，县森防办购置森林消防车1辆，配车载电台1部。1996年，在城郊乡南山顶上安装中继台1部，县森防办配备灭火弹360个。1997年1月，设立城郊乡杨禾、治平乡高峰、泉上镇青瑶、湖村乡巫坊、淮土乡凤山、河龙乡高阳、济村乡上龙头、安远乡营上等9个村护林防火哨。2002年，各乡（镇）防火办配备森林防火宣传音响设备1套。2005年，全县营造防火林带100.35公里。

二、火灾预防

1988年，县森防办出动宣传车到各乡（镇）墟场宣传62场次，轮流播放大兴安岭特大火灾警示录像片，印发《森林防火条例》2200 张，张贴宣传标语 2 万张，制作大型标语牌 21 幅，出宣传专栏 30 期。12 月 15 日，县政府下发《关于处理森林火灾事故预案》，建立森林防火气象预报制度，开展森林防火预测预报。1989 年，宁化县建立各级行政领导森林防火责任制，县长与乡（镇）长、乡（镇）长与村主任、村主任与村民小组长层层签订森林防火责任状 2283 份。规范野外用火审批制度，统一使用《福建省野外用火审批表》。在高火险时期发布森林防火戒严令，禁止一切野外用火。1990 年，查处野外违章用火 31 起，罚款 1050 元。同时，对痴呆、弱智人员摸底登记造册，落实监护人。1992 年，实行林区采脂、采伐、营林开路的专业工程队或村民以及林区"三窑"（砖瓦窑、石灰窑、木炭窑）、"三厂"（造纸厂、焦油厂、香菇厂）、"两矿"（钨矿、煤矿）安全生产许可证、交纳保证金制度，全县发放防火安全许可证 112 份，交纳保证金 9180 元。县森林防火指挥部先后召开森林防火专题会议 4 次，县、乡（镇）防火办分别设置一图（指挥图）、二室（指挥室、储存室）、三册（成员和办公室人员花名册、快速扑火队员花名册、设备设施登记册）、四簿（会议记录簿、电话记录簿、森林防火调查记录簿、值班工作记事簿）、五项制度（调度汇报、统计报表、档案管理、炼山审批、野外用火管理），组织 185 名驻村工作组、林业站人员实行森林防火分片包干管理，抽调 267 名村护林员进行巡山护林，巡山 14380 天，全县查处野外违章用火 177 起，处罚 121 起，罚款 5120 元。

1994 年，县、乡（镇）、村层层签订森林防火责任状 58133 份，制作《森林防火条例》《福建省森林防火规定》《宁化县护林防火公约》磁带及宁化县 1993 年烧山案例宣传图片，在各乡（镇）巡回宣传。1995 年，发放野外用火管制禁令 25602 份，印发护林防火公约 51274 份，制作永久性宣传标语 620 块。县森防办与宁化县广播电视局联合录制森林防火录像片，先后在电视节目《宁化新闻》《三明新闻》《福建新闻》播放。1996 年，林业部确定宁化县为县级单位"一级火险区"，据此全县发放防火安全许可证 67 份，印发防火公约 4 万份，发放野外用火管制禁令 23712 份，发布森林防火戒严令 10 期，放映电影宣传森林防火 70 场次，设置永久性小型宣传牌 1000 块。1997 年 5 月，通过福建省森林防火指挥部和福建省林业厅组织的重点火险县级单位森林防火达标验收。2000 年，各建制村森林防火领导小组制定森林防火公约、野外用火管理制度、巡山护林管理制度、外来生产作业人员管理制度和森林防火专用资金管理制度，全县出动宣传车 120 车次，张贴宣传标语 7678 条，发放护林防火公约 4.80 万张、防火宣传挂历 3000 本，查处野外违章用火 146 起。

2001 年，全县出动宣传车 120 车次，发放森林防火宣传手册 4000 本、防火公约宣传画 4.20 万张，查处野外违章用火 67 起。2002 年，森林防火工作纳入社会治安综合治理考核内容，出动宣传车 360 车次，新建或刷新宣传牌 182 块，张贴宣传标语 3600 张，发放宣传单 2.10 万份，宣传年画 4.20 万张，挂历 4000 本，出防火墙报 152 期。2003 年，县森防办举办有 90 人参加的森林防火理论学习培训班，并组织扑火队员进行扑火实战演练。2004 年，发放护林防火公约 7 万份、致农民朋友的一封信 7 万份、宣传挂历 3000 本，张贴宣传标语 5600 张，出宣传专刊 305 期、通告 5400 份，出动宣传车 815 车次，查处野外违章用火 145 起，罚款 6000 元，治安拘留 33 人。2005 年，制定县、乡、村森林防火领导责任追究制度，发放管制禁令 5382 份，签订防火责任状（书）298 份、痴呆人员监护人责任合同 160 份。县森防办印发《宁化县农事用火计划烧除操作规程》，农事用火实行有计划、有组织烧除。制定《宁化县森林火灾多发乡（镇）重点整治方案》，重点整治水茜、城郊 2 个森林火灾多发乡。全县查处野外违章用火 21 起，罚款 1100 元。

三、森林火灾

1988—1991 年，全县发生森林火灾 11 起，过火面积 17.27 公顷，受害面积 6.20 公顷，烧毁幼林 0.74 万株、成林 22.60 立方米，年受灾面积占有林地面积均控制在 1‰以下。1990 年，无森林火灾，福建省森林防火指挥部、福建省林业厅授予宁化县"无森林火灾单位"。1992—1995 年，全县发生森林火灾 16 起，过火面积 269.90 公顷，受害面积 242.50 公顷，烧毁幼林 39.21 万株、成林 3971.88 立方米。1993 年 2 月 1 日—14 日，全县连续发生森林火灾 12 起（其中烧田埂草起火 8 起、烧窑起火 1 起、吸烟起火 1 起、精神病患者放火烧山 2 起），受害面积 225.50 公顷，烧毁幼林 36.50 万株、成林 3485 立方米，投入扑火经费

13.56万元。其中，2月6日，湖村镇一居民在狗狭坑烧田埂草引起山林大火，受害面积29.80公顷，烧毁成林1852立方米，直接经济损失9.26万元，投入扑火经费1500元，经400人14个多小时扑救才扑灭大火，肇事者被县法院判刑1年6个月。2月13日，水茜乡一居民在大碑岭烧田埂草引起火山林大火，受害面积54.50公顷，烧毁幼林15.10万株、成林260立方米，直接经济损失31.55万元，共投入扑火经费5.60万元，经1500人23个小时扑救才扑灭大火，肇事者在逃，未捉拿归案。1996—2000年，全县发生森林火灾20起，过火面积239.10公顷，受害面积189.80公顷，烧毁幼林18.51万株、成林3438.50立方米。2000年，发生森林火灾11起，受害面积93公顷，烧毁幼林9.50万株、成林1916立方米。其中，3月28日，曹坊乡一居民在义检里烧田埂草引起山林火灾，受害面积24.60公顷，烧毁成林638立方米，直接经济损失3.32万元，投入扑火经费3600元，因肇事者自杀而免予起诉。2001—2005年，全县发生森林火灾28起，过火面积187.60公顷，受害面积142.20公顷，烧毁幼林15.50万株、成林4783立方米。

1988—2005年，全县发生森林火灾98起，过火面积713.87公顷，受害面积580.70公顷，烧毁幼林73.96万株、成林12215.98立方米。

第二节　森防检疫

一、有害生物普查

1988年8—12月，县林委、县供销社组织调查马尾松、湿地松、板栗、泡桐、毛竹等树种植物疫情，发现湿地松褐斑病、板栗疫病2种检疫对象。1997年10—12月，县林业局组织调查松属疫情，调查面积6.75万公顷、样树2830株，未发现松材线虫病、松突圆蚧、日本松干蚧等检疫对象。1999年9月至2000年1月，全县开展第2次森林植物检疫对象普查，设调查点1319个，调查面积11.40公顷，发现检疫对象湿地松褐斑病、板栗疫病2种。2000—2005年，全县开展松材线虫病重点调查和松材线虫病、松突圆蚧秋季普查。普查结果，未发现松材线虫病、松突圆蚧。其间，2004年4—12月，普查全县19个乡镇（场）229个建制村（工区）林业有害生物，踏查小班30006个，调查面积17.89万公顷。调查发现境内主要虫害有马尾松毛虫、思茅松毛虫、波纹杂毛虫、微红梢斑螟、松褐天牛、横坑切梢小蠹、松瘤象、萧氏松茎象、浙江黑松叶蜂、松针蚧、松大蚜、杉肤小蠹、双条杉天牛、黑翅土白蚁、家白蚁、星天牛、板栗瘿蜂、板栗大蚜、栗实象、长足大竹象、一字竹象、青脊竹蝗、黄脊竹蝗、刚竹毒蛾、竹笋禾夜蛾、两色绿刺蛾、竹广肩小蜂、竹尖胸沫蝉等28种，主要病害有松赤枯病、松针褐斑病、松瘤锈病、松苗叶枯病、杉木炭疽病、板栗疫病、竹丛枝病等7种，有害植物有巴天酸模、桑寄生、平车前、苍耳、狗尾草、无根藤、野薄荷等7种。有害生物危害面积6.75万公顷，占调查面积的37.73%，其中虫害发生面积6.66万公顷，占调查面积的37.23%，发生面积较大的有萧氏松茎象38240公顷、波纹杂毛虫8629.47公顷、黄脊竹蝗8358.4公顷、青脊竹蝗7771.06公顷、刚竹毒蛾2061公顷、竹广肩小蜂1872.06公顷、一字竹象1637.40顷、黑翅土白蚁773.60公顷、竹笋禾夜蛾514.60公顷，其他虫害发生面积都在0.07~200公顷；病害发生面积0.06万公顷，占调查面积的0.34%，发生面积较大的有马尾松赤枯病446.67公顷，其他病害发生面积都在100公顷以下；有害植物发生面积0.03万公顷，占调查面积的0.17%，发生面积较大的有狗尾草174.40公顷，其他有害植物发生面积都在100公顷以下。

二、病虫害监测

1988年，全县设森林病虫害监测点516个，监测覆盖率60%。1989—1996年，全县森林病虫害监测覆盖率60%—84.20%，各乡（镇）林业站配备兼职测报员，监测危险性、潜在性和外来性病虫害。1997

年，宁化县建立县、乡（镇）、村三级测报队伍，规范测报技术和测报方法，定期发布预测预报，全县设监测点950个，监测覆盖率75.80%，重点监测马尾松毛虫、竹蝗、刚竹毒蛾、杉木白蚁。1999年，全县设监测点649个，监测覆盖率96%，重点监测马尾松毛虫、竹蝗、刚竹毒蛾、焦艺夜蛾、竹笋禾夜蛾。2000年12月，国家林业局在宁化设立国家级森林病虫害中心测报点，监测对象为松材线虫病，全县设固定监测点211个，系统监测点70个，开展松材线虫病监测工作。2001—2003年，在实施国家级马尾松毛虫工程治理项目中，开展松毛虫越冬代、第1代、第2代监测，3年共设监测点1518个，监测面积3.65万公顷，监测覆盖率97%，监测准确率95%以上。

2004年，宁化县健全县、乡（镇）、村三级森林病虫监测网络，设监测点740个，监测面积10.93万公顷，监测覆盖率90.20%，重点监测马尾松毛虫、竹蝗、竹毒蛾、竹广肩小蜂、竹笋夜蛾、板栗疫病、杉木白蚁、松针褐斑病、松材线虫病、松突圆蚧、萧氏松茎象，根据监测结果，绘制全县主要森林病虫害分布图、测报网点图、发生趋势图。2005年，县林业局制订《宁化县森林病虫害预测预报管理实施细则（试行）》，突出创新性和可操作性，建立双重考核制度和森林病虫情报联络员制度为主要内容的林业有害生物监测预警机制，实行监测预警管理，具体规定林业有害生物监测预警工作分别由测报组织职责、测报员职责条件、森林病虫情况调查、预测预报方式、测报经费、档案管理、测报技术研究、考核与奖惩措施等组成，国家林业局植树造林司把宁化做法作为典型经验在全国林业有害生物监测预警工作会上推广。当年全县设监测点745个，监测面积8.88万公顷，监测覆盖率99.80%，监测准确率97.20%。

三、病虫害防治

1988年，全县使用白僵菌粉剂、林丹烟剂防治马尾松毛虫、竹蝗危害面积933.33公顷，有效防治率100%。1989年，全县采用白僵菌粉剂、林丹烟剂、化学农药等防治马尾松毛虫、竹蝗危害面积1526.67公顷，有效防治率96.50%。1991—1995年，森林病虫防治面积17.07—2237.60公顷，有效防治率均达100%。1997年，实行"谁经营，谁防治"的责任制度，加强与周边县森林病虫联防联治，全县使用白僵菌粉剂、林丹烟剂防治马尾松毛虫、竹蝗危害面积277.53公顷，有效防治率100%。2001年，全县建立生态公益林病虫害防治和重大危险性病虫害治理主要由政府负责，商品林病虫害防治主要由经营者负责的责任制度，共投入防治经费9.30万元，防治森林病虫害面积843.92公顷，其中生物防治、物理等非化学农药防治面积占88%，有效防治率100%。2005年，全县防治马尾松毛虫、竹蝗刚竹毒蛾、黑翅土白蚁、板栗疫松针褐斑病、萧氏松茎象等危害面积41398.46公顷，有效防治率100%。

1988—2005年宁化县森林病虫监测、防治情况表

表13-8　　　　　　　　　　　　　　　　　　　　　　　　　　　　　　　单位：个、公顷

年份	病虫监测		病虫害发生							病虫害防治	
	监测点	监测覆盖率	发生面积	虫害	其中			病害	发生率	面积	防治率（%）
					松毛虫	竹蝗	其他				
1988	516	60.00	933.33	933.33	800.00	133.33	—	—	—	933.33	100
1989	516	60.00	1526.67	1526.67	313.33	1213.34	—	—	—	1526.67	96.50
1990	360	60.00	702.67	702.67	266.67	400.00	36.00	—	—	702.67	90
1991	320	60.00	506.00	506.00	419.33	—	86.67	—	—	506.00	100
1992	460	82.30	17.07	17.07	17.07	—		—	—	17.07	100
1993	460	82.00	72.33	72.33	53.33	19.00		—	—	72.33	100
1994	1136	77.90	489.07	489.07	400.00	89.07		—	—	489.07	100
1995	1134	84.20	2237.60	1970.993	1487.00	—	486.93	266.67	0.67	2237.60	100
1996	818	75.00	123.60	123.60	93.60		30.00	—	0.06	123.60	100

续表13-8

年份	病虫监测		病虫害发生							病虫害防治	
	监测点	监测覆盖率	发生面积	虫害	其中			病害	发生率	面积	防治率（%）
					松毛虫	竹蝗	其他				
1997	950	75.80	277.53	277.53	264.00	6.53	7.00	—	0.20	277.53	100
1998	951	75.80	155.66	155.66	—	102.33	53.33	—	0.07	155.66	100
1999	649	96.00	186.47	186.47	146.47	—	40.00	—	0.14	186.47	100
2000	281	96.10	578.20	244.47	101.00	—	143.87	333.33	0.35	578.20	100
2001	684	96.80	843.92	392.26	238.93	93.33	60.00	451.66	0	843.92	100
2002	347	96.80	1233.86	222.20	159.13	36.87	26.20	1011.66	0	1233.86	100
2003	487	97.40	401.06	284.00	284.00	—	—	117.06	0	401.06	100
2004	740	90.20	41368.26	41251.06	305.33	47.33	40898.40	117.20	0	41375.86	99.60
2005	745	99.80	41396.86	41396.86	269.93	73.00	40936.73	117.20	0	41398.46	100

注：1.虫害其他包括刚竹毒蛾、二色绿刺蛾、白蚁、竹笋禾夜蛾、松梢螟、焦艺夜蛾、竹笋泉蝇、沫蝉、竹螟、萧氏松茎象。

2.病害包括松赤枯病、松针褐斑病、杉木炭疽病、板栗疫病。

3.1995—2000年为发生率，2001—2005年为成灾率。

四、森林植物检疫

1988年，通过植物检疫对象疫情调查，县林业局划出泉上、方田、淮土、禾口林场（城郊境内）、鱼龙林场（翠江境内）等地为湿地松褐斑病疫区，湖村为板栗疫区，泉上、城郊、水茜为保护区。1989年，宁化县成立森林病虫防治检疫站，开展森林植物种子、苗木、木本花卉、木材、竹材、林产品及其他繁殖材料检疫。1990年，实行产地检疫台账管理，完善检疫办证程序，检疫核发《植物检疫证书》，确保森林植物及其产品经检疫后进入流通渠道。1997年，县林业局开展采伐地源头检疫和堆头、货场的调运检疫，全县调运检疫木材58328立方米、毛竹229172根、三板（胶合板、纤维板、刨花板）2509立方米，调运检疫率100%，苗木产地检疫2.72公顷，产地检疫率100%。

2000年，宁化县重点检疫松材线虫病等林业有害生物，对省外松木及其制品调入前把好检疫审批关，调入后把好复检关，严防检疫对象入侵，全县调运检疫木材90762立方米、毛竹478061根、三板10361立方米，调运检疫率100%。2001年，为方便货主检疫办证，由基层兼职检疫员开展堆头、货场抽检及采伐地源头检疫，对无异常的林木及其产品，发放报检单，若发现有异常的林木及其产品由县专职检疫员抽检，经确认无异后，出具检疫报检单，并换取《植物检疫证书》。全县调运检疫木材92741立方米、毛竹376708根、三板16224立方米，调运检疫率100%，苗木产地检疫1.45公顷，产地检疫率100%。

2005年，县林业局规定凡调出的木材及其制品，先由基层兼职检疫员进行产地检疫，检疫合格的签发产地检疫合格证。木材及其制品调运时，县专职检疫员根据产地检疫情况，进行调运检疫，检疫合格的签发《林业植物检疫证书》。全县调运检疫木材111971立方米、毛竹169184根、胶合板11792立方米、木切片4700吨、杉旧料10624立方米，调运检疫率100%；苗木产地检疫0.70公顷，产地检疫率100%。

1988—2005 年宁化县森林植物检疫情况表

表 13-9 单位:立方米

年份	木材	毛竹	三板	检疫率	年份	木材	毛竹	三板	检疫率
1988	—	—	—	—	1997	58328	229172	2509	100
1989	—	—	—	—	1998	58801	234130	1007	100
1990	—	—	—	—	1999	85826	431714	1254	100
1991	—	—	—	—	2000	90762	478061	10361	100
1992	—	—	—	—	2001	92741	376708	16224	100
1993	—	—	—	—	2002	88461	564423	14523	100
1994	67330	506606	296	100	2003	75899	769520	15950	100
1995	59612	369600	—	100	2004	98720	646629	11890	100
1996	50428	270932	—	100	2005	111971	169184	11792	100

第三节 野生动植物保护

一、野生动物保护

1988 年，县林委组织森林公安、林政执法人员开展打击贩运、销售穿山甲等违法行为，依法没收并放生穿山甲 124 只。1989 年 8 月 12 日，宁化县野生动物保护协会成立。1990 年，林业执法人员没收并放生穿山甲 25 头，猫头鹰 2 只。1991 年，开展首届"野生动物保护宣传月"活动，森林公安破获贩卖野生动物犯罪团伙 5 个，没收并放生国家保护动物穿山甲 50 只、小灵猫 1 只。1992 年，森林公安没收并放生穿山甲 50 只、猫头鹰 3 只，罚款 3000 元。1993 年 11 月起，宁化县贯彻《福建省实施〈中华人民共和国野生动物保护法〉办法》，实行野生动物特许猎捕证，驯养繁育许可证，经营加工许可证，运输邮寄、携带准运证制度。开展"爱鸟周"和"野生动物保护宣传月"活动，张贴标语 2000 张。森林公安开展打击乱捕滥猎专项行动，没收并放生穿山甲 53 只、白鹇 1 只、虎纹蛙 100 只。1994 年，根据省林业厅《关于大力加强野生动物保护和依法禁止濒危物种及其产品贸易宣传的通知》，清理城区集贸市场、商店、药店、宾馆、饭店和涉及虎骨、犀牛角产品的商店，全县没收并放生虎纹蛙 92 只、穿山甲 19 只、五步蛇 1 条、小灵猫 1 只。

1995 年，县林委制定保护发展和合理利用野生动物的规划和措施，清理违反规定的珍稀野生动物产品的宣传广告。1996 年，全县查处违章捕猎行政案件 6 起，没收违章所得 580 元，罚款 700 元，没收并放生雏雕 1 只、眼镜蛇 1 条。1997—2001 年，县林业执法部门调查全县野生动物资源，设常规样带 106 条、山地溪流样带 76 条、平坂样带 50 条，走访猎人 106 人，调查发现鸟类 94 种、兽类 19 种、两栖类 19 种、爬行类 28 种，其中国家一级保护动物 5 种，国家二级保护动物 13 种。1998 年，县林业执法部门专项调查夏季两栖、爬行类野生动物，调查野外山地溪流 78 条，长度 78.35 公里；野外坪坝 50 条，长度 35.30 公里。调查发现爬行类 19 种、蛙类 13 种。对野生动物驯养繁殖和经营行业进行清理整顿，登记造册，没收并放生虎纹蛙 61 只、蛇类 160 公斤。

1999 年，打击乱猎行为，收缴非军用枪支 2 支，没收并放生国家二级保护野生动物 19 只；判处非法猎捕 1 只国家一级保护动物白颈长尾雉、5 只国家二级保护动物白鹇的包某某拘役 4 个月，并处罚金 7000 元。2000 年，没收并放生野生动物 312 只。2001 年，专项打击破坏野生动物违法犯罪活动，查处野生动物违法违规案件 150 起，没收并放生穿山甲 3 只、鸟类 26 只、虎纹蛙 260 只、其他野生动物 79 只、蛇类 130 公斤。2002 年，查处野生动物违法违规案件 11 起，没收并放生野生动物 330 只。2003 年，没收并放生野生动物 11 只。2004 年，县和各乡（镇）成立野生动植物保护管理站，全县查处野生动物违法违规案件 3 起，没收并放生国家二级保护动物 1 只、省重点保护动物 282 只。2005 年，全县查处野生动物违法违规案件 3 起，没收并放生虎纹蛙 32 只、蛇类 36 条。

1988—2005 年，全县查处野生动物违法违规案件 178 起，没收并放生穿山甲、虎纹蛙、小灵猫、鸟类等野生动物 1944 只，蛇类 290 公斤。

二、野生植物保护

1988 年，宁化县加大珍稀野生植物和古树名木的保护力度。1992 年，宁化县贯彻林业部《关于保护珍贵树种的通知》，严禁采伐国家一级保护珍贵树种，严格控制采伐国家二级保护珍贵树种。1997—1998 年，调查全县野生植物资源，查明全县有国家一、二级保护野生植物 14 种，省级保护野生植物 5 种。并制定保护利用规划。1999 年，宁化县打击非法采集野生植物行为，安远乡永跃村 5 人盗伐红豆杉 1 株、材积 0.80 立方米，犯罪嫌疑人王某某被判处有期刑 6 个月、缓刑 1 年，并处罚金 2000 元。2001 年，曹坊乡官地村 4 人盗伐红豆杉 1 株，材积 0.36 立方米。其中，1 名邱姓犯罪嫌疑人被判处有期刑 4 个月，并处罚金 3000 元；1 名邱姓犯罪嫌疑人被判处拘役 4 个月、缓刑 6 个月，并处罚金 5000 元。2002 年，调查全县名木古树，查明全县古树 2847 株，其中古树群 65 群 2170 株，登记造册，挂牌标示，加以保护。2003—2005 年，没有发现破坏野生植物违法行为。

第四节　自然保护区

宁化牙梳山省级自然保护区，位于北纬 26°28′—26°35′、东经 116°32′—116°39′之间。包括安远乡割畲村、马家村、张坊村、丰坪村等 4 个建制村，南北长 10.20 公里，东西宽 5.90 公里，总面积 5249.52 公顷。分设核心区、缓冲区、实验区等 3 个功能区。其中，核心区 703.30 公顷，占总面积的 13.40%；缓冲区 264.46 公顷，占总面积的 5%；实验区 4281.76 公顷，占总面积的 81.60%。主要保护对象为中亚热带常绿阔叶林生态系统和野生动植物资源，属森林生态类型自然保护区。

经国内外专家多次实地考察认为，牙梳山成陆历史悠久，地质岩石为元古老代震旦纪变质岩，地形复杂，自然环境优越，生物区系起源古老并逐渐形成较为复杂的现代植物区系，其中南方红豆杉天然古树群和甜槠纯林等珍稀物种为植物活化石。1990 年 11 月 22 日，省、市华南虎调查组在安远乡丰坪村嵊上组山场发现 4 个扒挂、2 个足迹以及一堆老虎粪便，据此估计虎重约 70 公斤。次日，在牙梳山上部茯苓种植地里又发现 6 个老虎足迹，体重相同。1990 年 12 月 22 日—24 日，世界野生动物基金会柯勒教授实地考察牙梳山华南虎资源及其栖息地，发现华南虎粪便。

保护区内植物资源丰富，在海拔 500—900 米之间，为常绿阔叶林带，保存完好。乔木层主要有甜槠、苦槠、栲树、罗浮栲、青冈栎、红楠、华东润楠、木荷、紫树、多花泡花树、笔罗子、薯豆、细柄蕈树、枫香、油柿、雷公鹅耳枥、马尾松等；灌木层主要为继木、黄瑞木、油茶、微毛柃、刺毛杜鹃、弯蒴杜鹃、绒楠乌药、长园叶鼠刺、毛冬青及蔷薇科、紫金牛科等一些种类；草本层以芒萁、光里白、狗脊蕨等分布较为广泛；藤本植物以菝葜、瓜腹木、中华猕猴桃、白花杨桃及豆科、葡萄科的一些种类等较为多见。在海拔 900—1200 米之间，为中山矮林带，主要树种有木荷、石栎、青冈栎、福建青冈、云山青冈、茅栗、缺萼枫香（半枫荷）等。在海拔 1200 米以上，为中山灌（草）丛带，灯笼花、野山楂、映山红、单元山柳、小叶赤楠、小果南烛、胡枝子、箱根野青茅、沼原草、拂子茅芒、龙胆草、苔草、金丝桃、牡蒿、一枝黄花、过路黄等遍布其中。

保护区内珍稀植物种类繁多，属于国家一级保护树种有香果树、钟萼木、南方红豆杉等3种，属于国家二、三级保护树种有白豆杉、花榈木、梨茶与短萼黄连、八角莲、沉水樟、胡豆莲等7种，属于福建省或三明地区稀有植物有三尖杉、白花辛夷、细叶香桂、毛豹皮樟、石木姜子、钟花樱、银粉蔷薇、棕脉花楸、柳叶豆梨、尖嘴林檎、黄花倒水莲、东方野扇花、密花梭椤树、多花山竹子、君迁子、小叶白辛树、鸭头梨、台闽苣苔、桔梗、细茎石斛、金线兰、银线莲等22种。

在保护区内野生经济植物大量分布，药用植物有短萼黄连、八角莲、黄花倒水莲、细茎黄石斛、七叶一枝花、蛇足石松、金毛狗、金鸡脚、阔叶十大功劳、绞股兰、杏香兔儿风、赤连、赤东、天南星、天门冬、麦冬、金银花、金线兰、银线莲等;观赏植物有钟花樱、浙闽樱、狭叶粉花绣线菊、中华绣线菊、野含笑、乳源木莲、百花龙、小叶白辛树、枫香、五裂槭、异叶榕、石血、飞龙掌血、大血藤、香花崖豆藤、羊角藤、异叶爬山虎、异叶金花、春兰、舞花姜、周裂秋海棠等；香料植物有乌药、山苍子、枫香、细柄蕈树、野含笑、百茅萱麻梨、野山楂、南酸枣、中华猕猴桃等；菌类植物有大红菇、香菇、木耳、茶薪菇、灵芝等。

保护区内动物资源亦丰富，属于国家重点保护鸟兽类36种，其中国家一级保护动物有华南虎、金钱豹、云豹、中华秋沙鸭、白颈长尾雉、黄腹角雉等6种，属于国家二级保护动物有猕猴、穿山甲、豺、黑熊、水獭、小灵猫、大灵猫、金猫、鬣羚（苏门羚）、鸳鸯、凤头鹃莺、雀鹰、鹰雕、白尾鹞、林雕、小隼、白鹇、勺鸡、花田鸡、褐翅鸦鹃、红角、领角、褐林、长耳鸮、短耳鸮等30种。

1999年2月13日，福建省政府批准设立牙梳山省级自然保护区。2000年10月9日，宁化县设立牙梳山省级自然保护区管理处。2002年1月1日，管理处聘请护林员17人，签订森林资源管护合同。2003年9月，按照县政府《关于牙梳山省级自然保护区管理规定》，结合生态公益林管护要求，根据不同功能区，分别埋设核心区界桩、缓冲区界桩、实验区界桩，并在不同路段和保护区相关村制作界碑及宣传牌，明确保护区界线、相关功能区的界线和管护对象。2005年，区内森林覆盖率达94%，比建区前增加5%，野生动植物数量增加，生物多样性得到保护。

第五章　森林利用

第一节　木竹加工

一、木材加工

1988年，全县共有宁化县林产品加工总厂、湖村木材加工厂、安乐联营制材厂等国有、集体和股份制木材加工企业31家，生产锯材6541立方米，除国有、股份制企业具有一定生产规模外，乡（镇）企业均为小规模经营，加工品种也较单一。1989年，宁化县林产品加工总厂胶合板分厂建成投产，生产胶合板911立方米。1995年，全县有木材加工企业41家，生产锯材375立方米、胶合板2600立方米、木片1717吨。1998年，宁化县制材厂改制，宁化县人造板厂改为股份合作制企业后，个体私营企业取代国有企业，成为木材加工的主导力量，全县生产锯材382立方米、胶合板3754立方米、木片1036吨。2003年，县政府下发《扶持和规范木材加工企业发展实施意见》，扶持重点企业，发展规模经营，限制和逐步取缔粗放加工、简单加工等浪费木材资源企业。凡固定资产投资200万元以上、年加工产品材积达5000立方米以上，或企业产值 500 万元以上，或出口创汇企业等为重点企业，给予优惠扶持。全县生产锯材 30452 立方米、胶合板 17451 立方米、细木工板 6400 立方米、木片 7964 吨。2005 年，全县木材加工企业 36 家，生产锯材 17083 立方米、胶合板 20226 立方米、细木工板 24262 立方米、木片 4018 吨。

1988—2005 年，全县木材加工企业共生产锯材 154244 立方米、胶合板 102506 立方米、地板木 26300 立方米、细木工板 44899 立方米、台板 11.34 万片、木片 69173 吨。

1988—2005 年宁化县木材加工产品产量情况表

表 13-10

年份	锯材(立方米)	胶合板(立方米)	地板木(立方米)	细木工板(立方米)	台板(万片)	木片(吨)
1988	6541	—	—	—	—	—
1989	8804	911	—	—	—	—
1990	9847	352	18300	—	—	1068
1991	8998	725	—	—	—	761
1992	7668	1909	4500	—	—	2661
1993	7334	4006	3500	—	11.00	1509
1994	3467	4657	—	—	—	841
1995	375	2600	—	—	—	1717
1996	0	2609	—	—	0.34	2275
1997	382	3754	—	—	—	1036
1998	120	4934	—	—	—	3918
1999	0	37	—	—	—	5199
2000	4502	5925	—	—	—	8619
2001	4348	5967	—	—	—	9101
2002	18829	9804	—	1251	—	9836
2003	30452	17451	—	6400	—	7964
2004	25494	16639	—	12986	—	8650
2005	17083	20226	—	24262	—	4018
合计	154244	102506	26300	44899	11.34	69173

二、竹材加工

1988 年，竹材加工以小作坊方式生产日用竹制品及竹农具，全县生产竹制农具 1.88 万件。1989 年，生产日用竹制品 0.05 万件、竹制农具 0.55 万件。1991 年，台商投资创办振兴竹木制品有限公司，1992 年投产，生产竹凉席、竹条、竹片、竹筷、竹香芯等产品，主要销往中国台湾地区和日本、美国、韩国等国家，加工产值 850.60 万元，自此宁化始有较大规模竹材加工企业。1994 年，治平竹制品厂建成，主要生产竹筷等产品。1996 年，黄庄竹制品厂和顺发竹制品厂建成，主要生产竹筷、竹凉席等产品；全县集体和个私竹制品加工企业发展到 10 家（不含笋、纸品加工企业，下同），主要生产竹凉席、竹筷、竹香芯、竹签、竹碗、竹窗帘、竹家具等产品，产值 1387 万元。

2002 年，联创精工竹木艺品有限公司和以生产竹炭产品为主的昌丰竹业有限公司成立。全县竹材加工主要生产竹凉席、竹香芯、竹串、竹筷、竹炭、竹胶板、竹工艺品、竹窗帘、竹条、竹片等产品，其中生产竹凉席 20.13 万平方米，竹香芯、竹串、竹筷 850.50 吨，竹炭 120 吨，竹胶板（半成品）21.75 万套，产值 4088.50 万元。2003 年，全县生产竹凉席 25.50 万平方米，竹香芯、竹串、竹筷 670 吨，竹炭 490 吨。2004 年，全县生产竹凉席 27.60 万平方米，竹香芯、竹串、竹筷 3180 吨，竹炭 1500 吨，竹胶板（半成品）18.70万套，竹地板坯9.80万平方米。2005年，全县竹制品加工企业27家，除振兴竹木制品有限公司、联创精工竹木艺品有限公司外，其他企业生产规模较小，粗加工产品多，附加值不高。主要生产竹凉席、竹香芯、竹串、竹筷、竹炭、竹胶板、竹地板坯、竹工艺品、竹窗帘、竹条、竹片等产品，其中生产竹凉席19.10万平方米，竹香芯、竹串、竹筷4520吨，竹炭850吨，竹胶板（半成品）14万套，竹地板坯4.80万平方米，产值5506万元。

第二节　木竹购销

一、木材购销

1988年，全县商品材由林业部门统一管理和进山收购，原经营木材产品的宁化县第二轻工业局（简称县二轻局）、宁化县企业局（简称县企业局）、宁化县乡（镇）经济联合社等部门和单位停止木材经营。全县生产商品材8.76万立方米，销售8.67万立方米。1989—2001年，主要由国有林场、采育场、木材采购站和宁化县木材经营公司经销木材，实行定向、保护价收购。国有林场、采育场经营本场木材；城关木材采购站收购城郊、横锁（城南）、济村、方田、禾口（石壁）、淮土等乡（镇）木材；安乐木材采购站收购安乐、曹坊、治平等乡木材；中沙木材采购站收购中沙、河龙、安远等乡木材；水茜木材采购站收购水茜乡木材，泉上木材采购站收购泉上、湖村等乡（镇）木材；宁化县木材经营公司经营小料材、非规格材和自留材等。2002年后，贯彻《福建省森林条例》，林权单位或个人按照林木采伐许可证采伐的木材，以及农民在自留地或房前屋后采伐的木材，实行自主经营，产销见面，改变木材由林业部门统一收购的方式，形成以个私经营为主，国有林业单位经营为辅的木材经营新格局。2002—2005年，全县生产商品材29.91万立方米，销售29.54万立方米。

1988—2005年，宁化县商品材生产1518437立方米，销售1504201立方米。其中，宁化国有林场生产133434立方米，销售木材132442立方米。

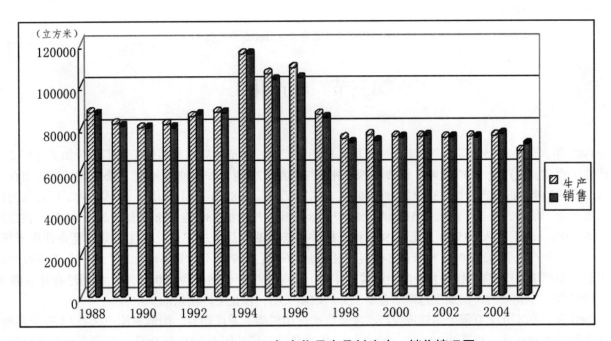

图13-1　1988—2005年宁化县商品材生产、销售情况图

二、竹材购销

1988 年，竹材以宁化县供销社（简称县供销社）经营为主，村林业股东会或农户经营毛竹的，按规定交纳有关税费后，由县供销社出具竹材运输证，即可自主经销或长途运输。全县生产毛竹 59.74 万根、篙竹 61.04 万根、小径竹 641 吨。1989 年，按照《福建省林业厅关于加强毛竹材运输管理的补充通知》，宁化县供销系统经营毛竹在省内运输的，由县林业局委托县供销社办理运输证；在省外运输的，由县供销社派员在三明市林业局设点代办运输证；其他经营毛竹的，由县林业局办证。全县生产毛竹 145.94 万根、篙竹 50.42 万根。1991 年，全县生产毛竹 182 万根、篙竹 40 万根。是年 12 月，宁化县竹材经销公司成立，形成以个私经营为主，国有、集体和个体多种形式经营格局。1993 年，竹政管理全部划归县林业局，全年生产毛竹 533 万根。2000 年起，宁化县竹材经销公司停止经营，竹材全部由农户或个体经销户收购、销售。2000—2005 年，全县生产毛竹 2927.58 万根、篙竹 1010.20 万根、小径竹 3050 吨。

1988—2005 年宁化县商品竹生产情况表

表 13-11   单位：万根

年份	毛竹	篙竹	小径竹(吨)	年份	毛竹	篙竹	小径竹(吨)
1988	59.74	61.04	641	1998	229172	—	—
1989	145.94	50.42	—	1999	234130	—	—
1990	174.01	36.35	—	2000	431714	—	—
1991	182.00	40.00	—	2001	478061	—	—
1992	297.00	148.00	—	2002	376708	—	—
1993	533.00	—	—	2003	564423	—	—
1994	630.00	—	—	2004	769520	—	950
1995	838.00	—	—	2005	646629	—	2100
1996	638.00	—	—	合计	169184	—	3691
1997	743.00	—	—				

注：1988—2001 年数字来自宁化县统计年鉴，2002 年后数字来自县林业局竹业站。

第三节　林产化工

1988 年，全县有宁化县林产化工厂（简称县林产化工厂）和宁化县林产品加工总厂综合加工分厂 2 家林产化工企业，生产松香 4032 吨、松节油 684 吨、松焦油 373 吨、香料油 1.30 吨。松香优级率达 100%，出口 2976.93 吨，占总产量的 73.83%，外汇收入 684.70 万元。1989 年 8 月 31 日，县林产化工厂升级为国家二级企业。是年，全县生产松香 5104 吨、松节油 849 吨、松焦油 280 吨。松香出口 2607.96 吨，占总产量的 51.10%，外汇收入 635.80 万元。1992 年，松香、松节油产品通过省优及部优产品的复查评审考核。是年，全县生产松香 3229 吨、松节油 541 吨、松焦油 460 吨。1993 年，县林产化工厂引进年产 300 吨萜稀树脂和年产 1000 吨食用松香甘油酯生产线各 1 条。是年，生产萜稀树脂 100.71 吨、食用松香甘油酯 30 吨。1997 年，宁化县林产品加工总厂综合加工分厂改制关闭，停止生产松焦油。

2001 年，利丰化工有限公司建成投产，主要生产食用树脂、季戊四醇、酚醛树脂三大系列 30 个品种。全县生产松香 990 吨、松节油 194 吨。2002 年，县林产化工厂关闭。2003 年 9 月，私营企业东溪化工有限公司创办，主要生产松香、松节油。是年，全县生产松香 2744 吨、松节油 164 吨。2004 年 3 月，私营企业福仙林化有限公司创办，主要生产松香。是年，全县生产松香 6137 吨、松节油 736 吨。2005 年，全县生产松香 6697 吨、松节油 1003 吨。

1988—2005 年，宁化县林产化工企业共生产松香 68294 吨、松节油 10051 吨、松焦油 2542 吨、香料油 1.30 吨。

1988—2005 年宁化县林产化工产品产量情况表

表 13-12　　　　　　　　　　　　　　　　　　　　　　　　　　　　　　　　单位：吨

年份	松香	其中：深加工			松节油	松焦油	香料油
		萜稀、树脂	食用松香、甘油脂	松香、树脂			
1988	4032	—	—		684	373	1.30
1989	5104	—	—		849	280	—
1990	4139	—	—		676	305	—
1991	3590	—	—		625	411	—
1992	3229	—	—		541	460	—
1993	3590	100.70	30		696	304	—
1994	4200	167.89	320		715	307	—
1995	4331		651		534	102	—
1996	3505	—	566	—	467	—	—
1997	4525	—	692		636	—	—
1998	3999	—	609		556	—	—
1999	3766	—	626		521	—	—
2000	2584		196		374	—	—
2001	990	—	—	250	194	—	—
2002	772	—	282		80	—	—
2003	2744			1410	164	—	—
2004	6137	—	—	1538	736	—	—
2005	6697			2549	1003	—	—
合计	68294	268.59	3971	5747	10051	2542	1.30

第六章　林业管理

第一节　机构

一、宁化县林业局

1988 年，县林委内设办公室、人事劳工股、林政资源股、计财股、审计股、科技股、基建工程物资股、营林公司、林业规划队、林业建设投资公司、森林资源管理站、国有林管理站等行政职能股室。1989年 8 月，增设木材生产股和集体林管理站。1996 年 12 月，县林委更名为县林业局，宁化县绿化委员会办公室、县森防办并入县林业局，职能不变。1997 年 8 月，县林业局机关内设行政办公室、人事劳工股、林政资源股（挂山林纠纷调处办公室牌子）、生产管理股、计划财务股（挂审计股牌子）、基建股、绿化办公室、防火办公室等 8 个行政职能股室，行政监察室与县林业局纪委合署办公。中共宁化县林业局委员会设党委办公室。核定机关编制 31 人（其中行政编制 15 人，专项编制 16 人），机关工勤人员编制 2 人。营林公司、林业规划队、林业建设投资公司、森林资源管理站、国有林管理站、集体林管理站列入直属事业单位管理。2002 年 11 月，县林业局机关内设办公室、人事劳工股、计划财务股（挂审计股牌子）、林政资源股、营林股、产业发展股、科技股等 7 个行政职能股室，核定机关行政编制 19 人，机关事业编制 1人，机关工勤人员事业编制 2 人，为离退休老干部服务人员编制 1 人。2005 年，县林业局及内设股室设置不变。

二、宁化县森林防火指挥部

1988 年 1 月 2 日，宁化县护林防火委员会改称宁化县森林防火指挥部，下设办公室，核定编制 4 人。1996 年 12 月，县森防办并入县林业局，作为内设股室，其机构名称、职能不变。2002 年 11 月，县森防办挂靠县林业局，为承担行政职能的股级事业单位。2005 年，机构设置不变，核定编制 6 人。

三、宁化县绿化委员会

1988 年，宁化县绿化委员会下设办公室（简称县绿化办），为二级局机构。1996 年 12 月，县绿化办并入县林业局，作为内设股室，为股级单位，其机构名称、职能不变。2002 年 11 月，县绿化办挂靠县林业局，为承担行政职能的股级事业单位。2005 年，机构设置不变，核定编制 2 人。

四、三明集体林区改革试验区宁化县领导小组

1988 年 7 月，宁化县成立三明集体林区改革试验区宁化县领导小组，下设办公室（简称县试验办）。县试验办设秘书股、综合股、项目监测股。1997 年 8 月，县试验办与县林业局合署办公，内设综合股。2002 年 11 月并入县林业局，保留其牌子，职能划入县林业局。

五、宁化县处理山林权纠纷工作小组

2002 年 11 月，成立县政府处理山林纠纷工作小组，下设办公室，为承担行政职能的股级事业单位，挂靠县林业局。2005 年，机构设置不变，核定编制 3 人。

第二节　林地管理

1992 年，宁化县开始实行征占用林地补偿费、林木补偿费、安置补助费、森林植被恢复费等 4 项费用收费制度。1993 年，县林委转发《关于贯彻国务院加强征占用林地审核管理规定的通知》。1995 年，开始实行征占用林地使用林地许可证制度，全县审核审批征占用林地 23 起，面积 15.07 公顷，审核率 75.70%。1998 年，宁化县开展清查毁林开垦和乱占林地工作，清查 1995—1998 年征占用林地情况，全县查处侵占

用林地案件 139 起，面积 28.92 公顷。1999 年，县政府下发《关于进一步加强林地保护管理工作的通知》，全县查处非法占地案件 15 起，面积 0.65 公顷，补办各类工程建设征占用林地的审批手续 0.43 公顷。2000 年起，启用省林业厅统一印发的《使用林地审核同意书》《使用林地申请表》《使用林地现场查验表》，全县审核审批征占用林地 13 起，面积 1.46 公顷。

2001 年，宁化县贯彻《占用征用林地审核审批管理办法》，加强对非生产性征占用林地的监控，全县查处非法征占用林地案件 10 起。2003 年，县林业局成立林地征占用专项治理小组，全县审核审批征占用林地 34 起，面积 1.34 公顷，收取森林植被恢复费 55.53 万元，查处非法占用林地案件 6 起。2004 年，县林业局下发《关于进一步规范架空电力线路走廊依法办理林地征占用问题的通知》，加强对架空电力线路占用林地的管理，开展征占用林地清理整顿大检查，全县审核审批征占用林地 29 起，面积 78.99 公顷，审核率达 99% 以上，收取森林植被恢复费 436.95 万元。2005 年，全县审核审批占用林地 2 起，面积 6.11 公顷，收取森林植被恢复费 53.13 万元。

1992—2005 年，全县共审核审批占用林地 271 起，面积 132.54 公顷。

第三节 木材采运与加工管理

一、木材采伐管理

（一）采伐限额管理

1988—1990 年，宁化县实行年森林采伐限额制度，商品材和农民自用材纳入限额采伐管理，根据生长量大于消耗量的原则，全县森林资源总消耗控制在 45 万立方米以下。省林业厅核定宁化县"一本账"计划指标每年 10.50 万立方米，其中商品材 8.50 万立方米、自用材 2.00 万立方米。1991—1995 年，全县核定森林采伐限额每年 53.26 万立方米，其中商品材 25.42 万立方米、农民自用材 5.36 万立方米、培植业用材 2.01 万立方米、工副业烧材 2.35 万立方米、生活烧材 16.65 万立方米、其他消耗 1.47 万立方米；毛竹采伐 100 万根。1996—2000 年，全县核定森林采伐限额每年 50.11 万立方米，其中商品材 20.84 万立方米、农民自用材 5.50 万立方米、培植业用材 2.05 万立方米、工副业烧材 1.58 万立方米、生活烧材 20.14 万立方米；毛竹采伐 191.40 万根。2001—2005 年，全县核定森林采伐限额每年 50.25 万立方米。按权属分：集体 45.08 万立方米、采育场 2.81 万立方米、宁化国有林场 2.36 万立方米。按消耗结构分：商品材 23.95 万立方米（集体 20.32 万立方米、采育场 2.27 万立方米、宁化国有林场 1.36 万立方米）、自用材 4.82 万立方米（均为集体林采伐）、生活烧材 21.48 万立方米（集体 19.94 万立方米、采育场 0.54 万立方米、宁化国有林场 1.00 万立方米）。毛竹采伐 212.25 万根，其中集体 202.81 万根、采育场 4.44 万根、宁化国有林场 5.00 万根）。

（二）采伐审批与监管

1988 年，采伐单位和个人申请采伐时，必须持有林权证、采伐限额指标和伐区作业设计书，由县林业行政部门核发采伐许可证；个人采伐自用材由当地林业站核发采伐许可证。全县办理木材审批 8.56 万立方米，其中商品材 7.56 万立方米、自用材 1.00 万立方米。1991 年始，推行"二砍二不砍"（砍松杉不砍杂、砍大不砍小）作业方式，全县办理木材审批 6.50 万立方米，其中商品材 5.64 万立方米、自用材 0.86 万立方米。1992 年，宁化县制定林木采伐消耗实施方案和林木采伐消耗目标责任状，全县办理木材审批 6.63 万立方米，其中商品材 6.26 万立方米、自用材 0.37 万立方米。1994 年，办理木材审批 14.56 万立方米，其中商品材 14.04 万立方米、自用材 0.52 万立方米。2001 年，加强林木采伐管理，做好采伐林地的伐前拨交、伐中检查、伐后验收。同时，支持以草代木，以竹代木，培育食用菌林，推广改燃节柴、改灶节柴技术，减少森林资源消耗。全县办理木材审批 10.23 万立方米，其中商品材 9.90 万立方米、自用材 0.33 万立方米。2002 年，简化办理林木采伐许可证手续，林木采伐申请不再提供上年度采伐作业质量验收合格证明，集体和个人的林木采伐取消伐前提交制度，采伐许可证核发前，由乡（镇）林业站进行公示，伐中作业质量由林权单位负责，对作业质量不符合规定的，核发林木采伐许可证的部门应依法处理，森林采伐后，核发林木采伐许可证的部门对采伐作业质量组织检查验收，签发作业质量验收合格证明，核销林木采伐许可证。并实行林木采伐许可证发放与采伐迹地更新挂钩制度，对采伐后当年或翌年没有及时完成更新造林的，停发下一年度采伐许可证。全县办理木材审批 8.17 万立方米，其中商品材 7.80 万立方米、自用材 0.37 万立方米。2005 年，办理木材审批 7.67 万立方米，其中商品材 7.31 万立方米、自用材 0.36 万立方米。

1988—2005 年，全县共办理木材审批 175.55 万立方米，其中商品材 115.58 万立方米、自用材 7.59 万立方米。

1988—2005 年宁化县木材采伐审批情况表

表 13-13　　　　　　　　　　　　　　　　　　　　　　　　　　　　　　单位：万立方米

年份	办理木材审批	其中		年份	办理木材审批	其中	
		商品材	自用材			商品材	自用材
1988	8.56	7.56	1.00	1997	8.08	—	—
1989	7.83	7.05	0.78	1998	12.53	12.17	0.36
1990	7.90	6.70	1.20	1999	9.26		
1991	6.50	5.64	0.86	2000	11.13	10.60	0.53
1992	6.63	6.26	0.37	2001	10.23	9.90	0.33
1993	9.37	—	—	2002	8.17	7.80	0.37
1994	14.56	14.04	0.52	2003	9.65	9.23	0.42
1995	11.76	—	—	2004	11.81	11.32	0.49
1996	13.88	—	—	2005	7.67	7.31	0.36

二、木材运输管理

1988 年，凡通过水上、公路在省内运输木材，以"福建省木材省内运输证"并签有县林业局"木材管理专用章"为凭据；属于运输出省的木材，以"福建省木材出省运输证"并签有"福建省林业厅木材管理专用章"为凭据；通过铁路在省内或省外运输的，以"要车计划表"或"零担托运申报表"并签有县林业局"木材管理专用章"或"福建省林业厅木材管理专用章"为木材运输证明。1989 年 10 月 15 日起，凡运输出省的木材、毛竹材，一律启用林业部统一印制的《出省木材运输证》并加盖"福建省林业厅木材管理专用章"。为规范木材运输管理，木材下山前需开具"检尺通知书"进行检尺到材。1993 年，县林委下发《关于加强木材检尺码单管理的通知》，木材检尺码单由县林委统一印制，林政股负责发放管理，明确规定乡（镇）林业站只有管理权，没有使用权。指定专人管理码单，凭采伐证开具下山通知书，凭通知书发放码单，控制超量采伐。1994 年 2 月 1 日起，启用由福建省林业厅统一格式并制版、三明市林业委员会统一印制的《福建省木材检尺码单》；11 月 1 日起，凡运输国家一、二级和省定地方稀有珍贵的木材及其产品，须先申办《福建省林业厅特殊用材运输证明》，再凭特运证申办省内或出省木材运输证，并由省林业厅管理核发。1995 年，宁化县执行《福建省木材运输证办证管理规定》，规范木材运输证办证管理和木材正常流通秩序，除县林业检查站外，林业公安、林政等其他执法部门一律不得上路检查。

1996 年，按照《福建省木材运输证办证管理规定》补充规定，宁化县对木材运输办证范围、木竹成品、半成品折率标准、运输证填写作出具体规定。同时，加强码单发放和领用管理，做好码单使用和回收跟踪，建立检量台账，完善码单管理制度。1999 年 8 月，根据省林业厅新修订的《福建省木材运输证办证管理规定》，县林业局下发《关于调整木材检尺码单管理办法的通知》和《关于违反码单管理处罚规定的通知》，进一步规范木材检尺码单管理。2000年1月1日始，福建全省启用新版《福建省木材检尺码单》。2002年1月1日起，宁化县执行《三明市林委关于〈福建省森林条例〉实施后木材运输管理有关问题的通知》《福建省木材检尺码单》只限用于木材集材调运和木材运输证的附件使用，不再作为木材运输凭证使用。全县办理运输证8459份，运输木材15.71万立方米。2005年，县林业局出台《加强码单管理的通知》，规定码单的领用、管理及违反码单管理的具体处理办法，全县办理运输证7597份，其中省内6033份、出省1564份；运输木材15.43万立方米，毛竹63.36万根。

三、木材加工管理

1988年，宁化县清理整顿木材加工企业，对全县具备条件的31家木材加工企业重新核发营业执照，实行木材加工企业"五限定"（限定材种、限定数量、限定供应单位、限定价格、限定出口指标）。1992年，宁化县对以木材为加工原料的企业进行整顿，并完善加工许可证制度。1995年，全县经年审重新发放木材经营加工许可证41家。2000年9月起，全县实行木材经营加工批准制度，凡需创办木材加工企业的单位或个人，须向县林业局提出申请，经审核符合法律、法规规定的，方可发给《福建省木材经营加工批准书》。同时，建立木材进出仓登记台账，定期督查，防止木材经营加工企业非法收购加工用材。2003年，县政府出台《关于印发扶持和规范木材加工企业发展实施意见》，对年加工材积不足1000立方米（原竹20万根）或年加工产值不足20万元的，注销或收回木材经营加工许可证，并规定不再批准规模以下木材加工企业。同时，清理整顿木材加工企业，淘汰生产工艺落后、资源浪费严重的木材加工企业。2005年，县政府出台《关于加强木材加工企业监管的意见》，建立健全监管机制，严格企业年审制度，依法依规查处违规经营企业，淘汰一批粗放经营的木材加工企业，全县保留木材加工企业36家。

第四节　林业行政执法

1988年，全县查处林业行政案件116起，案件查处率99.10%；没收木材32.50立方米。1990年10月1日《中华人民共和国行政诉讼法》开始实施，县林委充实林政管理人员89人，发放《福建省行政执法检查证》，全县查处林业行政案件200起，没收木材105.10立方米，并处罚款10.56万元。1992年，查处违章运输案件480起，并处罚款23.50万元。1993年5月1日起，根据《中华人民共和国森林法实施细则》《森林防火条例》有关规定，县政府授予全县16个林业站、林业检察科及林业公安（含林业派出所）等20个单位依法行使林业行政处罚权，并对授权单位的林业处罚范围作出具体规定。是年，全县共查处林业行政案件35起，没收木材134.10立方米。1994年，县政府建立全县执法单位林业行政案件查处进行分级管辖和层级监督制度。9月，县林委转发《林业部关于转发〈最高人民法院关于对林业行政机关依法作出具体行政行为申请人民法院强制执行问题的复函〉的通知》，规范行政执法程序。

1995年，宁化县清理整治全县私设货场乱收乱购木材行为，取缔泉上镇等10家非法收购木材货场。1997年，县林业局调整符合实施林业行政处罚规定条件的机关或单位的委托范围，全县查处林业行政案件101起，没收木材487.10立方米、毛竹0.42万根。2000年，实行林业行政处罚听证制度，全县查处林业行政案件305起，没收木材398.60立方米。2002年，执行三明市林业行政执法有关制度，全县查处林业行政案件467起，没收木材1730立方米。2003年，县政府下发《宁化县人民政府关于禁止烧柴片的通告》，全县查处林业行政案件640起，没收木材4316立方米，并处罚款27.80万元。2005年，县林业局、县公安局联合下发《关于贯彻落实国家林业局、公安部开展打击破坏森林资源专项行动的通知》，全县查处林业行政案件466起，没收木材2356立方米。

1988—2005 年，全县共查处林业行政案件 4883 起，没收木材 14919.87 立方米、毛竹 0.54 万根，并处罚款 200.29 万元。

1988—2005 年宁化县林业行政案件处理、征占林地审批、山林纠纷调处情况表

表 13-14

年度	行政案件处理				征占林地审批		山林纠纷调处	
	起数（起）	罚款（万元）	没收木材（立方米）	没收毛竹（万根）	起数（起）	面积（公顷）	起数（起）	面积（公顷）
1988	116	3.07	32.50	—	—	—	6	102
1989	46	—	—	—	—	—	3	160.67
1990	200	10.56	105.10	—	—	—	2	78.87
1991	176	14.00	180.00	—	—	—	2	91.53
1992	480	23.50	—	—	—	—	1	33.33
1993	35	—	134.10	—	—	—	1	20.00
1994	—	—	353.00	—	—	—	7	56.83
1995	—	—	363.30	—	23	15.07	—	—
1996	—	—	—	—	73	17.02	3	33.13
1997	101	—	487.10	0.42	—	—	—	—
1998	98	—	189.50	0.12	—	—	—	—
1999	267	—	420.37	—	—	—	1	15.27
2000	305	—	398.60	—	13	1.46	3	129.40
2001	975	—	956.50	—	—	—	4	115.43
2002	467	—	1730.00	—	18	0.52	2	5.26
2003	640	27.80	4316.00	—	34	1.34	2	16.67
2004	511	46.04	2897.80	—	29	78.99	2	63.40
2005	466	75.32	2356.00	—	2	6.11	3	71.67
合计	4883	200.29	14919.87	0.54	192	120.51	42	993.46

第五节　山林纠纷调处

　　1988 年，江西省石城县岩岭乡李地村与宁化县济村乡济村村发生山林纠纷，经双方乡政府和林业站调解，双方互谅互让，纠纷得以解决。1989 年，中沙乡武昌村与湖村镇店上村发生山林纠纷，经三明市中级人民法院复查核实，作出终审判决，以山脊为界，双方在裁定线种植防火树种作为永久界线。1992 年，宁化县济村乡与江西省石城县丰山乡发生 1 起 33.33 公顷的山林纠纷，经闽浙赣第六护林联防区第三分会小组座谈协商解决。1999 年，溪口采育场与水茜乡沿口村发生 1 起 15.27 公顷的林木林地权属争议，经县政府裁决，林木林地权属归水茜乡沿口村所有。2000 年，建宁县均口镇芨坑村苦竹坪组与宁化县水茜乡上谢村巷溪组发生 1 起 85.06 公顷的山林纠纷，经双方县分管领导、调处办及相关单位多次协调，10 月签订调处协议，山林权属归建宁县均口镇芨坑村苦竹坪组所有。

　　2004 年，翠江镇小溪村邱某某与城郊乡都寮村杜某某等 10 户发生 1 起 19.53 公顷的新植毛竹纠纷案，经县政府裁决，山权归翠江镇小溪村所有，林权归邱某某所有。2005 年，曹坊乡上曹村与青州造纸厂宁化林场发生 1 起山林纠纷，上曹村以《青州造纸厂转让林中存在自留山的纠纷问题》信访件上访，并组织近300 个村民，堵路拦车，聚集在曹坊乡政府内，要求解决自留山归还问题。县林业局多次派人与乡政府一起调查和调处；9 月 1 日，县政府下发《宁化县人民政府关于答复上曹村部分村民上访有关自留山问题的意见》，经双方协商，由曹坊乡政府、县林业局、青州造纸厂宁化林场分别补偿 1 万元给自留山农户，林权归青州造纸厂宁化林场所有，纠纷妥善解决。

1988—2005 年，全县共调处山林纠纷 41 起，面积 903.96 公顷。其中，1988—1990 年调处 11 起，面积 341.54 公顷；1991—1995 年调处 11 起，面积 201.69 公顷；1996—2000 年调处 6 起，面积 177.80 公顷；2001—2005 年调处 13 起，面积 181.93 公顷。

卷十四 畜牧业 水产业

畜牧业和水产业在宁化县农业生产中占有重要地位。20世纪90年代，宁化畜牧业和水产业开始改变传统养殖模式和品种结构，大力发展立体生态养殖和规模养殖。1999年，宁化农星农牧有限公司在县政府的支持下，以"公司+农户"模式带动全县农户发展规模养殖，发展成"公司+基地+农户+标准化"的高效经营模式。2001年，宁化县畜牧水产局（简称县畜牧水产局）引进推广无公害养殖技术。2005年，泉上水库和高堑池塘产品获无公害水产品认证。年末，全县畜牧水产总产值30605万元，占农业总产值的19.51%，比1988年提高3.10个百分点。

第一章 畜禽

第一节 家畜饲养

一、猪

（一）品种

1988—1992年，宁化县生猪品种以槐猪、当地黑母猪和中约克、大约克公猪为主。1993年，县畜牧水产局副食品基地（黄河龙水库综合试验场）引进太湖母猪40头、太湖公猪2头，开始太湖母猪示范饲养和扩繁。是年，中沙乡下沙村村民创办中沙乡综合育种场，饲养太湖母猪51头，并引进长白公猪，开展"长太"二元杂交商品猪生产。通过示范饲养和性能测定，太湖母猪窝产仔数、初生重、泌乳力、60日龄断奶重等繁殖性能均明显优于本地母猪，在此基础上全县推行养猪"三化"（公猪长白化、母猪太湖化、菜猪长太杂交一代化），提高菜猪出栏率和瘦肉率。至1994年，宁化县畜牧兽医站从江苏、浙江及福建省的厦门、漳州和龙岩等地引进太湖母猪5831头、太湖公猪3头、长白公猪20头、中约克公猪15头、"长太"杂交商品猪9124头。全县共建母猪人工授精配种站9个，配种点58个，母猪存栏300头以上的乡（镇）都建有配种站。全县生猪杂交率为84.50%，实现生猪"三化"和商品猪"黑改白"目标。

1997年2月，宁化县第一家瘦肉型种猪繁殖场——冠宁种猪场在翠江镇双虹村瑶上长兴果场建立，从武汉等地引进大约克、长太种母猪240头，长白、大约克、杜洛克种公猪6头，培育和生产外二元、外三元商品猪，其中外三元商品猪从出生到出栏只需5.50个月，瘦肉率高达80%。2000年，县政府下发《关于印发宁化县生猪品种改良实施意见的通知》，实行扶持饲养瘦肉型种猪养殖户优惠政策。每饲养1头瘦肉型种猪由县财政补贴80元，乡财政配套20元。县政府把冠宁种猪场列入县农业建设重点项目，并在安远乡岩前村、曹坊乡下曹村、城郊乡瓦庄村、中沙乡下沙村、济村乡洋地村建立生猪品种改良示范基地，每个基地发展优良瘦肉型内二元母猪100头，其中济村乡洋地村还引进"杜太"内二元母猪62头。全县其他养殖户引进瘦肉型内二元母猪150头、纯种太湖母猪46头、杜洛克公猪2头、长白公猪4头、大约克公猪19头。其中，县农业局瓦庄母猪繁育基地引进纯种太湖母猪46头、杜洛克公猪1头，用于培育"杜太"和"长太"瘦肉型母猪；城南乡一养殖专业户引进"长太"外二元瘦肉型母猪18头、杜洛克公猪1头，用于培育外三元瘦肉型商品猪。

2001年，安远、曹坊、济村、城郊、中沙等乡（镇）共引进优良瘦肉型二元母猪1681头，其中"杜太"二元母猪1665头、"大太"二元母猪8头、"长太"二元母猪8头；引进瘦肉型公猪9头，其中杜洛克2头、长白1头、大约克6头。济村乡洋地村年末存栏"杜太"母猪64头，17头母猪实现产仔，繁殖能力明显优于本地母猪，产仔均在11头以上。初生窝重15.35公斤，初生个体重1.10公斤，比本地母猪产仔初生个体重0.75公斤多0.35公斤，高出46.70%。2002年，全县继续推行猪品种改良，重点推广鱼龙铺"外三元"肉猪规模养殖模式，全县存栏良种公猪103头，本地公猪基本被淘汰。至2005年全县饲养二元母猪6000头，占母猪饲养总数的34%。

（二）饲养

1988年，全县生猪总饲养量291771头，年末存栏169143头，出栏122628头。1990年，畜禽饲养仍以分户零星散养为主，农户以杂草和农副产品下脚料养猪，喜养肥猪，养殖规模小，专业户、重点户的饲养量一般10—20头，100头以上专业户少见。县副食品基地建有规模畜禽养殖场。1991年，水茜乡庙前村一养殖专业户养母猪7头、菜猪3头，兼养鸡、鸭、鹅，并孵化鸭苗，效益显著，县畜牧水产局依此在全县广泛提倡"小而全"的庭院养殖模式。1993年，县政府下发《畜牧水产局环境保护责任书》，进行黄河龙水库试验场生态养殖试点建设，推广"猪—鱼—果"相结合的养殖模式。同年中沙乡一养殖专业户创办种猪场，养母猪30头、菜猪8头。1994年，泉上镇一养殖专业户养猪82头。1995年，翠江镇一养殖专业户饲养生猪154头，石壁镇隆陂水库一养殖专业户养猪186头。1996年，养猪专业户、重点户95户，共饲养生猪10013头。1998年，县畜牧水产局以泉上华侨农场外三元种猪场（存栏种猪130头）、瓦庄内三元种猪场及中沙乡下沙村、半溪村的3个饲养杂交猪的母猪猪场为示范点，鼓励自繁自养，扩大养殖规模，巩固乡（镇）人工配种站，引进推广优质高效饲料添加剂，建立适应宁化的畜禽免疫程序，申请无特定疫病区项目建设。2000年，全县饲养生猪100头以上的专业户有4户，养猪1064头。饲养母猪20头以上的有2户，养母猪66头。城南乡一养殖专业户养猪400头。翠江镇双虹村一养殖专业户（原冠宁种猪场）养猪380头。2001—2002年，引进二元母猪。2003年，饲养100头以上规模养殖户10户，饲养量5168头。2004年，生猪规模化养殖进一步发展，济村乡一养殖专业户引进漳州商人投资100万元兴办"万兴养殖公司"，占地2.4公顷，建猪舍4栋（面积800平方米），存栏母猪58头、公猪1头、肉猪302头。2005年，安乐乡成立"余南贵兄弟养殖公司"，饲养母猪180头、公猪3头；外商黄水国投资300万元在曹坊乡创办"金星牧业有限公司"，存栏外二元母猪140头、公猪8头、肉猪360头。是年，淮土乡大王养殖有限公司、安远乡佳盛养殖场、中沙乡三兴猪场、湖村镇凉伞岗猪场、石壁镇大宝猪场及城区周边中小规模猪场相继投产。全县生猪年饲养量412534头，年出栏216945头，年末存栏195589头。

（三）猪舍建设

20世纪80年代末至90年代中期，猪舍都较简陋，土木栏较多。20世纪90年代后期始，大部分散户和全部规模猪场猪舍为砖混结构或砖瓦结构，舍内地面和墙壁实现硬化。有些规模猪场猪舍分为种猪舍、育成舍、分娩舍、商品猪舍、隔离舍。猪舍每座建20—24个栏，双排式，每个栏10—12平方米，养10—15头商品猪或育成母猪，1座猪舍可养200头猪。种公猪实行单栏关管，母猪繁殖舍采用定位栏，1幢猪舍建定位栏50—100个，可养50—100头母猪。定位栏、产仔舍、仔猪育成舍用钢管焊成，通风、保温设备齐全。龙腾养殖有限公司、金星牧业有限公司还建有配套的沉淀过滤池、氧化塘、沼气池等环保设施。

二、牛

（一）品种

1988—1995年，全县主要有宁化当地黄牛和水牛两个品种，民间黄牛和水牛都处于自然交配、自然繁殖状态。1996年4月，县畜牧水产局从福建省农学院引进肉用型"利木赞"公牛冻精500头份，改良曹坊乡和淮土乡黄牛品种，黄牛自然发情配种76头，情期受胎率86%。1997年6月19日，淮土乡淮阳村一村民饲养的当地母黄牛产下全市第一头冻精冷配杂交牛犊，初生重19.75公斤，比当地牛重11.95公斤，比增153.20%；体高69厘米，比当地黄牛高18.80厘米，比增37.50%；体斜长59厘米，比当地黄牛长16.60厘米，比增39.20%；胸围67厘米，比当地黄牛大24.50厘米，比增57.60%；管围10厘米，比当地黄牛大1.80厘米，比增22%。1998年，全县在淮土、曹坊、安远、水茜、石壁、安乐、济村、方田等乡（镇）建冻精冷配站共8个，冻精冷配黄牛891头，累计产杂交犊牛732头。杂交一代犊牛长速明显优于当当地黄牛，12月龄体重185公斤，比当地牛增重50公斤。1999年，全县黄牛冻精冷配站增加到10个，共有14个冷配点，覆盖13个乡（镇），全年冻精冷配黄牛1266头。2000年，县财政划拨黄牛改良专项经费5万元，全县冻精冷配黄牛1756头，受胎率92.50%，产杂交牛6720头。经生产性能测定，杂交牛初生重平均20.60公斤，比当地牛重12.80公斤，比增164.10%。经屠宰测定，18月龄杂交牛平均体重242.40公斤，比当地牛重104.40公斤，提高75.70%。粗放散养的18月龄杂交牛屠宰率48.10%，比同龄当地牛提高10.30%，净肉率提高7.40%，眼肌面积增加26.20平方厘米。18月龄杂交牛每天可比同龄当地牛多犁田0.05—0.09公顷。是年，黄牛改良课题通过省级专家评审鉴定，获三明市科技进步奖。

2001年，县畜牧水产局引进福建省育种场巴基斯坦奶役兼用型优良"尼里"水牛冻精800支，用于改良10个乡（镇）水牛，全年冻精冷配水牛1493头。2002年，新增泉上、城郊、河龙、湖村、治平、城南6个水牛冻精冷配站，全年冻精冷配水牛1603头。是年，佳冶金牛牧业有限公司从河南、江西等省引进秦川牛、南阳牛、鲁西牛及其杂交后代等良种牛，优化当地黄牛品种。2003年，县政府提倡保护和留养杂交母黄牛，每淘汰当地公牛一头补贴100元。新增湖村和淮土乡竹园2个冻精冷配站（点），分别引进河南省种公牛站法国"利木赞"冻精6000支，冻精冷配2028头。

2004年，肉牛良种繁育被列入宁化四大特色农业主导产业，县畜牧水产局引进湖南省种公牛站"皮埃蒙特"冻精3000支、"利木赞"冻精1000支、"西门塔尔"冻精1000支，共冷配黄牛4500头，新增母黄牛8470头。2005年，引进和留养杂一、二代母黄牛2175头，阉割当地公牛421头，全县建成黄牛冻精冷配站（点）46个，引进河南省种公牛站"利木赞"冻精13257支、"皮埃蒙特"冻精500支、"西门塔尔"冻精1500支，冷配黄牛4793头次。

1988—2005年，全县累计引进"利木赞"冻精20757支、"皮埃蒙特"冻精3500支、"西门塔尔"冻精2500支，开展黄牛冻精冷配18406胎次。

（二）饲养

宁化农民素有"养牛耕田"的习惯，1988年年末，全县牛存栏22809头。1990年年末，全县牛存栏25245头。1994年，县畜牧水产局在中沙乡下沙村、城南乡斑竹村各建立一个秸秆氨化（将稻草、豆秸、油菜秆、甘蔗叶等农作物收成后的蒿秆切碎入窖，按比例拌入含氮素化肥，压实发酵，待秸秆纤维软化后喂牛）养牛试点，提高秸秆利用率，加快牛肥育速度，实现秸秆过腹还田肥田。1995年，全县养牛30290头，出栏1268头。1996年4月，三明市政府发出《关于扶持肉牛生产的通知》，宁化列为"九五"期间实现商品肉牛1万头示范县，县政府出台饲养商品肉牛20头以上的每头扶持100元，5年内免征养牛卖牛收入所得税和增值税，建牛舍用地免征土地使用费，所需木材按自用材审批等政策，投资10万元建立肉牛育肥场。1997年，肉牛育肥场投资20万元饲养本地牛并从河南引进的杂交牛172头，全年出栏90头。1999年，全县肉牛出栏2483头，比1998年增加88头。全县养牛20头以上的专业户43户。

2001年，县政府引进外资筹建佳冶金牛牧业有限公司，采取"公司+农户"模式进行种牛繁殖和肉牛生产，全县饲养肉牛6800头，饲养肉牛10头以上养殖示范户19户。2002年，推广"公司+基地+农户"

养殖模式，调进良种肉牛 259 头，152 户农户养殖肉牛 794 头。同时推广牧草种植，共种植牧草 174.13 公顷，其中佳冶金牛牧业有限公司示范片种草 25.33 公顷，中沙乡半溪村种草 5.33 公顷。2003 年，佳冶金牛牧业有限公司和淮土肉牛育肥场年养殖肉牛 260 头，全县养殖肉牛 10 头以上的养殖户 21 户。

2004 年，推广种草养牛，规模育肥。全年种植牧草 406.60 公顷，兴建 100 头以上规模育肥牛场 19 个，共养牛 1202 头；20 头以上养牛大户 106 户，饲养肉牛 2395 头。是年，全县出栏肉牛 5780 头，黄牛存栏 3.30 万头，其中肉牛存栏 1.10 万头。2005 年，引进三明恒祥农牧有限公司，收购原佳冶金牛牧业有限公司，成立宁化县恒祥农牧有限公司，建成全省最大的良种母牛繁育场，存栏良种可繁母牛 253 头。全年推广种植优良牧草 673.33 公顷，出栏育肥肉牛 7236 头。

三、羊

（一）品种

1988—2005 年，全县 16 个乡（镇）均有养羊，品种较杂，有南江黄羊、成都麻羊、戴云山羊、波尔山羊、沙能山羊和一些杂交后代羊。沙能山羊属乳用羊，公羊体重 40—50 公斤，母羊 35—45 公斤，早熟，寿命长，年产乳量 500—700 公斤，含脂率 3.80%—4%。其他羊种皆属肉用羊，其中波尔山羊是世界著名的肉用羊种，肉质好，屠宰率高，繁殖能力强，适应性广，成年公羊可达 100 公斤以上，母羊 80 公斤以上。

（二）饲养

受传统饮食影响，宁化养羊时间较短，1988 年全县养羊不足百只。1996 年，县畜牧水产局在翠江镇、安乐乡黄庄村和湖村镇下巫坊村建立 3 个养羊示范点，养羊 137 只。2000 年，羊肉开始进入宁化宴席菜单，养羊业迅速发展，全县养羊 1170 只，存栏 750 只。2001 年，安乐乡黄庄村 9 个养羊户养羊 850 只。2002 年，安乐乡黄庄 12 个养羊户养羊 1100 只。2003 年，全县养羊 9865 只，年末存栏 5365 只，其中 100 只以上养羊大户 11 户。2004 年，全县养羊 12100 只，年末羊存栏 5400 只，出栏 6700 只。养羊 50 只以上专业户 57 户，养羊 9650 只。2005 年，全县养羊 11017 只，年末存栏 7806 只，出栏 3211 只，养羊 50 只以上专业户 51 户。是年，安乐乡黄庄村被县政府评为养羊专业村。

四、兔

（一）品种

宁化养兔历史悠久，一般为肉用。家兔品种有青紫兰、日本大耳兔、奇卡兔、哈白兔和獭兔等品种，毛色为纯白、黑色、褐色、灰白和灰黄色。体型因品种而异，差别较大，成年兔体重 2—4.50 公斤，产仔率高（每窝产 6—8 只）。

青紫兰为宁化土产兔种，具有抗病力强、耐粗饲、适应性好、生长快和肉质好等优点。20 世纪 80 年代引进日本大耳兔和 1992 年 9 月从哈尔滨引进"哈白兔"，体型大、生长迅速，但抗病力和适应性差，肉质远不及青紫兰，主要用于杂交。

（二）饲养

2000 年以前，宁化县养兔一直是家庭零星散养，不成规模。2001 年，养兔开始规模化发展，全县年饲养量增至 187164 只。其中，泉上镇谢新村有专业养兔户 10 户，存栏种兔 100 多只、肉兔 900 多只。2003 年，全县养兔 351023 只，其中泉上镇谢新村 60%农户养兔，饲养量达到 1.81 万只；安远乡岩前村 1 个养殖户饲养母兔 230 只，年出栏商品兔 5000 只；城郊乡瓦庄村 8 个养殖户养兔 5000 只。2004 年，全县养兔 403124 只，饲养 200 只以上的专业户有 15 户，养兔 6254 只。其中，泉上镇谢新村、泉永村、城郊乡瓦庄村 60%农户养兔，户均养种兔 30—50 只，规模大的达 80—100 只，年收入均在万元以上。2005 年，全县养兔饲养量达 403930 只，比 1988 年 9667 只增长 40.78 倍。

1988—2005 年宁化县主要牲畜饲养情况表

表 14-1

年份	猪(头)			牛(头)			羊(只)			兔(只)		
	年末存栏头数	当年出栏头数	全年饲养头数	年末存栏头数	当年出栏头数	全年饲养头数	年末存栏头数	当年出栏头数	全年饲养头数	年末存栏头数	当年出栏头数	全年饲养头数
1988	169143	122628	291771	22809	—	—	—	—	—	3631	6036	9667
1989	179810	137374	317184	23914	—	—	—	—	—	5883	7019	12902
1990	193538	147966	341504	25245	—	—	—	—	—	6612	7479	14091
1991	206074	153028	359102	25793	—	—	—	—	—	18586	19220	37806
1992	224933	178757	403690	27035	—	—	—	—	—	24464	22472	46936
1993	234013	203446	437459	27839	—	—	—	—	—	26588	36288	62876
1994	248706	220902	469608	28279	—	—	—	—	—	30825	37148	67973
1995	252724	229591	482315	29022	1268	30290	130	—	—	29851	41034	70885
1996	258030	247421	505451	29560	—	—	—	—	137	27831	3825	66355
1997	143950	131151	275101	30366	1881	32247	213	67	280	29833	41769	71602
1998	148719	141475	290194	29690	2395	32085	—	—	—	27506	42992	70498
1999	155751	155606	311357	30619	2483	33102	—	—	—	25619	41128	66747
2000	169965	169142	339107	30762	2693	33455	750	420	1170	28998	51716	80714
2001	177176	177051	354227	30586	2948	33534	1299	698	—	51356	135808	187164
2002	182976	198432	381408	31437	3585	35022	2020	939	2959	67221	205165	272386
2003	185987	206302	392289	32772	4542	37314	5365	4500	9865	111938	239085	351023
2004	193649	210916	404565	35149	5780	40929	5400	6700	12100	155010	248114	403124
2005	195589	216945	412534	35403	7236	42639	7806	3211	11017	154709	249221	403930

注：以上为宁化县统计局统计数据,1997 年宁化县统计局改变统计方法,数据重新调整。

1988—2005 年宁化县养畜专业户、重点户和人工配种情况表

表 14-2　　　　　　　　　　　　　　　　　　　　　　　　　　　　　　　　单位:户、头

年份	猪		牛		羊		兔		人工配种	
	户数	存栏头数	户数	存栏头数	户数	存栏头数	户数	存栏头数	猪	牛头数
1988	1048	13191	—	—	—	—	—	—	11700	—
1989	1354	17259	52	193	—	—	—	—	—	—
1990	1463	19762	18	64	—	—	66	652	16461	—
1991	2038	20386	—	—	—	—	—	—	18004	—
1992	—	—	—	—	—	—	—	—	17275	—
1993	—	—	—	—	—	—	—	—	—	—
1994	1462	33600	7	56	4	48	—	—	21786	—
1995	120	7609	4	87	4	101	—	—	16508	—
1996	95	10013	8	568	3	137	—	—	—	76
1997	80	6015	5	215	4	213	5	400	21100	667
1998	923	7483	—	—	—	—	—	—	—	891

续表 14-2

年份	猪		牛		羊		兔		人工配种	
	户数	存栏头数	户数	存栏头数	户数	存栏头数	户数	存栏头数	猪	牛头数
1999	—	—	43	3453	—	—	—	—	—	1260
2000	—	—	22	748	—	—	—	—	—	1756
2001	—	—	—	—	—	—	—	—	—	—
2002	—	—	—	—	—	—	—	—	—	—
2003	10	5168	10	391	11	1439	—	—	—	2028
2004	40	—	106	2395	57	9650	15	62540	—	4500
2005	42	—	—	—	51	—	15	5600	—	4793

第二节 家禽饲养

一、鸡

（一）肉鸡

宁化肉鸡品种主要有土杂鸡、红波罗、三黄鸡、杂交麻花鸡，其中红波罗肉鸡长膘快、体型大、经济效益高。1988 年，县畜牧水产局引进红波罗肉鸡苗 1 万多羽，并在全县推广。1990 年，免费提供红波罗肉鸡种蛋 197 枚，在禾口，水茜，方田等乡（镇）进行传统习惯孵化和饲养试验，开展红波罗肉鸡与本地鸡自然混养效益对比试验。1991 年，引进红波罗、新安康红肉鸡 9220 羽。进入 20 世纪 90 年代中期，市场需求向体型小、肉质优肉鸡品种转变，三黄鸡、杂交麻花鸡等小型肉鸡品种逐步取代红波罗肉鸡。

1996 年 9 月，宁化县农星农牧有限公司成立，投入 15 万元购买三黄鸡、土杂鸡、红波罗等鸡苗，年末出栏 1.20 万羽。1997 年，宁化县农星农牧有限公司改变养殖方式，以生产种苗为主，辅以肉鸡生产，引进种鸡 2000 羽，主要品种三黄鸡，年提供鸡苗 20 万—30 万羽。1998—2004 年，宁化县农星农牧有限公司以 "公司+农户" 的模式带动翠江、城郊、城南、济村、湖村、石壁、淮土 7 个乡（镇）的肉鸡生产，发展肉鸡养殖户 350 户，年存栏肉鸡 80 万羽。2005 年，宁化县农星农牧有限公司在城郊乡豺狗坪建立无公害家禽养殖基地，向现代化和标准化养殖发展，申请注册了 "喔喔" 牌肉鸡商标。

（二）蛋鸡

全县蛋鸡品种有伊莎蛋鸡、罗斯蛋鸡、罗曼蛋鸡、海兰蛋鸡、哈可蛋鸡、来航鸡，其中饲养数量最多的是罗斯蛋鸡。1986 年，全县引进罗斯蛋鸡父母代 1100 羽。1987 年，县畜牧水产局向全县推广罗斯蛋鸡鸡苗 1.92 万羽，种蛋 10.20 万枚。1991 年，引进伊沙蛋鸡苗 2626 羽。1996 年，创办闽乐蛋鸡场。1997 年，从上海种鸡场共引进罗曼蛋鸡 2 万羽、海兰蛋鸡 1.10 万羽，从福建榕泉种鸡场引进第三批罗曼蛋鸡 1.20 万羽。1998 年，全县有蛋鸡场 5 个，其中城郊乡蚕兴蛋鸡场养殖伊沙蛋鸡 5000 羽，石壁蛋鸡场养殖蛋鸡 1.05 万羽。1999—2005 年，全县养殖 5000 羽规模的鸡场有蚕兴蛋鸡场。

二、鸭

宁化养鸭传统品种为闽西山麻鸭、菜鸭、番鸭，其中菜鸭养殖较多。1988 年始，陆续引进丽佳鸭、樱桃谷鸭、连城白鸭、法国白番鸭等品种。1992 年，引进连城白鸭 100 羽，养殖试验成功后向农户推广。

1993 年，引进金定种鸭 100 羽、樱桃谷鸭 22 羽、法国白番鸭 150 羽，在泉上镇和翠江镇养鸭场开展三元杂交试验，并推广人工授精技术，全年向社会提供三元杂交鸭苗 15 万羽。是年，建立城南乡鱼龙村孵鸭场及黄河龙水库 5000 羽养殖规模的种鸭综合试验场，年提供商品鸭苗 32 万羽。从龙岩、连城等地引进山麻鸭 4000 羽，从泉州引进丽佳鸭种公鸭 500 羽和法国白番鸭 500 羽进行三元杂交，采用丽佳鸭与山麻鸭的杂交一代 F1 与番鸭杂交二代 F2 商品鸭模式通过人工授精和人工孵化，年提供三元商品鸭苗 32 万羽，逐渐实现鸭苗自给。全县全年饲养菜鸭 300 万羽。

1994 年，从江西省引进技术资金，联办宁化县禽苗孵化场，年提供鸭苗 11 万羽，饲养各类种鸭 1500 羽。是年，在方田、曹坊、水茜、淮土 4 个乡（镇）建立法国白番鸭养殖基地，年饲养量达 120 万羽。1997 年，江西省吉水县一养鸭专业户在宁化投资建立养鸭场，从事菜鸭饲养和鸭苗孵化，共建有鸭棚 2 幢，占地面积 400 平方米，孵化间 4 个，温室 1 个、孵化桶 36 只，养殖菜鸭 5000 羽、公鸭 70 羽、母鸭 1300 羽。年产鸭蛋 35 万只，提供鸭苗 20 万羽，为宁化县最大养鸭场。2005 年，江西省吉水县一养鸭专业户在城郊新办养鸭分场，养殖菜鸭 2000 羽。

1998—2005 年，全县无大规模养鸭场。

三、鹅

宁化县主要饲养豁鹅。1988 年，禾口乡一养鹅专业户从广西引进良种豁鹅苗 137 羽进行繁殖试养。1990 年，济村、中沙、禾口、湖村等乡（镇）及城区分别建立豁鹅养殖示范点，推广母鸡孵化鹅苗的简易繁殖技术，发展 11 户养殖户养殖豁鹅 504 羽，是年全县养殖豁鹅达 2000 羽。1991 年，县畜牧水产局成立豁鹅养殖攻关小组，在城郊乡连屋、夏家 2 个村推广示范户 61 户，养鹅 616 羽。经宁化县科学委员会，县农委等有关单位组织验收，90 日龄平均体重为 2.75 公斤，达到攻关标准。"豁鹅繁育推广"项目获三明市科技兴农三等奖。1991 年后，受饮食习惯和养殖习惯的影响，没有规模化养殖，多以民间散养为主。

四、鸽

宁化主要养殖江西白鸽、宁化灰鸽、银黄鸽、广东石岐鸽等菜鸽，引进品种主要为白王鸽。白王鸽体型大，全身毛羽纯白，年产蛋 9—10 对，可育成乳鸽 6—8 对，雄鸽体重达 750—900 克，雌鸽体重达 650—750 克。养殖以散养为主，主要分布于城区和石壁、湖村，安乐、安远等乡（镇）。2005 年，全县饲养 100 对鸽子以上的专业养殖户仅 3 户。

五、蜂

宁化饲养的蜜蜂品种有中蜂和意蜂，主养品种为中蜂，零星散养。全县只有 1 个养殖户饲养少量意蜂。受蜜源限制及农作物花期喷农药的影响，养蜂在宁化难以形成大的产业，一直处于自然发展的状态。1991 年，全县养蜂 834 箱；2005 年养蜂 680 箱，与 1991 年相比下降 18.47%。

1988—2005 年宁化县家禽饲养情况表

表 14-3
单位:羽

年份	家禽存栏	家禽出栏	全年饲养
1988	828937	1141148	1970085
1989	880211	1317844	2198055
1990	967671	1422205	2389876
1991	1082645	1458497	2541142

续表 14-3

年份	家禽存栏	家禽出栏	全年饲养
1992	1195473	1691290	2886763
1993	1434761	2002295	3437056
1994	1541964	2261238	3803202
1995	1612541	2451058	4063599
1996	1695685	2622414	4318099
1997	804300	778630	1582930
1998	829823	838081	1667904
1999	862621	883770	1746391
2000	984920	966237	1951157
2001	1038903	1341590	2380493
2002	1076331	1632604	2708935
2003	1260290	2228405	3488695
2004	1234869	2423059	3657928
2005	1213417	2468985	3682402

注：以上为县统计局统计数据，1997 年县统计局改变统计方法，数据重新调整。

第三节 特种畜禽养殖

20 世纪 90 年代，宁化县陆续出现特种禽类养殖。1993 年，全县掀起一股饲养獭狸、七彩山鸡、珍珠鸡、鹧鸪、金丝熊、獭兔、香猪等特种动物的热潮，其中 170 户养殖户饲养獭狸 1810 头，4 户养殖户饲养七彩山鸡 148 羽，9 户养殖户饲养香猪 34 头。1998 年 10 月，安乐乡建立特种养禽场，引进白颈长尾雉、黑凤鸡、鹧鸪、贵妃鸡等品种；2001 年因亏损关闭。

第四节 饲料

一、牧草

宁化县没有连片大草场，20 公顷以上草场仅有 46 片，面积 3000 公顷；20 公顷以下零星草场 112 片，面积 1100 公顷；另有分布于村边、田埂、河边、溪边、路边、水沟、坡脚等"十边"草地 2.20 万公顷。理论载畜量为 29687 头（黄牛）。山地草场分布于高海拔地带，牧草品种少，草质粗劣，由于交通不便，利用率低。牛羊放牧及割草的主要场所为土质肥沃、牧草种类多的废弃果园、抛荒地及"十边"草地。

1988 年始，县畜牧水产部门先后引进墨西哥玉米、黑麦草、苏丹草、籽粒苋、紫花苜蓿、白三叶、多年生象草、鲁梅克斯草、篁竹草、串叶松香草、青贮玉米、杂交狼尾草等优质牧草，在全县推广种植。2005 年，全县种植牧草 670 公顷。另外，牧草青贮技术得到应用推广，宁化县恒祥牧业有限公司牛场、河龙乡前进牛场、曹坊乡下曹牛场等都建有青贮窖，大量青贮玉米、杂交狼尾草和红薯藤等，可常年供应肉牛草料。

二、农副产品饲料

1988—2005 年，宁化境内可作粗饲料的有各种蔬菜及地瓜藤、萝卜叶、水浮莲、水葫芦、红萍、细绿萍、稻草、玉米秸、秕谷、豆秸、花生藤、甘蔗叶、蕉芋叶等。作精饲料的有地瓜、马铃薯、南瓜、米糠、菜籽饼、稻米、酒糟、豆腐渣等。

三、混合饲料

20 世纪 80 年代末，随着畜禽养殖专业户、专业养殖场的出现，农副产品和精粗饲料搭配的传统养殖方法逐步得以改变。1988 年始，"三小料"（乳猪料、鸡花料和小鸭料）在专业户、重点户中推广普及，而其他各种畜禽全价料的销量也不断增加。1994 年起，随着饲料兽药市场的全面开放，饲料经营发展迅速。至 2005 年，有大、中、小猪全价料，乳猪料、浓缩料、预混料、膨化料，大、中、小肉鸡肉鸭全价料，蛋鸡蛋鸭全价料，鲤鱼料、草鱼料、罗非鱼膨化料、鳗鱼料等。饲料的丰富降低养殖成本，提高经济效益，但有的饲料添加生长激素和色素物质，造成畜、禽、鱼肉品质下降。

第二章　水产

第一节　渔业资源与条件

一、水域资源与环境条件

全县溪河总长 257.50 公里，水域总面积 55.77 平方公里，其中可养鱼面积 893.27 公顷。2005 年，全县有小（2）型以上水库 41 座，可养鱼面积 446.87 公顷；池塘 739.40 公顷，可供水产养殖稻田 8200 公顷。宁化属中亚热带季风气候区，气候条件适宜水生生物的生长繁殖。

二、水生资源

1988—2005 年期间，宁化水域中有较丰富的原生动物、轮虫类、枝角类、桡足类等浮游动物和绿藻门、蓝藻门、硅藻门等浮游植物，底栖生物有水蚯蚓，水生甲壳类有丰年虫、虾、蟹及螺、蚌、河蚬等软体动物和水生昆虫。对养殖有利用价值的水生植物有芜萍、小浮萍、紫背浮萍、青萍、槐叶萍、卡洲萍、菹草、马来眼子菜、轮叶黑藻、稗草、水浮莲、凤眼莲、喜旱莲子草、金鱼藻、莲、莲藕、芡实、荇菜、菱、茭白、荸荠、席草等。

三、鱼类资源

宁化鱼类由鲤科、鱼危科、平鳍鳅科、鲇科、胡子鲇科、合鳃科、鱼旨科、鳢鱼科、鱼霞虎鱼科、攀鲈科、鳢科等组成，共 11 科 47 属 61 种。主要养殖品种有草鱼、鲢鱼、鳙鱼、鲤鱼，其中草鱼为主要品种，是池塘、水库精养水域的主要养殖品种，每年放养量占全县总放养量的 40%—50%。鲢鱼、鳙鱼原属水库的主养品种，1995 年始，改为各类水域的搭配混养品种，年放养量占总放养量的 20%—25%。1996 年始，鲤鱼由原来稻田的主养鱼类逐渐转为各类精养水体的主养品种，每年放养量占总放养量的 30%—40%。罗非鱼、鲫鱼、彭泽鲫、日本大阪鲫、团头鲂等都是养殖常选鱼类，每年用种量占总放养量的 8%—15%。

第二节　种苗培育

一、鱼种场种苗繁育

（一）水花仔鱼生产

宁化县鱼种场（简称县鱼种场）属国有鱼种场，也是全县唯一有能力开展人工催产、孵化四大家鱼的专业场。共建有池塘 2.80 公顷，催产池 2 个、孵化槽 5 个、孵化环道 2 个、蓄水池 1 个，每年用 0.30—0.40 公顷池塘养殖草鱼、鲢鱼、鳙鱼、建鲤、团头鲂等亲鱼和后备亲鱼，数量 120—200 组。鲤鱼繁殖于每年的 2—3 月进行。四大家鱼苗种人工繁殖在每年 4 月中旬至 5 月上旬进行，每年催产草鱼、鲢鱼、鳙鱼等亲鱼 110—180 组，产卵 5000 万—8000 万粒，生产和供应水花仔鱼 3000 万—5000 万尾。1994 年起，每年生产水花仔鱼 1400 万尾以上。1988—2005 年，县鱼种场共繁育供应水花仔鱼 24954 万尾。

（二）夏花雏鱼及冬春片鱼种培育

1988—2005 年，县鱼种场每年生产的水花仔鱼主要提供给全县各乡（镇）农户培育，同时县鱼种场自留水花仔鱼 300 万—800 万尾，用 2.10—2.50 公顷池塘进行强化培育。水花仔鱼经 20—30 天的培育，规格达 2.60—3 厘米时为夏花雏鱼，出塘上市售给宁化县和周边县、乡等相关专业户继续饲养成冬春片。水花仔鱼育成夏花雏鱼成活率为 40%—80%。夏花雏鱼出塘后，每亩留夏花雏鱼鱼苗 3 万—4 万尾，以 1 种鱼苗为主，搭配 2—3 种，进一步培育成秋片、冬春片。在夏花雏鱼育成冬春片过程中，根据市场需求，经常捕捞，稀疏养殖密度和满足各类水域放养。春节前后，迟至 3 月中旬，冬春片鱼种全部销售完。

1988—2005 年，县鱼种场共培育出夏花雏鱼 2342 万尾、冬春片鱼种 318.40 万尾。

二、农户种苗培育

1988—2005 年期间，每年 4 月中下旬，各乡（镇）育苗户开始对计划用于培育鱼种的池塘、稻田等水面进行彻底清整、消毒。4 月底，从鱼种场购回水花仔鱼培养夏花雏鱼。农户购买水花仔鱼培育夏花雏鱼时，多数将水花仔鱼放入池塘专门培育，全部为单养，每天投喂黄豆浆和面粉进行精养。夏花雏鱼养成冬春片鱼种，以池塘、稻田专育、套养模式进行，池塘专育亩放夏花雏鱼 2 万—3 万尾，采用人工投饵精养，稻田专育亩放夏花雏鱼 5000—10000 尾。池塘、稻田套养亩放夏花雏鱼分别为 300—1000 尾和 100—500 尾。

1988—2005 年，全县专育鱼种池塘、稻田 1145.40 公顷和 2764.50 公顷，培育鱼种 7359 万尾和 4017.60 万尾，池塘、稻田套养面积各为 3253.40 公顷和 19795.50 公顷，育成大规格鱼种 5073.80 万尾和 5758.50 万尾。

三、水产良种培育

宁化县水产新、特优品种多数要向外地区购买，并将水花仔鱼、夏花雏鱼或冬春片鱼种运回宁化县培育、放养。1998年始，先后引进推广单性罗非鱼、建鲤、丰鲤、湘云鲤、湘云鲫、彭泽鲫、日本大阪鲫、团头鲂、三角鲂、彩虹鲷、倒刺鱼巴、斑点叉尾鱼回、巴西鲷、圆吻鲴、鳜鱼、革胡子鲶、南方大口鲶、淡水白鲳、虹鳟、史氏鲟、鳗鲡、南美白对虾、中华绒毛蟹、甲鱼、牛蛙、美国青蛙、螺旋藻等28个品种，数量2402.80万尾（只）。

四、种苗调剂

水花、夏花、冬春片等鱼苗种供不应求时向长汀、连城、漳州和江西省瑞金、宁都、南昌等地调入补充，如有富余则向清流、明溪、建宁等地销售。1988—2005年，全县共从外地区购入水花仔鱼27360万尾、夏花雏鱼3036.70万尾、冬春片鱼种632万尾。向周边地区出售水花仔鱼6300万尾、夏花雏鱼6720万尾、冬春片鱼种330万尾。

1988—2005年宁化县鱼苗种培育情况表

表14-4   单位：万尾

年份	合 计			1.全县各乡镇培育			2.县鱼种场培育		
	水花	夏花	冬春片	水花	夏花	冬春片	水花	夏花	冬春片
1988	13410	1451	751	13075	1311	731	335	140	20
1989	13000	2240	740	12504	2095	731	496	145	9
1990	12000	2190	742	11296	2044	722	704	146	20
1991	12926	6905	745	12688	6797	738	238	108	7
1992	13644	3074	823	13050	2874	807	594	200	16
1993	15600	4460	950	14609	4280	933	991	180	17
1994	8586	3983	1078	7161	3898	1058	1425	85	20
1995	3218	3204	1100	1587	3004	1085	1631	200	15
1996	4216	2982	1811	2116	2792	1789	2100	190	22
1997	4500	5765	1848	2100	5605	1828	2400	160	20
1998	2640	2840	1720	1800	2710	1697	840	130	23
1999	4600	2520	1840	3200	2400	1818	1400	120	22
2000	4200	2472	1990	3370	2362	1962	830	110	28
2001	4470	2875	1990	3120	2760	1969	1350	115	21
2002	4550	3580	2853	2300	3472	2833	2250	108	20
2003	4000	3428	2100	2700	3368	2087	1300	60	13
2004	3110	2725	1430	140	2645	1419	2970	80	11
2005	3300	2340	1807	200	2275	1793	3100	65	14
合计	131970	59034	26318	107016	56692	26000	24954	2342	318

第三节　成鱼养殖

一、池塘养鱼

（一）放养

池塘养殖是提供鲜活鱼的主要渠道。1988—2005年，全县每年池塘养鱼面积占总养殖面积的36.10%—66.60%。其中，用于养殖成鱼的池塘为230—829公顷，占池塘总数的80%—85%；养鱼产量占养殖总产量的34.70%—74.80%。放养时间在每年2—3月，主养品种有草鱼、鲤鱼、罗非鱼、淡水白鲳，搭配混养鲢鱼、鳙鱼、鲫鱼、斑点叉尾鱼等。每公顷平均放养量为草鱼5250—7500尾、鲤鱼1200—1800尾、鲢鱼900—1350尾、鳙鱼300—600尾、鲫鱼1500—1800尾。以投喂青饲料为主的养殖模式，每公顷产成鱼3000—4500公斤，纯收入4500—7500元；投喂颗粒饲料养殖的池塘，每公顷产鲜鱼达8250—12000公斤，纯利13500—21000元。

（二）技术

1988年始，宁化县开展养鱼池塘改造，重点是小改大、浅改深、漏水改保水。还先后引进种草养鱼技术，推广使用颗粒饲料养鱼技术，提高池塘养鱼产量和效益。

1994—1995年，宁化县推广的山区大面积池塘养鱼综合高产高效技术分别获得福建省水产厅技术推广二等奖、农业部农牧渔业丰收三等奖。至2005年，技改措施从未间断。

（三）无公害养殖

2003年始，无公害水产品养殖技术在全县推广，重点抓养殖环境建设，饲料、渔药选购、贮藏的规范管理。2004年，高堑商品鱼基地通过福建省海洋与渔业局无公害水产品产地审核和认定。2005年，高堑商品鱼基地生产的草鱼、鲤鱼获农业部农产品质量安全中心无公害水产品认证。

二、水库养鱼

2005年，全县共有小（2）型以上水库41座，总库容7583.90万立方米，可养鱼水面446.87公顷，属宁化最大养殖水体。1988—1995年，受管理体制、资金、饵料、鱼种、捕捞、养殖技术等因素制约，水库稀放粗养，水库养鱼亩产仅为11.50—31公斤，养鱼效益差，多数水库处于半荒废状态。1996年始，水库的环境资源优势逐渐被人们认识和开发。

（一）放养

水库放养在每年的11—12月份进行。1988—1996年，基本上以放养鲢鱼、鳙鱼为主，亩放养量60—100尾。1997年起，逐步改为放养草鱼、鲤鱼为主，搭配少量的鲢鱼、鳙鱼、团头鲂或三角鲂，亩放养量300—400尾。

1996年始，出现承包水库养鱼热，许多业主自筹资金建山塘和库湾，购置网箱、渔船、自动投饵机、网箱、吊网等养殖和捕捞设施。同时多数水库采取渔—牧结合等办法，推广使用畜禽粪便养鱼、化肥养鱼、种草养鱼、颗粒饲料养鱼等高新技术，提高水库的养鱼效益。1998—2000年，宁化县水产技术推广站从建瓯市、将乐县引进三角鲂鱼苗100万尾，分别投放在黄河龙、桥下、泉上、隆陂等水库。在泉上、隆陂、沙坪、井塘等水库进行网箱养殖彩虹鲷、建鲤、罗非鱼、欧洲鳗和培育鱼苗种试验。2002—2005年，泉上、隆陂、桥下水库放流增殖三角鲂新品种120万尾。

（二）无公害养殖

2003年始，无公害水产品养殖技术、标准和规范在各水库推广应用，各水库业主规范使用饲料、渔药等投入品。2004 年 9 月，泉上水库率先申报无公害水产品产地，11 月被福建省海洋与渔业局确认为无公害水产品产地。2005 年，泉上水库养殖的鳙鱼被农业部农产品质量安全中心确认为无公害水产品。

三、稻田养鱼

宁化县稻田养鱼历史悠久，为宁化养鱼一大特色，全县可供养鱼面积 8200 公顷。1988 年，安远乡稻田养鱼 2363.90 公顷，产鱼 453.90 吨，属福建省稻田养鱼面积最大产地，获省政府授予的"福建农村发展之最"称号。宁化流水沟式稻田养鱼、稻田周年养鱼分别于 1988 年、1991 年通过省级技术鉴定。1993 年，《稻萍鱼综合增产技术》获农业部渔业丰收三等奖。

1988—2005 年，宁化开展稻田养鱼的建制村达 160 个，占全县建制村总数的 77.30%。稻田养鱼有稻鱼轮作、稻鱼兼作、稻田周年养鱼等三大类型 15 种模式。全县养殖总面积达到 6.50 万公顷，产鱼 2.78 万吨，占养殖总产量的 21.50%。

（一）传统式稻田养鱼

单晚稻田养鱼属宁化最早的稻田养殖方式。这种养殖主要分布在北线的安远、河龙、水茜、中沙等单晚稻种植地区，养殖品种主要是鲤鱼。每年 3 月放养春片，4 月套养水花，10 月中下旬收鱼、割稻，每公顷产成鱼和鲤鱼种 30—90 公斤。因为养殖方法简便，不投饵，随意性大，一直延续至今。

（二）流水沟式稻田养鱼

1988 年，宁化县水产技术推广站在曹坊乡罗溪、安远乡永跃、伍坊、黄塘村和中沙乡中沙村等地建立示范点，开展流水沟式稻田养鱼改革。采用人工开挖占地 4%—8% 的养鱼沟，引入流水增氧，投放大规格草鱼种，增加人工投饵方式，解决养鱼与种稻施化肥、喷农药、烤田、转季之间的矛盾，经测定在质量、产量和效益等方面都优于其他养殖类型。1989—1990 年，县政府对开挖流水沟式稻田养鱼的农户，每亩补助 10 元，县畜牧水产局组织统一调运、供应鱼苗种，调动农民开发流水沟式稻田养鱼的积极性，促进流水沟式稻田养鱼的发展。1988—1996 年，全县流水沟式稻田养鱼面积共 12553 公顷，产鱼 5363.70 吨。养殖较多的有城郊、安远、河龙、水茜、泉上、石壁等乡（镇）。1997 年后，随着农业产业结构调整和各类经济作物种植面积的扩大，流水沟式稻田养鱼出现逐年递减现象。

（三）莲田养鱼

1988 年，全县共开发莲田养鱼 1734 公顷，产鱼 627.60 吨。安远、河龙是种莲养鱼最早，莲田养鱼面积最大，产量最多的乡。1997 年后，受建宁大面积发展莲子种植影响，全县莲田种植面积减少，莲田养鱼逐渐减少。

（四）烟—稻—鱼

宁化是福建省最大的烤烟种植县。烟—稻—鱼是一种以烤烟生产为主，稻、鱼、烟生产相结合的养殖模式。1991 年开始推广，具体操作方法是：烟作期在靠近水边的稻田开挖宽 1.00—1.20 米，深 0.80—1.20 米的养鱼沟，放养鱼种或鱼苗，每天投喂浮萍、嫩草等，烤烟收后加高加宽田埂，烟后稻插秧 20 天后，移苗开挖大田鱼沟，宽、深各 0.25—0.30 米，加高田内水位，并将鱼沟内的鱼苗种放入大田鱼沟，引鱼种进入田面觅食。每年 10 月上旬放水抓鱼，每公顷产成鱼或鱼种 375—525 公斤。济村、泉上、城南、安远、淮土、曹坊等乡（镇）发展较多。

1991—1993 年，全县总养殖面积为 1285.50 公顷，产鱼 537.20 吨。1994 年后，因效益不明显养殖面积逐渐缩小、消失。

（五）稻田周年养鱼

稻田周年养鱼是宁化创新的高产养殖模式。其养鱼方法为在稻作期放入鱼种实行鱼稻兼作，稻休期蓄满水近似池塘养鱼。每年 2 月份开鱼沟，加高田埂，放养大规格草鲤鱼种，投饵精养。7 月、10 月、次年 1—2 月分别捕鱼一次，亩产鲜鱼 60—90 公斤。1990—1991 年，城郊乡夏家、安远乡伍坊、黄塘等村开展稻田周年养鱼试验，获得成功。参试面积 303.90 公顷，收稻谷 3019.40 吨，产鱼 348.70 吨，养鱼产值达

463 万元，投入产出比为 1：2.20。之后每年增加养殖面积 130—200 公顷，产鱼 156—240 吨。1990—1996 年全县稻田周年养鱼面积 1634 公顷，产鱼 1904.30 吨，1997 年后，因稻田种植经济作物增多，稻田周年养鱼模式停止。

（六）一稻一鱼

1998 年始，全县出现许多稻田改种单季稻现象，稻休期长达 6 个月之久。2000—2003 年，县畜牧水产局在中沙乡中沙村、水茜乡上谢村、安远乡伍坊村建立一稻一鱼试验示范基地。其养鱼方法是在早季水稻收割后加高田埂，蓄水放养大规格草鱼、鲤鱼种，搭配鲢鱼、鳙鱼、团头鲂等，投喂青饲料和商品饵料，第二年在种稻前捕鱼上市。全县共实施一稻一鱼养殖模式 102 公顷，收稻谷 626.50 吨，产鱼 249.10 吨，养鱼产值 224.20 万元，纯收入 67.30 万元。至 2005 年，仍有部分农户养殖。

（七）稻萍鱼

1992 年 1 月至 1993 年 12 月，宁化承担并完成福建省农业厅、福建省水产厅下达的"福建省稻萍鱼综合增产技术"课题，在安远、河龙、水茜、城郊等乡实施 1.05 万公顷，产鱼 3041 吨。2000 年后，因稻田养萍越来越少，稻萍鱼养殖逐渐消失。

四、网箱养鱼

宁化拥有可供网箱养殖面积 700 公顷。网箱养鱼主要在水库、溪河等水域内进行。箱体材料为聚乙烯网片，网箱安装使用毛竹、杉木或角铁，搭成长方形框架，铺上木板当过道，用塑料泡沫浮筒作浮子，网箱底四角用尼龙绳绑石头抛锚固定并让箱体张开。网箱多数用于养殖成鱼，少数用于培育鱼种。主养品种为草鱼、鲤鱼、罗非鱼、彩虹鲷、斑点叉尾鱼回、鲢鱼、鳙鱼等。溪河网箱养鱼主放鲢鱼、鳙鱼，不投饵。水库网箱养鱼，以投放颗粒饵料为主。每平方米产鱼 9—28 公斤，饵料系数为 2—2.20。1996 年前网箱养鱼数量较少，1997 年开始逐年增多。1998 年，泉上水库在库内安装网箱 52 个，养殖欧洲鳗，填补了宁化网箱养鳗的空白；每箱放养鳗鱼 2000—8000 尾，共投苗 24 万尾，是年收商品鳗 19 吨，产值 112 万元。2004 年，龙下河段设置网箱养鱼 130 箱，主养花、白鲢，不投饵，但效益不高。2004 年沙坪水库网箱养鳗 17 箱。

1997—2005 年，全县网箱养鱼 681 箱，产鱼 224.50 吨。

五、泉水养鱼

（一）温泉水养鱼

1982 年，为引进和推广热带鱼类，县畜牧水产局和城南乡畜牧水产站在城南乡水口村黄泥桥建立温泉养鱼场，培育繁殖罗非鱼、革胡子鲶、淡水白鲳等亲体。1988—2005 年，共繁育供应热带鱼类苗种 180 万尾，满足部分水域的放养需求。由于泉眼分散，出水量小，水温不高，无法扩大生产规模。

（二）冷泉水养鱼

宁化境内地下冷泉点多，主要分布在湖村、泉上、安乐等乡（镇）。其中，湖村镇的蛟湖、社下陈家岭、小龙王潭等处，出水量大，水质清新，而且水温、流量稳定，适宜冷水性鱼类繁育生长。2002 年，宁化县水产技术推广站在湖村镇社下陈家岭租土池一口，建水泥池两口，面积 0.10 公顷，开展虹鳟养殖试验，5 月分别从将乐、明溪等县调入 2.50—10 厘米的虹鳟鱼种 6000 尾，投喂蛙料。2003 年 8 月，收鱼 3281 尾，成活率 54.70%，产鱼 1.46 吨，产值 4.32 万元，纯利润 1.07 万元。

六、流水池养鱼

流水池养鱼最早从尤溪县传入，主要利用房前屋后的边角、空闲地和山区自然流水等丰富资源开发出的一种养鱼类型。池子为圆形，面积 12—18 平方米，水深 1.10—1.50 米，池壁用河卵石或乱毛石干砌而成。经消毒灌水后，放养大规格草鱼、鲤鱼等养殖成鱼。春节前后放鱼，每平方米投放鱼种 5—10 尾，投喂青饲料或商品饵料。头年冬天或次年春天收获，最大的草鱼尾重达 2.50—3.00 公斤，普遍为 1.20—1.50 公斤，每口池产鱼 35—80 公斤。1988 年，全县流水池养鱼进入养殖高峰期。1991 年，县政府下拨 10 万元扶持流水池养鱼项目，新挖流水池每口补贴 100 元，全县流水池养鱼户 777 户，新增流水养鱼池 1069 口、产鱼 38.40 吨。1995 年后，由于大规格鱼种供应不足，养殖技术滞后，鱼病较多等原因，流水养鱼逐年萎缩。

1991—1999 年，全县流水池养鱼 9.50 公顷，产鱼 323.40 吨。2000 年后，流水池养停止。

第四节　特种水产养殖

宁化特种水产养殖始于 1994 年，主要种类有鳗鱼、甲鱼、美国青蛙、中华绒毛蟹、南美白对虾、螺旋藻等。

一、鳗鲡养殖

1994 年，融兴养鳗场在翠江镇双虹村七里圳建成，建有温室池 0.60 公顷，露天池 0.20 公顷。1996—1997 年，全县新增源兴（翠江镇双虹村七里圳）、荔源（济村乡济村村）、泉上（泉上镇青瑶村）等养鳗场。至 1997 年年底，养鳗总面积 4 公顷，鳗鱼总产量 252 吨。由于受养殖技术差，鳗鱼发病多，鳗鱼价格低等因素影响，融兴、源兴养鳗场于 1998 年 10 月停办，泉上、荔源养鳗场分别于 2000 年和 2002 年停办。2003 年，融兴养鳗场更名为雄明养殖有限公司。2004 年 11 月，安远乡伍坊、张坊各建土池养鳗场 1 个。伍坊场建土池 19 口面积 5.53 公顷，张坊场建土池 18 口面积 6 公顷。2005 年 10 月，卓品淡水养殖有限公司在湖村镇银杏山庄成立，占地 3.19 公顷；开发小龙王潭地下冷泉水养殖鳗鱼，共建水泥池 18 口、蓄水池 2 口，面积 1 公顷，主要放养欧洲鳗、日本鳗苗。

1994—2005 年，全县养鳗面积 47.40 公顷，投放鳗鱼苗 691.50 万尾，产成鳗 831 吨，产值 4338 万元。

二、甲鱼养殖

1994 年，宁化首家养鳖场在泉上镇建成，建有甲鱼养殖池 0.40 公顷。1995—1997 年，全县先后建成盛达（城郊乡高堑村）、闽中（中沙乡中沙村）、融城（城南乡城南村）、融安（安乐乡罗坊村）、曹坊（曹坊乡双石村）等养鳖场 7 家，甲鱼养殖池 6.10 公顷。由于甲鱼种苗贵、病害严重、市场疲软等原因，至 1999 年，7 家养鳖场相继停产关闭。

1994—1999 年，全县养殖甲鱼 20.30 公顷，投放亲鳖 250 组，幼鳖 93.20 万只，繁育幼鳖 2300 万只，收成鳖 88 吨、产值 708.80 万元。

三、蛙类养殖

（一）池塘养殖美国青蛙

1996 年，一养殖户在安乐乡安乐村创办美国青蛙养殖场，面积 0.10 公顷。1997 年 12 月，该场从安乐村迁往罗坊村原融安甲鱼场。1997 年，全县养蛙户共 7 户，养殖面积 1.20 公顷，放养种蛙 78 组。1998 年，全县养蛙户共 10 户，养殖面积 1.43 公顷，放养种蛙 123 组。2002 年后，由于市场成蛙价大跌，养殖技术不过硬，蛙病严重，导致养蛙业严重受挫。2003—2005 年，全县养蛙户仅剩 1 户，每年养蛙 0.13 公顷，产蛙 2.50—6 吨。

1996—2005 年，全县养美国青蛙面积 30.40 公顷，放养种蛙 593 组，产蛙 338.80 吨，产值 516.80 万元。

（二）稻田养蛙

1999 年，城郊乡高堑村试验稻蛙兼作养殖美国青蛙，养殖面积 0.27 公顷，年底收稻谷 1052 公斤、成蛙 1066.80 公斤，产值 2.32 万元，纯利润 8211 元。1999—2001 年，全县每年稻田养蛙 6—8.70 公顷，放养种蛙 950—1500 组，年产蛙苗 300 万—500 万只，收成蛙 49—101 吨。

（三）生态养蛙

2000—2002 年，宁化县水产技术推广站组织开展稻田生态养殖美蛙试验，采取蛙沟养蛙，蛙田早季种稻、晚季种草，蛙田肥水和青草养鱼方式。实施面积 0.96 公顷，收稻谷 4312 公斤，收成蛙 6186 公斤，收优质鱼牧草 10.40 吨，产成鱼 3352 公斤，总产值 11.40 万元，纯利润 6.10 万元。

（四）棘胸蛙养殖

2003 年，治平乡一农户利用山涧水，仿照棘胸蛙自然生长环境建池 95 平方米，将山沟内采集的棘胸蛙卵，连同捕获的幼蛙 2500 只放入池内饲养，投喂昆虫、蚯蚓等，年底产蛙 0.20 吨，产值 1 万元。因种苗、饵料较难解决，2005 年停止养殖。

四、虾蟹养殖

（一）虾类养殖

2002 年 4 月，首个虾场在石壁镇红旗村大瑶背建立，有养虾池 4 口，面积 1.33 公顷；6 月 23 日，放养规格为 0.80—1 厘米的南美白对虾苗 80 万尾；9 月 1 日，开始捕虾上市；10 月底，养殖结束。共收 13 厘米以上成虾 2080 公斤，产值 12.48 万元。后因养殖技术滞后，成活率低，2003 年停止养殖。

（二）蟹类养殖

1999 年，宁化县水产技术推广站在城南乡鱼龙村租稻田 0.13 公顷进行稻田养中华绒毛蟹试验；3 月 2 日，从长汀购进中华绒毛蟹（豆蟹）3000 只，每天投喂小鱼虾、水草等；11 月 18 日，放水抓蟹，共收获成蟹 65 只。因苗种体质弱，缺乏养殖技术和管理经验，经济效益差，蟹类养殖于 2000 年废止。

五、螺旋藻生产

1995 年，县林委在北山茶园背建设螺旋藻生产基地，建水泥池 3000 平方米，专职从事螺旋藻生产。因生产、加工技术不过关，产品无销路，1996 年关闭。

第五节　放流增殖

一、水库增殖

1989 年，县畜牧水产局首次从莆田市调回中华绒毛蟹 210 万只，其中放入黄河龙水库 42 万只。1997—1999 年，分别从将乐县和南平市、建瓯市调入三角鲂 100 万尾，在黄河龙水库放养 10 万尾，桥下、泉上、隆陂等水库分别放养 20 万尾、20 万尾和 30 万尾。3—5 年后，三角鲂都能自然繁育，形成种群。2005 年，一养殖户从连云港调运中华绒毛蟹 10 万只，放入隆陂水库，由于不懂水库捕蟹技术，所以只放无捕，没有蟹产量和经济效益。

二、溪河放流增殖

宁化境内适宜放流增殖的溪河水面 893.27 公顷，主要分布在翠江、城郊、城南、石壁、湖村、中沙、安远、曹坊等乡（镇）。1984 年，溪河增殖从翠江河开始，每隔 1—2 年进行 1 次。1989 年，放流增殖规模最大，共放养草、鲢、鳙、鲤等苗种 33 万尾，投放中华绒毛蟹 168 万只。1991—1993 年，投放未达商品规格的甲鱼、龟、棘胸蛙、虎纹蛙等 2.60 万只。1995—1998 年，县人大、宁化县渔政管理站、南平市政府和县畜牧水产局合作，投入资金 41.60 万元，在西溪河放流增殖中华绒毛蟹 22 万只。1996—1999 年，共收获成蟹 2075 公斤，产值 30.20 万元，亏损 11.40 万元。2000 年，福建省畜牧水产厅和河段承包户共同出资，在方田乡方田村水尾河段和石壁镇陂下村等河段放养三角鲂 19 万尾。2001—2005 年，由于放流鱼种规格偏小，成活率、回捕率低，放流增殖经费无保障，溪河增殖时断时续，鱼种投放量逐年减少。

第六节　饵料

宁化县水域中能够生产和提供部分适宜鱼类摄食的饵料有原生动物、底栖动物、水生昆虫、浮游动物和浮游植物等。1988 年始，县畜牧水产局引进杂交狼尾草、黑麦草。1992 年，试种推广墨西哥玉米草、苏丹草等优质鱼牧草。杂交狼尾草每年种植面积 20—30 公顷，亩产草 2—3 吨；黑麦草年种植面积 35—110 公顷，年产草 1500—5000 吨；墨西哥玉米草年种植面积 100—120 公顷，亩产鲜草 4—6 吨。是年水库养殖开始施用畜禽粪便或碳铵、过磷酸钙。1994 年，在鳗鲡、甲鱼、蛙类养殖中率先使用颗料饵料。

2004 年，全县投喂颗粒饵料 649 吨。2005 年，水库转为投喂中华肥水王、颗粒饵料，其中使用颗粒饵料 980 吨。颗粒饵料主要品牌有"通威""福泰""三农""正大""亿农""金利""大福""金钱""加大"。

1988—2005 年宁化县渔业生产情况表

表 14-5

年份	总产量（吨）	其中:养殖		捕捞 产量（吨）	总产值(万元)		池塘养鱼		水库养鱼		河沟养鱼		其他养鱼		稻田养鱼	
		面积（公顷）	产量（吨）		不变价	现行价	面积（公顷）	产量（吨）	面积（公顷）	产量（吨）	面积（公顷）	产量（吨）	面积（公顷）	产量（吨）	面积（公顷）	产量（吨）
1988	1946	688.30	1696	250	337.67	949.56	309.10	607.10	379.30	104.33	—	—	—	—	5039.50	984.80
1989	2142	699.70	1852	290	375.96	1359.82	314.70	703.00	384.30	129.00	0.67	1.00	—	—	4842.00	1019.00
1990	2217	748.50	1897	320	395.42	1058.93	270.80	684.70	410.30	119.10	4.70	6.80	62.70	60.80	4792.30	1025.80
1991	2407	794.00	2067	340	1104.00	973.00	326.40	907.00	413.60	132.00	10.00	9.90	44.00	46.00	4666.70	972.00
1992	3568	913.60	2995	573	1620.00	2138.00	436.50	1365.00	424.50	135.00	22.30	12.00	30.30	36.00	5124.50	1447.00
1993	4735	1048.30	3977	758	2135.00	2787.00	570.20	2176.00	438.10	168.00	22.30	12.00	17.70	27.00	5373.10	1594.00
1994	7009	1464.30	5812	1197	3188.00	4609.00	974.30	4348.00	438.90	177.00	—	—	51.00	22.00	5017.50	1265.00
1995	7548	1464.90	6327	1221	3675.00	6095.00	975.00	4673.00	438.90	204.00	—	—	51.00	26.00	4338.50	1424.00
1996	8006	1396.20	6495	1511	3825.00	6676.00	911.00	4574.00	427.70	273.00	—	—	57.50	120.00	4275.30	1528.00
1997	8805	1324.30	7008	1797	4395.00	8023.00	874.70	4715.00	442.30	336.00	—	—	7.30	266.00	3673.20	1691.00
1998	9412	1441.80	7505	1907	4673.00	8400.00	892.90	5305.00	548.90	431.00	—	—	—	—	3348.30	1769.00
1999	9714	1311.10	7710	2004	4703.00	8860.00	840.80	5454.00	470.30	498.00	—	—	—	—	2810.30	1758.00

续表 14-5

年份	总产量(吨)	其中:养殖 面积(公顷)	其中:养殖 产量(吨)	捕捞 产量(吨)	总产值(万元) 不变价	总产值(万元) 现行价	池塘养鱼 面积(公顷)	池塘养鱼 产量(吨)	水库养鱼 面积(公顷)	水库养鱼 产量(吨)	河沟养鱼 面积(公顷)	河沟养鱼 产量(吨)	其他养鱼 面积(公顷)	其他养鱼 产量(吨)	稻田养鱼 面积(公顷)	稻田养鱼 产量(吨)
2000	10053	1322.70	8019	2034	4965.00	9413.00	852.40	5587.00	470.30	608.00	—	—	—	—	2806.70	1824.00
2001	10178	1318.50	8018	2070	4779.00	9117.00	848.20	5600.00	470.30	633.00	—	—	—	—	2800.00	1875.00
2002	10412	1323.90	8252	2160	4946.00	9471.00	853.70	5149.00	470.30	933.00	—	—	—	—	2333.30	2170.00
2003	10473	1320.30	8208	2265	5136.00	9857.00	850.00	5100.00	470.30	1103.00	—	—	—	—	1466.70	2005.00
2004	10463	1128.40	8189	2274	4970.00	9702.00	713.40	4926.00	415.00	1531.00	—	—	—	—	1163.30	1732.00
2005	10626	1160.70	8347	2274	5046.00	10818.00	739.40	5031.00	421.30	1572.00	—	—	—	—	1163.30	1744.00
合计	129711	20869.50	104464	25245	60269.05	110307.31	12553.50	66904.80	7934.60	9086.43	59.97	41.70	321.50	603.80	65034.50	27827.60

第七节　捕捞

一、江河捕捞

宁化县境内江河总长 257.50 公里，流域面积 55.77 平方公里，鱼类资源丰富，常见的江河捕捞野生品种有鲤鱼、鲫鱼、倒刺鱼巴、黄颡鱼、唇鱼骨、黄尾密鲴、南方马口鱼、斑鳠、斑鳜、鲶鱼（南方大口鲶）、泥鳅、河鳗、青虾、蟹、河蚌、河蚬、螺、龟、鳖等。1988 年，全县江河捕捞产量 250 吨。1994 年，"5·2"特大洪灾造成大面积池塘、养鱼稻田被淹，水库溢洪，增加了江河鱼类资源量，捕捞产量 1197 吨。1995 年，宁化县渔政管理站根据《中华人民共和国渔业法》等渔业法律法规，发布《禁止在江河炸、电、毒鱼和鸬鹚捕鱼的通告》。2000 年，江河鱼类捕捞产量 2034 吨。2005 年，江河鱼类捕捞产量 2274 吨。

二、水库捕捞

全县水库可养鱼面积 446.90 公顷。1988—1999 年，水库养鱼粗放粗养（无投饵靠肥水养鱼），年初放养年底一次性捕捞上市，捕捞产量低，全县年捕捞产量为 104.33—498 吨。2000—2004 年，泉上、隆陂、桥下、龙头、夏坊、双石南山桥、黄河龙等水库改良养殖品种、养鱼技术，改进渔具，改变渔法，水库捕捞产量逐年增加。至 2005 年，全县水库捕捞产量 1572 吨。

第三章 疫病防治

第一节 疫情

一、畜病

（一）猪

1988—2005 年，境内猪病有传染病、普通病、中毒病和寄生虫病 4 种。

传染病

猪瘟、口蹄疫、丹毒、肺疫、仔猪副伤寒、气喘病，传染性胃肠炎、链球菌病、流行性感冒、细小病毒、乙型脑炎、红皮病、蓝耳病、伪狂犬病、圆环病毒病、附红细胞体病。

普通病

消化系统 胃炎、胃溃疡、便秘、胃卡他、支气管炎、大叶性肺炎、异物性肺炎、胸膜性肺炎。

产科 流产、死胎、难产、产后瘫痪、子宫炎、乳腺炎、缺乳症。

营养代谢 佝偻病、异食癖、微量元素缺乏症。

外科 阴囊疝气、湿疹、腹壁赫尼亚。

中毒病 亚硝酸盐中毒、菜籽饼中毒、酒糟中毒、食盐中毒。

寄生虫病 蛔虫、肺线虫、姜片虫、棘头虫、弓形体、疥螨。

县境内猪病以仔猪副伤寒、气喘病、传染性胃肠炎、细小病毒、流产、乳腺炎、子宫炎、亚硝酸盐中毒较为常见。

（二）牛病

1988—2005 年，境内牛病有传染病、普通病、中毒病和寄生虫病 4 种。

传染病

牛流感、血痢病、布氏杆菌病、传染性结膜炎、口蹄疫。

普通病

消化系统 口腔炎、瘤胃积食、瘤胃鼓气、创伤性网胃炎、百叶干、前胃弛缓、腹泻病。

呼吸系统 感冒、肺炎、胸膜炎、肺水肿、支气管炎。

产科 子宫炎、阴道炎、乳腺炎、子宫脱出、不孕症、胎衣不下、流产、死胎、妊娠水肿、缺乳症。

外科 蜂窝织炎、肩关节脱位、髋关节脱位、腐蹄、蹄冠炎、关节炎、风湿症、断尾症等。

其他 中暑、贫血等。

中毒病

有机磷中毒、有机氯中毒、甘薯黑斑病中毒、霉稻草中毒、有毒植物中毒。

寄生虫病

牛肝片吸虫病、牛前后盘吸虫病、绦虫病、牛钩虫病、牛螨、蛔虫病、牛虱、牛蜱。

县境内牛病以瘤胃积食、瘤胃鼓气、前胃弛缓、腹泻病，子宫炎、肝片吸虫、蛔虫、蜱、腐蹄等较为常见。

（三）羊病

1988—2005 年，境内羊病有传染病、普通病、中毒病和寄生虫病 4 种。

传染病

羊痘、羔羊痢疾、传染性胸膜肺炎、坏死分枝杆菌病、传染性口疮炎、地方性流产。

普通病

瘤胃鼓气、胃肠炎、重辨胃阻塞，感冒。

中毒病

有机磷农药中毒、食盐中毒、有毒植物中毒。

寄生虫病

肝片吸虫病、绦虫病、球蚴病、球虫病、疥癣病。

县境内羊病以羊痘、肝片吸虫病、疥癣、传染性口疮炎较为常见。

（四）兔病

1988—2005 年，境内兔病有传染病、普通病、中毒病和寄生虫病 4 种。

传染病

兔瘟、兔巴氏分枝杆菌病、兔魏氏梭菌病、兔传染性水泡性口炎、兔痘、兔葡萄球菌病、兔沙门氏菌病、兔大肠杆菌病。

普通病

感冒、中暑、肚胀、腹泻、便秘、毛球阻塞、维生素缺乏症、乳腺炎。

中毒病

有机磷中毒、有机氯中毒、霉饲料中毒、有毒植物中毒。

寄生虫病

螨病、棘球蚴病、兔蛲虫病、兔毛细线虫病。

县内兔病以螨病、腹泻、便秘、乳腺炎、兔瘟、兔巴氏分枝杆菌病为常见。

二、禽病

1988—2005 年，境内禽病有传染病、普通病、中毒病和寄生虫病 4 种。

（一）传染病

有鸡新城疫、禽流感、鸭瘟、鸭病毒性肝炎、禽霍乱、鸡传染性法氏囊、传染性喉气管炎、传染性支气管炎、鸡支原体病、鸡马立克氏病、鸡白痢、鸡传染性鼻炎等。

（二）普通病

有恶食癖、皮下气肿、中暑、嗉囊卡他硬噪、异常蛋、输卵管炎、痛风、各类维生素缺乏症。

（三）中毒病

有有机磷中毒、食盐中毒、黄曲霉菌中毒。

（四）寄生虫病

有球虫病、蛔虫病、绦虫、吸虫。

县内禽病以球虫病、蛔虫病、鸡白痢、鸭病毒性肝炎、禽霍乱较为常见。

三、鱼病

1988—2005 年，县域内的鱼病主要有 5 大类：

（一）病毒性鱼病

有草鱼出血病、甲鱼白板病、鳗鱼狂游病。

（二）细菌性鱼病

有草鱼肠炎病、赤皮病、烂鳃病（俗称草鱼"三病"）、白头白嘴病，打印病。

（三）霉菌类鱼病

有水霉病、肤霉病。

（四）寄生虫类鱼病

有锚头蚤病、鱼鲺、车轮虫、小瓜子虫等

（五）其他类鱼病

有机械损伤、泛塘、中毒等。

第二节　防治

一、畜禽免疫

1988 年，全县生猪防疫承包 49750 户，年注射猪瘟疫苗 16.63 万头次，免疫密度达 97%。家禽免疫注射 122.45 万针次，免疫密度达 48.60%，其中鸡新城疫免疫密度为 71.20%。1989 年，全县开展"三瘟一病"（猪瘟、鸡瘟、鸭瘟、五号病防治）防治工作，推行猪、禽防疫承包。全县共承包生猪防疫 52666 户，家禽防疫 51173 户，猪瘟防疫达 29.40 万头，密度达 98%。家禽防疫注射达 255.84 万针次，其中 I 系防疫注射 156.33 万针次，霍乱注射 96.20 万针次，鸭瘟注射 3.30 万针次，家禽防疫密度达 77.60%。鸡 I 系密度达 85.40%，鸡 I 系滴鼻 30.98 万羽，鸡新城疫密度达 87.70%。1990—1991 年，宁化县《防治鸡新城疫试点效果》经福建省畜牧水产厅验收合格，获福建省农业厅技术推广二等奖，荣获县科技进步一等奖。1998 年，县政府下发《宁化县人民政府关于实施猪禽强制免疫的通告》，在全县 192 个建制村实施猪禽强制免疫，是年全县强制免疫率达 95% 以上。

2001 年，宁化县成立重大动物疫情应急控制指挥部，与三明市畜牧水产局签订动物防疫工作目标管理责任状，县政府办印发《关于宁化县重大动物疫情控制应急预案的通知》，县畜牧水产局制定《宁化县仔猪窝内防疫实施方案》，加强重大动物疫情控制，全年口蹄疫免疫猪 15.60 万头、牛 1.36 万头，免疫密度分别为 91.80% 和 44.70%，猪瘟防疫密度 98.20%，鸡新城疫防疫密度为 86%。开展仔猪窝内防疫，窝内防疫首免 3732 窝，33504 头仔猪；二免 3092 窝，27724 头仔猪，配种母猪 3732 头。2005 年，县政府组织开展防控高致病性禽流感工作，调整充实重大动物疫情应急控制指挥部，并建立健全全县村级防疫网络，共有村级防疫员 210 人，发放村级防疫员防疫工资每人每月 50 元，各乡（镇）政府给每位动物防疫员 200 元以配齐免疫器械用具。是年，全县口蹄疫免疫猪为 41.45 万针次、牛 10.30 万针次、羊 1.10 万针次、猪瘟免疫 37.13 万针次、鸡新城疫免疫 181.20 万针次、禽流感免疫 183.29 万针次。

1988—2005 年，全县动物防疫疫苗一律由宁化县畜牧兽医站专供，专供的疫苗有猪瘟、猪丹毒、猪肺疫、仔猪副伤寒、鸡新城疫、鸭瘟疫苗后，逐年增加到高致病性禽流感、高致病性蓝耳病、口蹄疫、猪瘟、猪丹毒、猪肺疫、仔猪副伤寒、猪链球菌、猪伪狂犬、猪细小病毒、猪乙型脑炎、猪喘气病、鸡新城疫、鸡传染性法氏囊、鸡传染性支气管炎、鸡传染性喉气管炎、马立克氏病、鸡痘、鸭瘟、鸭传染性浆膜炎、鸭病毒性肝炎、小鹅瘟、禽霍乱、山羊痘、羊传染性胸膜肺炎、羊三联四防苗、兔瘟、兔多杀性巴氏杆菌、兔魏氏梭菌、兔大肠杆菌多价苗、犬狂犬病、狂犬七联八防活疫苗（狂犬病、犬瘟热、犬细小病毒病、犬肝炎、犬传染性喉气管炎、犬呼肠孤病毒、犬冠病毒和犬副流感）。

二、疫病普查

2001 年，农业部批准宁化县设立国家级动物疫情测报站（以下简称测报站），配备化验室仪器设备和疫情监测车。是年 5 月，普查宁化县农星农牧有限公司种鸡和黄河龙水库种鸭禽流感疫情，检测种鸡 41 羽、种鸭 69 羽，经鸡脂扩散试验均为阴性；8 月，普查宁化县奶牛场布氏杆菌及结核病均为阴性。2003 年 11 月，测报站将在湖村镇石下村采集的样本送福建省动物疫病诊断中心检测，检测结果为禽流感 H5 型阳性。县财政划拨扑杀经费 4 万元，封锁疫点并焚烧深埋湖村镇石下村 227 羽禽及泉上镇罗李村 2 户 62 羽疑似病鸭，对疫区及周围邻近交通要道交易场所全面消毒，总面积 9.80 万平方米。乡（镇）兽医站对疫区及种禽场、专业户紧急预防免疫注射 6.20 万羽家禽。全县组织 75 人对 16 个乡（镇）210 建制村普查，共普查 112.85 万羽家禽，未发现新疫情。

2005 年，在淮土、安远、安乐 3 个固定测报点开展规定动物疫病流行病学调查。调查养殖户 1440 户，各类养殖场 68 个次，检查猪 7102 头、牛 1038 头、羊 1110 头、禽 66868 羽，未发现畜禽规定疫病确诊病例。在 15 个乡（镇）的 1 个牛场、12 个猪场、10 个羊场、8 个鸭场、7 个鸡场、4 个养兔专业户、76 个散养户中采集鸡血清 410 份、鸭血清 410 份、兔血清 20 份、牛血清 166 份、猪血清 200 份、羊血清 100 份，全部血样按部颁标准进行血清学实验，监测口蹄疫、禽流感、猪瘟等 13 个规定病种。对全县 50%乡（镇）的 50%建制村进行动物疫情普查，共检查猪 33722 头、牛 6542 头、羊 3626 头、鸡 99023 羽、鸭 50560 羽、鹅 1046 羽。免疫率分别为：口蹄疫免疫猪为 98.70%，牛为 98.50%，羊为 94.30%，猪瘟免疫为 98.60%，鸡新城疫免疫为 90.40%，鸡传支免疫为 58.60%，鸭瘟免疫为 70.70%，鸡禽流感免疫为 82.90%，鸭禽流感免疫为 96.80%，鹅禽流感免疫为 100%。免疫后死亡率分别为：窝内仔猪 6.60，40 公斤以下猪 3.50，40 公斤以上猪 1.20%、牛 0.14%、羊 0.60%、1 月龄内鸡 6.40%、1 月龄后鸡 10.60%、1 月龄内鸭 6.80%、1 月龄后鸭 4.80%、1 月龄内鹅 4.40%、1 月龄后鹅 1.20%。免疫后发病率分别为：猪瘟 0.70%，猪伪犬病 0.30%，猪襄尾蚴 0.12%，猪蓝耳病 0.07%。布病（未确诊）：牛 0.03%，猪 0.01%，羊 0.08%，鸡新城疫 1.20%，鸡白痢 2.30%，鸡传支 0.70%。

1988—2005 宁化县畜禽疫病发病、死亡调查情况表（一）

表 14-6 　　　　　　　　　　　　　　　　　　　　　　　　　　　　　　　　　　　单位：头

种类 年份	猪：猪瘟				猪：丹毒				猪：肺疫				仔猪副伤寒			
	发病数	发病率(%)	死亡数	死亡率(%)	发病数	发病率(%)	死亡数	死亡率(%)	发病数	发病率(%)	死亡数	死亡率(%)	发病数	发病率(%)	死亡数	死亡率(%)
1988	211	0.06	206	0.07	475	0.15	88	0.030	310	0.06	69	0.020	360	0.15	99	0.03
1989	221	0.07	216	0.07	749	0.24	54	0.020	113	0.04	36	0.010	1318	0.41	965	0.30
1990	220	0.06	217	0.06	574	0.17	32	0.009	214	0.06	38	0.010	1421	0.42	785	0.23
1991	253	0.07	228	0.06	354	0.10	26	0.007	238	0.06	40	0.010	1162	0.31	751	0.20
1992	294	0.07	268	0.06	101	0.02	8	0.002	48	0.01	20	0.005	1671	0.41	840	0.20
1993	959	0.22	926	0.21	485	0.11	16	0.004	94	0.02	9	0.002	1896	0.43	985	0.23
1994	982	0.21	939	0.20	706	0.15	36	0.008	197	0.04	17	0.004	1831	0.39	940	0.20
1995	990	0.20	960	0.20	376	0.08	27	0.006	198	0.04	34	0.007	3240	0.67	1671	0.34
1996	536	0.10	536	0.10	987	0.19	30	0	92	0.02	10	0	1325	0.25	750	0.14
1997	589	0.11	587	0.12	957	0.19	37	0	44	0	6	0	1249	0.24	720	0.14
1998	653	0.17	637	0.17	577	0.15	25	0.007	266	0.07	25	0.007	1839	0.45	1159	0.29
1999	—	—	—	—												

续表 14-6

种类 年份	猪:猪瘟				猪:丹毒				猪:肺疫				仔猪副伤寒			
	发病数	发病率(%)	死亡数	死亡率(%)	发病数	发病率(%)	死亡数	死亡率(%)	发病数	发病率(%)	死亡数	死亡率(%)	发病数	发病率(%)	死亡数	死亡率(%)
2000	—	—	—	—	—	—	—	—	—	—	—	—	—	—	—	—
2001	—	—	—	—	—	—	—	—	—	—	—	—	—	—	—	—
2002	—	—	—	—	—	—	—	—	—	—	—	—	—	—	—	—
2003	32	0.06	20	0.04	25	0.04	3	—	—	—	—	—	—	—	—	—
2004	36	0.07	23	0.05	18	0.02	2	—	—	—	—	—	95	0.09	9	—
2005	32	0.06	—	—	33	0.06	—	—	—	—	—	—	93	0.09	10	—

注:1999—2002 年档案遗失,原资料无处查找。

续表 14-6

种类 年份	猪:气喘病				猪:传染性胃肠炎				猪:仔猪白痢				猪:链球菌病			
	发病数	发病率(%)	死亡数	死亡率(%)	发病数	发病率(%)	死亡数	死亡率(%)	发病数	发病率(%)	死亡数	死亡率(%)	发病数	发病率(%)	死亡数	死亡率(%)
1988	1328	0.30	78	0.030	7435	1.25	53	0.02	—	—	—	—	3849	1.32	423	0.14
1989	428	0.13	49	0.020	2838	0.89	64	0.02	3285	1.03	490	0.15	1524	0.48	262	0.08
1990	785	0.23	58	0.020	9538	2.79	204	0.06	3579	1.05	489	0.14	1238	0.36	174	0.05
1991	469	0.13	41	0.010	11148	3.02	376	0.10	6209	1.68	682	0.18	1662	0.45	247	0.07
1992	374	0.09	39	0.009	15320	3.72	542	0.13	5536	1.34	573	0.14	497	0.12	49	0.01
1993	465	0.11	48	0.010	5306	1.22	54	0.01	10678	2.45	586	0.13	547	0.13	74	0.02
1994	362	0.08	19	0.004	5998	1.28	489	0.10	5187	1.00	579	0.02	900	1092.00	151	0.03
1995	782	0.16	23	0.005	5358	1.11	232	0.05	3750	0.78	396	0.08	1222	0.25	230	0.05
1996	350	0.07	27	0	3400	0.65	130	0.02	1500	0.28	162	0.03	1577	0.30	132	0.03
1997	400	0.08	19	0	3510	0.68	101	0	1560	0.30	280	0.01	677	0.13	102	0
1998	935	0.23	65	0.02	4442	1.16	431	0.11	3176	0.83	1052	0.27	646	0.17	114	0.03
1999	—	—	—	—	—	—	—	—	—	—	—	—	—	—	—	—
2000	—	—	—	—	—	—	—	—	—	—	—	—	—	—	—	—
2001	—	—	—	—	—	—	—	—	—	—	—	—	—	—	—	—
2002	—	—	—	—	—	—	—	—	—	—	—	—	—	—	—	—
2003	—	—	—	—	—	—	—	—	—	—	—	—	48	0.01	3	—
2004	—	—	—	—	—	—	—	—	—	—	—	—	—	—	—	—
2005	—	—	—	—	—	—	—	—	—	—	—	—	23	0.01	4	—

注:1999—2002 年档案遗失,原资料无处查找。

续表 14-6

种类\年份	猪:气喘病				猪:传染性胃肠炎				猪:链球菌病			
	发病数	发病率(%)	死亡数	死亡率(%)	发病数	发病率(%)	死亡数	死亡率(%)	发病数	发病率(%)	死亡数	死亡率(%)
1988	1906	0.58	13	0.004	—	—	—	—	6580	2.01	5528	1.85
1989	1949	0.61	58	0.020	—	—	—	—	6478	2.01	4980	1.55
1990	1784	0.52	12	0.004	—	—	—	—	6835	1.97	5280	1.52
1991	1644	0.45	10	0.003	—	—	—	—	7835	2.09	5372	1.44
1992	167	0.04	5	0.001	—	—	—	—	8025	1.95	5591	1.36
1993	1150	0.26	6	0.001	77	0.02	77	0.02	14296	3.22	8143	1.69
1994	338	0.07	2	0.004	223	0.06	223	0.06	15926	3.32	8199	1.72
1995	905	0.19	4	0.008	—	—	—	—	15494	3.16	7898	1.61
1996	1530	0.29	—	—	56	0.01	56	0.01	20270	0.37	10032	1.90
1997	1660	0.32	5	0	—	—	—	—	12700	0.48	10110	1.98
1998	396	0.10	9	0.002	231	0.06	231	0.06	12456	3.24	5083	1.32
1999	—	—	—	—	—	—	—	—	—	—	—	—
2000	—	—	—	—	—	—	—	—	—	—	—	—
2001	—	—	—	—	—	—	—	—	—	—	—	—
2002	—	—	—	—	—	—	—	—	—	—	—	—
2003	—	—	—	—	—	—	—	—	—	—	—	—
2004	—	—	—	—	—	—	—	—	—	—	—	—
2005	—	—	—	—	—	—	—	—	—	—	—	—

注:1999—2002 年档案遗失,原资料无处查找。

1988—2005 年宁化县畜禽疫病发病、死亡调查情况表(二)

表 14-7　　　　　　　　　　　　　　　　　　　　　　　　　　单位:头

种类\年份	牛:流行热				牛:血痢				牛:流行性腹泻				牛:其他五号病			
	发病数	发病率(%)	死亡数	死亡率(%)	发病数	发病率(%)	死亡数	死亡率(%)	发病数	发病率(%)	死亡数	死亡率(%)	发病数	发病率(%)	死亡数	死亡率(%)
1988	502	2.21	11	0.050	278	0.870	19	0.080	13	0.040	2	0.090	—	—	—	—
1989	16	0.07	2	0.010	147	0.600	14	0.060	49	0.200	2	0.010	—	—	—	—
1990	14	0.05	2	0.008	50	0.190	6	0.020	41	0.160	—	—	221	0.86	102	0.40
1991	44	0.17	2	0.008	114	0.430	14	0.004	31	0.120	—	—	—	—	—	—
1992	—	—	—	—	65	0.230	4	0.010	6	0.020	1	0.004	—	—	—	—
1993	6	0.02	—	—	89	0.310	5	0.020	24	0.080	3	0.010	—	—	—	—
1994	6	0.02	2	0.007	67	0.230	4	0.010	310	1.040	2	0.007	—	—	—	—
1995	695	2.29	6	0.020	24	0.080	2	0.007	181	0.003	2	0.007	—	—	—	—
1996	90	0.29	6	0.019	21	0.068	3	0.009	190	0.620	3	0.010	—	—	—	—
1997	50	0.14	5	0.010	20	0.050	2	0	140	0.380	5	0.010	—	—	—	—

续表 14-7

种类	牛:流行热				牛:血痢				牛:流行性腹泻				牛:其他五号病			
年份	发病数	发病率(%)	死亡数	死亡率(%)	发病数	发病率(%)	死亡数	死亡率(%)	发病数	发病率(%)	死亡数	死亡率(%)	发病数	发病率(%)	死亡数	死亡率(%)
1998	—	—	—	—	62	0.190	7	0.02	97	0.290	5	0.020	—	—	—	—
1999	—	—	—	—	—	—	—	—	—	—	—	—	—	—	—	—
2000	—	—	—	—	—	—	—	—	—	—	—	—	—	—	—	—
2001	—	—	—	—	—	—	—	—	—	—	—	—	—	—	—	—
2002	—	—	—	—	—	—	—	—	—	—	—	—	—	—	—	—
2003	—	—	—	—	—	—	—	—	—	—	—	—	—	—	—	—
2004	—	—	—	—	—	—	—	—	—	—	—	—	—	—	—	—
2005	—	—	—	—	—	—	—	—	—	—	—	—	—	—	—	—

注:1999—2002 年档案遗失,原资料无处查找。

续表 14-7

种类	牛:其他				羊:羊病				兔:兔瘟				兔:其他			
年份	发病数	发病率(%)	死亡数	死亡率(%)	发病数	发病率(%)	死亡数	死亡率(%)	发病数	发病率(%)	死亡数	死亡率(%)	发病数	发病率(%)	死亡数	死亡率(%)
1988	165	0.62	103	0.44	—	—	—	—	—	—	—	—	356	2.51	285	3.54
1989	158	0.65	110	0.45	—	—	—	—	15	0.09	15	0.09	374	2.83	305	2.31
1990	221	0.86	102	0.40	—	—	—	—	11	0.08	11	0.08	485	3.37	296	2.06
1991	196	0.61	99	0.37	—	—	—	—	90	0.24	90	0.24	435	1.14	286	0.75
1992	560	2.02	98	0.35	—	—	—	—	172	0.36	172	0.36	1233	2.56	980	2.04
1993	576	1.98	101	0.35	—	—	—	—	559	0.93	559	0.93	1563	2.57	997	1.64
1994	509	1.71	121	0.41	—	—	—	—	480	0.71	462	0.68	1605	2.36	1097	1.61
1995	489	1.61	115	0.38	—	—	—	—	658	0.92	634	0.89	1597	2.22	989	1.38
1996	567	1.83	127	0.41	—	—	—	—	107	0.46	107	0.46	1050	2.31	891	1.97
1997	679	1.04	172	0.47	—	—	—	—	126	0.20	126	0.20	300	0.48	100	0.16
1998	563	1.71	126	0.38	—	—	—	—	223	0.30	213	0.29	356	0.41	145	0.20
1999	—	—	—	—	—	—	—	—	—	—	—	—	—	—	—	—
2000	—	—	—	—	—	—	—	—	—	—	—	—	—	—	—	—
2001	—	—	—	—	—	—	—	—	—	—	—	—	—	—	—	—
2002	—	—	—	—	—	—	—	—	—	—	—	—	—	—	—	—
2003	—	—	—	—	—	—	—	—	18	0.08	16	0.07	—	—	—	—
2004	—	—	—	—	—	—	—	—	48	0.11	44	0.09	—	—	—	—
2005	—	—	—	—	—	—	—	—	—	—	—	—	—	—	—	—

注:1999—2002 年档案遗失,原资料无处查找。

1988—2005 年宁化县畜禽疫病发病、死亡调查情况表（三）

表 14-8　　　　　　　　　　　　　　　　　　　　　　　　　　　　　　　单位：羽

种类 年份	家禽：鸡新城疫				鸭瘟				出败				其他：鸡白痢球虫病			
	发病数	发病率(%)	死亡数	死亡率(%)	发病数	发病率(%)	死亡数	死亡率(%)	发病数	发病率(%)	死亡数	死亡率(%)	发病数	发病率(%)	死亡数	死亡率(%)
1988	9790	0.98	9560	0.93	670	0.06	670	0.06	51066	2.80	5014	0.27	95890	4.60	78135	3.70
1989	2679	0.22	2509	0.21	1966	0.20	1817	0.19	26711	1.21	9082	0.41	199722	8.51	148843	6.34
1990	2620	0.20	2440	0.19	2152	0.19	2080	0.19	29015	1.21	9850	0.19	212200	8.33	156162	6.13
1991	3235	0.20	2912	0.18	2350	0.18	2233	0.17	32008	1.09	9906	0.34	230450	7.04	174815	5.61
1992	4251	0.25	4009	0.23	2199	0.16	2188	0.16	38231	2.76	11478	0.37	223560	7.27	168965	5.50
1993	5705	0.30	5508	0.29	3189	0.17	3180	0.17	68021	3.56	20891	1.09	302986	8.23	245145	6.66
1994	4585	0.30	4260	0.28	3538	0.15	3479	0.05	75336	1.97	26929	0.70	370596	9.11	266769	6.55
1995	8059	0.47	7446	0.44	3982	0.17	3876	0.16	89193	2.18	32889	0.80	329655	7.73	203963	4.78
1996	15900	0.69	14900	0.64	2100	0.09	986	0.04	154780	3.37	107801	2.35	219567	4.78	173670	2.69
1997	17200	0.44	16960	0.46	32000	0.82	29900	0.81	20679	0.53	12000	0.33	290600	7.50	180000	4.21
1998	8640	0.19	8588	0.19	1323	0.03	1273	0.03	62574	1.41	24150	0.54	324674	7.30	229284	5.16
1999	—	—	—	—	—	—	—	—	—	—	—	—	—	—	—	—
2000	—	—	—	—	—	—	—	—	—	—	—	—	—	—	—	—
2001	—	—	—	—	—	—	—	—	—	—	—	—	—	—	—	—
2002	—	—	—	—	—	—	—	—	—	—	—	—	—	—	—	—
2003	—	—	—	—	10	—	5	—	620	—	98	—	9487	0.004	182	—
2004	138	—	90						395	—	58	—	4676	0.002	187	—
2005	18								1789	0.001	—	—	35597	0.17	—	—

注：1999—2002 年档案遗失，原资料无处查找。

三、疫病联防

1985 年，县畜牧水产局加入闽赣两省第二、三片兽医联防组织，联防组织每年举行 1 次组织成员会议。1989 年 10 月和 2001 年 10 月，分别在宁化县召开闽赣两省第二、三片兽医联防第五次会议和第十七次会议，通报各地疫情流行情况及防治措施，交流经验，开展探讨，加强畜禽疫情防控。2005 年 11 月，河龙乡河龙村、前进村、永建村、下伊村等地出现牛可疑口蹄疫，河龙村、前进村、永建村的部分自然村与江西省石城县高田镇大牛岭村、小牛岭村山水相连，县政府迅速启动宁化县重大动物疫情应急预案，并联系江西省石城县联防联控，组织宁化县武警中队击毙、深埋处理病牛及同群牛 267 头（石城高田镇 75 头、宁化河龙乡 165 头、水茜乡 9 头、安远乡 18 头），同时对疫区交通要道、圩场进行全面消毒，封锁疫区 1 个月，控制疫病扩散、漫延。

四、鱼病防治

（一）病因

境内发生鱼病的主要病因有池塘面积小（0.05—0.20 公顷），水位浅（0.50—1.50 米）。清塘、消毒不彻底，池底污泥多。苗种放养前不消毒，对质量要求不严、受伤严重。放养不合理，密度高、品种搭配不科学。水质管理不到位，常常施一些未经发酵的人、畜粪肥。水温、气候变化较频繁。溶解氧、酸碱度不适宜等7种病因。

（二）预防与治疗

预防

鱼病防治以"预防为主、防治结合""无病先防、有病早治"为原则，主要采取生态、免疫、药物三种预防措施。

生态预防 1988—2005年，县政府在每年的农业综合开发项目中安排66.67—133.33公顷的池塘改造任务（即小改大，浅改深，漏水改保水），以逐渐改善渔业的养殖环境，增强鱼体抗病力。

免疫预防 1988年，宁化县水产技术推广站专门添置仪器设备，进行"草鱼出血病干冻免疫疫苗"制作，生产量9万毫升，免费提供给全县养殖户使用。1989年生产12万毫升，1990年因资金缺少等原因而停止。随着饲料养鱼的大量发展，2000—2005年，养殖户对"草鱼出血病干冻免疫疫苗"需求急增，宁化县水产技术推广站从广东、连城等地调进"草鱼出血病干冻免疫三联、四联疫苗"提供给养殖户。

药物预防 1990年始，推广使用生石灰、漂白粉等常规药品进行池塘消毒与预防。

治疗

随着养殖业的发展，鱼病种类增加。1988年，城郊乡黄河龙水库发生严重的稀土水中毒事件，死亡各类鱼种3吨。1990年，城郊乡夏家村稻田养鱼146.67公顷暴发草鱼"三病"（肠炎病、赤皮病、烂鳃病）。宁化县水产技术推广站采用每50公斤鱼使用大蒜0.25—0.50公斤拌料内服三天，用"四合剂"（食盐0.50公斤、乐果0.20公斤、漂白粉0.25公斤、美曲膦酯0.10公斤）拌料内服三天，每立方米水用鱼康0.30—0.50克溶解泼洒3天，遏制鱼病疫情。1991年，全县流水池暴发小瓜子虫病，方田大罗村、城郊夏家村、济村3村较严重。宁化县水产技术推广站制定治疗措施：每立方米水用硝酸亚汞0.10克溶解全池泼洒取得显著效果（因硝酸亚汞是剧毒药品，此方法已不再被采用）。

1994年，全县新挖池塘面积大增，草鱼"四病"（出血病、肠炎病、赤皮病、烂鳃病）大量发生，其中出血病更为严重，主要分布在安乐乡夏家、中沙乡圳背等池塘。宁化县水产技术推广站采用每立方米水加生石灰20—30克溶解全池泼洒三天；外用敌菌灵每立方米水加0.60克、内服大黄按每万尾鱼种加药粉剂0.25—0.50公斤，连用3天，效果明显。1995年，城郊乡、湖村镇2户养殖户0.40公顷池塘面积出现泛塘，死鱼达到80%。1996年，城郊甲鱼养殖池发生白板病，因当时没有特效药物治疗，只能将患病甲鱼进行隔离，然后每立方米水加生石灰20—30克溶解全池泼洒消毒。1998年，翠江镇七里圳2.33公顷养鳗池发生病毒性鳗鱼狂游病，因无药物治疗，全部放入河流。

2000—2005年，"草鱼干冻免疫三联、四联疫苗"在全县普遍推广使用，各类鱼病虽然时有发生，但未出现大面积感染。

第四章 管理

第一节 机构

1986年10月，宁化县成立畜牧水产局，内设办公室、畜牧兽医站、水产技术推广站、渔政站，核定机关行政编制3名、控制编制4名、事业编制21名。1987年，县畜牧水产局成立宁化县畜牧水产服务中心。1993年，县畜牧水产局增设并核定兽医卫生监督检验所自筹事业编制5名、城区畜禽防疫检疫站自筹编制10名、畜牧水产生产服务站自筹编制12名、黄河龙水库综合试验场自筹编制9名、水产综合养殖场自筹编制6名。1996年12月，县畜牧水产局并入县农业局（保留县畜牧水产局牌子）。2004年8月，县畜牧水产局成立宁化县动物疫情测报站，核定财拨事业编制3名。2005年3月，宁化县渔政管理站更名为中国渔政宁化县大队（挂宁化县渔港监督、宁化县渔业船舶检验站牌子），人员、经费维持不变。

第二节　畜牧兽医管理

1988—1990年，县、乡两级畜牧兽医工作站对全县动物、动物产品进行检疫，调查监测辖区内畜禽流行病等畜牧兽医管理工作。1991年，县政府制定《宁化县兽医卫生检疫员工作暂行规定》，下发《宁化县兽医卫生检疫人员管理办法的决定》及《宁化县兽医卫生检疫检验若干规定的通知》。1993年，县畜牧水产局成立宁化县兽医卫生监督检验所。1994年，宁化县兽医卫生监督检验所审核从事畜禽生产、加工、运输、屠宰、经营的单位和个人的动物防疫条件，发放《兽医卫生合格证》864份，查处动物防疫违法案件10起。1995年，城区设立生猪定点屠宰场，城区畜禽防疫检疫站派员驻场检疫，检疫屠宰场生猪2150头。1998年，宁化县兽医卫生监督检验所检疫屠宰生猪16200头、检疫屠宰肉牛980头，检出病猪并无害化处理43头。1998年1月1日，《中华人民共和国动物防疫法》颁布实施后，县畜牧水产局重新核定动物监督员、检疫员编制，全县有动物监督员7人，动物检疫员62人。2000年5月13日，宁化县兽医卫生监督检验所立案查处一起安乐乡一名屠夫逃避猪肉检疫并殴打检疫员案件，公安部门核实后对该名屠夫作出治安行政拘留7天的处罚决定。

1994—2005年，全县共查处动物防疫违法案件102起，核发《兽药经营许可证》102本，屠宰检疫检出病猪334头，并全部进行无害化处理。2004年，宁化县兽医卫生监督工作在全市考核中名列榜首，被三明市畜牧水产局评为先进单位。

第三节　渔政管理

1985年8月，宁化县成立渔政管理站，设专职管理员2人，另有宁化县水产技术推广站4名工作人员协助管理。1986年1月至1988年11月，《中华人民共和国渔业法》《中华人民共和国野生动物保护法》及其他相关法律、法规相继出台，宁化渔政走上依法管理的轨道。1993年，宁化县渔政管理站核定编制3人。2005年3月，宁化县成立中国渔政宁化县大队、宁化县渔港监督站、宁化县渔业船舶检验站，配置渔业行政执法车辆、电脑、摄像机等，开展维护渔业水域生态环境、渔业生产秩序和保护珍贵水生动物、重要水生植物等工作。

1988—2005年，宁化县渔政管理站主要负责审核和发放《捕捞许可证》，检验渔业船舶，处理渔业生产纠纷，开展河段承包增养殖，打击电、炸、毒鱼等违法行为。向溪河放流增殖7次，投放各种鱼苗1000公斤，查处非法电鱼案件251起、无证捕捞案件570起、炸鱼案件15起，处理渔业案件纠纷21起，协助调查渔业水域污染5起。

卷十五　烟草

宁化县在清康熙年间（1662—1722 年）始种晒烟。中华人民共和国成立后，1966 年开始小规模种植烤烟，到 1978 年种植面积仍在 66.67 公顷以下。1984 年，福建省计划委员会（简称省计委）批准宁化县建立烤烟基地；次年，宁化县烤烟生产被纳入国家生产计划，县委、县政府把烤烟生产作为发展经济作物的"龙头"产业，出台烤烟生产扶持措施，把烟叶产品税的 50% 用于烟农补贴，20% 用于乡（镇）发展烤烟生产经费补贴，大力发展烤烟生产。1985 年，全县种植烤烟 2469 公顷，产烟 2822.07 吨，总产值达 401 万元（1980 年不变价），宁化烤烟发展进入快车道。1987 年，全县烤烟种植面积 2892.07 公顷，收购烟叶 3991.06 吨，成为福建省烤烟基地县。在发展烤烟过程中，按照"科技引路、稳步发展、主攻质量、提高单产、增加效益"要求，不断推行"良种化、规范化、连片化"科学种烟措施，推广营养袋育苗、地膜覆盖、定叶打顶等栽培新技术，加大烤烟科研力度，推广漂浮育苗、稻草回田、石灰溶田、白萤石粉溶田和土壤改良、平衡施肥、起垄机耕作等新技术，实施整畦肥盖膜待栽移栽模式，所培育出的烤烟品种"翠碧 1 号"，被列为全国 2 个优良品种之一，是七匹狼、厦门、石狮等省内香烟品牌的主要原料，并被中华、苏烟、玉溪等全国名优卷烟品牌配方选用。宁化县烤烟种植规模不断扩大，烟叶质量稳步提升，至 2005 年，全县建立基本烟田 16666.70 公顷，种植烤烟 10599 公顷，产烟 14626.62 吨，农民售烟收入 12472.40 万元。烤烟种植面积、产量连续 17 年保持福建省第一。烤烟成为全县国民经济的支柱产业，宁化县也发展成为福建省最大烤烟生产基地和全国 30 个烤烟生产基地县之一。

第一章　烟草种植

第一节　晒烟种植

宁化县种植晒烟历史悠久，清康熙二十二年（1683 年）《宁化县志·土产志》就有"淡芭菰，今俗名烟，种出东洋，十余年内，人竞莳之"的记载。至民国时期，年均种植晒烟数十公顷。民国 33 年（1944 年），县政府发布《限制种植烟草办法》，限制烟草种植。

中华人民共和国成立后，每年均有适量种植晒烟，其品种主要有"柳叶烟"（烟叶细长形如柳叶）和"蒲勺烟"（叶面宽大，卵圆形）2 种。1949 年，全县种植 64.54 公顷；1955 年，生产晒烟 19.30 吨；1966 年，种植 68.27 公顷，产烟 29.60 吨；1975 年，种植 12.93 公顷，产烟 10.45 吨；1985 年，种植 104 公顷，产烟 85.80 吨；1993 年，种植 2.33 公顷，产烟 3.98 吨；1994 年后停止种植晒烟。

1955—1993 年部分年份宁化县晒烟种植情况表

表 15-1

年份	面积 （公顷）	单产 （公斤/公顷）	总产量 （吨）	年份	面积 （公顷）	单产 （公斤/公顷）	总产量 （吨）
1955	—	—	19.30	1982	53.27	570.00	30.36
1966	68.27	433.50	29.60	1983	29.53	652.50	19.27
1967	68.33	757.50	51.76	1984	32.67	735.00	24.01
1968	73.93	660.00	48.79	1985	104.00	825.00	85.80
1969	73.13	705.00	51.56	1986	55.00	930.00	51.15
1970	14.00	750.00	10.50	1987	33.20	1080.00	35.86
1975	12.93	808.50	10.45	1988	23.53	1170.00	27.53
1976	36.67	553.50	20.30	1989	15.60	1215.00	18.95
1977	35.20	540.00	19.00	1990	15.53	1410.00	21.90
1978	32.93	607.50	20.00	1991	7.80	1545.00	12.05
1979	29.93	660.00	19.75	1992	5.47	1650.00	9.03
1980	32.80	720.00	22.90	1993	2.33	1710.00	3.98
1981	29.20	907.50	26.50				

注：1956—1965 年、1971—1974 年缺统计资料。

第二节　烤烟种植

　　1966 年，宁化开始种植烤烟，禾口、淮土 2 个人民公社农民自发引进永定 401 烤烟品种，种植 1 公顷，产烟 0.98 吨。1970 年，种植 65.73 公顷，产烟 49.30 吨。1971 年种植 39.13 公顷。1972—1974 年，受"文化大革命"影响，全县年种植面积仅 13—20 公顷。1975 年，县供销社把烤烟生产列为多种经营扶助项目之一，雇请永定县烟农抓点示范，在禾口人民公社种植烤烟 11.27 公顷，产烟 4.65 吨。1976 年冬，宁化县土产公司（简称县土产公司）从永定县调购烤烟苗在禾口人民公社拱桥农业生产大队、泉上人民公社谢坊农业生产大队种植 13.07 公顷，产烟 6.37 吨。1977 年，在 11 个人民公社推广种植烤烟 20 公顷，产烟 11.40 吨。1979 年起，烤烟生产纳入计划管理，烤烟生产发展较快，其中禾口、淮土 2 个人民公社年种植烤烟占全县烤烟面积的 80%以上。是年，禾口人民公社试种秋烟 6.67 公顷，因受霜冻种植失败。1981 年，禾口人民公社 18 个农业生产大队 136 个农业生产队种植烤烟 68.86 公顷，产烟叶 73.38 吨，产值 19.08 万元。1979—1983 年，全县种植烤烟 611.66 公顷，产烟 636.02 吨。

　　1984 年，省计委批准宁化县建立烤烟基地，省政府批准免缴 3 年产品税，支持宁化县发展烤烟生产。9 月，福建省烟草局（简称省烟草局）、厦门卷烟厂实地考察后与宁化县签订《经济技术合作协议书》，厦门卷烟厂、福建省烟草公司（简称省烟草公司）分别无偿投资 100 万元和 10 万元，建设厦门卷烟厂原料基地。县烟草公司成立宁化县烤烟生产基地开发董事会和宁化县烟草专卖管理领导小组，聘请永定、上杭两县烤烟种植师傅 59 人到宁化县传授烤烟生产技术。是年，全县种植烤烟 251.60 公顷，产烟 343.43 吨。1985 年，县委、县政府把烤烟生产作为发展经济作物的"龙头"产业，加快推进，大力发展，县政府把烟叶产品税的 50%用于烟农补贴，20%用于乡（镇）发展烤烟生产经费补贴，并投资 590 万元用于烤烟基地建设。县烟草公司招聘不脱产烟技员 126 人，其中招聘永定县 56 人，指导烤烟栽培技术。全县种植烤烟的乡（镇）均成立烤烟领导小组，各村副主任具体负责，动员村民种植烤烟并给烟农一定奖励，其中禾口乡石碧、大路、陈塘等村委会奖励多种烟、种好烟、卖好烟的农户第一名50元、第二名40元、第三名30元，调动村民种烟积极性。是年，全县种植烤烟2469公顷，产烟2822.07吨。

1986年，县委、县政府提出"以技术求优质，以优质求发展"战略和"烤烟生产两年超永定、上杭，三年走上全国先进行列"奋斗目标，建立安乐、禾口、中沙3个乡为科技种烟试验片，城郊、方田和河龙3个乡为种植G28和G80新品种示范片。河龙乡河龙、高阳2个建制村试种烤烟1.20公顷获得成功，改变高海拔村不宜种烤烟的观念。是年，全县种植烤烟1763.33公顷，产烟2425.40吨。1987年，安乐、曹坊、泉上、湖村等乡（镇）给予播种0.20亩以上烟苗的农户10元肥料补助款。山高水冷的河龙乡利用单晚田和山地种植烤烟175.27公顷，提高耕地复种指数，增加农民收入。是年，全县种植烤烟2892.07公顷，产烟3991.06吨。

1990年，县烟草公司贯彻中国烟草总公司"计划种植、主攻质量、提高单产、增加效益"的烟草生产方针，推广种植抗根茎病虫害优良外引品种K326和G80，改变全县品种栽培单一局面，大幅度提高烟叶产量和质量，全县种植烤烟5888.47公顷，产烟8037.76吨。

1992年，县烟草公司按照"科技引路、稳步发展、主攻质量、提高单产、增加效益"要求，实行计划种植，合同收购，与全县5.50万户烟农签订种植、收购合同。推行"良种化、规范化、连片化"的科学种烟措施，推广营养袋育苗、地膜覆盖、定叶打顶等栽培新技术，全县有13个乡（镇）开发主料烟2666.67公顷，其中泉上、湖村、安远、曹坊等乡（镇）建立省主料烟基地。是年，全县种植烤烟11552.80公顷，产烟18386.95吨，其中上等烟（按15级）占26.30%（40级收购的上等烟42.44%），烟叶产量、质量均为福建省首位。1995年，市场价格波动，烟农种烟积极性低落，种植面积难以落实，县四套班子领导挂乡包片，各乡（镇）党政领导和村两委主要领导具体负责，层层落实责任制。县烟草公司出台"1∶6"的粮烟比价政策，补贴烟农430万元，扭转烤烟种植滑坡局面，全县种植烤烟10181.47公顷，产烟14814.03吨。

1996年，全县推广使用烤烟专用肥6500吨，改变氮、磷、钾配比不合理、烟叶缺素症明显状况，采取"强、消、轮、早、盖、改"（加强防病宣传，消灭病原菌，加强轮作，早播、早栽、早管、早收，全面推广地膜覆盖栽培，改换品种和改良土壤）六字措施，强化病害综合防治，根茎病多发区种植岩烟97品种734公顷，花叶病多发区种植柯克176品种36公顷，有效控制烤烟病害，提高质量和产量，全县种植烤烟11441.60公顷，产烟16949.63吨。1998年，根据"控制总量，优化布局，提高质量，增加效益"的要求，县烟草公司与烟农签订烟叶定购合同40594份，推广包衣种子育苗、移栽器移栽等新技术，全县种植烤烟7440.07公顷，产烟11271.70吨，实现烟叶收购上等烟比例、收购合格率、等级纯度3个提高。1999年，在湖村镇建设200公顷菲莫烟基地和安乐乡67公顷"三特烟"基地。同时，建立县、乡（镇）、村主要领导示范片，成立县烟草病虫害预测预报及综合防治站，全县设固定点5个和观察点11个，开展病虫害预测预报。全县种植烤烟8942.67公顷，产烟13682.29吨。

2000年，提出"夯实基础、稳定面积、提高质量、增加效益"生产方针，优化品种结构，以翠碧1号为主栽品种，稳定K326、K346种植面积，淘汰柯克176品种，示范推广种植云烟85、RG17等新品种，全县种植烤烟9793.67公顷，产烟14837.41吨。2001年，重点拓展高山边远地区种植面积，同时调整品种布局，加强轮作，解决烟叶病虫害较为严重问题，全年共补助烟农307.50万元。推广漂浮育苗、稻草回田、石灰溶田、白萤石粉溶田和土壤改良、平衡施肥、起垄机耕作等新技术，实施整畦肥盖膜待栽移栽模式，全县种烟9763.53公顷，产烟15084.65吨。其中，上等烟比例45.28%，比2000年提高9.85%；每公斤烟叶价格比2000年增加0.64元，全县烟农增收814.47万元。2002年，采取降氮控硫，增加种植密度，实行宽行窄株模式，提早采收下部叶等措施，解决烟叶生产施氮过量、种植过稀、打顶过早、下部叶采收过迟、后期养分供应不协调等问题，烟碱含量明显降低。同时，优化种植布局，从公路沿线、连作时间长、病害较严重的田块向耕地条件较好和种植面积少的偏僻农田转移，并严格执行"九不种"（即重病田、洪涝田、冰雹带、冷烂田不种，没技术、没资金、没劳力、没烤房、零星种植的不让种）。是年，全县种植烤烟10763.73公顷，产烟15499.77吨。

2005年，实行基本烟田保护制度，全县建立基本烟田16666.70公顷。保护区统一立牌，强化土壤改良，重点实施客土改沙，集中区域稻草回田，加大火烧土与农家肥施用量，提高土壤良性利用。优化烟农结构，烤烟种植向有技术、有烤房、有资金投入、有劳力、有适度规模的农户倾斜，推广"无公害"烟叶生产技术。10月起，全县开展烟田基础设施建设，县政府、各乡（镇）成立烟田基础设施建设领导小组，负责项目规划、协调和监督管理。当年全县投入烟基建设资金3656万元，实施15个乡（镇）106个建制村烟田基本建设项目247个（其中烟田水、路项目211个），新建机耕道路32条26.77公里，修水渠104条162.34公里，建桥梁14座250米，筑防洪堤10座4420.95米，客土改沙36项235.20公顷，建密集式烤房896座，烟田受益面积2924.67公顷，受益农户8198户。是年，全县种植烤烟10599公顷，产烟14626.62吨。

1966—2005年部分年份宁化县烤烟种植情况表

表15-2

年份	面积（公顷）	单产（公斤/公顷）	总产量（吨）	年份	面积（公顷）	单产（公斤/公顷）	总产量（吨）
1966	1.00	65.20	0.98	1988	5138.93	1170	6012.55
1970	65.73	750.00	49.30	1989	5122.80	1245	6377.89
1971	39.13	—	—	1990	5888.47	1365	8037.76
1972	—	—	—	1991	7535.55	1500	11303.33
1973	—	—	—	1992	11552.80	1590	18368.95
1974	—	—	—	1993	16431.00	1245	20456.60
1975	11.27	412.50	4.65	1994	11218.53	1185	13293.96
1976	13.07	487.50	6.37	1995	10181.47	1455	14814.03
1977	20.00	570.00	11.40	1996	11441.60	1455	16949.63
1978	56.33	720.00	40.56	1997	13393.00	1560	20893.08
1979	71.72	742.00	53.25	1998	7440.07	1515	11271.70
1980	53.20	802.50	42.70	1999	8942.67	1530	13682.29
1981	131.87	1102.50	145.39	2000	9793.67	1515	14837.41
1982	218.67	1057.50	231.24	2001	9763.53	1545	15084.64
1983	136.20	1200.00	163.44	2002	10763.73	1440	15499.77
1984	251.60	1365.00	343.43	2003	10379.33	1410	14634.86
1985	2469.00	1143.00	2822.07	2004	10386.33	1515	15735.29
1986	1763.33	1380.00	2425.40	2005	10599.00	1380	14626.62
1987	2892.07	1380.00	3991.06				

注：1972—1974年缺统计资料。

第三节　栽培模式

1949年以前，宁化县烟草多为零星种植，因轮换种植的土地充裕，烟草多在比较肥沃的耕地栽培，旱地实行春烟—蔬菜、春烟—杂粮—蔬菜隔年轮作。水田实行春烟—蔬菜（或套种杂粮）、春烟—稻—大豆—油菜隔年轮作，很少在晚稻田栽培烟草。中华人民共和国成立初期，烟草仍为零星栽培，基本沿袭原栽培模式。20世纪60年代至70年代初，"以粮为纲"，烟草主要在旱地栽培。1976年，禾口人民公社石碧农业生产大队第三生产队开展春烟—双季晚稻秧—晚稻的栽培模式试验成功，提供了烟草轮作经验。1985—2005年，全县利用双晚稻田和杂优制种田前期休闲期，种植一季春烤烟，实行春烟—单晚稻、春烟—杂优制种、春烟—双季晚稻秧—双季晚稻或杂优制种、春烟—杂粮等栽培模式，单季晚稻田实行烤烟—晚稻栽培模式，提高耕地复种指数，解决烟粮争地矛盾。但随着种植面积扩大，隔年轮作面积缩小，引发烤烟病虫害逐渐增加。

第二章　烟叶烘烤

第一节　初烤

1966—1975 年，全县生产队建有烤房 10 座，房体结构与农村民房建筑相似，砌地基、打土墙、盖瓦片。烟农使用柴片烘烤烟叶，常出现青烟、挂灰、烤焦、烤红、活筋等现象，烤出的烟叶多呈黄褐色，气味混杂，品质较差，下等烟比例占 60%。1981 年，县土产公司拨专款 4.93 万元无偿支持禾口、淮土、方田、济村等人民公社新建烤房 184 座，规格为 4 米×6 米，4 层，钢管供热，每次可烤干烟叶 400 公斤。由于房体简陋，墙体易干裂漏气，烤后烟叶出现褐黄、气味不醇等现象，上等烟比例仅占 4.50%。1984 年，县烟草公司投资 250 万元推广土墙小烤房，烤房规格为 2.70 米×2.70 米，4 层，跨越式，火管排列，每次可烤干烟叶 120 公斤，同时推广燃煤球烤烟，提高烘烤质量。1985 年，随着烤烟种植面积扩大，烤房需求量大增，中国农业银行宁化县支行、宁化县运输公司、县煤矿、县计委、县文明委、县物资局、县林委、宁化县陶瓷厂、宁化县农械厂和乡（镇）政府、企业大力支持烤房建设，至年底全县共有烤房 4750 座。县烟草公司向种烟较多的村派驻烟技员传授烘烤技术，提高烟叶烘烤质量，是年，上、中等烟比例 71%。

1986 年，泉上镇豪亨村采用烤烟生产"四统一"（统一播种移栽时间、统一大田管理技术、统一采摘成熟度和统一采摘烟叶部位）办法，解决烟容量过大造成鲜烟叶部位、成熟度不同而烤烂烟、青烟问题。1987 年，烟农通过"二长一短"（烘烤时间变黄期、定色期为两长、干筋期为一短）烘烤方法，掌握采收成熟度，把好串烟关，抓好烧火关，解决升温过快、温度过高烤出蒸片、出现烂烟等问题。是年，全县黄烟率 98%、上等烟比例 8.25%、中等烟比例 74.90%。1991 年，全县拥有烤房 1.91 万座，其中县烟草公司投资 31 万元新建 4875 座，改跨越式为平走式，改进"二长一短"烘烤法，提高烟叶香气质和香气量，全县上等烟比例提高到 15.64%。1992 年，县烟草公司投资 60 万元进行烤房技改，改长方形炉膛为腰鼓型炉膛，改平走式火管排列为下扎式火管排列，并加厚加密烤房墙体和天花板，克服旧烤房升温排湿速度慢、烟叶烘烤周期长，热能利用率低，经济效益差的缺点，提高保温、传热和通风排湿性能。县烟草公司共为烟农免费供应炉条 130 吨、火管 6000 套、温度计 8000 支，改造老烤房 1 万座。烤房高度由 4 层增至 5 层，规格为 2.70 米×3.30 米，每次可烤干烟叶 150 公斤。推广使用原煤烘烤烟叶，烘烤时间每烤次 93 小时，比原煤球烘烤缩短 13.70 小时，上等烟比例 26.30%，比原煤球烘烤提高 5.30%，上中等烟比例 99%。

1997 年，原烤房炉膛由单炉改为双炉，加装热风循环设备，推广以蜂窝煤为燃料的热风循环烤房，火管采用内翻下扎式 5 条火管排列方式，煤耗降低 30%。2001 年，全县上等烟比例 45.28%，比 2000 年提高 9.85%。2003 年，增加普通烤房自动控制智能化设备系统，减轻烟农劳动强度。2004 年，推广砖混结构密集式烤房，供热和装烟室分离，规格为 2.70 米×80 米，装烟 3 层，每次可装烟叶 3000 公斤，装烟容量为普通烤房的 10 倍。利用密集式烤房装烟量大、循环风速高、排湿速度快的特点，提高烟叶变黄程度和整烤均匀性，解决翠碧 1 号烟叶难烘烤的困难，避免发生青筋和挂灰。2005 年，县烟草公司投资 355 万元改造密集式烤房供热系统，采用陶瓷火管替代原有钢管供热，全县建造陶瓷火管供热密集式烤房 237 座。所有烤房统一编码，实行户籍化管理，烟叶质量达到全国优质水平。

1966—2005 年宁化县烤房建设情况表

表 15-3　　　　　　　　　　　　　　　　　　　　　　　　　　　　　　　　　单位:座

年　份	1966—1980	1981	1984	1985	1986	1987	1988	1989
拥有量	70	184	4250	4750	5325	9100	9150	10125
年　份	1990	1991	1992	1993	1994	1995	1996	1997
拥有量	14250	19125	23871	23972	24130	24353	25296	30343
年　份	1998	1999	2000	2001	2002	2003	2004	2005
拥有量	30343	30387	30387	30763	32254	32527	32814	33712

2005 年宁化县烤房分类型情况表

表 15-4　　　　　　　　　　　　　　　　　　　　　　　　　　　　　　　　　单位:座

乡(镇)	普通型	密集式	热风循环	智能化	合计
泉上	972	28	1942	114	3056
湖村	247	43	1851	78	2219
石壁	1287	39	2137	110	3573
城郊	740	18	1713	78	2549
淮土	997	22	1036	48	2103
济村	550	34	1333	44	1961
方田	631	5	727	54	1417
城南	292	8	792	26	1118
安乐	137	4	2407	74	2622
曹坊	1039	34	2659	95	3827
治平	194	4	514	15	727
中沙	341	7	1102	45	1495
河龙	311	5	566	26	908
水茜	558	10	2208	71	2847
安远	1159	3	2047	81	3290
合计	9455	264	23034	959	33712

第二节　复烤

　　1985 年，县烟草公司建成烟叶复烤厂（简称县烤烟厂），设复烤车间 1 个、锅炉和机修车间 1 个、烟库 5 个，购置挂杆式蒸汽复烤机及液压打包机等配套设备，全年复烤原烟 1937.50 吨，成品合格率 93.48%，水分合格率 97%，烤透合格率 87%。1988 年，复烤原烟 5019.90 吨，成品合格率 94.20%。1989 年，改进烤烟冷房，降低冷房温度，晾晒时间由原来的 4—5 天缩短到 1—2 天。1991 年，复烤原烟 12844.32 吨，成品合格率 95.02%。1992 年，扩建复烤生产线、锅炉房、仓库，扩建后主厂房 2700 平方米，配置挂竿式蒸汽复烤机 3 台、液压打包机 6 台、4 吨卧式锅炉 2 台、6 吨沸腾炉 1 台，年复烤能力 22500 吨。全年复烤原烟 16901.70 吨，成品合格率 98%，水分合格率 99.10%，重量合格率 99.50%，外观质量合格率 95%，实现"坚持国标，一步到位"目标。1994 年，复烤原烟 9084.32 吨，成品合格率

96.01%。1995 年，县烤烟厂与福州大学联合研制成功"烟叶复烤生产线自动控制系统"，提高复烤质量，全年复烤原烟 11020.14 吨，成品烟 10634.44 吨，成品合格率 96.50%，水分合格率 99.50%，烤透合格率 95%。1997 年，复烤原烟 22596.42 吨，成品合格率 96.60%。1998 年，改进烟叶清选线，成品烟自然砂土率降至 0.25%，自然碎烟率降至 0.50%。全年复烤原烟 5019.90 吨，成品烟 4869.30 吨，成品合格率 97%。2000 年，复烤原烟 12169.63 吨，成品合格率 97.35%，2002 年，复烤原烟 14015.37 吨，成品合格率 98.66%，达到烤烟国家等级上乘标准。2003 年，国家烟草专卖局要求原烟打叶复烤，关停挂杆复烤企业，县烤烟厂关闭。

第三章　烟草购销

第一节　烟叶收购

一、晒烟收购

民国时期，宁化晒烟收购方式一般由条丝烟作坊主委托私人代购，或直接由作坊主派人向烟农收购。中华人民共和国成立后，1952 年起，全县晒烟由宁化县合作总社统一收购。1955 年，县供销社与农民签订预购合同，预付一部分定金，分成甲、乙、丙、丁、戊 5 个等级收购晒烟，甲等每 50 公斤 52 元、乙等 45 元、丙等 38 元、丁等 33 元、戊等 28 元。是年，全县收购晒烟 19.30 吨。1956 年，县供销社增设农村农副产品收购网点，同时利用烟丝手工业者代购或联购。1957 年，县供销社建立购销店 175 个、代销店 115 个、货郎担 20 个。同时，与全县 85%的农业生产合作社签订收购合同 382 份，预购合同 94 份，分成甲、乙、丙、丁、戊、已 6 个等级收购。1961—1970 年，县供销社派购和统一收购晒烟，实行奖售和换购政策，但因"以粮为纲"，晒烟收购连年下降，大部分年份都在 5 吨以下。1980 年，收购晒烟 0.05 吨。1992 年起，停止收购晒烟。

1955—1991 年，全县收购晒烟 137.65 吨。

二、烤烟收购

（一）收购方式与收购量

1976 年起，县土产公司统一收购烤烟，由各产区的农副产品收购站具体负责，面积较大的禾口、淮土定时、定点分片轮流收购，是年，全县收购烤烟 6.50 吨。1980 年，全县收购烤烟 18.55 吨。1984 年，县供销社实行预购与签订合同的办法收购烤烟 8.20 吨。1985 年起，烤烟由县烟草公司统一收购，设立各乡（镇）烟草工作站及一批固定收购点，收购季节在离固定点较远的村设立临时收购点，初步形成烤烟收购网络。是年，全县收购烤烟 1880.40 吨，农民售烟收入 580.21 万元，烟农户均收入 117.80 元。1988 年，全县设固定收购点 28 个、流动收购点 17 个，收购烤烟 5019.90 吨。

1990 年，县政府成立宁化县烤烟收购工作领导小组，县烟草公司试行计划收购，印发售烟登记卡，各烟草收购站（点）凭烟农售烟证和售烟票收购。同时与 32232 户农进行预约收购，全县收购烤烟 7762.66 吨。1991 年，推行"一证、一票、一印"（售烟证、售烟票、烟农私章）计划收购，全县设固定收购点 40 个、流动收购点 24 个，收购烟叶 12844.33 吨。1992 年，县政府成立宁化县烟草收购工作指挥部，收购期间各乡（镇）、村成立烟草收购治理整顿小组，县烟草公司建立"约时、定点、限量、凭证、凭票、按品种、分部位、分期分批"计划收购制度，与全县5.50万户烟农签订烟叶种植、收购合同。全县设置固定收购点45个、流动收购点14个，收购烟叶16901.65吨，占三明市收购量的55.60%，居全省第一，实现税利1700万元，烟农售烟收入5050.06万元，户均918.20元。

1996年，县烟草公司成立烟叶质量仲裁小组，负责烟叶收购等级协调平衡，检查全县各收购点等级质量，全县收购烟叶17104.07吨，占计划收购任务的122%；税利4107万元；烟农售烟收入21551.12万元，人均707.86元；收入上万元的6724户，2万元以上的45户，2个乡（镇）和46个村人均超千元。1998年，县烟草公司与烟农签订烟叶定购合同40594份，全县收购烟叶7757.60吨。1999年，推行"初分预检制"，全县设固定收购点28个、流动点5个，收购烟叶12642.15吨。2000年，县烟草公司实行"一证一卡，一约三定"（售烟证、售烟卡、约时、定点、定量、定部位）收购制度，按照国家规定的标准制作烟叶收购样品，公开对样收购，全县收购烟叶12169.65吨。2002年起，烟叶收购一律使用电子秤，固定点采用电脑+DOS机+电子秤流动收购，全县收购烟叶14015.39吨。2003年，实行"封签预检制"收购，全县收购烟叶11650.66吨。2005年，全县设收购站（点）23个，标准化烟草站实行编码收购，收购烟叶11851.17吨，占任务的79.01%；烟农售烟收入12472.40万元。

1976—2005年，全县收购烟叶22.92万吨。

1976—2005年宁化县烤烟收购情况表

表15-5

年份 \ 项目	收购总量（吨）	上等烟比例（%）	中等烟比例（%）	平均单价（元）	农民售烟总收入（万元）	实现税利（万元）
1976	6.50	—	—	—	—	—
1977	4.45	—	—	—	—	—
1978	25.55	—	—	—	—	—
1979	28.00	—	—	—	—	—
1980	18.55	—	—	—	—	—
1981	43.30	—	—	—	—	—
1982	6.40	—	—	—	—	—
1983	1.25	—	—	—	—	—
1984	8.20	—	—	—	—	—
1985	1880.40	7.00	64.00	0.44	580.21	—
1986	1724.60	10.00	76.80	0.54	—	—
1987	3199.40	8.25	74.90	—	—	—
1988	5019.90	11.72	70.80	—	—	—
1989	4922.71	11.87	72.10	—	2717.00	581
1990	7762.66	12.04	88.55	—	3797.00	791
1991	12844.33	15.64	76.32	2.79	6407.90	1365
1992	16901.65	26.30	72.70	—	5050.06	1700
1993	17783.40	11.09	80.94	4.95	8807.11	1850
1994	9084.32	26.68	71.32	5.92	5373.33	1019
1995	11020.11	56.56	38.47	11.08	11896.36	2305
1996	17104.07	69.76	27.21	12.60	21551.12	4107

续表 15-5

项目　　年份	收购总量（吨）	上等烟比例（%）	中等烟比例（%）	平均单价（元）	农民售烟总收入（万元）	实现税利（万元）
1997	22596.43	20.00	75.92	9.22	20833.9	4222
1998	7757.60	31.75	63.11	7.96	6475.06	2420
1999	12642.15	40.19	56.12	9.80	10827.79	4840
2000	12169.65	35.43	58.41	9.25	11254.47	4421
2001	12726.09	45.28	51.62	9.88	12577.70	—
2002	14015.39	29.18	65.46	9.26	12979.64	—
2003	11650.66	28.28	59.87	8.32	9696.61	—
2004	14444.73	47.42	45.76	10.69	15433.25	—
2005	11851.17	47.79	34.36	10.53	12472.40	—

1985—2005 年宁化县各乡(镇)烟叶收购情况表

表 15-6

单位:吨

乡(镇)	1985 年	1986 年	1987 年	1988 年	1989 年	1990 年	1991 年	1992 年	1993 年	1994 年	1995 年
泉上	0	0	0	0	46.40	0	0	287.45	487.35	272.74	338.43
湖村	95.65	90.55	179.30	497.35	589	941.99	1527.20	1961.20	2174.65	1240.50	1629.24
石壁	796.2	638.95	962.15	1116.40	966.93	1274.91	2004.14	2298.90	2050.75	1233.32	1739.64
城郊	128.20	70.30	171.35	362.10	307.25	490.53	919.33	1345.15	1214.45	729.26	729.74
淮土	267.20	161.45	194.00	383.40	189.54	519.62	1052.86	1226.30	1237.60	496.60	452.66
济村	0	91.90	237	161.25	343.76	586.56	972.88	1069.75	1150.00	473.41	677.72
方田	219.05	280.65	474.75	673.65	619.93	942.41	1356.06	1637.55	1393.50	838.70	937.02
城南	91.30	76.45	219.20	330.25	310.76	490.21	836.30	1115.90	1192.50	586.45	658.57
安乐	154.30	230.35	413.70	425.95	443.20	613.15	811.36	816.55	804.85	461.40	535.56
曹坊	0	0	0	0	0.07	0	0	302.35	443.75	166.77	246.91
治平	83.85	45.20	141.45	265.50	315.92	505.45	876.91	1063.50	1028.85	703.61	901.17
中沙	44.65	32.40	111	262.60	270.18	460.07	701.69	850.65	802.40	275.62	321.50
河龙	0	5.15	39.30	220.40	229.90	398.07	614.47	959.10	1362.60	589.03	812.55
水茜	0	0	0	127.30	145.90	192.71	324.25	502.25	512.15	188.64	201.69
安远	0	1.25	56.20	193.75	143.97	346.96	846.88	1465.05	1928.00	828.27	837.72

续表 15-6

乡(镇)	1996 年	1997 年	1998 年	1999 年	2000 年	2001 年	2002 年	2003 年	2004 年	2005 年	合计
泉上	531.28	664.62	286.84	360.26	358.03	382.64	389.31	232.41	367.14	221.67	5317.57
湖村	2362.53	2590.78	986.59	1550.29	1409.46	1450.75	1441.00	902.87	1359.90	970.19	25951.98
石壁	2341.40	2689.36	958.59	1435.78	1343.04	1427.69	1648.12	1556.08	1862.96	1640.81	31986.12
城郊	1146.07	1802.08	284.76	1067.27	1158.19	1152.71	1300.67	1182.52	1738.52	1602.12	18902.57
淮土	946.99	1569.75	508.52	917.32	870.58	953.37	1065.75	822.00	975.00	859.67	15689.07
济村	1070.75	1397.51	523.35	739.89	571.95	652.06	715.82	622.74	707.68	650.01	13415.99
方田	1429.05	1670.97	478.98	857.15	851.88	836.31	892.05	734.77	907.70	613.64	18645.77
城南	1091.81	1541.18	619.17	979.72	999.85	1076.39	1175.96	986.39	1218.96	1105.84	16703.16
安乐	892.51	1199.78	389.04	511.31	461.21	473.02	559.26	445.01	500.27	371.37	11513.15
曹坊	370.58	706.01	268.05	360.32	380.48	410.46	462.37	387.71	451.96	367.79	5325.58
治平	1168.05	1499.18	654.99	824.21	966.65	953.44	1033.29	886.80	1064.63	923.91	15906.56
中沙	641.45	1038.68	344.40	464.10	500.88	483.93	552.64	453.92	504.49	402.26	9529.51
河龙	1234.85	1765.43	600.46	1069.09	1052.92	1056.41	1171.07	1100.04	1339.20	1019.64	16639.68
水茜	430.00	553.06	228.73	352.10	310.86	333.41	354.16	297.49	355.97	267.95	5678.62
安远	1417.76	1908.04	625.13	1153.34	933.67	1083.50	1253.92	948.91	1089.55	834.30	17896.19

（二）收购等级

1976—1982 年，按福建省《烤烟分级技术规定》，宁化县收购黄烟分 1—6 个等级、青烟分 1—4 个等级、毛烟不列等级。1983—1986 年，宁化县实行全国统一烤烟乙型收购标准，共分 15 个等级收购：上等烟为中一、中二、上一，中等烟为中三、中四、上二、上三、青一，下等烟为中五、上四、青二，低等烟为中六、上五、青二、末级。1987—1990 年，按甲型标准分 15 个等级收购：上等烟为中一、中二、上一，中等烟为中三、中四、上二、上三、青一，下等烟为中五、上四、青二，低等烟为中六、上五、青二、末级。1991 年，按照三明市烟草分公司提出的成品合格率 98%以上，外观质量合格率 98%，成品重量合格率 95%，水分合格率 90%的等级质量标准要求收购。1992—2000 年，实行全国统一的 40 个等级烤烟收购标准，县烟草公司制定《烟叶收购等级考核办法》，确保烟叶等级规定的纯度达到国家标准（上等烟 90%、中等烟 85%、下等烟 80%），2001—2005 年，实行全国统一的 42 个等级的烤烟收购标准。

第二节　烟叶销售

民国时期，农民种植晒烟多为自产自销，商品率极低。

中华人民共和国成立后，自 1952 年起，全县晒烟由宁化县合作总社统一销售。1976 年起，县土产公司收购经销烤烟，按计划调往龙岩、厦门卷烟厂，当年销售烤烟 1.30 吨。1980 年，销售烤烟 17.20 吨。1984 年，销售烤烟 3.90 吨。1985 年起，三明烟草分公司下达烤烟调拨计划，由县烟草公司统一经销，宁化县与厦门卷烟厂签订烤烟产销合同，全年销售烤烟 1522 吨，销往厦门、龙岩、石家庄、天津、保定、青岛等地。

1990 年，销售烤烟 6737.95 吨，销往福建、云南、湖南等 20 多家卷烟厂，其中华美卷烟有限公司生产的"金桥"牌卷烟全部以宁化烤烟为主料烟。1997 年，销售烤烟 22596.42 吨，销往长沙、南京、蚌埠、济南、青岛、呼和浩特、武汉、玉溪等全国 40 多家卷烟厂。2005 年，销售烤烟 11851.16 吨，主要销往徐州、郑州、上海、蚌埠等 20 多家卷烟厂。

1976—2005 年，全县销售烤烟 22.24 万吨。

1976—2005 年宁化县烤烟销售情况表

表 15-7   单位：吨、万元

年份	销售量	金额	年份	销售量	金额
1976	1.30	—	1991	11397.75	—
1977	0.90	—	1992	15283.82	—
1978	0.10	—	1993	15603.40	—
1979	0.05	—	1994	9084.32	—
1980	17.20	—	1995	11020.14	—
1981	20.15	—	1996	17104.06	—
1982	0.85	—	1997	22596.42	20834.00
1983	0.50	—	1998	7757.61	1721.00
1984	3.90	—	1999	12642.16	12032.00
1985	1522.00		2000	12169.63	11254.47
1986	1795.10	—	2001	12726.08	12577.70
1987	3001.40	—	2002	14015.38	12979.64
1988	4829.20	2603.78	2003	11650.66	9696.61
1989	5128.00	2828.70	2004	14444.82	15443.25
1990	6737.95	3282.00	2005	11851.16	12472.40

注：1976—1984 年、1991—1996 年销售金额缺少统计数字。

第三节 卷烟营销

一、销售方式与销售量

清末民初，英美烟草公司雇用经纪人在宁化推销卷烟产品，或在城关设置广告，或置于商店柜台，或沿街散发，或在卷烟中夹以图片、奖票，激发吸烟兴趣。20 世纪 30 年代初，宁化京果杂货店从江西省石城、广昌县购入卷烟销售。据《宁化县向外采运物品调查表》记载，民国 28 年（1939 年）向长汀、连城采运美国产卷烟 250 盒（每盒 25 小包），价值 500 银圆。民国 30 年（1941 年），城关著名商号中"大有""大同""天美昌"等 9 家经营烟业，乡（镇）则有数以百计的烟庄和烟摊，销售旱烟（俗称名烟、黑丝烟）、水烟。卷烟价格昂贵，除殷商富户购买，少有人问津，城乡烟民以吸烟丝（旱烟、水烟）为主。

中华人民共和国成立后，1950 年，福建省贸易公司永安分公司宁化支公司成立，经营粮食、卷烟批零业务。1951 年，烟酒类行业纳入具有专卖性质的计划管理，货源调入、批发统一由二级批发站负责。1952年，永安百货公司宁化营业处设烟酒专卖处推销烟酒，销售计划、货源由上级统一制定和分配，销售的卷烟以丙、丁级为多，零售商店拆包零卖，是年，全县销售卷烟 95.52 箱。1953 年，福建省商业厅提出国有国营商业对供销社经营卷烟的优惠措施，促进卷烟销售，是年，全县销售卷烟 953 箱。1954 年，私营烟酒商业改造成国有国营商业，卷烟由国有国营商业统一经营。1955 年，国有国营商业与供销社派出大批干部往外地采购，货源充足，全县销售卷烟 420.14 箱。1956 年，建立乡村卷烟零售网点，组织小商贩代办批

发和货郎担挑流动供应，全县销售 1530.66 箱。1959 年起，卷烟"区别对象、合理定量、凭票供应"，实行凭票批条供应、农村奖售和高价敞开供应 3 种供应办法，全县销售 5380.24 箱。1960—1963 年，上级分配卷烟量大幅下降，最紧缺时只能供应城镇全民所有制职工等一部分人口，发放烟票，凭本、凭票、凭证、凭券供应。农村只分配少量"劳力烟"，全县共销售 9305.82 箱。1965 年，卷烟供应回升，除"中华""双喜""牡丹"等甲级卷烟和"大前门""美丽""红金""飞马"等乙级卷烟计划供应外，其余免票平价敞开供应，全县销售 5760.88 箱。1966—1975 年"文化大革命"期间，卷烟供应再度紧张，恢复凭票定量、奖售、高价等供应方式。1976 年 1 月起，卷烟由宁化县糖烟酒公司（简称县糖烟酒公司）统一经营，实行县三级站批发建制，县糖烟酒公司调拨批发给基层供销社，再由基层供销社自行零售和组织代销。

1978 年始，除甲级各品牌烟批条供应外，其余全部敞开供应，卷烟销量不断增加。1982 年，取消卷烟计划分配，实行市场敞开供应，卷烟流通渠道一度出现混乱。1983 年 6 月，福建省政府发出《关于加强卷烟市场管理的通知》，重申卷烟收购、调拨、批发业务只能由各地、市、县糖烟酒公司统一经营，其他任何单位和部门不得经营。1984 年 4 月县烟草公司成立后，卷烟调拨、批发改由县烟草公司统一经营。是年，全县销售卷烟 9426 箱。1985 年，县烟草公司"独家批发，统一计划，调节消费，稳定价格，开拓市场，拓宽渠道"，城乡集体、个体售烟户迅速发展，全县经营卷烟商店 697 个（其中国有 4 个、集体 256 个、个体户 437 个），共销售卷烟 12088 箱。1986 年，县烟草公司面向基层、农村推进卷烟销售，选择省内外和进口卷烟 130 余种投放市场，建立农村代批机构，先后与泉上、安远等供销社签订代批合同，全县销售 12518 箱。1989 年，全县各乡（镇）、村、自然村设立销售点 1008 个，供应网点遍及各个村组，全县销售卷烟 10996 箱。

1991 年，福建省烟草公司（简称省烟草公司）下达指令性计划，县烟草公司向厦门、梅州、畲山等卷烟厂直接订货，畲山卷烟厂建立宁化调拨点，辐射宁化周边 30 多个县级烟草公司和供销社，拓宽地产烟销售市场。是年，全县销售卷烟 9800 箱。1995 年，设立湖村、泉上、水茜、安远、河龙、中沙、石壁、淮土、济村、方田、安乐、曹坊、治平、城关一批、城关二批、西大路和金叶公司批发网点 17 个，设立配送中心，开拓城乡零售业务，形成卷烟零售经营网络，全县销售卷烟 11166.03 箱。1996 年，加强网点建设和管理，全县设立新产品卷烟销售连锁代理店 60 个，设立方田、治平、河龙新产品卷烟连销销售总经销店。1999 年，所有网点对所在地经营户送货面达 90% 以上。2000 年，健全卷烟送货服务方式，各批发网点均绘制卷烟经营户分布图和送货路线图，各站点烟技员、营业员均参加卷烟送货服务活动，实行卷烟"保牌保价"，推销省内地产卷烟，重点促销"大金湖"与"盖红宝"牌卷烟，提高地产中高档卷烟销售量，全县卷烟零售户发展到 2500 家，销售卷烟 7645.41 箱。

2002 年，县烟草公司制定《宁化县卷烟销售网络建设实施方案》，取消卷烟批发网点，整合星罗棋布的卷烟批发网点，扩大配送中心辐射范围，控制卷烟批发市场；建立城区"专销一体、分散访销、集中配送、三线互控、优化流程、考评到位"网络运行机制，净化市场，扩大份额。建立农村"全面访销配送、三线分离互控、科学规范运作、服务管理并重"网络运行机制，加强"约时、定点、定线、不留死角"送货服务，全县销售卷烟 6331.71 箱。2003 年，县烟草公司设立卷烟订货电访中心，实行零售户统一电话订货。2004 年，县烟草公司的卷烟购进业务被取消，由三明市烟草公司统一向省内、外直接签订订货合同，向县烟草公司统一配货，设立"三明烟草分公司宁化卷烟物流中转站"，是年，全县销售卷烟 6738.88 箱。2005 年，规范卷烟网络建设，取消卷烟批发网点，调整零售网络布局，卷烟零售户控制在 1100 户内，是年，全县共销量卷烟 7056.32 箱，销售金额 6851.66 万元，利润 1070.48 万元。

1952—2005 年，全县卷烟销售量达 37.05 万箱。

1952—2005 年宁化县卷烟销售情况表

表 15-8 　　　　　　　　　　　　　　　　　　　　　　　　　　　　　　单位：箱、万元

年份	销售量	销售额	毛利	年份	销售量	销售额	毛利
1952	95.52	—	—	1954	363.74	—	—
1953	935.00	—	—	1955	420.14	—	—

续表 15-8

年份	销售量	销售额	毛利	年份	销售量	销售额	毛利
1956	1530.66	—	—	1981	8188.00	—	—
1957	2209.86	—	—	1982	6776.00	—	—
1958	3320.00	—	—	1983	8424.00	—	—
1959	5380.24	—	—	1984	9426.00	—	—
1960	3755.46	—	—	1985	12088.00	683.00	12.18
1961	2001.14	—	—	1986	12518.00	871.00	28.20
1962	1439.72	—	—	1987	11892.00	1094.00	31.78
1963	2109.50	—	—	1988	10835.00	1949.44	60.30
1964	3818.62	—	—	1989	10996.00	1826.67	60.00
1965	5760.88	—	—	1990	10169.00	1750.00	50.53
1966	5834.00	—	—	1991	9800.00	1868.10	62.00
1967	5321.00	—	—	1992	10555.00	2191.48	70.00
1968	4799.00	—	—	1993	11000.00	3500.00	300.00
1969	5435.00	—	—	1994	11750.00	3560.00	420.00
1970	6067.00	—	—	1995	11166.03	4735.90	481.77
1971	7707.58	—	—	1996	10210.66	5013.49	649.92
1972	8206.02	—	—	1997	10360.12	5731.88	711.19
1973	9315.28	—	—	1998	9028.59	5600.58	567.99
1974	7638.42	—	—	1999	5622.41	4338.73	435.42
1975	8847.82	—	—	2000	7645.41	4808.75	593.89
1976	8092.88	—	—	2001	6709.34	3819.32	526.23
1977	7664.42	—	—	2002	6331.71	3997.95	634.43
1978	13003.22	—	—	2003	6415.00	4666.54	783.00
1979	—	—	—	2004	6738.88	5573.37	964.50
1980	7704.00	—	—	2005	7056.32	6851.66	1070.48

注:1952—1987 年 50 条折 1 箱;1952—1984 年缺销售额、毛利统计资料。

二、经销品牌

民国初年,宁化县主销"哈德门""三炮台""单刀""美丽""绿宝""僧帽""一支笔""老刀""飞马""金鼠""白金龙""紫金山"等品牌卷烟。

中华人民共和国成立后,1950—1970 年,主销龙岩卷烟厂生产的"乘风""水仙""丰收""采茶灯""红霞""海光""海堤""经济"和上海、青岛、杭州等地产的"劳动""凤凰""牡丹""百合花""大前门""飞马""青岛""光荣""红岩""玉叶""鹿驼""新安江"等 70 余个品牌卷烟。1971—1983 年,增销"武夷""友谊""古田""长青""银球""海洋""金麟""金龙""争钞""长空""冬梅""中华""玉岛""金扇""兰花""英武""喜临门""飞燕""锦花""碧竹"等省内品牌卷烟。1984—1992 年,增销省内产"富健""新沉香""金桥""鹭岛""海马""三鹿""五福""鼓浪屿""福建""春禧"等品牌卷烟,省外产的"中华""云烟""红塔山""芒果""北京"

"牡丹""白沙""红双喜""大金师""骆驼""恭贺新禧""人参"等品牌卷烟，进口"希尔顿""健牌""良友""云丝顿""三五""万宝路""黑猫""威狮"等品牌卷烟，其中主销卷烟品牌为龙岩卷烟厂的"富健""乘风""武夷"和厦门卷烟厂的"沉香""特牌""友谊"以及畲山卷烟厂生产的"喜来宝""山海"，云南省烟厂的"红梅""阿诗玛"等。1993—2005 年，全县销售的香烟品牌有龙岩、厦门、云霄、罗源、云南、上海、江苏、浙江、湖南、延吉、江西、山东、河南、武汉、成都、黄果树、南洋等卷烟厂品牌卷烟和韩国产的"龙凤红双喜"、6 毫克"红双喜"、软盒"红双喜"，英美烟草集团生产的"555"国际、"555"环尊蓝尚、"555"环尊等进口烟，共有卷烟品牌 124 个。

1950—2005 年，卷烟销售以省产烟和四、五类烟为主，其中龙岩卷烟厂生产的软盒富健销量最大，占全县销量的 30% 左右，其次为七匹狼系列。经销卷烟品牌最多的为 1987 年，达 135 种。

三、营销价格

民国 28 年（1939 年）8 月《宁化县向外采运物品调查表》记载，宁化县向长汀、连城采运美国产卷烟 250 盒，每盒 25 小包，每小包 10 支装，进价 0.08 银圆，零售价 0.10 银圆左右，其他民国时期卷烟营销价格无考。

中华人民共和国成立后，1950—1953 年，国家规定卷烟批零差率为 10%。1954 年起，国家统一制定卷烟出厂价、零售价。1963—1964 年，县国有商业敞开供应部分高价卷烟，缓解供求矛盾，价格比同品种平价烟高出 70% 左右。1965 年，丙、丁级卷烟退出高价。至 1987 年卷烟销售全部实行国家统一价格，凭票证供应。1988 年年初，根据国家"稳定市场，稳定物价，大权独揽，小权分散"的原则，地产烟实行省统一标价，浮动价由省烟草公司与各地分公司提出方案后报福建省物价委员会批准执行，县卷烟销售执行省、市烟草公司所定浮动价。1990 年起，宁化卷烟零售价格全部放开。1991 年，县烟草公司成立销货定价小组和卷烟销售定价领导小组，加强对卷烟销售价格管理。1995 年，省烟草局首次对全省卷烟调拨和三级批发实行最低限价管理，县烟草局成立卷烟价格领导小组，加强卷烟三级批发价格管理。2000—2005 年，全县实行卷烟零售明码标价，规范卷烟经营，维护价格稳定。

第四章 烟草技术

第一节 技术研究与实验

一、"翠碧 1 号"繁育技术研究

1977 年，县烟草公司张仁琳等人从禾口人民公社石碧农业生产大队种植的"永定 401"与江西省引进的河南乔庄多叶品种混株自然杂交变异中选出优良单株，经数年子代培育，性状表现优良，株形为塔形，株高 95—125 厘米，茎围 9.50—10.50 厘米，节距 4.50—5.50 厘米，单株有效采叶数 18—22 片，腰叶长 55—60 厘米，宽 23—28 厘米，叶长椭圆形，叶身较大，叶面较皱，叶缘波浪状，叶脉中细，叶尖尖锐，叶色浅绿，叶内组织细致，生长整齐，落黄一致。1984 年，定名为"翠碧 1 号"，中国农业科学院烟草研究所鉴定"翠碧 1 号"烟样等级为中二，烟叶等级为中二。1986—1987 年，"翠碧 1 号"参加福建省烤烟品种试验，综合性状表现较好，经济效益较高，被推广到全省各地试种。1988 年，"翠碧 1 号"被列

为福建省烤烟示范开发品种之一，三明、龙岩、福州和建阳等地级市的 18 个县（市）推广种植 1.20 万公顷。经全省 6 个烤烟良种开发试验品种鉴定，"翠碧 1 号"外观和质量名列前茅，化学成分和"永定 1 号"近似。1989 年，全省 5 个地级市的 25 个县（市）种植"翠碧 1 号"18000 公顷，约占全省烤烟种植面积的 60%。

1989 年 6 月，省烟草公司组织烟草品种审评委员会，邀请全国烟草品种审定委员会主任王恩沛、副主任艾树理、常委王承训、委员佟道儒及福建省农作物品种审定委员会有关专家，在宁化召开烤烟品种"翠碧 1 号"审评会议。经实地考察和反复论证，评审委员认为"翠碧 1 号"具有遗传性状稳定，株式塔形，生长整齐，抗逆性强、耐寒、耐湿、较耐瘠薄；中抗烟叶花叶病，田间根茎病自然发病较轻，落黄一致，产量较高而稳，一般每公顷产量 1875—2250 公斤，比"永定 1 号"增产 10%左右，上等烟比例占 25%，比"永定 1 号"提高 10%，外观与内在品质均较好，适应性广，适宜福建自然条件复杂、栽培季节气候多样的特点，为福建省烤烟主要优良品种之一。总农艺师、全国烟草品种审定委员会常委、福建省烟草品种审定委员会主任骆启章在鉴定证书上签字。1990 年 5 月，"翠碧 1 号"通过国家烟草品种审定委员会组织的现场论证会论证。1991 年 12 月，在第二届全国烟草品种审定委员会第一次会议上，"翠碧 1 号"通过国家级审定，为中华人民共和国成立后通过国家级审定的全国 2 个烤烟优良品种之一，其总糖、还原糖、蛋白质、总氮、烟碱、施木克质等各项化学指标均达国家规定的优质烟标准。是年，全国订购"翠碧 1 号"的烟厂 20 家，其中云南玉溪卷烟厂订购 2850 吨。"翠碧 1 号"因清醇香甜、香气量足、配伍性强而享誉全国烟草行业，自 1985 年推广始，不仅是宁化县烤烟主栽品种，也是福建省当家品种，并被省外烟区选用，为"七匹狼""厦门""石狮"等省内香烟品牌主要配方原料，并选入"中华""苏烟""玉溪"等全国名优卷烟品牌配方。厦门、龙岩、上海、徐州等卷烟厂在宁化建立厂办原料基地。

二、单晚田烤烟优质适产栽培技术综合开发研究

1988 年，开展单晚田烤烟优质适产栽培技术综合开发研究，进行单晚田开渠引水，排洪排渍，降低地下水位，早翻晒白，单垄高畦，深穴栽培，地膜覆盖，提高地温。调整播栽期，改单季晚稻为早烟—晚稻耕作制，提高土地单位面积复种指数，增加产量。1988—1991 年，单晚田种植烤烟 5866.70 公顷，占全县种植面积 24.77%；平均每公顷产量比 1987 年提高 130.50 公斤，其中 866.70 公顷烟粮双高产综合技术开发示范田平均每公顷产量 1384.50 公斤，比 1978 年提高 69 公斤；地膜覆盖栽培 38.67 公顷，每公顷产烟 2040 公斤；优质适产研究示范片 177.10 公顷，平均每公顷产烟 1972.50 公斤。新增单晚田烤烟 5514.44 吨、产值 1595.07 万元、税利 590.50 万元。1992 年始，在三明全市推广。

三、外引品种对比试验

1989 年，县烟草公司组织开展外引品种对比试验，品种包括 G28、V182、G80、K326、8504、柯克 48 等 20 个，通过试验观察各品种的生物学特性，生长发育规律和性状表现，初步筛选出 G80、K326、G28 等优良品种 3 个，为宁化烤烟种植良种化提供依据。

四、单晚田烟稻双高产综合技术开发研究

1990 年，县烟草公司开展单晚田烟稻双高产综合技术开发研究，选择中沙、济村、河龙 3 个乡单晚田种植"翠碧 1 号"、G80、K326 品种 340 公顷。平均每公顷产烟 1087.95 公斤，产值 4529.25 元，上等烟占 4.50%，中等烟占 72.40%，烟农纯收入增加 37.19 万元。平均每公顷产稻谷 6280.50 公斤，产值 4396.35 元，烟农纯收入增加 31.30 万元。

五、烤烟单、双行种植试验

1991 年，县烟草公司组织开展烤烟单、双行种植试验，结果表明单行种植能改变烟株群体结构，改善通风透光条件，提高光能利用率，增强抗病能力，烟叶产量质量明显提高。每公顷烟叶产量比双行种植增加 196.35 公斤，增加 18%。烟叶单叶重增加 0.61 克。上等烟、上中等烟分别提高 4.59% 和 10.74%。均价、产值分别增加每公斤 0.28 元和每公顷 223.35 元。病虫害发生率降低 34%。

第二节　科技成果

1966 年，宁化县开始小规模种植烤烟，禾口、淮土 2 个人民公社农民自发引进"永定 401"烤烟品种，基本以自产自销为主。20 世纪 70 年代后期，宁化县开始加强烟草科学试验研究和技术推广。在烤烟品种、生产技术、种植技术、病虫害防治、烟叶烘烤、良种选育等领域都取得重大成果和突破，至 2005 年，全县有 13 项科技试验、推广项目获得县级以上科技成果奖，其中省级 4 项、地市级 6 项、县级 3 项。

1977—2005 年宁化县烟草科技成果获奖情况表

表 15-9

项　目	完成单位与个人	获奖情况
烤烟良种翠碧 1 号	宁化县土产公司张仁琳等	1981—1984 年度县科技进步二等奖
推广烤烟优质适产生产技术	萧英特、张仁椒、胡初雄、苏炎开、张仁琳	1985—1986 年度县科技进步一等奖
上山进单推广烤烟优良品种翠碧 1 号	萧英特、刘道崎、张仁椒、许锡明、张仁琳	1987—1988 年度县科技进步一等奖
选育完成烤烟良种翠碧 1 号	宁化县烟草公司	1988—1989 年度三明市科技进步二等奖
全国烟草蚜虫生物防治研究	中国烟草总公司立项，由福建省农学院益虫研究室、福建省烟草公司科技部、三明市烟草分公司、宁化县烟草公司协作承担	1990 年中国烟草总公司科技进步二等奖
宁化县单晚田烤烟优质适产栽培技术综合开发研究	萧英特、张仁椒、胡初雄、许锡明、郑志成、陈圣瑞、张仁琳、林正良等人	1990—1991 年度三明市星火科技二等奖
单晚田烟稻双高产综合技术开发	宁化县烟草公司、宁化县科委、胡初雄、郑志成等	1991 年度三明市科技兴农三等奖
福建省烤烟引种与良种更新	福建省烟草公司、龙岩地区烟草分公司、三明市烟草分公司、永安市烟草公司、宁化县烟草公司	1991 年度福建省科技星火奖
"翠碧 1 号"良种通过国家级审定	宁化县烟草公司	1991 年中国烟草总公司审定通过
宁化县单晚田烤烟优质适产栽培技术综合开发研究	宁化县烟草公司、萧英特、张仁椒、胡初雄等	1992 年度福建省烟草公司科技进步一等奖
烤烟引种与良种更新	宁化县烟草公司	1992 年度福建省星火科技二等奖
多雨生态区烟稻两熟田烟草地膜覆盖栽培技术开发研究	三明市烟科所、宁化县烟草公司、谢昌发、郑志成等	1992 年度福建省烟草公司科技进步二等奖
烤烟地膜覆盖栽培技术推广应用	宁化县烟草局、宁化县科协、胡初雄、郑志成、邱小华、陈圣瑞、修仰宁	1994 年度福建省科协金桥工程项目三等奖
烟叶复烤生产线自动控制系统	福州大学、宁化县烤烟厂	1995 年福建省科技进步三等奖

第三节　技术推广

一、良种繁育与推广

1966 年，宁化引进永定县"永定 401"烤烟品种。1966—2005 年，先后引进"永定 401"、G28、G28-46、G33、V115、V182、G80、K326、8504、柯克 48、柯克 347、柯克 176、柯克 319、K346、K394、G52、NC82、NC89、麦克乃尔 994、麦克乃尔 133、云烟 2、白花 205、RG17、岩烟 97、云烟 85 等 20 余个品种，县域选育出红花大金元及翠碧 1 号（CB-1）两个品种。经试种比较，筛选出翠碧 1 号、G80、K326、云烟 85、G28 等优良品种，其中翠碧 1 号为主栽品种。

（一）翠碧 1 号（CB-1）

1977 年，在禾口人民公社石碧农业生产大队选育成功优良品种"翠碧 1 号"，并于 1981 年在禾口人民公社示范种植。1985 年，"翠碧 1 号"示范种植 115.50 公顷，占全县烤烟种植面积的 4.68%。1989 年，"翠碧 1 号"推广种植 4800 公顷，占全县种植面积的 93.70%。1991 年，种植 5920 公顷，占全县烤烟种植面积的 78.56%。1992—2004 年，全县每年种植面积在 6300—7000 公顷。2005 年，种植 6292 公顷，占全县烤烟种植面积的 59.36%。

（二）其他品种

永定 401　1966—1984 年，永定 401 为全县主要种植品种。

G28　1985 年引进，G28 示范种植 7 公顷。1989 年，G28 推广种植 80 公顷，占全县烤烟种植面积的 1.56%。

G80　1986 年从美国引进，方田、河龙 2 个乡试种 15 公顷。1991 年，G80 种植 69.77 公顷，占全县烤烟种植面积的 0.93%。

K326　1986 年从美国引进，泉上镇泉正村烟农罗成荣试种 0.087 公顷，产烟 227.70 公斤，上等烟比例占 58%。1988 年，K326 扩大示范种植 0.67 公顷。1989 年，泉上镇泉正村种植 6.67 公顷。1991 年，K326 种植 697.70 公顷，占全县烤烟种植面积的 9.26%。2005 年，K326 种植 1000 公顷，占全县烤烟种植面积的 9.43%。

云烟 85　2000 年引进，云烟 85 示范种植 15 公顷。2002 年，云烟 85 种植 500 公顷，占全县烤烟种植面积的 4.65%。2005 年，云烟 85 种植 2000 公顷，占全县烤烟种植面积的 18.87%。

二、新型烤房建设技术推广

1984 年起，全县推广土墙家庭式小烤房。1997 年，全县小烤房 30343 座。是年起，全县推广热风循环烤房。2003 年，全县推广智能化烤房。2004 年，推广密集式烤房，全县建造密集式烤房 27 座。2005 年起，全县改造密集式烤房供热系统，采用陶瓷火管替代原有的钢管供热，陶瓷火管节能降耗（供热部分材料及安装费用每座降低 2000 元，烤 1 公斤干烟降低煤、电成本 0.18 元），便于安装和维修，且使用寿命比钢管式火管长 3—5 年。是年，全县建造陶瓷火管供热密集式烤房 237 座。至年底，全县共有热风循环烤房 23034 座、智能化烤房 959 座。

三、新型育苗方式推广

1984 年前，烟草育苗采用苗床育苗。1985 年开始，全县推广假植育苗。1989 年，全县采用假植育苗种植烤烟 2133 公顷，占全县烤烟种植面积 41.64%。1992 年始，县烟草公司推广营养袋育苗，是年，采用营养袋育苗种植烤烟 3040 公顷，占全县烤烟种植面积 26.31%。1999 年，河龙乡、石壁镇开展漂浮育苗，成功培育烟苗 67 公顷。2002 年，烟农采用营养袋育苗种植烤烟 6620.30 公顷，占全县烤烟种植面积的 61.51%；采用漂浮育苗种植烤烟 4222.33 公顷，占全县烤烟种植面积的 39.23%。2003 年，烟农采用营养袋育苗种植烤烟 1918.65 公顷，占全县种植面积 18.49%；采用漂浮育苗种植烤烟 7258 公顷，占全县种植面积 69.93%。2004 年起，推广湿润育苗。是年，烟农采用湿润育苗种植烤烟 1410.37 公顷，占全县种植面积的 13.58%；采用营养袋育苗种植烤烟 1668.93 公顷，占全县种植面积 16.07%；采用漂浮育苗种植烤烟 6137 公顷，占全县种植面积 59.09%。2005 年，烟农采用湿润育苗种植烤烟 3666.70 公顷，占全县种植面积 34.59%；采用营养袋育苗种植烤烟 342.98 公顷，占全县种植面积 3.25%；采用漂浮育苗种植烤烟 5449 公顷，占全县种植面积 51.41%。

四、"进单上山"种植模式推广

1986 年，县烟草局推广淮土、方田等乡烤烟"进单上山"（利用单晚稻田，改种一季水稻为"春烟—晚稻"耕作制；利用山坡旱地，改单种杂粮为"春烟—杂粮"耕作制；利用双晚稻田、制种田前期休闲期，种植一季春烟的"春烟—稻"耕作制）种植模式，缓解烟粮争地矛盾。是年，方田乡利用双晚秧田、制种田前期休闲期种植春烤烟 80.53 公顷，每公顷收烤烟 1342.50 公斤。晚季制种每公顷收种子 1650 公斤。1987 年，烤烟"进单上山"1473.60 公顷，占全县烤烟种植面积 50.95%。1988 年，全县烤烟"进单上山"2344.60 公顷，带动三明全市推广烤烟"进单上山"。1995 年，全县烤烟"进单上山"3958 公顷。2005 年，烤烟"进单上山"4320.96 公顷，占全县烤烟种植面积 40.77%。

五、单行种植技术推广

1987 年，全县推广烤烟单行种植 200 公顷。1991 年，推广 4500 公顷，占全县烤烟种植面积 59.72%。1992 年，推广单行种植 10014 公顷，占全县烤烟种植面积的 86.68%。2005 年，全县单行种植 100%。

六、地膜覆盖栽培技术推广

1988 年，县烟草公司在中国烟草总公司青州研究所协助下，组织宁化县烟叶科学研究所（简称县烟科所）、宁化县农业科学研究所（简称县农科所）及泉上、河龙、方田、中沙、安远等乡（镇）开展烤烟地膜覆盖栽培试验示范研究，经过 5 年实验取得成功，并总结出符合本地区栽培特点的烤烟地膜栽培技术。地膜覆盖能提高土温及肥料利用率，化肥用量减少 25%，且能提高烤烟产量质量和后作水稻产量。1992 年，地膜覆盖栽培面积 1014 公顷，占全县烤烟种植面积 8.78%，产烟叶 2015 吨，每公顷烟叶产量比裸栽增加 119.40 公斤，上等烟比例提高 7.77%，均价增加每公斤 0.29 元，黄烟率 100%，每公顷产值增加 1228.35 元。1993 年起，全县推广地膜覆盖栽培技术；至 2005 年，全县地膜覆盖栽培面积 100%。

七、稻草回田和白云石粉溶田技术推广

2001 年，全县推广稻草回田、石灰溶田、白云石粉溶田技术，解决烟田连作时间长，土壤有机质含量和中微量元素亏缺，土壤酸碱值偏低以及病原菌含量高等问题，通过改良土壤提高烤烟质量。是年，全县稻草回田 666.67 公顷，石灰溶田 1333.30 公顷，白云石粉溶田 1333.30 公顷。2002 年，全县白云石粉溶田 3397.40 公顷。2003 年，全县白云石粉溶田 3110.20 公顷，石灰溶田 270.67 公顷。2004 年，全县稻草回田 2237.36 公顷。2005 年，全县白云石粉溶田 1333.33 公顷，稻草回田 2008 公顷。

八、客土改沙技术推广

2004年，县烟草公司组织开展烟田客土改沙试验，使用黏性客土改良耕作过浅、土质偏沙田块，改良后烟株田间长势较好，花叶病、青枯病、黑茎病发病率降低，成熟期田间烟叶落黄层次明显，耐熟性好，烤次增加，单叶重提高。每公顷增产237公斤，上等烟比例增加11.70%。2005年，全县推广客土改沙63.11公顷。

第四节 技术培训

1977年，县土产公司组织烟农到江西省石城县学习烤烟种植技术，选送禾口、淮土人民公社4名知识青年到龙岩农校烤烟专业跟班学习，结业后回原公社指导烤烟生产。1978—1983年，县土产公司每年开展烤房安装、烟叶烘烤技术培训，课堂讲授和实地操作相结合培训烟农。1984年，县烟草公司组成一支以永定、上杭师傅为骨干的烟技员队伍，深入全县13个乡（镇）开展烤烟生产技术培训。1985年，县烤烟厂分期举办烟农培训班，培训烟农3500人次。同时先后派出27人到云南省学习烤烟种植技术。方田乡举办152人参加的烤房火管安装培训班。1986年，全县举办栽培、植保、烤烘、分级等培训班200期，培训14541人次、烟技员350人。派出18人到中国农科院烟草研究所、福建省烟草公司烤烟生产培训班和云南、河南、永定、上杭等产区学习栽培、采收、初烤、复烤技术，编印《宁化县烤烟生产技术》5000多册、技术资料5000份。1987年，县烟草公司举办共1595人次参加的烤烟栽培、病虫害防治及初烤技术培训班7期，举办共1890人次参加的烤房建设培训班36期、新国家标准培训班2期。各乡（镇）举办烟草培训班286期，培训烟农3.95万人次。全县印发技术资料5万份，选送252人到明溪、泰宁、大田、永安、沙县、建宁等烟草公司担任烟技员。

1988年，县烟草公司举办烤烟生产技术培训班6期，培训2136人次，各乡（镇）举办烟草培训班130期，培训2.48万人次；全县编印《宁化县烤烟优质适产生产技术》2万册、技术资料5万份。1989年，县烟草公司举办烟叶分级技术培训班4期，培训500人次；各乡（镇）举办培训班120期，培训烟农1.10万人次；编印技术资料4.20万份。1990年，县烟草公司重点进行外引品种生产技术和烟叶收购、复烤、保管技术培训，聘请厦门卷烟厂、华美卷烟有限公司技术员到县烤烟厂培训学员。先后7次派出23人参加福建省烟草公司组织的国标检验方法培训班学习。1991—1995年，县烟草公司举办地膜覆盖栽培、高料烟生产、病虫害防治和烤烟40级分级标准等培训班615期，培训烟农11万人次；印发技术资料25万份；选派380人外出培训，选送39名乡（镇）烟草站骨干到三明农校脱产学习。1996—2000年，重点培训热风循环烤房的安装、烘烤、扎把分级和烤房改造、三级式烘烤、膜上移栽等技术，举办培训班2300期，培训烟农25.40万人次、烟技员3000人次。县烟草局和各乡（镇）分管烤烟的领导及骨干烟技员赴云南玉溪、通海、澄江等地学习考察烤烟生产。

2001—2003年，县烟草公司以现场培训形式举办育苗、田管、采收、烘烤、初分预检等烤烟生产各环节培训班1827期，培训烟技员2400人次、烟农23万人次；印发技术资料33万份；县烟草局选派92人次参加省、市烟草局主办的培训班学习，20名技术人员参加中国烟草总公司职工技术培训中心举办的脱产班学习，23人参加福建省首期烟叶烘烤培训班学习，210人参加全国烟叶分级工、调制工技能鉴定考试培训。2004年，县烟草公司举办漂浮育苗、绑烟烘烤、上部叶带茎烘烤、智能化自控烤房等培训班2000期，邀请河南大学及龙岩卷烟厂专家到宁化举办厂办基地烘烤培训，印发技术资料3万份。2005年，县烟草公司重点培训有技术、有资金、有劳力、有烤房的种烟能手，采取讲课与理论考试、田间讲解与现场操作相结合的培训方式，分别举办营养袋育苗、漂浮育苗、湿润育苗、田间管理、烟叶烘烤、烟叶等级平衡、稻草溶田、白云石粉溶田、客土改沙、火烧土堆、密集式烤房改建等培训班 2450 期，培训烟技员和烟农 11.80 万人次，印发技术资料 6 万余份。

第五章　烟草管理

第一节　管理机构

一、县级机构

民国时期，宁化烟商成立宁化县烟叶同业公会。

中华人民共和国成立后，1950 年，福建省贸易公司永安分公司成立宁化支公司。1952 年，宁化县百货公司、粮油公司成立并设烟酒专卖处；7 月，宁化县合作总社（1954 年更名为县供销社）成立，下设综合业务经理部，经营晒烟购销业务。1955 年，宁化县烟酒专卖公司成立。1956 年 1 月，县供销社成立土产副食品经理部，经营包括晒烟等购销业务；7 月，宁化县商业局成立，下设专卖公司、食品杂货公司。1957 年，宁化县烟酒专卖公司并入宁化县食品杂货公司，卷烟改由宁化县食品杂货公司经营。1964 年 1 月，宁化县糖烟酒专卖管理局成立。1976 年 1 月，县糖烟酒公司、县土产公司成立。

1984 年 4 月，福建省烟草公司成立宁化县烟草公司，经营烟草生产、收购、调拨和卷烟的购进批发业务；8 月，县烟草局成立，行使本辖区烟草专卖行政管理权，县烟草局和县烟草公司政企合一，两个机构、一套人马，内设办公室、专卖管理科、财计科、生产技术科、烟叶科、销售科。1986 年 4 月，县烟草局（公司）机构调整，内设人秘股、专卖股、财计股、烟叶股、业务股。1988 年 12 月，县烟草局专卖股更名为专卖办公室（简称专卖办）。1991 年 4 月，县烟草局人秘股更名为办公室，增设政工股。1992 年 10 月，县烟草局增设保卫股。1999 年，宁化县烟草专卖稽查队成立，下设城区、东线、西线、南线、北线 5 个稽查分队。2002 年，宁化县烟草专卖稽查大队（简称稽查大队）成立，撤销烟草专卖稽查队和城区、东线、西线、南线、北线 5 个稽查分队。2005 年，县烟草局（公司）内设办公室、专卖办公室、政工股、审计股、财务股、烟叶股、保卫股、稽查大队、卷烟客户中心。

二、基层机构

1985 年 4 月，城郊（辖城郊、翠江、济村、横锁）、湖村、泉上、安乐、曹坊（辖曹坊、治平）、方田、淮土、禾口、中沙（辖中沙、水茜、河龙、安远）等 9 个烟草工作站（以下简称烟草站）成立；10 月，济村烟草站成立。1987 年 3 月，县烟草公司设立安远烟草站。1992 年 7 月，县烟草公司设立城郊、济村、禾口、淮土、方田、曹坊、安乐、泉上、水茜、安远、河龙、中沙等 12 个乡（镇）烟草专卖管理所，所站合一，所长由烟草站长兼任；12 月，增设城南、治平烟草站。1999 年，县烟草公司整合专卖管理所，成立城区、泉上、石壁、曹坊、安远 5 个专卖管理所。2004 年，县烟草公司撤销泉上、曹坊专卖管理所，原泉上、曹坊所管辖片区并入城区专卖管理所。2005 年，县烟草局（公司）下设城郊、城南、济村、石壁、淮土、方田、安乐、曹坊、治平、湖村、泉上、水茜、中沙、河龙、安远 15 个烟草站和城区、石壁、安远 3 个专卖管理所。

第二节　专卖管理

一、专卖宣传

1984—1990 年，县烟草公司重点宣传《烟草专卖条例》和《烟草专卖条例施行细则》，印发《烟草专卖条例》9.85 万份、专卖政策通告 4500 份、文件 2000 本、宣传材料汇编 8000 份、烟草专卖知识问答 2.60 万份。1991 年 12 月 22 日，县烟草、工商行政管理、公安、税务等部门联合开展大型踩街活动，宣传《中华人民共和国烟草专卖法》。1992 年，县烟草局、县广播电视局、县工商局结合《中华人民共和国烟草专卖法》颁布一周年，联合开展学习宣传活动。1995 年，在"五四"青年节、"8·18"宁化客家边贸会和国庆节期间举行专卖宣传咨询活动，县烟草公司发放《关于规范卷烟经营的通告》等宣传资料 1 万份。1996 年，县烟草公司举办《中华人民共和国烟草专卖法》颁布实施五周年座谈会，开展《中华人民共和国烟草专卖法》咨询、真假烟辨析、专卖知识问答等活动。1997 年 7 月，县政府召开《中华人民共和国烟草专卖法实施条例》座谈会，翻印《中华人民共和国烟草专卖法》和《中华人民共和国烟草专卖法实施条例》2500 本，印发、张贴《中华人民共和国烟草专卖法实施条例》4000 张。1998—1999 年，县烟草公司印发《卷烟零售户须知》2000 份、《敬告广大卷烟经营户和消费者》宣传单 7000 份。

2000 年，县烟草公司印发、张贴《关于严厉打击制售假冒商标卷烟的通告》300 张、《告卷烟经营户书》7500 张、《宁化县人民政府关于加强烟叶收购专卖管理工作的通告》2000 张，烟叶收购期间利用广播、有线电视、宣传车、宣传栏等形式宣传《中华人民共和国烟草专卖法》和《中华人民共和国烟草专卖法实施条例》等有关法律、法规。2001 年，印发、张贴《整顿和规范卷烟市场经济秩序，巩固和完善烟草专卖专管制度》宣传单 3000 张、《告卷烟经营户书》5500 张、《打假通告》500 张，提高卷烟经营户依法经营意识，增强公民打假维权意识。2002 年，县烟草公司印发《福建省烟草专卖管理办法》3000 本。是年 9 月 24 日—30 日，出动宣传车在全县各乡（镇）巡回宣传，发放宣传年画。2003 年，县烟草公司宣传《中华人民共和国烟草专卖法实施条例》和《中华人民共和国合同法》。是年 10 月 13 日，《三明日报》刊登《宁化县烟草专卖合理布局管理规定》，县烟草局增订 1500 份，发至全县卷烟经营户。2005 年"3·15"消费者权益日，县烟草公司开展客户经理、专管员"联合进万家"活动，设立咨询点解答、传授烟草专卖许可、真假烟识别、卷烟的品质鉴别等知识，有线电视播放《告市民书》，印发《告卷烟经营户书》1500 份、《烟草专卖法律法规宣传材料》3 万份、《致全市烟农朋友一封信》2.30 万份。

二、证照管理

清光绪二十八年（1902 年），县政府规定开办烟铺须申请登记，认纳烟厘税。民国 3 年（1914 年），北洋政府推行牌照税，公布《贩卖烟酒特许牌照税条例》，划分贩烟营业整卖及零卖两种，烟商取得牌照后，须缴纳牌照税、印花税、验税税。民国 4 年（1915 年）起，烟草运销需申请登记，贴公卖印照。民国 18 年（1929 年），国民政府颁布《烟酒公卖暂行条例》，生产和运销烟户须领取牌照后方能开业。民国 27 年（1938 年），国民政府颁布《福建省卷烟贩卖商登记办法》，经营卷烟的店铺、摊贩均须贴公卖证，持纳税证。民国 31 年（1942 年），国民政府公布《战时烟类专卖暂行条例》，所有烟商均须在专卖机关登记，领取证照。民国 34 年（1945 年），国民政府取消卷烟、熏烟叶专卖，证照管理制度名存实亡。

中华人民共和国成立后，1951 年，县政府首次登记烟草经营户。1952 年，县政府设立烟酒专卖处，凡经营卷烟业务的零售批发商，须向专卖机关申请领取牌照，专卖品须在封口处粘贴专卖证，运输批发商需持准运证或推销证。1959 年，县政府烟草专卖处普查登记全县卷烟经营户。1964—1965 年，宁化县糖烟酒专卖管理局开展烟草专卖管理。"文化大革命"时期，烟草专卖管理机构解体，干部下放，烟草行业证照管理混乱。1976年1月，宁化县糖烟酒专卖管理局恢复建制，卷烟经营户一律实行持证营业。

1984年8—9月，县烟草局开展全县销售卷烟的集体和个人调查摸底。1985年年初，县烟草局核发卷烟零售单位和个人许可证711份，其中国有和集体单位262个、个体449户。1986年，县烟草局普查全县烟草专卖许可证的发放和使用情况，补办零售许可证217本，其中集体30本、个体187本。1987年，全县发放零售许可证323本，其中国有9本、集体43本、个体271本。1988年，全县卷烟销售单位及个人换发准购证841本。1989—1993年，全县办理零售许可证1870本，其中国有92本、集体475本、个体1303本。1994—1996年，进行卷烟经营户常年资格审查，全县共补办零售许可证750本，持证经营率95%。1997年，县烟草局下发《关于烟草专卖零售许可证的申请、核实、使用及卷烟实行协议供货有关问题的通知》，清理已办零售许可证和准购证，重新审批发放零售许可证和准购证1094本，新办国营、集体零售许可证4本，个体零售许可证730本，签订卷烟供货协议1828份，持证经营率95.80%。1999年，县烟草局办理零售许可证2300本，持证经营率100%。

2000年，县烟草公司建立卷烟零售户户籍卡管理制度，分类归档，跟踪监管。2001年，县烟草公司成立宁化县烟草行业整顿和规范市场经济秩序工作领导小组，组织清理整顿卷烟经营户，注销已停业的446户许可证，责令未到网点进货或未办转让许可证的147户限期整改，加强烟草专卖准运证和专卖标识管理。2003年，县烟草公司制定《宁化县烟草制品零售合理布局规定》，下发《宁化县烟草专卖局关于开展零售户诚信等级管理实施办法的通知》，全县1399户卷烟零售户整合后降至1152户，全县零售许可证发证率控制在总人口数的3.90‰内；开展卷烟零售户诚信等级管理，宁化县卷烟零售户网络协会成立，实行卷烟零售明码标价。2004年，县烟草公司对原有1152户持证户进行整合，整合后全县换发卷烟零售许可证1096本。2005年，农村卷烟市场纳入专卖管理范围，核发许可证，加强农村零售户监管，共有199个建制村办理卷烟零售许可证，提高农村市场覆盖率。

第三节　行政执法

一、烟叶专卖行政执法

1984年起，县烟草公司贯彻《烟草专卖条例》和《烟草专卖条例施行细则》，开展烟草专卖行政执法。1985年，县烟草公司开展打击非法外运活动，查处非法外运烟叶案28起，没收烟叶331公斤。1986年7月，在闽赣交界淮土乡田背村五里亭设立烟草专卖管理检查站，配备专职检查人员7人。是年，查处非法倒卖烟叶案129起，没收烟叶1158公斤，价值1305元。1987年，县设置五星、江口、河龙、安远、长坊、燕子塘、下赖、暖水塘、青瑶、豪亨烟叶检查点，全县共设立监督点100个，查处非法贩卖烟叶案72起，没收烟叶763.50公斤，价值1528元。1988年，县烟草公司开展打击非法套购、抢购烟叶的烟贩子活动，全县查处非法贩卖烟叶案2起，没收烟叶474公斤，价值769元。1992年5月，县在禾口乡立新村设立宁禾口检查站，执行税务、林业、烟草、交通等检查。各乡（镇）成立由乡（镇）派出所、工商所人员组成的巡逻队，设立各毗邻县、乡要道检查点，昼夜值班检查，防止烟叶外流；是年，全县查处非法贩卖烟叶案54起，没收烟叶0.93万公斤。1993年，全县查处无证运输烟叶和贩卖烟叶案39起，没收烟叶价值3.06万元。

1995年，全县检查拦堵56个收购点和主要交通要道烟叶外流，共查获并没收外流烟叶0.86万公斤，价值7.84万元。1996年，全县设置检查站（点）15个，招聘临时专管员105人，日夜巡逻，严防烟贩，共查处无证运输烟叶案件32起，没收烟叶6.80万公斤。2001年，全县查处并没收烟叶4.05万公斤，销毁劣质烟叶3.85万公斤。2002年，全县查处无证运输和非法囤积烟叶案21起，销毁劣质烟叶7.37万公斤。

2003 年，全县开展烟叶收购期间大规模端窝点行动，查获并没收非法贩运烟叶 9.71 万公斤，销毁劣质烟叶 4.63 万公斤，其中曹坊、安远、石壁等乡（镇）查获非法囤积烟叶窝点 6 个，没收囤积烟叶 2.46 万公斤。2004 年，县政府成立县烟叶收购专卖联合执法组，开展烟叶收购专项清理整顿活动，全县查处烟叶违法案件 15 起，查获并没收烟叶 1.73 万公斤、烟梗 0.58 万公斤。2005 年，宁化县烟叶收购专卖联合执法组查处城区、城南、泉上、河龙等乡（镇）囤积劣质烟叶窝点 5 个，依法没收烟叶 8.57 万公斤。

二、卷烟专卖行政执法

1985 年，县烟草局整顿烟草市场，打击非法经营手工卷烟行为，严控切烟机数量，对从事切烟经营户进行审核，发放营业许可证，其中除禾口乡有切烟机 2 台外，其他乡（镇）一律 1 台。是年，查封无证切烟机 9 台，取缔手工卷烟户 6 户，查处卷烟违法案件 550 起，罚款 2.35 万元。其中，手工卷烟案 32 起，没收手工卷烟 6435 条；非法加工烟丝案 518 起，没收烟丝 3759 公斤。1986 年，全县查处卷烟违法案件 416 起，没收烟丝 1158.30 公斤、手工卷烟及冒牌烟 1131 条、高价烟 65 条，罚款 1.80 万元。1987 年，查处卷烟违法案件 234 起，没收手工卷烟和假冒烟 5335 条、烟丝 1071 公斤，罚款 1.45 万元。1990 年，全县查处卷烟违法案件 129 起，没收手工卷烟和假冒烟 723 条、走私进口烟 796 条，罚款 5.76 万元。其中，在安乐乡张河坑查获龙海县王某某非法运输倒买倒卖卷烟案，没收走私进口烟 119 条、国产烟 893 条，罚款 2151 元。

1991 年 8 月，县政府成立宁化县打击香烟走私、整顿香烟市场协调小组，县工商局、县烟草局、县公安局联合发布《关于打击香烟走私整顿香烟市场的通告》，全县查处卷烟违法案件 213 起，没收卷烟 1856 条，罚款 1.15 万元。1997 年，县烟草局、县工商局联合发出《关于清理整顿卷烟市场，规范经营行为的通告》，取缔无证经营户。全县查处卷烟违法案件 18 起，没收假冒烟 21600 条，罚款 11.91 万元。2000 年，重点打击个体大户和非法渠道进货行为，清查偏僻街巷、死角和边远高山区的卷烟零售卷烟户，全县查处卷烟违法案件 97 起，没收假冒烟 74050 条，罚款 27.78 万元。2001 年，县烟草局、县工商局、县公安局、县技术监督局联合开展打击"假、私、非、无"（假冒、走私、非法和无证经营）卷烟行动，取缔假冒商标卷烟集散地和销售场所，全县共查处假冒商标卷烟案件 40 起，销毁假冒卷烟 9550 条，罚款 6.83 万元。

2002 年，县公安局成立驻县烟草局警务室，联合县烟草局、县工商局开展打击制售假冒卷烟犯罪和非法经营卷烟活动，全县查处卷烟违法案件 48 起，罚款 9.45 万元，取缔无证经营户 65 户，回收卷烟 166.40 条。2005 年，县烟草局、县工商局、县公安局联合清理整顿城区卷烟市场 5 次，取缔无证经营户 13 户。稽查大队检查全县卷烟市场 15 次，各专卖管理所与当地工商所、派出所联合检查市场 8 次，全县共查处卷烟违法案件 31 起，罚款 2.14 万元。

1985—2005 年，全县累计查处卷烟行政案件 2912 起，没收卷烟 7646.86 箱，没收烟丝 8562 公斤，罚款 274.78 万元。